帝國議會

衆議院議事速記錄

제1권

명치 23年 2月 ~ 39年 3月

韓國學資料院

《《帝國議會 衆議院議事速記錄》》 朝鮮 關係記事 拔萃 資料 紹介

I

본 자료는 東京大出版會에서 간행한 《《帝國議會 衆議院議事速記錄》》(1890～1945) 중 朝鮮關係 記事를 拔萃한 것이다. 이 자료는 원래 內閣官報局에서 발행하는 《《官報》》의 附錄(號外)에 게재한 것을 東京大出版會에서 영인·발행한 것으로 1945년 해방까지 卷當 500面 정도의 총 81권에 달하는 방대한 분량이다.

《《帝國議會 衆議院議事速記錄》》의 내용은 기본적으로 일본 국내에서의 입법활동과 예산안 등을 다루고 있어서 당시의 일본내 사정을 이해하는데 많은 도움을 주고 있으며, 정치·군사·경제·사회·문화 등 식민지 지배체제 구축을 위한 모든 사항들을 다루고 있다. 특히 朝鮮·臺灣·滿洲 등 식민지 관계 부분이 상당량을 차지하고 식민정책의 세부적인 방안들이 검토·토의되었을 뿐만 아니라 단계별로 조선 경영에 대한 구체적인 내용이 포함되어 식민지 지배정책사의 변천과정을 이해하는데 있어 필수적인 자료라고 하겠다.

이 속기록은 보통 별다른 일이 없는 한 회의가 개최된 다음날 《《官報》》의 附錄에 실었고, 만일 회의 내용이 길거나 안건이 많았을 때에는 《《官報》》의 분량에 맞추어 게재한 후 그 나머지 부분을 다음날 또는 다음 회기 《《官報》》에 나누어 게재하는 경우도 있었다.

《《帝國議會 衆議院議事速記錄》》의 朝鮮關係 발췌는 원칙적으로 조선에 대한 모든 분야의 것을 대상으로 하였고, 기타 조선과 직접 관계가 되지않는 사항이라도 간접적으로 조선과 관련되는 法律·事件을 모두 발췌 대상으로 하였다. 또 비록 조선관계의 내용이 나오지만 부분적으로 조선관계가 나오는 경우 議事案 전체를 발췌하지 않고 그 조선 관계 발언만을 발췌하였다.

속기록의 내용발췌의 구성은 먼저 拔萃 目次에 該當 議案의 題目과 事件

을 표시하였고, 만약 그 제목이나 목차에 조선과의 관계가 나타나지 않을 때에는 목차에 원제목이나 의사안을 표기하고 제목의 괄호안에 조선관계 내용을 표기하였다(예: 俄館播遷, 3·1運動 등). 그리고 조선의 사안과 직접 관계가 없더라도 부분적으로 인용될 경우에는 괄호속에 朝鮮이라고 표기하였다(예: 朝鮮). 그 다음 속기록의 내용에는 議案의 上程·討議日字를 명기한 후 의사안의 제목을 표기하고 속기록의 내용을 수록하였다.

《帝國議會 衆議院議事速記錄》의 발췌는 제1권에서 제81권까지를 대상으로 하였다. 그러나 국내에서는 그중 제9권, 제10권, 제19권, 제24권, 제41권, 제71권을 구할 수 없어 부득이 제외할 수밖에 없었다. 미비된 자료는 현재 일본에 자료 의뢰를 해놓고 있어 추후 보완하고자 한다.

Ⅱ

《帝國議會 衆議院議事速記錄》 體裁는 다음과 같은 순서로 되어 있다.

1) 〈帝國議會 衆議院議事速記錄 目錄〉 凡例

2) 《帝國議會 衆議院議事速記錄》의 構成

〈官報第二千二百七十六號　明治二十四年二月三日〉

〈衆議院 第□□會 議事速記錄 第□□號〉

· 年·月·日(曜日)·時 : 예) 明治二十四年二月二日(月曜)

· 議事日程 : 明治二十四年二月三日 午前十時開會

· 內容 : 豫算案 등 全院會議

3) 速記錄正誤表 : 〈速記錄第□□號正誤〉

4) 索 引

Ⅲ

日本의 帝國議會(1890년 11월 ～ 1947년 3월)는 헌법에 명시된 규정에 의해 公選議員으로 이루어진 衆議院 외에 貴族院을 설치하여 전통적인 兩院制의 원리에 따라 구성되었다.

天皇制의 방벽 역할을 하고 있는 貴族院의 구성은 皇族·華族 및 勅任議員으로 이루어졌는데, 皇族은 성년 남자 전원이 貴族院 議員이 되었고 華族의 경우에는 公·侯爵은 25세(후에 30세)에 달해야 貴族院 議員이 되었으며 伯·子爵은 25세 이상의 同爵者 중에서 互選된 議員으로 하였다. 그리고 勅任議員은 "국가에 勳勞가 있고 또는 學識이 있는 만 30세 이상의 남자"와 多額의 納稅者 議員이 있다. 임기는 황족·화족 및 칙임의원은 종신이고, 기타 議員은 7년이다. 이처럼 貴族院은 門地·血統·學識·勳勞·財産 등에 의해 특권적 지위를 차지하면서 衆議院을 견제하고, 天皇制를 옹호하고 있다.

한편 公選된 議員으로 구성된 衆議院의 선거권, 피선거권은 처음에는 제한선거제도로 인해 그 선거권은 25세 이상 남자로서 直接國稅 15圓 이상의 납부자로 규정하였으며, 피선거권은 30세 이상 남자로 直接國稅 15圓 이상의 납부자에게 주어졌다. 그러다가 1900年(明治 33년)에 납세를 피선거 자격의 요건으로 삼는 것을 완화하여 그것을 10圓, 다시 1919年 3圓으로 낮추었으며, 1925년 普通選擧制가 채용되기에 이르러서는 25세 이상의 남자로 제한하였다. 그리고 종래의 記名投票制를 폐지하여 無記名投票制로 하였다. 여자를 포함하는 성년자의 완전한 보통선거제가 채용되는 것은 제2차 세계대전의 패전을 경험한 후였다.

제국의회는 憲法 改正의 決議와 法律·豫算 및 國庫에서 支拂되는 契約의 締結·承認, 그리고 緊急 勅令에 관한 承認權, 豫算超過支出 및 豫算外 支出(豫備費의 지출 및 이른바 '責任支出')에 대한 승인권을 가지고 있다. 또한 제국의회를 구성하는 兩院은 議員規則을 제정, 천황에 上奏하여 정부에 대해 그 직무사항에 관한 의견을 개진·결의·건의하고, 단독으로 의견을 결정·표시하였으며, 臣民으로부터 呈出된 請願을 받고, 국가의 歲出歲入의 결의를 심사하고 그에 필요한 보고 또는 문서를 정부에 대해 요구할 수 있었다. 그외에 議員·議長·副議長의 選擧, 議員 逮捕의 許諾, 議員 休暇 및 議員 辭職의 許可, 議員 懲戒 등의 권한을 가지고 있다.

그러나 제국의회 및 그것을 구성하는 각 議員은 위와 같은 권한을 제외하고는, 皇位繼承 및 攝政에 관한 사항, 宣戰·講和 및 條約의 締結, 統帥, 憲法개정의 발의에 대한 권한은 제한되어 있었다. 또한 천황은 "公共의 安全을 保持하고 또는 그 災厄을 피하기 위한 緊急한 必要가 있을 경우에 있어서 法律에 대신하여 勅令을 발한다"는 내용의 권한과, 법률을 변경하지 않는 한 "法律을 집행하기 위하여 또는 公共의 安寧秩序를 保持하여 臣民의 행복을 증진하기 위하여 필요한 命令을 발하거나 발의한다"는 條文에서 알 수 있듯이 의회의 立法權은 크게 제한을 받는다. 예산이 성립되지 않을 경우에는 정부는 전년도의 예산을 시행하는 것을 시작으로, 긴급재정처분, 황실경비, 헌법상의 大權에 기초를 둔 旣定의 세출 또는 예산 議定權에 대해서도 종종 제한을 받았다. 이와 같이 제국의회의 권한은 매우 미약하고 제한적이었기 때문에, 外見的 立憲政의 一機關에 그치는 것이었다.

帝國議會 憲法에는 국가통치의 대권은 천황에게 귀속되었으므로 천황이 실질적인 입법권을 관장하고 제국의회는 그것에 協贊하는 역할을 수행하는 기관에 불과했다. 따라서 제국의회는 현재의 일본의 의회에 비해 그 권한이 대폭 제한되어 있었을 뿐만 아니라 1945년 8월 15일을 기하여 제국의회 헌법에서 정한 통치기구는 붕괴되었다.

(입법권) 제국의회 헌법에서는 의회를 통과하는 법률안도 천황의 裁可가 없으면 법률로서 확정될 수 없었다. 즉 당시 제국의회에서 입안된 법률안에 대해서 행정기관은 의회의 의결을 필요로 하지 않고 자유로이 발포할 수 있는 緊急勅令,條約締結, 나아가 獨立命令이라 칭하는 公式令, 警察命令, 官制, 統帥令, 軍制令, 榮典令, 恩賜令 등을 시행했었으나 현재 폐지되었다. 衆議院과 貴族院 사이에 의견이 일치하지 않을 경우에는 일정한 절차를 거쳐 양원이 협의하지만, 최종적으로는 衆議院의 의사 결정이 貴族院보다 우위에 있었다.

(행정감독) 帝國議會 憲法에서는 내각에 대한 불신임 결의와 같은 규정은 없고, 의회가 불신임 결의를 하여도 천황의 신임이 있는 이상 그 결의안은 무효가 된다. 제국의회의 시대에도 재정에 대해서는 의회의 감독이 인정되었지만, 계속비, 전년도예산, 긴급재정처분 등의 제도가 있어, 의회의 財

政에 대한 심의감독권은 실질상 큰 역할을 할 수 없었다고 하겠다. 막대한 임시군사비의 내용을 전연 알 수 없었던 것도 그 까닭이다.

(조직) 貴族院이 일반선거에 의해 대표를 구성하지 않고 皇族·華族·勅選議員·多額納稅議員·學士院議員 등의 특권계급의 대표로 성립된 데 반하여, 衆議院은 국민에 의해 일반선거로 선출된 대표로 구성되어 진다. 단지 貴族院은 衆議院과는 달리 해산되지 않는 것이 특색이다.

제국의회는 1890년(明治 23년) 제1회 회의가 소집된 이래 1947년 제 92회를 끝으로 소멸되었다.

Ⅳ

<<帝國議會 衆議院議事速記錄>>의 조선관계 발췌의 내용을 살펴 보면 다음과 같다.

明治年間의 경우에는 주로 朝鮮의 政略問題가 대종을 이룬다. 우선 甲申政變 이후 甲午農民戰爭·淸日戰爭까지의 일련의 議事案들을 보면, 조선에 대한 일본의 정치적·경제적 정략의 문제가 심도있게 논의되고 있음을 알 수 있다. 즉, 갑신 이후 조선에서 차지하는 일본의 정치적·경제적 지위가 약해지는 상황 속에서 일본의 정치적 입지에 부담이 되어 온 일본내 朝鮮人 亡命者들의 처리문제가 主事案으로 거론되었고, 이와 함께 개항 이후 朝日貿易에 있어 각 開港場을 중심으로 우세한 지위를 누리고 있던 일본의 세력이 약해지면서 그 만회책 등이 논의되었다. 그리고 駐朝鮮日本公使館의 문제와 朝·日 양국의 貿易문제가 주요 현안으로 다루어져 있고, 특히 金玉均 암살사건에 대한 처리 문제와 그에 대한 일본의 입장을 엿볼 수 있다. 또한 일본의 자본주의 발달에 토대가 된 조선에서의 미곡문제인 放穀令 事件에 대한 일본의 반응이 잘 나타나 있기도 하다.

다음으로 甲午 이후 光武年間에는 俄館播遷 이후 러시아와의 정치적·경제적·군사적 대립과 조선을 둘러싼 러·일간의 협상 등이 주 토의 대상이었다. 특히 이 시기 중의원에서는 러시아가 조선정부에 軍港으로 요구한 馬山·鎭海에 대한 문제와 러시아 군사교관의 문제 등에 민감한 반응을 보였고, 그와 함께 朝鮮에서의 우위를 차지하기 위한 對露政策 등이 빈번히 논의되었다. 또한 이때에 와서는 조선에서의 鐵道敷設문제가 衆議院에서 집중적으로 논의되는데, 그것은 일본이 朝鮮을 식민지화하기 위한 기초로서 중요한 것이기 때문이었다. 러일전쟁 이후 조선에서의 정치·군사적 독점을 인정받은 상황에서 일본은 조선을 식민지화하기 위한 치밀한 정략들을 衆議院에서 논의하는데, 그 사안들은 주로 조선의 統監府와 統監에 대한 문제, 朝鮮駐箚日本軍, 關稅, 日本人의 朝鮮 移民, 朝鮮沿海의 漁業, 朝鮮의 銀行券, 荒無地 開墾, 鐵道 등의 문제였다.

그리고 러일전쟁 이후 일제의 조선강점에 이르는 시기에는 조선의 완전식민지화를 위한 일본의 식민정책들이 정치·경제·사법·군사·외교·사회·문화 등 전 분야에서 거론되고 있다. 또 병탄을 전후한 1910년대에 들어오면 조선의 식민지 지배를 위한 구체적인 방안으로 總督府 설치, 會社令의 실시, 土地調査事業, 東洋拓殖會社 등의 문제가 토의되고 있다.

일본이 조선을 병탄한 이후에는 植民地 經營의 문제와 조선에서 실시할 식민지 악법들이 함께 논의되고 있는데, 이때의 주 의사안은 조선에서의 米穀搬出 방안과 關稅法·專賣法·新聞紙法·東洋拓殖株式會社法 등 식민경영을 위한 기본법들의 제정 및 개정이었다.

大正 이후 1919년 3·1운동 전까지는 일본의 자본주의 발달과정에서 파생되는 식량문제를 조선에서의 미곡수탈을 통해 해결하려 했기 때문에 조선에서의 미곡문제가 주된 사안으로 거론되고 있다. 또한 식민지 조선을 경영하기 위한 예산문제와 수탈 제도와 법률안이 논의되고 있다.

3·1운동 이후에 들어와서는 <<帝國議會 衆議院議事速記錄>>의 조선관계 논의가 더욱 활발해지면서 분량적으로도 상당량을 차지하고 있다. 이러한 변화는 조선에서의 민족해방운동이 고양되기 시작하면서 나타나는 양상으로 민족해방운동을 탄압할 정책 방안들이 제시되어 있다. 특히 3·1운동 이후 조선의 民族改良主義者들 사이에서 거론되고 있던 自治運動 즉 參政權 運動 등에 대한 논의가 衆議院에서 자주 이루어지는 것이 보인다(예: 閔元植, 朴春琴 등의 衆議院에서의 참정권 청원 연설 및 청원서 물出 등). 그리고 이 시기부터 조선의 産米增殖計劃에 대한 정책들로서 土地改良事業과 農事改良

事業 등에 대한 구체적인 논의와 예산 창출방안이 제안되고 있다.

1925년 이후가 되면 사회주의 사상의 보급과 함께 조선내에서의 노농운동 등 민족해방운동이 더욱 치열하게 되어 가자 이에 대한 대책이 요구되었다. 따라서 이 시기 衆議院에서는 조선에서의 이른바 治安維持法의 적용문제, 在滿 朝鮮人의 민족해방운동에 대한 문제가 주로 다루어지게 된다. 특히 朴烈사건에 대해서는 심도있는 논의가 진행되었고, 조선에서의 참정권문제 또한 이전보다 더욱 심화되는 등 조선 통치 방안들이 광범하게 거론되고 있다. 그리고 제1차 산미증식계획의 실패로 인한 대응책으로 제2차 산미증식계획의 논의가 나타나고 있다.

1930년 이후가 되면 세계대공황의 여파가 일본 내부의 정치적 변화를 야기하면서 조선 문제가 축소되고, 조선은 만주침략을 위한 병참기지로서의 의미로 변질된다. 이 때의 주 사안은 조선의 민족해방운동의 주체가 노농계급으로 전화함에 따른 대응방안들이 검토되고 있고, 재외 조선인의 민족해방운동에 대한 대책들이 수립되고 있다. 또한 농업 공황으로 인한 미곡문제가 심각해 지면서 그 대책들이 제기되고, 조선에서의 산미증식계획의 폐기가 거론된다. 이와 함께 조선의 참정권 문제가 계속 논의되고, 다른 한편으로는 대륙침략을 위한 조선의 병참기지화 정책이 수립되고 있다.

1937년 이후 일본의 대륙침략이 본격화되면서 조선에서의 통제경제 실시를 위한 제정책들이 논의되고, 그와 관련한 각종 법률안이 제정·개정된다. 이러한 정책들이 1940년에는 더욱 강화되어 國防保安法案과 米穀 및 各種資源의 統制에 대한 입법이 등장하고, 조선에서의 人的·物的 收奪을 위한 각종 戰時立法이 행해지면서 徵兵法과 기타 民族抹殺政策들이 대두된다.

이와같이 일본의 조선 침략과 식민지 지배 및 경영에 관한 정책들을 토의·수립했던 기구가 바로 衆議院이기 때문에 이 <<帝國議會 衆議院議事速記錄>>의 조선관계 발췌 자료는 일제 식민지 정책의 단계적 제양상을 이해하는데 도움이 될 뿐만 아니라 이 시대 연구자에게는 기본적인 자료가 될 것으로 믿는다.

〈 目　　　　次 〉

第 1 卷　明治 23年 2月 ～ 明治 39年 3月

井上角五郎의 質問(朝鮮問題) ……………………………………………………(1)

豫算案에 關한 全員委員會
(駐朝鮮日本公使館에 關한 問題)……………………………………(3)

豫算委員의 査定案을 廢棄하는 動議
(駐朝鮮日本公使館에 關한 問題) ……………………………………(7)

豫算案에 關한 全員委員會(朝鮮의 郵便局 設置問題) ……………………(9)

日本의 極東航路 問題(仁川) ………………………………………………………(10)

豫算案 外務省部(朝鮮駐在 公使館 修繕費問題) ……………………………(11)

豫算案 歲出 臨時部 外務省部
(朝鮮駐在 公使 問題)(朝鮮駐在 公使館 修繕費問題) ………(16)

井上角五郎의 質問에 對한 青木周藏 外務大臣의 答辯
(朝鮮政略問題) ……………………………………………………………(18)

明治 7年 以後의 戰役에서 死亡한 軍人軍屬의 遺父母 및
祖父母 扶助에 關한 法律案(甲申政變時 日本人 死亡者 問題)……(22)

豫算案 外務省所管 臨時經常部(朝鮮에서의 領事裁判權 問題) …………(24)

豫算案 遞信省所管 經常部(遞信豫算 問題[朝鮮])…………………………(25)

選擧干涉에 關한 上奏案(朝鮮事件) ……………………………………………(28)

植民探險費에 關한 建議案(甲申政變 亡命客, 征韓論)……………………(32)

明治 25年度 豫算追加案 歲出 臨時部 海軍省 所管(征韓論) ……………(34)

醫師免許規則 改正法律案(朝鮮)…………………………………………………(36)

質問의 理由에 關한 井上角五郎의 演說
(朝鮮의 電線 架設問題, 咸境道 防穀令, 朝鮮沿海漁業) ······(38)

井上角五郎의 質問에 對한 陸奧의 答辯, 井上角五郎의 補充質問
(朝鮮의 電線 架設問題, 咸境道 防穀令, 朝鮮沿海漁業) ······(41)

陸奧外務大臣의 答辯에 對한 井上角五郎의 演說,
陸奧外務大臣에 對한 淸水文二郎의 質問(大三輪과 典圜局)···(44)

棉花輸入關稅 免除法律案(朝鮮에 紡績絲 輸出)······························(47)

朝鮮政府의 返金에 關한 靑水文二郎의 質問에 對한
陸奧와 渡邊의 答辯書··(50)

海軍改革建議案(朝鮮) ··(51)

豫算案 甲號 歲出經常部 外務省 所管(朝鮮出張 役人의 旅費支給) ······(53)

議長의 報告(靑水文二郎의 朝鮮政府에 返金件에 對한 質問書)············(55)

豫算案 甲號 歲出臨時部 外務省 所管
(外務次官 林董 京城領事館 修繕의 件에 對한 報告)············(57)

質問 및 答辯(軍艦을 確保 朝鮮에서의 優位 維持) ························(58)

議長의 報告(返金의 件에 關한 陸奧, 渡邊의 答辯)························(59)

輸入棉花稅 關稅免除法律案(朝鮮)···(60)

伊藤 內閣總理大臣의 演說(朝鮮) ··(65)

議長의 報告 外(洪鍾宇·李逸稙의 金玉均 暗殺에 對한 質問) ············(67)

解散에 關한 決議案(大院君, 金玉均 暗殺, 防穀令)························(72)

上奏案(朝鮮) ··(76)

現 內閣의 行爲에 對한 本院의 意志를 表明하는 件
(壬午軍亂, 甲申政變)··(82)

條約改正 建議案(金玉均 殺害 事件)···(84)

明治 26年度 豫備金 支出의 件
(朝鮮 防穀事件과 豫備金 支出問題) ·······························(87)

明治 27年度 豫算追加案 甲號 歲出經常部 外務省所管
(朝鮮에 18名의 巡査 增派問題) ……………………………………………(88)

議長의 報告(金玉均 殺害 事件에 對한 外務大臣 陸奧의 答辯書)………(89)

議長의 報告(金玉均 殺害 事件에 對한 淸國政府의 對韓 措置에 對한
答辯, 金玉均 殺害 事件에 對한 再質問書) ……………………………(90)

明治 27年度 歲入歲出 總豫算追加案 甲號 歲出 臨時部 外
(朝鮮 防穀事件) ……………………………………………………………(91)

明治 26年度 豫備金 支出의 件(朝鮮 防穀事件)……………………………(93)

渡邊大藏大臣의 演說(淸日戰爭時 朝鮮의 處理 問題) ……………………(95)

議長의 報告 外(朝鮮國 渡航者 處罰 勅令, 農民軍 情況) ………………(96)

明治 27年 勅令 第67號(渡韓者의 處罰 問題)………………………………(97)

明治 27年 勅令 第135號(朝鮮의 貨幣 問題) ………………………………(98)

明治 27年度 歲入歲出豫算追加案
(淸日戰爭 後 朝鮮에 對한 豫備費 問題)…………………………………(100)

營業 滿期 國立銀行 處分 法案(朝鮮에서의 銀行 設立 問題) …………(101)

鐵道 建設에 關한 質問 趣意書
(馬關・釜山 定期航路 開設과 鐵道問題)…………………………………(103)

開港法案(開港과 朝鮮 貿易) ………………………………………………(105)

鐵道敷設法 改正法律案(朝鮮 出兵問題) …………………………………(108)

豫算案의 再調査를 爲한 豫算委員會에 付託하는 件
(淸日戰爭 後 朝鮮 處理 問題) ……………………………………………(109)

開港法案(朝鮮 貿易) …………………………………………………………(111)

朝鮮居留 帝國臣民 保護에 關한 件(朝鮮) …………………………………(113)

鐵道敷設法案 中 改正法律案(俄館播遷에 對한 質問書)…………………(115)

議長의 報告 外(俄館播遷에 對한 質問書) …………………………………(116)

議長의 報告(朝鮮 貿易 開港件) ······························(124)

議長의 報告(朝鮮 居留日本人 保護에 關한 件) ······························(125)

淸國 및 朝鮮 在留 日本人 取締法案 ······························(126)

明治 29年度 歲入歲出 總豫算 追加案(朝鮮 派遣 日本軍 經費) ·············(127)

明治 27年度 豫備金 支出의 件 外
(在朝鮮公使館과의 連絡 費用 問題)······························(132)

淸國 및 朝鮮 在留 日本人 取締法案 ······························(134)

議長의 報告(朝鮮居留 日商 退去命令의 件) ······························(135)

朝鮮國居留 商人 退去를 命令하는 件에 關한 質問趣意書 및 討論 ······(141)

議長의 報告 外(朝鮮에서 死亡한 日本人에 關한 件) ······················(150)

議長의 報告(朝鮮事變에 關한 政府의 答辯) ······························(151)

淸國 및 朝鮮 在留 日本人 取締法案 ······························(153)

質問의 理由에 關한 小室重弘의 演說
(朝鮮渡航者 團束의 必要性, 러시아 士官 朝鮮派遣 問題)······(154)

議長의 報告(朝鮮 內地鐵道敷設에 關한 井上角五郞의 質問書) ·············(157)

質問의 理由에 關한 鈴木充美의 演說
(朝鮮兵隊의 訓練과 朝鮮政府의 外債)······························(158)

豫算案(露日 協商과 朝鮮問題) ······························(160)

豫算案(朝鮮內地 守備隊 增强問題) ······························(161)

豫算案 歲出經常部(朝鮮과의 貿易擴張에 關한 農商工高等會議) ··········(164)

大隈外務大臣의 演說
(日露協商(「山縣-로바노프議定書」,「小村-베베르覺書」) 外) ···(165)

朝鮮兵의 訓練에 關한 質問主意書 ······························(172

質問의 理由에 關한 鈴木充美의 演說
(露國士官의 朝鮮軍隊 訓練에 關한 件) ……………………………(173)

質問의 理由에 關한 小室重弘의 演說
(防穀令, 京仁·京義鐵道, 金弘集·鄭秉夏 處刑問題)…………(175)

衆議院議員 選擧法 中 改正法律案(朝鮮과 歷史的 關係) ……………(179)

議事日程 變更의 緊急動議
(朝鮮에서의 러시아의 勢力强化에 對處하는 問題) ……………(180)

臺灣匪徒 鎭靜에 關한 質問書(朝鮮) ……………………………………(191)

質問의 理由에 부쳐 野間五造의 演說(京仁鐵道問題) ………………(192)

明治 31年度 歲入歲出 總豫算 追加案(京仁·京釜鐵道問題) …………(193)

建議案(神功皇后 三韓征伐 靈跡 保存 建議案) ………………………(195)

宮津港을 商港으로 하자는 請願(朝鮮) …………………………………(196)

遠洋漁業奬勵法中改正法律案(朝鮮海에서의 捕鯨業 問題) …………(197)

鐵道政治의 方針에 關한 質問書(朝鮮) …………………………………(198)

明治 30年 法律 第14號 關稅定率法 中 改正法律案
(朝鮮沿海에서의 漁業問題)……………………………………………(200)

朝鮮에서의 漁民遭難에 關한 質問主意書 ………………………………(202)

朝鮮에서의 漁民遭難에 關한 質問書에 對한 答辯書 …………………(204)

領事館 職務에 關한 法律案(朝鮮) ………………………………………(205)

豫算案(京釜鐵道) ……………………………………………………(206)

上奏案(朝鮮) …………………………………………………………(209)

外交에 關한 質問書(朝鮮鐵道敷設) ……………………………………(211)

大石正已의 演說(朝鮮鐵道敷設) …………………………………………(212)

韓國 京釜鐵道 速成에 關한 建議案 ……………………………………(218)

大石正己가 提出한 外交에 關한 質問書에 對한 別紙答辯書
(朝鮮鐵道敷設) ····································(222)

大石正己의 外交에 關한 再質問主意書 및 演說(朝鮮鐵道敷設) ············(223)

博士 王仁 古墳擴張費 補助에 關한 建議案 ································(227)

明治32年度歲入歲出豫算追加案(新戶-韓國 北淸航路) ······················(228)

帝國臣民의 外國에 있어서 鐵道敷設에 關한 法律案(京釜鐵道) ············(230)

在韓國居留民 敎育에 關한 建議案 ··(231)

大石正己의 外交에 關한 再質問에 對한 別紙答辯書 ·························(232)

韓國 馬山浦에 關한 質問書 ··(233)

韓國 馬山浦에 關한 質問書에 對한 別紙答辯書·······························(234)

質問의 理由에 부쳐 工藤行幹의 演說(朝鮮에서의 露·日關係)············(235)

馬山 및 鎭海에 關한 質問主意書 ··(237)

馬山浦 事件에 對한 臼井哲夫의 演說 ··(238)

關稅定率法 附屬 輸入稅表 中 改正法律案(朝鮮肥料의 輸入關稅)·········(241)

馬山 및 鎭海에 關한 質問書에 對한 別紙答辯書 ····························(242)

馬山 및 鎭海에 關한 質問主意書 ··(243)

馬山 및 鎭海에 關한 質問에 對한 別紙答辯書 ······························(244)

移民保護法 中 改正法律案(朝鮮) ··(245)

移民保護法 中 改正法律案(朝鮮) ··(246)

質問의 理由에 부쳐 恆松隆慶의 演說
(北淸事件에 부쳐 從軍 以外의 官公吏 등 賞賜에 關한 質問主意書) ···(250)

外交 및 內政에 關한 質問主意書(朝鮮에서의 露日關係)·····················(252)

外交 및 內政에 關한 大石正己의 演說(朝鮮에서의 露日關係) ············(253)

韓國에 있어서 露國의 軍港要求에 關한 質問書 ······························(262)

韓國에 있어서 露國의 軍港要求에 關한 小村外務大臣의 演說 ············(263)

徵兵令 中 改正法律案(朝鮮) ··(264)

徵兵令 中 改正法律案(朝鮮) ··(265)

外國領海水産組合法案(朝鮮) ··(267)

輸入原料砂糖戾稅法案(朝鮮) ··(269)

外國領海水産組合法案(朝鮮) ··(271)

議事日程 變更의 緊急動議(朝鮮兵營) ···(278)

田中卯吉의 演說(朝鮮問題)···(279)

韓國荒無地拓殖案에 關한 質問主意書 ···(283)

明治 37年 勅令 第177號(朝鮮에서의 軍用手形問題)··························(284)

議長의 報告 外(韓國拓殖에 關한 質問演說) ···································(285)

海外移民保護에 關한 建議案(朝鮮)··········· ·································(286)

鑛業法案(朝鮮)······························· ···(290)

在韓國 日本人 居留地에 流行하는 猩紅熱 調査에 關한 建議················(297)

在韓 日本人 利權의 發達에 關한 建議案···(298)

清韓醫師 衛生에 關한 建議案··(299)

水産銀行 設立에 關한 建議案(朝鮮漁業)···(300)

外國에 있어서 銀行事業에 關한 建議案(朝鮮에서의 第一銀行)············(302)

在韓日本人 利權의 發達에 關한 建議案 ···(303)

清韓醫師 衛生에 關한 建議案··(304)

居留民團法案(朝鮮) ··(305)

日本興業銀行法 中 改正法律案(朝鮮) ……………………………………………(306)

有效期間에 關한 法律案(朝鮮) ……………………………………………………(307)

在外指定學校 職員 退隱料 및 遺族 扶助料法案(朝鮮)…………………………(308)

海外移民保護에 關한 建議案(朝鮮) ………………………………………………(309)

韓國 荒無地拓殖案에 關한 質問書에 對한 答辯書………………………………(312)

外國에 있어서 銀行事業에 關한 法律案(朝鮮) …………………………………(313)

奉答文 및 頌德表에 關한 件(朝鮮) ………………………………………………(315)

內閣總理大臣의 演說(韓國의 併合問題) …………………………………………(316)

臨時事件費 支辨에 關한 法律案(韓國의 軍費問題) ……………………………(317)

緊急動議에 關한 質問主意書
(朝鮮國 渡航의 禁止에 關한 件을 廢止한 先例) ……… ……(318)

國債整理基金特別會計法案(滿韓派兵費, 經營費 및 公債) ………………………(319)

豫算案(朝鮮의 軍隊駐屯費 및 師團增設)…………………………………………(333)

豫算案(朝鮮에서의 養蠶事業 獎勵) ………………………………………………(337)

京釜鐵道買受法案 ……………………………………………………………………(338)

日韓兩國關稅에 關한 建議案 ………………………………………………………(339)

東京市制案(朝鮮財政) ………………………………………………………………(340)

韓國에 있어서 裁判事務에 關한 法律案 …………………………………………(342)

內國 官憲의 管掌에 屬하는 事項에 부쳐 統監의 職權에 關한 法律案…(346)

鐵道國有法案(京釜鐵道買受案) ……………………………………………………(348)

京釜鐵道買受法案 ……………………………………………………………………(358)

韓國에 있어서 裁判事項에 關한 法律案 …………………………………………(359)

內國 官憲의 管掌에 屬하는 事項에 부쳐 統監의 權限에 關한 法律案…(361)

對外政策에 關한 質問(植民政策) ············(362)

松本君平의 質問演說(植民政策)············(363)

新聞紙條例 中 改正法律案(朝鮮) ············(366)

日韓兩國의 關稅에 關한 建議案············(367)

星松三郎의 質問演說(滿韓에 貯蓄해 놓은 糧食) ············(369)

豫算追加案(滿韓經營) ············(371)

帝國鐵道會計法案(京釜鐵道買收) ············(372)

韓國에 있어서 帝國이 經營하는 鐵道의 會計에 關한 法律案············(372)

海上衝突豫防法 中 改正法律案(朝鮮) ············(373)

韓國에 있어서 帝國이 經營하는 鐵道의 會計에 關한 法律案············(376)

鐵道國有法案 및 京釜鐵道買收法에 의해 買收한 鐵道의 出納官吏에 關한 法律案 ············(376)

徵兵令 中 改正法律案(朝鮮居住人 徵集猶豫)············(377)

韓國在留中 暴徒에게 慘殺된 者에 關한 損害 및 遺族 扶助料의 請願···(381)

松本提出 對外政策에 關한 質問에 對한 別紙答辯書············(382)

星松三郎提出 滿韓에 貯蓄해 놓은 糧食에 關한 質問에 對한 別紙答辯書······ ············(382)

○井上角五郎君(八十八番)　只今議長ヨリ動議ト云フ樣ナ御報告ニナリマシタガ、私ノハ動議デハ御坐リマセヌ

○議長(中島信行君)　併シ井上君質問ノ動議……

○井上角五郎君(八十八番)　然ウデスカ、どうデモ……即緊急ナル質問ト云フノハ此樣ナコトデアルノデアル、丁度在朝鮮國ノ日本商人ヨリシテ角五郎ニ宛テ書面ヲ送ツタ、其ノ書面ノ趣意ニ依レバ、現在朝鮮國ニ於テ我ガ日本商人ガ一般ノ財產ノ安寧ヲ失ツテ、大ナル損害ヲ受ケテ居ル事實ガアル、所ガ其ノ事ニ就イテ議會ニ請願シテ吳レト云フ書面ヲ角五郎ニ與ヘタトコロデ、請願規則モアリテ即角五郎ハ其ノ書面ヲ以テ、議會ニ請願ノ紹介ヲスルコトハ出來ヌト云フ場合ニ當リ、朝鮮國ニ在ル所ノ現在日本ノ商人ガ斯ク財產ノ安寧ヲ失ツテ居ルト云フコトハ、棄置クベキコトデナイト思フカラ質問ヲシテ政府ノ注意ヲ喚ヒ、政府ガ斯ノ如キ事ヲ棄置クノハ、如何ナル理由デアルカト云フコトヲ問フ爲ニ、即質問書ヲ差出スコトニ就イテ、諸君ノ御贊成ヲ得ヤウト云フノガ、即茲ニ發言ヲ求ムル大体ノ趣意デアルノデアル、元來今日ニ於キマシテハ議案ガ澤山アリ、又豫算トテモ現在ニ於テ審査ヲ終ラヌト云フ此ノ場合ニ於テ、又質問又質問ト徒ラニ質問ヲスルト云フコトハ議會モ喜バヌコトデアラウ、我々ニ於テモ徒ラニ質問ヲ爲スハ欲シナイコトデアルケレドモ、前條申シ遞ベル次第デアリマスカラ、茲ニ質問ヲ爲サウト云フノデアル、ソレノミナラズ先達テ外務大臣ノ演說ニ如何ナルコトヲ云ハレタカト云フニ、條約改正ノ如キハ小ナコトデアル、東洋問題ハ大ナルコトデアルト言ハレタガ、此ノ東洋問題ニ就イテ如何ナルコトガ出來テ居ルカト云フニ、只今ノ樣ナコトデアルナラバ、外務大臣ハ信任スベキヤ否ト云フコトニ就イテ、我々ガ一考ヲ煩サウト思フナラバ、此ノ問題ハ緊急ナルコトト思フカラ、どうカ諸君ハ暫ク角五郎ニ發言ヲスルノ自由ヲ與ヘラレンコトヲ偏ニ希望スルノデアル

只今角五郎ノ政府ニ對シテ――山縣總理大臣ニ對シテ質問ヲ爲サントスルトコロノ箇條ハ四箇條アルノデアル、其ノ一番終リノ第四ノ箇條ハ、現在ニ於テ最甚ダシキ關係ヲ有ツテ居ルモノデアツテ、之ニ附帶シテ第一、第二、第三ノ箇條ヲモ質問ヲシテ、合セテ四箇ノ質問ヲナサウト思フノデアル、第一ノ質問ハ是ハ少シク事實ヲ申サネバ分ラヌコトデアルガ、明治十五年十二月我ガ日本政府ガ、朝鮮ノ金玉均、朴泳孝ナル者ニ金十七万圓ヲ貸與ヘタノデアル、是ハ日本政府ノ大藏省ヨリ出シタノデハナク橫濱ノ正金銀行デ、其ノ頭取ハ政府ヨリ指名シタル頭取ノ小泉信吉ト云フ者ヲ貸主トシテ、朝鮮修信使朴泳孝ヲ借主トシ、其ノ証人ハ外務卿井上馨ト金玉均ノ二人デアル、此ノ金ハ何故ニ貸與ヘタモノデアルカ、如何ナル途ニ使ツタカト云フコトハ、質問ノ外デアルカラ、私ハ彼是ハ云ハヌガ、兎ニ角十七万圓ノ金ヲ明治十七年ニ貸與ヘタノデアル、然ウシテどノヤフナコトガアツタカト云フニ、其ノ金ニ貸シタノデアル、銀二十万兩ヲ貸與ヘテ同ジク釜山、元山、仁川ノ三箇所ノ稅關ヲ抵當ニ取ツテ、恰モ朝鮮政府ハ二重抵當ヲナシタノデアル、此ノ時ニ當ツテ日本ニ於テハ十七万圓ノ金ヲ戾セト云イ正金銀行ガ……支那デハ二十万兩ヲ返セト云フタトキニ、どつちガ先キニ抵當ニ取ツタカト云フニ、日本ノ方ガ先キデアリナガラ、三箇處ノ稅關ハ支那人ノ爲ニ占メラレテ、釜山、元山、仁川ハ支那人ガ稅關ノ支配ヲスルト云フ今日ノ有樣デ、恰モ日本政府ハ我ガ人民ガ抵當トシテ取ツテ居ルトコロノ品物ヲ、他ノ國ニ取ラレナガラモ見捨テ、置クト云フノハ、取リモ直サズ日本人民ノ權利ヲ保護セヌノデアル、一步進ンデ日本ノ會社ノ權利ヲ保護セヌノデアル、尙一步進ンデ外務卿井上馨ガ保證ヲシタコトニ就イテ、斯ノ如キコトガ起ルニ當ツテ捨置クト云フナラバ、日本人ノ朝鮮ニ於ケル權利……安寧ハ甚ダ覺束ナイノデ、僣斯クノ如キコトヲ捨置クト云フノハ、政府ノ思召ハ如何デアルト云フコトヲ質問スルノガ、第一ノ個條デアル

第二ノ箇條ハ明治十六年十二月、日本政府ノ辨理公使竹添進一郎ガ……明治十六年ノ三月ニ日本政府ノ辨理公使竹添進一郎ガ、朝鮮外衙門督辨閔泳穆ト條約ヲ取結ンダ、其ノ條約ハ如何ナルモノデアルカト云フニ、諸君モ御承知ノ通リ九州カラ釜山マデ海底電線ガ架ツテ居ル、九州カラ釜山マデ海底電線ノ架ツタノハ、あれハ獨日本政府ガ好ンデ架ケタモノ、ミナラズ、朝鮮政府ガ要求シテ海底電線ヲ架ケテ吳レマイカ、架ケテ吳レルナラバ兩國ノ交通ガ繁クナツテヨイト云フテ架ケタノデ、彼ノ電線ヲ架ケタ爲ニ年々イクラカノ損ヲシテ居ルノデアル、ソレニ報ユル爲ニ朝鮮政府ト約束ヲ結ンダノハ十六年三月デ、竹添ト閔泳穆デアル、其ノ約束ハ今后二十箇年間ハ……日本ガ朝鮮ニ海底電線ヲ架ケタニ付キ、今後二十箇年ハ朝鮮政府ハ、其ノ他ノ各國ト電線ヲ通スルコトヲシマイ、其ノ他ノ各國ト電線ヲ通スルコトハ、二十箇年間シナイト云フ箇條デアル、又一ツノ箇條ハ斯ク釜山ニ海底電線ヲ架ケタ以上ハ、此ノ電線ト利益ヲ競爭スル如キ電線ハ、陸地ニ於テモ架ケマスマイト云フ確ナ約束ヲ結ンダノデアル、然ルニ其ノ翌々年即明治十八年七月ニ至テ、如何ナルコトガ出來タカト云フニ、支那政府ト約束ヲ結ビ、京城カラ支那ノ北京マデ陸路ノ電線ヲ架ケ、其ノ電線ハ支那政府ノ官吏ガ立派ニ支配シテ居ルト云フナラバ、取リモ直サス十六年三月ノ條約ハ、支那朝鮮ノ間カラ立派ニ破ツタモノデアル、破ラレタルモノデアル、箇樣ニ條約ヲ結ンダモノヲ破ツタト云フ事實ノアルノニ、之ヲ其ノ儘ニ捨置タト云フノハ、政府ノ思召ハ如何ナルモノデアルカト云フコトヲ質問シタイノガ、第二デアル

第三ハ如何ナルコトデアルカト云フニ、諸君モ知ツテ居ル通リ、我ガ日本ト朝鮮トノ間ニ最惠國條欵ガ成立ツテ、朝鮮ノ他ノ各國ニ與フル丈ノ權利ハ、日本ニ與ヘ、朝鮮國ノ他ニ與フル丈ノ自由ハ、日本ニ與フルト云フ立派ナ最惠國條欵デアル、然ルニ實際ニ於テ如何デアリマセウ、支那人ハ朝鮮國ヨリ勝手次第ニ人參ヲ輸出シテ、朝鮮ノ一番澤山ナル、一番有益ナル、價打高キトコロノ人參ヲ、勝手次第ニ輸出スルコトノ出來ルノニ、日本人ハ之ヲ輸出スルト云フコトハ海關稅目ニ依ツテ禁ジラレテ居ルナラバ、最惠國ノ條欵ガアリツ、日本人ハ支那人ホドノ權利モ利益モナイノデアル、日本人ハ支那人ホドノ權利モ利益モナイノニ、外務省ハ之ヲ其ノマ、捨置キ政府ガ之ヲ其ノ

マヽニ置イテ、今日マデ日本商人ガみす〳〵利益ヲ支那人ニ占メラレテ居ルト云フノハ、甚ダ殘念ナコトデアルガ、日本政府ハ如何ナル理由ヲ以テ、此等ノコトヲ捨置クノデアルカト云フノハ、第三ノ箇條デアルノデアル、第四番目ノ箇條ハ即現在差迫ッタ問題デ、其ノ差迫ッタ問題ハ少シ事ガ長イカラ、詳細ハ質問書ニ讓ッテ極簡略ナコトヲ云ヘバ、今年ノ七月ニ諸君モ御承知ノ通リ濟州ノ島ニ於テ日本人ガ漁ヲシテ居タトコロガ、其ノ人ガ朝鮮人ヲ殺シタトカ、朝鮮人ニ殺サレタト云フ疑カラシテ、朝鮮ノ官吏ガ恣ニ我ガ日本人民ヲ捕縛シテ、之ヲ牢屋ニ繋ギ、屢〻朝鮮流ノ拷問ヲナシテ吟味シタノデアル、幾度カ吟味ヲナシタトコロガ其ノ人ハ朝鮮人ヲ殺シタノデナイト云フコトガ分ッテ放免シタト云フガ、……治外法權アル朝鮮國ニ於テ、日本人ガ斯クマデ捕縛セラレ、吟味セラレ遂ニ放免セラレタノヲ、外務省ガ知ラヌふりヲスルト云フノハ、政府ノ方針果シテ何レニアルカ、我輩ハ一人ノ權利ニ就イテ喋々シナイガ、日本商人ノ最困難ヲ感ジテヲル所ノ者ガ角五郎ニ書面ヲ送ッテ、國會議場ニ於テ日本商人ノ實際ノ營業ヲ禁止シタルノ事情ヲ述ベテ、

國會議員諸君ノ御賛助ヲ得タイト云フ書面ヲ得マシタ、其ノ趣旨ト云フモノハ濟州デハ鮑ガ取レル、山口縣ノ何某ト長崎縣ノ何某トガ組合ノ會社ヲ結ヒテ、　五島ヤ對馬ヤ平戸邊ノ漁師四五十人ヲ連レテ往ッテ居ル、　私ニ書面ヲ送ッタノハ其ノ中ノ一組デアルガ、組合ハ幾ツモアル、然ルニ其ノ濟州デ漁ヲシテ居ル日本人ハ、人ヲ殺スヤウナコトヲスル者デアルニ依ッテ、此ノ地ニ置クコトハナラヌト云フテ、濟州ノ牧使ハ腕力ヲ以テ……立派ニ兵隊ヲ以テ、日本ノ漁ヲスル者一切ヲ追出シタノデアリマス、甚ダシキニ至ッテハ其ノ漁ヲスル營業ノ器械一切ガ濟州ニ置キテアルノニ、遂ニ濟州ヲ追ヒ拂ラッタト云フノハ七月末ノ事デアリマス、是ニ於テ山口縣ノ者ト長崎縣ノ者幷ニ其ノ一緒ニ居タモノガ、領事館ニ往ッテ（釜山ノ）訴ヘテモ分ラヌ、仁川ニ往ッテ訴ヘテモ捗ドラヌ、京城ノ公使館ニ往ッテ訴ヘテモ分ラヌ、已ムナク朝鮮政府ニ迫ッテ、通商規則ニ背キハシナイカ、兩國ノ間ニ結ビタル漁業規則ニ反對シハシナイカト云フ事ヲ申シタガ、是亦朝鮮政府ニ於テノ取上ガ無イ、是等ノ者ガ斯ノ如ク困難シテ居ルノニ、更ニ政府ハ顧ミナイト云フノガ質問ノ第四、……斯ノ如キコトヲモ日本ノ政府ガ捨置カレルノデアラウカ、然ラバ何故ニ政府ハ釜山ニ領事館ヲ置カレルノデアラウカ、何故ニ仁川ニ領事館ヲ置カレルノデアラウカ、何故ニ京城ニ公使ヲ派セラレル、ノデアラウカ、私共ノ一向了解スルコトノ出來ヌ事柄デアルノデアル、我々ハ是非トモ此ノ事ニ就イテ政府ニ質問シタイ、以テ大ニ政府ノ注意ヲ喚ビ、政府ガ如何ナル次第デ之ヲ緩慢ニ爲シ置カル丶カヲ、質問シタイノデアル

諸君、今是丈ノコトヲ再ビ約メテ申サバ、第一日本ハ金ヲ貸シテモ、政府ノ保護ハ少シモ無イト云フコトガ分ル、第二日本ノ結ビタル約束ハ、先方カラ破ラレテモ如何トモ仕方ガ無イノデアル、第三最惡國條款ガ兩國ノ間ニ在ッテモ、實際ハ更ニ行ハレテ居ラヌト云フコトガ分カル、第四拷問ノ耻辱ヲ受ケタル日本人ガ實際朝鮮ニ在ル、營業ヲ妨害セラレテ器械マデヲモ取上ゲラレタル日本人ガ實際ニアル、然ルニ政府ニ於テ之ヲ捨テ置カル、筈ハナイ、知ッテ然モ知ラザル眞似スル政府ニアラザルコトハ知リナガラモ、政府ハ更ニ之ヲ知ラザルモノヽ如クシテ居ルト云フコトヲ、角五郎ニ訴ヘラレタモノガアルノデアル、若シ又政府ガ之ヲ知ッテ處置セラレヌナラバ、角五郎ハ氣ノ毒ナガラ敢テ好ンデ言フノデハ無イガ、今日ノ政府ノ方針タルヤ、我々ノ信任スベカラザル方針ヲ採ルモノデアル、斯ノ如キ方針ヲ採ルモノニシテ、斯ノ如キ困難ナル共ノ條約ノ改正ヲ爲シ遂ゲントハ實ニ思ヒノ外デアルト云フコトヲ云ハナケレバナラナイノデアル、……是ニハ定規ノ賛成者モアルカラ、質問書ハ此ノ儘議長ノ手許ニ差出シ置キマスガ、諸君ハ何卒其ノ趣旨ヲ了解セラレテ、　角五郎ノ大体ノ趣旨ヲ賛成セラレンコトヲ望ムノデアリマス、

○太田實君(五十四番)　主査ノ武富君ニお尋ネシマスガ、朝鮮ノ領事ノ事デアリマスガ、朝鮮ハ隨分近年事柄モ多ウ御坐リマス、隨ッテ渡航者モ多イ、彼ノ東洋問題ヨリ云フテモ、其ノ邦ノ小イ割ニハ隨分日本ト關係ガ多イ、然ルニ辨理公使ヲ代理公使ト改メタニ就イテハ、豫算委員ハどう云フお見込ガアッテ、辨理公使ヲ代理公使トセラレタカ、其ノ據處ノ説明ヲセラレタイ

○武富時敏君(二百三十七番)　朝鮮ハ現今ハ代理公使デ御坐リマス、現今ノ儘デ差支ナイ見込デ御坐リマス

○山崎友親君(三十九番)　本員ハ此ノ外務省豫算査定額第二欵第十二項ノ宴會費ニ就イテ尋ネマス、先刻五十圓ヲ減ズヽコトヲ質問サレテ御答辯ニナリマシタガ、其ノ各公使館ニ配布シテそれ〳〵宴會費ガアリマスガ、其ノ宴會費ナルモノハ決シテ無益ノコトニ、徒ニ費ス積リデハアルマイト考ヘマス、然ルトキハ或ハ新年宴會トカ、又他ニ必要ノコトガアッテ、宴會ヲ開クコトガ屢〻アリマセウガ、其ノ邊ハどう云フ御調査デアリマスカ

○武富時敏君(二百三十七番)　豫算委員デ宴會費ヲ此ノ儘存シテ置ク以上ハ、是ハ必要ノ費用ト認メタノデ御坐リマス

○山崎友親君(三十九番)　併シ必要ト云フノハどう云フ點ニ依ッテ、必要トお認ニナリマシタカ

○武富時敏君(二百三十七番)　ソレハ外交上必要ト認メマシテ、又其ノ使拂ノ如何或ハ不必要ノ所ニ使ッテハ居ナイカト云フ御質問ニナリマスレバ、豫算委員ハ答辯ノ義務ヲ持チマセヌ、宴會費ノ如キハ政府案ノ通リニ豫算委員ハ同意ヲシテ居ル譯デ御坐リマス

○山崎友親君(三十九番)　本員ノ考デハ何レ豫算委員ニ於テソレヲ御調査ノ際ニ、必ズ必要ノモノデアルカ、ナイカト云フコトヲ充分お調ニナッテ、それ〳〵增減ノお見込ガアッタモノじやラウト考ヘマス、然ラバ此ノ點ニ於テモ其ノ儘ニ存スルト云フコトナラバ、斯く〳〵ノ必要ガアルト云フお見込ガアッタモノダラウト本員ハ考ヘル、一向其ノ理由モ見エナイ、唯政府ノ要求額ノ儘存スルト云ヘバ、少シク疑ガ起リマスカラ尋ネタ譯デアリマス、併シソレハ主査ニ於テお調ガナイト云ヘバソレ迄デ御坐イマス

○全院委員長(島田三郎君)　今度ハ是デ止メマス

○高木正年君(百十番)　先刻廳費ノ事ニ就イテ、充分御説明ガアッタヤウデ御坐イマスガ、尙要領ヲ伺ヒマス、豫算委員ノ廳費ニ依ッテ調ベラレテ、此ノ額ヲ認定セラレタノハ何ニ依ッタノデアルカ、即二十三年度ノ半期ノ現計ニ依ルトカ、若クハ廿二年度ノ現計ニ依ルトカ、三箇年ノ平均ニ依ッテ算出シタノデアリマスカ

○武富時敏君(二百三十七番)　ソレハ勿論前々年度ノ現計モ調ベ、前年度ノ比較モ取リマシテ、精算ノ出來テ居ル丈ハ精算モ致シマシタ、十九年度以後ノ歲出歲入ノ累年比較ヲ拵ヘマシテ、然ウシテ比較ヲ對照致シマシタ、併シナガラ必ズシモ前年度ノ比較ニ依ルトカ、或ハ二十二年度ノ現計ニ依ルトカ云フコトデハ御坐イマセヌ、ソレハ比較參照ニ供シタ丈デ御坐イマス

○宮崎榮治君(四十六番)　私ハ此ノ外國留學生費ノ査定ニ就イテお尋ネシマス、留學生ヲ召還スルトキハ、留學生ニ取ッテ誠ニ不幸ノコトデ御坐イマスガ、何カソレニ就イテハ理由ガアッテ、箇樣ニ査定ヲサレタノデ御坐イマセウカ、又此ノ留學生ト外務省ト約束等ヲシタコトハ、御坐イマセヌデ御坐イマスカ、ソレモ併セテお答ヲ願ヒタイ

○武富時敏君(二百三十七番)　此ノ歐羅巴ニ留學サセテアルノハ、別段ニ外務省ヨリ官費ヲ支給シテ、歐羅巴ニ留學サセル丈ノ必要ガナイト云フ意見ヨリ、之ヲ删除致シマシタ譯デアリマス、政府委員ニ問合セテ見マシタガ、別段約束ト云フ程ノコトハアリマセヌ

○端山忠左衞門君(百三十三番)　私ハ別段外務省ニ就イテノミ質問ハ致シマセヌガ、只今武富君ハ昨日ノ質問ニ答ヘルトカ、又ハ更ニ豫算委員會ノ全体ノ資格ヲ以テ、答辯ヲシテモヨイト云フヤウニ述ベラレタト聽取リマシタガ、果シテ右ノ如クナラバ茲ニ一回質問ヲシタイト思ヒマス

○全院委員長(島田三郎君)　然ウ云フ要求モアリマシタガ、ソレデハ諸事ガ錯雜致シマスカラ止メマシタ

○櫻井德太郎君(二百九番)　一寸尋ネマスガ、此ノ外國ノ旅費ノコトデ御坐リマスガ、此ノ旅費ノ定方ハ査定案ノ旅費査定表ニ依ッテお定メニナリマシタカ、査定額ノ旅費俸給額ニ依ッテお立テニナリマシタカ、お尋ネシタイ

○武富時敏君(二百三十七番)　在外公館ノ方デ御坐イマスカ

○櫻井德太郎君(二百九番)　左樣

○武富時敏君(二百三十七番)　ソレハ要求額ヲ其ノ儘ニシテ動カシマセヌ、豫算委員デ增減ノ意見ヲ付シタノハ、即内國旅費ノ方デ御坐リマス

○田邊有榮君(百七十九番)　どなたかお尋ニナッタ留學生ノコトニ就イテ(高聲ニ願ヒマス)先刻どなたか質問ニナリマシタ、外國留學生ノコトデ御坐リマスガ、歐羅巴ヘ留學シテ居ル學生ヲ召還スルト云フコトデ御坐リマスガ、留學生ハ修業ノ年間ナドモ御坐イマセウガ、どう云フ……之ヲ減ズルノハ何カ必要ヲ感ジテノ譯デ御坐リマスカ、或ハ此ノ途ニ使ウト云フ所カラ、留學生ヲ召還ス積リデ御坐リマスカ、其ノ邊ッ一應……

○武富時敏君(二百三十七番)　別ニ呼戾シテ何ニ使ウト云フ考ハアリマセヌ、即先刻お答ヲ致シマシタ通リ、別段歐羅巴ニ留學ヲサセテ置ク丈ノ必要ガナイト云フ意見ヨリ之ヲ删除致シマスノデアリマス

○田邊有榮君(百七十九番)　然ウシテ見ルト別段ニ……必要ガナイト云フタケノお考ヘデ删ルノデアリマスカ

○武富時敏君(二百三十七番)　左樣デス

○佐藤文兵衞君(二十一番)　今ノ留學生ノ事ニ就イテお尋ネヲ致シタイ、追々御答辯ニナリマシタケレドモ、留學生ノ費額半バヲ減セラレテ、唯必要ガ無イカラ減ジタト云ハルルケレドモ、既ニ留學シテ居ル其ノ生徒ハ何々學ヲ修メテ居ルガ、此ノ學ニ就イテ多額ノ費用ヲ費シテ、其ノ學ヲ修メサセルニ及バヌト云フコトガ、定マッテアラウト思ヒマスカラ、もう少シ委シク御答辯ヲ願ヒマス

○武富時敏君(二百三十七番)　只今ノお尋ハ其ノ留學生ノ修メテ居ル學科ヲお尋ノデアリマスカ

○佐藤文兵衞君(二十一番) 左樣デアリマス

○武富時敏君(二百三十七番) ソレハ先程カラ捜シテ居リマスケレドモ、書類ガ御坐リマセヌ取調ベタノデアリマシタガ、後デお廻シスル樣ニ致シマス

○佐藤昌藏君(七十八番) 武富君ニ伺ヒマスガ、最前御說明ノ中ニ歐羅巴ノ公使ハ、原案ニハ六名デお取調ベノトコロハ四名ト伺ヒマシタガ、其ノ六名ハ現在ノデアリマスカ、如何デ御坐リマセウ六名トナッテ居ルノハ……

○武富時敏君(二百三十七番) 六名ト云フノハ現在デハアリマセヌ、只今現在ノ公使ハ五名デアリマス、佛蘭西ノ公使ハ缺員ニナッテ居リマス

○佐藤昌藏君(七十八番) 成程其ノ五名ハどこ〳〵デ御坐リマセウ

○武富時敏君(二百三十七番) 其ハ豫算委員ノ意見ニハ關係ハアリマセヌカ、追テ政府委員カラデモお答ガアリマセウ

○佐藤昌藏君(七十八番) いや其ノ五名ノハ、現在在官シテ居ルトコロノ者ヲ減ジヤウト云フお見込ガ立タナケレバナルマイト考ヘル、然ルヲソレハ政府ノお見込ト云フコトデ、之ヲ御減少ニナッタナラバ、大ニ差支ヲ見ヤウト考ヘル、そこデ在官ハどこ〳〵デ、其ノ中ニ之ヲ減ズルト云フお見込ガ立タナケレバ、其ノお取調ハ成リ難イコト、考ヘマスカラ、お取調ノ御趣意ヲ伺ヒタイノデアリマス

○武富時敏君(二百三十七番) ソレハ委員ノ方デ考ヘハアルガ、是ハ色々外交ニモ關係ガアルカラ、答ハ出來マセヌ

○佐藤昌藏君(七十八番) 勿論外交ニ關係ヲ致シマスカラ、お尋子致シマスノデアリマス、即今ノ際外交ハ大問題ノ事デアッテ、公使ノ釣合ニ就イテハ、從來ノ關係ガ莫大ナ事ト考ヘマスガ、ソレヲどう云フお見込ガ立ッテ、御減少ナサレタト云フコトヲ伺ハナケレバ、私共ハ大イニ惑ヲ生スル次第デアル

○武富時敏君(二百三十七番) ソレハ矢張お尋ノ通リ四人デちつトモ差支ハナイト云フ考ヘデアリマス、其ノ人員ノ配置等ハ政府デ然ルベク處置アルデアラウト信ジマス、委員ノ方デ何レノ公使ヲ罷メテ、何レノ公使ヲ置クト云フ樣ナ事ハ、取調ハセヌデハ御坐リマセヌガ、ソレハ……

○佐藤昌藏君(七十八番) 其ノ見込デ費用ヲ減ジヤウト云フお見込デアリマスカ、外交ノ事ニハ差支ヘナイト云フ所ノお見込カラ、お調ベニナリマシタモノデアリマスカ

○武富時敏君(二百三十七番) 勿論外交ノ上ニ、今日ノ日本ノ外交ノ程度ニ於キマシテハ、歐羅巴ニ四人公使ヲ駐在サセレバ、澤山デアルト云フ考ヘデ、外交上ニハちつトモ差支ヘナイト云フ見込デアリマス

○佐藤昌藏君(七十八番) 然ウイフお見込ナラバ、ソレニ從ッテ置クヨリ仕方ガナイ

○天野若圓君(百九十二番) 武富君ニ伺ヒマスガ、朝鮮佛蘭西ノ公使館……佛蘭西朝鮮ノ公使館ノ修繕費ハ……ト云フコトデアリマセウカ、之ヲ一ツお尋ヲ致シマス、又第七項ニ地所家屋借料ニ於テ、領事館ノ借料ヲ除イテアルノハ、廣東領事館ヲ除クト云フノデ、借地料ヲ除イタノデアリマスカ

○武富時敏君(二百三十七番) 第一ノお尋ハ此ノ朝鮮公使館ノ修繕費ハ、何處デヤルカト云フヤウナお尋子ト聞キマシタガ左樣デスカ……

○天野若圓君(百九十二番) 何故除クト云フノデス

○武富時敏君(二百三十七番) 朝鮮公使館ノ修繕費ハ除キハ致シマセヌ成程通常歳出ノ方カラ除イテアリマスガ、臨時歳出ノ方デ、臨時歳出第一款ノ第五項第五目ニ、朝鮮公使館修繕費ガ……デアリマス、ソレカラ佛蘭西ノ公使館ノ修繕費丈ハ、必ラズシモ今年度ニ於テ修繕致サナケレバナラヌト云フ丈ノ、必要ガアルマイト云フ考デ、ソレ丈ハ除キマシテ御坐イマス、朝鮮公使館ノ方ハ即臨時ノ方ニ……デアリマス、是ハ修繕ノ性質ハ臨時ニ屬スベキモノデアルト云フ意見デ、經常カラ臨時ニ移シタノデ削除デハナイ、最ウ一ツハ借家料ノ千二百圓ヲ減ジタノハ、廣東ノ領事館ノ借家料八百五十圓トヲ併セテ、二十四年度ニ置キマシテ、領事館ハ借家ノ滿期ニナッテ、借替ヲ致スノデアリマス、其ノ借替ノ爲ニ政府ノ要求額ハ、二百五十六圓ト云フ增額ヲ見積ッテアリマス、其ノ借替ヲ致シマスニ就キマシテ、成丈費用節減ノ點ヨリシテ、是迄ヨリハ安イトコロノ家ヲ借リテ貰ヒタイト云フノハ、委員ノ考デ其ノ增額ニ係ル丈ノ金額ヲ削リマシテ、猶其ノ上ニモ百圓ヲ削ッテアリマス……

○佐藤昌藏君(七十八番) 今ノ外國公使館ハ隨分見苦シイコトハシテ置キタウナイノデスガ、佛蘭西公使館ノ修繕費ハ、一年有餘ハ別ニ修繕スルニ及バナイト云フノデアリマスカ

○武富時敏君(二百三十七番) 左樣お尋ノ通り

○菅了法君(六十一番) 此ノ査定案ノ方デ官吏ノ俸給ノ分ハ、別ニ此ノ官制改革ノ項目ニ揭ゲテ御坐リマスカラ、是デ明瞭ニ分リマスルガ、其ノ外ノ修繕費デ御坐ルノ、旅費デアルノ、又ハ雜給デアル、廳費デアルト云フ分ニ至ツテハ、是ハ頭カラ割引ニシタモノデハナクシテ、其ノ實際ヲ視察シテ、然ウシテ實費ヨリ積算シタル高デアルト云フ御說デアリマシタガ、果シテ左樣デアレバ、實際視察ニナッテ積算シタトコロガ、是々ニナッタト云フ要領ノ御說明ヲ願ヒマス

○武富時敏君(二百三十七番) ソレハ先程申シタヤウニ覺エマス、其ノ實際ニ就キマシテ節減ヲ加ヘマシタ手續ハ、先程どなたカノお問ヒニ對シテ答ヘマシタ

○菅了法君(六十一番) 其ノ要領丈ヲお述ヘニナルコトヲ……ソレナラ各項ニ就イテお尋ネ致シマセウ、然ラバ此ノ外務本省ノ中ノ、修繕費ト云フモノヲ減シテ御坐リマスガ、どう云フ譯デ……

○武富時敏君(二百三十七番) 本省ノ修繕費ハ說明ニモアル通リ、三箇年ノ平均ニ依リマシタノデ……

○菅了法君(六十一番) ソレデハ次ニ……

○全院委員長(島田三郎君) 何分應答ニナリマスト音聲ガ低ウナリマシテ、全會ノ諸君ニお聽取リガむづかしイト存ジマスカラ、最ウちつト高聲ニナサラヌト……質問ガ再ビ重ナリマスカラどうか……

○武富時敏君(二百三十七番) 旅費ノ積算ハ參考書トシテお廻シ致シテアリマス、其ノ給額ハ本年度即二十四年度ニ……シマシタ額ハ、即豫算委員ノ査定額デアリマス

○天春文衞君(百一番) 諸君ノお尋ニヨリマシテ、粗ボ了解シマシタケレドモ、倘一二點承リタイ、此ノ說明書ノ中ノ六枚目ノ第二項デ御坐リマスガ、玆

ニ廣東領事ハ……新設ニナルガ故ニ、廢シタモノト考ヘマスガ、然ウシマスルト、孟買ノ方ニ置イテアルノハ、孟買ノ方ヲ必要ト見テ置イタノデアルカ其ノ邊ヲ承リタイ、尚先刻妻費ヲ廢セラレタ公使以下ノ分デアル、我々ノ聞クトコロニ依レバ、隨分外交官ハ費用ノ多分カヽルモノト聞イテ居リマスガ、公使ニ妻費ヲあてがひマシテ、其ノ以下ノトコロヲ削ツタト云フ精神ヲ承リタイ、尚此ノ八枚目ノ第九項ノ、伯林領事事務所費ト云フモノヲ廢シテアリマスガ、然ルニ是ハ本員ノ考フルトコロニ據リマスト、公使館ノアルトコロダカラシテ、ソレデ支辨スルト云フヤウナ考ヘデ、調査委員ガ廢セラレタモノト思フ、然ラバ此ノ倫敦、或ハ朝鮮京城ノ費用ト云フモノト、其ノ權衡ハ如何ナルモノデアリマセウカ、其ノ邊ヲ承リタイノデ……

○武富時敏君(二百三十七番) 第一點ノお尋ネ即廣東ノ領事館ヲ廢シテ、孟買ニ置イタノハ、孟買ノ方ハ廣東ニ比シテ必要デアルカト云フお尋ネハ即お尋ノ通リデアリマス、ソレカラ公使ヲ除キマスル外ノ妻費ヲ削ツタノハ、公使ヲ除クノ外ハ必ズシモ妻ヲ携帶シマセンデモ、外交上ニ差支ガアルマイト云フ意見デ削ツタノデアル、ソレカラべるりんノ事務所費ヲ削リマシタノハ公使館ノアル爲ニ削リマシタノデハ御坐イマセヌ、べるりんノ方ハ日本ヨリ通商ヲスルコトガ至ツテ少ク、殆ト無イト云ツテモ宜シイ、別段ニ領事ヲ置クノ必要ガナイト云フ考ノ所ヨリ、名譽領事ノ事務所費二千五百圓餘ヲ削除シタ譯デアリマス、

○熱海孫十郎君(十六番) 大低諸君ノ質問デ分リマシタヤウデアリマスガ、尙一言委員ノ答辯ヲ願ヒタイノハ、先刻佐藤君カノお尋ニ就キマシテ、公使二名ヲ除クノハソレハ政府ノスル所デ、委員ノ關係スルコトデナイト云フコトデアルガ、國ニ依ツテハ隨分關係ガアルト思ヒマス、又國ニ依ツテハ遠近モ御坐イマシテ、航海旅費ニモ多少ノ逆モアリマセウ、又俸給ニ於テモ多少逆ガアルト云フコトハ當リ前ノコトデ、何處ノ公使カ分ヲヌナラバ、減額ノ所ニ至ツテ困ルコトガアルト考ヘマス、其ノ邊ハどう云フお考デ御坐イマセウカ、又御答辯ノ中ニ外交上ノコトデアルカラ、どうモ國ヲ指スコトハ出來ヌト云フお話デアルガ、既ニ此ノ說明中ヲ見マスルト云フト、朝鮮ノ辨理公使ヲ置クノヲ代理ノ公使ニスルト云フノハ國ヲ指シテ、或ハ辨理公使、代理公使ト區別シテ置イテアルカラ、何モ領事バカリ置イテ公使ヲ置カヌト云フ、其ノ國ヲ指シテ云ヘナイト云フコトモアリマスマイト思ヒマス、其ノ他ノ事ハ一ツ私ノ考迄ニ、若シお調カ附イテアルナラバ伺ヒタイノハ、此ノ官制法ノ中ニ關係ヲ及ボスガ、公使領事其ノ他外交官ノ俸給ト云フモノハ、其ノ儘据置キマスノデ御坐リマスノカ、是ガ見エマセヌヤウデアリマスガ、是モ自分ノ取調ノ爲ニ伺ヒタイ

○武富時敏君(二百三十七番) 外交官ノ俸給ハ是迄ノ通リ、ソレカラ國ヲ指シテ說明ヲ致シタノハアリマセヌ、朝鮮ニ居ルノガ今ノ公使デアリマス、ソレヲ其ノ儘ニシテ置カウト云フノデ、故ニ朝鮮ノ公使ヲ廢スルトカ、或ハ亞米利加公使ヲ廢スルトカ云フコトハ更ニアリマセヌ

○熱海孫十郎君(十六番) 若シ此ノ席デ御答ガ出來マセヌナラバ、どうかお調ノ當時ノ事ノ筆記ナリトモ、印刷ニシテお廻シニナランコトヲ望ミマス

○武富時敏君(二百三十七番) 委員會デモ其ノ儀ハ御坐イマセヌ、各委員中ノ胸中ニハ考ハ御坐リマセウケレドモ、委員會デ討論ヲシタ譯デハ御坐イマセヌカラ、從ツテ其ノ筆記モ御坐イマセヌ

○熱海孫十郎君(十六番) ソレカラ俸給ハ公使二人アツテ幾ラ、或ハ領事ヲ置ク爲ニ幾ラノ金ガ減ルト云フ取調ガアラバ、お廻シヲ願ヒタイ

○豫算委員(武富時敏君) ソレハ御覽ニ入レテモ宜シウ御坐イマス、……追ツテお廻シヲ致シマス

○菅了法君(六十一番) 私ガ初ニお尋ネ申シタノハ、少シ辯ガ足リマセヌカツタト考ヘマスカラ、最ウ一應お尋ヲ致シマス、即此ノ節減ヲ加ヘテ御坐イマスル、其ノ理由ノ要領ヲ答ヘテ貰ヒタイト云フノハ、即一寸御說明ニハナツテ居ルガ、其ノ說明ニ於テ足リナイ所ガアルト思フ、例ヘバ此ノ修繕費ニ於テ佛、朝兩國公使館修繕費ト云フモノヲ削除シタノデアルガ、是ハ必竟不用ト認メタノカ、ソレハどう云フ譯カ、又朝鮮居留地ノ警部巡査ノ手當ヲ減ジタノハ、コレハ從前ノハ加例デアツテ無用デアルト云フノデ減ジタノカ、或ハ地所借地料ニ於テ、領事館ノ借地料ト云フモノヲ削除シテ仕舞ツタガ、コレハ何處ノ領事館ノ借地料ヲ減ジタノカ、一般ニ減ジタノカ、どう云フコトカト云フヤウノコトヲ伺ヒタイ

○武富時敏君(二百三十七番) 朝鮮居留地ノ手當ヲ減ジマシタ外ニハ、只今お問ノハ凡ヘテどなたカニお答ヘ申シタ事バカリデアリマス、朝鮮居留地ノ手當ヲ減ジマシタノハ、委員ノ見込デハ詰リ俸給ノ額丈ヲ手當トシテ支給スルト云フコトニシタノデ、即內國ノ警察官ヨリモ二倍ノ給料ヲ受ケルト云フコトデ、先ヅソレデ適當ノ程度デアラウト云フ考デアリマス

○菅了法君(六十一番) 其ノ他ノ分ハ既ニお答ガアツタナラバ、別ニお答ニモ及ビマセヌ

○武富時敏君(二百三十七番) 其ノ他ハ皆答ヘタヤウデス

○山田泰造君(二百六十三番) 若シ此ノ事モ御承知デアルナラバ承リタイノデアリマスガ、留學生ノ旅費ガ減ジテアリマスガ……(低聲ニシテ聽取レズ)其ノ留學ヲスルニハそれ〴〵ノ目的ガアルノデアラウト思ヒマスガ、どう云フ目的デ留學ヲサセテアルカ、ソレヲ一ツ承リタイ、次ニ留學ヲシテ居ル人員ガ大抵お分リニナラウト思ヒマスガ、人員ハどノ位デアルカソレヲ……

○武富時敏君(二百三十七番) 歐羅巴ニ往ツテ居リマスル生徒ノ數デアリマスカ

○山田泰造君(二百六十三番) 左樣デス

○武富時敏君(二百三十七番) ソレハべるじゆむニ一人、西班牙ニ四人、都合五人デアリマス

○山田泰造君(二百六十三番) ソレデハ人員ニ拘ラス減ジタノデアリマスカ、……人員ヲ減ズルノデハナク廢シタノデアリマスカ

○武富時敏君(二百三十七番) 歐羅巴ダケハ皆ナ止メルノデアリマス

○山田泰造君(二百六十三番) 第一ノ質問ハ分リマセヌカ

○武富時敏君(二百三十七番) 最ウ一度どうか……聽取レマセンデシタ

○山田泰造君(二百六十三番) 此ノ留學生ハどう云フ目的デ、官費デ留學サセテアルノカト云フ事デアリマス

○武富敏時君(二百三十七番) ソレハ無論外務省ノ方デ差圖シテアルコトデ

アリマスカラ、矢張外交ノ目的デ御坐イマセウ
○石田貫之助君(三十二番) 私ハ質問デハ御坐イマセヌガ、只今此ノ査定案ニ就イテ各員カラ御質問ニナリ、豫算委員カラモお答ニナリマスガ、是ハ先刻來段々御請求モアル通リ、私ニ於テモ今少シ詳細ニ主査ヨリ御陳述ニナルヤウニ冀望致シマス、何トナレバ折角調ベラレタコトデアルカラ、……今一例ヲ擧ゲテ見レバ、外國ニ留學サセテアルハ何處ノ國ト何處ノ國デアツテ、之ヲ廢スルコトニシタニハ、必ズ利害ヲ探究レテ定メラレタコト、思フカラ、是ハ如何ナル性質ノモノデアツテ、左程ノ益ガ無イトカ有ルトカ、益ノ無イト云フ其ノ理由ハ斯ク／＼デアルト云フコトヲ質問ガナクテモ、主査ヨリハ御報道ニナルヤウニ致シタイ、左樣致シマスレバ諸君ガ各自ニ起ッテ、一々會長ヲ呼バレマスル時間ヲモ省クコトモ出來、充分徹底スルコトヲモ出來マセウト思ヒマスカラ、どなたニ拘ラズ左樣ノ都合ニ願ヒタイ、私ナドハ主査デモ何デモ無イガ、第三科ニ於テ或ハ答辯ノ責ニ當リマシタナラバ、左樣ノ手順ニシタイ考デアリマス、豫算委員トシテ私ガ箇樣ノコトヲ申シテハ可笑シイガ、大層諸君ノ御滿足ニモナリ御便利ニモナラウト思ヒマスカラ、どうゾ……
○武富時敏君(二百三十七番) 併シ最早段々ノお尋ニ對シテ答ヘマシタカラ、別ニ答フルコトモナイ、然ルニ尚又始ヨリ終マデヲ述ベマスルト、只今お答ヘシタコトヲ又繰返スト云フヤウニナリマスカラ、ソレデハ却ツテ……
○石田貫之助君(三十二番) 孰レそんナ事ニモナリマセウ、(欠席スル人モアリマスカラ)ソレハどうモ免レマスマイガ、成ルベク滿足ヲ與ヘラルヽヤウニ致シタイカラ、質問ガ無クトモ辯明サルヽダケハ辯明アルヤウニ願ヒタイ
○武富時敏君(二百三十七番) ソレハ私モ其ノ通リニシタ積リデアリマス
○木暮武太夫君(百四十八番) 私モ一寸質問シタイ、ソレハ公使ヲ減ジタト云フ其ノ理由ガ承リタイ、先刻どなたカラカ説明ヲ乞ハレタ時ニ、すつかり答フルコトハ出來ナイト云フコトデアリマシタガ、元來公使ヲ廢スルナド云フコトハ、なか／＼交際上其ノ他ニ容易ナラヌ關係ヲ持ッテ居ルモノデアル、ソレ故ニ之ヲ廢スルナラバ廢スルト云フ理由ヲしつかり言ッテ貰ヒタイ、ソレデ無クテハ困リマス、例ヘバ歐羅巴ノ中デ二箇處ノ公使ヲ廢メル、ソレハ何處ノ國ハ通商ノ關係ハどうデアル、交際ハどうデアル故ニ、是ハ廢メテモ宜シイト云フノ理由ガナイト、只費用ヲ減ズルト云フダケデハ甚ダ困ル故ニ、詳ニ主査カラノ理由ヲ開キ、尚主査ニ於テ其ノ調ガ充分デナクテ分ラヌナラバ、後日デモ宜シイカラ明細ニ之ヲ承リタイ
○武富時敏君(二百三十七番) 公使ハ一モ廢メハ致シマセヌ、詰リ歐羅巴ニ駐在スル公使ハ四人デ、歐羅巴全体ノ交際ヲ爲シ、各國ノ信ヲ取ラセルト云フノデアリマス、一國モ公使ヲ廢シタ處ハアリマセヌ
○島田孝之君(百四十九番) 先刻どなたヤラカ外國留學生ニ就イテノ質問ガアリマシタガ、其ノ御答辯ニ歐羅巴ニアルノハ、皆ナ削除シタト云フコトデアリマシタガ、其ノ他ノ東洋ニハ何處々々ニ留學生ガアリマスカ伺ヒタイ
○武富時敏君(二百三十七番) ソレハ支那ト朝鮮トニアリマス
○島田孝之君(百四十九番) ソレハ何故ニ廢サレナイノデアリマスカ
○武富時敏君(二百三十七番) 彼ノ兩國ハ留學生ヲ置クノ必要ガアルト認メメノデ御坐リマス、交際上ト云ヒ彼此種々ノ必要ガアルト云フ考デ御坐リマス
○木暮武太夫君(百四十八番) 一寸只今ノ事デ伺ヒタイ、公使ノ二八分ノ俸給ヲ減ズルト云フノデアルガ、(無論公使館ヲ廢メルノデハアリマスマイガ)詰リ公使ニ兼帶デモサセルト云フコトデ御坐リマセウガ、ソレハ何處ノ國ト何處ノ國デアルカト云フコトヲ承リタイ
○武富時敏君(二百三十七番) ソレハ委員デ致スコトデハ御坐リマセヌト考ヘマス、ソレハ政府デ適宜ニ處置スルデアラウト信ジマス
○長尾四郎右衛門君(百六十三番) 會長、會長……
○全院委員長(島田三郎君) 質問ガアルナラバ主査ガ議席ニ戻リマシタカラ、少シ高聲ニ問答ニナリマスルヤウニ……
○長尾四郎右衛門君(百六十三番) 外交旅費ヲ削除シタハ、是ハ二十四年度ノ外國ノ公使杯ハ、總テ交替モナク、喚還シモナク、居坐リニスル積リデアリマスカ
○武富時敏君(二百三十七番) 只今ノお問ハ少シ聽取リ兼マシタカラ、甚御面倒ナガラ今一應……
○長尾四郎右衛門君(百六十三番) 第六項デアリマス、外國旅費ヲ削除シタ爲ニ二千六百九十二圓四十二錢ヲ減シタト云フ理由ヲ聽キタイノデス
(無用々々ト呼ブ者アリ)
○箕浦勝人君(二十三番) 私カラお答ヲ致シマセウ、只今ノハ本省ノ方デスカ本省ノ旅費ヲ二千圓削ツタノデアリマス、是ハ二千圓位……本當ニ外國ヘ行クニハ二千圓位デハ足ラヌノデアル、ほんノ朝鮮トカ、支那トカ云フ所ニ行クコトハ出來マセウケレドモ、併シ一体ニ歐羅巴各國ヲ廻ツテ、或ハ會計ノ檢査杯ヲスルニハ、斯ノ如キ程ノ高デハ到底足ラヌノデアル
○長尾四郎右衛門君(百六十三番) いや／＼高官ノ第六項デス
○武富時敏君(二百三十七番) 旅費ヲ削除シタノハアリマセヌ、ソレハ矢張本省ノ方デアリマス、本省ノ方ノハ唯今二十三番ノ申シマシタ通リデアリマス

○佐竹義和君(六十番)　佐竹義和ハ……義和ガ尊敬シ、同時ニ信用スル所ノ豫算委員諸君ハ、昨年政府ガ提出致サレタ所ノ明治二十四年度歳計豫算表、斯ル浩瀚ナルモノヲ十二月六日ヨリ同月二十七日迄、十四日間ノ間晝夜ヲ分タス孜々トシテ、斯ノ如キ綿密ナル調査ヲ致シタル所ノ勤勞ヲ謝シマス、其ノ勤勞ヲ謝シツヽモ、私ハ此ノ査定案ニハ反對ノ意見ヲ有シテ居ルモノデ御坐リマス、即此ノ査定案ハ本議院ニ於テ是認スベカラズト云フ意見ヲ有シテ居ルモノデ御坐リマス、　即西君ノ提出ノ動議ニ贊成致スモノデ御坐リマス、デ何故此ノ査定案ヲ是認スベカラザルモノト申シマスカト言ヘバ、即此ノ査定案ハ違法ノ査定案デ御坐リマス、違法ノ査定案デナイト云フコトヲ、反對ノ名士ノ方々ガ陳ベラレマシタガ、違法ノ査定案デアルト云フ證據ヲ擧ゲテ見マセウ、デ此ノ説明書ノ中ニ「官等俸給ヲ改メテ職給トナシ且官吏ノ員數及ヒ其ノ俸給ニ適當ノ減削ヲ加フ」云々ト云フコトガアル、此ノ官等俸給ヲ改メテ職給トスルトカ云フコトハ、官制ヲ改メルト云フコトデアル、俸給例ヲ改改メルト云フコトデアルガ、本議院ハ官制ヲ改メタリ、俸給例ヲ改メタリスル所ノ權限ガアルヤ、否ヤト云フ問題ヲ提出致サナケレバナラヌ、本議院ハ決シテ官制ヲ改メタリ、俸給例ヲ改メタリスルヤウナ權限ハナイモノダト云フ事ヲ斷言致ス、デ是ハ憲法ノ正條ヲ擔出シテ喋々辯スルニ及バヌ、憲法ノ始カラ仕舞マデ一讀スレバ能ク分ル事デアル、又斯ウ申シマスレバ豫算委員諸君ハ、是ハ只標準ヲ示スノミデアルト申スカ知ラヌガ、成程先キニ書イテアル「官制其他ノ改正ヲ行フベシト云フニハアラズ政府若シ別ニ方案ノアルアラバ之ヲ取ルモ可ナリ」ト云フ遁辭ガ書イテアル、本員ハ此ノ末項ノ言葉ヘ是ハ遁辭ト見做スデアル、なぜ遁辭デアルカト申シマスレバ、前ノ項ニ於テハ俸給ニ適當ノ削減ヲ加フル見込ト云フ、見込ハ即豫算委員諸君ノ意思デアル意見デアル、即仕舞ノ項ニ對シテ力ノナイモノデアル、ヨシ一歩ヲ讓リテ仕舞ノ項ノ「官制其他ノ改正ヲ行フベシト云フニハアラズ」ト云フコトナラバ、是モ査定案ヲ排擊セネバナラヌ理由ガアル、なぜト申スニ「行フベシト云フニハアラズ」ト云フ一個ノ言葉ト云フモノハ、誠ニ議論ノ薄弱ナル意見ノ定ラヌモノデアル、本議院ハ六十四名ノ名士諸君ガ集ラレタモノデアルカラ、議論ノ定ラヌ薄弱ナルモノデハアルマイト思ヒマスガ、末項ノコトガ豫算委員ノ精神デアルト云フコトナラバ、本員ハ議論ノ定ラヌ薄弱ナルモノト斷言致シマス、議論ノ定ラヌ薄弱ナル豫算査定案ヲどうシテ本議院ハ是認スベカラザルモノト斷言致ス、ソレデ前ノ項ニ立戻ツテ「官等俸給ヲ改メ云々」ト云フコトニナルト、違法ト云フコトハ前ニモ申シマシタガ、又末ノ遁辭デ誤魔化サウト云フコトデアルナラバ、誤魔化サレヌト云フ證據ヲ一ツ擧ゲマス

是ハ各省ノ部ニ在リマスケレドモ、外務省ガ一番前ニ在リマスカラ外務省ノコトヲ申シマセウ、勅任俸給ニ於テ總説明ニ記載スル所ノ國庫ヨリ擬ラ〳〵減ズルト云フコトガ書イテアル、然ウスルト云フト末項ノ官制云々ヲ行フベシト云フニハアラズト云フコトハ、決シテ望マレヌモノデアル、前ニハ官等体給ヲ改メルト云フ精神デアルニ、茲ニ就イテ申シマスレバ、又其ノ先キノ非職給ヲ廢スルコトハ皆各省ノ部ニアルデアル、シマスルト前ニ書イテアル意見ハ即査定調査シタル所ノ見込デアル意見デアル、豫算委員ノ意思デアル、意思デアル已上ハ即本議院ガ立入ルベカラサル處ニ立入リタル所ノ精神ヲ以テ調査シタモノデアルカラ、本議院ガ是認セヌコトハ我輩ノ喋々ヲ待タヌコトデアルト思フ

ソレカラ伺不都合ナル不親切ナル、査定案デアル一例ヲ擧グマスレバ、警視廳ヲ東京府ニ合併スルト云フコトガアル、東京府ニ移スト云フコトガアル、是ハ即云フ迄モナイ事デ官制ニ喰入ツタ話デアル、官制ヲ改メルコトデアル、先ヅ是ハ本議院ガ官制ニモ侵入シ、官制モ改メルト云フ所ノ權限ガアルモノト一歩ヲ讓リテ論ジタル所ガ、實ニ不都合ナルコトハ全体此ノ警視廳ト云フモノハどう云フモノデアルカ、東京府ノ東京市ト云フモノハ、どう云フモノデアルカト云フコトヲ吟味セネバナラヌ、デ此ノ東京ハ他ノ府縣郡市トハ違ヒ、日本大政府ノアルトコロデアルカラシテ見マスルト、他ノ府縣ヨリハ特別ナル行政警察ナリ司法警察ナリ、多數ヲ要スルコトハ分ツテ居ルデアラウ、特別ナル警察官吏ヲ要スル、何ガ爲ニ要スルカ即日本大政府ノアル處デアル、シテ見レバ特別ノ警察官吏ヲ要スルハ取モ直サズ、國家全体ノ爲ニ置カナケレバナラヌト云フコトガアル、國家全体ノ爲ニ特別ノ警察官吏ヲ置カナケレバナラヌモノヲ、此ノ警視廳ヲ東京府ニ移スト云フコトハ、抑〻東京府ノ府民ニ對シテ不親切ナル言葉デアル、不親切ナル意見デアル、國家全体ノ費用ヲ東京府民ニ負ハセウト云フコトハ、我々代議士ガ苟モ是認スベカラザルモノデアル、箇樣ナ不公平ナルコトハ我々ガ承知セラレヌモノデアル、國是、地方政治ノ何タルヲ知ラザル者ノ意見ト言ハナケレバナリマセヌ、若シ本員ヲシテ東京府民タラシメバ、假令衆議院ガ議決シ、大政府ガ是認シテ之ヲ發布スルト雖、容易ニ服セヌ積デアル、箇樣ナコトハ到底行ハレヌコトデ、到底本議院ガ是認スベカラザルモノデアル、是ト同一ニ對馬ヤ或ハ大島等ノ警察ノ費用ヲ減ズルト云フコトデアルガ、成程國費多端ノ折カラナレバ、減ズルモ尚可ナリ、併ナガラ官吏ノ体給ヲ減ズレバあ、云フ水上ニアル寥レイ處ノ孤島ノ人民ヲ保護スル所ノ費用ヲ減ジナケレバナラヌト云フノハ、是モ亦解ラヌ論ト思ヒマス、箇樣ナル大体ヲ誤ツタ所ノ査定書ハ、到底本議院ガ是認スベカラザルモノデアル、デ、又文部省ノ部ニ付イテ申シマスレバ、高等中學校ヲ廢スルト言フコトガアルガ、高等中學校ヲ廢スルト云ヘバ成程口ハ一言デ、何デモナイ樣ダガ、是ハ國家ノ大計ヲ誤リ國家ニ不親切ナル意見ヲ以テ、査定シタモノト考ヘル、斯ク申スト本員ハ高等中學校ヲ何時マデモ存シ置クト云フ、意見ヲ有シテ居ルト云フ樣ニ聽取ルモノモアラウガ、本員モ高等中學校ハ早晚之ヲ廢スルト云フ意見デアルガ、今日ノ……全体中學校ノ制度ハ、文部大臣ガ制度ヲ誤ツテ居ル、價丈ノ効用ヲナシテ居ラヌト云フ考ヘハ本員モアルガ、廢スルト云フ意見ハ同一ナレドモ、是ニ時機ガアル、明治二十四年度ヨリ之ヲ廢シタ時分ニハ、殆三千七百余ノ高等中學校ノ生徒ハ、是カラ進學ノ道ヲ遮斷サレテ、渡リニ舟ヲ奪ハレタト同樣ニナツテ、詰リ國家ノ大計ヲ誤ルモノデアル、我々今日日本ノ前途ヲ考ヘテ見ルト、中等以上ノ教育ヲ受ケタ者ニ望ミヲ圖シナケレバナラヌ、日本ノ政治殖產工業ノ道ヲ謀ルト云フニハ、是等ノ人ニ大キニ望ミヲ圖サナケレバナラヌモノデアル……左樣ニ

望ミヲ闘サナケレバナラヌ、又種々ノ志ヲ抱イテ居ル生徒ハ、孜々トシテ勉強シテ居ル所ノ學校ヲ、三月三十一日限ニ廢シテ仕舞ツテ、善後ノ策ヲ講ジナイノハ、即國家ニ對シテ不親切デアル、國家ノ大計ヲ誤ル意見ヲ抱イテ査定シタルモノデアル、本議院ガ是認スベカラザルモノデアル、尚不都合ナル點ヲ擧グルト佛蘭西ヤ、朝鮮ノ公使館ノ修繕費ヲ削除シタルコトデアル、是等モ……

（今日議スベキデナイ問題外ナリト呼ブ者アリ）

決シテ問題外デハナイ、是等モ國家ニ對シテ不親切ノ意見ヲ以テ査定シタモノデアル、故ニ本議院ニ於テ是認スベカラザルモノデアル、何故國家ニ對シ不親切デアルト云フト、全体朝鮮ヤラ、或ハ佛國ヤラニアル公使館ハ、ドノ位破壞シテ居ルカ知ラヌガ、併ナシガラ修繕ヲスルト云フコトデアル上ハ、破レテ居ルニ違イナイ、外國ニアル公使館或ハ領事館ニ、雨漏リ壁落チテ居ツテモ搆ハヌト云フノハ、即日本ノ國威如何ヲ區別シナイ、國家ニ對シテ不親切ノ意見ヲ持ツテ査定シタモノデアル、是モ本議院ニ於テ本案ヲ是認スベカラザル一ツノ理由デアル、ソレカラ前ニ申シタル違法ノ査定デアルト云フコトヲ能ク確メマスレバ、臨時一般支出ヨリ特別會計ニ移シタノハ、明治二十三年、法律第二十一號ノ第五條ニ抵觸シタルモノデアル、是ハ即違法ノ査定案ト云フコトハ明瞭デアル、違法ノ査定案デアル、又國ノ大計ヲ誤ル、國家ニ對シテ、不親切ナ意見ヲ以テ査定シタモノデアルカラ、本議院ニ於テ是認ス可カラザルモノデアルト云フ理由デアリマスガ、此ノ點ニ於テハ諸君モ御異議ハナカラウト思ヒマス、若シ有ルナラバ國政ノ何タルヲ知ラヌモノデアルト云フハ、失禮デアルカハ知ラヌガ、御意見ヲ誤ツタモノト云ハナケレバナラナイ、最ウ別ニ意見ハ述ベマセヌガ、此ノ査定案ハ國家ニ對シテ不親切ナル意見ヲ以テ定メラレタモノデアル、違法ナモノデアルカラ本議員ハ西君ニ贊成シ、本議院ニ於テ是認スベカラザルモノデアルト考ヘマス

○政府委員(遞信次官前島密君)　少々お待チ下サイ……咽喉病ノ爲ニ堪ヘマセヌカラ……(前島君暫時發言ヲ止ム)お答ヲ致シマス、此ノ歳出入ト丁度正比例ニ參ッテ居リマセヌモノガ御坐イマス、又丁度……

(今井磯一郎君、議場ノ後ガ大分騷シクテ聞エマセヌカラ、御制止ヲ願ヒマス)

其ノ比例ヲ履ンデマイリマスコトノ出來マスルモノモ御坐リマス、サリナガラソレモ又自ラ變ッテ參ラウト……將來ニ至リマシテ變ッテ參リマセウト存ジマス、其ノ終始相比例シテ行キ兼子ルコトヲ一應お話シ致シマス、例令ヘバ鐵道ガ延長致シマシテ、是迄人夫ヲ以テ運ンデ居リマシタモノヲ、鐵道ニ載セマスコトヤ、其ノ鐵道ノ東海道ノ如ク追々其ノ他ニモ及ボシマスガ、鐵道ノ滊車中ニ所謂郵便局ノ如キモノヲ設ケマス、其ノ滊車室内ニ於テ區分ヲ致シマス、之ガ爲ニ人ヲ增スト云フコトガアリマス、鐵道ガ通ジタナレバ丁度其ノ割合ニ減ズルデアラウト云フお考ガ御坐リマセウナレトモ然ウハ參リマセヌ、鐵道ヲ一車借リテ全車ヘ積ムコトガ出來ナイト云フコトガアリマス、而シテ鐵道ガ通ジテモ、亦矢張東海道ノ如ク從前ノ道ヲ通ハナケレバナラヌシ、又郵便物ヲ受取ッタリナドスル樣ナ事業ガ變ッテ參リマス、又是迄在外……上海……支那、朝鮮ニ郵便局ヲ置キマシテ、其ノ郵便局ハ小イ仕事ヲシテ居ル時分ニハ、領事館ノ人ヲ半分借リテ間ニ合セテ居ッタ所ガ、段々仕事ガ殖エテ參リマシタニ就イテハ、領事館ノ人ヲ借リテ使フテ居ルコトハ出來マセヌ、段々外務省ノ方カラ手傳ハシテ置クコトガ出來ナイデ、外務省カラモ專任ノモノヲ置ケト云フコトガアリ、左樣スルト之ガ爲ニ增シテ往カナケレバナラヌト云フ事情ガ別段ニ起ッテ來ル、又外國ト小包ノ取引ヲ致サナケレバナラヌガ、今度小包郵便ノ締約ガ出來ル、ソレガ爲ニ人ヲ增サナケレバナラヌガ、其ノ割合ニ金ハ取レマセヌ、斯ウ云フコトハ……又貯金ノ如キ條例ヲ改正致シマシテモ、ソレガ爲ニ是迄トハ取扱振リガ違フテ參リ、又會計法ガ實行サレルニ就イテモ、是マデトハ違フテ參リマス、餘程人數ガ多クカヽッテ參リマス、從ッテ責任ヲ持チマシタ、身元保證人ヲ要スル官吏ヲ置カナケレバナラヌ、事業ノ上カラ增シテ來マス、郵便ガ殖ヘテ來ルカラ必ズ其ノ通リ此方ノ方モ減ジテ來ルト云フ譯ニハ行カナイ、併シナガラ直接ニ同ジ性質ノ仕事ヲシテ居ルウチデモ、其ノ比例ヲ立ッテ行ケルモノモアリマス、例ヘハ此ノ遞信事業費デアル、斯ウ云フコトハ一寸コヽデ例ヲ擧ゲテ云ヒマスト、二十一年度ニハ六厘七毫ト云フモノガ一ツノ價デアリマス、——二十二年度デハ五厘九毛ニナッテ居リマス、二十三年度ノ豫算デ御坐リマスト五厘六毛ニナッテ居リマス、二十四年度ニハ五厘二毛ニナッテ居リマス、是等ハ段々部數ガ殖エルニ隨ッテ、丁度割合ガ少ウ成ッテ參リマス、併シナガラ先刻申シマス通リ、是等モ場合ニ依ッテ變ラヌケレバナラヌ事ガ起ッテ參リマス、何故ト申スト新聞紙ヤ雜誌ヲ安クシテ……書籍ノ目方ヲ殖ヤシタ、あれガ爲ニ夥シク新聞雜誌ヤ書籍ガ殖エテ來ル、此ノ一通當リヲ云フトはがきノヤウニ誠ニ輕イモノデモ一通じや、然ルニ此ノ書籍ノ如キモノニ至ルト、三十匁一通ヂヤト云フ譯ジヤカラ、遞送費ガ中々掛ルダニ依ッテ、斯ウ云フモノガ殖ヘマス割合ニ、此ノ遞送費ガ減ズル譯ニハ參リマセヌ、是等ハ隨分細カナ勘定ヲ致シテ見ンケレハナラヌモノデ御坐リマシテ、極細カナ勘定ヲ欲シイ聽キタイト云フコトデ御坐リマスルナレバ申上ゲマセウガ、隨分是ハ誠ニ細ナ煩雜ナうるさいコトデ御坐リマスカラ、或ハお略シニ……私ハ略シタ方ガ宜シイト思ヒマス、一應此ノ邊ノ所ヲ一般ノ例ニ取ッテお答ヲ致シマス

○政府委員（遞信次官前島密君） 第一ニ命令書ニハどこ〱ヲどう航海しろト云フコトガ御坐リマスガ、其ノ航路ニ就イテ一海里何程デアルト云フコトデ、航路ヲ補助スルコトハ命令書ニハ御坐リマセヌノダ、ソレ故ニ東海道鐵道ガ全通致シマシテ、東海道ニ向ツテノ航路、即四日市、神戸、横濱間ノ航路ノ補助金ト云フモノハ、少ナクナル道理デアルト云フ道理ハ御坐イマセヌ、最初ノ成立ハそらデハナイ、務ノ中ニ是丈船ヲ備ヘロ是丈ノ航路ヲ保テト云フ、斯ウ云フヤウナモノハ條件ノ一ツデアル、殊ニ今日ニ至ツテ横濱、神戸ノ間ハ、鐵道ガ掛ツタ故ニ船ハ要サヌカラトテ、ソレタケノ補助ヲ減スルト云フ理由ハ生ジテ來ラヌノデアル、サリナガラ皆ンナ此ノ八十八万圓ヲ補助スルニ就キマシテ、要用ナル點ハ材料ニ皆組ンデ御坐リマス、ソレデ是丈ノ航路ニ對シテハ八十八万圓ト云フモノハどう云フ有様ニナルダラウト云フ内定ニ爲テ御坐リマス、大抵外國ナドデあゝ云フ會社ニ補助ヲ致シテ御坐リマスル通デ、海里當リヲ斯ウ取テ見レバ斯ウナルト云フ目算ハ附イテ居リマス、其ノ目算ニ對シマスルト云フト、東海道ノ如キ其ノ他鐵道ノ通ジマシタ所ハ不用ニナツテ居ル、其ノ代リニ天津、芝罘、仁川、浦盬斯德、あノ邊ノ命令以外ノ航路ヲ、命令ヲ有ツテ居ル如ク致シテ居ルノガアリマス、遞信省ノ今日ノ見込デハ、其處ラノ商議ヲ致シマシタ所デ、航路ノ變換ヲ致シマスコトヲ計ツテ居リマス、ソレカラ八十八万圓ヲ給シマシタトキ、なんデスなー是ハ御承知ノ如ク、一千百万圓ノ八分ノ利ヲ補助スル最初ノ命令デ御坐イマス、當時ソレヲ命令致シマシタ時分ニ、必要ナル商船艦隊ヲ保ツニハ、ソレ丈ノ積金ヲセネバナラヌ、ソレハ保險ガ一ツ、修繕ガ一ツ、船体老朽ニ一ツト、是丈ノ金ヲ引除キ致シテ見マシタ所ガ八十八万圓以上ニ上リマシタ、其ノ時分ノ有様カラ寧ロ其ノ無際限ノ補給ヲ持タ子バナラヌト云フ有様ニ參ツタカラ、寧ロ年額八十八万圓ニ仕切ツテ仕舞フノガ、政府ハ一定ノ歳出ニ爲ツテ宜レカラウ、ソレデ八十八万圓ト申シタノハ段々理由ガ御坐イマシタノデ、其ノ一二ヲ申シマスルト株金ノ金ニ對シテ利益ヲ擔保シテ置クト云フコトハ、危險ノ度ハ計ル可カラザルコトデ、航業會社ノ如キ即海運會社ノ如キモノニハ甚ダ宜シクナイ、只々通例ソレデ無クテモ、保助金ハ株ニ對シテ出ス可キノ性質デナイト云フコトヲ見出シマシタ、どうモ事業ダケニ對シテ幾ラ助成スルト云フダケデ、株金ニ對シテハ一文ノ利益モ配當サセナクテモ宜シイ、政府ガ必要トシテ居ル事業ニハ、どこ迄モ打込マセルコトガ出來ル、所ガ株ニ對シテ利益ヲ補助スルコトニ成ルト、事業ノ方左程デナクテ、事業ニ對シテ……是ニ就イテ色々委シキコトヲ聽キタクバ尙數箇條御坐イマス、デ申上ゲマセウガ大抵打切リマシテ中シマセウ、最ウ一ツ會社ノ會計ニ就イテハ、全ク不要ノモノガアルカナイカト云フ事ハ、まだ私モ充分認メテ居リマセヌガ、先ヅ今日迄ノ所デハ餘リ不當ノ會計デナイト云フ報告ヲ得テ居リマス

井上角五郎君ヨリ朝鮮關係ノ件ニ就キ、政府ヘ質問書ヲ提出セラル

佐々田懋君ノ提出豫算修正案ニ贊成者ノ中、濱野昇君ハ取消ニナリマシテ、山田泰造君ガ贊成ニナリマシタ

一昨日ノ……本日ノ議事日程ノ會ヲ開キマス、一昨日ノ續キニ由リマシテ發議者ノ姓名ヲ……

○內藤利八君(百四十四番)　發議ノ前ニ一應議長ニ申シタイコトガアリマスカラお許ヲ願ヒマス、私ガ議長ニ一言致シタイノハ、此ノ速記錄ノコトデアリマスガ、速記錄ニハ是迄議員ノ演說致シタモノヲ筆記致シテ居リマスガ、併シ此ノ氏名點呼若クハ記名投票ノ如キモノハ、速記錄ニ記載致シマスルガ、當然ノコトデアラウト私ハ信ジマス、是迄氏名點呼ノ場合ニモ記載致シテアリマセヌガ、今後氏名點呼ノ場合ト記名投票ノ場合、此ノ場合ニハ必ズ速記錄ノ末尾ニ記載スル樣ニ致シタイ、此ノコトハ衆議院規則ニハ明記ノアリマセヌコトデハアリマスガ、併シ記載ヲ致シタトテ別ニ規則ニ背クト云フコトデアリマセヌカラシテ、固ヨリ氏名點呼或ハ記名投票ノコトニ致シマスレバ、之ヲ明ニ速記錄ニ記載スルト云フガ、當然デアリマセウト思ヒマス、此ノコトヲ議長ニ一言致シテ置キマス

○議長(中島信行君)　今百四十四番ノコトハ尙取調ベノ上デ御答ヘ申シマス、……武富時敏君

(武富時敏君演壇ニ登ル)

○武富時敏君(二百三十七番)　私ハ此ノ査定案ヲ贊成スル一人デ御坐リマシテ、一昨日モ段々査定案ニ反對ノ諸君ノ御議論ヲ承リマシタガ、反對諸君ノ皆口ヲ揃ヘテ、査定案ヲ攻擊セラレル口實ト云フモノハ、官制ニ立入タノガ惡イト云フノ一點ガ、最重モナルコトデアルト聽キマシテ御坐リマスガ、此ノ官制ニ立入テ、豫算ノ取調ベヲシタノガ惡イカ善イカト云フコトハ、既ニ先般西毅一君ノ動議ガ否決サレタ、同時ニ其ノコトハ決定致シテ居リマス、即西毅一君ノ動議ト云フモノガ、豫算委員ノ査定案ハ官制ニ立入テ取調ベヲ致シテアルニ由テ、是認スルコトガ出來ナイト云フ動議デアツタ、其ノ動議ガ既ニ否決シタ以上ハ、一昨日來段々反對論者ノ述ベラレル所ノ、官制ニ立入ツテ取調ヲシタノガ惡ルイト云フ說ハ、既ニ消滅ヲシテ居ル、既ニ消滅シタモノヲ、屢々諸君ガ此ノ議場ニ持出スト云フノハ、議員タルモノガ此ノ議院ノ決議ニ服從スル義務ハ何レニアルカ、……のうデナイ、西毅一君ノ動議ガ否決サレタト同時ニ、反對論者ガ官制ニ立入ルノハ惡ルイト云フ說ハ消滅ヲシテ居ル、ソレヲ屢々此ノ議場ニ提出スルニ至ツテハ、議會ノ規律ト云フモノハ何レニアル、ソレデ此ノ査定案ニ對スル攻擊ト云フモノハ既ニ消滅シタモノデ、又持出スノデ御坐リマスカラ、別段力ヲ用井テ反駁ヲ試ミル必要ガナイ、若シ其ノ反駁ヲ試ミレバ、是コソ先日貴族院デ或議員ガ言ツタ通リ、死ンダモノヲ又殺スト云ハナケレバナラヌ、箇樣ナ攻擊ニ對シテハ私ハ委シク反駁致シマセヌ、併シナガラ一昨日反對論者ノ御議論中、外務省所管ニ對シテ査定案ノ中ニ段々攻擊ノ御議論ガ御坐イマシタ、其ノ攻擊ニ對シテハ我々同論者ガ、既ニ委シク反駁ヲ致シテ居ル廉モ御坐イマス、又未ダ反駁ヲシ盡サズシテ居ル箇條ト云フモノガ、三四件アルト記臆致シマス、ソレデ其ノ我々同論者ニ向ツテ、言殘シテ居ル三四件ニ就イテ、私ハ茲ニ辯明ヲ致シテ置カウト思ヒマス

第一是ハ椋井君ノ說デアツタカト思ヒマスガ、外務省ノ通商局ト農商務省ノ工商局ト云フモノハ、同一ノ事務ヲ執ルモノデアル故ニ、此ノ外務省ノ通商局ヲ存シテ置ク以上ハ、農商務省ノ工商局ト云フモノハ必要デナイ、一ヲ存スレバ一ヲ廢シテ宜シイ、デこちラヲ存スレバ向フヲ廢シテ苦シカラヌモノデアル、然ルニ豫算委員ノ査定案ハ之ヲ雙方存シテ居ル、ソレハ甚ダ調査ノ粗漏デアルト云フ說デアツタト記臆致シマスガ、是ハ官制々々、一モ官制、二モ官制ト言ツテ、此ノ官制ト云フモノハ憲法ヨリモ經典ヨリモ、大切サウニ有難サウニ論ゼラルル論者ノ御說トシテハ、甚ダ似合シカラヌ議論ト思フ、なぜナレバ此ノ外務省ト農商務省ノ官制ヲ御覽ニナレバ分ル、外務省ノ通商局ト云フモノハ、通商航海條約ノ締統ニ關スルコト、或ハ內外交涉貨幣問題ニ關スル事項ヲ掌ル、然ルニ此ノ農商務省ノ商工局ハ何レヲ掌ツテ居ルカ、コレハ官制ニ明ナル道理デアツテ、其ノ事務ノ重ナルコトハ、商業會議所、商工同業組合ニ關スル事項、度量衡ニ關スル事項、是等ガ此ノ商工局デ掌ル重ナル事務デアル、即官制ヲ見テモ其ノ事務ト云フモノハ別物デ御坐イマス、一方ハ外國ニ對シテ通商條約ノ締結抔ヲ主トシテ掌ツテ居リ、一方ノ商工局ニ於テハ、內地ノ商業組合ニ關スル事務ヲ掌ツテ居ル、之ヲ同一ト云ハレルノハ、近頃官制ヲ大切サウニ遵守セル論者ノ議論トシテハ、甚ダ似合シカラヌト言ハナケレバナラヌ

ソレカラ第二ニハ査定案ニ公使ヲ減ジテアル、公使ヲ減ズルノハ交際國ノ感情ヲ損シ、且條約改正ノ大難事ヲ控ヘテ居ル今日ニ當ツテ、甚ダ面白クナイト云フ御議論デアツタヤウニ聞エマシタ、査定案ニ公使ヲ減ズルト云フコトハ何處ニ御坐リマスカ、査定案ニハ公使ヲ減ズルト云フ事ハ御坐リマセヌ、公使ノ俸給ヲ減ズルノデアル、公使ヲ減ズルト云フノト俸給ヲ減ズルト云フノハ、全ク天地雲泥ノ差デアル、例ヘバ今日本ノ政府ニ九ツノ省ガアル、即九ツノ大臣ガアル、然ルニ海軍大臣ト云フモノハ、陸軍大臣ト兼任スル方ガ、都合ガ宜シイト云フ可定ヲ致シマスレバ、即一ツノ大臣ノ俸給ハ不用トナル譯デアル、若シモ一人シテ海軍大臣陸軍大臣ヲ兼テ任ズルト云フコトニナレバ、一人ノ大臣ノ俸給ハ不用ニナル、其ノ豫算案ノ上ニ就イテ、一ツノ大臣ノ俸給ヲ減ジタノデアツテ、大臣ヲ減ジタト云フコトハ出來ナイ、大臣ヲ減ズルノデナイ、大臣ノ俸給ヲ減ジタノデアル、大臣ノ俸給ヲ減ジタト言ツテ大臣ノ職務ガ無クナルノデナイ、大臣ノ職務ハ現然ト矢張九ツノ省ガアレバ、九ツノ大臣ノ職務ガ殘ツテ居ル、是ト同一ナノデアリマス、公使ハ政府案ノ方デハ六人ノ俸給ヲ積ツテ居ルノヲ、査定案ノ方デハ四人ノ俸給ヲ積ツテ、二人ノ俸給ヲ減ジタ、ソレヲ見テ六ツノ公使ヲ置ク筈ノ所ヲ、四ツノ公使ヲ置クノデナイ、矢張六ツノ公使ハ依然トシテ存シテ居ル、只六ツノ公使ノ職務ヲ四人デ勤メサセルト云フ丈デアリマス、墺地利公使モアリ、伊太利公使モアリ、佛蘭西公使モアリ、英國公使モアリ、露西亞公使モアリ、獨乙公使モアリ、一ツモ之ヲ廢スルト云フ意見ハ査定案ニハナ

イノデアリマス、只此ノ六ツノ公使ヲ四人シテ勤メサセルト云フ丈ノコトデアル、從ツテ或ハ一人シテ二箇國、若シクハ三箇國ノ公使ヲ兼任スル人ガ出來ルデ御坐リマセウ、ソレハ然ル可ク政府デ修正ヲサレル筈デアル、査定案ハ左樣ノ事ハ無論アルベキ筈ノモノデナイ、又アリモ致シマセヌ、ソレデ斯ク一ツノ公使ヲ廢スルコトハレナイ、依然トシテ其ノ公使ハアル、何ニ依ッテ交際國ノ感情ヲ損スルト云フ考ヘガ出來ルデアラウカ、即反對論者ガ交際國ノ感情ヲ損スルト云フ非難ハ、全ク此ノ査定案ヲ誤解シタ非難デアル、此ノ誤解サヘ分レバ此ノ非難ハ自ヲ消滅スルノデアリマス、且又此ノ六人ノ公使ヲ置ク筈ノ所ヲ、四人デ勤メサセルト云フコトニ爲ツタラ、今日本ハ前途條約改正ノ大難事ヲ前ニ扣ヘテ居テ、甚ダ宜シクナイト云フノモ亦是モ又甚ダ我々ガ解セザル所ノ非難デアル、何故ナレバ公使ハ何ヲスル職務デアルカ、公使ハ條約改正談判ヲ掌ルノデアリマスカ、公使ハ條約改正ノ談判ヲ掌ル職務デナイ、勿論ソレハ既ニ向ノ公使トナッテ行ッタナラバ、條約改正ノ談判ノ際ニハ向フノ政府ノ事情ヲ探リ、若クハ我ガ政府ノ事情ヲ向ノ政府ニ通ズルコトハ働カナケレバナラヌ、即チ條約改正ノ談判ハ公使ガスルモノデアリマセヌ、是ハ　天皇陛下ヨリ御親任ニ爲ッタ條約改正談判ノ全權委員デナケレバ、此ノ談判ニ取掛ルコトハ出來ナイ、然ラバ此ノ公使ノ人數ガ減ッタト言ッテ、條約改正談判ニ差支ヲ生ズルト云フハ何等ノ理由デアルカ、更ニ分ラナイ所ノ非難デアル、又今日若シクハ今後ト雖モ日本ガ歐羅巴ニ對スル所ノ交渉ノ事務ニ於テハ、必スシモ六人ノ公使デナケレバ其ノ事務ガ出來ナイト云フコトハ決シテナイ、今日迄モ政府デハ六人ノ公使ヲ置クト云フコトニ致シテ御坐イマス、ケレドモ實際六人居タコトハ容易ニナイ、現今ト雖モ即五人ノ公使ガ居ル丈ノコトデアル、ソレガ一人減ジタト言ッテ、決シテ歐羅巴各國ノ交際事務ニ差支ヲ生スルト云フコトハ万々御坐イマセヌ、若シモ公使ヲ餘計ニ置ケバ條約改正ノ談判ガ調フト云フコトデアリマスレバ、我々ハ四人ハサテ置キ、六人デモ四十人デモ四百人デモ公使ヲ出シタイノデアリマス、然ラバ此ノ條約改正ノ談判ハ公使ノ一人ヤ二人ヤ三人ヤ四人ヤ十人ヤ百人ヲ殖ヤシタト言ッテモ、直チニ整フコトハ出來マセヌ、又此ノ一事ハ日本ノ全力ヲ盡シテモ、尚甚ダ大困難ノ事業デアル、ソレガ爲ニ此ノ公使ヲ廢シタノハ惡イナドト云フノハ、甚ダ其ノ當ヲ得ナイ論デアリマス

ソレカラ第三ノ非難ニ、阿蘭國公使館ハ何故ニ廢セザルカ、若シ之ヲ置クノ必要ガアリトスレバ、白耳義瑞西等ニ何故公使館ヲ置カザルカト云フ非難モアッタヤウデアリマス、此ノ阿蘭ノ公使館ハ何故廢セザルカト云フニ、是ハ前ノ公使館ヲ減ジタト云フ非難者ノ論者ノ言フ通リ、久シク此ノ國ニ公使館ヲ置イテアル、ソレヲ俄ニ廢スルコトニ成レバ、即其ノ國ニ對シテノ情誼ヲ闕クト云フコトニナリマス、故ニ之ヲ廢スルコトハ我々ハ希望シナイノデ御坐リマス、又此ノ阿蘭陀ニ置クノ必要ガアレバ、白耳義、瑞西等ニ何故ニ公使館ヲ置カナイカト云フ論ハ、是ハ最分ラヌ所ノ説デアル、なぜナレバ白耳義、瑞西ニハ公使館ハナイト云フノお考デアルガ、公使館ノナイ邦ハ歐羅巴ノ各交際國ニハ一箇所モナイ、外交ヲ最重ンゼラル、所ノ論者ノ説ニハ、是モ亦甚ダ似合シカラヌ論デアル、唯白耳義ノ公使館ハ白耳義ノ首府ノぐらッせるニナイ丈デ伯林ニ在ル、即伯林ノ公使館ハ獨乙ト白耳義ヲ兼轄シテ居ル、決シテ公使館ノナイト云フコトハナイ、有ルデ御坐リマス、歐羅巴各國何處ニモアル、瑞西ノ公使館ハ維也納ニ在ル、即維也納ノ公使館ハ墺地利ト瑞西ヲ兼轄シテ居ル、　なぜ此ノ公使館ヲ置カヌカト云フコトハ、どう云フ非難デアルカ更ニ分ラヌ非難デアル、其ノ趣意ヲ推測シテ見レバ、或ハ獨立ノ公使館ヲ白耳義ニモ瑞西ニモ、なぜ置カナイカト云フお說カトモ思ヒマスガ、ソレナラバ又會〻奇妙ナ論法デアル、甲ニ置クノ必要ガアレバ、なぜ乙ニ置カナイカト云フ論法ハ、世界ニナイ筈ノモノデアル、此ノ交際各國ノ優劣ヲ當公會ノ議場デ議論致シマスルコトハ、無論出來マセヌコトデ御坐イマスカラ、歐羅巴交際各國ノ我々親疎ノ差別ヲ私ハ辯ジハ致シマセヌ、併シナガラ此ノ非難ハ唯一言ヲ申シテ置ケバ、大阪府ニ府廳ヲ置クノ必要ガアレバ、横濱ニなぜ府廳ヲ置カナイカ、ト云フ說ガ立ツト云フコトナレバ、此ノ非難モゑらい非難デアル、併シナガラ大阪ニ府廳ヲ置クノ必要ガアレバ、神奈川ニ府廳ヲなぜ置カナイカト云フ非難ガ其ノ理ニ當ラヌト云ヘバ、論者ノ非難モ甚ダ理ニ當ラヌ所ノ非難デアル

ソレカラ次ニハ最ウ一ツ非難ガアッタヤウデ御坐リマスガ、是ハ又最漠然タル所ノ非難デアッテ、豫算委員ノ報告書ノ總說明ノ中ニ希望ト云フ文字ガアル、「國務ヲ料理センコトヲ希望スルニ在リ」ト斯ウ書イテアル、希望ト云ヘバ是ハ實行デナイ、甚ダ無責任ノ議論デアルト云フコトヲ、而モ喋々シク非難ガ御坐イマシタガ、是ハ今一度此ノ說明ヲ此ノ論者ニ向ッテ御覽ヲ願フ、此ノ希望ト云フ文字ハ何ニアルカト云ヘバ、豫算委員報告書ノ總說明ト書イタ所ノ、而モ委員長ノ名ヲ以テ議長名宛ニシテ差出サレタ書面ノ中ニアル、即豫算委員ガ當衆議院ニ向ッテ差出シタル書面ノ中ニアル、ソコデ此ノ意味ト云フモノハ、豫算委員ハ此ノ査定ヲシタ款項ノ金額ヲ諸君ガ御議決ニナッテ、政府ハ此ノ款項ノ金額ニ依ッテ、國務ヲ料理スルヤウニナサレタイト云フ、豫算委員ガ諸君ニ向ッテ希望ヲ爲シタノデ御坐リマス、（御尤デ御坐イマスト呼ブ者アリ）勿論是ハ御尤ト云ハザルヲ得マセヌ、（こじつけハ御尤デ御坐イマスト呼ブモノアリ）こじつけデナイ、其ノ書面ヲ御覽ニナレバ分ル、「豫算委員長大江卓、議長中島信行殿」トシテアル書面ノ中ニアル、即豫算委員ガ諸君ニ向ッテ豫算委員ノ希望ヲ表シタノデアル、豫算委員ハ衆議院デ議決スベキコトヲ實行致ス權利ハ無論ナイ、然ラバ希望ニ止ラズシテ何デ御坐イマスル、是コソ過日ノ議長ノ口吻ニ倣ッテ、斯ル場合ニ希望ト云フヨリ外ニ言葉ハナイ、（「こじつけ〳〵」ト呼ブ者アリ、議長ハ之レヲ「靜ニ」ト制ス）大概一昨日ノ非難ハ是等ニ止ルヤウデ御坐イマス、其ノ外非難モ御坐イマシタヤウデ御坐イマスガ、ソレハ又あとデ辯ジモ致シマセウシ、最ウ既ニ外ニ一昨日我々ノ同論者ガ反駁ヲ致シテ居ル、ソレデ餘計ノ反駁ハ要サヌト思ヒマスガ、反對諸君ニ私ハ一言申上ゲタイコトハ、此ノ査定案ニ反對ノ諸君モ、皆ナ官制ノ改正ハ我々ノ最希望スル所デアルト云フコトハ、口ヲ揃ヘテおつしやル樣デ御坐リマス、此ノ査定案モ無論官制ノ改正ヲ希望シテ拵ヘタ査定案デアル、然ラバ此ノ官制ノ改正ト云フモノハ、査定案ニ賛成者モ反對者モ共ニ同意スル所デ御坐イマス、唯此ノ査定案ニ反對スル諸君ハ、官制ノ改正ヲ促ス手段ガ我々ト見ル所ヲ異ニスル、ソレ丈ニ止ル、然ルニ此ノ手段ニ就イテ見ル所ヲ異ニスルガ爲ニ、目的其ノ物ヲ排斥スルト云フ理由ハアルマ

イ、斯ウ云フ道理ハ決シテ世界ニナイ筈ノモノデアル、サスレバ官制ノ改正ハ反對ノ諸君モ最希望スル所デアルト云フ以上ハ、此ノ官制ノ改正ヲ直チニ爲シ遂ゲヤウト云フお積リデアラウト信ジマス、若シモ反對諸君ガ唯官制ノ改正ヲ希望スルト云フノハ、世間ノ輿論ニ媚ブルノ一時ノ言葉ニシテ、其ノ實行ヲ望ムデナイト云フナレバ、我輩敢テ云フコトハナイ、併シナガラ實際此ノ官制ノ改正ヲ實行スルト云フお積リデアルナラバ、此ノ查定案ニ御贊成ヲ願ヒタイモノデアル、官制ノ改正ガ行ハレレバ、豫算ハ此ノ查定案ノ通リデナケレバ行ハレマセヌ、官制ノ改正ガ行レテ、菅君ノ案或ハ佐々田君ノ案ノ如キ豫算ヲ定メテ置クト云フノハ、條理ニ當ラヌ話デアル故ニ、諸君ガ官制ノ改正ヲ急ミ成シ遂グルト云フお積リデアルナラバ、豫算ハ此ノ查定案ニ御贊成ヲ願ヒタイト思ヒマス、御贊成ヲ願フ譯ニ行カヌトアレバ致シ方ガナイガ――併シナガラ既ニ官制ノ改正ヲスルト云ヘバ、豫算ハ此ノ查定案ノ通リデナケレバ實際行ハレマセヌ、唯官制ノ改正ヲ促スノ手段ガ我々ノ見ル所ト、諸君ノ見ル所ト異ナルト思ヒマスガ、其手段ノ異ナルガ爲ニ、此ノ官制ノ改正ヲ止メルト云フコトデハアルマイ、官制ノ改正ハ必ズ其ノ希望ヲ達シ、其ノ實行ヲ期セラルヽト思ヒマス、實行ヲ期セラルヽナラバ、豫算ハ此ノ查定案ニ依ラナケレバ行ハレマセヌ故ニ、查定案ニハ御贊成ヲ願ヒタイト思ヒマス、是ハ私ノ赤心ノ希望デ御坐リマス

ソコデ是ヨリ私ハ政府案ノ缺點ヲ少シ述ベタイト思ヒマス、抑々申ス迄モナイコトデ御坐リマスガ、此ノ豫算ト云フモノハ其ノ年度中ニ施行スル政務ニ、必要ナル費額ヲ見積リマスル筈デ御坐リマシテ、其ノ費額ヲ先ヅ以テ定メテ置イテ、而シテ此ノ費額ヲ使フ丈ノ政務ヲ拵ヘルト云フコトハ無論ナイ筈デアル、即豫算ノ組織ヨリ申シマスレバ、必要ナル所ノ――必要缺クベカラザル所ノ費目ヲ集メテ項ト爲シ、其ノ項ヲ集メテ款ト爲シ、款ヲ集メテ其ノ年度中ノ總歳出トナラネバナラヌ、始カラ總歳出ガ八千万圓ナレバ八千万圓ト定メテ置イテ、之ヲ各省ニヨイ加減ニ分配致シ、又其ノ各省ノ中ニ於テヨイ加減ニ款項ニ分配シテ、何ハ幾ラデアルト云フ金額ヲ定メテ、其ノ金額ニ充タス迄ノ項目ヲ拵ヘルト云フノハ、豫算ヲ調製スルノ順序ヲ誤ッタルノミナラズ、甚ダ不當ノ豫算ト云ハナケレバナラヌ、然ルニ我等ハ此ノ政府案ヲ熟々見ルニ、或ハ此ノ豫算調製ノ手續ヲ全ク顚倒シタルモノデハナイカト云フ考ガアリマス、例ヘバ本年度ノ歳入ガ幾許アル、八千万圓ナレバ八千万圓トアル、ソコデ各省ノ大臣ガ自分ノ省ノ方ニハ幾許、此ノ省ノ方ニハ幾許ト思ヒ〳〵ニ概算書ヲ拵ヘマシテ、此ノ國庫ノ歳入ノ分ケ取リノ請求ヲ致シマス、――分ケ取リト云ヘバ或ハ語弊ガアルカ知レマセヌガ、即分配ノ相談ヲ内閣ニ持出スノデアル、ソコデ其ノ分配ノ相談ガ整ッタ所デ、始メテ各省ノ定額ト云フモノノ概算ガ定ル、ソコデ此ノ分配ノ相談ヲ爲スノ際ニ當ッテ、總理大臣又ハ財政ノ當局者タル大藏大臣ガ緻密ノ調査ヲ致シマシテ、不必要ノ費用ハ毫厘モ支出ヲ許サヾル様ニ、精密ニ監督ガ行居キマスレバ勿論弊害ハナイ、併シナガラ若シモ此ノ監督整理ガ行居キマセヌケレバ、所謂國庫ノ收入ヲ各省各廳ニ、恣ニ分ケ取リヲスルニ任セルト云フコトニナル、勿論此ノ今ノ政府ガ箇樣ナ弊害ニ陷ッテ居ルト云フコトヲ、私ガ斷言スルノデハナイ、今ノ總理大臣ハ千軍万馬ヲ叱咤スルノ勇アルコトハ豫ネテ聞イテ居リマスガ、財政ヲ整理スルコトノ才略アリト云フコトハ、未ダ嘗ッテ聞カナイ（大隈ノ方ガゑらいト呼ブモノアリ）併シナガラ大藏大臣ハ多年財政ノ局ニ當ッテ、財政ノ事ニ頗ル經驗ガアル人デアルト聞イテ居リマス、左スレバ此ノ日本ノ國庫ノ歳入ヲ各省各廳ニ分取リスルニ任セルト云フコトハ無論御坐リマスマイ、併シナガラ此ノ政府ノ財政ノ歴史ヲ考ヘマスレバ、隨分此ノ各省ノ長官ノ權力ノ如何ニ依ッテ、其ノ定額金ノ增減ヲ致シタコトハ、隨分アルコトデ御坐リマス、例ヘバ内閣ニ權力ノアル所ノ大臣ガ其ノ省ニ坐スレバ、其省ノ定額金ガ多クハ增加ヲスル、又左程ノ權柄ノナイ所ノ大臣ガ、其ノ省ノ長官ニナレバ、其ノ省ノ定額金ハ或ハ時トシテハ減スルコトモアル、箇樣ナ日本ノ財政ニハ歴史ヲ有シテ居ル、殊ニ此ノ豫算ト申スモノハ私ノ申スマデモナク、多クハ此ノ前年度ヲ標準ト致シマスル、二十四年度ノ豫算ハ、二十三年度ノ豫算ヲ標準トシ、二十三年度ノ豫算ハ二十二年度ノ豫算ヲ標準トスル、其處デ餘程前年度ノ歴史――歴史ノ結果ハ、豫算ノ上ニ現ハレルノデアル、其處デ今日デモ威權ノアル所ノ大臣ガ屢々長官ノ席ニ坐ッタ所ニ於テハ、其ノ事務不相當ニ增額ノ多キニ過グルコトガナイカト疑フ所モ隨分アル、本年度ノ豫算ノ上ニ於テモ箇樣ナ形跡ハ隨分我々ノ見ル所デ御坐リマスル、今日ハ外務省所管ノ審議中デ御坐リマスカラ、外務省ノ所管中ニ現レテ居ルコトヲ申サウト思ヒマスルガ、第一此ノ查定案ニハ廢シテアル、外務省ノ繙譯局ト申スモノガアル、繙譯ノ事務ト云フモノハ、一ノ堂々タル官局ヲ置イテ掌ラナケレバ出來ナイモノデアルカト云フコトヲ考フレバ分カル、繙譯ノコトヽ云フモノハ、誰ニサセテモ出來ルコトデアル、奏任何等ト云フ局長ヲ置イテ、一ノ堂々タル官局ヲ組織シテ、ソレデ掌ラナケレバナラナイト云フ理由ハナイ、尤此ノ外務省ノ繙譯ト云フモノハ、外交ノ秘密ニ拘ル文書等モアリマセウガ、ソレハ秘密ヲ洩ラサヌト云フ信用ノアル人ニサスレバ出來ル話デアル、必ズシモ一ノ官局ヲ組織シテ局長ヲ置キ、繙譯官ハ奏任官八人モ置クト云フコトハ必要デナイ、然ルニ箇樣ナモノガ儼然トシテ存シテ居ル、是ハ即外務省ノ定額金ト云フモノハ、其ノ政務不相當ニ多キニ過キテ居ルト云フ一ノ證據デアル、ソレカラ又款項ト云フ金額ヲ初ニ定メテ、其ノ款項ノ金額ニ滿タス丈項目ヲ拵ヘタモノデハナイカト云フ形跡ヲ一ツ擧ケテ見マセウ、即外務省所管第二款第五項ト云フモノハ最見易キ一例デ御坐リマス、第五項デナイ、即第二款ノ第二項勿論此ノ類ノコトハ、各省ノ所管ノ各款項ノ上ニ比々トシテ御坐リマス、併シナガラ是ハ今外務省ノ一例ヲお話ヲ致スノデアリマス、第二款第二項ノ修繕費ト云フモノハ、一万八百四十七圓某ト云フモノデ御坐リマス、其ノ中第一回ニハ佛國公使館修繕費、第二回ニハ朝鮮公使館修繕費ト云フモノガアル、此ノ朝鮮ニシロ佛國ニシロ、此ノ修繕ノ性質ト云フモノハ全ク臨時ノ出來事デ、經常ノ費目中ニ置クベキモノデハナイ、經常ノ修繕デハ御坐リマセヌ、若シ此ノ修繕ト云フモノガ、果シテ本年度ニ於テ缺クベカラサルノ修繕ト云フモノナレバ、是ハ臨時費ノ方ニ於テ支出ヲシナケレバナラヌモノデアル、然ルニ何故ニ此ノ經常費ノ修繕費中ニ、之ヲ加ヘテアルカト云フコトヲ考ヘネバナラナイ、其ノ說明シト云フモノハ箇樣デアリマス、此ノ修繕費ト云フ項ニ對シテ云ッテ見レバ、一万何百圓ト云フ分ケ前ヲ得タノデアリマス、所ガ此ノ分ケ前ヲ充タス費目ガナイ、

經常ノ修繕費ト云フモノハ、前三箇年度ノ平均ニ依ツテ七千圓ニモ充タナイ、七千圓ニモ滿タナイニ依ツテ、此ノ一万何百圓ト云フ修繕費ノ金高ニ充ツルコトガ出來ナイ、經常ノ修繕費丈デハ、即前三箇年度ノ修繕費ハ七千圓ニ充タヌ以上ハ、假ニ一万何千圓ト云フ修繕費ヲ立テルコトハ出來ナイ、併シナガラソレヲ立テルコトガ出來ナケレバ、此ノ一万何千圓ト云フ修繕費ノ分ケ前ヲ充タスコトハ出來ヌ、其處デ之ヲ無理やリニ臨時ニ置クベキ修繕費ヲ經常費ノ中ニ持ツテ來テ、此ノ分ケ前ノ金額ヲ充シタノデアル箇樣ナ說明シデアリマス、ソレト此ノ同ジ性質ノモノデ、英國公使館ノ修繕費ト云フモノハ臨時ノ方ニ立テヽアル、英國公使館ノ方ハ臨時ノ方ニ立テヽ、佛國公使館ノ修繕費ハ、何故ニ經常費ノ方ニ持ツテ來タカト云フ疑ヲ又一ツ起ス、是ハ何故ニ箇樣ニ取リ分ケヲ致シテアルカ、若シ英國公使館ハ臨時ノ方ニ置クベキモノデアルナラバ、佛國ノ公使館モ臨時ノ方ニ置クベキモノデアルト云フコトハ、其ノ性質ノ同ジキ以上ハ明デアル、然ルニ一ハ臨時ニ置キ一ハ經常ノ方ニ置ク、又英國公使館修繕費ヲ經常費ノ方ニ置イテ、分ケ前ヲ充タス手段ヲナサズシテ、故ラニ佛國ノ修繕費ヲ經常費ノ方ニ持ツテ來テ、所謂分ケ前ヲ充タスコトニシタト云フモノハどう云フ譯デアルカ、是ハ一ノ本年度ニ起ツタ所ノ新ナル趣向デアル、どう云フ趣向デアルカト云フニ、此ノ英國公使館ノ修繕費ト云フモノハ、其ノ家主トノ契約ガ成立ツテ、どうシテモ本年度ハ契約上此ノ修繕ヲ行ハナケレバナラナイ、其處デ臨時費ノ方ニ於テモ、假設ヒ議會ニ提出致シテモ之ヲ容易ニ動カスコトハ出來ナイ、此ノ金額ハ大丈夫ナ金額デアル、故ニ臨時ノ方ニ見積ツテ出シテアル、然ルニ佛國ノハ然ウデナイ、ドウデモ議決スルコトガ出來ル、其處デ之ヲ態々經常費ノ方ニ繰入レテ、此ノ會計法補則ノ既定ノ歲出ト云フ條目ノ中デ、あレヲ壘ニシテ此ノ城壁ニ立籠ラウトシタ一ノ趣向デアル、箇樣ニ政府ノ案ト云フモノガ成立ツテ居ル、然ルニ修繕費ノ減ジ方ハ外務省ガ酷デアルトカ、或ハ三割減ニナル、或ハ四割ノ減ニナルトカ、甚ダ酷ニ過キル斯クノ如クニシテハ實際ニ差支ヘガアル、……何故恐イカト云フト、各省ノ比例ガ合ハナイ、各省デ二割ヅ減ジテ、外務省デ却ツテ三割ヲ減ズルハ酷ニ過キルト非難ヲスル人ガアツタヤウニ思フ、ソレハ何等ノ說デアルカ、箇樣ナ非難ヲスル人ノ眼ハ何ノ爲ニ拵ヘテ居ルカ、物ノ數ヲ見ル爲ニ拵ヘテアルノデハナイカ、箇樣ナ政府案ノ組織ガ實際ノ成立ニナツテ居ル、然ルニ此ヲ是察セズシテ、唯其ノ金額ヲ一割減ズルトカ二割減ズルトカ云フ案ヲ拵ヘテ、此ノ議會ヲ通過サセルヤウナコトガアツタナラバ、此ノ議會ガ政府ノ財政ヲ監督スルノ責ト云フモノハ何處ニアルカ、我輩ハ決シテ然ウ云フ案ヲ通過サセルコトヲ徹頭徹尾反對スル、何處マデモ此ノ政府案ノ實際ノ組織ヲ考ヘテ、此ノ費目ノ性質ヲ察シテ、其ノ必要デナイト見ル所ハ何處迄モ削減ヲ加ヘ、又苟冗官冗費ト見ル所ハ、官制ノ改正ヲ目安トシテ豫算ノ削減ヲ加ヘ、又甲ニ置クベキ費目ヲ乙ニ置キ、會計法補則ノ城郭ノ中ニ立籠ラウト云フヤウナ粗末ナ手段ガアレバ、其ノ費目ハ何處マデモ實際ノ性質ヲ糺シテ、款項ノ組換モシナケレバナラナイ、箇樣ナ方針ヲ以テ此ノ査定案ト云フモノハ調査ヲ致シタノデアリマス、即冗官冗員ト認メヲ立テル所ハ、其ノ官制改正ノ見込ヲ立マシテ、ソレヲ目安ト致シテ豫算ヲ査定致シマス、又經常臨時若クハ款項ノ組織上ニ於テ、色々ナ手段ヲ以テ議會ノ眼ヲ掠メヤウト云フヤウナコトデモアルナラバ、其處ハ何處マデモ調査ヲ致シテ、正當ノ削減ヲ加ヘタノハ即此ノ査定案デアル、故ニ私ハ何處マデモ此ノ査定案ヲ贊成致シマシテ、菅君ヤ若シクハ佐々田君ノ案ニハ徹頭徹尾反對ヲ致シマス、

○大岡育造君(百八十五番) 最ウ直クニ濟ミマス、外務省ノ中ニ就イテ公使減少ト云フコトハ、今日ノ時ニ於テハ宜シクナカラウト云フ意見案ヲ提出致シマシタモノガアリマス、所ガ公使ノ給料ヲ減ジタノデアル、公使ヲ減ジハシナイ、ソレハ理窟デ云ヘバ云ヘマセウガ、公使ノ給料ヲ減ジタノハ、公使ノ數ヲ減ジタノデ、公使ノ數ヲ減ズレバ、其ノ額ニ對シテ假令ヘバ伊太利、墺太利ノ公使ヲ廢シタラ、友誼ヲ存スルコトハ出來ヌガ、九ツノ大臣ノ給料ヲ八人丈拂ッテ、あとハ兼勤デモスレバ宜シイト云フノト同ジデ、只兼勤ヲシテ宜シイナラ、初メカラ九省ヲ置カヌデ八省置イタ方ガ、も少シ氣ガ利イテ居ルト私ハ思フ、其處デ一ツハ朝鮮ノ辨理公使ガ置レテ居ルノヲ、代理公使ニサレタ、之ニ私ハ不同意ヲ申ス、是ハ豫算委員ガ査定ナサレタ人々ニハ、十分ノ申譯ガアルノデアル、現在我日本ノ政府ガ代理公使ヲ出シテ置キナガラ辨理公使ノ費用ヲ請求シテ居ルカラ、今ノ儘ニ引換ヘル爲ニ代理公使ニシタト云フ立派ノ答辯ガアル、併シ豫算委員ハ御明言ニナッタ通リ、豫算ノ監督ヲスルニ一割ヲ減シ二割ヲ減スルト云フコトヲ監督ヲスルンデハナイ、國民ガ思フ所ノ政治ノ意見モ、矢張此ノ中ニ加ヘラレ得ベキハ加ヘ、示シ得ベキ丈ハ示シ、不法ニアラザル限ハ一向支ノナイコトデアラウト思フ、我國ハ東洋ノ盟主デアルト人ニモ云ハレ、自ラモ言フヤウニナリメインデアル、朝鮮ハ東洋ノ關係ノ最多イ所ノ國デ御坐リマス、斯ウ云フ所ニハ辨理公使ハ愚、本當ノ公使ヲ置キタイト思フ、支那ヨリモ動モスレバ議論ノ生ズル所ハ此ノ國デ御坐リマスカラ、置キタイト思フ位デ御坐リマスカラ、現在代理公使ガ遣ッテ居リサヘスレバ、代理公使ニ減少シタト云ッテモ、成程斷定前ハ支ハ御坐イマスマイ、ケレドモ政治ノ實際ハヨクスルトおつしやル方々ニハ私ハ不同意ヲ表スル

項ガ小クナッテ縮方ニ、同シ樣ニ不同意ヲ申ス點ハ幾ラモアリマスガ、時間ガアルカラ一例ヲよそノ省カラ借リテ併ベテ見マセウ、例ヘバ土木監督署ヲ一ツ見マスルニ、殊ニ此ノ監督署デハ四万七千圓ト云フ金圓ガ減少セラレタ、ソコデ全体土木ニ就イテハどう云フ豫算ノ立方ヲシテ居ルカト云フト、大概土木ノ事業ハ減ジテナイ、然ルニ殊ニ監督署ノ費用ノ減ジタノハ、どう云フ譯カト云フト、廳費モ少シハ減ジテアリマス、ケレドモ實ハ役人ノ給料ヲ減ジタカラ來テ居ル、事務……諸君ガ云フ段々ハ事務ノ出來ル樣ニ、事務ニ支ナイ樣ニスルト始終御辯解ニナル、役人ト云フモノハ一樣ニ御覽ナサッテハ行ケナイ、土木監督署ト云フモノハ、御承知ノ通リ我國ニ大利害ノアル所ノ、彼ノ河身改良ナド、云フ樣ナ大キナ事業ヲ、始終監督スル技師ノ集ッテ居ル、仕事師ノ集ッテ居ル所、業前ノ集合シテ居ル所、(外務省ダト云フモノアリ)宜シイ、お聽ナサイ、所ガ全國ニ通シテ大變ニ大キナ利害ノアル利根川ヲ初、富士川ニシロ、天龍川ニシロ、大井川ニシロ、北上川ニシロ、全体ニ渉ッテ大キナ仕事ヲ致シテ居ル、此ノ技師ノ給料ヲ減シテ置イテ、然ウシテ濬渫ノ築港ノ職人ノ給料、即技師ノ給料ハどうシテアルカ、是ハチットモ減ジテ居ラヌ、近イ目ノ前キニ見ユル所ノ商買人ノ利益ヲ圖ルコト斯ノ如ク厚クシテ、日本全國農民ニ大利害ノアル事柄ニ就イテハ、此ノ仕事ヲスル人ノ働ノ出來ナイ、心持能ク技倆ヲ充分盡スノ手段ヲ執ラナイト云フモノハ、一地方ニ甚ダ厚クシテ、全國ニ甚ダ薄キ仕方デアルト云ハナケレバナラヌ、動スレバ選擧人、動スレバ人民ノお考ヲ以テ編製シタル案ノ結果ガ斯ノ如キトハ、私ガ思モ寄ヲヌコトデアッタ、ケレドモ調ベテ見レバ斯ノ如シ之ヲ要スルニ編制ノ仕方ハ、概子斯ノ如クニナッテ居ルカラシテ、私ガ査定案ヲ贊成セズシテカラ、止ムナク少々ノ缺點ハアルニモセヨ、缺點ノ少キ所ノ菅了法君ノ案ヲ贊成シテ置クノハ、一ハ憲法ヲ犯スコトヲ爲サズ、一ハ法律ヲ犯シテ居ラナイ、國ト國トノ關係モ考ヘチ多少ハ居ル、然ルニ査定案ハ憲法ヲ犯シ、法律ヲ犯シ、どだい此ノ政体ノ組立ニ矛盾致シテ居ルト云フ樣ナル點ガ、處々方々ニ御坐リマスカラ、私ハ反對致シマスノデ御坐リマス、換言致シ……言換ヘマスレバ、査定案ハ專制的ノ改革ヲ爲シ、我々ハ立憲的ノ改革ヲ爲サウト希望スルノデ御坐リマス、金高ハ成程七百八十万圓、僅ガ、リハ大キウ御坐リマス、ケレドモ政府ガ一度蹴飛バセバ、僅ニ四百五十万圓修正ノ額ニナル、諸君ノ最希望スル地租五厘ノ減額ノ用ニモ足リナイノデアル、私ハ例ヲ出スニ於テ甚ダ不得意ノ者デ御坐リマスガ、人ノ作ッタル例ヲ再ビ許サル、ナラバ、彼ノ猪武者ナルモノハ首ガ甚ダ短クシテ太ウ御坐リマスガ爲ニ、向フハ見エテモ横ヲ見ルコトモ出來ズ、後ロヲ見ルコトモ出來ズ、我々ノ反對者ガ箇樣ナル譯ト云フノデハ御坐イマセヌガ、諸君、忠良ナル諸君ガ此ノ國ヲ料理スルニ於テ、民ニ深切ニ、此ノ國ヲ幾千万年ノ後ニ悪幹ナク、順良ニ成長セシメヤウトナラバ、最ウ一度お考ニナッテハ如何デ御坐イマスカ、我々ノ言フ所或ハ言ガ過激デアル、言葉ガ踈デアッテ、諸君ニ容レラレザル憾ガ生ズルナラバ私ノ罪デアル、併シナガラ諸君ガ公平ノ考ノ上ニ於テ、彼ノ言ハ踈デモ、彼ノ言葉ハ過激デモ、言フコトハ採ルベキコトアリトナラバ採ッテ下スッテ、此ノ國ノ爲ニ用ヰラレンコトヲ望ム、我々ガ是迄ノ經驗ニ依レバ、我々ノ言フ所決シテ非デアルト見ラレナイト見エテ、決ヲ採ルトキハ贊成ト一旦表シナガラ、聲ヲ掛ケテ呼バル、ニ當ッテハ又反對ト直サレタリ、甚ダシキハ贊ウ——反對ト言ヒ、良心ハ贊成ヲ表スルケレドモ、あとノ何カハ反對ヲ表サスルト云フ樣ナ結果ガアルノハ、如何ニシテモ此ノ國ノ爲ニ害ガアラウト考ヘマス、諸君、何卒公平ナル御判斷ヲ以テ、此ノ案ヲ取捨セラレンコトヲ願ヒマス

○議長(中島信行君) 一寸御報道申シテ置キマス、八田謹二郎君ハ菅君ノ動議ノ修正案ニ贊成ヲ表シマシテ居リマシタガ、即菅君ノ贊成ヲ取消シテ、佐々田君ノ修正案ニ贊成ヲナサル、ト云フコトノ申込ガアリマシタ、此ノ段御報道致シマス、暫時是ヨリ休憩ヲ致シマス

午後零時二十五分休憩

○政府委員(外務省會計局長室田義文君)　此ノ外務省ノ臨時部ノ修繕費ノ本省外構ノ費用ヲ、此ノ査定案デ除イテアリマス、此ノ事ニ就イテ一應述ベテ置キマス、此ノ査定案ノ總說明ノ九頁ノ所ニ出テ居リマス、「第二項修繕費ニ於テ朝鮮公使館修繕費ヲ加フト雖モ外務本省外構修繕ヲ削除セルニ依リ」コレ〳〵ノ高ヲ減ズルト斯ウ成ツテ居ル、此ノ本省外構ノ柵ノ修繕ト申スモノハ最必要デ、どうデモ二十四年ニ於テセナケレバナラヌ、其ノ譯ハ此ノ現在アリマス所ノ外構ノ柵ト云フモノハ、明治八年今ヨリ十七年前ニ造ツタモノデアリマシテ、其ノ後今日迄年々之ヲ修繕シテ參ツタ、其ノ費用ガなか〳〵少クナイコトデアルノデアリマス、ソレデ是迄其ノ中ノ杭ヲ二本、三本ヲ修繕シツヽアリマシタガ、既ニ其ノ全體ガ腐敗シテ、どうシテモ尚年內ハどうカ斯ウカ持ツニレテモ、明年ニ總ヘテガ保タヌコトニナツテ居ル、ソレデ元十七年前ニ拵ヘマシタ時ニハ、木ノ方ガ便利デアツタカラ木柵ヲ造ツタノデアリマス、所ガ今日ニナツテ見マスレバ、中ノ方モ總ヘテ煉瓦ニナツテ居リマス、此ノ後年々修繕スルヤウデハ、經常部ノ費用モ大分要ルコトデアリマスカラ、寧ロ鐵柵ニ換ヘタ方ガ宜シイ、又鐵柵ニシナツテモ現在ノ儘ニ改築スルカ、どつちトモシナケレバナラヌ、今年ノ秋頃ノ風ノ時分ニ、殘ラズ打破ハレルコトニナツテ居リマス、どうカ七百何圓ト云フ格別ノ費用デアリマセヌカラ、之ヲバ原案ノ通リニ存シテ居ルコトニ、諸君ノ御賛成アランコトヲ希望シマス

ソレカラ此ノ臨時部ノ中ノ朝鮮公使館ノ費用ガ、此ノ臨時部ノ中ニ移ツテ居リマス、是モ只今申シタ通リ九項ノ中ニ「朝鮮公使館修繕費ヲ加フト雖モ外務本省外構修繕ヲ削除セルニ依リ」トアリテ、經常部ノ中カラ除イテ來テ、臨時部ニ加ヘラレタモノト見ニマス、丁度之ニ就イテハ確カ九日ノ日デ御坐リマシタ、武富君ノ演說サレマシタ中ニ、朝鮮ノ公使館ハ引用シテ居リマスガ、隣國ノ公使館ノコトニ就イテ斯ウ云フコトヲ云ハレテ御坐リマス、豫算ノ組織上ニ就イテ政府案ノ缺點ノ所ヲ云ヘバ、歳入總額ヲ內閣各大臣ガ分配シテ之ヲ款項ニ分ツ、故ニ此ノ佛ノ公使館トカ、又ハ朝鮮ノ公使館ノ費用ヲ割當テル爲ニ、「經常部ニ加ヘテアルノじや、元英ノ公使館ノ修繕費ヲ臨時部ニ入レル以上ハ、佛ノモ朝鮮ノモ臨時部ニ加ヘテ宜シイモノデアルガ、是ハ六十七條既定ノ歳出ニ關スルモノデアルガ故ニ、之ニ立籠ツテ即加ヘタノデアルト云フコトヲ述ベラレマシタ、ソレデ今日朝鮮公使館ヲ臨時部ヨリ、經常部ニ移スト云フコトヲ述ベマスカラ、時去ツテ居リマスガ序ナガラ申シテ置キマス、朝鮮ノ公使館トカ、佛ノ公使館ノ修繕費ヲ、經常部ニ加ヘネバナラヌノハ、今朝鮮ノ京城ニ在ル公使館ハ御承知ノ方モアリマセウガ、南山ト云フ山ノ中腹ニ建ツテ居リマス、ソレデ地面ガ屈曲シテ居リマスカラ、随ツテ水排ケガ甚ダ惡ルイノデアツテ、其ノ外構ノ塀ト云フモノハ、煉化デ造リ又ハ土デ造リシヲ、外ヲ白ク塗ツテアルノデアル、ソレデ水排ケノ惡ルイ爲ニ、年々多少ノ構ニ傷ミヲ生ジテ、是迄年々多少ノ費用ヲ掛ケテ修繕シテ居ツタノデ御坐イマス、所ガ此ノ二十四年度ニ於テハ、是迄年々シタ如ク小修繕デハ最早保タヌト云フコトニナツテ、ソコデ例年ヨリハ多クノ費用ヲ掛ケテ、セネバナラヌト云フコトニナツテ居ル、ソコデ多クノ費用ト云フノハ何程カト云フニ、即五百圓以上ニ渉ル、ソコデ經常部ノ方デ五百圓以上ニ渉ルモノハ其ノ場所ヲ擧ゲナケレバナラヌト云フノハ、現在ノ科目表デ分ツテ居リマス、五百未滿ノモノハ各所修繕中デ、其ノ箇所ヲ擧ゲヌデモ宜シイガ、其ノ代價ガ五百圓以上ニ渉ルモノハ、是非其ノ場所ヲ明記セネバナラヌト云フ定メニナツテ居ルカラ、「科目表ハ二十二年ノ六十號ノ會計規則ノ第七條ニ、豫算ノ款項ノ區分ハ大藏大臣ガ定メル、即大藏大臣ガ表ヲ立テ定メタモノデ、各省トモ此ノ表ニ依ツテ豫算ヲ作ラネバナラヌ、之ニ場所ヲ掲ゲネバナラヌト云フカラ即掲ケタノデ、其ノ修繕ノ性質ハ決シテ臨時ノモノデナイ、即通常ノモノデアリマス、丁度佛ノ公使館デ云フテモ中ノ敷物ヲ替ヘルノガ臨時ニ行カウ筈ハナイ、英ノ公使館ヲ臨時ニ加ヘタノハ契約ニ依ツテ、七年目ニ內部ノ總テヲ替ヘナケレバナラヌ、此ノ費目ガ四百磅、此ノ費用金高ニ拘ハラス七年ニ一遍ヅヽ、テ年々ニスベキモノデナイカラ、臨時部ニ加ヘマシタ、朝鮮ノモ年々定メタ經常部ノ中デ支拂得ルノデアルガ、金高ガ五百圓以上ニ渉ル故ニ、著ルシク其ノ箇所ヲ擧ケタノハ、即今ノ科目表ニ依ツタノデアル、若シ之ヲ假リニ臨時部ニシテ置クトキハ、年々多少ノ傷ミガ生ズルカラ年々修繕シナケレハナラヌ、是カラ先キニ年々臨時部ノ中ニ、朝鮮國公使館修繕費ヲ加ヘネバナラヌ結果ヲ生ズル、然ウスルト却ツテ疑惑ヲ生ズルヤウニナリマスカラ、此ノ朝鮮國公使館ノ修繕費ハ經常部ニ移ス方ガ相當デアルト思フ、其處デ臨時部ノ方ニ朝鮮國公使館ヲ增ストイヘドモ、外務省ノ外國ノ七百あんポヲ減ジタカラ、格別臨時部ノ增シニナラヌト云フコトデ朝鮮ノ公使館ハ經常部ニ移シテ、外國ハ二十四年度ニ於テ改作シナケレバナラヌカラ、之ヲ二十四年度ハ原案ノ儘ニ存シテ置クト云フコトヲどうゾ御熟考ヲ願ヒマス

○議長(中島信行君)　外務省ノ部ニ就イテハ別段發言ノ通告ガアリマセヌ、別ニ通告ガナケレバ決ヲ採リマス

○井上彦左衛門君(二百十五番)　出席議員ノ數ハ

○議長(中島信行君)　定足數ハアル積リデアル――確ニ

○堀內忠司君(十一番)　只今外務省ノ部ヲ決ジお採リユナリマスカ、――是ハ一ツデ宜シウ御坐リマスガ、あとハ八省トモ一度ニ其ノ決ヲ採ルコトニシタイ、ソレデ政府委員ガ辯明スルコトガアレバ一遍ニ辯ジテ、一度ニあとハ決ヲ採ルコトニシタイト云フ動議ヲ出シマス、ソレ故ニ餘リ是ニ論議ハアルマイト思イマス、餘程會議モ迫ツテ居リマスカラ、政府ガ急ク同意シナケレバ考ガアリマスカラ

○議長（中島信行君） 此ノ決ヲ採ツタあとデ……

○堀内忠司君（十二番） 宜シウ御坐イマス

○議長（中島信行君） 決ヲ採リマス、此ノ案ハ菅氏ノ修正案ヲ先キニ決シマス、佐々田君ノ修正案ヲ其ノ次ニ決シマス、其ノ次ニ査定案ヲ決シマス――菅君ノ修正案ニ賛成ノ諸君ハ起立

起立者 少數

○議長（中島信行君） 少數――佐々田氏ノ修正案ニ同意ノ諸君ハ起立

起立者 少數

○議長（中島信行君） 少數――査定案ニ賛成ノ諸君ハ起立

起立者 多數

○議長（中島信行君） 多數――査定案ニ決シマス

○堀内忠司君（十二番） 只今内務省ノ所管ニ移ルト思ヒマスガ……

○議長（中島信行君） 大分問題ガむヅかシイカラ此處ヘ來テ……

明治二十四年三月五日　井上角五郎君ノ質問ニ對スル青木外務大臣ノ答辯

○外務大臣(子爵青木周藏君)　諸君——本年二月九日付ヲ以チマシテ、本院議員井上角五郎君其ノ他三十三名ノ諸君ヨリ提出ニナリマシタル質疑ニ對シテ、答辯ヲ致シマス、此ノ答辯ハ事實ニ渉リマシタル事ヲ一々答辯ヲシマスルニ就イテハ、或ハ演說ガ活潑ニ無ク、或ハお聽キ苦シイト云フコトガ御坐イマセウト考ヘマスルカラ、先ツ以テお斷リヲシテ置キマス

第一ノ質問ハ「明治十五年十二月横濱正金銀行頭取小泉信吉ハ金拾七万圓ヲ朝鮮修信使朴泳孝ニ貸シ外務卿井上馨視察員金玉均共ニ見證人タリ當時朝鮮政府ハ釜山、元山、仁川ノ稅關收入ヲ抵當トスルコトヲ約束セシニ其後朝鮮政府ハ更ニ銀二十万兩ヲ支那招商局ヨリ借リ又三所稅關ノ收入ヲ抵當トシテ今現ニ支那政府ノ三所稅關ヲ監督スルニ至レリ支那政府ノ稅關ヲ監督スルハ之ヲ抵當トナシタルノ故ニ由ルカ正金銀行ニ先取ノ權利アルニモ拘ハラス日本政府ノ之ヲ爭ハサルハ如何」ト斯ウ云フ御質問デアリマス、然ルニ政府ノ知ツテ居リマス所デハ、此ノ貸金條約ニ關シテ、當時外務卿タリシ井上馨君ガ當時證人ニナツタト云フコトハアリマセヌ、又政府ノ知ツテ居リマスル所デハ、朝鮮政府ニテ釜山、元山、仁川ノ三稅關ヲ以テ、此ノ貸金ノ抵當ニ入レタト云フコトモ事實ニ相違シテ居ル樣ニ思ヒマス、成程此ノ貸借ノ條約中ニハ朝鮮政府ニ於テ、万一分ノ返金ノ期日ヲ誤ツタコトガアレバ、釜山稅關ノ收入金ヲ以テ返還シヤウト云フコトガ書込ンデアリマス、然ルニ其ノ後朝鮮政府ニ於テハ其ノ約條ヲ履行シマシテ、前々年ノ金額ハ正金銀行ニ對シテ拂ツテ居リマス、明治……時日ハ能ク存ジマセヌ、故ニ——拙者ニ於テ能ク知リマセナカツタ、故ニ正金銀行ニ問合セテ見マスルト、昨年分即二十三年分ノ元金利金ハまだ償却ニハナリマセヌサウデアリマス、サリナガラ朝鮮ニ於ケル代理者ニ命ジテ催促ヲシテ居ルト云フコトデアリマス、然ラバ近日ニ返ヘスデアラウ、尤モ明治二十一年分モ漸ク明治二十二年四月七日ニ至ツテ拂ヒマシタサウデ御坐イマスルレ、又明治二十年分モ二十三年三月二十七日ニ、彼ノ國ヨリ年賦ノ額ハ元利共ニ拂ツタト云フコトデアリマスル、故ニ追ツテ昨年分モ拂フデアラウト云フ正金銀行カラノ通知デ御坐イマス、斯ノ如キ參リ掛リデアリマスル故ニ、日本政府ハ此ノ爲ニ朝鮮政府ヘ迫ツテ、此ノ貸金ヲどうシテ呉レルカ、或ハ早ク拂ツテ呉レル樣ニシテ貰ヒタイト云フコトヲ、今日迄申ス必要ハ見ナカツタノデアリマス、同質問中ニ銀二十万圓ヲ支那ノ招商局カラ借リ、又其ノ借リタル金ニハ、三箇所ノ稅關ノ收入ヲ抵當ニ入レタト云フコトガアリマスルガ、是モ帝國政府ノ承ル所デハ、或ハ事實ニ相違シテ居ルカノ樣ニ思ヒマス、成程監督ト云フコトハ見ヘテ居リマスルガ、支那ノ政府カラ朝鮮ノ稅關ヲ監督シテ居ルト云フコトハ、本官等モ聽イタコトガアリマスル、サリナガラ其ノ實ハ必ズシモ監督スルト云フ譯デモナイト見エマシテ、現ニ朝鮮政府ニ雇ハレテ居ル所ノ人ハ、以前支那ノ政府ニ雇ハレテ居ツタ所ノ人ニハ相違ナイコトデハアリマスル、ナレドモ支那ノ政府ノ命令ヲ得テ、——或ハ受ケテ朝鮮ノ稅關ノ事務ニたづさハツテ居ルモノトハ見ヘマセヌ、現ニ雇ハレテ居ル所ノ人ハ戶曹參議トカ、或ハ總稅務司トカ、或ハ嘉善太夫トカ云フヤウナ官名マデモ、朝鮮政府カラ貰ツテ、全ク朝鮮ノ役人トナツテ、朝鮮ノ事務ヲ取扱ツテ居ルノデアリマス、倘監督シテ居ラナイト云フコトハ——或ハ監督シテ居リハシナイト本大臣ニ於テ認メマスルノハ、我ガ帝國領事ト交渉ノ際ニハ、此ノ人達ハ支那ノ名ヲ以テ事務ヲ取扱フデハナクシテ、全ク純然タル朝鮮政府ノ名ヲ以テ事務ヲ取扱ツテ居リマスル、故ニ公然支那ガ監督シテ居ルト云フコトハ認メテ居ラナイ譯デアリマス　(未完)

(明治二十四年三月五日ノ議事ノ續)

第二ノ質問ハ日本、朝鮮、兩國ノ修好貿易條約ニハ日本ノ朝鮮ニテ最惠均霑ノ條款アリ然ルニ支那商人ハ平安道義州府ヨリ容易ニ紅參ヲ輸出シ而シテ日本商人ハ明治十六年七月海關稅目ニ依リ朝鮮政府ノ特許ヲ經ズシテ竊ニ之ヲ輸出スル者アレバ沒收セラレ假令日本商人ノ許可ヲ朝鮮政府ニ求ムルモ之ヲ許シタルコトナシ日本政府ハ朝鮮ニ對シテ曾テ均霑ノ權利ヲ主張セシコトアリシガ彼レ未ダ承諾セサルモノ果シテ何ノ故ナルカ」ト云フ質問デアリマス、然ルニ此ノ人參——お種人參デアリマスガ、お種人參ノ朝鮮カラ輸出セラルルコトニ就イテハ、隨分面倒ノ手續ガアツテ、中々容易ニ輸出ノ出來ルモノデハアリマセヌ、淸國ト朝鮮國トノ間ニ成立ツテ居ル水陸貿易章程ト云フモノガアリマスルガ、此ノ條約ノ第六條ニ依ツテ見マスルト、お種人參ト申スモノハ、朝鮮人民ニシテ淸國ノ境界ニ之ヲ攜ヘテ參ツタ時ニハ、一割五分ノ稅ヲ拂ツテ、淸國ニ輸入スルト云フコトニナツテ居リマス、又淸國ノ商人ニシテ(大聲ニ願ヒマス此ノ邊ハ聽エマセヌト云フ者アリ)宜シウ御坐イマス、務メテヤリマセウ聲ノ漏レル丈ニ……淸國ノ人民ニシテ此お種人參ヲ竊ニ輸出致シマシタモノナラバ、是ハ無論朝鮮政府ニ於テ沒收スルト云フ規則ニナツテ居リマス、此ノ第六條ニ依リマスルト云フト、政府ノ許可ヲ得マスレバ、或ハ一割五分ノ稅ヲ納ムレバ、勝手ニ人參ヲ淸國ニ輸出スルコトガ出來ルヤウニ見ヘマスル、併シナガラ實際ノ有樣ヲ承ツテ見マスルト、此ノ商賣ト云フモノハ餘程區域ノ狹イモノデ然ウ勝手ニ多量ノ物ハ輸出ガセラレナイモノダサウデ御坐リマス、要スルニ人參ヲ朝鮮ニ於テ育テ作ルノモ、是ハ朝鮮政府ノ官ノ業ニナツテ居ル、又之ヲ輸出スル事柄モ或ル商人ノツレ〲ノ人ガ、政府カラ許シヲ得テ然ル後デナケレバ輸出ハ重モニシナイコトニナツテ居リマス、斯ノ如キ品物デアリマスル故ニ、帝國政府ニ於キマシテハ、此ノ品物ニ限ツテ支那人ト同樣ニ取扱ツテ貰ヒタイ、此ノ品物ヲ取扱ハシテ日本人ニ利益ヲ得サセヤウト云フ考ハ、今日迄强ヒテ御坐イマセヌ、第一分量ガ少ナイ、第二幸ニシテお種人參、蘭法醫者ガ流行ツテカラ、日本デモ需用ガ少ナイ物デアリマス、又縱令我ヨリ均霑主義ヲ詮究シマシテモ、直段ノ安イ日本ニ賣ルヨリモ、直段ノ高イ支那ニ賣ル方ガ朝鮮政府ノ利益ナル以上ハ、無論將來ノ方向ガあノ方ニ向タデアラウト思ヒマス、又日本ノ民人ガ此ノ朝鮮ノ人參ヲ輸出スルコトニ就イテ、輸出ガシタイト云フヤウナコトヲ、朝鮮政府ニ求メタケレドモ、許サレナカツタト云フお疑ガアル樣子デシタガ、遂ニ此ノ人參ヲ輸出ヲシタイト云フヤウナコトヲ、我ガ帝國ノ公使又ハ領事ニ向ツテ、請求ヲシタ所ノ臣民ハ居リマセヌ、又一方ニ於キマシテハ、此ノお種人參ヲ支那商民ト雖モ、許ナレニ之ヲ朝鮮國ヨリ輸出スルト云フコトニナリマスレバ、無論朝鮮ノ稅關ニ於テモ度々例ノアリマス通リ、勝手次第ニ沒入

シタモノデアリマス、是ガ第二ノ質問ニ對シマスルお答デアリマス、一番新規ナル氣長イ御返答デアリマスル、是ガ此ノ第三ニ對スル事柄デアリマス、ソレハ明治二十三年七月中府下各新聞ニ於テ左ノ記事ヲ載セタリ

本月三日濟州孟令里ニテ日本漁民ノ上陸シ水ヲ汲マントセシニ朝鮮人梁宗信ナルモノ、忰某コレヲ認メ痛ク汲水ヲ拒ミシカハ漁人大ニ怒リ之ヲ追ヒ却ケシニ宗信自宅ヨリ出テ來リテ漁人ニ手向ヒタレバ漁人モ止ムヲ得ズ終ニ刀ヲ拔キテ自ラ防衞スル爲メ宗信ヲ斬殺シ其儘逃亡レタリ五日ニ至リ濟州牧使ハ該島近海ノ日本漁人ヲ悉ク呼集メテ一々尋問セシ由ナリ就中佐賀縣人橋本某氏ハ地方ノ獄ニ囚ヘラル、事幾日幾度カ地方廳ノ庭前ニテ吟味セラレ其末口供ニ拇印シ始メテ放免ヲ得タリ又十九日ニハ牧使ヨリ日本漁船ニ同島近海ヲ立チ去ル事ヲ命シ二十一日ニハ一同同處ヲ引拂ヒタリ

斯ウ云フコトガアルガ、其ノ實如何ト云フお尋デアリマス、帝國政府ニ於キマシテハ斯ノ如キ新聞ノ報告ニ對スル報知デ、我ガ公使又ハ領事ヨリ信用スベキ所ノモノヲ、更ニ請取リタルコトハアリマセヌ、被害者ヨリモ此ノ事ニ就キマシテ、告訴ヲ受ケタルコトモアリマセヌ、隨ツテ帝國政府ハ朝鮮政府ニ對シテ、此ノ處分如何ト云フコトヲ詰問スル場合ニ、今日迄ハ立至ラナカツタノデアリマス、尤其ノ質問中ニ――質問ノ要點トシテ第二項ニ書イテアリマス、以上ノ事實ニシテ相違ナシトセバ、日本政府ハ如何ニ處置セントスルカト云フお尋デアリマスガ、無論斯ノ如キ事實ガアリマシタナラバ、其ノ案件ヲ審査シテ、相當ノ處分ヲ帝國政府ハ執ツタニ相違アリマセヌ、サリナガラ何分是ニ類似シタコトハアリマスナレドモ、其ノ類似シタ事柄ト雖モ、公然タル朝鮮――公然タル仕事トシテ、朝鮮政府ニ嚴重ニ掛合ヲセ子バナラヌト云フコトデアリマセヌノデ、サリナガラ御便利ノ爲ニ一應茲ニお話ヲ申シテ置キマスルノハ、昨年七月此ノ梁宗信ト云フ人ガ殺サレタト云フコトニ就キマシテハ、朝鮮政府ヨリ帝國公使ニ照會ノ公文ガアリマス、此ノ公文ノ中ヲ見マスルト、茲ニ拔萃シテ參ツタノヲ簡短ニお話シ申セバ、箇樣ナ譯ニナツテ居ルノデ、成程誰カ一人此ノ梁宗信ト云フ人ヲ殺シタニ違ナイ、殺レタノデアリマスカラ、地方官ガ犯罪者ヲ捜偵セントシテ、飛楊島ト申ス處ニ碇泊ヲシテ居タ所ノ日本船ニ參リマシタ、然ウシテ日本人ノ橋本權三郎ト申ス者ガ其ノ船ニ乘ツテ居リマシタ故ニ、犯罪人ハ誰デアルカ、何處ニ居ルカト云フコトヲ尋ネタケレドモ、橋本曰ク知ラズト答ヘタノデ、其ノ場ハソレデ濟ンダ樣子デアリマス、又地方官ガ大靜縣加波島ニ碇泊シテ居ル、我ガ帝國臣民ノ吉村與三郎ト云フ人ニ向ツテ、尋ネタコトガアルサウデアリマス、同ジ箇條ヲ尋ネタサウデアリマスガ、吉村ガ申スニ飛楊島ト云フ島ニ居ル橋本權三郎ノ申スニハ、彼ノ船ハ……彼ノ船ト云フノハ定メテ犯罪人ノ乘ツテ居タ船デアラウ問答ヲシタコトガアル、其ノ人ノ名前ト云フモノハ私ハ書留メテ置イタ、斯ウ云フコトヲ吉村ガ申シタ樣子デアリマス、ソレ故ニ地方官ガ吉村ト申ス人ト共ニ、孟令里ト云フ處ニ參ツテ橋本ヲ招キテ、人ヲ殺レタ顛末ヲ段々尋ネテ見タサウデアリマス、其ノ時橋本ガ彼等兩人ニ答ヘテ、此ノ日長崎縣南松浦郡荒木某ト申ス者、竝ニ同縣浦松某ト申ス兩人ガ乘込ンデ居タ漁船ガ、飛楊島ト申ス島ノ前洋――前ノ方ニ參ツタ、其ノ時此ノ二人ノ者ガ橋本ニ向ツテ申スニ、水ヲ汲ムコトガ極必要デアルガ、汲マシテ呉レト云フコトヲ云ヒツヽ、上陸ヲシテ參ツテ上ツテ見マスルト云フト、士民ガ水ヲ汲ムコトヲ許サヌト云フコトガアツタヤウニ見エマス、ソレ故ニ又一應船ニ立歸ツテ、二ツノ船ニ乘ツテ居ル所ノ人デアリマスガ、即此ノ橋本ト荒木ト云フ人ト、浦松某ト云フ此ノ三人デアリマセウ、此ノ人ナドガ一緒ニナツテ、上陸ヲシテ水ヲ汲ンデ、其ヽ久シウシテ船ニ歸ツテ、然ウシテ我々ハ最早此處デハ釣ガナイガ、黒山島ト云フ南ノ方ニ向ツテ、是カラ透ゲテ行クト云フテ、其ノ場ヲ去ツタト云フコトデアリマス

ソレ故ニ此ノ兩人ノ人ノ名前ヲ、橋本ガ記シテ置イタト云フコトカラシマシテ、ソレデ一体ノ事柄ガ濟ンダモノト見エマス、其ノ後我ガ帝國公使ノ報道ニ依リマスト、昨年此ノ事變ノアリマシタ後僅三日ヲ經テ、濟州島ニ日本人ノ中ノ某デアルカ、名前ハ知リマセヌガ參ツタ人ガアリマス、其ノ時ニ參ツテ其ノ時ノ模樣ヲ聞イテ、ソレデ再ビ京城ニ皈ツテ、我ガ公使館ニ出頭シテ報知シタ所ト、先刻私ガお話シ申シタノト、大同小異ノ趣デアツタサウデアリマス、殊ニ橋本ト云フ人ガ監獄ニ入レラレテ、調ベラレタト云フヤウナコトハ、公使ノ所ニ參ツテ此ノ通信者ガ申サナカツタト云フコトデアリマス、然レバ詰リ是モ多少何カ事實ノ相違シタ報告カラシマシテ、起ツタモノデアリマセウト思ヒマス、若シ此ノ事ガ果シテ事實ニアツタモノナラバ、事柄ヲ能ク調ベマシテ無論相當ノ手續ヲ爲シ、相當ノ處分ヲ帝國政府ハ朝鮮政府ニ向ツテ請求シタニ違アリマセヌ、今日マテ其ノ必要ガナカツタ故ニ、其ノ事ハ手ヲ着ケズニアリマス譯デアリマス

（井上角五郎君演壇ニ登ル）

○井上角五郎君（八十八番）　本員ノ質問ニ對シテ、青木外務大臣ノ詳細ノお答ガ御坐イマシタ、此ノ詳細ノお答ニ就イテ、本員ハソレハ外務大臣ノ仰セラレル事柄ガ、事實ガ違ツテ居ルトハ云ヘヌ、外務大臣ノ見ル所ト、本員ノ見ル所ト違ツテ居ルノデアル、外務大臣ノ記聽スル所ト、本員ノ記聽スル所ト違ツテ居ルノデアル、即外務大臣ガ責任ヲ帶ビテ此ノ事ヲ云ハレタ以上ハ、今日ナリ明日ナリ、又今年ナリ來年ナリニ、此ノ事柄ニ違ツタコトノ事實ヲ發見レタ日ニハ、今日ノお答ハ即無責任ノ答ヲナシタモノデアル、ト云フ責ヲ負ハレルデアラウト思フカラ、再ビソレハ事實ガ違ハ致シマセヌカ、ト云フ質問ハナサヌ積リデアリマス、第一ニ正金銀行ガ十七万圓ヲ貸與ヘタトキノ證人ハ、井上馨デナイト云フコトヲ言ハレタ、成程證人ハ井上馨デナイガ見證人――其ノ場合ニ立合ツタ所ノ證人ハ、井上馨君ニ相違ナイノデアル、ソレカラ二番ニ三箇所ノ稅關ハ抵當デナイト云ハレタ、抵當デナイト云ハレツヽ、釜山ノ收入ヲ以テ能ウ拂ハヌトキニ、拂フト云フコトヲ書込ンデアルト云フノハ是ハ撞着シテ居ル、其ノ次ニ年々仕拂フト云フコトハ……

（中村榮助君、井上君ノハ質問デスカ何ンデスカ）

質問ヲ致シマシタ、其ノお答ガ本員ノ見ル所トハ事實ガ違ツテ居ル、故ニ議院ニ訴ヘテ後日事實ノ違フタコトヲ發見シタトキニ、外務大臣ヲシテ責ヲ負ハセルト云フコトヲ云フノデアル

（中村榮助君、討論ナラバ討論ノヤウニ、議題トナツテカラデ宜カラウト思フ）

ソレカラ其ノ次ニ云ハレルニ、年々此ノ金ヲ支拂ッテ居ルト云フコトヲ云ハレタガ、願ハクハ最ウ一度外務大臣ニ望ム、正金銀行ノ帳簿ヲお調ニナッタラバ、年々正金銀行ニ請取ラズシテ、請取ッタト云フコトニナッテ居ハシナイカ、若シ然ウナッテ居タナラバ此ノお答ハ間違ッテ居ル、其ノ次ニ招商局ヨリハ……ト云ハレタ、尤是ハ傳聞ノ儘デアルト云フコトデアルカラ彼此云ハナイ、其ノ次ニ三箇所ノ稅關ヲ監督スルト云フノハ、支那政府ハ決シテ監督シテ居ラヌト云ハレマシタガ、外務大臣――就中外交ニ委シキ外務大臣ガ、若シ支那ノ稅關ト云フモノガ本局ハ何處ニアッテ、支局ハ何處々々ニアルカト云フコトヲ調ベタナラバ、支那ノ稅關ノ部類ニ朝鮮ノ稅關ガ這入ッテ居ルト云フコトガ分ルダラウ、ソレニ監督ヲシナイト云フコトガアラウカ、是モ本員ノ見ル所ト、外務大臣ノ見ル所ト違フノデアル、ソレカラ二番目ノ質問ニ對シテノお答ハ、最惠國條款ニ就イテ問フタトキニ、外務大臣ハ曰ク、支那ト朝鮮ノ間ニ結ンダ水陸貿易章程第六款ニ人參ヲ輸出シタモノハ、一割五分ヲ拂フト云フコトガ書イテアル、ケレドモ私ハ其ノ實際ノ如何ニナッテ居ルカハ知ラナイ、併シ水陸貿易章程ニハ立派ニ之ヲ拂ウト云フ事ガ書イテアル、書イテナイナラバ我ガ日本國ニハ最惠國條款ガ行ハレテ居ラナイト云フコトガ分カル、此ノ人參ハ日本デハ今日最ウ漢法醫者ガ廢ッテ、西洋醫者ガ行ハレル世ノ中デアルカラト云フ、如何ニモ珍ラシイ……珍ラシイデハナイ、本統ノコトヲ云ハレタガ、此ノ人參ト云フモノハ朝鮮カラ輸入シテ日本ニ賣捌クデハナイ、朝鮮カラ長崎ニ持ッテ來テ、長崎カラ上海ニ持ッテ行クノデアル、然ウスルト、朝鮮デ一圓ノ品物ガ上海ニ行ケバ十五圓ニ賣レルノデアル、凡ソ貿易ト云フモノハ、自分ノ國ニ必要ノモノ計リ外國カラ持ッテ來ルノデナイ、利益サヘアレバ自分ノ國ニ持ッテ來ナイデモ、何處ヘ持ッテ行ッテモ宜シイノデアル箇樣ノコトハ些細ノコトダカラ爭ハナイト云フコトヲ大臣ハ申サレタガ、支那ノ人々ト日本ノ人々トガ、朝鮮ノ稅關ナル義州府ノ……義州ト云フ所ノ稅關カラシテ、朝鮮政府ガ一割五分ノ稅ヲ取立テタ高ガ幾ラデアルカト云フコトカ分ッタナラバ、朝鮮ノ人參ハ中々容易ナラヌモノデアルト云フコトガ分ルデアリマセウ、本員ノ見ル所ト外務大臣ノ見ル所トガ違フノデスカラ、彼是ハ申サナイガ、只人參ヲ輸出スルコトガ、支那ニ於テハ……實際ニ於テハ兎ニ角、既ニ之ヲ權利デアルガ如クニ有シテ居ルノニ、日本人ハ之ヲ持ッテ居ラナイト云フノハ、最惠國條款ガ行ハレナイト云フコトガ分ルデ御坐イマセウ

第三濟州ノ報知ハまだ得ナイ、得ナイカラ本官ハ知ラナイト云フヤウノ事ヲ申サレタガ、凡ソ日本人ニシテ外國ニ往ッテ、斯ウ云フ困難ニ出會ッタトカ、あゝ云フ事ニ遭遇シタトカ云フ事ガ世ノ風聞ニ登リ、新聞ニモ書出シタナラバ、告訴シナイデモ報告ガ參ラナイデモ、政府ハ少シク注意シテ宜カリサウナモノト思フ、――橋本宇吉君ソレノ親父ノ權太郎ト云フモノガ、幸ニシテ生延ビテ逃ゲタカラ告訴スルノ便モアルデアラウ、併シナガラ若シ是ガ死ンダナラバどうサレルカ、之ヲ棄テヽ置カルルヤウデハ實ニ危ナイ政府デアルト、本員ハ思フノデアル

丁度明治二十二年二月十八日最近キ便ノ通信……大分縣豐後國佐賀ノ關町ノ大日本水產會會員姬野呈次郎ト云フ人ガ、立派ニ實印マデ捺シテ本員ニ報道シテアル、長イ手紙ダカラ一々ハ申シマセヌガ、其ノ末ニ書テアル所ニヨレバ、あなたノ質問書ガ時事新報ニ載ッタノヲ見テ始メテ知ッタガ、あノ新聞ニ佐賀縣トアルガ佐賀縣デハナクシテ佐賀ノ關ノ人デアル、ソレデ其ノ橋本宇吉ナルモノガ飛揚島……此ノ手紙ニハまけん島トアルガ、まけんハ朝鮮語デ飛揚島ノコトデアル、……此ノ飛揚島ノ邊リニ居ッタ所ニ、朝鮮ノ役人ガ來テ無理やリニ之ヲ捕ヘテ船ヲ取リ卷キ、動クコトモサセズニ晝夜番人ヲツケテ警護シタ、其處デ其ノ宇吉ノ親父ノ權太郎ナルモノガ、親ガ子ヲ救フタメニ罷出テ、陳謝シタケレドモ中々許シテ呉レナイ、朝鮮ノソレコレノ役所ニ往ッテ見テモ、到底許シテ呉レナカッタガ、遂ニ其ノ極度ト云フモノガ、凡七百人バカリノ朝鮮人ガ集ッテ、私ト私ノ息子ヲ引ッケテ充分ニ吟味ヲシタ上ニ於テ箇樣々々ノ口書ヲ書カセテ、其口書ニハ調印ヲシタ」ト云ッテ、其ノ口書ノ寫シマデ送ッテ遣コサレテ居ルノデアル

斯ノ如キ事ガアッテモ、當人ガ訴ヘ出ナイカラ放ッテ置ク、公使領事ノ通信ガ無イカラ棄テヽ置クト云ッテ見レバ、外國ニ在ル我ガ國人ヲ保護スル大切ナル公使ハ、何ノ爲ニ送ッテアルカ、領事ハ何ノ爲ニ送ッテアルカト云フ事ヲ、質サナケレバナラヌコトニナルノデアル、是丈ノ事實ハ第三ノコトニ就イテノ外務大臣ノお答ヘト、本員ノ見ル所トハ違ッテ居ルノデアル、然シテ本員ガ質問シタル所ノ第一、第二、第三ニ向ッテハ、外務大臣ノ見ル所ト本員ノ見ル所トハ全ク違ッテ居ルノデアルカラ、別ニ議論ハ致サナイガ、唯本員ノ述ベル所ト、外務大臣ノ述ベル所トハ、何レガ事實デアッテ、何レガ事實デナイカト云フノ判決ハ、卽三百ノ諸公デアル、諸公何卒公平ノ判決ヲ下サンコトヲ望ム

終リニ臨ンデ尙一言致シマスガ、今日我ガ政府ガ朝鮮、支那及魯西亞ニ向ッテ、行ハルル所ノ政略ハ如何デアルカ、本員ハ明治十五年ニ彼ノ地ニ行ッテ、十九年ニ至ルマテ滿四箇年間、或ハ支那ノ方ニ行キ、或ハ魯西亞ノ方ニモ行キマシタガ、其ノ日本政府ガ執ラレテ居ル所ノ政策ハ如何デアルカト云ヘバ、初メハ朝鮮ヲ助ケテ以テ之ヲ獨立セシメントシタルガ如ク、局外中立タラシメントシタルガ如キ形跡デアッタガ、一タビ明治十七年ニ金玉均ノ變アルニ及ンデ、日本政府ハ謬ッテ東洋ノ事、我與カリ知ラズト云フノ風ヲ爲シテ居ル、斯ク政略ノ上ニ就イテ變動ヲ爲スハ、利デアルカ害デアルカハ姑ラク措イテ、一ハ斯ウ、一ハ斯ウトナッタ日ニハ、日本人ノ權利ノ上ニモ、又日本人ノ貿易ノ上ニモ、少ナカラザル迷惑ヲ蒙ムルコトハ明デアル、故ニ初メハ親切ニ世話ヲシタモノガ、後ニハ却ッテ不親切トナルコトハ、啻ニ私ガ質問シタル此ノ三箇條バカリデハナイ、只本員ハ其ノ一例トシテ擧ゲタバカリデアル、若シ此ノ例ニ對シテ左樣ナコトハ無イ事デアル、政府ハ一モ怠ラヌト強イテ明言セラルヽナラバ、本員ハ最ウ少シ澤山例ヲ持ッテ來テ訊問シテ見ヤウカトモ思フノデアリマスガ、唯是ダケヲ諸君ニ申上ゲテ、後日此ノ三箇條ノ質問ニ對シテ事實ノ現ハルヽノヲ待ッテ、然ル後ニ外務大臣ニ質問スルダケノコトデアル、ソレデ今外務大臣ニ望ム所ハ、今日迄ノコトハソレデモ宜シイ、別ニ望ンデモ仕方ガナイガ、今日以後ニ於テハ、東洋ノ有樣ニ就イテ支那ハどうカ、魯西亞ハどうカ、是等ハ政府ニ於テモ充分ニ見

ル所ガアルデ御坐リマセウガ實ニ東洋ノ問題タルヤ之ヲ條約改正問題ト較べ、之ヲ内國ノ一部分ノ問題ニ較ベテ、一層重大ノ事デアルト云フコトヲ旁〻承知セラレテ、以テ益〻……益〻デハナイ、今日マデ若シ間違ツテ居ツタト云フコトヲ悟ラレタナラバ、斷然動カズ、東洋ニ於ケル日本ノ獨立ノ大權ヲ鞏固ニセラルヽコトニ務メラレンコトヲ望ムノデアリマス

（青木外務大臣演壇ニ登ル）

○外務大臣（子爵青木周藏君） 只今井上君カラ述べラレマシタ中ニ、――即第三項ノ質問ニ對シテ「斯ノ如キコトハナイ私ハ知ラナイ」ト云ハレタガ、知ラナイト云ツタ譯デハアリマセヌコトデ、無論此ノ質問ノ出ナイ前ニ、外務省ニハ既ニ先刻私カ讀ンダ丈ノ報告ハ參ツテ居ルノデ、又質問ガ出タル後ニハ猶更實地ヲ確メル爲ニ、能モ井上議員ヨリシテ此ノ我カ外交上ノ一部ニ屬スル疑問ニ關スルコトヲ、能ク持出シテ下サツタ、此ノ時ヲ折リトシ能ク調ベテ見樣フト、私ハ充分ニ調ベテ見タノデアル、然ルニ其ノ橋本某ガ佐賀縣人デハナカツテ、佐賀ノ關ノ者ト云フコトハ本大臣ニ於テハ、本日始メテ承ツタ譯デ我ガ公使カラモ領事カラモ、何ンノ報告モ來テ居ラヌカラ、其ノ邊ニ就イテハ少シモ分カラヌノデアル

又最後ノ即日本政府ノ、或ハ日本國ノ朝鮮ニ於ケル政略云々ト云フコトガアリマシタガ、是ハ今日ノ疑問外ニ涉ル話デアル、諸君モ御手間ガ少ナイデアラウシ、又時モ迫ツテ居ルノデアルカラ、長クお話ハ申サヌ、併シナガラ此ノ問ヲ井上君ノ起サレタノハ、本大臣ハ甚ダ滿足スルノデアル、無論明治十六年、十七年頃ノ出來ゴトモアリマシタラウシ、或ハ其後ノ出來事モアラウシ、併シ其ノ後ハ本官ハ不幸ニシテ歐羅巴在留中デアツタカラ、其ノ政略ノ方針ガ變ツタコトモ無論本大臣ハ知ラナイ、……何レアラウ、ナイトハ云ハナイ、サリナガラ此ノ以後ハ成ル丈改メナイ積リデアル、即亞細亞ノ大体ニ關係シテ居ル日本ノ位置ト云フモノハ、先ツ此ノ儘ニ置キマシテ、此ノ位置ヲ誤マラズニ、……此ノ位置カラ踏出ス步ヲ誤ラズニ朝鮮ニ對スルモ、支那ニ對スルモ、或ハ其ノ他ノ國ニ對スルニシマシテモ、成丈步ヲ踏ミ誤ラン樣ニ政府ハ努メテ勉强ヲスル積デアリマス、但外交ノ事タル平和ニ參レハヲレ迄、但何カ困難ガ起ルト金ガ掛リ、或ハ血ト鐵トヲ要スル樣ナコトデ余程大切デ、一朝斯ウスルあヽスルト云フコトヲ明言ハ出來ヌ話デアリマスガ、政府ハ譲ンデ自分ノ地步ヲ占メテ、此ノ亞細亞ノ社會ニ於テハ一步モ日本ノ尊嚴ヲ失ハズ、寧ロ此ノ國ノ國權ヲ擴張シテ、其ノ國權ト云フ中ニハ、政略上ノ國權幷ニ通商上ノ所謂國權ト云フモノヲ張ツテ、此ノ國ヲ亞細亞國ノ社會ノ中ニ輝ヤカス樣ニ努ムルコトヲ怠ラヌ積デ御坐リマス

○高梨哲四郎君（九十四番） 九十四番ハ本月一日ニ出シタ其ノ緊急動議ニ就イテ……

○井上角五郎君（八十八番） 只今ノ外務大臣ノお答ニハ、本員ハ滿足ヲ表シマス

○政府委員（尾崎三良君）　次ノ原案卽チ議事日程ニアリマスル所ノ明治七年以後ノ戰役ニ死歿シタル軍人軍屬ノ遺父母及祖父母扶助ニ關スル法律案デゴザリマス、例ニ依リマシテ此法律案ノ制定ニナラネバナラヌ理由ヲ簡單ニ述ベテ、諸君ノ御協賛ヲ仰ギタイト存ジマス、此明治七年カラ明治十年マデノ戰役ニ死歿レタル者ノ、父母、遺父母ト云フモノハ、其時分ノ法律ニ依リマシテ、扶助料ヲ受ケテ居ラヌモノガ段々アルノデゴザリマス、夫故這回此法律ヲ制定シマシテ、此等ノ鰥寡孤獨ノ一ナル子ノナキ父母ニ恩給ヲ與ヘタイト云フノ精神デアリマス、今日此法律ノ必要ナル所以ヲ諸君ニ向ッテ述ベヤウト思ヒマスレバ、少シク陸軍恩給令ノ沿革ヲバ述ベマセヌト、充分ニ辯解ガ出來兼ネマスカラ、明治七年巳後ノ恩給令ノ沿革ヲ極單簡ニ述ベテ、御參考ニ供シマス〆デゴザリマス、此陸軍恩給ニ關スル規則ト云フモノハ、明治八年マデハ是ト定マッタモノモナカッタノデアリマス、所ガ此明治七年ニハ諸君モ御承知ノ通、佐賀ノ役、臺灣ノ役ト云フモノガゴザリマシテ、其節ニハ大分ニ戰場ニ於テ戰死シタ者モアッテ、殊ニ臺灣ノ役杯ニ於キマシテハ疾病ニ罹ッテ、夫ガタメニ死歿シタ者モ往々アリマス、此二役ガ止ンダ後ニ至リマシテ、此等ノ者並ニ死ンダ者ノ遺族ガ非常ニ難義致シテ居リマス、ケレドモ之ニ相當ノ扶助料又ハ恩給ヲ與ヘル所ノ規則ガゴザリマセナンダ、夫故ニ此等ノ者ニ是非何トカ一定ノ規則ヲ設ケテ、恩給ナリ扶助料ナリヲ與ヘネバナラヌト云フ所カラ、差急イデ取調ベマシテ、規則ヲ發布ニナリマシタノガ、卽チ明治八年ノ四月デアリマス、所ガ此規則ト申シマスルモノハ、何分ソコニ負傷人ダノ或ハ戰死シタ者ノ遺族ノ難澁シテ居ル者ヲ見テ、咄嗟ニ作ッタ規則デアリマスルカラ、甚ダ不完全ナモノデアリマス、併ナガラ不完全ナ代リニハ、又日本ノ風俗ニ適當シテアル所ノ精神ガ充分ニ籠ッテ居リマシテ、卽チ其規則ニ依リマスト云フト、戰死シタ者又ハ戰場ニ於テ手創ヲ負ヒ疾病ニ罹ッテ之ガタメニ死歿シタル者ノ家族ニハ夫ゝニ扶助料ヲ遣ル、其家族トハ父母妻子ト斯ウ擧ヘテゴザイマシテ、卽テ日本ノ風俗ニ適當シテ、父母ガ先ヅ先ニナリマシテ、妻子ガ次ニナッテ居マス、所ガ如何セン夫ニハ缺點ガゴザイマシテ、其規則ニ祖父母ヲ除ケテゴザリマス夫カラ又此父母ニ及ブノモ、其戰死シタ者ガ戶主デナケレバ行カヌコトニナッテ居リマス、若シ戶主デナイトキニハ、唯其妻子ニ其扶助料ヲ與ヘルコトニナッテ居リマス、夫故ニ若シ幸ニシテ其戰役ニ出タ者ガ戶主ニナッテ居リマシテ、其親父ナル者ハ隱居ノ身分デ居リマス時分ニハ、卽チ其父母ガ扶助料ヲ受クルコトガ出來マスガ、若シ不幸ニシテ其戰役ニ出マシタ者ガ未ダ戶主ニナラザル時ニハ、縱令其悴ガ一年ノ子供デアッテモ、必ズ之ガ跡取ニナッテ、老後ニハ扶助ヲ受ケテ生活ヲ安樂ニシヤウト思ッテモ、若シ不幸ニシテ未ダ戶主デナカッタ時ハ、其親父ノ扶助料ヲ受クルコトガ出來ヌノデゴザイマス、所ガ此戶主ニシテアルトカ未ダ家督相續ヲサセテナカッタト云フコトハ、眞ニ偶然ノコトデアッテ、決シテ有心故造ニドウシタト云フコトハナイノデゴザイマス、然ルニ斯ル偶然ノ所カラシテ、國家ガ酬ユル所ノ結果ガ大變ニ厚薄ガゴザイマシテハ、甚ダ是ハ規則上缺點デアリマスカラ、此等ノ者モ此度此扶助法律ガ出マスレバ、其恩典ニ與ル樣ニナリマスノデゴザイマス、夫カラ唯今モ申シタ通、明治八年ニ出タ恩給規則ト云フモノハ至テ粗漏ノ調方デ、勿論其時分ハ何レ精シイモノヲ作ル積デ、差急イデ制定致シタノデ、其時ノ布告ニモ當分此規則ニ依ルベシト書イテゴザイマス、決シテ之ヲ以テ長ク之ニ由ラシムルノ精神デハゴザリマセナンダ、故ニ其頃カラ取調ニ著手致シマシテ、段々歐羅巴ノ各文明國ノ規則杯ヲ取調ベマシテ、之ニ依ッテ制定致シタノガ、明治九年ノ十月ノ太政官ノ第九十九號ノ達ヲ以テ出マシタノガ卽チ陸軍恩給令デゴザイマス、其恩給令ト云フモノハ、歐羅巴各國ノ法律ヲ取捨參照致シマシテ、餘程精密ニシタモノデアリマスカラ、餘程全備シテ居リマス、其中ニハ將校ノ退隱料或ハ將校以下下士卒ニ至ルマデノ恩給法――又死シタ後ノ遺族扶助料モ餘程綿密ノ調ガ出來テ居リマスガ、併ナガラ餘リ歐羅巴ノ流義ヲ採リ過キマシタト見エマシテ、日本固有ノ風俗ガ餘程薄クナッテ居リマス、夫故ニ明治九年ノ規則ニ依リマスレバ、其家族遺族ト云フモノハ妻子ニ止メテゴザイマシテ、父母ニハ及バナイコトニナッテ居リマス、是ガ最モ今日ニ於キマシテ缺點ト思ヒマスル點デアリマス、デ尤モ其時カラ父母ニハ丸デヤラナイト云フト、幾許カ我日本ノ習慣風俗ニモ違ヒマスルニ依ッテ、其規則ノ附則ト云フモノヲ設ケマシテ、若シ戰死者ガ妻子ガナク父母許リ存シテ居ッテ、其父母ガ其戰死シタ者ノタメニ生活シテ居ッタ者デアッテ、他ニ之ヲ扶助スル子孫モナク、又自ラ生活スルノ財産モナク、目下飢餓ニ迫ルト云フ樣ナ事情ノアル者ハ、其府縣ノ知事令カラ委シク事情ヲ上申シマシテ、內務卿ニ申出デ、內務卿カラ太政官ニ申請シテ、特別ノ詮議ヲ以テ、一時ノ救助ヲ賜ルコトニナッテ居リマシタ、所ガ一時ノ救助デアリマスカラ、到底之ヲ以テ永遠ニ活計ニ堪ヘルト云フ譯ニハ參リマセヌ、夫故ニ其戰死シタ者ガ幸ニシテ妻子ガアッタトキハ、其老父母ナル者ハ僅ニ其息子ノ嫁或ハ孫ノ受クル扶助料ニ依ッテ、僅ニ生活ヲ爲シテ居ルノデゴザイマス、所ガ不幸ニシテ其息子カ妻子ガナカッタトキハ、一時難澁ヲ申立テ、一時ノ救助ハ受ケテアリマスケレドモ、最早其救助ハ僅ノモノデアリマスカラ、一年カ二年ハドウカ斯ウカ凌イデ居リマスケレドモ、之ヲ以テ永久ニ生活スル譯ニ行キマセヌカラ、必死難澁ヲシテ居リマス、又嫁孫ガアリマシテ、其御蔭デ生活シテ居ッタ者モ、或ハ嫁ガ死ヌルトカ他ニ緣付クトカ云フ場合ニ至リマスト、最早其父母ナル者ハ何モ頼ルベキモノハナイノデゴザイマス、諸君モ御承知ノ通、最モ此戰場ニ於テ死歿シタ者或ハ手創ヲ負ヒ疾病ニ罹ッテ餘計ニ死ンダ者ハ明治十年ノ役デゴザイマス――鹿兒島ノ役デアリマス、其前ニ卽チ明治九年ノ山口熊本ノ役モ大分アリマス、所ガ一番多イ戰死シタ者、扶助シテ死ンダ者ノ多イノハ、此明治九年ノ唯今申シタ通ノ恩給法ニ依ッテ處分サレテ居ルノデゴザイマス、夫故ニ今日ニ於キマシテハ、嫁孫ヲ失ヒ、或ハ始カラ其死ンダ者ガ妻子ノナイ者ハ必死困難ヲ致シテ、目前飢渴ニ迫リ掛ケテ居ル者モアルノデゴザイマス、然ル處如何セン法律ニ依ルベキモノガナイニ依ッテ、今日マデ其儘ニナッテ居ルノデゴザイマス、尤モ此明治九年ノ恩給法ハ如何ニモ我國風ニ適ハナイト云フ論ガ其後追々ゴザイマシテ、遂ニ明治十六年ニ至リマシテ、軍人恩給令ノ改正ガゴザイマシタ、其改正ノ時ニハ稍々日本ノ風俗ニ立戾リマシテ、卽チ妻子ノ受クヘキ扶助料ノ三分ノ二ヲ其父母又ハ祖父母ニ給スルト云フコトニナリマシタ、斯ノ如ク稍々父母ニモ其恩典ガ及ブ樣ニ明治十六年ノ改正ニ依ッテナリマシタケレドモ、如何セン法律ハ既往ニ遡ルコトハ出來マセヌニ依ッテ、一番國ノタメニ餘計死ンダ明治十年ノ鹿兒島ノ戰役ニ死歿シタル者ノ遺族ハ此恩典ニ與ルコトガ出來マセヌノデゴザイマス、此明治十六年ノ恩給令ニ依ッテ處分ヲ受ケタ者ハ、僅ニ明治十七年ノ朝鮮京城ノ變亂ニ於テ戰死シタ者ガ之ニ依ッテ處分ヲ受ケテ居ル丈デゴザイマス、夫カラ其後マダ夫デモ充分ニ我國ノ風俗ニ適セナイト云フ論ニナリマシテ、遂ニ明治二十三年卽チ昨年デゴザイマス、昨年ノ三月ニ至リマシテ、陸軍恩給令ト云フモノヲ發布ニナリマシタ、夫ハ卽チ今日行ハレテ居ル所ノ現行法デゴザイマス、此現行法ニ依リマスト、父母モ祖父母モ妻子ノ受クベキ同格ノ扶助料ヲ受クルコトニナッテ居リマス、是デ以テ始テ我國ノ風俗ニ最モ適當シタル現行ノ法律ニナッタノデゴザイマス、所ガ如何セン法律ハ既往ニ及バズシテ、唯今モ申ス通、明治九年山口熊本ノ役、明治十年鹿兒島ノ役ニ最モ酸鼻ヲ極メテ戰死ヲ致シタモノヽ、父母祖父母ニ至リマシテハ、唯今日ノ寛典アルヲ羨ンデ居ル、丈ノコトデアッテ、實際此等ノ者ヲ救助スルニ途ガナイノデアリマス、ドウ致シマシテモ國家ノタメニ戰死シタ者ハ何モ知ラズニ地下ニ居リマス、ナレドモ無論自分ガ國ノタメニ殪レタナラバ、自分ノ親位ハ國家ガドウカシテ呉レ樣ト安心シテ居ルニ違ヒナイ、然ルニ我々生存者ガ之ヲ見テ知ラヌ顏シテ居ルト云フコトハ、ドウシテモ出來マセヌ、又夫デハ國家モ義務ヲ盡シタモノデナカラウト存ジマスカラ、是ハ何卒諸君ニ於キマシテモ速ニ御決定ニナランコトヲ希望致シマス、無論此事タルヤ何モサウ緊急ヲ要スルト云フ評合デモアリマセヌケレドモ、之ガ幸ニ此院ニ於テ決定ニナリマスレバ、上奏裁可ヲシタ上ハ、速ニ追加豫算ヲ提出シテ、再ビ此院ノ協賛ヲ經ナケレバナリマセヌデ、成ルベクハ審査委員ヲ設ケラレタ上ハ、速ニ審査ヲ遂ゲラレテ、速ニ御報告ニナッテ、速ニ御決定ニナランコトヲ希望致シマス、又段々此事ニ附イテハ審査委員ヲ設ケラレタ上ハ、私ノ調ベタ丈ノコトハ充分ニ御討論ノ御答ヲ致シマス積デゴザイマス

明治二十四年十二月十九日　豫算案外務省所管經常部

○政府委員（外務次官林董君）　先刻カラ質問ガ大分アリマシテ、豫算會ガ協ヘツタ樣ナ樣子ニ成テ居マスガ、豫算委員第二科ノ主査ノ報告中、重ナル廉ハ前ニ外務大臣ノ演說ニ依ッテ前以テ辯明サレタ樣ナコトデゴザイマス、是ハ目デ內國旅費千二百六十八圓……（大聲ニ願ヒマス、更ニ聞エマセヌト呼ブ者アリ）第三項旅費ノ目ノ千二百六十八圓內國旅費トシテアリマス、二千圓外國旅費トナッテ居マスガ、委員ノ意見デハ、外國旅費ハ、外國ヘ行クコトガ必要ナラバ、二千圓デハ足リヌ、二千圓位置クナラバ、寧ロ置カナクッテモ宜シイト云ッテ、削ラレタト云フ先ッキノ御報告デゴザリマスガ、外國旅費ハ――同ジク外國旅費ト云ヒナガラ、重ニ是マデ使ッテ居タ所ハ支那朝鮮ニ行クモノヽタメニ使ッテ居ッタ、此支那朝鮮ハ我國ノ領事裁判權ガ行ハレテ居マスカラ、日本人ノ出入モ澤山アリマシテ、交涉事件モ澤山アル、時ニ依リ臨時ニ調ベナケレバナラヌコトガ澤山起ッテ參リマスガ、不斷領事館ニハ充分ノ人ハヤッテ居マセヌ、臨時ノコトガ起レバ、是非本省カラ人ヲ遣ラナケレバナラヌコトガ起ッテ參リマス、昨年既ニ防穀令ノ起ッタ時ハ、隨分事件ガ廣ク亘ッテ居マスカラ、領事ノ手デ押切ッテ調ベルコトガ出來ヌデ、本省カラ人ヲ出シタ都合ガアリマス、又上海芝罘ノ領事館ニハ、適當ノ人ヲ臨時ニ出サナケレバナラヌ都合モアリマスガ、恰モ府縣ニ於キマシテ、而カモ內務省ニ內國旅費ガ積ッテアルト同ジコトデ、時ニ依ッテ外務省カラ出テ、監督シナケレバナラヌカラ積ッタノデ、強チ外國ニ行クト云ヘバ、歐羅巴亞米利加ヘ行クト云フ樣ナコトデモゴザリマセヌ

（採決々々ト呼ブ者アリ）

◎遞信大臣伯爵(後藤象二郎君)　諸君、唯今議事ニ掛ラレマスル遞信省所管ノ事ニ就キマシテ、本大臣ハ此大體上ニ就イテ、一應說明ヲ致シ置キタイト存ジマス、遞信省豫算修正案ヲ見マスルニ、大ニ不當ナル削減ガアルト存ジマス、素ヨリ先達テ總理大臣兼大藏大臣松方伯ヨリ議場ニ於キマシテ述ベラレマシタル通、憲法六十七條ノ既定ノ歲出ニ係ルモノハ、素ヨリ政府ニ於テハ決シテ御同意ヲ致サヌ譯デアリマス、併ナガラ是ハ同樣ナ譯デアリマスルガ、本大臣ニ於テハ憲法六十七條ノ既定ノ歲出ト云フ言葉ヲ以テ、之ヲ城郭トシテ、必要デナイモノマデ防グト云フ心持ハ決シテゴザイマセヌ、實ニ必要止ミヲ得ヌヨリシテ、止ミヲ得ズ憲法第六十七條ト云フコトヲ此處デ明言シナケレバナラヌコトニ相至リマシタ、併ナガラ右ノ本意デアリマスニ依リマシテ、此既定ノ歲出ニ係ル分ヲモ併セテ必要止ミヲ得ヌト云フコトヲ、諸君ニ向ッテ申述ベヤウト存ジマス、第一ニ遞信省ノ俸給及諸給ニ就イテ、本大臣ノ考ヲ述ベルデゴザリマス、本大臣ハ二十五年豫算要求額ニ於テハ、出來得ル丈ノ節減ヲ加ヘテアリマス、故ニ二十四年度ノ豫算ニ對シマシテハ五千餘圓ノ節減ヲ致シテアリマス、是ハ成ル程二十四年度ヨリ二十五年度ニ掛ル所ニ於テ五千餘圓ハ誠ニ僅々ナリト云フ御感覺モ或ハアリマスデゴザリセマウ、併ナガラ之ヲ二十三年度ノ實費ニ對シマシテハ、五万四千餘圓ヲ減ジマスルノデアリマスノデゴザリマス、元來此經費ト云ッモノハ、遞信省ノ事業ノ增進ト共ニ、漸次ニ增加ヲ要スルモノデアリマス、是ハ改メテ申上ゲナクテモ、諸君モ充分ニ御承知ノコト、心得ヘマス、然レドモ出來ル丈ノ節減ヲ加ヘテ、右ノ通取極メテアリマスカラ、如何ニモ此修正案ニ就キマシテハ、充分ノ御精查モアリ、御熟考モアッタコト、存ジマスルガ、如何セン諸君ニ向ッテ同意ヲ表スルコトハ、ドウシテモ申シ能ハヌ所以ガアリマス

第二ニハ遞信省ノ雜給デアリマス、修正案ハ三百八十圓許リヲ減ジテ居ラルルノデアリマス、誠ニ僅ノモノデアリマス、然ルニ此要求額ノ前年度ニ比シテ幾分ノ增額ヲ本案ニ生ジテ居ルノハ、二十四年以後ニ增設スル燈臺ノ費途デアルノデアル、若シ燈臺ノ費途ヲ引去ッタトキニハ、修正案ハ前年度ノ經費ヨリモ一層削減シテアリマス、如何シテ斯ノ如キ削減ハ澁滯ヲ生ゼヌト云フコトハ、決シテ出來ナイト云フコトハ、諸君ニ於テ充分御了解ヲ願ヒタイト存ジマス

次ニ遞信省ノ廳費デアル、此遞信省ノ廳費ト云フモノハ、矢張遞信事業ノ伸縮ト伴フテ參ルモノデアル、殊ニ二十六年一月ヨリ商法ヲ實施セラレマス、就テハ其結果トシテ八百圓許リノ經費ヲ要シマス、何デアル船籍證書ノ調製デゴザリマス、此等ノ事ニ就イテ、八百圓許リノ經費ヲ要スルノデアル、故ニ此要求額ハ充分ニ節減ヲ加ヘテアリマスガ、尙ホ二十四年度ニ對シテ四百圓餘ハ增加ヲドウシテモ爲サヾルヲ得ヌト云フコトガアリマス、修正委員ハ此等ノ理由ヲ總テ抛擲サレテ、凡ソ三千五百圓削減サレテアルノデゴザリマス、斯ノ如クナレバ到底法律ヲ施行スルコト能ハヌト云フ結果ヲ生ジハセナイカト、本大臣ハ甚ダ憂慮致スル所以デアリマス、次ニハ商船學校費デアル、是ハ諸君モ御承知ノ通、近時ニ至ッテ海運事業ト云フモノハ漸次ニ進步シマシ、西洋形船舶ハ歲月ニ增加スルト云フ時デアリマス、之ヲ運轉スルニ就イテハ、宜シク海員ヲ造リ爲シテ、ドウゾ此需要ニ應ジヤウト云フコトハ、充分ニ勉メテ力ヲ盡シテ居マスガ、何分未ダ此良結果ヲ得ナイノデアル、既ニ昨年ヨリ以來御聞ニモナッテ居リマセウガ、帆前船ガ沈沒ヲスル、夫ニ就イテ此學校ヨリ生ジタル所ノ生徒ガ、隨分立派ニ出來タ、生徒ガ、九人許リモ一時ニ練習ノタメニ乘ッテ居タ、其者ガ海底ニ滅シタト云フ悲慘ヲ見マシタコトガアリマス、夫ハ隨分諸君モ御承知ノ通、船ノ破壞シ或ハ暗礁ニ觸レ、種々ノ患ガ生ジマスカラ竝ノ生徒ヲ作リ做スヨリ、隨分失フ所ガ多イト云フコトハ、諸君ニ於テ御諒知ヲ願ヒタイ、就テハ卽チ二十五年度ニ於テハ本校ヲ擴張シマシテ、當時事業ノ完備ヲ謀リテ、眞海員ヲ養成セント云フコトヲ決シテ居リマス、所デ委員諸君ハ卽チ其タメニ設ケル所ノ三万圓練習船購買費ト本校ノ經費大體ノ增額ハ承認サレテ居ラレマス、夫ハ如何ニモ此海員ノ必要急務ノ必要ト云フコトヲ、充分委員ニ於テモ御了解ノ上デ、此經費節減ノ中デ練習船購買費抔ヲ御贊成下サレタト云フコトハ、本大臣ニ於テモ斯クアルベキコトヂヤト心得マス、且ツ生徒費ニ附イテハ五千四百七十二圓ノ增加ヲ認メラレマス、是亦卽チ海員ノ必要ヲ御感ジニナッタト云フコトハ、大ニ本大臣ニ於テモ滿足致ス所以デアル、所ガ生徒ノ總額ニ對照スル所ノ敎員ノ俸給ト云フモノハ、此處デ二百七圓ノ削減ヲ加ヘラレテ居ル、所ガ是マデ今ノ增額シナイ敎員デスラ、實ハ日夜孜々トシテ餘程不足ヲ告ゲテ居リハシナイカト云フ位ニ、本大臣ハ心配シテ居ル所デアル、夫デ現在生徒ノ數ト云フモノハ、貸費生ガ百十八名アリマス、私費生ガ百十八名アリマス、夫デ二十五年度デ貸費生ガ百五十名ト相成リ、私費生ガ百五十八名ト云フ見込デゴザリマス、遂ニ增ス所ハ貸費生私費生共ニ四十名ノ增デゴザリマスル、夫デ共敎員ハ何人增スカト、斯ウ申シマスト、二十五年度ハ二十四年度ニ對シ、增加ハ專任ノ校長ガ一名、助敎ヲ七名ト增シテアル、隨分是マデ此商船學校抔ト云フモノハ、餘リ此陸上ノ人ノ目ニ著カヌ學校デアリマス、就テハ遞信省ニ於テ始終內閣デ豫算ヲ組ムトキニ當ッテ、隨分勉メテ擴張ヲ申出シ、人員モ足ラヌト云フコトハ、頻ニ心配ヲ致シテ申出シマスケレドモ、何分經費ノ許サヌ所デアルニ依ッテ、殊ニ唯今申述ベル通、海ノ上ノ仕事ハ陸上ノ人ノ目ニ著キマセヌ故、隨分豫算ヲ組ミマシ又本省ヨリ內閣マデ要求致ス時ニ方ッテ、隨分此學校ハ損ヲ致シテ居ルト云フコトハ、諸君ノ御了知ヲ願ヒタイト思ヒマス、所ガ此頃果シテ此海員ヲ養成スルコト、云フモノハ、極必要デアルト云フコトヲ感ジテ參ッタ、夫デ漸ク此二十五年度ニ當ッテ、此增ヲ要求シマシタラ、幸ニ委員諸君ニ於テモ大ニ此必要ヲ感ゼラレ、唯今申述ベタ通、此經費ノ節減ト云フ一體ノ御方針ノ中ニ於テ、此等ヲ增シ下サレタト云フ譯デアル、所ガ如何セン敎師ノ數ニ至ッテ又削減ヲ見ルト云フハ、本大臣ニ於テ甚ダ怪ム所デアリマス、ドウゾ是ハ充分ニ滿場ノ諸君モ御注意ヲ以テ、ドウゾ此本意ヲ達スルト云フコトヲ、深ク本大臣ノ希望スル所デアリマス

夫カラ遞信費ニ至ッテ申述ベマスデゴザイマス、遞信事業ハ素ヨリ議員諸君モ御承知デアリマセウ、月ニ日ニ進步シテ居リマス、就イテハ經費モ亦之ニ隨伴シテ增加スルハ、ドウシテモ數ノ免カレザル所デアル、手紙ハ唯ハ動キマセヌ、電信ハ唯ハ參リマセヌ、ドウシテモ之ヲ要スルモノハ人ニ在ル、或ハ入費ニ在ルト云フコトハ、充分御了解アルコト、心得マス、然ルニ修正案ハ是等ノ理由ハ或ハ御講究ニ相成マレタラウカ、如何デゴザイマセウ――素ヨリ御講究ニ相成リマシタラウ、三十八万圓餘ノ減額ヲナシテアルノデゴザイマス、是ハドウ云フモノデアルカト云フニ、殆ド前年度ト同殺額デアリマス、之ニ對シテ申シテ見ルナラバ、實ニ此修正タルドウ云フ事實ヲ以テ、斯ノ如キ減額ニ相成ッタカト云フコトハ、本大臣ニ於テ殆ド是ハ怪ム所デアリ

マス、即チ此用ヲ達スルハ此以下ニ申述ベル即チ遞信事業費ノコトデアリマスガ、本年度ニ於テ新ニ要スル遞信事業費ハ凡ソ十一万ヲ差引クトキハ、前年度ヨリ尚ホ減スルコトガ六万七千餘圓ト相成リマス、即チ二十四年度ヨリ減スルコトガ、六万七千餘圓ニナリマス撿定デアリマス、ソコデ修正案ハ總額三百二十五万圓餘ニシテ、之ヲ前年度ニ比スレバ、表面四万圓餘ノ增加ヲ見マスケレドモ、其實ハ海外信ニ支拂フ金五万四千二百九十三圓、切手賣下手數料二万千二百二十五圓、サウシテ新設ノ電報取扱所經費ガ二万千二百六十三圓、是ハ即チ現場必要デ――要ルモノデアリマス、又新設ノ三等郵便局――郵便電信局即チ之ガ四十一局增スト云フ計算デアリマス、サウシテ郵便受取所ハ六十六所增シマス、此入費ガ一万二千六百三十四圓デアリマス、夫デ其タメニ右ノ中ヲ十一万圓許リヲ要シマスカラ、之ヲ差引イタトキハ、實際ニ於テ六万七千餘圓ノ昨年ヨリ減額ヲ見ルト云フコトヲ申上ゲナケレバナラヌ、ソコデ此發達ノ度ヲ計ッテ、昨年度デヤレ、昨年度ヨリハマダ六万何千圓之ヲ減ジ様、斯ウ云フノハ餘程無理ナ要求デハナイカト云フコトヲ、諸君ニ向ッテ申述ベマス、就イテハ本年度ニ於テ即本年度――二十五年度ニ於キマシテ遞信事業ノ發達ハ如何デアラウカト云フコトヲ申述ベルト云フコトハ、必要デアラウト考ヘマス、夫ハドウ云フ數ガ增スカ、郵便物數ガ一割二分增シマス、其郵便物數ノ即チ數ト云フモノハ、一割二分デ幾ラ增スカト云ヘバ、二千八百万通增シマス、電報ハ幾ラ增スカト云フト、一割八分增シマス、其通數ハ幾ラデアルカ、三百万通餘增シマス、爲換ノ數ハ幾ラ增スカト云フト、是ハ一割一分六厘ノ增デアル、夫ハ三万四千通ノ取扱ヲ致サナケレバナラヌ、貯金ノ數ハ幾ラ增スカト云フト、一步六厘ノ增デアル、夫ハ二十八万九千度ノ取引ヲ致サナケレバナラヌ、斯ノ如キ增加ヲ見マスル、素ヨリ事業ハ益ゝ發達シマスル所デ、經費ハ大ニ減削セラレテ、昨年度ヨリハ六万幾ラノ增ヲ以テ之ヲ達シヤウト云フコトハ、實ニ本大臣ニ於テ殆ト當惑ヲ致サヾルヲ得ヌノデアリマス、之ヲ無理ニ達セントスレバ、或ハ遞送集配ノ回數ヲ減ジマス、電報配達ノ時間ヲ遲延致スト云フ様ナコトハ、ドウシテモ免レヌ譯デアル、必ズ之ニ不便ヲ生ズルデアラウト考ヘマス、素ヨリ此遞信事業ノ澁滯ハ直接人民ニ關係ヲ持チマスコトデアリマス、凡ソ本大臣ハ一箇月ニ此郵便ノ延著及電信ノ遲滯ト云フコトニ附イテ其申告ヲ受ルコトハ、殆ト數十通ト申シテモ宜シイノデアリマス、素ヨリ或ハ官吏ノ怠慢モ免カレマスマイ、或ハ又他ノ事故モ免カレマスマイ、併ナガラ要スル所此郵便電信ハ詰リ人ヲ以テ達シ、入費ヲ以テ運轉サセルコトデアリマスカラ、此事件ノ增加ノミナラズ、之ヲ顧ミズシテ其數ヲ昨年度ヨリ此減額ヲスルト云フコトニ至ッテハ、ドウ云フ道理ヲ以テ斯ノ如ク削減サレマシタカト云フコトヲ、實ニ本大臣ニ於テ深ク憂慮致スノデアリマス、殊ニ此郵便電信ト云フコトハ、素ヨリノコトデアッテ、獨リ本國ノミナリマセヌ、ドウゾ此亞細亞東方ニ於テモ、何分郵便事業モ人民ノ即チ商業及政治上ニ附イテ、朝鮮ナリ支那ナリ何處ナリ、頻ニ渡航ヲ致スカラ、ドウゾ郵便事業ニ於テモ夫ヨリ先立タナクッテモ、夫ニ追付イテ用ヲ足ス位ハ、海外ニモ郵便局ヲ派遣シテ人民ノ便利ヲ足スト云フコトヲ大ニ注意致シテ居リマス、夫故ニ本大臣ハ本年既ニ元山仁川ニ專任ノ郵便官ヲ置キマシテ、二十五年度ニ於キマシテモ、更ニ天津芝罘ニ郵便局ヲ開設シヤウト思ヒマス、又電信ニ於テハ至急私報モドウゾ晝夜ヲ論セズシテ發送スルコトヲ期シテ居リマス、其處ヘ斯ノ如キ非常ナル

削減ヲ加ヘラレテハ是等ノ目的ヲモ達スル能ハヌト云フコトニナル、內地ニ於テハ郵便電信ノ遲滯ヲ來シテ、國民ノ不便ヲ來スト云フコトニ至ッテハ、如何ニモ遺憾ノ至リト我ゝハ考ヘルノデ、何分此修正案ハ即チ經常部及臨時部ニ於テモ、實ハ非常ノ削減ヲ見マスルノデアリマスルガ、素ヨリ充分ニ御講究ト相成ッテ……御講究サレタ上ノ削減デアリマセウ、併ナガラ此臨時部ニ於テモ、強ク削減サレタト云フ一二ノ證跡ヲ以テ申述ベタイト思ヒマス、先ヅ第一ニ何デアルカ、青森郵便電信局ノ新營費ト云フモノヲ削減サレタ、所ガ此新營費ト云フモノハ、實ニ必要ノモノデアリマス、當時本館ト附屬舍トモ併セテ青森デ借入レテ、致シテ居リマスノガ六十三坪ノ建家デアリマス、然ルニ當局ノ吏員ハ七十九名デアリマス、而モ其二階ハ電信器械室ヤ、技手ノ宿直室ヤ、階下ハ、電池室ヤ、郵便電信等ノ受付口モアリマス爲ニ、現業ニ從事スル場所ハ漸ク二十九坪ニ過キマセヌ、其中ニ七十九名ノ人間ガ這入ッテ事ヲ取扱フト云フコトハ、實ニ非常ナコトデ、殆ド先日震災ノ時ニ名古屋及岐阜近邊ノ郵便局ガ露宿ヲシテ、取扱ヲスルト云フ如キ有様デアルト言フモ、敢テ過言デハアリマセヌ、ソコデ以テ之ニ對シテ修正案ハ建增ヲ許サレ……素ヨリ新築ハ廢棄サレタコトハ、是ハ如何ナ調ベデアリマセウカ、充分ノ御調モアッタト思ヒマスケレドモ、如何ニモ二十五年度デ御承知ノ通、青森ハ最早鐵道ハ達シマスル、又北海道モ次第ニ事物ハ繁雜ニナッテ來ル、然レバ郵便電信ト共ニ繁雜ヲ致ス所デアルノニ、斯ノ如キモノヲモ削減サレタト云フノハ、如何デアルカ、固ヨリ臨時部ノコトデアリマスカラ――少ゝ其他ニモアルカラ――モウ一ツ申シタイノハ横濱ノ海底電線ノ貯藏所ヲ丸デ廢棄サレタコトデアルガ、此貯藏所ト云フモノハ、海底電線ヲ固ヨリ貯藏スル所デアリマス、既ニ諸君モ御承知デアリマセウガ、海底電線ヲ外國ヨリ取寄セルニモ、船ノ中ヘたんくヲ据ヘテ――たんくト云ヒマスルト水溜デアリマス――夫ニトグラ巻カセテ、漸ク此方ヘ達シテ、其水ヲ切ラサヌヤウニシテ横濱ニ達スルノデアル、若モ水ガ切レテ、太陽ノ光線ニ觸ル、コトアレバ、其射電力ヲ失フコトノ虞カアリマス、又或ハ其間ニアル所ノ護謨ガアキマシテ、虛隙ヲ生ズルコトガアレバ、海底ニ沈メタ時ニ當ッテ、腐ヲ生ジテ、忽チ腐ッテ、仕舞フト云フコトガアル、夫ヲ丸デ否決サレタト云フノハ、ドウ云フ御調デアラウカト思フノデアル、若モ其入費ヲ削減シナクチヤナラヌト云ヘバ、海底電線ヲ廢メルト云フ方ガ適當デハナイカト思フ、何故ナレバ此海底電線ヲ貯水ノ中ヘ沈メテ置カヌモノナレバ、即チ諸君魚ヲ空氣デ飼ヘト云フノト同ジコトデアル、是ハ無理ナ話デアル、是等ハ臨時部ニ就イテ此會議ノ時ニ當ッテハ充分ニ申述ベル譯デアルガ、丁度本大臣ガ見タ所デハ、此經常費ト雖モ斯ノ如キ間違ナル若モ調査ニ依ッテ、斯ノ如ク減削セラレテハ居ナイカト云フ考ガアルカラ、之ヲ一應申述ベテ置キマス、全體遞信事業ハ固ヨリ申スマデモナク、國家ノ業務デゴザイマス、決シテ營利的ノ業務デハアリマセヌ、故ニ是ハ決シテ一種ノ稅源デアルト云フコトデハアリマセヌ、夫デ遞信事業ヨリ生ズル收入ハ唯其事業ノ改良進歩ヲ計ルニアリマシテ、本大臣ハ毎年ノ豫算ニ於テ收支對照ヲ目的トシテ、公私ノ通信ヲシテ、安全ニ迅速ニ其便利ヲ得シ様ニ勉メテ居リマス、固ヨリ今日右ノ如ク年ゝ歳ゝニ此收納ハ增スモノデアリマスカラ、是ガ發達ヲレテ、大凡郵便電信局ヲ海外ニ及ブ處ニ置イテ、是ナラバ人民ノ需用ヲ達スルニ足リ、是ナラバ大凡ソ全備シタト云フ以上ハ、素ヨリ收納ヲ餘スコトハ宜シウゴザイマス、又餘サヾルヲ得マセヌ、此席ニ於テ決シテ……致ス譯デハアリマセヌ、

併ナガラ我帝國ニ於テ誠ニ郵便電信ノ事業ガ發達ヲ致スト云フコトハ、實ニ僅々數年ノ間デアル、夫故ニマダ〳〵十年ヤ十五年ハ此收支ヲ以テ、這入ルモノ丈ヲ以テ其發達ヲ計ラネバナラヌト云フ本大臣ハ考デアリマス、若モ此郵便電信ノ收納ヲ以テ、一種ノ税源トシテ、是ガ剩餘ヲ以テ國庫ヘ補足スルト云フ譯ナラバ、卽チ今日ノ所デハ、取モ直サズ電報及信書ニ對シテ租税ヲ課スルト同ジモノデアルト考ヘル、是ハイツマデモ國家ノ業務トシマシテ、營利的ノモノデハナイ、充分ニ之ヲ達スルマデハ此ノ納マルモノヲ以テ、出來ル丈ノコトハ充分ニ達スルガ宜シイト云フ本大臣ニ於テハ考デゴザリマス、大凡ソ年々豫算ヲ組ム所ニ於テモ、收支敢テ……大凡收支對照シテ出來ル所マデハ發達ヲ致スト云フ本大臣ノ心得デアリマス、是丈ヲ一應申述ベテ置キマス、此後款項ニ就キマシテハ尙十分ノ御討議モアリマセウカラ、其款項ニ就イテハ政府委員ヨリ説明モ致スデアリマセウガ、此大體ハ十分諸君ノ御注意ヲ願ハウト存ジマス

○高梨哲四郎君(百八番)　通告ノ其順席ニ依リマスルト、井上角五郎君ガ演說セラル、譯デアリマスガ、同君ハ昨夜暴人ノ爲ニ負傷セラレテモ、議場ニ出テ、國家ノ爲ニハ强イテ演説ヲ致サル、精神デアリマシタガ、其朋友ノ止ムル所ニ依ッテ遂ニ通告ノ順席ヲ進メテ私ガ演説ヲ致シマス、實ハ井上君ガ精密ノ演說ニ代ユルニ、私ノ疎放ノ演説ヲ以テ致スハ甚ダ遺憾デアリマス、併ナカラ同君ガ暴人ノ爲ニ負傷セラレタルニモ拘ラズ、尚ホ自己ノ説ヲ述ベントセラル、ハ、大ニ當議會ノ爲ニ慶スベキコト、考ヘル、私ガ此重要ノ問題ニ對シテハ斷然反對スル者デアル、先ヅ其反對スル第一要領ヲ述べ、次ニ島田君ガ述ベラレタ縷々數百言ニ附キ、一々駁擊ヲ試ミ、然ル後結論ヲ言ッテ此壇ヲ降ラウト思ヒマス、三時間モナサリマシタ立川雲平君ノ御演説ナドニハナカ〱私共ハ及ビマセヌ、段々訴訟ノ委頼モ殖エマセウ結構ナコトデ(無用無用ト呼ブ者アリ)貴族院ノ議員ガ……ノート云フテ、人ノ演説ヲ妨ゲルハ無禮ダ(發言ダカラ、ト呼ブ者アリ)既ニ貴族院議員ガ結構ナ話デ　天皇陛下ヨリ千金ナル立法權ヲ賜ルノ上ニ衆議院議員懲罰委員タル其人ヨリ、司法權マデ賜ラレタルニ至ッテハ、實ニ榮擧ノ限デアル、立川雲平君ハ何ト言ハレタ、既ニ貴族院ニテハ此ノ上奏問題ニ等シキ者ヲ議決シ去ッテ居ル、然ルニ反對者ハ無的ノ事ヲ示サンケレバ到底有的ノ證據ヲ出スニ及バヌ……、斯ノ如キ御名論ノ相手ニナルノハ不肖タリトモ此高梨哲四郎ハ甚ダ屑シト致シマセヌ、抑私ガ反對スルノハ斯ウ云フ問題ハ强イテ言辭ヲ作ルニ及バヌ、又音聲ヲ勞スルヲ要セヌ、有ノ儘ノ話ヲスレバツレデ宜イノダ、反對スル要點ハ第一是等ノ建議者ハ準備ハ宜イカ、此結果ハドウスルノデアルカト云フコトヲ以テ、私ハ反對スルノデアル、先程政權爭奪……政權ノ爭――、ノー〱ト御機嫌ニ障ッタヤウニ見エマスガ、何ノツノ政權爭奪結構デハナイカ、代議院ニ於テ起ルベキ所ノ事、必ズシモ政權爭奪ガナケレバナラヌ、其政權爭奪ノ如キハ氣ニ入ラヌ、ノウ〱ト云フ建議論者ハ何ヲ逡巡姑息ナコトヲ云ハル、ノデアルカ、併ナガラ餘リ强ガッテ威張リ過ギルト云フト、已ニ第一期ノ議會ノ如ク一番强サウナ一番先キニ豪氣ナ事ヲ言ッタ人ガ一番先キニ腰ガ折レルト云フヤウナ不結果ヲ來シテハ甚ダ困ル、併ナガラ政權爭奪ヲ以テカラニ今日議場ノ問題ト爲ス所ノ人ニ遠慮スルコトハ入ラヌ、何ノ人ニ斟酌シテ斯ル事ヲ明言スルコトヲ憚ラズトモ善カラウ、故ニ曰ク、私ハ政權爭奪ノ御準備ハ善イカト云フコトヲ承リタイノデアル、願クハ私ノ次ニ登壇スル人ハ明瞭ニ其意旨ヲ述べヨ、モウ少シ平ッタク言ヘバ、若シ此上奏案ガ――　天皇陛下ハ萬人ノ心ヲ以テ心トセラレ、御裁可ナリマシテ卽チ今ノ內閣諸公ガ辭職シテ、代ッテ內閣ヲ組立テル場合ニ誰ガ出ルノダ、之ヲ聞キタイ、土佐カ、肥前カ、自由黨ノ總理板垣君ハ勿論、其技倆ニ於テハ總理大臣タルヤ否ヤハ知ラナイガ、在來ノ事實ニ依ッテ見タラドウカ成程明治七八年頃ニ所謂今ノ政府、卽チ長人ト連合シテ內閣ヲ組織セラレタルコトガアル、ケレドモ未ダ自由黨ヲ以テ內閣ヲ組織セラレタト云フコトヲ聞カナイ、改進黨ノ首領大隈伯其技倆ニ於テハ郵船會社ノ保護、炭礦鐵道ノ拂下、其他條約改正如何ニモ總理大臣タルノ價直ハ十分アルデアラウガ、此人モ在來ノ事實ニ於テハ今ノ政府、卽チ薩摩人ノ助ケヲ得テ、內閣ヲ組立ッタル時ノ外ニ、改進黨ヲ提グテ內閣ヲ組織シタルコトガアルカ、凡テ今ノ上奏ハ唯威張ル、立法院ノタメニスルトカ、代議政體ノタメニスルトカ云フガ、已ニ河野君ハ選擧ハ立憲政體ノ大本デアル、選擧ノ事ヲ紊亂シタナラバ、立憲政體ハ成立タヌ、何ト無識デハゴザリマセヌカ、選擧ノミガ立憲政體ニ大切ナルモノデアルカ、私ハ立憲政體ハ卽チ讀ンデ字ノ如ク　天皇ノ特權、人民ノ本分、行政司法立法、相全フシテ始メテ立憲政體ノ基ハ明文ノ上ニ書キ加ヘラレテ、其中ニ立憲政治ノ本分ガ定マルト思フ、然ルニ選擧云々ト云フハ是ハ一體選擧法ト云フ法律ノ方デハナイカ、立川代議士ノ爲ニト叩カレタ机コソ迷惑ナレ、選擧バカリヲ立憲政體ノ本分デアル、憲法ニ違ウナド、云フハ耳ウルサウゴザイマス、モウ少シ御考ヘ直スコトガ必要ダ、サウデナイト、エラクナリ過ギタカラ、口ガ滑ッタト京童ナドガ言ヒ囃シマス、茲ニ於テ島田君此人ノ議論サヘ擊チ破レバ後トハ大シタコトハナイ、島田君ガ本日演説サル、ト云フコトデアルカラ、定メテ政治上ノ意見ヲ言ハレテ、美事ナル政治上ノ意見ヲ聞カセルコトデアラウト思ッタラ、何ゾ圖ラン本員ノ如キ小僧議員ト位置ヲ換ヘテ裁判所ノ證據立テ見タ樣ニ、誰ガ打レタ鼻ヲ殺カレタ、耳ヲ殺レタト云フ樣ナ裁判話、法律話ハ甚ダ遺憾デアル、(此時立川雲平君ハ、此人非人ト呼ビタリ)是カラドウゾ一々御聽キナサイ、(福田久松君聽苦シイト呼ブ)島田君ハ貴族院ニ於テ已ニ決セラレタ、貴族院ハ美事ナ者ダ、此事ガ通過シタト言ッテ大層云ッタガ、成程貴族院モ御利口ニナッタ、私ノ聞ク所ニ依ルト貴族院デハ彼監獄費國庫支辨案モ通過シテ居ルサウダ、中々御手際御利口ダ、島田君ノ論鋒ヲ以テ貴族院ニ於テ通過シタカラ、一國ノ輿論デアル、政治家ガシナケレバナラヌコトデアルト云ッタガ、然ラバ一生懸命ニナッテ反對スル監獄費國庫支辨案ハドウナサイマス、コンナ書生論ナ理窟ヲ以テ演壇ヲ汚シタル島田君コソ、私ハ甚ダ其心ヲ得ナイト考ヘル、是カラ血ダ、成程毎度新聞紙上デ奇麗ナ筆ヲ伺ヒマスガ、我國ノ憲法ハ皐々熙々、平和ノ極ニ受取ッタ、然ルニ本年血ヲ流シテ之ヲ汚シタ、何カト云フコトハ新聞ノ社說ナラ宜シイ、併ナガラ偶ニハ私ハ斯ウ云フ說ヲ聽イテ居タンダ、河野君抔ガ福島事件、加波山事件、朝鮮事件、我々ニハ關係ハナイガ、其方ノ御專門家ニハ善イ肩書事件ガアル、其等ノ事件ニ由ッテ或ハ牢ノ中ニ倒レ、加波山ニ倒レタノガ今日立憲政治ヲ爲シタモノデアル、立憲政治ハ此賜ノデアル、血ノ雨ヲ降シタト云フ演說ハ私ハシナイガ、アナタ方ノ方デハ爲サル樣ニ聞イテ居ル、然ルニ島田君ハ皐々熙々ノ間ニ於テ此憲法ヲ制定シタト、然ルニ前ニハ血ノ雨ヲ降シタトカ、何トカ出放題ナ勝手次第ナコトヲ云フノガ、改進黨ノ御首領ノ御演說デゴザルカナ、是カラ兵隊ヲ出シタ、憲兵ヲ出シタ、ドウモ相濟マヌ話デアル、ソコデ憲兵モ出スベキ時ニ出シ、兵隊モ出スベキ時ニ出シタト云ッテ、直チニ憲兵ガ出タ、ソリヤア違法ナコトデアル、違憲ノ次第ト云フコトハ云ハレヌ、シテ見レバ仰々敷ク憲兵ガ幾許出タトカ、兵隊ガ幾許出タトカ云フガ、二十餘年以前ハドー云ウコトデアッタカ、我々ハ腰間ニ兩刀ヲ携ヘテ寄ラバ斬ラント待構ヘタル、二十年前ノ夢ガ……、憲兵モ出ヤウヂヤナイカ、兵隊モ出ヤウヂヤナイカ、唯此兵隊ヤ憲兵ヲ利用スル上ニ於テ、使用スル上ニ於テ、「甚ダ不便ナコトガアレバ宜クナイガ、唯兵隊ガ出タ、或ハ憲兵ガ出タカラ違法デアルト云フハ何タル粗末ナ論デアルカ、ソレカラ段々其實事ノ方ノ例ガ、實事ノ細カイコトハ申サナイガ、要領丈ハヒシ〱〱ト云ッテ置ク、高知佐賀ノ憲兵ノ評判ガ善カッタ、陸軍省ハ大受ケダ、成程ソレダカラ砲臺建築案ハ元ニ回復シマシタナ、大受ケダ、憲兵ガ餘計顆人ヲ取押ヘタカラ、警察官ハ其職務ヲ瀆シタト云フハ、ソレハ理窟ニナラヌ、島田君ガ云フノハ現政府デアラウ、攻撃ヲセラルヽノハ現政府デアラウ、併ナガラ確カ陸軍省ノ憲兵モ現政府ノ一部分ダラウ、サウシテ見タナラバ、其憲兵ガ善イ事ヲシタト云フコトハ、云々ト云フノハ三百代言デモソンナ不理窟ハ言ハナイ、ソレカラ石川富山ト確カ開キマシタガ、石川デアッタカモ知レナイ、三日後レタ三日後レタカラ、卽チ三日間ハ無政府ダ、今ノ政府ハ無政府ダト、是モドウモ齒牙ニ懸ラヌデハゴザイマセヌカ、無政府ナラ三日デハナイ、一月モ一年モ幾百年モ無政府デアラウ、私ハ今ノ政府ハ三日後レタ位ハ御デカシナサレタ事ト思フ、條約改正ナドハドウカ三日チヤア、キカナイヤウニ考ヘテ居ル、モウ十年位ニナルダラウ、アナタ方ノ御食言ナサル大隈サンナドモ飛ンダ怪我ヲナサイマシテ、意ヲ遂ゲズニ今日ニ至ッタノハ三日四日後レタ位デハナイヂヤナイカ、我々ハ流石ニ明治政府ハ立憲政治以來機敏ニナッタト申シタイト考ヘル、加之ナラズ若シ三日後レタガ無政府ト言ハルヽナラバ、十日モ十五日モ何ニモ無イノガ有政府デアルノカ、幸ニシテ三日遲レタ位ナノハ遲鈍ト雖モ、今ノ政府アル御蔭デアルト申スノ外ハナイデハゴザイマスマイカ、ソレカラ德島トカ宮城トカニハ黨派ハナイ是ハ島田君チト德島縣アタリニ新聞ガ賣レナイカラト云フ御問違、デハナイカ、サウ云フヤウニ八釜シイ所ノ政治ノ思想ガアッテ、我國ガ發達シテカラニ：：政黨ノアルノハ石川トカ富山トカ佐賀トカ高知トカ云フ五六縣ノ外ニ過ギナイノダカラ、其他ハ政黨ガナイ喧嘩ガナイカラ、政治思想ガ無イ、其人民ハ愚鈍デアルト誹謗シタノハ何事デアルカ、德島宮城二縣ノ人民ニ對シテ失禮ニモ、無禮ニモ、此二縣ノ人民ヲ辱メテ此演壇デ、斯樣ナ演説ガ出來タモノト思フ、モウ一ッ手近ニ申シマセウカ、神奈川縣第一區ハ餘リ喧嘩モ無イ、怪我人モナイ所ノヤウダ、然ラバ島田君ハ政治思想ノナキ人民ヨリ選バレタル代議士デアルカ、島田君ハ政治思想ノ發達セザル所ノ地方ヨリ選ミ出サレタル所ノ代議士デアルト云フコトハ出來ルデアラウ、島田君ハ自分ガ言ッタロカラ出ルノダカラ仕方ガ無イガ、神奈川縣第一區ノ人民コソ迷惑ノコトデアル、彼等ハ政治ノ何者タルヲ知ラズシテ島田君ヲ選出シタト云ハレルノデアル(拍手)

今度ハ神田ニ赤阪、神田デ一人怪我人ガアッタ、大層ノ事ダ、一人アッタノハ欧羅巴ニモ何モナイヤウダ……、餘リサウデモアルマイ、怪我人ガアッタ、赤阪デハ誰ガ競爭シタノカ、誰ノ爲ニ怪我ヲシタノカ、卽チ島田君等ガ主義ヲ同ジクシ、他年政友トシテ……(角田眞平君、其區ハ赤阪デハナイ、芝デ起ッタ事ダト呼ブ)ハ、ア、ソレデハ芝區ノ御話カ、然ラバ渡邊君ハ海外ニ居ラレタ飛デモナイ御愛嬌デアッタ、若シモ遠クノ人ガ關係ガ無イト云フナラバ今ノ四國九州迄モ手ガ屆イタ、ソレガ何ノ證據ニナリマスカ、四國ニ起ッタ事ニドウシテ東京ノ人ガ責ガアリマスカ、斯樣ニ淺薄ナル議論ヲ以テ內閣ヲ責メツケル隨分兒戲ニ類スルコトデアル

ソレカラ巡査ガ東京ニ三千九百八アッテ練習所ノ人モ出タ……私ハマダ出タ人ガアラウト思フ、何派ノ壯士幾名、何派ノ壯士ガ幾名、三千九百人ノ巡査ト練習所ノ巡査位デハゴザイマスマイ、某派ノ壯士、某派ノ壯士ト、殊ニ斯ク申サルヽ方ノ御最愛ノ御令閨ナドモ出テ、御盡力ニナッタデハナイカ、然ラバ强チ千三千ヤ四千ガ大勢デアルト云ッテ當演壇ニ於テ世間ヲ知ラヌ顏ニ言ハルヽノハ實ニ片腹痛キ限リナリ

サア是カラ役人ノ話ニナッテ誰ガ免職ニナッテナカ〳〵我々共ニハ名モ覺エキレヌガ、今ハ河野大臣デアルガ、以前何卿トカ云ハレタ其幕下ニ於テ、島田書記官ノ調ベハ能ク屆キマシタ、我々ハドウモ書記官程、ドウモ役人ノ名前ヲ知ラヌカラ、免職ニナッタカナラヌカ頓ト不覺悟デアル、又妄ニ人ノ姓名ヲ呼バレテ責任ヲ持ッテ斷言スルト言フ、縱令島田三郎ガ責任ヲ持ッテ云ッテモ、我々ハ院內ニ於テノ發言ハ院外ニ於テ責任ノナイト云フコトハ憲法ノ規定デアルデハナイカ、役人ノ免職モ是モ政治上ノ主義ナラバ何トカ云フ人ガ遲ク往ッタトカ、早ク往ッタトカ云フコトニ就イテ責任ヲ持ツト云ッテ、コケ嚇シヲスレバ喚聽リスルカ知ラヌガ、有識ノ人ハ驚カナイ、生憎ニ憲法ニ既ニ無責任ナルコトヲ定メテアルノニ、如何ニ憲法ノ範圍ヲ飛越エテ三郎斯ク責任ヲ持ツト云ッテモ、ソレハ言ハレルコトハ出來ナイデゴザイマセウ

是カラ解散ノ議員ハ上ノ思召ニ逢フト云ッタノハ宜シクナイト、宜シクモナカラウ、併シソレ位ノコトヲ咎メ立テヲスレバ際限ノ無イ話ダアレハ吏黨ダ、ドウ云フ譯カ分ラヌガ、人ヲ指シテ吏黨ダ、吏黨ダカラ人民ノ害ニナルカラ、選擧スルナ、己レヲ選擧スレバ地租ヲ負ケテヤルカラ、……上ノ思召ニ逢フ位ヂヤナイ、隨分破廉耻ニ立廻ル人ガ無イト云フノデモアリマスマイゾ、(拍手)上ノ思召シニト云ッタ……、ソンナ事ハ小新聞ノ口調ダト冷笑スレバソレデ足リルノダ

又是カラ新聞ガ三十六トカ停止ニナッテ言フコトガ出來ナカッタ、干涉ノ事ニ就イテ言フコトガ出來ナカッタカラ、是カラ己レガ三郎先生ガ言ッテ聞カセル……、三郎先生ノ金玉ノ名論ガ出ルノデアラウト樂ミニシテ居ッタ、所ガ三十六新聞ノ停止ノ所迄ハ伺ッタガ、ソレカラ後ガ分ラヌ、三郎先生ノ云フ通ニ演説ヲシテ貰フノハ宜シイ……、誰カ手紙ヲ貰ッタ人ガアルト見エル、手紙ヲ貰フノハ宜シイ、演説ヲシテ貰フノハ宜シイ……、ソレガ行カナイト云フ區別ハ何處ニアル、三十六新聞ガ停止ニナッタ迄ハ分ッタ、ソレカラ先キノ區別ハ分ラナイ、一私人ノ資格ヲ以テ言フノハ憲法ノ權利ダト島田議員モ言ハレタ、一私人デ干涉スルナラ宜シイト云ハレナガラ、――著物著タ時バカリガ御役人デモアルマイ――、大審院ノ判事ガ島田君ノ言フ通スルト、夜ハ代言人ヲスル、內閣大臣ガ商人ニナッテ、算盤ヲ彈ジイテモソレデモ相濟ムマイ、其見解ハ甚ダ六ケ敷イ、官吏ガ意思ヲ枉ゲルト云フノハ事實利害ヲ有スルガ故ニ、其干涉ノ理由ヲ聞カナケレバナラナイト云フ恐ヲ懷クノデゴザイマセウ、然ラバ御役所デ申付ケヤウガ、家デ申付ケヤウガ、同ジ話デアルノダ、詰リ島田議員ノヤウニ言ハレルト云フト、强盜ハ惡イガ竊盜ハシテモ宜シイト云フヤウナ話デ、詰リ家デ以テ自己デ干涉スレバ何ンデ憲法上ノ大權ニ背クト云フカ、外ヘ出テ官服ヲ著テ强盜ヲスレバ、ソレハ相濟マヌト云フノト少シモ變リマセヌ、何ゼ箇樣ナ淺薄ナ論ガ拍手喝采ノ中ニ聽カレタノデアルカ、實ニ歎カハシキ次第デアル、干涉ガ惡イナラ惡イト男ラシク言フガ宜シイ、獨デ演説ヲスルノハ宜シイトカ、縞ノ羽織ナラ宜シイ、官服ナラ惡イト云フ、ソンナ馬鹿ナコトデ何デ干涉ノ弊ヲ矯メルコトガ出來マセウカ、言葉ヲ飾リ衆員ノ同意ヲ得ンガ爲ニ斯ル淺薄ナル議論ガ當演壇ニ顯ハルヽノデハナイカ、又金持ノ議員ガ出タ、是迄ハ赤貧洗フガ如キ生活ノ議員ガ出タト云ハレタガ、私ハ事實ヲ知ラヌガ、三郎議員ガ言ハレタノデアル、諸君ノ中ニ在ルノデアラウ、併ナガラ所謂恆ノ產ナキ者ハ、恆ノ心ナシトカ云フコトガアルガ、大分財產モ出來タ社會ニ對スル用モシタカラ、此上ハ立法部ニ入ッテ人民ノ與論ヲ代表シテ世ノ國益ヲ計ラウト云フ人モ幾許モアルデアラウ、唯新聞ヤ演説デ名ヲ賣ッテ、エライ〳〵、彼ノ人ハ能

辯家ダトカ言ハレルコトヲ樂ミニ、ヨモヤ出テ來ル議員バカリデハナカラウ、假然赤貧者ガ出タト言ハレタガ、ソンナコトヲ言フナラ第一期ニ於テ本員ガ政費節減ノ一トシテ、議員ノ歳費ヲ全廢シ、若クハ之ヲ減額セント言フコトヲ主張シタノニ、誰御一人賛成スル方ハナク、六分ナラ宜イトカ、七分ニ修正シコトガ出來ル、矯正スルコトガ出來ルト思ヒナサルカ、言葉ノ上デハ何ント仰セ聞ケラレテモ宜イ、併シ第一期ノ議會ニ於テ即チ自ラ唱ヘラレル民黨議員島田三郎君……此第一期ノ議院ニ於テ當選ノ榮ヲ辱フセシ者ハ何人デアルカ、詰リ非職官吏又ハ郡長ガ、一番多數デアッタデハナイカ、又衆議院ノ議長――衆議院ノ全體ヲ代表スル所ノ議長ト云フ者ハ、第一期ト申シ、此度ノ議會ト申シ、詰リ官位ニ緣故ノアル島田三郎君ヨリハ上カモ知レナイ、官位ニ列セラレタ人〻デハナイカ、シテ見レバアナタ方ガ上奏案ヲ通過シテ……四千万ノ同胞ヲ流ニシ海外ニ放逐シテ、島田三郎君ノ御氣ニ入ノ人バカリ……私ノ考ヘデハ、マダ〳〵アナタノ上奏案デ此弊風ヲ止メヤウト云フ事柄ハ、新聞ノ御話シ演説ノ……デハ立チマセウケレドモ、實際行ヘルト云フナラバ、癡人ノ夢ヲ語ルト一般ノミト私ハ考ヘル、而シテ此上奏案ノ如キハ實ニ重大ナルモノデアル、上　聖明ニ渉ラセラル、以上ハ、此案ガ若シ通過スルナラバ、或ハ　御裁可ニナルカモ知レナイ、御裁可ニナッタ所ガ御準備ハドウデゴザイマスカ、大隈サンヤ何カノ内閣ナラバ、餘リ違ッタコトハナイデハアリマセヌカ、又御裁可ニナラナイデ、此議院ガ解散トナッタナラバ、此解散ハ獨リ議員ノ痛苦ノミデハナイ、人民一體ノ痛苦デアリマス、人民ハ實ニ此總選擧ニ於テ、或ハ建議者ノ言ハル、如ク、其職業ヲ捨テ、此議員選擧ニ狂奔シタト云フコトハ、或ハ政府ガ干渉ヲヤッタカヤラナイカ、ソンナコトハホジクリ立テヲスルニ及バナイ、隨分騷イダニ相違ナイガ、此騷イダノハ何ント日本國民ノ損害デハアリマスマイカ、之ガ爲ニ商工業ノ進歩ヲ停止スルト申サナケレバナラナイ、然ルニ其瘡痍未ダ癒エザルニ自ラ事ヲ好ンデ解散ノ運命ヲ待チ、此人民ヲシテ塗炭ニ苦メルノハ抑〻議員ノ本面目デアルカ(アル〳〵ト呼ブ者アリ)斯樣ナ人ガアレバコソ、世モ持ッタモノデアリマス、ケレドモ我國ノ政治ニ於テ、商工業ガ隆盛ヲ極メ、法律制度ガ備ハラザルナク、海陸軍ハ亞細亞歐羅巴二洲ニ駕スルヤウナ、日本帝國デアルナラバ、隨分此上奏案ニ就イテ可否ヲ決シテ議員ノ進退ヲ決スルハ壯快ノ一事デ、御賛成申サナイデハナイ、併ナガラソンナ氣樂ナ世ノ中デハナイ、幸ヒ第一期ニ於テ衆衆議院ガ開ケマシタケレドモ、其以後ニ於テモ、衆議院議員ハ實事ニ於テ、ドレ程ノ用ヲ爲シテ居リマスカ、實ニ我國ノ商工業ハ日々ニ萎靡致シテ振ハズ、内政ハ擧ラズ、制度ハ備ハラズ、海陸軍ハ充實セズ、第一期以來我々ハ如何ナル用ヲ致シマシタ、僅ニ豫算會議ノ結果トシテ六百五拾萬圓ヲ減額シタ外、一ツモ效能ガナイ、オ負ケニ其六百五拾萬圓ヲ減額シタコトハ宜イケレドモ、ドコカラ減額スルノデアルカ、マダ四千萬ノ同胞ガ一人モ其恩澤ニ浴シタ者ハゴザイマセヌ、僅ニ或ル種類ノ商人ニ、無利息ノ金ヲ貸ス便宜ヲ與ヘタカモ知レマセヌガ、六百萬兩ハ政府ノ……トナッタケレドモ、人民ハ少シモ恩澤ニ浴シタ者ハナイ、ソレデ其實事ニ就イテ、如何ナル施政ヲ執リ、如何ナル方針ヲ執ルカ、又政治上ニ於テ何等ノ功績ノナイノニ、無暗ニ早ッテ上奏ヲ爲スハ、上　聖明ヲ惱カシ奉リ、下人民ノ痛苦ヲ思ハザルモノデアル、ソレモ一カバチカヤッテ、ヤリ遂ゲラレテ、アナタ方ノ御注文通ニ、所謂取ッテ代ッテ宜イ内閣デモ出來マスナラバ、私見タヤウナ孤立議員ガ、コンナ

所デ大キナ聲ヲスルニ及バナイ、隨分アナタ方ノスル所ニ任セマスケレドモ、ソンナコトハ出來ナイ、解散ニナルカ、内閣ニ更迭ガアッタ所ガ、僅ニ二三ノ大臣ニ御代ガアル位ノコトデ、幕府ノ末路ノ公武合體論ハ餘リ效ヲ奏シタコトガナイヤウニ思ヒマス、近來新大臣ヲ名士ガ御訪問ナサル、是モ餘リ結果ガゴザリマセヌヤウデ、ソレト同ジコトデ取ッテ見タ所ガ、アナタ方ノ御注文通ノコトハ出來ナイト云フマデ、アルナラバ、サウ云フ的ノアルノハ宜イカ惡ルイカ、私ハ知ラナイガ、ソンナコトヲ喋々スル……之ヲ今日ノ政事家トスルニハ、島田三郎君ニ過ギタリト申サネバナラナイ、シテ見レバ何ノ效モナイノニ、唯此人民ヲシテ再ビ三度政治上ニ狂奔サセテ、其財産ヲ拋タセントスルノハ本員ノ見ルニ忍ビザル所デ、本員ガ一人ノ名譽ヲ博センガ爲ニ此演説ヲスルノデハナイ、國家ノ秩序ヲ紊亂セズ、我國ヲシテ益〻商工業ヲ改良シ、諸君ノ希望スル責任内閣モ大ニ其……ヲ作ラント希望スレバコソ……惡ル騷ギハセヌ方ガ宜イ、ソコデ此上奏案タルヤ、ドウゾ私ノ相濕レタル所ハ、諸君自ラ補フテ其實行ノ上ニ就イテ、倘ホ御再考アランコトヲ希望致シマス

○牧朴眞君(百八十七番)　討論終結ノ動議ヲ提出シマス

(賛成、反對ノ聲交〻起ル)

タラ宜イトカ云ッテ、トント御賛成ガナカッタデハナイカ、其理由ヲ聞クト云フト、高梨ハ世ノ事情ヲ知ラヌ、議員トナッテ其職務ヲ盡スニハナカ〳〵歳費ナドヲ減ズルコトハ出來ヌト云フコトガ、チラ〳〵本員ノ耳ニ入ッタコトデアル、シテ見レバ赤貧洗フガ如キ議員ガアル杯ト云フ議論ニナリマスト、アナタ方ノ仲間ニチト多クハアリマスマイカト云フノデ、言葉ヲ終ラウト思ヒマス、ソレカラ第一期ハ流石山縣内閣ハ超然主義デアッタカラ茲ニ至ラナカッタガ、第二期ハ殺人劍傷至ラザル所ナシト言ハレタガ、ソレ程ノ事デモナイ、三郎議員ノ言フ如キコトハ當然ノ理デアル、第一期ハ誰モ議員選擧ノ競爭ノ仕方モ下手デアッタ、然ルニ今度ハ解散デ……解散ト云フ丈デモ一般人民ハ隨分熱ヲ加エテ居ルデアリマセウ、從ッテ第一期ヨリ第二期ノ競爭ノ方ガ鬪シクナルノデアル考デ御覽ナサイ、是カラ先キ第三期第四期ト進ムニ隨ッテ、競爭ガ激烈ニナッテ來ルト云フコトハ、立憲政體ノ下ニ立ッテ居ル人民ハ覺悟スルコトデゴザイマセウ、ソレトモ此世界ヲ黄金世界ノ如ク大平無事ニ往カレルト云フ思召カ知ラヌガ、左樣ナラバ上奏案ダトカ何ンダトカ云ッテ氣張ラレルニ及バヌ、詰リ喧嘩ハ五分々々デ、アナタ方ガ仰シヤル如ク、黨人ノ弊モ隨分困ルデハアリマセヌカ

是レカラヤカマシイ高知ノ投票紛失デアルガ、此投票紛失モドウシタンダラヴカ、是レハ誰カ盗ンダノダ、取ラレタ、成程取ラレタ奴ハ間抜――、誰レカ盗ンダカ投票ガ無クナッタト云ッテ、何モサウ騷クニハ及バヌ、是モ事ニ寄ルト御賛成ノ方ノ側ノ人ガ取ッタカドウカ知レマセヌ、ソレ等ノ事ヲ責任ヲ以テ三郎議員ガ勝手ノ熱ヲ宣告スルノハ、實ニ不法ナコト、私ハ考ヘル、ソレカラ大層諸君ガ感動ヲ起シタノハ血ノ刀ヲ持テ居ルニ、其取調ヲナサナイト云フコト、又議員ガ此事ニ附イテ一言モシナイト云フノハ此議院ハ卑屈デアル、海外萬里ニ對シテ相濟マヌ、貴族院ニ於テハ昨日議決シタ、我々ハ一日後レタリ、ドウシテモ一言シナケレバナラヌト言フガ、茲ニ至ッテ本員ガ惑ヲ生ズルノデアル、上奏案ノ御主意ハサウ云フ御主意デハアリマスマイ、血ノ刀ヲ持ッテ居ルノヲ取調ベナケレバナラナイ我々ハ衆議院議員ノ義務トシテ一言シナケレバナラナイ、貴族院ニ後レタ殘念デアルト云フノガ上奏案

ノ主意デハナカラウ、海外萬里ニ對シテモ面目ガナイト云フ樣ナコトデ、取紮ヲシナケレバナラヌト云フ樣ナ御議論デモ無イト思フ、斯ル事ヲ取調ベルガ爲ニ畏クモ上奏ヲ爲スト云フ如キコトデハ、實ニ大早計デハゴザリマスマイカ、此貴族院ニ後レタノハ誰レノ罪デアルカ、此議案ハ一兩日前ニ御出シニナッテ居ル、贊成者ノ都合ガアルニ依ッテ延バシテアルノデアル、然ルニ貴族院ニ後レタノハ、誰カ後レシメタ樣ニ御議論ガアルガ、抑〻何ノ話デアリマスカ、私共ハ眞面目ナ議論デハアルマイト思フ、何カ是ニハ何レ何處カニ譯ガアルノト考ヘマス、斯ウ云フ事ヲ是認シタラ、後來ドウスル議論ハ結果ノ議論ガ早イ、アナタ方ノ上奏案ヲ通過セラレテ後來何ニナルカ、内閣ガ辭職スルカ、議會ガ解散サレルカト云フノデアルガ、或ル議員ハ上奏案ハ解散ノ理由ニナラヌト云フガ、ソレハ立憲代議政體ヲ御存ジノナイ御方デアル、此上奏案ヲ可決シテ　天皇陛下ニ御裁可ヲ願ッタ所ガ、無論我々衆議院ヲ解散スルト云フノハ知レキッタ話、然ルニ解散ノ理由ガナイト云フノハ、アナタ方ノ方ニハ學者ガ揃ッテ居リマスネー、上奏案ヲ通過シテ御裁可ニナリマスルノモ我邦ノ唯今ノ社會ノ度合デ、斯ノ如キ弊風ヲ一時ニ止メル

○高梨哲四郎君（百八番）　エー反對デゴザイマス、殆ド今ノ質問ニ依ッテ此本論ハ打崩サレテ居リマスケレドモ、大ニ憂慮スベキモノガアリマスカラ、私ハ反對ノ理由ヲ述ベヤウト思ヒマス、私ハ第一ニ此保護政策ノ上カラ反對スルノデアル、皆樣モ能ク保護政策ノ人心ヲ腐爛スルト云フヤウナコトハ、私ノ口ヲ藉ラズシテ御熟知ノコトヽ考ヘマスガ、隨分是迄現政府デシタコトデアッテモ北海道ノ不始末ヲ初トシテ或ハ茶業ノ奬勵トカ云フヤウナコトハ、一ツモ所謂民利民福ヲ養成スルト云フヤウナ名ハ美デゴザイマスケレドモ、其實ニ至ルト云フト數人ノ利益數人ノ特殊ノ利益ヲ幇助スルニ止マッテカヲニ、全國人民ハ之ガタメニ困難ヲシタト云フコトハ歴々徴スベキモノガゴザイマス、然ルニ今日何ヲ苦ンデ我議會デ斯ノ如キ保護政策ヲ斷行シヤウト言ハルヽカ、ドウモ一圓其理由ノアル所ヲ見出スコトガ出來ナイ、ソレカラモウ一ツ第二ニハ外交ノ交渉ヲ生ズルコトヲ甚ダ恐ルヽノデアル、彼ノ支那人ハ甚ダ無氣力デアルトカ、或ハ無精神デアルト云フテ我兄弟國タルニモ拘ラズ、西洋諸國ニ於テ忌避ヲ受ケ辱ヲ受ケテ居ルト云フコトハ、甚ダ殘念デアリマスケレドモ、是モ彼ノ國人ノ氣風其モノヽミデハアルマイ、詰リ商賈ヲ廣クシ移住等ノ關係多キニモ拘ラズ、其國力ノ振ハズ其移住民ヲ政府デ保護スルコトガ十分行屆カナイト云フヤウナコトハ、彼ノ國人民ヲ戰慄セレメ其人心ノ獨立ヲ失フト云フヤウナコトガ比々アルダラウト考ヘマス、其通デ是ヨリ移住民政策ヲ擴張スルト云フコトガ行ハレタナラバ、論者ノ言ハルル如ク南米トカ或ハ南洋トカ未開若クハ半開ノ土地ニ向ッテ我國民ヲ送出ス所ノ方策ヲ執ラナケレバナラナイ、其時分ニ若シ一朝南米秘魯ノ內亂ノ如キコトガアリマシタナラバ、我國力ガ之ヲ十分保護スルコトガ出來ルカ、彼ノ支那國民ガ西洋諸國ニ於テ淩辱ヲ蒙ムル如ク、我國力モ海外諸國ノ移住民ヲ保護スルコトハ私ハ御請合ハ附カヌト考ヘル、然ラバ則チ我〻ハ堂々タル此衆議院ニ於テ遂ニ海外ニ我國人ヲ送出シテ、海外不歸ノ鬼タラシムルト云フ樣ナ議決ガ忍ンデスルコトガ出來ルデゴザリマセウカ、或ハ數人或ハ一部ノ人ニ特殊ノ利益ガアルカ知レマセヌケレドモ、一般ノ公平ナル眼ヲ以テ見マスレバ決シテ左樣ナコトハゴザリマセヌ、既ニ前年我政府ハ彼ノ朝鮮國ニ對シテ干渉ノ政事ヲ取ラレ、一朝京城ノ亂アルニ遭遇スレハ宛モ干渉ノ政ハ思止マラレタルガ如ク、少シモ――平和ナル所ノ進行ヲ以テ著々其歩ヲ進メテ、逐ニ京城ノ亂ヲ爲サシメ、彼ノ國人ヲシテ逐ニ亡國ノ涙ヲ我國ニ注ガシムルニ至リタルハ誰ノ罪ダ、斯ノ如キ前例ニ於テモ隨分海外ニ手ヲ出サウトシテ出シ損コナッテ、遂ニ其跡ヲ收ムルコトガ出來ナイト云フコトガ數年前アルニモ拘ラズ、或ハ土地ガ廣イトヤラ、或ハ商業ヲ盛ニシナケレバナラヌト云フ樣ナ、宛モ政府反對黨ノ言ハレル自由平等ノ主義ニハ絕體的反對シタ議案ガ續々トシテ此議場ニ現ハルヽニ至ッテハ、一體諸君ハ自由平等ヲ主張セラルヽ、御議論ハ御議論トシテ置キ、實際ノ政務ニ至レバ忽チ之ニ反對スル者デアルカト疑ヒマス、又之ヲ要シマスルニ何ゼ斯ウ云フ樣ナコトヲ――皆サンモ仰シヤル通短期ノ議會ニ於テ緊急ニコヽニ出シテ建議シナケレバナリマスマイカ、ソンナコトヲ爲サラヌデモ既ニ昨年ノ議會ニ於テ榎本外務大臣ガ演說セラレタ如ク、政府ハ熱心ニ鋭意ニ機密費ト云フ樣ナ孰レ何カ御機密ノ事情モゴザリマセウケレドモ、探檢費ト言ハズニ機密費ノ名ヲ以テマデ、ヤラウト爲サレタ事ヲ、我議會ハ政府ガ未ダ之ヲ知ラザルガ如キ眞似シテ斯ウ云フ事ガ國家ノ長計デゴザル、百年ノ大計デゴザルト云フテ政府ニ建議スルト云フノハ、抑〻如何ナ譯デアルカ、論者ノ御調ハ中ヽ行屆イテ居リマスケレドモ、夫ノ我國人ニシテ布哇出稼人ノ貯金ガ百五十三万弗デ、一人ノ毎年ノ貯金ガ七十二弗デアルトカ、又支那ニ於テハ毎年六千六十万弗ノ貯金ヲ持ッテ來ルトカ云フコトハ如何ナル統計ニ據ラレタカ存ジマセヌガ、蓋シ此材料ハ外務省ヨリ出デタニ相違ナイ、諸君ガ不信任不信任ト言ハルヽ所ノ政府、其一分ナル外務省ハ本日ハ大ナル榮譽ヲ得マシタ、其材料ヲ以テ議案ノ材料ト爲リ、而シテ其移住民政略――斯ノ如キ重大ナル問題ヲ其方法方略ハ總テ政府ニ御一任ヲナサレ、寧ロ政府ノ爲サル儘ニシテ宜シイト云フ、――實ニ前日ノ御議論ト打ッテ變ッタル御論デアルト考ヘマス、既ニ昨年ノ議會ニ於テ榎本外務大臣ハ何ト言ハレタ、斯樣ナ事ハ役人ヲ用ヒナイデ所謂實費ト之ニ相當ナ手當モ支給シマスル丈デ濟ミマス、――役人ト云フモノハ然ラバ實費ト手當ヲ支給スルヨリ他ニ取ルモノガアルト思フ、併ナガラ私ハ役人デアラウガ、人民デアラウガ、ソレ丈ノ用ヲスルナラバソレニ相當ノ旅費俸給ヲ取ルノハ當然ノコトデ、外ニ取ルモノハナイト思フ、シテ見マスレバ論者ガ此演壇ニ立ッテ此調査ヲ政府ニ御任セ申ストカ、又ハソコマデ調ヘガ附カヌトカ逃ゲ口上ヲ言ハヌデ、斷然此移住民政略ハ人民ヲ奬勵シテ會社ヲ創立シ、政府ハ之ニ特典ヲ與ヘ、此會社ニ於テ幾多ノ人民ヲ養成スルノデアルト言ハレテコソ、男ラシイ議論デアルト思フ、又斯ノ如キ計畫ノアルコトハ外務大臣ハイザ知ラズ、滿天下ノ人々ハ盡ク承認スル所デアル、我々ハ目下ノ形勢ニ於キマシテ斯樣ニ我國ノ政府ノ下ニ威權ノアル一大會社ヲ拵エテ以テ特別保護ノ政策ヲ與ヘテ、此人民ヲ利シ他ノ四千万同胞ヲ拋擲スルガ如キハ到底出來ヌコトデアリマス、ドウゾ諸君ハ御熟考ノ上斯ノ如キ保護政策ハ否決セラルヽノミナラズ、今後ニ於テモ此議會ニ於テ其跡ヲ收メラレンコトヲ希望致シマス

（井上角五郎君演壇ニ登ル）

○井上角五郎君（七十六番）　本員ハ簡單ニ極ハメテ簡單ニ本案ノ贊成ノ意見ヲ述ベマス、加藤君ガ十分ニ此我日本ノ經濟ニ於テ我日本今日ノ有樣ニ於テ、海外移住ノ必要ナルコトハ御述ニナリマシタ、其中一二語弊ガアッタ、一二調査ノ違モアッタケレドモ、例ヘバ北海道ヨリ外國ノ方ガ宜シイト云フ如キ語弊ノ一デアリマセウ、私ガ調査シテ記憶シテ居ル中ニ多少違ッタモノト心得ルケレドモ、兎ニ角我日本國ガ苟モ万國ノ中ニ立ッテカラニ各國ト同等ノ力ノミナラズ、各國ト同等ノ島ヲ維持シテ往カウト云フナラバ、ドノ樣ニ考ヘテ見テモ海外ニ移住スルコトハ最モ大切ナト云フコトハ、誰モ皆同樣デアラウ――

ト思フ、今更私ガ海外移住ノ必要ナルコトヲ述ベマスル必要ハナイノデアル、然ルニ高梨君ノ如キハ平生ノ御議論カラ言ッテ見テモガ、加藤君ガ之ヲ御出シニナッタノハ尤デアル、加藤君サヘ出シタ、私ガ實ハ出サウト思ッタノデアルト仰セラレテコソ然ルベキデアルノニ、先日ハ政府ヲ不信任ト言ッタトカ、或ハ昨年ノ議會ハドウダトカ餘リ夢物語昔話ハ遊バサズシテ、御自分ノ御意見通ノコトヲ御述ニナッタ方ガ宜シイト思フ、其高梨君ノ第一ノ議論ハ保護政策ハ惡ルイト言ハレマシタガ、諸君其保護政策ガ惡ルイト言ヘバ、今迄ノモノハ皆保護政策デアル、政府カラ出ス政策ハ皆保護政策デアル、政府ノ仕事ハ皆保護デアル、人民保護デアル、國家保護デアル、保護ト言ヘバ皆保護デス、高梨君ノミヲ助ケル星君ノミヲ助クルト云フコトハ我々ハ反對デアルケレドモ、日本ノ進歩上日本ノ經濟上日本全體ニ附イテ移住ガ善イカ惡イカト云フコトヲ爲スノハ少シモ特別保護ジヤナイ、全體ノ保護デアル、當リ前ノ保護デアル、當リ前ノ保護ト云フモノハ國家ノ治安上當リ前ノ事業デアル、賀スベキコトデアル、ソレカラ高梨君ガ其次ニ言フニハ海外ヘ移住ヲシテ外國ト喧嘩ガ始マッタラドウスルカ、外國ト葛藤ガ起ッタラ如何ニスルカト云フ時ニハ忽チ前朝鮮ニ於ケル例ノ如ク、又手ヲ引イテボンヤリシテ仕舞ハナケレバナラント云フ御議論デゴザリマスガ、如何ニモ高梨君ハ臆病ナ御方デアル、私ガ今日マデ思附カナカッタ程ノ臆病ナ御方デアルト思フ、何時迄モ高梨君ハ今日ノ海軍陸軍ニ滿足スル積デアルカ、今日ノ外交ノ有樣、條約ハ彼ガ如ク、交際ハ斯ノ如キ有樣デ滿足スル積デアルカ、苟モ國權ヲ擴張シナケレバナラヌ、苟モ軍備ヲ擴張シナケレバナラヌ、上下共同シテ爲スベキコトハ今日以後デアルト云フコトヲ御了解ニナレバ、是カラ探検ヲシテ見テ工夫ヲ定メテ移住ヲスルト云フ其時ハ、最早今日ノ日本デナクシテ十分進歩シタル日本ト思フナラバ、此御心配モ無用ト思フ、ソレカラ高梨君ハ終リニ何事ヲ言ッタカ此海外移住ト云フコトハ自由平等ト云フコトニ反對スルト言ハレタ意味ガ分ラヌ、自由平等トハ何ノコトデスカ、自分ノ意見デハ海外移住ハスルガ宜イ、移住ヲスル以上ハ取調ヲスルガイヽト思ッテハ居ルガ、先ヅ議場ヲ騒ガシテ見ルガタメニ反對論ヲ唱ヘルガ如キハ自由平等デナイ、若シ斯ノ如キ意味ノ自由平等ナレバ此議案ハ反對ヲシテ居ルダラウガ、其意味デナイ以上ハ此議案ハ自由平等ト云フ意味ニハ少シモ反對シナイ、要スルニ國家ノ經濟上要スルニ今日ノ有樣ニ於テハドウシテモ爲サナケレバナラヌト云フ、移住ヲ爲スト云フコトニ付イテ取調ヲスル、其取調ハ是非共シナケレバ如何樣ニシテ宜シイカ、如何ナル利益如何ナル弊害ガ起ルカヾ分ラヌカラヤル、之ヲヤルコトハ日本全國ノ利益デアル、之ヲヤルコトハ四千万ノ利益デアルト云フ如キニナレバ、少シモ特別保護デナイ自由平等ニ反對シナイ、又加藤君ガ先日政府ハ信用ガナイト言フタガ、今日ニナッテ斯ウ云フコトヲ言フノハ訝カシイト云フノハ私ハ喜ブ、今日以後ハ加藤君ガ政府ニ信任ヲ表セラレ、卽チ今日マデ我々ノ敵ハ今日ヨリ我々ノ味方デアルト云フコトヲ、賛言スルコトニ於テハ憚カラヌモノデアル(拍手)

○議長(星亨君) モウ討論モ盡キタ樣デアリマスカラ決ヲ採リマス、是ハ法律デモアリマセヌカラ直チニ決ヲ採ッテ確定ニナリマスカラ、左樣御心得ヲ……、卽チ原案ニ贊成ノ方ハ起立……、今勘定ヲシマスカラ少シ立ッテ、下サイ

(書記官長起立者ノ數ヲ數フ)

起立者　少數

○大岡育造君（百五十四番）　私ハ海軍省ノ豫算ニ附キマシテ主査トシテ大略ノ御報告ヲ申シ、且ツ聊カ意見ヲ申上ゲル積デゴザイマス、海軍省ノ所管デ第一款軍艦製造費ハ修正ヲ加ヘタル上ニ、豫算委員ハ之ヲ認メテ――其必要ヲ認メテ其要求ニ應ズルコトニ決シマシテゴザイマス、而シテ要求ノ金額ニ對シマシテ修正ヲシマシタ所ハ莫大ナル金額ニ見エマスルケレドモ、是モ何割豫メ減ジタイト云フヲ期シテ猥ニ當篏メテ減ジタト云フノデハナクテ、現ニ日本デ軍艦ヲ造リマシテ、其最近ノ軍艦ノ出來上ッタ費用ニ照シテ、其實費ト釣合ヲ取ッテ極メタノデゴザイマス、ソレ故ニ此減額ニ附イテモ多分ノ御異論ハナカラウト深ク信ジテ居リマス、扨軍艦ノ製造費用ハ豫算委員ノ多數ハ前申シマシタ如ク、之ヲ必要ナリト認メマシタニ拘ラズ、現ニ之ヲ不必要ナリトシテ別段ナル意見ヲ、其時ノ少數者ヨリ提出モシテアリマスルコトデモアリ、殊ニ此軍艦製造ノ事ハ前ノ議會ヲ解散スルニ一ツノ理由トシテ數ヘラレタ問題デゴザイマスカラ、我々ガ此軍艦ヲ必要トシテ此要求ニ應ジマシタル理由ノ大略ヲ申スコトハ、又必要ナコトデアラウト考ヘマス

申スマデモナク此日本ガ鎖國ノ時代デゴザイマシタ此間ニ於テハ、平生ノ國ノ組織カラ云ヒ、地勢カラ申シテモ憂フベキハ唯ダ内憂デ、外患デハナカッタノデアル、然ルニ一朝國ヲ開イテ諸外國ト交際ヲ開キマシタヨリ以來ハ、天險ハ四圍海ハ誠ニ大丈夫ナル要害デアルト賴ムコトハ出來ナイ、唯此海ガ賴ムコトガ出來ナイノミナラズ、他ノ諸外國ノ形勢ノ變動ニ從ヒマシテカラ餘程日本ノ軍備ト云フモノモ、趣ヲ異ニシテ參ラナケレバナラナイ様ナ次第ニナッタラウト信ジテ居リマス、斯ノ如ク變更致シマシタニモ拘ラズ、此日本ノ人民總體ハ常ニ内憂ヲ事トシテカラ、此外患ヲソレ丈ケニ思ハナカッタ、内憂ヲ重ンジテ外患ヲ輕ンズル様ナル一體風ニナッテ居リマスカラ、新ニ想ヒ起セバ申スマデモナク、外患ト云フモノ、憂フベキコトハ諸君ノ疾ニ御了知ノコトデアルケレドモ、其平時ニ於テハ或ハ殆ド外患ヲ防グコトハ無用トマデハ思ハズトモ、輕ンズルコト丈ケハ免レナイ方デアラウト信ジテ居リマス、其一例ヲ私ガ擧ゲテ申シテ見マスレバ、明治五年デゴザリマシタカ、日本ノ内閣ノ大破裂彼ノ征韓論ト云フモノハ、時ノ豪傑ト唱ヘラレル所ノ西郷ダトカ島津ダトカ、或ハ其中ニ板垣サンモ這入ッテ居リマシタ、江藤新平トカ斯ノ如キ人ガ朝鮮伐ツベシト云フコトニハ非常ニ力ヲ入レタニ拘ラズ、朝鮮ニ向ッテ戰ヲ爲ス其用意トシテ船ハドウナッテ居ルカ、軍艦ハドウナッテ居ルカ、運送船ハドウナッテ居ルカ、果シテサウ云フコトガ出來ルヤ否ヤト云フコトハ、思及ハナカッタ様ニ思フ、ソレヨリ進ンデ彼ノ臺灣ノ戰爭確カ明治七年デアッタト私ハ思ヒマス、此時臺灣ノ蕃人ガ明治四年六年此兩度ニ於テ日本ノ人民ヲ虐ゲ、日本ノ國民ニ害ヲ加ヘタト云フコトカラシテ、其頃剛レト評判ノアッタ副島外務大臣ガ支那ニ使シテ之ヲ責メタケレドモ、左様ナモノハ私ノ版圖ニ居リマセヌト刎付ケラレテ、默ッテ居ル譯ニモ行カナイカラ是又臺灣伐ツベシト容易ク決シ、時ノ參謀確カ大藏卿デアリマシタラウ、大隈重信君ガ此事務長トナリ、中將西郷從道君ガ事務都督トナッテ兵ヲ率井テ長崎マデハ出掛ケテ行ッタ、將ニ發セントスルトキニ直グ故障ガ生ジタ、何ンデ故障ガ生ジタカト云フト、多クノ兵隊ヲ送リ、多クノ軍用ヲ送リ、多クノ軍器ヲ運ブ船ヲ外國ノ船ヲ使フ積リデアッタ、然ル處ガ亞米利加ノ公使カラ直グト故障ガ生ジテ、今出帆スルト云フ矢先キニ立ッテ此故障ガ生ジテ出ルコトガ出來ナカッタ、之ガタメニ時ノ政府ガ非常ニウロタヘ、俄ニ使ヲ遣ハシテ大隈重信君ガ非常ニ盡力シテ長崎デ西郷督都ト論判ヲシタケレドモ、結局方ガ附カズ、十數日ノ間空シク長崎ニ滯留シタ結果ハドウシタカト云フト、飛脚船ノ隨分古ビタまゆうよーく號ヲバ高イ錢デ賣附ケラレテ、據ナク之ヲ買入レテ僅ニ人ヲ送ッタト云フ有様デアル、斯ウ云フ様ナコトハ諸君モ皆御記憶ニナッテ居ルコト丶思フ、想起シテ見マスルト云フト、兎角ニ日本人ハ外ニ向ッテエラサウナコトヲ言ヒ、エラサウニ掛ッテ行クケレドモ、ソレ丈ノ準備ハシナイ、此準備ヲ致サナイデ常ニ内輪ノ戰爭ニハ慣レテ居ルケレドモ、外ノ戰爭ニハ慣レテ居ラヌ、其習慣ガナイ所以デアラウト私ハ信ジテ居リマス、從ッテ平時ニ在ッテ外ニ向ッテカラ準備スル所ノ軍艦トカ云フ様ナル問題ニハ、兎角冷淡ナル傾ヲ持ツト云フノハ亦免レ難キ次第デアラウト信ジマス、併ナガラ是ハ私ノ甚ダ喜バナイコトデアリマス、此後ニ起ッタ所ノ朝鮮京城ノ事變ニ就キマシテモ國論ハ直チニ開戰ニ決シ、朝鮮伐ツベシト決シマシタケレドモ、未ダ十萬ノ兵ヲ彼地ニ送ル丈ケノ船モナケレバ、其用意モ出來テ居リマセナカッタノデアル、幸ニシテ無事ニ終リマシタカラ宜シウゴザイマスケレドモ、實際ノ經過シタル所ノ歴史ノ有様ヲ考ヘテ見レバ、此通デアル、今日ハ何事モナイ誠ニ無事ナ日デハゴザリマスケレドモ、既ニ訂盟各國ト交際ヲ致シマスル以上ハ、訂盟各國ノ實際ノ國ノ不時ノ變ヲ慮ッテ豫メ之ニ備ヘルノ用意ヲ致スコトヲ否マウトハ私ハ信ゼヌ所デゴザリマス、深ク反對諸君ノ意ヲ察シマスルニ、必ズシモ何處マデモ反對シヤウト云フタメニ申シタカ、一般ノ……有様ヲ考ヘテ見ナケレバナラナイ、歐羅巴各國平和ノ有様デゴザリマシタ所ガ、之ヲ學者ノ言葉ヲ借リテ申シマスレバ、矢張弱肉ハ强食ニ供セラレ、此痛マシイ所ノ競爭場裏ニ日本モ立ッテ居ルト思ハナケレバナライノデアル、勿論常ニ騒亂デハナイ戰爭ノ兆シノコツ〳〵致シテ居ル所ノ歐羅巴ノ諸州トハ、餘程地形モ遠ク、日本ハ其方カラ見マスレバ餘程樂ナ地位ニ居ル様ニ思ハレルケレドモ、是モ能ク考ヘテ見マスレバ、昔ノ日本ト昔ノ歐羅巴トハ形勢ガ一變シテ居ルデアラウト思ヒマス、英吉利モ頗ル遠イ所ニ居ルガ如クニゴザリマスケレドモ、矢張亞細亞洲ニアル、即チ香港ガ英吉利ノ出張所デアル、又露西亞モ隨分遠方デ偏鄙ノ地位デゴザリマスケレドモ、是モ西伯利亞鐵道ガ一旦通過シマシタナラバ、隨分日本トハ近イ便利ナ地位ニ立ツノデアル、近頃自由黨ノ諸君カラ建議マデシテ探檢セヨト言ハレタル彼ノ南洋諸洲ノ有様ヲ見マスレバ、西班牙人ト日本人トノ交際ハ餘程繁クナリカケテ來テ居ルト見ナケレバナルマイト思フ、斯ノ如ク考ヘテ見マスレバ決シ

テ違イ所ニ於ケル有樣トノミ考ヘルコトハ出來ナイノデアリマスカラ、何時如何ナル不時ノ事變ニ依ッテ不慮ナル災害ヲ國ニ蒙ラヌトモ限ラヌト思フ、此不慮ノ災害ヲ蒙リマス場合ニ於キマシテ、何時デモ敵ガ甚弱イ臺灣デゴザイマストカ朝鮮トカ云フ樣ナ場合ナレバ、我日本ガ平和ヲ保タウト考ヘレバ平和ニ其局ヲ了スルコトモ出來マセウガ、同ジ同等ノ國デアリマシタル場合ニ於テハ、多少我ニ用意ガナクテハ叶フマジト信ジテ居リマス、デ斯ノ如クニ考ヘテ見マスレバ諸君我々皆日本ニ適當ナル軍艦ヲ備ヘテ、不時ノ用意ヲ致スト云フコトニ附イテ御一人モ御不同意ハナカラウト考ヘテ居リマス、然ルニ尙ホ前ニモ申上ゲマスル通又諸君ノ御手許ニモ廻ッテ居ル通、此軍艦ノ費用ヲ削除スベシト云フノハ何ノコトデアル、蓋シ是ニハ二ツノ理由ガアラウト思ヒマス、是モ豫算委員會ニ現レテ來タコトデゴザリマスカラ、合テ報告ヲ致シマス、其一ハ何デアルカ、日本ノ外務省及日本ノ海軍省ニ是丈ノ軍艦ヲ造ルニ附イテ一定ノ方針ガナイ、其方針トハ如何ナルコトヲ言フカト言ヘバ、日本ハドレ〳〵ノ敵國ヲ引受ケテ、ドウ云フ風ニ當ルカト云フコトヲ示シテ居ラヌ、故ニ我々ガ應ジナイト云フノガ一ノ議論デアル、諸君斯ウ云フコトハ言フテ賞ヒタクナイコトデアル、軍艦ヲ備ヘ國防ヲ密ニスルト云フコトハ畢竟國ノ平和ヲ保ツタメデアル、然ルニ此軍艦ヲ拵ヘルノハ英吉利ヲ擊ツタメデアル、支那ヲ擊ツタメテアルト云フ樣ナコトヲ大臣ガ若シ氣ガ逆ッテ言フタナラバ、ソレコソ甚ダ不都合千萬ナル次第デアル、左樣ナコトヲ言ハナイ、サウ云フ報告ヲ大臣ガシナイノガ當リ前デアルノニ、ソレヲシナイカラ應ジナイト云フ御議論ハ沙汰ノ限ト申シテ深ク問フヲ要シナイト思ヒマス、此次ニハ軍艦擴張勿論急務デアルケレドモ、是ヨリモ先ニシテ民力ノ休養ヲシナケレバナラヌ、此御議論デゴザリマス、併ナガラ日本ノ國民ハ適當ナル一國ノ事務ヲ捨テモ、尙ホ民力ノ休養ヲシナケレバナラヌト云フ譯ハナカラウト思ヒマス、愛國至誠ノ國民ガ民力休養ト云フコトニノミ是レ務メテ、

○鹽田奥造君(二百四十二番)　本員ハ此案ノ提出者總代トシテ、先ヅ先ニ登壇ヲ致シマシテ、數多ノ提出者デゴザイマス故ニ、私ガ提出シマシタル理由ノ概略ヲ述ベマシテ、又之ニ就キマシテ質問等モ數多ゴザイマセウガ、其邊ノコトハソレ／＼分業ニ致シテゴザイマス、併ナガラ又此法案ニ對シテノ説明位デゴザイマスレバ、ソレハ致シマスル、又從ッテ辯論等モソレ／＼分轄致シテ居リマス、極ク短ク述ベテ此壇ヲ下リマス

此法案ヲ提出シマシタル理由ハ、大體ヲ分ケマスレバ、先ヅ四ツ位ニ分ケマス、其他種々ゴザイマスルケレドモ、其邊ハアトヨリ登壇スル提出者ニ任セル、私ガ述ベマスルノハ先ヅ四ツバカリニ分ケテ申シテ置カウト思ヒマス、第一ニハ此法案ヲシテ成立タシメナケレバ、即チ從前ノ儘ニシテ置キマシタナラバ、國家多年研究シツヽアッタル所ノ皇漢醫術ト云フモノヲ空クシテ仕舞フト云フ恐レガアル、御承知ノ通最前ノ儘ニ置キマシタナラバ、此皇漢醫ト云フモノハ一代限リデ、モウ御仕舞ニナッテ仕舞フ、繼續ト云フモノハ出來ナイノデアル、然レバ最早一人缺レバ一人丈テ終ッテ仕舞フト云フ情ケナイ有様デアル、然レドモ溯ッテ皇漢醫ノ是迄ノコトヲ考ヘテ見マスレバ、殆ド歴史ノ上カラ見マシテモ、千年餘リヨリ今日ニ至ル迄連綿繼續シテ差支ナクアッタモノデアル、故ニ一朝ニシテ失フ譯デハゴザイマスマイケレドモ、一人缺レバ一人ハ一朝ニシテ失フ譯デアル、何時ノ年カ自然ニ消滅ニナッテ仕舞フト云フノデアル、ソレナラバ消滅ニナッテ差支ガアルカナイカト云フコトニ就キマシテハ、成程反對ノ者ハソレ／＼醫術モ開ケ、一方ノ西洋醫ガ十分ニヤルカラ差支ナイト申サルヽデアリマセウ、或ハサウカモ知レナイ、併ナガラ多クノ中サウ短的ニハ參ラヌモノデアル、一寸先ヅ差支ノ一例ヲ擧ゲテ見マスルニ、近頃種痘ノ盛ンナルタメ、疱瘡ナドヽ云フコトハヨモヤアルマイト思ヘドモ、何時ノ間ニカ何處カラカ出掛ケテ非常ニ猛烈ヲ極メタ、其時ニ當ッテ此西洋醫術ト即チ在來ノ漢醫家トドチラガ功ヲ奏シタカト云ヘバ、漢醫ガ容易ク之ヲ治シテ、西洋家ガ非常ニ困難ヲシタト云フコトハ、近ク此府下ニ於テ許多アルコトデアッテ、廣キ日本ノ中ニハ許多此例ノアルコトハ、實際見聞シツヽアル所ノモノデアル、其外ニ至リマシテ麻疹ノコトニ就キマシテモ、サウ云フ實例ヲ聞イテ居ル、其他氣候風土ノ變リニ依ッテ、様ゝナル病ノアルコトハ私ハ醫師デナイカラ知リマセヌガ、聞ク所見ル所、記ス所、聽スル所ニ於テ、此兩方ノ醫術ノ上ニ於テ、皇漢醫ト云ッテ必ズ捨ツベキモノデナイト云フコトヲ斷言スルコトヲ憚ラナイノデアル、而シテ斯ノ如クニ一方ニ益スルモノガアルニモ拘ラズ、之ヲ其儘ニ消磨スルト云フコトニ至ッテハ、何ント嘆ハシイ次第デアラウト云フノデアリマス」

ソレカラ第二ニハ國家經濟ノ——斯ウ云フ大キナコトヲ言ッテハドウカ知レマセヌガ、兎ニ角本員ガ見ル所デハ、國家經濟ニ影響スルモノデアル、何ガ影響スル、即チ是迄アル所ノ醫術、之ニ伴フ所ノ醫書、之ニ伴フ所ノ器械、之ニ伴フ所ノ藥劑、即チ内地ニ生ズル所ノ藥品、之ヲシテ隨分朝鮮支那等ニ出ルモノモ澤山アル、又之ヲ内地デ使用スルモノモ許多アル、是等ノモノモ國有物産トシテ或ル地方ニ様ゝアルコトハ、是ハ敢テ例ヲ擧ゲナイデモ諸君モ御承知デゴザイマセウ、斯様ナルモノハ遂ニ其地ニ生ズルモノモ、内地デ之ヲ使用スルコトガ自然ニ出來ナクナル、之ニ反シテ西洋家ノミデアッタナラバ、此藥劑ト云フモノハ或ハ近頃内地デ出來ルカ知レマセヌガ、多クハ輸入的ノモノデアル、而シテ見タナラバ是等ノコトカラ言ッテモ、餘程國家經濟ニ影響スルモノデアラウト思ヒマスカラ、之ヲ以テ空シク失ハシムルト云フコトハ、如何ニモ採ラザル所デアラウト云フノガ、即チ第二ノ理由デアリマス

第三ハ以上ニ述ベタル所ノモノハ、少シク國粹ノ意味ガアリマスカラシテ、其譏リハアリマセウガ、國家ノタメナラバ巳ムヲ得ナイ、而シテ第三ニハ此營業ノ自由ヲ妨害スルト云フコトノ嫌ヒガアルノデアル、嫌ヒガアルノミナラズ、純然タル自由ヲ妨害シテ居ルモノデアラウト思フ、凡ソ法律ナルモノハ各人ノ營業ヲ保護スルガ土臺デゴザイマセウ、皇漢醫——在來ノ醫師ハ何者デゴザイマス、敢テ國家ヲ害シタコトガゴザイマスカ、法律ニ背イタル所業ヲ爲シタルコトガゴザイマスカ、均シク是レ日本ニ在ッテ法律ノ範圍内ニ在ッテ、相當ノ國民ノ義務ヲ盡シテ、其業ヲ發達シツヽアル所ノモノデアル、然ルニ之ヲシテ唯一ツノ醫業規則ト云フモノヲ以テ、即チ千有餘年ヤリ來ッタ所ノ此業ヲ妨害スルト云フコトニ至ッテハ、決シテ之ハ許スベカラザルモノデアル、何故ニ此時ニ斯様ナルコトガ出タカト察シマスルニ、或ハ明治十七年ノ頃デアリマシタラウ、世ニ所謂歐化主義ト云フ主義ノ盛ンナル時分デアッタラウ、兎ニ角一モ西洋、二モ西洋、住モ西洋、食物モ西洋、衣服モ西洋、踊モ西洋、何デモ彼デモ西洋ト云フトキニ當ッテ、最早内ノモノハ兎角片附ケル算段ガ宜イト云フ考カ、ドウカハ知ラヌケレドモ、醫者モ古イノヲ片附ケテ仕舞ッテ悉ク西洋輸入ト云フ風ニ出掛ケタノデハナイカト疑フノデアル、若シモ斯様ナルコトカラシテ、在來ノ者ヲ取リ片附ケル政策デアッタト云フナラバ、全ク此營業ノ自由ヲ妨害シタモノデアルト云フコトヲ茲ニ至ッテ斷言スルコトヲ憚ラナイノデアル

第四ニハ先ヅ似タヤウナモノデアリマスケレドモ、矢張國民ノ自由ヲ拘束スルノ嫌ヒガナイカト思フ、勿論生存競爭ノ世ノ中デゴザイマスカラシテ、何人モ己レノ業ヲ盛ンニシヤウ、人ノ業ニ成丈打勝ウト云フノハ當前ノコトデアリマスカラ、西洋家ニマレ、漢法家ニマレ、宜ク競爭場裏ニ立ッテ戰ッテ斃ルヽノハ、是ハ自然ノ數デ仕方ナイ、然レドモ一方ニハ之ヲ禁ジテ置イテ、一方ノミヲ盛ンニスルト云フヤウナコトデアッタナラバ、此時ニ當ッテ一般ノ國民ハドウデアルカト言ッタナラバ、隨分共國粹保存ノ人モアルデゴザイマセウ、或ハ舊慣ニ泥ンデ居ル所ノ人モアルデアラウ、或ハ之ヲ宜イモノデアルト考ヘテ居ル者モアルデアラウ、學科ノ方カラ申シテモ又學理ヲシテ……究メタト云フモノデアリマスマイ、又學科ノ上カラ言ッテ二ツアルモノヲ一ツニスルト云フコトガアッタナラバ、是又理ヲ欺イタモノデアル、兎ニ角人ノ望ム所ノモノヲ之ニ與ヘズ、己レガ爲サントスル業ヲモ爲サシメヌト云フヤウナコトガ、自然ニ歸スルコトデアッタナラバ宜イケレドモ、唯一ツノ法律ノ上カラシテ之ヲ拘束スルト云フヤウナコトニ至ッテハ、即チ純然競爭ノ道ヲ止メ、所謂優勝劣敗ノ此眞理ヲ、人爲的ヲ以テ法律ノ上カラ之ヲ廢除シテ仕舞フト云フ様ナコトハ、ドウモ政府タル者ノ爲スベキコトデハアリマスマイ、法律ヲ以テ規定スルモノデハアリマスマイト斯ウ私ハ思ヒマス、故ニコヽニ至リマシテハ、先ヅ此條ニ掲ゲマシタル通リ修正スル所ノモノデアル、諸君ノ手許ニアリマスカラ、一々之ヲ各條ニ就イテ講釋スルノ必要ハゴザリマセヌ、唯東洋醫術ト西洋醫術ト、此二ツ相竝ンデ行クト云フノデアル、唯之ニ就イテ或ハ諸君ノ中カラ疑ヲ抱カレルモノハ、

斯ノ如クニ致シタナラバ一ノ學校デモ起サネバナラヌカ、或ハ又之ニ對シテ試驗ノ別派ナモノヲ置カナケレバナラヌトカ云フノガ、此政事ノ上デ困難ノ事ダラウト、私ハ爰ニ短ク申シマスレバ學校モ出カスナラバ拵ヘルガ宜シイ、敢テ故ラニ此學校ヲシテ我々ガ議定ヲシテ以テ費用ヲ與ヘルト云フ様ナコトヲスル譯デハナイ、卽チ宜シイ、其生存競爭ノ發達ノ上カラ打勝ツ氣力ガアルナラバ、十分研究スルガ宜シイ、唯一ツ申シテ置カナケレバナラヌノハ、之ヲシテ試驗ヲ爲ス合格ノ者デアルカ、不合格ノ者デアルカ、是丈ハ政府トシテソレ丈ノ事ハシナケレバナラヌト思フデス、兎ニ角ソレハ斯クナリマシタ上、ソレハ一片ノ規則ノ中デ出來ルコトデアリマスカラ、細則トシテ出スベキモノデアリマスカラ、唯此法律トシテハ是迄東洋醫卽チ皇漢醫ト云フ者ヲ廢除シタト云フコトヲ、唯活カスト云フコトノミデゴザリマスカラ、左様ニ御承知アランコトヲ併セテ一言申シテ置キマス、若シ之ガ皇漢醫ト云フモノガ如何ニモ我國ノ風俗ヲ破ルトカ、或ハ我國ノ將來ヲ亂ルモノデアルト云フモノデアッタナラバ、何ゾ躊躇スルコトナク斷然廢スルガ宜シイ、廢スル事ニ決シテ諸君ハ躊躇シテハナリマセヌ、ケレドモ私ハマダ今日ニ於テ廢スルト云フ必要ヲ見マセヌカラ……

明治二十五年十二月六日　質問ノ理由ニ關スル井上角五郎君ノ演說

○井上角五郎君（七十八番）　私ハ質問ノ趣意ヲ極ク箇單ニ、僅カ二十分カ長クテ三十分間位ヤラウト心得マスカラ、暫ク諸君ノ清聽ヲ瀆シタウゴザイマス、此第一期ノ議會デ本員ハ卽チ當時ノ外務大臣青木周藏君ニ對シテ、朝鮮事件ニ對シテ三箇ノ質問ヲ出シタコトハ諸君モ御承知ノコト、思フ、共三箇ノ質問ハ濟州ノ事件ト、人參ヲ輸出スル事件ト、横濱正金銀行ヨリ朝鮮政府ヘ貸金ノ三箇條ノ質問ヲシタ所ガ、當時ノ外務大臣青木周藏君ハ、此議院ニ出席シテ右ノ質問ニ答ヘテ言ハレルニ、政府在來、ノ朝鮮政略ハ多少變ツタコトモアル、今日迄ハ政府ノ政略モ動イタコトモアルガ、今後ハ我日本帝國ノ尊嚴ハ、亞細亞各國就中支那、朝鮮ナドニ對シテハ一歩モ讓ラヌ積デアルト云フコトヲ言ハレタ、是ガ卽チ立憲政體國會開ケテ以來、始テ大臣ガ責任ヲ以テ答ヘタ一ツノ言葉デアル、然ルニ此第一期議會以來我政府ハ大臣ハ度々變ツタガ、外務省ガ朝鮮ニ對シテ爲シタコトハ如何デアッタカト云ヘバ、靑木外務大臣ハ一歩モ尊嚴ヲ亞細亞各國就中支那、朝鮮ニ對シテ失ヘヌ積デアルト云フ御言葉ハ、僅カ其日一日限ノ議場諸君ノ氣休メヲシタト云フコトハ明白ニ分ルコトデアル、卽チ私ガ茲ニ質問ヲシタイト云フノハ、ソレガ大體ノ趣意デゴザイマス、此度ノ質問ノ趣意書ノ箇條ハ幾ツデアルカト云ヘバ此度モ三箇條デ、ソレハ先日質問シタル三箇條ト違ッテ電信ノ取扱ノ事ト、濟州ノ島ノ事ト併ニ防穀事件ノ三箇條デゴザイマス、本員ハ長ク朝鮮ニモ居リ、爾來朝鮮ニ在留シテ居ル友人モ多イ、其友人ガ絶エス催促シテ來テ、ドウカ此防穀事件ハ日本人民中一部ノ人ノ損害ニナッテ、卽チ外國ヨリ輕蔑セラレタモノデアルト云フコトハ絶エズ云ヒ來ッテ居ル、防穀事件此三ツニ就イテ質問ヲ爲サウト思ヒマス

丁度明治十六年三月——古イコトデゴザイマス、——明治十六年ニ日本政府ガ竹添進一郎氏ヲ遣ハシ、朝鮮政府ト約束セシメタ時ニハ、如何ナル約束デアッタカト云ヘバ、卽チ九州カラ釜山迄ノ海底電線是ハ誰ノ利益ノタメニ架ケルカ、卽チ朝鮮ノ利益ノタメニ九州カラ釜山迄ノ海底電線ヲ、日本ノ入費ヲ以テ架ケル、朝鮮ノ利益ノタメニ日本ノ入費ヲ以テ架ケル以上ハ、今後二十箇年間朝鮮政府ハ其他ノ各國ト電線ヲ列ネテハナラヌ、——日本トノ外、其他ノ各國ト電線ヲ列ネテハナラヌ、又内地ニ朝鮮政府ガ電線ヲ架ケルナレバ、其電信線ハ必ズ九州ヨリ釜山迄ノ電線ト利益ノ反スル樣ニ、言ヒ換ヘレバ利益ヲ競爭スル樣ナ電線ヲ架ケテハナラヌト云フ約束ヲ結ンデ布設ニ著手シタ、處ガドウデアッタカト云ヘバ、明治十八年ノ七月ニ朝鮮政府ハ支那政府ト約束ヲ結ンダ、其朝鮮政府ト支那政府ト約束ヲ結ンダハ如何ナル約束ヲ結ンダカト云ヘバ、此度支那政府ガ北京ヨリ朝鮮ノ京城迄支那ノ入費ヲ以テ電線ヲ架ケル、就イテハ今後二十五箇年間ハ朝鮮國ノ國內ニ架ケル電線ハ、支那ノ官吏ノ監督ノ下ニ置カナケレバナラヌト云フ約束ヲ結ンダ、卽チ朝鮮政府ハ日本政府ノ約束ヲ破ッテ支那政府ト約束ヲ結ンダ、是ニ於テ支那政府ハ十分ノ入費ヲ出シテ、京城カラ北京迄ノ電線ヲ架ケテ支那ノ官吏ガ監督シタ、此時日本政府ハ如何ナルコトヲシタカト云ヘバ、明治十八年ノ末頃ニシタ談判ノ如キハ、實ニ私ハ自ラ見テ知ッテ居ル、如何ナルコトニ爲シタカト云ヘバ、初メハ日本トノ約束ガアルノニ、何ゼ支那ト約束ヲ結ンダカト云ッテ責メタ處ガ、朝鮮政府肯カズ又支那ノ公使ニ向ッテ日本ノ約束ヲ破ッテ朝鮮ヲ服從サスルノハ宜クナイト云ッタ、處ガ支那政府肯カズ、十八年ノ末官報ニドウ云フ事ガ書イテアルカト云フニ、京城在留ノ日本人ハ役人デモ、商人デモ北京ノ電線ヲ使フテハナラヌト云フ、京城ニ居ル者ガ東京ニ電報ヲヨコサウト思フト、釜山線デハ餘程隔リガアルカラ、京城カラ北京ニ廻ッテ電報ヲヨコサウトスルト、官報デ日本人ハ支那ノ線ヲ使ッテ、東京ヘ電報ヲヨコシテハナラヌ、言ヒ換ヘレバ日本人ハ不便利デモ支那ノ電線ハ使ッテヤラヌガ支那人ハドウデモナイ、日本人ハ二三十人使ッテ呉レヌデモ左迄ノ影響ハナイト云フコトデ、知ラヌ振リデ其官報ノ布告モ何ニモナリマセヌ、所デ日本政府ハドンナ事ヲシタカト云ヘバ、二月カ三月ノ間ニ官報ノ布告ハ取消シテ、日本人モ矢張支那線ヲ使ッテモ宜シイト布告シテ、朝鮮政府ニ向ッテ取消談判ヲシテ言フニハ、ドウカ京城カラ釜山マデノ電信ヲ掛ケテ呉レロ、既ニ京城カラ北京マデノ線ガアル以上ハ京城カラ釜山マデ、掛ケテ貰ヒタイト云フコトヲ朝鮮政府ニ申込ンデ、此一點ニ就イテ考ヘレバ、社會ノ人ガ議會ニ請願書ヲ送ル位ノ言葉ヲ以テ、朝鮮政府ニ申込ンデ漸クノコトデ電信ガ出來タ、其出來タノハ明治二十年ノ初ノ事デス、明治二十年ノ初ニ釜山カラ京城マデノ電信ガ出來テ、京城ニ居ル人ガ東京ニ電信ヲ出サウト思ヘバ九州マデノ電信ガアルカラ、出スコトガ出來ルヤウニナッタノハ、是ハ明治二十年ノ初デス

是迄ノ行掛リヲ考ヘレバ、日本政府ハ一先ヅ滿足シマシタカ、果シテ彼ノ支那人朝鮮人ノタメニ權利ヲ損害サレテ居ラヌカ、約束ヲ破ラレテ居ラヌデアラウカト云ヘハ、滿場ノ諸君ハ恐ラク國家ノ重キヲ知ル以上ハ、斯ノ如キ事アリシト云フコトヲ聞カレタナラバ、定メテ慷慨セラルヽニ相違ナイト思フ、處ガ其事ハ是テ濟ンダ是デ濟ンダ所ガ如何ナル事實ガ今年アリマシタカ、丁度本年六月十六日ノ事、六月十六日ノ夜京城ニ於テ、大院君ノ——國王ノ生ミノ親ニ當ル所ノ大院君ノ、部屋ノ中カラ火藥ガ破裂シタ、京城ハ大騷ギ京城ニ居ル朝鮮ノ王樣ト、其親ニ當ル人ト平生仲ノ惡イト云フ間柄ノ人デアルノニ、其親ニ當ル人ノ家カラ火藥ガ破裂シタノハ、大變ニ大騷ギノコトデアッタ、然ルニ此電報ハ何時我ガ日本ニ到著シタカト云ヘバ、日本公使ヨリ六月十七日發ノモノガヤット、二十三日ニ外務省ヘ著キテ居リマス、日本公使館ヲ六月ノ十七日發シタモノガ、二十三日ニ至ッテ東京ニ著キテ居ル、ソレカラ外務省ハ二十三日ニ大院君ノ邸內デ、火藥ガ破裂シタト云フガ其後如何デアルト云フ、問合ノ電報ヲヤッタ、ヤッタケレドモ彼方ラニ著イタト云フ返事モ無ケレバ、其問合ニ就イテノ答モ無カッタ、處ガ二十七日ニナッテ、ヤット時事新報ヘ、仁川ノ時事通信社カラ電報ガ著イタ、二十七日ノ日ニ通信社カラ時事新聞ヘ出シタ電報ガ著イタ時分ニ政府ノ方ヘ再度ノ電信ガ來テ、其後無事ト云フコトガ分ッタ、十七日發ノモノガヤット二十三日ニ著イテ、二十三日ニ問合ノタメニ電信ヲ出シタモノハ、著イタヤラ、著カヌヤラ、分ラズシテ公使館ノ電報ヨリハ、時事新報ノ一身上ノ私ノ電報ガ、先キニ著イタト云フコトガ知レル、此際彼ノ京城カラ釜山マデノ電信、朝鮮政府ガ掛ケタ京城カラ釜山マデノ電信ハ、卽チ取リモ直サズ支那官吏ガ監督シテ居ルガ、果シテ共際線ガ切レテ居ッタデアラウカ、切レテ居ラヌデアラウカ、其當時外務省ハ日々新聞、其他ノ新聞ニ書イテ言フニ、朝鮮ハ何時モ此頃ハ雨ノ多イ時分デアル、大雨ノ降ル時分ダカラ電信ガ切レテ通ジナイノデアラウト書イテアル、是ハ其時ノ想像……其後聞合セテ見レバ京城釜山ノ間ノ相場附ナドニ於テハ、十六日以後二十七日ニ至ル迄、日ニ〳〵、電信ノ往復ヲシテ居ッタコ

トハ明白デアルノデゴザイマス、其一身上ノ電報若クハ相場附ガ往復シヲ、アルノニ、アノ位陸奥サンガいらだってカラニ電信ノ問合ヲヤッタ所ガ、一向其返事ガ來ナイト云フノハ何デアルカ、卽チ明治十六年ノ條約ヲ破ラレテ談判ノ末ニ掛ケテ貰ッタト云フ我日本ニ對シテハ、寧ロ恩惠トモ朝鮮ガ思フ位デアルノニ、斯ノ如キ働ヲ爲シカケテ來タト云フナラバ、我國權鞏固ナリト云フ言葉ハ發シ得ルコトハ出來ナイデアラウト、私ハ深ク信ジテ居ルノデゴザイマス

諸君唯今ノ總理大臣卽チ伊藤總理ガ明治十七年ニ京城ニ於テ、亂ノアッタ後ニ天津ニ往ッテカラニ、明治十八年四月卽チ所謂天津談判ト云フモノヲ、取結バレタノハ、能ク御記憶デゴザイマセウ、夫ノ天津談判ハ如何ナル手續ニ依ッテ結バレ、又其條項ハ如何ニ……天津デハいやデアル、ドウカ北京ニ往ッテ帝王ノ前デ談判シタイト云フタカ、此伊藤ノ意氣込モ遂ニ天津デ李鴻章ト締約スルコトニナッタ、又今日ニ至ルマデ其談判ハ支那デ天皇陛下ノ批准モ經ザリシト云フコトハ、能ク諸君ガ御記憶ニナルケレドモ、私ハ明治十八年ノ昔ヲ懷ヒ出シテ、今更伊藤總理ヲ攻擊スル必要モナイ、又御褒メ申ス必要ハ勿論無イノデアル 夫ノ明治十八年四月ノ談判ニハ如何様ニ書イテアルカト云ヘバ、今後朝鮮ニハ日本モ兵ヲ置クマイ又支那モ兵ヲ置クマイ、日本モ支那モ共ニ兵ヲ朝鮮ニ出スマイ、若シ朝鮮ニ兵ヲ出スベキ必要ヲ感ジタ時ハ、雙方ノ國ニ於テ必要ヲ感シタ時ニハ必ズ何方ラデモ他ノ一方ノ國ニ通知スル、例ヘバ日本ガ兵ヲ朝鮮ニ出サウトスレバ支那ニ通知シテ出ス、又支那ガ兵ヲ出サウトスレバ日本ニ通知シテ出スト云フノガ、天津談判ノ結果デアル、明治十八年四月、此談判ヲ締ブノ必要アリシヤ、否ヤト云フコトハ今更私ハ彼是言ハナイガ、此談判ノ成立ッテ居ル以上ハ、丁度本年六月十六日ノ事變ハ、僅ニ大院君邸ノ火藥破裂ト云フコトデアッタカラ宜シイガ、若シ萬一夫ノ事ガ或ハ其他ノモウ少シ日本ニ影響ヲ持ツベキ事變ナリシナラバ如何デアラウカ、支那兵ハ既ニ京城ノ四門ヲ警備シテカラニ京城ニ充滿シテ居ル時ニ、何ニモ日本人ハ未タ通信ヲ得ナカッタト云フ不幸ニ出逢フ、又出逢フタニ相違ナイト思フ、サウシテ見レバ本年六月十六日大院君邸內ノ事變ニ就テノ電報ノ行違ト云フコトハ、決シテ之ヲ些細ノモノト見ルコトガ出來ズ、今ノ總理大臣伊藤伯ノ政略ノ存セン限リ此天津談判、天津條約ノ繼續セン限リ此事件ハ我日本國ガ朝鮮ニ對シテ支那ト同等ノ權利ヲ有スル、言ヒ換ヘレバ獨立國タル資格ヲ有シタルヤ否ヤト云フコトニ大關係アルベキコト、思フ。卽チ本員ハ第一ニ此電信事件ニ就イテ、政府ヨリ十分ノ意見ヲ聽イテ、丁度此度ハ青木大臣ガ亞細亞各國、支那、朝鮮ナドニ就イテハ今後ハ日本ノ尊嚴ヲ失ハヌ積デアルト云ハレタ、其御言葉丈ニ滿足セズシテ其實效ヲ奏セラレンコトヲ、偏ニ政府ニ冀望シヤウト思フノガ、是ガ第一ノ質問テゴザイマス

其次ハ如何ナルコトデアルト云ヘバ明治二十二年、此歲ハ朝鮮ハ飢饉デアル、此明治二十二年ノ飢饉ノ時分ニ九月咸鏡道觀察使趙秉式ト云フ人、――此咸鏡道觀察使ガ朝鮮ガ飢饉デアッタ時ニ、元山デ布告ヲ出シテ言フニハ、國內ガ飢饉デアルカラ外國人ニ米ヲ賣ルコトガナラヌト云フノガ、是ガ卽チ二十二年九月ノ咸鏡道觀察使ノ趙秉式ト云フ人ノ布告デス、處ガ其布告ヲ觀察使ガ出スト、日本人ガ買ッタノモ居留外デ押ヘ、此他一段ノ米ヲ幾ラデ買上ケルトカ、一段二十圓デ渡ス此米ヲ一切渡スト云フ、是ガ毛上買ト云フノデアル、其毛上買ヲシテ金ヲ出シタノモ押ヘ、其米ヲ賣ルコトハナラヌト云ッテ押ヘテ、明治二十二年ニ咸鏡道觀察使ガ不法ナ事ヲシテ、日本人ニ損害ヲ與ヘタノガ合計十四萬圓デアル、此名前モ皆分ッテ居リマス、此條約規則ニ背キ貿易規則ニ背キ、日本人ガ十四萬圓ノ損害ヲ受ケ其損害ヲ受ケタ者ハ東京ヘ出テ外務省ヘ懇願シ公使館ヘ歎願シテ、二十二年モ過去リ二十三年モ過去リ二十四年モ過去リ、二十五年ノ今日ニナッテ梶山公使ガ朝鮮ニ往ッテ談判ニ及ンダ、處ガ十四萬圓ハ高イカラ十二萬圓ニ負ケテ呉レト云フ話ニナッテ、成程朝鮮ノ今日ノ狀況ヨリ見レハ困難デアラウカラ、ソレナラバ十二萬圓ニシヤウト云フコトニナッタ、處ガ其後梶山公使ガ朝鮮ノ外衙門ヘ行ッテ、十二萬圓ヲ呉レヘト云ッテ往クト、沈舜澤ト云フ人ハ曰クソレハドウカ外務省ヘ掛合呉レイト云ヒ、ソウシテ居ル內ニ外衙門督辨ハ辭職シテ仕舞ッタ其後是ハ新聞デ見タ事デ慥デハナイガ、原敬ト云フ人ヲ朝鮮ニヤッテ、兎モ角モ防穀事件ハ始末ヲ附ケヤウデハナイカト云フト、朝鮮政府ハ曰ク六萬圓 負ケテ呉レ、バ遣ルト云フノガ、終局ノ談判デアルト云フコトヲ私ハ傳ヘ聞イテ居ルガ明治二十二年ノ十四萬圓ノ要求ガ、今日ニ至ッテ六萬圓ニシテ終局ヲ告ゲルコトガ出來ヌノハ、外務省外交官其人ノ責任ガナクテ濟ムデアリマセウカ、是ハ如何樣ニ始末ヲ著ケルカ、ナゼ今日迄グヅ〳〵シテ居ルカ、相變ラズ外衙門ノ前ヤ領議政ノ前ニ日參シテ、ソレデ人民ノ氣休メ丈ヲシテ置ク丈カ、否ヤト云フノガ第二ノ質問ノ要領デアリマス

此事ニ就イテハ、私ヲシテ一例ヲ云ハシムルト、隨分苛イコトガアルノデアリマスト云フノハ、今年ノ春頃デゴザイマセウ、今年ノ春頃日本政府ハ朝鮮政府ニ二萬何千圓ノ金ヲ與ヘタ、朝鮮政府ハソレヲ貰ッテ日本政府ヘ禮狀ヲ送ッタト云フコトハ、諸君モ御記憶デモアリマセウ、夫ノ二萬何千圓ノ金ヲ朝鮮政府ヘ與ヘタト云フハ何等ノ事情デアルカ、ドウシテ二萬何千圓ノ金ガアッタカ、與ヘタノハ何故カ、ドウシテ朝鮮政府ハ禮狀ヲヨコシタカト云フコトハ、諸君ガ能ク〳〵御詮索ニナッタナラ、防穀事件ノ始末スラ著カヌ今日ニ於テ、彼程ノ事ヲナスコトハナカッタラウト云フコトハ、直グ御了解ト思ヒマス、彼ハ既ニ好意ニ背キ、我ハ益〻好意ヲ盡シテ歡心ヲ求メヤウト云フノガ、外交ノ本領デモナカラウト信ジテ居ル、此防穀事件始末ハ如何ニスルカト云フノガ、是ガ第二ノ質問ノ要領デアリマス

第三ハ是モ明治十六年十二月ニ日本ハ朝鮮ト兩國漁業規則ト云フ――日韓漁業規則、日本人ハ朝鮮海岸何處ヘデモ行ッテ、漁業ヲ爲スコトガ出來ルト云フ約束ヲ取結ンダ、所ガ濟州ト云フ島ニハ、此條約實施ヲ暫ク延期シテ呉レイト云フノデ、日本政府ハ延期シテ居ッタ、處ガ昨年ノ八月ガ取リモ直サズ延期ノ切レタ時デ、昨年ノ八月カラハ濟州島鬱陵島何處ヘデモ、日本人ハ勝手ニ行ッテ漁業スルコトガ出來マシタ、十六年ノ十二月延期シタガ、昨年ノ八月カラ實施シタカラ何所ヘデモ行ッテ、漁業スルコトガ出來ルノデ、日本人ハ隊ヲ組ンデ漁リニ行ッタ所ガ、二十五年二月卽チ今年ノ二月濟州牧使是ハ濟州ノ知事デゴザイマス 知事ハ日本人ガ濟州島デ漁業スルコトヲ禁ジテ、日本人ヲ一切追出シタ、之ニ就テハ一昨年モ本員ガ質問シタ位デアリマスガ、濟州ノ島デハ日本人ガ牢ニ入レラレタコトモアル、潜水器ト云フテ鮑ヲ採ル器械ヲ沒收サレテ、逐出サレテ損害ヲ受ケタコトガアルガ、又々今年二月ニ逐出サレタト云フコトデアル、漁業規則モ立派ニ成立シナガラ、濟州ノ島ニ

近ヅクコトガ出來ヌ、近ヅク者ハ逐出サレルト云フノハ、今日ノ結果デアル是ハ最早喋々ヲ要セズ、即チ日本ノ條約ト云フモノハ、朝鮮ニ於テ實施サレテ居ナイト云フ一例トシテ、見ルニ足ルト思フ、濟州ノ事件ハ如何ニシテ居ルカ、政府ニ聽キタイ所デアル、新聞紙上デモ、彼レ是レ云ッタコトモナイガ到底棄置ク問題デナイ、棄ツベカラザルモノデアル、如何ニ政府ハスルカト云フノガ第三ノ箇條デアリマス、以上申上ゲマシタノガ、今回政府ニ質問ヲスル大體ノ主意デアリマス、尙ホ其概略ヲ一言シマスレバ、天津條約ニ背戾シタノヲ、今日迄默視シテ居ルノハ何故カ、京城、釜山間ノ電信ヲ取扱フ役人ハ何處ノ役人カ、彼處デ電信ヲ扱フニハ如何樣ニシテ取扱フカト云フ、其取扱フ有樣ハドウデアルカ、日本政府ハ防穀令損害ノ要償ニ就テハ、既ニ朝鮮ト談判ヲ開イタニ相違ナイガ、其談判ノ結局ハ、ドウナッタカ、朝鮮政府ハ漁業規則ヲ無視シテ、即チ日本トノ條約ヲ十分ニ守ラヌト云フノハ、是カラ以後如何樣ニ處分セラレル積デアルカ、是丈ノコトニ就イテ政府ニ於テハ十分ナル答辯ヲ與ヘテ、即チ青木外務大臣ノ曰ク今後ハ一歩モ日本ノ尊嚴ヲ亞細亞各國ニ失ハズト云フコトハ好シ二年ヲ經過シタル今日以後ニテ、政府デヤッテ貰ヒタイト云フコトガ私ノ希望デ是丈ノコトヲ申述ベテ置キマス

朝鮮政略ノ方針ニ關スル質問ニ對スル陸奥外務大臣ノ答辯

○國務大臣(陸奥宗光君)　諸君、爰ニ携ヘマシタノハ衆議院議員井上角五郎君外數名ヨリノ質問書デアリマス、本日當議院ヘ出テ此質問ニ對シテ答辯ヲ致シマスル積リデアリマス、且ツ又此等ノ事情ニ就イテハ、成ル丈諸君ニ滿足ヲ與ヘベキ丈ノ答辯ヲ致シタイ積リデアリマスルガ、中ニハ往々此外交上ノ事ニ關シテ、成ル丈滿足ヲ與ヘル樣ニハ試ミマスルナレドモ、或ハ御滿足ニナラヌカモ知リマセヌ、此質問書ハ隨分長イ質問書デゴザイマスルガ、之ヲ要スルニ此末項ニアル所ノ四箇條ガ其要點ト思ヒマス、此四箇條ヲ先ツ讀ンデ見マセウ、第一番ニアルモノハ、日本政府ハ朝鮮ノ電信條約ニ違背セシヲ、其儘ニ默視セシハ如何ト云フコトカ一ツデゴザイマス、其次ニアルノハ京城釜山間陸路電信線ノ電信ヲ取扱フ有樣ハ如何ト云フコト、其次ニアルノハ日本政府ハ防穀令損害ノ要償ニ附キ朝鮮ト已ニ談判ヲ開キタルカ、且ツ其談判ノ模樣如何、最後ニ卽チ第四項少シ是ハ讀メナイノデアリマスケレドモ、マ一字ノ通リ讀ンデ見マセウ、日本政府ガ朝鮮ノ漁業規則ヲ無視シタルニ附キ處分スルノ手段如何

是ヨリ第一カラ言ヒマセウ、日本政府ハ朝鮮ノ電信條約ニ違背セシヲ、其儘默視セシハ如何ト云フ一項ニ就キマシテ、是ガ初メニ一寸御斷リ申シマシタ通リ、少シ其條約其モノヲ此處ヘ出シテ諸君ニ明瞭ニ申スコトハ出來ナイノデアル、「外交祕密トカ何トカ云フ大層ナコトデモアリマセヌナレドモ、元來此朝鮮ノ電信條約ト——コンナモノハナイノデ、其條約ノ名前ハ海底電線設置條約ト云フ名前デアリマス、其處デ此條約ト云フモノハ、元トハ日本政府ガでまるかノ一會社ナル、でまるか北部電信會社ト云フノト電信ノ約束ガアリマス、是ハ無論でまるか政府ト條約シタノデアリマセヌカラ、其條約タルヤ公ニハ發シヌモノデゴザイマス、其條約ニ關係シテ朝鮮ト日本トノ間ニ、海底電信設置條約ト云フモノガアルノデゴザイマス、是ハ已ニ世間ニ公ニナツテナイモノデアリマスルカラ、我輩ガ職務上ノ義務トシテ、之ヲ此處デ其箇條ガドウアルトカ、斯ウアルトカ云フコトハ公言スルコトヲ許サナイノデアル、故ニ此説明ニ對シテハ甚ダ不十分デアルニ相違ナイ、併シ斯クアレバ、何カ大層ニ條約ニ違背シタコトガアルカノ如クニ、諸君ガ御心配ニナルカモ知リマセヌ、丁度今ノ內務大臣井上伯爵ガ外務大臣ノ頃デアリマシタノデゴザイマス、此事ニ就イテ朝鮮ト數回談判ヲ開キマシタニハ違ヒナイノデアリマス、開イタ後ニ——丁度其項ニ、海底電信設置條約ノ追加ガ出來テ、此局ヲ結ンデ居ルノデアル、故ニ今日ニ於テハ何ニモ朝鮮政府ニ於テ、此條約ニ違背シタコトハナイト云フコトヲ、言ヒ得ルノデゴザイマス

其次ニ起ル所ノ京城釜山間陸路電信ノ電線ノ取扱ノ有樣ハ如何、是丈ノ文章デハ殆トドウモ分リマセヌ、分ラヌト云フノハ京城ト釜山ト云フノハ言ハヌデモ知レタ朝鮮ノ國ノ內ノ事デアリマス、(笑聲起ル)フン、其中ノ陸路ノ電線ヲドウ取扱ツテ居ルカ、殆ド私ガ答辯スル必要モナケレバ又答辯スルコトノ出來得ベキコトジヤナイト思ヒマス、併シソレヲ少シ元トニ戾ツテ此質問書ニ因リ、又提出者ガ演説ヲ致サレマシタ所ノ筆記ニ因ツテ見ルト、少シヤ意味ガ分リマス、少シハ意味ガ分リマスガ大間違ノ大間違デアル、何ンデモ此事ニ就イテハ京城釜山間陸路電信線ハ、往々ニシテ我國官民ノ電信ヲ取扱フニ殊更ニ遲緩不便ノコトアリ、二十六年十六月大院君邸內事變ノ如キハ最モ甚シトス、之ト适合致シテ居ルコト、思フノデアル所ガ、卽チ第一ニ京城釜山間ノ陸路電信線ニ就イテ我國官民ノ電信ヲ取扱フニ、殊更ニ遲緩不便ノコトガアルト云フコトニ就イテハ、一個人ノ間デモ人ニ向ツテ罪ヲ言ヒ掛ケルニハ、何ニカ證據ガナケレバナラヌノデアリマシテ、況ヤ國ト國トノ間ニ就イテお前ハ殊更ニ故意ニ斯ウ云フ惡ルイコトヲシテ居ルト云フニハ、何カ證據ガナケレバナラヌノデアル、故ニ是迄サウ云フ證據ヲ一向知ラナイノデアル、又遞信省ニモ念ノタメニ聞合セテ見タ所ガ、無論ニ朝鮮人抔ハ電信ヲ取扱フ抔ハ慣レナイカラ、不熟ノタメ所謂下手ナタメニ遲クナルコトガアルカモ知ラヌ、併ナガラ殊更ニサウ云フコトヲシタ證據ト云フモノハ一切ナイ、處ガデ質議者ガ其證據トシテ現ハサレタ所ノ一例ハ、二十五年六月大院君邸內ノ事變ノ如キダト云フ是丈デハ矢張一向ニ解ラヌノデアリマス、ドンナコトガ殊更ニ遲緩不便ノコトヲシタコトデアルカハ、一向解ラヌノ、處ガ此質問者井上角五郎君ノ演説ヲサレマシタ筆記ニ依リマシテ、其意味ガ少シ解ツタノデアリマス、何故ニ其殊更ニ遲緩シタデアラウト證據トシテ出サレタノニハ、本年六月十六日ノ事十六日ノ夜京城ニ於テ、大院君ノ……國王ノ生……ノ親ニ當ル……皆讀マンデモ御承知デアリマセウガ、詰リ其證據トシテ出サレタノハ、日本公使ヨリ六月十七日ニ發シタル電信ガ、外務省ニ二十三日ニ著イタ、成程十七日カラ二十三日隨分長イ、是ガ朝鮮政府或ハ朝鮮ノ電信局ニ於テ、殊更ニ怠慢ヲサセタト云フ證據デアルト云フコトノ、唯一ノ電例トシテ出サレタノデアル、處デ唯一ノ例トシテ出サレタコトハ、事實ガ間違ツテ居タニハ大層氣ノ毒ナコトデアリマス(笑聲起ル)、卽チ梶山公使ヨリ此事ノ起ツテ出シマシタ電信ハ、同月二十一日午後三時五十五分、京城ヲ發シテ居ルノデアル、十七日ト提出者ハ言ハレマシタノハ大層ニ違ツテ居ル、午後三時五十五分ニ發シテ居ル、而シテ其電信ハ外務省ニハ二十二日午後六時五十分ニ著イテ居ルノデアリマス、大層早イ電信デハアリマセヌガ、一日バカリ掛ツテ居リマスカラ、時トシテハソレ丈掛ルコトモ幾ラモアルノデアル、故ニ此筆記ニアル通リ十七日ニ出シタノガ二十二日ニ著イタノデハアラズシテ、二十一日ニ出シタノガ二十二日ニ著イタノデアル、又況ヤ此大院君ノ邸內ニ於テ騷動ガ十六日ニ起ツタト云フコトデアリマスガ、是ハ十七日ニ起ツタノデアリマス、故ニ是等ノ事ガ怠慢ヲ來シタト云フ事ノ證據ノタメニ出サレタコトデアルト思ヒマス、然ルニ本問題ノ京城釜山間ノ陸路電線ヲ取扱フ有樣ハ如何ニト云フコトニハ、少シ緣遠イ答辯デアルケレドモ、答ガ……質問ノ條件ガ餘リニ解リマセヌカラ、斯樣ナコトノ御尋ダラウト存ジマスカラ、若シ問ヒ方ト答ヘ方ガ違ツテ居ツタナラバ、私ノ惡ルイ方デナクシテ問ヒ樣ノ惡ルカツタト云フコトデアラウト思ヒマス、(ノウ〳〵ト大呼スル者アリ、笑聲起ル)次ニ日本政府ハ防穀令損害ノ要償ニ就イテ、朝鮮ニ(言葉ヲ謹ムベシト呼プ者アリ)談判ヲ開キタルガ、且ツ談判ノ有樣ハ如何ト云フコトデアリマス、是ハ丁度質問者ノ言ハレル通リ二三年掛ツテ居ルコトデアリマス、而シテ此防穀令ノ事ニ就イテハ、質問者ノ演説ニ大抵詳シク言ハレテ居リマスカラ、其行キ掛リヲ詳シク申シマセヌデモ諸君ノ御承知ノコト、思ヒマス、詰リ此明治二十二年九月云々ト云フガ、今少シ前カラ此事ハ起ツテ居ルノデアル、然レドモガ之ニ關スル所ノ日本人民モ、又ハ朝鮮人モ大層多數ノ人民デアルノデアリマス、其果シテ損害ガドウアツタカ、コウアツタカト云フコトヲ詞ベルニハ大分手數ヲ必要シタノデアリマス、然ルニ朝鮮政府ニ於テハ段々談判ノ末其地方官ノ卽チ質問者ノ言ハレタ所ノ抆使、——地

方官ノ處置ハ、明ニ條約違反ノ事デアルト云フコトヲ認メタニ違ヒナイ、而シテ今日ハ其償金ノ談判ニ及ンデ居ルノデアリマス、質問者ガ演説シタ通リデ、何萬兩ノ金ヲ何萬兩ニ負ケルトカ負ケナイトカ云フコトハナク、終局ノ談判ヲ爲シ云々ト言ハレルケレドモ、終局ノ談判ト云フコトデハナイ、併ナガラ第一ニ朝鮮政府ニ於テ、條約違反ノ事ヲ認メタト云フコトハ、今日ニ於テ確カデアルノテアリマス、扨斯ウ云フ話ガサウ二三年モ續イテ居ッタナラバ大層困ルダラウト云フ、無論困ルコトデアルノデ、故ニ本大臣モ成ルベク催促ヲシテ、早ク埓ガ明ク樣ニ夫々訓令ヲシテ居リ、ソレ〳〵手段ヲ致シテ居ルコトデアリマスガ、申ス迄モナイ此金錢上ノ兩國ノ關係トカ償金ヲ拂フトカ云フコトハ、啻ニ朝鮮ト日本ノミナラズ何處ノ國ニ起ッタ時デモ何時デモ長イノデアリマス(此時井上角五郎君ソンナ事ハナイト呼ブ)故ニ民事上ノ裁判カ何カノ樣ニ、裁判所ニ持ッテ往クト云フ事柄デナイ、故ニ其質問ノ箇條ニ附イテ日本政府ハ防穀令損害ノ要償ニ就イテ、朝鮮ト既ニ談判ヲ開キタルカト云フコトニ就イテハ、開イタト云フコトヲ答ヘルコトガ出來ル、其模樣ハドウデアルカ、是ハ殆ド答ヘラレヌコトデアル、其答ヘラレヌノハ答ヘ能ハザルノデハナイ、我輩ノ職掌上答フルコトヲ許サヌノデアル、第四番目ニ、日本政府ガ朝鮮ノ漁業規則ヲ無視シタルニ就イテ處分スルノ手段如何ト云フコトハ、少シドウモ讀ミ兼ヌルノデゴザリマス、日本政府ハ朝鮮ノ漁業規則ヲ無視シタコトハ勿論ナイコトデアル、ソコデ是ハ第一ニ六ツカシイコトハ漁業規則ト云フモノハナイノデ、是ハ質問者ノ意ハ多分斯ウ云フコトデアラウ、此日本朝鮮ノ貿易規則ノ第四十一款ニ、「日本國漁船ハ朝鮮國ノ全羅、慶尙、江原、咸鏡ノ四道、朝鮮國船ハ日本國肥前、筑前、長門、石見、出雲、對島ノ海濱ニ往來捕漁スルヲ許スト雖モ、私ニ貨物ヲ以テ貿易スルコトヲ許サス、違フ者ハ其品ヲ沒收ス云々」ト云フコトガアル、「但此所獲ノ魚介ヲ賣買スルハ此例ニアラズ」ト云フ此箇條ヲ指スコト、思ハレマスガ、此箇條ナレバ、別ニ日本政府ハ勿論之ヲ無視シタコトハナイ、又朝鮮政府モ格別之ヲ無視シタコトモ何ニモナイ、然ルニ今日マデモ漁業ヲ致シテ居ル間ニ濟州島ト云フ島ガアル、其濟州島ヘ漁業ニ行クト云フト、濟州島ノ上ニ上ッテ釣ヲスルヤウナ話デアルガ、沿岸デ漁業ヲスルノデ、濟州島ノ沿岸デ漁業ヲスルコトニ就イテハ、朝鮮政府ヨリ種々準備ノタメニ、ドウゾ延期ヲシテ吳レロト云フコトガ度度アッタノデアル、井上伯ノ外務大臣ノ時モ竝ニ大隈伯ノ外務大臣ノ時モ、連ネテ延期ヲ請求シテ來テ居ッタノデ、其延期ノ期限ハ二十四年ノ八月濟州其他海岸ニモ」ト斯ウアリマスガ、此書付モ少シ問違ヒデ、二十四年十二月一日ヲ以テ漁業ガ始マッタ、卽チ延期ノ期限ハ二十四年十一月三十日迄デアッタノデアル、丁度明治十六年ニ此貿易規則ヲ完成シテ、サウシテ貿易規則ヨリシテ——貿易規則ノ四十一條ヨリシテ濟州ニ漁船ガ行ケルコトデアッタノヲ、二十四年ノ十二月一日マデ延期ヲシテ、十二月一日ヨリ始マルコトニナッタノデアル、此始マル時ニ朝鮮ノ漁民ト、日本ノ漁民ト濟州島デ喧嘩ヲシタコトガアル、是ハ鎭西日報ト云フモノニ大層ナコトヲ書キマシタ、要スルニ鎭西日報ノ意味ハ恰モ朝鮮人ガ兵隊ヲ率ヒテ日本人ヲ逐出シタカノ如クニ書イタ、處ガ其頃中央新聞ニハ之ニ反對ノ記事ヲ掲ゲ、日本人ガ弓矢鐵砲ヲ持ッテ御代官ノ御役所ノ如キ有樣ヲシテ朝鮮人ヲイヂメル、——新聞ノ話ハソレデ措イテ、釜山ノ領事ヲ遣ッテ吟味ヲサセテ見タガ、全ク濱濱デ何カ起ル位ノコトデ、朝鮮政府カラ軍隊ヲ以テ押出シタノデモ又此方カラ弓矢鐵砲ヲ携ヘ行イタト云フ程ノコトモナイ、普通ノコトデアッタ、卽チ今日ニ於テ當然ニ其邊デ漁業ヲシテ居ッテ、日本人ハ格別損失ヲ被ッテ居ラヌノデアリマス、尤モ濟州ノ牧使ガ關文ト云ッテ、アッチヤノ公ケノ手書ヲ受ケテ漁業ノ開ケタコトヲ知ラズニ、日本人ヲ留メタト云フコトガアル、其留メタト云フコトニ就イテ梶山公使ガ、京城ノ外務省ニ談判ヲシテ結局ヲ付ケテ居ル、先ヅ是丈ヨリ外ニ御答ヲ申スコトハナイト思ヒマス

○井上角五郎君(七十八番) 本員ハ陸奥大臣ノ答辯ニ對シテ、今一層ノ説明ヲ請ヒタイト心得マスカラ、ドウカ登壇ヲ許サレタイ

○議長(星亨君) 宜シイ

明治二十五年十二月九日　外務大臣ノ答辯ニ對スル井上角五郎君ノ質問

○井上角五郎君(七十八番) 本員ハ此處ニ御斷リシテ置キマス、ドウカ私ノ演説ノ濟ムマデ陸奥サンハ御殘リヲ希望シマス

本員ガ卽チ諸君ノ贊成ヲ得テ提出シタ所ノ質問ニ對シテ、陸奥サンノ御答辯ハ——陸奥大臣ノ御答辯ハ、文字ガ曖昧デアル 是デハ意味ガ通ジナイト、如何ニモ御尤モデアル、我々不文ナ文字ニ嫺ハサル者ガ出シタ質問書デアルカラ、陸奥サンノ如キ御方ニハ御分リニナラヌノハ御尤モデアル、私ハ此點ニ附イテハ一言モ云ハナイ、唯其文字ノ分リ難イト云フモノニ對スル分リ難イ御説明、如何ニモ曖昧デアルト云フコトヲ申シテ置ケバ、十分ジヤラウト思フ、陸奥サンノ第一ノ答ニ如何ナルコトガアル、電信條約ト云フモノハナイ、海底電線設置條約ト云フモノハアルガト、電信條約ト云ッテモ海底電線設置條約ト云ッテモ、兎ニ角同シモノデアル、又此事件ハ祕密デアルカラ言ヘナイト、凡ソ外交上ニ於テ苟モ事ノ失敗ヲ爲セバ、卽チ曰ク祕密デアルカラ言ヘナイ、凡ソ祕密ナルモノハ事ノ前ニ保ツベキモノ、强チ事ノ後ニ保ツ必要ハナイ、外務大臣ガ祕密デ條約ヲ結ンダナラバ、是ハ祕密デ破ラレテモ其祕密デ滅茶苦茶ニセラレテ居ッテモ、其祕密條約ノタメニ日本ガドンナ損害ヲ受ケテモ、外務大臣ハ責任ハナイ、果シテ祕密デ遣ッタモノハ責任ガナイト言フナラバ、外務大臣ハ如何ナル事ヲ爲シテ如何ナル失敗ヲシテモ、併シアレハ祕密デアルカラ責任ガナイト云フコトヲ言ヘル、處ガ祕密約條デモソレヲ結ンダ者ガ公然ソレニ對シテ責任ガアルナラバ、苟モソレガ事ノ後ニ當ッテ一箇ノ問題トナラバ、是レ卽チ祕密ナリト言ハズシテ、其當時ハ祕密デアッタガ今日ハ箇樣々々デアル、故ニ破ラレナイ、若クハ破ラレタト云フコトハ甚ダ善クナカッタト云フヲ以テ、言譯スルガ當リ前デアルニ、アノ祕密條約ハ其後ノ井上大臣ノ祕密ノ追加條約ヲ以テ其儘ニナッテ居ルケレドモ、本員ヲシテ言ハシムレバ海底電線ヲ架ケタ時ニ如何ナル條約ガアッタカ、其條約ト云フモノハ僅ニ北京カラ京城ノ電信ガ架ッテ居ルト云フ實際ニ於テ、又京城カラ釜山迄ノ電信ト云フモノガ箇樣々々ノ手續ニ依ッテ架ケラレテ、實際ニ祕密ノ破レテ居ルト云フハ明白デアル、其破ラレテ居ル——朝鮮政府ガ日本ノ電信條約ニ背戾シタト云フコトガ明白ナラバ、其當時祕密デアリシ故ニ祕密ニシナケレバナラヌ、祕密ダカラ何モ答辯スルコトガ出來ヌト言ハズシテ、當時ハ祕密デアッタガ、此條約ハ箇樣々々ノ條約デアルカラ實際破ラレテ居ルノデハナイ、現在ノ祕密條約ハ斯ウ云フ風ニ成立ッテ居ルト云フコトハ、御答辯ニナッテ然ルベキデアルト思フ、實ニ第一項ニ附イテノ陸奥サンノ御答辯ハ、到底

我〻ニハ滿足ヲ表スルコトガ出來ナイ、若シ此上ニ此事ニ附イテ相變ハラズ御答辯ガナケレバ、日本ノ外務大臣ハ祕密條約ヲ結ブノ權利ナレト議決スル外ナシト云フ結果ガ來ルデアラウト思ヒマス、願クハ事ノ前ノ祕密ヲ事ノ後ニ継續セズシテ、此事ニ就イテ再應我〻ニ滿足スル樣ナ御答辯アランコトヲ希望致シマス、ソレカラ第二項ニ就イテハ實ニ陸奥サンハ珍ラレイ御答辯ヲナサレタ、朝鮮内地ノ事デアルカラ我〻日本ノ大臣ガ何トモ申レヤウハナイ、如何ニモ御尤モデアルガ、外務大臣ハ日本ノ事バカリ知ルノガ外務大臣デハナイ、況ヤ追加條約――、電信追加條約ノ中ニ含マッテ居ル京城カラ釜山迄ノ電信ノ取扱、アレハ朝鮮ノ事デアルカラ知ラヌト云フコトハ外務大臣ハ怪シカラヌコトデアル、好シ事ハ朝鮮デアラウガ、獨逸デアラウガ、英吉利デアラウガ、日本ノ條約ニ籠ッテ居ル事丈ハ御存ジニナッテ居リタイ、朝鮮ノ事デアルカラ知ラナイ――、サウシテ共時面白イコトヲ云ハレタ、京城ノ事變ハ本年六月十六日ト井上ハ言フケレドモ、アレハ十七日デアッタ是ハ私ノ言フノハ十六日ノ夜ト云フノデアルガ、卽チ十六日ノ日ガ過去ッテ日ガ暮レタノハ夜(笑聲起ル)、之ヲ若シ規則正シク言ヒマシタナラバ十二時カラ二十四時間ガ一日デアルガ、晩ノ六時迄ガ一日デアルトカ夜ノ十二時迄ガ界デアルト云フコトヲ論ジタナラバ、十七日ニ當ルカモ知ラヌ十六日ニ當ルカモ知ラヌ、是等ノコトヲ强チ御咎メニナラズシテ、ソレヨリハ梶山公使ハ立派ニ公使ノ責任ヲ盡サヌ、十六日ノ事變ヲ十七日ニ電報ヲ出シテ二十二日ニ東京ニ着イタノデハナイ、二十一日ノ午後三時五十五分ニ出シタノガ二十二日ニ届イタノデアルカラ、電信ハ相當ニ早ク來テ居ル、如何ニモ至極御尤モノ話デアル、宜シイ斯ウスレバ電信ノ保護ハ届イタガ、六月十五日十七日ノ界目ニ起ッタ事ヲ始メテ二十一日ニ電信局ニ持ッテ行クコトハ言語同斷デハアルマイカ、電信ヲ保護セントスレバ公使ノ名譽ヲ傷ケル(笑聲起ル)、又斯ノ如キコトヲ云ハレタ、アノ電信ノ取扱振リハ兎角朝鮮人ハ電信ノ事ニ慣レナイカラ、時ニハ不都合ノコトハアル、ケレドモ殊更ニト云フコトハナイト云ハレタ、ケレドモ前來陸奥サンモ云ハレタ通リ、其前私ガ質問ノ時ニモ申シマシタ通リ、明治十六年三月ノ祕密電信條約カラ事ガ始マッテ、井上外務大臣ノ追加條約ニ依ッテ成立ッタ所ノ釜山カラ京城ノ此電信ハ、若シ朝鮮人ガ取扱ガ下手ナラバ、矢張支那ノ如ク日本人ガ其電信局ニ一人位這入ッテモ宜カラウデハナイカ、我〻ハ如何ニ經費節減ヲ唱ヘテモ、之ガ監督ノタメニ一人ノ電信技手ヲ御派遣ニナルノハ我〻ハ少シモ妨ゲヌ、ソレモ是モ爲サズ、現在支那人ガ電信局ニ來テ取扱ッテ居ルノヲ知ラヌ振リヲシテ埋沒シナガラ、朝鮮人ハ不熟デアル――、一ニ曰ク不熟二ニ曰ク公使ガ怠慢――、怠慢トハ陸奥サンハ言ハレナイガ、十六日ノ事ヲ二十一日ヲ報知スルノハ怠慢デアル、其怠慢ト不熟ニ依ッテアノ樣ナコトガ起ッタノデ、電信ノ取扱ガ惡クハナイト云フ答辯ヲシテ防ガントスルハ、一歩私ニ質問ノ種子ヲ與ヘタノデアル、何ゼ梶山公使ヲ御責ニナラヌ、何ゼ不熟ノ者ヲ捨置クカ、十分ナル再應ノ說明ヲ煩ハシタイト思ヒマス

第三ノ防穀事件ニ就イテハ、井上ハ二十二年ノ九月ニ始ッタト言フコトデアルガ、マダソレヨリ早クカラ始ッテ居ルト云フガ、若シ果シテ早クカラ始ッテ居ルナラバ、外務大臣ノ責任ハモウ五六尺延ビタト云ハナケレバナラヌ(笑聲起ル)、サウシテ曰ク朝鮮ノ條約ニ違反シタノハ認メタノデアル、併ナガラ金ノ事ニ就イテノ談判ガ兎角手間取ル、各國共ニ金ノ談判ハ手間取ル――、ドウデセウ陸奥サン、隨分飜譯書ノ中ニモ外交上ノ歷史ガ澤山アルト思ヒマスガ、外交上ノコトハ兎角金ノコトハ手間取ルト云フノ證據ハ、モウ一應御講掛ニナッタラドウデゴザイマセウ、成程手間取ル――、實際手間取ル、ソレハ條約ニ背イタニ相違ナイ、背イタニ相違ナイニ就イテハ何百萬圓何十萬圓若クハ何萬圓償金ヲ出サウ、但シ此國タル貧國デアルカラ、現在ノ租税デハ迚モ一時ニ拂フコトハ出來ナイカラ、五十年カ百年賦ニシテ呉レ、其間ハ此國此島ヲ抵當ニシテ呉レト言ッテ、五十年掛ッタト云フノハ幾ラモ歷史ニ見エテ居ルガ、現在條約ニ背イタニ相違ナイ、金ヲ遣ルナラ何萬遣ルヤラ、幾ラ遣ルヤラソレ等ノコトハ皆極メタト云ッテ、五六年延バシタト云フノハ何處ニ例ガアリマスカ、實際取引ガ延ビタト云フ例ハアルケレドモ、幾ラ出ス幾ラ取ルト云フ談判ガ延ビタ例ハ私ハ未ダ曾テ聞カヌノデアル、且ツ此談判ノ手續ニ就イテハ話サレナイト云ハレタガ、金ノコトニ就イテ延ビルト云ハレルガ、再應ノ答辯ヲ請ヒタイノハドウカ幾萬圓位ハ是非御受取ニナリマスカ、向フデハ何萬圓位ハ出ス積リデアルカ、其位ノコトハ言ハレテモ餘リ兩國ノ交際ヲ傷ケルコトハアルマイ、好シ傷ケテモ既ニ條約ニ背イテ何萬圓出スト云フコトヲ二年モ三年モ言ハナイヤウナ國ハ、交際ヲ傷ケテモ何ノ懼レルコトハナイ、況ヤ陸奥君ガ是等ノ事ヲ言ハレテモ交際ヲ傷ケル筈ハナイ、是等ノ事ニ就イテ精密ノ御答辯ヲ願ヒタイ

第四番目ニ漁業規則ノ事ニ就イテハ、日本ノ朝鮮ト云フノハ文字ノ書キヤウガ惡イト言フケレドモ、是等ハ私共ノ不文ノ致ス所デ、實ニ文字ヲ知ラナイ百姓ノ總代ノ私共ノ集ッタノデアルカラ、十分御用捨ニナリタイ、處デ其末ニ何ト言ハレタ文字ノ攻擊ノミヲ以テ第四ノ答辯ノ過半トシテ、僅カ三分ノ一バカリノ言葉ハ何ニ費サレタ、濟州ノ牧使ガ漁業規則ガ實施ニナッテ居ルノヲ知ラズシテ、一時井上ノ言フヤウナコトヲヤッタケレドモト云フガ、其時ハ確カニ日本ノ規則ヲ破ッテ居ル時デハナイカ、牧使ガ知ラナカッタカラ日本ノ規則ヲ破ッタノデアル、之ヲ免ルセバ、アノ東京ノ監獄署ナドハ皆罪人ヲ出シテモ宜レイ樣ニナル、其中ニハ知ラズシテ法ヲ犯シタ者モ幾ジモアル、知ラズシテ法ヲ犯シテモ法律アル以上ハ之ヲ如何トモ仕方ハナイ、況ヤ外國ノ牧使知事――、地方官タル者ガ、知ラズシテ法ヲ破ッタノデアルカラ、堪ラヘテ置ク、此事ハ棄置クカ、其外何ノ事モ無カッタト云フ御答辯ニ對シテハ、日本ノ外務大臣――四千万ノ人口ヲ有ツトハ云ヒナガラ、日本國ノ外務大臣トシテハ、大膽極マッタ御仕業デハ無カラウカト思フノデアル、此一時――暫時ノ間デモ此規則ニ背イタト云フコトニ就イテハ、如何ナル處分ヲスルカ知レナイカラ、サウシナイト云フナレバ、外務大臣其責ヲ盡サヌト云フコトハ明白ノコトデアル、餘リ質問ニ就イテ文字ヤ言葉咎メヲ爲サラズシテモウ少シ信切ニ、文字ヲ知ラナイナド、云フコトヲコノ人ノ前デ言ハズ、我我百姓總代ヲ辱メズシテ、「ナント井上お前、質問ハドウモ意味ガ分カラナカッタゾ」ト御尋ニナッテモ宜カッタラウト思フノデ、僅カノ文字ノ咎メヲ以テ過半ノ答辯ヲナシ、僅カノ言葉咎メヲ以テ實際ニ就イテノ御答辯ハナサラヌノデアル、既ニ私ガ申シ上ゲル如キ次第デアレバ、兎ニ角再應ノ御答辯ヲ煩ハシテ、又本員ハ更ニ問フコトガアラウト思ヒマスカラ、此段何分陸奥サンニ宜シク願ヒマス

（外務大臣陸奥宗光君演壇ニ登ル）

○外務大臣（陸奥宗光君） 唯今、井上角五郎君ヨリ再應ノ質問ト云フヨリハ寧ロ難問ガアッタノデアリマス、其難問ヲ一々答辯スルタメニ來タノデハアリマセヌ、言ヘナイト云フコトハ何遍言ヘト云ッテモ言ヘナイノデアリマスカラ、此第一條第二條ニ就キマシテハ、最初ニ申ス通リ私ノ職務上言フヲ許サヌコトデアリマス、官報ノ上デ公ケニ出來ナイ條約ノ箇條ハ、如何ナル場合ニ於テモ私ハ言フコトハ出來ナイノデアル、是ハ何遍御問ヒナサレテモ御答ハ出來ナイ、併ナガラ朝鮮政府ニ於テハ條約ニ違背シテ居ラナイト云フコトハ御安心ナサレト申シテ置ク、ソレカラ第三ノ防穀令ノ事ニ就キマシテハ歴史ヤ何カノ御講釋ヲ大層承リマシタガ、井上サンハ百姓ノ總代ドコロカ實ニ日本ノ雄辯家デ文筆家デ大層ノ御學者デアルカラ、ソレヲ承ハルコトハ私ニ於テ大層利益デアリマス、兎モ角モサウ云フ事ハ擱イテ、此防穀令ノ金、金ト云フト何カ日本政府ガ償金デモ取リニ行クヤウデスケレドモガ、ソレハ諸君モ御不承知デアラウト思フカラ委シクハ言ヒマセヌガ、此防穀令ノ金ト云フノハ日本商人ガ數十人防穀令ノタメニ損ヲシタ、此日本國民ガ損シタバカリデナイ、百姓ニハ朝鮮人モアル、ソレモ多勢アル中ニハ詐欺モアル、斯ウ云フコトデ損シタトカ斯ウ云フコトデ金ヲ取ッテ下サレトカ云フコトガアッテ、詰リ此金ト云フモノハ日本ノ數十人ノ商人ガ損失ヲシタト言フノデ、之ヲ取調ベルタメニ外務省カラ石井某ト云フ者ヲ遣ッテ、久シク掛ッテ取調ベタ、日本人ニ不都合ノ事モアッテソレヲ取除ケタリナドシテアル、朝鮮人ノ中ニモ不都合ノ事ハ無論ニアルノデ、其金ヲ負ケルノ負ケナイノト云フコトハナイ、政府ト政府トノ間ニ償金デ日本政府デ負ケテ宜シイトカ何トカ言フコトデハナイ、又損シタ所ノ日本人民ガ、私ハモウ金ハ受取ラナイデ別ノモノヲ受取リタイ、私ハ金ノ代リニ外ノモノヲ受取リタイトカ、或ハ金ハ負ケマセウトカ云フノデアル、政府ガ負ケルノ負ケナイノト云フコトジアナイノデアリマス、ソレカラ第四ノ事ニ就イテハゑらい御氣ニ障ッタト見エテ叱ラレマシタガ、實ハ最初ハ讀ミ惡カッタノデ併シ能ク分ッタノデアリマス、處ガ一番仕舞ノ言葉ニ牧使ガ云々シテ條約ヲ破ッタノニ、打棄テ、置クノハ日本ノ外務大臣ガ相濟マヌトカ、相濟ムトカ云フ話ガアリマシタガ、ドウカ速記録ヲ御覽ナサレタラ分カル、私ガ前ニ言フタノハ牧使ガ條約違反ヲ致シタニ相違ナイガ、ソレハ京城ニ於テ梶山公使ヨリ朝鮮政府ヘ嚴シク談判ニ及ンデ、既ニ落著シタト申シタノデ、若シ又ソレガ御聽取ニナラナカッタナラバ、打チヤッテ置イテアルト云フタ代リニ、斯ク申シタト御聽取ヲ願ヒタイノデアリマス、其他ハ別ニ云フコトハ無イト思ヒマス

明治二十五年十二月九日

陸奥外務大臣ノ答辯ニ對スル井上角五郎君ノ演說
陸奥外務大臣ニ對シ清水文二郎君ノ質問

○井上角五郎君（七十八番） 議長……ドウモ困ル

○議長（星亨君） 七十八番

（井上角五郎君演壇ニ登ル）

○井上角五郎君（七十八番） 諸君、唯今陸奥大臣ノ再答辯ハ果シテ諸君ハ、責任アル外務大臣ガ卽チ本院ヘ對シテノ御答辯ト、聽得ルコトヲ得ルヤ否ヤト云フコトニ就イテ、諸君ニ問ヒタイ程ノコトデアル、殊ニ前ノ祕密ノコトヲ後ニ打明ケルコトガ出來ナイ筈ハナカラウト云フ私ノ第一項ニ就イテノ質問、ナゼ十六日十七日ト云フ其境目ニ起ッタ事項ヲ、二十一日ノ日ニナッテ初メテ電信局ニ送ッタ、將タ朝鮮人ノ不熟ナルノヲ其儘ニ棄置クノハ如何デアルト云フ問デアル、ソレガ第二ノ私ノ質問、第三番目ノ事ハ先ヅ大略御答ノ通リデアルガ、第四番目ニ就イテハ牧使ガ知ラズシテ背イタ、ソレヲ梶山公使ガ京城デ談判シタト云フガ、其談判ノ結果何ヲ取ッタ、朝鮮ガアヤマリノ言葉ヲナシテ日本ニ謝罪ヲシタカ、將タ如何ナルコトヲ實際致シタカ、日本人ガ損害ヲ受ケタノヲ謝罪モセズ、アヤマリモセズ、唯ソンナ事ヲシテハ往カヌゾト云フテ、昔ノ陸軍風ノ氣風ヲ以テヤット嚇サレタ結果デハ、是デハ我ヽハ滿足ガ出來ナカッタト云フノガ第四ノ、私ノ再應ノ答辯ヲ求メタ所以デゴザイマス、處ガ是等ノ事ニ就イテハ殆ト或ハ言葉ヲ誤解シタリ、甚シキハ本員ガ何カ雄辯家ト云フコトヲ以テ本員ヲ目スルガ、本員ハ雄辯家ヲ以テ鳴ッテ居ルジヤナイ、寧ロ陸奥サンノ方ガサウジヤアナイカ、（笑聲起ル）斯ノ如キ重要ナル事件ニ對シ、斯ノ如キ重要ナル問題ニ對シテ、大臣ト議員ト對談ノ間ニ於テ答辯ヲ求メ、答辯ヲ爲ス間ニ於テ、左樣ナ言葉マデ含ンデノお答ハ、蓋シ我ヽヲ少シ愚弄サレタモノト認メテ宜カラウト思フ、就イテハ本員ハ、再應ノ質問ハ答辯ヲ求メズ、再應ノ質問ハ爲サズシテ、唯爰ニ第一期以來ツイゾナカッタ一例デアルガ、願クハ諸君ノ贊成ヲ得テ是丈ノ事ヲ爰ニ例ヲ開キタイト思フ、「外務大臣陸奥宗光君ノ本件ニ關スル答辯ハ、本院ニ於テ滿足ヲ表スル能ハズ」ト云フコトノ決議ヲナシテ、――此決議ハ決シテ陸奥サンノ地位ニハ障ラヌ、ソレガタメニ陸奥サンガ引クト云フ御心配ハ要ラナイ、是丈ノ決議ヲナシテ當院ノ速記録ニ永ク存シテ置キタイト思フノデゴザイマス、卽チ若シ諸君ニシテ斯ノ如キ例ヲ開クノハ往ケナイト云フナレバ、ソレ迄ノコト、ドウモ仕方ハナイガ、若シソレハ然ルベキコトデアルト云フナレバ、之ニ贊成ヲ表セラレタイト思フ、本員ノ諸君ニ望ムト云フ所ハ「外務大臣陸奥宗光君ノ本件ニ關スル答辯ハ、本院ニ於テ滿足ヲ表スル能ハズ」ト云フコトヲ速記録ニ留メタイト思フノデゴザイマスカラ、ドウカ諸君ノ御贊成ヲ請ヒタイ

○清水文二郎君（二百八十六番） 本員モ井上君ノ答辯ニ附イテ陸奥大臣ノ出席セラレタニ附イテ、質問シタイコトガアリマス

○議長（星亨君） 念ノタメニ言ヒマスガ、陸奥大臣ハ公用ガアッテ二時ニハワキヘ往カナケレバナラヌト云フコトデアリマスカラ、成丈簡單ニ聽イテ要領ヲ得ル樣ニ……

○清水文二郎君（二百八十六番） 諸君、本員ガ外務大臣陸奥宗光君ニ御質問ヲ申スト云フコトハ、本年春季ノ頃デアリマシタガ、朝鮮政府ニ對シマシテ我日本政府ヨリ金二萬五千二百圓ヲ返還シタト云フコトガアリマス、其金ハ卽チ朝鮮政府ヘ貸付金ノ利子ノ積金ト云フコトデアリマス、此事ハ夫ノ當時朝鮮國典圜局ニ傭ハレテ居リマシタ大阪ノ大三輪長兵衞ト云フ人、及大阪ノ製糖會社ノ增田信行ト云フ人ガ、大ニ大臣ノ間ニ奔走シテ此金ヲ返スコトヲ致シタト云フコトデアリマス、是ハ卽チ大三輪氏ノ朝鮮政府ニ對シテ歡心ヲ買ハントスルニ原因スルト云フコトデアリマスガ、抑〻此金ハ明治十七年朝鮮政府ニ我政府カラ金二萬圓貸付ケタコトガアリマス、其當時政府ヨリ政府ヘ貸付ケルコトハ政略上面白カラザルコトガアッテ、正金銀行ノ名前ヲ以テシテ、其利子ハ朝鮮ト契約シタノハ八分ノ利子デアリマス、サウシテ我政府

ハ四分ヲ取リ一分ヲ正金銀行ヘ手數料トシテ渡シ、三分ヲ引去ッテ若シ朝鮮政府ガ約束ニ背クトキハ、其督促等ノ費用トカ何トカノタメニ保存金トシテ之ヲ積立テ置イタノデアル、ソレデ又其金額ハ我政府ヘ濟シ切ッタモノデナイ、濟シツ、アルト云フコトデアリマス、斯ル我國庫ニ歸スベキ金ヲ外務大臣ハ濫リニ之ヲ議會ニモ諮ラズシテ朝鮮政府ニ返シテヤッタトスレバ、頗ル失當ノ處置ト考ヘマス、デ此事ハ宜シク大臣ハ文字咎メ抔ヲシナイデ確定ニ御答辯アランコトヲ希望シマス

然ラザレハ此處デ一言述ベタイ

○議長(星亨君) ソレデナケレバ述ベテモ宜シイ

○清水文二郎君(二百八十八番) 尙ホ演壇ニ登ラヌ中ニ伺ヒマスガ、唯今提出致シマシタ朝鮮事件ニ關スル質問ノ要領ニ就イテ聊カ述ベマス、昨日モ述ベマシタカラ簡單ニ述ベマスガ御許ニナリマスカ

○議長(星亨君) 宜シイ

(清水文二郎君演壇ニ登ル)

○清水文二郎君(二百八十八番) 諸君、本員ハ幾ニ文部省訓令第八號ニ就キマシテ質問ヲ致シマシタ御答辯ガ唯今アリマシタガ、ドウモ其質問ニ對スル要領ヲ得ナイコトヲ茲ニ一言致シマス

ソレデ唯今ノ文部省ノ御答ニ依リマスト、此明治二十四年十月七日ヲ以チマシテ、普通學務局長ヨリ北海道廳長官、各府縣知事ニ向ッテ、通牒ヲ致シマシタノハ直ニ之ヲ審査採定フスル樣ナ趣旨デハナカッタト云フ、如何ニモ直ニト云フコトハゴザリマセヌケレドモガ、此時ニ當リマシテ通牒ヲ致シマシタ通牒文ト併セテ其說明ヲシタコトガゴザリマスルデ、其事ヲ茲デ確メルタメニ讀ミマス

小學校ノ修身科ニハ敎科用圖書ヲ採定不相成樣致度旨去ル二十年五月視學官ヨリ御通牒ニ及ヒ置候處右ハ自今採定ヲ要スル儀ト御承知相成度文部大臣ノ命ニ依リ此段及御通牒候也

追テ本文採定ノ圖書ハ文部省ノ檢定ヲ經タルモノタルヘキハ勿論ノ儀ニ有之候條爲念申添候也

說明

從來小學校ノ修身科ノ敎授ハ明治十九年五月文部省令第八號第十條ニ明記セルカ如ク內外古今人士ノ善良ノ言行ヲ談話シ敎員躬自ラ言行ノ模範トナリテ兒童ヲシテ感化セシムルノ旨趣ナレハ之ヲ敎授スルニハ一定ノ敎科書ヲ用ヒスシテ專ラ敎員ノ口授ニ一任シタリ蓋シ敎員ニシテ學德共ニ高ク、其言行缺クル所ナク身ヲ以テ模範ニ供シ能ク兒童ヲ感化スル程ノ人物ナランニハ或ハ不可ナカルヘシト雖トモ斯ノ如キ敎員ヲ得ルコトハ容易ニ望ム可ラサルナリ抑モ修身科敎授ノコトタル敎員躬自ラ實踐履行シテ模範トナルヘキハ勿論ナリト雖トモ適當ノ敎科書ヲ用ヰサルトキハ敎員各其偏スル所ニ詳ニシテ他ヲ略スル等ノ弊ニ陷リ其說ク所往々道德ノ全體ヲ盡サス甚シキニ至リテハ其方針ヲモ誤ル者ナキニアラス、故ニ勅語ノ旨趣ニ基キ人道實踐ノ方法ヲ敎示スルニ適當ナル圖書ヲ撰定シテ復前述ノ憾ナカラシメ敎員ノ薰陶ト相俟ッテ好果ヲ收メンコトヲ期ス是レ本通牒ヲ發シタル所以ナリ但當局者ニ於テ此際深ク留意シ敎科書ヲ用フルカ爲ニ誦讀ヲ主トシテ實行ヲ忽ニスルカ如キコト莫ランコトヲ要ス

ト是ニ依リマスレバ、假令直ニト云フ旨意デナクモ、明治二十七年ノ四月迄之ヲ延期スルト云フ樣ナ旨趣ヲ以テ出タモノデハナカラウト考ヘル

抑々明治二十三年德育發達ニ關スル勅語ヲ賜ハリテ以來、文部省ハ此德育發達ノ事ニ宜シク進ンデ其方向——其方針デアリマシタ、其事實ハ先キニモ述ベタコトデアルカラ此處デハ述ベナイガ、唯今ノ御答辯ハ要領ヲ得ナイト考ヘテ、デ是ハ先キニモ申シタ通リ、大ニ怪ムベキ結果ガアッテ之ヲ延バシタモノデアラウト考ヘラレル

尙ホ又第二ニ大ニ之ガ愼重ヲ要スルガ故ニ多數ノ書類ノ出ルヲ待ッテ之ヲ審査裁定スル樣ニト云フコトデゴザリマシタガ、元來愼重ヲ要スルハ頗ル必要デアルケレドモガ、之ヲ此ノ如ク延期スルト云フハドウモ此文部省ノ訓令第八號ノ出タ所以ト云フコトハ、稍ニモ怪ムベキコトガアラウト思フ、何ゼナレバ是ハ論ヨリ證據デアリマシテ、稍ニモ文部省ノ醜聞ハ各新聞紙上ヲ以テ皆樣ガ能ク御承知ノコトデアル、現ニ此文部省ノ人達ガ府下ノ書肆ト連絡ヲ通シテ居ルト云フコトハ、豫テ檢定願出ニナッテ居ル書類ヲ或ル文部大臣ノ宅ニ釣臺ニ載セテ持歸ッテ來テ、自分自ラ大臣ガ審査裁定スルト云フコトニ就イテ自分躬ラガ見ルト云フ譯デアリテ、大ニ其意匠ヲ書肆ニ洩スト云フ精神ヨリ自分ノ宅ヘ、……何ゾ斯ノ如ク書肆ヨリ檢定ヲ願出デタルモノヲ持ッテ歸ルノ必要ハナイ、是モ大ニ左樣デアルト考ヘラル、所ノ醜聞デアリマス、成程之ニ假用モサセナイ假用ト云フノハ宜シクナイガ、現ニ文部省ニ出テ居ッテ一回ニ檢定ノ出テ居ルモノハ五六七十部モアッテ、過半ハ檢定濟ニナッテ居ルト云フコトデアル、其檢定濟ニナッテ居ルモノガ文部省ハ是ハ宜シイト云ッテ檢定ヲ下シタモノト思ヒマス、ソレヲ今日斯ノ如ク　天皇陛下ガ德育ノ發達シナイノデ憂ヘサセラレテ居ル、大ニ此事ニ就イテアソバサレテ居ル、二十七年迄使ヒハセナイト云フノハドウ云フ譯デアルカ、之ヲ喩ヘテ見マスル、マ專賣特許ヲ願ッタ者ガアッテ、專賣特許ハ許サレタケレドモ、使ヒハセナイ、賣ルコトガ出來ナイト云フ如キ有樣デアル、故ニ宜シク此八號ノ延期ノ理由ニ就イテ男ラシク自分ノ良心ニ恥デナイヤウナ御答辯アランコトヲ願ヒマス、殊ニ諸君ハ德育ノ間ニ在ル人デアル、故ニ質問ニ對シテ答辯ノ要點ノ違ッタ所ノ說明ヲ請求致シマス、文部大臣ハ速ニ本席ニ出テ此疑團ヲ晴ラサル、ノハ、素ヨリ文部大臣ノ務ムベキ義務デアラウト考ヘラレマス

尙ホ今日提出致シマシタ朝鮮問題ニ就キマシテハ、昨日聊カ述ベマシテゴザイマスガ、是ハ成規ノ贊成ヲ得ナイデ出シタモノデアリマスカラ、政府ハ昨日ノ所デハ答辯ヲシナイト云フコトデアリマシタ、故ニ成規ノ贊成者ヲ得テ茲ニ提出致シマシタ譯デゴザイマスガ、此事ハ昨日モ一通リ述ベテアリマスカラ、昨日述ベマシタ所ハ重複ニ涉ラナイヤウニシテ述ベヤウト考ヘマス、是ハ本年ノ春季ノ頃ノ事デゴザイマスガ、我日本政府ヨリ朝鮮政府ニ金二萬五千二百圓ヲ返還シタコトガアルサウデスガ、此金ハ朝鮮政府ヨリ我日本政府ヘ借用金ヲナシマシタ利子ノ積立金ト云フコトデアル、此事ハ其當時夫ノ朝鮮國典圜局ニ雇ハレテ居ル大阪ノ商人大三輪長兵衞ト云フ、是ハ朝鮮デハ大臣ノ待遇ダサウデス、此人ガ此事ヲ發起ヲ致シテ及ヒ典圜局ヲ設置スル最初ヨリ關係ノアル、大阪ノ製糖會社長增田信行ト云フ人ト共ニ該金ヲ朝鮮政府ニ返ヘシテヤッテ吳レト云フコトデ、外務大臣ニ向ッテ奔走盡力ヲ致シタト云フコトデゴザイマス、此時彼ノ兩人ト外務大臣トノ間ニ立チマシテ頗ル斡旋ノ勞ヲ取リマシタノハ、外務省取調局長栗野愼一郎トカ申ス人デアッタサウデス、此栗野ナル人ハ卽チ大三輪ト同縣出身ノ人デ卽チ福岡縣出身ノ人デ

アルサウデゴザイマス、大三輪ト大ニ私交上睦ジイ人デ、爲ニ此事ニ就イテ盡力シタコトデアル、全體斯ノ如ク政府カラ政府ヘ貸付ケタル金ヲ戻スコトニ就イテ商人ガ何モ喙ヲ容ルヽコトハ要ラヌ、是ハ大ニ理由ノアルコトデ、彼ノ大三輪氏ガ朝鮮政府ノ歡心ヲ求メントシテ斯ノ如キ事ヲシタサウデアル、抑ヽ此積立金ノ由來ト申シマスモノハ、十七年ニ於キマシテ朝鮮政府ヨリ我政府ニ金十二萬圓ヲ貸シテ呉レイト云フコトヲ請求致シマシテ、我政府ハ隣國ノ交際故承諾ヲ致シタケレドモ、政府ト政府ト條約スルノハ幾ラカ政略上面白カラヌト云フ譯デ、是ハ卽チ正金銀行ト契約ヲ取結ンデ國庫ヨリ十二萬圓ヲ貸シタ、ソレデ其金ノ利子ハ八分トシテ朝鮮政府ト契約ヲ取結ンデ、其中四分ヲ國庫ニ納メル約束デ一分ハ正金銀行ノ事務ヲ取扱フ手數料ニヤリマシタモノデアリマス、八分ヲ持チマシテ四分ト一分ヲ取リマスデ、殘リ三分ヲ積立テ置キマシテ若シ朝鮮國ニ於テ契約ヲ履行シナイ違約ヲスルガ如キコトアルトキハ、是ハ或ハ人ヲ派シテ之ガ督責ヲスルトカ、始末方ヲシナケレバナラヌカラ其用意金トシテ三分ヲ積立テタルノデゴザイマス、其金ヲ卽チ七箇年積立テタモノガ、二萬五千二百圓ノ金額ニナリマス、其金戻イテヤッテ呉レト云フコトヲ盡力シテ戻シテヤッタ所ガ、其金ハ未ダ朝鮮政府ガ元利共ニナシ切ッタモノデナイ、未ダ年限中ノモノデナシツヽアルモノデアル、然ラバ若シ殘ル金額ニ對シテ、朝鮮政府ガナサナカッタトキハ、返濟シナカッタトキハ用意金ヲ戻シテ何モナイ、之ニ對シテ我政府ガ損ヲスル外ナイト云フコトニナル、之ヲ商人ガ外務省ニ迫ッテモ、外務大臣ガ獨斷ヲ以テ我帝國議會ニ問ハナイデ戻シタノハ失當ノ處置デアル、越權ノ處置デアルト云フノ外ハアリマセヌ、全體財政上カラ論ジマシテモイケナイコトデアル、議會ヘ問ハナイト云フテモイケナイ、聞ク所ニ依レバ此元トノ火元ヲ起シタノハ誰デアルカ、今ノ外務大臣陸奥君ハ當春京阪地方ニ遊バレテ其際ニ或人ト結托シテ之ヲ承諾シテ企テタト云フコトデアル、然リトスレバ陸奥大臣ハ隨分謀叛ヲスルコトハ上手デ巧ミト云フコトヲ聞イテ居ッタガ、實ニサウデゴザイマス、實ニ國務大臣ハ國家ノ重臣デゴザイマス、斯ルコトガアッテハナラナイ、紀州ノ平民ナル陸奥宗光ガシタコトナラ何トモ云ハナイ、我ヽ假令性質ハ何ニシロ今日國務大臣トシテアル以上ハ、斯ノ如キコトヲ爲スハ國家ニ對シテ何ト言ヒ譯ヲ致スカ、政府ハ之ニ對シテ此金ノ性質ハ如何ナルモノデアル是ハドウ云フ譯デ返ヘシテヤッタモノデアルト云フコトヲ、明ニ本席ニ出テ――夫ノ言葉尻ヲ拾ヒ、或ハ文字ノ違ヒヲ論ジタル如キ小丈夫ノ爲スコトヲシナイデ、男ラレク――大丈夫ラシク、國務大臣ノ答辯トシテ辱カシクナイヤウナ答辯ヲシレロ（笑聲起ル）

第三　輸入棉花關稅免除法律案(加藤政之助君外一名提出)　第一讀會

(町田書記官朗讀)

輸入棉花關稅免除法律案

外國ヨリ輸入スル棉花ハ明治二十六年六月一日ヨリ海關稅ヲ免除ス

但課稅ヲ要スルトキハ六箇月前ニ公布スヘシ

(加藤政之助君演壇ニ登ル)

○加藤政之助君(五一番)　諸君、私ハ此輸入棉花ノ稅ヲ廢スルコトノ議案ヲ、當年第三ノ議會ニ提出致シマシテゴザイマスガ、不幸ニシテ是ガ議事ニ移ラズニ仕舞ヒマシテゴザイマス、今日ハ幸ニ本案ノ議事ヲ開クニ至リマシテゴザイマスカラ、其趣意ヲ一應辯明ヲ致シマス、扨我日本國ヲシテ歐米ノ列國ト對立セシメント欲シマスレバ、ドウ致シマシテモ此國ノ實力ヲ養フ外私ハ致方ナイト思ヒマス、而シテ諸君ガ先日來夫ノ地價修正案ヲ可決セラレ、又地租輕減案ヲ可決セラレタルガ如キ、是レ孰モ人民ノ負擔ヲ減ジテ、此國ノ人民ノ實力ヲ休養シヤウト云フ趣意デアルト私ハ考ヘマシタ、此輸入棉花議案ノ如キモ、取リモ直サズ今日日本ノ紡績業ヲ致シテ居ル其實業者ニ便利ヲ與ヘテ大ニ此業ヲ擴張セシメントスルノデアリマス、扨此紡績業ガ如何ニ國ノ實力ヲ養フニ役立チマスカト云フト、大ニ關係ガアリマス、其關係ガアルト云フコトヲ、此英吉利ノ紡績業ノ歷史ニ就イテ第一ニ御話致シマス、ソレヨリ日本ノ實際ノ紡績業ニ移リマス、扨此紡績業ガ英吉利ニ於テ、一千七百六十九年ニ始テ或ル技師ガ此紡績器械ヲ發明シテ、之ニ蒸氣力ヲ適用シテ始テ出來マシタ、爾來二十五六年ノ間ニ技師ガ出テ段々ニ改良ヲ加ヘテ、其改良シタ結果ハ此紡績ガ如何ニナッタカト云ッニ、此器械ヲ發明セヌ前ニ較ベレバ殆ド一人ノ職工ガ二三十倍仕事ヲスルコトニナッタ、處デ斯ノ如キ紡績器械ノ發明ニ依ッテ、十分ニ發達スルコトニ至ッタガ、ソレガ英吉利ノ國家經濟ニドレ程ノ利益ヲ及ボシタカト云フニ、皆樣御承知ノ通リ一千七百九十年ヨリ一千八百十六年迄ハ佛蘭西革命ガ起ッテ、此戰亂ノタメニ歐洲列國ハ之ガタメニ工業ニ心ヲ傾クルコトガ出來ヌデアッタ、然ルニ英吉利ハ島國デアルカラ、之ニ關係ハ持タナカッタ、實業者ハドンドン紡績ヲ紡ギ出シタ、此草ヲ以テ織リ出シタ絹ハ、此器械發明以前ト同樣ノ價格デ他國ニ賣レル、ソレガタメニ英吉利ハ財源ヲ養ッタコトガ、如何ニ財源ニ影響ヲ來シタカト云フニ、其當時ノ戰爭ノ局面ニ當ッタノハ、うゑるりんとんデアッタ、併ナガラ其うゑるりんとんガ、此戰ニ勝ヲ得タノハ何デアルカト申シマスト、取リモ直サズ紡績事業卽チ紡績器械ノ發明者ト云フ者ガアッテ、英吉利デ此紡績事業ガ發達シタ故ニ、英吉利デ此戰爭ノ財源ガ澤山出來テ、歐洲列國ノ同盟者ニマデ戰費ヲ送ッテ、終ニ戰ニ勝ヲ制シタノデアル、取リモ直サズ戰ニ勝ヲ制シタト云フコトハ、英吉利ノ紡績事業ガ與ッテ力アリト云フコトヲ評シテ居リマス、而シテ或日本ノ紡績事業ハ然ラバ如何ニシテ發達ヲ致シタカト申シマスト、我日本ニ此紡績ノ事業ヲ開キマシタノハ、今ヲ去ルコト殆ド四十年、夫ノ嘉永安政ノ頃ニ島津氏ガ紡績機械ヲ歐羅巴カラ取寄セテ、鹿兒島ニ据付ケタト云フコトガ其源ヲナシテ居ルノデアル、而シテ二十有餘年ノ間ハ此紡績事業ガ少シモ進步セズアッタノヲ、明治十年來我日本ノ政府ガ此紡績事業ト云フモノハドウシテモ日本ニ發達サセナケレバナラナイ、此紡績事業ガ發達レタナラバ、大ニ日本ノ財源ヲ養フデアラウト云フ考ヲ付ケテ、我日本ノ政府ガ此紡績事業ノ發達ヲ奬勵シタト云フ結果ヨリ致シテ、明治十七八年ノ頃ニ至リマシテ我日本デハ此紡績事業ト云フモノハ次第々々ニ開ケテ參ッタノデゴザイマス、此紡績事業ガ開ケテ參ッテ明治十七八年ノ頃ニハ業ニ既ニ十六手以下ノ太絲ト云フモノヲ日本ノ紡績機械デ紡イデ、日本ノ需要ニ供給シテ尙ホ餘リガアルト云フ有樣ニナッタノデアル、處デソレカラ先キ日本ノ紡績者等ガ己レノ業ヲ最ウ一層發達セシメント考ヘタナラバ、日本ノ紡績業者等ハ最早外國ヨリ日本ニ輸入スル二十手以上ノ細絲ニ競爭致シテ、夫ノ英吉利ノ如ク或ハ英領印度ノ孟買ノ如キ紡績事業者ト競爭ヲ致シテ、外國カラ日本ニ這入ッテ參ッテ居ル所ノ此絲ヲ驅逐シテ、日本ノ紡績事業ヲ發達スルト云フコトヨリ外ニ道ガナイノデアル、扨此競爭ヲスルニハ、日本ノ紡績事業者ハ如何ナル困難ニ遭遇シタカト云フト、皆樣方ノ中ニ御承知ノ方ガアルカモ知レマセヌガ、實ニ非常ナル困難ニ遭遇レタノデアル、ソレハ何故デアルカト申シマスト云フト、外國ノ紡績業者等ハ皆樣モ御承知ノ通リ、資金ニモ十分富ンデ居ル、資金ニ富ンデ居ルノミナラズ又經驗ニモ富ンデ居ルノデゴザイマス、而シテ我日本ノ紡績業者ハ如何デアルカト云フト、資金モ餘リ裕カデナイ、加之經驗ニモ乏シイト云フ有樣デアル、斯ノ如ク此劣ッタル所ノ地位ニ立ッテ、外國カラ其當時マデ日本ニ輸入シテ來タ所ノ絲ト競爭シテ、之ヲ驅逐シテ日本ノ紡績業ヲ發達セシメヤウトスルニハ、實ニ日本ノ紡績業者ト云フモノハ非常ナル困難ヲ嘗メタ譯デアル、其當時ニ我日本ノ紡績業者ハ、屈セズ撓マズ不屈ノ精神ヲ以テ、內ニハ工費ヲ減シ又一方ニハ綿絲ノ此混和ト云フモノニ就イテ適當ナ混和法ヲ發明シ、而シテ日本ガ持ッテ居ル所ノ此石炭ノ安イト云フコト、工夫ノ賃錢ノ安イト云フコト、此二ツノモノヲ以テ外國ノ紡績業者ト競爭ヲシタレデアル、處ガ日本デモ此紡績業者ノ苦心ノ功空シカラズ致シテ、明治十七八年ヨリ降ッテ明治二十四五年ノ今日ニ至ルマデ、此紡績業ノ上ニ於テ如何ナル變化ヲ呈シタカト云フト、外國カラ這入ッテ居リマシタル所ノ、此綿絲ト云フモノガ次第々々ニ減ジテ仕舞ッテ、我日本デ紡グ所ノ此綿絲ガ、日本人ノ需要ニ供スルコトガ出來ルト云フコトニナッタノデアル、其減ジタル割合ヲ申シマスナラバ、此明治二十一年ニハ外國カラ日本ニ這入リマシタル所ノ綿絲ハ、四千七百四十三萬九千斤ト云フ丈ノ高デアッタ、然ルニ二十四年ニナッテ如何ニ減ジタカト云フト、千七百三十三萬七千斤ト云フモノノ丈ニ減ジテ參ッタノデアル、而シテ此日本ノ內地デ紡ギ出シメル所ノ紡績綿絲ハ、ドレ丈ノ高デアルカト云フト、明治十九年ニハ僅ニ四百八十六萬五千斤デアッタ、然ルニ明治二十四年ニナリマスト、是ガ四千五百三十萬六千斤ト云フ數ニ增シタノデアル、日本內地ノ紡績綿絲ノ料ガ增スト同ジ割合ニ、外國カラ這入ッテ來テ居タ所ノ、此外國綿絲ノ輸入ノ料ガ減ジタノデアル、然ラバ此外國綿絲ノ輸入ヲ此度マデ防ギ止メタト云フコトハ、誰ノ力デアルカ、日本ノ紡績業者ノ實ニ力デアルデゴザイマセウ、而シテ今日此二十年カラ二十四年迄ノ平均ヲ以テ考ヘテ見ルト云フト、外國カラ這入ッテ來タ所ノ此紡績綿絲ノ代價ト云フモノガドレ丈デアルカト申シマスト云フト、殆ド一千萬圓ノ平均デアル、此一千萬圓ノ平均デアルガ、此平均一千萬圓アル所ノ外國輸入綿絲ヲ是カラ先キ防ギ止メナケレバナラナイト云フ、日本ノ紡績會社ガ地位ニ立ッテ居ルノデアル、而シテ一方ハドウデアルカト云フト、斯ノ如ク日本ノ紡績業ガ發達シテ、夫ノ印度ナリ或ハ英吉利ナリノ樣デ、日本ニ輸入致シマス所ノ綿絲ノ高ヲ減シマシタモノデゴザイマスカラ、夫ノ英領印度、孟買ノ紡績業社會ハ如何ナル感想ヲ起シタカト云フト、此際一ト奮發シテ日本ノ紡績業者ト云フモノト、十分ナル競爭ヲ爲シ、今迄英吉利デ以テ得タル所ノ此日本ノ得意ト云フモノヲ、再ビ取戻サナケレバナラナイ、日本ニ今迄輸入シテ居タ所ノ、此綿絲ノ輸入ノ高丈ヲ我々ガ再ビ日本ニ輸入ヲシナケレバナラヌト云フノ考案ヲ以テ、今日現ニ計畫シツヽアルト云フコトヲ承ッテ居リマス、之ニ向ッテ我日本ノ紡績業者等ハ今日十分ノ實力ノ養ヒ十分ノ覺悟ヲシテ競爭シナカッタナラバ、折角數年間苦心焦慮ノ結果トシテ外國ノ輸入ヲ防ギ止メタル所ノモノモ終ニ哀レヤ水泡ニ屬シテ、再ビ外國ノ紡績業者等ノタメニ日本ノ得意ヲ取返サレルト云フコトガナイトモ言ハレナイ、是ガ今日日本ノ紡績業者ノ最モ苦心焦慮致シマス所デアリマス、而シテ我々國民ノ分トシテ、斯ル國家經濟ニ大關係ノアル紡績事業デアルナラバ、之ニ向ッテハ相當ノ力ヲ盡シテヤルト云フコトガ當然デアル、若シ我々ガ國民ノ分トシテ、此局ニ立ッテ居ル所ノ紡績業者等ヲ度外ニ置イテ知ラヌ顔ヲ致シテ、今日現ニ投ジアル所ノ壹千萬圓ノ資本ハ、今日現ニ運轉シツヽアル所ノ此殆ド五十萬錘ノ紡績機械ヲシテ、外國ト競爭ノタメニ倒レル破産スルト云フ局ニ至ラシメタナラバ、獨リ同業者ノ不幸ノミナラズ、我日本ノ經濟上非常ナル損害ヲ來ス譯デアラウト、私ハ考ヘルノデアリマス故ニ我々ハ今日ニ當リマシテ、少クトモ此現ニ紡績業者等ガ用フル所ノ此原料、卽チ輸入ノ棉花ニ係ル所ノ二十五萬圓ト云フモノ、稅ハ之ヲ今日減ジテヤッテ、此日本ノ紡績業者ノ使フ所ノ原料ノ代ヲ減ジテヤッテ、日本ノ今日マデ發達致シマシタル所ノ紡績業者等ノ熱心ヲ一層强カラシメテ、此際十分ノ奮發ヲ以テ外國ノ紡績業者等ト競爭ヲ致シマシタナラバ、我日本ノ紡績業ハ尙ホ今日ヨリ一層ノ盛大ヲ極メテ、遂ニハ現在外國カラ輸入シツヽアル、二十年以後四箇年間平均一千萬圓宛アル所ノ、輸入棉花ヲ防キ止メルコトハ勿論ノ話デアル、尙ホ一歩進メテハ、此日本デ紡ギタ所ノ絲ヲ支那、朝鮮ニ持出シテ之ヲ賣ルト云フコトモ私ハ隨分出來ル話デアラウト思フ、其出來ルト云フコトハ、現ニ當業者等ノ調ニ依ッテ明ニナッテ居リマス、其事ヲ是ヨリ諸君ニ申上ゲマセウ、我當業者等ハ其局ニ立チマス者デアリマスカラ、自分自ラ費用ヲ作ッテ人ヲ海外ニ派出シタノデアル、而シテ此海外ノ紡績業者ガ、支那若クハ朝鮮ニ紡績綿絲ヲ輸入スル所ノ有樣ヲ研究致シマスル所ガ、今日アチラカラ輸入致シマスル所ノ、此綿絲ト云フモノハ、一梱ニ附イテ彼是六十八圓――七八圓ト云フ平均ニナッテ居ル、支那ノ貿易市場ニ於テ――而シテ是ガ日本カラ若シ運賃ヲ掛ケデ其上、稅ヲ拂フテ、此支那ノ市場ニ持ッテ行キマスレバ、是ガ一梱殆ド七十一二圓ト云フ金高ニ當ルノデアル、而シテ此七十一二圓ニ當ル金高ノ中ニハ、如何ナル物ガ含ンデアルカト申シマスルト云フト、此輸出綿絲ノ稅ト云フモノガ殆ド三圓五十錢掛ルト云フノデアル、又輸入棉花ノ稅ト云フモノガ、殆ド一圓五十錢掛ルト云フノデ、此二ツノ稅ヲ併スルト是ガ五圓トナル而シテ此五圓ノ金ト云フモノヲ七十一二圓ノ中カラ減ジマスト云フト、詰リ六十六七圓ニ當ル譯デアル、サウ致シマスルト彼是此印度ノ紡績業者ハ、今支那ノ市場ニ持ッテ來テ賣捌ク所ノ直段ト較ベマシタナラバ、我日本ノ此紡績綿絲ノ價ト云フモノハ、ソレヨリ一二圓彼是安イト云フ割ニナッテ來ルノデアリマス、果シテ然レバ我日本ニ於テハ、此輸入棉花ノ稅ヲ減シ、尙ホ進ンデ輸出綿絲ノ稅ヲ減ジテヤリマスコトナレバ、獨リ内外國輸入品ヲ防クノミナラズ、又日本ニ紡ギタル絲ヲ支那朝鮮ニ輸出シテ、支那朝鮮ノ得意ヲバ日本ノ領分ニ爲スト云フ大希望ヲ持タスルコトデゴザリマス、斯樣ナル譯デゴザリマスレバ、我々國民ノ本分トシテモ、今日此二十五萬圓ノ稅ヲ減シテヤルト云フコトハ適當ナル所ノ處分デアラウト思ヒマス、處デ茲ニ反對說ノ起ルト云フ一ノ事ハ輸入棉花ノ稅ヲ減シタナラバ、日本ノ棉作ニ大影響ヲ及ボスデアラウト云フコトガ一ノ疑問デアル、之ニ對スル十分ノ辯明ヲ爲サナケレバナラヌ、此輸入棉花ノ稅ヲ減ジテモ、日本ノ棉作ニ影響ヲ及ボサナイト云フコトヲ皆樣方ニ申上ゲレバ、此日本ノ紡績所デ出來タ所ノ綿ハ、如何ナル割合ニナッテ居ルカト申シマスルト、外國カラ輸入スル所ノ棉ト云フモノハ、殆ド十分ノ七、日本デ作ル所ノ綿ト云フモノハ、殆ド十分ノ三ト云フ割合ニナッテ居ルノデアル、然ラバ此割合ヲ以テ參リマシタナラバ、日本ノ今日此紡績業ニ從事シテ居ル所ノ人ノ奮發ニ因ッテ紡績ノ業ガ發達スル、發達シテ棉ヲ使フ所ノ量ガ殖エマシタコトナレバ、ソレガ殖エマスルト同時ニ外國カラ輸入スル所ノ綿ノ量モ殖エルノデアラウガ、亦此内地ノ綿ヲ使フ所ノ分量モ殖エテ來ルノデアル、ナゼ外國ノ綿ガ十分ノ七デ、内地ノ綿ガ十分ノ三デアルカト云ヘバ、内地ノ綿ハ纖維短クシテ細イ絲ヲ紡グニ適サナイ、又外國ノ綿ハ纖維長クシテ太イ絲ヲ紡グニ適サナイト云フ所カラ、此太イ絲ヲ造ルト云フ丈ハ内地ノ綿ヲ使フコトニナル、又内地ノ綿ヲ充ツルコトニナル、併ナガラ細イ絲ハ内地ノ綿ハ適當シナイカラ、ドウシテモ外國カラ輸入シタル棉花ヲ以テ之ヲ織出サナケレバナラヌト云フコトニナル、然レバ内地ノ紡績業ガ發達スレバ、卽チソレニ使フ日本綿ノ量モ增スト云フ次第デアルカラ、此點ニ就イテ日本ノ綿ニ輸入棉花ノ稅ヲ減ジタ所ガ少シモ差響ガナイ、又纖ノ短カイ綿ハ外國デ作リ、纖ノ長イ綿ハ日本デ出來レバ、又之ヲ作ル望ミガアレバ今外國棉花ノ稅ヲ減シテ、此望ミアルノニ外國品ヲ使フト云フノハ不都合デハナイカト、斯樣ニ論ゼラレマス處ガ是モ一向差支ハナイ、ナゼナレバ日本デハ殆ド明治十年以來今日ニ至ルマデ、此亞米利加種ノ棉ナリ或ハ其他各國ノ西洋種ヲ、日本ニ取寄セテ大阪、兵庫其他數十縣デ以テ、之ガ試作ヲ致シテ見タ所ガ、試作ノ結果常ニ失敗ニ屬シテ一ノ其效ヲ成サナカッタ譯デアル、然レバ此試驗ニ依ッテモ最早外國ノ棉種ハ内地ニ適サナイト云フコトハ明ニナッテ居ルノデゴザリマス、而シテ我日本ノ綿作ノ量ハ如何ニ變化シタカト申シマスルト、日本ノ綿ノ使ヒ途ハ、明治十五年ニハ此日本デ綿ヲ消費スル所ノ高ハ、六千八百七十五萬斤餘デアッタ、然ルニ是ガ二十四年ニ至ッテハドレ丈日本デ綿ヲ需要スルカト云ヘバ、一億一千二百七十六萬斤餘卽チ殆ド一倍デアル、此明治十五年ヨリ見ルト綿ヲ使フ所ノ分量ガソレ丈多クナッテ居ルノデアル、日本人ノ綿ノ需要ガ增シタノデアル、而シテ日本棉作ハドウデアルカト申シマスルト、一方ニ斯ノ如ク綿ノ需要アルニモ拘ラズ、日本ノ棉作ハ年々歲々ニ減ジテ仕舞ッテ、其作リ高ト云フモノハ今日ニ至ッテハ、最モ盛ナル時ノ半分モナイト云フ有樣ニ陷ッテ居リマス、是ガ何故デアルカト申シマスレバ、日本ノ内地ニハ棉作ト云フモノハ詰リ不適當デ、棉ヲ作ルヨリ他ノ米ヲ作ル麥ヲ作ル若クハ芋ヲ作ルト云フ方ガ利益ガアッテ、此棉作ニハ利益ガ少ナイ、少ナイ上ニ年々ニ凶作ノ憂ガアル所ヨリ、一方ニハ需要ガ増シタニ拘ラズ斯ノ如ク棉作ノ作リ方ヲ減シタルモノデアラウト考ヘマス、果シテ斯樣ナル事實デゴザリマスルト云ツト、今日輸入棉花ノ税ヲ減シマシタル所ガ、是ガ日本ノ棉作ニ何等ノ影響モ及ブコトハアリマセヌ、到底此輸入棉花ノ税ヲ減ジテ其原料ヲ安カラシムルニアラザレハ、日本ノ今日マデ發達致シマシタル所ノ、紡績業ト云フモノヲ尚ホ一層發達サセルコトハ出來ナイ、一層發達サセルコトガ出來ナイノミナラス、今日外國ノ此紡績業者ト競爭シテ、竝立ツト云フコトハ出來ヌノデアリマス、茲ニ於テハ最モ此輸入棉花ノ税ヲ減シテヤラナケレバナラヌ、之ヲ減シテヤルノハ最モ利益デアルト思ヒマス、モウ一ツノ事柄ハソレハ何デアルカト申シマスルト皆樣方御承知ノ通リ、近頃銀貨ト云フモノガ非常ニ下ッテ居リマス、此銀貨ガ下ッタタメニ外國カラ日本ニ來ル所ノ、此綿絲ト云フモノハ、英吉利デ之ヲ金貨ニ直シタトキニハ非常ニ直段ガ下ッテ仕舞ッタ處デ英吉利邊ツノ當時此四千萬錘ト云フ紡績ノ錘數ヲ以テ居ル、英吉利ノ紡績業者等ハ金貨ノ下ッタタメニ其價ガ下ッタ、ソレガタメニ大變ナ困難ヲ生ジテ自分ガ使ヒツヽアル、職工ノ賃錢ヲ減シナケレバ業カ成立タヌト云フ境遇ニ立ッタノデアリマス、而シテ此賃錢ノ割合ヲ五分減ジヤウト云フコトノ意見ヲ持出シタ所ガ、英吉利ノ職工等ハ之ニ向ッテ不承知ヲ唱ヘタ、賃錢ヲ減スルコトハ不同意デアル、若シお前ガ難儀スルト云フコトナラバ賃錢ヲ減セズニ勞働ノ時間ヲ減シテ、お前達ガ綿絲ヲ紡績スル原資ヲ減シタラ直段ヲ高クスルコトガ出來ヤウ、ソレガ故ニ已レ達ハ賃錢ヲ減スコトニハ不同意デアルガ、勞働ヲ減ジテ綿絲ノ紡績高ヲ少ナクスルト云フコトニハ同意ダト云フ、意見ヲ出シテ殆ド何萬人ト云フ職工ガ、今日同盟罷工ヲ爲スト云フ局ニナッテ居ル然ラバ此時機ニハ日本ノ紡績業者等ガ乘ズベキ時デアル、此時ニ日本ノ紡績業者等ガ一ト奮發シテ、一方ニハ我々ガ棉花輸入ノ税ヲ減シテヤリマシタコトナラバ、海外ノ紡績業者ト競爭シテ內ニハ一千萬圓ノ輸入綿絲ヲ防禦シ、又一方ニハソレト同時ニ、此日本ノ紡績綿絲ノ價ヲ減シテ、中以下ノ細民ガ今日著ク、アル所ノ此綿織物ノ價ヲ減シテ日本ノ貧乏人ヲ助ケルト云フコトノ利益モナスノデアル、又一方ニハ一千萬圓ノ綿絲ト云フモノヲ減シマシタナラバ、ソレノ二割卽チ二百五十萬圓ト云フモノハ、工業ノ賃錢トシテ我日本ニ其金ガ落ル譯デアリマス、然ラバ是ハ國利、經濟ノ上ニ就イテモ、中以下ノ細民ノ衣服ノ價ヲ減ズルタメニモ、現在ノ紡績業者ヲ保護獎勵スルノ上ニモ、此二十餘萬圓ノ金ヲ今日減ズルコトハ誠ニ損ナ話デハ無クシテ、僅カ二十五萬圓ヲ減ジテ何百萬圓何千萬圓ト云フ利益ヲ、我日本ニ收メテ日本ノ財源ヲ養フト云フ結果ニナルデアラウト　私ハ考ヘマスカラ、茲ニ満場諸君ノ同意ヲ得テ幸ニ　此案ヲ通過致シタク希望致シマス

明治二十五年十二月十四日　議長ノ報告

青山朗君提出ニ係ル千島艦沈沒ニ關スル質問ニ對シ仁禮海軍大臣ヨリ、淸水文二郎君提出ニ係ル朝鮮政府ヘ返金ノ件ニ關スル質問ニ對シ陸奧外務大臣渡邊大藏大臣ヨリ答辯アリタリ

衆議院議員青山朗ヨリ千島艦沈沒ニ關スル質問ニ對シ海軍大臣ヨリ答辯書提出ニ付及御回付候也

明治二十五年十二月十二日　內閣總理大臣臨時代理 內務大臣伯爵井上馨

衆議院議長星亨殿

衆議院議員青山朗提出軍艦千島衝突ノ件ニ付質問ニ對スル別紙答辯書差進候也

明治二十五年十二月十四日　朝鮮政府ヘ返金ノ質問ニ關スル淸水文二郎君ノ演說

衆議院議員淸水文二郎提出朝鮮政府ヘ返金ノ件ニ付質問ニ對スル答辯書

明治十五年國庫ヨリ紙幣拾七萬圓ヲ橫濱正金銀行ヘ四分ノ利子ニテ貸附セリ而シテ該銀行ヨリ朝鮮政府ヘ之ヲ八分ノ利子ニテ貸附シ其內四分ハ政府ヘ上納シ一分ハ銀行手數料トシテ殘リ三分ハ該銀行ニ於テ積ミ置クモノニシテ當初ヨリ國庫ノ所屬ニ非ス但シ同貸金ノ件ニ付政府ト正金銀行トノ規約中ニ右積立金ハ隨時外務大藏兩卿ノ指揮ヲ俟テ支拂フヘシトアルヲ以テ前任大藏前任外務兩大臣協議ノ上右積立現在金ヲ朝鮮政府ヘ寄贈スルコトニ決定シ正金銀行ヲシテ金貳萬七百貳拾七圓六拾壹錢壹厘ヲ朝鮮政府ヘ寄贈セシメタリ

右及答辯候也

明治二十五年十二月十三日　外務大臣陸奧宗光 大藏大臣渡邊國武

中村彌六君俣野景孝君ヨリ明治二十二年法律第十號改正案ヲ、石田貫之助君伊藤德太郎君鈴木重遠君片野東四郎君ヨリ日本銀行條例改正案、日本銀行課稅法案ヲ提出セラレタリ

狩獵法案審查特別委員ニ粟谷品三君野口勝一君都崎秀太郎君大島信君角田眞平君石井定彥君朝長愼三君內藤利八君關信之介君當選セラレタリ

輸入棉花關稅免除法律案審查特別委員長ニ江原素六君同理事ニ立入奇一君、醫師免許規則改正法律案審查特別委員長ニ長谷川泰君同理事ニ加藤淳造君當選セラレタリ

○議長（星亨君）　是ヨリ會議ニ取掛リマス

○淸水文二郎君（二百八十六番）　唯今外務大臣大藏大臣ヨリ本員ガ質問ニ對スル御答辯ガアリマシタガ、其疑點ヲ質サンガタメニ一言御許シニナリタイ

○議長（星亨君）　宜シウゴザイマス

（淸水文二郎君演壇ニ登ル）

○淸水文二郎君（二百八十六番）　諸君、本員ハ先キニ朝鮮政府ヘ返金ノ件ニ就イテ政府ヘ質問シマシタ、唯今書記官長ノ朗讀ノ如ク答辯シマシタガ、是デハ要領ヲ得マセヌデ尙ホ質問シマス、唯今ノ答辯書ヲ一應朗讀シマスト

明治十五年國庫ヨリ紙幣拾七萬圓ヲ橫濱正金銀行ヘ四分ノ利子ニテ貸附セリ而シテ該銀行ヨリ朝鮮政府ヘ之ヲ八分ノ利子ニテ貸附シ其內四分ハ政府ヘ上納シ一分ハ銀行手數料トシテ殘リ三分ハ該銀行ニ於テ積置クモノニシテ當初ヨリ國庫ノ所屬ニ非ス但同貸金ノ件ニ付政府ト正金銀行トノ規約中ニ右積立金ハ隨時外務大藏兩卿ノ指揮ヲ俟テ仕拂フヘシトアルヲ以テ前任大藏前任外務兩大臣協議ノ上右積立現在金ヲ朝鮮政府ヘ寄贈スルコトニ決定シ正金銀行ヲシテ金貳萬七百貳拾七圓六拾壹錢壹厘ヲ朝鮮政府ヘ寄贈セシメタリ

斯ウ云フ御答辯デゴザイマス、本員ガ尋ネマシタノ下ヘ聊カ金額等ハ違ヒマシタガ、是ハ政府ニモ御咎メナイ樣ニ願ヒタイ、利子等ノコトモ我々ガ質問シタ所ト違ハヌ丁度サウ云フ譯デアリマシテ、政府ハ是ニ四分ノ利子ヲ取ッテ一分ハ正金銀行ノ手數料ニ遣ハシ、三分ハ此金ノ若シ朝鮮政府ガ實行シナカッタ場合等ニ於キマシテ之ガ督責ヲナシ、且ツ之ガタメニ人ヲ派スルト云フ場合ノタメニ、用意金トシテ積立テタル積立金ニ相違ナイノデアル、之ヲ政府ガ獨斷デ戾シテ吳レタト云フノハ、抑〻越權ノ處置デアラウト考ヘル、然ルニ此事ニ就キマシテハ既ニモ喋々辯ジマシタカラ、サウ重複ニ涉ルガ如ク述ベヌデモ諸君モ御承知ノ通デアル、唯答辯書ノ要領ヲ得ナイト云フモノハ國庫ノ所屬ニアラズトアリマス、此金ハ果シテ國庫ノ所屬ニアラザレバ誰ノ所屬ノモノデ、何人ニ所屬スベキモノデアルカ、我々ハ信ジテ國庫ノ所屬デアラウト思フ、此金ハ御承知ノ通リ國庫ヨリ彼ニ對シテノ貸付金ノ利子デアリマシテ、其利子ハ朝鮮政府ガ我日本國ニ向ッテ拂ッタ金デアッテ、日本國ノ金ニシテ卽チ此金ノ元金ハ國庫ヨリ出テ居ルモノデ、之ニ對スル貸付金ノ利子ハ併セテ無論國庫ニ納ムルガ相當デアルト考ヘル、政府ハ此當初ヨリ國庫ノ所屬ニアラズト云ヘバ何ニ所屬スル、誰ガ此金ノ持主デアルト云フコトヲ斷言シナケレバナラヌダラウト考ヘマス、故ニ此事ヲ尙ホ一應政府ニ確メマス、此點ニ就キマシテハ既ニ本員ガ辯ジマシタコトデアリマスカラ、尙ホ此場合ニ辯ジマセヌデゴザイマスガ、此答辯ニ依リマシテ尙ホ進ンデ政府ニ向ッテ質問ヲセザルベカラザルハ、我々議員タル者最モ努ムベキ本分ト考ヘマス、故ニ此場合ニ國庫ノ所屬ニアラズト云フコトニ附イテ、誰ガ所屬デアルト云フコトヲ、短簡ニ政府ヨリ明ニ御說明アランコトヲ希望致シマス

第五　海軍改革建議案（杉田定一君外一名提出）

〇議長（星亨君）　朗讀ハ省キマス

（左ノ議案ハ朗讀ヲ經サルモ參照ノタメ掲載ス）

海軍改革建議案

我國防ヲ全フスルニハ陸海軍ヲ竝ヒ要スト雖モ陸軍ノ備ハ漸ク成ルヲ以テ今ヤ之ヲ整頓スルニ止リ必ラスシモ擴張スルヲ要セス唯タ其兵器ノ改良砲臺ノ建築等ニ於テ未タ全カラサル者アリ曾テ當局者カ試ミニ設計セシ所ニ據レハ七箇處ノ砲臺ヲ建築シ砲門ヲ具備スルニ於テ明治二十五年度以降殆ント三千萬圓ノ多キヲ要スト云フ總シテ二十餘箇所ノ砲臺ヲ建築スルニ於テハ其費實ニ莫大ナルヘシ其財源ハ未タ之ヲ求ムルヲ得ス從テ其竣功モ亦タ未タ之ヲ期ス可ラス假令ヒ巨萬ノ資ヲ投シ盡ク之ヲ建築スルモ我國ノ海防ハ未タ全キヲ得ル能ハス我國ハ海國タルヲ以テ必ラスヤ海軍ノ備ヲ要スルニ現在我國ノ軍艦ハ五萬噸餘ニ過キス政府ノ設計ニ據レハ十二萬噸ノ軍艦ヲ備フル者トシ尙ホ七萬噸ノ不足アリ之ヲ製造スルニハ五千八百五拾餘萬圓ヲ要スト云フ夫レ斯ノ如ク砲臺建築ト軍艦製造トヲ竝ヒ行フニ於テ莫大ノ金ヲ費スハ我國力ノ堪ヘサル所ニシテ且ツ我國防ハ之ニ依テ全キヲ得可ラス政府ハ此等ノ費ヲ辨スルニ於テ未タ其目的アルヲ見ス唯タ老朽軍艦補充ノ爲メ姑息ノ設計ヲ立テ議會ニ協贊ヲ求メタル而已當時議會ニ於テ之ヲ協贊セサリシハ大ニ理由アリ妄リニ之ヲ斥ケタルニ非ラス又政府ハ明治二十六年度豫算ニ於テ二萬六千五百噸ノ軍艦ヲ新製スル爲メ千九百五拾五萬圓餘ヲ繼續費トシテ議會ニ協贊ヲ要求スルモ是レ尙ホ姑息ノ設計タルヲ免レス抑モ海軍ヲ備フルニ於テハ先ツ我國防ノ大方針ヲ定メ大計畫ヲ立ルヲ要ス政府ハ從來海軍ノ備ヲ成サント欲シテ屢〻其議ヲ變シ軍艦製造ノ設計ニ至テハ幾回カ之ヲ變更セリ是レ其大方針ナク其大計畫ナキカ爲メナリ先ツ之ヲ一定スルニ非ラスンハ徒ラニ軍艦ヲ製造スルモ國防ノ用ヲ爲サス凡ソ其國ノ軍備ヲ爲スヤ宜シク地形ヲ察シ國勢ヲ審カニシ經濟ヲ量リ以テ其方針計畫ヲ定ムヘシ我國防ノ大方針既ニ定ラハ從テ我海軍ノ大計畫茲ニ立ツヲ得ヘシ全國沿岸ニ無數ノ砲臺ヲ繞ラシ幾多ノ軍艦ヲ備フルハ國防ノ要ヲ得タル者ニ非ラス且ツ國力ノ堪ヘサル所ナリ薄弱ナル多數ノ小艦ヲ造クルヨリ寧ロ少數ナルモ堅牢ナル大甲鐵艦ヲ造ルニ在リ熟〻各國ノ形勢ヲ察スルニ今ヤ大ニ海軍ヲ擴張シ以テ通商航海ノ權ヲ爭ヒ或ハ移住殖民ノ業ヲ興スアリ東洋政略ニ意ヲ用フルノ各國カ大ニ海軍ヲ擴張シ其餘勢ヲ我國ニ及ホシ東洋ノ形勢大ニ一變スルノ日ハ眼前ニ迫レリ豫メ我國勢ヲ察シ我國力ヲ量リ茲ニ海軍擴張ノ策ヲ立テ以テ海外列國ト均勢ヲ持スルハ實ニ我國當今ノ急務ナリ今ヤ我國ニ於テ凡ソ十五萬噸ノ軍艦ヲ備ヘハ以テ東洋ニ海軍ノ勢力ヲ張ルヲ得ヘシ現在ノ軍艦凡五萬噸アリ茲ニ凡十萬噸ヲ增製スルヲ要ス海軍ノ勢力ハ獨リ噸數ノ多少ニ在ラス艦種ノ大小如何ニ在リ當局者ハ深ク茲ニ意ヲ留メテ之カ設計ヲ立テ其財源ニ至テモ亦タ宜ク之カ考案ヲ立テ議會ニ協贊ヲ求ムヘシ從來議會カ屢〻政府ニ反對シ軍艦製造費ヲ否決シタルハ海軍ノ計畫方針一定セス且ツ海軍省ハ弊竇ト爲リ組織其宜ヲ失ヒ經理上信任ヲ置ク能ハサルヲ以テナリ其計畫方針能ク茲ニ一定シ積弊ヲ洗滌シ冗費ヲ節減シ以テ信任ヲ置クニ足ラハ今日我國ノ海軍ヲ擴張スルカ爲メニ必要ノ經費ハ之ヲ協贊セサルニ非ラス我國海軍ノ積弊未タ除カサルカ爲メニ海軍ノ擴張未タ行ハレサルハ深ク憂フル所ナリ海軍ノ改革ハ實ニ我國ノ一大急務タリ是レ此建議ヲ爲スノ已ム可ラサル所以ナリ其改革ノ要領ハ卽チ左ノ如シ

第一　軍令ト軍政トノ別ヲ立ル事

軍令ト軍政トハ其別判然タリ軍令ハ海軍ニ於ケル司令ノ權ニシテ將校軍人ニ屬スト雖モ軍政ハ海軍ニ於ケル經理ノ務ナレハ唯タ事務ノ才幹アルヲ要シ將校軍人ニ非ラサルモ能ク之ヲ處理スルヲ得ヘシ是ヲ以テ各國ノ海軍大臣及次官ノ如キハ必スシモ軍人ニ限ラス文官ヲ以テ之ニ充テ政務官ト爲シ議會ニ對シテ責任ヲ有シ內閣ト共ニ更迭スルノ制タリ海軍大臣ハ一般ノ政務ヲ經理シ材料部主計部人事部等ノ事務ヲ統督スルニ在レハ海軍專門ノ武官ヲ用フルヲ要セサルナリ然レトモ海軍ノ艦隊ヲ指揮統督スルカ如キノ事ニ至テハ海軍專門ノ武官ナラサルヲ得ス軍令ハ軍政ト相混シ相侵サハ弊害百出スルノ患アリ今茲ニ其別ヲ立ント欲セハ海軍省中ニ海軍司令本部ヲ置キ作戰、出師準備、海上防禦等專ラ軍令ニ屬スルノ事ヲ掌ラシメ又將官會議ヲ廢シテ別ニ高等會議ヲ設ケ軍艦製造ノ設計ヲ爲スカ如キ軍令ト軍政トニ竝ヒ關スル事ハ海軍大臣、次官、司令本部長等ノ合議ヲ經ル者トセハ海軍全般ノ事ニ於テ妨ケ無カルヘシ現在海軍ニ參謀部アリト雖モ海軍大臣ノ下ニ隷屬スルヲ以テ獨立ノ司令權ヲ有セス故ニ新タニ海軍司令本部ヲ置キ

天皇陛下ニ直隷セシメ其長官ニハ海軍ニ將タルノ資格アル人物ヲ用フヘシ我國海軍ノ振ハサルハ軍令ト軍政ト相混シテ其弊ノ多キニ因ラスンハアラス是レ軍令ト軍政トノ別ヲ立ルノ必要ナル所以ナリ

第二　本省武官組織ノ弊ヲ革ムル事

現在ノ官制ニ於テ海軍省ノ職員ハ武官ヲ以テ之ニ補セリ其文事ニ慣レサル武官ヲシテ之ヲ取扱ハシムルカ故ニ事務擧ラスシテ冗員多キノ弊アリ是レ事務ニ慣レサルノ武官ハ助手トシテ多クノ屬官ヲ用ヒサレハ其事ヲ執ル能ハサルヲ以テナリ而シテ陸上ノ事務ニ慣ルヽノ時ハ卽チ海上ノ習練ヲ失フノ時ナリ且ツ武官ニシテ俗務ニ鞅掌スレハ武人ノ氣風ヲ傷ヒ武藝ヲ練習スルノ貴重ノ年月ヲ空シク刀筆ノ間ニ消磨ス武官ハ一定ノ海上勤務アル者ナレハ長ク陸上ノ職務ニ從事スル能ハス隨テ其交代ノ頻繁ナルカ爲メニ事務ニ專一ナラス爲メニ功績ノ擧ラサルニ至ル故ニ本省ノ職員ハ武官ニ限ラサル者ト爲シ經理上ノ事務ハ文官ヲシテ之ヲ取扱ハシムルノ制ト爲スヘシ例ヘハ大主計少主計ノ如キ軍艦ニ乘ル者ハ大尉少尉ノ準官ヲ以テ之ニ充ツヘキモ陸上ニ在テ會計ノ事務ヲ監督スル者ハ武官タルヲ要セス宜ク文官ヲ用フヘシ現制ニ於テハ將官佐官ノ準官ヲ以テ主計總監大監少監ト爲ス等ノ如ク總テ武官ヲ以テ組織シ海軍省ハ武權ヲ以テ一隅ニ割據シ弊竇ノ深キ容易ニ塞ク可ラサルノ勢ヲ成セリ是レ本省武官組織ノ弊ヲ革ムルノ必要ナル所以ナリ

第三　將官佐官ノ定員ヲ限ル事

海軍將校ノ在官年限ヲ定メテ容易ニ昇進セシメス其技倆ノ熟練ヲ謀ルハ各國海軍ノ通則ナリ我國ニ於テモ尉官佐官ニハ在官ノ年限アリト雖モ之ヲ英國等ニ比スレハ甚タ短シ英國ニ於テ少尉ヨリ少將ニ至ル迄ハ凡ソ三十九年

ヲ要スレトモ我國ニ於テハ二十三年ヲ要スルノミ其伎倆ノ熟練ヲ缺クハ勢免レサル所ナリ斯ノ如ク年限ノ短キヲ以テ我國ノ海軍ハ數年ヲ出テスシテ中將少將大佐ノ數多キニ過クルハ疑ナシ海軍將校退隱年齡ノ規則ハ我國ト英國ト大差ナキモ在官ノ年限ニ長短ノ差アリ且ツ我國ニ於テハ將校ノ定員ヲ限ラス進級ハ拔擢ヲ以テスルカ故ニ成規ノ在官年限ヲ經スシテ容易ニ昇進スル者アリ而シテ其弊ヤ技倆ノ優等ヲ以テスルニ非ラスシテ請謁ノ情實ヲ以テスル者多シ宜ク其年限ヲ立テ定員ヲ限ルヘシ英佛等ノ如キ大海軍國ニ在テハ將校ノ數モ從テ多ク我國ト比較スル能ハスト雖モ其他ノ小海軍國ニ於ケル艦數ト將校トノ割合ヲ見ルニ和蘭ハ軍艦百十七隻ヲ有スルモ中將ハ二人少將ハ四人大佐ハ二十六人ノ定員ナリ獨逸ハ九十一隻ノ軍艦ヲ有スルモ中將ハ二人少將ハ七人大佐ハ三十一人ノ定員ナレハ其他ノ各國モ亦タ概ネ斯ノ如キ割合ナリ我國ノ軍艦ハ三十五隻ニシテ瑞典ノ艦數ト伯仲セリ瑞典ハ中將一人少將一人大佐二十人ノ定員ナリ然ルニ我國ニ於テハ中將五人少將八人大佐四十五人ノ多キアリ他日我國ノ海軍ヲ擴張シ大艦小艦ヲ合セテ六十隻ト假定スルモ中將ハ一人乃至二人少將ハ三人乃至四人大佐ハ二十人乃至二十五人ニテ足ルヘシ我國ハ他日東洋第一流ノ海軍國タルヲ以テ自ラ任スヘキ者ナレハ歐洲ノ小海軍國ヲ模範ト爲スニ非ラサレトモ今ヨリ大ニ海軍擴張ノ策ヲ立ルニハ勉メテ冗員ヲ省キ冗費ヲ去ラサル可ラス其將校ノ數ニ於テハ大海軍國ニモ劣ラサルカ如ク多キヲ致シタルハ陸軍將校ノ進級竝ニ他省文官ノ進級ト强テ權衡ヲ得セシメンカ爲メニ海軍ニ在ル軍人ヲ進級セシメタルニ非ラサル歟海軍ノ將校ハ此等ト全ク其性質ヲ異ニシ同シク比準スヘキ者ニ非ラス是レ情實ノ弊茲ニ至ルノミ我國ノ海軍ハ他日艦數ヲ增加スヘキヲ以テ多數ノ將校ヲ要スルモ現在將校ノ如キハ概シテ先進者ニハ專門伎倆ノ士ニ乏シク却テ後進者ニ多シトス茲ニ大ニ後進有爲ノ士ヲ勸メ海軍ノ力ヲ養ハント欲セハ先進老朽ノ人ヲ退ケ以テ妄リニ將校ノ數ヲ增スカ如キノ弊ヲ革メサル可ラス是レ將官佐官ノ定員ヲ限ルノ必要ナル所以ナリ

第四　士官ヲ養成スル事

海軍ノ士官ヲ養成スルニ必要ナル者ハ學識ノ發達ト實地ノ練習トニ在リ學識ヲ發達セシムルニハ現今ノ海軍大學校ニ於ケル隨意習學ノ制ヲ改メ少佐大尉ノ官ニ在ル者ハ其任職ノ便宜ヲ謀リ必ラスヤ一タヒ大學校ニ入リ一學期ヲ通過スヘキ者トシ其業ヲ卒ヘタル者ニハ奬勵ノ法ヲ設ケ其大學校ヲ通過セサル者ハ進級スルヲ得サラシムヘシ夫レ海軍學術ノ進歩ハ最モ著キ者ナレハ七八年間モ實地ノ役務ニ從事シタルノ後ハ自己學識ノ退歩ヲ免レス故ニ少佐大尉ノ官ニ在ル者ノ如キハ必ラスヤ大學ニ入リ新タニ學識ヲ得ルニ要ス大佐ノ官ニ在ル者ノ如キハ隨意習學ノ制ニ依ラシムルモ少佐以下ニ至テハ必ラス習學ヲ要ス唯タ少尉ノ如キハ兵學校ヲ卒業シテ未タ久キヲ經ス從テ新規ノ學識ニ乏シカラス寧ロ實地ノ練習ヲ主トスレハ暫ク大學校ニ入ルヲ要セサルナリ夫レ海軍士官ヲシテ實地ノ練習ヲ爲サシムルニハ遠洋航海ヲ爲サシムルニ在リ我國ノ海軍ヲ用フヘキ地ハ限リアルヲ以テ遠洋航海ヲ爲スニモ亦タ限リアリ露領浦鹽斯德、朝鮮諸港、牛莊、天津、上海、香港、佛領交趾、新嘉坡、南洋諸島、濠洲諸港ヲ回航シ以テ地理形勢ヲ觀察セシメハ實地ノ練習ニ於テ大ニ得ル所アルヘシ海軍ノ實力ハ軍艦ノ增製ノミニ在ラスシテ技術ノ習練ニ在リ是レ士官養成ノ必要ナル所以ナリ

○政府委員(林董君)　外務省ノ二十六年度豫算ニ就イテ說明致シマスルガ、此內既定ノ歲出ニ係ル分ハ先日大藏大臣カラ申シマシタ通リ、追ッテ同意ヲ求メラル、時ニ政府カラ說明ガアル筈ト心得テ居リマスカラソレハ暫ク措キマシテ、第一款ニ就イテハ三項ノ旅費第四項ノ雜給卽チ查定サレタル項ニ就イテ辯明致シテ置キマス、三項ノ旅費ハ不幸ニモ昨年來屢〻節減ノ說ガ出マシテ、又之ヲ使ッテ外務省ノ役人ガ朝鮮ヘ遊ビニ行クト云フ寃罪ヲ蒙ッテ居リマスガ、元ト此三千幾ラノ旅費ハ、內國外國二科目ヨリ成立ッテ居リマス、其外國ノ旅費二千圓ヲ削減ニナリマシタガ、是ハ外國旅費ト申ス條、重ニ朝鮮支那或ハ布哇等ニ出張スル旅費ニ使ッテ居ルノデアリマス、(淸水文二郎君、モウ少シ張上ゲテ願ヒマスト呼ブ)外國ト申シマスルト歐羅巴亞米利加モ外國デゴザイマスガ、朝鮮支那此近海ニ於テハ少シク歐羅巴亞米利加トハ違フ事情ガゴザイマシテ、日本內地カラ出テ漁師ヲスル者モ商賣ヲスル者モアリマスカラ宛モ內地ト違ヒマセヌ、併ナガラ內國旅費トアルト人ヲ出スコトハ出來マセヌカラ外國トシタノデ、詰リ三千何百圓ハ、年來ノ經驗ヲ以テ必要丈ノモノヲ積ッタ譯デアリマス、斯ノ如ク節減サレテハ大ニ差支ガ起ルダラウト思ヒマス、尤モ支那朝鮮ニハ領事ヲ出シテアリマスカラ、取調物ハソレニサセテ宜シイト云フコトデゴザイマスガ、公使領事ハ通常ノ事務ヲ取扱フタメニ置イテアルノデアリマスカラ、臨時ノ事ハ却ッテ旅費ヲ使ッテ臨時ノ人ヲ出シタ方ガ費用ガ少クテ調ガ能ク出來マス、又雜給モ多分ノ削減ガゴザイマスガ、是ハ外務省ニハ機密事件ニ關係シタコトヲ印刷スル職工ノ給料、又給仕玄關番門番ニ致シマシテモ、終始來客ノ外國ノ出這入リモアリマスカラ、體裁モ幾分カ作ラナケレバナラヌ、多クナッテ居リマスカラ是モ斯ノ如ク削減サレテハ大ニ差支ヲ生ジマセウト思ヒマス

○尾崎行雄君(百五十二番)　政府委員ノ說明ガゴザイマシタカラ、本員モ簡單ニ第四科ノ報告ヲ此際ニ於テ爲シテ置キタイト思ヒマスガ、如何デゴザイマス

○議長(星亨君)　宜シウゴザイマス

(尾崎行雄君演壇ニ登ル)

○尾崎行雄君(百五十二番)　外務省第一款ニ就イテ唯今討議スルヤウニト、議長カラ報告ガアリ且ツ政府委員カラ辯明ガゴザイマシタガ、願クハ諸君ノ許可ヲ得テ極ク簡單デアルカラ第二款及臨時費ニ至ル迄、一應第一科ニ於テ調查致シ且ツ斯ノ和ク削減ヲ加ヘタト云フ理由ヲ述ベテ置キタイト考ヘマス、元來第一款ト第二款ト較ベテ見ルト同シ外務省ノ費用デアリナガラ、第一科ニ於テハ調查ノ上第一款ノ方ヲ割合ニ多ク削ッタノデアル、元來外務本省ト云フモノハ在外公館ノ主腦トナルベキモノデ、總テノ訓令命令ハ皆本省カラ發スル所デアルガ故ニ、極メテ大切ナル所デゴザイマスガ、段々事ノ實際ヲ調ベテ見マスルト、現在ノ外務省ト云フモノハ働キト費用ト釣合ハナイト云フ憾ガアル、先ヅ其一例ヲ申シマスレバ二十餘年間掛ッテモ一ノ條約改正ヲ爲シ切ラヌ、又現在ノ條約——外交條約ト云フモノハ、其明文ヲ讀ンデ見マスルニ何人ニモ分ル通リ、單ニ裁判權ヲ檢束セラレタモノデアッテ、立法權ニ於テハ一箇條モ檢束セシレテ居ナイノニ、卽チ我日本ノ立法權ハ海關稅ヲ除クノ外ハ持ツベキモノデアルノニ、立法權ヲ一ツモ條約上其持ッテ居ル權利ヲ外務省ハ行ヒ切レナイ、新聞紙條例ヲ施ク、居留地ニハ行ヒ切レナイ、集會條例ヲ施ク之ヲ居留地ニハ行ヒ切レナイ、凡ソ條約ト云フモノハ申スマデモナク約束ニ定メタ丈ハかつきり行ッテ一歩モ侵害セラレヌト云フ位ニ其局ニ當ッテ居ル外務省ハシナケレバナラヌノニ、單ニ裁判權ヲ條約ノタメニ制限セラレテ居ッテ立法權ハ少シモ制限セラレテ居ラヌト云フ條約ノ有樣デアルノニ、我固有ノ權利我條約上我權限內ニ在ルベキ所ノ立法權スラモ尙ホ外務省ハ二十有餘年、氣ガ付イテカラ二十有餘年デアルノニ行ヒ切ラヌノデアル、ソレノミナラズ稅ヲ課スル權利是ハ條約上ニ於テ少シモ制限セラレテ居ラナイノニ、外國品デアッテモ海關ヲ通ッテ內國ニ這入レバ內國品ト同ジク稅ヲ課スルト云フノハ何レノ國デモ出來ルコトデアルノニ、我國デモ列國トノ條約面ニ於テ出來ルコトデアルノニ外務省ハ行ヒ切レナイ、僅ニ賣藥稅ト云フモノヲ先年試ミテ行ッタト云フノガたつター一ツノ例、況ヤ他ノ當議會ニ提出シタ所ノ酒精ニ關スルあるこーるニ課スル稅ノ如キ是ガ第二ノ例デアルガ、其他幾ラモ課スベキモノガアルノニ然ルニ外務省ハ課シ切ラヌ、無論稅ヲ課スルノハ外務省ノ仕事デハナイ大藏省ノ仕事デアルガ、其發案ハ大藏省カラ出ルト否トニ拘ラズ之ニ課ス丈ノ取計ヒ卽チ外交談判ハ外務省ニ於テ取扱フト云フノガ當前ノコトデアッテ、是ガ外務省カラ出ナケレバ大藏獨リ斷ズルコトノ出來ヌノハ當リ前デアル、斯ノ如ク數ヘ來レバ十指ヲ屈スル程ニアル、條約上ニ於テハ當然持ツベキ權利デアリ又當然持ッテ居リナガラ、外務省ハ一歩ヲ退キ二歩ヲ退イタガタメニ我條約上ニ持ッテ居ル權利ヲ行ヒ切ラヌノデアル、況ヤ持タナイ所ノ條約ヲ改正シテ未ダ得ザル所ノ裁判權ノ回復ノ出來ヌノハ無理ハナイ、斯ノ如クニシテ外務省ヘ十三萬有餘圓ノ金ヲ要求レ來ッテ居ルハ高イモノデアル、仕事ノ割合ニ高イモノデアルト云フノガ大體ノ觀察、然シテ我ゝガ削減ヲ加ヘタノハ單ニ高イ、ノデアル役ニ立タヌカラ之ヲいじめるト云フタメニ削減ヲシタノデハナイ、若シ其目的デゴザイマスナレバ外務省ノ如キ今日丈ノ仕事ヲサセテ置キマスノニハ此位ノ削減ドコロデハナイ、幾ラモ削減ハ出來ルノデアル、今日丈ノ仕事ヲレテ行クナラバドレ丈削減シテモ差支ナイノデアル、併ナガラ我ゝハ役ニ立タヌ外務省ニ向ッテモ我ゝハ役ニ立ツヤウニ之ヲ引キ立テ、遣リタイト云フノデ、(笑聲起ル)成ルベク手軟カニ大抵ノ無駄ノモノハ勘辨ヲ致シテ積ッテアル、故ニ俸給諸給ヲ初メトシテ悉ク手輕ニ積ッタ所ガ、其積ッタ處結果遂ニ本省ニ於テ二萬九千圓餘リノ經費節減ト云フノヲ割出レタノデアル、其中當局者ノ今說明シタノハ第三項ノ旅費デアル、此旅費ハ年々歲々申上ゲテアルカラ改メテ言フニハ及バヌト思ヒマスガ、當局者ガ朝鮮ニ向ッテ官吏ヲ派出スル所ノモノデ卽チ外國旅費ト云フモノヲ創ッタノデアル、外國旅費ト云ヘハ僅カ一二千圓許リノ金デハ亞米利加歐羅巴ハ愚カ支那ニろく〳〵人ヲ遣ルコトハ出來ナイ、故ニ當局者ハ此二千圓許リヲ使ッテ年々朝鮮ニ遣ルコトニシテアル、ソレハ何ゼ朝鮮ニバカリ遣ルカ、若シ人間ガ多ク往ッテ居ルト云フガタメニ本國ヨリ役人ヲ派出センケレバナラヌト云フナラバ、何故ニ布哇ニ人ヲ派出シナイノデアルカ、布哇ニ居ル人間ハ朝鮮ニ入ル人間ヨリカ頭數ガ多イ、頭數ガ多イノミナラズ種々ノ紛議ヲ生ジ種々ノ困難ヲ生ジタ前例ガアル、然ルニ外務省ハ此度モ此金ヲ請求シテ使ハナケレバナラヌト云フノハ、外交上ガ頻繁デアル交際ガ密デアルト云フガタメニ人ヲ遣ラ

ナケレバナラヌト云フナラバ、獨リ朝鮮ノミナラズ支那ニモ遣ラナケレバナラナイ、布哇ニモ遣ラナケレバナラナイ、時トシテハ亞米利加歐羅巴ニモ遣ラナケレバナラヌノニ、唯朝鮮ニノミ此金ヲ積ッテアルノハ何モ謂レノアルコトデハ無イノデアル、曾テ朝鮮ノ旅費ニ金ガ有ッタタメニ役人ノ閑マガアルト暑中休暇ニナルト遊ビ旁々遣ッタコトガアル、ソレカラ段々義理合ヒニ年々遣ルト云フニ過ギナイ、若シ必要缺クベカラザルモノデ人ヲ遣ラナケレバナラヌト云フナラバ、決シテ二千圓許リノ金デハ決シテ足ラナイノデアル朝鮮ノミナラズ支那ニモ布哇ニモ人ヲ出シ、亞米利加歐羅巴ニモ本國カラ人ヲ出シテ監督スル費用ガ無ケレバナラナイノデアルノニ、獨リ朝鮮ニ置クト云フノハ全ク舊來ノ習慣要ラナイ金ヲ其處デ積ッテ居ッタト云フニ過ギナイ、又雜給賜費等ニ於テ削減ガ酷イト云フコトノ御說ガゴザイマシタガ雜給賜費等ニ於テハ決シテ酷クナイノデアル、又機密用ノ文書ヲ印刷スル費用ヲ削リハシナイカト云フヤウナコトヲ述ベラレタガ決シテ是ハ削ッテ居ラナイ、此機密用ノモノハ何デアルカト云ヘバ外交彙報ヲ刷ルノデ、何處ノ役所ニモ無イ印刷所ガ外務省ニハ有ル、自分デ印刷所ヲ持ッテ刷立テル、其刷立テルモノハ幾ラモアリマセウガ其最モ大ナルモノハ外交彙報――、公使領事等ノ報告若クハ訓令ナドヲ取集メテ彙報ヲ作ッテ、ソレヲ百部カソコラ刷ッテ公使領事或ハ大臣等ニ配ルト云フ話デアル、之ニ就イテ一言云ハナケレバナラヌノハ、第四科ニ於テ是等ノ外交彙報ト云フモノガ外務省ニ於テ出來ナケレバ是非モナイガ、若シ出來ル以上ハ政府モ之ヲ世間ニ公ケニセヨト云フコトヲ此處ニ諸君ノ協同ヲ得テ外務省ニ求メタイト思フ、凡ソ何レノ國トシテ外交彙報ヲ公ケニシナイト云フ國ハ一ツモナイ、我外務省ハ祕密ノ區域ヲ知ラナイカラシテ、外交ニ關スルモノハ總テ祕密ニセンケレバナラヌガ如キ考ヲ持ッテ居ルカラ、海底電線モ祕密防穀事件モ祕密ト云フヤウニ、外務省ニハ公明正大ト云フコトハ無イヤウニ、公明正大ノ仕事ハ無イヤウニ言フテ、ソレガ當リ前ノコト、考ヘテ居ルガ、決シテサウ云フモノデハナイ、外交ノ祕密ト云フモノハ重ニ掛引談判ニ於テ云フノデアルガ、主義ハ飽迄モ確然ト公明正大デナケレバナラヌ、其目的ハ矢張公明正大デナケレバナラヌ、又總テノ仕事ハ公明正大ニシナケレバナラヌ、然シテ其掛引談判ヲ祕密ニシ其外交ノ手續ハ卽チ外交祕密ノ本色デアル、然ルニ我外務省ハ主義モ目的モ何モ箇モ祕密デアル、一カラ十カラ祕密デアッテ、遂ニハ外國領事公使ヨリノ訓令報告マデモ祕密ニシテ、大臣及當局者ノ外ニハ一部モ配ラヌト云フコトニ成ッテ居ルノデアル、是ハ祕密ノ區域ヲ知ラヌノミナラズ日本帝國臣民ヲシテ外交上ノ思想ヲ發達セシムルト云フ今日ノ急務ニ於テ少シモ力ヲ致サヌモノト考ヘル、故ニ我々ハ斯ノ如キ外交彙報ナラバ印刷スル必要ガナイ、單ニ公使領事ナドヘノミ配ル彙報ナラバ之ヲ印刷スル必要ハナイト考ヘルガ、併シ其費用ハ一文モ削ラズ總テ其儘ニ存シテ置イタト云フノハ、願クハ成程外交彙報ノ中ニハ時トシテ百度ノ中ニ一度トカ二度トカ云フモノハドウシテモ祕密ニシナケレバナラヌト云フ文書モ有ルデアラウカラ、ソレ丈ハ祕密ニシテモ別ニ刷立テ、各大臣ナリ當局者ナリニ配ルガ宜シイ、併ナガラ他ノ外交彙報ハ總テ外國ニ於テ爲スガ如ク、日本國人ニ外交思想ヲ發達セシメントナラバ、貴衆兩院ノ議員ハ勿論其他需ニ應ジテ、之ヲ相當ノ代價ヲ以テ拂下ヲ爲ス様ニ注意シテ此項ニ於テハ一錢一厘減ジマセヌ、若シ外務省ガ需ニ應ジナケレバ來年ハ全廢致サウト思ヒマス第二款ハ概シテ第一款ノ俸給及諸給ヨリカ節減ノ仕方ガ少ナイ、是ハ何故ニ少ナイカト云フニ、内國官吏ト違ヒ外國ニ出シテ居ル官吏デアルカラ、成ルベク之ヲ動カサズシテ體面ヲ損セヌ様ニシヤウト云フノデ、給料ノ如キハ少シモ手ヲ付ケマセヌ、第二款ノ第一項俸給及諸給デ四萬九千圓計リ減ッタノハ、獨リヒトニ給料ヲ減ジタノデハナイ、現在ノ公使ヲ積ッテアリ又歸ッテ來ル公使ノ月給モ積ッテアルカラ、二十六年度以内ニ於テ新ニ派出スルノ必要ガナイモノハ派出シナイト云フ目的ヲ以テソレ等ヲ削リ、又先日御話シタ如ク總領事ヲ除イテ、奏任官等ノ外際費ヲ削ッタタメニ此減リ方ヲ生ジタノデアル、此處ニ附イテモ一應外務省ニ注意ヲ加ヘテ置キタイノハ、此公使領事ノ選ル、公使領事ノ人ノ選任ノ仕方デアル、ドウモ今日迄外務省ハ公使領事ノ選任ノ仕方ヲ知ラナイト大體カラ觀察シテ斷言スルニ憚ラヌノデアル、ナゼ知ラナイカト云フニ、大抵外務省ノ是迄公使領事ヲ選任スル有様ヲ見ルニ、若クハ役人ノ古手、若クハ議長ノ古手、若クハ色々ノ者ノ古手ヲシテ、内國ニ居ッテモ面白クナイ役ニ立タヌト云フ者ヲ遊ビ半分ニ外國公使其他ニ任ジテ、先ヅ申セバ島流シデモナイガ、ソレニ類シタ様ナ先ヅ上等ノ遊ビニ遣ッテ居ル、是等ノ人ガ外國ニ往ッテ何ヲシテ居ルカト云フニ何ンニモシテ居ラヌ、交際抔ハ思ヒモ寄ラヌ言語ニモ通ゼヌ者ガ外國ニ居ルカラ、我日本國ノ面目ヲ損スル如キモノデアル、言語ニモ通ゼズ風儀モ知ラズ外交ノ何タルヲ知ラヌ者ガ、歐羅巴ヤ亞米利加ニ往ッテ居ルカラ、日本帝國ノ威嚴ヲ損シテ居ルコトハ實見シテ痛歎ニ堪ヘヌノデアル、サウ云フ様ナ者ガ列國ニ滿チテ居ル、殊ニ國事犯罪人ヲ公使館ニ遣ルト云フコトガアル、榎本氏モ大島氏モ國事犯罪人デ公使トナリ、大抵公使トシテ外國ニ遊バセテ洗濯シテ使フト云フコトニナッテ居ル、若シ斯ウ云フコトナラバ、公使館デナク他ニ遣ッテスルガ宜イ、我帝國ノ公使館ヲ洗濯ノ仕所トシテハ餘リ迷惑スル、其他ハ機密費ハ例ニ依ッテ第一期議會以來ノ方針ニ依ッテ四萬圓ノ内一萬圓ヲ減ジテ三萬圓トナレタニ過ギマセヌ、是モ理由ノアルコトデ、外務省ハ機密費ヲ使フニ妙ニ我帝國人民ヲこなシテ僅ニ一二ノ當局者ガ諂ラフト云フ様ナコトニシテ、外國人モ其中ニアッテ約束ヲナシテ全ヲ遣ッテ居ルト云フ様ナコトデ、全ク機密ノ用ヲナサヌノミナラズ帝國人民ハ之ガタメニ損シ僅ニ一二ノ當局者ガ諂ラフト云フコトガアッテ、外國人ノ如キハ契約ガアッテモ其契約ガ漸次消ヘテ年限モ切レルト云フモノモアリマスカラソレ等ヲ減ジタノデアリマス、ソレカラ臨時費ノ方デ減ジタノハ朝鮮京城ニ領事館ヲ新ニ置クト云フ要求ヲナシマシタカラソレヲ削リマシタ、第一期議會以來ノ方針ニ據ッテ當會及豫算委員會ニ於テハ公使館ノアル倫敦トカ朝鮮京城ノ如キ公使館ノアル所ニハ此特別ニ領事館ヲ置クニ及バヌト云フ方針ヲ取ッテ、英吉利ガ我東京ニ公使館ヲ置ケバ其内ニ領事館モ一寸片隅ニ置クガ如キコトヲナシテ居ル、ソレハホンノ一例デスガ、何モ英吉利ノ例ニ習フト云フノデハナイガ、事ノ實際ヲ見ルニ公使館ガ備ッテ居レバ領事館ハソレト合併シテ一向差支ナイト云フノガ第一期以來ノ方針デアルカラ、其後モ段々調ベテ見ルニ其通リニ差支ナイト云フ意見ヲ確ト信ジマシタカラ、ソレヲ削リマシタノガ重ナル原因デゴザイマス、外務省ニハ凡ソソレ丈デアリマス

明治二十五年十二月二十三日　議長ノ報告

○議長（星亨君）　諸君、是ヨリ開會致シマス

（水野書記官長朗讀）

貴族院ハ本院送付ニ係ル明治二十五年度歳入歳出總豫算追加案、銀行條例及貯蓄銀行條例施行延期法律案ハ可決シ地租條例改正案ニ對シテハ第二讀會ヲ開カサルコトヲ議決シタル旨同院ヨリ通牒アリタリ

長谷川泰君ヨリ敎育上ノ件ニ付、清水文二郎君ヨリ朝鮮政府ヘ返金ノ件ニ付政府ヘ質問書ヲ提出セラレタリ

質問書

一文部省ノ官吏ト書林ト結託シ行政處分ヲ不正ノ目的ニ供スルモ政府ハ更ニ之ヲ顧ミス斷然タル處分ヲナササルハ如何

一政府ハ明治二十三年十一月ノ初メ特別認可法律學校ヲ間接ニ撲滅スルコトヲ議決シタル後文部省ノ官吏ハ方今尙ホ其方針ヲ墨守シテ止マス政府ハ何ヲ以テナポレオン第一世的政略ヲ敎育上ニ施ス必要アルカ

一政府ハ明治二十四年改正小學令實施ノ際新タニ小學校ノ位置ヲ指定セシメ從來ノ小學校ヲ大半破潰シテ新築セシメタリ現ニ石川縣ノ如キ公立小學校七百貳拾七校ノ內其過半ヲ破潰シテ他ニ新築セシメタリ方今民力困弊ノ際何カ故ニ縣知事ニ命シ此ノ如キ處分ヲナサシメタルカ

一政府ハ改正小學令ヲ實施シタルモ小學令ノ精神ハ單ニ中人以上ノ兒童ヲ敎育スルニ止マルカ故ニ多數ナル下等社會ノ學童ハ全ク就學スルコト能ハサラシメタリ政府ハ何ヲ以テ國家敎育的小學敎育ヲ行ハス單ニ貴族的小學敎育ノミ之レ行フカ

一政府ハ全國ニ七高等中學校ヲ設立シ其本部ニ於テ敎授スル處ハ盡ク帝國大學ニ入ル可キ豫備學ニシテ且ツ府縣立中學校ト貫通シ其生徒ヲ高等中學ニ吸收セシムルノ策ヲ孜々之レ勉ム帝國大學ニ入ル可キ生徒ハ第一高等中學ノミヲ以テ其需要供給ノ九分ヲ充タスヤ疑ナシ政府ハ更ニ二三ノ新大學ヲ設立セントスルカ一大學ノ創立費ハ少ナクモ三百萬ヲ要シ其一箇年ノ維持費ハ少ナクモ三四十萬ヲ要スルナリ政府ノ歳入ハ僅々八千餘萬圓ニシテ巴里一府ノ市稅ニモ及ハス新大學ノ創立ヲ期スルハ痴人夢ヲ說クニ異ナラス七高等中學本部ノ本科豫科生徒定員ハ合計四千五百四拾名ニシテ卽チ天下ノ少年ヲ驅逐シ天下唯一ノ官吏製造所ナル帝國大學ニ入ラシメ將來ニ於テ國家ニ衣食スル官吏ノ製造ノミ之レ務メ彼ノ國家ノ生存ニ缺ク可ラサル實業的敎育ノ如キハ一切之ヲ度外視セリ政府ハ何ヲ以テ無用ナル高等中學校ノ數ヲ減セサルカ政府ハ何ヲ以テ實業的敎育ノ發達ヲ計ヲサルカ政府ハ何ヲ以テ腦充血四肢厥冷的敎育ヲ行フカ政府ハ何ヲ以テ國家ヲ貧困ニ陷ラシムル敎育ノミ之レ行フカ

以上各件ニ付當局ノ大臣自ラ衆議院ニ出席シテ答辯アランコトヲ望ム

右議院法第四十八條ニ依リ提出候也

明治二十五年十二月二十二日

提出者　長谷川泰

賛成者　福井直吉

外三十一名

質問書

本年十二月九日本員ハ我政府ヨリ朝鮮政府ニ對シ返金之件ニ付質問書提出セシニ去ル十三日ヲ以テ外務大藏兩大臣ヨリ答辯アリ然レトモ未タ充分要領ヲ不得依テ再ヒ左ノ條項ヲ質問ス

一答辯書中金二萬七百二十七圓六十一錢一厘ハ當初ヨリ國庫ノ所屬ニ非ストス云フ果シテ然ラハ該金圓ハ何人ノ所有ニ歸スヘキモノナル歟其理由如何

一該金二萬七百二十七圓六十一錢一厘ノ所有ハ不分明ナルニモ不拘之ヲ朝鮮政府ヘ寄贈シタルハ如何ナル原因ナル歟敢テ問其寄贈ノ理由ハ如何

右議院法第四十八條ニ依リ質問候條明確ナル答辯アラン事ヲ望ム

明治二十五年十二月二十二日

提出者　清水文二郎

賛成者　渡邊芳造

外三十一名

○清水文二郎君(二百八十六番)　本員ハ發ニ政府ニ向ッテ質問致シマシタル點ニ就キマシテ其理由ヲ聊カ一言致シマス、全體本月九日ヲ以チマシテ我政府ヨリ朝鮮政府ニ貸付ケタル金圓ノコトニ就イテ質問致シマシタ、ソレニ對スル答辯ヲ十三日ニ得マシテゴザリマスルガ此答辯ハ要領ヲ得ナイノデアリマスル、デ我々ハ演壇ニ登ッテ其質問ヲ致シマシタガ其當時ハ外務大藏兩大臣ヨリノ答辯デゴザリマシタ、現ニ大藏大臣ハ席ニ居ラレマシテゴザリマスガ聞エナカッタノカ知レマセヌ、今日迄御答辯ガゴザリマセヌ、是ハ口頭ヲ以テ問フタルガ故ニ御答ガ無カッタト思ヒマスカラ書面ヲ以チマシテ質問ヲ致シマス譯デゴザリマス、其當時ノ政府ハ本員ガ質問ニ對シテ答ヘラル、ニ當リテ、明治十五年國庫ヨリ紙幣十七萬圓ヲ橫濱正金銀行ヘ四分ノ利子ニテ貸付セリ而シテ該銀行ヨリ朝鮮政府ヘ之ヲ八分ノ利子ニテ貸付シ其內四分ハ政府ヘ上納シ一分ハ正金銀行手數料トシテ殘リ三分ハ正金銀行ニ積置クモノニシテ當初ヨリ國庫ノ所屬ニアラズ、是ハ第一段デゴザリマス、ソレデ是ハ此金圓ハ卽チ政府ニ於キマシテハ當初ヨリ國庫ノ所屬ニアラズト言ヘレマス、ドウモ此金圓ガ國庫ノ所屬ニアラズト云フハ我々合點ガ參ラヌノデアル、凡ソ世ノ中ノ物品デアリマシテ所有主ノ無イモノハナイ、況ヤ金錢ニ於キマシテ所有主ノ無カラウ道理ハ決シテナイ譯デアル、全體此國庫ノ金圓ト申シマスルモノハ我々ガ申スマデモナク、日本國民ガ簑笠ノ雫ヲ垂ラシテ各種ノ稅目ヲ以テ成立ッテ居ル金圓ニ相違ナイ、然ルヲ其政府ヨリ貸付ケタル國庫ノ金圓ニ對シテ朝鮮政府ヨリ我政府ニ取ッタル利子金デゴザリマスレバ、卽チ日本ノ國有ニ違ヒナイコトハ明ナル事實デアル、ソレデ政府ハ之ヲ當初ヨリ國家ノ所屬ニアラズト言フ、然ラバ果シテ何人ノ所屬デアルト云フコトヲ明言セザルベカラザルハ當然ノ理由デアリマス、尙ホ此二段ノ答ニ「但シ同貸金ノ件ニ付政府ト正金銀行トノ條約中ニ右積立金ハ隨時外務大藏兩卿ノ指揮ヲ待テ支拂フベシトアルヲ以テ前任大藏前任外務兩大臣協議ノ上右積立現在金ヲ朝鮮政府ニ寄贈スルコトニ決定シ正金銀行ヲシテ二萬七千二十七圓六十一錢一厘ヲ朝鮮政府ニ寄贈セシメタリ」斯樣ニ答ヘラレマシタガ、ソレデ正金銀行ト政府トノ規約中ニ之ヲ隨時外務大藏兩大臣ガ支拂フベキコトヲ指揮スルトアレバ、卽チ國庫ノ所有金デナイモノヲ外務大藏兩大臣ガ指揮ヲシテ支拂フベキ道理ガナイ、所有權ノ無イモノヲ決シテ支拂フベキ命令ヲスル筈ハナイ、是ニ於キマシテ政府ノ答辯ガ自家撞著シテ居ルト云フコトハ一言スルニ我々ハ憚ラザル者デアル、該金圓二萬七千二十七圓六十一錢一厘ハ所有者ガ不分明デアル、斯樣申スニモ拘ラズ外務大藏兩大臣ガ之ヲ專斷ヲ以テ朝鮮政府ニ寄贈シタルト云フコトハ、ドウモ其理由ガ判明シナイ最モ怪シムベキコトデアリマス、是ニ於キマシテ疑ニモ喋々ト述ベマシテ是ハ幾ラカ人身ニ涉ルコトデゴザイマスカラ唯今ハ簡單ニ述ベマスガ、是ニ於キマシテ疑ニ我我ガ疑團ヲ生ジタ所ノ當時朝鮮國典圜局ニ備ハレテ居ル大阪ノ商人大三輪長兵衛及大阪製銅會社長增田信行紀州ノ住人陸奥某、是等ノ人々達ガ此事ヲ企ッタニ相違ナイ、否ラサレバ寄贈スルノ理由ガナイト云フコトニ成ッテ參リマス、既ニ此人々達ハ三人寄レバ文珠ノ智慧ト云フコトガアッテ以テ、是ハ老練家デアルカ修練家デアルカ私ハ知ラヌガ我々ハ修練家デアラウト考ヘル、ソレデ之ヲ外務大藏兩大臣ガ斯ル國庫ニ屬スベキ金圓ヲ此帝國議會ニモ諮ラズシテ、之ヲ外國ニ向ッテ寄贈スルト云フコトハ、抑々帝國議會ヲ蔑如シタルモノト言ハナケレバナリマセヌ、最モ失當ノ處置ト言フテ之ヲ譴責シナケレバナリマセヌ、頗ル越權ノ處置ヲシタモノデアルト私ハ言フニ憚カラザル者デアル、斯ル所有主ノ無イ金ヲ兩大臣ガ勝手ニ外國ニ向ッテ寄贈スルト云フハ卽チ人ノ牛蒡デ法事ヲスルト云フコトニ成ッテ居ル、ソレ程我國庫ニ餘裕金ガアッテ日本帝國デ使ハンデ外國ニ寄贈シテ遣ルト云フヤウナ金ガアリマスナラバ、今日目下ハ卽チ地價修正トカ種々ナ日本帝國將來發達ニ關係スル事業ガアル、其事業費ニデモ使ハナケレバ成ラヌモノヲ、ソレヲ此ノ如キコトハ僅ナ金圓ト雖モガ絹ノ繼ギニ絹ガナルト云フコトガアル故ニ此ノ如ク致スコトハ、抑々經濟上カラ論ジマシテモ、夫ノ金圓タルモノハ朝鮮政府ヨリ未ダ我政府ニ濟マシツヽアル金デ、之ヲ積立ッタ金ハ先キニモ言フ如ク、若シ朝鮮政府ガ條約ヲ實踐セナカッタ場合ニ是ハ或ハ督責トカ或ハ派出員ノ費用トカニ充テ居ル金デアル、之ヲ濫ニ外國ニ向ッテ投ズルト云フガ如キコトハ抑々我日本ノ經濟ヲ破ルノ働キト云フトモ敢テ過言デハアリマセヌ、實ニ斯ル重大ノ問題ニ就キマシテ曖昧模稜ナル返事ヲ以テ、我帝國議會ヲ瞞著シヤウト云フガ如キコトハ實ニ堂々タル國務大臣ノ爲スベキ仕事デハアリマセヌ、四千萬ノ同胞ハ八百萬ノ眼ヲ以テ(笑聲起ル)確カニ認メテ居リマス、故ニ政府ハ宜シク明瞭ナル確實ナル答辯ヲ以テ日本帝國ノ人民ノ疑惑ヲ霽スト云フコトハ最モ努ムベキ義務デアラウト考ヘマスル

（政府委員外務次官林董君演壇ニ登ル）

○政府委員（林董君）　外務省臨時費第一項新營費ノコトデゴザイマスガ、是ハ京城ノ領事館ノ新營ニ充テマス費額デゴザイマスガ査定案デ全ク削減サレテアリマス、京城ノ領事館ハ十七年ノ京城ノ變亂ノタメニ元ノ領事館ハ燒ケテ仕舞ヒマシテ、十八年中ニ朝鮮政府ヨリ引受ケテ使用シテ居リマスルノガ今ノ領事館デゴザイマス、此領事館ハ引受ケタ時ニ已ニ古イ建物デゴザイマシタ、朝鮮風ニ拵ヘテアッタノデスカラ、無論我領事館ノ事務ヲ取扱ヒマスルニハ不適當ノモノデゴザイマシタガ、樣々ニ修繕等ヲ加ヘマシテ今日マデ之ヲ使ヒ來ッテ居ッタノデゴザイマス、然ルニ元ト古イ家デゴザイマスルカラ年々破損ガ逐ヽ多クナリマシテ、修繕費等モ多分ニ要ルヤウニナリマシタガ、近年ニ至リマシテハ迚モ使用ニ供シナイ部分ガ出來テ參ッタノデゴザイマス、併ナガラ出來ル丈ノ修繕ヲ加ヘテ出來ル丈ニ使ヘル丈ノ部分ハ使ッテ居リマスルガ、ドウシテモ役ニ立タヌ部分丈ハ五十坪程餘新築ヲセンケレバナラヌコトニナッテ參ッタノデゴザイマス、全ク之ヲ削減サレテ見マスルト又修繕費トシテ年々歳々支出スル金ガ大分多額ニナッテ、殆ド新シク建ル位ノモノヨリモット餘計ノ費用ヲ要スルコトニナルダラウト思ヒマス、是ハ是非原案ノ通リ贊成セラレンコトヲ願ヒマス、或ル說ニハ英國ノ東京ニ在ル公使館ノ如ク公使館ノ在ル地ニハ領事館ノ事務ヲ其中ニ併セテ取扱ハシタラ宜カラウト云フ說モアリマシ〃ガ、東京ノ英ノ公使館ノ如キモノハ御承知ノ如ク方數十間ノ構エデ坪數ハ數千坪ニ渉ッテ居リマス、外トカラ見レハ一ノ公使館デゴザイマスルガ中ニハ、公使ノ官舍書記官ノ官舍領事ノ官舍又公使館ノ事務ヲ取扱フ所マデモ別ニ建ッテ居リマス、領事ノ事務ヲ取扱フ所モ建ッテ居リマス、其如キ公使館ガアリマスレバ無論其中デ取扱ッテ宜シイ、尙ホ我京城ニ在リマス公使館ノ如キハ公使ノ居リマスル所ガ一間カ二間、事務ヲ取扱ウ所ガ一間カ二間位ノモノデゴザイマスカラ、迚モ領事ノ事務マデ取扱フ樣ナコトハ出來ナイデゴザイマス、別シテ近頃在留ノ日本人ガ多クナリマシテ、裁判……交涉事件ノ裁判ガ多クナリマシテ、裁判ヲ開クベキ法廷ニ充テル所及巡査警部杯ノ止宿所ヲ併セテ、ナカ〳〵公使館ノ中デ事務ヲ取扱フコトハ成ラヌデゴザイマス、若シ之ヲ公使館ト合併スルコトナラバ公使館ノ地面ヲ廣クシテ公使館ヲ建出シテ、大クスレバ兎ニ角デゴザイマスガ、今ノ儘ノ公使館デハ迚モ出來マセヌ、是ハ原案ノ通リ贊成セラレンコトヲ希望致シマス

○尾崎行雄君(百五十二番)　一錢一厘デモ――、此言葉ハ諸君願クハ能ク御聽取リアラムコトヲ希望スル、次ニ東洋ノ大局ヲ維持スルガタメニ軍艦ガ入用デアルト云フガ、東洋ノ大局トハ今ノ政府ハ如何ニ理解シテ居ラルヽカ、朝鮮ニ對シテ日本ガ持ッテ居ッタ勢力ハ從前ハ隨分宏大ナモノデアッタガ、漸々減ジテ今日ニ至レバ日本人ト云ヘバ朝鮮ニ於テハ殆ド輕蔑ノ言葉トナルガ如キ迄ニ、東洋ニ於テ日本ノ國威及勢力ヲ失フタ、其失ッタノハ何ガ原因ヲ爲シタカト云ヘバ、卽チ現内閣ニ列席サレテ居ル重立ッタ方々ガ、卽チ其一人若クハ二人デアッタノデアルガ、東洋ノ大局ヲ維持スルト云フノバ、卽チ朝鮮ニ對シテハ勢力ヲ失ヒ、支那ニ對シテモ勢力ヲ失ヒ、詰リ日本ノ國威ヲ今日マデ下ゲ來ルト云フノガ、卽チ東洋ノ大局ヲ維持スルト云フノ御考デアリマスカ

○山田泰造君(百六十六番)　朝鮮ノ事情ヲ政府ガ知ッテ居ルヤ否ヤト云フコトヲ序ニ尋ネテ貰イタイ

○議長(星亨君)　百六十六番許サナイ

○山田泰造君(百六十六番)　我々ハ餘リ慨歎ニ堪ヘナイカラ終ニ

(角田眞平君今相談中ダカラト呼ブ)

○農商務大臣(後藤象二郎君)　今ノ尾崎君ノ東洋ノ大局ト云フコトニ就イテ、御答ヲシマセウ、臨時總理大臣ニ代ッテ――、是ハ或ハ朝鮮ニ對シテ支那ニ對シテ斯樣ニ國威ヲ擴張シナクテハナラヌ、斯樣ニ軍艦ヲ充備シナケレバナラヌト云フコトハ、ドウモ議場ニ於テ内閣員ガ申述ベラレルコトデナイ、ソレデ尾崎君ノ見ラレタ所ハ或ハ現今我國ノ人民ハ汚辱ヲ朝鮮ニ於テ受ケテ居ル、或ハ支那デハ此ノ如クデアルト云フコトハアリマセウ、ケレドモ政府ハ自ラ其定見ヲ持ッテ居ル外交ノ政略ト和戰ノ時ニハ和戰ニ見ル所ガアルト御知リニナッテ宜シイ、ソレハ如何ニモ此議場ニ於テ朝鮮及支那或ハ其他ノ東洋ニ對シテ左樣ナ事モシナケルバナラヌ、軍艦モ入用デアル、斯樣ノタメニ軍艦ヲ備ヘナケレバナラヌト云フコトハ如何ニモ申難イコトデアリマスカラ、其御答ハシナイ、併ナガラ政府ハ此大局ヲ處理スルコトニ就イテハ此必要ガアルト云フコトヲ申シタノデアル、ソレ丈ヲ御答ヲシマス

○尾崎行雄君(百五十二番)　無論ノコトデアル、勿論ノコトデアル、支那征伐ヲスル考ガアルカ朝鮮征伐ヲスル考ガアルカト云フコトヲ聽クノデハナイ、左樣ナコトヲ聽クノデナイ、併ナガラ大局ヲ維持スルト云フ以上ハ外交上差支ナクシテ今迄ノ如キ東洋ノ政略ヲシテ往クカ、或ハ此處ニ故ラニ登ッテ大局ヲ維持スルガタメニ必要デアルト言フ以上ハ、東洋政略ニ於テモ多少ノ變更スル所ガアルカト云フ位ハ答ヘラレル筈デアル

○農商務大臣(後藤象二郎君)　唯今御答シタルニ就イテハノ或ハ……(此處聽取スル能ハズ)、朝鮮ニ斯樣ナ事ガアルニ就イテ斯ウ〳〵シナクテハナラヌト云フコトハ、精細ニ此議場ニ向ッテ公開シタル議場ニ向ッテ申述ベラレルコトデハナイト云フコトヲ申シタガ、ソレヲ御了解ト見エテ再ビ御質問ガ起リマシタガ、或ハ今支那ヲ撃タナケレバナラヌ或ハ朝鮮ヲ撃タナケレバナラヌト云フコトハ、是ハ固ヨリ申サウ道理モナシ、又此平和ヲ保ッ世ノ中ニ左樣ナコトハアラウ道理ガナイガソレハソレ位ノコトナラバ其大局ト云フコトニ就イテ其大略ハ言フテモ宜カラウト仰シヤルガ東洋ノ大局云々ト云フ議論ノ起リハドウカト云フト、軍艦製造費ト云フコトカラ起ッタコトデアル、ソレニ就イテ若シ外交政略ト云フナラバ軍艦位ハ來年中ニ遣ラナケレバナラヌ、東洋ノ大局ヲバ處理スルニ附キ準備ヲセネバナラヌト云フコトヲ發言セネバナラヌ譯故ニ、政府ガ此大局ノコトニ就イテ如何ニ處理スルト申スマデノ見解ハ實ニ發言ニ苦ム譯デアル、是故ニ東洋ノ大局ヲ維持スルガタメニト云フコトデ御了解ニ成ルガ宜シイト思フ

○議長（星亨君）　是ヨリ開會致シマス
（水野書記官長朗讀）
柴四朗君外二名提出ニ係ル紀州熊野沖遭難救助ニ關スル質問ニ對シ仁禮海軍大臣ヨリ、淸水文二郎君提出ニ係ル朝鮮政府ヘ返金ノ再質問ニ對シ陸奥外務大臣渡邊大藏大臣ヨリ答辯アリタリ

衆議院議員柴四朗君外二名ヨリ紀州熊野沖遭難救助ノ件ニ關スル質問ニ對シ海軍大臣ヨリ答辯書提出ニ付及御回付候也

明治二十六年一月十七日
内閣總理大臣臨時代理
内務大臣伯爵井上馨
衆議院議長星亨殿

衆議院議員柴四朗君外二名提出紀州熊野沖遭難救助ノ件ニ付質問ニ對スル別紙答辯書差進候也

明治二十六年一月十六日
海軍大臣子爵仁禮景範
衆議院議長星亨殿

衆議院議員柴四朗君外二名提出紀州熊野沖遭難救助ニ關スル質問ニ對スル答辯書

難破船救護ニ就テハ曾テ沿岸府縣知事ニ訓令シ本邦沿岸ニ於テ内外國艦船ノ危難ニ罹リタルモノアルトキハ島嶼部區役所町村役場警察署等又ハ船舶會社若クハ船主ヨリ電報ヲ以テ海軍省及附近鎭守府ニ報告シ又軍艦其附近ニアルトキハ直ニ軍艦ニ報告シ別ニ軍艦ノ救護ヲ要スルニ及ハスト思考スルトキハ報告ニ及ハサル旨ヲ以テセリ然ルニ去十二月二十八日紀州熊野沖ニ於テ漁船遭難ニ際シテハ軍艦救護ヲ要スルノ報告ニ接セサヲ以テ卽時軍艦ヲ派遣セサリシナリ

軍艦筑波ハ去ル三十一日神戸ヲ發シ横須賀ニ回航スルヲ以テ該艦ヲシテ其途次海面ヲ捜索セシメタリ當時該海上ハ非常ノ高浪ナリシモ一層注意セシニ終ニ其蹤跡ヲ得サリシヲ報セリ

右ノ如ク海面ノ捜索ニ於テ蹤跡ヲ得サリシニ依リ該難破船ハ豆南諸島ニ漂著セシモ圖ラレサルヲ以テ該方面ニ軍艦派遣ノ令ヲ傳ヘ置ケリ

前陳ノ次第ナルヲ以テ第三第四ハ答辯セス
右及答辯候也

明治二十六年一月十六日
海軍大臣子爵仁禮景範

衆議院議員淸水文二郎君提出ニ係ル朝鮮政府ヘ返金ノ件ニ付再質問ニ對シ外務大藏兩大臣ヨリ答辯書提出ニ付及御回付候也

明治二十六年一月二十三日
内閣總理大臣臨時代理
内務大臣伯爵井上馨
衆議院議長星亨殿

衆議院議員淸水文二郎君提出朝鮮政府ヘ返金ノ件ニ付再質問ニ對スル別紙答辯書差進候也

明治二十六年一月十九日
外務大臣陸奥宗光
大藏大臣渡邊國武
衆議院議長星亨殿

衆議院議員淸水文二郎君提出朝鮮政府ヘ返金ノ件ニ付再質問ニ對スル答辯書

前回既ニ答辯シタルカ如ク明治十五年政府ヨリ紙幣拾七萬圓ヲ正金銀行ニ貸附セシ際ニ當リテ該銀行ヨリ政府ニ向テ成セシトコロノ規約中ニ「朝鮮政府ヨリ取立タル利金八分ノ内元金ニ對シ年四分ノ割合ハ其都度大藏省ヘ上納シ同壹分ノ割合ハ右貸附金取扱方手數料トシテ本行ヘ下附シ又殘リ同三分ノ割合ハ別途營準備トシテ之ヲ本行ニ積ミ置キ隨時外務大藏兩卿ノ指揮ヲ俟テ之ヲ支拂フヘキ」コトヲ約シ又他ノ條ニ於テ右貸金ニ關シ該銀行ヨリ役員ヲ朝鮮國ヘ出張セシムルコトアルトキハ其出張費用ハ前記別途費ヨリ支辨スヘキコトヲ規定セリ之ヲ要スルニ右積立金ノ目的タルヤ萬一朝鮮政府ニテ貸金ノ返還ヲ遲滯セシ場合ニ當リテ其取立方ノ費用ニ備ヘタルモノナリ而シテ政府ハ正金銀行ニ向テ貸金ニ對シ每年四分ノ利子ヲ納メシムルコトヲ約定シ該銀行ニ於テ約ニ從ヒ之ヲ納メ來リタル以上ハ更ニ規約以外ノ金額ヲ上納スヘキ義務ナキト同時ニ政府ニ於テモ亦タ之ヲ徵收スヘキ權利ナシ何トナレハ政府ト正金銀行トノ間ニ於ケル貸借ト該銀行ト朝鮮政府トノ間ニ於ケル貸借トハ自ラ別種ノ契約ニ屬スレハナリ故ニ正金銀行之ヲ所有スト雖モ外務大藏兩大臣ノ指揮ナクシテ之ヲ使用處分スルコトヲ得ス外務大藏兩大臣其支拂方ヲ指揮スルコトヲ得ルト雖モ其積立ノ目的ニ反シテ之ヲ政府ノ所有ニ歸セシムルコトヲ得ス而シテ朝鮮政府ニ於テ是迄年々返還ノ義務ヲ果シ來リシニ付テハ亦タ之ヲ既往ノ爲ニ積置クノ必要ヲ見ス然ルニ朝鮮政府ニ於テ貨幣制度ヲ改更セントノ見ヲ起シ交換署ナルモノヲ置キ新貨幣ノ鑄造ニ著手セントスルモ其創業費ノ籌畫ニ難ズルコトヲ聞知リ前任外務前任大藏兩大臣協議ノ上右積立現在金ヲ右創業費ノ補助トシテ此際朝鮮政府ニ寄贈シ以テ帝國政府カ鄰誼ヲ重スルノ意ヲ表スルコトニ決定シ正金銀行ニ向テ右現在金ヲ朝鮮政府ヘ寄贈スルコトヲ命令セシモノナリ

右及答辯候也

明治二十六年一月十九日
外務大臣陸奥宗光
大藏大臣渡邊國武

○東尾平太郎君（二百七十三番）　漸ク議長ノ許可ヲ得テ發言スルコトヲ得マシタガ、此棉花輸入税免除ノ問題ハ議場ノ大勢ヲ察シマスル所、自由黨ナリ改進黨ナリ較〻黨議トナッテ居ル、其他ノ諸君モ多數ノ贊成君ガアリマシテ、一讀會ハ大多數ヲ以テ通過致シマシタ、而カモ私モ自由黨ノ一人デゴザリマシテ、之ニ反對スルハ實ニ忍ビザルノ感情ガゴザリマスガ、若シ此問題ガ議場ヲ通過シマスレバ、農業經濟ニ大革命ヲ來シマスコト、考ヘマスカラ、私ハ涙ヲ呑ンデ玆ニ反對スル所以デゴザリマス、（此時盛ンナル哉ト呼ブ者アリ）而シテ此紡績業ナリ又棉花ノ事ハ最モ大阪ニ關係ガ多イノデゴザリマス、而シテ私ハ大阪ノ選出議員デゴザリマスルガ故ニ、此大阪ノ事情ヨリ諸君ニ御話シヤウト考ヘマスルガ、今大阪府ノ紡績業ノコトヲ諸君ニ御話シマスルト、全國地方ノ紡績場ガ三十七箇所アリマス、此中七箇所ハ大阪ニ在リマス、稍〻五分ノ一ハ大阪ニ占メテ居リマス、而シテ此紡績所デ綿絲ノ製造高ヲ調ベテ見マスルト、全國ノ綿絲製造高ガ七百二十四万九千貫目、而シテ大阪ニ於テ製造スル高ガ三百五十八万六千九百八十一貫目、丁度全國製造高ノ半ニ居ル有樣デゴザリマス、故ニ此紡績業ニ就キマシテハ大阪ハ大關係ヲ以テ居リマス、即チ全國ノ半バヲ今日持ッテ居ルト云フ場合デゴザリマス、而シテ棉作デハ如何カト考ヘテ見マスレバ、日本全國デ八万二千町歩ノ棉作デゴザリマス、而シテ大阪府ニ於キマシテハ九千町歩ノ棉作デゴザリマス、丁度棉作モ全國ノ十分ノ一ニ位シテ居リマス、故ニ此棉花輸入税ヲ免除スルコトニ就イテハ、大阪ニ稍〻利害ノ半バヲ持ッテ居リマスカラ、大阪ノコトハ諸君モ御耳ヲ傾ケラレンコトヲ希望致シマス、扨此輸入棉花論者ノ說ヲ聽キマスルト、棉花ノ輸入ヲ盛ンニシテ紡績業ヲ保護スルト云フ樣ニ聞エマス、如何ニモ今日ノ紡績業ガ事實ニ於テ退縮シテ居ルナラバ、之ヲ保護スルノ必要モアリマセウ、時ニ依レバ必要モアリマセウ、諸君如何デゴザリマセウ、今日紡績ノ現在ハ諸君御覽シナサイ我紡績業者ノ勢ハ決シテ年々退歩致シマセヌ、明法十七年ニハ三万五千錘ヨリナカッタモノガ、今日如何デゴザリマス幾ド五十万錘ニ垂トシテ居リマス、又是カラ增錘ニナラントスルモノガ二十万錘モアリマス、實ニ長足ノ進歩ト言ハナケレバナリマセヌ、何ガ故デアリマスカ利益ガアルタメデアリマス、利益ノナイモノハ決シテ發達進歩シマセヌ、昨年度ノ夫ノ紡績業者ノ利益ヲ取調ベテ見マスルト、大阪府デハ極ク惡イ何紡績會社デモ年八分ニ當ッテ居リマス、其他ノ會社ハ一割五分二割ノ間ニ居ル、幾ント一割五分平均ニナッテ居リマス、是ガ他ノ商業デ斯ノ如キ利益ノアルモノハ決シテゴザリマセヌ、斯ノ如キ利益アルモノヲ何ガ故ニ之ヲ保護スルノ必要ガゴザリマセウ、又株券ノ賣買ノコトヲ調ベテ見マシテモ、隨分紡績業者ハ危險ナル事業デゴザリマスカラ、利益ノアル割ニハ株券ハ安イノデス、其安イ株券デモ一二ノ例ヲ舉ゲマスレバ、泉州紡績ガ二十九圓ノ拂込ガ三十九圓ニ賣レテ居リマス、幾ド七割高クナッテ居リマス、又平野紡績ハ十五圓ノ拂込ガ二十五圓ニナッテ居リマス、是ハ株券ノ實地ノ而カモ昨日ノ相場附デス、ソレカラ尼ケ崎紡績ガ二十五圓ノ株券ガ三十三圓ニナッテ居リマス、大抵株券拂込金高ヨリ五割六割ニモ賣レテ居ルノデゴザリマス、サウシマシテ又實地ノ景況ヲ見マスルト、明治二十一年ニハ棉絲ノ輸入高千三百六十萬圓アッタノデアリマス、明治二十四年ニハ五百五十萬圓ニ減ジマシタ、最早此勢ニナレバ一二年ニシテ綿絲輸入ハ無クナルダラウト思ヒマス、此ノ如キ長足ノ進歩ヲ爲シ日ヽニ發達シツヽアル紡績ニ、何ヲ苦ンデ保護奬勵シナケレバナリマセヌカ、自然ノ發達ニ一任シテ置イテ立派ニ棉絲ノ輸入ハ防禦ガ出來ルノデアリマス、自分等ニ於テ實ニ奇怪千万ニ堪ヘマセヌ譯デゴザリマス、又昨日デゴザリマシタカ提出者ノ加藤君ハ、紡績業者ハ從來ニ於テ非常ノ困難ヲシテ居ルカラ、之ニ奬勵ヲシナケレバナラヌ、實ニ譯ノ分ラヌ話デアル、加藤政之助君ハ新聞ノ事ハ委シイカ知ラヌガ、紡績業者ノ事ハ知ラヌト思ヒマス、賴マレテ少シハ御承知カモ知レマセヌガ、今紡績業者ノ既往ノ歷史ヲ少シ諸君ニ御話シナケレバナラヌト考ヘル、紡績業ハ諸君モ御承知ノ通リ、明治十二年頃ニ始ッタノデアル、而シテ明治十三四年頃ニナッテ各地ニ出來タ、其時ノ紡績業ノ目的ヲ言ヒマスレバ、始テ紡績會社ヲ何レノ地ニ設置ヲシタカト申シマスレバ、例ベバ棉ノ出來ル大阪地方又愛知ノ地方廣島地方、總テ日本ノ棉ノ出來ル地方、日本ノ棉ヲ目的ニ設置シタノデゴザリマス、而シテ未ダ熟練モゴザリマセズ經驗モゴザリマセズ、日本ノ棉ヲ紡績業者ニ掛ケテヤッテモ十五手ノ太絲ヨリ出來マセヌ、故ニ紡績業者ハ明治十四五年頃カラ二十年頃マデ損ヲシマシタ、損ヲシタ筈デス日本ノ太絲ヨリ出來マセヌカラ、幾ラヤッテモ外國カラ十六手以上ノ棉絲ノ輸入ヲ防グコトモ出來ズ、又追ヽ紡績業者ハ破產ヲ致シマシタ、然ルニ明治二十二三年頃カラ精撰ナル器械ヲ歐洲ヨリ取寄セ、又外國ノ棉花ヲ使用スルコトヲ覺エマシタカラシテ、十六手以上二十手三十手四十手位マデモ日本ノ紡績業者デ紡ンデ居リマス、故ニ明治十四五年ヨリ二十年頃マデノ紡績ノ振ハナカッタノハ、棉花其物ノ爲ニアラズシテ、外國ノ棉花ヲ使用スル才能ト又熟練ト經驗ガナイタメニ損耗ヲシタノデアリマシテ、決シテ棉花輸入税ノアルガタメニ紡績業者ガ困難シタト云フ形跡ハ一向私ハ認メマセヌ、而シテ此反對論者ハ農業社會ニ決シテ妨害ヲ與ヘナイ、昨日モ江原君ハ棉花輸入税ヲ免除シタ所デ、棉百斤ニ附キ四十錢ヨリハ超エナイ、是ヨリ外ニ農業社會ニ妨害ハ與ヘナイト言ハレマシタ、實ニ言語同斷ノ話デアル、諸君百斤ニ附イテ四十錢ノ棉ガ低落スレバ三百斤ノ棉ノ上デ一圓二十錢答ヘマス、大阪地方デハ六十六貫平均取レルデス、（ソレハ實棉デスト呼ブ者アリ）ソレデ若シ大抵棉地ノ所ハ如何ニ地價ガ高クテモ四十圓、之ニ對スル租税一圓デアリマス、ソレデ若シ二百斤ニシマシテモ一圓ノ租税ガ、一圓八十錢拂ハナケレハナラヌ樣ニナリマス、サウスルト今ノ百分ノ二箇半ノ租税ガ百分ノ五拂フ樣ニナリマス、諸君ノ樣ナ八百圓モ取ル人ハ四十錢ヤ三十錢ハ頓著シナイガ、農民ハ實ニ此百斤デ四十錢答ヘレバ、二倍ノ租税ヲ拂フ樣ニナリマスカラ、小農民ニ對シテハ非常ノ困難ト云ハザルヲ得マセヌ、然カノミナリマセズ我國ニ於キマシテハ棉ハ工藝作物デ一般ニハ出來マセヌ、昔ヨリ全國デハ八百乃至十萬町歩シカ出來マセヌ、故ニ地ヲ盛ル上ニ於テハ棉作ハ非常ニ高イ地價ヲ盛ッテ居ルデ、桑ヤ茶ヲ作ル畑ハ現在デモ五六圓カラ十圓マデシカアリマセヌガ、棉ヲ作ル地價ハ五十圓、六十圓、大阪府下ハ七八十圓ノ地價モ持ッテ居リマス、然ルニ近年紡績業ノ出來タタメニ農家ノ複業トシテ、或ハ棉ヲ繰リ絲ヲ紡ンデ農家ノ產業トシタモノガ、紡績業ノ出來タタメニ非常ニ影響ヲ及ボシテ殆ド困難ニ迫ッテ居ル、加フルニ棉作ニ百斤ニ附キ四十錢ノ下落ヲシマシタナラバ如何デアリマセウ、棉ヲ作ル者ハ一人モ無クナラウト思ヒマス、又先日以來一讀會以來反對者ハ、あつぷらんどハ日本ニ於テ造ルコトガ出來ヌト云ヒマス、是ハ立派ニ出來ルノデアリマス、現在昨年各地デ試驗ヲシマシタガ、大阪ノ農學校デ多年經驗シテ居リマシタガ、昨年ノ收穫ハ四十二貫百目取ッテ居ル、又攝津ノなるをデ試作シマシタノハ、是モ四十九貫目カラ取ッテ居ル、隨分將來ニ於テ外國棉絲ノ種類ヲ日本デ繁殖サセル見込ハアリマス、元來日本ノ棉ハ元ハ外國カラ來タモノデ、外國ノ綿絲ガ日本ニモ繁殖セヌ道理ハナイ、將來改良ノ方法ハ充分見込ガアルト考ヘテ居リマス、而シテ又理由書ノ中ヲ讀ミマスルト、原料素品ハ成ルヘク輸入稅ヲ免スルコトガ宜イトアリマスガ、原料素品ハ獨リ棉花ノミデハアリマセヌ、或ハ鐵、羊毛、寒天ノ原料其他雜多ニゴザリマス、若シ衆議院ガ誤ッテ棉花輸入稅ヲ全廢シマシタナラバ、鐵ナリ羊毛ナリ悉ク來ラズ、斯クナリマスレバ原料ノ輸入ニ對シテ幾ド五十萬圓モ國庫金ニ影響ヲ及ボス、然カノミナリマセズ輸入稅ノ全廢ニナルトキハ、又此輸出稅全廢續イテ出テ來マス、輸入稅ヲ廢シマスレバ輸出稅ヲ廢スルノハ道理ニ適ッタ譯デ、万一我衆議院ガ誤ッテ輸入稅ヲ全廢シタナラバ、續イテ起ルノハ輸出稅全廢ノコトデアリマス、若シ兩方廢スレバ二百五十萬圓ノ財源ハ如何シテ求ムルカ、實ニ容易ナラヌ問題ト思ヒマス、又先ノ辯士モ云フ通リ之ヲ廢スルト……百步讓ッテ廢スルトシテモ「事ノ緩急本末ヲ誤ッタモノト思ヒマス、我々ハ第一期以來冗費ヲ節減シ、民力休養ヲスルノハ斯樣ナ小刀細工ノ棉花輸入稅ヲ廢スル樣ナ目的デハゴザイマセヌ、第一ノ目的ハ地價ヲ修正シ地租ノ率ヲ低減シテ、大ニ民力ヲ休養スルノ目的デゴザイマス、然ルニ今ヤ賴ミニシタル民力休養ノ大目的ヲ達セズシテ、僅ニ二十萬カ三十萬カ紡績業者ノ依賴ヲ受ケテカ受ケナイカハ知リマセヌガ、一部ノ紡績業者ヲ助ケルト云フコトハ、我々ノ本旨デハゴザイマセヌ、分リマシタ分リマシタト呼ブ者アリ）又モウ一ツノ理由ニハ、我國ヨリシテ支那朝鮮ニ輸入スルト云フ議論デゴザイマスガ、是ハ大ニ誤ッタル議論デアラウト考ヘマス、支那朝鮮ハ何レノ地ノ得意カト云ヘバ英國印度、支那、朝鮮ガ得意先デゴザイマス、然ルニ此印度ノ棉ヲ我國ノ紡績業者ハ之ヲ輸入シテ、敵ノ糧ニ賴ッテ敵ト戰フト云フハ、實ニ戰略ノ得タルモノデハゴザイマセヌ、萬一英國ガ日本ガドウモ英國ノ紡績業者ト競爭ヲナセバ如何ニモ小癪ナコトヲスルト云ッテ輸出ノ棉花ニ稅ヲ課ケタラ如何デゴザイマセウ、此方ノ稅ヲ取ルノヲ外國ニ進上スルト同樣デゴザイマス、又競爭ハ止ムヲ得ザル場合ニハ、其勢デ遣ッテモ宜シウゴザイマスガ、併シナガラ一時外國ノ感情ヲ損ネルコトハ我國ノタメニ將來デハゴザイマセヌ、英國ニハ四千二百萬ノ錘數ガゴザイマス、又印度ニハ三百八十萬ノ錘數ガアル、一朝外人ガ日本ガちよこさいナコトヲヤルカラ、我々モ競爭シテヤラウト云フテヤリ出シタ時ニハ、未ダ我幼稚ナル發達シカケテ居ル所ノ紡績業ハ、或ハ外國ノ競爭ノタメニ倒レルカモ知レマセヌ、所謂毛ヲ吹イテ疵ヲ求ムル類デアラウト考ヘマスル、ソコデ詰リ之ヲ約言シマスレバ、棉花輸入稅廢止ハ利益アル一部ノ豪商ヲ助ケテ、貧困ナル多數ノ衆民ヲ害スル結果ニナラウト考ヘル、苟メニモ國ヲ愛シ民ヲ愛スル諸君ニ於テ、誤ッテ斯ノ如キ案ニ贊成セラルヽ、諸君ハアルマイト存ジマスル私ハ終リニ臨ンデ一言シマスルガ、風說ニ據リマスレバ第一期議會以來、紡績業者ガ非常ニ熱心ニ奔走シ運動スルト云フコトヲ聞キマスル、併シよもや紡績業者ノ運動ノタメニ、諸君ノ意思ノ動グコトハゴザイマスマイケレドモ、私ハ一例ヲ擧ゲマスレバ第一期デゴザイマシタカ、第二期デゴザイマシタカ、紡績業者ガ烏森ノ湖月ニ會合シテ、本案提出者ノ一人タル浮田桂造ノ照會ヲ以テ招キマシタガ、私ハ固ヨリ本案ニハ反對デゴザイマスカラ謝絕シマシタガ、其時列席セラレタ人々ハ美酒佳肴且ツ美人モアッテ澤山ノ饗應ガゴザイマシタ由デゴザイマス、饗應ノタメニ國家ノ大問題ヲ議セラルヽ、諸君ハ恐ラクゴザイマスマイケレドモ、隨分紡績業者ノ運動シタコトハ事實デゴザイマスルガ、悲イカナ貧困ナル小作ノ農民ハ、東京ニ來テ運動スルコトハ出來マセヌガ、運動ノ出來ヌ者ハ困難ニ陷リ、運動スル者ハ利益ヲ得ルト云フ偏頗ノ結果ニナリマシテハ、我衆議院ノ面目ヲ汚スカラ、詰リ此案ニハ反對サレンコトヲ希望致シマス

（討論終結ト呼ブ者アリテ贊成々々ノ聲起ル）

○議長（星亨君）　討論終結致シタラドウデゴザイマス

（宜シイト呼ブ者多シ）

○議長（星亨君）　然ラバ討論ハ終結致シマシタ

○渡部芳造君（百三十一番）余ハ本案ニ就イテハ反對ヲスル者デアリマスル、デ成ルベク此讀會ニ於テ否決セラレンコトヲ希望スル者デゴザイマス、全體棉花輸入稅廢止ト云フ事柄ハ如何ナル必要ガアッテ廢スルカト云フコトヲ諸君ガ御考ニナッタナラバ能ク御分リニナラウト思ヒマス、總テ此稅ヲ廢スルナド、云フ事柄ハ必要ガアッテ始テ起ルモノデアラウト私ハ思ヒマス、然ルニ今日ノ場合如何ナル必要ガアルカト云フコトヲ考ヘテ見マスルト云フト、前ニモ續々述ベラレマシタ如ク今日ハ實ニ利益ガ多クッテ、紡績所ハ隨分盛ニナッテ參ル今日デゴザイマス、二割三割ノ利益ガ有ルニ之ヲ廢サナケレバナラヌト云フ諸君ノ御考ハ私共ニ於テハ合點ノ行カヌコトデゴザイマス、殊ニ之ニ就キマシテハ聊カ述ベテ置キタイト思ヒマスルノハ、諸君ハ豫テ民力休養ト云フコトヲハ御贊成ニナリ、且ツ唱ヘツ、アル人デアラウト思ヒマスガ、然ルニ今日ハ如何ナル場合デアルカト云ヘバ、彼ノ我々ノ希望シテ居ル所ノ民力休養問題ノ一ナル所ノ地價修正ハ既ニ倒レテ仕舞ッテ居リマス、ソレノミナラズ監獄國庫支辨案ハ、是モ細民ヲ助ケテヤラナケレバナラヌト云フコトデゴザイマシタガ、是モ倒レタノデアリマスカラ、既ニ民力休養ト云フ即チ細民ヲ助ケルト云フ事柄ハ、一ツモ行ハレナカッタノデアル、而シテ此助ケルト云フ事柄ニ反對ナル所謂細民ヲいじめるト云フ法案、即チ此棉花關稅廢止案ハ今將ニ本場ニ現ハレテ、確定議ニナラント云フ今日デアリマスカラ、實ニ我々ハ感慨ニ堪ヘナイノデアリマス、就イテハ諸君ニ尙ホ御記憶ヲ願ハナケレバナラヌノハ、既ニ諸君モ御承知ノ通リ此財源ノ困難ナルコトニ就イテハ、夫ノ內廷ノ費用迄モ　陛下カラ省カセラレル位ノコトデアッテ、實ニ國家經濟ノコトハ御承知デアル、然ルニ今正當ノ原因ナル所ノ外國ノ品物――、外國カラ金ヲ取ル事柄ニ就イテハ之ニ御反對ニナッテ、ドウデモ之ヲ廢シテ仕舞ハウト言フニ至ッテハ實ニ驚入ッタコト、私ハ思ヒマス、斯ル次第デアリマスレバ鳴呼實ニ是迄ハ民力休養ト唱ヘツ、アッタガ、其人々ノ御考ヘハ民力休養ノ御考ハナカッタノデアル、口デ言ハレタガ心ノ中ニナカッタト思ヒマス、何トナレバ此稅源ハ實ニ正當ノ稅源デアル、此正當ノ稅源デアッテ此正當ノ稅源ヲ廢スニ至ッテハ、先刻東尾君カラ述ベラレタ通リ之ニ伴フ所ノ、即チ鐵ノ如キ毛布ノ如キ――、夫ノ諸君ガ常ニ用フル毛布ノ如キハ皆外國カラ來ルカラ、是モ原料トシテ稅ヲ廢シテ日本デ造ルコトヲシタラバ宜カラウト思ヒマスガ、是等ヲ廢シテサウシテ輸出稅ヲ廢スルコトニナレバ、日本ノ稅源ハ如何ニ減ルカト云フコトハ御考ニナッテ居リマセウガ、尙ホ御一考ヲ願ヒタイモノデアル、加之前ニモ申シマス通リ民力休養ガ行ハレヌノミナラズ、今此稅ヲ廢スルト云フト、正當ノ稅源ヲ失フト同時ニ起ッテ來ル問題ハ、四百萬ノ細民ハ忽チ路頭ニ彷徨フト云フコトニナッテ來マス、シテ見ルト決シテ諸君ガ述ベラル、所ノ事柄ト反對シテ、私共ハシテ見ルト此案ガ可決スルヤウニナッタナラバ、私共ハ斯ウ思フノデアリマス、是ハ過言カ知リマセヌガ、蓋シ夫ノ株券所有者ハ一時ノ利益ハアリマセウガ、株權所有者モ永遠利益ハアリマスマイガ――、一時ノ利益ヲ得ルハ免カレマスマイガタメニ人民ガ困難ヲスル、株券所有者ハ中等以上ノ富豪家デアル、此富家ニ增シテ貧民ヲいじめる結果トナルカラ、之ヲ利用シテ豪族政治トスルト論斷シナケレバナラヌ、（誤解ト呼ブ者アリ）諸君ハ此說ヲ廢スルニ就イテノ理由ト言フモノハ、外國カラ這入ッテ來ル即チ輸入稅ヲ廢スレバ、外國カラ這入ッテ來ル所ノ絲ハ少ナクナルカラ、國家經濟ノタメニ利益ガアルト云フ論斷ガアリマシタガ、是ハ大ナル間違ト思ヒマス、何カ是ガ間違デアルカト申シマスト、此稅金ト云フモノヲ廢シタタメニ所謂外國ノ棉ガ共ニ這入ッテ來ル、此間モ神鞭君ノ問ニ對シテ江原君ノ御答ガアリマシタガ、其御答ノ中ニアリマスル通リ、今ノ所デハ日本モマダ蒲團綿ハ日本綿ヲ使ッテ居ルノデアリマスガ、是カラ追々外國綿ガ這入ルヤウニナルニ隨ッテ、日本綿ノ所謂華主先ノ蒲團綿ノ如キニ至ル迄悉ク這入ッテ來ル、扨是ガ悉ク這入ッテ來テ見ルト云フト優勝劣敗、即チ競爭ノ結果トシテ詰リ此外國ノ品物ガ安イト云フコトナレバ、是ガ這入ッテ來ルト同時ニ日本ノ產物ガ減ル、即チ棉ヲ作ル者ガ少クナル、シテ見ルトドウ云フ結果ニナルカト云ヘバ、今ノ所デハ綿ノ這入ッテ來ル高ハ何ボ程ニ上ッテ居ルカト云フト僅カ五百萬圓デ、此五百萬圓綿ト云フモノハ四十手以上ノ瓦斯絲ノ部類ガ多イノデアル、此瓦斯絲ハ日本デ出來ルカト云フト、未ダ技術ノ進マナイタメニ日本デハ出來ナイト云フコトヲ申スヨリ外ハナイ、ドウモ言ヒタクモ無イガ實際ニ於テ日本デハ未ダ工藝ガ進ンデ居ラナイノデゴザイマス、既ニ然ラバ之ヲ廢シタカラト云ッテ、職工ノ熟練ト云フモノガ出來テ來テ自然ニ發達シナイコトナレバ、一旦之ヲ廢シマシタメニ此瓦斯絲ガ日本デ出來ルモノト御考ニナルノハ間違デアラウト思ヒマス、サウスレバ此瓦斯絲ハ何時マデ掛ッテ日本ニ出來ルカト云ヘバ、早晚出來ルカモ知レマセヌガ今ハ出來ナイ、是ガ追々ノコトデナケレバナラヌト云フコトデアルナラバ、一方ニ這入ッテ來ル所ノ綿、蒲團綿ノ如キ外國カラ來ルモノガ漸々多イト思ヒマス、即チ外國カラ這入ッテ來ル綿ノ高ガ多クナルノデゴザイマス、サウシテ瓦斯絲ハ出來ナイデ綿ガ餘計ニ這入ッテ來ルト云フコトニナル、而シテ今一步ヲ進メテ論ジマスレバ、此綿ガ外國カラ這入ッテ來テ何處迄這入ルコトガ出來ヤウカ、何ボ位日本ニ這入ッテ來ルカト云フコトヲ考ヘテ見マスルト、今農商務省ノ取調ニ依ッテ見マスルト、一寸八百萬貫目都合這入ッテ來ルヤウニナラウト思ヒマス、何トナレバ八百萬貫目ハ農商務省ノ調デモ日本デ出來ルト云フ調ニナッテ居ル、サウスルト此八百萬貫目ノ綿ガ――漸次夫ノ外國綿ガ輸入ヲ致シテ參リマシテ、其方ガ安クシテ便利デアリマスカラ、まる〳〵トハ往キマスマイガ是丈ハ這入ッテ來ルニ違ヒナイ、サウスレバ此五百萬圓ノ絲ヨリモ八百萬貫目ノ綿ノ方ガ餘計ニナルト言ハナケレバナラヌ、サウスレバ輸入稅ヲ廢シタメニ起ル所ノモノハ何デアルカト云フト、取モ直サズ輸入スルモノガ餘計ニナル、斯ウ云フコトニ外ナラヌ、サウスレバ輸入稅ヲ廢シテ一方ニ正當ノ稅源ヲ失ヒ一方デハ輸入ガ多クナルト云フコトニナルト、是コソ實ニ國家經濟ノ上ニ憂フベキコトデハナイカト本員ハ思ヒマスル

デ斯ル理由デアルカラ、ドウアッテモ此輸入稅ヲ廢スルト云フ理由ハ無イノミナラズ、輸入稅ヲ廢シタタメニ輸入ハ漸々ニ增シ人民ハ次第ニ苦ム、サウシテ儲ケル者ハ株券ヲ持ッテ居ル人――、株券ハ一時直ガ上ガルカラ株券ヲ持ッテ居ル方ノ利益ニハナリマセウガ、國家ノ經濟ト云フ上カラ考ヘマスルト實ニ痛歎大息ニ堪ヘザル次第デアラウト思ヒマス、之ニ就イテ反對ノ說ガ出ルデアラウト思フノハ斯ウ云フコトヲ言ハレルデアラウ、ソレハ外國ノ綿ヲ買ッテ日本デ絲ヲ拵ヘテ、サウシテ支那ヤ朝鮮ニ持ッテ往ッテ賣捌ケバ宜シイデハナイカト云フ說ガ出ルデアラウト思フ、併ナガラ是ハ甚シキ了簡違ヒノ說デアル、私ガ委員會ノ席ニ於テ政府委員ニ尋ネテ見マシタガ――當ニ政府ノ言コトノミナラズ他ノ方デモ私ハ調ベタノデアリマスガ、差向政府ノ調ヲ御話シヤウト思ヒマス、政府ノ調ベテアル所ノ事柄ハドウデアルカト云ヒマスト、ぼんべいノ即チ彼方デ出來ル所ノ絲ノ元ノ直段ガドノ位スルカト云フコト、日本デ今出來ル絲ノ原價ハドノ位デアルカト云フコトト、ドノ位迄デ出來ルカト云フコトヲ取調ベタ所ガ斯ウ云フ結果ヲ得マシタ、彼方ノ原價ガ六十六圓四十五錢五厘、ソレヲ日本デ拵ヘルト六十九圓三十錢ト云フ勘定ニナル、サウシマスルト原價ニ於テ斯ノ如ク外國ノモノ、方ガ三四圓モ安ク出來ルノデアル、外國デハ安ク出來ルガ日本ニ持ッテ來ルトドウ

デアルカト云フニ、荷造賃運賃ガ大變ニ餘計ニ掛ルカラ、日本ノ市場デ見ルト取調ノ上デハ外國ノモノハ安クナクシテ却ッテ高クナルノデゴザイマス、ソレハ運賃荷造賃ガ掛ッテ高クナリ、日本ハすく／＼んで其土地デ賣ッテ居ルノダカラ外國ト競爭スルノデゴザイマス、處ガ支那ヤ朝鮮ニ往ッテ賣弘メヤウトスレバ、外國ノ原價ト日本ノ原價ト考ヘテ見テ、日本ノ原價ガ安クテ、外國デ拵ヘタ所ノモノガ高イト云フコトニナッテ居ルナラバ始テ競爭モ出來マセウガ、日本デ拵ヘタモノガ外國ノ原價ヨリ日本ノモノガ高ク付イテ居ルト云フ以上ハ、決シテ支那ヤ朝鮮ニ持ッテ往ッテ競爭ノ出來ヤウ筈ガナイ、然ラバ支那朝鮮ニ持ッテ往ッテ競爭スルト云フコトガ出來ナイトスルナレバ、果シテ如何デゴザイマセウ、是ハ外國ニ持ッテ往ッテ競爭スルコトガ出來ナケレバ、畢竟ズルニ何處マデ爭ッテモ日本デ瓦斯絲ヲ拵ヘテ外國ヲ防ギ止メルト云フヨリ外ニナイ、ソレガソレナラバ今出來ルカト云フト今ハ出來ナイ、追ヒ技術ガ發達シテ往カナケレバ出來ナイ、デ斯ク論ジテ參リマスレバ更ニ利益スル所ハナクッテ害バカリ多イノデアル、害ノ多イ所ノモノヲドウシテモ此稅ヲ廢シナケレバナラヌト云フノハドウ云フ理由カ私ハ見出シマセヌガ、ソレニ就イテ先ヅ此間江原君ナリ加藤君ナリノ御演說中ノ二三ヲ擧ゲテ、向フノ之ヲ廢シナケレバナラヌト云フ方ノ理由トシテ述ベラレタ要點ヲ摘ンデ、幾ラカ辯明スルノ必要ガアラウト思ヒマス

デ夫ノ委員ノ報告ノ時ニ江原君ノ辯明サレタ中ニ、農民ハ卽チ棉ヲ作ル者ハ六分ノ一位、一段步五十斤トシタナラバ二十錢ノ損害トナルノデアル、然ルニ日本デ茶ヲ輸出スル時ニ支那茶ニ競爭サレタタメニ一段步ニ付イテ一二圓ノ損害ヲシタコトガアルガ、農民ハ業ヲ止メナカッタカラ二十錢位ノ損害ノタメニ廢業スルナド云フコトハアルマイト云フ說ガアッタノデアル、是ハ大キナル間違デ私ハ大ナル誤デアラウカト思フ、ソレハ全體綿ノ直段ハ以前ト變ラナイカト考ヘテ見ルト、私共ガ古老ニ聽ク所ニ依ッテ見マスレバ、私共ノ方ハ鳥取縣地方デアリマシテ、以前ニハ綿一本ニ米二石ト斯ウシタモノデ、米二石ト綿一本ト釣合テ居リマシタ、一本ト云フノハ六貫目デアリマス、處ガ段々外國ノ綿ガ這入ッテ來テ、當時ノ値段ガ一本ニ附イテ一石五斗、今ハ一本デ米一石ヨリ低イコトニナッテ居ル、コノタメニ地方ニ於テハ民家デ困難ヲ醸シテ居ル、然ルニ農民ニハ特殊ノ事情ガアッテ耐ヘヽテ斯ウナッテ一段步ニ十圓餘ニナッテ居ル、然ラバ茶ヨリ困難デアル、之ニ持ッテ往ッテ二十錢ニスレバ泣面ニ蜂トカ、或ハ泣ク子ニ針ト云フ話デ、困難ニ困難ヲ重ネレバ到底路頭ニ立ツト云フヤウニナルダカラ、茶ノ方ハドウカ知レマセヌガ餘程困難ヲ感ズル、以前ノ十圓ヨリ今度ノ二十錢ガマダ答ヘルカモ知レマセヌ、シテ見レバ私ハ此事モ廢スル辯護ニナラヌト思フ、其次ニあつぷらんど種ハ日本ニ適スルコトニナレバ、日本人ハ綿ヲ製スルコトガ出來ヌト云フノデアル、是ハ江原君ハドウ云フ考カ知レマセヌガ、外國ノ棉ガ日本ニ蒔イテ適スル樣ニナレバ其棉ハ惡クナル、日本ニ適スレバ日本ノ綿ニナッテ小間手ノ絲ハ引ケナイト云フガ、サウ云フ進化論ハ何處ヲ御讀ミニナッタカ本員共ニハ分リマセヌ、何トナレバ諸君御覽ナサイ、夫ノ外國カラ來タ馬ノ種デアリマス、馬ヲ日本デ牝馬ニ接ケテ生レマシタモノハ矢張大キナ外國ノ馬ガ出來ル、既ニ私ノ國ニ近イ隱岐ノ國ハ極ク小サイ馬ガ出來ル處デアルガ、此土地ニ大キナ馬ノ種ヲヤレバ澤山大キナ馬ガ出來ルダカラ、外國ノ棉ヲ日本ニ蒔カシテ日本デハ惡クナルト云フコトハナイ、外國ノ南瓜ノ種ヲ日本ニ植エレバ必ズ日本ノ南瓜ニナルト云フノハ分ラヌ、(簡單々々ト呼ブ者アリ)日本ノ綿ハ是ヨリ餘計ハ出來ナイカラ仕方ガナイト云フ說ガアッタガ、是ヨリ餘計ニ出來ナイト云フノハドウ云フコトカ、私ノ考デハ綿ハ以前ヨリ減ッテ居ル、成程明治初年ニハ統計ガナイカラ比較スルコトガ出來ヌガ、明治以前ニハ我々ノ蒲團ヤ若クハ著物ニ用フルモノハ悉ク日本デ出來ル、ソレガ外國ト交通シテ段々外國カラ來テ棉作地ガ少ナクナッタカラ段々減ッテ居リマス、之ヲ今ヨリ餘計ニナルコトガ出來ヌト云フノハ受取レヌ、又棉ノ競爭ヲスルガ故ニ外國ニ抗セラレヌト云フコトハナイト思ヒマス、(簡單々々ト呼ブ者及十分ヤリ給ヘト呼ブ者アリ)是モ亦間違ッタコトデ、外國ノ人ガ綿ヲ以テ競爭スルト云フガ、現ニ日本ニ綿ヲ持ッテ來ル商人ハ支那人ノ一手ニ歸シテ居ルダカラ、是ガ下ッタラ日本ノ利益ニナル、紡績ハ利益ヲ受ケルト云フコトハ論定ガ出來ヌト思ヒマス、(簡單々々ノ聲起ル)色々簡單ノ御注文モゴザイマスガ今少シ述ベタイト思ヒマス、(簡單々々ト呼ブ者アリ)第五ニ至リマスルト四十手以上ノ棉ハ英國カラ輸入スル、英國ハ工錢ガ高イカラ高價デアル、日本デ之ヲ製造スレバ大變利益ガアルト云フコトヲ述ベラレマシタ、質ニ此議論ノ如クシタナラバ、何故ニ日本ニハ此ノ四十手以上ノ綿ヲ造ラナカッタト云フコトヲ論ゼネバナラヌ、是ハ拵ヘルコトガ出來ナカッタカラ利益ノアルモノヲ拵ヘナカッタノデアル、果シテ然ラバ今輸入稅ヲ廢シテモ急ニ出來ヌモノガ出來ルト云フコトガナイ、是等ノ理由ニ依ッテ論ズレバマダアリマスガ、是モ簡單ト云フカラ止メマス、ソレカラ木綿一段ニ附イテ安クナルカラ四千萬ノ者ガ皆衣ルカラ免稅シテモ棉ヲ作ル、百萬ヤ二百萬ノ者ガ困ッテモ日本人民ガ皆用フルカラ宜イト云フガ、是モ間違ッテ居ル、木綿一段、何故ニ二三十錢下ルカ、抑々輸入稅ヲ廢スルノハ紡績ヲ益スルト云フノデアル、然ルニ木綿ノ値段ガ下ルト云フコトハナイ、斯ウ云フ反對ノ議論ハ斯ウ云フ議論デアラウト思フ、ソレハ競爭スルノハ宜イケレドモ、段々紡績所ガ多クナルカラ安クナルト云フ說デアル、果シテ此說ノ如クスレバ紡績所ニ向ッテ甚ダ不親切ナル議論ト思フ、何故ナレバ若シ紡績所ガ澤山出來テ今デスラモ日本ノ內地デ使フ三十手以下ノモノハ、使フ丈ノコトハ出來ル紡績所ガアルノデアリマスガ、此上利益ガアルト言ッテ拵ヘタナラバ、器械費ヲ外國ニ出シテ澤山拵ヘタハ宜イガ、どちらモ仕事ガ出來ナクナッテ外國ヘ持ッテ行クト引合ハナイ、日本內地デ競爭スルトドッカノ紡績所ガ休ムカ資本ガナクナッテ倒レルノデアル、果シテ然ラバ木綿ガ一錢二錢安クナル日ハ、卽チ紡績所ノ驚慌ノ日ト言ハナケレバナラナイ、斯樣ナ譯デアルカラ是等ノ議論ノ如キハ、實ニ餘リ長ク論ジナクッテモ諸君ニ於テ御分リガスルダラウト思ヒマス、ソレカラ又斯ウ云フコトモアッタノデス、神鞭君ノ問ニ對シテ外國カラ棉ガ這入ッテ來タニシテモ、二割モ三割モ安イト云フ譯デハナイカラ、外國棉ノ輸入ニ打負ケルト云フコトハアルカモ知レナイガ全ク絶滅ニハ至ラナイ、絶滅ノ憂ガナイカラ國家ノ獨立生存ニ差支ハナイ――、斯ウ云フ御說ガアル、此說モ分ラヌ說デアルト思フ、何故トナレバ外國カラ蒲團綿ナドガ這入ッテ來テ、我々ガ著ル諸君ト共ニ夜具ニスル所ノ蒲團マデモ悉ク外國產ニナルト云フ曉ニハ、日本ノ獨立ニドウシテ差支ガナイカ、此事ニ就イテハ彼ノ提出者タル加藤君ハ外國ノ歷史ヲ引ヒテうゐるりんとんノ戰爭ハ、全ク夫ノ紡績所ノタメニ勝ッタノデアルト云フ紡績所ノ贔負話ガゴザイマシタガ、私ヲ以テ言ッタナラバ、若シ此綿ガ皆無クナッテ卽チ日本デ造ラナイデ、外國ノ綿ヲ仰グト云フ曉ニハドウナルカト云ヘバ、夫ノ佛ト露トノ戰爭ニ鹽ヲ斷ッタト云フ話シモアッタノデアリマスガ、サウ云フコトガ戰爭ノ時ニアッタラ、種々樣々ナ珍事ガ湧出デル今日デアッテ、外國ノ物ヲ悉ク卽チ衣食住ノ三ツニ就イテ缺クベカラザル所ノ、一ノ綿ヲ悉ク外國ニ仰グト云フコトニ就イテハ、是デ獨立ニ妨ガナイト論斷サレルノハ實ニ分ラヌ說デアルト私ハ思ヒマス、其他加藤君ノ說ノ如キニ至リマシテモ色々論評ヲ試ミタイト思ヒマスガ、餘リ長ク言フト御退屈デアルカラ、簡單ニシテ置キマスルガ、加藤君ハ斯ウ云フコトヲ言ハレテアルノデアルカラ、是丈ハ言フテ置カネバナラナイ、一向反對ノ論者ハ取調モシナイ人デ、取調ヲシナイ人デアルノミ

ナラヌ、紡績所ノコトハ一向知ラナイ者デアルト云フコトヲ極言サレマシタガ、加藤君ハ如何ナル御取調ガ出來テ斯ル御議論ガアルカ知レナイガ、是ハ先刻東尾君ノ説ノ如ク紡績所ノ兎ニ角此税金ヲ無クシテ貰ヘバ大變利益デアルト云フ方カラ、持ッテ來タ所ノ御調デナカラウカ、私ハ決シテ此紡績所ノコトハ知ラナイト仰ッシャルケレドモ、聊カ紡績所ニ就イテ金ヲ使ッタコトモアレバ、又取調ヲシタコトモアル、又今日モ取調ベテ居ルノデゴザリマスカラ、斯ルコトヲ以テ極論サレルノハ分ラヌ話デアルカラ、此事モ一言加藤君ニ申上グテ置キタイノデアル、其他ニマダ論ジタルコトモ澤山アリマヽルガ、兎ニ角本案ノ私ハ否決セラレンコトヲ希望シテ已マナイガ故ニ、長ゝシク演説ヲ致シマシタ

〔討論終結ト呼ブ者アリ〕

明治二十七年五月十六日　伊藤內閣總理大臣ノ演說

○內閣總理大臣（伯爵伊藤博文君）　諸君、諸君ハ總選擧ノ結果ニ依ッテ新ニ選出セラレ　詔命ヲ奉ジテ此節本議場ニ御集會ニ相成リマシタニ就イテ本大臣ハ國家急要ノ事件タル即チ追加豫算及法律案ヲ同ジク　詔命ヲ奉ジテ諸君ノ前ニ提出致シテ置キマシタニ依ッテ、諸君ハ十分ニ審議ヲ盡サレンコトヲ希望致シマス、又本大臣ハ政府ノ取ル所ノ方針所見ヲ諸君ノ前ニ陳述致ス積デアリマス、其事ハ餘事ニアラズ即チ日本ノ外交問題ノコトデアリマスル、此外交問題トハ即チ條約改正ノ問題デアリマスルガ、條約改正ノ問題ニ就キマシテハ勿論諸君ノ御熟知ノ通今日迄維新以來ノ方針ハ一定シテ動カヌ所ノモノデアリマスルガ（「のーく」ト呼フ者アリ）御品評ハ後トデ如何樣ニモ願ヒマス、我政府ハ從來屢〻條約改正ノコトニ就イテハ著手致シテ屢〻其目的ヲ達シナカッタコトハ是又多辯ヲ俟チマセヌコトデアリマスルガ、併シ今日ト雖モ尚ホ其方針ハ變ゼヌノデアリマス、然ルニ甚ダ痛嘆ニ堪ヘヌ譯デアリマスルガ、前期衆議院解散ノ止ムコトヲ得ザルニ立至ッタノモ均シク此問題ニ牽連ヲシテ居ルノデアリマスル、或ハ政府ト議會ト所見ヲ異ニシタコトハ勿論事實デアルニ相違アリマセヌガ、此解散ノ止ムヲ得ザルニ出デマシタノハ即チ此厲行法案デアリマス、厲行法案ニ政府ハ最モ重キヲ置イタノデアリマス、厲行法案其者ニ就イテ特ニ重キヲ置クト云フ譯デハアリマセヌガ、厲行法案ノ出處成立ト云フモノニ遡ッテ見ルト云フト、即チ非內地雜居尚早論ヨリ起ッタノデアリマス、（「のーく」ト呼フ者アリ、議場騷然タリ）一變シテ以テ厲行法案ト相成ッタノデアリマス、（「のーく」ト呼フ者アリ）其一言ハ私ハ間違マシタカラ何時デモ取消シマス、建議案デアリマス、――即チ建議案デアリマス、勿論議會解散ノ止ムヲ得ザルニ出デタコトハ種々ノ事ガ湊合シテ居リマスルガ、夫レヨリシテ此立法行政ノ衝突ト相成リマシタガ、最モ重キハ厲行案ニ置イタニ相違ナイ、政府ハ之ニ絕對的ノ反對デアッタ（「ドノ點ガ」ト呼フ者アリ、又「何故ニ反對ダ」ト呼フ者アリ）若シ此建議案ニシテ万一ノ多數ヲ占ムルニ至レバ其餘響ノ及ブ所容易ナラヌコト丶見タノデアル（「エライ、嚇シ付ケル」ト呼フ者アリ、又「私ハ肯キマセヌ」ト呼フ者アリ、又「何處ノ點ガ害ニナルカ明ニ言ヘ」ト呼フ者アリ）今ハ即チ從來ノ方針ニ依リ條約改正ノコトニ斷ヘズ著手シツ丶アル時デアル、（「爲シ得ルヤ否ヤ」ト呼フ者アリ、又「六ケ敷イ」ト呼フ者アリ）勿論成シ遂ゲル見込ナケレバ決シテ著手致シマセヌ（「今迄ノ御手際ハドウデアル」ト呼フ者アリ、又「信用シマセヌ」ト呼フ者アリ）其爲ニハ諸君モ勿論諸君ノ見ル所ガアッテ提出サレタノデアリマセウカラ政府ニ於テ議會ト衝突スルコトハ決シテ好ムノデハナイ、唯政府ハ之ニ對シテ所見ヲ異ニシタノデアル、決シテ非內地雜居ニアラズ又尚早論ニアラズト云ヘバ、是亦政府ノ大ニ喜ブ所デアル（「固ヨリ然リ」ト呼フ者アリ）對等ノ條約ヲ結バウト云フコト丶、非內地雜居ト云フコトハ兩立ノ出來ルコトデハナイ（「のーく」固ヨリ非內地雜居ニアラズ」ト呼フ者アリ）維新以來ノ方針ハ諸君ノ御熟知ノ通ニ開國ノ主義ヲ取ッテ行クト云フ以上ハ、獨立國ノ得ベキ權利ヲ得ヤウト云フノデアルガ、ソレヲ得レバ即チ萬國公法ノ條規ニ從ッテ交際ヲシヤウト云フノデアル、其萬國公法ノ條規ニ從ッテ交際シヤウト云フコトニナレバ、萬國普通ノ慣例ニ依ッテ交際スルノ必要ガアル（中村彌六君「普通ヨリハ讓ッテ居ル」ト呼フ）今日ノ條約ハ即チ時體ニ適セナイ、今日ノ條約ガ則チ時體ニ適セヌ、故ニ改正ヲシナケレバナラヌノデアル（「改正ガ出來ナイデハナイカ」ト呼フ者アリ）改正ノ事ニ就イテハサウ容易ク行ク譯ノモノデハナイ（柴四朗君「朝鮮ガ怖イ位デハトテモ出來ナイ」ト呼ヒ、笑聲起ル）一說ニ承ル所ニ依レバ條約厲行ヲ以テ改正ヲ促スノ手段トサレルト云フ說モ承リマスケレドモ、政府ハ其方法ヲ取ラヌノデアル（「ソレガイカヌノダ、取得ナイノダ、政府ハ條約ヲ厲行スル能ハズ然ラバ廢棄スル積カ」ト呼フ者アリ）政府ハ條約ノ厲行ニ必要ナルコトハ厲行シテ行キツ丶アル（「大のー」ト呼フ者アリ）又政府ガ維新國是ノ方針ニ依リテ條約ノ改正ヲスルト云フコトハ政府ノ最モ重キヲ置イテ居ル所ノ一大義務デアルト考ヘル、（河島醇君、「二十餘年間、何回失敗シタカ、內硬外弱ハ政府ノ政略ナリ」ト呼フ）故ニ此事ニ就イテハ孜孜トシテ怠ラズ今進行シツ丶アルノデアル（「大ニ怠ル」ト呼フ者アリ）此事ヲ成シ遂ゲルタメニハ總テノ障碍ハ力ヲ極テ之ヲ排除スル積デアル、而シテ其目的ヲ達スル積デアル（「立憲的動作ヲナスベシ、伊東巳代治ニ賴ムベシ、內ニ威張ルモノヲ外ニ威張ルベシ」ト呼フ者アリ）畢竟此事ニ就イテハ反對ノ意見ヲ持シテ居ル諸君ト所見ヲ歸一スルコトハ出來ヌコトハ分ッテ居リマスガ、又政府ノ所見ヲ述ブルコトモ不必要ニアラズト信ズルノデアル、其以上ハ諸君ノ判斷ニ任セルノデアル（「固ヨリ」ト呼フ者アリ）併ナガラ此先トモ政府ハ此改正ノ目的ハ何處迄モ貫ク積デアル（「責任デアル、明治百年ニ願ヒマス」ト呼フ者アリ）而シテ其目的ヲ達スルモ決シテ遠キニアラズト自信シテ居ル（笑聲起ル）ソレ故ニ諸君ニ對シテ虛心ニ御熟考ヲ願ヒタイノデアル、ソレデ此外交ノ問題ニ就イテハ政府ハ勿論責任ヲ取ル積デアル、然ル以上ハ此中外ニ關係スル所ノ問題ヲ以テ暫ク政治上ノ紛爭ヲ止メテ貰ヒタイト考ヘルノデアル（「出來ナイ、自ラ其道ヲ盡セ」ト呼フ者アリ）諸君ノ中ニハ勿論外交ノ事ニ御熟知ノ方モ澤山アルコトヲ信ジテ居リマスガ、此條約改正ヲスル抔ト云フコトニ就イテハ唯脅迫的ノ手段ヲ以テ行ケルモノデハナイ、雙方協議デ行カナケレバナラヌ（「おべっかデモ行ケマセヌ、腰ガ弱クテハ行ケマセヌ」ト呼フ者アリ）今政府ノ見ル所ニ依レバサウ幾度モ著手ガ出來ルモノデハナイ、ソレデ是非此節ハ此目的ヲ貫ク考ヘデアル（「考丈ハ宜シイ」ト呼フ者アリ）併シ諸君ニ今虚心ニ御考慮ヲ願ヒタイト申シタノハ斯ウ云フ問題ヲ以テ政府ト議會ト始終衝突シテ居ッテ、而シテ國家急要ナル事業ヲ後ニ殘サヌケレバナラヌト云フコトハ甚ダ痛嘆ニ堪ヘヌ所デアル（「其處爲ハ何處ニアル、必要ナルモノダカラ衝突シテ居ルノデアル、我々ハ止ムヲ得ズヤルノデアル」ト呼フ者アリ）ソレデ諸君ハドウゾ此節モ亦此問題ニ就イテ上奏ヲ提出シテ居ルト云フコトヲ承ッテ居ル（「固ヨリ」ト呼フ者アリ）幾度モ同樣ナル衝突ヲシテ而シテ此國防上實業上ノ問題ヲ最後ニ殘シテ其運ノ付カヌ樣ナコトニ至ルト云フコトハ、諸君モ亦其責任ナシト云フベカラズ（「二十一日ヲ百日ニ延バシテモ宜シイ、明日解散シテモ宜シイ、己レノ便利ガ惡ルイト云フテ解散スルガ宜イ、會期ガ長ガケレバ十分議セマスヨ」ト呼フ者アリ、河島醇君「今ノ御言葉ト二十一日ノ會期トハ餘程違ッテ居ル」ト呼フ）河島サンハ大分御心易カッタガエライ御攻撃ジヤナ、諸君ニ重ネテ請求致シマスガ、又再ビ政府ガ最終ノ　聖斷ヲ仰ガナケレバナラヌト云フ樣ナコトニハドウカ此議會ヲ至ラシメヌ樣ナコトニ御工夫ヲ願フ（又　聖斷ガ出タ、何遍デモヤルベシ、サウ云フコトナラ何遍デモ御ヤンナサイ」ト呼フ者アリ）諸君モ則チ　上奏ヲ爲サルノハ内閣ニ對シテ反對ヲ爲ス、卽チ最終ノ御手段デアルノデアル（「勿論」ト呼フ者アリ、又「上奏ヨリ上ガナイ」ト呼フ者アリ）又「脅迫ヲサレルタメニ議員トハナラヌ」ト呼フ者アリ）決シテ脅迫ヲ致スノデハナイ、決シテ脅迫ノ所爲ヲ致サヌノミナラズ、誠心ヲ以テ斯ノ如ク諸君ニ再考御熟稽アランコトヲ望ムノデアル

（此時發言ヲ求ムル者數名アリ）

○議長（楠本正隆君）　説明ナラバ宜シイ

○蒲生仙君（百九十八番）　説明ヲ請ヒマス、唯今内閣總理大臣伊藤博文ノ御演説ニ對シテハ徹頭徹尾不服ナモノデゴザイマス、而シテ此演説ニ對シテ質問ヲ致シマスルノハ私ハ最早價値モナイト考ヘマス、則チ他日大ニ此事ニ就イテ論ズル積デアルカラ、今日ハ私ハ質問致シマセヌ

○議長（楠本正隆君）　百四十番

明治二十七年五月十七日　議長ノ報告

鈴木充美君ヨリ金玉均事件ニ付、鈴木充美君山田泰造君重岡薫五郎君ヨリ裁判所構成法第七十四條ニ關スル件ニ付、首藤陸三君野出鍬三郎君ヨリ稼高處分ニ關スル件ニ付政府ニ質問書ヲ提出セラレタリ

委員長及理事左ノ通リ當選セラレタリ

豫算委員長　中野武營君
同　理事　佐々木正藏君　東尾平太郎君
　　　　　佐々田懋君
懲罰委員長　山田泰造君
同　理事　國島博君
請願委員長　小松三省君
同　理事　濱名信平君　小島相陽君
決算委員長　高木貞正君
同　理事　齋藤珪次君
　　　　　山下千代雄君

八重山群島瘴毒排除建議案提出者中ヘ工藤行幹君ヲ追加セラレタキ旨申出ラレタリ

〔左ノ質問書ハ朗讀ヲ經サルモ參照ノタメ玆ニ掲載ス〕

質問主意書

右成規ニ據リ提出候也

明治二十七年五月十五日

提出者　鈴木充美
賛成者　重岡薫五郎
外三十四名

質問主意書

李逸植洪鍾宇等ハ朝鮮國王ノ命令書ヲ懷ニシテ金玉均ヲ暗殺シ朴泳孝ヲ暗殺セントシタリト云フ金朴兩人ヲ殺害セントシテ朝鮮人ノ我國ニ渡來セシモノ前後三回皆ナ王命ヲ稱セサルハナシ而シテ彼等三人ノモノ固ト金朴兩人ト私怨アルニアラス以テ朝鮮政府カ此事件ニ關係アルヲ證スヘシ果シテ然ラハ朝鮮政府ハ我國家ヲ辱メ我治安ヲ妨害シタルモノナリト認ム政府ハ朝鮮政府ニ對シ如何ナル處置ニ出テントスル乎

右議院法第四十八條ニ依リ提出候也

○鈴木充美君（五十三番）　今一ツノ質問書ノコトヲ申述ベマス、是ハ彼ノ朝鮮事件ニ關スル質問デアリマスガ、近頃李逸植洪鐘宇等ガ朝鮮國王ノ命令書ト云フモノヲ懷ニシテ我國カラ金玉均ヲオビキ出シテ之ヲ暗殺致シ、朴泳孝ヲ暗殺シヤウト云フ企ヲ致シタノデアリマス、然ルニ此事ニ就キマシテ如何ナル政府ハ方針ヲ執ッテ居ルノデアルカト云フコトヲ一ツ政府ニ向ッテ問ヒタイノデアリマス、彼ノ我國ニ金玉均朴泳孝ヲ暗殺シヤウトシテ朝鮮人ガ我國ニ渡來シタコトハ前後三回デアリマス、此三遍トモ我國ニ是等ノ人ヲ殺サウ—暗殺セントシテ渡來シタ者ハ皆國王ノ命令書ナルモノヲ懷ニシテ居ッタノデアリマス、然ルニ此等ノ人ヾガ總テ金玉均ヲ暗殺シ朴泳孝ヲ暗殺セントシテ來タ者ガ懷ニハ何時モ朝鮮國王ノ命令書ヲ持ッテ居ル、此命令書ト云フモノヽ眞僞ニ就イテハ如何ナル方法ニ依ッテ此眞僞ヲ確メタモノデアルヤ否ハ實ニ不明瞭デアリマス、加之彼等朝鮮人ガ我國ニ來テ暗殺セントスル人等ニ至ッテハ何時デモ甚ダ貧乏人デアリマシテ漸ク己ノ生計ヲ營ムコトガ出來ルカ出來ヌカノ人デアリマス、斯ノ如キ人ハ一朝是等ノ金玉均朴泳孝等ヲ暗殺スルノ企ヲスルニ至ッテハ忽チ數多ノ財産ヲ有スルト云フヤウナ富ンダル人トナルノデアリマス、是等ノ金員ハ何處カラ出タモノデアルカ等ノコトニ就イテハ最モ疑フベキ事柄デアリマス、併ナガラソレ等ノ金ノ出タ所ノ如キハ是ハ分ラヌコトデアルシ、又法律上咎ムベキコトデナイト云フ若モアルカ知レマセヌガ、普通ノ刑法或ハ民法ニ依ッテ人ヲ處斷スル所ノ證據方法ト云フモノハ國際ノ上ニ就テ一國ノ體面ヲ傷ケルカ傷ケヌカト云フコトニ就イテ證據方法ヲ吟味スルコトハ大ニ趣ヲ異ニスルモノデアルト考ヘル、裁判上ニ於キマシテハ之ヲ判斷スル裁判官ガアッテ共證據ノ眞否ヲ判斷致スケレドモ、國際上ノコトニ就イテハ之ヲ判斷スル所ノ裁判官ト云フノハ無イノデアリマス、然ラバ國民ノ輿論ト云フモノガ已ニ朝鮮國ノ政府ガ我ニ對シテ侮辱ナル舞振ヲ爲シ、我ニ對シテ無禮ヲ加ヘテ居ルト云フコトガ國民ノ輿論ニ於テ定ッタ以上ハ政府ハ之ニ對シテ如何ナル處分カ盡サナケレバナラヌコトデアルト思ヒマス、實ニ是等ノ金玉均朴泳孝等ノ事柄ニ就イテ朝鮮政府ガ我國家ヲ辱メ我治安ヲ妨害シタモノト認メルニ殆ド十分ナルコトデアルト思フ、然ルニ我今日ノ政府ハ朝鮮ニ向ッテ何ヲシタノデアリマスカ、今日マデ朝鮮政府ニ向ッテ何等ノ談判ヲ開イタコトモ聞カヌシ、何等ノ處分ヲシタコトヲ聞カヌノデアリマス、斯ノ如クニシテ我國家ヲ辱ムルコトニ至ッテハ實ニ堪ヘ難イコトデアリマスルカラ、政府ガドウ云フ仕事ヲスルカト云フコトヲ問ヒタイ積デ、此質問書ヲ奉呈スル次第デアリマスル

○首藤陸三君（二百四十九番）　質問書ノ要領ヲ……

○議長（楠本正隆君）　登壇ヲ促シマス

明治二十七年五月十八日　議長ノ報告

質問書

曩ニ金玉均ハ上海東和洋行ニ於テ兇漢洪鐘宇ノ銃殺スル所トナリ共遺骸ハ日本人和田延次郎カ上海道臺ノ檢屍ヲ經テ既ニ之ヲ受取リ税關手續結了ノ上荷物トシテ將ニ日本郵船會社ノ滊船ニ搭載シ吾國ニ持チ歸ラントスルノ際清國政府ハ共遺骸ヲ掠奪シ兇漢洪鐘宇ト共ニ自國ノ軍艦ニ搭載シ朝鮮ヘ送附シ吾日本帝國ヘ大侮辱ヲ加ヘタリ

右清國政府ノ所爲ニ對シ吾政府ハ何等ノ處置ヲ爲シタルヤ

又此後何等ノ處置ヲ爲サントスルヤ

右議院法第四十八條ニ依リ質問ニ及ヒ候間至急答辯アランコトヲ望ム

明治二十七年五月十八日

提出者　守屋此助

賛成者　犬養毅　外三十名

○守屋此助君(百十二番)　諸君、自分ハ今日政府ニ對シテ質問書ヲ出シマシタ、其質問ノ趣意ハ明治十七年ニ朝鮮國ニ亂ノアリシ時ニ、朝鮮國デ亡命ノ人トナリ、日本ニ來ッテ岩田周作ト唱ヘシ人、此人ハ明治十七年以來日本ノ國ノ保護ノ下ニ立チ、日本政府モ十分ニ之ヲ保護シ、吾々義氣ニ富ンデ居ル所ノ四千万ノ同胞モ之ヲ愛シタ人デアル、此人不幸ニシテ先ニ上海ニ於テ洪鐘宇ノタメニ銃殺サレマシタ、銃殺致サレマシタ、其時ノ跡始末――跡始末ト云フコトニ附イテノ問デゴザリマス、其問ヲ出ス前ニ二言程申シテ置カナケレバナラヌコトガアル、ソレハドウ云フコトデアル、金玉均ハ日本ニ來ッテハ岩田周作ト唱ヘテ十年ノ餘留ッテ居ッテ日本政府ハ岩田周作トシテ警察署等ニ於テ取扱ヲシテ居ル、サウシテ此人ニ向ッテ小笠原島ニ送ル、若クハ北海道ニ送ルト云フ事柄ハ罪人囚徒トシテノ取扱デハゴザリマセヌ、岩田周作ナル人ヲ十分保護スルト云フ氣デ日本政府ハ送ッテ居ル、ソレ故彼ガ到ル處家屋ヲ政府ガ供シテヤリ、食物ヲ供シテヤッタデハゴザリマセヌカ、是ハ十分デス、サウデゴザリマスカラ日本政府ハ此岩田周作ナル人、朝鮮ノ亡命ノ人、金玉均、此人ヲ保護スルト云フ意思ハ第一アッタト云フ事實ハ動キマセヌノデゴザリマス、ソレカラ此人ガ神戸ノ港ヲ發シテ上海ニ到ル其時ニ如何ナルコトヲ爲シタカ、日本ノ保護ヲ岩田周作ナル者ハ離レル氣デ居ッタカ居ラナイカ、彼ノ心情ヲ一ツ探ッテ置カナケレバナラヌ、政府ノ意思バカリデハイケナイ、日本國ノ保護ヲ受ケヌト彼レ自身ニ離レタノカ否ヤガ最モ大切デアリマス、是ハ當然日本政府ノ保護ヲ離レナイト云フ意思ハ彼カ發表シテ居ルコトハ著明ナルモノガゴザリマス、ソレハ何デアルカ、神戸ノ港ヲ發スルトキニ往復切符ヲ買ッテ神戸ノ港ヲ出タノデゴザリマス、是カラ推シテ見レバ彼レ自身ニ於テモ日本ノ保護ノ下ニ立ツト云フ氣デ居ル、日本政府ハ十年此方彼ノ保護ニ熱心デアッタ、サウシテ見レバ過日伊藤總理大臣ノ御演説ヲ之ニ照シ合セレバ大變疑問ガ深クナッテ來ニヤナラヌ、ナゼナラバ總理大臣ノ演說ハ何ト申サレタ、日本ノ外交ノ政策ト云フモノハ維新以來更ニ變更スル所ガナイ、斯樣ニ總理大臣ハ斷言シテ居ラレル、此事柄ガ僞デナケラネバ――此事柄ガ法螺デナケラネバ、ドウ云フ疑問ガ出テ來ルカト云フニ、日本政府ガ此金玉均ト云フ事柄ハ一人ノコトデハゴザリマスガ、日清韓ノ三國ニ關ハル所ノ外交上ノ重大ナル問題ナリト斯樣ニ考ヘルノデアル、ソレハナゼナレバ往復切符ヲ買ッテ而シテ上海ニ至ッテモ日本人ノ開イテ居ル旅館東和洋行ニ止宿シタ程デアル、飽マデ日本ノ保護ノ下ニ立タウト思ッタノデアル、此人ガ銃殺ヲ致サレタ、是ハ支那ノ上海ニアッタコトデゴザリマスカラ現在――現在斯ノ如キ事變ノアリシ所ノ國デ檢屍ノ手續ヲスルト云フハ是ハ當然デアル、檢屍ノ手續ガ濟ミシ其後ハ彼レ上海道臺ハ之ヲ如何ニ決シタル、日本人和田延次郎ニ引渡シタデハナイカ、此引渡ガ濟ンデカラ後ハ理窟ノ上カラ判斷スレバ是ハ何物デアル、朝鮮亡命ノ金玉均即チ岩田周作ナル人、此人ハモウ其時カラ後ハ日本人和田延次郎ノ荷物ニナッタノデゴザリマス、ソレ故稅關ノ手續ヲシテ――稅關ノ手續ヲ經テ之ヲ荷物トシテ、荷作ヲシテ日本ノ郵船會社ノ船ニ積ンデ戻ラウトシタノデゴザリマス、其戻ラントスル時ニドウシタカト云フト上海道臺ハ檢屍ノ手續ヲ濟マシテ、是デ宜シイト支那官吏ガ日本人和田延次郎ニ渡シタノデゴザリマス、此後ハ和田延次郎ノ荷物ニナッテ居ル、此物ガ一人ノ唯私有物デ何ニモ國ノ交際上ノ事柄、外國ノ關係上ニ更ニ關係ナイモノナラソレハ强テ此演壇ニ立ッテ言フ程ノコトハアリマセヌ、前ニモ申シ諸君ノ御熟知ノ如ク日清韓三國ニ關ハル所ノ重大ナル關係ヲ持ッテ居ル所ノモノデアル、此物ヲ支那政府ハ一度日本人和田延次郎ニ渡シテソレカラ後妙ニ言葉ヲ作リ設ケテ正々堂々ノ談判デ取ッタンデゴザリマセヌゾ、正々堂々ノ談判デ取ッタンデナイ、跡ヲドウシタ、支那ノ國ノ軍艦デ積送ッタ、而カモ送リ方モアラウニ支那ノ軍艦ニ入レテ兇漢洪鐘宇ト船ヲ同ジウセシメテ朝鮮政府ニ送ッタ、支那政府ノ所爲ハ何デアル、日本ノ國ノ是程保護シテ政府モシテヤル我々四千万同胞モ之ヲ大切ニ思ッテ居ルモノヲ朝鮮ニ送ル、朝鮮ヘ送レバアノ野蠻ナ國デアルカラ死ンデノ後ニ死體ニ向ッテ叉刑ヲ加ヘルト云フコトハ、彼レ支那政府ト雖モ知ラナケレバナラヌ、知ッテ居ルノデアル、サウシテ知ッテ其上何ヲシタカ、支那政府デ……支那ノ政府ト云ヘバ誰ノ考ニモ李鴻章ト云フ考ガ直グ浮ブノデアリマス、此李鴻章何ヲシタ朝鮮ニ向ッテ祝辭ヲ送ッタ、朝鮮ニ祝辭ヲ送ルノガ合點ガ往カヌ、平ッタク云ヘバ日本ノ國ニ向ッテハ侮ミノ電報ヲ寄越サニヤナラヌ、誰カ日本ヲ尊敬シテ居レバ……日本ノ外交政略ガ――外交政策ガ海外ノ國々ヲシテ畏怖セシメ尊敬セシムルダケノ政略ヲ執ッテ居ラレタナラバ、貧弱國ナル朝鮮ニ向ッテ祝辭ヲ贈ルト云フ事柄ヲ隣國支那ガ見テ我々ガ保護シテヤッタ同胞ト同一般ノ保護ヲシテ遣ル者ガ殺サレタ時ニ、侮ミノ電報一本位ハ取ラレナケレバナラヌ、所ガ此事ニ就イテハソレヲ一ツモ取ラレナイノハ、ソレハ併ナガラ支那ノ政府ノ仕方ガ直接ニ言ヘバ惡ルイ、併ナガラ其源ヲ探グレバ日本政府ノ外交政略ニ於テ海外諸國ニ侮ラレテ居ルト云フコトハ兇ニ角一ツ見ユルノデアル、ソコデ支那政府ガ一旦日本人ノ和田延次郎ニ渡シタモノヲ、正々堂々タル手續デ渡シタモノヲ、正當ノ理由ナクシテ曖昧模稜ノ間ニ取上ゲテ自國ノ軍艦ニ搭載シ洪鐘宇ト船ヲ同ジウシテ之ヲ送ル、此事柄ハ諸君ドウデゴザリマセウカ、日本ノ國ニ向ッテ彼ガ侮辱ヲ加ヘテ居ラヌカ、無禮ノ所爲ヲシテハ居ラヌカ、是ガ無禮デナイカ、侮辱デナイカ、無禮ト云フ事柄ト侮辱ト云フコトハ斯ノ如キ事實ヲ名ケテ侮辱ト云ヒ無禮ト云フノデアラウト私ハ確信シテ居ルノデアル、此無禮侮辱ヲ受ケタカラソコデ自分ガ今ノ內閣ニ向ッテ問フノハ清國政府ニ向ッテ今日唯今以前――今日唯今以前伊藤伯ガ立派ニ申サレタ所ノ十年此方外交政略ノ事ニ就イテハ一ツモ變更セヌト言ッタ、其斷言ニ向ッテ此十年此方是迄保護ヲシテ居ッタ者ガ殺サレタ、此國ガ侮辱セラレタト云フニ就イテドウ云フ處分ヲシテ居ルカ、是ガ第一ノ問デアリマス、第二ノ問ハ――第二ノ問ハ今日以後ハ如何ニスルカ――今日以後ハ如何ニスル、此事ニ就イテ一寸申上ゲテ置クノハ隨分上海ニ居ル領事ノ仕方ガ不親切デアルト云フ小言モアル、ソレカラ大島公使ト云フ朝鮮ニ居ル公使ハ如何、朝鮮ノ國デ金玉均ヲ洪鐘宇ガ銃殺シテ先ヅ朝鮮ノタメニハ御目出度ト云フコトデ、朝鮮ノ宮廷ニ於テ祝宴ノ會ガアッタ、是ニ招カレテ居ル、日本ノ立派ノ公使先生ハ金玉均ヲ虀ニシタト同一般ナ御馳走ヲ食ベテ居ル、此公使先生ハ立派ナ東洋ノ日本ノ國カラ朝鮮ニ公使ト成ッテ居ッテおまけニ支那ノ公使マデシテ居ルト云フ先生デアル、前ノ大石君ヲ取換ヘヌナラバ私ノ考ヘデハ大石君ハ左樣ナ金玉均ノ虀同樣ナ御馳走ハ食ベニ往カナカッタ人デアラウト思フ、併ナガラ兇ニ角ソレヲ食ベニ往ッタト云フ事柄デアル、サウスレバ是カラ後ノコトハ私ノ考ヘルニ優柔不斷ニシテ此事柄ヲ事理曖昧ナル間ニ置クカ、今日迄モ置イテ居ルガ、今日以後モ亦置クカ、飽迄其此侮辱ヲ加ヘラレタコト、是ハ一言半句モ朝鮮政府ニ云フコトガ出來ヌノハ洪鐘宇――金玉均ノ死骸是ヲバ日本人ガ受取ッテ置イタモノヲ曖昧模稜ノ間ニ取ッテ自國ノ軍艦ニ載セテ朝鮮ニ送ッタト云フノハ事實ガ明白分明、此事柄ハ本當ノ外交政略ノ腕前ノアル人ナラバ、此禍ヲ轉ジテ福トスル仕事ガ出來ルデアラウ、彼ノ李鴻章ノ肝膽ヲ冷ヤカナラシムルト云フ仕事モ出來ルデアラウ、此談判ガ出來ルカ出來ナイカ、スルカシナイカト云フ事柄ヲ一ツ聽キタイノダ、今日極ク强硬所謂對外硬派ノ考ハ總テノ事柄ニ就イテ箇様ノ時ニ侮辱ヲ與ヘタ時ハ捨置カヌト云フソレヲ政府ハ同意ヲスルカセヌカハ擱イテ、是ニ於テ政府ハドウスルカ、此問ニ依ッテ――此答ニ依ッテ私ノ考ハ十年一日ノ如ク外交政略ハ一モ變更シナイト云フ此伊藤伯ノ言ヲ疑フノデアル、ドウ云フノガ一體變更セヌト云フヤリ方デアルカ、小サナ朝鮮政府ニ向ッテモ色ヽヤリ方ガ違フノハ是ハ維新以來ノ一定ノ方針デ、一定ノ仕事ヲシテ居ルト言ッテ居ル、サウシテ見レバ此答ノヤリ方デ今日以後ノ仕事モ唯今以前ノ仕事モ今日迄一ツニシテ居ルカ、今日カラ後モ是デ貫クト伊藤ガ言ハレタカラ、ソコデ此後ノ仕方ヲモ聽イテ置クト、海外諸國ノドコノ國ニ對シテモ今ノ日本ノ政府ノ方針迄併セテ知レルト思ヒマス、以上ノ理由デアリマスカラ極ク貴重ノ時間ヲ諸君ノ淸聽ヲ煩ハシマシタ、以上ハ私ガ此問題ヲ出シタ所以デアリマス

○山口千代作君（二百六十八番） 議長

○議長（楠本正隆君） 理由ノ説明ナラバ御登壇ヲ

○犬養毅君（二百七十一番）修正ノ趣意ヲ述ベマス（重岡薫五郎君「其前ニ緊急ノコトガアリマス」ト呼フ）修正ノ趣意ヲ述ベテカラ願ヒマス、私ガ之ヲ修正スルト云フ必要ヲ見マスノハ今ノ内閣ノ行爲ハ不當ナリト云フコトハ獨リ議會ヲ解散シタ時ニ止マラズ、此案ニ據リマスト内閣ヲ責メルノハ唯議事ヲ進メツ、アル間十分議會ガ意見ヲ述ベヌ間ニ之ヲ止メタト云フ事柄ト、ソレカラ解散シテソレニ理由ヲ示サナカッタ、斯ウ謂フ事、勿論是ハ不都合デアル、勿論不當デアル、併ナガラ内閣ノ行爲ノ不當ナルコトハ獨リ是ニハ止ラヌノデアル、マダ是ヨリ大ナルモノガアル（拍手起ル）若シ相當ナ内閣デアッテ餘リ不都合ヲセナイ内閣デアッタナラバ、此一事デモ内閣ハ進退セナケレバナラヌ事デアル（拍手起ル）併ナガラ不幸ニシテ今日ノ内閣ハ之ニ千百倍スル不當非理ヲ爲シテ居ルコトハ澤山アル（拍手起ル）要スルニ斯樣ナ些末――今日ノ大キナ事ニ比スレバ比較的ニ些末ナ事柄ヲ以テ内閣ヲ責ムルナラバ先ヅ是ヨリ大ナルモノヲ以テ責メナケレバナラヌ、サウ云フ小サイ箇條――過失ハ幾ツモ數フルニ及バヌ、若シ今日ノ内閣ノ過失ヲ數ヘレバ今日ノ内閣ハ我帝國ノ政治ヲ負擔スベキ眞正ナ心、赤誠ヲ持ッテ居ナイト云フコトハ彼ニ向ッテノ大斷案デアル（拍手起ル「自家撞著」ト呼フ者アリ）何ゼ不親切デアルカ、今日ノ内閣ハ實ニ偸安姑息デアル、優柔懦弱デアル、善ヲ見テ爲スコトヲ爲サズ、惡ヲ見テ悛ムルコトヲ爲サナイ、唯己ガ今日ノ地位ニ眷戀シテソレヲ守ルガタメニ生ズル所ノ事柄ガ悉ク惡事ニナル、悉ク過失ニナルノデアル、此立憲的動作ニアラズト諸君ガ認メラレ發案者ガ認メラル、所ノ非立憲ノ仕事ヲ現内閣ハ澤山シテアル、併ナガラ獨リ内ニ對スル非立憲ノ事ノミナラズ、外國ニ對スル仕事ハドウ云フコトヲシテ居ルカ、昨日モ段々諸君ノ御説ガアッタ通外國ニ對シテハ怯懦ニ諛佞シテ居ル――媚ビテ居ルト云フ事柄ハ澤山出テ居ル、凡ソ此世界諸國ノ强大ナ國ニ向ッテ彼ガ柔弱ナ懦弱ナ政略ヲ取ッテ居ルト云フコトハ驚クニ足ラヌ、世界デ最モ優柔ナル弱國デアル所ノ朝鮮、最モ弱イ支那ニ對シテドウ云フコトヲシテ居ルカ、諸君、今ノ藩閥内閣ノ最モ元老ト呼ンデ居ル現内閣總理ガ天津條約ヲ結ンデ、其墨ノ未ダ乾カヌ間ニ朝鮮ニ向ッテ支那ハ如何ナル事ヲシテ居ルカ、十七年ノ變、大院君ノ變、近來ニ至ルノ始末金朴――金玉均事件等恐ク日本ノ顏ニ泥ヲ塗ラレテ居リナガラ、之ヲ拭フコトヲ爲サナイ、殊ニ防穀事件ノ事ニ就イテハ殆ド公然ノ祕密ニナッテ居ル事柄ガアル、防穀事件ニ就イテ此柔弱ナル朝鮮ガ無禮ニモ日本ニ對シテ抗抵スルト云フコトノ技倆ヲ出サセタノハ誰デアルカ、誰ガ教唆シタカ、支那政府ガ之ヲ教唆シ、之ガ後ロ楯ニナッテ居ルト云フ證據事實ハ澤山アル、然ルニ日本政府ハ其教唆者タル支那ノ李中堂ニ向ッテ――李鴻章ニ向ッテノ仲裁ヲ賴ンダト云フコトハ實ニ公然ノ祕密ニナッテ居ル事柄デアル、唯然ルノミナラズ此談判ノ結了ヲ爲スニ就イテ殆ド最後ノ決心ヲ以テ公使ガ日ヲ限ッテ其日迄ニ朝鮮政府ガ決答ヲシナケレバ引還スト云フマデニ決心シタ、其後ニドウ云フコトヲシタカ、世間ニ流布シテ居ル公然ノ祕密ニ依レバ、此時ニ當ッテ此伊藤内閣ハ更ニ膝ヲ屈シ、更ニ腰ヲ折ッテ再ビ日本ヨリ駐剳シテ居ル公使ヲシテ此一番ノ教唆者タル袁世凱ニ向ッテ再ビ期ヲ延ベテ呉レイ、延期シテ呉レト云フコトヲ先方ヨリ言ハスヤウニ取計ヘト云フコトヲ言ッタト云フコトガ世間ニ流布シテ居ル、斯樣ナ柔弱ナ斯樣ナ怯懦ナ世界中一番弱イ國、一番微力ナ國ト云ヘバ朝鮮デアル、其朝鮮ニ向ッテスラ相當ノ力ヲ伸ベルコトガ出來ナイ伊藤伯デアル、世界中デ一番人ノ弄シイノハ支那デアル、朝鮮デアル、之ニ向ッテスラ外ニ力ヲ伸ベルコトガ出來ヌモノガドウシテ條約改正ガ出來マセウカ、彼ガ西洋諸國ト見レバ何時デモ頭ヲ下ゲ唯媚諛ッテ居ルコトハ怪シムニ足ラヌ、斯樣ナ弱國ニスラ懦弱ノ政略ヲ取ッテ居ル、是ニ至リマシテハ殆ト黨派ノ別ヲ問ハズ凡ソ國民タルモノハ最モ親切ニ考ヘナケレバナラヌ時デアル、凡ソ斯樣ナ優柔懦弱ナ斯樣ナ不始末ノ政府ニ此國事ヲ任シタナラバ、不祥ナコトヲ云フノハ私ハ好マヌガ殆ド又言フベカラザル有樣ニ立至ルデアラウト思ヒマス（「別問題」ト呼フ者アリ）別問題デハナイ、外ニ對シテハ斯樣ナコトガアル、元來今ノ國務大臣ガ國事ニ不親切ト云フコトガ惡事ノ原因デアル、此案ニ掲ゲラレタ通ニ議會ガ未ダ意思ヲ發表セザル中ニ解散シタルガ若シ親切ニ國事ヲ擔任シ、國ノ事ヲ考ヘル内閣デゴザイマシタナラバ、如何ナル場合ニアッテモ如何ナル事柄ガアッテモ自分ノ信ジテ居ル意見ヲ十分述ベテ闘ハナケレバナラヌ、併ナガラ唯親切赤誠ヲ缺クト云フ故デ斯樣ノ不始末ヲ致シテ居ル、現ニ一ノ極ク明ナ例ヲ引ケバたッた此頃井上大臣ガドウ云フコトヲ言ハレタカ、説明ヲシナイト云フコトニ就イテ區々タル一ノ法律文ヲ摘出シテ楯ニ取ッテ説明ヲシナイト言ハレタ、斯樣ナコトガ井上大臣ノミナラズ總テ今日ノ内閣ガ不親切ノ所以デアラウト私ハ確ク信ズル、刀筆ノ闘吏カ法制局ノ闘吏カ斯樣ナ區々トシタ法律論ヲ云フノナラバ咎ムルニ足ラヌガ、併ナガラ一國ノ政務ニ當ッテ居ル國務大臣タル者ガ説明ヲ求メラレタナラバ十分出テ諸君ノ滿足スル程ノ説明ヲ與ヘナケレバナラヌ、是スラ拒ムノデアル、要スルニ今日ノ内閣ニ誰カ一體此日本帝國ヲ脊負ッテ立ット云フ程ナ責任ヲ自ラ負ヒ自ラ信ジテ居ル人ガアルデアラウカ、實ニ私ハ殆ド無イト云フ有樣デアラウト思ヒマス、斯樣ナ有樣デアルカラ獨リ不正ナ事ヲシタノハ此案ニ書イテアル事柄ノミデハナイ、其外澤山アル、内治外交ニ就イテ總テ處置ヲ誤ッテアル、故ニ之ヲ修正シテ更ニ意味ノ廣イモノニシテ總テノモノヲ包括シタイト云フコトガ修正ノ意味デアリマス、願クハ御贊成アランコトヲ希望シマス

○島田三郎君（三十一番）大切ナル議案ト考ヘマスルカラ決シテ簡單ニハ言ヒ盡セマイト云フコトヲ豫メ滿場ニ訴ヘテ置キマス（拍手起ル）本員ハ矢張犬養君ノ提出セラレタル此修正案ヲ贊成スル者デ、本案ニ反對ノ者デアル、夫故ニ本案ニ反對シナケレバナラヌト云フ理由ヲ先ヅ述ベテ、ソレヨリ何故ニ斯樣ナル狹キ意味デ不當ノ決議案ヲナスノハ宜シクナイト云フコトヲ述ベテ、遂ニ修正案ニ贊成スル所以ノ政府非難案デ是非トモ經過シナケレバナラヌト云フコトノ辯論ヲ致サナケレバナラヌ、此決議案程――是迄屢々衆議院ニ顯レテ出タ案ハ澤山アリマスルケレドモ、此決議案程宜シクナイ案、有害ナル案ハ今迄私ノ經歷シタ所デハナイト思フ（「ノー〳〵」ト呼フ者アリ、又拍手スル者アリ）暫ク其理由ヲ御聽キニナレバ能ク分リマスル、決シテ理由ヲ聽カズシテ諸君ガ唯今述ベタルコトハ御分リニナリマスマイ、此案ヲ能ク御覽ニナリマシタラハ詰リ解散ヲシタ手續ガ宜シクナイト云フ事ト、此事ガ不當ナリト云フコトデ、然ラバ此解散ノ事ハ政府ヲ至當ナリト認メルト云フ反對ノ影響ノ起ルト云フコトヲ考ヘナケレバナラヌ（「ノー〳〵」ト呼フ者ア

リ）現ニ本案ヲ維持スル所ノ諸君ガ政府ハ信任セヌ、斯樣ニ明言セラレタル山田君ハ自ラ言ハレテアル、曖昧ノ間ニ信任シナイト言ヒ難クシテ言ハントシタル所ノ三崎君アリ、然ラバ信任シナイ政府ノ惡ルイコトハ是レ一ツデアルカト言フタラ、此外ニ澤山アル、万一之ヲ議決シテ而シテ盡キタリトセバ他ノコトハ皆至當ナリト云フ反對ノ結果ヲ生ズルデハゴザイマセヌカ、是程意味ノナイ、是程有害ノ影響ノアル議案ハナイト私ハ斯樣ニ考ヘマスル、是マデ辯論致シタル所ノ諸君ノ御說ヲ承ハッテ見ルト、事枝葉ニ渉ッテ此事コソ爭フベキ要點デアルト云フ共要點ヲ外レテ居ル樣ニ私ハ考ヘマスルカラ、私ハ解散問題ノ骨子ニ溯ッテ倘ホ且ツ伊藤首相ガ自ラ玆ニ言ハレタル所ノ言葉ヲ引イテ解散ヲシタル手續ノミナラズ解散ヲ爲シタルコトノ共事ガ皆宜シクナイト云フコトヲ論斷シナケレバナラヌト思フ、政府ハ解散ニ關シテ一ノ爲ス所ナク、一モ公ニ發シタル所ハナシト雖モ併ナガラ間接ニ政府ノ言フタル所ヲ見マスレバ、則チ總理大臣ガ總理大臣ノ文字ヲ冠ラシテ貴族院議員諸氏ニ答ヘタル所ノ文字ニハ色々ナルコトヲ連ネテゴザイマスル、ケレドモ要スルニ昨年解散前後ノ事情ヲ考ヘテ見マスレバ、無論厲行案ガ開國進取ノ政略ニ反對シテ居ルカラ解散シナケレバナラヌト云フ事實ハ、昨年ノ解散前後ノ事情ニ考ヘテ明瞭デアルノミナラス、倘ホ一昨日此席ヘ總理大臣ガ出席シテ重キハ彼ノ一案ニアリト明言セラレタレバ、此案ニ依ッテ解散ヲ爲スコトハ是ハ當若クハ不當デアルト云フコトヲ決シナケレバ議論ガ更ニ要點ヲ得ナイト私ハ考ヘル、先ヅ以テ建議案ヲ開國進取ノ政略ニ反對シテ居ルト言ハレタノハ不合ナリト明言ヲシナケレバナラヌ（「昨日ノカネ又」ト呼フ者アリ）決シテ唯今ハ解散ノ當不當ナリヤト云フコトガ問題ニナッテ居ル、暫ク聽ケバ能ク分ル、若シ說明ヲセラレテ已ノ勢力ヲ滅ズルノガ恐ロシケレバ反對ナサルガ宜シイ、併ナガラ能ク聽イテ已ノ勢力ノ滅ジナイト云フダケ自ラ信ズルダケノ志ガアルナラバ、左樣ナル妨害的ノ發言ヲ爲サラヌガ宜シカラウ、抑〻此事ヲ論斷シヤウト思フ、厲行案ニドウ書イテアル「衆議院ハ政府ガ現行條約ノ實施上我帝國ノ權利ヲ汚損スル所アルヲ認ム故ニ衆議院ハ切ニ政府ニ望ム政府ガ條約ノ權義ヲ明確ニシ以テ之ヲ厲行セラレンコトヲ敢テ建議ス」ト斯樣ニ書イテアリマス（「理由書ハドウダ」ト呼フ者アリ）理由書ニ就イテ議論ヲ致シマセウ、是ガ厲行建議案ノ本文デアル、政府ハ認テ之ヲ非雜居ノ說ナリト斯樣ニ論斷シテ更ニ歩ヲ進メテ鎖攘的案ナリト論斷致シマシタノニ、自由黨ノ諸君ハ斯ノ如キ現內閣ト同ジ意見デアルガ故ニ、政府ニ向ッテ此誣妄ヲ辯ズルノハ則チ自由黨ニ向ッテ反駁ヲ與ヘルト同ジ效力ガアルト私ハ信ズルノデアル、此理由書ニ就イテハ則チ提出者ガ自ラ認メテ其理由トシタル所ノモノデアッテ、恰モ提出者ガ此壇ニ登ッテ演說ヲシタト同ジ事デアル、然ラバ案其モノニ就イテ如何ナル意味ガアル、案其モノニ就イテ如何ナル文字ガアルカト云フコトコソ此議案ノ性質ヲ定ムベキ大目的デ、此案ニ就イテ何處ニ非內地雜居ノ意味ガアル、何處ニ非內地雜居ヲ政府ニ要求シタコトガアルカ、條約ハ條約通ニ厲行スベシト云フコトヲ政府ニ望ムナラバ、若シ政府ニ於テ適當ノ力アリ適當ノ考ガアルナラバ、將ニ此望ム所ガ適當ナレバ、快ク受ケラルベキ道理デアルト私ハ考ヘル、條約ヲ條約通ニ厲行シヤウト望ムノハ少シモ議論ヲ費サズシテ容レナケレバナラヌ、然ラバ何故ニ政府ガ容レル能ハザルカ、條約ヲ條約通ニ執行シテ居ラナイカラ誠ニ困ルト云フノデ、詰リ自分ノ今行ッテ居ル所ト齟齬スルガ故ニ、是ハ開國進取ノ政略ニ反スルト云フテ之ヲ以テ解散ノ理由トシタト云フハ隨意權ヲ以テ議院ヲ停止シ解散シタト言ハナケレバナラヌ（「のー〳〵」ト呼フ者アリ）若シ理由書ノ中ニ開國進取ノ政略ニ反對スルモノガアッタナラバ、何故ニ內閣總理大臣ハ此席ニ列ッテ此事ハ誠ニ事實上違フテ居ル、此事ハ事實行フ能ハズト云フ說明ヲセラレヌノデアル、皆ニ說明セザルノミナラズ理由書ノ一二ノ端ヲ取ッテ全體鎖國攘夷ノ精神デ成立ッテ居ルト論斷スルニ至ッテハ之ヲ誣妄ノ甚シキモノト言ハナケレバナラヌ、倘ホ且ツ此誣妄ヲ事實ニセンガタメニ政府ガ爲シタル所ノ擧動ニ於テハ苟モ籍ヲ我國ニ置ク所ノ人ハ憤慨慨嘆シテ是非共共事實ヲ世ノ中ニ發表シテ再ヒ斯樣ナル事ヲ爲サシメザルノミナラス、倘ホ進ンデ大臣ノ責ヲ問ハナケレバナラヌト私ハ考ヘルノデアル、共理由ニ向ッテ反駁ヲ與ヘタノハ誰ガ與ヘタカ、內閣ハ一モ此理由書ニ向ッテ反駁ヲ爲シ得ヌノミナラス、倘ホ本案ノ主持者ニ向ッテ共是非ヲ言ハズ行ヲ爲サズ、間接ニ無責任ノ言論ヲ放ッテ無智ノ庸人ヲ瞞著セント企テタル擧動ハ確ニ諸君ノ前ニ事實ヲ擧ゲテ明言ヲシヤウト思ヒマス、共解散ヲ行ヒマシタ前後ニ政府ノ機關ト聞エタル新聞ハ此理由書ニ向ッテ種々ナル反駁ヲ與ヘテ之ヲ地方官ノ手ヲ過ジテ倘ホ亦郡役所ノ手ヲ通ジテ全國ニ與ヘタト云フコトハ政府ハ此理由書ニ向ッテ已ニ責ナキモノヲシテ、已ノ言ハント欲スル所ヲ言ハシメ、全國ニ訴ヘタルハ是ガ立憲的擧動ト云フコトガ出來マスルカ（拍手起ル）自由黨諸君ト雖モ此事實ハ確ニ認メラルヽ、事實デアラウ、此新聞ハ如何ニ保護サレテ居ルカ、吾々國民ガ租稅トシテ出スモノヽ、一部ガ豫算ニ上ッテ、機密費ノ中カラ斯樣ナ內閣ガ非立憲的ノ擧動ヲ爲ス所ノ材料ヲ出シテ居ルダラウト私ハ考ヘテ居ルノデアル（拍手起ル）併ナガラ內國ノ事ハ倘ホ忍ブベシ、進ンデ斯樣ナ毒氣ヲ外國ニ擴メルニ至ッテハ最早吾々ハ忍ブコトガ出來ナイ、解散前後選擧前後マデニ開港場ノ英字ノ新聞ニ現レタ事蹟ハドウデアルカ、如何ニモ日本ノ內地ニ於テハ日々新聞アリ、英國文字ニハ横濱めーる新聞アリ、此新聞ガ又日々新聞ノ成立ト同ジ手續ニ依ッテ定メテ日本全國ノ人ノ租稅トシテ出シタ租稅ガ機密費トナッテ、共機密費ガ矢張斯樣ナ部分ニ這入ッテ居ルト云フコトハ世ノ中ノ政治上ニ眼ヲ注グ者ノ皆認メル所デアルノミナラズ、信ジテ疑ハザル所ノコトデアル、此新聞ハ如何デアル、此新聞ハ英國ノ文字ヲ以テ日本ノ全體ノ社會ハ最早鎖港ノ氣風ニ立戻ッタト言ハヌバカリノ毒筆ヲ振ッテ之ヲ海外諸國ニ頒布シタ、頒布シタモノ共物ノコトハ言ハズシテ寧ロ斯樣ナルコトヲ頒布セシムルモノハ何レニアルカヲ考ヘナケレバナラヌ、諸君見ラレヨ、解散後選擧前後ニ當ッテ歐羅巴諸國ノ新聞紙ニ現レタ所ノ日本ノ政治上ノ有樣ハ如何デアル、日本ニハ非內地雜居ト言ハムヨリハ寧ロ鎖港ノ氣風ガ盛ニナッテ、日本ノ都下ニ於テモ外國人ガ安全ニ往來スルコトガ出來ヌト、日本政府まるデ野蠻ノ氣風ニ引戻サレタト云フガ如キ語氣ヲ以テ種々ナル誹謗ノ出タノハドウデアル（「厲行案ナリ」ト呼フ者アリ）決シテ左樣デナイ、厲行案ヲ潰サムタメニ外國ノ力ヲ假リテ斯樣ナコトニ致シタト云フコトヲ證據立テヤウト思フ、此事ニ就イテドウデアルカ、一番多ク出タノハ英國ノ社會デアル、而シテ大陸諸國ノ新聞ハ英國ノ如ク甚シクナイ、又同ジ英文ヲ以テ行ハレテ居ル所ノ亞米利加ノ新聞モ英國程斯樣ナコトノ出テ居ラヌノハドウデアル、是ニハ深キ意味ガ無ケレバナラヌ、大陸ノ新聞ニ特ニ横濱ニ斯樣ナ毒分ヲ吐ク機關ガナイノデアル、普通通信ニ依ッテ出ルノデアル、故ニ歐羅巴諸國ガ日本ノ衆議院ハ厲行案ヲ議シタカラ鎖攘ノ氣習ニ滿タサレタト云フ鑑定ガアルナレバ何故ニ亞米利加ニモ英國ニモ大陸諸國ニモ同ジ觀察ガ新聞紙ニ現ルベキニ、特ニ英國ニ於テ現レタト云フハ諸君ノ著目スベキコトデアル、是ハ何デアルカ、めーる新聞ハ卽チ政府ノ機關デアル、尙ホ又金ノ力ヲ以テ外國ノ諸新聞紙ニ日本ノ品位ヲ低ウシ、鎖港攘夷ト稱シテ政略ヲ妨ゲントスルト言ハシムルモノガアッテ、一番此機關ヲ能ク通ジテ居ルノデアリマセウ、若シ吾々ニ言ハシタナレバ一番日本ノ具和ヲ察スベキ地位ニアル英國ノ社會ガ斯クマデ大ニ誤ルト云フノハ之ヲ誤ラシムルモノ內ニ在ッテ卽チ外ニ現レタルコトハ諸君ガ必ズ推察セラル、ダラウト思ヒマス(「誤ラシメタ者ハ六派ノ行爲ナリ」ト呼フ者アリ)又繰返シテ申シマス、何故ニ厲行案ガ誤ラシメタノデアル、凡ソ條約ヲ決シタ上ニ於テ(「否ナヽヽ」ト呼フ者アリ)見ラレヨ、吾々ハ決シテ外國人ノ內地ニ雜居スルコトヲ忌ム者デハナイ、サリナガラ我取ルベキモノヲ取ラズシテ彼ニ與フル丈ヲ與フルト云フコトハ國ノタメニ謀ッテ決シテ爲スベキ政策デナイト思ヒマス、現在ドウデアル、葡萄牙ノ領事裁判所ヲ事實上撤去シテ何ノ報酬ヲ與ヘタカ、何モ與ヘナイデハナイカ、明治六年ニ伊太利ガ日本ニ內地ノ商賣ヲ許シテ呉レタナレバ、治外法權ヲ棄テヤウト要求シタノハ內地ニ這入ッテ自由ニ商賣スルコトヲ得タイ、雜居ノ自由ヲ得タイト望ンダノデアル、望ンデ居ル所ノ機會ニ應ジテ我又取ルベキ所ヲ取ッテ我國權ヲ全クスルコソ外交上ノ取ルヘキ方針デアル、故ナク與フルトカ、知ラザル間ニ雜居ノ姿ヲ爲ストカ、唯彼ノ意ヲ迎フルタメニ條約ヲナキガ如クニシテ自然ノ內地雜居ヲ爲スト云フ此點ニ至ッテハ吾々ハ斯ノ如キ雜居ニハ反對ヲシナケレバナラヌ(拍手起ル)嘗テ內地雜居ヲ外人ニ許シテ取ルベキモノヲ取ラズ、言ハズ語ラズノ間ニ唯與ヘルト云フコトニ反對スルニ至ッテハ吾々ト又厲行ノ精神ヲ振ッテ反對シナケレバナラヌ、自由黨諸君ハ是デモ矢張知ラズ、知ラザル間ニ外國人ガ這入ッテ治外法權ヲ維持シ稅權ノ束縛ヲ甘ンズル人デアリマスカ、恐ラクハ左樣デハアリマスマイ、然ラザレバ我取ルベキモノヲ取ラズシテ彼ニ斯樣ナ束縛ヲ受ケナケレバナラヌノデアル、如何デアル、內地ニ於テ日々新聞ヲ使フ所ノ政府ハ外ニ於テ矢張外國新聞ヲ使ッタ所ノ政府デアルト吾々ハ推測レテ差支ナイ、昔シ漢土ニ於テ契丹ノ兵ヲ藉ッテ一時ノ志ヲ爲シタ其害ハドウデアル、斯ノ如ク日本ノ國ノ程度ヲ低メテ其上ニ立ツ政府ガ外國ニ向ッテ力アリト云フハ誤ッタ考ト言ハナケレバナリマセヌ、日本ノ進步ノ度ヲ低メ其上ニ立ツ政府ガ我賢明ナリト誇ランガタメニ斯樣ナ政策ヲ執ルハ最モ吾々ガ攻擊レナケレバナラヌ要點デアルト思フ、若シ外國人ヲシテ言ハシメタナラバ寧ロ素朴自ラ信ズル了簡ノ堅イ者ハ、縱令外國人ノ利益ハ殺グトモ尊敬ヲ加ヘルト思ヒマス、見ラレヨ、維新前幕府ハ如何ナル考ヲ以テ居ッタカ、丁度現政府ノ持ッテ居ルガ如ク外國人ニ向ッテ總テ丁寧ニ扱ヒ、彼ノ要求ニ應ジテ之ヲ遂ゲントシタガ、何ゾ圖ラン外國人ノ烱眼ナル維新ノ改革ニ當ッテ幕府ニ與セズシテ、新ニ起ッタル政府ノ主權ヲ認メタルト云フハ國ノタメニ具直グナル取ルベキ方針ヲ執ッテ居ルモノハ、縱令彼ト交際ガ熟セズトモ不利益ナリトモ共者コソ和手ニナル力ガアルト信用スレバ、斯樣ナル場合ニ於テハ優柔不斷ナル政策トハ全ク途ヲ異ニスルハ遠イ昔ノ話デハナイ、僅ニ二十七年前日本歷史ニ徵シテ判然ナル譯デハアリマセヌカ、何故總理大臣ハ何ト言ッタカ(「大隈ノ歷史ヲ語レ」ト呼フ者アリ「簡單々々」ト呼フ者アリ)益々ナカ〳〵簡單ニハ出來ナイノデアル、ナカ〳〵簡單ニハ出來ナイノデアル、尙見ラレヨ、政府ハ外交ニ就イテ一定ノ方針ヲ執ッテ居ルト云フコトハ、丁度歐羅巴諸國ハ捨テ置イテ近イ所ノ前ノ演說者モ申シマシタ通、文明ノ程度モ低ケレバ國ノ輕侮ヲ受ケテ居ル支那ナリ朝鮮ナリハ如何デアルカ、維新ノ初ハ我ヨリ進ンデ我國境ヲ定メントシテ沖繩ヲ我國トシ、我ヨリ進ンデ朝鮮ト交ヲ修メントスルニ、彼レ肯カズンバ我之ヲ屈セントスル方略ヲ取リ、臺灣ニ至リテハ我進ンデ我ガ爲ス所ヲ爲サントシタ、其時ノ方針ガ一轉シテ遂ニ遠慮ヲスル政略トナリ、遠慮ヲスル政略ガ又一轉シテ遂ニ自ラ引退ク政略ト成ッタ、此時ニ當ッテ支那ニ對スル感情ハ遠慮ヲシテ引退ケバ彼ニドンナ善キ感情ヲ持ツヤ否ヤ、例ヘバ金玉均事件ハ如何デアル、故ラ支那政府ガ軍艦ヲ發シテ彼ノ洪鐘宇ヲ――人ヲ殺シテ忌マザル所ノ彼ノ奸賊ナル洪鐘宇ヲ故ラニ軍艦ヲ派遣シテ送リ、尙ホ且ツ久シク日本ノ保護ニアッタ所ノ此憐ムヘキ政治上ノ亡命者ノ屍ヲ故ラニ軍艦ヲ發シテ支那ヨリ朝鮮ニ送ルト云フニ至ッテハ、支那政府ハ最早日本政府ニハ遠慮スルニ及バナイト斯樣ナ考ヲ定メタカラ恩ヲ朝鮮ニ賣ッテ以テ支那ニ志ヲ成スト云フ方略ヲ爲シタノデアル、此考一度支那ニ定ッタナラバ日本政府幾ラ遠慮スルト云フテモ交際ヲ全ウシテ二國ノ交際ヲスルト云フコトハ出來ナイノデアル、今ニ於テ極ク開ケタル考ヲ以テ見タナラバ如何デアレカ知ラヌガ、明治十年頃ニ於テハ時トシテハ征韓論ガ起リ、時トシテハ臺灣征討ヲ切齒扼腕ヲシテ論ジタ、其間ニ於テ公平ノ眼ヲ以テ見タナラバ或ハ落度ガアッタカモ知レマセヌ、併ナガラ此精神ガ存スル間ハ蓋シ支那ガ軍艦ヲ發シテ故ラニ朝鮮ニ刺客ヲ送ルト云フ忌憚ルコトナキ擧動ハ爲サヌト思フノデアル、併ナガラ物ノ分ッタル言葉ノ時代ニ自ラ志ヲ失フテ總テガ讓ル讓ルト云フ政略ヨリドコマデモ讓テ決シテ國際ヲ好クスルコトモ出來ナケレバ、交ヲ厚ウスルコトモ出來ヌト云フ極、却ッテ平和ナル交際ヲ破ルニ過ギナイ、政府ノ一部ハ斯樣ノ方略ヲ以テスルモ國民ノ意思ハ斯樣ナコトヲ見ル度ニ支那朝鮮ニ向ッテ――支那朝鮮ニ對スル惡感情ヲ滅ズレバ、彼ハ益々政府ヲ侮リタメニ忌憚カラズ益々我國ヲ侮ル、ソレニ依ッテ我國民ハ彼ノ爲ス所不滿ナルガ故ニ、彼ノ二國ヲ忌ムト云フコトガアッタナラバ、此二國ノ人民ノ感情ハ區々タル政府ノ政略ニ依ッテ止ルコトハ出來ナイノデアル、卽チ斯ノ如キハ海外ト相對スルニ於テ方針ナキ所ノ政略ト言ハナケレバナラヌ(「簡單々々」ト呼フ者アリ)簡單ニハ出來ヌノデアル、尙ホ左樣ニ御急ギニ成ルナラバ尙ホ長ク述ベナケレバナラヌト思フ(「長クヤルト却ッテ贊成者ガナクナルゾ」ト呼フ者アリ)長ク成ッテ贊成者ガ少ク成ッテモ斯樣ナルタメニ贊成者ヲ減ズルト云フ左樣ノ人ニハ決シテ贊成ハ請ハヌノデアル、何故ニ修正案ガ必要デアルカ、此原案ハ排斥セザルベカラザルカト云フコトヲ定メルノハ卽チ吾々ノ最モ望ム所デアッテ、決シテ區々タル左樣ナ御世辭ヲ以テ贊成者ヲ求ムルト云フ意味デナイ(「御世辭ラレイコトヲ言フテモ贊成者ハナイ」ト呼フ者アリ)如何デアル、當政府ハ物ヲ知ラザル所ノ國人ノ眼ニ砂ヲ打込マンガタメニ奇妙ナル擧動ヲヤッテ居ル、ソレハ何デアルカ、布哇ト日本ノタメニ結ンダ條約、改正ト謂ハンヨリハ一種ノ修正ト云フ可キモノヲ匆卒ニ勅令ヲ以テ出シタノハ何デアルカ、其意味ヲ詳スルコトガ出來ヌノデアル、文面ヲ見ルト此布哇並ニ日本ノ間ニ取結ンダ條約ハ如何デアルカ、彼ガ裁判權ニ關スル規定ヲ無效ニ歸セシメタカラ我ハ是ヨリ內地雜居ヲセシメ、內地ニ商賣ノ自由ヲ與ヘルト云フ斯樣ナ條約ヲ結ンダト云フ此意味ノ勅令ガ四月十一日ニ出タノハドウ云フ意味デアルカ、ドウ云フ手續ニ依ッテ斯樣ナコトガ起ッタノデアルカ、ドウ云フ意思デ政府ガヤッタカト云フコトハ一應此議會ガ開カナケレハナラヌコトデアル、又評サナケレバナラヌ問題ト私ハ考ヘルノデアル(「のー〱」ト呼フ者アリ)決シテのーデハナイノデアル、政府ノ味方ハ先ヅ默ッテ聞クガ宜シイ、元來條約ヲ締結スルニハ正則ヲ履メバ無論、特ニ御依頼ヲ蒙ッタル親任ノ大臣ガ條約ヲ定メテ、ソレデ御批准ヲ請フテ確定スルノニ、此事ハドウ云フ譯デ匆卒ニ爲シタノデアルカ、今左樣ナ手續ヲ爲シテハ時日ニ間ニ合ハヌト云フヤウナコトガ布哇ト日本ノ間ニ起ッテ左樣ニ匆卒ニ爲シタノデアルカ、抑ゝ布哇ガ何モ言ハヌデ以來ハ治外法權ヲ日本國內ニ撤去スルト云フ通知ヲ寄越シタノデアルカ、ソレトモ我ヨリ是非共要求シナケンバナラヌト言ッテ要求ヲシテ、彼ガ應ジタノデアルカ、是等ニ就イテハ更ニ聞クコトガ出來マセヌガ、兎ニ角四月十一日國會ノ將ニ開ケントスル場合ニ當ッテ斯樣ナモノヲ出シタノハ如何ナル譯デアルカ、是ニ向ッテ治外法權撤去セラレタリ、誠ニ結構デアルト言フナラバ、是ハ小兒ノ囈言ト謂ハナケレバナラヌ、現在如何デアルカ、墨西哥條約ニ於テ治外法權ハ取ラレテ居ル、尙ホ葡萄牙ニ於テハ治外法權ハ自ラ日本ガ無クナシタノデアル、勿論斯樣ニ他ノ國ニ向ッテ我國ガ爲シ得ル事柄ヲ如何ナル譯デアルカ、布哇ニ向ッテハ故ラニ手柄ラシキコトヲ爲シテ日本ノ人民ニ示シタノハ、政府ハ治外法權ハ內地雜居ト交換シテ爲シ得ヘキモノデアルト云フ標準ヲ國ニ示シタモノデアルト思フ、事實必要ハナイノデアル、現在ノ處布哇ノ籍ヲ持ッテ我國ニ居ル者ハ幾人アルノデアルカ、僅カ二十人ニ過ギナイノデアル、又布哇ニ我國ヨリ勞役者ガ彼レニ往クトスルモ彼ノ地ヨリ來テ內地雜居ヲ必要トスルコトハ萬ナカルベキコトデアルノニ、雜居ヲ許スト同時ニ治外法權ヲ解イタト云フコトヲ斯樣ニ示スノハ蓋シ政府ガ雜居ト治外法權ヲ交換シテ之ヲ以テ標準トシテ條約ヲ改正スルト云フ意味デ、先ヅ以テ國民ノ意思ヲ試メサンタメニ示シタモノダト考ヘル、若シ斯樣ナル意味デアリマスレバ、吾ゝハ政府ノ爲ス所甚ダ國民ヲ信ゼズ、國民ヲ愚弄スルト斷言シナケレバナラヌ、明治二十二年ノ墨西哥ノ條約ハ如何、墨西哥國小ナリト雖モ布哇ニ比スレバ先ヅ堂々タル一國ナリト謂ハナケレバナラヌ、葡萄牙微小ナリト雖モ歐羅巴ニ在ッテ大陸ノ間ニ同等ノ權利ヲ道理上持チ、實力上交際上持ッテ居ル一國デアル、此二國ノ條約ヲ以テ墨西哥ハ確ニ治外法權ヲ解キ、尙ホ緊要ナル箇條ヲ加ヘテ後來力ヲ勞セズシテ條約ノ改正ガ出來ルヤウニ仕組ンデアル、ソレガ唯今條約ノ改正ガ出來ヌトハ何カ雙方協議ノ上ニ改メテ以テ改正ヲスルト云フノデアル、協議ガ調ハヌ以上ハ何時マデタッテモ安政ノ條約ヲ繼續シナケレバナラヌ、彼レ應ゼザレバ我レ何時マデモ引張ラレルト云フ共不利益ハ條約ヲ改正スル上ニ於テ不利益ト成ルノデアル、墨西哥條約ハ如何デアル、雙方ヨリ六箇月以前ニ於テ止メヤウト云ヘバ共時ニ無效ニナルガ、協議ヲ要セズシテ彼肯ゼズシバ更ニ新ニ條約ヲ結ベルト云フコトニナッテ居ルノデアル、然ルニ布哇ニ於テハ如何デアル、布哇ハ小國ダカラドウデモ宜シイト云フ事實ノ問題デアリマスレバ、小國ニシテ人民ノ少イ布哇ニ於テ緊急ニ特別ノ手續ヲ以テ何ガタメニ勅令ヲ發シタノデアルカ、如何ニシテ墨西哥位ノ如キ條約ガ出來ヌノデアルカ、此事ヲ無定見ニシテ尙且ツ物ヲ知ラザル人ノ眼ニ砂ヲ打込ム姑息ノ政略ト謂ハナケレバナラヌ、(拍手起ル)朝鮮政略ト謂ヒ、布哇政略ト謂ヒ、凡テノ事斯ノ如シ、斯ノ如クシテ是デ諸外國ニ向ッテ正當ニ我國ノ國威ヲ繋ギ、條約改正ヲ致スコトガ遣レルト云フコトハ私ハ信ズルコトハ出來ヌ、尙且ツ諸君ニ向ッテ厲行ノ精神ノ必要ヲ私ハ言ハネバナラヌ、厲行案ノ出タル時ニ匆卒ニ議員ヲシテ口ヲ開カシメヌノハ、則チ斯樣ナル案ガ出レバ、諸外國ノ機嫌ヲ損ズルト斯樣ニ政府ハ退縮ノ精神ヲ以テ厲行ノ精神ト衝突セシメタト考ヘル、是ガ卽チ厲行ノ必要ナル所以デ、斯樣ニ獨リ振ハザル所ノ精神ヲ以テ外國ト談判スルト云フハ尙且ツ共精神ト違フガタメニ內ニ向ッテ妄斷ニ議會ヲ解散シテ國民ノ意思ヲ紊リ、國民ニ蒙ラスニ無限ノ無實ヲ以テシテ鎖攘ノ徒ナリト罵ラシメ、內ニハ機關新聞ヲ使ヒ、又外ニ向ッテハ外國通信ニ由ッテ日本ヲ目シテ鎖攘ノ巢窟ナリト言ハシムルニ至ッテハ、殆ド外ノ勢ヲ假ッテ內ヲ壓セントスル內閣ノ政略デアルト言ハネバナラヌ(拍手起ル)斯ノ如キ內閣ニ向ッテ共解散ノ手續ガ惡イ位ノ建議案ヲ以テ滿足スルニ至ッテハ殆ド意味ナキ建議案デアル(拍手起ル)吾ゝハ確ニ之ヲ排斥シテ今一層內治外交ノ方略宜シキヲ得ヌト云フ意ヲ含ンダル所ノ修正案ニ同意シナケレバナラヌ、此修正案ニ同意セラレンコトヲ私ハ諸君ニ望ムモノデアル

○井上角五郎君(二百二十番) 本員ハ昨日カラ島田君ト契約ガゴザリマスカラ質問致シタウゴザリマスガ、ソレニ就イテ先刻モ島田君ハ後程演說スルカラ質問セナイカト斯ウ云フ御話デゴザリマスカラ、讓ンデ演說ヲ拜聽致シマシタ、所ガ島田君ハ共實私共ノ質問ハ大ニ恐レラレルモノヽ如クニ聽取ラレタ、今質問スルニ就イテ特ニ此事ヲ申シテ置ク、ナゼサウ聽取レタカト云フニ島田君ハ厲行案其物ハ賛成シタガ、理由書ハ成程提出者ノ意味ノ如ク之ヲ賛成シタノデハナイ、成程……

○栗原亮一君（百九十一番）一寸此理由書ノ正誤ヲ申シテ置キマスガ、此中ニ「我黨」ノ文字ガアリマスガ、是ハ「本員等」ノ間違デアリマス、正誤シテ置キマス、吾ヽ上奏案ヲ提出スルニ至リマシタルハ實ニ國民ノ分トシ臣子ノ分ト致シ、衷情已ムコト能ハズ致シテ此ニ至リマシタモノデゴザイマスル、則チ上奏案ノ趣意ハ今朗讀ヲ致シマシタル如クデアリマスルガ、尚ホ此理由ニ就キマシテ一通リ辯明ヲ致シタウゴザイマス、此帝國議會開ケテヨリ已ニ六回ニ及ブデアリマスルガ、實ニ此憲法ノ制定セラレ帝國議會ノ開設ノコトニ就キマシテハ吾ヽ此國民ハ宿年大ニ冀望ヲ嘱スル所デアリマシタ、今日マデ數回ノ議會ヲ重ヌルト雖モ未ダ國民ノ輿論ト云フモノハ暢達セナイデアリマス、誠ニ今日ニ至リマシテ此有様ニアルト云フモノハ吾ヽ積年ノ苦心ニ對シ實ニ遺憾ナルコトデゴザイマス、彼ノ第四ノ議會ニ至リマシテハ議會ト政府トノ衝突其極ニ達シマシテ如何ニシテモ和衷協同ノ途ヲ盡スコトガ出來ナイ、遂ニ此議會ハ内閣ト破裂ヲスル場合ニ至リマシテ、彼ノ大詔煥發ノタメニ局面ヲ一變致シマシテ、三條ノ公約ヲ結ンデ、僅ニ其局ヲ終リタルコトデアリマシタ、則チ第五議會ヲ期シテ大ニ吾ヽハ政府ニ向ッテ要求スル所アッテ、此時ニ於テ吾ヽ國民ノ輿論ヲ容レシメテ始テ和衷協同ノ途ヲ達センケレバナラヌト云フコトヲ骨髓ニ感ジテ居リマシタ、則チ其三條ノ公約ト云フモノハ何デアルカト言フナラバ、之ヲ要スルニ行政ノ整理ヲ致シ、政費ヲ節減シ、海軍ノ改革ヲスル、是ガ則チ公約ノ要點デアリマス、議會開ケテヨリ今日マデ議會ト政府トガ衝突シテ相容レザル所以ノモノハ決シテ偶然デハアリマセヌ、毎年其爭タルヤ豫算ノ上ニ現ルヽデアリマスガ、此爭ヤ決シテ金額ノ上デ爭フヤウナル淺薄ナコトデハアリマセヌ、多年我日本ニ於キマシテハ實ニ久シキ間專制ノ下ニアリマシテ、始テ民權ノ主義ガ我國ニ起リマシテ、此民權主義ト藩閥專制トノ爭久シキヤ今日既ニ十數年デアリマス、此爭ノ極ト云フモノガ議會開ケテ以來爭トナッタルノデ、決シテ金額ノ上ニ於テ區々タル爭デハナイノデアリマス、則チ和衷協同ノ途ヲ盡サントスルナラバ如何ニ致スデアルカ、吾ヽハ實ニ多年信ズル所ニ依ッテ要求スルノデアル、決シテ吾ヽガ自己ノ功名ノタメニスルノデナク、空論ヲ以テスルノデナクシテ、國民ノ輿論ヲ代表シテ言フノデアリマス、吾ヽハ決シテ相爭フコトヲ好ムモノデハアリマセヌ、實ニ和衷協同ヲ好ムデアリマス、然レドモ吾ヽハ此國民ノ輿論ヲ一歩タリトモ之ヲ枉ゲテ和衷協同ヲスルコトハ出來ナイデアリマス（「ひや〳〵」拍手起ル）和衷協同ノ途ヲ盡サントスルナレバ内閣ハ宜シク此天下ノ輿論ヲ容ルヽヨリ他ニ途ナイコトデアリマス、然ラバ第五ノ議會ニ於テハ政府ハ此國民ノ輿論ヲ容レテ、大ニ行政ヲ整理シ、政費ヲ節減致シ、又殊ニ海軍ノ改革ヲセンケレバナラヌ場合デアリマス、又内閣諸公ハ此煥發セラレタル　大詔ニ對シテ則チ總理大臣又總理大臣ノ代理セラレタル所ノ井上伯モ此議場ニ於テ如何ナルコトヲ公衆ニ誓ッタデアルカ、卽チ吾ヽハ此陛下ノ　大詔ニ對シ奉ッテ和衷協同ノ道ヲ盡スデアルト云フコトヲ誓ッテ居リマス、吾ヽハ此軋轢ノ久シキ第一議會ヨリ第四議會ニ至ッテハ實ニ忍ンデ忍ブ能ハザルニ至ッタノデアリマスケレドモ、此　大詔煥發ノタメニ吾ヽハ實ニ涙ヲ吞ンデ政府ガ　大詔ニ對シ奉ッテ公約ヲ結ビ、此公約ヲ行フト云フコトヲ申シタルガ故ニ、之ニ對シテ吾ヽハ實ニ共忍ブベカラザルモノヲ忍ンダモノデアル　サスレバ此第五ノ議會ニ於テ豫算案ヲ發表致シ、此行政整理海軍改革等ノ發表ト云フモノヲ致サナケレバナラヌノデアッテ、又之ヲ發表スルニ當ッテハ果シテ國民ヲシテ滿足セシメ、此輿論ニ適フ所ノ行政整理海軍改革等ヲ發表シナケレバナラヌノデアリマス、然ルニ第五議會ニ至リマシテ此行政ノ整理、海軍改革ハ發表サレマシテ、吾ヽハ政友諸君ト豫算委員ノ一人ニ當リマシテ、具サニ之ヲ閲ミスルニ成ル程其金額ニ於キマシテハ隨分減額ヲ致シタデアリマスル、然レドモ吾ヽガ望ム所、此議會ノ宿論トナッテ居リマスル所ハ、唯僅ニ何デモ彼デモ金額サヘ減セバ宜シイ、政費サヘ節減スレバ宜シイト云フコトデハアリマセヌ、實ニ此政費ヲ節減スルト云フモノハ多年專制ノ宿弊ヲ一掃致シ、或ハ此政府構造ノ過大ナルヲ矯メ、或ハ政府官吏ノ多キニ過ルコトヲ減ジ、總テノ此行政整理ヲ致スノ精神デアリマス、然ルニ此改革トナッテ現レタル所ヲ見タル時分ニハ、其金額ハ稍ヽ其點マデ減ジタルニシマシタ所ガ、或ハ此人員ヲ減ジタルノミニ致シテカラニ俸給ハ減ジナイ、此議會ノ宿論ト云フモノハ冗員ヲ省キ冗費ヲ減ズルト云フコトデアリマシタ、然ルニ唯此人員ヲ減ジテ俸給ト云フモノヲ減ジナイト云フコトデアリマス、又各省ノ行政整理ノ結果ヲ見マスレバ或ハ大藏省外務省ノ如キハ稍ヽ其政費節減ノ度ト云フモノガ多クアリマシテモ、之ニ反シテ彼内務省ノ如キ遞信省ノ如キハ最モ其政費ノ節減高ト云フモノガ少イデアリマスル、則チ其内相ヲ穿ッテ見タル時分ニハ彼ノ薩州ナリ長州ナリ藩閥ノ大臣ガ據テ以テ勢力ヲ振フ所ノ隝ト云フモノハ其節減ヲ少ク致シ、其權力ナキ所ノ大臣ノ居ル所ハ節減ガ多イト云フヤウナ譯デアッテ、整理ノ仕方ト云フモノハ甚ダ不權衡極ッテ居ルデアリマス、又此海軍ノ改革ト云フコトハ公約三箇條ニ於キマシテモ特ニ此事ヲ明言シテアルノデゴザリマスル、今日マデ軍艦製造費ガ議會ノ上ニ現レテ常ニ議會ニ於テ之ニ反對致シ來タト云フモノハ、決シテ此軍艦製造海軍擴張ヲ好マヌト云フノデハナイ、實ニ此海軍ノ弊極マッテ吾ヽト如何ニ之ヲ協贊セント致シテモ唯空シク金ヲ投ズルニ止ッテ其實效ガ擧ラナイコトヲ見タカラシテ、止ムヲ得ズ此軍艦製造費ニ反對シ來ッタノデアリマシタ、然レドモ斯ノ如ク今日日本ノ國狀東洋ノ形勢ニ於キマシテ誠ニ我國ノ軍備上海軍ハ必要デアリマス殊ニ我日本ハ海國デアリマスル以上ハ、或ハ通商貿易殖民航海等ノ事業ヲ獎勵致シ保護ヲスル上ニ於テ、卽チ我日本ノ國是ヲ達スル上ニ於キマシテハ、最モ吾ヽハ海軍ノ必要ナルコトヲ感ジテ居ルノデアリマス、然レドモ其海軍費ヲ出シタル所ガ之ヲ有益ニ使ハズ致シテ實ニ海軍ノ弊極マッテ居ルガタメニ、從來海軍費ヲ否決致シタデアリマシタ、然レドモ　陛下ニハ此國防ノコトニ最モ　宸襟ヲ惱マセラレマシテカラニ、遂ニ其時ニ至ッテ内帑三十万圓ヲ割キ給フテ、此製艦費ニ充テサセルト云フヤウナコトデアッテ、彼ノ　詔勅ノ出タルガタメニ吾ヽ臣民ハ之ニ對シマシテ、衷情ヲ表シ一千九百万圓ノ海軍費ヲ協贊致シマシタ、今日民力疲弊ノ際ニ當リマシテ或ハ地租輕減ヲ唱ヘ、或ハ地價修正ヲ唱ヘ、實ニ此政費節減論ト云フコトハ我全國洶クガ如ク輿論ニナッテ居ルデアリマスル、吾ヽハ先ヅ海軍改革ヲ先キニ致シテ製艦費ヲ出ス積リデアリマシタケレドモ、斯ノ如ク　陛下宸襟ヲ惱マセラルヽニ就キマシテハ、吾ヽ人民ハ此苦シキ中モ一千九百万圓ノ大金ヲ協贊ヲ致シタノデアル、斯ノ如ク吾ヽハ　大詔ニ對シ奉リ臣民ノ分ヲ盡シ此公約ニ對シテ彼ガ之ヲ實行スルト云フガ故ニ、此改革ヲ後ニ致シテ協贊ヲ先キニシタノデアリマスル、殊ニ此海軍改革ニ於キマシ

デハ　陛下ハ委員ヲ宮中ニ召サレマシテ、此改革ノコトヲ最モ急ニスベク、最モ愼重ニセヨト云フノ思召デアリマシテ、此海軍改革ニ於キマシテハ重大ナル事件デゴザイマスル、茲ニ於キマシテハ此公約中ニ於テ嘗ニ政費節減行政整理ト云フコトノミナラズ、此海軍改革ト云フコトヲ吾々ガ求ムルト云フハ決シテ漠然タル議論デハアリマセヌ、今日海軍ノ有樣ニ於テ是々ノ箇條ニ於テハ是非トモ改革ヲシナケレバ我日本帝國ノ海軍ヲ振ハセルコトガ出來ナイ、我日本帝國ノ威光ヲ海外ニ輝カスコトガ出來ナイ、誠ニ此海軍ノ重大必要ナルコトヲ信ジテ、此改革ヲ唱ヘ來ッテ居ルモノデアリマスル、然ラバ吾々ハ此公約ノコトニ對シテ其不完全ナル所ヲ責ムルニ當リマシテハ、最モ海軍改革ノコトニ力ヲ入レナケレバナラヌ所ノ場合トナッテ居ルノデアリマスル、政府ガ海軍改革ヲ發表致シマシタルガ、此改革ノ結果如何ト云フコトニ就キマシテ、其大體ヲ吾々ハ此所ニ調査ヲ致シマスニ甚ダ吾々ガ此海軍改革ヲ求メタル所ノ趣意ニハ違ッテ居ルノデアリマスル、是ヨリ其逐條ニ就キマシテ大體ヲ述ベルデアリマスルガ、成ル程此海軍省ハ改革ヲ致シタト申シマシテ、條例規則ノ改正ト云フモノガ十數號ニモ至リマシタ、殊ニ表面カラ見タル時分ニハ許多ノ條例規則ヲ改正ヲ致シマシテ、是ガ官報ニ載ッタデアリマシテ、如何ニモ改革ガ出來タヤウデアリマス、併ナガラ其改革ノ結果如何ト云フコトニ至リマシテハ此海軍省ノ官制改革ニ於キマシテ、元トノ條ニ於テハ主事ハ大臣次官ノ命ヲ受ケ云々ト云フコトデアリマシテ、此主事ト云フモノハ至テ權力ノ少イモノデアリマシタ、然ルニ此改革ノ後ノ條例ニ於キマシテハ主事ハ海軍大臣ノ命ヲ受ケ官房ノ事務ヲ掌リ、又臨時命ヲ受ケ各局ノ事務ヲ助クトアリ、此主事ハ如何ナル所ノ人ヲ以テ充テ、居ルカト云フナラバ、彼ノ社會ノ新聞紙上ニ於テモ八釜敷論ゼラレタル如ク山本大佐ガ之ニ當ッテ居ラルヽデアリマス、世ニ之ヲ呼ンデ權兵衞大臣トマデ唱ヘテ居リマス、斯ノ如キ人ヲ主事ノ位地ニ置イテ其主事ハ如何ナル權力デアルカト云フト、從來ノ主事ヨリハ大ナル權力ヲ附ケテ、次官ノ命ヲ受ケル樣ナモノデハナイ、大臣ノ命ヲ受ケテ官房ノ事務ヲ執リ、又臨時ニハ各局ノ事務ヲ助ケ、其他ノ局々ニ就キマシテモ此主事ト云フモノガ立入ッテ色々ヤルコトガ出來ルト云フ樣ナル斯ウ云フ精神ニナッテ居ルノデアリマス、舊制ニ於キマシテハ則チ第一局第二局第三局ト分レマシテ則チ人事材料會計ノ此三ツニ分レテ居リマス、然ルニ今度ハ此官房ノ中ニ人事課ト云フモノヲ置キマシテ、人事課ト云フモノハ軍人ノ進退任免ヲ掌ルトコロデアリマス、則チ此官房ノ主事ト云フモノハ海軍將校ノ此黜涉進退ヲ掌ル所ノ事ニマデ干涉スルコトガ出來ルト云フ樣ナル場合ニナッテ居ルノデアリマス、然ラバ此海軍改革ヲ發表シタトハ言ヒナガラ却ッテ此點ニ於キマシテハ改革ノ精神ニ戾リタルモノニシテ、其表面ハ奇麗ニ裝フタリト雖モ其內部ニ至リマシテハ却テ以前ヨリ此制ト云フモノハ惡クナッタルモノデアルト吾々ハ信ジテ居リマス、吾々ガ此海軍改革ニ就キマシテ第一ニ希望シタル所ハ軍令ト軍政ノ別ヲ立テルコトデアリマス、以前ノ制ニ於キマシテハ此海軍大臣ハ各省官制ニ掲グル所ノ外帷幄ノ機務ニ參與シ或ハ出師作戰海防ノ計畫ニ任ズルモノト爲レリ海軍大臣ト云フモノハ一箇ノ行政官デアル、一箇ノ行政官ガ斯ノ如ク帷幄ノ機務ニ參與シ、出師作戰海防ノ計畫ニマデ任ズルト云フコトハ實ニ　天皇陛下ノ大權ニ屬スル所ノ軍令ノ權ニ立入ッタルモノデアリマス、又前ノ制ニ依リマシタ時分ニハ海軍大臣ノ下ニ海軍參謀部ヲ置イテ、而シテ之ニ軍事ノ計畫ヲ掌ラシムルト云フコトモアリマシタガ、實ニ斯ノ如キ所ノ制ト云フモノハ、此軍令ト軍政トヲ混淆シタル所ノ制デアッテ、決シテ各國ニ於テ無キ所デアリマシテ、殊ニ我國ニ於キマシテハ此陸海軍ノ制ト云フモノハ　天皇ノ大權ニ屬スルモノデアリマス、斯ノ如キモノヲ一箇ノ行政官ノ下ニ置クト云フコトハ實ニ此大權ヲ侵スノ恐アリ、不都合極マル所ノモノデアリマス、ソレ故ニ吾々ハ此軍令ト軍政トノ區別ヲ立ツルコトニ就キマシテハ海軍大臣ハ一箇ノ行政官ト致シテ、此海軍省ノ事務丈ヲ掌ルモノト致シテ、此軍令部ノ長ハ即チ　天皇陛下ニ直隸スル所ノ武官ヲ以テ充テナケレバナラヌ所ノモノデアルト云フテ、吾々ハ其希望ヲ表シタル所ノモノデアリマシタ、然ルニ此軍令ト軍政トノ別ヲ立ツルニ至リマシテハ改革ノ發表ニ於キマシテ如何デアルカト云フナラバ、成ル程此條例ノ文面ヲ見タ時分ニハ軍令部ト云フモノハ設置ヲサレマシタ、而シテ此海軍省ノ內デ海軍軍令部ト云フ新シイ札ガ一枚掛リマシタ、斯ノ如ク其札ハ掛リマシタケレドモ、果シテ軍令ト軍政ノ區別ト云フモノガ判然立ッタカト云フニ、私ハ實ニ是ハ殆ド看板ノミニ致シテ其實ハ擧ラヌト云フコトヲ斷言致スノデアリマス、吾々ガ此軍令ト軍政トノ別ヲ立ツルニ於キマシテ望ム所ノモノハ、其精神ハ何レニ在ルカト云フナラバ、則チ此武官組織ノ弊デアリマス、海軍省ト云フモノハ則チ此船ヲ扱フ所ノ主務省デアリマス、然ラバ其事務ヲ扱フ所ノ人ハ必シモ將校軍人ニ限ッタル譯ハナイ、一通リ其事務ニ熟練シマシタル所ノ人ヲ用ヒレバ宜シイノデアリマス、故ニ第二ニ於キマシテハ武官組織ノ弊ヲ革ムルト云フコトガ吾々ノ希望デアリマシタ、此軍令ト軍政トノ區別ヲ立ツルト云フノ趣意ハ何處ニアルヤト云フナラバ、武官組織ノ弊ヲ革メテ武官ガ文官ノ事務ニ立入リ、或ハ文官タル一箇ノ海軍大臣ガ　天皇ノ大權ニ屬スル所ノ軍令部ニマデ立チ入ルト云フコトハ甚ダ不都合デアルガ故ニ、武官組織ノ弊ヲ革メナケレバナラヌト云フノガ則チ此軍令部軍政部ノ區別ヲ立ツル精神デアリマシタノニ、其精神ト云フモノハ一ツモ行レズシテ唯是ハ空文ノ改革ニ止ルモノデゴザイマス、即チ第二ニ此武官組織ノ弊ヲ革メルト云フコトハ其趣意ハ第一ニ武官ニシテ文官ノ職ヲ犯シ其事務ニ干涉スルト云フ弊ガ澤山アッタノデアリマス、即チ之ヲ革ムルト云フコト、第二ハ此文武ノ業ト云フモノハ自ラ相違ッテ居リマスカラ、海軍省ニ在ル所ノ文官ハ唯其事務熟練ノ人デアレバ宜シイ、武官ハ即チ此海軍ノ專門ノ技術ヲ要スル譯デアリマス、故ニ此文官ト武官トノ區別ヲ立テ、而シテ此海軍ノ役人中陸上ニ勤務シテ居ルモノト海上ニ勤務シテ居ルモノト其區別ヲ立テナイ以上ハ、或ハ陸上ニ在ル者ガ折節船ニ乘ッテ海上勤務ヲ致ストカ、又海上ニ勤務ヲ致ス者ガ適々陸上ニ來ッテ事務ヲ執ルト云フコトニナリマスレバ、武官ニシテ其熟練ヲ爲スコト能ハズ、又文官ニシテ其事務ニ熟練ガ出來ナイ、文官デモナシ武官デモナイト云フ樣ナ間ノ子ノ者ガ出來、遂ニ我日本ノ海軍ノ勢力海軍ノ熟練ト云フモノガ出來ナイ、故ニ此文官武官ノ區別ヲ判然スルト云フコトガ吾々ノ望ム所ノ精神デアッタノデアリマス、此主計少監或ハ大主計少主計ハ海上ニ勤務スル者デアレハ武官ト爲シテ宜シケレドモ主計總監主計大監、斯ウ云フモノハ陸上ノ勤務ヲスルモノデアルカラシテ武官ヲ以テ充テナクテモ出來ルモノデアリマス、或ハ彼ノ機技總監、機關大監、大少技監、大少技士、軍醫總監、大監、藥劑官、大少藥劑監、斯ノ如キモノハ皆之ヲ文官ニ致シテ出來ルモノデアリマスカラ、決シテ未ダ此武官組織ノ弊ト云フモノヲ革メナイノデアリマス、唯名丈ニ於テ革メラレタルモノハ海軍高等武官ノ勤ムベキ職ハ必要ノ場合ニ於テ文官ヲ以テスルト云フ事デアッテ、吾ヽハ此武官組織ヲ破リマシテカラニ、海軍省ハ文官組織ニスルト云フ精神デアリマシタノニ、此武官組織ノ方ヲ本體トシテ文官組織ノ方ヲ變例ト致シテ居ルト云フヤウナ譯デアリマシテ、其改革ハ甚ダ不完全極ッタモノデアリマス、此武官組織ノ起リマシタノハ則チ明治十六七年ノ項デアリマシテ、此時文職ニ從事スル所ノ書記官祕書官ト云フヤウナ者ガ居リマシタ、仁禮中將ガ海軍省內ニ在リシ時是等他縣人ノ者ヲ放逐致シテ其海上勤務ヲ執ル所ノ佐官尉官ト云フ樣ナ武官ヲ以テ、文職ニ充テ武官組織ト云フモノガ出來タヤウデアリマスガ、此組織ヲ今日未ダ改メナイノデアリマスル、第三ノ箇條ハ將官佐官ノ定員ヲ限ルト云フコトデアリマシタガ、成程海軍ト致シマシテハ將官佐官ト云フモノハ澤山アルナラバ、船ガ出來マシテモ其將官佐官ガ間ニ合フカラ定員ノ多キコトハ甚ダ海軍ノ勢力ガアルヤウデアリマスルガ、併シナガラ此將官佐官ト云フモノハ何ノ國ニ於キマシテモ最モ其人員ヲ限ッテ熟練ナル人ニ限ッテ之ヲ殘シマシテ、無暗ニ將校ノ數ヲ養フト云フコトハ決シテ爲サナイノデアリマス、英國ニ於キマシテハ將校士卒ノ現役ト云フモノハ三千四百三十四人アリマシテ、其中デ軍艦ニ乘ッテ居ル者ハ三千五十三人、又陸ニ在ル所ノ者ハ三百八十一人、則チ海軍ノ將校士卒ニ於キマシテハ、九分ノ一ト云フモノガ陸上ニアッテ勤務シテ居ル、他ハ皆海上ニアッテ勤務ヲ執ッテ居リマス、斯ノ如ク海軍ノ士官ナドハ常ニ海上ニアレバコソ熟練ヲ得ルモノデアリマスカラ、凡ソ海軍國ニ於テハ陸ニ在ル所ノ者ヲ最モ少クシテ、多クノ將校士官ト云フモノハ皆之ヲ船ニ乘ラシメテ其熟練ヲ致スト云フコトハ海軍國普通ノコトデアリマス、然ルニ我日本國ハ如何ト申シマスレバ、將校士卒ノ現役ト云フモノハ一千八十一人アッテ、其中デ船ニ乘ッテ居リマスモノハ五百十四人、陸上ニアル者ガ五百六十六人、則チ其陸ニアル者ハ船ニアル者ヨリ多キコトガ一割餘ト云フ、斯ノ如キ將校士卒ヲ養フテ之ヲ軍艦ニ乘ラセズ陸上ニ置テ其熟練ヲ闕クト云フ、斯ノ如キ海軍ノ制度ト云フモノハ實ニ各國ニ於テ最モ其例ナキ所ノモノデアリマス（拍手スル者アリ）斯ノ如ク我海軍ニ於キマシテ將校ト云フモノガ非常ニ增加ヲ致シタト云フ所ノ原因ハ何デアルカト云ブナラバ、其弊害ノ因テ起ル所ハ則チ何處ノ國ニ於テモ海軍士官ノ在職ノ年限及海上勤務ト云フモノハ其年限ガ長クシテアリマス、然ルニ我日本ノ海軍ニ於キマシテハ其士官ノ在職年限海上勤務ト云フモノガ甚ダ短イデアリマスル、其各國ニ於キマス所ノ將校士官ノ在職年限又我邦ニ行ハル、此在職年限海上勤務ノ年限ト云フモノハ先ヅ大體ノ所デ申ス時分ニハ、實ニ其年月ト云フモノガ短クシテアリマス、又此將校士官ト云フモノガ無闇ニ增加シタ原因ハ何デアルカトナラバ、進級條例ノ內ニハ拔擢法ガアリマスガ、其拔擢法ハ則チ學術技藝拔群ノ者ヲ登用スル筈デアリマス、然ルニ此進級條例ノ拔擢法ヲ濫用シテ學藝技術拔群ノ者ヲ登用セズニ、唯情實ノタメニ其人ヲ登用スルト云フコトガアルタメニ大ニ其將校ノ數ト云フモノガ增加シ來ッタノデアリマスル、今日吾ヽガ此海軍ノ將校ノ定員ヲ限リマシテ大ニ海軍ノ熟練ヲ求ムル方法ハ何ニヨルカト云フナラバ、則チ彼ノ亞米利加ニ於キマシテモ南北戰爭ノ後ニ於テ大ニ海軍士官ガ增加致シマシテ、其不熟練ナル士官ガ澤山アッタルカラシテ、茲ニ將校ノ淘汰法ト云フモノヲ嚴ニ行ッテ、而シテ熟練ナル者ヲ殘シ、其不熟練ナル者ヲ除ケルト云フ海軍ノ大改革ヲシタト云フコトヲ豫テ聞イテ居リマス、其方法ニ據レバ則チ我國ニ於キマシテ、將校淘汰ヲ致サントスルナラバ、正則ニ依テ海軍ヲ修業シ、技術拔群ノモノナラバ武官ノ職ニ止メ、或ハ變則ヲ以テ海軍ノ修業ヲ致シ、且又實地ノ熟練ナイト云フヤウナ者ガ澤山ニアリマス、斯ウ云フヤウナ者ハ武官ノ資格ガ無キ者デアリマスカラ、之ヲ文職ニ轉ジテ陸上勤務ヲ致サセ、第三ニハ老朽無能ノ者ヲ退隱セシム、我國ノ海軍ニ於テハ其資格モナク藩閥ノタメニ樞要ノ位地ヲ占メテ、而シテ其人タルヤ老朽無能ニ致レテ、實ニ海軍ノ實地ノ熟練ナク、又學術ニ通達セヌ樣ナ者ガ澤山アリマス、斯ノ如キ老朽物ハ退隱サセルガ宜シイ、斯ノ如クシタラ始テ將官佐官ノ定員ヲ限ッテ海軍改革ノ一端ガ行ハル、ノデアリマス、凡ソ各國ノ比例ヲ見テ見マシテモ、日本ノ如ク中將トカ少將トカ云フ所ノ軍艦ノ割合ニ、此海軍ノ經濟ノ割合ニ、多イ所ハ無イデアリマスル、今日本ニ於キマシテ海軍中將ガ五人、少將ガ二人トナッテ居リマスガ、各國ノ例ヨリ照シテ見マレタ時分ニハ決シテ此等八人ノ所ハナイ、三人ニシテモ未ダ海軍ノ勢力ニ過ギテ居ル樣ナ話デアリマス、或ハ大佐等モ三十六人アリマスガ、是等モ日本ノ海軍ノ勢力日本ノ海軍ノ經濟ト比シマシタナラバ十五人位ガ相當デアリマシヨウ、大抵相當ニ各國ノ比例ヲ取ッテ日本ノ海軍ノ勢力經濟ニ應ジテ大ニ將校ヲ沙汰ヲ致シ、其定員ヲ減ズルト云フコトハ吾ヽノ希望デアッタノデゴザリマス（「理由書ニアルヤウデスカラ箇單ニ」ト呼フ者アリ）今日アリマス所ノ將校士卒ノ現員ハ一万一千七百七十六人程アリマスガ、之ヲ減ジマシテ八千五百二十七人、凡ソ二割六分位ノ減員ト云フモノハ、出來ヤウト云フコトノ吾ヽノ見込デアリマスル、此海軍省ハ將校ヲ減ズルト申シテ改革ヲ發表シタル時分ニドノ位ノ將校ヲ減ジタカト云フナラバ、海軍改革ノ後ニ豫備トナッタ將校ガ九十四人程アリマスル、然レドモ此九十四人ノ將校ヲ淘汰シタノニハ如何ナル標準ニ據ッテヤッタカト云フナラバ、前申スヤウナ標準ガアルデモアリマセヌ、之ヲ豫備ト致シ將校ヲ淘汰スルニ就イテハ、一定ノ標準ナキモノデアリマス、則チ此將校ヲ淘汰スルナラバ、先ヅ實地ノ熟練アル者、或ハ學術ニ通ズル所ノ者、又各國ニ於キマシテハ將校名簿ノ順序ガアリマシテ、其舊イ人ヨリ段ヽニ退職セシメテ新陳更代スルト云フコトガ各國ノ制ダト云フコトヲ聞イテ居リマス、然ルニ此九十四人ノ將校ヲ淘汰致シ、是デ以テ海軍省ガ將校ヲ減ジタリ、改革シタリト云フテ居リマスケレドモガ、其淘汰ノ方法ヲ見マスルニ決シテ一モ其標準アルコトヲ見出サヌノデアリマス、例ヘバ其九十四人中ニ於キマシテ彼ノ磯部包義ト云フ樣ナ人ハ海軍ノ實地ニハ熟練デアルト云フコトヲ聽イテ居ルノデアリマス、然ルニ斯ノ如キ所ノ人ヲ退職セシメ、名譽進級ヲ以テ少將ト致シタデアリマス、斯ノ如キ少將ヲ以テ遇スベキ所ノ熟練ノアル人デアルナラバ、職ニ留メテ純然武官ニ置クガ宜シイ、然ルニ斯ノ如キ所ノコトガアリマス、若シ席順ヲ以テ此退職ヲ定ムルモノデアルトシマシタ時分ニハ、柴山矢八ト云フ人ガ磯部包義ノ上ニアルデゴザイマス、然ラバ其席順ヲ以テスルナラバ其上ニ在ル人カラ先キニ退職サセンケレバナラヌ、サウ云フ標準ガ立ッテ居ラヌデゴザイマス、茲ニ多クノ人ヲ擧ゲルコトモ憚ルデゴザイマスルガ、此將校ヲ淘汰スル上ニ於キマシテ概シテ其藩閥ノ人デアルナラバ或ハ之ヲ退職セシメテモ其官ヲ昇ストカ、或ハ退職セシムベキ年限ノ來ッタモノヲ其職ニ留メルト云フ樣ニナッテ居リマス、九十四人ヲ減ジマシテモ、其成績ニ就テ見マスル時分ニハ其淘汰法ガ甚ダ不都合極ッテ居ル、決シテ之ヲ以テ吾ヽハ海軍改革ト云フコトハ出來ナイト信ズルノデアリマスル、又タ吾ヽガ此海軍改革ニ於キマシテ希望致シマスル所ノ點ハ此士官養成ノコトデアリマス、則チ海軍ノ勢力ト云フモノハ如何ニ船ガ大キクナッテモ船ガ多クアリマシテモ、將校其人ヲ得ナケレバ決シテ海軍ノ勢力ハナキモノデアリマスル、如何ニ是ヨリ一万噸以上ト云フ樣ナ大艦ヲ造リマシテモ、此士官養成ノ道ガ備ッテ居ナカッタ時分ニハ、恰モ小兒ニ與フルニ利器ヲ以テスルト云フ樣ナ譯デアリマス、已ニ此一万噸以上ノ軍艦ヲ吾々ガ協贊致シテ造ッテ居ルデアリマスルガ、是等ノ海軍ノ士官ノ備ハラナイ時ニ方リマシテ、今日ノ如ク此士官養成法デアリマシテハ實ニ我帝國ノ海軍ノ勢力ハ如何デアルカト云フコトヲ大ニ憂ル所デアリマスル、則チ此海軍士官ニ最モ必要トスル所ハ學識ト實地デアリマス、則チ海軍ノ中ニハ海軍大學校ヲ置キマシテ、其中ニハ少佐大尉ト云フ樣ナ將校士官ヲシテ其暇ノアル時分ニハ大學校ニ入ラシメテ、大ニ此技術ノ進歩ヲ圖ルト云フコトガ必要デアリマスル、然ルニ今日ノ制度ニ依リマスルト云フト、此將校ノ中大佐以上ハ大學校ニ入ッテ技術ヲ修メ學術ヲ磨クト云フコトハ隨意ニナッテ居リマス、決シテ之ヲヤランケレバナラヌト云フ樣ニ是ヲ必要トシテヤラシメルト云フコトニナッテ居ラヌデアリマス、則チ此少佐大尉ノ如キモノハ海軍ノ學術ヲ卒業致シテ實地ノ方ニ當リマシテハ、大分ニ其實地ノ方ニ慣レルニ從ッテ學術ノ退歩ガアリマスルカラシテ、夫ヲ進歩セシムルタメニ此等ニ至ッテハ最モ大學校ニ入ッテ其學ヲ修メンケレバナラヌト云フコトガ必要デアリマスルノニ、是等ハ隨意トナッテ居ルヨウデアリマス、少尉ノ如キハ其學校ヲ卒業致シテ未ダ時日久シカラヌ者デアリマスカラシテ、實地ノ方ヲ必要ト致シマスカラ、此等ハ大學校ニ入ラシムルト云フコトハナクテモ宜シイノデアリマス、ケレドモ學術ノ進歩ガ後レントスル所ノ士官ヲシテ大學ノ中ニ入ラシメ大ニヤラセルト云フヤウナコトヲシテ居ナイノデアリマス、此士官ニ最モ必要ナル所ノモノハ實地ノ練磨デアリマスル、則チ此實地ノ練磨ト云フモノハ遠洋航海ヲ最モ盛ニ致サンケレバナラヌデアリマス、我日本國ニ於キマシテハ最モ此東洋ノ勢力ニ關係スルモノデアリマスルカラ、遠洋航海ヲ致シマスト云ッテモ、或ハ亞米利加ナリ歐羅巴ナリ遙カ遠方ニ出掛ケヌデモ日本ノ近海ニ於キマシテ、或ハ浦鹽斯德、朝鮮沿海、或ハ天津、牛莊、上海、香港、新嘉坡、佛領交趾、馬尼剌、布哇、南洋群島、濠洲、此等ガ遠洋ノ中ニ於キマシテモ最モ日本ニ事アル時分ニハ海軍ノ力ヲ用ヒンケレバナラヌト云フ場所デアリマス、此ノ如キ遠洋航海ヲ習ハシメレバ先ヅ當分事ガ足ルノデアリマスル、ケレドモ此等ノ方角ニ至リマシテモ未ダ此遠洋航海ノ事業ト云フモノヲ十分ニ力メテ居ナイデアリマス、則チ我日本帝國ノ海軍士官ガ熟練ヲ得ザルガ故ニ、屢々失敗ヲ致シ、其例ト云フモノハ枚擧ニ暇アラヌデアリマスガ、明治二十四年ノ頃ニ筑波艦ガ佐渡港ニ於キマシテ破損ヲ致シテ、遂ニ沈沒ニ及バントシタ時ガアリマス、幸ニ其時ニ風ガ止ンデカラニ其船カ覆沒ノ場合ヲ免レタデアリマスガ、斯ノ如キ失體ガアリマシタ、又二十四年ニ於キマシテハ比叡艦ガ濠洲ノ悉德尼港ニ達セントスル時ニ測量ヲ過ッテ六十哩モ行過ギタト云フ樣ナル失體ガアリマス、又嘗テ朝鮮ノ警報ノアッタル時ニ八重山艦ト云フノハ隨分軍艦中ニ於テ速力ノ速イ有力ナル軍艦デアリマス、然ルニ八重山艦ガ出立シテカラ九日目ニシテ初メテ仁川ニ達シタト云フ樣ナルコトガアリマス、或ハ又浪速艦ト云フガ朝鮮ヘ渡海中ニ暗礁ニ觸レテ其船底ト云フモノガ破損スルト云フ樣ナ斯ノ如キ例ガ數々アッタデアリマスル、要スルニ大抵ハ海軍士官ノ養成ト云フモノガ定ラナイカラシテ茲ニ至ッタノデアリマショウ、則チ此海軍ノタメニ吾々ハ此金錢ヲ擲ッテ軍艦ヲ造ルナラバ、大ニ士官養成ノ途ヲ開イテ斯ノ如キ所ノ過ナカラシメンケレバナラヌ、而シテ此熟練ヲ積マンケレバナラヌデアリマスル、此士官ヲ養成スルノ點ニ就イテハ吾々ハ希望ヲ表シテ居ルニ未ダ此改革ノ效ヲ見ナイノデアリマスル、又吾々ガ希望致シマシタル所ノコトハ、第五ニ鎭守府ノ制ヲ改メルコトデアリマス、此鎭守府ハ則チ軍艦ト相待テ必要ナモノデアリマシテ、此軍艦ノ増加ト共ニ鎭守府ヲ擴張スルト云フコトハ宜シクアリマスルケレドモ、我國ノ鎭守府ヲ設計致シマシタル時分ニハ唯其時ノ勢ニ連レテ佛國ノ例ニ慣ッテ鎭守府ヲ造ラナケレバナラヌトカ、五ッノ鎭守府ヲ造ラナケレバナラヌトカ、誠ニ無定見ナル所カラ致シマシテ、彼ノ五ッノ鎭守府ト云フモノヲ建テルト云フコトニナッタデアリマスルガ、其海軍ノ力ト云フモノヲ計ラズ、船ノ數ト云フモノハ顧ズ致シテ、唯徒ラニ此鎭守府ヲ造ルト云フコトニナッタデアリマスル、故ニ吾々ハ此鎭守府ノ制ヲ改メルト云フコトニ就キマシテハ詳シク意見ヲ具シテ是マデ議會ニ論ジ來ッタデアリマスル、然ルニ其改革ノ結果如何ト云フコトヲ見ル時分ニハ横須賀ニ於テ軍港司令長官ト云フモノガアル、此司令長官ヲ廢シテ軍港司令官ヲ以テヤラシメルガ宜イト云フ吾々ノ意見デアリマシタニ、其軍港司令長官ヲ廢セズ致シマシテカラニ、唯軍港司令官丈ヲ廢シタト云フヤウナコトデアリマス、横須賀ニ於キマシテ鎭守府ノ改革ヲ致シタト云フガ唯人ヲ減ジタコト四十五人ト云フコトデアリマス、又呉ニ於キマシテモ減員ト云フモノハ唯三十四人ニ止マッタト云フコトデアリマス、或ハ佐世保ノ鎭守府ヲ如何ニ改革致シタト云フナラバ、此司令長官ノ中將デアッタモノヲ少將ニシタト云フ位ノコトデアリマス、實ニ此鎭守府ト云フモノハ莫大ノ金ヲ投ジテ作ッタモノデアリマスガ、唯其形容ニ止ッテ大ナル建物ヲ作ルト云ヤウナコトデアリマシテ、少シモ海軍ノ勢力ヲ益スル所ガナカッタト云フヤウナ場合デアリマシテ、則チ此海軍公債千七百万圓ト云フモノハ政府ガ海軍ヲ擴張スル所ノ希望ヲ懷キマシテ、募ッタモノデアリマス、然ルニ此軍艦製造ノタメニ其始末ト云フモノハ如何ニナッテ居ルカト云フコトヲ大略見マシタ時分ニハ、實ニ此軍艦製造ハ海軍省ニ於テ濫費ノ疑アルコトヲ吾々ハ認メテ居ルノデアリマス、此大體ヲ申シマスルナレバ明治十五年十二月陸海軍ヲ整備スベキノ御沙汰ガアリマシテ、十六年度以後八箇年間ニ毎年海軍省定額以外ニ三百万圓ヲ支出スルト云フコトニナッテ居ッタノデアリマス、又定額内ヨリシテ三十三万圓ヲ殺イデ之レニ充テルコトニナッテ居リマシタ、卽チ此毎年三百三十万圓ノ金ヲ以テ八箇年間併テ二千六百六十四万圓ト云フモノヲ以テ大ニ此海軍ヲ擴張致シ軍艦ヲ製造スルト云フ設計デアッタノデアリマス、斯ノ如ク大金ヲ集メテ此設計ヲ致シマシタ所ノコトハドウデアルカト云フナレバ、其時ニ於キマシテハ大艦ヲ六艘ト致シマシテ、中艦ヲ十二艘ト致シ、小艦ヲ十二艘造リ、水雷砲艦ヲ十二艘合テ四十二艘ノ軍艦ヲ造ルト云フ設計デアリマシタ、而シテ此軍艦ノ中デ扶桑、金剛、比叡、海門、天龍、淸輝、天城、磐城、鳳翔、第二丁卯、此十艘ト云フモノハ此時ニ於キマシテハ現在シテ居リマシタモノデアリマスカラ、此四十二艘ノ中カラシテ現存スルモノヲ除イテ三十二艘トシタノデアリマシタ、此二千六百六十四万圓ヲ以テ設計ヲ致シマシテ十六年度十七年度十八年度ノ三箇年度ニ於テ製造ニ著手致シ、又買入レタ軍艦ト云フモノハ浪速、高千穗、畝傍、葛城、高雄、大和、武藏、筑紫、愛宕、鳥海、摩耶、小鷹斯ノ如キ所ノ軍艦ト云フモノヲ製造シテ來タノデアリマシタ、此千七百万圓ノ海軍公債ヲ起シタ所ノ始末ハドウデアッタカト云フナレバ、明治十七年ノ始ニ閣議ニ於テ決定致シタ所ノ二千六百六十四万圓軍艦製造費ノ中デ既ニ九百九十万三千四百九十一圓ト云フモノハ十六年以後現在支出ニナッテ居リマスル者ト、十八年度ノ支出ノ豫定額ト爲ッテ居リマスル者トデアリマシテ此千六百七十三万六千五百九圓ト云フモノガ十九年度以後則チ十九年四月以後ヨリシテ支出スベキ所ノ定額トナッテ居ッタノデアリマス、此額ニ對シテ卽チ千七百二十万圓ヲ公債ニ起シタノデアリマス、此海軍公債ハ如何ナル所ニ向ッテ仕拂ヒ何ント云フ決議デアッタカト云フナレバ、公債ハ卽チ明治十九年度、二十年度、二十一年度、此三箇年度ニ於テ軍艦製造及之ニ伴フテ起スベキ工事費ニ充ツルトシテ卽チ千七百万圓以上ノ常時海軍公債ヲ起シタ所ノ決定デアッタト云フコトハ確ニ海軍省ノ報告書ニ書イテアルノデアリマス、斯ノ如キ大設計ヲ致シ大金ヲ集メ又其公債ヲ集メテカラニ大ニ軍艦製造ノ設計ヲシタ譯デアリマス、此千七百万圓ノ公債ヲ募集シタル所ノ設計ハドウデアッタカト云フナレバ、卽チ一等海防艦ヲ二艘、噸數ガ合セテ一万二千噸、二等海防艦ガ四艘、噸數ガ合セテ一万六千噸、一等甲鐵艦ガ一艘、一等巡航艦一艘、六千噸、二等巡航艦二艘、其噸數ガ合計五千噸ニナッテ居リマス、一等報知艦ガ二艘、其噸數ガ合計三千五百噸ニナッテ居リマス、二等報知艦四艘、合計五千噸、一等砲艦ガ二艘、合計千六百噸、二等砲艦六艘、合計三千噸、一等水雷艇十六艘、合計九百噸、二等水雷艇合計三百噸、通計五十四艘ノ軍艦ヲ造ルト云フノガ公債募集ノ時ノ設計デアリマス、其噸數ハ六万六千三百噸デアリマス、然ラバ此海軍公債ヲ募集シタルタメニハ斯ノ如ク五十四艘ノ澤山ナル船ト此噸數ニ於テモ六万六千三百噸ト云フヤウナ大設計ガアッタノデアリマシタ、然ルニ此公債ヲ募ッテ其公債ヲ如何ナル所ニ使用シタカト云フナレバ、此公債ヲ以テ出來テ居ル所ノ軍艦ガ何デアルカト云フナレバ嚴島、橋立、松島、此軍艦ハ各〻四千二百七十八噸デアリマスルガ、之ガ卽チ二等海防艦ニ當ルモノデアリマセウ、而シテ此一等甲鐵艦、一等巡航艦是ニ對シマシテハ如何ナル船ガ出來テ居ルカ見出サナイノデアリマス、二等巡航艦一艘ト云フモノガアル、之ニ對シテ秋津洲ト云フモノガ三千百五十噸ト云フモノガアル、噸數ハ足リマセヌケレドモ先ヅ是ガ二等巡航艦ニ當ルモノデアリマセウカ、或ハ此三等巡航艦ニ附キテモドレヲ造ッタカト云フコトヲ見出サナイノデアリマス、一等報知艦ニ於テハ八重山艦ト云フモノガ出來マシタ、是ガ千六百九噸デアリマスカラ、是ガ二等報知艦一艘デアリマセウカ、二等報知艦ハ卽チ七百五十噸ノ千島艦ト云フモノガ出來タノデアリマセウカ、此千島艦ト云フモノハ實ニ先日來問題ニナル如キ所ノ折角出來テモ不幸ナル運命ニ陷ッタノデアリマス、又此赤城ト云フモノハ二千四百四十噸ニナッテ居リマスルガ、其中ニ於キマシテ之レガ一等砲艦ノ一隻ニナッテ居ルノデアリマセウカ、或ハ此大島艦ト云フモノガ出來テ居ル、是ガ六百三十噸デアリマスガ、是ガ則チ二等砲艦ニ當ルモノデアリマセウカ、一等水雷艇十六艘ノ中ハくるぞーニ注文致シ、或ハ二艘ヲのるまん式ニ注文シタト云フコトニナッテ居リマス、凡ソ斯ノ如クニ千七百万圓ノ大金ヲ募リ公債ヲ募集シテ大設計ヲ立テタナラバ、其時ヨリ出來マシタ所ノ軍艦ハドレ〱デアルカト云フナレバ、凡ソ斯ノ如キヤウナコトニナッテ居ルト見受ケルノデアリマス、又其造リマシタ所ノ軍艦ニ就イテハ果シテ此公債ヲ起シタタメニ有力ナル海軍ガ出來タカト云フナレバ、實ニ大金ヲ費ヤシタ所ガ嚴島橋立松島ト云フ所ノ軍艦デアリマス、是ハ最モ有力ナル船ト申シテ姉妹艦ト唱ヘ三艘揃ッタ船デアルト私ハ聞イテ居リマス、然ルニ此嚴島ガ如何デアッタカト云フナレバ、此二十四年ニころんぼノ港ニ到著スルニ當ッテ航海ノ際汽罐中ノ汽管ガ破損ヲシテころんぼニ百日モ止ッテサウシテヤット罐ヲ入レ換ヘテ日本ニ戻ッタト云フヤウナコトデアリマス、又橋立ハ如何デアリマスカ、是モ同ジク大破損ヲシテ誠ニ大金ヲ費シマシタ、軍艦モ斯ル始末ニナッテ居リマス、或ハ彼ノ甲鐵艦二艘ハ一千九百万圓ノ中ヨリ協贊ヲ致シマシタガ其注文ヲシタル所ノ時日デアルカ、又何處ノ何ヽ會社ニ注文シタカト云フコトモ殆ド二十七年ノ二月頃マテハ其事ハ十分ニ聞カヌノデアリマス、誠ニ斯ノ如キノ大金ヲ費シ來ッテ其出來タ所ノ軍艦ハ皆片輪物ガ出來タト云フヤウナコトデアリマス(拍手スル者アリ)英國ニ於キマシテハ其歳入ノ六分一ヲ以テ海軍費ニ充テ、或ハ佛蘭西ハ十五分一ヲ海軍費ニ充テ、露西亞ノ如キハ國庫歳入ノ二十分一、獨逸ハ二十七分一ヲ充テルト云ヒ、米國ハ十五分一ヲ充テ、和蘭ハ九分一デ濟スト云フ如キデアリマス、然ルニ日本ノ海軍ハ如何デアルカト言ヘバ實ニ日本ノ歳入ハ少シト雖モ其軍艦ニ要スル所ハ此海軍ノタメニ費ス所ノモノハ英國ト殆ト同ジク、國庫歳入ノ六分一ト云フモノヲ此海軍ノタメニ費シテ居ルノデアリマス、誠ニ日本帝國ノ海軍ハ尙ホ微ナリト雖モ實ニ斯ノ如ク國庫歳入ノ大部分ヲ入レテ吾吾人民ハ此海軍ニ力ヲ入レテ居リマス、然ルニ今日ノ海軍省ノ爲ス所從來爲シタル所ハ斯ノ如キ結果デアリマシテカラニ、此公債一千七百万圓ノ成行ト云フモノヲ吾ヽハ甚ダ疑ッテ居ルノデアリマス、(拍手スル者アリ)前會ノ委員會ニ於キマシテ吾ヽハ彼ノ海軍公債一千七百二十万餘リノ使用法ト云フモノハ如何ニナッテ居ルカト云フコトヲ質問ヲ致シマシテ、其調ヲ得タデアリマシタガ、誠ニ吾ヽハ是ニ就イテモ大ニ疑ヲ置イテ居ルノデアリマス、則チ海軍公債一千七百二十万圓ハ十九年二十年二十一年ノ此三箇年度ニ於テ費スト云フ決議ニナッテ居リマシタ、然ルニ一千七百二十万圓ノ海軍公債ヲ以テ如何ナル軍艦ヲ造ッタカ、其軍艦ト云フモノハ海軍省ヨリ出シタル此調査表ニ書イテアリマス、然ルニ此軍艦中ニハ葛城ノ如キハ十五年十二月ニ起工シ、武藏ハ十六年ノ三月、大和ハ十六年ノ二月、高雄艦ハ十七年ノ二月、海門ノ如キハ十五年八月進水式ヲヤッテ居ル、天龍ハ十五年七月、浪速ハ十七年ノ三月、高千穗ハ十七年三月、畝傍ハ十七年五月、是ガ十九年ニ日本ニ回航シテ來テ彼ノ始末ニナッタノデアリマス、斯ノ如ク一千七百万圓ノ公債ヲ以テ造ッタト云フ所ノ此軍艦ノ目ヲ調ベタ時分ニハ其軍艦ハ實ニ此舊イ時分ニ起工ヲ致シ、舊イ時分ニ竣工致シテ居ルノデアリマス、此ハ盡ク一千九百万圓ノ公債ヨリ幾分ヲ仕拂ッテアリマス(「簡單々々」ト呼フ者アリ)モウ少シ辯ジマスレバ濟ミマスカラドウゾ少シヽヽ(「ヤルベシヤルベシ」ト呼フ者アリ)第一ハ豫備艦ノ制ヲ設クル事デアリマシタガ、則チ日本ノ如キハ最モ海軍ニ注意ヲ致シ、此貧乏國ニ於テハ海軍ノ經濟法ト云フモノヲ最モ注意ヲシナケレバナリマセヌ、故ニ軍艦ハ保存期限ヲ長ウシテ又タ平常ノ經費ヲ省クガタメニ豫備艦ノ制ヲ設クルト云フコトハ吾ヽ大ニ希望シテ居リマス、然ルニ十九年ニ豫備艦ノ制ヲ制定シテ居ル、然レドモ唯其條例ガアルノミニシテ未ダ豫備艦ノ制ノ實際ニ行レタコトヲ聞カヌノデアリマス、大凡海軍國ニ於テハ此豫備艦ヲ置イテ大ニ保存期限ヲ長クスルヤウニシ、經濟ノ點ニ注意ヲ致シテ居ルト云フコトデアリマス、英國ニ於テハ四百四十艘ノ内デ二百二十五艘ハ卽チ過半ハ豫備艦トシテ居ルト云フコトデアリマス、又佛蘭西ニ於テ二百九十五艘ノ内デ百八十五艘則チ大凡三分ノ二ハ豫備艦トシテ居ルト云フコトデアリマス、我邦ニ於キマシテハ尙ホ軍艦ノ數ハ三十餘艘ニ過ギヌ、甚ダ少イデアリマス、又其他色々任務ト云フモノモアリマス、然レドモ其牟數カ幾分ハ勉强ヲ致シタ時分ニハ之ヲ豫備トスルコトガ出來ナイコトハナイト思ヒマス、斯ノ如クシタナラバ此豫備艦ノ制ニ依ッテ數十万ノ經費ヲ減ズルコトガ出來ルト吾々ハ信ズルガ故ニ、此豫備艦ノ制ヲ設クルコトヲ是迄ヤカマシク論シタノデアリマス、又第七ニ於テハ艦船需品支拂ノ監督ヲ嚴密ニスルコトハ吾々ノ希望デアリマシテ、今度鎭守府監督部條例ガ改正セラレマシタガ、共改正ハ名バカリデアッテ彼ノ建築科、衣糧庫、艦營需品庫ヲ監督部ニ屬セシメテ共事務ヲ扱フヤウニ成リマシタガ、物品ノ出シ入レヲスル事務ト監督トヲ一ニスルガ如キモノデアッテ、是迄鐵道廳ニ於テ共工事ノ事務ヲ扱フ者ト監督トヲ一ニシテ大ニ弊害ガアリマシタガ、今日ハ此海軍ノ會計部ニ付テ最モ改革ヲシナケレバナラヌ際デアリマスノニ、此ノ如ク監督部ノ下ニ此物品ヲ扱フ艦營需品庫デアルトカ、衣糧庫トカヲ置イテ居ルヤウニ成ッタノデアリマス、吾々ノ信ズル所デハ此艦營需品庫衣糧庫ヲ一ノ局部トシテ別ニ監督部ヲ置イテ會計ノコトヲ嚴重ニシナケレバナラヌ、海軍省ニ於テ最モ此會計ノ紊亂スル所ハ何レニアルカト云フト、此物品監督ノ方法ガ甚ダ其當ヲ得ヌト云フコトガ最モ原因ヲシテ居ルノデアリマス、第八ニ於テハ軍醫學校主計學校ヲ廢スルコトデアリマス、成程此主計學校ハ海軍ニ於テハ廢シタノデアリマス、大凡算盤ニ於テ海軍ノ算盤デモドコノ算盤デモ二一天作ノ五ト云フノニ違ヒハナイ、決シテ二一天作ノ六トカ七トカ云フコトハ正シイ會計ニ於テアル可カラザルコトデアル、別ニ海軍ノタメニ海軍ノ主計學校ノ算盤ガ違ウト云フコトハアリマセヌ筈デアレバ主計ト云フモノハ或ハ他ノ處ノ主計學校ヨリ採ッタラ宜シカラウト云フコトガ改革ノ主意デアリマシテ、則チ主計學校ヲ廢セラレマシタガ、此軍醫學校ハ未ダ廢セラレヌデアリマス、學校ハ廢セラレテモ海軍大學ノ中ニ部屬トシテ設ケ置イテアリマス、大學醫學部ヨリ醫學士ヲ採ッテ是ヲ少シク海軍ノ病院ニ入レテ海軍ノ例規等ニ習ハシムレバ別ニ海軍ノ大學中ニ於テ此軍醫ヲ養成スル必要ハナイト云フ意見デアリマス、未ダ是等ニ至テモ改革ガ十分デアリマセヌ、第九ハ海軍大學校ノ經費ヲ節減スルト云フコトデアリマス、海軍ノ大學校ハ固ヨリ、我日本帝國ノ海軍ヲ擴張シ、士官ヲ養成スルニ於テハ此學校ニ居ル士官ヲ多クシテ、海軍大學校ノ規模ヲ追ヒ大ニスルト云フコトハ宜シイデアリマス、然レドモ共海軍ノ士官ニシテ大學校ニ入テ共業ヲ修ムル人ガ少ナイデアリマス、故ニ此大學ノ制ヲ改メマシテ必ズ少佐大尉ノ如キハ共就學ヲ必要ト致シマシテ、夫ヲ大學校ニ入レシムル、則チ隨意就學ノ制ヲ廢シマシテ是非共海軍大學校ニ這ヒ入リマシテ、此業ヲ少佐大尉ニ修メシムルト云フコトハ吾吾ノ希望デアリマス、然レドモ今回ノ海軍改革ニ於キマシテハ唯試驗入學ト云フコトニ致シマシテ、矢張此海軍ノ內ニ這入ッテ業ヲ修ムル所ノ共人ト云フモノハ殖ヤサヌノデアリマス、二十七年度ニ於テ要求シマシタ所ノ金ハ五万一千圓餘デアリマス、而シテ學生ハ何人アルカト云ヘバ二十二名バカリト聞キマスル、シテ見マスレバ此二十二名ノ學生ノタメニ五万一千圓餘ノ金ヲ費スノデアリマス、之ヲ頭割ニシマスレバ學生一人ニ就イテ二千三百五十六圓ト云フヤウナル大金ヲ費シテ居リマス、而シテ又此海軍大學校ノ中ニ職員ハ何人アルカト云ヘバ十九名外ニ外國人一人デアリマス、此二十二人ノ學生ニ對シマシテ職員ガ十九名――モアルヤウナコトハ實ニ奇怪千萬ナコトデアリマス、斯ノ如キ所ノ弊害ヲ擧ゲテ吾々ガ此海軍改革ヲ論ズルト云フノハ決シテ日本帝國ノ海軍ノあらヲ言フタメデハゴザリマセヌ、併シナガラ今日ノ海軍ハ日本帝國ノ海軍ト云フモノ、實ヲ有セズ致シテカラニ、一種藩閥的ノ海軍トナッテ居リマス、斯ルガ故ニ其弊害ト云フモノハ實ニ枚擧ニ遑アラヌノデアリマス、併シナガラ吾々ハ其海軍ニ附イテ段々考ヘ來ッタ所ノ弊害ヲ悉ク擧ゲテ之ヲ一朝ニ改革スルト云フコトヲ求ムルノデハナイ、せめテハ吾々ガ夙ニ希望シテ居リマスル所ノ海軍改革ト云フモノハ彼ノ公約ニ於テモ特ニ海軍ハ大ニ改革シ其著手ヲ最モ急ニスルト云フコトデアッタカラ、實ニ此海軍改革ニ於テハ當局者ハ議會ニ對シテ重キ責任ヲ帶ビ、又　陛下ニ對シ奉ッテ重キ責任ヲ帶ビタルモノデアル、吾々ハ幾多ノ苦情ヲ述ベテ彼レ此レト謂ッテ無理ナ改革ヲ求ムルノデハナイ、以上揭ゲタル如キハ最モ日本帝國ノ海軍ヲ擴張シ、海軍ヲ振興セシムルニ於テ實ニ必要一日モ缺クベカラント思フノデアリマスカラシテ、之ヲ吾々ハ今日迄希望シ來ッタモノデアリマス、又此日本帝國ノ海軍ヲ振興セントシマスレバ斷然弊害ヲ改メナケレバナラヌ、則チ吾々ガ此海軍改革ニ就テ望ム所ノモノハ國防ノ方針ノ確定ヲ致シ、海軍ノ制度ノ改革ヲ致シ、海軍ノ經濟ヲ整理スルト云フノガ則チ此大要デアリマスル、此要點ヲ以テカラニ吾々ハ夙ニ議會ニ海軍改革ノ希望ヲ發表シ來リ、實ニ第四議會ニ於テ此希望ヲ達セシメナケレバナラヌト云フコトヲ熱心シタノデアリマスル、然ルニ彼ノ　大詔煥發ノタメニ吾々ハ忍ビ忍ンデ大ニ此改革ヲ跌ッタト云フノミナラズ、其時一千九百万圓ト云フモノヲ協贊スルニ至ッタノデアリマス、然ルニ今日ニ至ッテ斯ノ如キ所ノ不完全ナル改革デアリマシテハ實ニ吾々ノ此當局者ハ　陛下ニ對シ奉ッテ又此議會ニ對シマシテ、實ニ吾々モ亦此國民ニ對シマシテ此改革ト云フモノヲ遂ゲシメナケレバ甚ダ國民ノ付託ニ負キマス次第デゴザリマス斯ノ如キ弊害ヲ數ヘ來リマシタナラバ、實ニ枚擧ニ遑アラヌデアリマス、其弊害ノ原因ハ何處ニアルカト云フト唯一ノ世襲ノ藩閥大臣ト云フ者ガ常ニ海軍省ニ據ッテ以テ此弊根實ニ拔クベカラザルノ今日ニ至ッテ居ルノデアリマス、又此公約履行ノ中ニ於テ特ニ海軍ノ改革ハ議會ニ於テ重キヲ置キ、當局者ガ重キヲ置イテセシナランコトデアリマス、然ルニ此發表セラレタ所ニ依レバ此公約ニ對シテ不完全極ッテ居ル譯デアリマス、此事ハ何レニ向ッテカ訴ヘントシマスレバ、吾々ハ實ニ是ヲ深ク考フルノデアリマス、決シテ吾々ハ屢々上奏ヲシテ聖慮ヲ惱シ奉ルコトヲ深ク謹ンデ居ルモノデアリマス、然ルニ此公約ト云フモノハ何ニ依テナッタカト云フト實ニ和衷協同ノ實ヲ擧グル能ハズト云フ點ニ至ッテ終ニ　大詔煥發ノタメ、議會ト政府トガ共公約ヲ結ビ、吾々議員タル者ハ、實ニ之ニ對シテ、共改革ヲ促スダケノ一點ニ期スル所アッテ、今日迄忍ビ來ッタノデアリマス、此公約履行ノ問題ハ決シテ吾々一黨派ノ希望デハナカッタノデアリマス、當時民黨ト唱ヘタル諸君ガ吾々ト力ヲ合セテ政府ニ迫リ此公約ヲ結ビ、又政府ニ對シテ之ヲ履行セシムル責任ヲ持タルモノデアリマス、之ヲ上奏スルノ已ムヲ得ザルニ至ッタノハ、此事タルヤ　大詔煥發ニ基イタモノデアリマスカラ、是ハ當局者ニ建議スル途ハ絶エテ居ル、吾々ハ實ニ已ムコトヲ得ズ、此海軍改革ノ事ト行政整理ノ事ニ就イテ此ニ謹ンデ上奏案ヲ提出スルニ至ッタノデアリマスカラ、諸君ハ願クハ愼重ニ審議アランコトヲ希望致スノデアリマス

○野出鍬三郎君（二百八番）　一寸議長ニ伺ヒタイガ、先刻御決議ニナリマシタ所ノ解散ニ對スル決議案ノ委員ヲ議長ニ付託スルコトニナッタガ、其委員ガ議長ニ於テ御選ビニナッテ居ルナラバ、此際議場ニ御報告アランコトヲ希望致シマス

〔「贊成々々」ト呼フ者アリ〕

○井上角五郎君(二百三十番)　此決議案ニ贊成者ノ中ノ大岡育造君ノ演説ハ唯今拜聽致シマシタ、所ガ同一贊成者ノ中ニ一イヤソンナ論ハ問題外デアルトカ「問題内デアル」トカ色々御騷ニナル、同ジク贊成ナサル御方ガイヤソレデハ問題外ダトカ、問題内ダトカ言フテ御騷ナサル事實ハ果シテ是ガ議會ノ體面ヲ保チ得ル事實カ(笑聲起ル「旨イ」ト呼フ者アリ)私共ハ斯ノ如キ事柄ヲ以テ成立ッタ決議案デアルト云フコトヲ以テ一笑ニ付スルヨリ外ハ何ノ値打モナイノデアル(笑聲起ル)實ニ笑フベキ問題デアル、笑ヒナガラ演説ヲ致シマス、大岡育造君ノ演説ハ始ニ於テ此議案ハ現内閣ヲ不信任ト云フノ決議案デアルト言ハレタ、成程第五議會ニ伴ヘル行爲デハアルケレドモ現内閣ノ仕業凡テニ於テ不信任デアルト云フテ此決議案贊成ヲスルノデアルト言ハレタ、サウシテ一番仕舞ニ何ト言ハレマシタ、唯今ノ政府ニハ善イコトモアルケレドモ、併シ此一ツノ事丈ハ幕府ヨリハ未ダ惡ルイ、論ヲ始メルニ當ッテ總テ不信任デアル、故ニ此決議案ニ同意スルト言ッテ、論ノ終リニ善イコトモアルケレドモ――是デ論旨ノ趣旨ガ貫徹スルト言ヘマスカ、成ル程言ヘナイ筈デアル、大岡君ハ其初メ何者カ、第一期議會ニ於テハ何者デアッタカ、是ハ言ヘナイ筈デアル(笑聲起ル)彼ノ國民協會果シテ如何デアル、其國民協會員ニシテ、其國民協會員タル大岡君ニシテ終始貫徹セザル議論デアルノハ至極尤ノコトデアッテ、私ハ敢テ攻撃致サナイノデアル、而シテ大岡育造君ノ議論ノ中途ニ於テ今回厲行案ガ出タト云フニ當ッテ議會ヲ解散シタト云フノハ宜シクナイコトデアル、其厲行案ト云フモノハ斯樣ナ々ナルモノデアルト言ハレタ、私ハ大岡育造君ノ議論敢テ厲行案ニ就イテノ議論ハ彼是攻撃ヲ致サナイ、厲行案ナルモノハ開國進取ノ國是ニ適ッタモノデアルト言ハレタ、成程大岡君ノ如キ者ノミ集ッテヤッタラ開國進取ハ斯ンナモノカモ知レナイ、是亦敢テ論ズル程モナイガ、此解散ナルモノガ果シテ當ヲ得テ居ッタカ、將タ當ヲ得ナイカト云フコトハ厲行案ヲ以テ證據立テ得ルナラバ、彼厲行案ハ甚ダ當ヲ得ザル甚ダ不當ナルモノデアッタラ解散ヲシタト云フコトハ分ル、當ヲ得テ居ッタト云フ證據ハ得ラレルノデアル、ソレハ三日前ナラバ五日前ナラバ言ヘナイ、今日ニ於テ始テ言ハレルノデアル、今日ニ於テ彼ノ解散ヲシタノハ厲行案ノ善イモノヲ政府ガ惡ルイト認メテ解散シタノデアルカラ、彼ノ解散ハ惡ルイト云フ論ニ至ッテハ私共果シテ然ラバ其解散ハ當ヲ得タモノデアルト云フ論ヲ爲シ得ルノデアル(笑聲起ル)何故ニ之ヲ言フカ、過日厲行案ニ就イテ演説ヲ爲ストキニ島田君ハ如何ニ言ハレタ「吾々ハ厲行案ノ本文ニハ贊成シタガ理由書ニハ反對デアル其實彼厲行案ヲ議會ニ差出ス時ニハ(島田三郎君「言葉ニ誤ガアルカラ正誤シマス、全部ニ就イテ贊成ハ出來ナイガト云フテ……」ト呼フ)宜シイ、アナタノハ度々正誤ヲスルカラ其正誤ハ效能ヲ持タナイ、何時デモ勝手次第ノ論ヲスル人ノ正誤ハ效能ヲ持タナイ(島田三郎君「確ニ全部ノ同意ニアラズ不同意ニアラズト云フコトハ速記錄ニ認メテアリマス」ト呼フ)又何時カ御暇ノ時御讀ナサイ(笑聲起ル)其初ニ彼ノ厲行案ヲ起草スルニ當ッテハ改進黨ノ諸君、國民協會ノ諸君、就中島田君ノ如キハ幾回カ筆ヲ把ッテアノ文章ヲ修飾セラレタ、其御方ガ今日ニ至ッテ理由書ニ悉クデハナイガ幾分ハ反對デアルト言ハレル、ワレノミナラズ厲行案正味其儘ヲ出サズシテ幾分カ修正シテ上奏案ノ形ヲナシテ出シテスラ否決シタデハナイカ、果シテ然ラバ是ガ國民ノ議論ニアラズシテ、正當ノ議論デハナクシテ、則チ政府ガ昨年冬ニ於テ議會ヲ解散シタト云フノハ厲行案ノ其趣旨其物ニ存スルナラバ、厲行案甚ダ其當ヲ得タリト云フコトヲ斷言シナケレバナラヌノデアル、又此厲行案ニ於テ果シテ開國進取ノ論デアルカ、果シテ鎖港攘夷ノ論デアルカ、是ハ問題外トシテ論ジナイガ、其當時ニ於テ今日ニ至ルマデハ彼ノ厲行案コソ鎖港攘夷ノ論デアルト云フ、此時ニ果シテ鎖港攘夷――今大岡君ハ吾々ハ内地雜居ヲシテモ宜イノダ、非雜居デモ尙早デモナイト言ハレタ、能ク言ハレタケレドモ國民協會幾分ハ非雜居ヲ言フテ居ル――幾分デハアリマスマイ、何處カデ集會シタ時ニ國民協會ノ綱領ノ第二條ニドンナ言葉ガ書イテアル――、ドウ云フ言葉ガ書イテアル、尙早デハナイガ――尙早デハナイガ、内地雜居尙早シト確ニ書イテアッタデアラウ(笑聲起ル)其國民協會ハ昨年ノ議會ニ於テ七十幾名ト稱シタ者ガ、今日ハ幾名アル、改進黨ノ諸君、自由黨ノ諸君、内地雜居ハ敢テ嫌ハナイ、寧ロ進ンデ内地雜居ヲ好ム自由黨改進黨ノ諸君ハソレハ各々ソレニ代ルベキ報酬、代ハルベキ權利ヲ望ンデ居ルガ、兎ニ角内地雜居ニ反對シナイ所ノ改進黨自由黨ノ諸君ハドウデアル、國民協會ヨリハ比較的ニ增シテ居リマス、國民協會ノ如キハ――國民ノ多數ガ此ノ鎖港攘夷ヲ嫌ッタト云フコトハ此數ノ增シ方減リ方ニ於テモ尙ホ分ルノデアル、否々サウデハナイ、品川サンガ内務大臣ヲ罷メタカラ干渉シテ貰ヘナカッタカラト云フ言譯デアレバソレマデノコトデアル、併ナガラ此言譯ヲ爲スノハ却ッテ大岡君ノ不利益デアルカラサウ云フ言譯ヲ爲サントスルナラバ、解散ノ當否果シテ厲行案ニ在ルナラバ、解散ハ當ヲ得テ居ルモノデアルト云フコトヲ斷言シテ少モ憚ラヌコト、私ハ思ヒマス(「本文ニ入リ給ヘ」ト呼フ者アリ)卽チ是ガ本文デアル、所デ私ハ大岡君ガ長イ御議論ヲ爲サッタカラ大岡君ノ論ヲ駁スルタメニ今マデノコトヲ中シマシタガ、本論ニ這入リマシタ所デ、本論ニ就イテ長ク言フ程ノコトハナイデス、何モ長ク言フコトガナイ、既ニ諸君――議論ノ中デ竭キテ居ルシ、私モ其議論ハ幾分ハ同意シ、幾分ハ反對シテ居ル、長ク言フ程ノコトハナイガ、併ナガラ斯ウ云フコトガ私ニ甚ダ分ラナイ、犬養毅君ガ内閣ヲ不信任デアルト云フ修正案ヲ出シタノト、三崎龜之助君ガ不當ナリト云フ議案ヲ出シタノト、其修正案ガ出タトキニ議論ノ中ノ過半トハ中上兼ネマスガ、百幾十名ノ御方ハソレハ修正案ニハナラヌ、問題ガ違ッテ居ルト言ッテカラニ强イダ、自由黨ノ鈴木充美君ノ如キハソレハ修正案ニハナラヌト言フテ何カ法律家ラシイヤウナ御議論ヲ爲サッタ、ワレ程ニ自由黨ノ諸君ハ全ク別物デアルト思ハレタ程ニ其修正案ト原案ノ相距ルコトガ遠カッタ、又一ノ三崎龜之助君ガ力ヲ極メテ論ズル所ハ今回ノ解散ト云フモノハ不當デアッタト云フコトヲ力ヲ極メテ言ハレル、サウスルト一方ニハ犬養毅君ノ議論ハ此政府ヲ信用シナイト云フコトハ敢テ此解散ノミジャナイ、敢テ此事彼ノ事ト云フ一事ノミデハナイ、大體ニ於テ此政府ハ誠心誠意ノ中カラ惡ルイモノデアル、試ニ思ヘ、明治十八年ノ天津談判ハドウデアル、談判ノ墨未ダ乾カザルニ――明治十八年ノ天津談判ノ墨未ダ乾カザルニ十五年ノ大院君ノ亂ガアッタ、十七年ニハ金玉均ノ亂ガアッタジャナイカ、隨分是ハ歷史ノ引方ガ面白イ――此樣ナ御議論デアル果シテ誠心誠意ガナイカラ此政府ヲ信用シナイト言フナラバ、私ニ若シ諸君ガ一言ヲ爲スコトヲ許スナラバ、今日ノ政府ヲ信任セズシテ將タ何物ヲカ信任シ得ルカ、誠心誠意ト云フナラバ大限サンガ一番宜シカラウカト云フコトヲ一言サセテ貰ヒタイガ、是ハ論題外デアルカラ申シマセヌ、要スルニ誠心誠意カラ此政府ノ人ノ仕業ガ惡ルイノデアルカラ、ドンナ擧動ヲシヤウガ如何ニ其仕業ガ目先キガ宜カラウガ、ドウシテモ絶對的ニ此政府ヲ信任シナイノデアルト云フ犬養君ノ議論、否ミ此政府ノ幾分ハ宜シイノデアル、吾々ハ地價修正ヲヤルニ政府ノ同意ヲ得タイノデアル、吾々ハ電信架設ヲシテ貰ヒタイカラ遞信省ニ頼ニ行ッタノデアル、吾々ハドウカ治水ノ議案ハ金高ヲ増シテ貰ヒタイト云フテ實ハ土木局長ニ頼ニ行ッテ絶對的ニ此政府ヲ不信任ナリトハ言ヒ難イ、茲ニ於テ三崎君ノ本案ガ出テ居ルノデアル、其本案ノ精神、其修正案ノ精神ト云フモノハ相距ルコト甚シキニ當ッテ則チ神鞭知常君ノ委員説ガ成立ッテ、サウシテ自由黨ノ諸君其ノ他ノ諸君ガ之ニ合同シテ然モ三崎君ノ原案ヲ江原素六君ガ委員長ニナッテ修正シタルモノヲ大岡育造君ガ蹶起トナッテ辯護スルト云フ珍ラシキ事實ヲ生ジ來ッタト云フ、其生ジ來ッタ議案ハドンナモノデアル、不文極ル、條理ハ更ニ立ッテ居ナイ、之ガ何ノ議案ノ體裁ヲ爲シテ居ル、試ニ彼ノ人ハ信任シナイ——世俗ノ言葉ニ彼ノ人ヲ信任シナイ、ソレダカラ能ク高利貸ガ言ッテ居リマス、ドウモ議員ハ信任ガ出來マセヌ、金ヲ貸シテモ戻サヌカラモウ借ニ來テモ貸サヌ積リデゴザリマス——能ク言ッテ居ル信任シナイ信任ヲ置カナイト云フ言葉ハ、此間彼ノ人ト花見ニ行ッタガドウモ彼ノ人ノ花見ノ仕方ハ宜シクナカッタ、彼ノ人ハ信任ガ出來ナイト云フ人ハナイ、此間花見ニ行ッタガドウモ彼ノ人ト行ッテハ面白クナイカラ、此度ハ一緒ニ行カヌ積リデアル、信任シナイト云フ言葉ハ今後後日ノ意味ヲ含ンデ居ル、彼ノ仕方ハドウモ私ハ信任シマセヌト云フコトヲ言ヘバ彼ハ本當カ知ラヌ、多分ドウモ嘘カモ知レマセヌ、私ハ能ク信任シマセヌ——斯ウ云フヨリ外ニ信任シナイト云フ言ヒ樣ハナイ、然ルニ第五期議會ノ解散ニ伴ヘル政府ノ仕業ヲ見レバ信任ハレナイ——政府ハ信任シナクテモ宜イジヤナイカ、議會ヲ解散シテ君等相當ノ入費ヲ使ッタ、ソレ丈ノコトデ信任シテ呉レナクテモ何デモナイ、是カラ先キノ信任ト云フコトノナクバ政府ノ考モアルデアラウ、諸君ノ擧動ノ遣リ方モアルデアラウ、元來此決議ハ諸君ガ出ス前ニ軍用電信ノ議案ヲ政府カラ出シタノヲ決議シテ——其決議ハシマセヌガ議事日程ヲ通過シテ置イテ之ヲ出ス、モウ果シテ政府ノ擧動ヲ信用シナイナラバ彼ノ議案ヲ議シナイガ宜イ、ケレドモマサカサウモ出來マセヌ、毎度入費ノ掛ルノモ隨分骨ノ折レタモノデアル、マサカサウモ出來ナイト云フナラバ其行爲ヲ不當ト認メルガ宜イ、不當ト認ムルハ文字ガ適ッテ居ル、又犬養君ノ如ク徹頭徹尾政府ヲ信用シナイ——是モ宜シイ、唯私ハ反對デアルケレドモ雙方トモ趣意ガ立ッテ居ル、彼ノ仕業ヲ信任シナイト云フコトニ至ッテハドウモ譯ガ分ラナイ、併ナガラ又一歩退イテ考ヘテ見レバ彼ノ改進黨中有名ナル犬養毅君ガ歴史ヲ説クニ當ッテ十八年ノ事ノ墨未ダ乾カザルニ十五年ノ事アリ、十七年ノ事アリ、斯樣ニ轉倒シテ居ルコトヲ言ハレテ、ソレヲ速記錄ニ書カレテソレガ配付ニナッテ居ル、正誤モ出ナケレバ笑人モナイ、犬養君ノ之ヲ言フノモ私ノ智惠カラ考ヘレバ可笑シイ、然ルニ言フ者ハ自ラ省ミズ、聽ク者ハ之ヲ笑ハズ、手ヲ拍ッテ喜ンデ居ルハ諸君ヲ物ノ分ラヌ御方ト申上ゲルコトガ出來ナケレバ、諸君ハ甚ダ私共ノ智惠トハ違ッタ智惠ヲ御持チニナッテ居ルト云フコトヲ申上ゲル外ハナイ、此違ッタ智惠ヲ持ッタ所ノ諸君ニシテ斯樣ナ事柄ガ出來ルカト云フコトヲ以テ私ハ判斷スルコトノ外ニ斯樣ナ不文極マッタモノハ……然ルニ茲ニ一ツ新ニ出テ居リマスノハ綾井武夫君ノ修正案デアル、是ハ綾井武夫君ガ御述ニナッタ後ニ反對スベキデアルガ、今綾井君ノ承諾ヲ得テ茲ニ唯一言シヤウト思フノハ、綾井武夫君ノ修正案ノ一番末ニ「第五議會ノ解散ニ伴ヘル」ノ文字ヲ省キ「依テ本院ハ政府ニ信任ヲ置ク能ハス」茲ニ於テ文章ハ成立ッテ居リマス、此修正案ガ出テ始メテ文章ガ出來テ居ルガ、更ニ綾井武夫君ノ議論ヲ聽イテ私共ハ判斷ヲ致ス積リデアリマスケレドモ、彼ノ解散丈ノコトデ此政府ニ信任ヲ置カナイト云フ彼ノ解散ノコト丈デ此政府ニハ信任ガ置ケナイト云フ程ニ諸君ニ取ッテハ英斷ナル斷案ヲ下シ得ルヤ否ヤト云フコトヲ願ハクハ綾井君ノ登壇ノトキニ十分ナル御説明アランコトヲ希望致シ

○綾井武夫君(十一番)　私ハ本論題ニ贊成ヲスルノ一人デゴザリマス、是迄モ私ハ一人デゴザイマスカラ、ドノ黨此黨ト云フ黨派ニ關係ハゴザリマセヌ、是迄出シタ案ハ大抵六派ノ人ニ就イテ居リマシタガ、是丈ハドウシテモ就イテ往クコトガ出來マセヌ、出來マセヌカラ則チ其理由ヲ是カラ述ベマス、此我邦ノ――其前ニ一言申シテ置キマスガ、此條約改正建議案卽チ三崎君カラ出サレタ建議案ノ全體ニ就イテハ私モ多少ノ意見ハゴザリマスガ、大體ガ同意デアリマスカラ贊成シマス、而シテ最モ私ノ同意ナノハ上半分ヨリモ下半分ガ最モ同意ナンデ、ソレヲ述ブル前ニ少シク御話ヲ致シタイト思ヒマスコトハ、世間ノ進歩ト云フモノハ早イモノダ、大ニ喜ブベキコトデアルト私ハ自ラ喜ンデ居ル、其喜ンデ居ルノハ何デカト云ヘバ、明治二十二年則チ條約ニ關係ガアルカラ言ハナケレバナラヌガ、大隈伯ガ條約改正ヲシヤウトシタ時ニ吾々ガ反對シマシタ時ニ其當時大阪ニ於テ吾々ガ寄合ッテ對等條約會ト云フモノヲ拵ヘマシタ、對等條約會トハ何ノコトダト云フテ當時四方八方カラ攻撃ヲ受ケマシタ、今日ニナッテハ諸君如何デアリマス、對等條約ト云フモノハ殆ド滿場諸君中ニ御異議ハアルマイト思フ、又其後ニ至ッテハ明治二十四年ニ吾々ガ三名ノ連名デ對等條約ヲ立派ニ結べ、結ブコトガ出來ヌナラバ現條約ヲ年期ヲ極メテ廢棄ヲセヨト云フ建議案ヲ出シタコトガゴザリマス、其際ニハ此衆議院ハ決議ニ至ラズシテ解散ニナリマシタガ、御贊成下サラナカッタ中ニ逃ゲタ御方ガ隨分澤山アル、ノミナラズ隨分其御方ハ議院外デ過激デアル、急激デアル、粗暴デアル、甚シキニ至ッテハ國際公法ヲ知ラヌ者デアルト云フマデニ誹謗ヲ受ケタコトガアリマシタ、其一例ハ誰ガ言ッタゾ、澤山ゴザイマスルガ、最モ奇怪ナノハ自由黨ノ諸君モ其人デアル、則チ黨報第五號ヲ繰返シテ御覽ニナッタラ御分リニナラウト思フ、所ヘ政府方カラモ攻撃ヲサレタ、日々新聞アタリモ攻撃シタ、其日々新聞ガ本年一月頃ニ條約改正ヲ抛棄セヨト云フ論説ヲ二日三日續ケテ出シタ、私ハ甚ダ奇怪ノ思ヲ爲シタ、此ノ如ク進歩シテ來タカ、御分リニナッタカト云フコトハ私ノ滿足スル所デゴザリマスガ、併シ其日々新聞ハ三日バカリデ止ッテ仕舞ッタ、今度「日本」カラ御誘ヒ見タイナ論文ガ出タガ、ソレニハ御答辯ガ無カッタ、ドウ云フコトカト思フテ居ッタラ、私共――吾々ノ聞込ンダ所デハ其論ヲ唱ヘカケルト或ル有力ノ所カラ日本ハ脅迫的ヲ以テ外交條約ヲ改正スルト云フノデアルカ、果シテ然ラバ吾々モ決心スル所ガ無カランケレバナラヌト云フコトヲ云フト、或ル政府ノ人ハあわてヽソレヲ取消シテ遂ニ言ハナクナッタト云フコトヲ聞キマシタガ、誤聞カハ知リマセヌガ、ソレ故ニ中止ニナッタト云フコトヲ聞キマシタ、果シテ本聞カ誤聞カソレハ私ハ知リマセヌガ、此案ニ私ガ贊成致シマスニ附キマシテハ一言此處デ言フテ置キタイノハドウカ自由黨ノ諸君ハ左樣ナコトハゴザリマスマイカラ、徹頭徹尾此案ヲ守ッテ烟散霧消スルト云フコトノ無イヤウニ私ハ願ッテ置キマス(「勿論」ト呼フ者アリ)ソレデ本論ヲ述ベマスニ當ッテ私ノ贊成スルノハ條約改正ノ必要ナコトハ言ハヌデモ分ッテ居ルコトデアル、我國民誰デモ望マヌ者ハ一人モアルマイト思ッテ居ル、而シテ其事柄ガ明治五年デ期限ガ切レテ居ル、然ルニ今日ニ至ルマデ其條約改正ガ出來ヌト云フコトハ何故デアル、政府ガ盡サヌノガ、民間ガ怠ッタノカ、私ハサウ見ルコトハ出來ヌ、政府デモ或ハ全權大使ノ洋行トナリ、ソレカラ以來此事ニ就イテ盡シタコトハ澤山アル、其一二例ヲ申上ゲマスト、先ヅ舞踏會モヤッタラウシ、園遊會モヤッタラウシ、假裝會モおヤリニナッタ、其後ニナッテ御味方演説トナリ、御味方新聞ノ發行トナリ、郡長勸誘ノ斷行建白書ト云フモノニモナッタ、是位マデ盡シテ居ッタガ、所デ今日迄矢張出來ズニ居ッタ、民間ニ於テドウゾト云フ隨分條約ノタメニハ或ハ此席ニモ御出ニナルダラウト思フ、三里以外ニ放逐ニナッタ御方モアル、其他二十二年ニ至ッテハ五國體ノ聯合トナリ、遊説トナリ、對等條約會トナリ、種々薩多ノコトニ盡力シテ來タガ、未ダ改正スルコトハ出來ナイ、出來ナイノハ果シテ何故カ、吾々ノ見ル所デハ色々ヤッタガ、其手段ガ間違ッタ、何ガ間違ッタカト云フト、詰ル所自分ノ意見ヲちやんト立テ、ソレヲ飽マデ斷行スルト云フ決心ヲ取ラズシテ、唯因循不斷巧妙ノ手段ヲ以テ條約改正ヲ仕様トシタノガ何時デモ失敗ノ本ニナッテ居ルト云フコトヲ斷言シナケレバナラヌノデアル(拍手)宜シウゴザイマスカ、所ガドウカ吾々ノ則チ贊成スル趣意ハ條約改正ヲシヤウト言フコトハ今言フ通リ大事業デアル、而シテ頗ル困難ノ事柄デアル、故ニ是迄掛ッタ政治家則チ井上サンデモ大隈サンデモ其人ノ力ガ足ラヌト云フ譯デハナイ、手段ガ惡ルカッタカラ出來ヌダッタト云フコトガ分ッタ以上ハ、今日カラ之ヲ遣リ遂ゲル者ハ一大決心ヲ以テ則チ我ト云フ者ヲ先ニシテ――自分ノ法案ト云フモノヲ先ニ出シテ、是カラハ讓ラヌト云フ決心ヲ以テヤッテ貰ヒタイ、則チ純粹ノ對等條約ヲ結ンデ貰ヒタイ、然ルニ其案文ハ綺麗ニシテ談判ニ掛ッテカラ此處ハ斯ウ直サウ、此處ハ斯ウシヤウト云フテ遂ニ己ノ精神ヲ失ッテ仕舞フト云フヤウナコトナラ寧ロ初カラ著手セヌ方ガ宜イト云フノガ吾々ノ意見デアル、故ニ其處ニ至ッテ政府ガ力ガナイ、ソレヲ斷行スル決心ガナイ、故ニ是デ催促スルニ不同意ダト云フ御方ニ向ッテ一應問ハナケレバナラナイノハ何故カ、此間伊藤伯ガ此處ニ來ッテ言ハレタニハ條約改正ハシツヽアルト言ハレタ、若シ此政府ガ立派ナコトヲ成シ遂ゲ得ヌト云フコトノ覺悟ナラバ、何故ニ其時ニ御止メナサイト云フ動議ヲ出サヌ、御止メナサイト云フコトヲ言ハズニ默ッテ傍觀シテ居ッテ、若シ不都合ナ條約ヲ出シテ來タ時ニハ諸君ハ何ト言ハル丶、(「ダカラ質問シテ居ル」ト呼フ者アリ)則チヤルト言フタナラバ、ドウカ讓ッテ貰ヒタクナイ、立派ナモノニシテ呉レト云フコトヲ決議ヲシテ置クトカ、建議ヲシテ置クコトハ必要デナケレバナラヌト私ハ信ズルノデアル、質問ヲシテ居ルト云フ方ニ向ッテ又一ツ言ハナケレバナラナイ、條約改正ニ對スル質問ハ是迄度々聽イタ、第一期ノ時ニハ自由黨ガ質問シ、第二期ニモ自由黨ガ質問シ、今日ニナッテ矢張質問書ヲ出シタ、其質問書ヲ出シタ時ニ政府ハ之ニ對シテ明瞭ナ答ヲシタコトガアリマスカト云フコトヲ聞カナケレバナラヌ、何時デモシナイノデアル、シナイ者ニ向ッテ幾度質問ヲシタ所ガ是ハ駄目ナ話デアルト私ハ考ヘル、故ニ茲ニ至ッテ、吾々ノ決心ノアル所ヲ示シテ斯ノ如クセヨ、則チ建議スルヨリ外ニ手段ハアルマイト私共ハ考ヘマスカラ贊成ヲシタ所以デアル(「質問ニ答ヘザル者ニ向ッテ建議ヲシテ何ノ益ガアル」ト呼フ者アリ)若シ遣リ損フト云フ時ニ默ッテ居ッタラドウデアル、默ッテ居ッテヤリ損フノヲ諸君ハ喜ブノデアルカ、是マデ條約改正ガ立派ニ出來ナカッタト云フコトニハ色々原因ガアルセウガ、吾々ノ見ル所デハ一番――三ツノ原因ガアル、其三ツノ原因、第一ハ則チ政府ガ確乎タル執ル所ノ手段ナク、優柔不斷ニヤリカケルノデ出來ナカッメ、其第二番ニハ人民ガ外交ニ極ク冷淡ニシテ條約ダノト云フ問題ハ餘リ此事ニヤカマシク言ハナイ、其證據ハ今日議員選擧ノ有樣ヲ見マスレバ分ル、諸君ガ地方ニ往ッテ條約改正ノ論題ヨリハ地租輕減ヤ地價修正ノ議論ノ方ガヤカマシクナッテ來ルノハ外交ニ冷淡ナル一ツデアル、其次ニハ則チ天下ノ人ト云フト多ウゴザイマスガ、日本ノ有志家ノ中ガ或ハ黨派ノ感情ヤ或ハ色々ノ感情カラ種々中デ和鬩イテ居ルト云フガ又一ツノ原因ヲナシテ居ルト言ハンケレバナラヌ、故ニ眞正ニ此國家ヲ思ヒ、日本ノタメニ思フナラバ、政府ガ出來ヌトナラバ出來ル人ニ取替ヘテモ宜シイ、飽迄協心同力ヲシテ改正ヲ仕遂グルト云フコトハ日本人民ハ誰モ力ヲ極メテヤラナケレバナラヌコトデアラウト思フ、ツレヲ僅ニ政府ガ、今ノ政府ガ不信任デアルガ故ニ出來ヌ、私モ或ハサウジヤナイカト思フ、併ナガラツレヲ言フテ居ッタ日ニハ諸君ハ何時條約改正ヲスル積リデアル、先ヅ二十年モ三十年モシナイデ置クト云フノデアルカト聞カナケレバナラヌ、然ラバ誰ガナッタラ出來ルカト云フコトヲモウ一ツ聞カナケレバナラヌ、大隈サンデアルカ(「ひや〳〵」ト呼フ者アリ)品川サンデアルカト云フコトヲ聞カナケレバナラヌ、吾々ガ見ルトゑらい人モアリマセウ、アリマセウガ兎ニ角ニ一口ニ言ヘバどんぐりノ脊競ベ(「ひや〳〵」ト呼フ者アリ)ソレデ居ル間條約改正ヲセヌト云フナライザ知ラズ、スルト云フ以上ハサウ云フ弱イ人デアルナラバ、尚ホ諸君ガ賛成ヲシテ援ケテヤッテ、改正ノ出來ル樣ニスルガ國民ノ義務デアラウト私ハ思ヒマス(拍手起ル)長クハ述ベマセヌガ、先ヅ第一此條約ヲ改正セナケレバナラヌ必要ヲ述ブルジヤゴザイマセヌガ、ト言ッテ矢張述ベナケレバナラヌガ、第一番ニ立憲政體ハ開ケ、代議政治ガ行レテ居ルト云ヒナガラ、今ノ條約ヲ保存シテ置イテハ到底日本ノ憲法ト云フモノハ行レテ居ラヌ、之ニ對シテデモ國民ハ改正ヲ催促シナケレバナラヌ、政府モ亦先ンジテ改正ヲヤラナケレバナラヌ義務ガアル、若シ内閣ガ不信任デアルガ故ニ、諸君ハ憲法ニ背イテモ憲法第一條……(「分リマシタ」ト呼フ者アリ)固ヨリ分リ切ッテ居ル、少シ御讀ニナッタラ分ル、諸君ニ其位ノコトガ分ラヌコトハナイ、分ッテ居ルナラバ贊成シサウナモノト思フ(「ひや〳〵」ト呼フ者アリ、田中正造君「分ッタカラシナイダラウ」ト呼フ)所デ最終ニ臨ンデ尚ホ一言言ヒマスガ、則チ之ヲ此憲法ヲ完全ニ行ハウト思ヘバ、ドウシテモヤラナケレバナラヌ、ヤラウトスレバ外ニ適當ノ人ナシトスレバ、誰デモ構ハヌ援ケテヤッテ立派ニサセルト云フコトノ覺悟ヲシナケレバナラヌト云フコトハ自カラ明ナコトデゴザイマスガ、之ヲヤルノニ至ッテハ到底姑息ナ、到底不對等ナ不完全ナ條約改正ハ何人ガヤッタ所ガ日本ノ國情輿論ガ承知スルモノデナイ、故ニ吾々ガせがむト同時ニ政府ノ人ニ向ッテ飽クマデ立派ニ對等條約ヲヤッテ呉レナケレバナラヌ、其決心デヤリ損ヒ、若シツレガ出來ナカッタ時ハ年數ヲ限ッテ條約ヲ廢棄スルト云フ宣言書ヲ外國ニ向ッテ送リ、日本ハ無條約國トナサリマセト責ムルノデアル、此時ニハ我國民ハ黨派ノ如何ハドウアラウト思フトモ、感情ハ如何ニアラウトモ、打捨テ、此日本帝國ノ利益、帝國ノ公利ノタメニハ協同一致シテ守ルゾト云フ所ノ決心ヲ政府ニ示シテ置クノハ必要デアル、弱イ人ニハ尚ホツレヲ言フテ置クノガ必要デアラウト思ヒマス、而シテ此壇ヲ降ルニ就イテ一言言フテ置キマスガ、條約ヲ廢棄スルト云フコトハナカナカムヅカシイコトデアル、私共ハサウ思ハヌ、公法上デ立派ニ許シテ居ル、而シテ日本ニハ廢棄スルノ理由ガ澤山アルト思フガ、何ニシテモ容易ナラヌコトデアルカラ、望ムコトデハナイガ、萬已ムヲ得ズ之ヲヤル時ニハ、政府モ國民モ一大決心ヲ持タンケレバナラヌ、其決心ヲ用ヒル時ニ方ッテハ試ニ諸君ニ問ハンケレバナラヌ、殊ニ星君ニ一言相談センケレバナラヌ、此間長谷場君ガ條約厲行ノ則チ上奏案ノ出タトキニ、若シ厲行シテ英吉利ガ在英國ノ日本人ヲ放逐シタラドウナサルト云フ御尋ガアッタ、是ハ條約ノ文面ニハナイト云フコトヲ鳩山君ニ答ヘラレタガ、其通リ條約文面ニモナイコトヲ無法ニ英國ガツンナコトヲシヤウ筈ガナイト吾々ハ思ッテ居ル、萬々一ニモスルト云ヘバ、日本モ又ツレダケノ決心ヲシナケレバナラヌ、ソコニ至ッテソレガ怖ハクテ條約ノ厲行案ニ賛成ガ出來ヌト云フ樣デハ條約ヲ廢棄スルコトハ尚更出來ヌト言ハンケレバナラヌ、要スルニ大問題デアルガ故ニ、條約廢棄ト云フコトニナレバソレ位ノコトハ或ハ英國ガヤルカモ知レヌト云フ決心ヲ持タナケレバナラヌ、兎ニ角條約改正ヲ斷然ヤル、出來ナカッタトキニ廢棄ヲスルト云フコトニナッテ來テモ、朝鮮ヲ怖ハイト云フ樣ナコトデハイキマセヌゾト云フコトヲ政府ニ向ッテ吾々ガ言ハンケレバナラヌ、其當時朝鮮ヲ怖ハガル、人ヲ怖ハガル樣ナ人デハ尚更出來ヌコトデアルト言ハナケレバナラヌト吾々ハ思ヒマス

○長壽彦君(二百九番)　討論終結

○議長(楠本正隆君)　モウちっとヤリマセウ、高田早苗君

(「討論終結ニ賛成」ト呼フ者アリ)

(「討論終結」又「ヤルベシ〳〵」ト呼フ者アリ)

○議長(楠本正隆君)　賛成ガ定數ニ充タヌ樣デアリマス

(高田早苗君演壇ニ登ル)

(目黒貞治君「ヤルナラバ通告丈ヤラシテ貰ヒ、ナマジヤラセナイナラ討論終結ニシテ貰ヒタイ」ト呼フ)

○高田早苗君(八十番)　諸君、本員ハ先程三崎君ガ御親切ニ屢々御披露下サレマシタ通リ嚢ニ條約改正ノ上奏案ヲ提出致シマシタル所ノ一人デゴザイマス、又現ニ今日ニ於キマシテモ條約改正上奏案則チ嚢ニ吾々ガ三崎君等ト共ニ提出ヲ致シマシタル所ノ其趣意ノ貫カレンコトヲ日夜希望シテ居リマス、併ナガラ條約改正上奏案ニ私ガ賛成ヲスルト云フコト、此條約改正建議案ニ反對ヲスルト云フコトハ全ク別問題デアル(のー〳〵)勿論條約改正上奏案ニ私ガ賛成シ提出者デアルト云フ其理由ガ此建議案ニ反對スルト云フ理由ニモナルノデアル(のー〳〵ひや〳〵)何ンガ故ニ前年吾々ハ條約改正ノコトヲ上奏致シタノデアルガ(「長イ演説ハ止ムベシ」ト呼フ者アリ)條約改正ノコトハ元來大權ノコトデアルカラト云フ理由ノミデハ勿論ナイノデアル、縱令大權内ノコト、雖モ責任ヲ負フテ政府ガヤルノデアルカラ建議案トシテ提出シテモ一向差支ナイノデアル、併ナガラ之ヲ特ニ上奏案ト致シテ　陛下ノ聖明ヲ煩ハシ奉ッタト云フハ何デアル、彼ノ懶惰ナル所ノ内閣――勇氣ナキ所ノ内閣――此内閣ニ對シテ建議ヲ致シテモ迚モ條約改正ニ著手シサウモナイニ依ッテ、恐レ多クモ　陛下ニ申上ゲテ　陛下ヨリシテ閣臣ヲ督促セラレンコトヲ希望シタル譯デアル、若シ建議ヲ提出シテ宜シケレバ先年提出スルノデアル、建議案デハなまぬるきニ依ッテ、建議案デハ利キ目ナキニ依ッテ、先年上奏案ヲ提出シタル吾々ガ今更建議案ヲ提出スル抔ト云フソンナ馬鹿ラシキコトニ同意ハ出來ナイノデアル(ひや〳〵のー〳〵)且ッ先刻諸君ノ一人ガ三崎君ニ質問サレタルガ如ク、先日伊藤伯ハ何ト言ハレタカ、條約改正ヲ今シツヽアルノデアル、運ンデ居ルノデアルト言ハレタデハナイカ、今シツヽアル、運ンデ居ル、直キ出來ルト云フ人ニ向ッテ早クナスッテ下サリマセト

云フハ實ニ擅著ノ甚シキモノト言ハナケレバナラヌ(三崎龜之助君「建議案ヲ能ク見ルベシ」ト呼フ)ぐず〳〵シテ居ルナレバ催促スルガ宜イ、今ヤッテ居ル、急イテ居ルト云フモノニ對シテ早ク御ヤリナサイ、御急ギナサイト云フハ私ハ實ニ分ラヌコト、言ハナケレバナラヌ(三崎龜之助君「建議案ヲ讀メバ分ル」ト呼フ又「君ガ何時モ車夫ニ强ヒルジヤナイカ」ト呼フ者アリ)所ガサウ申シタナレバ或ハ言フデアラウ、先程ドナタデアッタカ、贊成論者ノ一人ガ言ハレタト思フ、ソレハ成ルベク能クヤレト云フ催促デアル、完全ニヤレト云フ催促デアル、對等條約ヲヤレト云フ催促デアル――ソレナレバソレデ宜イ、併ナガラ若シサウデアルトスルト今一ツ詰點ヨリ攻擊セナケレバナラヌト云フコトニナリマス、昨日ノ決議ハ如何、諸君、昨日ノ決議ハ條約ノコトニハ何ノ關係モナイカモ知レナイ、解散ノコトニ關シテノ不信任ノ決議デアルカモ知レナイノデアル、條約改正ト云フ大事ニ較ブレバ小事、小事ニ就イテノ不信任決議デアルカモ知レナイノデアル、併ナガラ小事ニ就イテサヘ不信任決議ヲシナケレバナラヌト云フ位、內閣ニ大事ノコトニ就イテ否ミハ信任ヲシテモ宜イト云フ論理ハ何レノ邊ヨリ生ズルノデアルカ、實ニ私ハ不可思議ノ至リデアルト言ハナケレバナラヌ(拍手起ル)山田東次君「何故休會ヲシナイ」ト呼フ)或ハ云フデアラウ、三崎君ノ言ハル、如キコトヲ言フ人ガアルデアラウ、實業ノ案抔ガ出テ居ルデハナイカ、如何ニモ止メテシマッタガ宜イデハナイカ、實ニ一ヲ知ッテ二ヲ知ラザルノ甚シキ論ト言ハナケレバナラヌ(ひや〳〵)鐵道ヲ敷ク位ノコトハ條約改正ト輕重如何デアルカ、鐵道ヲ敷ク位ノコトハ政府ニ大臣ガ一人モ居ラナイデモ宜イ、技師サヘアレバ鐵道ハ敷ケルノデアル、「吾々ハ大臣ノ不信任決議ハナシタケレドモ、未ダ技師ニハ無信任決議ハナサナイノデアル(ひや〳〵「故ニ技師ニ頼ミニ行クノカ」ト呼フ者アリ)御氣ノ毒ナガラ鐵道ニハ關係ハアリマセヌ(笑聲起ル、田中正造君「三崎一本參ッタナ」ト呼フ、又星亨君「厲行建議案ハドウデス、アレハ說明シマセヌナ」ト呼フ)斯ノ如キ次第デアル、議會ノ大體ニ關ルノデアル(山田東次君「休會スル勇氣ハナイカ」ト呼フ又「ソレハ議長ガ三分ノ二以上ノ多數デ除名サレタトキダ」ト呼フ者アリ)小サイコトデサヘ出來ナイ、遣リ方ガ惡イト言ッテ不信任ノ決議ヲシテ置キナガラ(「止メロ〳〵」ト呼フ者アリ)此天下ノ事、國家ノ大事、條約改正ト云フコトニ就イテ此內閣ガ信任ガ出來ルニ依ッテ之ヲヤッテ御貰ヒ申シタイ、早クヤッテ貰ヒタイト――昨日ノ決議ヲシタルニ拘ラズ今日斯ノ如キ決議ヲ致シタ日ニハ此議會ノ大體ガ汚レルト言ハナケレバナラヌ、(拍手起ル「のー〳〵ひや〳〵」「然ラバ休會ノ動議ヲ出シ給ヘ」ト呼フ者アリ)又此條約改正建議案ヲ見ルト云フト(山田東次君「休會ヲスル丈ノ勇氣ハアルマイ」ト呼フ)政府ハ之ニ對シテ斷然タル處置ヲ施サヽルベカラズ、斷然タル處置ヲ施シテ貰ヒタイト云フノハ條約廢棄ト云フコトデ、强イ上ノ强イノデ、此上ナシノ大決心デアル、誠ニ結構ナコトデアル、斷然タル處置ヲ爲サヽルベカラズ、誠ニ結構ナコトデアル、條約改正ヲナスノニハ條約廢棄ノ決心ガナケレバ出來ヌコトハ誠ニ御同意デアル、併ナガラ今ノ內閣ニ此大決心ヲ以テ條約改正ヲシヤウ、出來ナイ時分ニハ現條約ノ廢棄マデセヨナゾト云フコトヲシナケレバナラヌコトデアルガ、今ノ內閣ニサセルト云フコトハ、今ノ內閣ニ其決心ヲ促スト云フコトハ、恰モ壁ニ立テト言フノト同ジコトデアル(拍手起ル「大隈サンデナケレバ出來ナイカネ」ト呼フ者アリ)其理由ヲ說明ヲ致シテ見マセウナレバ、無論廢棄ノ考ガナケレバ、無論條約改正ハ出來ナイト私ハ思フ、先ヅ條約改正ヲ英國ニ申込ム、昔英國アタリハ條約改正ノ相談相手ニスルニハナカ〳〵因ッタ國デアッタ、隨分威張ッタ國デアッタガ、世ノ中ハ推シ移リマスルノデ、昔ノ英國ハ今ノ英國ト大ニ違フ、今日ハ此東邦ニ於テ露英相競ッテ居ル所ノ場合デアルカラ、隨分日本ノ言フコトモ肯クノデアル、隨分改正ノ注文ニ――況ヤ不完全ナ案ナレバ應ズルダラウト思フノデアル、英國モ應ズル、佛國モ應ズルカモ知レナイ、其他ノ國モ應ズルカモ知レナイ、縱令應ズルニ致シテモ、前後ニハ少クトモ現條約ヲ廢棄スルト云フ丈ノ決心ハ何時カ一時ハ持タナケレバナラヌト私ハ思フノデアル、ナゼサウ云フカ、支那ハ如何デアル、支那トハ如何ナル條約改正ヲスル積リデアルカ、支那トハ對等條約ヲスル積リデアルカ、對等條約デ此日本ガ滿足ガ出來ル積リデアルカ、無論支那ハ日本ト同等ノ國カモ知レナイ、ケレドモ如何デアル、支那ト對等條約ヲ結ンデ支那人ガ諸君ノ向フ三軒兩隣リニ來テ其レデ宜イカ、諸君ノ營業ヲ奪ッテソレデ宜シイ、此國民ハ彼ノ支那人ト此內地自由ニ競爭ヲシテ、ソレデ宜シイカ、又支那人ハ――日本ノ人ガ支那ニ參ッテ支那ノ法律ヲ以テ取締ラレテソレデ宜シイカ、支那人ノ目カラ觀タナラバ日本ノ法律ハ標準ガ違フカラ不完全デアルト云フカモ知レナイガ、支那人ガ此日本ノ法律ニ服從スルデアラウカ、支那政府ガ人民ヲシテ服從セシムルコトヲ承諾ヲスルデアラウカ、是等ノコトハ實ニ大問題デアッテ、今日ノ條約改正ヲナサント欲スルナラバ、今日ノ條約改正ヲスルト云フ問題ハ支那ト對等以上ノ條約ヲ結バナケレバナラヌト云フ問題デ、仕舞ニハ歸著スルノデアル、對等以上マサカニ向フデハ肯カヌデアラウト思ヒマスカラ、少クトモ世界列國承知シテモ支那トハ條約ヲ廢棄スルト云フ位ノ大決心ハ無クテハナラヌノデアル、所ガ如何デアルカ、[illegible]レテノ現政府ノ政略ハ如何デアルカ、金玉均事件ハ如何デアルカ、態ト支那マデ拐ニサレテ支那人ノタメニ、支那政府ノタメニ、直接ニ殺サレタデ無クテモ間接ニ殺サレタ體裁ガアルデハナイカ、少クトモ金玉均事件ニ關シテ日本國ノ顏ハ支那人ノタメニ泥ヲ塗ラレタト云フコトガアル、支那政府ノタメノミナラズ區々タル朝鮮ノタメニモ侮ラレタト云フコトガアルデハナイカ、鼻毛ヲ拔カレタ泥ヲ塗ラレタト云フ事實ガアルデハナイカ、是ハ抑々何ニ原因スル所デアル、現內閣伊藤內閣ノ柔軟ナル外交政略ニ原因スルデハナイカ、支那ニ對シテ朝鮮ニ對シテ斯ノ如ク軟弱ナル方針ヲ以テ外交ヲ爲スル所ノ此日本政府、最後ノ支那トハ、最後ノ支那トハ條約ヲ廢棄スルト云フ大決心ハアルヤ否ヤ頗ル疑シイト謂ハナケレバナラナイノデアル、斯ノ如キ次第デアル、諸君ガ條約改正ヲ御急ガル、モ宜シイ、廢棄ヲシヤウト言ハルヽデモ至極宜シイガ、今申ス如ク斯ノ如キ案ヲ少クトモ今日出ス必要ハナイノデアル、前ニ上奏案アリ而シテ今日議會ノ體面ヲ濵シテモ、昨日ノ決議ニ擅著シテモ、之ヲ今日出サナケレバナラヌト云フ必要ハナイノデアル、三崎君ニ忠告ス、君ノ初メノ御分別ノ如クニ矢張是ハ御引去リニ成ッタ方ガ宜カラウト思ヒマス

○長谷場純孝君（百六十四番）　防穀事件ニ就イテ極ク簡單ニ伺ヒタイ、此說明ニ依レバ「防穀事件ノタメ朝鮮國トノ交渉ニ關シ海外各公館トノ間ニ電信ノ往復夥多ナリシト官吏出張ノ必要アリシ云々」トアル、ソレデ海外各公館ト云フノハ在朝鮮ノ日本公使館ハ勿論デアルガ、其他或ハ支那ニ在ル處ノ公館、若クハ支那ニ在ル處ノ支那政府其他ニ向ッテ此往復ヲシタ數ガ分ッテ居ルナラバ、之ヲ聞キタイ、ソレカラ此官吏出張ノ必要アリシ云々トアルノハ此出張官吏ノ重モナルモノヲ何處ノ方向ニ向ッテドウ云フ用ヲ帶バシメテ出張セシメタト云フコトヲ答辯ノ出來得ル丈聞キタイ、此答辯ニ依リテ、モウ一ツ私ハ簡單ニ質問致シタイ

（政府委員外務次官林董君演壇ニ登ル）

○政府委員（林董君）　御答致シマス、防穀事件ニ就イテ豫備金支出ヲ請求シテ支拂ッタコトノ內電信――重ニ遣ヒマシタノハ電信料ト旅費デ、是ハ案ニ書イテアルコトデゴザイマスガ、其內電信ニ遣ッタモノハ三千六百餘圓ニナルノデゴザイマス、官吏ノ旅費ガ五百七十二圓程アル、此官吏ノ旅費ノ方カラ先ニ申シマスガ、是ハ參事官一人ヲ昨年度ノ初ニ當ッテ朝鮮ノ京城ヘ出シタ旅費、ソレカラ電信ノコトデゴザイマスガ、是ハ御承知ノ通リ彼ノ防穀事件ナルモノハ數十箇月ノ交渉事件ニ涉リマシテ、日本政府カラ請求シマシタ損害要償ノ高ヲ――金高ヲ朝鮮政府ガ如何ニ申シテモ認メマセヌノデ、數十回ノ往復ノ後遂ニ最後ノ決答ヲ促スコトニナッタノデゴザイマス、其最後ノ決答ト申スモノハ固ヨリ裁判所ニ訴ヘル譯デモナイカラ、若シ朝鮮政府ガ肯カヌ折ニハ唯其儘引込ム譯ニモイキマセヌデ、若シ肯カヌ折ニハドウカ云フ手段ヲ執ラナケレバナラヌ、其手段ハ如何ニト云フニ、迚モ平和手段ハ取ッテ居ラレナイノデゴザリマス、是ハ或ル諸君ノ中ニモ最モ御好ミノ强硬手段ヲ取ラナケレバナラヌコトニナッテ來マシタノデゴザリマス、幸ニ無事ニ治リマシタカラ宜シイデハゴザイマスガ、朝鮮モ弱國トハ申シナガラ隣國ニハツレ〳〵此國ニ就イテ利害ヲ感ジテ居ル國モアリマス、若レ一旦平和ノ破レル時ニ至ッテハドンナコトガ起ルカモ知レヌノデゴザリマス、扨テサウナルト唯隣國ノミナラズ今日萬國ニ列シテ交ヲ開イテ居ル時分ニハ萬國――各國ノ政府ニ對シテモ日本ノ政府ノスルコトガ正當デアルト思フ手段ハ取ラナケレバナリマセヌ、之ヲ急場ノ十五日ノ間猶豫ヲ與ヘテ決答ヲ促スト云フ場合ニ於テ書簡ヲ以テべん〳〵トシテ居ル樣ナコトデハナラヌノデ、多クハ電信デヤッタノデアリマス、ソレデ朝鮮公使館カラ伺ヲ立テマスル、之ニ指令ヲ與ヘマスコトハ無論海外各國ノ公使館ヘモ頻ニ電信ヲ使ッタノデゴザリマス、電信ノ文字數ハ餘程ノモノニ上ッテ居ルノデゴザリマス、ソレデ今通數ハドノ位ト言ハレマスガ、ソレハ調ヲ手許ニ持ッテ居リマセヌケレドモ、此高ヲ要シタル點ハ右ノ通デゴザリマス

○長谷場純孝君（百六十四番）　一寸モウ一言尋テ置キマス、到底明瞭ナル答辯ハ出來得ヌト云フコトハ本員モ信ジテ居ル、併ナガラ玆ニ一言伊藤內閣カラ支那ノ李鴻章ニ向ッテ、ソレカラ又袁世凱ニ向ッテノ防穀ノ談判中仲裁ヲ賴ンダ往復ノ電信モ籠ッテ居リマスカ

○朝倉親爲君（百八十六番）私ガ主査デスカラ……餘リ長ウゴザイマセヌカラ是ヨリ――外務省ノ經常部ニ於キマシテハ俸給其他原案ノ通リニ委員會ニ於キマシテ可決ヲ致シマシタ、其主意ト申シマスモノハ此濠洲ニ段々居住ノ移民ガ參リマシテ、大ニ商業上總テ迷惑ヲ――追々人員ガ増シマシテ、ソレガタメニ段々ソコラヘ出願ヲ致ス次第ヨリ領事館ヲ置カネバナラヌト云フ場合ニ立至ッタ趣デゴザイマス、右ヲ以テ請求サレタコトデゴザイマス、故ニドウモ外交上ノコトデゴザイマスカラ、餘義ナイ次第デアルカラ、委員會ニ於テ之ヲ可決ヲ致シタ譯デアル、又此朝鮮ニ巡査ヲ十八名増ス、是レ又諸君ノ御承知ノ通リニ朝鮮モ近來ノ國情デハ更ニ巡査デモ増サヌデハ大ニ居住ヲ致シテ居ル國民モ不安心デアルト云フ場合ニ立至ッテ居ルコトハ、其景況ハ諸君モ既ニ御熟知ニナッテ居ルヤウナ次第デアラウト思ヒマス、右樣ナ次第カラ矢張外交上ノ關係ヨリシテ巡査ヲ十八名増スト云フコトヲ可決致シテ、原案ニ贊成致シタ譯デゴザイマス、此段ヲ一言御報告申シマス

○議長（楠本正隆君）諸君ニ豫メ報道ヲ致シテ置キマスルガ、原案ハ朗讀ヲ省イテ贊否ノ如何ヲ決スル積リデアリマス、修正ノアル分ハ朗讀ヲ致シテ決議ヲ採リマス積リデアリマス、右御承知置ヲ願ヒマス

（「異議ナシ異議ナシ」ノ聲起ル）

○議長（楠本正隆君）然ラバ外務省所管束ネテ御異議ガゴザイマセヌケレバ可定ト認メテ次ニ移ル積リ

（「異議ナシ異議ナシ」ノ聲起ル）

明治二十七年五月三十日　議長ノ報告

衆議院議員鈴木充美君ヨリ提出ノ質問ニ對スル答辯

從前朝鮮人ノ我國ニ渡來シ金玉均及朴泳孝ヲ殺害スヘキ王命ヲ帶有スト稱シ居タルモノアルコトハ事實ナリ尤モ此等ノ輩ニシテ金朴兩人ト平素私怨ヲ有スルヤ否ヤハ固ヨリ我政府ノ關スル所ニ非スト雖トモ我政府ハ其都度朝鮮政府ニ照會シ而シテ其王命ニ非ラスシテ全ク彼輩ノ揑造ニ出テシコトハ明ラカニセリ但シ李逸植ニ至テハ過般謀殺未遂ノ嫌疑ニテ警察官ノ取調ヲ受ケ居ル際壬申ノ叛逆人ヲ誅戮スルタメ朝鮮國王ノ印璽ヲ具スル詔書ヲ携帶スル旨ヲ自白シ之ヲ呈出セレヲ以テ本大臣ハ本年四月二日在朝鮮大鳥特命全權公使ニ電訓シ該詔書ノ眞僞ヲ朝鮮政府ニ糺タサシメタリシニ同國外務督辨ハ直チニ公文ヲ以テ李逸植ナルモノハ詔書ヲ贋造シ隣國ニ潜越シ其罪實ニ赦スヘカラサルモノニ屬ス云々ノ旨ヲ回答シ其僞書ナルコトヲ言明セリ然レトモ該李逸植ハ現ニ尙ホ其犯罪事件ニ關シ帝國裁判所ニ於テ裁判進行中ニ在レハ其終結ノ後我政府ニ於テ尙ホ何等ノ處置ヲ執ラサルヲ得サル場合ニ至ルヘキヤ否ヤハ今玆ニ預言スヘキノ限ニ在ラス

右及答辯候也

明治二十七年五月三十日　司法大臣芳川顯正

小室重弘君外一名提出ニ係ル岐阜縣官吏ニ關スル質問竝木內信君提出ニ係ル沖繩縣下八重山列島石垣島官有地貸下ニ關スル質問ニ對シ內務大臣臨時代理芳川司法大臣ヨリ、野出鋿三郎君提出ニ係ル明治二十七年勅令第四十一號ニ關スル質問竝守屋此助君提出ニ係ル金玉均事件ニ關シ清國政府ヘ對スル處置ノ質問ニ對シ陸奥外務大臣ヨリ、駒阪行三君外一名提出ニ係ル清國及香港ニ於テ流行スル傳染病ニ關スル質問ニ對シ內務大臣臨時代理芳川司法大臣ヨリ答辯アリタリ

衆議院議員小室重弘君外一名ヨリ岐阜縣官吏ニ關スル質問ニ對シ內務大臣臨時代理司法大臣ヨリ答辯書提出ニ付及御回付候也

明治二十七年五月三十日　內閣總理大臣伯爵伊藤博文

衆議院議長楠本正隆殿

衆議院議員小室重弘君外一名提出岐阜縣官吏ニ關スル質問ニ對シ別紙答辯書差進候也

再質問書

曩ニ本員等ハ質問書ヲ提出シ金玉均朴泳孝殺害事件ヲ政府ニ質問セシニ政府ハ去ル三十日附ヲ以テ答辯書ヲ提出セシモ該答辯ハ其要領ヲ得ス然ルニ本件ハ國家ノ體面ニ關スル最モ重大ノ問題ナルヲ以テ爰ニ再ヒ質問書ヲ提出スルノ必要アリ本年ノ議會ハ期日既ニ切迫シ逐一書面ヲ以テ應答スルノ餘暇ナク且ツ其事ノ急速ヲ要スルニ由リ國務大臣ハ六月一日本院ニ出頭シ明瞭ニ政府ノ意見ヲ示サレンコトヲ希望ス而シテ本件ハ事外交ニ關スルヲ以テ若シ公示ヲ憚ル場合ニ於テハ祕密會ヲ開クモ妨ケナシト信ス

再質問ノ要領左ノ如シ

答辯書ニ曰ク「從前朝鮮人ノ我國ニ渡來シ金玉均及ヒ朴泳孝ヲ殺害スヘキ王命ヲ帶有スト稱シ居タル者アルコトハ事實ナリ尤モ此等ノ輩ニシテ金朴兩人ト平素私怨ヲ有スルヤ否ヤハ元ヨリ我政府ノ關スル所ニアラスト雖トモ我政府ハ其都度朝鮮政府ニ照會シ而シテ其王命ニ非スシテ全ク彼輩ノ揑造ニ出テシ事ヲ明ニセリ」ト然ルニ既ニ王命ヲ帶有ストノ稱アル以上ハ政府ハ飽迄其眞否如何ヲ調査シ若シ之ヲ眞ナリト認ムルニ於テハ實ニ國家ノ體面ニ關スル重大ノ事件ナルヲ以テ嚴重ナル處置ニ出テサル可ラス然ルニ政府ハ單ニ朝鮮政府ニ照會シタリト謂フノミ夫レ斯クノ如キ場合ニ遭遇シ彼ノ政府ハ我政府ノ照會ニ對シ斯ノ如キ答辯ヲ爲スハ當然ノ情態ナリ決シテ其答辯ヲ以テ眞否ヲ決定シ得ヘキモノニアラス然ラハ如何ナル調査ヲ遂ケ彼輩ノ揑造ニ出テシ事ヲ明ニシタルヤ是第一ノ疑點ナリ

李逸稙事件ニ關シテモ亦單ニ朝鮮國外務督辦ノ回答ヲ以テ之ヲ僞造ナリト認メタルモノナルヤ前段疑點ノ如ク彼ノ政府ノ回答ハ決シテ事ノ眞否ヲ決シ得ヘキモノニアラス若シ彼ノ政府ノ回答セシ如ク彼ノ政府ニ於テ印璽僞造者トセハ其罪ヲ問フヘキ處置ニ出テサル可ラス然ルニ單ニ其罪實ニ赦ス可カラストノ一言ヲ探テ之ヲ僞造ナリト認ムルニ至テハ亦タ以テ其實ヲ明カニシタリト謂フ可ラス是レ第二ノ疑點ナリ

洪鍾宇ノ如キハ現ニ李逸稙ト共ニ事ヲ謀リタル者ナルコトハ我法廷ノ調査ニ依テ明ナリ若シ彼等ハ朝鮮國王印璽僞造ノ共謀者ナリトセハ朝鮮政府ニ於テ當ニ之ヲ嚴罰スヘキニ反テ之ニ恩賞ヲ與ヘタリトノ事ヲ聞ケリ然ラハ則チ朝鮮外務督辦ノ答辯ハ決シテ信ヲ措クニ足ラサル者ノ如シ政府ハ尙ホ之ヲ以テ僞造ニ非スト認メタル乎是レ第三ノ疑點ナリ

又答辯書ニ裁判進行中ナルヲ以テ其終局ニ至ラサル以上ハ預言ス可ラストアリ然レトモ外交問題ハ司法問題ト相異ナル者ナレハ必スシモ司法裁判落著ヲ待テ後ニ處置スルヲ要セン是レ第四ノ疑點ナリ

右成規ニ據リ提出候也

明治二十七年五月三十一日

提出者　鈴木充美
贊成者　駒林廣運
外三十名

○守屋此助君(百十二番)　ソレデ諸君二十六年度豫備金支出ノ件ノ委員會ノ經過及結果ヲ御報告ニ及ビマス、成ルベク簡單ニ申シマス積デゴザリマスガ、此事柄ニ就イテハ隨分金ハたった百二十五万圓ノ支出デゴザリマスガ、將來憲法上ニ於テ此豫算ト云フモノニ就イテハ隨分重大ナ關係ヲ持ツコトニナッテ委員會デモ餘程論ガアッタ、ソレデゴザリマスカラ少シク長ウナリマスカ存ジマセヌガ、其事ヲ一寸前ニ御斷リ申シテ置キマス、ソレデ經過ヲ申シマスルト、此間二十八日二十九日三十一日ト一日ト四日委員會ヲ開キマシテ隨分論ガゴザリマシテ、大藏大臣ニ迄出席ヲ請フテ種々說明モ聞キマシテ、吾々ハ議論ヲ盡シタノデアリマス、ソレデ此中ニ於キマシテ政府ハ憲法第六十四條ノ第二項ニ基イテ二十六年度ノ豫備金第一豫備金五十万圓第二豫備金七十五万圓ヲ支拂ッタノヲ承諾ヲ求ムルモノデアッテ、此中ノ第二ノ豫備金支出ノ中ニ就イテ最モ委員會デ論ガゴザリマシタノデ、ソレハ第一、ソレハ綱目ガたんとゴザリマス樣デゴザリマスガ、議論ハ二種ニシカ分レヌ、第一種ノ議論ニ關スルモノハ四千二百圓防穀事件費、ソレカラ其次ハ四万四千有餘圓布哇軍艦ノ派遣費、其次ハ神奈川縣三多摩郡ヲ東京府ヘ管轄換ノタメ警察官吏ノ出張旅費、竝ニ衆議院議員總選擧ニ對シテ內國旅費ト云フモノガ四万八千有餘圓アリマス、ソレカラ三千圓ノ葡萄牙ノ領事裁判撤去ノ事件、機密費ノ四万五千圓、此機密費ハ矢張衆議院議員臨時總選擧ノ際取締上要シメルコト是ダケニたんとハゴザリマスガ、議論ハたった一ニナル部分デゴザリマス、ソレカラモウ一ツハ三十二万幾千圓土木補助費十万圓、閣龍世界博覽會ノ荷物積戾シ補助費ト斯ウ二ツゴザリマスガ、議論ノ筋道ハ矢張是モ一ツニナリマス、ソレデ初ノ方ヲ申シマスト項目ハ斯ウ云フコトデスガ、議論ハアルンデス、防穀事件ト云フモノハ豫算ノ第二――豫算デハゴザリマセヌ、豫備金ノ第二ノ豫備金カラ使ッテ居ル、其使ッテ居ルト云フ說明ヲ聞キマスト、朝鮮トノ交涉ニ係ル防穀事件ノタメニ電信費及官吏ノ派遣旅費トアル、ソレカラ其次ニ布哇ヘ軍艦ヲ遣ルト云ッテモ矢張軍艦派遣費ト云フコトニナル、若クハ四万何千圓、衆議院議員總選擧ニ使ッタノモ矢張旅費杯ニ警視廳竝ニ各府縣ト云フヤウナ所デ使ッテ居ル、斯ウ云フモノハ總テ二十六年度ノ豫算ニ出テ居ルモノデアル、旅費ト云フモノハ無論モウドノ省ニモ旅費ト云フモノハ名ノ付イタモノガアル、此次ノ機密費ノ如キモノモ政府ノ二十六年度ノ豫算ニ機密費ト云フ名ノモノガアル、サウシテ見レバ會計法ノ第七條ニハ第一豫備金ハ豫算ノ避クベカラザル不足ヲ補フモノデアル、第二豫備金ハ豫算外ニ生ジタルモノデアルカラ、豫算外デハナイ、斯ノ如キ二十六年度ノ豫算ノ中ノ機密費ノ如キ名ノアルモノデアレバ、ソレハ第一ノ豫備金カラ使フモノデアル、卽チ豫算ノ不足デアル、斯ウ云フ議論デゴザリマスノデアリマス、所デ政府委員ノ說竝ニ大藏大臣ノ說明ト憲法第六十九條ト云フヤウナ所ノ方カラ考ヘテ見マスルト、此豫算外ト云フ、外ト云フ字ガアル、如何ニ解釋シテ宜シイカト云フコトニ結局止マルト考ヘラレル、此際豫算外ト云フ事柄ハ豫算ヲ組立テル時ニ夢想ダニモ浮バザリシ事柄ニ使ヒ、之ヲ豫算外ト云フノデアルカラ、旅費ト云フ項目ハアッテモソレハ豫算ヲ組立テル時ニハ衆議院議員ノ總選擧デアルトカ、又ハ朝鮮防穀事件ガ出來テ來ルトカ、斯ウ云フヤウナ事柄ハ二十六年度ノ豫算ヲ組立テル時ニハ夢想ニダモ浮バザリシ事柄デアル、サウシテ見レバ斯ウ云フモノヲ名ケテ豫算外ト云フノハ斯ウ云フ意味ナノデアル、憲法竝ニ會計法ニ言フ所ノ外ト云フ意味ハ斯ウ云フノデ、ソコデ此事柄ハ又是迄ノ例ハドウナッテ居ルカト申セバ諸君モ御承知ノ通リ大津事件ノタメニ外務省ガ旅費ガ餘分ニイッタ時ニ何カラ使拂ッテアルカト云フト、外務省ニ旅費ノ項ト云フモノハアルノデアル、旅費ノ項ハアルノデアッテ、大津事件ノタメニ旅費ガ足ラヌヤウニナッタカラ、豫算ノ旅費ガ不足ト云フコトニナッタ、此憲法六十九條ニ言フテアル場合ノ避クベカラザル豫算ノ不足ト云フモノハ會計法ノ第七條第一ニアル豫備金ト云フ方デ使ッテアルカ、第二ノ方デ使ッテアルカト斯ウ調ベテ見ルト、大津事件ノタメニ外務省デ旅費ノ殖エタトキニハ前ニ豫算ヲ組立テルトキニハ大津事件――アノ如キ事件ガアラウト云フ事柄ハ夢想ニダモ浮バナイ、議員ニモ浮バナイガ、政府ニモ浮バザリシ事柄デアル、豫算ヲ組立テルノトキニ慮ルニ――慮ルニ由ナレト云フ出來事ガアッタタメニ餘計ノ費用ガイルモノハ是ハ豫算外デアルト云フ斯ウ云フ解釋ヲ取ッテ來テソコデ是迄ノ豫算ヲ組立テアッテ政府ハ其通リ組立テ、、議院モ是レ亦御承諾ニナッテ居ル先例ガアルデス、是ニ由ッテ見ルト云フト委員會多數ノ說ハ憲法ノ六十九條會計法ノ七條ニ依ッテ見レバ縱令豫算ニ同ジ機密費デアルトカ旅費デアルトカ云フコトガ書イテアッテモ、不意ノ出來事ノタメニ其入費ガ足ラナイヤウニナッタモノハ豫算ノ不足トハ名ケラレナイ、是ハ豫算外デアルト云フ方ニ憲法會計法ヲ解釋スルノガ相當ナルノミナラズ、是迄其如ク仕來ッテ承諾シテアレバ其通ニシテ承諾ヲ此點ニ就イテ與ヘルト云フガ穩當デアラウ、相當デアラウ、斯ノ如ク法律ト憲法ガ解釋セラル、ニモ拘ラズ、又其如クニシテ是迄承諾ヲシテ居ッタニモ拘ラズ、今日唯今ニ至ッテ突然ト之ニ承諾ヲ與ヘナイト云フコトハ畢竟當局者ニ向ッテ難キヲ責メルノデアル、又議院ノ體面トシテ是迄與ヘテアッタコトヲ突然與ヘナイト云フノハ吾々ノ方ガ餘リ事ヲ輕卒ニ失スル者デアル、ドノ點カラ考ヘテモ斯樣ナ費用ニハ承諾ヲ與ヘルト云フコトガ相當デアラウ、斯ウ云フコトニ極メマシタノガ委員會多數ノ說デゴザイマス、ソレカラ土木費補助ト云フコト、閣龍世界博覽會ニ就イテノ補助費デスガ、此事ニ就キマシテハ土木費ノ補助ハ何々ニ補助シテアルカト云ヘバ二十五万幾千圓ト云フモノガ岐阜縣ノ水害補助、六万八千餘圓ト云フノガ和歌山ノ水害補助デス、此事ニ就イテモ一體政府ガ斯ウ云フ補助ナド丶云フモノヲ與ヘルノハ怪シカラヌトカ事實方法ガドウデアルト云フ議論モゴザイマシタガ、矢張多數ノ意見ハ斯ウデアッタ、前年岐阜愛知ニアノ如キ天災時變アリシ時ニ國庫金カラ與ヘタト云フコトモアル、其外段々例ノアルコトデアルカラ政府ガ豫備金ノ中斯ノ如キ天災時變ノタメデアルカラ豫算外ニ生ジタモノデアッテ、第二ノ豫備金カラ使フノハ相當ナル手續デアルノミナラズ、時ノ當局者トナッタナラバ之ニ補助ヲ與ヘルノハ相當デアッテ、且ツ又是迄仕來ッタ所ニ依ルモ衆議院デ補助ヲ與ヘル其事柄ニ就イテハ非難ノ無カッタコトデアルカラ、是モ承諾ヲ與ヘテ宜イダラウト云フコトニナッタノデアリマス、ソレカラ閣龍世界博覽會、此事ニ就キマシテハ十万圓ノ金ガ先ヅ取敢ェズ出シテアル、是ハドウ云フコトデ出シタカト云ヘバ、全體出品シテ居ル原價ノ總額ガ五十五万圓デアルカラ、之ニ對シテ二割ヲ見當トシテ金ヲ一時大藏省ガ出シテ居ル、デ是ハ申スマデモアリマセズ、亞米利加ニアル博覽會ニ六十幾万圓ヲ帝國議會ガ金ヲ出シタ意思カラ承諾ヲ與ヘル與ヘヌト云フコトヲ考ヘナケレバナラヌ、斯樣ニ考ヘル所デ六十三万圓ノ金ヲ前年出シタノハ何デアルカト云ヘバ、日本ノ斯ウ云フ出品ヲスル人ヲ獎勵スルタメニ——獎勵スルタメニ助ケルト云フ所カラ出テ來テ居ルノデアル、然ル所ガ此人ガ獎勵サレテ出シタ、出レタ人モ出サセルト云フコトヲ御賛ケニナッタ、諸君ノ夢想ニダモ浮バザリシ所ノ亞米利加ニ往ッテ見レバ不意ノ出來事ハ何デアルカト云ヘバ、則チ銀貨相場ノ大變動カラシテ亞米利加ノ全體ガ商賣ハ殆ド一時中止ノ姿デアッタ、ソレカラ世界博覽會ヲ玄かでノ如キ狹イ處デ拵ヘタノデ、小サナ器ニ大キナ物ヲ容レタト云フコトニナッテ居ル、是ハおちらノ遁リ損ロデ日本ノ政府モ人民モ知ラナイ騷デアルガ、左ナキダニ銀貨相場ノ變動搗テ加ヘテアノ狹イ處デヤッタモノダカラ……

○守屋此助君(百十二番)　私ハ先刻委員長ト云フコトデ多數者ノ意見ヲ述べルト云フ役廻リデ、一度致シマシテゴザイマス、此度ハ一ノ議員タル方ノ側カラ私ノ確信シテ居ル所ヲ申上ゲマス(「簡單」ト呼フ者アリ)第一ニ申上ゲマスノハ石田サンノ御論デ老成ナル石田君ノ御論、餘程私ハ謹聽致シマシタ、致シマシタ所ガ斯樣仰セラレタ、憲法第六十四條ノ第二項ニ「豫算ノ款項ニ超過シ」ト斯ウ書イテアル、ソレデアルカラ豫算ノ款項ニアルモノハドンナモノデモ豫算ノ不足ト云フモノデ豫算ノ外ニ生ジタモノジヤト云フコトハ言ハレナイ、ソレカラ豫算ノ款項ニ超過シ、又ハ豫算ノ外ニ生ジタルモノト云フ此外ト云フハ豫算ノ款項以外デアルト斯ウ云フ御解釋論デ、ソレハ成程憲法ヲサウ中スト嗚呼ガマシキ申分デゴザイマスルガ、さらッと御讀ニナッタラサウ御讀ニナルノモ一應御尤モデアル、併ナガラ諸君、ドウデゴザイマセウカ、吾々ハ政府ガ豫算案ヲ出シテ來タトキニ、此豫算案ニ協贊スル場合ヲ先ヅ豫想シテ掛ランケレバ先ヅ憲法ノ解釋ハ分ラヌト思フ、政府モ旅費トガ何トカ云フモノハ三年トカ五年トカノ平均ヲ持ッテ來テ、平年ノ年ノ平均ヲ持ッテ來ルノデゴザイマセウ、吾々モ天下ニ事變アルト云フコトヲ豫想シテ豫算ニ是レ〲ノ金高ヲ初メニ承諾スルト云フノデハゴザリマスマイ、大津事件ノ如キコト本年ノ臨時總選擧ノ如キコト、若クハ朝鮮防穀事件斯樣ナ不意ノ出來事ハ豫メ神ナラヌ帝國議會ノ議員ハドウシテ知ッテ豫算ニ是ニハ當年ノ金高ガ多イ少イト云フコトガ知レマスカ、議員諸君モサウ云フコトヲ知ラレヌノハ無理ハナイ、政府ノ人モ無論人間ダカラ豫メ知ルノ明ハナイ、シテ見レバ款項ヲ編立テルトキニ其款項ト云フモノハ左樣ナ事變ト云フモノハアルマイト云フ所ヲ以テ組立テ――政府モ組立テ吾々モ是ヲ協贊シテ居ルノデアル、サウデゴザリマスカラ此憲法ニ所謂豫算ノ款項ニ超過スルト云フコトハ豫算ヲ組立テルトキニ想像シ能フテ款項ノ中ニ組込ンデアル金額ニ超過シ、豫算ノ外ニ生ジタト云フ款項以外ハ勿論、縱令款項以内タリトモ豫算ヲ組立テルトキニ一ノ仕事ヲ夢想ニモ思フテ居ラヌ所ノ金額ヲ出サウト云フコトヲ思フテ居リヤウ譯ハナイ、ソレ故ニ其外ト云フ事柄ハ豫算ヲ組立テルトキノ款項ト云フコトニ目ヲ著ケズハ豫算ヲ組立テルニ凡ソコレ〲ノ仕事ヲスルノデアル、此仕事ト云フモノヲ見積ッテソレデ金高ハコレ〲デ宜シカラウト承諾シテ居ルノデアルカラ――協贊ヲ與ヘテアルノデアルカラソレヨリ意外ノ仕事ガ出テ來タトキニハ疑モナク憲法ノ第六十四條ニ所謂豫算ノ外ニ生ジタモノト言ハナケレバナラヌモノデハゴザイマセヌカ(加藤平四郎君「第一豫備金ハイラナクナル」ト呼フ)第一ノ豫備金ガイラナイト云フコトヲ加藤サンガ今ちよッと仰シヤッタノデゴザイマスガ、ソレハ一ノ兵士ヲ千人養フト云フコトヲシテアル、此兵士ヲ養フニハ米ガ五圓デヤラウト云フコトヲ政府ガ案ヲ出ス、議院モ一石ノ米ガ凡ソ五圓ト思ッテヤッタラバ、千人ト云フ人ノ數ニハ增減ハナイガ、米ガ五圓五十錢デナケレバ實地買ヘナイ、斯ウ云フ時ニ卽チ第一ノ豫備金カラ其五十錢ヲ出ス斯ウ云フ場合デアリマス(石田貫之助君「長イ演說ナラ質問シタイ」ト呼フ)暫ク御待チナサイ(石田貫之助君「千島艦ハドウデアリマセウカ、第一豫備金カラ支拂ッテアル是ハ沈沒スルト云フコトヲ豫想シテ居リマスカ」ト呼フ)千島艦ノ訴訟入費――千島艦ノ訴訟入費、ソレハ石田サンノ老成ナル先生ニモ少シ御不似合デハナイカニ考ヘル、ナゼナレバ(吉本榮吉君「豫想シテ居ッタカ」ト呼フ「討論終結」ト呼フ者アリ)ナゼナレバ千島艦ノ沈沒ト云フ事柄ノアッタノハ明治二十五年十一月三十日――十一月ノ三十日デゴザリマスカラ、二十六年度ノ豫算ト云フモノハ二十五年ノ四月ヨリ著手シテ政府ハ既ニ豫算ト云フモノヲバ二十六年度ノ豫算ヲ帝國議會ニ出シタ後ニ、千島艦ノ出來事ガアッタノデアル、出來事ガアッタノデ此出來事以前ニ二十六年度ノ豫算ト云フモノガ出テ居ル、ソコデアルカラ是ハ豫想ノ出來ナイ方デサウスルト第二ノ豫備金ハト斯ウ云フ御論ガアルダラウ、石田君ハ――所ガ事體訴訟ノコトノ如キニ至ッテハ事體自動的ノコトアリ、他動的ノコトアリト云フノガ……豫算ノ性質デアル(「旅費ハ如何」ト呼フ者アリ)性質デアル、旅費ノ如キハサウデハナイ……性質デアル、サウデゴザイマスカラ此旅費ト云フモノニ就イテハ訴訟費ノ如キ向フデ訴ヘルコトモアルカモ知レナイ事柄デゴザイマスカラ、サウ云フ不意ナ出來事ガアルト云フコトヲ此方ハ意味シテ居ル、サウ云フモノハ數々アル、獸疫費ノ如キ前年マデ――二十五年ノ豫算ニ出テ居ッタサウダ、所ガ獸疫費ノ如キモノハ不意ナ出來事ヲ慮ルヲ要シナイカラト云フテ、二十六年度ニハ除イテアルノデゴザイマスカラ、豫算ノ性質上ニ於テノ一ノ事柄デサウ云フ不意ナ出來事ヲ豫メ計ッテ款項ヲ定メルモノガアル、ソレニハ不意ナ出來事ガアッタトキニ第一豫備金カラ使フ豫期ノ通リダカラ……ソレデ相當ノコトヽ思フ、ソレデ憲法ノ解釋ガサウデアルノミナラズ會計法第七條ノ解釋モ前申ス通デアル、法律憲法ノ解釋ガソレデ此法律憲法ノ下ニ立ツ吾々共ハ之ヲ守ラナケレバナラヌ、又國ノ政治ノ歷史ニ最モ重キヲ置イテ考ヘナケレバナラヌト思フ、サウ輕卒ニ前年ニハ是デ宜イト言ッテ居ル政府モ、是デ宜イト思ッテ居レバ翌年ニハソレデハイケナイト勝手氣儘ナコトヲ御互ニ言ハヌコトヽ思ヒマス、前ニ申シタ通リ例ハ幾ツモアル、著シキ例ガ大津事件、大津事件ノ如キニ至ルト云フト外務省ニ旅費ノ項ガアルニ拘ラズ、旅費ノ不足トシテ第一豫備金デ豫算ノ不足ヲ補フノデアルカラ、使ッタカト云フトサウデハナイ、初メ豫算ヲ組立テルトキニハ夢想ニモ浮バヌコトデアルカラ第二豫備金カラ使ッタ、ソレヲ承諾シテ居ルジヤゴザイマセヌカ(「討論終結」ト呼フ者アリ)前日ノガ誤リデアルト仰セラルレバ、其失體ヲ議會自ラガ現シテサウシテマデ之ニ不承諾ヲ與ヘルト云フコトノ必要ヲ見ナイ、ソレカラ野出サンガ先刻內務次官ノ說ニ斯ウデアッタアヽデアッタト言ハレタガ、此第一豫備金第二豫備金ニ就イテハ前ニモ申ス通リ各省デ少シヅヽ妙ナコトヲ言ヒマスガ、ドウシテモ大藏大臣ノ言ヲ基本トシテ吾々ハ議論スル外ハナイ、ソレデ大藏大臣ハア丶言ッタ、サウシテ内務省ノ旅費ニ就イテ大藏大臣ガ説明サレタノヲ見レバ野出サンノ仰シヤルヤウナ事柄ニ合ッテ居ラヌ、以上ノ理由デゴザイマスカラ、先刻私ハ多數者ノ委員會ノ報告ヲシマシタガ、私一個ノ議論ト致シテモ是ハ斷然是迄ノ歴史モアルコトデ、此憲法竝ニ會計法ノ解釋上カラ致シテ承諾ヲ與フベキモノト確信致シマス

〔「討論終結」「贊成々々」ト呼フ者アリ〕

○小室重弘君（二百二十八番）　私モ唯今總理大臣ノ御演說ニ對シマシテ、又今日ノ此軍國ノ事ニ關スル必要ニ依ッテ說明ヲ求メヤウト思フノデゴザイマスガ、我〻ハ恐ラクハ此事柄ニ就イテ十分ナル說明ヲ得ラレナイカモ知レマセヌ、併ナガラ私共ハ諸君ト共ニ是等ノコトヲ說明ヲ求メント欲シテ居ルモノデアルカラ一應述ベナケレバナラヌノデゴザイマス、ソレハ唯一局部ノコトデナク、又上海ノ中立ト云フヤウナ事柄デナク、今日ノ軍國ノ大體ニ就キマシテハ私ハ四ツノ說明ヲ求メタイコトガアル、ソレハ第一ハ何デアルカト云フナラバ此朝鮮ノ獨立ヲ我國ガ擁護スルト云フコトニ就イテ朝鮮ノ改革ヲ爲スト云フコトニ就イテハ我政府ハ如何ナル方針ヲ取ッテ、何所マデドウ云フ工合ニ之ヲ改革ヲ行ッテ行クト云フノガ第一デゴザイマス、次ニハ清國ニ膺懲ノ點ヲ質スト云フコトニ就イテ、卽チ支那ヲ征伐スルト云フコトニ就イテドレダケノ極度ニマデ進メテ行クノデアルカ、又此清國ト我國トノ間ニ交戰ノ間ニ就イテ、强大ナル外國ガ此間ニ仲裁ヲ入レタトキニ當ッテハ我政府ハ之ニ對シテ如何ナル方針ヲ取ルノデアルカ、第四戰ガ勝ッテ後我國ガ清國ニ向ッテ要求スル所ノモノハ如何ナル點デアルカト云フコトデゴザイマス（「無用〻〻」ト呼フ者アリ）我〻若モ得ラルヽナラバ是ダケノ說明ヲ得ント欲シテ止マヌモノデゴザイマス、一言ヲ述ベテ置キマス

文武官其ノ他官廳ノ命ニ依ル者ノ外日本臣民ハ管轄地方廳ノ許可ナクシテ朝鮮國ニ渡航スルコトヲ禁ス犯ス者ハ一月以上一年以下ノ重禁錮ニ處シ二十圓以上二百圓以下ノ罰金ヲ附加ス

本令ハ發布ノ日ヨリ施行ス

○議長（楠本正隆君） 末松謙澄君

（政府委員法制局長官文學博士末松謙澄君演壇ニ登ル）

○政府委員（末松謙澄君） 本案ニ就キマシテ議會ノ承諾ヲ求メラレマスル必要ハ左ノ通デゴザイマス、本年ニ於キマシテ此對韓ノ事件竝ニ對清事件ガ起リマシテ政府ニ於キマシテハ此事タルヤ最モ愼重ヲ要スルコトデアル、若モ一己人ト一己人トノ問ニ意外ノ衝突ヲ起スヤウナルコトガアッテハ爲ニ國家ノ大事ヲ誤ルヤウナコトモアラウト云フ虞ガアリマシタノデ、而シテ當時ノ狀況ニ於キマシテ動モスレバ右等ノ狀況ガ現レムトスルノデ、其事實ハ一ト竝ベマセヌデモ、諸君ノ御存ジノ所デアル、故ニ緊急勅令ヲ以テ許可ナキ者竝ニ文武官ノ外ハ渡航ハ出來ヌト云フコトニシマシタ而シテ許可ヲ與ヘル方ニ就イテハ成ルベク鄭重ニシテ、用ナキニ他人ノ自由ヲ束縛スルヤウナコトハシナイコトニ注意シタ譯デアリマス、今日ニ於テモマダ〳〵此必要ハ現存シテ居ルノデゴザイマス、尙ホ將來ニ於テモ效力ヲ存續スルコトハ政府ノ希望スル所デゴザイマス、故ニ當院ノ承諾ヲ得マシテ尙ホ將來ニ其效力ヲ存續セムコトヲ希望致シマスル、速ニドウゾ……

○大原重右衞門君（二百五十八番） 唯今政府委員ノ御說明ガゴザイマシタガ本員ハ尙ホ之ニ就イテ伺ヒタイコトガアル、抑〻本案ヲ實施セラレル節ニ當リマシテハ實ニ唯今政府委員ノ述ベラレル如キ狀況デアッタラウト思ヒマス（「分ラナイ」「大聲ニ願ヒマス」ト呼フ者アリ）然ルニ唯今ニ於キマシテハ最早雞林八道ヲ……（「無用々々」「聞エヌ」ト呼フ者アリ）立至ッタ譯デゴザイマス、果シテ然ラバ此本案ヲ實施セラレマシタル當時ト唯今トヲ比較シマシタコトナレバ大ニ本令ノ必要ノ點ニ於キマシテ差違ガアラウト本員ハ信ジテ居リマス、然ルニ尙ホ本案ガ是非必要デアルト云フ政府委員ノ御說明デアリマスガ尙ホ此點ニ於テ委シク御說明ヲ煩シタク思ヒマス、ソレカラ第二點ニ於テ此本案ヲ實施セラレテ以來卽チ此本案ニアリマスル所ノ文武官其他官命ニ依リマス者ノ外ニ渡航ヲ願出デマシタ者竝ニ其中許可ニナリマシタ所ノ者ノ人員（「無用々々」ノ聲起ル）平常ノ業體其目的又許可ニナリマセヌ方ニ於キマシテノ人員ソレカラ今申シマスル所ノ平常ノ業體（「無用々々」ノ聲起ル）是等ノ差支ナキ限ハ詳細ニ御說明ニ預リ度ト思ヒマス

（政府委員法制局長官文學博士末松謙澄君演壇ニ登ル）

○政府委員（末松謙澄君） 唯今ノ御質疑ニ對シテ（「簡短」ト呼フ者アリ）簡短ニ述ベマス、今日ニ至リマシテモ尙ホ必要ノアルノハ唯今ノ質疑者ノ言ハレル如ク淸國兵ハ朝鮮ヨリ退イテ居ルニ相違ナイガ、併ナガラ朝鮮內地ノ情ニ於テハ未タ平和ノ境ニ至ッテ居リマセヌ、各地方ニハ隨分草賊ガ起リ亂賊ガ起ルト云フ狀況デゴザイマス、又朝鮮政府ノ權威ト云フモノモ行ハレマセヌ、此間ニ於テハ隨分政治上ノ陰謀策略ガ行ハレル當時デゴザイマス（「ソレデ澤山ダ」ト呼フ者アリ）是等ノ事情ノタメニ必要ト致シタ譯デアリマス（「ひや〳〵」ノ聲起ル）

○權藤貫一君（十六番）　勅令第百三十五號ノ審査特別委員會ノ結果ヲ御報道致シマス、此百三十五號ノ勅令ニ就キマシテハ委員會ニ於キマシテモ政府委員ニ各質問ヲ盡シマシテ、倘ホ各意見ヲ述ベマシテ此百三十五號ニ就キマシテ今日ニ此取締法ノ最早必要デアルマイト云フノ意見者モゴザイマシタ、倘ホ此取締法ノタメニ或ハ誠實ナル目的ヲ以テ渡韓スル所ノ者ニモ是マデ實際ノ取扱上ニ於テ妨ゲラルヽト云フヤウナル結果モアルト云フコトニ就キマシテ、種々疑念ノ點ヲ質問致シマシタ次第デゴザイマス、所ガ政府委員ノ答ヘマスル所ニ據リマスレバ、取締法ノ上ニ於キマシテハ決シテ誠實ノ目的ヲ以テ渡韓スル者ヲ妨ゲルヤウナコトハ決シテナイ筈デアル、併ナガラ或ハ行政官ノ取扱上ニ於テ遂ニ餘リ深ク干渉ニ渉ッテ、サウ云フ或ハ實際ニ一己々々ニ就イテハ妨ゲラルヽト云フヤウナルコトガアルカモ知レナイト云フヤウナル答デアッタノデゴザイマス、就キマシテハ委員會デハ右等ノ實際上ニ於テ誠實ナル目的ヲ以テ渡韓スル者ノ妨ゲラレルト云フヤウナルコトハ決シテナイヤウナコトニ十分注意ヲセラレムコトヲ希望スル、又地方官等ノ遂ニ此趣旨ヲ誤ッテ兎ニ角多數渡韓スル者ノナイヤウニト云フヤウナルコトノナイヤウニシテ、右等ノ弊ヲ見ルヤウナコトガアッテハ決シテ濟マナイコトデアルカラ、其邊ニ就イテハ十分ソレ〳〵内務大臣ヨリ地方官ニ訓諭ヲ與ヘラルヽト云フヤウナルコトハ十分注意ヲ盡スコトニシヤウト云フ答デアッタノデゴザイマス、夫故ニ委員會則チ委員ニ於キマシテハ最早此案ハ今日ニ於テハ必要ガナイニ就イテ承諾ヲ與ヘマイト云フ方ノ説モ幾分カアリマシタケレドモ、最早今日ノ場合ニ於テ（「簡單ニ願ヒマス」ト呼フ者アリ）必要デナイト云フ方ノ説ハ少數デアッテ、今日ノ時代ニ於テハ是等ノ取締法ハ倘ホ暫クノ間止ヲ得ヌモノデアルト云フ方ノ説ガ多數デゴザイマシタニ就イテ、委員會ハ多數ヲ以テ承諾ヲ與ヘルコトニ表決ヲ致シマシタ次第デゴザイマシタ（福田久松君「何名ニ對スル何名デゴザイマシタ」ト呼フ）九名ニ對スル五名ノ多數ヲ以テ……

○早川龍介君（二百二十五番）極ク簡單ニ遣リマス、私ハ此演壇ヲ瀆スマデモゴザイマスマイト思ヒマスガ、唯今小數者ノ反對ノ說ガアリマスカラ通告ノ順序ニ依ッテ唯一言申上ゲマス、詰リ追ミ當局者ニ承リマスルノニ長ク用ヒマスルト云フコトデハナイ、今暫クノ間ハ此法則ヲ存續シテ置イテ貰ハナケレバ御承知ノ通追ミ戰鬪ノ線路ガ朝鮮ノ地方ニ參ッテ居ル、隨分ノ爰ニ今取締ヲ止メテ放任シテ續々勝手ニ人ガ往クコトニナレバ隨分不都合ノコトガ起ッテ來ヤウト云フノデ、モウ長クハ述ベマセヌガ、此法案ハ是非トモ御認諾ニナルヤウニシタイト一言述ベマス

○議長（楠本正隆君）通告者モゴザイマスルガ、其他議事ノ都合モゴザイマスルニ依ッテ十二時ヲ報ジマシタカラ爰ニ休憩ヲ報ジマス

午後零時一分休憩

午後一時二十九分開議

○議長（楠本正隆君）休憩前引續ノ會ヲ開キマス――田口卯吉君

（田口卯吉君演壇ニ登ル）

○田口卯吉君（百九十六番）諸君、本員ハ勅令第百三十五號ノ事後承諾ニ就キマシテ少數委員ノ意見ヲ贊成致シマセヌケレバナリマセヌデゴザイマス、其趣意ハ吾政府ガ此勅令ヲ發セラレマシタ趣意ニ於テハ十分ニ贊成ヲ表スルノデゴザリマス、本員ハ決シテ壯士輩ガ朝鮮ヘ參リマシテ我外交上ニ妨害ヲ與ヘルト云フコトハ望ミマセヌ、併シ此壯士ヲ取締ルコトニ就キマシテ必ズシモ斯ノ如キ勅令ヲ用ヒズシテ他ニ取締ル方法ハ十分アラウト思ヒマス、殊ニ記憶スル所ニ依リマスレバ明治十六年カニ朝鮮ノ領事ニハ彼國ニ於テ其擧動ノ不穩ナル者ハ直ニ逐還ヘス丈ノ權ヲ與ヘテアルト確ニ記憶シテ居リマスデゴザイマス、デ我内地ニ於テモ壯士ヲ取締ル方法ハ必ズアリ、又彼ノ地ニ於テモ斯ノ如キ領事ニ權ガアリマス以上ハ必ズシモ斯ノ如キ勅令ヲ以テ此害ヲ防グト云フ必要ハナカラウト思フ、而シテソレモ他ニ害ガナケレバ宜シウゴザイマスガ、本員ノ考ヘル所ニ依リマスルト正當ナル商人正當ナル商業ガ大ナル妨害ヲ蒙ッテ居ルト云フコトヲ認メマスル、此事ハ現ニ妨害ヲ蒙ッテ居ルデゴザイマス、其所以ハナゼカト申シマスルノニ此勅令ニモ示シテアリマスル通、今日朝鮮ニ貿易ヲ營マウト云フ者ハ地方長官ノ許可ヲ得ナケレバナラヌト云フコトデアル、他ノ國ニ商賣ヲスルノトハ違ッテ地方長官ノ許可ヲ得ルト云フコトデアル、地方長官ガ許可ヲ與ヘルニ當ッテハ必ズ自分ノ身ニ責任ヲ負ッテ、彼ノ國ニ參ッテ不都合ノ事ノナイ樣ニシナケレバナラヌト云フ決心ヲ致シマスルカラ、身元ヲ十分調ベルデゴザイマセウ、必ズ鄭重ニ鄭重ヲ加ヘルデゴザイマセウ、是ガ即チ商業ヲ妨害スルノデアル、彼ノ朝鮮アタリヘ行ッテ貿易ヲ營ム者ハ決シテ我國ノ紳商ト云フ者デハナイデス、名ヲ知ラレテ居ル者デハナイ、必ズ家モ無シ地面モナイ地方長官アタリニハ名モ知ラレテナイ裏店ニ居ルトカ或ハ身ニ負債ヲ餘計負ッテ居ルトカ云フ樣ナ者ガ營ムモノデゴザイマス、外國貿易ト云フモノハ冒險者ノスル仕事デアルデス、今日朝鮮ニ居リマスル在留人民ハ必ズ共初ハ冒險者デアルデス、極ク貧民デアル、彼ノ地方長官ニ名モ知ラレズ住所モナイ、共身元ヲ調ベルニ當ッテ長官タル者ハ必ズ躊躇シテ容易ニ許サヌト云フコトハ明カナ話デアル、ソレ故ニ此大阪地方アタリニ於キマシテモ朝鮮ヘ品物ヲ仕込ンデ急ニ賣捌クコトガ出來ズシテ、或ハ腐敗シテ御仕舞ニナリ或ハ時機ヲ失スルト云フ苦情ハ實ニ多イ、尤ナル話デアル、地方長官ガ注意ヲスルノモ尤デアリマスガ、共注意ヲ致シマスルタメニ却テ商賣ヲ妨害スルト云フコトデゴザイマス、而シテ此事ハ今日ニ當ッテ最モ國家的ニ妨害――有害ナル結果ヲ生ズルト私ハ言ハナケレバナラヌ、先日モ陸軍次官海軍次官等ノ御話ヲ承リマスルニ吾軍費ノ三分ノ一位ハ正貨デ外國ヘ行ク勘定デアルト見込ムト云フ御話デゴザイマシタ、本員ノ考ヘル所デハ決シテサウデナイ、もッと多イ、事實朝鮮ヘ參リマスル正貨ハもッと多イノデゴザイマス、ト云フノハ陸軍其他ノ官廳ニ於テ出シマスルモノハソレハ兌換券ナリ其他紙幣デ渡シマセウ、併ナガラ今陸軍軍人並ニ役夫等ガ自分ノ身ニ携帶シテ參リマスル貨幣ハ幾何カ、是ハ政府ノ御役人樣ノ知ッテ居ル所デナイ、而シテ共金額ト云フモノハ必ズ巨額ナモノデゴザイマス、此金額ハ如何ニシテ吾國ニ還ルカデス、此正貨ヲ回收スル方法ト云フモノハ我國ノ輸出商人ノ力ニアルデス、今日現ニ朝鮮カラ既ニ銀貨ハ續々還ッテ居ル、何故ニ還ルカ、此人夫ナリ軍人ナリガ朝鮮ヘ持ッテ參リマシテ自分ノ望ム所ノ品物、酒ナリ醬酒ナリ共他穀物ナリ、自分ノ需要スル品物ハ皆我内地カラ輸送シナケレバナラヌ、輸送シテ即チ銀貨デ還ッテ來ルノデゴザイマス、結局ニ至レバ私ハ決シテ政府委員ノ見込ム如ク三千万ノ銀貨ハ朝鮮ニ落チナイ、殆ド總テノ銀貨ハ吾國ニ還ル、是ハ以前ノ歐羅巴其他外國征伐ノ戰ノ歷史ヲ考ヘテ見レバ皆分ッテ居ルデス、英國ガ彼ノ那破翁ノ戰ノタメニ歐羅巴大陸ニ落シタ金ト云フモノハ幾巨万――彼ノ英吉利ノ大ナル公債ノ多分ハ歐羅巴ノ大陸ニ費シタ金デアル、併ナガラ共金ノタメニ英吉利ハ幾ラノ金ヲ大陸ニ輸送シタカ、一ツノ貨幣モ大陸ニ輸送シテ居ラヌ、英國ハ元ト金銀貨ヲ生ズルノ國デナイ、大陸ニ輸送シタモノハ皆英國ノ物産デアル、我國ガ今日朝鮮ト戰ヲ致シマシテモ事實朝鮮ヘ送ル正貨ハ巨万デアリマスルガ、結局ニ至ッテ之ヲ仕拂フ者ハ何デアル、我國ノ物産デアルデス、此物産ヲ輸出シテ正貨ヲ回收スルモノハ何デアル、決シテ名ヲ知ラレテ居ル紳商、政府ノ御用達アタリノ者デナクッテ、實ニ宰取位ナ貧民、地方ノ長官アタリニハ名モ知ラレナイ商人ガ朝鮮ヘ參ッテ之ヲ回收スルヨリ外ナイノデゴザイマスル、今此吾政府ニ於テハ必ズ朝鮮ノ貨幣ヲ得ルノニ苦マレテ居ルノデゴザイマセウ、日本ノ貨幣ヲ以テ朝鮮ノ貨幣ヲ買フノニ餘程苦シマレテ居ルト云フノハ事實デゴザイマセウ、然ルニ一方ニハ斯ウ云フ風ナ制限ヲ立テ朝鮮ト商賣ヲ營ンデ、彼ノ國ノ韓錢ヲ得ル方法即チ吾國ノ物産ヲ輸送スル方法ヲ制限スルト云フノハ共當ヲ得テ居ラヌト思フ、ソレ故ニ本員ハ斯ノ如キ勅令ハモウ成ルベク速

ニ廢止セラレムコトヲ希望スルノ餘リ——廢止シテ吾國ノ輸出ヲ奬勵シ彼ノ國ニ落ツル銀貨ヲ回收スル道ヲ便利ニセムコトヲ希望スルノ餘リ、此案ニ對シテ事後承諾ヲ與ヘナイコトヲ主張致シマス

（內務大臣子爵野村靖君演壇ニ登ル）

○內務大臣（子爵野村靖君） 朝鮮渡航ノ事ニ附キマシテ出マシタ規則ヲ——勅令ノ事後承認ニ當リマシテ唯今田口君ノ御演說モゴザリマシタ、如何ニモ商業上其他適當ノ事ニ就イテ渡韓ヲ致シマスルコトハ無論必要ノ事デゴザリマスルノミナラズ、以後商業等ノ事ニ就イテハ奬勵ヲモ致シテ渡韓ハサセナケレバナラヌ事柄デ成ルベク政府ハ便利ノ道ヲ取ラセンネバナラヌコトハ無論ト存ジマスル、唯此際ニ當リマシテ御承知ノ如ク帝國ニ於キマシテ所謂義擧義戰ノ起リマシタ譯デ、最モ朝鮮ニ於キマシテハ列國ヨリモ注目致シテ居ル際デゴザリマスル、是ニ當リマシテ或ハ輕躁ノ徒則チ言葉ヲ換ヘマスレバ所謂壯士ト稱スルヤウナ人達ガ、慮リ淺墓ニシテ渡韓ヲ致シテ、或ハ事ヲ誤ルヤウナコトガゴザイマシテハ其響タルヤ容易ナラヌ不都合ヲ釀スデアラウト云フハ此際諸君ニ於テモ御同感ノ事ト信ジマスル、故ニ如何ニモ商業ノ事其他ニ附イテハ此勅令ニ於キマシテハ多少ノ手數ガ掛ル筈デゴザリマスルガ、他ノ一方、此際ニ於テノ必要ハ已ムヲ得ヌコトデゴザリマスル故ニ、此勅令ノ事ハ如何ニモ此際ヨリシテ必要ニゴザリマスルガ、是ヲ成ルベク又商業及其他適當ノ事ニ附イテ渡韓ヲスルニ附イテノ便利ハ煩雜ニナイヤウニ都合ノ成ルベク附クダケノコトハ手續上ニ於テ是ハセニヤナラヌコト、存ジマス、併シ此勅令ニ就イテハ前申シマスル此際ニ當ッテノ必要デゴザリマスルニヨッテ則チ政府提出ノ案ヲ御協贊アラムコトヲ希望致シマスル

（討論終結ノ聲起ル）

○河島醇君（十番）　諸君、私ハ豫算委員會ニ於キマシテ此第三科ノ主査卽チ大藏省所管ノコトヲ擔任致シタノデゴザリマス、此追加豫算ニ對シマシテハ先刻委員長ヨリ報告ヲ致サレタ如ク悉ク原案ニ賛成ヲ致シタヤウニナッテ居リマス、卽チ大藏省所管ノ部ニ於キマシテモ甲乙號、其他特別會計、國庫ノ負擔トナルベキ契約ニ關スルモノ、如キハ是ハ原案ニ賛成ヲ致スコトニナッテ居ル、併ナガラ原案ニ賛成ヲ致シマスルニ就イテ特別ニ御報告ヲ致ス必要ハナイ如クデゴザリマスケレドモ、茲ニ一言諸君ニ向ッテ御報告致シテ置カナケレバナラヌコトガゴザリマス、ソレハ何デアルカト申シテ見レバ此經常歳出乙號ノ部類ニハ國庫豫備費二十万圓ヲ二十七年度ニ追加豫算トシテ要求ニナッテ居リマス、定テ諸君ノ御手許ニ廻ッテ居ル所ノ原案ニ就イテ御熟讀ニナッテ居ルコトデアラウト考ヘテ居リマス、此二十万圓ヲ國庫豫備費トシテ請求セラレタ所ノ理由ハ何デアルカト云ヘバ、此度起ッタ所ノ日清ノ關係及朝鮮ニ對スル所ノ關係等ニ就イテ臨時ノ費用ヲ要スルト云フノガ是ガ要求ノ精神デゴザリマス、而シテ此豫算費外ノ支出ヲ調査致シテ見マスルト豈啻ニ日清事件若クハ朝鮮事件ニ對スルノミナラズ他ニ此費用ヲ要シタモノデハナイカト云フコトガアル、ソレハ何デアルカト云ヘバ例ノ横濱築港費ノ如キモ此第二豫備費ヨリ支出ニナッテ居ル、扨テ第二豫備費ト云フモノハ斯ノ如キ費目ニ對シテ支出ヲスルモノデゴザリマセウカ、日清事件及朝鮮事件ニ對スル所ノ費目ニ支出ヲスルハ理ノ當然デアルガ、彼ノ築港費ニ對シテ此豫備費ハ支出スベキモノデアラウカ、是レ一ノ疑問デゴザリマス、而シテ又此費目ノミナラズ政府ハ豫備費ノ外ドウ云フコトヲシテ居ルカト申シテ見マスレバ、則チ尙ホ國庫餘剩金ノ中ヨリ數十万圓ノ金額ヲ更ニ支出致シテアリ、而シテ見マスレバ豫算不成立ノ如何ニ拘ラズ政府ハ臨時ノ費用ハ悉ク豫備費ヲ以テ出シ、其豫備費デ出シ能ハザルモノハ國庫ノ餘剩金ヲ以テ出シ、又豫備費ニ不足ヲ感ジタトキハ斯ノ如ク追加ヲ要求スルト云フコトニナッテ居リマス、日清事件若クバ朝鮮事件ニ對シテハ固ヨリ吾々ノ否ムベキコトデモナイ、是非トモ是ハ協賛ヲ表サナケレバナリマセヌガ、然レドモ豫備費――國庫ノ餘剩金ニ就キマシテハ吾々議會ト政府ト續々見解ヲ異ニシテ此タメニ續々衝突ヲ致シテ居ルノデゴザリマス、而シテ此事ヲ審査致シテ此議會ト政府トノ見解ヲ以テ爭ヒマスル場合ニ於キマシテハ到底是ハ憲法上ノ問題卽チ立法行政ノ衝突問題トナラナケレバナラヌ、吾々ハ議會ノ權能ヲ以テ此事ヲ審査シ此事ヲ論議シ是ニ對シテ處決スル所ガナケレバナリマセヌ、併ナガラ今日ノ場合軍國多事ノ場合デゴザリマスカラ今日此事ニ就イテ爭フコトハ吾々ノナスニ忍ビザルコトデゴザリマスケレドモ、何ニ致セ則チ此際ニ臨ムデ國庫豫備費ヲ朝鮮事件ト支那事件ニ對シテ要求シタ其費目ハ、横濱築港費ニ支出シタト云フコトハ事實デゴザリマスガ故ニ、此事ヲ告サンニ一應御報告ヲ致シテ置ク、併セテ大藏省所管ニ於キマシテ悉ク原案ニ賛成シタト云フコトヲ一言述ベテ置キマス

○河島醇君(十番)　此政府デ提出セラレタル營業滿期國立銀行處分法案ニ就キ私ハ政府委員ニ特別ニ質問致シタイ、今政府委員ガ述ベラレタル如ク昨年ノ臨時第六議會ニ於キマシテハ成程多數ヲ以テ此案ハ通過致シタノデアル、而シテ其際ハ本員ハ卽チ該案審査ノ特別委員デアッタノデアル、故ニ其時委シク審査ヲ致シテ政府委員カラ說明セラレタ所ノ理由ハ如何ニモ承知致シテ居ル、且又其審査ノ場合委員ガ政府委員ニ向ッテ請求致シタ點モ定メシ政府委員ハ記憶シテ居ラレルコトデアラウト思ヒマス、一體日本ノ經濟社會ノ程度ニ於テ色々ナ事業ハ餘程進步致シテ居ルト云フコトヲ本員ハ認メテ居ル、偖テ銀行事業ニ於テハ其進步未ダ彼ノ度合ニマデ運バヌト云フコトヲ私ハ承知致シテ居ルコトデゴザイマス、ソレ故ニ此銀行社會ノ一般進步ヲ促スニハ果シテ何レノ途ヲ取ッタカ、此進步ヲ促ス方法デアルカト申シテ見レバ段々ソレニハ手段モゴザイマセウ、此銀行處分法案モ或ハ將來我國ノ進步發達ヲ助ケル所ノ方法デアラウカトモ思フノデアル、併ナガラ經濟社會ハ活世界デゴザイマシテ此問題ハ經濟的一問題デアル故ニ、昨年是トシタモノモ或ハ今日ノ狀況非トセザルヲ得ナイコトガアル、昨年非トシタモノハ今日是トシナクテハナラヌ場合ガアル、昨年特別委員會ニ於テ審査ノ上則チ委員會デ審査シタ所ノ本案ハ他ニ反對ノ意見モゴザイマセヌデシタガ、唯格段會議ニ就イテ削除說ガ出マシタガ併シ原案ハ其儘通過致シテ居ル、然ルニ今年ハ諸君ノ御承知ノ如ク一ノ提出案ガ此議場ニ現レタノデゴザイマス、ソレハナンデアルカト申シテ見レバ彼ノ銀行延期案デアリマス、昨年第六議會ニ於キマシテハ斯ノ如キ法案ハ當議場ニ出ナカッタノデゴザイマス、シテ見マスレバ今日ノ經濟社會ハ大ニ昨年ト其趣ヲ異ニ致シテ居ルヤウニ認メマス故ニ、私ハ玆ニ政府委員ニ質問シナクテハナラヌノデアリマス、其質問ノ要領ハナンデアルカト申シテ見レバ日本銀行ノ此……(「登壇シテ質問シ給ヘ」ト呼フモノアリ)登壇シテ宜シウゴザイマスカ――モウ少シデスカラ此處デヤリマセウ、日本銀行ハ當初設立ノ趣旨ニ依ッテ中央營業的銀行ノ資格ヲ以テ十分ニ其業務ヲ致シテ居ルカト云フコトガ一ノ問題デゴザイマス、何ゼ此問題ヲ發スルカト申シテ見レバ日本銀行ガ各銀行トノ取引ノ如キ未ダ十分ニ行ハレナイト云フコトヲ本員ハ信ズルノデアル、而シテ又日本銀行ハ一般商業上ノ便宜ヲ圖ルタメニ全國ニ於ケル樞要ナル土地ニ未ダ支店ヲ設ケナイ、支店ヲ十分ニ設ケテナイト云フコトヲ私ハ認メテ居ル、而シテ又日本銀行ハ今日營業上ノ關係ト致シテ一般ニ金融ガ緩漫ニナルト云フ時ハ、日本銀行モ其緩漫ヲ引直スト云フコトヲセズシテ却テ低利ヲ以テ貸出シ、一般ノ金融ガ逼迫スル時ハ日本銀行ハ各銀行ト均シク利子ヲ引上ゲテ其金融ノ逼迫ヲ却テ逼迫ナラシムルヤウナ現象ガアル、何故一般金融ノ運轉上ニ就イテ日本銀行ハ各銀行ヲ助ケテ金融ノ圓滑ヲ圖ルデハナクシテ却テ其間ニ投機的營業ヲナスガ如キ行爲ガアルカト云フコトハ、世上ニ起リツヽアル疑問デアル、而シテ又日本銀行ハ銀行社會ノ銀行者ト直接取引スルヨリモ或ハ銀行以外ノ營業會社ト直接ノ取引ヲ致シテ各銀行ノ得意先ヲ自ラ奪フト云フ所ノ弊害ガアルヤナキヤ、是亦大ニ疑ナキ能ハザル所デアリマス、シテ見マスレバ日本銀行ハ當初設立ノ趣旨ニアル如ク一般經濟ヲ圓滿ニシテ各銀行ヲ保護スル所ノ精神ニ出デズシテ却テ是等ト競爭スルト云フヤウナ現象ガアルヤウデアリマスガ、今日ハ其弊ヲ既ニ洗滌シ、十分ナル所ノ當初設立ノ目的タル中央營業銀行ノ資格ト其義務ヲ全ウシテ居ルヤ否ヤト云フコトヲ第一ニ政府委員ニ確メタイ、而シテ第二ノ問ハ何デアルカト云ヘバ私ノ竊ニ聞イテ居リマス所ニ於キマシテハ日本銀行ト伴フテ必要ナルモノハ正金銀行デアル、然ルニ正金銀行ハ今ヤ既ニ設立ヲ致シテ其業務ヲ致シテ居リマスガ、其他ニ正金銀行ト同樣ノ性質ヲ以テ共ニ相對シテ日本ノ經濟社會ヲ助クベキ機關ハ何デアルカト云ヘバ、世人モ之ヲ希望スル如ク政府モ日本銀行ノ設立ト共ニ計畫サレタ所ノ此農業銀行トカ興業銀行トカ云フ二大銀行ノ設立デゴザイマス、此二銀行ト云フモノハ申スマデモナク全國ノ經濟社會ニ於キマシテ最モ必要ナモノデアル、農業銀行トカ興業銀行トカ云フモノハ最モ此設立ヲ急ガナケレバナラヌモノト思ヒマス、然ルニ政府ハ既ニ十四箇年モ經營ヲ致シ、此設計ヲ立テヽ、當ニ其設立ヲ見ムトシツヽ、樞要ナル所ノ此銀行ガ尚ホ今日モ其設立ヲ見ルコトガ出來ナイト云フモノハ、抑々何ニ原因シテ居リマスカ、其設計未ダ全カラザルニ依ルカ、若クハ經濟社會ノ發達ガ最早此銀行ヲ要セザルニ出デタルモノカ、若クハ金融逼迫上斯ノ如キ農業銀行興業銀行ニ對スル資產ナキガ故ニ此成立ヲ見ルコトガ出來ナイノデアルカ、斯ノ如キ樞要ナル銀行ニ於テ政府ガ斯ノ如ク熱心ニ調査シタルニ拘ラズ其成立ヲ今日ニ見ルコトノ能ハザルハ定メテ大ナル所ノ原因ガアルダラウト思フ、而シテ又外ニ向ッテモ大ニ銀行ヲ擴張シナケレバナラヌ必要ガゴザイマス、ソレハナンデアルカト云ヘバ朝鮮ヨリ支那及日本ノ新占領地ニ對スル所ノ貿易上ニ就イテハ其貿易ヲ盛大ナラシムルタメニハ固ヨリ是ニ對スル所ノ銀行ノ必要ガアルノデアル、其銀行ハ果シテ政府ハ正金銀行ヲシテ是ニ當ラシムル積デアルカ、若クハ日本銀行ヲシテ是ニ應ゼシムル積デアルカ、若クハ是ニ對スル所ノ銀行ヲ新ニ設立シテソレヲ以テ此業務ヲ掌ラシムル積デアルカ、是ハ經濟上最モ必要ナル業務デアラウト思フノデアル、此事ヲ委シク聞キタイ、而シテ斯ノ如ク經濟上ニ於テ最モ必要ナル各銀行ノ設立則チ興業銀行農業銀行ノ設立ヲ見ナイノハ何ニ原因スルノデアルカ、又是ト同時ニ此占領地及東洋貿易ニ對スル銀行ハ何レノモノヲ以テ是ニ當ラシムル積デアルカ、新ニ設立スルカ、此事ト云フノハ則チ國家ノ最大要務デアル、斯ノ如キ要務ナルニモ拘ラズサツ云フ必要ナ銀行ガ今迄成立ヲ見ルコトノ出來ナイト云フノハ、畢竟經濟社會ノ程度ガ未ダ特別ノ保護ヲ與ヘナケレバ自然發達スルコトガ出來ナイト云フコトノ結果デアラウト本員ハ信ズルノデアル、則チ物ノ自然ニ任シテ置イタガ到底成立ハ出來ナイ、政府ガ十分注意シテ十分ニ保護ヲ與ヘテ成立ヲ圖ルトモ尚ホ斯ノ如キ樞要ナル銀行ノ設立ヲ見ルコトノ出來ナイ經濟社會ノ有樣デアレバ、果シテ此百三十有餘ノ銀行ノ期限ヲ今日絶ッテ此繼續法案ヲ施行ヲ致シタナラバ目下ノ急務經濟社會ニ如何ノ變動ヲスルカト云フコトガ一ノ疑問デゴザイマス、而シテ政府委員ハ或ハ言ハム、此各銀行ヲ處分スル所ノ方法ハ繼續案ノ旨意ニ依ッテ是ヲ維持シテ居タ時ハ自然ニ於テ其進歩發達ヲ見ルコトガ出來ル、是ニ代ッテ必ズ國立銀行ハ變ジテ私立銀行デ自由ナル所ノ營業ヲ致シテ以テ此經濟社會ノ一大進歩ヲ爲スト云フコトヲ或ハ斷言セラルヽカモ知ラヌガ、併ナガラ前ニ申述ベマシタ如ク政府ガ熱心力ヲ盡シテ設計ヲ爲シ設立ヲ圖ラムトスル所ノ農業工業ノ銀行スラ今日ニ設立ヲ見ルコトガ出來ナイ有樣デアレバ、自然ノ結果トシテ百三十有餘ノ銀行ニ代リ立派ナル所ノ私立銀行ガ直ニ設立スルヤ否ヤト云フノガ本員ノ疑ヲ置ク所デアル、併ナガラ彼ノ繼續案ノ精神タル貨幣ノ統一ヲ圖リ、不換紙幣ヲシテ兌換銀行券ニ改メ、而シテ各國立銀行ノ拘束ヲ解イテ自由ニ營業ヲスルト云フコトデアルト云フコトハ私モ徹頭徹尾賛成ヲ致スノデゴザイマス、ケレドモ目下ノ經濟社會ハ則チ昨年政府ガ此案ヲ提出セラレタ時トハ大ニ經濟上ノ時勢ヲ一變致シテ居リマスルガ故ニ、政府モ大ニ茲ニ注意ヲセラレナケレバナラナイ、吾々モ大ニ是ニ注意シテ審カナケレバナラヌ、而シテ此經濟社會ノ激變ヲ來スニモ拘ラズ政府ガ此法案ヲ斷行セムトスルト云フノハ固ヨリ經濟上ニ於テ十分ナル所ノ政府ハ保證ヲ與フルデアラウト思フ、傳ヘ聞ク所ニ依リマスレバ彼ノ一億五千万圓ノ軍資ノ募集ニ致セ、其募集モ國立銀行ガ最モ地方ニ於テ力ヲ爲シテ居ルト云フコトハ傳ヘ聞ク所デアル、今日ノ征淸軍ノ有樣ハ則チ軍ノ進行上デゴザイマスルガ故ニ、尚更ニ巨額ナ軍資ノ協贊ヲ與フル場合モゴザイマセウ、又立派ニ戰局ヲ結ムデ而シテ後其善後策トシテ尚又大ニ軍費ノ必要ナル所ノ費途ニ巨額ヲ要スルト云フコトハ疑フベカラザルコトデゴザリマスルガ、其今日ノ如キ銀行社會ガ將來ニ爲スベキノ大事業ヲ帶ビナガラ斯ノ如キ法案ヲ直ニ實施シタナラバ、此經濟社會ノ變動ハ果シテ如何デアルカト云フコトノ政府ハ立派ナル所ノ保證ヲ與フルコトガ出來ルカ、前ニ述ベマシタ所ノ疑問ニ就イテ政府委員ハ十分ナル所ノ答辯ヲ與ヘラレムコトヲ希望スルノデゴザイマス、其答辯如何ニ依リマシテハ尚更ニ質問ヲスル所ノ要領ガアル

○藤金作君（百二十四番）私ハ山陽線路ノ擴張ニ就テ政府ニ質問書ヲ提出シテ置キマシタ、質問書ヲ一應朗讀致シマス

鐵道布設ニ關スル質問趣意書

山陽鐵道線路廣島赤間關間凡百三十哩布設工事ノ義ハ内閣總理大臣ヨリ去ル二十一年一月軍事上變更ヲ要スル義モ可有之ニ付工事著手以前指揮ヲ請フヘシトノ指令アリシニ因リ二十六年六月遞信大臣ヘ其認可ヲ稟請シ尚又復申或ハ伺書等ヲ以テ再三該會社ハ指令ヲ促シタル由ナルニ客年三月鐵道局長ヨリ調査中ニ付追テ何分ノ指令相成迄ハ著手相成ラサル旨遞信大臣ノ命ヲ傳ヘラレタリトノ事ナリ該鐵道ハ本州ト九州間運輸交通ノ必要アルハ勿論今ヤ朝鮮國ノ關係ニ於テ片時モ布設急施ヲ要スル鐵道ナルコトハ太タ明白ナリ然ルニ政府ハ尚調査中ニシテ山陽鐵道會社ヘ布設ノ許可ヲ與ヘス又官設鐵道トナスコトモ確定セサルカ其理由說明ヲ求ム右議院法第四十八條ニ據リ質問致ス

此鐵道卽チ廣島ヨリ馬關迄ノ間ヲ早ク鐵道ヲ敷設シタイト云フコトハ、最早一般ニ希望スル所デゴザイマスルカラ一人タリトモ此敷設ノ急要ヲ感ジナイ御方ハナイ、是ハモウ輿論デアルト存ジマス、尙ホ又今日日清戰爭ノ事ニ當ッテハ此鐵道ガ馬關マデ通ジテ居リマスレバ非常ナル便利デアリマスルケレドモ、漸ク廣島マデ通ジマシテ、併ナガラ此間廣島マデノ開通致シタハ軍事上ニ非常ナ便利ヲ與ヘテ居ルコトハ、諸君モ御承知デアラウト存ジマス、然ルニ廣島以西ノ間ハドウモ海岸ニ依ッテ鐵道ヲ敷設シネバナラヌコトデアルカラ、政府ニ於テハ軍事上ノ差支カラ暫ク是ヲ見合セロト云フコトヲ達セラレタ以來、既ニ明治二十一年一月カラ七箇年以上ヲ費シテ未ダ政府ハ何レノ線路ヲ取ッテ此間ノ工事ヲ許可スルカ、又自ラ政府ガ官設トスルト云フコトモ極ラヌト云フコトデアル、成程軍事上ノ關係ハ重要ナルモノデアリマスルカラ海岸線ヨリモ山間線ニ依ッテ敷設ノ出來ルナラバ大ニ本員等モ希望致シマスケレドモ、如何セン廣島ヨリ馬關ノ間ハ山間線ニ依ッテ鐵道ヲ敷設スルニ其線路ヲ色々取調ヲ政府カラ致シマシテモ、適當ナル線路ハ一圓見出スコトハ出來ナイト云フコトヲ承知シテ居リマス、如何樣ニ適當ナ線路ヲ穿鑿シテモ決シテ其線路ガ無イト云フニ於テハ、是ヲ山陽鐵道會社ガ測量完結シテ居ル所ノ線路ヲ許可スルコトガ必要デアラウト信ズル次第デゴザイマス、然ルニ私ガ凡ソ聞キ得テ居ル所ヲ諸君ノ御參考ニ述ベマシテ、此鐵道ハ今暫ク山陽鐵道會社ニ許可セヌ方ガ宜シイト云フ御考ガアリマスカ、又ハ到底山間線ト云フモノハ見込ガ無イカラ早ク山陽鐵道會社ニ許可シタ方ガ宜カラウト云フ御考ニナルカハ、概略取調ベタ所ヲ諸君ニ御報道致シタウ存ジマス、第一工事ノ難易ヲ山間線ト海岸線ノ二ツニ依ッテ比較致シマスルト云フト、政府ガ取調ベテアル數多線路ノ内デ廣島ヨリ須々間ヲ經テ山口ニ出デ山口ヨリ馬關ニ出ルト云フガ山間線ノ政府調査ノガデ、一番哩數モ少ク又工費モ一番少イト云フ所デアリマスカラ、先ヅ政府ハ須々間線ヲ取ルモノト致シマスレバ其哩數ハ百四十七哩十七鎖ト云フモノデアリマス、山陽鐵道會社ガ測量完結シテ居ル海岸線ハ百三十哩十鎖ト云フコトデゴザイマス、是ニ依ッテ哩ノ延長ハ十七哩七鎖ト云フ程海岸線ノ方ガ短クナル、ソレカラ勾配ノ上デ云ヒマスト山間線ガ最急勾配ガ三十分ノ一ト云フ嚴シイ勾配デアリマス、海岸線ハ僅ニ百分ノ一デ百分ノ一ノ間モ短イト云フコトデアリマス、是ニ依ッテ勾配ノ點ニ於テモ七十分程ノ違ガアリマスカラ丁度海岸線ニ較ベテハ二倍以上ノ急勾配ニナルデス、ソレカラ線路ノ位置ニ依ッテ調ベテ見マスト山間線ハ海面上一番高イ所ガ千三百二十一呎ト云フ高イ線路ヲ通過セネバナラヌ、海岸線ハ僅ニ百五十四呎ガ一番高點デアリマス、又曲線ノ最小半徑ガ十五鎖ト云フガ山間線ノ所デアッテ餘程是ハ困難ナモノデアル、海岸線ノ方デハ二十鎖ヨリ少ナイ所ノ曲線小半徑ノモノハ無イサウデアリマス、又成效期限ヲ見テ見マスト云フト山間線ハ著手ヨリ十箇年ヲ經ネバ成效セヌト云フコトデアル、海岸線ニ依レバ二箇年以内ヲ以テ成效スルコトデアル、左スレバ八箇年程成效ガ長ク掛リ、勾配モ長ク掛ル譯ニナリマス、興業費ガドレダケ掛ルカト云ヘバ山間線ノ興業費ハ千八百九十五万三千百七十五圓ト云フコトデアル、海岸線ハ大ニ減ジテ五百九十一万九百六十三圓、差引山間線ノ興業費ガ多イコト千三百四万二千二百十二圓ト云フコトデアル、則チ三倍以上ノ比較ヲ有シテ居リマス、又營業ノ點ニ就イテ概略申述ベマスト第一名邑都市ト云フモノヲ通過スル所ノ數ハ山間線ノ方ニ依レバ須々間ト山口ノ二箇所外經過セヌコトデアリマスガ、海岸線ニ致シマスト云フト名邑都市ト云フモノヲ十八箇所以上通過スルコトデアリマス、又貨物ノ哩噸數ヲ調査シタモノニ依ッテ調ベマスト云フト、山間線ハ四百八十四万六千四百五十噸、海岸線ハ九百四十九万千二百四十一噸、其海岸線ガ多イコト四百六十四万四千七百九十一噸ニシテ、約ソ二倍ノ貨物ガアル、乘客ノ哩數ノ調査ニ依レバ山間線ハ千七十二万千三百七十七哩ト云フコトニナッテ居ル、海岸線ノ方ハ三千七百九十六万四千九百六十四哩ト云フコトニナル、則チ多キコト二千七百二十四万三千五百八十七哩、約ソ三倍五分ト云フモノニナル、乘客ノ賃銀收入ノ豫算ハ山間線ノ方ガ十万八千八百二十二圓、海岸線ハ三十七万九千六百四十六圓、其大キイコト二十七万八百二十四圓、是モ三倍五分ニナリマス、純益ヲ比較スルト山間線ハ三万六千九百四十六圓シカナイ、海岸線ハ二十三万八千九百六十一圓ニナル、則チ此大キイコトガ二十万二千十五圓、五倍四分七厘ト云フモノニ當リマス、是ニ依ッテ資本金ニ對スル所ノ利子ノ割合ハ百圓ニ就イテ山間線ノ方ハ僅ニ十六錢ニ當リマス、海岸線ノ方ハ四圓四錢二厘、則チ四朱以上ニ當ル割合ニナリマスカラ、是モ差引計算スレバ山間線ノ勝ルコト百圓ニ就イテ三圓八十八錢二厘、二十五倍以上ニ當ル、是ハ則チ大凡ソ確實ナル取調ト存ジマスルガ、此外ニ乘客其他貨物ニ於テ間接ニ時間ガ長クナリ、哩數ガ多クナリマスカラ賃銀モ高クナル、其乘客ガ凡ソ三十万人以上ノ豫算ヲ取リマシテ、是ニ對スル所ノ時間ノ費ト乘客賃ノ割合、其他郵便杯ノ遲刻スルコト色々比較致シマスルト是ヨリ生ズル所ノ利害ト云フモノハ餘程非常ナモノデアラウト存ジマス、斯ノ如キ結果ニナッテ居リマスカラ軍事上ニ於テ關係ハアルデアラウト存ジマスケレドモ、奈何セム山間線ト云フモノハ到底望ムベカラザルモノデアル、果シテ斯ノ如クナレバ海岸線ノ山陽鐵道會社ニ許可ノ與ヘテアルモノハ、早ク工事著手ヲ許可スル方ガ宜カラウト存ジマス、又明治二十一年ノ頃ニ於テ我内閣ガ海岸線ハドウモ軍事上國防上ニ關係ガアルト云フコトヲ要ヘタトキト、今日ノ日本ノ軍事ノ發達ハ迚モ諸君モ御承知ノ通リ比較スベキモノデナイ、非常ナル發達デアリマスカラ此山陽鐵道會社ノ海岸

線ヲ許可シタト云フテ決シテ差支ルコトハアルマイト存ジマス、又實ニ經濟上ニ於テモ前陳ノ通デアリマス、早ク此線路ガ成就致シマシタ曉ニ於テハ馬關ヨリ朝鮮ノ釜山ニ定期航海ヲ置キ、又釜山ヨリ京城仁川ニ早ク鐵道ヲ架設シテ、日本ノ朝鮮ニ對スル關係並ニ日本人ガ朝鮮ニ往ッテ色々ノ事業ヲ起シ商業取引等ヲスルニ大ニ便利ヲ與ヘナケレバ、唯朝鮮ノ獨立ヲ日本デ世話スルダケデハ結局實業上ノ權力ヲ他國ノ人ノ手ニ落ルコトニナルト云フコトハ、實業社會ニ於テ大ニ今日觀念ガアル所デアル、因テ政府ハ速ニ此線路ヲ許可スルト云フコトヲ論議シテ、別ニ適當ナル線路ガ到底ナイト云フモノナラバ一日モ早ク山陽鐵道會社ガヤッテ居ル所ノモノニ着手スルコトニ許可セラルヽコトヲ希望シテ居リマスカラ、如何ナル理由デ今日迄延期シテ居ルト云フコトヲ明ニ答辯アラムコトヲ質問スル次第デゴザイマス、又少シ聞得テ居リマス所ニ依リマスレバ廣島ヨリ小郡邊迄海岸線ヲヤッテ、ソレヨリ山間線ニ引直シテヤルコトハ出來マイカト云フ内輪話モアルヤウデゴザイマスガ、サウ云フコトニナッテハ到底山陽鐵道會社ハ是ニ對シテ工事着手スルコトハ出來マイト考ヘル、速ニ政府ノ御決心ヲ聞キタイト云フタメニ質問書ヲ提出シタ次第デゴザイマス

○田口卯吉君(八十一番)　諸君、本案ヲ提出致シマシタ趣意ヲ簡單ニ申上ゲマス、抑々此開港法案ニ依リマシテ新ニ開キタイト考ヘマスル所ハ唯今朗讀ノ通リ東京、清水、四日市、下ノ關、門司、小樽此六港デゴザリマス、此諸港ノ中四日市、下ノ關、門司、小樽等ハ既ニ特別輸出港デゴザイマスシ、下ノ關ハ朝鮮及浦鹽斯德ヘノ開港場デゴザイマス、就テハ何故特別輸出港若クハ朝鮮浦鹽斯德ノ開港場デハ足リナイカト云フ理由ヲ簡單ニ申上ゲナケレバナラヌ、抑々此特別輸出港ハ尙ホナキニ優ルデゴザイマスルガ、其輸出タルヤ單ニ輸出スルコトノミヲ許シテ居ルノデゴザイマスカラ、輸入ヲ致シマス時ニハ此船ハ空荷デナケレバナラナイ、凡ソ貿易上ニ單ニ輸出セヨ輸入ノ時ハ空荷デ來イ、ばらすとヲ積ムデ來イト云フダケデハ十分ノ貿易ハ出來ナイ、若シサウ云フコトデゴザイマスレバ非常ノ船賃ヲ輸出物ヨリ取ラナケレバナラナイコトニナッテ、詰リ輸出ノ利益ヲ減ズルノデ、今日四日市ナリ其他ノ特別輸出港ガ十分ナル利益ヲ全ウシナイノハ全ク是ガタメデス、又此朝鮮竝ニ浦潮斯德ニ對スル開港場ノ如キモ亦十分ナル利益ヲ全ウスルトハ見ラレナイノデアリマス、殊ニ本員等ノ考ヘマス所ニ依ルト此開港場ハ稍々此外交上ニ於キマシテ、彼レ最惠國ノ條款ニ稍々觸レテ居ルモノデアル、若シ諸外國ヨリ何故ニ朝鮮竝ニ露國ニ對シテ開港ヲ開クノデアルカ、吾ニモ同一ノ利益ヲ與ヘヨト云フヤウナコトガアリマシタナラバ、是ハ直ニ純然タル開港物ニナラネバナラヌモノデアルト思ヒマス、此等ノ諸港ハ我北海岸ニ屬シテ諸外國ガ敢テ羨マナイカラ宜シイガ、既ニ最惠國ノ條款ニ照シテハ缺點ノアルコト丶思フ、而シテ浦鹽斯德朝鮮ニ對スル貿易ニ致シタ所ガ吾邦ノ產物ノミヲ輸出スレバ此地ガ繁榮致シマスカ、朝鮮ニ輸出致シマスルニモ矢張外國ノ金巾ナリ石油ナリ其他朝鮮ニ向ク品物ヲ此港カラ輸出スルコトニシナケレバ此港ノ利益ハ十分デナイト思フ、畢竟眞ノ開港ニ致サナケレバ眞ノ利益ヲ全ウハ出來ナイ、ソレ故ニ今本員等ハ之ヲ眞ノ開港場ト致シタイト思フ、是迄ノ開港場ハ多ク外國ト條約ノ上ニ港ヲ開キマシタ、ソレガタメニ居留地ノ制度ナドヲ設ケテ外國ト條約ヲスル必要ガアリマシタガ、凡ソ國トシテ港ヲ開クニ何ニモ外國トノ條約ニ……サウ云フ必要ハナイ、今新ニ開ク諸港ハ條約ニハ基カズニ開ク積リデゴザイマス、其理由ハ理由書ニ書イテゴザイマスカラ既ニ御承知ノコト丶考ヘマスカラ述ベマセヌデゴザイマス、此港ヲ開キマス趣意ハ全ク將來吾人民ノ貿易ヲ進メ我國庫ノ財源ヲ開キタイト云フ考デアルノデゴザイマス、今ヤ幸ニ我國ノ陸海軍ハ外ニ武勇ヲ顯シテ、強兵ト云フ名譽ハ諸外國ニ示シマシタデゴザイマスルガ、殘念ニモ吾國庫ハ僅ニ九千万圓ヨリナイ歲入デアル、眞ニ貧乏國ノ一デゴザイマス、將來何ニ依ッテ財源ヲ求ムベキカ、ドウシテモ外國貿易ニ依ルヨリ外ニナイ、歐洲諸國ノ今日富國デアル、其國ノ財源ニ富ンデ居ル、歲入ニ富ンデ居ルト云フ本ヲ尋ネマスレバ多ク海關稅デアリマス、英國ハ海關稅ニ依ッテ二億圓ヲ取ル、佛蘭西モ其位取ル英吉利ハ殆ド——亞米利加ハ殆ド六億圓位ノ歲入ヲ得テ居ル、ソレガタメニ彼ノ諸國ハ皆富國從テ強兵デゴザイマセウ、今吾邦ガ、海關稅ヨリ得ル所ハ僅五百万圓、詢ニ微々タルモノデゴザイマスガ、是亦一朝一夕ニナッタノデハナイ、明治ノ初ニ方ッテハ八十餘万圓ヨリ外ニ海關稅ヨリ得ルノハナカッタノデ、其後段々進步シマシテ漸クノコトデ五百万圓位ノ收入ヲ得ルヤウニナッタノデス、一朝一夕ニ貿易ヲ造ルコトハ出來ズ、又大ナル歲入ヲ海關稅ヨリ得ルコトハ迚モ出來ナイモノデアル、然ラバ港ヲ開イテ貿易ヲ進ムルコトハ一日モ速ニシナケレバナラヌ、一日速ナレバ一日ダケ吾邦ヲ富裕ナラシメル、財源ヲ得ルコトガ早イダラウト考ヘラル丶、デ本員等ハ是ヨリモもっと港ヲ開キタイ考デゴザイマスルガ、此案タルヤ初テノコトデゴザイマスルシ、餘リ多ク一時ニ港ヲ開キマシテ却テ經費ノ嵩ム虞モアラウカト考ヘマスカラ最モ有利ナルト認メマシタ所ヲ選ビマシテ、是ダケノ港ヲ開キタイト考ヘマシタノデゴザイマスルガ、尙ホ時勢ノ進步ト共ニ將來ニ於テモ別ニ加ヘル意見ヲ提出スルデゴザイマセウガ、兎ニ角此事ハ今日ノ急務デアルト考ヘマスル故ニ、何卒諸君ノ御賛成ヲ得マシテ通過スルヤウニ願ヒタイ

○末廣重恭君(百七十三番)　本員モ是ハ賛成者ノ一人デハゴザイマスガ、尙ホ細目ノコトニ就イテ提出者ニ承ラニヤナラヌ、此理由ノ第二項ハ餘程成立ノ原因中ニ勢力ノアル箇條ト本員ハ考ヘル、則チ此開港場ニハスルケレトモ外國人ガ我法律ノ下ニ從ッテ來ル者デナケレバ其處ニ寄留スルコトモ出來ヌト云フ箇條デ餘程大切ナコトデアル、以上ノ開港ニ於テ居留地ヲ設ケヌト云フコトガ一ツ書イテアル、所ガ此處ニアル武藏國東京ト云フ所ハ現在設ケテアル所デアルノニ斯ノ如キ理由ヲ附ケテアルノハ大ニ不都合デアル、是ガ破レルト提出者ノ本據ガ崩レルト思フデ餘程懸念ニ思フカラ之ヲ一ツ尋ネマス、ソレカラ東京、清水、四日市以下ノ開港場、日本海ニ向ッタ所バカリヘ斯ク開港場ヲ許シテ今日露領浦潮斯德則チ大鐵道ガ架ッテ他日東洋ノ商業ヲ促カサウト云フ浦潮斯德ニ對シテ新タニ開港場ヲ設ケルト云フ一向議案ガナイガ、是レハ新潟一箇所デ宜シイト云フ御考デアルノデアルカ、是等ハ餘程大切ナ御注意ノアルベキ所ト考ヘマスカラ之レヲ質問致シマス

○田口卯吉君(八十一番)　末廣君ニ御答申シマスデゴザイマス、東京ニハ唯今末廣君ノ述ベラレタ如ク居留地ト云フモノハアリマスルデスガ、御承知ノ如ク是ハ東京ハ既ニソノ開港場デハナク開市場トナッテ居ル、ソレデ居留地ガ設ケテゴザイマスルノデ、是ハ以前カラ設ケテアリマスルコトデゴザイマスカラ、此度ノ開港場ノタメニ居留地ヲ設ケルト云フ譯デハゴザイマセヌカラ、此理由書ニ差支ナイコトデアリマス、居留地ヲ設ケテ開港場ヲサセルト云フ意味デナイノデゴザイマス、ソレカラ、日本海ニ面シマシタ方デ港ハ隨分今日モ朝鮮貿易ニ關係シテ居リマスル港抔ガゴザイマスルガ、之ヲ加ヘマセヌ趣意ハ前ニ申シマシタ通リ最モ有利ナル開港場ダケヲ選ビマシタ趣意デゴザイマスソレ故ニ今日日本海ニ面シマシタ方ガマダ十分ニ盛ンナル港トモ見ラレマセヌ所カラ、現ニ彼ノ新潟港ノ如キモ年ニ七千五百圓モ費シ、開港ノ經費ヲ費シテ居ッテ收入ハ僅ニ五十圓ヨリシカナイト云フ港ガアル、斯フ云ウヤウナコトヲ成ルタケ避ケタイタメニ先ヅ是ダケヲ選ビマシタコトデアリマス、他日此開港ヲヤッテ見マシテ共有益ナルコトヲ證シ、且ツ歲入モ非常ニ得ラル丶時ニハ又ソレ等ノ地方ニモ及ボシタイト云フ考デアリマス

○小畑岩次郎君(二百八十一番)　私ハ質問ジヤゴザリマセヌガ、本案ニ賛成ヲ致シマス、本案ニ賛成ヲシマシテ更ニ意見ヲ——賛成スル所ノ意見ヲ……

○議長（楠本正隆君） 質問デナケレバ……二百九十五番

○小幡儼太郎君（二百九十五番） 他ハ別ニモウ是デ何デスガ、東京ハ開港場ニセニヤナラヌト云フ必要ハ少モ感ジヌ見込デアリマス、此説明書ニハ繁榮ヲ增スト云フコトダケハアリマスガ、併シ東京ガ繁榮ヲ增セバ横濱ガ衰ヘルト云フノデ、僅ノ距離ノ間ニ開港場ガ二箇所モアレバ片面ノ權利ヲ又片面ニ移スト云フダケニ止マラウト思ヒマス、然ルニ東京ハ輦轂ノ下デ餘リ混雜ヲスルノモ面白クナイデハナイカト云フ考モアリマス、且ツ又東京ヘ是非共ニ開カナケレバナラヌト云フ所ノ必要ノ點ヲ御説明ヲ願フ

○田口卯吉君（八十一番） 御答申シマス、此東京ハ何故開港場ニシナケレバナラヌカト云フ趣意ハ本員等ノ考ヘマス所デハ、東京ヲ何故今マデ開港場ニシナカッタカト云フ方ノ考デアルノデゴザイマスガ、實際ヲ今日此東京ノ海外貿易ノ實際ノ話ヲ致シテ見マスルノニ横濱ヘ參リマスル船荷物ノ七分通リハ皆東京ヘ船デ彼ノ傳馬――達磨船デ送ル位ノモノガアリマス、又今日南洋貿易ト云フモノガナカ〳〵盛ンニナッテ參リマシテ、五六艘ノ船ガ始終通ッテ居リマスガ、是等ノ品物ハ横濱デ輸入シマスルモノモ横濱デ捌ケルノデハナイ、輸出スルノモ横濱ノ品物ヲ買集メルノデハアリマセヌ、皆東京デ買集メル、而シテ運ビマス船ハ何處カト云フト矢張隅田川ノ下ヘ這入ル船デアル、百噸内外ノ船デアル、東京デ以テ輸出シテ直グニ東京ガ開港場デゴザイマスナラバ、東京デ輸出税ヲ拂ッテ東京灣ヲ出ルコトガ出來ルノデゴザイマスルガ、東京ガ開港場デゴザリマセヌカラシテデス、先ヅ横濱ニ往ッテ輸出税ヲ拂ハナケレバナラヌト云フ譯ニナッテ居ル、横濱ヘ輸出税ヲ拂フタメニ參リマシテ二三日モ碇泊シテ東京灣ヲ出ルト云フ時ニナリマシタナラバ、其船主ノ損ト云フモノハ非常ナモノデゴザイマス、拂フ所ノ輸出税ハ僅ニ二十圓かそこらノ事デゴザイマスガ三日モ船ガ碇泊シテ、さあ東京灣ヲ出ルト云フ時ニあゐま風抔ニ遇ッタ時ニハドノ位ノ損デゴザイセウ、デ輸入ノ場合モ其通リデ直グ東京ヘ參レバ一ツノ風デ以テ東京ノ隅田川ノ中ヘ這入レマスガ、横濱ニ碇泊シテ税ヲ拂ッテ東京ニ來ル、是等ノ損ト云フモノハ迚モ此單ニ政府ガ税ヲ拂ヒマシタ位ノモノデハナイ、ソレ故ニ我日本ガ他日東洋ノ大市場トナリ、我東京ヲシテ京洋ノ倫敦タラシメント云フ考ヲ以チマシタ日ニハ東京ハ是非共開港場ニシナケレバナラヌコト、思ヒマス

○與下珂十郎君（二百七十番） 本員モ質問デゴザイマスガ、此東京、四日市デゴザイマスルガ、成ルタケ有利ノ地ト云フコトデアリマス、有利ノ地ト云ヘバ斯ノ如キ場所ハ有利ニハ相違ゴザイマスマイガ、如何ニモ此船著ガ大分遠クナケレバ著カヌト云フ有樣カラシマシテ、費用ヲ多分ニ要スルヤウナコトハアリハセヌカ、四日市、東京ニハサウ云フ地境デハナイカト考ヘマス、此本法ヲ施行スベキ地ハ勅令ヲ以テ定ムト云フコトデアルガ、此若シ開港場ヲ開キマスレバ其條約改正ト云フガ如キ所ノモノニ矢張前ニ結ンダ所ノモノヲ改正ヲシタノガ宜シイト云フ提出者ノ御考デアルカ、又我邦ニ十分ニ益ナル所ノ――英國トハ五箇年ヲ待ツト云フ讓歩モ亦甚シイト云フ國民ノ論モアルコトデアルガサウ云フコトデナク、英國トハ斯ノ如キ條約改正ヲ致シマシタナレドモ、又新ニ開キマス開港地ニ向ッテハ今少シ歩ヲ進メタ條約ヲ結ビタイト云フ考デアルカ

○田口卯吉君（八十一番） 條約ノコトニ就キマシテハ別ニ條約上ノ權利ヲ更ニ取リタイト云フヤウナコトハ此案ニハ含ムデハ居リマセヌガ、唯條約改正ニ應ジテ我法律ノ下ニ立ツ人民ハ此開港場ニ於テ家屋ヲ持ツコトノ自由ヲ持ッテ居ル、例ヘバ布哇ノ人トカ墨西哥ノ人トカ云フ者ハ開港場ニ於テハ直ニ家屋ヲ持ツコトノ自由ヲ持ツコトデアルカラ他ノ外國ノ人民モ此便利ヲ得タイト云フ考カラ、早ク條約改正ノ外國ノ要求ニ應ズルデアラウト云フ意志ハ此案中ニ存シテ居リマス、斯ウ云フ案ヲ立テマシタナラバ英ナリ佛ナリ此港ニ來テ家屋デモ持ッテ貿易シタイト云フ考デ早ク條約改正ヲシテ呉レト請求スル位ニナリハシナイカ、ソレ迄ニ往カズトモ條約改正ノ我要求ヲ入レシムル途デアラウカト云フ考デス

○守屋此助君（百一番） 是ハ反對通告ガゴザイマスカ

○議長（楠本正隆君） マダ通告ハアリマセヌ

○守屋此助君（百一番） 私ハちよっと簡單ニ申シマスガ

○議長（楠本正隆君） ちよっと御待チナサイ、質問盡キタリトシテ守屋君

○小畑岩次郎君（二百八十一番） 質問デナケレバ私ガ前カラ……

○守屋此助君（百一番） 斯ウ云フコトハ豫約ガ通ルト云フコトハナイ――ソレデ私ハ是ハ利害得失ガ分明ニ分ッテ居ルコトデアル、ソレ故ニ反對通告ハ一人モナイヤウナ案デアルカラ是迄ノ議場ノ慣例ニ依ッテ委員付託ト云フコトヲ言ハナイデ、直グト第二讀會ヲ開クヤ否ヤ決ヲ採ルコトニシテ貰ヒタイ、事理分明デ利害ハ分ッテ居ルカラ色々ナ演説抔ハよしテ直グニ二讀會ヲ開クヤ否ヤヲ採ッテ貰ヒタイ

（「贊成々々」ノ聲起ル）

○小畑岩次郎君（二百八十一番） 私ハ本案ニハ贊成スルノデゴザイマス、然ルニ末廣君ノ質問モアリマシタガ本案ヲ修正シタイ、ソレ故ニ委員九名ヲ議長ノ指名ヲ以テ選ムデ調査シタイ（守屋此助君「修正ナラ二讀會デ宜イ」ト呼フ）是ハ如何ニモ宜イケレドモ日本海ニ瀕シテ居ル沿岸ニ於テハ誠ニ必要ガ迫ッテ居ル、然ルニ本案ニ上ッテ居ラヌ、唯小樽ダケシカナイノデ、日本本島ノ中ニ於テハゴザイマセヌ、然ルニ諸君モ御承知デアリマス通リ西比利亞ノ鐵道ガ竣工シマス期モ既ニ年ヲ數フルニ至ッテ居リマス、又朝鮮ト日本トノ間モ益々貿易上ノコトモ發達サセナケレバナラヌ、然ルニ日本海ニ瀕シテ居ル間ハ今日ノ儘ニシタナラバ實ニ不便ヲ感ズル、今日迄許シテアル新潟港ノ如キ――新潟港ハ適セヌガ此事ハ今ハ言ヒマセヌガ、此日本海ノ中ノ敦賀港ノ如キハ實ニ樞要ノ地デゴザイマス、ソレカラ此北陸カラこちらノ方ハ敦賀ノ鐵道ヲ以テ東海道ト聯絡シテ居ル、又彼ノ北陸鐵道ハ工事中デアル、又船便ニ於テハ日本海ニ瀕シテ大ニ便ヲ得テ居ル、港ノ模樣ハ極ク宜クテ西比利亞ノ鐵道ガ竣工シタナラバ、日本海ノ頻繁ハ是ハ論ヲ俟タヌコトデ、浦鹽斯德ト日本ノ本島トノ間ノ距離ハ僅四百八十哩位デアル、シテ見タナラバ敦賀港ノ如キハ實ニ要港デアル、既ニ昨年越中ノ伏木港ニ於テ船舶出入及貨物ノ積卸許可法案ガ通過シ、又丹後ノ宮津ニ特別輸出港ガ出來タノデアル、此陸ニ

鐵道ヲ有シテ居ル彼ノ要港ヲ今ニ捨テ、アルハ如何ナルモノデアリマセウカ、敦賀港ノ如キハ維新ノトキカラ新潟ニ先ッテ開港場ニシナケレバナラヌト云フコトヲ喋々言フタ港デゴザイマス、然ルニ其當時京都ニ　陛下ガゴザイマスカラ帝都ノ近イノヲ恐レテ新潟ニ持テ往ッタト云フコトヲ聞イテ居ル、今日ニ於テハ斯ル憂モゴザイマセヌ、實ニ要港デアル、斯ル要港ヲ此案中ニ加ヘテナイハ私ハ調査ガ行居カヌモノト思ヒマス、故ニ委員ニ付託シテ十分ニ調査シテ加ヘベキモノハ加ヘ、去ルベキモノハ去ッテ往キタイト思フ

○小畑岩次郎君（二百八十一番）私ハ本案ヲ提出シタモノデゴザイマス、本案ヲ提出シマシタ理由ハ、此理由書ニ書イテゴザイマスルコトデ、事足ルヤウニ思ヒマスルケレドモ、尙ホ少シク補ッテ置キタイト思ヒマスカラ、簡單ニ說明ヲ致シマス、此鐵道ノコトハ敢テ鐵道ノ必要ト云フニ就イテハ喋々致シマセズトモ、能ク分ッテ居ルコトデゴザイマシテ、此交通或ハ運輸ト云フコトノ便ヲ與ヘル、所謂經濟上ニ於テ大變ナル關係ヲ以テ居ルモノデゴザイマス、又モウ一ツニハ軍事上ノ必要、則チ國務上ト云フニ於テモ大變ナ鐵道ト云フモノハ必要ナモノデゴザイマス、故ニ此鐵道敷設法ト云フモノガ布カレマシタニ於テモ、其目的ヲ以テ全國ヲ調査シテ此法中ニ加ヘテゴザイマスル、擧ゲテ云ヒマスト、青森ヨリ所謂東京ニ日本鐵道ガアリ、東海道山陽道此日本ノ南面ニ於テハずっト連絡ヲシテ居リマス、又日本海ニ瀕スル北面ニ於テハ、青森カラ新潟ニ出テ、ソレカラ直江津、富山、石川、敦賀トニ連絡スルコトニナッテ居リマス、又西ノ方ニ至リマスルト、則チ敦賀ヲ距リマスル二十里先ニ舞鶴ヨリずっト山陰道ヲ經テ、下ノ關ニ至ルヤウニナッテ居リマスル、則チ是ハ日本ノ本島ヲ一週スル計畫ニナッテ居リマスル、然ルニ敦賀港カラ丹後ノ舞鶴ト云フ此中央ニ於テ僅ナ間ガ缺ケテ居ルノデゴザリマス、則チ其間ハ敦賀カラ東海線ニ出マシテ、ソレカラ京都ニ出テ近畿線ヲ舞鶴ニ迴ルト、斯ウ云フヤウニナッテアル、敦賀カラ舞鶴ト云フ間ガ日本海ニ瀕シテ長イ間デ僅ニ舞鶴ト敦賀間ガ缺ケテ居ル、則チ私共ガ此案ヲ見マスルト、其當時全ク落シタモノジャラウト思フ、過ッタモノジャラウト思フテ、當局者ニ就イテ聞イテ見テモ、過ッタモノジャトハ言ハレマセヌケレドモ、如何ニモ是ハ此法案中ニ加ヘベキモノデアッタジャラウト云フコトハ聞イテ居ル、則チ敦賀カラ舞鶴ニ往カウト思ヒマスルト、近江ノ湖東ヲ通リマシテ京都ニ出テ、ソレカラ舞鶴ニ出テ往カヌナラヌ、其間ガ百三十八哩ゴザイマス、ソレカラ敦賀カラ直ニ舞鶴ニ往カウト思ヒマスルト六十哩デ宜シイ、彼ノ通靑森カラ敦賀マデハずっト出テ來テ、サウシテ敦賀カラ舞鶴マデアノ際ヲ通リマシタナラバ、敦賀カラ又ずっト山陰道ガ連續シテ通ルコトガ出來ルノニ、近江ノ湖水ノぐるりヲ迴ッテ京都ニ出テ、又舞鶴ニ出ルト云フコトニナッテ居ルノハ、實ニ此法中ノ缺點デゴザイマス、我田引田ト云フコトヲ（笑聲起ル）我田引鐵ト云フコトヲ云ヒマスルガ、則チ私共ガ此案ヲ出シマスルト實ニサウ云フ感ガ起リマスルケレドモ、決シテ私ハサウジヤナイ、我田引鐵ト云フニ至ッテモ、私共ハ全ク我田引鐵ヲ主張セナケレバナラヌ、默ッテ居ルカラ斯ウ云フ法ガ出來マス、其當時默ッテ居ルカラ、斯ウ云フコトガ出來ル、是ハ此法中ノ缺點デゴザイマス、若シ之ヲモウ一ツ國ノ國防ト云フ方カラ云ヒマシタナラバ、今日西比利亞ノ鐵道ハ工事中デゴザイマス、アレガ浦潮斯德ニ連絡シマシタナラバ、日本海ノ頻繁ト云フコトハ過日モ言ヒマシタ如クデゴザイマセウト思ヒマス、（「簡單」ト呼フ者アリ）又日本ノ今日ノ淸國トノ戰爭ガゴザイマスルガ（「簡單々々」ト呼フ者多シ）モウ少シ……ソレガ一度變ッテ他日露國ノ地方——西比利亞地方ニ於テ戰爭ヲ開ク、或ハ又元山地方ノ朝鮮地ニ於テ事ガアッタト云フ時分ニ、我日本カラ出兵シヤウト云フナラバ、ドウシテモ中央ノ京都、大阪、名古屋カラ物ヲ出サウト云フニハ、敦賀ハ所謂今日ノ廣島ト爲ルデアラウ、又軍艦ト云フモノハ何處ニ置クカト云ヘバ、則チ舞鶴ガ軍港ニナッテ居ルカラ、舞鶴ニ軍艦ヲ置カナケレバナラナイ、則チ舞鶴ハ今日ノ吳港ノ如キモノニナラウ、必ズナラウト思ヒマス、其時分ニ於テ舞鶴、敦賀ノ間ニ鐵道ガナイト京都ニ迴ッテ往カナケレバナラヌト云フニ至ッテハ、實ニ軍事上カラノ不便ハ是程ノコトハアリマスマイト思ヒマス、尙申上ゲタウゴザイマスガ、諸君ノ……

○井上角五郎君（七十九番）　諸君、本員ハ本日本問題ニ就キ此演壇ニ立ッテ、最モ光榮ヲ感ズルモノデゴザリマス、一期以來此人コソ吾々ニ對シテハ甚シキ反對、甚ダ畏ルベキ人物、敵トシテハ如何ニモ困難ト云フ共人、則チ尾崎行雄君ノ後ヲ受ケテ同一ノ論ヲ取ルト云フコトハ、本員ニ於テ甚ダ光榮ニ感ズル、又此次ニ本員ト同一ノ演説ヲ爲サントスル御方ハ河島君、石田君、唯今討論終結ノ説モ出マシテゴザリマスガ、本員ハ成ルベク簡單ナル演説ヲ爲シテ、此兩君ガ又本員ト同一ナル演説ヲ爲シテ呉レルト云フダケノ光榮ヲ得タイト本員ハ考ヘテ居リマス（「然リ〻〻」ト呼フ者アリ）本員ハ此問題ヲ賛成スルニ方ッテ、「更ニ此問題ノ箇條ニ就イテ論ズル所ハゴザイマセヌ、實ハ大體ニ於テ賛成ト云フ言葉ヲ以テ演説ヲ始メヤウト心得マシタガ、尾崎行雄君カラ遞信事業費モ亦元ニ戻スト云フ意見ヲ聽ク以上ハ、大體デハナイ、全部悉ク賛成ヲ表スル積リデゴザイマス、本員ガ一期以來取リ來ッタ所ノ方針ト似寄ッタガタメニ賛成スルノカ、果シテ然ラバ諸君ノ論ハ本員ノ論ノ如ク變ジタノデアルカト云ヘバ、私共ハ決シテ左樣ニ言ハナイ、本員ガ一期以來取リ來ッタ論ガ始テ今日ニ於テ不思議ニモ成立ッタト云フコトヲ以テ、本員ハ少モ悦バズ、實ニ先刻尾崎行雄君ノ演説セラルヽノヲ見レバ、竹内君ガ言ハレシ如ク、反對スル如クシテ賛成シタト言ハレタガ、共心中ヲ察スレバ此政府ニシテ此議案アリ、此議案ニ對シテ吾々ガ斯ノ如ク賛成ヲナスノハ、實ニ遺恨千万、甚ダ堪ヘ難イ所デアルケレドモ、併シ國内ノ常事、之ヲ以テ軍國多事ニ代ヘルコトハ出來ナイト云ッテ怨ヲ呑ンデ他日ヲ待チッヽ、賛成セラレタト云フコトハ、明白ニ分ッテ居ル、本員ハ――則チ本員ノ説ニ一期以來ノ論ニ御賛成ニナッタノデアルト云フテ喜バナイ、果シテ然ラバ茲ニ於テ政府ノ議案ガ共議案殆ド共儘ニ井上角五郎ガ立ッテ演説ヲ爲シテ同意ヲ表スルガ如キ査定案ガ出來タト云フノハ、果シテ何デアルカト云フコトハ、軍國ノ大事、其軍國多事ノタメニハいやナ政府デモいやナ議案デモ、吾々ハ賛成スル、則チ四千万同胞ヨリ出テ來ッタ所ノ忠愛ノ念慮ガ此三百ノ議員ヲシテ斯ノ如キコトヲ爲サシメタナラバ、政府ハ如何ナル覺悟ヲ以テ此議會ニ對スル積リデゴザリマセウカ、諸君、本員ハ茲ニ於テカ政府ハ如何ナル覺悟ヲ以テ斯ノ如キ諸君ガ忠愛ノ思想ヲ以テ、此案ニ賛成シタルニ應ズル積リデアルカト云フコトヲ一言シタイノデアル、尾崎行雄君ガ此議案ハ斯ク極メタケレドモ、實際ニ於テハ減ラスヤウニシテ貰ヒタイ、明年度ノ議會ニ於テハ固ヨリ減ラシタル所ノ案ヲ出シテ貰ヒタイト云フ尾崎行雄君ノ望デアッタガ、私ヲシテ――固ヨリ私ハ飽マデモ政府ニ反對スル人間デハナイ、私ヲシテ、暫ク政府ノ味方ニ立ッテ、サウシテ諸君ノ此好意ヲ迎ヘルニ於テ、本員ガ政府ノ味方ニ立ッテ演説ヲシタラバ、如何ニ云フデアラウ、先刻竹内正志君ノ言ハレルニハ、軍事費抔ヲ反對シタナラバ、外國ガ彼是言フデアラウガ、併シ豫算ハ平常ノコトデアル、豫算ノ反對位ノコトデハ外國ガ何トモ言ハヌデアラウト云フノハ、マダ竹内正志君ガ山陽道ノ新聞デ世界ノコトヲ御學ビニナッタカラデアル、彼ノ支那ノ李鴻章トカ又朝鮮ニ往ッテ居ッタ袁世凱抔ガ、どんなコトヲ言ッタ、ナニ朝鮮ヲどんなニシタ所ガ、日本ニ對シテ如何ナルコトヲシタ所ガ、今日本ノ國ノ有樣ヲ見ロ、處士横議――何デモカン

デモ當時ノ政府ヲ惡ルク言フ所ノ處士横議ヲ極テ議會ヲ開ケバ解散スル、開ケバ解散スル、アンナやつガ兵ヲ出スコトガ出來ルモノカ、兵ヲ出シタッテ兵粮ヲ調達スルコトガ出來ヌ、四千万ノ代表者ハ議會ガ開ケバ政府ヲ攻撃セントシテ居ル、アレガ兵ヲ出スコトノ出來ル筈ガナイ、若シ出シタ所ガ兵粮ノ準備ノ調フ筈ガナイ、あんな仕方ノナイ國ハナイ、斯ウ言ッテ居ッタ、則チ今日支那ガ日本ニ對シテ無禮ヲナシ、日本ハ止ムヲ得ズ、東洋ノ平和ヲ永久ニ維持スルガタメニ、遂ニ茲ニ至ッタト云フノハ、又是ガ一ツノ原因デアル、果シテ然ラバ今日迄諸君ト政府ガ度々喧嘩ヲシタト云フノハ、固ヨリ斯ウ云フ時分ニハ直グ氣ガ能クナクナルト云フ日本人ノ氣象デハアルケレドモ、外國人ヲシテ誤解セシメタト云フコトハ、幾分カ東洋今日ノ事アル原因デアルト云フコトハ分ッテ來テ居ルナラバ、既往ハ咎ムベカラズ、今ニ於テ獨リ軍事費サヘ整ヘバ、後トハ喧嘩ヲシテモ宜シイ、處士横議、少シモ外國ニ對シテ耻ヅル所ハナイ、斯ク考ヘテ見マシタナラバ、今日マデ政府ト議會ガ中惡ルクシテ居ッタノハ、兎ニ角不仕合セデアッタ、兎角日本ノタメニ不都合デアッタ、事モ行レナイ、政府ノ議案ハ議場ニ容レラレズ、議場ノ議案ハ政府之レヲ裁可セズシテ行レナカッタノハ、不仕合セデアルガ、諸君ガ能ク大小輕重ヲ知ッテ今ヤ政府ノ議案ニ賛成シ、恨ヲ呑ンデモ尚且之レヲ忍ンデ居ルト云フ、此場合ニ於テ若シ本員ヲシテ政府ノ方ニ立ッテ之レヲ言ハシタナラバ、諸君此議會ニ諸君ヲ政府ノ味方ニシテ見ルト云フ決心ガナケレバナラヌ、諸君ハ如何ニモ此政府ガ惡ルイト云フノデハナイ、アノ政府ノ仕業ガ惡ルイト云フ、諸君、此政府ヲ屢々信用シナイケレドモ、いやナ顔付ダカラ信用シナイトハ言ハナイ、果シテ然ラバ此處ニ於テ政府ハ此議會デ議會ガ不思議ニモ政府案ニ同意シタト云フ機會ヲ利用シテカラニ、諸君ヲシテ盡ク政府ノ味方トナラシメ、若シ政府ノ味方ガ吏黨ト云フナラバ、日本ノ議會ハ吏黨議會デアルト云フニ至ラシムルダケノ覺悟ガナケレバナラナイト思フ、然ルニ此議會ノ始ッテ以來今日マデノ政府ノ仕業ヲ見レバ、私共ハ政府ガ或ハ讓ルト稱シテ必要ノ事業費モ削ッテ出サナイ、軍國ノ事ダカラ事業費ヲ削ッテ出サナイトカ、何トカかんトカ云フヤウナ軍國ノタメト云フテ多少ノ事業ヲ見合セルトカ、多少ノ法律案ヲ出サヌト云フコトハ、能ク注意シテ政府モヤッテ居ルコトハ認メルケレドモ、何故ニ一期以來吾々ガ熱心ニ主張シテ居ル所ノ保安條例ニ政府ガ反對ヲ表スルデアラウ、何故ニ新聞紙法案ノ改正ニ政府ハ反對ノ意ヲ表スルデアラウカ、吾々ハ恨ヲ呑ンデモ此案ニ賛成スルニト言ハレル所ノ尾崎君始、民黨諸君ニ對シテ政府ハ是等ノ法案ニ反對ノ意ヲ表スルハ果シテ愧ヅル所ガナイデアラウカ、故ニ私共ハ則チ尾崎君ノ如キ今ハ讓ルガ今日ニ於テ讓ッタ通リニシテ呉レヌケレバ、大ニ攻撃スルト云フ後日ノ復讎ヲ此處ニ意味シテ演説シ、此案ニ賛成スルノデナクシテ、政府ハナゼ此議會ヲ利用シテ此議員三百人ヲ味方ニシナイ、果シテ味方ニスルナラバ、アノ新聞紙法案、アノ保安條例廢止ノ如キ、政府ガ幾ラ賛成シテモ何ノコトモナイ、ソレニ大臣ガ出テ來テ演説ヲスルジヤナシ、マア演説ハ末松ガ上手ダカラ行ッテヤレ、末松ハ又私共ト元トガ同僚デアッタカラ、同僚仲間デ演説スルヤウニ丁度私ガ諸君ニ對シテ惡口半分ノ演説ヲスルコトガアルガ、ソレト

同ジヤウナ御心持デナサル、大臣ハ其儘――私ハ敢テ之レヲ以テ政府ニ信用少クナッタ此政府ノ重味ガ減ッタ、此政府ノ仕業ガ甚ダ悪ルイトハ言ハナイガ、唯議員ガ斯ノ如キ決心ヲシテ居ルニ當ッテ、政府ハ之レヲ見テ取ッテ之ヲ利用シ、則チ此忠愛ノ氣象ト云フモノヲ政府ガ汲取ッテ、今日以後ノ國家ヲ調理スルト云フダケノ決心ガナイノデアラウカ、親切ガナイノデアラウカト云フコトヲ以テ、此處ニ一言ノ演説ヲ爲スノデアル

○田口卯吉君(八十一番)　諸君、本員不肖委員長ニ擧ゲラレマシテゴザイマス、委員會ノ經過ヲ報道致シマス、委員會ハ去月二十六日ヲ以テ開キマシテゴザイマス、而シテ政府委員ニ於キマシテハ最初第一讀會ノ場合ニ述ベラレタ如クニ、本案ニ對シマシテ尚ホ準備ノ整ハヌ所カラ、反對ノ意ヲ表セラレマシテゴザイマスルガ、委員會ハ大體ニ於キマシテハ全會一致ヲ以テ可決致シマシテゴザイマス、而シテ二讀會ノ――逐條ヲ議シマス時ニ至リマシテ、越前ノ國敦賀ヲ更ニ加ヘルト云フコトノ修正說ガ出マシテ、是レ亦全會一致ヲ以テ可決致シマシテゴザイマス、此餘ニ――此開港法案ガ議場ヘ上リマシタコトヲ聞キマシテ、他ノ地方ヨリ開港ヲ願出マシタモノモゴザイマスル、又委員ノ手ヲ經マシテ更ニ開港ヲ加ヘテ貰ヒタイト云フ御要求モゴザイマシテゴザイマス、是等ノ開港ニ對シマシテハ委員會ハ皆賛成ノ意デゴザイマスルガ、何ニシテ――政府ニ於キマシテモ準備ガマダ整ハヌカラ、成ルベク時期ヲ延シテ貰ヒタイト云フ反對ト申シマスルノハ詰リ時期ヲ延シテ呉レロ、時期ガ延ブレバ政府カラ自ラ案ヲ具ヘテデモ出スト云フ意味ノ反對デゴザイマスル、斯ノ如キ有樣デゴザイマスルカラ、最初ヨリ許多ノ港ヲ竝ベマシテ、政府ヘ提出致シマスルノハ此場合ニ於テ得策デナイ、寧ロ是ダケノ港ヲ以テ第一トシ、其餘ハ第二トシテ之ニ追加スルト云フ方法ヲ取ッテヤルガ宜シイト云フ、委員會ノ趣意デゴザイマシテ、其他ハ先ヅ削リマシテゴザイマス、併ナガラ委員會ノ全體ノ精神ハ詰リ是ヨリ港ハ益々多ク開イテ、國庫ノ收入ヲ加ヘルト云フコトノ點ニゴザイマスルコトハ、先ヅ全會一致デゴザイマスデ、是ニ就キマシテハ隨分又議場ニモ反對ノ御意見ガアルヤウニ承リマシテゴザイマスルカラ、尚委員會ノ模樣其他ニ就イテ辯明致シテ置キタイト考ヘマスルガ、先ヅ政府ノ準備ガ整ハヌト云フコトニ就キマシテハ、其言フ所ハ例ヘバ今日ノ横濱ナリ神戸ナリモ最初ヨリ計畫ガ十分ニ整ッテ調査シタナラバ、今日ニ於テ遺憾ノナイ點モ少カッタデアラウガ、其計畫ガ十分デナイ時ニ先ヅ施行シタト云フタメニ、今日ニ於テ手ヲ擴ゲヤウトシテモ擴ゲラレズ、隨分遺憾ナ點ガ少ナクナイ、ソレ故ニ今後開港スルニハ十分ノ調査ヲシナケレバナラヌト云フ點デゴザイマス、併ナガラ是等ノ事ハ此開港ノ如キ日進――日々進歩シテ往ク事柄ニ於キマシテハ、到底免レヌコトデ、例ヘバ今日倫敦ノ海關局ト申シタ所ガ如何ニ大ナルニセヨ、此貿易ノ日ニ進歩シテ往ク度ニ較ベマシタナラバ、益々手狹ト云フコトニナッテ、更ニ擴張シナケレバナラヌト云フコトハ、モウ日ニ感ジテ居ルニ違ヒナイ、デ詰リ準備ガ整ッテ、而シテ後港ヲ開クト云フコトハ、到底出來ナイ、此日進――日ニ進ム所ノ貿易ニ對シテハ、到底出來ナイノデ、先ヅ不準備ナガラモ開クト云フ話デ、横濱ヲ開ク時ニハ横濱ハ沼デアッタ、神戸ヲ開イタ時モ神戸ハ決シテ今日ノ如キモノデナイ、又例ヘバ今日ノりばぷーるノ如キハ實ニ盛ナル港デアルガ、以前ハ僅ニ寥々タル漁村デアッタ、斯ウ云フヤウナコトデゴザイマスルカラ、開港ノ――港ヲ開クニハ準備ヲ整ヘテ、而シテ開クト云フコトハ今日ハ迚モ出來ナイコトデアル、ソレ故ニ先ヅ港ヲ開イテ而シテ後ニ漸々ニ整ヘテ、其不都合ヲ補ッテ往クト云フコトヨリホカ仕方ガ無イト云フ點デ、政府ニ對シマシテハ辯明致シテ置キマシタ、ソレカラ又實際ノ模様等ヲ質シマスルト、本員ガ豫テ想像シテ居リマシタヨリモ不都合ナル點ガ實ニ多イ、例ヘバ門司ナリ下ノ關ノ如キモノハ現在其品物ヲ積ンデ居ル船ガ、其港ヘ來テ碇泊シテ居ル、其船ノ中ニハ自分ノ欲シイト思フ所ノ綿ナリ石油ナリ色々ノモノガ其船ニ滿載シテアリマスルガ、其品物ガ神戸ヘ往ッテ又外ノ船ヘ積ンデ來ナケレバ門司ヘ這入ッテ來ナイ、下ノ關ヘモ這入ッテ來ナイ、又下ノ關カラ輸出スル品物モ、其積ムベキ船ハ自分ノ港ニ居ル、併ナガラ之ヲ長崎ヘ持ッテ行キ、神戸ヘ持ッテ行カナケレバ其船ニ積込ムコトガ出來ナイト云フノハ、如何ニモ不都合ナ話デアリマシテ、如何ニモ其人民ノ不便ノミナラズ、其先キ需要者ガ石油ヲ買フトカ、或ハ綿ヲ買ヒマス時ニハ、餘程高イ物ヲ買ハネバナラヌ、詰リ今日ノ文明ノ進歩ハ生産地ト消費地トノ間ヲ縮メルト云フ意味デゴザイマスガ、唯今ノ門司、下ノ關ノ如キモノハ、ソコニ縮マッテ居リナガラ、單ニ一法例ノタメニ神戸マデ行カレル、長崎マデ行カレルト云フヤウナコトデアルト思ヒマス、又四日市ノ如キモノニ於キマシテモ、此地方ニハナカ〳〵此後ナドモ輸入ガアル樣子デゴザイマス、現ニ是ハ紡績會社ノ調デゴザイマスガ、一千二百六十餘万斤程ノ綿ガ年々――昨二十七年ニハ輸入ニナル位、是等モ皆神戸或ハ横濱ニ積込マナケレバ四日市ヘ參リ、尾州――尾張或ハ伊勢ノ方ヘ賣拂ハナイ、船ハ其邊ヲ通ル、併ナガラ直接ニハ來ナイ、全ク此港ノ開イテナイタメニ、其等ノ不便ヲ蒙ルノデアリマス、現在我邦ノ貿易ガ益々進歩シテ我邦ヲシテ工業地タラシメ、商業地タラシムルノ地勢ハ備ッテ居ナガラ、港ガ開ケヌタメニ此不便ヲ感ジテ居ルコト、思ヒマス、是ニ就イテハ愛知縣ノ方デハ此四日市ヲ開クト云フコトニ御不同意デアル樣ニ聞イテ居リマスガ、本員等ガ考ヘマシタ所ニ依レバ、四日市ヲ開キマスニハ實ニ愛知縣ニ利益デアル、他日熱田港デモ御開キニナル時ニハ、本員ハ熱心ニ之ヲ贊成スル者デアル、而シテ四日市ト熱田ト併立ト云フコトハ勿論信ジテ居ル、恰モ神戸ガアリ大阪ガアル如ク、横濱ガアリ東京ガアル如ク、是等ハ如何ニ多クッテモ差支ナイ、既ニ支那ノ如キハ如何デゴザイマセウ、上海ヨリ四川マデ行ク間ニ江水沿岸ニハ八箇所ノ税關ガアル、是ガタメニ海關ノ收入ガ支那ガ貧乏トハ言ヒナガラ、海關ノ收入ガ二千三百万兩アルデセウ、二千三百万兩ハ三千万圓以上デアル、畢竟貿易ヲ便ニシ、海關ノ上ガルコトヲ便ニスレバコソ、斯ノ如キ巨額ノ收入ガアルノデゴザイマステ、支那ニハ總計ニ於テハ二十三ノ港ガアル、我邦ノ如キハ僅ニ五港ニ過ギズ、而シテ其海關税ノ收入ト云フモノハ僅ニ五百万ニ過ギナイ、他日我邦ノ國庫ヲ富レ收入ヲ多クシヤウトシマスルニハ、是非トモ此多クノ港ヲ開キマシテ、貿易ヲ進メ、下ハ人民ヲ利レテ、而シテ國庫ヲ增スト云フヤウナ手段ヨリ外ハアルマイト思ヒマスル、デソレニハ此餘ニモ奥州邊ニモ置キ、青森邊ニモ置キ、又北海ニモ諸所ニ設ケル必要ガアリマスガ、前ニ申シマシタ通リ、餘リ一時ニ設ケルト云フコトハ得策デナイト云フ點カラ、是ダケニ止メマシテゴザイマス、又終リニ臨ミマシテ本員ハ更ニ諸君ニ向ッテ此近來朝鮮貿易ノ景況ヲ報道シ、海關ヲ設クルノハ國庫ニ利ノアルコトヲ一應御注意マデニ申シテ置キタイト考ヘマスガ

○議長(楠本正隆君)　委員會ノ報告ダケニ……

○田口卯吉君(八十一番)　ソレデハ委員會ノ報告ハ是ニ止メマス

○東尾平太郎君(百十四番) 委員長ニ御尋シマスルガ、此開港法案ニ就イテハ政府ハ絶對ニ反對デハナイ、未ダ準備ガ出來ナイト云フ、併ナガラ委員會ニ於テハ準備ヲ俟ッテ居ッテハ時期ガ分ラナイカラ、之ヲヤリタイト云フヤウニ考ヘマシタガ、然ラバ委員會ニ於テハいつヨリ港ヲ開クト云フ考デゴザイマスカ

○田口卯吉君(八十一番) 其時期ハ明ニ明言ハ致シマセヌガ、唯政府カラ成ルベク延バシテ貰ヒタイト云フ要求ガゴザイマシタ故ニ――最モ長イ時期ヲ示シマシテ、一年半位ヨリ多ク延バセルコトハ不同意デアルト云フコトハ、委員會デ發議ガゴザイマシタ

○東尾平太郎君(百十四番) 一年半ノ後ニ開キタイト云フノデスカ

○田口卯吉君(八十一番) ソレヨリ以上ハ延バセヌト云フ……

○東尾平太郎君(百十四番) 尚ホ御尋致シマス、此第二條ニ依ルト、此法律ノ施行規則ハ勅令ヲ以テ之ヲ極メルトアリマスレバ、施行期限ノナイ法律デス、若シ政府ガ都合ニ依ッテ二年モ三年モ五年モ延バレタナラバ、ドウナサル

○田口卯吉君(八十一番) ソレハ議場デ以テ……極メルヨリ外仕方ガナイ、側ヘバ市町村制ノ如キモ其時期ハ極メテナイ

○河島醇君(十番) 私ハちよっと委員長ニ質問致シマスガ、此御提出ノ法案ト、今執行シツヽアル所ノ條約改正トハ、ドウ云フ關係ヲ持チマスカ

○田口卯吉君(八十一番) 共點ニ就キマシテハ政府委員ヨリノ御辯明ガゴザイマシタガ、委員會ニ於キマシテハ條約改正トハ決シテ差支ナイモノデアル、是等ノ港ヲ開イテモ我條約改正ニ不利益ニナルヤウナモノトモ見ズ、又日本ノ外交ハ是等ノ點ノタメニ條約改正ヲ害スル程ノ弱イ外交トハ見ナイト云フコトニ決シマシタ

○河島醇君(十番) 條約改正ノ結果ト致シテ、内地ヲ開放シテモ斯ウ云フ港ヲ更ニ開カナケレバナラヌカト云フ……

○田口卯吉君(八十一番) 委員ノ意見ハドウカト云フデスカ

○河島醇君(十番) サウ

○田口卯吉君(八十一番) ソレハ開カネバナラヌト云フコトデアリマス

○河島醇君(十番) ソレカラ此第二ハ今ノ條約改正ガ――現行ノ條約ニ依ッテ見ルト、開港場ニハ皆居留地ガアル、則チ居留地ハ内外貿易ヲ致ス所デアル、シテ見レバ此法案ガ通過スレバ同時ニ居留地ヲ開クト云フノデアリマスカ

○田口卯吉君(八十一番) ソレハ辯明書ニ書イテアリマス通リ居留地ハ置カヌト……

○河島醇君(十番) 居留地ヲ置カズトスレバ、内外取引ヲシナイト云フノデスカ

○田口卯吉君(八十一番) サウデゴザイマス、丁度歐羅巴ノ港ト同ジコトデアリマス

○河島醇君(十番) 現行ノ條約ト――今ノ條約トハ餘程衝突ヲ致シマセウ

○田口卯吉君(八十一番) 矛盾シナイ積デゴザイマス

○平島松尾君(二百七十一番) 此開港ヲ致スニ就イテハドレ位ノ費用ヲ要シマス積デアリマスカ、則チ開港ヲスルニ就イテ――所謂港ヲ拵ヘルニ就イテノ費用及是ガ出來上リマシタ上、今ノ税關ヲ置イテサウシテヤル費用デゴザリマスルナ、此雙方ノ費用ノ御調査ガアレバソレヲ伺ヒタイ

○田口卯吉君(八十一番) 其費用ノ調査ハ委シイコトハ未ダゴザリマセヌデス、但シ是迄ノ朝鮮國ニ對シマスル貿易上ニ於ケル税關局ノ經費等ヲ見マレテモ、非常ニ廉ナルモノデアル、又既設ノ開港場ニ於キマシテモ、横濱神戸等ハ餘程ノ巨額ヲ要シマスガ、或ハ函館或ハ新潟等ニ於キマシテハ、或ハ七千或ハ一万位ニ止マルコトヽ存ジマス、此以上ニ此度開キマスル開港ニ於ケル經費モ本員ノ見込ニ於キマシテハ、三万圓内外總體デ往クデアラウ、殊ニ東京抔ハ税關局ノ支局ノ如キモノモアリマス、清水、四日市其他ニ於キマシテモ誠ニ朝鮮貿易、最初貿易ノ未ダ盛ニナラヌ中ハ、ソレ程ノ經費ノイルモノデモゴザリマセヌカラシテ、貿易ノ進歩ト共ニ經費ヲ増スト云フ考デゴザリマス、極ク僅々タルモノデ濟ムト云フ考デゴザリマス

○平島松尾君(二百七十一番) 尚ホ伺ヒマスガ、三万圓ト云フノハ經常ノ費用デゴザリマスルガ、港ヲ開クニ就イテノ費用ガ大分イリマスト思ヒマスルガ、所謂東京ノ如キハ或ル當局者抔ノ話ニ依リマスト云フト、先ヅ七八百万若クハ千万位掛ケネバ良イ港ニハナレマイト云フコトヲ聞イテ居リマス、此邊ノ費用ハドウ云フ御考デゴザリマスカ

○田口卯吉君(八十一番) ソレハ少シモ此案ニハ見込ンデナイノデゴザリマス、ト云フモノハ東京抔ヲ本當ニ築港ヲ致シマスルニハ一千万圓ト云フコトデゴザリマスガ、唯今ノ港ハ干潮十二呎ニナッテ居リマス、稍々途中ニ八呎位ナ所モゴザリマスルガ、先ヅソレダケデゴザリマスレバ、五百噸内外ノ船ハ這入レル、又四日市其他ニ於キマシテモ本當ニ港ヲ直シ棧橋ヲ架ケルヤウナ費用ニナリマシテハ、巨額ノモノデゴザリマセウ、ソレナシニ艀船デ開クト云フ、貿易ヲスルト云フコトデアレバ、今日ノ儘デ宜シイ

○平島松尾君(二百七十一番) 御見込デハ、今日ノ儘デ別段築港ノ費用抔ハ見込マヌト云フコトデアリマスカ

○田口卯吉君(八十一番) 左様デス、朝鮮貿易ヲヤルト同ジ意味デス

○天埜伊左衛門君(百六十八番) 私モ唯今何番カヽ御尋ネニナッタ點ヲ御尋致シマスガ、今ノ御辯明ニ依ッテ見マスルト云フト、棧橋等總テ其港ヲ開イテ船舶ノ乘下リ出來ル上ニ就イテハ、聊モドノ港ハ幾ラ掛ルト云フ御積算ハ出來テ居ラヌノデスカ、大體東京ガ一千万デアルナラバ、或ハ清水ガ幾ラトカ、若クハ其他ノ此法案ニアル各港ハ幾ラトカ云フ豫想ノ金額位ノコトハ分ッテ居ルヤウニ、私ハ推測致シマスガ、共點ニ於テハ御考ハゴザリマセヌカ

○田口卯吉君(八十一番) ソレ等ハ聞イタ所モゴザリマスルシ、隨分ソレヲ集メマシタナラバ、巨額ノコトデゴザリマセウガ、併シ開港ヲ致シマスルニハ、ソレハ必要デハナイ、艀船デ荷物ノ積卸ヲ致シマス積デゴザリマスカラ、ソレナシニ此港ガ開カレルト云フ意味デゴザリマス

○天埜伊左衛門君(百六十八番) サウ致シマスルト尚ホ伺ヒマスルガ、或ハ現在ノ儘ニシテ置ケバ此中ニドウ云フ港ガドウト云フヤウナコトハ私ハ存ジマセヌガ、或ハ艀船デ二里行カウガ、三里行カウガ、サウ云フコトニハ頓著ハナイト云フ御考デゴザリマスカ

○田口卯吉君(八十一番) そんなニ二里ダノ三里ダノト云フヤウナ悪ルイ港ノハナイ、門司ナリ下ノ關ノ如キハ近ク行クシ、清水ノ如キハ餘程側ニ參リマス良イ港、東京ガ一番遠イノデゴザイマセウ

明治二十九年三月五日　議長ノ報告

○議長（楠本正隆君）　是ヨリ諸般ノ報告ヲ爲シマスル

（佐脇書記官朗讀）

貴族院ニ於テ明治二十八年度歳入歳出總豫算追加案（庚）明治二十九年度歳入歳出總豫算追加案（丁）ヲ可決シタル旨同院ヨリ通牒アリ

江藤新作君長谷場純孝君竹內正志君武富時敏君平岡浩太郎君ヨリ朝鮮居留帝國臣民保護ニ關スル件ニ付政府ヘ質問書ヲ提出セラレタリ

議員ヨリ提出セラレタル議案左ノ如シ

朝鮮居留帝國臣民保護ニ關スル質問主意書

二月十一日朝鮮國變亂以來我居留人民ノ各所ニ殺害セラレタル者其姓名明ナル者既ニ十有餘人其他未タ確報ニ接セサル者ニ至リテハ幾十百人ナルヲ知ル可ラス加之朝鮮國諸道暴徒橫行シ我居留人民ノ生命財產ノ危險ナルコトハ既ニ掩フ可ラサル事實ナリ然ルニ帝國政府ハ我居留人民ヲ保護スルタメニ未タ一軍艦タモ派遣シタルヲ聞カス又我駐劄公使カ朝鮮政府ニ向テ此事ニ關シ照會嚴談シタルヲ聞カス是果シテ何等ノ事ソヤ帝國政府ハ我居留人民ノ生命財產ヲ朝鮮國暴徒ノ手ニ委棄シテ顧ミサルノ意乎願クハ政府ノ明答ヲ得テ本員等ノ疑團ヲ解カレンコトヲ

右成規ニ據リ提出候也

明治二十九年三月五日

提出者　江藤新作　長谷場純孝
　　　　竹內正志　武富時敏
　　　　平岡浩太郎

贊成者　尾崎行雄
　　　　外三十名

明治二十九年三月五日　質問ノ理由ニ關スル江藤新作君ノ演說

○江藤新作君（百八十六番）　諸君、私ハ朝鮮居留帝國臣民ノ保護ニ關スル質問書ヲ提出致シマシタカラ、其趣意ヲ說明致シマスル其前ニ、此趣意書ヲ此處デ朗讀致シマス

朝鮮居留帝國臣民保護ニ關スル質問主意書

二月十一日朝鮮國變亂以來我居留人民ノ各所ニ殺害セラレタル者其姓名明カナル者既ニ十有餘人其他未タ確報ニ接セサルモノニ至リテハ幾十百人ナルヲ知ル可ラス加之朝鮮國諸道暴徒橫行シ我居留人民ノ生命財產ノ危險ナルコトハ既ニ掩フ可カラサル事實ナリ然ルニ帝國政府ハ我居留人民ヲ保護スルタメニ未タ一軍艦タモ派遣シタルヲ聞カス又我駐劄公使カ朝鮮政府ニ向テ此ノ事ニ關シ照會嚴談シタルヲ聞カス是果シテ何等ノ事ソヤ帝國政府ハ我居留人民ノ生命財產ヲ朝鮮國暴徒ノ手ニ委棄シテ顧ミサルノ意乎願クハ政府ノ明答ヲ得テ本員等ノ疑團ヲ解カレンコトヲ

斯ウ云フノガ質問ノ趣意書デゴザイマスル、諸君ニシテ一片同胞ヲ愛スルノ情アラバ、我同胞人民ガ朝鮮ニ居留シテ居ル一万有餘ノ人民ニ向ッテ同情ヲ表セラルヽナラバ、決シテ此有樣ヲバ默過シテ居ル譯ニハ往クマイト思ヒマス、朝鮮居留ノ日本人ハ、殆ド一万有餘ニ上ボッテ居ル所ノ此日本人民ハ、慘酷ナル朝鮮ノ暴徒ノ、暴徒ノ毒刃ノ下ニ屠リ盡サレントスル有樣デアリマス、斯ノ如キ有樣タル、御承知ノ通先月ノ十一日ノ朝鮮國ノ變亂以來、日本國ノ勢力ハ朝鮮國ヲ排斥セラレタルノミナラズ、非日本ノ熱ハ朝鮮八道ヲ覆フテ、日本人ノ彼暴徒ノタメニ殺戮セラレ、殺戮セラレタル其數ハ、其事ハ趣意書ニ書イテアリマスル通、此姓名ノ明ナルモノデサヘモ既ニ十何人アル、長崎縣人ノ何トカ云フ人ノ如キハ、白晝公然京城ノ眞中デ居ラレタト云フコトデゴザイマス、其他姓名ノ明ナラヌ者ニ至ッテハ、日本人ノ殺サレタル者ガ何十人、何百人アルカモ知レナイデゴザイマス、斯ノ如キ有樣デアル、殺サレタノハ此通、其他財產ヲ破壞セラレタル者、其他危險ニ陷ッタル者ニ至ッテハ、諸道ニ散在シテ居ル日本人ノ總テノ狀態デアルト云フコトハ、諸新聞ノ報道ニ依ッテ歷々トシテ明デアル事實デゴザイマス、而シテ是等ノ暴徒タル、日本人ヲ斯ノ如ク苦ムル所ノ暴徒タル、此暴徒ハ何デアルカト云ヘバ、先達テ朝鮮國王ハ詔勅ヲ發シテ之ヲ暴徒トスルノデナイ、義民デアルト云フコトヲ言ッテ居ル、サウシテ此暴徒ノ征討隊ハ、征討隊ト云フモノヲ引上ゲタト云ヘバ、此暴徒ハ義民、義民ト日本ノ守備隊ト戰ッテ居レバ、殆ド朝鮮國ト日本國トハ戰ヲシテ居ルト云フヤウナ有樣ニナッテ居ルデゴザイマス、加之斯ノ如ク朝鮮八道ノ日本人ハ到ル處ニ殺害セラレ、其財產ハ危險ニ陷ッテ居ルノニ、我守備隊ハドウシテ居ル、王城ノ門前ニ居ッタ我守備隊ト云フモノハ、王城ノ門前ヨリ引上ゲマシテ、司譯園ト云フ所マデ引上ゲテ仕舞ッタト云フコトデアルガ、何故ニ斯ノ如キ危險ナル場合ニ、益々守備隊ノ必要アル今日ニ方ッテ、何故ニ引上ゲテ仕舞ッタデアラウカト云フコトハ、本員等ハ大イニ疑フ所デゴザイマス、斯樣ニ守備隊ハ引上ゲテ、日本人ハ朝鮮八道ニ、朝鮮八道ニ蜂起シテ居ル所ノ暴民ノ中ニ圍マレテ居ルト云フ此有樣ニ、日本政府ハ是ニ向ッテ何ノ手ヲ下サヌト云フハ何デアル、朝鮮ノ近海ニハ常ニ軍艦ノ二艘位ハ居ルノガ通例デアルノニ、今日デハ一艘モ居ナイ、居ナイナラバ派遣スレバ宜シイノデアルガ、未ダ一艘ノ軍艦ヲ派遣シタト云フコトヲ聞カナイノハ、本員等ハ大イニ政府ノ處置ニ對シテ疑フ所デゴザイマス、朝鮮ヨリノ報知ニ依リマスレバ、朝鮮居留ノ日本人民ハ、帝國軍艦ガ今日來ルカ、明日來ルカト云ッテ、毎日頭ヲ延シテ帝國軍艦ノ入港スルヲ待ッテ居ルト云フコトデアルガ、マダ今日ニ至ルマデ一艘ノ影モ見エヌ、實ハ私杯モ必ズ速ニ軍艦ハ、彼國ニ居ル所ノ日本人民ノ保護ノタメニ不日派遣セラルヽデアラウ、今日出ルカ、明日出ルカト、實ハ今マデ待ッテ居ッタノデゴザイマスルガ、今日ニ至ルマデ何タルコトモ聞カヌト云フノハ、如何ナル譯デゴザイマセウカ、甚ダ私杯ガ疑フ所デゴザイマス、是ノミナラズ、朝鮮駐紮ノ日本公使モ、彼國政府ニ向ッテ、斯ノ如ク日本人ガ到ル處ニ輕蔑セラレ、到ル處ニ殺戮セラレテ居ルニモ拘ラズ、何ノ一言ノ嚴談シタト云フコトモ聞カズ、照會シタト云フコトモ聞カヌノハ、如何ナ譯デゴザイマセウ、私ハ是ニ對シテ聞イタコトガアルデス、先達テ日本政府ハ小村公使ニ向ッテ訓令ヲ發シタト云フ事ガアル、貴官ハ今回ノ事變ニ就イテハ、務テ衝突ヲ避クルベシト云フヤウナ意味ノ訓令ヲ發シタト云フコトデアリマスルガ、此衝突ト云フノハ何デアラウカ、朝鮮政府トノ衝突デアラウカト云ヒマスレバ、決シテサウデナイ、露西亞國ト衝突ノ意味デアラウト云フコト

ハ吾々ノ信ズル所デゴザイマス、然レドモ諸君、如何ニ露西亞帝國ガ暴慢ニアラウトモ、我帝國ガ正當ノ條理ニ依ッテ朝鮮政府ニ向ッテ照會シテ談判ヲスルノニ、露西亞ガ幾ラ暴慢ニアラウトモ、是ニ向ッテ苦情ヲ言フ譯ハナカラウ、露西亞ノ兵力ガ如何ニ强大デアラウトモ、是ヲ顧ミテ當然日本ガ主張スベキ所ノ權利モ主張スルコトガ出來ヌト云フコトハアルマイト思ヒマス、若シ露西亞ニシテ日本ニ衝突シテ、日本ニ向ッテ戰ヲ挑ムト云フヤウナ下心野心ガアルノナラバ、朝鮮ニ於テ衝突ヲ圖ラズトモ、外ニ幾ラモ口實ガアラウ、開戰ノ口實ハ幾ラモ作ルコトガ出來ルデアラウ、ソレヲ一々恐レテ帝國ノ公然主張スベキ權利モ主張スルコトガ出來ズ、朝鮮ニ居留スル一万有餘ノ人民ノ生命ヲモ保護スルコトガ出來ズシテ、露西亞帝國ノ權力ノ下ニ屈從シテ居ラネバナラヌト云フナラバ、殆ド日本ノ獨立モ亡ブルノモ同樣デアラウト私ハ考ヘル、日本政府ハ之ヲ忍ブコトガ出來ルカ知レマセヌガ、血アリ涙アル日本人民ハ、決シテ斯樣ナル辱メヲ忍ブコトハ出來ナイト思フノデアリマス、且ツ列國ノ間ニハ、一片ノ正義ハ未ダ存シテ居ルコトデアリマスカラ、左樣ニ濫ニ直グニ匹夫ノ寄合ノヤウニ、直グニ此處ニ破裂シテ戰爭ガ始マルト云フコトモアルマイ、抑々露西亞ガ斯ノ如ク非常ニ勢力ヲ朝鮮內地ニ――朝鮮國ニ樹立シテ居ルト云フノハ、一朝一夕ニ始ッタコトデハナイ、既ニ遼東半島ノ還付ヲ日本ニ迫ッタトキ以來、朝鮮ニ向ッテ――朝鮮ニ露西亞ノ勢力ヲ樹立セントスル下心ノアッタコトハ明デアル、其頃露西亞ノ外務大臣ガ露西亞ノ皇帝ニ謁見シタ時ニ、日本ガ朝鮮ニ勢力ヲ樹立スルノハ、露西亞ガ忍ブコトガ出來ナイ事デアルト云フコトヲ言上シタト云フコトヲ當時ノ新聞ニ載ッテ居リマシタガ、果セルカナ、其後著々トシテ彼ハ朝鮮ニ向ッテ其勢力ヲ樹立スルノ策ヲ進メ、今日ニ至ッテハ、既ニ先月ノ十一日ノ變亂ニ於テ、見事ニ日本ノ勢力ヲ排擊シテ、露西亞ノ勢力ヲ朝鮮ニ樹立シタト云フコトハ、其政略ガ東洋ニ歩ヲ進メテ來ルノデアルカラ、今日怪シムニモ驚クニモ足ラナイコトデアル、併ナガラ唯驚クノハ日本ノ有樣デ、日本ノ外交家ノ有樣デゴザイマス、斯ノ如ク露西亞ガ著々トシテ其歩ヲ進メテ來ルノニ、日本ノ勢力ハ既ニ排擊セラレテ居ル、露西亞ガ朝鮮ニ向ッテ勢力ヲ樹立スルト云フノハ、侵略的ノ意味ヲ有ッテ來ルモノデアリマスガ、日本ガ朝鮮ニ對シテ其勢力ヲ樹立スルト云フノハ、全ク自國ヲ守ルト云フ防禦的ノ精神ヨリ出タコトデアル、然ルニ脣破レテ齒寒シト云フ有樣ニナッテ居ルノニ、之ニ對スル政策ハ如何ナルモノデアルカト云フニ、ソレハ當局ノ諸公、必ズ胸中ニ歷々算ガアルノデゴザイマセウ、併ナガラ今日ノ有樣タル、決シテ當局ノ諸公ニ一任シテ、當局諸公ノ其賢明ニ一任スルコトノ出來ナイト云フノハ、實際朝鮮國ニ於ケル日本ノ勢力――日本ノ勢力ガ排擊セラレタノミナラズ、一万餘人ノ人民ヲ拋棄シテシマハナケレバナラヌヤウニ至ッタノハ、誠ニ悲シムベキ當局者ノ失策ノミナラズ、其無策ニ至ッテハ實ニ驚カザルヲ得ナイノデアリマス、今ヤ伊藤總理ノ――伊藤內閣ノ外交ノ失策ノ結果ハ、我同胞ノ一万餘ノ生命ハ朝鮮半島ノ中ニ棄テ、遂ニ彼ヲバ或ハ此儘ニシテ置ケバ、朝鮮暴動ノタメニ鏖ニサレルカモ知レナイト云フヤウナ有樣ニ陷ッテ居ルト云フノハ既ニ明カナルコトデゴザイマスカラ、私ハ速ニ此事ニ就イテ如何ナル處置ヲシテ居ルカ、是ダケノ人民ヲ保護スルコトニ就イテドレダケノ處置ヲ爲スデアルカト云フコトヲ、今日尋ネテ置クト云フノハ最モ必要ナルコトヽ考ヘテ、此質問書ヲ提出シタノデアリマス

（政府委員大藏次官法學博士男爵田尻稻次郎君演壇ニ登ル）

○政府委員（男爵田尻稻次郎君）　ドウモ唯今ノ御尋ハ、私ノ方デ驚入リマスノデ、私モ委員會ノ何ヲ申上ゲマス、曾根政府委員ガ出マシタ時ハ、アナタ方ノ御意向ガ定マラヌ時デ、十二年ニスルト云フノデ、十五年ニスルトカ、或ハ金高ヲ是ダケニスルト云フヤウナ事ハ定ッテ居リマシタガ、年度ノ――年ノ割當方抔ハ未ダ極マラヌ時デアル、ソレデ鐵道ヲ單ニ造ルト云フコトニハ、誰モ異存ガアリヤウハナイノデス、鐵道ガ澤山出來タ方ガ宜シイニ違ヒナイカラ、ソレデ大體鐵道ヲ造ルト云フコトニハ何ニモ御異議ヲ申ス譯デハナイ、ソレデサウマダ確トシタコトハ申上ゲナカッタノデス、ソレカラ私ガ始テ出タ時ト云フモノハ、既ニサウ云フコトニ御極リニナッテ居マシタカラシテ、ドウモ斯ウ云フ金額ヲバ僅カ四箇年ニ募ルト云フコトハ甚ダ困難ト思ハレルカラ、篤ト是ハ財政ノ全體ノ計畫ニ附加ヘテ、是マデノ國債償還ノ計畫ニドノ位ノ變動ヲ及スカト云フコトヲ突止メナケレバ御答ヲスルコトガ出來ヌ、其サウシテ不親切ト仰セラレマスガ、ナカ〳〵親切ニ吾々ハヤッテ居ルデス、其中ニ大祭日モアリマシタガ、是ハマー小サイコトデハアリマスルガ、其大祭日ノ休暇モ潰シマシテ、面倒臭イ算盤ヲヤッテ非常ニ勉强ヲシテヤッタノデ、又其時モ申シテ置キマシタガ、總理大臣ノ病氣ノタメニ和談ガ整ハヌカラト云フノデハナクシテ、ソレモアリマスシ、ソレカラシテ又折柄ノ朝鮮騷動ガ起リ停會ガ起リマシテ、色々シテ居ル中ニドウシテモ吾々ノ方デモ、斯ノ如キ巨額ノ金高――デアリマスカラ――唯今申上ゲタノモ、吾々ノ方デ餘程斟酌ヲシテ四箇年ト云フ御考ナノヲ、十箇年ニ引直シテヤッテ見テモ是デアリマスカラ、之ヲ若シ四箇年ニシマシタナラバ飛ンダ高ニナル、ソレ故ニ種々評議ヲ盡シマシタ中ニ、又委員會ガ開カレマシテ、其時マデハドウシテモ斯ウ云フ大事件デアリマスカラ、諸君ニ於カレテモ今御話ノ通ニ、餘程長ク審議ヲ盡サレタ事デアリマスシ吾々モ餘程審議ヲ盡サナケレバナラヌノデアリマスカラシテ、段々御話ヲシテ成ルタケ折合ヲ付ケテ御話ヲシヤウト思フテ居ル中ニ、又委員會ガ開カレマシテ、ソコデ決議ヲサレタ、決議ヲサルヽト云フコトハ、諸君ノ權能デアリマスカラ、ソレハ十分御ヤリナスッテモ宜シウゴザイマスガ、委員會ノ關係ト云フモノガサウナッテ居リマスカラ、吾々モ此事ニ就イテ篤ト御相談ヲシテヤラウト云フ最中ニ御決議ニナリマシタカラ、今日ハ玆ニ至ッテ、斯ノ如ク反對ヲスルヨリ仕方ガナイノデアリマス

明治二十九年三月十二日　議長ノ報告

○議長（楠本正隆君）　諸君、是ヨリ諸般ノ報告ヲ爲シマスル
（佐脇書記官朗讀）

政府ヨリ提出セラレタル議案左ノ如シ
　葉烟草專賣資金會計法案

貴族院ニ於テ害蟲驅除豫防法案、官吏恩給法及官吏遺族扶助法補則法律案ノ本院回付案ハ可決市制中東京市、京都市、大阪市ニ設ケタル特例廢止法律案市制中追加法律案ニ對シテハ第二讀會ヲ開カサルコトヲ議決シタル旨同院ヨリ通牒アリ

工藤行幹君尾崎行雄君犬養毅君長谷場純孝君田口卯吉君大東義徹君大竹貫一君金尾稜嚴君ヨリ朝鮮京城事變ニ關シ政府ヘ再質問書ヲ高木正年君ヨリ外交及軍紀ニ關シ政府ヘ質問書ヲ提出セラレタリ

議員ヨリ提出セラレタル議案左ノ如シ

質問書

本年二月十五日本員ヨリ提出セシ同月十一日朝鮮京城ノ事變ニ關スル質問ニ對シ政府ニ於テ未タ何等ノ答辯ナキハ如何ナル理由ナルヤ

右成規ニ據リ提出候也

明治二十九年三月十一日

提出者　工藤行幹　尾崎行雄
　　　　犬養毅　長谷場純孝

賛成者　田口卯吉　大東義徹
　　　　大竹貫一　金尾稜嚴
　　　　西田忠之
　　　　外二十九名

明治二十九年三月十二日　質問ノ理由ニ關スル工藤行幹君ノ演説

○工藤行幹君（百十番）　諸君、私ノ提出シタ質問書ト云フモノハ、斯ウ云フ質問書ヲ提出シタノデゴザリマス、極簡單ナモノデゴザイマス、之ヲ一寸朗讀致シマス

本年二月十五日本員ヨリ提出セシ同月十一日朝鮮京城ノ事變ニ關スル質問ニ對シ政府ニ於テ未タ何等ノ答辯ナキハ如何ナル理由ナルヤ

而シテ二月十五日ニ本院ヨリ出シタ事ハドウデアルカト云ヘバ、諸君モ御存ジノ通、例ノ二月十一日ノ朝鮮ノ事變ニ就キマシテ、朝鮮大君主陛下ハ既ニ露國ノ公使館ニ連レラレテ行ク、是モ自ラ好ンデ行ッタノデハアリマスマイト思ヒマス、擁セラレテ行ッタモノト見ルヨリ外ハナイ、又是マデ日本黨ト稱セラレテ居ル大臣ノ二三人モ戮殺セラレテ居ル、其他趙羲淵ノ如キ、豫テ日本黨ト云ハレテ居ルモノ、首ヲ取ッテ出セト云フ布告モ出テ居ル、故ニ此趙羲淵ハ我國ヘ逃ゲテ來テ居ルト云フコトニ爲ッテ居ル、如何ニモ其始末ヲ見ルト、此宣戰ノ勅ノ御意タル、朝鮮ノ獨立ヲ保護スル所ノ精神ニハ大ニ反對シテ居ル所ノ結果デアル、故ニ之ニ對シテハ、政府ハ何等ノ是カラ見込ヲ以テ宣戰ノ聖旨ヲ貫徹スルコトガ出來ルカ、此政府ノ意見ヲ聽キタイト云フコトヲ質問致シタノデゴザイマス、是ハ如何ニモ重大ナル事デゴザイマシテ、諸君モ御存ジノ通、今更クドクハ申シマセヌケレドモ、畢竟此宣戰ノ詔勅ト云フモノハ、朝鮮ヲ扶助スルト云フ所、朝鮮ノ獨立ヲ扶ケルト云フ所カラ基イテ、遂ニ此支那トノ大戰爭トナリ、四億万圓ノ入費ヲ費シ、數千人ノ人民ヲ殺シタノデゴザイマセウ、然ルニ其結果斯ノ如クナリ、却テ以前支那ト相對シテ居ルヨリハ、日本ノ權力ハ朝鮮ニ於テ大ニ削減シタト云フコトハ明ナル事實デゴザイマス、故ニ政府ハ是ニ對シテ如何ナル方針ヲ取ッテ宣戰ノ聖旨ヲ奉戴スルカト云フコトヲ質問致シタノデアル、然ルニ爾來殆ド三十日程ニナルノニ、政府ハ何等ノ回答ヲ出サヌト云フコトハ如何ニモ不親切――不親切ドコロデナイ、政府ノ自ラ爲スベキ義務ヲ行ハナイモノト言ハナケレバナリマセヌ、實ニ此朝鮮ノ變亂以來ハ、日本ノ人民ト云フモノハ、ドウ云フ是カラ工合ニナルダラウ、折角是マデニ戰爭ヲシテ朝鮮ノ獨立ヲ扶ケル積デアッタガ、或ハ露國ニ取ラレハセヌカ、或ハ再ビ支那ニ取ラレハセヌカ、日本人ノ彼國ニ居ル者ハドウナッテ居ルカト云フコトハ、日夜頸ヲ延イテ案ジテ居ルノデゴザイマス、故ニ吾々ハ政府ノ是ニ對スル方針ヲ聽キタイト云フコトヲ質問シタノデアル、然ルニ若シヤ此事ハ外交ニ關係シテ居ル事デゴザマスカラ、政府ハ公然ナル議會ニ言フコトガ出來ナイナラバ、相當ナル手續ヲ以テ、明ニ此議會ニ報道シテ貰ヒタイト云フコトヲ言フタノニ、爾來何モナイ、第一總理大臣ト云フモノハ此議場ニ見エタコトモナシ、又外務大臣モ見エタコトモナイ、書面ヲ以テ答ヘタコトモナイ、抑々政府ハ寢テ居ルノダヤラ、死ンデ居ルノダヤラ、無方針デ居ルノダヤラ、無神經デ居ルノダヤラ、一向譯ガ分ラヌト思ヒマス、而シテ其爾來新聞紙抔ノ報道スル所ニ據ルト云フト、實ニ我國ノ人民ノ朝鮮ニ居リマシタ者ハ、是マデト違ッテ一日モ安心スルコトガ出來ナイノミナラズ、或ハ彼等ハ我ガ兵隊ニ向ヒテ侮辱ヲ加フルガ如キ處置ヲ爲シテ居ルト云フコトデゴザイマス、彼ノ金宏集抔ヲ殺シタトキモ、繩ヲ附ケテ而シテ我兵隊ノ居ル處ノ前ヲ、故ラニ大道ヲ白晝ニヒッパリ回シテ歩イテ、著ル物ヲ皆奪ッテシマヒ、肉モ或ハ頬ノアタリ、或ハ股ノアタリヲ嚙取ッテ居ルト云フ位ノモノデアル、是ヲ日本ノ兵隊ノ居ル前ヲ、白晝ニ公然ト之ヲ引回シテ歩クト云フコトハ、彼等ノ野蠻風ハ兎ニモ角ニモ、故ラニ日本ノ守備隊ノ居ル前ヲヒッパリ回シテ歩クト云フモノハ、畢竟日本ノ兵ヲ侮辱スルガ如キ仕方デアルノデゴザイマス、否侮辱スルニ相違ナイト思フノデゴザイマス、昨年支那ノ戰爭ニ勝ッタ時ノ如キハ、實ニ朝鮮人ハ我日本人ニ對シテ、到ル處尊敬ノ意ヲ加ヘテアル、故ニ我日本ノ名譽モ揚リ、又此ニ居ル人民抔モ商業ト云ヒ、其他ノ事ハ万事万端都合ガ好クナッテ、爾來日本カラモ續々彼國ニ渡ッテ、或ハ行商ヲヤリ、或ハ店ヲ開キ、各々其利ヲ營ンデ、一層是カラ朝鮮ノ國ニ對スル交易モ盛ンニナリ、又朝鮮國トノ親和モ一層深クナルト云フヤウナ場合ニナッテ居ルノデゴザイマス、然ルニ此十一日ノ事變以來、是ガ打ッテ變ッテ來テ、或ハ露國ノ兵抔ノ通ルトキハ、朝鮮人ガ極尊敬ノ意ヲ表シテ居ルケレドモ、我國ノ者ニ對シテハ實ニ傲慢無禮到ラザル處ナイヤウナ次第ニ爲ッテ居ルト云フ、現ニ此京城

アタリ、或ハ開城アタリニ居ル日本人ハ、迚モ居ルコトガ出來ナイデ、兵隊ニ護衞セラレテ、仁川又ハ釜山アタリニ引取ッタト云フコトデゴザイマスル、折角朝鮮國ト親和ヲ求メテ、我日本ノ勢力ハ朝鮮ニ伸ビ、又朝鮮國ト交際モ一層親密ニ爲ッテ居ルノヲ、此十一日ノ事變以來、今ノ如キ次第ニ爲ッテ、獨リ尊敬ノ意ヲ失フ――尊敬セラルヽノ意ヲ失フノミナラズ、却テ侮辱ヲ加ヘラレ、甚シキハ自ラ資産ヲ投ジテ商業或ハ工業ニ從事シテ居ル者ハ、無類ノ損害ヲ來シテ居ルノデゴザイマスル、是等モ政府ハドウシテ之ヲ救ハントスルノデアルカ、ドウシテ之ヲ保護スルト云フモノデアルカ、一向見ナイ振リ、聞カナイ振リヲシテ置クト云フコトハ、如何ニモ日本政府トシテ日本國民ヲ保護スルノ能力ナキ姿ニ爲ッテ居ルノデゴザイマス、而シテ彼ノ釜山アタリニ居ル我國ノ人民ガ、或ハ今日ハ軍艦ガ來ナイカ、明日ハ軍艦ガ來ナイカト云フテ、頸ヲ延イテ待ッテ居ルノニ、軍艦ト云フモノハ影モ形モ見エナイ、是ハ何ノタメデアルカ、決シテ吾々ノ信ズル所ハ日本ノ海軍ガ弱クシテ、支那ノ――露西亞ノ軍艦ノ在ル處ニ行クコトガ出來ナイト云フコトデハアルマイト思ヒマス、或ハ我日本政府ノ方針ガ確定シテ居ラナイカラ、殊更ニ軍艦ヲ彼地ニヤッテ、萬一衝突スル事ガアッテハナラヌカラト云フテ、內々訓令ヲ下シテ、大ニ之ヲ引留メテアルト云フコトモ聞イテ居リマス、諸君、如何デゴザイマスカ、兵ヲ養フモ、軍艦ヲ備ヘルノモ、何ノタメデゴザイマセウ、此軍艦ノ如キハ外國ニ出テ居ル我人民ヲ保護スルニ最モ必要ナル事デアル、然ルニ朝鮮ニ於テ、我人民ガ既ニ新聞ノ報ズル所ニ據ッテモ二十餘名程殺サレテ居ル、又前申シタ通、營業者、工業者ハ、其業ヲ營ムコトガ出來ザルノミナラズ、大イナル損害ヲ加ヘラレ、或ハ言フベカラザル侮辱ヲ受ケテ居ル、之ヲ此軍艦ガアルノニ――斯ノ如ク軍艦ガ澤山アルノニ、一艘ノ船ヲ出シテ之ヲ保護シナイト云フノハ、抑々何等ノタメデゴザイマセウ、何ノタメニ軍隊ヲ設ケテ置クノデゴザイマセウ、何ノタメニ陸軍ヲ設ケテ置クノデゴザイマセウ、何ノタメニ朝鮮ノ京城ニ我守備隊二中隊モ置クノデゴザイマセウ、此兵隊ハ吾々モ昨年支那ヘ行ッテ見タトキニハ、丁度光華門ノ前、即チ此我東京デ云フナラバ、二重橋ノ前トモ云フベキ處ニ我守備隊ハ儼然トシテ營所ヲ張ッテ居ルノデゴザイマス、然ルニ是モ遂ニソコニ居溜ラズシテ、是ヨリ半里モ離レテ居ル所ノ我居留地ノ近傍ニ引揚ゲタト云フコトデゴザイマス、是ハ何ノタメ引揚ゲタカ知リマセヌケレドモ、或ハ云フ、決シテ衞生上トカ其他ノ都合ノタメニ引揚ゲタノデハナクシテ、餘リ目立ッタ處ニ居ルト云フト、他カラ種々ナ事ヲ挑マレテハナラヌ、是ヲ避ケルタメニ、我日本ノ居留地ノ近邊ニ引揚ゲタト云フコトデゴザイマス、諸君、如何デゴザイマセウ、守備隊ヲ他國ニ置イテ我人民ヲ保護シ、併セテ彼ノ朝鮮ノ孤弱ヲ救フテ獨立ニセシメンガタメニ、若干ノ費用ヲ出シテ此處ニヤッテ居ルモノヲ、今申シタ通緊要ノ地ニ居ラレズシテ、田舍ナル我居留地ノ近傍マデ引上ゲル如キハ、何ンタルタメデゴザイマセウ、是モ決シテ私ハ我陸軍、即チ守備隊ノ弱キタメデハナイ、畢竟政府ノ政略ノ立タヌ所カラ、政府ハ殊更ニ之ヲ避ケシムルノデハナイカト思フノデゴザイマス、否、思フ位ナコトデハナイ、私一人ナラバ、政府ハ斷ジテ斯ノ如キ虛弱ナル處置ヲ取ッタモノダト私ハ言ハナケレバナラヌト思ヒマス、抑々政府ハ此戰後ノ經營トシテ、此議會ニ對シテドウ云フコトヲ求メテ居ル、又議會ヂヤナイ、我四千万ノ同胞ニ對シテドウ云フコトヲ求メテ居ルカ、戰後ノ經營トシテ軍艦ヲ澤山造ラナクチャナラヌ、又陸軍モ增加セナクチャナラヌ、其他工業モ起シ、海外ニモ發達セシメナクテハナラヌト云フコトデ、或ハ烟草ノ税トカ、或ハ酒ノ税トカ、其外營業税トカト云フモノヲ、未ダ曾テ我國ニナイ如キノ巨額ノ要求ヲシテ、吾々ハ之ヲ可決シテアルデハゴザリマセヌカ、之ヲ吾々ハ可決シテ、此政府ノ求メニ應ズルト云フノハ、果シテ何ノ意デゴザリマスルカ、畢竟我人民ガ今遽ニ富裕ニ爲ッタカラ、是ダケノ增税ヲ出シテ宜イト云フ譯デハナイ、偏ニ我國威ヲ宣揚シ、即チ昨年ノ宣戰ノ詔勅ノ御趣意ヲ奉體シテ我國威ヲ宣揚シ、我四千万同胞ノ安寧ヲ圖リタイト云フ意ニ外ナラナイデゴザリマセウ、然ルニ一方ニハ吾々四千万ノ人民、我代議士ガ斯ノ如キ增税モ可決シ、斯ノ如キ多額ノ金モ負擔シテアルニモ拘ラズ、一方ニハ政府ノ處置ノ惡ルイタメニ、此軍ノ前ヨリ一層ヒドイ國威ニ對シテハ侮辱ヲ與ヘラレテ居ル、我人民ハ現ニ朝鮮ノ國ニ於テ殺サレテ居ル、ソレ等ノ事ニ對シテ何ニモセズニ居ルト云フノハ、如何ナル譯デゴザリマスカ、斯樣ニ弗屆ナル事ヲスル譯ナラバ、何ガタメニ斯ノ如キ增税ヲ要求スルコトガアリマセウカ、殆ド政府ノ爲ス所ガ私ハ無神經ト言ハンカ、無方針ト言ハンカ、虛弱ト言ハンカ、實ニ爲ス所ヲ知ラナイノデゴザイマス、然シテ近頃ニナリマシテモ、政府ハ頻ニ議會モ最早終結ノ期ニ近クナッタカラシテ、彼モ急イデヤレ、是モ急イデヤレト云フコトヲ此議院ニ求メルノハ、實ニ嚴酷ナル要求ヲ以テ求メテアル、或ハ河川法案ノ如キ、七十條モアルノヲ三日カ四日ニヤラントナラヌトカ、民法ノ如キモ早クヤラナケレバナラヌトカ、總テ增税法案ノ如キデモ、皆政府ハ極至急ヲ要シテ此議場ニ諮ッテアルノデアル、吾々モ早ク戰後ノ經營ヲ爲シタイタメニ其求ニ應ジテアルガ、一方ニ向ッテハ政府ハドウデゴザリマス、吾々ハ此立憲政體ノ能力ニ依ッテ政府ニ求メテアル所ノ質問書、而モ目下緊急ノ事、我國ノ國威ニ關シ、我人民ノ安寧ニ關スル事ニ就イテ質問ヲ出スモノハ、三十日ノ久シキニ渉ッテモ何等ノ回答――答辯ヲシナイト云フノハ、抑々如何ナル譯デゴザリマスカ、凡ソ立憲政體ノ今日ニナッテ、所謂政府ノ求ムル所ハ人民モ成ルタケ之ニ滿足ヲ與ヘテ遣リ、又人民ノ求ムル所ハ政府ハ此法律ノ範圍內ニ於テハ極テ鄭重ニ、極テ親切ニ之ヲ處理シナケレバナラヌト云フコトハ、當然デアルノデゴザリマセウ、然ルニ一方ハ議會ニ求ムルコト甚ダ嚴酷ニシテ、自分ノ爲ス所自分ノ職掌タル、最モ我國ノ榮辱ニ關係スル外交政略ノ事ニ就イテ質問スルノニ對シテハ、恬トシテ恥ル所ナク、恬トシテ顧ル所ガナイト云フモノハ、抑々是ガ政府タルモノデゴザイマセウカ、實ニ私ガ奇々怪々ト言ハザルヲ得ナイデゴザイマス、愈々伊藤內閣ニシテ果シテソレダケノ、此議場ニ對シテ答辯スル位ナ事ガナイ譯ナラバ、何ゾ自ラ早ク處決シナイノデゴザイマセウ、凡ソ其職ニ在ッテ其職ヲ盡スコトガ出來ナイ譯ナレバ、自ラ退クノハ當然ノ事、又意見ガアルナラバ、此議會ニ對シテ答辯ヲスルト云フコトハ當然ナ事デハゴザイマセヌカ、吾々ハ政府ノ外交ノ事ニ就イテ質問書ヲ出セバ、是ニ答ヘナケレバナラヌト云フコトハ、我憲法政治ノ定ムル所デ、我 天皇陛下カラ吾々ニ賜ッテアル所ノ能力デアル、然ルニ其事ハ一向政府ハ顧ミナイ、斯ノ如クシテ伊藤總理大臣ガ議會ノ初ニ於テ上下――議會ト政府ト能ク折合ッテ、是カラ國威ヲ宣揚シナケレバナラヌノ、國力ヲ發達セシメナケレバナラヌノト云フコトハ何事デゴザイマス、所謂一致ヲ圖リ、國運ヲ增進セシメントスレバ、自ラ務メル所ノモノハ飽クマデモ務メ、又人ニ求ムル所モ十分之ヲ求ムルト云フノハ當然デアルノニ、人ニ求ムル所ハ甚ダ酷薄ニシテ、自ラノ職務ニ至ッテハ、此職務ヲ曠ウスルニモ拘ラズ、恬トシテ耻ル所ガナイ、質問ガアッテモ答ヘルコトヲセナイ、此議會ニモ足ヲ入レヌト云フヤウナコトデゴザリマス、斯ノ如クシテ我日本國ヲ維持スルコトハ出來ルデゴザリマセウカ、故ニ私ガ懸念デタマラヌト思フノデゴザリマス、故ニ私此質問書ヲ出スノデゴザリマス、願ハクハ今日ニモ、明日ニモ、總理大臣ハ自ラ此議場ニ御出席ニナッテ、明ニ此答辯アランコトヲ私ハ切ニ希望スルノデゴザリマス、若シ又此議場ニ答辯爲サル、ニ就イテ差支ノ事ガアルナラバ、相當ナル手續ヲ以テ、其相當ナル順序デ履行スレバ宜シイ、ドウシテモ之ニ答ヘラレヌト云フコトハナイノデゴザリマス、若シ伊藤内閣ガ前申シタ通無能力ニシテ之ニ答ヘルコトガ出來ヌケレバ、吾々モ又一層進デ之ニ對シテ處置ヲシナクテハナラヌト思フ、然レドモ一應モ此答辯ヲ促サズシテ他ノ途ヲ取ルト云フコトハ、或ハ他政府ニ對シテ吾々議員ナルモノヽ處置デハナイト思ヒマスルカラ、此再ビ質問書ヲ呈シテ、伊藤總理大臣ノ此答辯ヲ促スノデゴザリマス、此處ニハ政府ノ委員モ、此當局者ガ居ラヌヤウデゴザイマスガ、蔭デハゴザイマスガ、ドウシテモ政府ハ今日ニテモ、明日ニモ、速ニ出テ明ニ答辯ノアランコトヲ希望致シマスル、若シ答辯スルコトガ出來ナイナラバ、私ガ無能力デ、迚モ此答ヲスルコトガ出來マセヌト言フテ、低頭平身シタラ宜カラウト思フノデゴザリマス、故ニ私ガ質問書ヲ呈シタ所以デゴザリマスカラ、一應御話シテ置キマス

外交及ヒ軍記ニ關スル質問

北清日々新聞ハ露清祕密條約ナルモノヲ記セリ一新聞ノ記事俄ニ信スヘカラサルカ如クナルモ馬關條約已後ニ於ケル一善鄰國ノ動靜清國償金ノ換濟膠洲灣ノ借用此間北清日々新聞ノ報告ヲ豫照スルニ足ルヘキモノアリ政府ハ露清祕密條約ノ有無ヲ探査シタルヤ否ヤ又探査ノ結果ハ如何又此等ノ事實アリトセハ政府ハ之ニ對シテ何等ノ處置ヲ施セル乎

軍紀ノ嚴整ヲ要スルハ更ニ言フヲ俟タス政府ハ帝國議會ニ於テスラ其設計ヲ公ニセス然ルニ外國ニ於ケル一新誌ハ疾ク之カ計畫ヲ報導シタリ我當局者中ヨリ祕密ヲ漏泄シタル者アルニ非サルヨリハ外國新聞ノ之ヲ知ル彼ノ如ク詳密ナル能ハス政府ハ如何ナル處分ヲ爲サントスル乎

明治二十九年三月十一日

提出者 高木正年
贊成者 尾崎行雄
外二十九名

明治二十九年三月十二日

質問ノ理由ニ關スル高木正年君ノ演説

○高木正年君（百二十九番） 唯今工藤君ガ矢張外交ニ關シタ質問ガゴザイマシタ後デ申スノモ、少シ質問ノ演説ガ如何ニモクドイヤウニ御考デアルカモ知マセヌガ、私ノ今日致シマスル質問ハ、餘程我國將來ニ重キ關係ヲ持ッテ居ル事柄デゴザイマシテ國防ノ基礎ニモ共響ハ非常ナ變動ヲ來タシ、豫算ノ編制ニモ將來關係ノアル事デゴザイマスルカラ、暫クドウゾ御聽ヲ願ヒタイノデゴザイマス、先ヅ其質問書ノ要領ヲ讀ミマスガ

北清日日新聞ハ露清祕密條約ナルモノヲ記載セリ一新聞ノ記事俄ニ信スヘカラサルカ如クナルモ馬關條約已後ニ於ケル一善鄰國ノ動靜清國償金ノ換濟膠州灣ノ借用此間北清日日新聞ノ報告ヲ豫照スルニ足ルヘキモノアリ政府ハ淸露祕密條約ノ有無ヲ探査シタルヤ否ヤ又探査ノ結果ハ如何又此等ノ事實アリトセハ政府ハ之ニ對シテ何等ノ處置ヲ施セル乎

今一ツハ次ノ質問デゴザイマス

軍紀ノ嚴肅ヲ要スルモノハ更ニ言フヲ俟タス政府ハ帝國議會ニ於テスラ其設計ヲ公ニセス然ルニ外國ニ於ケル一新誌ハ疾ク之カ計畫ヲ報道シタリ我當局者中ヨリ祕密ヲ漏泄シタル者アルニ非サルヨリハ外國新聞ノ之ヲ知ル彼ノ如ク詳密ナル能ハス政府ハ如何ナル處分ヲナサントスルカ

是ガ質問書ノ要領デゴザイマス、私ガ此露清條約ニ就イテ質問ヲ致ス前ニ、一應自分ガ此外交問題ニ就イテ言ハネバナラヌト云フ趣意ヲ明ニ致シテ置カウト思ヒマス、如何ニモ露清條約ニ就イテ申シマスルト、或ル場合ニ於テハ甚ダ穩ナラヌガ如ク聽ク人ガアルカ知リマセヌノデゴザイマス、サリナガラ一體外交ノ事ハ、或ル事柄ノ起ッタ時ニ決シテ始マルモノデハゴザリマセヌ、外交上ノ手段ト云フモノハ、丁度兵士ノ演習ニ於ケル對抗運動ノ形ノモノデアルノ、デス、外交ノ上ニ就イテ各々國々ガ職メ己ノ形勢ヲ作ルト云フコトガ、卽チ外交上ニ於ケル最大融谿、最大緊要ノ手段デゴザイマス、外交ノ上ノ形ニ於テ既ニ失敗シタナレバ、決シテ其以後ニ於ケル所謂實力ノ爭ヒ、戰爭杯ニ於テ十分ニ働ガ出來得ルモノデハゴザイマセヌ、諺ニモ申ス如ク智ヲ以テ戰フト、力ヲ以テ戰フノガ、外交ノ働ト戰爭ノ働トノ其區別ガアルノデゴザイマス、先ヅ甲ト乙、若クハ丙ト丁トノ國ガ形ヲ作ル時ニ於テ失敗シタナラバ、其國ハ將來矢張優勢ヲ作ルコトガ出來ナイ次第ニ相成ルノデゴザイマス、是マデ外交上ニ現ハレタル經驗ヲ考ヘテ見テモ、卽チ其形勢ヲ持ッテ居ルノデアル、彼ノ英國ガ朝鮮ニ於ケル一ノ小サイ島、彼ノ巨文島ヲ恰モ占領シタルガ如キ形ニナッタ時ニ、露國ハ是ニ對シテ如何ナル事ヲ以テシタカ、露西亞ハ英國ニ談ジテ巨文島占領ヲ撤回セシメタガ、是ニ對シテ英國ハ一ノ保證ヲ爲シ得タノデゴザイマス、成ル程英國ノ外交ハ巨文島攻略ニ於テハ失敗シタル形ガゴザイマスルガ、之ニ反シテ將來ニ露西亞ハ朝鮮ニ於ケル所ノ、決シテ或ル部分ノ占領ノ如キ事ヲ爲サナイト云フコトノ契約ヲ爲シタノハ如何デアルカ、巨文島攻略ハ、巨文島其物ハ占領セラレザルモ、外交上ニ於テ慥ニ英國ハ露西亞ヲシテ東洋ノ平和ヲ盟ハシメタト云フ所ノ一ツノ形勢ヲ得タノデハゴザイマセヌカ、是等ハ卽チ外交ニ於ケル形ヲ造ル上ノ手段デアッテ、此形ハ其外交ニ於ケル最大ノ手段デゴザイマス、北清日日新聞ノ記事ハ、斯ク申ス自分モ必シモ此事アリトハ信ズルノデハゴザイマセヌ、若シ此事微ッセバ實ニ吾々ハ幸福ナリト言ハネバナラヌコトデゴザイマスルガ、此事ガアッタ後、吾々ガ揚言シテモ、演説シテモ一向效ノナイコトデアリ

マス、若シ此事ガアッタナラバ、此事ニ對スル所ノ處分ヲ政府ガ爲サネバナラヌ、此事微ッセバ、此事ノ起ラヌヤウニ今日ニ於テ豫防スルガ、即チ吾吾諸君ト共ニ熱心ニ注意シナケレバナラヌ、政府ヲシテナサセナケレバナラヌ事柄デゴザイマス、露清條約ハドウ云フコトヲ書イテ居ルカト云フト、隨分長イ文章デゴザイマスルガ、其中ノ極緊要ナルモノヲ拾ッテ讀ンデ見マスルト云フト、露國ハ清國ノ沿岸ニ隨意ニ艦隊ヲ集駐スルコトヲ許シ、又ハ隨意ニ修繕ヲ爲シ、糧食ヲ積込ミ、石炭ヲ積ミ、水ヲ供給スルコトガ出來ルト云フノガ一ノ箇條デゴザリマス、又遠ク膠州灣ヲ其軍艦ノ集駐地ト爲スト云フコトモ、亦一ノ箇條ニナッテ居ルノデゴザイマス、其次ニハ殊ニ是等ノ便利ヲ得ルタメニ、支那ノ地方官ガ此祕密條約ヲ知ラナイタメニ、露國ガ不便ヲ感ジテハナラヌカラ、若干ノ通譯官ヲ露國ノ軍艦ニ載セテ、地方廳ニ便宜ヲ爲サシムルト云フノモ、一ノ箇條デゴザイマス、ソレカラ西伯利亞鐵道延長ニ對シテハ、滿洲ニ接シタ地方ヲ露國ノ便宜ニ之ヲ貸シ與フルト云フモ、一ノ箇條デゴザイマス、最後ニ此樣ニ肝要ナルコトガ書イテアルノデゴザイマス、朝鮮・露國及日本ガ衝突スル時ノ場合ニ於テハ、清國ガ露國ガ鴨綠江ノ道ヲ經テ、朝鮮ノ西境ヲ攻撃スル許諾ヲ露國ニ與フルト云フコトモ書イテアリマス、是ハ唯今申シマスガ如ク、新聞記事デアッテ、必シモ自分ガ之ヲ信ズルノデハゴザイマセヌ、サリナガラ今日東洋ニ起リツヽアル所ノ、吾吾ガ目撃シツヽアル所ノ露清間ノ擧動ト云フモノハ、稍々是等ノ事ヲ信ジ得ル跡ガアルヤウニ考ヘルノデゴザイマス、膠州灣ハ今日實際露國ガ軍艦ノ集駐地ト爲シテ居ルノデゴザイマセヌカ、日本ノ債金ニ對シテ露國ガ保證ヲ與ヘタノハ、將來何ノタメニ來タルベキ所ノ結果ヲ期シ得ベキコトデゴザイマスルカ、鐵道敷設ノ便宜ヲ與フルト云フコトニ於テハ、昨十一日天津發ノ電信ニ依ッテ見マスルト、李鴻章ハ滿洲ヲ經過スル鐵道ニ就イテ露國ニ商議スル全權ヲ與ヘラレタト云フコトヲ今日ノ新聞ガ掲載致シテ居ルデハゴザリマセヌカ、斯ノ如キ新聞ノ記事ハ須ラク信ズベカラズトスルモ、其事實ハ吾吾ノ耳朶ヲ打チ來ルハ抑々何デゴザリマスルカ、遼東ノ還付ハ何故ニ三國ヲシテ干渉スルコトヲ爲サシメタカト言ヘバ、唯今申ス如ク一度日本ガ此地ヲ占領シテ、日本領トシテ數多ノ軍隊ヲ派出シ置イタナラバ東洋ノ形勢ノ上ニ於テ日本ガ一大優勢ヲ持ツト云フコトガ彼レノ干渉シタ所以デハゴザリマセヌカ、彼ガ東洋ノ平和ニ害アリト揚言シタコトデハゴザリマセヌカ、然ルニ之ニ反シテ唯今朗讀シタリ若クハ私ノ説明シタル如ク、露國ガ東洋ニ於ケル優勢ヲ持ツト云フトキニ於テハ、東洋ノ平和ハ如何ニシテ保チ得ルデゴザリマセウカ、其間ニ於テ既ニ優勝劣敗ノ形跡ハ明ニ分リ來ルデハアリマセヌカ、明ニ現出シツヽアルデハゴザリマセヌカ、日本ノ外交官ハ如何、日本ノ政府ハ如何、此間殆ド知ラザルガ如キ形アルハ抑々何デアルカ、朝鮮問題ニ就イテハ屢々議員ノ質問スル所、政府ハ是ニ就イテ一言モ答辯ヲ與ヘナイト云フコトハ、工藤君ノ言ハル、マデモナキコトデゴザリマスル、吾々モ諸君ト共ニ此事ニ就イテ深ク政府ヲ責メネバナラヌガ、今日ハ一朝鮮事件ノミデハゴザリマセヌ、東洋ノ問題ハ最早朝鮮問題ノミニ限ルノデハゴザリマセヌ、支那ニ於ケル問題ハ即チ東洋ノ平和ニ關係スル最大問題デゴザリマスル、今一層進ンデ申セバ、今日東洋ニ起ル問題ハ多ク日本ノ獨立ノ權能ニ關スル最大ノ事柄デゴザイマスル、政府ガ若シ之ヲ緩慢ニ失シ、若クハ之ヲ知ラザル間ニ其形ヲ造ラシムル如キコトガアッタナラバ、吾々ハ如何ニ將來辛苦シテ國ノ經濟ヲ經營シテモ、殆ド國民ヲシテ塗炭ノ苦ニ陷ラシムル如キ負擔ヲ負ハセテモ、今日以後ノ經營ハ非常ナ困難ニ陷ラシメナケレバナリマセヌ、國ノ獨立ト云フモノハ將來ニ保チ得ラレヌコトデゴザリマスル、然ルニ政府ハ緩慢デアルカ何デアルカ、恰モ三國干渉ノ議ノ露國ニ起ッタ時ニ於テ、其會議ヲ知ラザルガ如ク、馬耳東風ニ聞流シテ居ルト云フコトハ、吾々ハ頗ル慨歎シナケレバナラヌコトデアルガ、獨リ慨歎シテ已ムベキコトデハゴザリマセヌ、ドウシテモ是ニ就イテハ我政府ヲシテ十分ニ行フ所ヲ行ハシメナケレバナリマセヌ、東洋ノ平和ヲ保ツ上ニ就イテ敏腕ヲ振ハシメナケレバナリマセヌガ、其敏腕ハドウカ知ラヌガ、ドウシテモ此肝要ノ問題ニ就イテ吾吾ヲ滿足セシムル丈ノ答辯ヲ與ヘテ、然ル後再考セシムル途ヲ與ヘナケレバナラヌ、然ルニ之ヲ爲サヾルハ抑々何デアルカ、私ガ殊ニ大言シテ此問題ニ就イテノ答辯ヲ促ス所以デゴザリマスル、今一ツハ此軍機ノ祕密ニ關スル質問デゴザリマス

（小室重弘君「高木君ニ確メテ置キタイコトガゴザリマス」ト呼フ）

○議長（楠本正隆君）　イヤ、演説ガ濟ンデカラ

○高木正年君（百二十三番）　濟ンデ其後ニ願ヒマス、次ニ質問スルノハ此軍機ノ祕密ニ關スル事柄デアリマス、此事ハ諸君ハ私ガ申スマデモナク能ク御存ジデアル事柄デゴザイマス、丁度豫算會議ヲ開キマシタ時分ニモ、此海軍ノ設計ニ於テ、事柄ニ就イテハ一期二期ノ區別々々ヲ政府ハ容易ニ明言シナカッタノデゴザイマス、祕密會ヲ開イテ僅ニ議會ニ滿足ヲ得セシメタ事柄デゴザイマスル、豫算會ニ於テモ矢張是ハタイシテ差ハゴザリマセヌ、殆ド祕密ヲ以テ蔽ハレタト云フコトハ、國防ニ關スル豫算經過ノ有樣デゴザリマスル、然ルニ不思議ニモ帝國議會ノ未ダ開カレヌ前ニ於テ、此軍艦設計ノ祕密ハ外國ニ漏洩シタリト云フ事實ガアルノデゴザリマスル、一月十一日ノ佛國ノでぶあー百三號ニ掲ゲタル所ヲ讀ンデ見マスルト、水雷ノ數ハ少シク相違ヲシテ居リマスルガ、重ナル戰鬪艦、巡洋艦、水雷艦、水雷砲艦等ノ數ニ於テハ殆ド符節ヲ合セルガ如キ事實ガ、最モ委レク書イテアルノデゴザリマスル、丁度考ヘテ見マスルト一月十一日ノ佛國ノ雜誌ニ出テ居ルト云フコトヲ考ヘテ見マスルト、ドウシテモ此雜誌ノ記載ヨリ少ナクモ四十日前、極速ケレバ三十日前ニ此祕密ハ日本ヨリ佛國ニ漏レタモノトシナケレバナラヌ、郵便ノ到著日數ヲ調ベマスルト左樣ナ時日ニナリマスルガ、若シ電信デアッタトシテモ、議會開會ノ前ニ此祕密ハ漏レタコトデゴザリマスル、是ハ何レノ部分ヨリ漏洩シタルヤト云フコトハ、私共申スマデモナク此祕密ヲ知ッタ者ヨリ外ニ祕密ヲ漏スベキ者ハナイ筈デゴザリマスル、是ハ質問書ニ掲ゲテアル通、政府ノ手中ヨリ漏レタモノデアルト斷定スルニ憚ラヌ者デゴザイマス、（「簡單々々」ト呼フ者アリ）少シ御聽キヲ願ヒマスル、此新聞ヲ讀ンデ見マスルト、祕密ヲ漏シタヤ否ヤニ就イテ根據アルヤウニ覺エルノデゴザリマス（「原文デ御讀ミヲ願ヒマス」ト呼フ者アリ）原文（「原文デスヨ」ト呼フ者アリ）原文ハ知リマセヌガ譯シタモノヲ讀ミマス（「朗讀ハ願ヒタイ」ト呼フ者アリ）ソレデハ朗讀ヲ止メテ趣意ヲ御話ヲシマスガ、此新聞ニ書イテアル所ヲ見マスルト、軍艦ノ製造ニ就イテ英佛ノ競爭ガアッテ、遂ニ其競爭ハ英國ノ務ニ爲ッテ、英國ノ製造家ガ引受ケルコトニナッタト云フ

コトガ書イテアル、斯様ニ考ヘマスルト、利益ノ世ノ中デゴザイマスカラ、でさいん杯ニ就イテハ此ぱでんとガ早ク聞キタガルコトハ製造家ガ爲シツヽアル手段デアル、故ニ所謂外國人ノ宰取御用外國人ノ手ニ早ク漏レタト云フコトハ、此新聞ノ記事ニ依ッテ早ク稍〻推シ得ラルヽコトデゴザイマスル、是ハ既ニ過去ッタコトデゴザイマスル、一體外交ニ於ケル祕密若クハ軍機ニ於ケル機密ト云フコトハ、屢〻政府ガ明言シテ是ニ依ッテ吾〻ノ言論ヲ止メ、吾〻ヲシテ滿足セシメヌト云フコトハ議會ノ上ニ現レタコトデアル、然ルニ政府ハ外交上ニ於テ他國ノ祕密ハ少モ知ル手腕ガナクシテ、吾ノ祕密ハ彼ニ早ク知ラルヽト云フコトハ、甚ダ恐ルベキ事デゴザリマセヌカ、三國ノ干渉ノ時ニ如何ナル擧動ヲシタノデアルカ、三國駐在ノ公使ハ少シモ其事ヲ知ラナカッタト云フコトハ外交官ノ職トシテ滿足ナリト云フヲ得ベキモノデゴザリマセウカ、日本ノ外交ノ振ハヌト云フコトハソレハ固ヨリ其人ニ在ルコトデゴザリマスガ、外交ガ振ハザルハ、早ク此祕密ノ漏ルヽト云フコトモ其一原因デアルト思ヒマス、イツモ日本ノ失敗ハ、逃ゲルト云フコトヲ知ッテ居ッテ、來ル者ヲ逐フト云フ如キモノデアッテ、日本ノ弱イト云フコトヲ彼ニ知ラシテ、外交ノ上ニ於テ常ニ失敗ヲスルノデアリマス、此軍艦ノ祕密ノ漏レタ如キモ、恰モ日本ノ公使ガ三國干渉ヲ知ラザルガ如キ事柄デアッテ、總テ斯様ナ失敗ニ失敗ヲ重ネ、斯様ナ拙劣ナ手段ニ手段ヲ重ネテ、今日日本ノ光榮ト云フモノハ保ツコトガ出來ナイマデニ達シタノデゴザリマスル、是ハ誰ノ責デアル、卽チ政府ノ責デゴザイマスル、是等ノ事ニ對シテハ、十分政府ハ滿足ナル答辯ヲ與ヘテ吾〻ヲシテ將來國ノ計畫ニ就イテ安心ヲセシムルヤウニセネバナラヌ、卽チ是ガ質問ノ要領デゴザイマスル

○小室重弘君（八十八番） 高木君ニ確メテ置キマスガ、唯今ノ御演説ノ露清祕密條約ト云フヤウナコトハ、餘程重大ナ件デゴザイマシテ、高木君ノ唯今ノ御演説ノ如クデアリマスレバ、私共ハ高木君ノ御演説ニ依ッテ大ニ利益ヲ得ルノデゴザリマスルガ、或ハ錦輝館デ政談演説デモヤルト云フ場合ニハ、一片ノ新聞紙ニ依ッテ放言高論ヲ爲スガ宜シイ、併ナガラ言責ノアル此議場ノ演壇デ御述ニナルニハ、一片ノ新聞紙或ハ新聞紙ガ拔萃シタるーとる電報位デハ、餘リ輕卒ナ事デアルト考ヘル、併シ高木君ハ左様ナ輕卒ナ事ハ爲サラヌ御方デアルカラ、何カ新聞紙ガ例ヘバ李鴻章ガ鐵道ノ全權ヲ帶ビテ居ルトカ言フコトデ……定テアナタノ所ニモ電報ガ來タラウシ、又此事柄ニ就イテハ新聞ノ外ニ、責任ヲ負フテ御演説ニナル程ノ何カ確メ得ラルヽコトガアラウト思ヒマスガ、アナタガ唯今御調査ニナッタ結果ガ、唯今御演説ノ通デアルカト云フコトヲ確メテ置キマス

○高木正年君（百二十九番） 小室君ニ御答致シマスガ、私ノ始ニ讀ミマシタ趣意書ト、私ノ演説ヲ御聽キニナリマシタラ御分リニナリマセウ、私ハ此事ニ對シテノ虛實ヲ政府ニ問フノデゴザリマスルノデ、唯新聞ノ記事ノミデハ無論信用ガ出來ヌガ、其事實ノ上ニ於テ幾ラカ信用ガアルヤウニ思フト云フコトヲ唯今申上ゲマシタ、此事ガ實際デナケレバ吾〻ハ實ニ帝國ノ萬歳ヲ唱ヘル譯デゴザリマスルガ、若シアッテハナラヌカラ政府ニ確メルト云フ、是ガ政府ニ質問ノ要項デゴザリマスル

○議長（楠本正隆君） 議事日程ノ第一、事業公債條例案第一讀會ノ續――委員長箕浦勝人君

明治二十九年三月十三日　議長ノ報告

○議長（楠本正隆君）　諸君、是ヨリ諸般ノ報告ヲ爲シマスル

（佐脇書記官朗讀）

金尾稜嚴君提出ニ係ル軍艦千島號訴訟事件ニ關スル質問ニ對シ西鄕海軍大臣ヨリ答辯アリ

衆議院議員金尾稜嚴君ヨリ軍艦千島號損害要償ノ訴訟ニ關スル質問ニ對シ海軍大臣ヨリ答辯書提出ニ付及御回付候也

明治二十九年三月十二日

内閣總理大臣侯爵伊藤博文

衆議院議長楠本正隆殿

衆議院議員金尾稜嚴君提出軍艦千島號損害要償ノ訴訟ニ關スル質問ニ對シ別紙答辯書差進候也

明治二十九年三月七日

海軍大臣侯爵西鄕從道

衆議院議長楠本正隆殿

（別紙）

衆議院議員金尾稜嚴君ヨリ提出ノ軍艦千島損害要償ノ訴訟ニ關スル質問書ニ對スル答辯書

質問提出者カ述フルカ如ク現行條約ニ於テ我原告タル時ハ彼ノ裁判ヲ仰キ彼原告タル時ハ我ノ裁判ヲ仰クハ論ヲ待タサレハ則チ政府ハ此理由ヲ以テ反訴拒絶ノ抗辯ヲ爲シ遂ニ我レノ勝訴ニ歸シタルモノニシテ反訴共モノニ對シテ答辯ヲ爲シタルニアラサルナリ

若シ英國樞密院ニ於テ千島艦沈沒ノ場所ハ日本ノ領海ニ非スト判決シタルトキハ政府ハ其判決ニ服從セントスル決心ヲ有シタリシヤトノ點ニ至テハ當時未定ノ問題ニ係リ今之カ答辯ヲ爲スヲ要セスト雖モ嘗テ在上海英國高等裁判所ニ於テ爲セル領海ニ係ル判決ニ關シテハ政府ハ他日ノ誤解ヲ避ル爲メ直チニ英國政府ニ向テ該内海ハ全ク帝國領海ニシテ事實上ニ於テモ權利上ニ於テモ各國公共ノ航路又ハ公海ト見做スヘキモノニ非サル旨ヲ宣言シ置キタリ

右及答辯候也

明治二十九年三月七日

海軍大臣侯爵西鄕從道

政府ヨリ提出セラレタル議案左ノ如シ

東京府下郡廢置法律案

京都府下郡廢置法律案

貴族院ニ於テ兩院協議會ノ成案ニ係ル鐵道敷設法中改正法律案ヲ否決シタル旨同院ヨリ通牒アリ

漆間民夫君ヨリ臺灣島ニ於ケル外人土地所有權ニ關スル件ニ付、沼田宇源太君、鳩山和夫君ヨリ朝鮮事變處分ニ關スル件ニ付政府ヘ質問書ヲ提出セラレタリ

議員ヨリ提出セラレタル議案左ノ如シ

明治二十三年法律第百五號中改正法律案

提出者　中村彌六君

保安條例廢止法律案

提出者　西村與太郎君　竹内正志君

別格官幣社ヲ臺灣ニ建設スルノ建議案

提出者　漆間民夫君　北原信綱君　深山聳嵋君　早川龍介君

特別委員長及理事左ノ通リ當選セラレタリ

馬匹ノ調査及檢査ニ關スル法律案審査特別委員長　谷河尚忠君

同理事　坂本理一郎君

（左ノ質問書ハ朗讀ヲ經サルモ參照ノタメ茲ニ掲載ス）

臺灣島ニ於ケル外人土地所有權ニ關スル質問書

一　帝國ノ新領土タル臺灣島ニ於テ讓受前既ニ外人ノ土地ヲ所有シテ居タル者尠カラストノ説アリ果シテ然ル乎然ラハ帝國政府ハ淸國政府ヨリ引渡ノ當時其土地ノ種類、所在、面積及該外人ノ國籍、住所、姓名等ヲ明確ニ知悉セルナルヘシ其詳細如何

一　我國駐劄獨逸公使ヨリ帝國政府ニ向ヒ淸國政府カ臺灣島割讓前同島居留獨逸人ニ對シ炭坑區及ヒ樟林區ノ所有權ヲ附與シアリタリトテ之ニ關シ同一ノ權利ヲ與ヘラレタシトノ旨ヲ照會シ來リタリト聞ク果シテ然ラハ政府ハ之ニ對シテ如何ナル答辯ヲ與ヘタルヤ未タ與ヘストセハ如何ナル答辯ヲ與フル乎

一　右等ノ如ク淸國カ認メ居リタル同島ニ於ケル外人ノ土地所有權ニ對シテ帝國政府ハ現ニ如何ニ處分セル乎又今後如何ナル處分ヲ施サントスル乎

右成規ニ據リ提出候也

明治二十九年三月十二日

提出者　漆間民夫

賛成者　犬養毅

外三十三名

昨年十月八日朝鮮事變處分ニ關スル質問

一　政府ハ三浦公使以下ノ處分ニ關シ司法權ニ干渉シタルコトナキヤ又横濱地方裁判所檢事正安藤謙介ヲ朝鮮ニ派遣シ及ヒ三浦公使以下ヲ廣島ニ於テ逮捕セシハ何等ノ法律ニ據リタルヤ

一　同連累者中ノ官吏ハ多クハ復職シテ再ヒ朝鮮ニ出張シタルニ拘ハラス官吏ニアラサルモノハ一年以上ノ退韓ヲ命セラル、ハ不公平ノ處置ニアラスヤ是等ノ者ニ對シテハ政府ハ退韓處分ヲ取消スノ方針ナルヤ

右質問ニ及ヒ候間速ニ明了ノ答辯アランコトヲ望ム

明治二十九年三月十一日

提出者　沼田宇源太　鳩山和夫

賛成者　坂本理一郎

外二十九名

○沼田宇源太君(一番)　諸君、本員等ハ昨年十月八日ノ朝鮮事變處分ニ關スル質問ヲ今日政府ニ提出致シタノデゴザイマスデ、一應朗讀致シマセウ、卽チ斯樣ノ質問デゴザイマス

政府ハ三浦公使以下ノ處分ニ關シ司法權ニ干涉シタルコトナキヤ

又橫濱地方裁判所檢事正安藤謙介ヲ朝鮮ニ派遣シ及ヒ三浦公使以下ヲ廣島ニ於テ逮捕セシハ何等ノ法律ニ據リタルヤ

同連累者中ノ官吏ハ多ク復職シテ再ヒ朝鮮ニ出張シタルニ拘ラス官吏ニアラサルモノハ一年以上ノ退韓ヲ命セラル、ハ不公平ノ處置ニアラスヤ是等ノ者ニ對シテハ政府ハ退韓處分ヲ取消スノ方針ナルヤ

斯樣ノ質問デゴザイマス、此第二ノ質問ニ於キマシテハ既ニ文章ニ明ナルコトデゴザリマスカラ、別段申上ゲル必要モゴザイマセヌガ、第一ノ質問ニ對シテハ聊カ口頭ヲ以テ補ッテ置カウト思ヒマス、抑〻司法權獨立卽チ行政權ヲ以テ司法權ニ干與スルコトガ出來ナイト云フコトハ、今日ニ及ビマシテ私共ノ喋々ヲ竢ツコトデハゴザイマセヌ、固ヨリ極リ切ッタ事デアル、立憲政治ノ基礎トシテ司法權ノ獨立ト云フコト程大切ナモノハナイ、然ルニ昨年十月八日ノ朝鮮事變ニ就キマシテハ、三浦公使以下ノ疑獄一件ニ關シマシテハ、政府ノ處置ニ於テ疑フベキ點ガ澤山アル、先ヅ其中ノ一二ヲ拾フテ申上ゲマスルト、此變報ノ達スルト同時ニ、橫濱地方裁判所ノ檢事正安藤謙介ナル者ヲ朝鮮ニ派遣シテ何事カノ取調ヲ爲サシメ、或ハ司法省ノ官吏ヲ廣島ニ出張セシメテ何事カノ打合ヲ爲サシメ、或ハ此變報ノアルト同時ニ、卽チ三浦公使等ガマダ朝鮮カラ出發モセヌ中ニ、此管轄裁判所ヲ廣島ト定メ、其係判事タル人マデ其當時定マッタ位ノコトデアル、斯樣ナ事柄ハ諸君モ其當時既ニ十分御承知ノ事柄デゴザイマセウ、デ、此事ニ就キマシテハ本員等ノ確ナル所ニヨリ聞込ンダ事ガアル、又聞込ンダ事ガアルト云フテ申上ゲマシタナラバ、或ル一派ノ人々ハ御前ガ新聞ヤ風說ヲ持ッテ來テ、此堂々タル帝國議會ニ於テ質問ノ材料ニスルノデアルカト言ハレルカモ知レマセヌガ、私ハ決シテ一片ノ風說若クハ新聞等ヲ以テ質問ノ材料トスルノデハゴザイマセヌ、是ハ成ル程書面ニ書イテアルコトデモナシ、十分確ナル所ヨリ聞込ンダル所ノ事柄デアル、是ハ初メ日本政府ハ此事變ノ報知ノ、或米國人デ朝鮮ニ居ッタ者カラ米國公使館ニ到達シタル所ノ電報ニ依ッテ此事變ヲ聞イテ、政府ハ非常ニ狼狽ヲセラレテ、今ニモ露西亞カラ兵隊デモ向ケテ來ラレハセヌカト云フ恐怖心ヲ起シ、非常ナル周章狼狽ヲ以テ、未ダ我公使館カラハ詳ナル報知モ來ラズ、又守備隊ヨリノ報告モ政府ハ信用セヌデ、唯外國人カラ來タ所ノ一片ノ電報ニ依ッテ、直グニ露西亞ニ駐在ヲシテ居ル西公使ノ處ニ電報ヲ掛ケラレタト云フコトデアル、其電報ハ如何ナル電報デアルカト申シマスルト、卽チ西公使ヲシテ露西亞ノ政府ニ申込マシメタノデアル、ソレハ三浦公使ナルモノハ我日本政府ノ命令ニ背キタル大罪人デアル、ソレ故ニ之ヲ嚴罰ニ處スルコトデアルカラ、ドウゾ此局ハ平穩ニ結ンデ貰ヒタイト云フコトノ趣意ヲ、西公使ヲシテ露西亞政府ニ申込マシメタト云フコトデアル、所ガ、露西亞政府ニ於キマシテハ、外務大臣ハ西ニ面會ヲ謝絕致シテ、外務次官ヲシテ西ニ面會ヲセシメテ申サレマスルニハ、日本ノ國ガ日本人ノ惡ルイ事ヲシタ者ヲ日本ノ國ノ法律ヲ以テ罰スルト云フコトデアレバ、嚴刑ニ處セヤウトモ、無罪ニシヤウトモ、ソレハ露西亞政府ノ關係シタ事デハゴザイマセヌ、唯露西亞政府ニ在ッテハ露西亞ノ國是トスル所ヲ斷ジテ行ヒマスルト云フ挨拶ヲシタト云フコトデアル、折角「オベッカ」ヲ使ヒニ出懸ケタ所ガ、ヤミタップリノ挨拶ヲ受ケタモノデアリマスカラ、西ハ更ニ推返シテ、露西亞ノ國是トハ如何ナルモノデゴザイマセウカ、伺ヒタイト申シマシタ所ガ、我邦ノ國是ハ外國人ニ對シ辨明スベキ事デナイト言ッテ刎付ケラレタト云フ、此話ノ由ッテ出デタ處ハ十分確ノ處デアル、我政府ハ一方ノ露西亞ニ對シテハ斯樣ナ申譯ヲ致シ、又一方ニ於テハ飽クマデ三浦公使以下ヲ嚴刑ニ處シテ此申譯ヲ爲サントシテ、此趣意ヲ以テ段々取調ヲナサシメタ所ガ、追々ト一昨年以來大鳥公使以來ノ事柄ノ關係モ現レテ來、又政府ノ往復ノ祕密書類モ色々出テ來ル、之ヲ公判ニ移ス場合ニ爲ルト、此政府ノ近年ノ失策ト云フモノハ、悉ク暴露シナケレバナラヌト云フ所ニ立至ッタモノデアリマスカラ、政府ハ俄ニ方針ヲ變ジテ、是デハ溜ラヌ、是ハ豫審ニ於テ無罪ト云フコトニシテ、突放シテシマフヨリ外ニナイト云フノデ、閣議ガ一變シテ、豫審ハ爲ニ無罪ニ爲ッタノデアルト云フコトデアル、是ガタメニ豫審終結書ナルモノヲ見ルニ、一種無類ノ終結書ガ出來テ居ル、卽チ前ニハ有罪ノ事ガ出テ居ッテ、之ニ附隨シテ無罪ヲ宣言シテ居ル、斯ク前後不揃ノ終結書ノ出タノハ是ガタメデアルト云フコトデアル、實ニ怪シカラヌコトデアル、本員等ハ決シテ之ヲ信ジナイ、否、本員等ハ之ヲ信ゼザラントスル者デアル、サリナガラ此話ノ由ッテ出デタル處ハ頗ル確ノ事デアリ、萬一斯ノ如キ事ガアッタトシテハ眞ニ重大ノ事デアリマスカラ、之ヲ政府ニ質問致シテ、其眞否ヲ十分ニ確メテ置カウト思フノデアル、彼ノ露西亞太子ガ――露西亞ノ皇太子ガ日本ニ參ラレマシテ、兇漢ノタメニ暴行ヲ受ケタ場合ニ當リマシテモ、此司法權ニ干涉シタト云フコトハ色々アッタノデアル、斯樣ナ事ガ前ニモアル政府デアリマスカラ、今日ニ於テモ斯樣ナ風說ガ確カナル所ヨリ出デタ以上ハ、左樣ナ事ハ萬々ナカラウト云フテ安心シテ居ルコトハ出來ナイノデアル、又彼ノ橫濱地方裁判所ノ檢事正安藤謙介ヲシテ朝鮮ニ派遣セシメタト云フコトハ、是ハ何等ノ法律ニ依ッタルモノデアラウカ、本員等ハ更ニ解シ得ザル所デアル、成ル程檢事ハ一體ナリト云フテ、檢事ハ司法大臣ノ命令ニ依ッテ指揮ヲ受ケベキ者デハアル、サリナガラ檢事縱令一體ナリトハ雖モ、其職務ト云フモノハ自ラ管轄ノ定ッタルモノデアル、縱令一體ト云ッテモ、其管轄ヲ侵スコトハ出來ナイ、況ヤ裁判所構成法以外ニ在ル――我日本國以外ノ外國ノ地ニ在ッテハ、日本ノ檢事ナル者ハ決シテ職務ヲ行フコトノ出來ナイト云フコトハ、固ヨリ當然ノコトデアル、然ラバ日本人ガ朝鮮ニアッテ犯

罪ヲナシタル時ハ、如何ニスベキカト云フテ見マスルト、是ハ朝鮮ノ修交條約ニ於テ極ッテ居ル、其修交條約ノ第十款ニ斯樣ニ在ル「日本國人民朝鮮國指定ノ各口ニ在留中若シ罪科ヲ犯シ朝鮮國人民ニ交涉スル事件ハ總テ日本國官員ノ審斷ニ歸スヘシ」斯樣ニ修交條約ニハ言フテアル、而シテ日本國官員トハ何ヲ云フカト申シマスルト、朝鮮國ニ派遣シテアル所ノ日本官吏、卽チ領事ヲ云フタモノデアル、ソレ故ニ領事裁判規則、卽チ是ハ二十一年ノ十月勅令第七十一號ヲ以テ發布ニナッテ居ル領事裁判規則第二條ニ依ッテ見ルト「豫審判事ノ職務ハ領事之ヲ行ヒ檢察官ノ職務ハ副領事若クハ領事館書記生之ヲ行フ」ト云フコトニ爲ッテ居ル、卽チ檢察官ノ執ルベキ所ノ職務ハ、朝鮮ニ在リマシテハ副領事カ、若クハ警察官、若クハ領事館ノ書記生ガ之ヲ扱ハナケレバナラヌコトニ爲ッテ居ル、日本國ノ檢察官ハ朝鮮ニ往ッテ檢察官ノ職務ヲ行フト云フコトハ何ニモナイ、サウ致シテ見マスルト、如何ナル場合ニ於テモ、此日本國カラ檢察官ガ管轄外ナル、又一步進デ裁判所構成法ノ範圍外ナル朝鮮國ニ派遣スルト云フコトハ決シテアラウ筈ノナイコトデアル、然ルニ此事件ニ就キマシテハ、政府ガ此變報ヲ聞クト同時ニ、此安藤謙介ヲ朝鮮ニ派遣セシメテ、何等カノ取調ヲ爲サシメテ、屢ミ往復ヲシタト云フコトハ確ナル事デアル、是レ本員等ノ何分解シ得ザル所デアル、又裁判管轄ノ事デアルガ、此三浦公使以下ガ犯罪ガアルトシテ見テモ、之ヲ廣島ノ管轄ニ屬セシメテ、廣島ニ於テ調ベシメタト云フノハ、又吾ミノ解シ得ザル事デアル、領事裁判規則ノ第一條ニ依ッテ見マスルト輕罪ニ屬スル裁判權ハ、朝鮮ニ於テ領事裁判所ガ其權限ヲ持ッテ居ル、而シテ重罪ノ裁判權ハドウデアルカト云フト、第五條ニ據ッテ重罪ニ關スル豫審ノ手續ト云フモノハ此領事裁判所ガ持ッテ居ル、卽チ重罪ニ於キマシテハ、領事館ニ於キマシテ此豫審ヲ爲スベキモノデアル、其豫審ヲ爲シタル後ハドウデアルカト云フト、第七條ニ據リマシテ重罪ニ係ル公判ハ長崎重罪裁判所ガ管轄スト斯ウナッテ居ル、今日ニ於テハ重罪裁判所ト云フモノハ特別ニナイカラ、卽チ是ハ長崎地方裁判所ノ管轄ニ屬スベキモノニ爲ッテ居ル、此裁判管轄ノコトハ極テ重大ナル事デアル、故ニ領事裁判規則ニ於キマシテモ斯ノ如ク此管轄ハ明ニ定メテ居ルノデアル、サウ致シテ見マスルト、如何ナル場合ニ於キマシテモ此廣島ノ管轄ニ屬スルト云フコトハナイ、此豫審ノ取調ハ朝鮮ニ於テ領事ガ爲スベキモノデアッタノデアル、勿論刑事訴訟法第二十九條ニハ斯樣ノ事ガアル、或ハ是ニ依ッテ廣島地方裁判所ニ移スコトガ出來ルト云フ人ガアルカモ知ラヌ、刑事訴訟法ノ第二十九條ニ「外國ニ在テ犯シタル罪本邦ノ法律ニ依リ處斷スヘキモノニシテ內地ニ於テ被告人ヲ逮捕シタルトキハ逮捕ノ地ノ裁判所ヲ以テ其管轄ナリトス」斯樣ノ規定ガアル、是ニ依ッテ或ハ斯ウ云フカモ知レヌ、此三浦公使以下ハ船ニ乘ッテ日本國ニ歸ッテ來タノデ、歸ッテ來タカラ是ハ廣島ガ管轄內デトッツカマヘタノデアル、ソレ故ニ是ハ廣島ノ管轄ニ屬スベキモノデアルト、斯ウ云フカモ知レナイ、サリナガラ此刑事訴訟法ノ第二十九條ナルモノハ、外國ニ於テ或ハ犯罪ノ發見シナカッタ場合、外國ニ於テハ發見シナイデ日本ニ來テ發見シタ場合、若クハ外國ニ於テ罪ヲ犯シテ逃亡シテ日本ニ遁レ歸ッタ場合、斯樣ノ場合ヲ申サレタモノデアル、本件ノ如キ犯罪ノ事柄ハ、外國ニ於テ十分ノ取調ヲ爲シ、十分ノ捜査ヲ爲シ、サウシテ此犯罪者ト申サレル所ノ人ミニハ、或ハ政府カラシテ歸朝ヲ命ジタリ、或ハ退韓ヲ命ジタリ、朝鮮ニ於テノ處置ハ外見上少モ犯罪人トシテハ取扱ハズ、役人ニハ歸朝ヲ命ジ役人以外ノモノニハ退韓ヲ命ジ、サウシテ總テ彼等ヲオビキ出シテ船ノ中ニ連込ンデ、サウシテ豫メ日本ニ於テハ廣島ニ來タナラバ、ソコデトッツカマヘテ廣島ノ管轄ニシヤウト云フテ管轄裁判所ヲ極メテ置キ、又判事モ極メテ居ッテ、サウシテ朝鮮ニ居ッタ被告人ト目指サレタモノヲバオビキ出シテ船ニ連レ込ンデ、サウシテ廣島ニ持ッテ來テ、ソラ船ヲ著イタト云フ所デトッツカマヘテ、其地ガ管轄裁判所デアルト云フノデアル、斯ウ云フコトハ決シテ出來ナイ、左樣ノ場合ヲ規定シタ法律デハ萬々ナイノデアル、左樣致シテ見マスト、此管轄ヲ以テ廣島ニ屬セシメタト云フコトハ、果シテ何等ノ法律ニ依ッテ斯ノ如キ處置ニ爲ッタモノデアルカ、更ニ分ラヌ事デアル、卽チ何レノ點カラ見テモ政府ガ司法權ニ干涉シタリト云フコトハ疑ハザルヲ得ナイ事デアル、或ハ吾ミ抔ノ少モ知ラナイ所ノ法律規則デモアルノカモ知ラナイ、是レ則チ本員ガ政府ニ向ッテ其答辯ヲ求メル所以デアル、第二ノ質問ニ至リマシテハ是ハ質問書ニ書イテアル通デ、最早辯明ヲ要サヌト思ヒマスカラ申述ベマセヌ、唯政府ハ自分自身ガ爲シメ事ニ就イテ、斯樣ミミニシタノハ何ニ依ッテシタノデアルカト云フコトヲ速ニ答辯セラレンコトヲ望ムノデアル、凡ソ人ト云フモノハ斯ウ云フコトハ何ニ依ッテシタノデアルカト云フト、斯樣ミミノタメニ斯ウナッタノデアルト云フコトハ卽答ノ出來ル筈デアル、然ルニ政府ハ是マデ質問ニ對シテ兎角答辯ヲシナイノデアル、ソレデ吾ミハ此事ハ一日モ早ク明瞭ナル答辯アランコトヲ望ムノデアル

○吉本榮吉君（八十一番） 少シ決議ヲシテ置キタイト思フ事ガアリマス、ソレハ此質問ノ說明デアリマスガ、此質問ノ趣意ヲ述ベルコトハ最モ必要デアラウガ、質問書ヲ出シタ以上ハ、强チニ說明ヲセズトモ此質問書ダケデ分ラナケレバナラヌ、又分ラヌ質問ヲ出スモノモアリマスマイガ、是カラハ日數モ餘程少ウゴザイマシテ、議スベキ重大ノ問題モ多ウゴザイマスカラ、質問ノ說明ヲセラルヽ諸君ハ其日ノ日程ノ終ッテカラ後ニ說明ニナルヤウニシタイト思ヒマス（「贊成々々」ノ聲起ル）議長ノ御勝手デ往カナイ事ナラ、此處デ決議ヲ採ッテ置クコトニシテ貰ヒタイ

○議長（楠本正隆君） 質問辯明ノタメノ登壇ハ、日程ノ終ッタ後ニシタイト云フ吉本君ノ御說ガアリマスガ、質問ノ辯明ハ會議ノ始ニ於テスルコトガ是マデノ慣例デアリマスカラ、其當時ニ於テ宜シク感ズル所ヲ以テ一時御決議ニナッテ宜イト思ヒマス、サウシナイト後日ニ不便ヲ感ズルコトガアラウト思ヒマス（ヒヤ〳〵ト呼フ者アリ）是ハ大事ノコト、思ヒマスソレデ急々ナラヌト云フコトデアレバ……

○佐藤昌藏君（二百十二番）　諸君、去ヌル七日、同ジク十一日、同ジク十四日、請願委員會ノ決議ヲ報道致シマス、院議ニ付スベシトスルモノ二件、古社寺保存ニ關スル件、次ハ大阪府竝ニ兵庫縣境界變更ニ關スル件、此件ハ去ヌル十四日ノ委員會ノ決議ニ掛リマシテゴザイマスルガ、照會議員、竝ニ主査ノ請願委員ヨリ至急ヲ要スルト云フ申立ガゴザイマシテ、直チニ議長ノ御手許ヘ右ノ事情ヲ述ベマシタ故ニ、既ニ印刷トナッテ諸君ノ御手許ニ回リマシテ居リマス、左様御承知ヲ願ヒマス、參考ノタメ政府ニ廻送スベシトスルモノ三十七件、米原、敦賀間鐵道ニ關スル件、次ハ舊土州藩罰斷金隊士族編入ノ件、次ハ和歌山縣東牟婁郡ニ電信架設ノ件、次ハ印旛沼疏鑿ノ件、次ハ阿武隈川、阿賀川治水ノ件、次ハ日清戰爭ノタメニ蒙リタル直接損害賠償ニ關スル件、次ハ佐賀ノ關海峽ニ航船標識建設ノ件、次ハ三重縣桑名郡長島村地價修正ノ件、次ハ鹿兒島縣地租改正ノ際官有地取調ニ係ル繰替金下戻ノ件、次ハ岐阜縣方縣郡石谷村地價修正ノ件、次ハ排水器試驗場設置ノ件、次ハ筑後川改修ノ件、次ハ　帝國輸出織物檢査法及地方同業組合規則制定ノ件、次ハ石川縣七尾港ニ軍港及商港開設ノ件、其次モ二箇條共ニ同樣ノ請願デゴザリマス、次ハ陸海軍擴張ニ關スル件、次ハ宮城縣亘理郡亘理町ニ電信架設ノ件、次ハ東海道線大磯ト國府津トノ中間ナル二宮ニ停車場設置ノ件、次ハ鐵道敷設法中追加ノ件、其次モ同斷、次ハ報效義會員トシテ占守島ニ越留病死者ヲ靖國神社ニ合祠ノ件、是モモウ一件同樣ナ願ガゴザイマス、次ハ軍港設置竝ニ警備隊設置ノ件、次ハ島根縣境港朝鮮貿易開港ノ件、次ハ舊御證文山下渡ノ件、次ハ中央商業會議所設置ノ件、次ハ木曾川改修ノ件、次ハ見沼代用水路土功費國庫支辨ノ件、次ハ宮城縣本網濱商港開築ノ件、次ハ宮城縣女川灣軍港開設ノ件、次ハ宮城縣地租改正ノ際官有地調査ニ係ル繰越金下戻ノ件、次ハ領事館增設領事專任及其支給方ニ關スル件、次ハ長良川上流改修ノ件、次ハ鐵道敷設法中追加ノ件、次ハ阿賀川治水ノ件、次ハ揖斐川上流改修ノ件、次ハ木曾川上流改修ノ件、次ハ北海道北見國稚田港ニ於テ薩哈連島貿易貨物積卸ノ件、參考トシテ特別委員會ニ廻送スベシトスルモノ二十一件ゴザイマス、東京府南多摩郡鶴川村郡替ノ件、次ハ島根縣仁多郡獨立ノ件、次ハ牛疫豫防ノ件、次ハ島根縣安濃郡獨立ノ件、次ハ佐賀縣東松浦郡假屋灣貿易港開設ノ件、次ハ大阪府下能勢郡ノ名稱ヲ存シ且組合法設置ノ件、次ハ痘苗買上ニ關スル件、次ハ鳥取縣境港朝鮮貿易開港ノ件、次ハ羊毛輸入海關稅免除ノ件、次ハ岡山縣後月郡獨立ノ件、次ハ帝國輸出絹織物檢査所設置ノ件、次ハ蠶種檢査ニ關スル件、次ハ蠶種檢査規則廢止ノ件、次ハ富山縣下郡分離及廢置ニ關スル件、次ハ埼玉縣秩父郡吾野村郡替ノ件、次ハ埼玉縣下北埼玉郡成田村及上中條村組合郡替ノ件、次ハ巖手縣下南北巖手紫波ノ三郡合併ノ件、次ハ香川縣大内寒川三木郡ヲ一郡域トナスノ件、次ハ埼玉縣北埼玉郡成田村等非分離ノ件、次ハ廣島縣賀茂郡阿賀村非分離ノ件、次ハ兵庫縣川邊郡東谷村据置ノ件、院議ニ付スルヲ要セズトスルモノ十七件、戸籍登錄稅否決ノ件、次ハ營業稅法案ニ關スル件、次ハ營業稅輕減ニ關スル件、次ハ營業稅法案修正ノ件、次ハ電信事業施度普及ノ件、次ハ矢作川改修ノ件、次ハ葉烟草專賣法案ニ關スル件、其次モ同斷、次ハ營業稅法案ニ關スル件、次ハ葉烟草稅法案ニ關スル件、次ハ豐橋區裁判所管轄區域据置ノ件、次ハ四人ノ屍體解剖許可ノ件、次ハ神宮教ノ名稱禁止ノ件、次ハ通貨增發ヲ以テ增稅ニ代フルノ件、次ハ質屋營業條例利息制限ノ儀ニ付特別條例設定ノ件、次ハ信越鐵道運賃引下ノ件、次ハ通貨增發ヲ以テ增稅ニ代フルノ件、却下スベシトスルモノ三件、電話事業施設普及ヲ要スル件、次ハ國權伸張ニ關スル件、次ハ新潟縣古志郡竹澤村ニ區裁判所出張所設置ノ件、右ノ通決議致シマシテゴザイマス、此段報告致シマス

明治二十九年三月十八日　議長ノ報告

第二十一　清國及朝鮮國在留日本人取締法案（鈴木充美君外一名提出）　第一讀會

○議長（楠本正隆君）　諸君、是ヨリ諸般ノ報告ヲ爲シマスル

（佐脇書記官朗讀）

江藤新作君外四名提出ニ係ル朝鮮國居留臣民保護ニ關スル質問ニ對シ外務大臣臨時代理西園寺文部大臣ヨリ答辯アリ

衆議院議員江藤新作君外四名ヨリ提出朝鮮國居留臣民保護ニ關スル質問ニ對シ外務大臣ヨリ答辯書提出ニ付及御回付候也

明治二十九年三月十八日

内閣總理大臣侯爵伊藤博文

衆議院議長楠本正隆殿

衆議院議員江藤新作君外四名ヨリ提出ノ質問書ニ對スル別紙答辯書差進候也

明治二十九年三月十四日

外務大臣臨時代理
文部大臣侯爵西園寺公望

衆議院議長楠本正隆殿

（別紙）

衆議院議員江藤新作君外四名ヨリ提出ノ質問書ニ對スル答辯書

本年二月十一日朝鮮國ニ於ル事變以來帝國臣民ニシテ該國暴民ノ爲メニ殺害セラレタル者アルニ付各地駐在ノ領事及京城駐剳公使ヨリ朝鮮國當該官廳ニ對シ嚴重ナル照會ヲ爲シ目下交渉中ナリ又右事變ノ報ニ接スルヤ政府ハ各地ニ警察官ヲ增派シ其他種々ノ手段ニ依リ居留帝國臣民ノ生命財産ニ關シ其保護ヲ怠リタルコトナシ

右及答辯候也

貴族院ニ於テ獸疫豫防法案ヲ可決シタル旨同院ヨリ通牒アリ

議員ヨリ提出セラレタル議案左ノ如シ

明治二十九年三月十九日　議長ノ報告

第十三　清國及朝鮮國在留日本人取締法案（鈴木充美君外一名提出）　第一讀會

明治二十九年三月二十一日　議長ノ報告

第十五　清國及朝鮮國在留日本人取締法案（鈴木充美君外一名提出）　第一讀會

明治二十九年三月二十三日　議長ノ報告

第七　清國及朝鮮國在留日本人取締法案（鈴木充美君外一名提出）　第一讀會

○議長（楠本正隆君）　次ハ第七、清國及朝鮮國在留日本人取締法案第一讀會

——小室重弘君

第七　清國及朝鮮國在留日本人取締法案（鈴木充美君外一名提出）　第一讀會

（左ノ議案ハ朗讀ヲ經サルモ參照ノタメ玆ニ掲載ス）

清國及朝鮮國在留日本人取締法

第一條　清國及朝鮮國駐在ノ領事ハ在留ノ日本人該地方ノ安寧ヲ妨害セムトシ又ハ該地方ノ風俗ヲ壞亂セムトスルニ至ルヘキ者ト認定スルトキハ一年以上三年以下在留スルコトヲ禁止スヘシ

第二條　在留ヲ禁止セラレタル者ハ十五日以内ニ退去スヘシ若期限内退去シ難キ正當ノ理由アリテ其ノ旨ヲ申立ツルトキハ領事ハ相當ノ猶豫期限ヲ與フルコトヲ得

第三條　在留禁止ノ命令ヲ受ケタル者其ノ命令ニ對シ不服アルトキハ命令ヲ受ケタル日ヨリ三日以内ニ領事ヲ經テ駐劄帝國公使ニ該命令取消ノ申請ヲ爲スコトヲ得此ノ場合ニ於テハ該命令ノ執行ヲ停止ス

第四條　前條ノ申請ヲ受ケタル帝國公使ハ其ノ事實ヲ審査シ領事ノ命令ヲ認可シ若ハ之ヲ取消スヘキ命令ヲ爲スヘシ其ノ命令ハ確定ノモノトス

第五條　帝國公使ニ於テ領事ノ命令ヲ認可スルノ決定ヲ爲シタルトキハ其ノ決定アリタル日ヨリ十日以内ニ退去ヲ爲スヘシ若期限内退去シ難キ正當ノ理由アリテ其ノ旨ヲ申立ツルトキハ領事ハ相當ノ猶豫期限ヲ與フルコトヲ得

第六條　在留ヲ禁止セラレタル者營業上若ハ其ノ他ノ關係ニ於テ其ノ地ヲ去リ難キ事情アリト認ムルトキハ領事ハ其ノ期限間相當ノ保證金ヲ出サシメ在留セシムルコトヲ得

第七條　保證金ヲ出シ在留ノ許可ヲ得タル者其ノ期限内再ヒ第一條ノ擧動アリト認定スル時ハ其ノ保證金ヲ沒收シ仍ホ在留ヲ禁止スヘシ

第八條　在留禁止ヲ命セラレタル者改悛ノ狀アルトキハ領事ハ何時ニテモ職權ニ依リ又ハ所轄地方長官ノ證明ニ依リ該命令ヲ取消スコトヲ得

第九條　退去期限若ハ猶豫期限内ニ退去セサル者及禁止期限ヲ犯シタル者ハ十一日以上一箇年以内ノ重禁錮ニ處シ二圓以上百圓以下ノ罰金ヲ附加ス

附　則

第十條　明治十六年第九號布告及明治十八年第二十六號布告ハ此ノ法律實施ノ日ヨリ之ヲ廢止ス

（小室重弘君演壇ニ登ル）

○小室重弘君（八十八番）　諸君、此清國及朝鮮國在留日本人取締法ニ就イテ簡單ニ述ベテ置キマスルガ、今日行レテ居ル此清國及朝鮮ニアル日本人ノ取締法ト云フモノハ、明治十六年三月太政官第九號デ出來テ居ルノデアリマス、即チ三條公時代ニ出來タ規則デアル、其規則ヲ以テ今日ニ支配シテ居ルノデアリマス、尤モ明治十八年ニ一度改正ニハ爲ッテ居リマスケレドモ、先ヅ斯ウ云フモノデ、清國ナリ、或ハ朝鮮ニ在ル本邦人ガ取締サレテ居ルノデアリマスカラ、時勢ノ自ラ變ズルト共ニ、又半島ノ風雲ガ近來變幻極リナキト云フ場合ニ處シマシテ、頗ル吾々ハ此法デハ改正ヲセナケレバナラヌモノデアルト考ヘルノデゴザイマス、ソレ故ニ此改正ヲ致ス譯デアリマスルガ、大體ニ於テ第一條、二條ノ如キハ、舊法ト格別違ヒマセヌ、併ナガラ第三條、第四條、第八條、是ハ新法ニ在ル骨子トモ云フベキ處デアリマス、是マデノ法デゴザイマスルト云フト第五條ニゴザイマスル、即チ舊法ノ第五條ニ在ル此規則ニ對シテハ、上訴ト云フコトヲ許サヌ、例ヘバ領事ナラ領事ガ退韓ヲ命ズルト云フト、不當ノ命ジ方デモ、誤ッテ命ジラレタノデモ、上訴スルコトハ出來ナイ、是ニ於テ若痛ヲ感ジ、不都合ヲ感ズルモノデゴザイマスノデ、此法案ノ第三條ニ於テハ、其命令ニ對シテ不服ガアルトキハ、其命令ヲ受ケタ三日以内ニ取消ヲ求メル權利ヲ與ヘタ、又第四條ニ於テモ命令ノ取消等ニ關シテ規定シタ譯デゴザイマス、第八條ニゴザイマス在留禁止ヲ命ゼラレテモ、其後ニ至ッテ過チヲ悔イテ改メタ、或ハサウ云フ事情ガゴザイマス者ハ、領事ハ職權ニ依ッテ之ヲ取消シ又所轄ノ地方長官ノ證明ニ依ッテ取消スコトガ出來ルト規定シタノハ、現ニ朝鮮ニ居ル者ガ退韓ヲ命ゼラレタ者デモ、先般ノ騷ノ時デモ、誤ッテ退韓ヲ命ゼラレタ者モアル、其後朝鮮ニ往カナケレバ營業ノ出來ナイ人モアリマス、サウ云フ所ノ者ガ訴ヘル處ガナイト云フ譯デアリマスカラ、此法ヲ改正——提出シタノデアリマス、尤モ字句文章ニ就イテハ少シ修正ヲ要スルコトガ私共發見シテ居リマスカラ、ソレハ書記官長マデ修正案ヲ出シテ置イタ譯デアル、此事ハ一日モ早ク、實ハ今日唯今舊法ノタメニ苦ンデ居ル者ガアルニ依ッテ、別ニ彼是ナシニ、讀會デモ省略シテ、直チニ確定ナルヤウニ願ヒタイ、讀會省略ニ爲ッテ往クコトナラ、私ノ出シタ修正ヲ議題ニ供セラレテ、御贊成下サルコトヲ希望シマス

○議長（楠本正隆君）　議席ガ定足數ヲ缺イタト認メマス、因テ明日ノ日程ヲ報ジマス、政府提出案ノ報告ヲ併セテ爲シマス

○尾崎行雄君(百四十八番)　餘リ長クナリマセヌカラシテ、此席ヨリ辯ジマス、此陸軍ノ軍事費千八百万圓ノ中ニハ、朝鮮ニ派遣スル所ノ兵隊ノ經費ガ籠ッテ居リマス、朝鮮ニ派遣スルモノ、臺灣島ニ臨時ニ派遣スルモノ、ソレカラ內地特設部隊ト云フ經費ヲ合シテ、第一項ニ爲ッテ千八百万圓ト云フ大額ニ上ボッテ居リマスガ、此中最モ小サキモノハ朝鮮ニ派遣スル軍隊ノ經費七十有餘万圓ト云フノデ、是ニ對シテ本員ハ增額ノ動議ヲ出スノデアリマス、卽チ此豫算委員ノ修正案ニ對シテ辯ズルガ分リ易イト思ヒマスガ、豫算委員ノ修正ハ、千八百万圓ト云フノヲ千五百八十有餘万圓ニ減ラスト云フノデアルガ、本員ハ此減ラシ方ヲ三十二万四千四百七十二圓十八錢四厘ダケ減ラシ方ヲ少クシヤウ、卽チ豫算委員ノ千五百八十一万圓ト云フモノニ向ッテ、三十二万四千圓餘ノ金額ヲ加ヘテ修正ヲシヤウト云フ說デアリマス、其理由ハ、朝鮮ニ目下出シテ居ル所ノ兵隊、公使館、居留地人民ノ保護、及電信、兵站等ノタメニ出シテ居ル兵隊ノ全數ガ、政府ノ報告ニ依レバ二千百七人朝鮮ニ行ッテ居ル、ソレヲ二十九年度ニ於テハ、凡ソ三分ノ一ニ減ヲシテ八百七十八人ダケ朝鮮ニ駐メヤウト云フノガ政府ノ計畫デアリマス、現在二千百餘人アルノヲ八百七十八人ニ減ラスト云フノガ、政府ノ計畫、卽チ此計畫ニ依ッテ此豫算ガ出來テ居リマス、今朝鮮ノ形勢ヲ見マスルト、暴徒ハ各地ニ起リ國王スラモ宮中ニ居ラズシテ、或ハ他國ノ公使館ニ駐ッテ居ラルヽト云フガ如キ形勢デアッテ、其暴徒ノ勢ヤ日ニ益〻猖獗ニ赴イテ、我同胞兄弟ハ朝鮮各地ニ於テ陸續虐殺セラルヽト云フ今日ノ現狀デアリマス、目下斯ノ如キ場合ニ遭遇致シタナラバ、兵隊ヲ增スト云フコソ、我帝國ノ面目、利益、及人民ノ生命財產ノ安全ヲ保護スベキ職任ヲ帶ビテ居ル所ノ政府ノ仕事デナケレバナラヌト本員等ハ考ヘテ居ルノニ、我政府ハ此際此場合ニ於テ朝鮮ノ守備隊ヲ減ラシテ、兎ニ角二千人以上ノ者ヲ八百七十八ニ致サウト云フコトニ至ッテハ、實際其意ノアル所ヲ了解スルニ苦シムノデアル、政府ノ辯明ニ依リマスレバ唯今ハ後備ノ步兵ガ二大隊朝鮮ニ這入ッテ居ル、卽チ戰時ノ編制デアルガタメニ、一大隊各〻九百人ヅツ、卽チ千八百人ノ後備步兵隊ガ朝鮮ニ往ッテ居ル、其中ノ一大隊ハ公使館及居留人民ノ保護ニ任ジテ居ルガ、他ノ一大隊ハ京城、釜山間ノ電信ノ保護ノ任務ヲ帶ビテ居ルノデアルガ故ニ、此電信保護ノ任務ヲ帶ビテ居ル、兵隊ハ、居留人民ノ安危ニ關係ガナイガ故ニ、是ハ一切引上ゲテシマフ、而シテ此戰時ノ編制ノ九百人ニ代ユルニ常備ノ編制ノ常備隊五百六十三人ヲ以テシヤウト云フガ政府ノ內譯ノ仕方デアッテ、之ヲ要スルニ此內輪ハ如何ニアラウトモ、後備ガ現役兵ニ代ラウトモ、但シハ憲兵ガ多少往カウトモ、兎ニ角人民保護ト一般ニ理解サレテ居ル兵隊ガ二千人以上アル、現在ノ者ヲ八百七十八ニ減ラスト云フデアリマスル故ニ、彼ノ朝鮮人民ヨリ見レバ增サナケレバナラヌト云フ今日ノ場合ニ於テ減ラスト云フコトハ、卽チ日本政府ノ臆病心ヨリ出テ、漸次兵隊ヲ引上ゲテ逃仕度ヲスルト彼等ハ見テ、愈〻我帝國ヲ侮辱シ、我人民ニ向ッテ害意ヲ逞ウスルニ違ヒナイ、又居留人民ヨリ見マスレバ、兎ニ角電信守備ノ兵隊ニセヨ、何ノタメニセヨ、帝國ノ兵隊ガ數多ク往ッテ居ルノガ、段々減ッテ僅ニ三分ノ一少シ以上ニ爲ッテシマフト云ヘバ、居留人民ハ頗ル不安心ノ位置ニ陷ラナケレバナラヌ、サナキダニ平壤在留ノ商賈人ノ如キハ、隊ヲ成シテ皆家ヲ纍ンデ引上ゲナケレバナラヌト云フ今日ノ場合ニ爲ッテ居ル、斯ク今日此處デ述ベテ居ル此間ニ於テモ、朝鮮各地ニ於キマシテハ、同胞兄弟ハ如何ナル慘虐ノ有樣ニ陷ッテ、暴徒ノタメニ虐殺セラレツヽアルカ分ラヌト云フ有樣デアル、此場合ニ於テ我守備隊ノ兵數ヲ減セラレテ、愈〻我帝國ノ名譽ヲ傷ケ、朝鮮ノ愚民ヲシテ愈〻帝國ヲ輕蔑スルノ恐ヲ生ゼシメ、而シテ朝鮮在留人民ノ不安心ヲ招クト云フコトハ、苟モ當局ノ人ノ爲スベキ所デナイト考ヘマスルガ故ニ、此處ニ於テハ步兵一大隊ヲ派出スル代リニ、ソレヲ增シテ――凡ソ二大隊增シテ、卽チ三大隊派出スルコトニ致シタイ、其人員ハ政府ノ案デハ五百六十三人デアルガ、ソレヲ三倍ニ致シテ一千七百八十九人ト致シタイ、其經費ハ政府ノ案ニ依レバ十六万二千餘圓デアル、其二倍ダケヲ殖シテ、卽チ三十二万四千圓ヲ此處ニ加ヘルト云フノガ本員ノ動議ノ趣意デアリマス、但シ此豫算ノ作リ方ハ一千八百万圓ト云フ金ヲ唯一項ニ立テヽアリマスル、故ニ此中ニ僅カ三十二万圓位ノ減ジ方ヲ少ク致シマシタ所ガ、何ノタメニサウナッタノデアルカ、豫算ノ表面ノ上ニ於テハ明ニ分リマセヌケレドモ、既ニ是ニ於テ此趣意ヲ明言ヲ致シ、此事ヲ速記錄ニ留メテ、此金額ヲ殖ス以上ハ、當局者タル者ハ德義上此金ハ朝鮮ノ兵備ヲ增スト云フヨリ外ニ使フコトノ出來ナイト云フ責ヲ負フニ違ヒナイ、故ニ吾〻ハ其責任ヲ負ハシムルガタメニ此說ヲ提出致シマス、豫算委員ノ修正額ニ加フルコト三十二万四千四百七十二圓餘リヲ以テスルト云フ說デアリマス

(「贊成々々」ノ聲起ル)

○議長(楠本正隆君)　尾崎君ノ唯今ノ陸軍省所管中ニ就イテノ修正說ニハ、確ニ定數ノ贊成アリト認メマス

○星亨君(八番)　一寸意味ガ分ラヌノデスカラ、尾崎君ニ質問シヤウト思ヒマス、尾崎君ハ此兵ヲドコニ遣ルト云フノデアリマスカ、今例ヘバ各地デ殺サレテ居ル處ヘ、朝鮮ノ內地ヘドン〳〵兵ヲ遣ルト云フコトニ爲リマスカ、今朝鮮ニ於テハ居留地ト爲ッテ居ル處、單ニ法律ニ於テ日本人ガ居ラレル處ヘ遣ルト云フコトニ爲ルノデアリマスカ、其所ノ處ヲ一寸ハッキリシマセヌカラ……

○尾崎行雄君(百四十八番)　居留地ニ遣ルノミナラズ、若シ一朝暴徒ガ京城ニデモ侵入スルト云フ場合ニ於テ、彼ノ朝鮮カラ賴ガアレバ、之ヲ以テ暴徒ノ鎭壓ニモ當テヤウト云フノデアル

○星亨君(八番)　サウスルト、ソレマデハドコニ置クト云フコトニ爲リマス、若シ朝鮮政府カラデモ賴ガアレバ宜シイガ、賴ノナイ間ハドコニ置クト云フノデスカ、居留地ニ殘ラズ置カナケレバナラヌト云フコトニ爲ルト、京城ニモ、釜山ニモ、元山ニモ、是ダケハ置カナケレバナラヌ、人ノ國ノ何處ヘデモ持ッテ往クト云フコトハ出來ヌコトデスガ、其意味ガ分ラヌカラ……

○尾崎行雄君(百四十八番)　分リサウナモノト思ヒマス、本員ハ此處ニ幾ラノ兵、京城ニ於テハ幾ラ、釜山ニ於テハ幾ラ、元山ニ於テハ幾ラト云フガ如キ行政官ニ命令書ヲ附シテ、此豫算ヲ議決シヤウト云フノデハナイ、是等ハ公使館モアリ、其他ノ局ニ當ッテ居ル者ガドコニドノ位ヤルト云フノ見込ハ立ツ筈デアル、ソレハ彼等ノ職分デアル、故ニ本員ハ其配置命令書ヲ附ケ

テ此豫算ヲ議決シヤウト云フノデハナイ、ソレハ當然ノ事ト考ヘル

○松田吉三郎君（六十三番）　海軍省所管第十一款ノ臨時軍事費ヲ七十八万三千二百九十六圓五十二錢二厘ト修正ヲ致シマス、豫算會ニ於キマシテハ、此船ノ借上噸數ヲバ原案デハ七千五百三十八噸餘ト云フモノヲ五千噸ト減ジタノデアリマス、又單價ニ於キマシテモ二割ヲ減ジマシタ所ガ、尙ホ段々調査ヲ致シマスルト云フト、實際七千五百噸餘ト云フモノヲ五千噸餘ニ減ジテハ差支ヲ生ズルヤウニ考ヘマス、故ニ尙ホ一千噸ヲ增シテ六千噸ト致シ、サウシテ豫算會デハ七十二万二千九百六十二圓三十八錢二厘ト云フモノヲ先刻讀上ゲタ七十八万餘圓ト修正ヲ致シマシタ減額ハ十七万三千二百五十圓二十五錢六厘ト爲リマス、修正額ヨリハ六万圓餘殖エマシタ

（「贊成々々」ト呼フ者アリ）

○議長（楠本正隆君）　政府委員伊藤君

（政府委員海軍次官男爵伊藤雋吉君演壇ニ登ル）

○政府委員（男爵伊藤雋吉君）　唯今ノ此臨時費中ノ豫算案ノ海軍省ノ部分ニ運送船ヲ雇入レマスルコトニ就イテ、既ニ豫算委員ノ查定ニ依リマスルト、七千五百餘噸ノ船ヲ雇入レルコトニシテアリマスルノヲ五千噸ト修正ニ爲ッテ、其上ニ又一噸ニ就イテノ代價ヲ二割御減ジニ爲ッテ居リマス、昨日モ委員會ニ於キマシテ其困難ナコトヲ申述ベマシタガ、固ヨリ此七千五百噸餘ト云フモノハ、船ノ數ニ致シマスルト三艘ニ爲リマスカラ、五千噸デハ小サナ船ヨリカ傭フコトガ出來マセヌノデ、彼ノ臺灣近海ハ非常ナ高浪デアリマス、噸數ノ小サイ船デハ甚ダ困難ヲ極メマスカラ、是非共原案ニ贊成ノ意ヲ申述ベテ置キマシタ、且一噸ニ就イテノ單價ハ二割減ジテハ、之ヲ御請合申シテ負ケサセルコトハ出來ヤウト信ジテ居リマスカラ、是ニハ一切先ヅ異存ハゴザイマセヌ、何分ニモ五千噸デハ現ニ差支ヘルコトヲ申述ベテ置キマシタ所ガ、唯今幸ニシテ松田君ノ御修正案ニ於テハ、是ニ一千噸ヲ加ヘテ、六千噸ニスルト云フ御修正案ノヤウニ伺ヒマシタガ、サウ致シマスルト千五百噸程減ジマシタ譯デハゴザイマスルガ、併シ六千噸ゴザイマシタナラバ、二千噸ノ船ガ先ヅ三艘得ラレルト思ヒマスカラ、二千噸位ナラバドウカ往ケマセウト唯今思ヒマス、先ヅ政府ニ於キマシテハ六千噸ト云フモノデゴザイマスナラバ、カツ〳〵手順ヲ以テカツ〳〵往ケヤウト存ジマスカラ、此段一寸申述ベテ置キマス

○厚地政敏君（二十一番）　一寸松田君ニ御尋致シマスガ、此七千何百噸ヲ五千噸ニ減ズルト云フコトハ、松田君ガ主査會ニ於テ議サレタコトデアル、總會ニ於テモ松田君ハ其說ヲ維持サレタノデアル、然ルニ今又松田君ハ自分ノ說ニ向ッテ修正說ヲ出サレタ、サウスルト何カソレニハ理由ガナケレバナラヌト思フガ、其理由ハ今政府委員ノ說明シタ通ノ理由ニ過ギヌノデアルカ、マダ外ニ理由ガアルノデアルカト云フコトヲ御尋シタイ、主査會デ修正動議ヲ出シタ人ガ、總會抔デモ其說ヲ維持シタル人ガ、今又增額說ヲ述ベラレタリ、實ニ不思議デナラヌ事ガ多イノデアル、因テ是ヲ松田君ニ改メテ御質問申スノデアル

○松田吉三郎君（六十三番）　別ニ理由モ何モアリマセヌ、回數等ヲ能ク調ベテ見マスレバ、陸軍ノ方ハ多少二重ノ處モアリマシタガ、海軍ノ方ハ回數等ヲ調ベテ見テモ、此方ノモノヲ持ッテ往ッテ、向フカラ空船デ歸ッテ來ルト云フヤウナ不都合ナ事モゴザイマセヌ、サウシテ見マスルト、實際ニ於テドウモ二艘デハ差支ヘルダラウ、斯ウ見タカラ增シタノデアリマシテ、別段理由ハナイノデアリマス

○尾崎行雄君（百四十八番）　其修正ノ金額ヲ一應述ベテ置キマス、第一款臨時軍事費一千八百万圓トアルノヲ、本員ハ一千六百十四万四千三十四圓四十二錢五厘ト改メル修正デアリマス、而シテ是ハ現在ノ兵隊ヲ增スト云フノデナクシテ、現在アルタケノ兵隊ヲ維持シヤウ、卽チ千八百人引上ゲルコトニ爲ッテ居リマスル故ニ、二十九年四月ニ於テ九百人、九月ニ於テ九百人、千八百人二十九年ノ初ニ於テ引上ゲルコトニ爲ッテ居ル、故ニ其代リニ三大隊ノ兵、卽チ千七百八十九人ヲ以テ入代ヘヤウト云フノデアル、兵隊ノ頭數ハ是デモ尙ホ十人バカリ減ルノデアル、現在ノ兵力ヲ維持スルト云フ趣意ニシテ、別ニ增加スルト云フノデハアリマセヌ

○議長（楠本正隆君）　栗原亮一君ハ通告ガアリマスガ、御登壇ナサレマスカ

○栗原亮一君（八十八番）　宜シウゴザリマス

○星亨君（八番）　政府委員ニ質問致シタウゴザイマス、私ハ尾崎君ノ議論ニ多少贊成ノ意味ヲ持ッテ居ルノデスガ、唯其今ノ金ヲ議院デ增スト云フコトハ餘程可笑シイヤウニ思フ、是ニ一ツ疑ガアリマスカラ、一ツ質問ヲシタイノハ、政府委員ニ於テハ今殆ド朝鮮ノ大邱ヨリ北西ノ方ト云フモノハ、電線モ切レテシマッテ居ル位デ、之ヲ防グコトガ出來ナイヤウニ爲ッテ居ルノデアル、ソレデ今ノ兵ヲ以テ既ニ防グコトガ出來ナイノナラバ、尙ホ之ヲ少クスルト云フコトニ爲レバ、固ヨリ防ゲナイカラニ、私ハ考ヘルノデアルガ、サウ致シマスト、電線ハモウ防ガナイコトニナッテシマフ結果ガ生ジハシナイカ、ソコラノ點ハ今ノ兵ヨリ少クシテ、尙釜山ヨリ京城マデノ電信ヲ防ゲルト云フ、チヤント目的ガ立ッテ居ルヤ否ヤト云フコトヲ、一應聞イテ置キタイモノト考ヘル

○政府委員（竹內正策君）　議長

○議長（楠本正隆君）　登壇ヲ請ヒマス

（「登壇スベシ」ト呼フ者アリ）

（政府委員陸軍省軍務局第一軍事課長陸軍步兵大佐竹內正策君演壇ニ登ル）

○政府委員（竹內正策君）　出マシタ（「大キナ聲デ願ヒマス」ト呼フ者アリ）大キナ聲デヤリマス、今ハ釜山カラ漢口、京城マデノ間ノ電線ハ、後備ノ諸隊デ保護シテ居リマスガ、是ハ初ヨリ引上ゲテ、其代リニハ憲兵ヲ以テ保護サセルノ計畫デアリマス、其計畫ヲ實行スル場合ニ爲ッテ今引上ゲルト云フノデゴザリマス、今後ノ出來事ハ率ザ知ラズ、今マデノ計畫通進行シテ往ク積デアリマスカラ、十分憲兵デ保護ガ出來ル見込デアリマス

○星亨君（八番）　一寸……漢口ト京城ノ間三十里程ハ、兵ガ居ッテモ迚モ防ゲナイヤウニ爲ッテ、電信ハ切レテ居ル、ソレ等ハ憲兵ナラ往ケルト云フノデアリマス

○政府委員（竹內正策君）　ソレハ憲兵ナラバ往ケルト云フ意味デハゴザイマセヌガ、ソレハ一時ノ出來事デ、破レタモノハ修繕ヲ加ヘナケレバナリマスマイ、修繕ヲ加ヘテ、其以上ハ憲兵デ保護スル積デゴザイマス

○中村彌六君（二百五十四番）　私ハ政府委員ニ質問致シマスガ、曾テ某ノ强

國ヨリシテ、既ニ日淸戰爭ヲ終ッタ曉ニ於テハ、日本デハ多分ナル兵員ヲ發シテ居ルケレドモガ、必要ハナイヤウニ思フガ、元來人民ノ保護總テノ事ニ對シテ、日本ハ幾何ノ兵ヲ朝鮮ニ駐在セシムル積ダト云フコトニ對シテ、當時外務大臣ハ之ニ對シテ二大隊ヲ置クト云フコトヲ明言セラレタト云フ、當時軍事ノ事、即チ兵隊ハドレダケ置クト云フコトハ、兵ガ獨立シテ、事アッタ時ニハ戰ヒ、又國民ノ保護ガ出來ルト云フダケノ十分ナル能力ヲ備ヘナケレバナラヌニ拘ラズ、其事ニ對シテ是ガ當局タル陸軍ニ照會モナクシテ、外務大臣ガ單獨ヲ以テ答ヘタト云フコトハ、甚ダ其當ヲ得ナイト云フコトデ、其軍部ノ當局者ノ間ニ於テ、種々ナル物議ガ生ジテ、大ニ罵カッタト云フコトハ、其當時ニ於テ世人ノ耳ニシテ居ル事デアリマシテ、既ニ公然ノ祕密トモ謂フベキ程ニ爲ッテ居ルヤウニ記憶致シテ居リマスガ、果シテ外務大臣ハ左樣ナ事ヲ某ノ强國ニ對シテ、二大隊ヲ駐在セシムルト云フコトヲ明言シタノデゴザイマスカ、左樣ナ事實ガアレバ、腰弱ナル政府ガ到底玆ニ此案ヲ增シタ所ガ、置ケルヤウナル勝ハナイノデゴザイマスカラ、何モナイコトニ爲ラウト思フ、其斯ノ如キ事實ガ有ッタカ無イカヲ能ク確メテ置キタイ、其以上デ贊否ヲ決シタイ

(政府委員外務次官原敬君演壇ニ登ル)

○政府委員(原敬君) 中村君ノ御尋ハ少シ要領ヲ得マセヌガ、外務大臣ガ何處ニ答ヘタタメニ、陸軍ト何ガ起ッタト云フ話デスカ

○中村彌六君(二百五十四番) チャント耳ノ穴ヲ開ケテ聽イテ貰ハナケレバ困ル、露國ヨリシテ外務大臣ニ照會シタ時ニ、外務大臣ハ當時三國干涉ノ間ニ當ッテ、實ニ一擧手一投足ノ事デモガ、彼ノ露國ニ對シテ實ニ戰々兢々トシテ居ルト云フ有樣ノ場合ニ當ッテ、日本デハ幾ラノ兵ヲ朝鮮ニ駐在セシメテ人民ヲ保護スル積ダト云フニ對シテ、二大隊置クト云フコトヲ明言セラレタト云フコトデアル、ソレニ對シテ、凡ソ軍人ヲ派遣シテ置クノニ對シマシテハ、其二大隊デアルカ、一聯隊デアルカ、若クハ一旅團デアルカ、其必要ニ對シテハ凡ソ當局者タル陸軍ガ、ドレダケ置クト云フコトノ必要ヲ認メ、ソレニ依ッテ外務大臣ガ答ヘネバナラヌノニモ拘ラズ、即チ其陸軍ニ對シテ其事モナク、外務大臣ガ單獨ニ答ヘタト云フコトハ其當ヲ得ナイト云フコトガ、當陸軍ノ將官等ノ間ニ於テハ種々ナル不平ト言ロマスカ、議論ガアッタト云フコトハ、今日ヲ距ルコト既ニ半年モ前ニ、頗ル世ノ中ニ唱ヘタコトデ、即チ公然ノ祕密ト云フコトマデ世間ニ鳴ッテ居ル、ソレデ外務次官ニハソレダケノ事ヲ御承知デナイカ知ラヌガ、私ノ質問ノ趣意ハ、果シテ左樣ナ事ガアレバ、例ヘバ議會デ、人民保護ノタメニモウ一大隊增ストカ、二大隊トカ增スト云フ必要ナ事ヲ認メテモ、政府デ左樣ナ事ヲ明言シタル以上ハ、置クコトガ出來マイ、デ、置クコトノ出來ヌモノヲ、勇氣ノ無イモノニ對シテ金ヲ增シタ所ガ、無駄ダト云フコトデアルカラ、果シテ左樣ナ事實ガアルナレバ、私ハ贊成ヲシナイ積デアリマスカラ、一寸御尋ヲ致シマス

○政府委員(原敬君) 分リマシタガ、餘リ意外ノ御尋デアルカラ、實ハ分ラナカッタ、左樣ナ事ノ生ジタコトハナイノデス、從ッテ陸軍ト外務ノ間ニ仰シャルヤウナ云々モナイ、餘リ意外デゴザイマシタカラ……

○中村彌六君(二百五十四番) 外交ノ事ハ意外ノ事バカリデゴザイマスカラ、誠ニ本員等モ驚入ッテ居ルノデアル、決シテ意外ハアナタバカリニ限ラナイ

○山田泰造君(二百八十七番) 陸軍省所管ノ部ニ於テ御尋ヲシタイ

(政府委員參謀本部第一局長事務取扱陸軍少將寺内正毅君演壇ニ登ル)

○政府委員(寺内正毅君) ドナタデゴザイマシタカ、能ク分リマセヌデシタガ

○山田泰造君(二百八十七番) 今尾崎君其他ノ何ガアリマシテ、一ツ私ハ御尋ヲシタイコトガアル、ト申シマスルハ朝鮮國京城デアリマスガ、我國ノ人ガ屢〻彼ノ國人ニ虐殺セラレタト云フコトガ新聞紙上ニ顯レテ居ル、然ルニ我國ノ兵隊ガ、マダ朝鮮ニ派遣シテアルト云フコトヲ聞イテ居ル、然ルニ政府ハ是等ノ保護ヲ與フルノ意ノアルモノデアルカ、若シ保護ヲ與フルノ意ノナキモノトスレバ、甚ダ不必要ナモノデアル、又保護ヲ與ヘタクモ、其人ノ足リナイニ依ッテ、即チ兵力ノ不足ノタメニ此金ヲ出シタモノデアルカ、若シ兵力ノ足ラザルモノナリトセバ、尚ホ增スベキノ必要ノアルモノヲ之ヲ減ズルト云フニ至ッテハ、國民ノ意思ニ反スルガ如キ嫌ガアルト思ハレルノデアル、此一點ニ就キ御尋ヲ私ハ致スノデアリマス

○政府委員(寺内正毅君) 山田君ニ御答ヲ致シマス、目下朝鮮ニ居リマス兵ハ、後備ガ二大隊居リマス、其一大隊ハ即チ公使館、人民――日本人民保護ノタメニ派遣シタモノデアル、他ノ一大隊ハ、是ハ一昨年日淸ノ關係ヲ生ジマシタ時ニ、釜山ヨリ京城ニ通ジマス所ノ電信ヲ架設シマス其保護ト、竝ニソレニ添ヘマス所ノ兵站線路ノ警戒ノタメニ送リマシタ、斯ウ云フ譯ニ爲ッテ居リマス、然ルニ此二大隊ト云ヒマスモノハ、固ヨリ一昨年ノ事變ガアリマシテ、召集ヲシマシタ所ノ後備ヲ使ッテアルノデス、段々時日モ遷延ヲ致シマシタ、後備兵ヲ既ニ朝鮮ニ駐在セシムルコト二年餘ニ涉リマシタノデ、ソレ故ニ政府ハ此電信線路ニ對シマシテハ、最モ多數ノ兵ヲ置クノ必要モナシ、又此兵站ノ事モ、既ニ朝鮮ニ駐在ノ兵ガ撤去シマシタ後ハ、餘程仕事ガナクナッテ參リマシタカラ、兵站線路ニ送リマシタ所ノ後備兵ヲ引上ゲテ、唯單純ニ電信保護ノタメニ今度臨時ニ憲兵ヲ派遣シマシタ、又一大隊ヲ人民ノ保護ノタメニ送リマシタモノハ、京城、釜山、元山是ノ三箇所ニ送リマシタノデ、是ハ固ヨリ其土地ニ於キマシテ受ケマシタ所ノ任務ニ對シテモ、十分ノ責任ヲ盡シテ、之ヲ邦人ノ保護ニ勉メタノデアリマス、ソレノミナラズ、此釜山ヨリ京城ノ間ニ居リマシタ所ノ電信ト、兵站路ノ守備ノ目的ヲ持ッテ居リマシタ所ノ兵モ、我ガ邦人ニ對シテハ固ヨリ保護ノ責任ヲ盡シテ居リマス、決シテ今日マデ我軍隊ガ人民保護トシマシテ、其外上官ヨリ與ヘタ命令ニ於テ任務ヲ執行セヌト云フコトハナイノデゴザイマス、併ナガラ此軍隊ノ居リマセヌ所、或ハ迂遠ノ土地ニ於キマシテ、唯土匪其他朝鮮人ノタメニ不幸ニ陷リマシタト云フコトヲ聞イタコトモゴザイマスガ、是等ハ僅ニ我兵ガ居ラヌ所デゴザリマス、即チ時ニ出來タ所ノ不幸デアリマス、是ハドウモ軍隊ノ保護上ノ責任ヲ持ツト云フコトノ場合デハナイト考ヘテ居リマス、先ヅ一應ソンナコトデゴザイマス

○山田泰造君(二百八十七番) 尚ホ御尋シタイ、本員等ハ朝鮮ニ往ッタコトハアリマセヌカラ、事情ハ能ク分リマセヌガ、併ナガラ常ニ注意ハ怠ラヌノデアリマス、成程兵備ノナイ處デ災難ニ遭ッタ者ハ仕方ガナイ、併ナガラ當局者トシテハ豫期シ得ベキ事ガアラウト思フ、然ルニ新聞紙上デ顯ル丶所デ

ハ、其兵備ノ稍〻近イ所ニモ見エル、又或ハ其兵隊ノ襲撃ニ遭ッタト云フコトモ見エルノデアル、又京城ノ如キハ兵備ヲ――京城ハ實ニ國民ガ參ッテ居ル所ダカラ、置イテモ然ルベキ所ト思フ所ニナイ、是ハ政府ガ保護スルノ勇氣ナキモノデアルカ、保護ヲシタクモ兵備ガ足ラザルガタメニ能ハザルノデアルカ、併シ本員等ノ考ヘル所ハ、保護シタクモ其人ノ足ラザルガ故ト思フノデアル、然ルニ政府ハソレトハ違ッテ、却テ兵ヲ引上ゲルト云フ如キニ至ッテハ、朝鮮ニ對スル事柄ハ大イニ我國民ノ感情ヲ害スルコトガ少カラヌコト、考ヘマスガ、政府ハ引上ゲテモ安心セラル丶ト云フ御見込デアリマスカ、構ハヌト云フ御見込デアリマスカ、ソコガ私ハ了解致サヌ、ナゼト言ッタラ、今ノ朝鮮ノ政府ハ、政府アリト雖モ政府ナキニ均シ、國王アリト雖モ國王ナキニ均シイ、卽チ我王城ヲ出テ、他國ノ公使館ニ居ルト云フガ如キ、一國ノ國王トシテアルマジキ形勢ヲ我國民ハ見テ居ル、此場合ニ於テハ、餘程我國ハ先キノ宣言ニ對シテモ朝鮮ニ意ヲ注ギ力ヲ懸ケナケレバナラヌノニ、我國民ガ數多害ニ遭フニ拘ハラズ、此際兵ヲ引上ゲルト云フガ如キハ其意ヲ解シ難キ所デアル、故ニ唯今仰セラル丶通、引上ゲテモ安心セラル丶ト云フノデアルカ、又ハ此位ニシテ大抵ニヨサウト云フノデアリマスカ、ソコヲ尙ホ確メテ置キタイノデアリマス

○政府委員(寺內正毅君) 御答ヲ致シマス、政府ハ唯今申シマシタ所ノ、今日殘シテ置キマセウト云フ兵隊ヲ殘セバ、我人民ニハ安心シテ保護ガ出來ルト思ヒマス

〔「ノウ〳〵」ト呼フ者アリ〕

○田中正造君(二百九十番) 一寸質問ヲ致シマス、政府委員ニ

〔「採決々々」ト呼フ者アリ〕

○田中正造君(二百九十番) 議論ヂヤナイ、質問デスカラ

○議長(楠本正隆君) 成ルタケ質問ナラバ……

○星亨君(八番) 今順序ハドウナッテ居リマスカ、反對ト贊成ト云フヤウナノハ盡キテ居リマスカ、若シサウナラバ、私ハ一言茲ニ申シテ置キタイ事ガゴザリマス、申シテ宜シケレバ申シマス

○議長(楠本正隆君) 委員長ガ委員會ノ修正案ニ就イテ缺ヲ補フト云フノデスカ、ソレナラバ……

○星亨君(八番) サウ云フ順序ナラバ申シテ置キマス、今ノ朝鮮問題ニ就イテハ、餘程諸君モ憂慮セラル丶コトデゴザイマスル、私モ隨分憂慮シテ居ルノデアル、ソレデ今政府委員ニ承レバ電信線路ヲ保護スルト云フ(田中正造君「私ガ發言ノ權ヲ得テ居ル」ト呼フ)而シテ國民ノ保護ハ兵隊ニ於テ保護スルト云フヤウニ思ハル丶ノデアリマス、サウシマスレバ卽チ四中隊アレバ、或ハ京城、釜山、元山ト云フモノハ保護ガ出來ヤウカト考ヘルノデアル、然レドモ若シ此電線線路ヲ尙保護スルト云フコトデアルナラバ、私ハ憲兵デハ迚モ保護ノ出來ナイト云フコトヲ思ッテ居ルノデス、併ナガラ當局者ガ保護スルコトガ出來ルト云フナラバ、是ハ議論ノ一ニ爲リマスガ、私ハ唯當局者ニ望ムノハ、若シ政府ニ於テ電線ヲ保護スル、電線ヲ置クト云ッテ保護スルト言フナラバ、餘程是ハ考ヘテ貰ハナケレバナラヌ、卽チ憲兵デハ足リナイカラ、相當ノ兵ヲ出サナケレバナラナイ、然レドモ他國デ――他ノ國中デアルカラ兵ヲ出セヌト云フコトナラバ、是ハ卽チ憲兵ヲ以テヽモ宜シイガ、憲兵ナラバ多ク出サナケレバ、迚モ保護ハ出來ナイト私ハ考ヘルノデアル、尙ホ人民保護デアルナラバ、例ヘバ四中隊ノ中デ、仁川京城ノ中ニハモウ一中隊位置カナケレバ餘程ムヅカシイト思ハレマスガ、願ハクハ四中隊ノ中ナリ、若クハ更ニ一中隊ヲ置クナリシテ、若シ又電線線路ヲ保護スルト云フナラバ、憲兵ナリ――憲兵ナラバ餘計增ス、兵ナラバ今位ハ置カナケレバナラヌト考ヘマスカラ、是ハ固ヨリ當局者ニ向ッテ餘程注意ヲシテ置カナケレバナラヌコト丶考ヘル、卽チ尾崎君ノ修正ノ出タノモ此趣意ト考ヘマス、然レドモ私ハ尾崎君ノヤウナ、飛ンデモナイ兵ノ配置モ何モナイト云フヤウナコトデハナイ、故ニ是丈ハ政府ニ注意ヲ致シテ置イテ、卽チ私ノ希望ヲ言ッテ置ク、尾崎君ニハ私ハ固ヨリ反對スルヨリ外ハナイ、ソレ丈希望丈ヲ言ッテ置カナケレバナラヌ

〔「採決々々」ト呼フ者アリ〕

○田中正造君(二百九十番) ドナタデモ宜シウゴザリマス、十一日事變以來、朝鮮デ日本人ノ彼等暴徒ノタメニ殺サレマシタ者ノ數ヲ私ハ覺エテ居リマセヌカラ、政府委員ニドナタデモ宜シウゴザリマスガ、ソレカラ軍人ノ十一日以來、或ハ暴徒ニ襲ハレ、或ハ之ヲ救フガタメニ討死ヲシタモノハ何人デアリマスカ、此比例ヲ聞キタイ、卽チ十一日以來普通ノ日本人ガ總計合セテ何人死ンダカ、死亡者ガ何人アルカ、軍人ガ何人アルカト云フ……

○政府委員(寺內正毅君) 先刻ノ星君ノ御問カラ、先ヅ御答ヲ致シマス

○議長(楠本正隆君) ソレハ注意デアリマスカラ

○政府委員(寺內正毅君) 田中君ノ人民ノ死傷ニ就イテハ、私ハ存ジマセヌ、是ハ領事ノ手ヲ經テ參ルモノデアリマスカラ、外務所管ト考ヘマス、軍隊ノ方ハ過日十一日ト仰シヤルノハ、先月ノ十一日デアリマスカ

○田中正造君(二百九十番) 十一日事變以來

○政府委員(寺內正毅君) 其以來別ニ多數ノ死傷ハゴザリマセヌガ、私モ數ヲ確ニ記憶致シマセヌガ、概略ノ事ヲ申上ゲマスガ、元山カラ此京城ノ方向ニ當ッテ、鐵嶺ト云フ處ガアル、僅カ春川ノ賊デゴザリマシタカヾ參リマシタ時ニ、元山ニ居リマス所ノ守備隊長ガ、僅カ軍曹ニ兵數名ヲ附ケテ出シマシタ、現狀偵察ニ出シマシタノデス、ソレガ不幸ニモ賊ニ陷リマシテ、一名ガ歸リマシテ、三名カ四名ガ亡クナリマシタ、其外ハ別段ニ……其後ニ此電線驛路ニ沿ヒマシタ處デ、可興ノ近傍デ死亡者ガアッタト思ヒマスガ、確ニ幾人ト云フコトハ覺エマセヌ、若シ御入用ナラバ陸軍デ分ッテ居ルコトハ調ベテ御覽ニ入レテモ宜シウゴザリマス、一寸此處デ私ハ記憶致シマセヌ

○田中正造君(二百九十番) 外務ノ方デ普通ノ日本人ノ死亡數ヲ……

〔政府委員外務次官原敬君演壇ニ登ル〕

○政府委員(原敬君) 近來殺サレタ者ハ何人カト云フ數ヲ御問ト思ヒマスガ、ソレハ報告ノ到著セヌモノモアリ、又一度難ニ遭フテ害セラレタト云フ報告ガアッテモ、後トデ巡査等ヲ派出シテ見レバサウデナイモノガアリマシテ正確ナモノヲ幾人ト云フコトハ申上ゲルコトハ、今日ハ出來兼ネマス

○田中正造君(二百九十番) 今日ノ正確ナ處ヲ……

○政府委員(原敬君) 今日ノ正確ハマダゴザイマセヌ、唯今日極概略ノ處デ彼此二十人ニ近クハアリマセヌカト想像シマスガ、唯今申ス通報告ノ達セヌモノモアリ、「達シテモ間違デアッタモノガアリマシテ、確ナ事ハ申上兼ネマス

（此時政府委員外務次官原敬君演壇ヲ降ル）

○田中正造君（二百九十番）オット一寸御待チ、凡ソ、コレーッ……二百九十番――朝鮮ノ一大事件ヲ議スルノニ、外務大臣ハ何デアル――外務次官ハ何デアル、笑ヒナガラ答ヘル、日本人ノ死ンダ數モ碌々分ラヌ、大凡ノ事ヲ辯解シテ、活キタトカ、死ンダトカ、何ヲ曖昧シタ事ヲ言フ、苟モ我同胞ガ一人デモ朝鮮デ非命ノ死ヲ遂ゲタト云フコトハ、哀泣悲啼シナケレバナラヌノデアル、何ガ職掌デアル、汝ハ演壇ニ立ッテ笑ッテ居ル、……日本國人ノ死ンダコトヲ、此朝鮮ニ於テ非命ノ死ヲ遂ゲタ人數ガ分ラヌデ、之ヲ答ヘルノニ笑ッテ答ヘルトハ何ノコトデアル、汝ガ良心ハ何處ニ在ル……

（「退場ヲ命スベシ議會ノ體面ニ關スル」ト呼フ者アリ）

○田中正造君（二百九十番）退場ヲ命ズルナラ退場ヲ命ジロ

（中村彌六君「此位ノ熱心ヲ以テ論ジナケレバナラヌ」ト呼フ）

○田中正造君（二百九十番）法律ニ背ケバ、何時デモソレハ如何ナル事ニデモスベシ、吾々杯ハ……

○議長（楠本正隆君）田中君、御著席ナサイ

○田中正造君（二百九十番）渺タル海中ノ一粟デアル、何トデモシロ……ソレヲ何デ笑ヒナガラ答ヘル

○議長（楠本正隆君）田中君――田中君

○田中正造君（二百九十番）日本人ノ死ンダノヲ何デ笑ヒナガラ答ヘタ

○議長（楠本正隆君）田中君……

○田中正造君（二百九十番）拙者ハ發狂ハシナイ、何デモ皆覺エテ居ル、法律ニ觸レルナラ謹デ法律ハ受ケル、拙者ハ決シテ斯ノ如キ……今日外務ノ椅子ヲ占メテ居ルカト思ヘバ、悔シクテ悔シクテ堪ラヌ

○議長（楠本正隆君）田中君――退場ヲ命ジマス、守衛……

（田中正造君退席シナガラ「議員ノ中ノ笑フヤツハ自由黨ダラウ」ト呼フ）

○議長（楠本正隆君）諸君、是ヨリ討論モ盡キマシタニ依ッテ、決議ヲ採リマス、三省ヲ格別ニ採リマス、先ヅ大藏省ノ所管ヨリ始メマスル、大藏省ノ所管委員會ノ修正ヨリ決議ヲ採リマス、大藏省所管委員會ノ修正ニ同意ノ諸君ハ起立

起立者　　多數

○議長（楠本正隆君）多數、因テ大藏省所管ハ委員會ノ修正案通ニ決シマス、次ハ陸軍省所管、尾崎行雄君ノ修正説、是ハ既ニ諸君ガ……

○尾崎行雄君（百四十八番）共前ニ第五款ガ一ツアリマス

○議長（楠本正隆君）御熟知ノ事デアリマスカラ、別段說明ヲ致シマセヌ、尾崎行雄君ノ修正說ニ同意ノ諸君ハ起立

起立者

○議長（楠本正隆君）少數ト認メマス

（「異議ヲ申立テマス」ト呼フ者アリ）

○議長（楠本正隆君）モウ一應起立ヲ能クシテ下サイ、愼定ヲサセマスル

（書記官起立者ノ數ヲ計算ス）

○議長（楠本正隆君）矢張確ニ少數ト認メマス

（「異議ヲ申シマス」ト呼フ者アリ）

○議長（楠本正隆君）異議アレバ已ムヲ得マセヌ、閉鎖ヲ命ズ――相變ラズ記名投票ヲ用ヒマスル――點呼ヲ始メマス

（肥田書記官氏名ヲ點呼ス）

○議長（楠本正隆君）開匣ヲ致シマス――開鎖

（書記官投票ノ數ヲ計算ス）

○議長（楠本正隆君）投票ノ結果ヲ報道致シマスル

總數　二百

可トスル者　八十一

否トスル者　百十九

修正案ハ廢棄ニ屬シマスル――著席ヲ請ヒマス――ソレカラ委員會ノ修正案ニ就イテ決議ヲ採リマス

○木暮武太夫君（七十七番）　諸君、明治二十七年度豫備金支出ノ件、外三件ニ關シマスル審査特別委員會ノ報告ノ中デ、日程ノ第四ニ上ボッテ居リマスル、卽チ明治二十七年度ニ於テ國庫剩餘金ヲ以テ豫算超過及豫算外支出ノ件、此本件ニ就キマシテハ、大津委員長ヨリ御差支ガアリマシテ、本員ガ委員會ノ理事デアル故ニ、本員カラ報告ヲ致シマス、此委員會ノ結果ハ諸君ノ處ヘ御報道ヲ申シタ通、卽チ政府ノ承諾ヲ求ムルコトニ就キマシテ同意ヲ致シ、卽チ承諾ヲ與ヘテ、責任ヲ解除スルト云フコトニ決定ヲ致シマシタ、其理由ヲ少シク申シマスルガ、此全體ノ金額ハ明治二十七年度ニ二百二十五万二千六百九十九圓九十六錢二厘ト云フノガ總體ノ金額デアリマス、其内デ重ナルモノヲ私ヨリ御報道致シマスルガ、四万五千圓ト云フノガ電信料デアル、昨年朝鮮事件ノタメニ外交事務ガ頻繁ニ爲リ、外務本省ト在外公館トノ間ニ取扱ッタ電信、是ハ四万五千圓ヲ國庫剩餘金ヨリ支出致シマシタ、其次ハ大キイモノダケヲ私ハ申シマスル、囚徒及在監人ノ諸費（「ソレハ言フニ及バヌ議案ニ在ル」ト呼フ者アリ）是ハ内務省ノ方デアッテ、米麥其他騰貴ニ依ッテ起ル費用、是レ亦已ムヲ得ザル事デアッテ、承諾ヲ與ヘマシタ（「簡單」ト呼フ者アリ）大キナモノヲ申シマスレバ、大概左樣ナモノデアリマシテ、此全體ニ於テ之ニ承諾ヲ與ヘタト云フノハ、詰リ是等ノ事ハ國家ノ上ニ於テナサヾルヲ得ザルコトデアルノデアル、縱令第一豫備金、又ハ第二豫備金ニ於テ、金ガ無クナッタト雖モ此處ニ掲ゲテアル事、卽チ臨時帝國議會ノ費用、又ハ傳染病、香港ニ於テ黑死病ガ流行シテ來テ、其タメニ長崎其他ノ四港ニ於テ船舶ノ試驗ヲスル其費用、若クハ朝鮮事變ノタメニ在外公館ト電信往復ヲスルト云フヤウナ事ハ、如何ニモ爲サナケレバナラヌ、第一豫備金、第二豫備金ヲ終ッテシマッテ、豫算ニ超過シヤウガ、豫算ノ上ノ金ガ其方ニ極メタ金ガナクナラウガ、是ダケノ事ハ當局者ガ責任ヲ以テヤルベキ事デアッテ、當局者ノ意見ヲ聞キマシテモ、是ハ國家ノ生存上已ムヲ得ザルモノデアッテ、責任ヲ以テ是ダケノ支出ヲ致シタト云フノデアル、委員會ニ於テモ當局者ノ責任ヲ以テ是ダケノ事ヲ致シタト見レバ、是ダケノ金ハ實ニ已ムヲ得ザルモノデアル故ニ、承諾ヲ與フルト云フコトノ説ガ多數デゴザイマシテ乃チ委員會ハ承諾ヲ與ヘルト云フコトニ爲リマシタ、此事ヲ御報告致シマス

○工藤行幹君（百十番）　委員長ニ質問ヲ致シタイ

○議長（楠本正隆君）　此場合ニ少數者ノ意見ガアリマスカラ、ソレヲ報告シテカラ……

○工藤行幹君（百十番）　質問デスカラ、其前ニ一言御尋シタイ――私ノ質問ヲ致スノハ外デハゴザイマセヌガ、此國庫剩餘金支出ノ事ニ就イテハ、先刻カラ見ルト、其事ノ如何ニ拘ラズ、此議會ハ第一期以來承諾ヲ與ヘナイコトニ爲ッテ居ル、併シ此度承諾ヲ與ヘルト云フコトニ爲ッタノハ、先例ガ惡ルイト云フコトカラノ御議論デアルノデスカ、大抵其委員諸君ノ中ニモ、是マデ長ク議席ニ列ッテ居ッタ方モアラウト思ヒマスガ、委員ノ名前ハ知リマセヌガ、前ニハ承諾ヲ與ヘナイデ、今度ハ與フルト云ツノハ先例ハ惡イカラ、新ニ今度國務大臣ガ責任ヲ持ッテ出シタモノハ承諾ヲ與ヘルト云フノカ、或ハ道理ニ適ッテ居ルカラ與ヘル、前ノハ與ヘヌト云フノカ、其理由ヲ少シク伺ヒタイ、委員長ノ御意見ヲ承リタイ

○木暮武太夫君（七十七番）　委員會ニ於テハ種々議論モ出マシテ、是マデハ與ヘナイガ故ニ、與ヘヌト云フ議論モ出マシタガ、委員會ノ多數ノ意見ハ、兎ニ角是ダケノ支出ハ相當ナモノト認メテ承諾ヲ與ヘルコトニ爲ッタ、是マデノ事ニ就イテ別ニ委員會ニ於テ論ハ致シマセヌデ、卽チ明治二十七年度ニ於ケル豫備金支出ノ事ヲ託サレタノデ、是マデノ事ニ就イテハ委員會ノ意思トシテハ何ト云フコトモ決定致シマセヌ

○工藤行幹君（百十番）　議論ガナカッタナラバ宜イガ、アッタナラバ……

○木暮武太夫君（七十七番）　大津君外一名ハ、矢張是マデノ通ニ與ヘナイト云フ説デゴザイマシタ、外ノモノハサウ云フコトハ別ニ述ベナカッタ

○工藤行幹君（百十番）　承諾ヲ與ヘルト云フ理由ハ、議論ガアッタナラバ、ドウ云フ理由デアッタト云フコトヲ伺ヒタイ

○木暮武太夫君（七十七番）　申シマセウ、大體唯今申シマシタ通、事實已ムヲ得ザル事ガ多イノデ、例ヘバ機密費ハ朝鮮事件ノタメ何程モナイモノガ、假ニ十九万圓モ入ルト云フコトデ、第一豫備金、第二豫備金ノ金ガナイト云フ上カラ、國庫剩餘金ヲ支出シテ使ハナイ譯ニイカヌ、帝國議會モ左樣デ、廣島ニ開クト云フノデ二十四万モ出テ居ル、是ハ金ガナイカラト言ッテ、帝國議會ヲ開カヌ譯ニイカヌ、黑死病ガ流行シテ日本ニ來サウニナッテ居ル、ソレヲ防ガナケレバナラヌ、其他斯樣ナルモノハ必要ナモノデ、國家ノ生存上缺クベカラザルモノデ、剩餘金ヲ以テ支出シタト云フコトハ、已ムヲ得ヌデ承諾ヲ與ヘルコトニ爲ッテ居ル

○元田肇君（七十四番）　一寸御尋シマスガ、少シ自分ニ分ラヌコトガアルカジ、御質問ヲ致シテ置キタイ、第一ニハ政府ハ責任ヲ以テ支出シタ云々ト云フコトガアリマスガ、是ハドウ云フコトデアルカ、御考ヲ伺ヒタイ、凡ソ無責任ト云フコトハ大抵ナイ、ソレニ特ニ責任ヲ以テ支出ヲシタト云フコトハ、ドウ云フコトニ了解シテ宜シウゴザイマスカ、第二ニハ委員會ノ速記錄ヲ見マスルト、政府委員田尻男爵ノ説明ニ於テ、ドウモ憲法ニハ明文ハゴザラヌガ、據ナイ捨テ、置カレヌカラ出シマシタ、強テ言フナラバドウ云フ法律ニ依ッタカ、強テ言フナラバ先ヅ從來ノ行掛リデ、憲法六十四條第二項ニ依ッタト云フ位ノ事デ置カナケレバナルマイ、據ゴザラヌト云フコトガゴザイマス、所ガ國務大臣ヨリ承諾ヲ求メテ來タ所ノ通牒ト云フモノニ依レバ、

憲法六十四條第二項ニ依ルト云フコトガ特記シテアル、田尻政府委員ノ御說明ハ、果シテ其當ヲ得テ居ルモノデアルト心得テ、委員會ハ御濟ミニナッタガ、田尻君ノ言ハレタ所ニ依ルト、憲法ノ明文ニハナイラシイガ、强テ問ハレルナラバ、據ナシニ斯ウデモ言ッテ置カウト云フ位ノ事デアル、又委員カラ質問セラレタ所ヲ見ルト、憲法ニ明文ガナイト云フコトニ了解シテ議論ガシテアル、本員ハ其邊ヲ明ニシタイノデ、田尻君ノ委員會ノ說明ト云フモノガ本當デアルカ、憲法六十四條ノ二項ニ依リ、承諾ヲ求ムルト云フ國務大臣ノ通牒ガ本當デアルカト云フコトヲ確メテ置キタイ、ソレハ委員會ニ於テ如何ニ御聞取ニナッタカト云フコトヲ聞イテ、併テ政府委員ノ田尻男爵モ此處ニ居ラレルカラ、默ッテ居レバソレニ相違ナイモノト本員ハ認メマス、ソレニ依ッテ贊否ヲ決シマス

○木暮武太夫君(七十七番) 御答致シマス、最前ノハ、憲法ノ中ニ剩餘金ヲ使ッテ宜イトモ惡ルイトモ書イテナイ、サリナガラ第一豫備金、第二豫備金ガ既ニ使ヒ拂ッテシマッテ金ノナイ所ニ、朝鮮事件等已ムヲ得ナイコトガ起ッタ、傳染病ノ如キ左樣ナ場合ニ於テハ、政治ヲ爲スモノハ責任ヲ持ッテ、ソレダケノ事ヲシテ議會ノ承諾ヲ求メルコトヲスル、斯ウ云フ意味ニ爲ル、ソレカラ其次ノ……

○議長（楠本正隆君） 是亦御動議ナキヲ以テ、是亦承諾ヲ與フルコトニ決シマス――諸君、時間モ過ギマシタガ、マダ餘程議案モ多イ故ニ、少シク辛抱ヲ請ヒマス、次ハ日程ノ第七ニ進ミマス、清國及朝鮮國在留日本人取締法案

第七 清國及朝鮮國在留日本人取締法案 第一讀會ノ續
（鈴木充美君外一名提出）

（政府委員外務次官原敬君演壇ニ登ル）

○政府委員（原敬君） 清國及朝鮮國在留日本人取締法案ト云フ、唯今議題ニ爲ッテ居リマス事ニ就イテ一言申シマス、此法ニ就キマシテハ、政府モ多少改正スル見込ヲ以テ居リマスルノデス、故ニ今日改メラレタ此案ノ成立スルコトニ於テハ、無論大體ニ於テ不同意ハゴザイマセヌ併ナガラ此提出案ノ儘デハ、御同意ハ出來兼ネマスルノデス、其重ナル點ハ、第三條、第四條、第五條ニ在ルノデス、之ヲ第三條ニ依ッテ見マスルト、在留禁止ノ命令ヲ受ケタル者ニシテ不服ナルトキハ、三日以内ニ駐劄ノ公使ニ取消ヲ請求スルコトニ爲ッテ、其取消ノ請求アッタトキニハ、執行ヲ停止スルト云フ原案ニ爲ッテ居リマスガ、是ハ實際ニ於テハ甚ダ不都合ヲ感ジマスル、ナゼト云フニ、朝鮮デ申セバ京城、或ハ支那デアレバ天津ト申ス如キ土地ハ、三日以内ニ取消ヲ請求シ、其問命令ヲ停止シテ居ッテモ、ソレハ往キマスルガ、假ニ是ガ元山デ起ッタ事トスル時ハ、隨分長イ日數ヲ要スルデアラウ、又支那ニ於テハ上海ニ起ッタトカ、若クハ東京ニ起ッタトカ、斯様ナ場合デアレバ、殆ド命令ヲ爲シタ後、上告シタ者ガアッタトキハ、二箇月以上其儘ニ在留セシメラルヽト云フコトニ爲ルト、是ハ如何ニモ其點ニ於テ不都合ト感ジマスルカラ、斯様ナル所ニ修正ガナケレバ、政府ハ御同意ガ出來ヌノデアル、而シテ第三條ハ唯今申シタヤウナ理由デアッテ、第四條モ殆ド之ニ附帶スル箇條デアリマスカラ、多少ノ修正ガアリ、而シテ第五條モ其結果トシテ削除ニ爲ルコトデアレバ、政府ハ此案ヲ通過スルコトニ就イテハ、悦デ御同意ヲ致スコトデゴザイマス、又終ニ臨ンデ一言シテ置キマスガ、此表題デゴザイマス、表題ハ「清國及朝鮮國在留日本人取締」トアリマスガ、明治十六年、若クハ十八年ノ頃ニ在ッタ法律ノ名前ヲ、其儘用ヒラレテ居ルト思ヒマスルケレドモ、其時分デハ成ル程日本人取締ト云フ名稱モ用ヒラレタデアリマセウガ、今日ニ爲ッテハ、ドウモ日本帝國ノ法律トシテ、日本人取締ト云フノハ、如何ニモ不當ニ考ヘマスルカラ、之ヲ改メラレテ、帝國臣民ト云フヤウナ文字ニ換ヘラレル方ガ適當デアラウカト考ヘル、是ハサマデ法律其物ニハ重大ノ關係ハ持チマセヌケレドモ、序ニ此事ヲ表白シテ置キマス

○小室重弘君（八十八番） 昨日修正案ヲ出シテ置キマシタカラ

○議長（楠本正隆君） 二讀會ノ時ニ……

○小室重弘君（八十八番） 是ハ讀會ヲ省略シテ、ヤッテ戴キタウゴザイマス

（「贊成々々」ト呼フ者アリ）

○議長（楠本正隆君） 小室重弘君ヨリ讀會省略ノ意見ガ出テ居リマス、是ハ御異議ナシト認メマスル、卽チ讀會ヲ省略シマスル、就イテハ小室重弘君ノ修正說ヲ朗讀致シマス

清國及朝鮮國在留日本人取締法案 確定議
（町田書記官朗讀）

表題中日本人トアルヲ帝國臣民ト改ム

第一條 「日本人」ヲ「帝國臣民」ト改メ「風俗ヲ壞亂セムトスルニ至ルヘキ者ト認定スル」ノ二以下十字ヲ削リ「者アルトキハ」ト改ム

第三條 三日以內ニ領事ヲ經テノ下「外務大臣若クハ」七字ヲ加ヘ此以下總テ削ル

第四條 帝國公使ノ上ニ「トキハ外務大臣若クハ駐劄」十二字ヲ加フ

第五條 全ク削ル

第九條 「十一日以上一箇年以內」ノ「年」ハ「月」ノ誤「箇」ハ衍「內」ハ「下」ノ誤

修正者 小室 重弘

○小室重弘君（八十八番） 是ハ唯今外務次官ノ御演說ニ爲リマシタ通デアリマシテ、是ナレバ政府ハ御承諾ニ爲ルコトヽ思ヒマス、卽チ此通ニ直チニ確定セラレンコトヲ希望致シマス

（「贊成々々」ト呼フ者アリ）

○議長（楠本正隆君） 表題ヲ始メ第一條、第三條、第四條――第五條ハ削除、及第九條、是ニ就イテ小室重弘君ノ修正說ヲ一括シテ決議ヲ採リマス

（「贊成々々」ト呼フ者アリ）

○議長（楠本正隆君） 小室君ノ修正說ニ同意ノ諸君ハ起立

起立者 多數

○議長（楠本正隆君） 多數、御動議ナクバ其他ハ原案ニ決シテ總テ該案ノ確定ヲ報ジマス

田中正造君松島廉作君田口卯吉君沼田宇源太君大竹貫一君金尾稜厳君ヨリ陸軍軍用品買入ニ關スル件ニ付再質問書ヲ、田中正造君四宮有信君ヨリ小金ケ原開墾地ノ所有權ヲ細民ヨリ奪ヒタル件、田中正造君ヨリ明治二十七年ニ於ケル臨時總選擧ノ期日ヲ故ラニ遷延シタル件、遼東還附ノ罪責ヲ以テ軍隊及衆議院ニ歸セントシ且ツ外ニ於テハ更ニ三國ニ請託シ内ニ於テハ國民ヲ嚇著シタル件、横濱築港不正工事ニ對スル責任者未定ニ關スル件、足尾銅山鑛毒ニ關スル件、北海道炭礦鐵道會社ノ情弊除去ニ關スル件、肥後熊本ニ在ル大官林ト細川家ノ私有小山林トヲ交換セシ件、陸奥外務大臣ノ曠職ニ關スル件、衆議院議員濱野茂拘留通知ニ關スル件、三浦安ヲ宮中顧問官ニ奏薦シタル件、朝鮮國居留商人ニ退去ヲ命シタル件ニ付政府ニ質問書ヲ提出セラレタリ

特別委員長及理事左ノ通當選セラレタリ

輸出羽二重檢査所法案審査特別委員長　坪田仁兵衛君

同理事　小室重弘君

一「明治二十七年六月朝鮮國ニ事變ノ生シタル際出征軍隊用トシテ牛肉罐詰ノ需用ヲ生セシヤ當時其營業者中資力確實ニシテ製法完全ト認ムル者甚タ尠ナク咄嗟ノ需用ニ當リ其之ニ應シ得ヘキ適當ノモノ寡ナカリシヲ以テ舶來品ニシテ普通商賈ノ手ニ貯藏シアルモノ及ヒ漸次輸入シ來リタルモノ等ヲ買收シ以テ纔カニ其需用ヲ充タセシカ爾後該品ノ需用増加スルニ隨テ其供給者續々内地ニ興起セシニ依リ陸軍省ハ内地ノ製造品ヲ購買シ其需用ニ供シタルモ時將サニ夏季ニ際シタルノミナラス其製造所ノ如キモ俄カニ設立セシモノナルニ依リ製造方ニ就イテモ不充分ヲ免カレサルカ爲メ腐敗品多ク又僅少ノ時間ニ多數ノ需用品ヲ製造スルヲ以テ自然其監督上ニモ行屆カサル廉アルニ依リ粗製品又ハ其荷造リ等ニ不完全ノ所爲アルヲ認メタリ故ニ陸軍省ニ於テハ該品調査委員ヲ選定シ一昨二十七年十月十五日ヲ期シ全國内重モナル牛肉罐詰製造營業者ヲ陸軍省ニ會同セシメ該品ノ製造方法等ヲ協議シタリ云々」ト云ヘルニ就テハ余等亦當局者ノ注意ヲ諒ス唯當局者已ニ「製造方ニ就テモ不充分ヲ免レサルカ爲メ腐敗品多ク又僅少ノ時間ニ多數ノ需用品ヲ製造スルヲ以テ自然其監督上ニモ行屆カサル廉アルニヨリ粗製品又ハ其荷作リ等ニ不完全ノ所爲アルヲ認メ」テ斯ル注意ヲナスニ至リ乍ラ言ヲ「至急ノ需用」「臨時ノ必要」ニ託シテ其矯正未タ屆カサル罐詰ヲ續々買上ケタルハ甚タ其意ヲ得難シ當局者ハ辯シテ言フ「若シ其供給ノ時機ヲ過マルトキハ軍隊ノ生命ニ關係スルヲ以テ云々」ト然リ供給其時機ヲ過レハ軍隊ノ生命ニ關係スルニ相違ナシ然レトモ是ヲ恐ル、ノ故ヲ以テ現ニ粗製品若クハ腐敗品多キヲ認メタルモノヲ買上ケ迴送スルハ寧ロ妄慢不親切ノ處置ナラスヤ之ヲ反言スレハ當局者ハ粗製品若クハ腐敗品軍隊ノ生命ニ關係ナシト爲ス乎抑モ亦當局者斯ル處置ヲ取ルノ外其道ナカリシト言フ乎

一當局者ハ「時將ニ夏時ニ際シタルヲ以テ(中略)腐敗品多ク」ト云フモ寒季ノ候モ亦腐敗シテ用ニ適セサリシモノ頗ル多カリシハ掩フヘカラサルノ事實ナリ當局者ノ答辯スル如クンハ陸軍省ニ於テハ明治二十七年十月十五日ヲ期シ全國内重ナル牛肉罐詰製造營業者ヲ陸軍省ニ會同セシメ同省ニ於テ選定シタル該品調査委員ヲシテ其製造方法ヲ協議セシメタリト云フ果シテ然ラハ寒季ニ入ルノ前已ニ其製造方法等ヲ協議シテ粗製濫造ノ弊ヲ矯正シタルモノ特ニ氣候全ク寒冷ニ向ヒタルニ於テ腐敗品ノ如キハ稀有若クハ皆無ナラサルヘカラス然ルニ其實際ハ全タ之ニ反ス其理由如何

三當局者カ曾テ指定セルカ如キ資格ヲ有スル牛肉罐詰製造業者ハ從來東京ニ一人モアルナシ勿論海苔若クハ貝類等ノ罐詰製造業者ハ多少是レナキニアラサルモ牛肉罐詰製造業ニ至リテハ頗ル是等ト技術ヲ異ニシ決シテ期日ノ間ニ熟練シ了ルヘキニアラサルヲ以テ是ノ罐詰製造者ハ到底當局者ノ指定セル如キ資格ニ適合スヘキ牛肉罐詰製造者タル能ハス然ルニ牛肉罐詰ノ需用大ニ增加スルヤ一朝十八箇所ノ牛肉罐詰製造所突如トシテ出來シ當局者亦之ヲ認容シテ牛肉罐詰ノ製造供給ヲ命シタリ是實ニ奇怪ノ處置ニシテ破格ノ沙汰ト言ハサルヘカラス今歩ヲ讓リテ斯ノ如キ破格ノ沙汰ヲ爲スモ已ムヲ得ストセハ元來牛肉罐詰ノ本場タル關西地方ニ於テハ更ニ幾多ノ罐詰業者出テ、著シク製造力ヲ增加シタルコト固ヨリ疑フヘクモアラス故ニ若シ當局者ニシテ能ク之ヲ奬勵シテ其供給ヲ努メシメハ必ラスシモ運送不便代價不廉品質不良製造無經驗ノ東京ニ於テ巨額ノ牛肉罐詰ヲ買上クルノ要ナク必然其本場トシテ運送モ便ニ代價モ廉ニ且ツ品質良好製造熟練ナル關西地方ニ於テ優ニ其需用ヲ充タスヲ得タルヤ明カナリ然ルニ當局者ノ爲ス所此ニ出テスシテ彼レニ出ツ其意ノ在ル所甚タ奇怪トスヘシ此點ニ就イテ當局者ハ曰ク「關西ノ製造中或ハ器械ノ破損又ハ職工中流行病ニ罹ルモノ等ヲ生シタメニ其製造ヲ辭シタルモノ等種々ノ故障ヲ生シタルタメ注文數ニ異同ヲ生シ右ノ如キ結果ヲ招クニ至リタリ」ト夫レ然ランシカモ是等ノ故障惟リ東京ニ起ラスシテ重ニ牛肉罐詰ノ本場タル關西地方ニノミ生シタルハ亦誠ニ了解シ難キ事ナリトス如何且ツ其ノ所謂故障ノ事跡ヲ明細ニ説示セヨ

四答辯書ニ依レハ當局者ハ「各地方ノモノヨリ其標本ヲ提出シ終ヲサル內至急ノ需用アリシ」ト言ヘトモ二十七年十月十五日全國内重ナル牛肉罐詰製造者ヲ陸軍省ニ會同セシメタル時ハ各地方營業者ハ當局者ヨリ發シタル達ニ依リ卽チ滿二箇年以上牛肉罐詰製造業若クハ牛肉罐詰販賣業ニ從事セシ證明書其製造所ノ位置製造ノ方法毎日ノ出來高製造場ノ建物及ヒ其ノ製造器具建物ハ自己ノ所有ナルヤ借家ナルヤノ證明書等ニ標本トシテ四十目入レノ罐詰三箇二斤入レノ罐詰三箇ヲ添フヘシトノ規定要件ヲ充タシテ出頭セシモノナルヲ以テ其ノ會同ノ當時已ニ標本ヲ提出シ了リタルハ明々白々ナル事實ナリトス然ルニ當局者ハ其ノ會同日卽チ十五日以後ニ至リ却テ十五日以前ヨリモ巨額ノ供給ヲ東京ナル一夜作リノ牛肉罐詰者ニ命シ而シテ其ノ理由ヲ以テ各地方ノモノヨリ其標本ヲ提出シ終ハラサル內至急ノ需用アリシト云フニ歸セントス十五日以前ハイサ知ラス十五日以後ニ在テハ決ジテ斯ル事實ノ存在スヘキ筈ナシシカモ猶ホ此言ヲ爲ス是レ虛妄讒誣ノ最モ甚タシキ

モノニシテ當局者カ其ノ非行ヲ瞞過セントスル一片ノ遁辭ト見ルノ外ナシ當局者以テ如何トナス

五 答辯書ニ依レハ海軍省ニテハ内地製造品ノ持久保存ニ堪エサルヲ恐レテ常ニ舶來ノ罐詰ヲ買入レ使用ストアルモ實際神戸ニ於テ常ニ少ナカラサル罐詰ヲ購入使用シツヽアルニアラスヤソハ兎モ角モトスルモ海軍省ニテハ腐敗ノ恐レアリトテ内地製造品ニシテ縱令熟練ノ製造ト雖トモ容易ニ買入レサル事例モアルニ陸軍省ニ於テ之ニ鑑ミテ努メテ精良ノ品ヲ買上クルコトヲ爲サス却テ内地ニ於テ牛肉罐詰ノ本場トシテ海軍省スラ少ナカラサル購入ヲ爲シツヽアル關西地方ヨリ買取ルコトヲ溝クシ製造ノ不熟練品質ノ不良ニ加フルニ運送ノ不便代價ノ不廉ヲ以テスル東京ヨリ巨額ノ買上ケヲ爲シタルハ國庫ニ對シテハ不經濟軍隊ニ對シテハ不親切ノ極ト言ハサルヘカラス如何

六 東京ノ商人某ガ嘗テ納付シタル一万餘箇ノ牛肉罐詰ハ不適當品ナリトテ字品ナル檢査官ヨリ突戻サレタルハ掩フ可ラサルノ事實ナリ然ルニ其後某ハ巧ニ之ヲ變裝シテ再納シ當局者亦之ヲ買上ケタリトノ噂サアルハ眞乎且ツ斯ル不正ノ所爲アリタル某ニ爾後依然罐詰ノ供給ヲ命シタルハ如何

七 東京ノ屠畜場ハ淺草ト芝ノ二箇所ニ在リ單ニ淺草ノ屠畜場ニ就テ見ルニ日清開戰ノ前マテハ馬ノ屠殺數半箇年平均三四百頭乃至五六百頭ニ過キサルニ開戰後則チ明治二十七年七月ヨリ十二月ニ至半箇年ニ於テハ其數實ニ二千六百九十九頭ノ多キニ達シタリ是レヲ以テ推スニ其後ノ屠殺數決シテ少ナカラサルヘシ而シテ未タ馬肉販賣營業者ノ增加シタルヲ聞カス夫レカアラヌカ二十七年七月以降東京牛肉罐詰製造所ニ於テ馬肉ヲ混合使用スルトノ風評紛々トシテ起リ今猶世ノ疑惑ヲ免レス果シテ其事アリシカ夫レトモ實際馬肉販賣營業者ノ增加シタルモノアリヤ警視廳ヘ照會ノ上二十一年七月ヨリ六月迄ト二十七年七月ヨリ十二月迄トノ馬屠殺數ノ比較表及馬肉販賣營業者ノ增減比較表トヲ明示センコトヲ求ム

八 答辯書ハ罐詰買上ケノ額代價供給者等ヲ揭クルモ其買上ケ日時ヲ明示セス依テ今一々詳細ナル說明ヲ求ム

右成規ニ依リ更ニ提出候也

明治二十九年三月二十二日

提出者 田中正造　松島廉作

贊成者 田口卯吉　沼田宇源太

大竹貫一　金尾稜嚴

木村格之輔

外三十九名

小金ケ原開墾地ノ所有權ヲ細民ヨリ奪ヒタル件ニ關スル質問趣意書

下總國小金ケ原開墾地ハ明治二年以來政府カ細民ノ救助授産ノ爲メニ多少ノ保護ヲ與エテ開墾セシメタル者ニシテ其當初自力ヲ以テ開墾シタル原野田畑ハ其私有ト爲スヲ得ヘシトノ規定ヲ爲セリ是ヲ以テ細民ハ相與ニ熱心勞働シテ其開墾ニ從事シタリ然ルニ其後政府ハ小金ケ原開墾地ノ全土ヲ擧ケテ之ヲ東京ノ某有力會社ノ所有トナセシヲ以テ從來熱心ニ之ヲ開墾セシ細民ハ法律上全ク其所有權ヲ失フコトヽナレリ斯ノ如ク前後反覆ノ處置ヲ爲シ多數細民ノ安處ヲ奪フテ少數富豪ノ所有トナシタルハ誠ニ殘忍暴戾ノ處置ト言ハサルヘカラス政府ハ如何ナル理由アリテ斯ル殘忍暴戾ノ處置ヲ爲シタル乎此事ニ關シテハ本員嘗テ第六議會ニ於テ質問シタルモ政府未タ答辯スル所アラス且ツ被害人諸氏ハ第八議會ニ於テ狀ヲ具シテ請願スル所アリ其請願ハ院議ニ附シ採擇スヘキモノト決セラレテ政府ニ回付セラレタルモ政府ハ今猶ホ之ヲ不問ニ處置スル所アラス是レ亦如何ナル理由アリテ然ル乎今重ネテ之ヲ質ス

右成規ニ依リ提出候也

明治二十九年三月二十二日

提出者 田中正造　四宮有信

贊成者 松島廉作

外四十三名

明治二十七年ニ於ケル臨時總選擧ノ期日ヲ故ラニ遷延シタル件ニ關スル質問趣意書

第六議會ハ明治二十七年六月ヲ以テ解散セラレタリ顧ミルニ二十七年六月ハ征清役ノ端ヲ啓キタル時ニシテ越エテ七月八日以後ニ至レハ日淸兩國互ニ戰ヲ宣シテ盛ンニ交戰ニ從事シタリ左レハ此前後ハ軍國ノ事務多端ニシテ帝國議會ノ協贊ヲ待ツヘキモノ亦少ナカラサルノ秋ナリ從ツテ一日モ早ク總選擧ヲ施行シテ帝國議會ノ召集成立ヲ計ラサルヘカラス然ルニ當局者ハ毫モ之ヲ計ラサルノミナラス却テ法律ノ規定ノ許ス限リ其日時ヲ遷延シ法定期限將サニ盡キントスル九月一日ニ至リテ漸ク之ヲ執行セリ繼ッテ第七議會ノ召集ヲ見ルニ軍國ノ事務ニ關スル議案緊急ノ協贊ヲ要スルモノアリトノ故ヲ以テ法定正則ノ手續ヲ履ムコトヲ爲サスシテ之ヲ召集セリ之ヲ詳言スレハ議會召集令ハ少クトモ其召集期日四十日前ニ發表スヘキニ事ノ緊急ヲ要スルモノアリトテ其間僅カニ二十五日ヲ置ケリ事ノ緊急ヲ要スルモノアルハ誠ニ然リ故ニ當局者ガ法定正則ノ手續タモ履マスシテ議會ノ召集ヲ奏請シタルハ敢テ之ヲ咎メサルヘシ唯斯クマテ忽急ニ召集スル程ナラハ何故ニ解散後ノ總選擧ヲ故ラニ遲々シテ法定期限ノ最終マテ遷延シタル乎若シ軍國緊急ノ事務突如トシテ九月十月頃ニ起リタリトセハ則チ已ム已ニ共端ヲ六月ノ始メニ發シ七月ニハ豐島ノ變牙山ノ戰アリ八月ノ始メニハ互ニ宣戰ノ詔勅ヲ發シタルニ於テ猶ホ總選擧ノ施行ヲ遲々シ一日モ緩フスヘカラサル帝國議會ノ召集成立ヲ遷延シタルハ一ハ當局者カ偏ニ當時ノ所謂對外硬派ノ氣鋒ヲ恐レ對韓對淸ノ政策ニ其容喙ヲ蒙フルヲ避ケントシ一ハ軍國ノ多事ヲ好機トシテ私ヲ營ミ利ヲ貪ホラントスルノ惡意ニ出テタルモノト見ルノ外ナシ當局者猶ホ能ク然ラスト辯解スルヲ得ル乎

右成規ニ依リ提出候也

明治二十九年三月二十二日

提出者 田中正造

贊成者 松島廉作

外四十四名

遼東還附ノ罪責ヲ以テ軍隊及衆議院ニ歸セントシ且ツ外ニ於テハ更ラニ三國ニ請托シ内ニ於テハ國民ヲ瞞著シタル件ニ關スル質問書

遼東半島ノ還附ハ千古ノ大屈辱ナリ外交上未曾有ノ大失敗ナリ當局者ハ百方言ヲ構ヘテ其罪責ヲ逭レントスルノミナラス其還附ヲ爲スニ際シテ益〻失態ヲ極メ世人ヲシテ其意ノ在ル所ヲ知ルニ苦シマシム依テ今之ヲ列擧シテ當局者ノ明答ヲ求ム

一 三國ノ異言ニ驚キテ遼東ヲ還附スルヤ其當局者及之ヲ辯護スルモノハ曰ク是レ外交ノ罪ニアラス軍隊ノ力萎弱シタルカ爲メナリト

前後殆ント一年間千百里ノ外ニ懸征シ酷暑祁寒ノ苦ヲ凌冒シテ干戈ノ交爭ニ從事ス幸ニ百戰百勝ノ奇功ヲ奏セリト雖モ亦更ニ強大ナル新敵ヲ迎ヘテ之ト驅逐スルハ固ヨリ至難事ニ屬ス乃チ至難事ニ屬スト雖モ忠勇義烈死ヲ視ル歸スルカ如キ我陸海貔貅ノ士ハ其當時更ニ一快戰ヲ爲シテ以テ彼ノ倨傲亡狀ヲ挫カント欲セサルモノ一人タモ是レナカリシナリ

余等ノ聞ク所ヲ以テスレハ三國ノ異言公然我カ有司ニ通セラレシハ四月二十三日ノ朝ニ在リ而シテ其旅順ナル征討總督府ニ傳達セラレタルハ同日ノ夜ニ在リ是ニ於テ同地ニ在ル陸海軍ノ重ナル將校ハ其夜直チニ大總督小松宮彰仁親王殿下ノ御乘船威海衞丸ニ集リテ評議スル所アリ斷然三國ト開戰スルコトニ決シテ更ニ之ニ關スル軍議ヲ凝ラセリ其軍略ナリト言フヲ聞クニ

海軍ハ佐世保ヲ根據トシ長崎近海ニ於テ先ツ露艦ヲ擊破シ
陸軍ハ旅順口ヲ本陣トシテ左ニ清ヲ追ヒ右ニ露ニ逆フ

ニ在リ翻ッテ糧食ヲ顧レハ幸ニ猶數箇月ヲ支フルニ足リ一時本國トノ通航斷絕スルモ左シタル困難ヲ感スル事ナカリシヲ以テ軍氣特ニ振ヒ上下踴躍シテ一快戰ヲ冀ハサルナシ

是ニ於テ樺山海軍軍令部長ハ其翌二十四日ノ朝伊集院海軍大佐ヲ從ヒ御用船立田丸（速力二十節）ニ乘シテ威海衞ニ赴キ此處ヨリ他ノ御用船ニ乘換エテ直チニ歸國ノ途ニ就キ立田丸ハ更ニ南駛シテ澎湖島ニ赴キ事ノ顚末ヲ諭ケテ同島ナル伊東聯合艦隊司令長官ヲ招キ相共ニ急ニ應スルノ方略ヲ劃セントセリ

然ルニ本國ニ於テハ此日（乃チ二十四日）早クモ廣島ノ會議ニ於テ「第三國トハ和親ヲ破フルヘカラス新タニ敵國ヲ加フルハ斷シテ得策ニアラス」トノ議ヲ決シ越エテ二十六日山縣陸軍大臣ハ其諭ヲ齎ラシテ旅順ナル征討總督府ニ向ッテ出發シ航途中樺山軍令部長ト行違ヒタリ

山縣陸相ノ旅順ニ達スルヤ大總督小松宮殿下ハ、大山、野津、山地川上、佐久間等ノ諸將ヲ其乘船威海丸ニ招キ更ニ評議スル所アリシニ山縣陸相ハ其使命ヲ告ケ且ツ其使命　勅諭ニ出ツルヲ報シテ諸將ヲ慰諭セントセリ

然ルニ是等ノ諸將ハ何レモ前議ヲ執リテ決戰ノ硬意見ヲ主張シ甚シキハ陸相ニ向ヒ「閣下ハ目下本國ニ於テ拾萬ノ國民軍ヲ募集シ且ツ種種ノ準備ヲ全フシ出征軍ヲシテ後顧ノ患ナカラシムルノ大責任ヲ有スルニアラスヤ然ルニ今其大責任ヲ措キテ遠ク此ニ來ル夫レ將タ何ノ意ソ若シ單ニ　勅諭ヲ傳フルノミナラハ固ヨリ閣下ヲ待タス盍ソレ速カニ歸リテ其責任ヲ全フスルコトヲ努メサル」ト難詰斥罵スルモノアリ或ハ陸相ノ乘船横濱丸ニ詰メカケテ反抗ノ激論ヲナスモノスラアルニ至レリ然レトモ陸相ハ偏ニ其使命　陛下ノ親勅ニ出ツルヲ述ヘ且ツ新タニ三國ヲ敵トスルノ不可ヲ說キ開戰論者モ事ノ勅命ニ出テタルニ畏ミテ涙ヲ飮ミツヽ之ニ從ヘリ

夫唯然リ是ヨリシテ人々相見テ相悲ミ失望怨嗟ノ聲途ニ滿チ軍氣頓ニ衰耗スルニ至リシナリ

且ツ之ヲ聞ク新聞記者某海城ニ至リ同地駐陣中ノ大島旅團ヲ訪ヒ談偶〻三國ノ異言遼東ノ還附ニ及ヒシニ將校士卒擧リテ切齒扼腕セサルナク次クニ血涙ヲ以テセリト而シテ其下士兵卒ノ携持スル所ノ手帳ヲ閱スルニ劈頭軍費支出ノ議決及ヒ帝國議會ノ感謝狀ヲ提起シ次キニ　勅語及長官ノ說諭等ヲ記錄シ相與ニ語リテ曰ク帝國議會ニシテ斯クノ如シ我等豈ニ空シク生還スヘケンヤト意氣斯クノ如シ則チ是レ眞ニ國民的戰爭ニシテ苟クモ國民內ニ奮躍シ帝國議會亦其後援ヲ爲サン限リハ彼等ハ勇往適進唯死ノ榮生ノ辱ナルヲ知リテ十百國ヲ敵トスルモ怖ルヽ所ナカリシナリ

若シ夫レ遼東ニ於ケル我カ軍事行政ノ成蹟及ヒ遼東ノ土壤形勢ノ如キハ事少ク岐路ニ涉ルモ亦全ク關係ナシト云フニモアラサレハ序ヲ以テ之ヲ記セン

聞クカ如クンハ我兵ノ海城ニ入リシハ二十七年十二月四日ニ在リ而シテ十五六日ノ頃ハ早クモ行政事務大略ナカラモ整頓シ其月末ニハ行政上ノ報告書ヲ調製スルニ至リタリトノコトナリ

營口ノ如キモ占領後直チニ自治制ヲ布キ公會ヲ設ケ區長ヲ選ヒ（支那人ヲ以テ之ニ充テ）且ツ支那人二百名ヲ撰ンテ自治的巡邏ト爲シ以テ行政ヲ監督セシメタルノミナラス到處便所ヲ設ケテ市街ノ清潔ヲ計リ飮料水ヲ眞選シテ市民ノ衞生ニ資シ更ニ進ンテ商業ノ便ヲ計ル等凡ソ一般ノ行政速カニ其緒ニ就キ同地ノ民ヲシテ堯舜以來ノ眞治蹟ニシテ眞ニ仁義ノ軍タルヲ稱シテ已マサラシムルニ至レリ而シテ其當時同時ニ駐陣セシ軍隊ハ僅カニ後備一大隊ニ過キサリシト云フ

是レ一二ノ例ヲ擧ケタルニ過キス然カモ之ヲ以テ我カ軍隊ノ手腕カ如何ニ俊秀ナルヤヲ知ルヘク且ツ其俊秀ノ手腕ヲ廣ク且ツ長ク遼東ノ野ニ伸ハサシメハ必ラス全土ノ民ヲシテ深ク我ニ信服セシムルニ至リタルヲ知ルヘキナリ

世ニハ遼東ノ地ヲ以テ不毛磽确ノ地ト爲シ動モスレハ之ヲ以テ其ノ還附ノ辯解ト爲サントスルモノナキニアラス是レ思ハサルノ甚シキモノヽミ遼東ノ野不毛磽确ヲ以テ目スヘキハ僅カニ其海岸ノ地ノミ少シク進ンテ內地ニ入レハ其土質地味寧ロ我カ內地ノ中等以上ニ位スルヲ見ル其野ニ產スル黍ノ高サ馬背ニ達スルカ如キ若クハ梨桃杏及松栢楊柳ノ所々ニ繁生スルカ如キ以テ之ヲ徵スルニ足ルヘシ且ツ英佛聯合軍ガ清京ヲ陷レントシテ先ツ大連灣ニ據リタルノ往時ハ同灣ノ沿邊樹木鬱蒼トシテ繁殖シアリタリト言ヘハ其附近一帶元來樹木ノ生殖ニ適セサルノ地ニアラス唯在棲ノ官民若クハ貪欲若クハ淺慮ヨリシテ妄芟濫伐遂ニ之ヲ盡シテ復タ顧ミル所ナカリシヲ以テ今

ノ禿兀ヲ致セルナランノミ特ニ其内地ニ於ケル田畝ノ畦々大概互ニ一畛ヲ隔ツト言ヘハ直ニ所謂大農法ヲ施行スルヲ得ヘク之ヲ我カ内地ノ片々タル小農的田畝ニ比シテ其利便固ヨリ同日ノ談ニアラス翻ツテ軍事的眼孔ヲ以テ之ヲ觀察スレハ遼東ノ地タル清韓ノ間ニ介在シテ北近ク露領ニ臨ム據テ以テ立ツアラハ西満清ノ死命ヲ制スヘク東朝鮮ノ安固ヲ保ツヘク陸ニハ强露ノ南下ヲ抑エ海ニハ列强ノ跋扈ヲ拒クヘク誠ニ得難ク失フヘカラサルノ形勝タリ今更ニ仁川ヨリ京城ヲ過キリ平壤義州大東溝ヲ經テ海城ニ至ル一線ト大連灣ヨリ金州ヲ過キテ旅順ニ達シ更ニ北シテ復州蓋平營口ヲ越ヘ以テ海城ニ連絡スル一線トヲ畫シテ鐵道ヲ敷設セハ遼東ノ守備ノ上ニ幾干ノ利便ヲ與フルヤ遠カニ測知スヘカラス其ノ運輸交通ニ便資シテ農工商業ヲ發達セシムルノ效益ハ之ヲ説クノ要ナカランノミ聞ク我カ軍事當局者ノ中ニハ既ニ此ニ著目シテ大體ノ測量及ヒ設計ヲ爲シタルノミナラス遼東北邊ノ要樞タル海城ノ如キハ防禦工事既ニ落成シ大砲ノ据付ケモ亦已ニ了リテ防守ノ準備全ク整頓シタリシトノ事ナリ

斯ノ如キ形勢ノ地ハ遠ニ之ヲ獲ント欲シテ獲ヘカラス幸ニ我レハ連戰連捷ノ偉功ニ依リテ之ヲ占獲シ斯クノ如キ經營ヲ爲シタルモノ固ヨリ未來永却之ヲ失フヘカラス然ルニ外交當局者ノ淺慮ニシテ怯懦ナル前ニハ三國ノ異言ノ將サニ來ラントスルヲ看破シテ豫カシメ之ヲ防制スル能ハス（特ニ松方伯及民黨一部ノ有志カ懇切ナル勸告ヲヲ爲シタルニモ拘ハラス輕々ニ遼東ヲ割取シ）後ニハ其ノ干渉的忠言ノ既ニ來リタルニ於テ斷然正ヲ取リ義ニ仗リテ之ヲ拒斥スル能ハス徒ラニ倉皇狼狽シテ計ノ出ツル處ヲ知ラス已ムナク之ニ屈從シテ幾万貔貅ノ士カ流血曝骨ノ餘ニ獲タル土壤ヲ清廷ニ還附シ而シテ其ノ還附ノ罪責ヲ以テ外征軍隊ノ萎微衰弱ニ歸セントス抑モ何ノ心ソヤ余輩固ヨリ軍事上ノ機密ヲ發露セント欲スルモノニアラス唯彼ノ怯懦狡猾ノ徒カ罪ヲ他ニ嫁シテ自ラ遁レントスルノ卑劣醜陋ヲ惡ミ且ツ忠勇義烈ナル我ガ陸海貔貅ノ士ノ爲メニ其寃ヲ辯セント欲シ即チ聞[illegible]スル所ヲ擧ケテ當局者ニ問フノミ

嗚呼實際ノ事實斯クノ如シ當局者猶ホ然ラスト爲シテ我カ軍隊ヲ誣ヒントスル乎

一

當局者ハ外征軍隊ノ力萎弱シタルヲ以テ遼東ヲ還附スルノ已ムヲ得サルニ至リタリト誣ユルノミナラス更ニ歩ヲ進メテ曰ク「現在ノ軍隊ガ忠勇無雙ナルハ直チニ以テ軍備ノ充實ト爲スヘカラス」「軍隊ノ力足ラサルカ爲メ外交上勝利ヲ得ストセハ是レ軍隊ノ力ヲ充實スルノ計ヲ怠リシモノニ責任アルナリ而シテ誰カ軍隊ノ力ヲ充實スルノ計ヲ疎怠セシモノソ」ト是レ衆議院カ嘗テ海軍經理部内ノ弊竇ヲ指摘シテ苟モ之ヲ改革セサル限リハ軍艦製造ノ擧ニ協贊ヲ與ヘサラントシタルヲ言フモノニシテ取リモ直サス遼東還附ノ罪責ヲ衆議院ニ歸セントスルモノナリ

案スルニ政府カ始メテ軍艦製造費ヲ議會ニ要求シタルハ第一議會ノ時ニ在リ其要求總額ハ五百貳拾壹萬餘圓支出年限ハ五箇年ニシテ議會ハ之ヲ協贊シタリ今ノ吉野須磨龍田ノ三艦ハ則チ之ニ依リテ製造セラレタルモノ

次ニ要求シタルハ第二議會ノ時ニ在リ衆議院ハ此時ヨリシテ海軍經理部内ニ種々ノ弊竇伏藏スルヲ覺リ之ヲ指摘シテ先ツ其改革ヲ促カシ苟モ之ヲ改革セサル限リハ其經營ニ係ル軍艦製造ノ要求費ヲ協贊セサラントシ豫算委員會先ツ之ヲ否決シタルニ第二議會ハ不幸ニシテ解散セラレタルヲ以テ軍艦製造費モ亦本議ニ上ラスシテ止ミタリ其要求額ハ實ニ貳百七拾五萬圓ニシテ當局者ノ設計ハ明治二十五年度ヨリ明治三十年度ニ至ル六箇年ヲ期シ一千七百噸ノ巡洋艦一艘（即チ横須賀ニテ製造中ナル明石艦）ト千八百噸ノ報知艦一隻（即チ吳ニテ製造中ナル宮古艦）トヲ製造スルニ在リシナリ

越エテ第三議會ニ至リ政府ハ再ヒ同様ノ製艦費ヲ要求セシモ衆議院ハ前回ニ於ケルト同一ノ趣意ヲ以テ全ク之ヲ否拒セリ

然レトモ政府ハ頑トシテ海軍經理部内ノ弊竇ヲ革ムルコトヲ爲サス却テ第四議會ニ至リテハ以上ノ設計ニ加フルニ甲鐵戰艦二隻（即チ英國ニテ製造中ナル富士八島ノ二艦）ノ製造設計ヲ以テシ其製造費合セテ一千八百餘萬圓ヲ要求スルニ至レリ是ニ於テ衆議院ハ怫然トシテ怒リ斷乎トシテ再ヒ否拒ノ意ヲ示シ更ニ進ンテ政府ノ頑冥ヲ糺彈上奏シテ　聖裁ヲ仰キ奉リシニ其年（明治二十六年）ノ二月十日優渥ナル　詔勅煥發セラレテ局面一變シ當局ノ有司漸ク議院ノ意ヲ容レテ海軍經理部内ノ弊竇ヲ改革スルノ形情ヲ示シタルヲ以テ議院ハ遂ニ政府ノ要求ヲ認諾シ數年間結ンテ解ケサリシ軍艦製造費ノ紛爭ハ玆ニ一段落ヲ告ケタリ當時ノ設計ニ依レハ巡洋艦及ヒ報知艦ハ二十六年度ニ起業シテ三十一年度ニ竣工セシメ甲鐵戰艦ハ同年度ニ起業シテ三十二年度ニ竣工セシムル豫定ナリシカ後チニ至リ甲鐵戰艦ノ製造費ハ其支出年限ヲ改正シテ三十年度マテニ繰上ケ以テ其竣工ヲ急クコトヽ爲セリ

以上ノ事實ニ依テ之ヲ見ルニ衆議院ガ實際軍艦製造費ヲ否決シタルハ第二議會及第三議會ノ時ニ在リ而シテ其否決シタル軍艦製造費ハ總額二百七十五万圓ニシテ之ニ依リテ製造セラルヘキ軍艦ハ二千七百噸ノ巡洋艦一隻ト一千八百噸ノ報知艦一隻トニ過キス而シテ其ノ再次ノ否決ニ依テ軍艦製造ノ上ニ蒙ムリタル影響ハ起業竣工共ニ一箇年ニ遲延シタルニ過キス則チ二十五年度ノ起業一年ヲ遲クシテ二十六年度ト爲リ三十年度ノ竣工亦一年ヲ延ハシテ三十一年度ト爲リタルノミ

果シテ然ラハ政府カ其製造ヲ要求シタル初年ニ於テ協贊ヲ與フルモ其ノ竣工ハ明治三十年度ヲ待タサルヘカラス明治三十年ヲ待ツテ始メテ竣工スヘキ軍艦ハ到頭到底明治二十七八年ノ征清役ニ其ノ用ヲ爲スヘクモアラス到頭到底明治二十七八年ノ征清役ニ其用ヲ爲スヘクモアラサルモノ夫レ如何ニシテ明治二十八年ニ起レル遼東還附テウ大屈辱ニ些ノ因果ヲ保ツヘキ今若シ强ヒテ海軍擴張ニ反對シテ所謂軍備充實ノ計ヲ疎怠シタルモノヲ求メハ内閣總理大臣伊藤博文侯コソ其ノ人ナラメ侯嘗テ貴族院ニ於ケル地價修正案委員會ニ於テ安場議員カ地價ヲ修正シテ數百万圓ノ收入ヲ減センヨリ寧ロ之ヲ以

テ軍艦製造費ニ充ツルノ急要ナルヲ見スヤト詰問シタルニ對シ冷カニ答ヘテ言ヘリ

今ノ世ノ中ニ海陸軍海陸軍ト云フコトカ頻リニアル至極宜シイ併シ未タ物ガ不足デアルツウ云フ事バカリ言ッタンジヤ何ニモナラナイ日本ノ全盤ノ收入ト云フモノハ幾ラデアルト云フニ八千万圓ト概算ヲ見テ宜シイ其中デ陸海軍ニ幾ラ金ヲ使ッテ居ルカト云フト二千六百万圓ト云フ金ヲ卽チ明年ニ向ッテ出シテ置キマシタ此二千六百万圓ハ全歳入ノ幾ラニ當ッテ居ルカト云フト先ヅ三分ノ一弱ニ當ッテ居ル此割合ハ如何デアルカ……夫レデ擴張々々ト云フ論モアルケレドモ力ニ應ジタ擴張而シテ其中ノ急ナルモノヲ擇ンデヤルト云フ外ハナイ……能ク海陸軍擴張ノ事ヲ御議論ナサル御方ミハ其邊ニドウゾ御注意ヲ願ヒタイモノデアル唯聲バカリジヤイケナイ夫レデ今日ハドウ云フ武器ガ必要デアルカ是ハ實ニ研究セザルヲ得ヌ事デアル從テ其入費ハ莫大ノモノデアルトテモ今ノ御話シ申シタ事ヨリエライコトヲヤレト云フノハモットエライ英雄豪傑ガ出タトキニヤラシタラバ宜カラウツウシタラ多分御望ミノコトモ出來ルデアラウ

ト見ヨ伊藤侯ハ海軍ノ擴張軍備ノ充實ニ關シテ當時斷々トシテ反對ノ意見ヲ言明セルニアラスヤ顧ミルニ伊藤侯カ斯クノ如キ言明ヲ爲シタルハ實ニ明治二十六年十二月ニシテ日清開戰ノ時ヲ隔ツル僅カニ半歳(日清戰爭ノ端ヲ明治二十七年六月ニ發ス)ナラスシカモ猶ホ斯クノ如キ意見ヲ以テ立テリ故ニ今ニ歩ヲ讓リ假リニ伊藤侯等ノ言ヘルカ如ク外交上未曾有ノ屈辱ヲ招キタルノ罪責專ラ軍隊ノ力ヲ充實スルノ計ヲ怠リタルモノニ歸スヘシトセハ最モ重ク其罪責ヲ負フヘキモノハ他人ニアラスシテ伊藤侯等ナラサルヘカラス

之ヲ要スルニ衆議院カ海軍經理部內ノ弊竇ヲ鳴ラシテ再次軍艦製造費ヲ否決シタルハ毫モ遼東還附ノ大屈辱ト因果ヲナサス而シテ若シ其大屈辱ヲ招キタルハ海軍ノ擴張ニ反對シテ軍備充實ノ計ヲ球怠シタルモノアルニ基クトセハ帝國議會開設ノ前ニモ後ニモ軍艦ノ製造ヲ急クコトヲナサス却ツテ日清開戰ノ時ヲ隔ツル僅カニ半歳ノ前マテ海軍擴張ニ反對ヲ表シタル伊藤侯及ヒ其同僚コソ其罪責ニ任セサルヘカラス嗚呼事理ノ明白斯クノ如シ當局者猶ホ然ラストシテ我カ衆議院ヲ誣ヒントスル乎

一　露獨佛三國ハ遼東還附ノ忠言ヲ爲スト同時ニ若シ日本ニシテ其忠言ヲ容レハ其還附ニ對スル報償ニ就テハ相與ニ盡力スル所アルヘシトノ申込ヲ爲セリ

特ニ獨逸ノ如キハ其報償金ニ就テ盡力スル所アルノミナラス清廷ヲシテ遼東ヲ他國ニ割讓セス且ツ其地ニ砲塞ヲ築カサルノ約ヲ爲サシムヘシト明言シ露西亞モ亦其一時占領ヲモ非トスルモノニアラサルヲ明言シ佛蘭西ニ至リテハ外ニハ覺書ニ於テ日本ニ對シテ對抗ノ地ニ立ツモ裡ニハ旅順金州ヲ十五年間ノ占領トシテ以テ一方ニハ露國ヲシテ永久占領ニアラサルノ名ニ安ンセシメ一方ニハ日本ヲシテ十五年間ノ占領ヲ利トシテ局面ノ變遷ヲ待タシメントノ議スラ有シタリト聞ク

是等ノ申込ニ對シ我カ政府ハ日清間ノ案件ニ永ク第三國ノ干涉ヲ容ル、ヲ避ケントシテ全然之ヲ辭謝シ遼東ノ還附ニ關スル一切ノ處置ハ凡ヘテ日清兩國間ニテ之ヲ協定スルノ地步ヲ取リ而シテ其ノ當時此措置ヲ以テ變通ノ要ヲ得タルモノトシテ自ラ之ヲ誇稱シタリ

然ルニ愈々清廷ト還附ニ關スル商議ヲ爲サントスルニ當リ我カ當局者俄然從前ノ意氣ヲ舍テ、其ノ前言ヲ翻ヘシ我レヨリ辭ヲ卑フシテ三國ノ容喙干涉ヲ乞ヒ其周旋ニ依テ漸ク三千万兩ノ報償金ヲ獲北京ニ於ケル林李兩全權ノ會商ハ單ニ相互ノ調印ヲ爲ス一片ノ儀式ニ過キサルコト、爲セリ

夫レ一タヒ三國ノ干涉ヲ容レテ遼東ヲ還附ス其ノ還附ノ商議ヲ爲スニ際シテ復タ多少ノ容喙ヲ免カレサルハ固ヨリ見易キ理勢ナリトス然ルニ當局者ハ還附ニ對スル報償ニ就イテ盡力スル所アラントノ三國ノ申込ヲ辭謝シ日清間ノ案件ハ日清兩國ニテ協定セント揚言ス是レ斯ル見易キ理勢ヲ見ル能ハサリシニ由ル乎言換ユレハ還附ノ商議ニ對シテハ三國ハ復タ容喙スルコトナシト信セルニ由ルカ將タ多少ノ容喙アルモ巧ミニ之ヲ拒斥セント欲セシニ由ル乎

想フニ斯クノ如キ前後反覆ノ言動ハ啻ニ當局有司ノ威信ヲ損スルノミナラス延キテ國家ノ體面ヲ害スルコト甚タ深大ナリ當局者ハ之レヲ是レ顧ミスシテ斯クノ如キ反覆ノ言動ヲ爲シタル乎抑モ亦他ニ已ムヘカラサル事由アリテ然リシ乎

且ツ夫レ遼東ノ還附ハ是非ナシトスルモ愈々之ヲ還附スルニ當リテハ更ニ媾和條件ノ實行及ヒ東洋永遠ノ平和ヲ擔保スルニ足ルヘキ條件ヲ清廷ト協定シ置ク所ナカルヘカラス例セハ媾和條件ノ實行ヲ完了スルマテ遼東半島ヲ依然我カ占領ノ下ニ置クカ如キ清廷ヲシテ還附地ヲ他國ニ貸與割讓セス又其ノ地ニ砲塞ヲ築カサルヲ約セシムルカ如キ其最モ緊要ナルモノニシテ而シテ之ヲ約定シ置クハ聊カ以テ我レノ威信ヲ保チ敗辱ヲ濟ヒ且ツ還附ノ趣旨ヲ貫徹スル所以ノ途ナリト信ス

是等ノ條件ハ決シテ不理不當ノ要求ニアラサルノミナラス露佛獨三國ハ前ニモ記シタル如ク嘗テ自ラ是等ノ條件ヲ協定スルコトニ就テ周旋盡力スル所アラント明言シタル程ナレハ之ヲ成立セシムルコト決シテ難事ニアラサリシナラント信ス然ルニ我カ當局者ハ是等ノ條件ニ就テ一モ清廷ト協定セス又協定セントシタル形跡タモアラス是レ他ニ見ル所アリテ然リシ乎抑モ亦之ヲ協定シ置クノ要ナシト信シタルニ由ル乎希クハ其ノ詳ヲ聞クヲ得ム

遼東還附ハ今古未曾有ノ大屈辱ナリ一般國民相與ニ之ヲ痛悲シテ感奮興起シ以テ其ノ洗雪ヲ圖ル所ナカルヘカラス特ニ當局ノ有司タルモノハ速カニ其ノ屈辱ヲ招キタル罪責ヲ引キ且ツ自ラ臥薪嘗膽ノ苦ヲ甘ンシテ一般國民ヲ率ユル所ナカルヘカラス

然ルニ我カ當局者ハ嘗テ此ニ出ツルノ意ナキノミナラス却テ遼東還附ノ　詔勅出テタルノ卽時各府縣知事ニ密諭シ之ヲシテ更ニ其部下ノ郡長市町村長ニ訓諭シテ祝賀ノ電報ヲ發セシメ且ツ郡長市町村長ヲシテ陰ニ陽ニ其地方ノ民衆ヲ慫慂煽動シテ祝宴會ヲ開カシムルノ

處置ヲ取レリ是レニ於テ府縣知事及ヒ郡長市町村長ノ多クハ未タ其事情ヲ詳知スルニ及ハスシテ唯々祝電ヲ發シ且ツ祝宴會ノ開設ヲ慫慂煽動シ甚タシキハ祝電ノ遷延ヲ憂フルノ餘リニヤ縣廳若クハ郡役所ニ於テ一時其ノ電信料ヲ立替ヘ其管下ナル市町村長ノ名ヲ以テ打電シタル所スラナキニアラス

加之遼東還附ヲ憤慨シテ其善後ヲ策セント欲シ之ヲ筆ニシテ新誌ニ掲クルモノハ發行停止ヲ命シ之ヲ口ニシテ公衆ニ訴フルモノハ中止解散ヲ命シ毫モ之ヲ表白スルヲ許サス斯クノ如キハ行政官公吏ノ職權ヲ濫用妄使シタルモノニシテ常情ヲ有スルモノヽ到底爲スヲ得ヘカラサル否ナ爲サントスルノ意タモ生スヘカラサル妄慢放姿ノ言動ナルノミナラス實ニ國民ノ元氣ヲ抑沮シ敵愾心ノ發揚ヲ害スルコト最モ甚シク從ツテ遼東還附ノ大屈辱ヲ洗雪スル所以ノ途ヲ塞クモノナリト信ス

獨リ當局者ハ然ラスト爲シテ斯ノ如キ處置ヲ取リタルモノナリヤ聞クカ如クンハ伊藤首相陸奥外相ハ前後反覆ノ　詔勅發表ヲ奏請シタルノ故ヲ以テ偏ニ　陛下ノ御意ヲ損センコトヲ恐レ故ラニ祝電ヲ發セシムル等ノ處置ヲ爲シテ之ヲ慰メ奉ラントシタルナリト果シテ然ルヤ否ヤ

右成規ニ依リ提出候也

明治二十九年三月二十二日

提出者　田中正造

賛成者　松島廉作

外四十四名

朝鮮國居留商人ニ退去ヲ命シタル件ニ關スル質問趣意書

朝鮮國駐在ノ領事カ時ニ居留民ニ退去ヲ命スルノ權ヲ有スルハ明治十六年三月ノ公布ニ係ル清國朝鮮國居留日本人民取締規則ノ明定スル所ナリ然レトモ其權ヲ使用スルニ當リテハ切ニ愼重ヲ加ヘスンハ屡〻無辜ノ居留民ヲ苦メテ其自由ト利益トヲ害スルニ至ルヘシ特ニ幾多ノ商廛ヲ構ヘテ諸方ニ復雜ノ關繋ヲ有シ且ツ巨額ノ商品ヲ控ヘテ一瞬ノ機ヲ爭フ商人ニ退去ヲ命スルニ當リテハ更ニ大ニ愼重ヲ加ヘサルヘカラス然ラサレハ其人ヲシテ偉大ノ損失ヲ蒙ラシムルノミナラズ畢竟スル所餘多ノ商人ヲシテ安ンシテ其業ニ從フ能ハサラシムルニ至ラン

然ルニ頃日ノ報ニ依レハ元山領事上野專一ハ其地居留ノ商人梶山新介饒瀬忠太郎ノ兩人ニ治安妨害風俗壞亂ノ虞アリトテ三年間ノ退去ヲ命シタリト云フ本員等ノ聞ク所ヲ以テスレハ彼ノ兩人ハ朝鮮ニ渡航シテ日韓貿易ニ從事スルコト茲ニ殆ト二十年其間釜山ハ勿論仁川ニ元山ニ往復奔走シテ商業ニ從事スルノ傍ラ創業ノ際萬事不整頓ナリシ居留地ノ事ニ就キテモ盡瘁スル所アリ且ツ商業會議所學校寺院病院及ヒ其他居留地行政機關等ノ設置ニ就テ熱心ニ其心力ヲ勞シ以テ漸ク今日ノ觀アルニ至ラシメタルノミナラス梶山氏ハ現ニ元山商業會議所ノ議長トシテ饒瀬氏ハ其議員トシテ依然公共ノ爲メニ盡シツヽアリシトノ事ナリ斯クノ如キ人々ハ至著至大ナル事由アリテ萬朝鮮ニ居ラシムルノ不可ヲ見タルニアラサルヨリハ漫ニ之レヲ退去セシムルカ如キ事アルヘカラス

然ルニ今兩人ハ治安妨害風俗壞亂ノ虞アリトテ突然退去ヲ命セラレタリ其所謂治安妨害風俗壞亂ノ虞ハ果シテ如何ニ著大ナルモノアリシ乎如何ニ著大ナル事由アリテ治安妨害風俗壞亂ノ虞アルモノトハ認メタル乎

本員等ノ察スル所ニ依レハ是レ上野領事カ其權ヲ濫用シタルモノト見ルノ外ナシ政府夫レ是レヲ如何ニ處セントスル乎

右成規ニ依リ提出候也

明治二十九年三月二十二日

提出者　田中正造
贊成者　松島廉作
外四十四名

○議長（楠本正隆君）　唯今報告ニ及ビマシタル檢査院ニ關スル法律案ハ、政府請求ノ通緊急事件トシテ議スルコトニ承諾ヲ請受ケマス、是ハ明日ノ日程ニ掲ケマス

○田中正造君（二百九十番）　議長、二百九十番

○議長（楠本正隆君）　是ヨリ會議ヲ開キマスル、質問ノ辯明ガアリマス

○中村克昌君（百七十一番）　質問ノ事ニ就イテ一言致シタイ、會期モ既ニ切迫致シテ居リマシテ、提出ノ議案中悉ク議了スルコトガ出來マイト思フテ居リマス、多少議案ガ殘ラウト思ヒマス位デアリマスカラ、此時ニ當ッテハ質問ノ演説ハ成ルベク止メテ、質問ノ趣意書ノ朗讀ニ致シタイト思ヒマス（「ヒヤ〳〵」ト呼フ者アリ）朗讀ダケニ致シタイト思フ、今明日ニ議會モ迫ッテ居リマスルカラ、即チ此場合ニ限ッテ質問演説ヲ略スルコトヲ私ハ茲ニ申述ベテ、諸君ノ御贊成ヲ請ヒタイト思ヒマス（「ノウ〳〵」ト呼フ者アリ「贊成々々」ト呼フ者アリ）

（田中正造君演壇ニ登ル）

○議長（楠本正隆君）　成ル程時日ハ切迫シテ居ルケレドモ、議長ヨリモ注意ヲシテ成ルタケ事ヲ簡單ニ取詰メテ演説ヲサシタラ宜カラウト思フ（「ヒヤ〳〵」ト呼フ者アリ「差支ナイ」ト呼フ者アリ深山貸蛁君「議場ニドウカ御諮リヲ願ヒマス」ト呼フ「議長ノ宣告通簡單ニヤレバ差支ナイ」ト呼フ者アリ「先決問題」ト呼フ者アリ）

○東尾平太郎君（二百八番）　先例モアリマスカラ、斯樣ナ事ハ先決問題デ決スベキモノデハナイ

（「議長ノ權ニ從フベシ」ト呼フ者アリ）

○議長（楠本正隆君）　右樣ナ事ハ、多數ヲ以テ制スルト云フコトハ餘リ穩デナイ

（草刈親明君「議場ニ諮ルノハ當リ前ダ……」ト呼フ）

○深山貸蛁君（二百三十番）　議長ハ偏頗デアル

○議長（楠本正隆君）　偏頗デハナイ、公平ナル考ヲ以テ右樣ニスルノデアル——成ルベク簡單ニ願ヒマス

（「ヤルベシヤルベシ」ト呼フ者アリ）

○田中正造君（二百九十番）　中村克昌君ニ申上ゲルノハ何デゴザイマスガ、却テ讀ム方ガ長クナルデス、ソレ故ニ私ガ述ベタ方ガ宜カラウト思ヒマス、却テ讀ム方ガ長クナル

（深山貸蛁君「田中君ガ述ベルト長クナル」ト呼フ）

（東尾平太郎君「遠慮ナクヤルベシ」ト呼フ）

（野口褧君「簡單ニヤルベシ」ト呼フ）

（「長クヤルベシ」ト呼フ者アリ）

○田中正造君（二百九十番）　是ガ殘ラズヂヤナイデス、半分頃マデ往ケバ終ヘル、昨日……

○議長（楠本正隆君）　成ルタケ要點ダケ

○田中正造君（二百九十番）　昨日聊カ大分疲レテ居リマスルカラ、今日ハ弱ッテ居リマスルカラ長クヤレト仰シヤッテモ長クハヤラズニ致シマスルカラ、ドウカ暫ク御靜聽ヲ願ヒマス、一體質問ハ議場ニ反對ハナイノデ、政府ニ對スル質問デゴザイマスル（深山貸蛁君「質問ニ反對ハナイケレドモ君ノ演説ニ反對デアル」ト呼フ）一體二三度ニ提出シタイト思ヒマシタケレドモ、何分先頃以來議場ノ許可ヲ得テ引込ンデ居リマスルヤウナ譯デゴザイマスルノデ、今日ハ十二通ノ質問書デゴザイマスデ、今日ノ此複雜ナル腐敗ノ世ノ中ニ於テ十二通ヤソコラノ質問デ事ガ盡キル譯デハナイ、十通ヤ二十通ヤ三十通デ盡キル譯デハアリマセヌガ、唯其中デ一ツノ竅ヲ切ッテサウシテ見ヤウト思フノデアルカラ、政府ヲ攻撃シヤウト云フコトガ目的ヂヤナイ、攻撃スル事モナイヂヤナイ、アルケレドモ、其中ニハ色々辯解ノ必要モアルノデ、又政府ヲ攻撃スルト云フコトハ惡ルイ事デハナイ、眞正ノ攻撃ナラバ攻撃ハ謹デ承ラナケレバナラナイノデアル、亂暴ノ攻撃ハ善クナイ、不忠ノ臣ト云フヤウナ者ハ容赦ハナラナイノデアル、亂暴ナ攻撃ハ惡ルイガ、眞正ノ攻撃ハ有難ク聽カナケレバナラナイノデアル、二十三年前マデハ一文ナシノ政府ガ、

二十七年ノ戰爭ニ二千六百万圓ノ金ガ出來タノハ何デアル、是ハ即チ攻擊ノ結果デアル、今ノ海軍ガ改正ガ出來タ、善クナッタト云フノハ何デアル、攻擊ノ結果デアルカラシテ、皆攻擊ハ結構ナモノデアルノデ、ソレデ昨日來豫算ト云フモノガ飛出ルト同ジ事デアル、今日ニ爲ッテ十一通ノ質問ヲ出スト云フコトヲバ、矢張是ハ政府ガ昨日豫算ヲ出スト同ジ事デアッテ不穩當ニ爲ッテ居ルノデアル、デ、私ハ病氣ト云フモノヲ以テ私ノハ申譯ヲスルケレドモ、是ハ即チ不穩當ニ相違ナイノデアル、故ニ政府ニ明日マデニ必ズ答辯ヲセヨト云フコトヲコチラカラ求メナイノデアル、併ナガラ此議員ト云フモノハ一人シテ此万事ヲ取調ベナケレバナラズ、且不便ノ位置ニ居ルケレドモ、政府ハ數万ノ官吏ガ分業デヤッテ居リマスルカラシテ、明日ニモ答辯ガスレバ出來ルノデアル、其答辯ヲ磊々落々ニ正直ニヤレバ即坐ニモ出來ルノデ、答辯ニ時間ノ掛ルノハ即チ何トカ遁辭ヲ拵ヘル時間ナノデアル、併ナガラ質問書ノ提出ガ遲イカラシテ、コチラカラハ必ズ明日マデニ答辯セヨトハ言ハナイガ、德義ガアレバシナケレバナラナイノデアル、德義ヲ重ンズレバシナケレバナラナイノデアル、申スマデモナイ、諸君、本年ハ容易ナラヌ課稅法案モ通過シテ、前途ニハ軍備擴張費四億圓以上ト云フ歲費ヲ前途ニ見込ンデアルノデアル、負擔シテ居ルノデアル、四面ハ强國ガ我國ノ隙ヲ窺ッテ居ルノデアル、內ハ申スマデモナク、今日ハ殆ド腐敗ノ極度ニ達シテ居ルデアル、是ニ至ッテハ譴デ財政ヲ整理シテ精神的ニ國家ノ事ヲヤッテ往カナケレバ迚モ日本ハダメナノデアル、日本ガダメニナッテシマフカラシテ、此陸軍ノ軍用品ノ買上ニ就イテハ質問ト云フモノハ四億万ノ金ヲ前途ニ見込ム、何トシテカラガ是マデノ通デハ此金ガ水泡ニ歸スル故ニ、此質問ヲスルノハ、隨分貴重ナ原案モゴザイマセウケレドモナカ〱國家ニ於テ大切ナル質問ノ積デゴザリマスルデ、前ニ陸軍ノ軍用品買上ノ質問ヲ致シマシタノガ、十二月二十八日ノ日デアッテ、當局者ハ一月二十四日ニ至ッテ長イ答辯ガアリマシタ、其答辯ハ尤モ從來ノ答辯ニ比スレバ、從來ノ傲慢無禮ノ答辯ニ比スレバ、非常ニ穩當ナル、精密ナル答辯デアッタノデアル、其答辯ノ中デ軍吏ト云フ此軍ニ使フ軍吏ト軍夫ト云フモノ、關係シタ事ト小頭ノ給料、ソレカラ軍吏ノ苅谷酉之助ノ變取ノ事件ト云フコトハ答辯ノ上デ分ッタノデアル、稍々分ッタノデアル、凡ソ答辯ヲ受ケテ分ッタト云フコトハ、此二ツガ二十三年議會以來始テナノデアル、併ナガラ其他ノ石炭ノ事ト、毛布買上ト云フコトニ就イテト、罐詰トニ就イテハマダ要領ヲ得ナイカラ、ソレデ是ハ理窟カラ云ヘバ陸軍大臣ハ知ラナケレバナラナイ筈デアルケレドモ、或ハ此答辯書ヲ拵ヘル者ノ間違デアッタトキニハ往ケナイカラ、陸軍大臣ニ今一遍書面ヲ出スノデアル、其石炭ノ話ト云フモノハ、私ヨリハ此藤君ガ能ク御承知デゴザイマスガ、此調ハ藤君ノ力モ藉リテ調ベタノデゴザイマスガ、石炭ノ前質問ト云フモノハ、海軍省ト陸軍省デ、御承知ノ如ク海軍ハ良イ石炭ヲ使ハナケレバナラヌ、陸軍ハ運送船デアルカラ石炭ハ中以下ノ石炭デ宜シイト斯ウ云フノデアッテ、普通ノ相場ニスルト、石炭ノ相場ハ海軍ハ四圓五十錢上等ノ普通ノ相場ノ石炭ヲ使ハナケレバナラナイガ、陸軍ハ三圓五十錢ヨリ二圓五十錢ノ石炭デ宜イノニ、却テ海軍ヨリモ陸軍ノ石炭ガ高クナッテ居ルカラ可笑シイト云フ質問デアル、所ガ海軍ノ方ハ矢張石炭ガ高イト云フ調ヲ寄越シタノデアル、所ガ幾ラ高イカト云フト、陸軍ノ調査ニ依ッテ此石炭ト云フモノハ、尤モ所ニ依ッテ相場ヲ異ニシマスカラ、隨分東京アタリデハ色々四圓五十錢ト申シマシタノハ、其當時ノ馬關邊ノ近傍ニ徵發スル所ノ徵發石炭ノ代價デゴザイマスカラ、高イ石炭ヲ買フ人ハ大層安イト思召ス御方ガアルカモ知レナイ、サウ云フ譯デアリマシテ、此陸軍ノ方ハ安クテ宜イノガ、陸軍ノ方ガ高イト云フノハ、矢張陸軍ノ方ガ安イト云フ答辯ガ、幾ラ安イカト云フト、陸軍ノ方ガ僅ニ三錢ダケ安ク出來テ答辯書デ出來タノデ、ソレ等ハ統計表ヲ――答辯ノ統計表ヲ能ク取調ベテ見ルト云フト、其統計ガチット間違ッテ居ルノデアル、何故間違ッテ居ルト申シマスルト、此陸軍ノ方ノ石炭ヲ買ヒマシタノハ、媾和條約ガ出來タトキニ、石炭ガ安クナッタトキニ澤山買ッタノヲ之ヲ一緒ニシタ、海軍ノ方ハ高イトキニ買ッタトキノ石炭ノ價デゴザイマスカラ、更ニ此陸軍ト海軍ト同ジ時間ト同ジ手續デ買ッタ統計ヲ拵ヘマスルト云フト、陸軍ノ方ガ三十五錢六厘ト云フ高クナル、諸君、是ダケハ諸君ニモ訴ヘテ置カナケレバナラナイ、陸軍ハ殆ド一圓以上安ノモノデ間ニ合フベキモノガ三十五錢六厘ト、同ジ時間ニ買ッタモノデ見ルトサウナルノデゴザイマスカラ、是ダケハ如何ニ簡單ニ御話ヲスレバトテモ、御訴ヲ申シテ置カナケレバナラヌ、デ斯樣ナ譯デゴザイマシテ、如何ニモ不都合ナ買方デアル、不都合ナ買方デアルガ、是ニ於テ私ノ演說ニ不公平ガアルナラバ、是ハドノヤウニ御評シガアッテモ宜シイガ、一體此物ヲ買フト云フコトニ就イテ、彼ノ廣島ニ於テ豫テ演說ヲシテ置キマシタケレドモ、公平ニ物ヲ――公ケニ買ッテ私ガナケレバデス、一石ノ米ヲ千兩出シテ買フコトガアルノハ軍國ノ習デアル、巳ムヲ得ナイ時デアル、併ナガラ之ヲ口實ニ泥坊ヲスルト云フニ至ッテハ、一錢一厘デモ容赦ハナラナイ、斯ウ云フ譯デ此石炭ノ買上方ハ、如何ニモ是ハ高ク出來テ、普通ヨリハ餘程高ク出來テ居リマスルカラ宜シクナイガ、答辯書ニ不慣ダト云フコトガゴザイマスルカラ、其通不慣デアッタモノト見エテ、政府ガ買上ゲマスルニハ、先ヅ生產地方カラ仲買ニ移リ、仲買カラ商船會社カラ郵船會社ニ移ッテ、ソレカラ政府ノ手ニ來ルノデアル、軍國ノ場合デアルカラ、直チニ徵發スレバソレデモ無理サヘシナケレバ宜イノデ、當リ前ヨリモ五十錢ナリ六十錢ナリ高クサヘ買ヘバ立派ノ話デアル、此手續モ四ツモ五ツモ經テ來ルト云フコトヲヤッタカラ高クナッタノデ、是ハ慣レナイト云フ答辯ガ至當ナ話デアッテ、公ケノ買ヒ方デアルカラシテ、其高イト云フヲ以テ此質問ノ要旨トハシナイノデアル、啻ニ海軍ヨリモ陸軍ガ高ク買ッタト云フニ至ッテハ、如何ニモ餘リ奇怪千萬ノ話デアル、又質問ヲ受ケタカラト云ッテ、磊々落々ト統計ヲ作ラズシテ――統計ヲ狂ハシテ、サウシテ辯護シヤウト云フヤウナ統計表ヲ狂ハセルト云フヤウナコトハイケナイ、故ニ此事ヲ石炭ニ就イテノ質問ヲ致スノデ、ソレデ其次ハ毛布ノコトデゴザイマスルガ、石炭ノ事ハ先ヅ買上ガ素人デアッタト萬々讓ッテ、サウ致シマシテカラガ、毛布ノ事ト云フモノハ、直チニ軍人ガ之ヲ著ナケレバナラナイ防寒具デ、大切ナノデ、之ヲ必要ノ時間ニ少ク買ッテ追々必要デナイ時間ニナッテ澤山買ッタ、デ、追々必要デナイ時間トハ何デアル、十二月ノ下旬カラ一月、二月ト云フモノハ、ソロ〱暖氣ニ向フ方デアルカラ、相場ガ安クナル時分デアルトキハ多ク買ッテ、前ノ九月頃カラ心掛ケテ、十月、十一月ト云フトキニ多ク仕入レナケレバナラヌトキニ少イデ、安イ時ガ高クテ、安カルベキ時ニ一圓二十錢以上高ク買フテ、其時ノ品ノ多ク買ッテアルト云フコトハ、譯ノ分ラナイ話デアル、デ、ソレカラ毛布ト云フモノハ、何故ニサウ必迫シタカト申シマスルト云フト、答辯者ノ――政府ノ答辯ニハ如何ニモ毛布ガ必迫デアッテ、コチラデ入用ノトキニ東京中デ毛布ガナカッタカラ、衞戍病院其他後備隊ノ古毛布マデ、近傍ノヲ引上ゲテ戰爭地ニヤッタ位デアッテ、如何ニモ毛布ガ必迫デアッタト云フコトヲ申ス、斯樣ナコトデ、如何ニモ毛布必迫デアッタト云フカト思ヘバ、東京ノ此毛布類ヲ、之ヲ毛布類ヲ賣捌ク所ノ卸店ト云フモノカラ買ハナイノデアル、京橋、神田、日本橋ノ三區ニ於テ三十七軒ト云フ問屋ガアルガ、此問屋カラ買ハナイノデアル、不思議ナ話デアル、マルデ買ハナイノデナイ、三十七人ノ中カラ僅ニ三人シカ御買上ニ爲ッタノハナイ、其他ハ平日毛布ヲ取扱ハナイ素人ノ家カラ買ッタノデアル、ソレデ如何ニモ毛布ガナイカラ、衞戍病院ノガマデ引上ゲタト云フノハ如何ニモ分ラナイ話デアル、此ニ至ッテハ少シモ容赦ノナラナイ話デアッテ、是ハ何カ上ノ方ノ役人ハ知リマセヌデモ、下ノ方ノ小役人共ニハ、商人ト申合ハシテ――先ヅ此所デ罵詈ガ始ルト先ノ演説ガ出來マセヌカラ――何カヤッタノニ相違ナイノデアル、ソレカラ其次ハ、ソレデ僅ニ毛布ハ幾ラ買ッタカト申シマスト経理局ノミデ百六万圓デアル、百六万圓デアッテカラ、ソロソロ安クナル方ノ期ニ至ッテ買ッタノガ、七十六万圓デアッテ、早ク毛布ヲ仕入レナケレバナラナイト云フトキニハ、三十万圓シカ買ハナイノデアル、遲ク仕入レテ軍人ニモ困ラセテ、ソレデ損害金ガ百万圓ノ中デ二十七万圓ト云フノハ、餘計ノ金ヲ此毛布ヲ賣ッタヤツニ餘計ニヤッタヤウニナッテ居ル、是ガ平日毛布ノ卸賣商ナラバ宜シイガ、素人カラ多ク之ヲ買上ゲテアルノデアルカラシテ、不思議千万ノ話ト云フコトハ、是ハ宜ク諸君ニ訴ヘ申シテ置ク、コンナ譯デ、アトノ金ヲ遣シテハ國家ガ幾ラ議決シテモ四億万圓ガ十億万圓デモ間ニ合ハナイ話デアル、是ハ著物、今度ハ口ニ入レルモノハ罐詰――罐詰ノ事ハ松島廉作君ガ是ハ私ヨリモ委シウゴザイマスガ、私ハ簡單ニ述ベマスル、是ハ前ニ昨年委シク議論ヲシテ置キマシタカラ、此處デ重複ヲ致シマセヌガ、唯此罐詰デ――罐詰モ亦從來アル處ノ罐詰屋カラ買ハナイデ、無理ニ罐詰屋ヲ十八軒拵ヘテ、罐詰ヲ寒中ニ腐ル罐詰ヲ買ッテ居ルノデアル、答辯書ニハ何ントアル、早ク急イデ買ハナケレバ軍人ノ生命ニ關係ガアル、大キナ事ヲ言ッテ不熟練、價ノ高イ、品ノ惡ルイ、不便ナル處ノ東京ニ十八軒ト云フ罐詰屋ヲ拵ヘテ、寒中ニ腐ルヤウナ罐詰ヲヤッテアル、關西ニハ皆熟練ナ罐詰屋ガアル、此西京ニハ義理一通リニ少々ハ申付ケタガ、之ヲ質問スルト關西ノ罐詰屋ハ虎列剌病デ大層死ンダモノガ多イ、道具ノ毀レタノヤ器械ノ毀レタノガ多イト申シテ居ル、成ル程ソンナ事ハアルカモ知レマセヌガ、如何ニモ妙ナ答辯デアル、ソレカラ十月十五日ノ日ニ――答辯書ニ依レバ、罐詰ノ取締ヲ――ソンナ不正ナ取締ヲ附ケタノガ十月十五日、ソコデ十月十五日ニ取締ヲ付ケタト云フ日ト前ト後トヲ見ルト、前ニハ少シ買上ゲテ澤山ナ不正ハナイノデアル、取締ヲ付ケタト云フ日カラ先キガ却テ不正ガ多イ、是ガ如何ニモ分ラナイ、悉ク私ハ玆ニ統計ヲ持ッテ居リマスルカラ、休憩所ニ於テ御覽ナサリタイト云フ御方ニハドナタニモ御覽ニ入レル、取締ヲ付ケタト云フ日カラ先キガ惡ルクナッテ出來テ居リマス、斯樣ナ譯デ先ヅ簡單ニ述ベテ置キマスルガ、如何ニモ憤慨ニ堪ヘナイノハ馬ノ肉ヲ何處ヘヤッタカ、馬肉ガ非常ニ多ク――其時分ニ數千頭ノ馬ヲ屠殺シタケレドモ、此馬ノ肉ノ往キ場ガナイ、斯樣ナ譯デゴザイマスルカラシテ、陸軍ハ能ク獸醫ニ問合セテ、サウシテ此馬ノ肉ガ殊更ニ奕賣店ガ殖エナイデ、何千頭ト云フ馬ノ肉ガ無クナッタト云ッテ見レバ、是ハ即チ罐詰ノ中ヘ入レタニ相違ナイ、獸醫モ又能ク公平ニ國家ノタメデアルカラ、唯國家ノ忠臣義士ト稱スベキモノ、愛宕館ノ集會ヲ裁判所ヘ引ッ張ッテ往クノガ能デモナカラウ、又演説ノ中止解散ヲスルノガ能デモナカラウ、コンナ事ヲ見付ケテ私ガ質問スルノヲ幸ニ陸軍省ヘ明白ニ之ヲ届ケルモ宜イ、伊東巳代治君バカリ怖ハガッテブルブル手ガ顫ヘテ居ルヤウデハ日本ノ獸醫ハ出來マセヌゼ(「ヒヤヒヤ」ト呼フ者アリ)昨年モ第八議會ニ於キマシテモ、薩長ガ折角軍功ヲ奏シテモ、薩長ノ奸商――御用商人ノタメニ此軍功ヲ沒スルト云フコトヲ私ハ此處デ豫メ宣告ヲシテ置イタ位デゴザイマスルガ、果シテソレニ來タノデアル、一體軍程金ヲ使ッテ損ナモノハナイガ、國ノ腐敗ヲ改正スルノハ軍ノ損ヲ償フデアル、一昨年來ノ軍用金ハ國家ヲ腐ラス金ニ爲ッタノデアル、斯ノ如キ事ハ諸君、今日ヨリ御互ニ能ク力ヲ盡サナケレバ何ヲ以テ此國ヲ維持致シマセウカ、デ、斯樣ナ譯デ此軍用品買上ノ御話ハ之ヲ極短ニ述ベテ、是ガ一番長イノデゴザイマスルカラ是デ止メマス(「簡單々々」ト呼フ者アリ「國家ノ大事ダ十分ヤリタマヘ」ト呼フ者アリ)其次ハ議員ノ總選擧ヲ何ノタメニ延期シタノデアル、二十七年ノ六月解散シテ、其後カラ朝鮮事件ガ始ッテ、日清戰爭ガ明治二十七年ノ六月端ヲ發シテ居ルノデアル、ソレデ其以前始ッテ何ノタメニ法律ノ極度、今日アッテ明日ナシト云フ九月一日ニナッテ始メテ議員ヲ選擧スルマデニ之ヲ延シタノハ何デアルカ、サモアルベシ、六月議院ガ解散ニナル、ソレカラ朝鮮事件ガ起ッタガ、軍ヲスルト云フ決心ガナクテ二万ノ軍隊ヲ送出シタ、四十日モ兵隊ヲ朝鮮ニマゴツカセテ、内輪デハソレ米相場、ソレ石炭ダ、ソレ毛布ダ、ソレ罐詰ダ、錢儲ハ此時ナリト、斯ウ云フ心持デヤラレテ溜リマスルカ、議員ガ出テ來ルト八ケ間敷イ、其間ニ株式ヲヤルノハ此時デアル、隨分當路ノ人デ手ヲ出シテ失敗シタ人モアリ、又儲ケタ人モアルト云フコトヲ聞イテ居ル、諸君ノ耳ハ吾々ヨリ賢イ、疾クニ御存ジノ筈デアル、ソンナ事ヲ議員ニ喙ヲ容レラレテハ溜ラナイ、成ルベク遲ク選擧シヤウ、彼等ガ出テ來ルト對外硬派ガヤカマシイ、遲イ方ガ宜イト云ッテ宣戰媾和モ何モ極ッテシマッタ後デ――宣戰ノ布令ガ出タ後デ議員ヲ集メル方ガ宜シイト思ッタノカ思ハナイノカ、兎ニ角國家ノ一大機關ノ此帝國議會ノ組織ヲ軍國多事ノ際ニシナイト云フノガ何處ニ在ル、成ルタケ遲クシテ一日モ猶豫ノナクナッタトキニ至ッテシタノデアル、十月廣島ニ議會ヲ四十日前ニ召集スルト云フコトノ正則ヲ履ム能ハザラシメタ、臨時議會ハソレデシ宜シイノデアラウ、成ルベク四十日前ト云フ正則ヲ履ムノガ正當デアル、斯ノ如キ忙ガシイモノヲ斯ノ如ク遲ク選ムト云フコトハ何ノコトデアルカ、明カニ吾々議員ガ集マッテ來レバ對外硬派ガヤカマシイ、錢儲ノ邪魔ニナルカラ遲ク選ムト云フテ明ニ答辯スルガ宜シイ、是ガ天眞爛熳ノ答辯デアル、此答辯ナラ明日ニモ出來ルノデアル、サウ云フヒドイ目ニ打ッタリ叩カレタリ、國民ノ代表者ガ廣島デ何ト云フ議論ヲシタカ、昨年ノ第八議會ニドウ云フ議論ヲシタカ、國民ハ軍國ニ當ッテハ宜シク共當路者ニ心配ヲ掛ケナイヤウニ後楯ト爲ッテヤラナケレバナラナイ、何モ大抵ナ事ハ蟲ヲ堪ナケレバナラナイト云フノガ既ニ尾崎行雄君ノ演説ニモ明言シテアル、長谷場純孝君其他ノ諸君ノ演説モ皆速記錄ニ載ッテ居ル、斯ノ如ク擧グラレタリ踏マレクリシタ身體ガ、國ヲ念フ者ト己ノ椅子ヲ吝ガル者トデハ此位違フモノデアル、ソレデドウカ軍人ノ無事健康ヲ祈リ、當局者ノ無事健康ヲ祈ッテ居ッタノハ、軍國ノ時デアル、是ハドナタノ御考モ申スマデモナイ一轍ノ事デアル、然ルニ此當局者ハ遼東半島還附以來ト云フモノハ妙ナ風ニ狂ッテ仕舞ッテ、遼東還附ノコトハヤカマシク言フデハアリマセヌガ、是ガタメニ妙ナ風ニ狂ッテシマッテ、自分ガ何カ輿論ノ攻擊ヲ避クルガタメニ、軍人ガドウモ弱カッタ、或ハ軍備ガ不十分デアッタ、ソレダカラ據ナイト云フヲ以テ之ヲ御用新聞ニ書カセ、自ラ唱ヘテ居ル、是ガ第二ノ質問デゴザイマシテ、遼東還附ノ罪買ヲ以テ軍隊及衆議院ニ歸セントシテ、內ニ於テハ國民ヲ瞞著シ、外ニ於テハ三國ニ請託ヲシタ、是ガ第三ノ質問デゴザイマス、先ヅ始メカラ極ク要領ダケヲ申シマスレバ、此要點ト云フモノハ軍隊ト衆議院トノ――此演說ヲスル要點ハ軍隊ト衆議院ガ今無實ノ罪ヲ被ッテ居ル、國家カラ……之ヲ辯護シナケレバナラナイ、又政府ニ瞞著サレタタメニ、日本ノ國民ガ殆ド無氣力ノ如ク世ノ中ニ見エタノデアル、敵愾心ヲ……

○星亨君(八番) 委員會ヲ是ヨリ開キタイト思ヒマスガ、田中君ノ演說ハ長イノデスカ

○田中正造君(二百九十番) アナタガ御論ガアレバ星亨君ト議論ヲシマセウ

○議長(楠本正隆君) 委員會ノタメニデスカ、星亨君……

○田中正造君(二百九十番) 御忠告デスカ、長イカ短イカト云フ……御忠告ナラ宜シイ

○議長(楠本正隆君) 成ルタケ短ク

○田中正造君(二百九十番) 短クト云フ御忠告ダサウデスカラ

○星亨君(八番) 餘程長ク掛ルノデスカ――豫算委員會ヲ開キマスカラ、議場ノ許可ヲ請ヒマス

○議長(楠本正隆君) 豫算委員會ヲ開クニ依ッテ、退席ノ請求ガアリマス、御承認ヲ請ヒマス

(「十分ニヤリタマヘ」ト呼フ者アリ)

○田中正造君(二百九十番) 三國ノ威嚴ニ恐イテ、ソレカラ以來ト云フモノハ實ニ卑劣ナ事ガアルノデアル、之ヲ自ラ辯護スルガタメニ、軍隊ノ力ガ萎弱シタ、軍隊ハ申上ゲルマデモナイ、千百里ノ外ニ遠征シテ、暑イ極度、寒イ極度、非常ナ苦心ヲシテ居ル軍隊デアッテ、此者ニ何ノ弱イト云フ名ヲ被ラセルト云フコトハ、軍人ニ取ッテハ此上モナイ不名譽ノコトデアル、是ハ力ヲ盡シテ此寃ヲ雪ガナケレバナラヌノデアル、是ハモウ誰彼ニ拘ラズ、此ヤウナ事ガアッテハ聞捨ニハナラヌノデアル、其證據ハ決シテ軍人ガ弱イト云フヤウナコトハナイ、立派ニ其時分ニ說ガアッタノデアル、卽チ三國ノ干涉ト云フモノガ當局ノ有司ニ傳ッタノハ二十八年ノ四月二十三日ノ朝デアル、其時分旅順ニ在ル所ノ征討大總督府ノ下ニ達シタノハ其同日ノ夜デアル、ソレデ同地ニ居ル所ノ陸海軍ノ重ナル大將、將校達ハ、其晩直チニ小松宮殿下ノ御乘船威海丸ト云フ船ニ集ッテ評議ヲ盡シテ、三國ガ愈〻干涉スルナラバ、此ニ一快戰ヲ開イテ之ニ當ルト云フコトノ決議ニ爲ッテ、其軍略ハ海軍ハ佐世保ヲ根據トシ、長崎デ露船ヲ擊破シ、陸軍ハ旅順ヲ本營トシテ、左ニ清國ヲ遂ヘ、右ニ露西亞ヲ迎ヘテ、愉快ナル一戰ヲヤリ、日本國ノ光ヲ世界ニ輝スハ此時デアルト斯ウ勇ミニ勇ンデ居ッタノデアルカラ、顧ミマスレバ兵糧ト云フモノハ數月間ヲ支ヘルダケノ兵糧ガアルカラ、尙更軍氣ハ振ッテ、實ニ腕ヲ撫レ、銃ヲ磨クト云フヤウナ、文章ニ書ケバ其實况ハ實ニ此位ノ勢デアッタノデアル、ソレダニ依ッテ樺山海軍軍令部長ハ、其翌日卽チ二十四日ニ立田丸ニ乘ッテ、直チニ威海衛ニ往ッテ、海軍大佐ノ伊集院ト云フ人ヲ御連レナスッテ、威海衛デ御用船ニ乘込ヘテ、立田丸ハ澎湖島ニ當時居ラレタ所ノ伊東聯合艦隊司令長官ヲ迎ニヤリ、自分ハ本國ニ飛ンデ來タノデアル、是ト行違ヒニ山縣君ガ旅順ニ行ッタノデアルデ、廣島ノ會議ガ惜イカナ共二十四日ノ日ニ、新ニ三國ヲ敵トスルノハ不利益デアルト云フコトニ極ッテ、山縣陸軍大將ハ旅順ニ出掛ケラレテ、是ト樺山トガ行違ッタト云フコトハ、諸君モ既ニ御承知デアリマセウ、ソコデ山縣大將ハ旅順口ヘ參リマスト云フト、直チニ此山縣君ガ參ッタカラ、又評議ヲ小松宮殿下ノ御乘船威海丸ニ開イテ、種々山縣陸軍大將ニ向ッテ非常ニ不平ヲ述ベタノデアル、其不平ノ中ニ證據ガアル「閣下ハ陸軍大臣トシテ今國民軍ヲ十萬募集スル身體デアリナガラ此處マデ御出ニナルト云フノハ當ラナイ話デアル」山縣大將ハ勅諭ノ趣ヲ以テ諸將ヲ說諭スル「勅諭ヲ持ッテ御出ニナルナラバ他ノ人ガ御出ニナッテモ間ニ合フ話デアル容易ナラナイ責任大責任ヲ持ッテ居ラル、閣下ガ御出ニナルニハ及バナカッタ」ト云フ、斯ウ云フ不平ノ議論ガアッタ位デゴザイマスカラシテ、陸軍ト云フモノハ、決シテ左樣ナル此行政部內ニアル人々ガ陸軍ノ軍隊ガ、萎弱シテ居ッタカラト云フヤウナ、ソンナモノデハナカッタノデアル、大山君ハドウカ知ラヌガ、野津君、山路君、佐久間君等ノ人々ガ今ノ議論ヲシタノデアル、又山縣君ノ乘ッテ居ル所ノ船マデ押掛ケテ議論モアッタノデアル、併ナガラ奈何セン勅諭デアルカラ、是ハ默止難ナイ、涙ヲ呑ンデソレニ從ッタ、從ッタト同時ニ、此軍氣ハ沮喪シテ仕舞ッタノデアル、ソレヨリ以來今日ニ至ルマデ、此國家ノ軍氣ノ沮喪シタノハ是デアルノデアリマス、是ガ軍人ガ弱クナッテ軍氣ガ沮喪シタノカ、廣島ノ大本營ノ決議ガ、三國トハ決シテ爭ハヌト云フノ決議カラ基イタノデアルカ、廣島ノ決議ヲシテ必シモ惡イト此處デ言フ演說ヲスルノデハナイ、軍氣ヲ沮喪サセ、軍氣ガ振ハナイト云フコトヲシテ軍人ノ罪ニ歸スルト云フニ至ッテハ、是ハ軍人ノタメニ述ベテ置カナケレバナラヌコトデアル、國家ノタメニ述ベテ置カナケレバナラナイ、ソレデモ尙ホ足リナイノデ、軍人ガ弱イト云フト軍人ヲ怒ラセル故ニ、軍人ハ弱クナイ、器械ガ足リナイ、道具ガ乏シイ、國會ガ之ニ反對シタカラ、十分ノ軍ガ出來ナカッタナドト云フヤウナコトヲ、世ノ中ノ人ガ經濟ニ暗イト思ッテ、サウ云フコトヲ專ニ流布スルト云フニ至ッテハ、衆議帝國議會ニ罪ヲ歸ス、其中ニ衆議院ニ罪ヲ歸スノデアル、是ハ一通リ極簡略ニモ自分ノ冤罪デアレバ述ベテ置カナケレバナラナイノデアル、軍艦製造ノ事ハ諸君モ御承知ノ如ク、第一議會ニ於テ五百二十一万ト云フモノヲ立派ニ政府ノ請求通リ可決シテ居ルノデアル、第二議會ニ於テ始テ海軍ノ經理部ノ弊竇ヲ發見シタノデアル、醫學ガ進歩スレバ病ノ數モ多クナルコトヲ見出スト云フコトハ仕方ガナイ、第二議會ニ於テ海軍ノ內部ヲ改正シナケレバナラヌ、改良ヲ盡サナケレバナラナイ、內部サヘ改良スレバ金ハ惜ム譯デハナイト云フノデ之ヲ否決シタ、第三回ニモ否決シテ、第四回デ斯ノ如ク議會ガ解散サレテモ、ソレニモ拘ラズ海軍ノ內部ヲ改正シヤ

ウトシタ、第四議會ニ於テハ政府ハ更ニ大ナル海陸軍擴張案ヲ出シタカラレテ、其時ニ大衝突ガ起ッタノデアル、此時ノ議會ハ幾ラカ少シ位ハ皆ガアッタヤウニ見エル、其衝突ノ結果上奏案トナリ、詔勅ト爲リテ、ソレデ政府ト議會ト協議會ヲ開イテ、秘密會ニ於テ相談ガ纏ッテ、軍艦ヲ製造スルコトニ爲ッタノデアル、是ヨリ以來軍艦ノ製造ハ滯リナシニ來テ居ル、其軍艦ヲ搾ヘル所ノ年限ヲ起算致シマスレバ、軍艦ノ製造ハ二十六年度ヨリ三十一年度マデニ至ッテ、三十一年ニナッテ竣功ヲ告グルノデアル、三十一年度ニ竣功ヲ告ルトキハ、此二十八年ノ遼東還付ヲスルトキニ何ノ關係ガアルカ、斯ノ如キ事ハ政府ハ知ッテ居リナガラ、之ヲ經濟抔ト云フコトハ、餘リ口ニ言ハナイ所ノ軍人社會ニ觸レテ、地方ノ或ハ知事ヤ、郡長ヤ、巡査抔ニ戸々之ヲ話シテ歩カセル、實ニドウモ乞食ノヤリ方ノヤウナヤリ方ヲ致シテ居ル、斯樣ナ譯合デ、先ヅ諸君モ古イ事デアルカラ皆御承知デゴザイマセウケレドモ、ソレダケ軍艦ガ必要ナレバ、何ゼ國會ガ開ケナイ前ニ、其前ニナゼ軍艦ヲセッセト造ッテ置カナイノデアルカ、其時分ハ二十三年ハ國會ガ開ケルトヤカマシイト云フノデ、サア山林ノ分捕、官有物ノ分捕、舞踏會ノ稽古、斯ウダ、既ニ吳杯ニ至ッテハ此軍艦ヲ搾ヘル所ヲ搾ヘナイデ、既ニ海軍省ノ役人ノ遊ブ倶樂部ヲ造ッタ、斯ウ云フ譯デゴザイマシテ、隨分今日ノ陸軍省ノ如クデアッタ、陸軍省ノ經理部ノ如クデアッタ、所ガ議會ノ攻擊デ海軍ハ過ヲ改ムルニ吝ナルナク、承ル所ニ依レバ會計部ノ役人ヲ二人召捕ッテ獄ニ叩込ンダト云フ手際ガアル、ソレハ公ニナラヌガ、德義上聞込ンダコトガアルカラ之ヲ言フノデアル、ソレヲ過ヲ改ムルニ吝ナルナク昨年——一昨年ノ戰爭ニ於テハ石炭ノ價ト云ヒ、縮詰ノ買入ト云ヒ、陸軍省ニ優ルコト數等、成ル程未ダ擧メル程ニハ往カヌガ、陸軍省ニ比スレバ立派ナ事デアル、斯樣ナ譯デアッテ、ソレデモ是デモ衆議院ガ一年タリトモ二年タリトモ軍艦ヲ搾ヘルコトヲ遲クシタハ衆議院ガ反對シタカラデアルト云ヘバ、ソレナラバ其罪モ受ケマセウガ、其罪ヲ受ケルニハ衆議院獨リデハナイ、伊藤總理大臣ガ第一ニ其罪ヲ受ケナケレバナラヌ、伊藤總理大臣ハ貴族院ニ於テ二十六年——二十五年ノ暮ダ、貴族院ニ於テ地價修正ノ委員會ニ於テ、安場議員ガ地價修正ヲシテ五百万六百万ノ金ヲ使フヨリ、之ヲ以テ海軍ノ軍艦ヲ造ッテハ如何デアルト云フ説ニ對シテ、伊藤總理ハドウ云フ其時ニ演説ヲ爲サレタカ、ドウ唯ロデバカリサウ云フコトヲ言チヤア困ルト言ッタ、伊藤君ノ演説ハ茲ニモゴザイマス、歳出歳入ヲ能ク見ナケレバイケナイ、歳入大凡八千万圓トアルヲ、二千六百万圓ヲ海陸軍ニ支出シテアルヂャナイカ、其上ニ海軍ヲ擴張シロ、軍艦ヲ造レト云ッテ騷イダ、所ガ、金ガナイヂャアドウ出來ルモノカ、二千六百万圓ハ支出シテアルノデアルト云フ議論ハ、茲ニ速記錄ヲ讀メバ長ウゴザイマスガ、伊藤君ノ演説ハ茲ニ在ル、此伊藤君ノ演説ハ支那ト戰爭ノ始ル六箇月前、此六箇月前ニ此議論ガチヤント速記錄ニ載ッテ居ル、サウスルト議會ガヤカマシク言ッタハ二十四年五年デ、伊藤君ノ議論ハ二十六年ノ十二月デアッテ、戰ノ始ッタノハ二十七年ノ六月デゴザイマスカラ、タッタ六箇月前マデハ此演説ヲ維持シテ來タヂャアリマセヌカ、ダカラ軍艦ヲ製造スルノガ惡ルカッタト——製造スルノヲ怠ッタノヲ惡ルカッタト云ヘバ、第一番ニ伊藤總理ヲ指サナケレバナラヌ、又二十三年ノ當時ニ山縣ガ總理ノ時ノ演説ニモ、軍艦ヲ搾ヘタカッタガ金ガ貧ニナカッタカラ搾ヘナカッタガ、ドウゾ諸君是カラハ搾ヘテ呉レイト云フ演説ガゴザイマス、即チ二十三年マデハ金ヲ粗末ニシテ使ッテシマッタト云フコトモ明カデアリマス、斯樣ナ譯デアリマスカラ、衆議院ガ軍艦製造ヲ怠ッタト云フ語氣ヲ以テ、世ノ中ノ經濟ニ餘リ明ルクナイ所ノ軍人ノ中ノ人ミヤ、或ハ地方ノ商人、農民ニ向ッテ巡査ノ手ヤ軍吏ノ手ヲ藉リテ、議會ヲ讒謗シテ歩カセルト云フヤウナソンナ小サイコトデハ、到底三國ノ人ガ出タヲ驚クデゴザイマセウヨ、斯樣ナ譯デゴザイマスカラ、是デ議院ノ冤罪ハ私ハ申開ガ立ッタ、モウ立派ニ立ッタ、ソレカラ更ニ是カラ伊藤内閣ニ開カント欲スルコトハ、三國ノ干渉ガ來タ時ニ、此三國ノ方ニ於テモ其當時ニ於テハ、表面的ハ隨分好意デアルノデアル、其内心ハ分ラナイガ、獨逸ノ如キハ清廷ニ遼東ヲ還シタナラバ他國ニ讓ラセナイト云フ約束ヲシテ上ゲヤウ、砲臺ヲ造ラナイ約束ヲシテ上ゲヤウト云フコトハ獨逸ガ明言シテ居ル、露西亞ト雖モナンデモ俄ニ新領地ヲ急ニ還ヘシテシマハナケレバナラヌト云フノデハナイノデアル、又佛蘭西ニ於テモ、開ク所ニ依レバ十五年間ハ先ヅ占領シテ置イテ、局面ノ一變スルノヲ見ルノモ一ツ仕事デアルト云フヤウナコトモ開イタ、併ナガラ其當時ノ當路ノ人ト云フモノハ、此三國ノ世話ニナッテ宜イ時ハ宜イガ、又惡ルイ時ハ惡ルイト云フ見込ガゴザイマシタモノカ、之ヲ剣付ケテ清國ノ事ハ相對デヤッタノハ宜カッタ、宜カッタケレドモナゼサウナラバ共通ニヤッテ往カナイカ、其後日清ノ問ニドウモ商議ガ捗ラナイト云ッテ三國ヲ頼ンデ漸ク三千万ているヲ取ッタノハドウモ先見ノナイ話デアル、又申後レマシタガ、遼東還附ノ時デモサウデアル、松方伯ハ容易ニ遼東ヲ取ッテハイカヌ、是ハ餘程考ヘ物デアル、又民黨ノ有志デ馬關ニ赴イテ居ル者ガ、一度取ルナラバ長ク取ッテ持ッテ居ラル、ナラバ御取リナサイ、取ッテ見タガ直グ離スト云フナラバイッソ御取リニナラヌガ宜イト云フコトヲ、彼ノ地ニ往ッテ居ル者ガ伊藤ニ之ヲ御忠告ヲ申シタノデアル、所ガ其時ハ大膽デ、手モナク或ハ輕躁ト云フカ、或ハ其時ダケノ大膽ト云フカ、此遼東ヲ割取ッテ立派ナ勢デアッタガ、本物ガ出掛ケテ來ルト又グヅ〳〵ト爲ッテシマッテ之ヲ還シテシマッタ、還シテシマッタノモ、還シタノモ、矢張磊落ニドウモ之ハ遣リ損ナッタト云ヘバ宜イガ、ドウカシテ其非ヲ蔽フニハ詔勅ヲ出シ直サナケレバナラナイ、其非ヲ蔽フト蔽ハザルニ拘ラズ詔勅ハ出サナケレバナラヌガ、國家ガ先罪ヲ附ケテ國家カラヤカマシク言ハナイ中ニ祝宴會ヲ開カセル、内務大臣ヨリ知事ニ、知事ヨリ郡長ニ、郡長ヨリ戸長ニ達シテ、先ヅ遼東還付ハ目出度ト云ハナイガ、先ヅ媾和談判ガ濟ンデ御目出度、祝電ヲ打テト云ッテ各村長各戸長ヘ殆ンド訓諭シタ、各村長ハ未ダ其事ヲ能ク知ラナイ中ニ媾和談判ハ調フテ目出度イト云フ祝電デアルカラ何ニ異論ヲ言フ者モナク、先ヅ之ヲ大本營ニ向ケテドン〳〵祝電ヲ打ッタ、大本營ニハ祝電ガ山成シタカラ之ヲヲ役多イ方ニ出シテ己ノ首尾ノ惡ルイコトヲ之ヲ補ッタノデアル、斯樣ナ小細工ヲ以テ世ノ中ヲ繕メテドコマデモドコマデモ之ガ人民ヲ愚弄シタト云フコトデアル、己ノ非ヲ蔽ハンガタメニハ何事デモナスノデアル、殊ニ電報ヲ以テ人ヲ譽メテ貰ヒタイ、譽メラレタイト云フコトハ、町村長ヤ何カラ頼ンデヤルト云フコトヲシナイデ、一個人デヤル分ハ吾ミハ言ハナイ、森槐南ヲ使ッテ百詩ヲ作ッテ——己ヲ褒メタ詩ヲ作ッテ貰ッテ居レバ政治海カラ攻擊ハシナイノデアル、町村長ヲ使ッテ電報ヲ打タセルト云フヤウナ事ヲシテ、長多イ所ノ首尾ヲ繕フテ、サウシテ早ク先ヅ勲章ヲ取ッテシマッタ上ガリニ、演說會ヲシテ襤褸ノ出ル分ハ、マサカニ取ッタ勲章ヲ取ラレハシナイ、其前ニ首尾ヲ書カレテハ溜ラナイ、演說ヲサレテハ溜ラナイ、發行停止、演說解散、勲章ハ辭退シテソレカラ頂戴ヲスル風ヲシナケレバマズイ、大礮ニ飛ンデ行ク、宮內大臣ガ御迎ニ出ル、ア、其位ガ分ラナイジヤ仕方ガナイ、軍人バカリ顯微鏡ハ使ヘナイ、立法院ニモ顯微鏡ト云フモノハアル、蟲眼鏡モ持ッテ居ル、次ニ目錄ダケヲ讀ミマス、是ハ八議會ニ質問ヲ致シマシタケレドモ答辯ガゴザイマセヌカラ申シマスガ、是ハ橫濱築港ノ不正工事ノ一件デ責任者ガ未ダ定マラナイデ居ル、是ハ第一ニ困ルノハ死ンダ人ニ罪ヲ脊負ハシタノデアル、是レ決シテ容赦ノナラナイ事デアル、外國人ヲ雇ッテ、外國人ガ橫濱築港ノ設計ヲ請負ッテ居ル、所デ責任者ヲ質問スルト云フト、外外國人ガ此責任者デ死ンダト云フノデゴザイマス、此外國人ハ設計ノ方ヲ頼マレタノデアッテ、工事ノ方ヲ頼マレタノデハナイ、設計トハ即チ堤ヲ長クスル高クスルト云フノガ設計デアル、工事ノ方ハせめんとヲ買フ、敲付ケル、是ガ工事ノ方デアル、工事ノ方ニ關係ノナイ設計者ノ方ニ、工事ノ罪ヲ持ッテ行カウトスル、此人ハ死ンダ、死人ニ口ナシダ、外國人ダカラ宜イト云フ不親切デハ、日本國ノ帝國議會ハ聽流シハシナイノデアル、是ハ宜シク責任者ヲ定メテ、昨年泥棒ヲ捕マヘテ出セトマデ申シテアルノデゴザイマス、其後責任者ヲ召捕ッテアルヤ否ヤ、隨分召捕ッテ置イテモ、世ノ中ニ發表シナイコトモアルカラ、召捕ッテ處分シタト云フナラバソレデ宜イカラ、ソレヲ質問致ス、ドウモ今日ノ所ハ責任ノ事ハ餘程ヤカマシク言ハナイト、殆ド無政府ノ有樣デアル、敵ヲ切ッテ何處ヲ見テモ無政府デアル、先ヅ民間ノ方ノ側ノ一例ヲ申セバ、是モ前ニ長イ質問ガアッテ細カニ演說シテアリマスカラ、今日喋々述ベマセヌガ、足尾鑛山ノ鑛毒事件、是モ今日差掛ッテ困ルコトハ、クドク講釋ヲスルノデハナイ、田畑ニ害ガアッテ困ルト云フノニ地方官ガ——郡長ガ古河ニ使ハレテ、サウシテ人民ニ一段ニ就キ二三圓金ヲヤルカラ、是デ永世子々孫々マデ苦情ヲ言フナト云フ書附ヲ取リ、サウシテ判ヲ強奪シテアル、是ハ栃木縣ノ足利郡デ斯樣ナ事ヲシテ居ルノデゴザイマス、此事ヲ御話スレバ是デ一時間モ掛リマス、ケレドモ、差當ッテノ事ハ此地方ノ役人——小役人共——オトナシイ役人ハ是ハ古河ヲ怖ガッテ居ル、又古河ハ今ノ外務大臣ニ緣故ガアルカラ小サクナッテ居ル、腹ノ腐ッタ役人ハ古河ノ奴隷ニ爲ッテ居ル、日本帝國ノ役人ガ、一個人ノ古河市兵衛ノ奴隷ニ爲ッテ、己ノ管下ノ人民ヲ強迫シ、壯士ヲ使ヒ三兩ノ金ヲ取リ、二圓ノ金ヲ取レ、サウシテ子々孫々マデ苦情ヲ言ハナイト云フ判ヲ捺セ、捺サナケレバナグルトマデ役人ガヤラカシテ居ル、是ハ無政府ト言ハナケレバナラナイ、ソレデ其地方ノ者ハ水ガ飲メナイノデアル、斯樣ニ困ッテ居ル位デアルノニ、一方ヲ顧ルト、廣島デハ一昨年八十五万圓繰出シタ金ガ、廣島ノ市中ニ良イ水ヲ引クト云ッテ出シタ金デアルガ、今日無利息デ何處ヲマゴ付イテ居ルカ分ラナイ、一昨年八十五万圓大藏省ガ壓制シテ引出シタ金デアル、軍國ノ勢デ引出シタ金デアルガ、其金デ何故直グニ普請ヲシナイノデアル、今日マデ何處ヲ其金ガマゴ付イテ居ルノデアル、其利息ハ誰ガ使ッテ居ルノデアル、斯樣ニ一方ニハイラナイ飲料水ノ費用ヲ引出シテ居テ、此鑛毒ノ地方ノ人民ハ困ル、良イ水ガナイト云フ難儀デアル、ドッチヲ見テモ無政府ト名ヲ附ケルヨリ別ニ仕方ガナイ、斯

樣ナ譯デ議論ヲスレバ際限ノナイ話デゴザイマスケレドモ、先ヅ敵ヲ切ッテ慷ナイ所ダケヲ御話シテ置カナケレバナラナイ、北海道炭礦鐵道會社ノ事モ工藤君カラ質問ガ出マシタケレドモ、是ハ工藤君ノ質問ノ所デハナイ、其他ノ事デアル、凡ソ鐵道會社ガ他ノ事業ヲ兼ネルコトノ出來ナイト云フノハ、國家ノ經濟ガ許サナイ、法理モ許サナイノニ、其理由ノ說明ガナイ、又肥後ノ熊本ノ立田山ト云フ山林ハ、今日ノ價デ凡ソ百万圓——五六年前材木ノ安イトキデモ六七十万圓ノモノハアル、今日物價騰貴、材木ハ殊ニ騰貴シテ居リマスカラ、百万圓ノ代價ノアル此立田山ヲ二万圓ノ山ト——殆ド二万圓位ノ山ト交換シタノハ、ドウ云フ理由デアルカ、之ヲ聽カナケレバナラナイ、其當時ノ農商務大臣ハ誰デアル、幸ヒ今內閣ニ椅子ヲ占メテ居ル所ノ外務大臣陸奥宗光君デアル、陸奥宗光君ハ之ヲ承諾シタノデアル、此承諾ニ依ッテ久シク御病氣デ當時引込ンデ居タ人ガ、之ヲ許可スルトキバカリ農商務省ニ出テ判ヲ捺シテ、直ノ歸ッテ又蒲團ヲ冠ッテ寢タト云フ事實デアル、斯クマデ皮肉ヲ許イテハ御氣ノ毒デゴザイマスケレドモ、幾ラ耳ガ痛クテモ寢テ居テ金ガ儲カッタカラ、ソレハ勘忍シナケレバナラナイ、モウ是カラヤラセル譯ニハ行カナイ、小金原ノ開墾地——小金原ノ開墾地ヲ、諸君ガ御熟知ノ如ク、モウ明治二年以來拓カセタ地面デ、一人ニ就イテ三町ヤル、四町ヤル——段々拓イタ地面ヲ政府ガ屆カナイト言ッテ、三井某ニ世話ヲサセテ、サウシテ地券狀ヲ渡ストキニ三井某ニヤッテシマッタカラ、人民ニ所有權ガナイノデ、ソレカラ以來大騷ニ騷イテ居ルガ、今日マデ其處置ヲ著ケナイ、東京ヲ距ル僅ニ二十里外ノ地、ソレニ今日デハ此三井ト云フ會社ハソンナ細カシイコトハ嫌デアルカラ飛ンダ迷惑デアル、就イテハ、ドウカ道ガアレバ返シテヤリタイト言ッテ居ルト云フコトヲ聞イテ居ルノデゴザイマスルガ、何ガ關聯レテ居ル、是ハ處置ヲ付ケナイノデアルカ、サウナレバ千葉縣ノ知事ハ何事ヲシテ居ル、千葉縣ノ知事ハ何事ヲシテ居ルト申シマスルト、是ハ此小金ヶ原ノ貧民ノ地面ヲ取上ゲル世話ヲシテ、人民ノ墓所マデ取上ゲテシマッタ——墓地マデ取上ゲテシマッタ、ソレナコトヲシテ居ッテ、一方ハ何ノ仕事ヲスルカト云フト、千葉町ノ共有地カ何カヲ人ヲ廻シテ買占メテ、此處ヘ女郎屋ヲ拵ヘテ金儲ケシスル、コンナ事ヲヤッテ居ル、今日ノ政府ハ女郎屋ヲ拵ヘルガ好キデアル、明治十五年以前ト云フモノハ、苟モ日本政府ハ娼妓ト云フモノヲ恥ヂタモノデアル、租稅ニ娼妓ノ賦金ト云フモノハ地方ニ在ルケレドモ、娼妓カラ稅ヲ取ッタト云フテハ耻ヅルト云フテ、之ヲ租稅ノ中ニ加ヘナカッタノデアル、明治十五年前ノ政府ハ先ヅ高尚ト謂フテモ宜イ、此女郎ノ稅杯ト云フモノハ之ヲ表向ニスルコトヲ耻ヂタ、先ヅ立派ナ政府ト謂ッテモ宜イ、今日ノ政府ハ、政府ガ先立チデ女郎屋ヲ拵ヘル世話マデアレナクモ宜ササウナノデアル、一方ハ人民ノ墓地、先祖ヲ祠ッタ墓場マデモフンダクリ、一方ハ明地ヲ買占メテ女郎屋ヲ拵ヘテ、地代ヲ上ゲテ、斯ウ云フコギタナイ人間ニ知事ニ爲ラレテ、頭ノ上ニ居ラレテハ迷惑ノ話デハゴザイマセヌカ、千葉縣ノミナラズ、臺灣ニ於テモ先頃來公娼ヲ拵ヘルト云フコトヲ臺灣ノ御政治始、臺灣ハ後進者ナリ、創業者ナリ、未開者ナリト云フテ居ルデゴザイマセウ、未開ト謂ッタラ後年者、後進者ト謂ッタラ幼年者デアル、此幼年ナル者ニ女郎屋ヲ見セルト云フノガ御政治始ト云フノデアルカラ、如何ニモ前途心配ノ話デゴザイマスル、ソラ群馬縣、ソラドコ知事ト云フモノハ、暇ガアルカナ

イカ、何デモ女郎屋ヲ拵ヘルト云フコトガ今日ノ半仕事デアル、是等ハ錢モ何モ掛ラヌ、今日カラ一言言ヘバ直ルコトデアルカラ、斯クマデニ成果テナイデモ宜カラウト思フ、是ダケニ乞食染ミナイデモ宜カラウト思フ、殊ニ角馬鹿デモ知事ダ、御役人デアル、其役人ガ先立チデ、甚シキハ警部杯ヲスルヤツガ女郎屋ノ周旋ヲスルト云フヤウナコトハ、モウ珍シクナイノデアル、實ニモウドウモ殘念至極ノ話デアル、サウカト思ヘバ、陸奥君ハモウ第六議會以來、此議場ニ顔ヲ一度モ出サヌノデアル、對外硬派ノ反對演說、條約厲行ノ反對演說ヲシテ、議場ノ反對ヲ食ッテ、少シク演說ヲ早クシマッテ、御逃込デモゴザイマスマイガ、急イデ歸ッタ切リ、今日マデ議場ヘ御顔ヲ出サナイノデアル、ソレデ先ヅ此大臣ノ職務ガ勤マルモノデゴザイマセウカ、是ガ一ツノ不審、外務大臣曠職ニ關スル件――サウシテ御病氣デモゴザイマセウカラ、一個人トシテハ見舞ハナケレバナラヌガ、舞子ノ濱、大磯殆ド多難ノ際ニ一年間モ引込ンデ居ル、其往復ノ無駄ノ手間ヲ費シ、時機ヲ失シ、ソレデモ立派ニ往クナラバ宜シイガ、イツモヤリ損イガ多イ、少シハ國家ノタメヲ考ヘテ呉レナケレバナラヌノデアラウト思フ、之ヲ政府ハ許シテ、自分モ耻トシナイ、許ス許サヌノミナラズ、此者ヲシテ厚ク待遇ヲシテ、之ニ爵位ヲ進メル、マア何ト云フコトデアルカ、物ノ失策、國ノ耻辱ヲ遺シ、病氣ヲ病氣トシ、公事職務ガ勤マラナイノモ耻トセズ、廉耻ヲ知ラズ、此者ヲシテ厚ク遇スルト云フニ至ッテハ、一體日清ノ戰功――日清ノ戰功ハ、是ハ誰ノ戰功デアルカ、國民ノ戰功デアル、今ノ行政官獨リノ勳功デハナイ、殘ラズ國家擧ゲテノ勳功デアルノデアル、其勳功ヲ分配スルヤ、宜シク公平デナケレバナラヌノデアル、失策ヲシタ、國辱ヲ與ヘタ人間ガ勳章ヲ取ルナラバ、誰カ侯伯タラザルモノハナカラウト思フノデアル、近頃口幅廣ク言フヤウデゴザイマスケレドモ、衆議院議長、副議長ニ何カ賜ッタト云フコトハ何ノ事デアル、何故賜ルナレバ伊藤總理ト議長ト同ジニ之ヲ取扱ハナイノデアルカ、衆議院何ガ失策ガアル、國民ノ代表者何ガ失策ガアル、伊藤ノ功ト云フノデハナイ、伊藤モ總理ノ椅子ヲ踐ンデ居ルカラ、卽チ代表者デ侯爵大勳位ニ爲ッタノデアル、代表者ノ力、木偶デモ、木像デモ、此代表者ト云フカラ取ル、伊藤老イタリト雖モ、楠本議長老イタリト雖モ、伊藤木偶ナリ、楠本議長木像ナリ、楠本議長木偶ナリ、伊藤木像ナリト雖モ、之ヲ假定メテドッチヲ賢明ト云ヘバ、雙方賢明ト謂ハナケレバナラヌ、同ジ人ヲ何故侯爵ニシナイカ、降ッテモ何故島田三郎ヲ伯爵ニシナイノデアル、分ッタ話デアル、是ハ私ガソレダケ譯ノ分ラヌ政府デハナカラウト思フノデアル、是ニハ味ノアル話ダラウト思フ、今日皮肉ヲ許イテヤル、是ハサウスルコトハ心得テ居ルケレドモ、之ヲ一度ニ遣ッチャ往ケナイカラ、二度ニ遣ル、二度ニ下ゲル、其間ニ恩惠ヲ賣ッテ、間ガアレバ私恩ヲ賣ッテ、サウシテ侯爵ト伯爵ニシヤウト――一度デハ生捕レナイカラ、殘シテ置イテ二度目マデニ二人ヲ生捕ラウ、其手ヲ喰ウト云フ所ノ楠本君、島田君デナイノデアル、其手ヲ喰フ人バカリ多イカラ、矢張喰フト思ッテ殘シテ置イタケレドモ、ソレハ往ケナイ、早速侯爵ト伯爵ニシナケレバナラヌノデアル、其位ノ事ハ知ッテ居ル、ソレデモ彼等ハ却テ失策ガアリ――失策ガアリ、國ニ耻辱ヲ與ヘタノデアル、ソレニアル以上ハ其上ニシナケレバナラヌノデアル、一歩、一段上ニシナケレバナラヌ、先ヅ假ニサウ云フコトヲ功ヲ論ズルノニ、功ヲ差引ヲシテ惡事ヲ言フノハ、先ヅ是ハ宜クナイトシタ處ガ、幾ラマケタ處ガ、總理大臣ダケノ位置ヲ踐マセナケレバナラヌノデアル、是ハ唯一場ノ話トシナイノデアル、吾々ハ之ヲ眞面目ニ言フタノデアル、如何ノ故ニ立法部ヲ斯ノ如ク輕ク取扱フノデアル、何故ニ之ヲ輕ク取扱フノデアルカ、デ、モウ一ツハ衆議院議員濱野茂君カ拘留ニ爲リマシタ、是ハ諸君ガ御承知ダガ、此議會ニ通知ガゴザイマセヌ、是ハナケレバナラヌ、是ハ面倒ナ事ハナイ、多分忘レタデゴザイマセウカラ、忘レタナラバ忘レタト云フ答辯デ宜シイ、次ハ三浦安――東京府知事三浦安ヲ宮中顧問官ニシタト云フコトハ如何デアル、彼ハ府民ノ不信任ヲ得タ者デアル、府民ノ反對ヲ受ケ、府會ヲ解散シテ怨ヲ受ケタ者デアル、此怨ヲ受ケタ者ヲ宮中ニ一ツ集メ、二ツ集メシタトキハ、宮中ハ怨ノ府ト爲ルノデアル、宮中ヲシテ怨ノ府トスルト云フコトヲバ、是ガ忍ベルカ、宮中ト云フモノハ、何レノ處デモ綺麗デナケレバナラヌ、其中ニ宮中ノ顧問ハ最モ清淨潔白ノ人物デナケレバナラナイ、人間ハ幾ラ不器量デモ、器量ガ足リナイデモ、先ヅ精神ノ良イ、正直ノ人間ト云フモノヲ宮中ニ集ムベキモノヲ、斯ノ如キ汚ラハシイ者ヲ宮中ニ入レテ、君側ヲ穢シテ、ソレデ心ニ快シトスル大臣、卽チ鹿ヲ以テ馬ト爲ス、鹿ヲ以テ馬ト爲スコトハ此事デアル、鹿ヲ以テ馬ト爲ス、斯ノ如キ譯デアッテハ、君ノ側ニハ忠臣ガ少クナッテ、佞奸邪智バカリヲ以テ皇室ノ中ニハ佞奸邪智ノヤツバカリニ爲ルノデアル、態トサウシテ皇室ノ信用ヲ薄カラシメル事ヲスルノデアルカ、但シハ伊藤總理ハ秦ノ趙高ノ眞似ヲシテ、己レノ意見ガドノ位行レルカ、三浦ヲ今度宮中ニ入レテヤカマシク云フヤッガ世ノ中ニアルカナイカ、一ツ試シテ見ル「己レノ勢力試シニヤッタノデアルカ、何ニカ是ニハ仔細ガナケレバナラヌ、斯ルマデノ馬鹿々々シイ事ヲスル伊藤總理大臣デハナイト今日マデハ信ジテ來タノデアル、如何ニ何デモ是ダケデハナイト思ッテ居ッタノデアル、是ニ於テハ國家ノタメニ――國家ノタメニ、國ノ人民ノ怨ノアル者ヲ君側ニ置クト云フニ至ッテハ、命チヲ懸ケテ聞カナケレバナラヌノデアル、又朝鮮ノ事ハ、昨日モ遂ニ私ハ諸君ニ御迷惑ヲ掛ケマシタケレドモ、朝鮮ノ居留民ニ退去ヲ近頃命ジタ事件、是モ聞カナケレバナラナイノデアル、領事ト云フモノハ、今日退去ヲ命ズルコトハ日本ノ法律デアル、然レドモ此法律ト云フモノハ、內閣ノ――內閣ノ鼻息ヲ窺ッテ使フ法律デモナシ、外國ノ鼻息ヲ窺ッテ使フ法律デモナイ、此法律ヲ妄用サレタリ、或ハ謟用サレタリ、「トウ」ハヘツラウ、謟ッテ用ヒラレテハ困ルノデアッテ、此領事ノ上野專一トカ云フ人ハ、之ヲ此居留人民ノ梶山新介、葭瀨忠太郞ト云フ商人、此二人ハ治安妨害、風俗壞亂ノ虞ガアルト云ッテ、三年間ノ退去ヲ命ジマシタノデゴザイマス、是ニハソレダケノ理由ガアルノデゴザイマセウカラ、其理由ヲ開クノデゴザイマスガ、先ヅ此二人ノ品行ヲ諸君ニ御訴ヘ申シマスレバ、此二人ト云フモノハ、朝鮮ニ渡航シテ以來、日韓貿易ニ從事スルコト殆ド二十年、其間ドウ云フコトヲシタカト云ヘバ、公共ノ事務ハ勿論、商業會議所ノ事ト、學校ノ事、寺院ノ事、病院ノ事、居留地ノ事、行政機關ノ設置ニ就イテ、最モ與ッテ力ノアル人デアルト云フコトヲ聞イテ居ル、サウシテ朝鮮ニ於テ、今日昨年來マデニ至ラシメタニ就イテハ、ソレ〳〵力ノアッタト云フコトニ聞イテ居リマス、陽ハニ――梶山氏ハ陽ハニ梶山氏ハ元山商法會議所ノ議長デゴザイマス、葭瀨ト云フ人ハ其議員デアッテ、共ニ公共ノタメニ盡シツヽアッタノデアル、故ニ自治的貿易、政府ノ餘リ世話ニナラナイ商人、政府ノ世話ニナラズニ外國ヘ輸出品ヲ出スコトニ就イテ、隨分立派ナ商人デアッタ、其上餘力アッテ、前ノ仕事ヲ爲スコトニモ從事ヲシタコトデアリマス、此者ヲシテ治安妨害、風俗壞亂ノ虞アルト云フニ至ッテハ、非常ナ事ガナケレバナラナイ――非常ナ事ガナケレバナラナイ、斯樣ナ者ヲ、斯樣ナ有功者ヲシテ――斯樣ナ有功者ヲシテ、僅カ己ガ氣ニ喰ハナイカラシテ――萬一己レガ氣ニ喰ハナイカラレテ、治安妨害、風俗壞亂ノ虞ガアル抔ト云フ、斯ウ云フコトヲスルノハ卽チ治安妨害、風俗壞亂ナノデアル、ドウモ私ハ孰ガ治安妨害、風俗壞亂デアルカ分ラナイ、領事ノ方ガ或ハ治安妨害、風俗壞亂デハナイカト思フ、デ、斯ノ如ク有爲、役ニ立ツ人間ヲシテ、ヤタラニ科人ニスルニ至ッテハ、實ニ困ッタ話デアル、更ニ政府ノ側ノ人々ハドウデアル、外國公使抔ト云フモノハ、實ニ他ノ公使ハ措イテ、佛、獨、露此三國ニ往ッテ居ッタ所ノ公使抔ハ、揃モ揃ッテ間拔ケナ譯デゴザイマシタ、昨年抔ト云フモノハ――サウシテ是ハ卽チ風俗壞亂、治安妨害ノ公使デアルノデアルカラ遼東ヲ奪ハレタ、コイツモ風俗壞亂デアルノダ、今又朝鮮在留ノ人ガドン〳〵殺サレテ、之ヲ一向ニ無頓着デアルト云フコトハ、治安妨害此上モナイノデアル、國ヲ賣ッタト言ッタナラバ言葉ガ不穩當デアルダラウ、一番朝鮮ニ就キ、遼東ヲ還付スルニ就イテモ、尤モ神經的如何ニ好意ガアルカハ知レナイガ、表面ニ現レタ處デハ憎イ露西亞デアル、彼ニ如何ナル好意ガアッテモ、形ニ現レタ處ニ於テハ許スベカラザル敵デアルノダ、此露西亞ニ御世辭ハ使ヒマスマイガ、餘程御世辭者ト見エテ、近頃ハ勳章、御褒美ガ來タ、是ガ出テ欣喜、喜色面ニ溢ル、斯ウ意氣地ナシガ卽チ風俗壞亂ト云フモノデアルノダ（拍手起ル）無罪ノ商人ヲ退去ヲ命ズ、是ニ就イテハ相當ナル立派ナル辯解ガナケレバナラヌカラシテ、之ヲ承ルノデゴザイマス、以上十二週ノナンデゴザイマス、中ニハ落チタノガアルカモ知レマセヌ

○星亨君（八番）　豫算委員會ノ報告ヲ致シマス

○議長（楠本正隆君）　星亨君

（左ノ質問書ハ朗讀ヲ經サルモ參考ノタメ玆ニ揭載ス）

再質問書

本月十三日本員等ヨリ提出セル昨年十月八日朝鮮事變處分ニ關スル質問ニ對シ政府ハ今ニ何等答辯ヲナサヽルハ如何ナル理由ナルヤ

明治二十九年三月二十六日

提出者　沼田宇源太

贊成者　武市彰一　鳩山和夫

外二十九名

○議長（楠本正隆君）　是ヨリ會議ヲ開キマスル、質問ノ辯明ガアリマス――沼田宇源太君

○沼田宇源太君（一番）　極箇單ニ當席カラ申述ベヤウト思ヒマス、今日ハ本會期ノ終リマスル日ニモ當ッテ居ル、殊ニ議案モ澤山ノヤウデゴザイマスカラ、演壇ニ登ルコトハ止メマシテ、極箇單ニ當席カラ一言シヤウト思ヒマス、唯今書記官ヨリ御報告ニ爲リマシタ如ク、再質問書ヲ提出シタノデアル抑〻朝鮮處分ニ關スル質問書ヲ本員カラ提出致シマシタノハ、本月ノ十三日デアル、今日ハ最早二週間以上ニモナッテ居ル、然ルニ政府ハ今以テ何等ノ答辯ヲモ致サナイ、殊ニ本會期モ今日一日デ終ルト云フ場合ニ爲ッテモ、政府ハ何等ノ答辯ヲモ是ニ對シテ致サナイト云フノハ、如何ナル理由デゴザイマセウカ、議員ノ質問ニ對シテハ政府ハ直チニ答辯ヲ爲スベシト云フコトハ、議院法ノ明ニ命ジテ居ル所デアル、殊ニ本員ノ提出シタル質問ノ如キハ、何モムヅカシイ事ハナイ、政府ガ司法權ニ干涉シタ事ガアルナラバアル、ナイナラバナイト言ヘバ澤山デアル、又斯クミミノ事柄ハ、何等ノ法律ニ依ッテ致シタノデアルカ、斯ウ云フ問デアッタナラバ、是ハ此法律ニ依ッタモノデアル、アノ法律ニ依ッタモノデアルト云フコトヲ答ヘサヘスレバ宜シイノデアル、大凡自分ガナシタ事柄ヲ人ニ問ハレテ、是ハ何ノタメニナシタト云フコトヲ人カラ質問セラレテ、始テ考出シテ屁理窟ヲ附ケルト云フコトハ萬ナイ筈デアル、ナイ筈デアルノニ、政府ハ自ラ爲シタ事ヲ問ハレタナラバ、早速是ニ對シテ答辯ガ出來サウナモノデアル、今以テ答辯ヲ爲サヌト云フノハ、如何ナル理由デゴザイマセウカ、此答辯ヲシナイト云フ點カラ考ヘテ見レバ、益〻以テ司法權ニ干涉シタルコト、及彼ノ三浦公使以下ヲ處分シタル事柄ニ對シテハ、法律規則ニモ何ニモナイ無法極ッタル事ヲ爲シタノデアルト云フコトヲ、益〻以テ吾〻ヲシテ信ゼシムルノデアル、諸君、如何デゴザイマシタ、彼ノ湖南事件ノ場合ニハ如何デゴザイマシタラウカ、彼ノ當時ニ當ッテモ政府ガ司法權ニ干涉シタト云フコトニ就イテハ、種々樣々ノ風評ガアッタ、今日ノ政府ノタメニ御味方ヲサレテ居ル自由黨ノ諸君ガ、アノ時ニ當ッテハ殊ニ奔走盡力セラレテ、司法權ノ力ヲ維持スルト云フコトニ對シテ御盡力ニ爲ッタデハゴザイマセヌカ、是ハ本員ハ本日ニ至ッテモ、アノ當時ノ自由黨ノ盡力ヲ謝スル所デアル、其控訴院長ノ力ニ依ッテ、漸クアノ當時ニ當ッテモ司法權ノ力ヲ維持シタト云フコトデアル、左樣ナ事柄ハ既往ニ於テモ明デアッテ蔽フベカラザル事デアッテ見ルト、今日ノ事ニ於テモマサカ政府ハ左樣ナ事ハスマイト言フテ安心シテ置ク譯ニハ往カヌノミナラズ、人ニ問ハレテ是ニ對シテ議會ガ既ニ終ラントスル場合ニモ答辯ヲ爲サヌト云フコトデアッテ見ルト、益〻疑ハザルヲ得ナイ故ニ、本員ハ斯ノ如キ再質問書ヲ提出シタナラバ、本日ノ中ニハ必ズ明瞭ナル答辯ガアルダラウト存ジマス

○肥塚龍君（百七番）　本日ノ日程第一ニ對シマシテ本員ハ緊急動議ガゴザイマス

○議長（楠本正隆君）　登壇ヲ促シマス

○議長(楠本正隆君) 先ヅ報告ヲ爲シマスル

(佐脇書記官朗讀)

貴族院ヨリ左ノ通リ通牒アリ

明治二十八年度歲入歲出總豫算追加案(辛)

明治二十八年度特別會計歲入歲出豫算追加案(丙)

明治二十九年度歲入歲出總豫算追加案(乙)(丙)(庚)(壬)(戊)

明治二十九年度各特別會計歲入歲出豫算追加案(甲)

豫算外國庫ノ負擔トナルヘキ契約ヲ爲スヲ要スル件

明治二十九年度特別會計歲入歲出豫算追加案(乙)

右可決

野口褧君ヨリ帝國臣民ニシテ朝鮮國ニ於テ非命ノ死ヲ遂ケタル者ニ關スル件ニ付質問書ヲ政府ニ提出セラレタリ

特別委員左ノ通リ指名セリ

臺灣ニ施行スヘキ法令ニ關スル法律案審査特別委員

工藤行幹君　高田早苗君　澁生仙君

重岡薫五郎君　廣瀨貞文君　佐藤里治君

草刈親明君　鈴木充美君　鳩山和夫君

(左ノ質問書ハ朗讀ヲ經サルモ參照ノタメ玆ニ掲載ス)

帝國臣民ニシテ朝鮮國ニ於テ非命ノ死ヲ遂ケタル者ニ關スル質問書

一昨二十四日二十九年度追加豫算戊號ノ議事中議員田中正造カ去ル二月十一日朝鮮國京城ニ於テ起リタル事變以來軍人以外ノ我カ帝國臣民ニシテ同國ニ於テ非命ノ死ヲ遂ケタル者若干ト云ヘル質問ニ對シ政府委員原敬カ笑ヲ含ミテ登壇シ明確ノ答辯ヲ缺キタル理由如何

右成規ニ依リ及質問候也

明治二十九年三月二十六日

質問者　野口褧

贊成者　齋藤珪輔

外二十九名

○議長（楠本正隆君）　諸君、是ヨリ諸般ノ報告ヲ爲シマスル

（佐脇書記官朗讀）

政府ヨリ左ノ通牒アリ

明二十九日貴族院ニ於テ帝國議會閉會式執行被仰出候條此段及通牒候也

明治二十九年三月二十八日

内閣總理大臣臨時代理
樞密院議長伯爵黑田清隆

衆議院議長楠本正隆殿

竹内正志君提出ニ係ル奉天還附及對韓政策ニ關スル質問、工藤行幹君外七名提出ニ係ル朝鮮國京城事變ニ關スル質問、漆間民夫君提出ニ係ル臺灣島ニ於ケル外人土地所有權ニ關スル質問ニ對シ外務大臣臨時代理西園寺文部大臣ヨリ、大島信君提出ニ係ル航海補助費ニ關スル質問、恒松隆慶君提出ニ係ル第五師團野戰砲兵射的演習地ヘ達スル道路修繕費ニ關スル質問ニ對シ芳川内務大臣ヨリ、高木正年君外二名提出ニ係ル電氣鐵道ニ關スル質問ニ對シ芳川内務大臣白根遞信大臣ヨリ、沼田宇源太君外一名提出ニ係ル朝鮮事變處分ニ關スル質問ニ對シ芳川司法大臣外務大臣臨時代理西園寺文部大臣ヨリ、高木正年君提出ニ係ル外交及軍紀ニ關スル質問ニ對シ西鄕海軍大臣外務大臣臨時代理西園寺文部大臣ヨリ、眞下珂十郎君提出ニ係ル臟虎膃肭獸獵獲ニ關スル質問ニ對シ西鄕海軍大臣榎本農商務大臣ヨリ、柏田盛文君外二名提出ニ係ル敎育高等會議開設ニ關スル再質問ニ對シ西園寺文部大臣ヨリ答辯アリ

衆議院議員竹内正志君ヨリ奉天還附及對韓政策ニ關スル質問ニ對シ外務大臣ヨリ答辯書提出ニ付及御囘付候也

明治二十九年三月二十八日

内閣總理大臣臨時代理
樞密院議長伯爵黑田清隆

衆議院議長楠本正隆殿

衆議院議員竹内正志君ヨリ提出ノ質問書ニ對スル別紙答辯書差進候也

明治二十九年三月二十八日

外務大臣臨時代理
文部大臣侯爵西園寺公望

衆議院議長楠本正隆殿

（別紙）

一第一問ニ對シテハ伊藤内閣總理大臣カ先キニ衆議院ニテ爲シタル演説ニテ其要領ヲ盡セリ其外往復交渉シタルコトアリト雖モ外交上ノ機密ニ屬シ今茲ニ之ヲ明言スルノ時機ニ非ラスト信ス

一第二問ニ對シテハ帝國政府カ朝鮮國ニ對シテ執ル所ノ外交上ノ方針ハ名實共終始其獨立ノ確實ナルコトヲ努メ未タ嘗テ其意思ヲ變セシコトナシ

一第三問ニ對シテハ前項ノ答辯ニテ足レリト信ス

一第四問ニ對シテハ朝鮮國前内閣ニ於テハ外債募集ノ企アリタレトモ其後ノ情形如何ヲ聞知セス又昨年ノ貸金三百万圓ハ政府之カ取扱ヲ日本銀行ニ命任シ同銀行ヨリ之ヲ朝鮮國政府ニ貸與セリ

衆議院議員工藤行幹君外七名ヨリ本年二月十一日朝鮮國京城ニ於テ起リタル事變ニ付政府ノ方針ニ關スル質問ニ對シ外務大臣ヨリ答辯書提出ニ付及御囘付候也

明治二十九年三月二十八日

内閣總理大臣臨時代理
樞密院議長伯爵黑田清隆

衆議院議長楠本正隆殿

衆議院議員工藤行幹君外七名ヨリ提出ノ質問書ニ對スル別紙答辯書差進候也

明治二十九年三月十二日

外務大臣臨時代理
文部大臣侯爵西園寺公望

衆議院議長楠本正隆殿

（別紙）

本年二月十一日朝鮮國京城ニ於テ起リタル事變ニ關シ政府ハ未タ其處置ヲ明言スルノ時機ニ非ラスト信ス

衆議院議員漆間民夫君ヨリ臺灣島ニ於ケル外人土地所有權ニ關スル質問ニ對シ外務大臣ヨリ答辯書提出ニ付及御囘付候也

明治二十九年三月二十八日

内閣總理大臣臨時代理
樞密院議長伯爵黑田清隆

衆議院議長楠本正隆殿

衆議院議員漆間民夫君ヨリ提出ノ質問書ニ對スル別紙答辯書差進候也

明治二十九年三月二十三日

外務大臣臨時代理
文部大臣侯爵西園寺公望

衆議院議長楠本正隆殿

（別紙）

第一問ノ件ハ政府ハ目下調査中ナリ而シテ清國政府ヨリ臺灣島引渡ノ當時外國人土地ニ關シ何等聞知シタルコトナシ

第二問ニ對シテハ政府ハ獨逸國公使ヨリ斯ル照會ヲ接受シタルコトナシ

前述ノ如ク該島ニ於ケル外國人ノ土地所有權ニ關シテハ目下調査中ニ在レハ政府ハ今玆ニ其處置如何ヲ明言スルヲ得ス

衆議院議員大島信君提出航海補助費ニ關スル質問ニ對シ内務大臣ヨリ答辯書提出ニ付及御囘付候也

明治二十九年三月二十八日

内閣總理大臣臨時代理
樞密院議長伯爵黑田清隆

衆議院議長楠本正隆殿

衆議院議員大島信君提出航海補助費ニ關スル質問ノ件ニ對シ別紙答辯書差進候也

明治二十九年三月二十五日

内務大臣芳川顯正

衆議院議長楠本正隆殿

（別紙）

衆議院議員大島信君提出航海補助費ニ關スル件質問ニ對スル答辯

書

第一項　政府カ船舶ノ噸數ヲ下限一百噸以上ト定メタルハ各離島間航路險惡ナルヲ以テ一百噸以下ニテハ回航危險ナリト認メタルニ外ナラス
第二項　政府ハ廣告シテ競爭入札ニ附シ其結果トシテ適當ナル大島興業株式ニ命シタルナリ
右及答辯候也
明治二十九年三月二十五日

衆議院議員恆松隆慶君提出第五師團野戰砲兵射的演習地ヘ達スル道路修繕費ニ關スル質問ニ對シ內務大臣ヨリ答辯書提出ニ付及御回付候也
明治二十九年三月二十八日
内務大臣芳川顯正

衆議院議長楠本正隆殿

衆議院議員恆松隆慶君提出第五師團野戰砲兵射的演習地ヘ達スル道路修繕費ニ關スル件質問ニ對シ別紙答辯書差進候也
明治二十九年三月二十六日
内閣總理大臣臨時代理
樞密院議長伯爵黒田淸隆

衆議院議長楠本正隆殿
内務大臣芳川顯正

（別紙）
衆議院議員恆松隆慶君提出第五師團野戰砲兵射的演習地ヘ達スル道路修繕費ニ關スル件質問ニ對スル答辯書
第五師團ヨリ三瓶原砲兵射的場ニ達スル道路ノ修繕費ニ付キテハ政府ハ道路ニ關スル法規ノ制定アル迄現時ノ儘据置ノ方針ナリ
右及答辯候也
明治二十九年三月二十六日

衆議院議員高木正年君外二名提出電氣鐵道ニ關スル質問ニ對シ內務遞信兩大臣ヨリ答辯書提出ニ付及御回付候也
明治二十九年三月二十八日
内務大臣芳川顯正

衆議院議長楠本正隆殿

衆議院議員高木正年君外二名提出電氣鐵道ニ關スル件質問ニ對シ別紙答辯書差進候也
明治二十九年三月十一日
内閣總理大臣臨時代理
樞密院議長伯爵黒田淸隆

衆議院議長楠本正隆殿
遞信大臣白根專一
内務大臣芳川顯正

（別紙）
衆議院議員高木正年君外二名提出電氣鐵道ニ關スル件質問ニ對スル答辯書
電氣鐵道ノ布設ニ關シテハ政府ハ其ノ交通上ノ關係及電氣使用ノ方法ニ付充分ノ調査ヲナスノ必要アルノミナラス既設電氣鐵道ノ成蹟上種々考究ヲ要スヘキ點アルヲ認メ目下此等ノ事項ニ付キテ調査ニ從事セリ從テ電氣鐵道布設ノ出願ニ對シテハ右調査ノ完了ヲ俟テ許否ノ處分ヲナスノ見込ナリ
右及答辯候也
明治二十九年三月十一日
内務大臣芳川顯正
遞信大臣白根專一

衆議院議員沼田宇源太君外一名ヨリ朝鮮事件處分ニ關スル質問ニ對シ司法外務兩大臣ヨリ答辯書提出ニ付及御回付候也
明治二十九年三月二十八日
内閣總理大臣臨時代理
樞密院議長伯爵黒田淸隆

衆議院議長楠本正隆殿

衆議院議員沼田宇源太君外一名提出朝鮮事變處分ニ關スル質問書中本省主管ノ件ニ對シ別紙答辯書差進候也
明治二十九年三月十八日
司法大臣芳川顯正

衆議院議長楠本正隆殿

（別紙）
衆議院議員沼田宇源太君外一名提出朝鮮事變處分ニ關スル質問書中第一項ニ關スル答辯書
一三浦梧樓外數十名被告事件ノ處分ニ關シテハ政府ハ司法權ニ干渉シメルコトナシ
一檢事安藤謙介ヲ朝鮮ニ派遣シタルハ臨時行政事務ノ取扱ヲ命シタルモノニシテ檢事法律上ノ職務ヲ行ハシメタルニ非ス
一三浦梧樓外數十名ニ對シ廣島地方裁判所ニ起訴セシハ刑事訴訟法第二十九條ノ規定ニ依リ之ヲ逮捕セシハ豫審判事ノ令狀ニ依リタルモノナリ
右及答辯候也
明治二十九年三月十八日

衆議院議員沼田宇源太君外一名ヨリ提出ノ質問書中第二問ニ對スル別紙答辯書差進候也
明治二十九年三月十八日
司法大臣芳川顯正

衆議院議長楠本正隆殿
外務大臣臨時代理
文部大臣侯爵西園寺公望

（別紙）
一「同遭累者中ノ官吏ハ多クハ復職シテ再ヒ朝鮮ニ出張シタルニ拘ハラス」云々トノ質問ニ對シテハ該事件ニ關シ被告人タリシ官吏ニシテ復職シテ朝鮮ヘ出張シタル者ナシ随テ政府ハ退韓處分ヲ取消スノ方針ナルヤトノ質問ニ對シテハ答辯ノ限ニ在ラス

衆議院議員高木正年君ヨリ外交及軍紀ニ關スル質問ニ對シ海軍外務兩大臣ヨリ答辯書提出ニ付及御回付候也
明治二十九年三月二十八日
内閣總理大臣臨時代理
樞密院議長伯爵黒田淸隆

清國及朝鮮國在留帝國臣民取締法案

○議長（楠本正隆君）　是ヨリ議員提出ノ議案ノ報告ヲ致シマス

（佐脇書記官朗讀）

議員ヨリ提出セラレタル議案左ノ如シ

明治二十三年法律第三十五號廢止法律案

提出者　佐　藤　忠　望君

明治二十三年法律第三十六號廢止法律案

提出者　佐　藤　忠　望君

○鈴木充美君（四十一番）　緊急事件ニ就イテ議事日程ノ變更ヲ致シタイ、唯今貴族院カラ回付ニ爲リマシタ所ノ清國及朝鮮國在留帝國臣民取締法、是ハ場合ニ依ッテハ、又貴族院ト再ビ協議ヲシナケレバナラヌ、結果ニナルカ知レマセヌ、而シテ會期ノ迫ッテ居ル際最モ急速ヲ要スルコト、考ヘマスカラ、議事日程ヲ變更セラレテ、唯今直チニ議セラレンコトヲ希望致シマス

（「賛成々々」ト呼フ者アリ）

○議長（楠本正隆君）　鈴木充美君ヨリ唯今ヨリ直チニ貴族院回付ノ清國及朝鮮國在留帝國臣民取締法案ヲ議シタイト云フ議事日程變更ノ動議ガ提出セラレマシタ、御異議アリマセヌカ

（「異議ナシ異議ナシ」ト呼フ者アリ）

○議長（楠本正隆君）　御異議ナシト認メマス、因テ日程ハ變更セラレマシタ、卽チ清國及朝鮮國在留帝國臣民取締法案ガ議題ト爲リマシタ

清國及朝鮮國在留日本人取締法案（貴族院回付）

○議長（楠本正隆君）　貴族院ノ修正ヲ朗讀致シマス、第三條ニ修正ガアリマスル

（佐脇書記官朗讀）

貴族院修正

第三條　在留禁止ノ命令ヲ受ケタル者其命令ニ對シ不服アルトキハ命令ヲ受ケタル日ヨリ三日以內ニ領事ヲ經テ外務大臣若ハ駐剳帝國公使ニ該命令取消ノ申請ヲ爲スコトヲ得

但シ此場合ニ於テハ其ノ命令ノ執行ヲ停止セス

○議長（楠本正隆君）　貴族院ノ修正ヲ一括シテ同意ノ如何ヲ決シマス、貴族院ノ修正ニ同意ノ諸君ハ起立

○鈴木充美君（四十一番）　未ダ議長、說明ガナイカラ一寸說明ヲ……

○議長（楠本正隆君）　暫ク御立チナサイ、貴族院ノ修正ニ同意ノ諸君

起立者　多數

○議長（楠本正隆君）　多數、因テ貴族院ノ修正ニ同意ヲ表スルコトニ決シマス――次ハ日程ノ第三ニ移リマス、獸疫檢查法案第一讀會ノ續――中村彌六君

○小室重弘君(二百九十六番)　諸君、私共ハ緊急勅令ノ廢止ノ事ニ就キマシテハ一ノ質問ヲ政府ニ提出シテアリマス、此問題ハ諸君ノ知ラル丶通、政府ガ昨暮、卽チ二十九年ノ十二月二十一日ノ日ニ第十議會ノ招集ノ前日ニ於テ緊急勅令ヲ發シテ、サウシテ此二十九年五月十一日ニ發布ニナリマシタ緊急勅令ヲ廢シタコトデアリマス、其五月十一日ニ發布ニナリマシタ所ノ緊急勅令ト云フモノハ、諸君ノ御承知通、朝鮮ニ渡航スル臣民ガ、管轄地方廳ノ許可ガナケレバ朝鮮ニ渡航スルコトハ出來ナイト云フ此法律ヲ――此勅令ヲ廢スルニアッタデゴザリマス、デ私ハ此質問ヲ政府ニ出シタ所以ノモノハ、二十九年ノ五月十一日ニ發布シタ所ノ緊急勅令ガ、果シテ其當時朝鮮ニ渡航スル者ヲ斯ノ如ク制限ヲシナケレバナラナカッタカ、ドウカト云フ問題デハナイ、其枝葉ノ問題デハゴザイマセヌノデ、重ニ憲法ノ上ニ關シテ、斯ウ云フ事柄ガ、果シテ適當ニ憲法ニ示スガ如キ精神ニ適合シタコトデアルヤ否ヤト云フコトガ、私ノ質問ノ趣意デゴザリマスル(「同感」ト呼フ者アリ)我々ノ考ニ依ルト、緊急勅令ナルモノハ憲法ノ第八條ニ定メテゴザリマスル通、次ノ帝國議會ニ於テ提出ヲ致シテ、而シテ、承諾ヲ求メナケレバナラヌト云フ事柄ノモノデ、卽チ是ガ相當ノ順序デゴザリマスルガ、政府ガ昨暮ニ至ッテ議會ノ召集ノ其前日ニ、緊急勅令ヲ以テ是ヲ廢シタト云フコトハ、今ノ此緊急勅令ヲ議會ニ向ッテ承諾ヲ求ムルト云フコトニ就イテ、果シテ憲法ノ正條ヲ履ンダモノデアラウカ、我々ハ憲法蹂躪問題トシテ世ノ中ニモ議論セラル丶如ク、此憲法ノ適當ノ途ヲ履ンダモノデハナイヤウニ考ヘル譯デゴザリマス、又凡ソ緊急勅令ヲ以テ新ニ是ヲ發令シマスルナリ、或ハ既ニ發令シテアルモノヲ廢スルナリ、卽チ是ヲ行フノ場合ニ於キマシテハ、議會閉會ノ場合デアッテ、據ナイカラ事後承認ヲ求メルト云フ一ノ保障ヲ附ケテ、サウ云フ保障ヲ附ケテ私共ハ安心ヲシテ此事ヲナサシムル所以デゴザイマスルガ、昨年暮ニ至ッテ俄ニ是ヲ廢スルニ至ッタノハ、議會閉會ノ場合デアルニハ相違ナイケレドモ、最早明日此議會ガ開ケルト云フ其前日ニ至ッテ之ヲ廢シタト云フノハ如何ナルモノデアッタデアラウカ、又今日ノ松方內閣ガ始ヨリ斯ノ如キ、此朝鮮ニ渡航スル人民ヲ制限スル必要ガナイト云フ考デゴザリマスレバ、新內閣ノ成立ツ其當時ニ於テ之ヲ廢スルコトガ出來ヌデアッタカモ知レヌ、併ナガラ松方內閣モ尙ホ此勅令ヲ以テ今日マデ、卽チ二十九年ノ十二月マデ施行シ來ッテ居ル、殊ニ大隈君ハ其ノ場所ニ於テ話サレタ所ヲ聞キマシテモ、朝鮮ニ在ル日本人ガ誠ニ亂暴ヲシテナラヌ、或ハ非常ニ日本ガ朝鮮ニ對スル上ニ對シテ、ア丶云フ事ガアルト云フコトハ不都合デアルト云フヤウナ議論ヲサレテ、現ニ朝鮮ニ在ル者ガ此タメニ激昂シタト云フコトヲ聞イテ居ル、然ルニ第十議會ノ將ニ開ケントスル前日、突然廢シタト云フナラバ、此廢止ノ必要ガアルトスレバ、其事ハ憲法ノ第八條ニ據リテ廢止ノ必要ガ起ッテ來ナケレバナラナイト思フ、諸君、憲法ノ八條ヲ我々ガ考ヘテ見ルノニ、公共ノ安全ヲ保持スルガタメニ、或ハ災厄ヲ避クルガタメニ、一日片時モ此事ガナケレバナラナイト云フ非常ニ急迫ナ場合ガアッテ卽チ此勅令ヲ發スルノデゴザリマセウケレドモ、此事ハ――此事ハ消極的ニ必要ノアル場合デアッテ或ハ人民ノ自由ヲ與ヘルノデアル、或ハ人民ニ便利ヲ與ヘルノデアル、斯ウ云フ事柄ハ決シテ憲法ノ八條ニ依ッテ行フベキ所ノモノトハ違フノデアリマス、若シモ二十九年ノ十二月二十一日ニ至ッテ之ヲ廢スル必要ガアルトスレバ、前ニ發布シタ緊急勅令ガソコニ存在シテ居ルト云フト、サウスルト其朝鮮ニ渡航スル人民、或ハ其他ノモノニ就イテ災厄ヲ避ケ得ルコトガ出來ナイ、或ハ公共ノ安全ヲ保持スルト云フ事柄カ何カナケレバナラヌ、吾々ガ其當時ニ於テサウ云フ事ガアッタカ否ヤト云フト、決シテ私共ハ左樣ナ事ハナカッタヤウニ思ッテ居ルノニ、ソレダノニ斯ウ云フ勅令ヲ發シテ之ヲ廢シタノハ如何ナル所以デアラウカ、或人ハ言フ、ソレハ宜イデナイカ、ソレハ存在ヲシテ置イテ便利ヲ缺キ、或ハ自由ヲ妨ゲルモノデアルカラ廢スルト云フコトハ差支ナイト云フ議論ヲシタモノガアルヤウデアリマスガ、諸君、ソレハ憲法ヲ蹂躪シ、憲法ノ規定ニ背イテナシタコトガ手柄ガアッテ――國家ノ上ニ功ガアッタトシタ所ガ、憲法ニ背イテヤルコトハ我々ハ決シテ許スベキモノデハナイト思フ、大將ノ命令ニ背イテ一騎打ヲ爲シテ、ソレガ功名ヲ爲シタカラト云フテ、ソレハ決シテ功名ニナラナイ、其兵ハ軍規ヲ犯シタモノトシテ罪セラレナケレバナラヌ話デアル、私共ハ既ニ憲法ヲ蹂躪シ或ハ憲法ニ違反シタ――正條ヲ履マナイ事ヲ以テ、無用ノモノヲ廢スルト云フコトハ行レルモノデアリマシタラ、又憲法ニ背キ之ヲ蹂躪シタコトヲ以テ、如何ナルコトヲモ政府ガ爲シ得ルト云フコトニ爲リハスマイカト云フ疑義デゴザリマス、若モサウ云フコトヲ勝手ニスルコトヲ許シマシタナラバ、議會ノ抗議ヲ憚レ、或ハ議會カラ反對サレルコトヲ恐レル政府ガアルトシテ、其政府ガ議會ノ閉會ニナッタ直チニ一種ノ緊急勅令ヲ發シ、又議會ノ閉會ニナラントスル前ニ之ヲ廢スルコトガアッテ、其間ニ勝手次第ナ恣ナル緊急勅令ヲ以テ事ヲ爲スナラバ、我憲法政治ハドウ云フモノデゴザリマセウカ、私共ハ一切議會ニ於テ緊急勅令ノ不承認權、或ハ緊急勅令ノ承認權、斯ウ云フモノヲ議會ガ決定致シマスル權利ヲ政府ガ蹂躪シタモノデアラウカト云フ考デゴザリマス、卽チ之ニ就イテ不問ニ付シマシタナレバ、將來ニ惡例ヲ殘スデアラウト云フ考カラ、此質問ヲ呈シタ譯デアリマス

明治三十年一月十九日　質問ノ理由ニ關スル鈴木充美君ノ演說

(鈴木充美君演壇ニ登ル)

○鈴木充美君(六十九番)　本日ハ日露協商條約ニ關スル質問ヲ呈シテ置キマシテ、此質問ニ關スル要領ヲ申上グル積デアリマス、昨年五月ニ露國皇帝戴冠式ノ際ニ於キマシテ、我日本政府ハ特ニ山縣特命大使ヲ露國ニ派遣セラレマシタ、其當時ニ伏見宮親王殿下ガ大使トシテ渡航セラレタコトデアルニ拘

ヲズ、同時ニ山縣大將モ亦大使トシテ露國ニ渡ラレタコトデアリマスル、大使ガ一時ニ一國ニ渡ラレルト云フ事ニ就キマシテハ、稍々例ノ拗イ、所謂變例デアラウト思ヒマシテ、之ニ就イテハ本員等ハ必ズ何カ特別ノ事情ノアルコトデアラウト當時推量ヲ致シテ居ッタノデアリマス、此特別ノ事情ガアラウト云フコトヲ疑ヒマシタノハ、啻ニ我々ノミナラズ、諸外國ノ人々モ亦何故ニ二人ノ大使派遣セラレタカト云フ事ニ就イテハ、大ニ疑ヲ懷イテ居ッタ次第デアリマスル、然ルニ其當時ノ新聞ヲ見マスルト、山縣大使ガ露國政府ニ渡ラレタハ、露國政府ト朝鮮國ノ將來ノ事項ニ關シテ、日露協商條約ト云フモノヲ取結バレタト云フコトヲ各新聞ニ報告ヲ致シテアリマスル、此新聞紙ノ報告ハ、啻ニ我日本ノ內地ノ新聞紙バカリデハナイ、外國ノ諸新聞紙ニモ亦此記事ガ屢々載ッテ居ルコトヲ見受ケマシテゴザリマスル、然ルニ我日本政府ハ、未ダ此新聞ノ記事ニ就イテ一回モ取消ヲ命ジタコトハゴザリマセヌ、斯ノ如キ日露協商條約ナルモノヲ取結ンダト云フ記事ガ新聞紙ニ載ッテ居ル、而シテ其記事ヲ取消シタコトガナイト致シテ見マスレバ、日本ト露西亞トノ間ニハ協商條約ガ成立シタト云フコトハ、殆ド疑ナキモノデアルト申サレヤウト信ジマス、若シ果シテ斯ノ如キ條約ガ成立致シテ居ッタナラバ、此條約ヲ守ラナケレバナラヌト云フ義務ハ啻露國政府ノミデハアリマスマイ、若シ果シテ斯ノ如キ條約ガアルナレバ、我國ノ臣民、露西亞ノ臣民モ亦此條約ヲ守ラナケレバナラヌト云フ所ノ義務ガアラウト信ジマス、故ニ斯クノ如キ條約ガアルナラバ、之ヲ融密ニ付シテ我帝國ノ臣民ヲシテ知ラレメナイト云フノハ甚ダ當ヲ得ナイコトデアルト信ジマス、且ッ先キニモ述ベマシタ如ク、日露協商條約ト云フモノガ成ッタデアラウト云フコトガ、我國內ノミナラズ、諸外國ノ新聞紙ニモ皆條約ガ出來タト云フコトヲ記載シテ居ル、既ニ諸外國ニ於テモ此條約ガ成立ッテ居ルト云フコトヲ知リ、而シテ其條約ハ融密ニ付セラレタト云フコトデアッタナラバ露西亞以外ノ外國ニ於テハ、日本ト露西亞トノ間ニドンナ條約ガ出來タラウカ、ドンナ融密ナ約束ガ成立ッテ居ルカト云フコトニ就イテハ、大ニ疑ヲ起スノハ當然デアリマセウ、其疑ノ結果タルヤ、動モスルト中立政府ノ卽チ無關係ナル所ノ政府ノ惡感情ヲ惹起スト云フコトノ結果ヲ生ズル虞レガアラウト思ヒマス、マサカ本員ノ信ジマスル所ニ依レバ、此條約ガ出來テ居ル――協商條約ガ出來テ居ルト致シテモ、其條約ニハ朝鮮國ヲ分ケ取リヲスルトカ、朝鮮政府ヲ顚覆スルトカ云フヤウナ亂暴ナ事ハ條約ニ規定ノナイコトハ分リキッテ居リマス、其樣ナ亂暴ナ事ヲ日本政府ガ條約シテ居ル譯ハアリマスマイ、然ラバ何ニ依ッテ之ヲ融密ニシナケレバナラヌカ、殆ド其樣ナ朝鮮ニ對スル非常ナ事ガナケレバ、之ヲ融密ニスル所ノ必要ハナイ、然ルニモ拘ラズ之ヲ融密ニ付シテ置イタナラバ、遂ニハ我國人ハ勿論、外國ノ人ニマデ日本ト露西亞トガ與シテ、朝鮮ヲ結局橫領シヤウト云フヤウナ條約ガ取結ンデハアリハシナイカト云フコトノ感ジヲ惹起サセル恐ガアルノデアリマス、斯ノ如キ若シ亂暴ナル條約ニ

アラザル以上ハ、之ヲ人民ニ公ニ示シテナラヌト云フコトノ理由ヲ見出スコトハ出來マセヌ、因テ本員ハ第一ノ質問ト致シテ、此條約ハ果シテ現存シテ居ルヤ否ヤト云フ事ヲ第一ニ問ハントスルノ趣意デアリマス、第二ハ近頃露國政府ガ陸軍ノ士官ヲ朝鮮ノ京城ニ派遣ヲ致シテ、朝鮮ノ軍隊ヲ訓練シテ居ルト云フコトハ、是ハ何人デモ知ッテ居ル事デアリマスル、決シテ融密ナ事デモナケレバ、何人タリト雖モ知ラヌ人ハアリマスマイ、斯ノ如ク露國政府ノ所爲ト云フモノハ、實ニ我國ニ取ッテハ唯ナラヌ事柄デアルト信ジマスル、然シテ若シ實ニ協商條約ト云フモノガ存在シテ居ッタナラバ、朝鮮ノ軍隊ヲ訓練スルハ何國ノ人ガ往ッテ訓練スルト云フ事柄ガ、此協商條約中ニハ規定ハ致シテナイノデアリマセウカ、本員ノ考ヘル所ニ依リマスルト、斯ノ如キ事柄、卽チ朝鮮軍隊ヲ訓練スルト云フヤウナ事柄ニ就イテハ、若シ協商條約ナルモノガアルナラバ、其中ニハ勿論一箇條トシテ規定シテアラウト思フノデアリマス、何トナレバ若シ露西亞ト朝鮮ノ事ニ關シテ條約ガ有ルト致シマシタナラバ、幾ニモ申ス如ク、朝鮮ヲ分ケ取リシヤウトカ、政府ヲ覆ストカ云フヤウナ事ガ記載シテアル筈ガナイ、然ラバドノヤウナ事柄ガ規定シテアルカト云ヘバ、軍隊ヲ訓練スルト云フヤウナ事柄ハ最モ重大ナル事柄デアリマスル、斯ノ如キ重大ナル事柄ニ就イテ、若シ條約ニ規定シナカッタナラバ、殆ド條約ハ無意味ノモノニ歸スルカラシテ、斯ノ如キ事ハ必ズ規定シテアラウト信ジマスル、本員モ暫ク朝鮮ニ往ッテ其事情ヲ知ッテ居ル積デアリマス、因テ考フルニ、今日ノ朝鮮ノ情態ニ於テハ、其軍隊ヲ何レノ國カラ往ッテ訓練スルト云フコトハ、最モ今日ノ朝鮮ニ於テハ關係ノ重大ナル事デアリマス、後來非常ナル影響ヲ惹起スコトハ當然デアル、故ニ此軍隊ヲ何レノ國カラ往ッテ訓練スルカノ如キハ、決シテ些細ノ事デハナイ、最モ重大ナル事デアルカラシテ、恐ラク協商條約ナルモノガアルナラバ、其條約中ニハ、必ズ之ニ關スル規定ガ存在シテ居ルコトデアラウト信ジマスル、果シテ斯ノ如キ事ニ關シテ、條約ノ規定ガシテアルヤ否ヤト云フコトヲ、第二ノ問トシテ問フ次第デアリマス、第三ニハ、朝鮮政府ガ今日京城ニ滯在シテ居ル露國公使ノ紹介ニ依リマシテ、露淸銀行カラ金三百万圓ヲ借入レタト云フコトハ、是レ亦何人モ知ッテ居ル明瞭ナ事實デアリマスル、然シテ斯ノ如キ金錢ノ借入等ニ關シテモ、亦協商條約中ニ何タル規定ガ致シテナイデアリマセウカ、本員ハ斯ノ如キ事柄モ亦協商條約ナルモノヽ中ニハ、必ズ規定シテアルモノト信ズルノデアル、若シ協商條約ナルモノガアルナラバ、必ズ其中ニハ此事柄モ含ンデ居ラウト信ジマス、何故ナレバ、前ニモ述ベマシタ如ク、假ニ協商條約ヲ取結バウト云フナラバ、如何ナル事ヲ條約ニ入ルベキ今日ノ情態デアルカト云フコトヲ考ヘレバ、略々分ル、朝鮮ノ如キ國ニ金ヲ借入レセシメルト云フコトハ、朝鮮ノ後日ノ成立チニ非常ナル關係ヲ持チマスカラシテ、朝鮮ノ後來ノコトヲ慮ル者ハ、必ズ是ハドノヤウナ手續ニ依ッテ金ノ借入ヲ爲サシメルカト云フコトヲ規定シナケレバナラヌト云フノハ勿論デ、若シ本員ガ要路ニアッテ此條約ニ關係スルナラバ、必ズ此金ノ借入等ノ事ハ、條

約中ニ記載シタニ相違ナイト自ラ信ズルノデアリマス、故ニ斯ノ如キ金員ノ借入等ニ就イテモ、必ズ協商條約ナルモノガアレナラバ、其條約ノ一箇條トシテ必ズ掲ゲテアルニ違ヒナカラウト思ハレマスガ、果シテ條約中ニ其箇條ハナイカ否カト云フ事ヲ聞クノデアリマス、次ニハ又若シ協商條約中ニ是等ノ規定ガアッタナラバ、金ヲ借入レル事トカ、或ハ兵士ノ訓練ヲ爲ストカ云フ事ニ就イテ、條約中ニ規定スルコトガアッタナラバ、如何ナル規定デアルカヲ問ヒ、且ツ又一方ニハ此度露國政府ガ、陸軍ノ士官ヲ京城ニ派遣シテ兵士ヲ訓練シ、露清銀行カラシテ三百万圓ヲ借入レルコトニ朝鮮ノ公使ガ盡力ヲ致シタ、是等ノ事柄ニ就イテハ我政府ヘハ如何ナル應接ガ有ッタノデアリマセウカ、我政府ニ對シテ何カ照會デモ致シテ來タノデアリマセウカ、又其照會ニ對シテ如何ナル答ヲ爲シタノデアリマセウカ、若シ照會ヲ致シテ來タモノナラバ、政府ガ之ヲ承諾シタノデアリマセウカ、是ハ最モ必要ナル事デアラウト信ズル、假ニ協商條約ト云フモノガアルト致シタ所ガ、協商條約中ニハ唯今申シタヤウナ事實ニ就イテ、何等規定スル事ガナイト致シテモ、我日本ノ政府ハ斯ノ如キ事柄ニハ、最モ深ク注意シナケレバナラヌ事柄デアリマス、先キニモ申ス如ク兵隊ノ訓練、國債ノ借入等ノ如キハ朝鮮ノ後來ノ興廢ニ大關係ヲ生ズベキ事柄デアリマスカラ、假ニ協商條約中ニ何タル規定ガナイト致シテモ、日本政府ハ之ニ對シテ外交政略トシテハ、成ルベク外國ニ斯樣ノ事ハセシメナイ、我國ガ自ラ其任ニ當ルト云フ途ヲ講ジナケレバナラヌ次第デアラウト思フ、況ヤ若シ假ニ日露協商條約ナルモノガアッテ、其條約ノ中ニ規定シタ事ガアルト致シタナラバ、其條約通行レテ、彼ノ兵ノ訓練等ノ事ヲ、今日朝鮮ガ致シテ居ルノデアルカ、若シ致シテ居ルナラバ、ドウ云フ照會ニ依ッテドウ云フ承諾ヲ與ヘタカト云フコトハ、今日最モ研究シナケレバナラヌ事デアラウト思ヒマス、本員ノ最モ疑ヒマスル所ハ、現任外務大臣大隈伯爵閣下ハ、常ニ外交上ノ強硬政略ト云フコトヲ主張セラレテ居ル御方デアリマス、然ルニ大隈伯閣下ガ現職ニ就カレテ以來、外交上ニ未ダドノヤウノ強硬政略ヲ執ラレタカ一向存ジマセヌガ、現ニ露國ガ朝鮮政府ニ對シテ兵士ヲ訓練スル、國債ノ借入ヲ爲スト云フ場合ニ際會シナガラ、未ダ之ヲ防止スル手段ヲ執ラレタト云フコトヲ一向聞カナイ、ソレノミナラズ今日ノ朝鮮ニハ正式ノ公使スラモ派遣シテハゴザイマセヌ、恰モ朝鮮ニハ何タル事柄モナイカノ如ク、マルデ打捨テヽアル所カラ見マスレバ、彼ノ兵士ノ訓練、國債ノ借入等ノ如キ、重大ノ事柄ニ就イテモ殆ド不問ニ付シテアルノデハナイカト存ジマスカラ、政府ガ如何ナル處置ヲ取ッタカト云フコトヲ問フ次第デアリマス、第五ニハ唯今ノ質問ニ對シテ、政府ハ恐ラクハ日露協商條約ガナイト云フコトヲ答ヘハスマイト存ジマス、併ナガラ若シ斯ノ如キ條約ガナイト致シタナラバ、又條約ガ之ヲ明示――之ヲ明示シナイト云フコトヲ致シタナラバ、帝國ノ政府竝ニ人民ハ、朝鮮ニ對シテドンナ事ヲ致シテモ宜シイカ、ドンナ事ト云ッテ、亂暴ナ事ヲ致スノデハナイガ、全ク外國ノ關係ヲ持タズシテ獨力行動スルノ自由ヲ有シテ居ルモノナルヤ、今日我國ノ有樣ハ日々朝鮮トノ關係ヲ深ク致ス――朝鮮トノ關係ヲ愈々深ク愈々厚クシテ、我國カラ成ルベク國力ノ發達ヲ――公法ノ許ス限國力ノ發達ヲ致サナケレバナラヌト云フコトハ當然デアリマス、然ルニ若シ協商條約ガアルナレバ、其範圍内ニ於テ行動シナケレバナラヌガ、今日ノ場合其條約ガ示サレテ居ナイ以上ト云フモノハ、全ク他國ニ憚カラズ朝鮮ニ對シテ行動ヲ致シテモ差支ナイヤ否ヤ、是等ノ諸點ニ就キマシテハ、外交上ノ最モ重大ナル問題デアラウト思ヒマスカラシテ、唯一片ノ書付ヲ以テ不滿足ナル答辯ヲセズ、外務大臣ハ自ラ本院ニ出頭シテ、明ニ口頭ヲ以テ辯論アランコトヲ要求致シマスガ、併シ又外交上ニ關スル事デアリマスカラ、其内ノ一部分ニ融密ノ事ガアリマスルナラバ、敢テ公然ト其辯明ヲシテ貰ハナイデ、場合ニ依ッテハ融密會ニ於テ其融密ナルノ部分ヲ説カレテモ差支ナイ、成ルベク明白ナル、滿足スルヤウナ答辯ヲ致サレンコトヲ希望スル次第デアリマス、日露協商條約ノ事ハ、唯今質問致シマシタヤウナ次第デアリマスガ、モウ一ツ質問致スハ彼ノ獨逸公使ニ關スル質問書デアリマス、昨年ノ暮、卽チ明治二十九年十二月三十日ニ成城學校ノ生徒前田政市、有門周治ガ番町ノ阪ヲ通リ掛ッタ際ニ本邦ニ駐在シテ居ル獨逸公使ガ、馬車ノ内カラ鞭ヲ以テ前田ヲ打タント致シテ、又有門ヲ毆打ヲ致シタト云フコトハ、殆ド明白ナル事實ノヤウデアリマス、此事實ガ若シ現存シテ居ル事デアリマスレバ、全ク我國ノ刑法ノ犯罪タルコトハ免レヌ次第デアル、併ナガラ公使ハ勿論我國法ニ依ッテ處分スルコトハ出來ナイ人デアルカラ、外交上ノ方法ニ依ッテ相當ノ處置ヲ取ラナケレバナラヌノハ當リ前デアリマス、ソレデ政府ハドウ云フ處置ヲナシタカト云フ問デアリマス、然ルニ近頃聞ク所ニ依レバ、或ハ公使ガ左樣ナ事ハナイトカ云フ一片ノ言葉ニ依ッテ、其儘打捨テヽアルト云フコトデアリマス、又此成城學校ノ生徒ガ此訴ヲ爲シタ場合ニ、何レノ場所ニ往ッテモ突戻サレテ訴ヘヤウガナイ、結局ドウカ斯ウカ警視廳ガ取上ゲタト云フコトデアリマス、此手續等ハ何レデアルカ知レマセヌガ、兎角ニ我國ノ國民ガ外國公使ニ毆打セラレタト云フ事實ニ就イテ、明ニ其事實ノ證明ヲ得ルマデハ、十分ニ詮索ヲシナケレバナラヌ、打ッタ人ガ外國公使デアルカラ、之ヲ緩慢ニ付シテ置クト云フコトハ怪シカラヌ、縱令外國公使デアラウトモ、事實取調ベタ上デハ、我國人ガ犯罰ガアッタカノ如ク精密ノ取調ヲ爲シテ、全ク事實無根ノ事デアッタナラバ宜イガ、然ルニ事ヲ曖昧ニシテ其事實ヲ突止メズ曖昧ニ斷定ヲシテ、其處分ヲ曖昧ニ付スルト云フコトニ至ッテハ、實ニ外交上ノ仕事トシテ其當ヲ得ナイノハ勿論デアラウト存ジマス、恐ラクハ私ノ信ズル所ニ依レバ、現外務大臣ハ此事ニ就イテ幾ラカ著手致サレテ居ラウガ、如何ナル處置ヲ爲サレタカ、我外交上ニ對シテ我體面ヲ傷ケヌダケノ明ナル處分ヲサレタモノデアルヤ否ヤト云フコトハ、我帝國ノ臣民ガ最モ承知セントスル所デアリマスカラ、此點ニ對シテモ明ニ説明ヲ與ヘラレンコトヲ政府ニ要求致シマス

明治三十年一月二十七日　議長ノ報告

外交方針ニ付質問

朝鮮內地ノ鐵道布設ハ兩國ノ條約ニ明文アリ日本政府ハ架設ヲ許可セラルヘキ權利ヲ我ニ有スルモノナリ然ルニ朝鮮政府ハ之ヲ外國人ニ許可シタルノミナラス屢〻京釜鐵道ノ架設ヲ拒ミタリ是レ豈ニ當局者ノ寛假シテ其儘ニ付スヘキコトナランヤ外務大臣伯爵大隈重信君ハ此事ニ付豫算委員會ニテ本年一月二十二日說明シテ曰ク「今何ト日本政府ガ政策ヲ執ラウトモ一國デ獨立デ爲スベキコトデナイ兩國ノ問ノコトデアル況ンヤ三國モアルカ知レヌデアリマス短氣ナ仕事ハ出來ヌ若シ寛假ナカッセバ數千万ノ日本人ニ大關係ヲ有シテ來マス」ト然ラハ同大臣ハ條約ヲ破ラル丶モ履行ヲ拒マル丶モ朝鮮ヲ憚リ自餘ノ國ヲ慮リ之ヲ寛假セントスルモノ丶如シ是レ本員等ノ惑フ所ニシテ本員等ハ同大臣カ其所謂三國トハ何等ノ國ヲ指スモノナルカ且ツ只向日本人ニ大關係ヲ有シ來ルヲ恐ル丶其大關係ナルモノハ果シテ何等ノ事ヲ指スモノナルカ

右質問候也

明治三十年一月二十六日

提出者　非上角五郎

贊成者　目黑貞治

外三十一名

○議長（鳩山和夫君）　是ヨリ會議ヲ開キマス――非上角五郎君

○非上角五郎君（二百八十番）　本員ハ質問書ヲ提出致シテ置キマシテゴザイマスガ、豫テ大隈外務大臣ハ豫算委員會ニ於テ、何レ近日ノ中本院ニ出席シテ外交ノ方針ニ就キ御話スルコトモアルト云フ御約束ガアッタノデゴザイマス、ソレデゴザリマスノニ加ヘテ本員ガ此度ノ質問書ヲ提出シテ置キマシタガ、是マデノ大臣ト事變リ多分御出席アッテ御答辯アルコト丶心得マスカラ、本員ハ當日趣意ヲ演說致シタイト心得マスガ暫ク時機ヲ俟ッテ、或ハ御出席ノ時、大隈外務大臣ノ面前ニ於テ、若クハ時機ヲ見計ッテ他日質問ノ演說ヲ致シタイト心得マスカラ、ソレダケヲ議長ニ於テ御含ミアランコトヲ希望致シマス

○鈴木充美君(六十九番)　本日提出致シマシタ臺灣居住清國人ニ關スル質問ノ要領ヲ申述ベマス、馬關條約ノ第五條ヲ見マスルト、臺灣ニ住スル所ノ清國人ハ此條約ノ締結ニナリマシタ日カラ二箇年以內ニ其所有ノ不動產ヲ賣却シテ退去スルコトガ出來ル、此年限ニ滿チタル時ニハ、卽チ二箇年ヲ經過スルモ尙ホ此地方ヲ去ラナイ所ノ住民ハ、帝國政府ノ――我日本政府ノ都合ニ依ッテ、其支那人ヲ帝國ノ臣民ト看做スコトガ出來ルト云フコトガ、馬關條約ノ趣旨デアリマスル、而シテ馬關條約ノ締結ニナリマシタ日カラ滿二箇年ヲ計算致シマスルト、本年五月八日ガ卽チ滿二箇年ノ期日ニ達スルノデアリマスル、然ルニ實際ノ有樣ヲ見マスルノニ、今臺灣ニ居住シテ居ル所ノ清國人デ、マダ臺灣カラ去ッテ本國ニ至ラザル所ノ者ハ、數百萬人ノ多キニ至ッテ居リマスル、是等ノ人ニ對シテハ政府ハドウ云フ處分ヲ執ル積デアルカト云フ大體ノ要領デアリマスル、デ彼等ガ、若シ此臺灣ニ住スル所ノ清國人ガ日本臣民タル資格ヲ持タズ、單ニ清國人タル資格ヲ以テ、今日マデノ如ク其土地ニ關スル所ノ不動產ヲ所有シテ居ッタコトデアリマスレバ、實ニ我邦ノ法律ニ違背スルモノデアリマスル、到底斯ノ如キコトノ許サヌコトハ申マデモナイコトデアリマスル、然ラバ其臺灣ニ住スル所ノ支那人ハ、總テ不動產ノ所有權ヲ取上ゲテ仕舞フテ領地外ニ放逐シテ仕舞フカ、或ハ居留地內ニ押籠メテ仕舞フコトニ致シマセウカ、斯ノ如キコトハ事實ニ於テ爲スベカラザルコトデアル、又爲スコトハ大イナル不得策デアルト云フコトハ申マデモナイコトデアリマスル、此際ニ臨ンデ此支那人ヲ處分スル所ノ途ト云フモノハ、之ヲ帝國臣民ト看做スノ外ニハ之ヲ處分スル所ノ途ガナカラウト思ヒマスル、然ルニ若シ此支那人ヲ帝國臣民ト看做シテ、普通吾々ト同一ノ資格ト致シタナラバ如何ナル結果ガ生ジマセウカ、實ニ容易ナラヌ驚クベキコトガ生ジテ來ヤウト思フテデアリマスル、若シ彼等ヲ單ニ日本帝國ノ臣民トスル、卽チ條約ニ依ッテ臣民ト看做スコトヲ得ルト云フ箇條ニ基イテ、普通帝國ノ臣民ト看做シタナラバ、此支那人等ガ我日本ノ內地ニ來ッテ、帝國ノ臣民デアルト云フコトヲ以テ內地ニ居住スルコトガ出來マセウ、彼ノ嫌フベキ所ノ支那人等ガ我內地ニ這入リ込デ帝國臣民デアルト云フテ我日本ノ國民ト勞力ノ競爭ヲ爲スコトモ起リマセウシ、又不動產ヲ持ツコトモ起リマセウシ、甚シキニ至ッテハ選擧權ヲ持ツト云フ樣ナコトモ、仕舞ニハ出來ルコトニナッテ來マセウ、公私各般ノ權限ハ、悉ク皆彼等支那人ニ與ヘナケレバナラヌト云フコトノ結果ノ生ズルハ當然ノコトデアリマスル、又彼等ガ普通ノ帝國臣民トシテ取扱フコトデアッタナラバ、若シ外國ニ航海シタ時ニハ、ドウナリマセウカ、外國ニ往ッテ、オレハ日本人デアルト云フちゃん〳〵ガ、若シ外國ニ出掛ケタナラバ容易ナラヌ困難ヲ生ジ樣ト思ヒマス、假ニ米國ニ往ッテ上陸シヤウトシタナラバ、決シテ亞米利加ノ政府ハ日本人デアルカラトシテ臺灣ノ支那人ヲ上陸ヲ許ス氣遣ハアリマスマイ、此際ニ臨ンデ、彼等ハ日本帝國臣民デアルカラ、日本領事ノ保護ヲ得ナケレバナラヌト云フコトヲ主張シタ時ニ、普通ノ日本帝國臣民デアルト彼等ヲ看做シタナラバ、彼等ニ十分ナル保護ヲ與ヘナケレバナラヌノハ當然ノコトデアル、然ルニ事實ニ於テ彼等ガ上陸ヲ拒マレタ時分ニ、如何ニ領事ガ之ヲ保護ヲシテ上陸ヲ許サレントシタ所デ、亞米利加政府ガ上陸ヲ許ス氣遣ハナイト云フコトハ分リ切ッタ話デアリマス、又彼ノ支那人ノ都合ニ依ッテハ、僅カ一葦海水ヲ隔テ、自分ノ本國ニ渡航スルコトガ屢々アリマセウ、己レノ本國ニ往ッタ時ニハ、若シ支那人トシテ都合ノ宜イ時ハ、私ハ支那人デアルト言ッテ支那政府ノ保護ヲ受ケルデアリマセウ、又支那政府カラ虐待サレタト云フ樣ナ場合ガアッタナラバ、私ハ日本臣民デアルカラ、日本帝國ノ保護ヲ受ケナケレバナラヌト云フコトヲ主張ヲ爲スト云フコトモ亦免ルベカラザル結果デアリマセウ、斯ノ如キ危險ナ有樣ニ立至ルト云フコトハ略々見エテ居ルノデゴザリマス、然ルニ近項聞ク所ニ依リマスルト、臺灣デハ民政部長デアルカ誰カ知リマセンガ……民政局長デアルカ何カ知ランガ演說ヲシタコトガアル、其演說ノ要旨ニハ、彼等ヲ處分スルノニハ、日本臣民ト看做スノ外ハ致方ハナイト云フコトヲ言ッタト云フコトヲ聞イテ居リマス、成程支那人ヲ帝國臣民ト看做スノ外ハ致方ハアリマスマイガ、ソレダケノコトデアッテ、何タル制限ヲモ加ヘズシテ、純然タル帝國臣民ト看做スコトニナッテハ、唯今申シマス如キ容易ナラン結果ヲ生ズルノデアリマス、最早其期限ハ本年ノ五月八日殆ド三箇月程ノ時間ニナッテ居ルノニ、未ダ政府ニ於テハ此支那人ヲ如何ニ取扱フカ、彼等ヲ帝國臣民トシタナラバ如何ナル制限ヲ置クカ、ドウ云フ條件ヲ加ヘルカト云フコトモ何ニモ世ノ中ニハ示シテ居ラヌノミナラズ、聞ク所ニ據レバ未ダ臺灣ノ民政局ニ於テモ總督府ニ於テモ、未ダ立派ナ方針ガ定ッテ居ラヌ樣ニ聞込ンデ居ルノデアリマス、若シ之ヲ其儘ニ捨置イタナラバ容易ナラヌ結果ガ起ル、法律ヲ以テ彼等ノ進退ヲ決スル所ノ、彼等ノ處分ヲ附ケル所ノ方法ヲ定メナケレバナラヌノニ、今日マデマダ政府ハ如何ナル方法ヲモ示シテ居リマセヌカラ、政府ハ實ニドウ云フ處置ヲ以テ彼等ヲ取扱フ意思デアルカト云フコトガ、最モ必要ナル所ノ問題デアラウト考ヘマス、又彼等ヲ日本帝國ノ臣民トシテ許スカ許サヌカハ、我政府ノ勿論權內ニ屬スルコトデアリマス、ヲ許スカ許サヌカハ我帝國政府ノ權能ニ關スルコトデアレバ、如何ナル種類ノ人ハ帝國臣民トシテ之ヲ許スカ、如何ナル人民ハ臣民タルコトヲ許サヌカト云フコトノ一定ノ標準ガナケレバナラヌ、然ルニ今日迄未ダ如何ナル標準ニ依ッテ、ドウ云フ種類ノ人間ヲ帝國臣民トシテ許スヤ否ヤト云フ立派ナ明案ガ立ッテ居ルト云フコトヲ聞キマセン、實ニ今日ノ急場ニ迫ッテ居リナガラ、マダ是等ノコトスラモガ、世ノ中ニ判然示サヌノハ甚ダ不適當デアルト考ヘマスカラ、政府ハ如何ニ處置スルカヲ尋ネタノガ、本質問ヲ提出シタ理由デアリマス、今一箇條他ノ質問ヲ提シ置キマシタノハ、過日本員ガ外交ニ關スル所ノ質問ヲ提出致シテ置キマシタ、其答辯ノコトニ關シテノ質問デアリマス、議院法ノ四十九條ニ依リマスルト「質問趣意書ハ議長之ヲ政府ニ轉送シ國務大臣ハ直チニ答辯ヲナシ又ハ答辯スベキ期日ヲ定メ若シ答辯ヲ與ヘザル時ハ其理由ヲ明示スベシ」ト云フノハ勿論言フマデモナイコトデアリマス、是ニ依リマスト、若シ議員カラ質問ヲ提出シタ場合ニハ、國務大臣ハ直チニ答辯シナケレバナラント云フノガ當リ前デアリマス、若シ直チニ答辯シナカッタ時ニハ卽チ議院法ニ謂フ所ノ答辯スベキ期日ヲ定メナケレバナランノデアル、然ルニ是マデ質問ヲ提出シタ時ニ、何時モ答辯ト云フモノハ大概一通ノ書面ヲ送ラレタギリデ、期日ヲ定メラレタト云フコトハ今マデ曾テ見ナイノデハアリマスル、ケレドモ此議院法ノ四十九條ノ趣意タル、能ク之ヲ玩味スレバ、若シ直チニ答辯ヲセザル場合ニハ、必ズ期日ノ指定ヲシナケレバナラヌ、而シテ其期日ニ於テ答辯ヲシナケレバナラヌト云フコトガ法律ノ精神デアリマスル、又明文ガ然カ示シテアルノデゴザリマス、然ルニ過日本員ガ提出致シタ所ノ二箇ノ質問ニ對シテハ、今日マデマダ政府カラ答辯ヲ得マセン、加之政府ガ又答辯期日ヲ指定モ致シテ居リマセン、是ハ必ズ答辯期日ヲ法律ノ明文ニ依ッテ指定シナケレバナランモノト信ジマルニ依ッテ、其期日何日ト指定セラルヽカト云フコトヲ一點質問ヲ致スノデアリマス、ソレカラ第二點ハ近頃新聞紙ノ報ズル所ニ依リマスルト、本員ガ曾テ提出致シテ置イタ所ノ、日露協商條約ニ關スル質問ニ對シテ、外務大臣ガ祕密會ヲ開イテ其席デ答辯ヲセラルヽト云フコトヲ各種ノ新聞ニ皆記載致シテアリマス、此點ニ就イテ一ノ疑ヲ茲ニ存スルノデゴザリマス、抑々外交ノ事柄ニ關シテハ、祕密ノ事柄ガ澤山アルト云フコトハ、本員モ固ヨリ夙ニ之ヲ確信スル所デアリマス、外交各般ノコトハ明放シニシテ置イテ宜イト云フコトハ決シテナカラウト云フコトハ、本員モ勿論承知致シテ居ルノデアリマスガ、現外務大臣大隈伯爵閣下ハ諸所デ演説ヲセラレタノヲ聞クト、外交ニ機密ナシトカ、或ハ外交ニ策略ナシ、政略ナシト云フコトヲ度々明言セラレテ居ル樣デアリマス、若シ機密モナケレバ、策略モナクシテ通ルモノナラバ、誠ニ結構ナ話デゴザリマスガ、私ハサウハ信ジマセヌ、併ナガラ現任外務大臣閣下ハ策略ナシ祕密ナシト云フコトヲ諸所ニ明言セラレテ居リマスル、斯ノ如キコトヲ明言セラレタ外務大臣ガ、本員ガ提出シタ所ノ此問題ニ對シテ祕密デ答辯ヲシナケレバナラント云フ、即チ新聞ノ云フガ如ク祕密デ答辯ヲセラレルト云フコトデアレバ、大イニ其言行相副ハンコトデアルト存ジマスル、彼ノ日露協商條約ノ質問デアリマスルガ、此事柄ノ如キハ決シテソレ程祕密ニ今日ハスベキコトデナイト信ジマスル、此條約ノ大要ト云フモノハ、世ノ中ノ人ガ略々皆知ッテ居リマスル、諸外國人スラモガ、皆之ヲ知ッテ居リマスル、此條約ノ存立シテ居ルト云フコトハ、殆ド疑ナイ事實ト言ッテモ宜イ位デアリマスル、本員モ亦此條約ガ存在シテ居ルト云フコトヲ認定致シタノハ、新聞ノ報道ニ依ッテ認定致シタ位デアリマスカラシテ世ノ中ノ人ハ此條約ガ存在シテ居ル、其條文ノ趣意ハ大體斯クミミノモノデアルト云フコトハ、世人ノ公ニ認知致シテ居ルノデアリマスル、サスレバ今日トナッテハ此事柄ハ元ト機密デアッタカハ知ラヌガ、今日トナッテハ最早機密ノ範圍ヲ脱出シテ居ルモノト言ハナケレバナリマセヌ、加之新聞紙ニ種々ノ記載ガアリマスルガ、去ヌル一月十三日ノ東京日日新聞ノ如キハ、最モ其事ヲ明白ニ記載シテ居リマスル、即チ「山侯松伯ヲ詰ル」ト云フ茲ニ題ヲ掲ゲテ、日露協商ノ事柄ト云フモノハ重ニ韓王韓宮ノ事デアル、韓兵ノ即チ朝鮮兵隊ヲ訓練スル事デアル、朝鮮ノ政府ガ外債ヲ起スト云フ樣ナ事柄デアル、是等ノ事柄ニ就イテ條約ヲシテアルニ拘ラズ、現内閣ハ此條約ヲ承認セラレテ居リナガラ、顧ズシテ棄テヽ置イテアルノハドウ云フ譯デアルカト云フコト、其當時條約ヲ結バレタト云フ所ノ山縣侯爵閣下ガ、松方伯爵ニ對シテ詰問ヲセラレタ、然ルニ松方伯爵ハ一言ノ答辯モシナカッタノデアルト、斯クマデニ日日新聞ニモ記載致シテアリマスル、尤モ此事ニ就イテハ其翌々二十六日ノ新聞デアリマシタカ、二十五日デアリマシタカ、山縣侯爵ト松方伯爵トノ連署ヲ以テ取消シガ出テ居リマスル、サスレバ是ハ事實ニナイコトカト思ヒマスルト、又一歩進デ其後ノ十六日ノ世界ノ日本ト云フ新聞ニハ、又此取消ガ虛言デアルト云フコトヲ主張シテ居リマスル、今之ヲ見マスルノニ、唯今日露協商條約ノ大體ノ趣意、竝ニ松方伯山縣侯爵ノ關係ヲ說イテ、其後ニ然ルニ不思議ニモ今日ノ日日ニハ、此詰問ノ事實ハ無根デアルトテ、山縣侯松方伯ノ連名ニテ取消シアルヲ見タリ、併ナガラ右ノコトタル決シテ無根ニアラズ、事實モ事實大事實ナリ、然ルニ何ガ故ニ連名ニテ事實ヲ打消シタルカト云フニ、是松伯ガ山侯ノ家ニ至ッテ泣訴哀願シタル結果ナリト云フコトヲ、此日世界ノ日本ニ記載シテ居ル、然ルニ此記事ハ取消シテナイ、先キノ記事ハ虛言デアルト云フコトヲ云ウタ所ガ、此取消ト云フモノガ又虛言デアルト云フコトヲ云ハレタノニ、是ハ取消シテナイ、サウシテ見ルト先キノ取消ノ方ガ寧ロ間違デアッテ、後ニアル所ノモノガ取消デナケネバ、松方伯爵ガ山縣侯爵ノタメニ詰責セラレタト云フノハ或ハ事實デアラウカト思ハレルノデアリマス併シ其詰責ノ事實デアルヤ否ヤハ固ヨリ構ヒマセンガ、而シテ此ノ如ク世ノ中ニハ協商條約ト云フモノヽ趣意ガ既ニ明白ニナッテ居ルモノデアルカラ、今日トナッテ祕密ノ範圍ヲ脱出シタト云フコトハ勿論申サレル筈デアルト考ヘマスル、又吾々ガ議會ガ質問ヲ提出スルト云フノハ、決シテ學校ノ書生ガ教師ニ向ッテ物ヲ尋ネルトハ違フノデアリマス、自分ガ知ランカラ教エテ下サレト云フ趣意ノ質問デハナイ、己レガ知ッテ居ル事柄デアッテモ、世ノ中ニ其答辯ヲ以テ事實ヲ明示シヤウ、世ノ中ノ人ヲシテ知ラシメントスルガタメニ起ス所ノ質問デアリマスル、其質問デアル以上ハ是ガ答辯ヲ爲スト云フコトハ、即チ議院法ノ第四十九條ニ依リ公然答辯ヲスルノガ當リ前デアリマスル、法律ノ精神モ亦茲ニアリト信ジマスル、若シ實ニ機密ノ事デアッテ答辯ガ出來ナイ事デアリマスナラバ、機密會ニハ及バナイ、頭カラ斷然機密ノ事柄デアルカラ答辯ハシナイト刎附ケルノガ、議院法四十九條ニ最モ該當スルコトデアラウト考ヘマスル、然ルニ日露協商條約ノ如キ、今日ハ世ノ中ニ明白ニナリ、機密ノ範圍ハ疾ウニ脱出シテ居ル所ノモノニ就イテモ、尙ホ政府ハ之ヲ祕密會デナケレバ答辯ヲセント云フヤウナコトデアリマセウカ、有名ナル大隈外務大臣閣下ガ、其樣ナ卑劣千萬ナ事ヲナサルトハ本員ハ考ヘマセヌ、恐ラクハ公然此席ニ出テ答辯ヲセラルヽコトデアラウト本員ハ深ク信ジマスルガ、併シ世ノ中ノ報ズル所、一般ノ人ノ言ヒ傳ヘル所ニ據リマスルト、祕密會デ答辯ヲセラルト云フコトデアルカラ、ソレハ餘程間違ッタコトデハナイカト思ヒマスルカラ、先ヅ祕密會ニ於テ答辯ヲセラルヽカ、或ハ公然答辯セラルヽカト云フコトヲ一ツ確メテ置キタイト思フテ、此質問ヲ提出致シタ次第デアリマス

○鈴木充美君(六十九番)　今日外務大臣ガ御出席ニナリマシテ、十分ニ御説明ニナッタコトハ深ク感謝スル所デアリマスル、而シテ唯今方針トシテ御述ニナリマシタ大體ノ事ハ、三箇條ノ様ニ拜承致シマシテゴザイマスルガ、其最後ニ御陳述ニナリマシタノハ、善良ナル外交ト云フモノハ、國際法ノ主義ニ密着シナケレバナラヌト云フ事ヲ御述ニナリマシタガ、尤モ其コトニハ御同意ト申ス如キコトデハナイ、勿論其通ノ事デアル、敢テ疑ヲ懷クコトデモ何デモゴザイマセヌガ、唯今現今ノ有様、卽チ我日本ト朝鮮トノ今日ノ一體ノ關係ヲ見マスルト、彼ハ常ニ國際法ノ主義ニ反シテ居ルコトヲ往々致シテ居ルヤウニ本員ハ認メマス、但シ其逐一ノ箇條ノコトニ就キマシテハ、本員玆ニ他ノ井上君デゴザイマシタカ、質問書ヲ提出シテ伺フテアリマスルカラ、ソレハ唯今御尋申スデアリマセヌ、既ニ朝鮮ノ國ト云フモノニ就イテハ、彼ヨリ朝鮮一國デナイ、朝鮮ノ事柄ニ關シテハ、他ノ國カラシテ往々國際主義ニ密着シナイ仕事ヲシテ居ルカノヤウニ本員ハ認メマスルガ、是等ノ處置ニ對シテハ、唯今御陳述ニナリマシタ其第三ノ方法ヲ如何ニ御適用ニナル御考デゴザイマセウカ、ドウカ御席上デ宜シウゴザイマスガ

○外務大臣(伯爵大隈重信君)　御免下サイ、御尤デゴザイマス、ソレハ唯今陳ベタ通ニ、日露協商ト云フ御質問ガアリマシタカラ、其時ニ朝鮮ニ關ル質問以外ノ他ノ問題モ其時答ヘヤウト思ウテ居リマス、隨分朝鮮ノ事ニ就イテハ、餘程疑惑ヲ起シテ居ラッシャル諸君モアルカモ知レマセヌカラ、其時詳ク陳ベル積デアリマス

○外務大臣(伯爵大隈重信君)　一言申シマス、大隈一己ノ方針デハナイ、國ノ方針デアル、又今ノ御話ハ能ク分ラナイガ、サウ云フヤウナコトニハ、今答辯ハ出來ナイ、併シ國ノ方針デアルト云フコトヲ一言致シマス、之ヲ御忘レナイヤウニ

○井上角五郎君(二百八十番)　本員ハ先刻來ノ大隈伯ノ方針ノ御説明ヲ聽キマシテ、何デモ先方ト協商ノ——先方ト往復ノ關係モアルカラ、時日ヲ延ベテ鈴木君ノ質問ニ答ヘ、併セテ其序デニ朝鮮ノコトモ御話ニナルト云フノデアルカラ、今日ノ所デ、豫算委員會ノ續ヲ伺ッテモ聽クコトハ出來マイト自ラ考ヘテ居リマスガ、唯願ハクハ豫算ノ今日ノ問題ニ就イテ、私共ハ何モ説明ヲ伺フ程ノモノモゴザイマセヌガ、往復中ト云フナラバ、強テ一週間ニソレガ濟ム、二週間ニ濟ムト云フコトデゴザイマスマイケレドモ、兎角是マデ質問ガ出ルト、議會ノ濟ム前ノ日トカ、一日前トカニ答辯シテ置イテ、何ヲワイ〳〵言ハウト思フテモ、若クハ熱心ニ議論ヲ言ハウト思ウテモ、其時日ヲ與ヘナイノガ習慣デゴザイマス、ドウカ大隈伯ハソレダケヲ御記憶ニナッテ、答辯ノ時機ガアッタナラバ直グニ、又其答辯ハ恰モ今日ノ如ク磊々落々、私共ハ問ヒタイダケ問ヒマスカラ、其間ハ此席ニ殘ッテ、矢張答辯ヲシタカラソレデ宜シイト言ハズニ、私共ト問答下サルコトヲ希望シテ置イテ、本日ハモウ何ニモ申上ゲマセヌ

○外務大臣(伯爵大隈重信君)　御尤デス、決シテサウ延引致シマセヌ、十日前後ニハ答辯致ス積デ、就中井上君ハ朝鮮ニ餘程關係ガアリマスカラ

○工藤行幹君（百九十七番）私ハ此陸軍省經常部第二款ノ中カラ、六十九万零ノ百零ノ六圓零ノ一錢六厘ト云フモノヲ減少スルト云フ修正說ヲ提出致シマスデゴザイマス、而シテ此金額ヲ別ケテ——一項、二項ニ別ケテ一々茲ニ議ヲ持ッテ居リマスデゴザイマスガ、之ヲ一々讀ンデハ餘リ五月蠅イデゴザイマセウカラシテ、其理由サヘ明ニナッタラバ自ラ諸君等モ御了知ニナラウト思ヒマスカラ、其數字ダケヲ略シマス、併シ之ヲ減ズルト云フノハ外デハゴザイマセヌ、此臺灣ニ守備兵ガ今日日本ノ內地ノ常備軍カラ往ッテ居ルモノガ三旅團、卽チ一師團半ノ兵ガ往ッテ居ルノデゴザイマス、此兵ヲ臺灣ノ守備兵ニ向ケルタメニ、後トニ日本ノ內地ノ兵ガソレダケ減ジテ居リマスカラ、此兵ヲ補充スルタメニ此費用ガイルノデゴザイマス、卽チ常備軍ノ中カラ向フヘ送ルニ就イテ、卽チ其後トノ補缺ヲ復タ茲デ別ニソレダケノモノヲ徵兵令ニ依ッテ取リマスカラ、ソレニ掛ル、之ガ其費用デゴザイマス、是ダケノモノヲ全ク私ハ削除致シタイト云フ積リデゴザイマス、而シテ此補充兵ナルモノハ、決シテ此昨年ノ陸軍ノ第一期ノ計畫中ニモナイノデアルノデゴザイマス、吾々ハ此昨年ノ陸軍ノ擴張ノ第一期、或ハ第二期、本年ニ渡ッテ居ル所ノ第二期ノ擴張ノコトニ就キマシテハ、之ハ聊カ今日ニナッテ、彼是申ス必要ハナイ、既ニ昨年ノ議會ニ於テ通過シタ以上ハ、此事ニ就イテハ敢テ不審ハナイケレドモ、尙ホ又之ニ加フルニ臺灣ニ往ッタ守備兵ノ補缺ヲ、一師團半ノ兵ヲ此處ニ備ヘテ置カナクチヤナラヌト云フコトハ、誠ニ私ハ穩當ヲ缺クモノデアルト認メマスルノデゴザイマス、而シテ此費用ト云フモノハ、一箇年ニ六十九万幾ラノ金デハゴザイマスカ、是ハ是マデ當局者ノ言フ所デアルト、十二師團ノ軍備擴張マデノ間ニヤルト云フコトデゴザイマスカラ、サウシテ見マスルト云フト、本年カラ六箇年掛リマスカラシテ、此六十九万餘ラト云フ金ハ、是カラ年々一箇年ニ是ダケノモノヲ費シテ往クノデゴザイマスカラ、隨分大キナ金ニナルノデゴザイマス、殊ニ諸君等モ御存ジノ通、此徵兵ニ依ッテ常備軍ニ組シテ居ルモノハ、獨リ其食料ナリ、或ハ衣服費ナリノ費用ノミナラズ、國ノ大體上カラ之ヲ論ズルトキニハ、國ノ警備上ニ必要ナルモノハ是ハ已ムヲ得ナイコトデゴザイマスケレドモ、唯計算上カラ云ヘバ、此壯年ノモノハ自ラ職業ノアルモノデゴザイマス、此職業ノアルモノヲ凡ソ一師團半ノ兵ト見タナラバ、吾々ハ素人デ能ク其員數ノ確ナルコトハ分リマセヌケレドモ、凡ソ一万人以上一万五千人以下位ノ人數ニハナルダラウト思フノデゴザリマスル、然ルトキニハ是ダケノ壯年ノ者ガ各々其業ヲ休ムノデゴザリマスル、是ハ國家ノタメニ隨分損害ノ多イモノデアル、此一万五千人以下ノ壯年ノ者ガ、假ニ之ヲ一日ニ十錢以上乃至十五錢ノ賃錢ヲ得ルモノト致シマスレバ、農ニアレ、工ニアレ、之ヲ取ルモノト致シマスレバ、是モ亦一箇年ニ殆ド五十万圓程ノ金ガ損ニナッテ來ルノデゴザリマス、是ハ敢テ國庫カラ出ルモノデハナイケレドモ、計算上ノ上カラ云ヘバ、斯ノ如クナルト云フコトハ明カナコトデアル、然ラバ此六十万圓以上ノ金ト、此徵兵ニ當ッタ者ノ其賃銀トヲ勘定シテ見ルト云フト、隨分一箇年ニ百万圓以上ノ金ガ掛ル、之ヲ六箇年間是カラヤルトスレバ、隨分大金ナモノデゴザリマシテ口デ言ヘバ、誠ニ容易シイモノダケレドモ、隨分卽今財政ノ裕ナラザル場合ニ於テハ、私ハ餘リ輕々ニ見ルモノデハナカラウト信ジテ居ルノデゴザイマス、元來此明治二十七八年ノ戰捷ノ餘威トシテ、我國ノ後來ノ軍備上ノタメニ隨分大キナ金ガ掛ッテ居ルノデゴザリマスル、私ガ凡ソ之ヲ計算シテ見ルト云フト、概略三億万程ノ、軍備擴張ニ就イテハ金ガ掛ッテ居ルノデゴザリマス、其上ニ此戰時中ニ公債ト云フモノモ一億二千万圓程モ掛ッテ居ルノデゴザリマス、戰ニ捷ッテ斯ノ如キ巨額ノ金ヲ吾々人民ガ負擔シナクチヤナラヌト云フコトハ、隨分甚シイコトデゴザリマス、サリナガラ此國ノ警備上必要ナコトデアルナラバ、吾々ハ所謂臥薪嘗膽ノ積ヲ以テ、如何ナル難儀ナコトデモ之ヲ負擔シテヤラナケレバナラヌ、國威ヲ宣揚シ、我國ヲ發達セシムル費用ハ、ドウシテモ是ハヤラナケレバナラヌト云フコトハ、吾々ハ十分ナル決心ガアルノデゴザリマス、故ニ當ニ此費用ノ增加シタ點ヲ以テ、是等ノ費用ヲ削除スルト云フノ理由ニスルノジヤアゴザリマセヌ、又必要ナルモノハ飽クマデヤラウシ、餘リ必要ヲ感ゼナイモノハ、成シ得ルモノダケハ之ヲ削減シテ、經濟ノ紊亂ヲ來タセナイヤウニシタイト云フ考デアル、段々昨日以來モ總理大臣兼大藏大臣ノ御演說ガゴザイマシテ、十分此後ノ我國ノ財政上ノコトハ其目的ヲ達シテ、吾々ノ安心スル場合ニハ至ルトハ思ヒマスルケレドモ、隨分當年ノ豫算ト云フモノハ輕カラヌモノデアル、容易ナラヌノデアルト云フコトハ、昨日栗原君カラ述ベデゴザイマシタガ、隨分私ハ憂慮スレバ憂慮スルダケノモノデアルト思フノデゴザリマス、然レドモ若シ此臺灣ノ守備兵ニ關スル補充兵ヲ取ッタタメニ、我國ニ何カ此ニ著イ兵備上差支ガ生ズルト云フ譯ナラバ、私ハ敢テ之ヲヤル積ジヤナイケレドモ、決シテ私ハ此事ニ就イテハ差支ハナカラウト思ヒマスル、或ハ或ル論者抔ハ之ヲ補充シナケレバ、後ニ此軍隊ノ敎育上ニ困ルトカ、何トカ云フケレドモ、決シテ私ハ右樣ナコトハナイト思フノデゴザリマス、是マデ一師團半ノ者ヲヤッテ唯其後ノ新兵ヲ新ニ兵ヲ入レルノヲ、ソレダケノ一師團半ノ兵ヲ入レルノデアルカラ、之ヲ取ッテ見タ所ガ、決シテ兵ノ敎育上ニ關係ガナイト云フコトハ明ナコトデアル、併シ此朝鮮ナリ、或ハ威海衛ノ方ニ兵ヲ出シテアルカラシテ、日本ノ兵ガ足ラナクナルカラ、之ヲ其中デ補充シテ置カナクチヤアナラヌト云フ論ガアルカモ知レナイ、併ナガラ吾々ヲ以テ之ヲ見ルトキニハ、抑々吾國ノ軍備ト云フコトノ必要ハアルニ相違ナイガ、此海陸軍兩途ノ中、孰レニ重キヲ置クカト云ッタナラバ、ドウシテモ海軍ノ方ガ必要デアルト云フコトハ明ナコトデアラウト私ハ確信シテ居ルノデアル、是マデノ支那ノ戰ニ依ッテ見テモ、ドウシテモ此海軍ガ全滅ト云フ時ニハ、ナカ〱此陸軍ト云フモノハ容易ニ敵地ヲ占略スルト云フコトハ出來ナイノデアル、海陸ハ所謂車ノ兩輪ノ如クデアリマセウケレドモ、其中重キヲ置クノハドレデアルカト云ヘバ、卽チ此海軍デアル、然ルニ當年ノ豫算ニ於テハ、昨年極メラレタ所ノ此第二期ノ計畫ニ就イテ、尙ホ又此東洋ノ形勢上カラ割出シ、年期ヲ縮メルガタメニ二千五百万圓程ノ金ガ增加シテアルノデゴザリマス、是ハ金ガ增加シテアルケレドモ、此分ハ吾々ハ深ク吾國ノタメニ此海軍ノ必要ヲ感ズルカラシテ、縱令金ガ多クテモ之ヲ出スト云フコトハ、吾々ハ決シテ厭フ譯デハナイ、又却テ私共モ當局者ニ御忠告申シタイ程ノコトデアル、何トナレバ如何ニモ昨年ノ豫算ノ增加シタ中デモ、或ハ一等甲鐵艦抔ノ注文ガ、昨年ノ十二月ニナッテ注文シタ抔ト云フコトハ、如何ニモ當局者ノヤリ方ガ手緩イコトジヤアナイカ、モチット何トカシテ此海軍ノ完備ヲ、吾々人民ガ金ノ負擔ハ幾ラデモ受ケルカラシテ、斯ノ如キ緩慢ニ陷ラズシテ、速ニ海軍ノ方ノ完備ヲ遂ゲシメタイト、吾々ハ希望スル位ノコトデアリマスカラシテ、强チ金ガ增シタカラ何モ反對スルト云フ積デハ決シテナイノデゴザイマス、然ルニ又モウ一ツ他カラ見ルト云フト、若シ此威海衞ニモ陸軍ノ兵ヲ繰出シテ居ルシ、朝鮮ニモ守備兵ヲ置クニ就イテ、我國ノ目下此今ノ在營シテ居ル所ノ兵ガ少イ、是ガタメニ吾國ガ危イト云フコトヲ言ハレル人ガアルカモ知レナイケレドモ、吾々ハ決シテ是ハ憂フルニ足ラナイコトデアルト思フノデゴザリマス、何故ナレバ、第一ニハ昨年ヨリハ、當年ハ日本ノ陸軍ノ兵ガ其員數ハ何程增加シテ居ルカ知レナイケレドモ、增シテ居ルニハ相違ナイ、何故增シテ居ルカト言ヘバ、此十二師團ヲ擴張スルニ、昨年カラ段々年々增シテ居ルノデゴザイマスカラシテ、當年ノ十二月ニナッタナラバ、必ズ昨年現在ノ定員ヨリ是ハ增シテ居ルト云フコトハ、是ハ疑フベカラザルコトデアル、又縱シ此內地ニ於テ兵ヲ澤山、陸軍兵ヲヨシテ置イテ見タ所ガ——是ガドウシテ、是ガ此中幾ラカ減ジタ所ガ、國ガ危イコトガアリ、若シ左樣ニ國ガ危イト云フ程ニ急迫ナコトガアルナラバ、獨リ此臺灣ノ守備兵ノ補充兵ヲ求メルニアラズシテ、海軍ノ擴張ナリ、陸軍ノ擴張ナリモ、モット年限ヲドシドシ縮メナッチャナラヌノデアル、又兵ヲ增シタバカリジャアイケナイ、其位至急ナコトガ此東洋ノ大勢上ニ就キ或ハ歐羅巴ニ對シ、ソレ程ニ急ニセナクチャアナラヌト云フナラバ、此兵モ增サナクチャアナラヌ、船モ拵ヘナクチャアナラヌ、軍器モ拵ヘナクチャアナラヌ、又其他ニ戰ノ時ニ供スル軍事費ト云フモノモ、今カラ用意シテ置カナケレバナラヌト云フコトハ、當然ナコトデアル、然ルニソレハ固ヨリ早クシタイコトハ早クシタイケレドモ、畢竟國家ノ財政上モアリ、又世界ノ大勢ニ依ッテ、此海軍ナリ、陸軍ナリト云フモノヲ、吾々ノ聞ク所ニ依リマスレバ、海軍ノ方ハ凡ツ六箇年デ大抵之ヲ完備セシムル、八箇年ハ掛ルケレドモ、大体ハ先ヅ六箇年デ早ク完備セシメタイ、又陸軍ノ方モ左樣ニシタイト云フコトハ、稍々取極メテモ已ムヲ得ナイニ就イテ、是ダケノ年限ニシタモノデアル、此規模ヲ立テタモノト言ハザルヲ得ナイ、斯ノ如ク今ノ六箇年ニシテ我全國ノ兵備ヲ完成セシムルト云フ譯ナラバ、ソレマデノ間ニ僅ナル此一師團半ノ兵ヲ此處ニ寄セテ置カナケレバ、我國ガ危イト云フコトハ決シテアルベキコトデナカラウト思フノデゴザイマス、ドウシテモ此六箇年ノ期限內ニハ上下一致、所謂臥薪嘗膽ノ途ヲ以テ、ドウシテモ此海陸軍共ニ完備ナルコトヲシナクテハナラヌ、是ダケノ間ハ成ルタケ不必要ナモノハ、成ルタケ省イテヤラナクテハナラヌト云フ、所ニ持ッテ來テ、此臺灣ノ守備兵ハ一師團ヲ、新ニ此處ニ寄セテ置カナクテハナラヌト云フノハ、縱令吾々ハ軍事ノコトハ不案內デハアルトハ申シナガラ、此一師團半ノ兵ヲ豫メ寄セテ置カナケレバ、我國ノ國防危イト云フコトハナイコト、、斷言スルコトヲ憚ラヌコトデアリマス(「簡單々々」ト呼フ者アリ)故ニ此事ハ必ヤ此議場ヲ通過セシメタナラバ、決シテ此今ノ政府ニ於テモ、之ヲ反對シテ是非トモ此處ニ置カナイデハナラヌト云フ、恐クハ私ガ理由ガナカラウト思フテ居ル、然ルニ斯ウ云フ結果ニナッタニ就イテハ、私ハ誠ニ不思議ダト思ッテ居ルコトガ一ツアルノデゴザリマスカラ、終ニ臨ンデ此事ヲ言ッテ置キマス、ソレハ外デモゴザリマセヌ、隨分昨日栗原君ガ言レタ通、我國ノ經濟ハヤサシイコトデハナイ、私ガ栗原君程杞憂ヲ懷クモノデナイケレドモ、大體幾ラカ經濟上ノ困難デアルコトヲ感ジテ居ルノデゴザリマス、然ルニ栗原君ハ唯之ヲ反對スルト云フ言葉ヲ殘シタノミデ、何レヲ減ジテ何レヲ增ストカシテ、マア我日本ノ經濟ヲ斯ウシテ持ッテ往カナケレバナラヌト云フ方法ノナイノハ、吾々甚ダ栗原君ノタメニ惜ムコトデゴザリマス、抑々國家ノ經濟ト云フモノハ、獨リ內閣ガ拵ヘルモノデハナイ、ソレハ原案ハ內閣ガ出サウケレドモ、事ノ緩急ニ依ッテ、吾々議員ハドノヤウトモ之ヲ改正シテ、國家ニ害ガナイダケノコトヲシヤウト云フコトハ、御同然ノ義務デアル、ドウデモ之ヲヤラナクテハナラヌノデアル、然ルニ此反對ノミノ御言葉デ、此經營ノナカッタト云フコトハ、如何ニモ惜ムコトデゴザリマスガ、或ハ私ガモウ一ツ考ヘルニハ、是ハ新聞デ言フコトデゴザリマスカラシテ、敢テ確信ト云フコトデハナイ、確信シタ所デハナイ、或ハ齋東野人ノ言ト思フコトデハアルガ、之ヲ一ツ御參考ノタメニ御話ヲシテ置キタイト思フ、ソレハ他デモナイ、何デモ此前內閣ノヤッタ計畫ノコトデアルナラバ、何モ斯モ皆緩急前後利害得喪ヲ顧ミズニヤレ、現內閣ノヤッタコトデアルナラバ、成ルタケ之ヲ省イテ仕舞ヘト云フヤウナ感覺上カラ、斯ノ如キ結果ヲ來シタト云フヤウナコト、或ハ又吾々ノ反對スル所ノ黨派ハ、卽チサウ云フ意見ヲ以テ此豫算ヲ查定スル方針ニシタト云フコトヲ聞イテ居リマスガ、併ナガラ是ハ唯話デゴザリマス、此堂々タル帝國議會ニ立ツ議員ニシテ、右樣ナコトハアルベカラザルコト、ハ私深ク信ジテ居リマスガ、如何ニモ遺憾ナルコトハ、此反對ノミニシテ之ヲ完備ナラシムル方法ノナイノハ殘念ダト思ヒマス、ガ栗原君杯ハ固ヨリ斯ノ如キ理由ヲ御聽キニナッタ以上ハ、之ヲ不必要ト云フタ以上ハ、斷然御贊成ノアルコト、私ハ深ク信ジテ居ルノデゴザイマス、滿場ノ諸君、斯ノ如キ不急ナモノデゴザイマスカラシテ、ドウゾ人ニ依ッテドウスルト云フヤウナコトガナク、我國家ノタメニ、我臣民ノタメニ虛心平氣ヲ以テ、正シイ道ニ御贊成アランコトヲ希望致シマスノデゴザリマス

(「贊成々々」ト呼フ者アリ)

○阪田昌熾君（二百三十八番） 此陸軍省ノ經費ハ原案通ニナリマシタ故ニ、別ニ主査會ノ調査シタル報告ヲ述ベマスニハ及ブマイト考ヘマシテ、御報告ヲ致シマセヌデアリマシタガ、今色々ト是ニ修正説ガ出マシタニ依ッテ、一應主査會ノ調査シマシタル大要ヲ述ベテ、諸君ノ御耳ニ達シマス、政府委員ハ主査ガ此事ヲ報告セヌノハ、甚ダ不注意デアルトカ、甚ダ惜イコトデアルトカ言ハレタナレドモ、是ハ政府案ノ通デアリマスカラ、政府委員ガ答辯ヲスルノガ却テ早道デアル、斯ウ考ヘマシテ、私ハ前ニ此事ニ就イテ論ゼヌノデアリマス、偖テ今栗原君ハ第二款軍事費及第三款憲兵費ニ節減ヲ加ヘルト云フ御説デアリマシタガ、此陸軍ノ經費ト云フモノハ、昨年第一ノ計畫ヲナスニ當リマシテ、卽チ大計畫ノ上ニ於テ、明年度ハ幾ラ要ル、明後年度ハ幾ラ要ルト云フ年割額ガ定ッテ居ルノデアリマス、所ガ、本年ノ此請求ニナッタ費用ト云フモノハ、其年割額ト一文ノ增減ハナイノデアリマス、サウシマシテ兵隊ニ於キマシテモ、外國ヘ出張シテ居ル所ノ臺灣ノ特別ノ守備隊ト云フ、卽チ大阪ノ兵ハ、今年ノ六月マデデ日本ヘ返シテ解散ニナル模樣デアリマスル、其他威海衞ノ兵ノ內ヲ一大隊丈守備兵ヲ減ジテ、朝鮮ノ方ヘ回スト云フコトニナッテ、總テ外國ヘ出張シテ居ル兵ハ、大ニ減ジテ來テ居リマスナレドモ、內地ノ軍備擴張ノ結果トシテ、大ニ兵ヲ增シタタメニトウ〳〵ぷらすまいなすデ、經費ノ上デ丁度年額ト少モ增減ハナイノデアリマス、其故ニ主査會デハ、昨年既ニ年割額ト云フモノハ殆ド認メテ、是ハ是ダケノモノハイルト云フ既定歲出ノ如キ性質ヲ持ッテ居ルモノデアリマスル故ニ、別ニ削減ヲ加ヘズニ、政府案通協贊ヲ與ヘルコトニナッタノデアリマス、ドウカ皆サン本案ノ通ニ協贊アランコトヲ希望致シマスノデアリマス、是ニ削減ヲ加ヘルト言フコトニナルト、昨年ノ議決權ヲ冒スヤウナコトニナッタリ、甚ダ不都合ナコトガ生ズルト思ヒマス故ニ、此ナリ御贊成ニナランコトヲ希望致シマス

○政府委員（金子堅太郎君）　諸君、既ニ今ヤ經常費モ議決ニ埀ント致シマスル所ニ、私ガ殊更ニ此演壇ニ出テ辯護的辯解的ノ演説ヲ試ルノハ、誠ニ諸君ニ對シテハ御迷惑デハゴザリマセウシ、又私モシタクハアリマセンガ、唯今ノ井上君ノ御演説ハ御贊成ナサルト同時ニ、御贊成ハ誠ニ吾々ハ斯ル有力ナル井上君ノ御贊成ヲ得テ、誠ニ難有ウゴザイマスガ、終リニ條件ノ附イテ居ルコトハ、一言共事實上ニ就イテ説明致シタイコトモゴザイマスガ、之ヲ一一説明致シマスレバ誠ニ長クナリマスカラ、私ハ恐クハ申シマセヌガ、唯今ノ御演説ハ隨分農商務省、否ナ日本政府ノ、國家ノ政府ノ威信ニ關スルコトデアルカラ、一言私ガ辯解ヲ致シタイト思ヒマスカラ、暫時御清聽ヲ瀆シマス、（「違ッタ所ハ皆辯解スベシ」ト呼フ者アリ）山林ノコトデゴザイマスガ、是モ議會開設以來ノ年々ノ問題デ、實ニ此事タルヤ當局ノ者ハ苦心シテ一日モ速ニ之ヲ處理シヤウト思ッテ、是ガタメニ昨年經費モ要求シテ、技師モ増シテヤリマシタガ、奈何セン青森縣ノ工藤君ノ如キ御話ノ事ハ、私ノ處ニモ青森縣ノ總代ガ來ラレマシタガ、人力車ヘ一杯ニ書類ヲ積ンテ持ッテ來ラレテ、是ニ依ッテ舊藩何百年前カラノ慣例ニ基イテ調ベルト仰ッシヤル事デ、其中ニ證據ノ不分明モアッテ縣廳カラ郡役所、町村役場カラシテ、多クノ村役人、及山林ニ係ッタ官吏ノ證明書モ取ッテ是ヲ愼重丁寧ニスレバ、ナカナカ一年ヤ二年デハ如何ナル鋭敏ナ人デモ、如何ナル山林ニ委イ人デモ出來ナイ、ソレガ獨リ青森縣ノミナラズ、全國延イテ四百何十件ト云フモノガゴザイマスカラ、此國家ノ財産ヲ預ッテ居ル農商務省ガデス、先キニ御話ノアッタ通、過ッテ金持ニ鑛山ヲ許シタト云フコトガアッテハナラント憂ヘテ、當局ノモノハ小心翼々トシテ、國家ノ財産ヲ重ズルノト、人民ノ權利ノ伸張ヲ圖ルタメニハ、愼重丁寧ニスルカラ、已ムヲ得ズ時日ヲ費スコトハ、諸君モ少シク此行政ノ機關ノ困難ナコトヲ御承知アランコトヲ希望致シマス、先ヅ之ニ就イテ詳ク申シマスレバ長クナリマス、是ハ工藤君ノ質問書ニ對シテ追テ答辯書ヲ差出シタウゴザイマス、ソレカラ鑛山ノコトモ亦然リ、此事ハ是ハ技術ノ事モアリ又鑛業條例ト云フ法律ニ依ッテ、前後ヲ爭フ郵便ノ消印ヤ何カニ就イテハ、隨分當局者ハ困難致シテ居リマス、先キニ御話ノアル樣ニ過ッテ豪商ニヤッタ樣ナ事ガアッテハ實ニ一大事件、政府ノ威信ニ關スル事ダカラ、十分事實ヲ探究シテヤリマスカラ、遺憾ナキ樣ニスレバ隨分時日モ費スデアリマス、又人民直接ノ仕事ハ普通ノ行政ノ仕事ト違ッテ、一ノ鑛山、一ノ山林ニ就イテハ、少クモ數人ノ共願者モアルコトモアルカラ、之ニ對シテ一々公平ナコトヲシヤウトスレバ、誠ニ時日ヲ假サヾルヲ得ンコトデゴザイマスカラ、共過ハ諸君モ御了承アランコトヲ希望致シマス、是ガ過チガアッテモ、遺損ナッテモ、速ニヤレト云フコトハ、國家ノ政治ヲ憂フル諸君ニ於テモ、亦吾々當局者ニ於テモ、決シテサレヌコト丶思ヒマスカラ、國家ハ百年ノ後モ續クモノダカラ、國家ノ過ハ成ルベクナイ樣ニシタイト云フ精神ヲ以テヤルカラ、斯ノ如キ通デゴザイマス、ソレカラ外國貿易ノコトニ就イテ段々井上君カラ御駁撃ガゴザイマシタガ、之ニ就イテハ既ニ昨年諸君ノ大贊成ヲ得テ通過シマシタ事故ニ、決シテ輕々ニハ致シマセヌデゴザイマス、又何事ヲシタカ、何モシヤシナイ、僅次官ガ坐商ト行商ノ演説ヲシタ、決シテ次官ノ演説ハソレノミデナイ、又井上君ハ此外國貿易ノ擴張費ヲ如何ニ使ッタト云フ事ニ就イテハ、御承知デゴザイマセウ、先ヅ外國貿易擴張費ノ使拂ヒヲ議スルト共ニ、農工商高等會議ト云フモノヲ開イテ朝野ノ間ニ於ケル農工商ニ關係モアリ、熟練モアル智識ノアル人ヲ選ンダ、井上君モ其一人デアリマス、井上君ニハ其高等會議デ如何ナル方針ヲ以テ海外ノ貿易ト、戰後ノ經營ト共ニ擴張スルカト云フコトハ先ヅ第一ニハ支那ノ中堅ヲ突イテ長江航路ノ貿易ヲ吾掌握ノ中ニ握ラント云フテ、長江航路ノ視察ノコトモ諮問シタ、又海外ト貿易ヲスルニ就イテハ、金融ノ機關ヲ是非敏活ニシナケレバナラント云ウテ、金融機關ノ發達ヲ圖リ、正金銀行一ッデハイカンカラ、確實ナ銀行ガアレバ、國庫ハ宜シク之ヲ保護シテ、金融機關ヲ海外ニ擴張センナラント云フコトモ決議ニナッタ、税關倉庫ト云フモノヲ以テ、此海外輸出入ノ盛ニナッテ來タトコロノ倉庫ガ足ランカラ、政府デ建テル金ガナケレバ、確實ナル民間ノ倉庫ヲ税關監督ノ下ニ置イテ、此交通ノ便ヲ圖ッテ、戰後ノ經營ニ伴ナフコトヲスルト云フ決議モシタ、又海上保險ノ如キハ、今ヤ進デ海外ト連絡ヲ附ケンナランカラ、是モ償金ノ一部分ヲ利用シテ、確實ナル保險會社ガアレバ海外ニ擴張ヲサセヤウ、既ニ大阪ノ海上保險會社カラハ、此度歐羅巴ニ渡航スルト云フコトデアル、又職工問題ノ如キ、目下最モ必要デアルカラ、是モ其戰後ノ經營、又内地雜居ノ準備ニハ必要デアルト云フテ議案ヲ出シタ、十日間ノ間、午前午後皆熱心ニ議セラレタノデアル、併ナガラ井上君ハ一度モ御出席ガナカッタカラ御承知ガナイノデアル（笑聲起ル）政府トシテスル事ハ、皆爲シタ其以上、如何樣ナル御方針ガアルナラバ、井上君ハ高等會議ノ議員デアルカラ十分仰ッシヤッテモ宜イ、又私ガ一一之ヲ辯駁スレバ長クナリマシテ、又諸君ノ清聽ヲ煩シマスカラ申シマセンガ……

○井上角五郎君（二百八十番）　次官ニシテ人ヲ誣ルモ甚シダ、本員ハ海外旅行中デアッタカラ出席致シマセン、其居書モ出シテアリマスノニ、一度モ出席ハナイ、出テ物ヲ言ハナイト云フテ、人ヲ誣ルモ甚シイ、御愼ミナサイ、次官ハ馬鹿ト云ッテ宜シイ

○政府委員（金子堅太郎君）　ソレハ宜シイ、海外ニ御出デニナッタ居書モ見テ居ル、併ナガラ議決シタコトハ新聞ニモ載ッテ居レバ、又印刷ニモ付シテ各議員ニ配付スル積デアル井上君ニモ印刷ニナレバ、配付スルノデアル、ソレデドウゾ諸君ガ此戰後ノ經營ト伴ッテ、農商務省ガ十分諸君ノ御決議ニナッタ事ヲ滿足ニ結果ノアルヤウニシタイト云フコトハ、誠心誠意誓ッテ國家ノタメニシテ居ルノデアリマスカラ、一言此事ハ説明ヲ致シテ置キマス

○外務大臣(伯爵大隈重信君)　諸君、今日ハ鈴木充美君其外及井上角五郎君其他カラ、日露協商及朝鮮ノ鐵道其他ノ事ニ就イテ質問ガアリマシタ、ソレニ御答ヲシヤウト思ヒマス、日露協商ノ事ニ就イテハ、今日莫斯科ニ於テ山縣全權大使ト露國外務大臣ト其間ニ結バレタ定約、及京城ニ於テ日露全權委員ガ結バレタ所ノ覺書等ヲ公ニシヤウト思ヒマス、是ニ先立ッテ斯ノ如キ定約ヲ結ブノ必要ト云フコトヲ少シク說クコトガ肝要デアル、ソレヲ申述ブルニ先立ッテ、簡單ニ日韓ノ現在ノ外交上ノ關係ヲ說イテ、而シテ此日露協商ノ已ムヲ得ヌト云フコトニ說キ及シ、而シテ此二ツノ定約ヲ公ニシテ、然ル後御答辯ヲ致サウト思ヒマス、無論此中ノ諸君ニ大分御承知ノコトデハアリマスガ、順序トシテ簡單ニ日本ハ朝鮮ノ外交ノ近世ノ成行ヲ申述ベマス、先ヅ明治維新以來直チニ朝鮮ニ向ッテ大政維新ノ告知ヲ爲シタノデアル、然ルニ朝鮮ノ政府ハ其時マデハ全ク日本ト釜山ニ於テノ交際、且ツ商賣シ、或ハ支那ノ義州ニ於テ商賣ヲスルノ外ニハ、少シモ外交ト云フコトハナカッタノデアリマス、大政維新ノ告知ニ依ッテ　朝鮮政府ハ之ヲ拒ンダノデアル、度々告知スルニ就イテモ、少シモコチラノ告知ヲ受付ケナイノデアル、又其タメニ釜山マデ政府ノ官吏ヲ遣シテ色々說得ヲシテモ、少シモ受付ケナイノデアリマス、其間ニ七八年ヲ經過スル中ニ、圖ラズモ江華灣ニ於テ、朝鮮沿岸ノ砲臺ヨリ日本ノ軍艦ニ發砲シタト云フ一ノ出來事ノタメニ、日韓ノ關係ガ起リマシテ、明治九年ニ於テ黑田伯、井上伯、兩人ガ全權委員ト爲ッテ朝鮮ト江華灣發砲ノ事件ニ就イテ談判ヲシ、且ツ同時ニ兩國ノ修交條規ヲ修ムルコトニ就イテ派遣セラレタノデアリマス、隨分面倒デアリマシタガ、朝鮮政府モ最早世界ノ大勢、外交ヲ拒ムコトガ出來ヌト云フヤウナ譯デ、幸ニ平和ニ日韓ノ定約ガ其時ニ締結セラレマシテ、ソレカラ續イテ明治十五年ニ京城ノ變ガ起リマシタ、更ニ十七年ニ於テ京城ノ變ガ起ッタ、是ハ大分面倒ナコトデアッテ、十七年ノ變ハ若シ違ッタナラバ或ハ日淸事ヲ釀シハシナイカト云フ如キ譯デアリマシタガ、幸ニ京城ノ定約、天津ニ於ケル日淸ノ條約ニ於テ、無事ニ平和ニ歸シタヤウナ譯デアル、ソレカラ續イテ二十七年ニ於テ內亂ガ起ッタ、其內亂ノタメニ日淸朝鮮ニ兵ヲ送ッタト云フ、圖ラズモ遂ニ衝突ヲ起シテ、不幸ニモ二十七年八年ニ涉ル日淸ノ戰爭ト云フコトニナリマシタ、所ガ幸ニ是モ無事ニ局ヲ結ビマシタガ、馬關條約ノ締結セラル、ヤ否ヤ、突然遼東ノ問題、露獨佛ト三國ノ政府ハ突然此遼東割讓ノコトニ就イテ干涉ガ起ッタ、其時ニ當ッテ隨分國中ニハ餘程議論ガ起ッタ、併ナガラ元ト三國ノ意ハ東洋ノ平和ヲ保ツト云フ意思デ、勿論日本政府ニ於テモ東洋ノ平和ト云フコトハ尤モト信ジテ居ルノデアリマスカラ、遂ニ三國ノ忠告ニ從ッテ遼東還付ト云フコトニナッタ、是ヨリ朝鮮ノ有様ニドウ云フ關係ヲ及シマシタカト云ヘバ、日本ガ此先達テノ戰ニ日韓同盟ト云フ方カラ戰ヲ起シマシテ、幸ニ勝利ノ結果遂ニ地ヲ割クト云フコトニ至ッテ、朝鮮ノ君臣ハ深ク日本ノ義擧ヲ感ゼラレテ、幸ニ完全ナル朝鮮獨立ヲ見ルニ至ッタト云フ譯デ、朝鮮君臣ハヒドク喜バレマシタガ、一朝遼東還付ト云フコトヨリ、朝鮮ノ君臣ハ少シク疑惑ヲ起シタト云フ譯デアル、朝鮮ニ於ケル有様ト云フモノハ、以前ト少シク趣ヲ異ニシタ、然ルニ不幸ニモ其末二十八年十月ニ至ッテ京城ノ變ガ起ッタ、續イテ二十九年二月ノ變ガ起リマシタ、ソレデ頗ル朝鮮ニ於ケル日露ノ關係ト云フモノガ多少其タメニ感情ヲ傷ケマシテ、甚ダ穏ナラヌト云フ有様ニナッテ來マシタ、ドウカ此感情ヲ調和スルタメニハ、日露協商ト云フコトノ必要ガ起ッタト考ヘマス、然ルニ全體此朝鮮ノ國勢ト云フモノガ、大國ノ間ニ挾ッテ居リマスカラ、常ニ大國ニ頼ッテ一國ノ安ヲ保ツト云フ如キコトハ、既ニ朝鮮ノ歷史ヲ御承知ノ諸君ハ十分御承知ノコト、思ヒマス、始終此大國ノ力ニ頼ッテ朝鮮ノ維持ヲ爲スト云フ有様デアル、又一朝此外交ヲ開イタ以來ハ、國內ニ隨分此變動ヲ起スモノデ、ソレカラ朝鮮ニ於テハ丁度此外交ヲ開ク時ニハ、朝鮮ノ君主陛下ハ幼沖デアッテ、攝政ノ時代デアル、丁度國ヲ新ニ開クト云フ時ニハ何處モ同ジコトデ、或ハ鎖港、或ハ攘夷、若クハ開港ト云フコトニ始ッテ、然ル後ハ保守黨、進步黨ト云フ如キモノ、爭ガ起ッタ、其他ニ支那、朝鮮ノ歷史ニ常ニアル通ニ、或ハ外戚ノ權、或ハ宗室ノ權力ト云フモノ、衝突ガ起リマシテ、ソレガ自ラ外交ニ及ンデ、隨分此朝鮮ノ中ニモ種々ナ黨派ガ動搖シマシテ、其動搖ハ事每ニ外交ニ及スト云フヤウナ有様(此時「御苦勞様ナガラモウ少シ大聲ニ」ト呼フ者アリ)ソレガ遂ニ事大黨杯ト云フ者ガ起リ、或ハ支那黨、日本黨、「露西亞黨」或ハ亞米利加黨ト云フガ如キ、種々ナ黨派ガ起リマシタ、隨分今日ノ朝鮮ノ大君主陛下ハ決シテ凡庸ナ君主デハナイ、又決シテ殘忍ナ君主デモナイガ、是モ支那朝鮮ノ歷史上ニアル通、或ハ外戚、或ハ宗室、或ハ宦官ト云フヤウナ者ニ隨分擁閉セラレテ、或ハ權ヲ振フト云フガ如キコトニ就イテ、心ナラズモ餘程此間三十年間ニ人モ殺シタ、人ヲ殺スコトガ多イ程恐怖心ガ高マテ來ル、甚シキニ至ッテハ、宗室互ニ相猜ムト云フヤウナコトガ、遂ニ二十八年ノ十月、二十九年ノ二月ト云フガ如キ變ヲ釀シマシタノデアラウト思フ、是ハ甚ダ嘆息ノ譯デ、ソレ故ニ、ドウモ或ル一部ノ朝鮮ノ黨派ハ、日本ヲ以テ朝鮮ニ不利ナリト云フガ如キ感ジヲ起シタヤウデアリマス、ソレデ成ルタケ此日本ト遠ザカル、甚シキニ至ッテハ日本人ヲ排斥スルト云フマデニ至ッタノハ、實ニ嘆息スル譯デアリマス、決シテ日露ノ間ニ少シモ隔ハナイノデアリマス、併ナガラ內部ノ黨派ハ、日本黨、露西亞黨、亞米利加黨ト云フガ如キ黨派ハ、甚ダ此間ニ兩國ノ感情ヲ害シタト云フヤウナ擧動ガ續々起ル、玆ニ於テ愈々日露間ニ惡感ヲ避ケ衝突ヲ避ケルト云フ必要ガ起ッテ來タ、其必要カラ起ック所ノ莫斯科ノ議定書ト云フモノガ、山縣大將ト露西亞外務大臣ト結バレテ居ル之ヲチヨット朗讀ヲ致シマス、議定書――是ハ莫斯科ニ於テ議定サレタノデアリマス

議定書(露國「モスクウ」府ニ於テ議定)

日本國皇帝陛下ノ特命全權大使陸軍大將山縣侯爵及露西亞國外務大臣「ル、スクレテール、デター、プランス、ロバノウ、ロストウスキー」ハ朝鮮國ノ形勢ニ關シ其ノ意見ヲ交換シ左ノ諸條ヲ協議決定セリ

第一條

日露兩國政府ハ朝鮮國ノ財政困難ヲ救濟スルノ目的ヲ以テ朝鮮國政府ニ向テ一切ノ冗費ヲ省キ且其ノ歲出入ノ平衡ヲ保ツコトヲ勸告スヘシ若シ萬止ムヲ得サルモノト認メタル改革ノ結果トシテ外債ヲ仰クコト必要トナルニ到レハ兩國政府ハ其ノ合意ヲ以テ朝鮮國ニ對シ其ノ援助ヲ與フヘシ

第二條

日露兩國政府ハ朝鮮國財政上及經濟上ノ狀況ノ許ス限リハ外援ニ藉ラスシ

テ內國ノ秩序ヲ保ツニ足ルヘキ內國人ヲ以テ組織セル軍隊及警察ヲ創設シ且之ヲ維持スルコトヲ朝鮮國ニ一任スルコト、スヘシ

第三條

朝鮮國トノ通信ヲ容易ナラシムル爲メ日本國政府ハ其ノ現ニ占有スル所ノ電信線ヲ引續キ管理スヘシ

露國ハ京城ヨリ其ノ國境ニ至ル電信線ヲ架設スルノ權利ヲ保留ス

右諸電信線ハ朝鮮國政府ニ於テ之ヲ買收スヘキ手段附キ次第之ヲ買收スルコトヲ得ルモノトス

第四條

前記ノ原則ニシテ尙ホ一層精確且詳細ノ定義ヲ要スルカ又ハ後日ニ至リ商議ヲ要スヘキ他ノ事項生シタルトキハ兩國政府ノ代表者ハ友誼的ニ之ヲ妥協スルコトヲ委任セラルヘシ

千八百九十六年六月九(二十八)日「モスクウ」府ニ於テ之ヲ書ス

山縣 手署

ロバノウ 手署

ソレカラモウ一通アリマス、是ハ京城デ議定ノ覺書デアリマス

覺書（朝鮮國京城ニ於テ議定）

在京城日露兩國代表者ハ其ノ各自ノ政府ヨリ同樣ノ訓令ヲ受ケ協議ノ上左ノ通リ議定セリ

一 朝鮮國王陛下ノ王宮ヘ還御ノコトハ陛下御一己ノ裁斷ニ一任スヘキモ日露兩國代表者ハ陛下カ王宮ニ還御アラセラル、モ其安全ニ付キ疑懼ヲ抱クニ及ハサル時ニ至ヲハ還御アランコトヲ忠告スヘシ又日本國代表者ハ茲ニ日本壯士ノ取締ニ付キ嚴密ナル措置ヲ執ルヘキ保證ヲ與フ

二 現任內閣大臣ハ陛下ノ御一存ヲ以テ任命セラレタルモノニシテ多クハ過ル二年間國務大臣若クハ其他ノ顯職ニ在リテ寬大溫和主義ヲ以テ知ラレタル人々ナリ日露兩國代表者ハ陛下カ寬大溫和ナル人物ヲ其閣臣ニ任命セラレ且ツ寬大以テ其臣民ニ對セラレンコトヲ陛下ニ勸告スルコトヲ以テ常ニ其目的ト爲スヘシ

三 露國代表者ハ左ノ點ニ付キ全ク日本國代表者ト意見ヲ同フス卽チ朝鮮國ノ現況ニテハ釜山京城間ノ日本電信線保護ノ爲メ或場所ニ日本國衞兵ヲ置クノ必要アルヘキコト及現ニ三中隊ノ兵丁ヲ以テ組成スル所ノ該衞兵可成速ニ撤回シテ之ニ代フルニ憲兵ヲ以テシ左ノ如ク之ヲ配置スヘキコト卽チ大邱ニ五十人可興ニ五十人釜山京城間ニ在ル十箇所ノ派出所ニ各十人トス尤右ノ配置ハ變更スルコトヲ得ヘキモ憲兵隊ノ總數ハ決シテ二百人ヲ超過スヘカラス而シテ此等憲兵モ將來朝鮮政府ニ於テ安寧秩序ヲ回復シタル各地ヨリ漸次撤回スヘキコト

四 朝鮮人ヨリ萬一襲擊セラル、場合ニ對シ京城及各開港場ニ在ル日本人居留地ヲ保護スル爲メ京城ニ二中隊釜山ニ一中隊元山ニ一中隊ノ日本兵ヲ置クコトヲ得但シ一中隊ノ人員ハ二百名ヲ超過スヘカラス該兵ハ各居留地ノ最寄ニ屯營スヘク而シテ前記襲擊ノ虞ナキニ至リ次第之ヲ撤回スヘシ又露國公使館及領事館ヲ保護スル爲メ露國政府モ亦右各地ニ於テ日本兵ノ人數ニ超過セサル衞兵ヲ置クコトヲ得而シテ右衞兵ハ內地全ク靜謐ニ歸シ次第之ヲ撤回スヘシ

明治二十九年五月十四日京城ニ於テ

日本國代表者 小村壽太郎

露國代表者 ウエーバー

是ガ卽チ京城ノ覺書、此二通ノ議定書竝ニ覺書ハ、決シテ朝鮮ノ獨立ヲ妨ゲ又ハ傷ケルト云フモノデハナイ、卽チ露國日本ガ朝鮮ニ於ケル意思ノ一致、朝鮮ノ獨立ヲ保ツト云フコトニ就イテハ、兩國十分ニ意思ガ一致シタノデアル、サウ云フ譯デアルカラ、朝鮮ノ秩序ヲ恢復シ、朝鮮ノ文明ヲ進メルト云フコトニ就イテモ、兩國何時モ異議ガナイコト、存ジマス、先ヅソレヨリシテ朝鮮ノ內亂、朝鮮ノ感情ト云フモノハ、日々ニ鎭靜ニ赴イテ、最早朝鮮ノ一揆杯モ稍々平定ノ有樣、又朝鮮ノ官民ガ日本ニ對スル感情モ大ニ和イデ、一時ハ京城、釜山、仁川、元山以外ニ、日本人ガ出デテ旅行若クハ出商ヒ——行商ヲ爲スコトガ出來ナイト云フ有樣ニ陷リマシタガ、今日ハ最早朝鮮八道到ル所ニ日本旅行者若クハ行商ト云フモノハ歡迎セラル、ト云フ有樣、一時平壤ト云フガ如キモ、殆ド日本人ガ一人モ足ヲ留メナイト云フ如キ所ニ今日ハ安心シテ商賣ヲ營ンデ居ル、遂ニ支那トノ國境鴨綠江ニ接シテ居ル義州ニマデ行商ハ到ッタガ、甚ダ案外……日本ノ商人——日本ノ朝鮮在留ノ人ト朝鮮人ノ間ニモ、一時ノ感情ハ餘程ドウモ去ッテシマッテ、餘程平和ナ有樣デ、兩國ノ商賣ハ甚ダ穩デ、且ツ增進スル傾キヲ以テ來タ、サウ云フヤウナ有樣デ、政府ト政府ノ間モ甚ダ親密デ、且ツ朝鮮國王陛下ノ疑懼心モ大ニ解ケタト思ヒマス、既ニ昨年十一月ニ於テ、小松依仁親王殿下ガ海軍ノ士官トシテ京城ニ御出ニナッタ時ニハ、朝鮮國王陛下ハ露西亞公使館ニ在ラセラル、ニモ拘ラズ王宮マデ出テ非常ナ歡迎ヲセラレタ、非常ナ好意ヲ表セラレタト云フコトデアル、此一事ヲ以テモ、大王ニノ疑懼心、且ツ日本ニ對スル感情モ餘程一變シタ證據デアル、又此度　皇太后陛下ノ御崩御ニ就イテモ、非常ナ同情ヲ表セラレテ、直チニ大葬ニ參列スルタメ全權大使ヲ送ラレ、又直チニ宮中ニ於テ喪ヲ發セラレタト云フコトハ、兩國交際ノ親密ナル證據デアル、王室ハ勿論、臣民ニ於テモ餘程親密ニナッタコトヲ證據立テルニ足ルト思ヒマス、茲ニ於テ朝鮮ト日本ノ感情ガ調和シテ親密ニナルト云フコトニ就イテハ、必ズ此露西亞政府ニ於テモ大ニ滿足スルコトデアル、如何トナレバ目的通デアル、先ヅ茲ニ於テ東洋ニ橫ッテ居ル所ノ一ノ陰鬱タル雲ハ全ク晴レテ仕舞ッタ、誠ニ喜ブベキコトデアル、此喜ブベキ時機ニ、日露協商ノ問題ヲ諸君ノ前ニ公ニスルノハ私ノ最モ滿足スル所デアリマス、續イテ(此時小室重弘君「議長」ト呼フ)先ヅ御控ヘナサイ、續イテ御質問ニ答ヘマス、此鈴木君ノ御質問ノ第一條ハ、此日露協商ヲ公ニ爲シタ以上ハ、是ハ御答ヲスルノ必要ガナイ、第二條ハ、陸軍士官ヲ京城ニ派出シ、朝鮮軍隊ヲ訓練スルト云フ御質問デアリマスガ、是ハ事實デアリマス——事實デアリマスガ、是ハ別ニ今朗讀シタ通デ、日露協商ニ何等ノ關係モ持ッテ居マセヌノデアリマス、併ナガラ是ニ就イテ一言附加ヘマスノハ、是ハ朝鮮王陛下ノ依賴ニ依リ、露西亞ノ士官ヲ送ラレタヤウデアリマス、決シテ是ニ就イテ國際上ニ關係ハ少シモナイコトデアリマス、第五條、此京城在留ノ露國公使ノ紹介デ、露淸銀行カラ三百万圓借入レ——既ニ借入レタト云フ御質問デアリマスガ、是ハマダ事實デナイ、其相談ハアッタニ相違ナイガ、ソレハ卽チ京城ニ在留セラル露西亞公使カラモ其話ガアリマシタガ、決シテ是ハマダ成立ッタコトデナイ、是ハ成立ッタコトデナイト云フコトヲ申シマス、若シ此金ヲ外國カラ借

リルト云フコトニ就イテハ、勿論多少ノ兩國朝鮮ニ對スル友誼上、財政ノ上ニハ關係ヲ持ッテ居リマスカラ、何デモ成ルベク朝鮮ノ便利ヲ圖ルコトニ、日本政府ハ怠ラズ力ムル積デアリマス、ソレデ其事ガ分ル以上ハ、第四、第五ト云フ御質問ニハモウ答辯ニ及バヌト考ヘマス、ソレカラモウ一ツ、井上君其他カラノ御質問ニ就イテ御答ヲ致シマス此釜山京城間ノ鐵道ノ事ノ御質問デアリマシタガ、其時私ノ答ニ、一國デ單獨デハイカヌト云フコトヲ申シマシタ意味ハ、ドウモ少シ私ノ言葉ガ不十分デアッタカ、但ハ速記者ガ私ノ言葉ヲ十分了解セラレナンダカ、併ナガラ其私ノ答ヘタ時ノ十分ナル私ノ意思ヲ、此處ヘ一言述ベルコトハ必要ト思フ、決シテ此國際ノ事ハ、一國單獨デイケルモノデハナイ、一國ノ單獨デイケルモノナラバ、ドウデモシテ來マスガ、サウデハナイ、相手ノ即チ朝鮮國ト云フモノガアル、ソレカラ此國際ニハ、或ル場合ニ於テ第三ノ國ト關係スルコトガアルカモ知レヌト云フコトヲ述ベテ置キマシタ、ソレカラ朝鮮ノ有樣ト云フモノハ、今述ベタ通種々ノ黨派ノ關係、又國王陛下ノ恐怖心、種々ナコトカラ、既ニ陛下ガ自分ノ王宮ニモ居ラレルコトガ出來ヌト云フガ如キ有樣デアリマスカラ、ナカ〳〵此鐵道ノ如キコトモ、サウ短氣ニ致スコトハ出來ナイ、決シテ一度結ンダ所ノ條約ヲ、全ク廢棄スルト云フ意思デナイト云フコトハ十分分ッテ居リマスカラ少シ御待チナサイ、必ズ是ハ朝鮮政府ハ必ズ條約ヲ履行スル時ガ來ルデアラウ、所ガ諸君悦ブベキコトヲ御報知シマスガ、尤モ是ハ新聞デ御承知デアルガ、幸ニ朝鮮國王陛下ハ王宮ニ還ラレマシタノデ、又此度ノ內閣ハ大分鞏固ナ內閣デアルト思ヒマス、併ナガラ其後ノ報知ニ接シマセヌカラ、ドウナリマスカ、十分陛下ガ安心ナサレテ、鞏固ナ內閣ガ出來レバ、勿論此約ハ履行サルヽニ違ヒナイト存ジマス、決シテ朝鮮ヲ恐ルヽデモナイ、朝鮮ヲ侮ルデモナイ、此約ヲ履行スルニ就イテ、他ノ國ニ遠慮スルデモナイノデアリマス、正當ノ權利ヲ請求スルコトハ、少シモ躊躇スベキコトデナイ、併ナガラ人ノ困難ニ乘ジテ、强ヲ恃ンデ弱ヲ凌グト云フ如キコトハ出來マセヌ、國ノ名譽ニ於テ出來マセヌ、併ナガラ最早時ハ來ル、決シテサウ長イコトハナイト信ジマス

○鈴木充美君（六十九番） 議長

○小室重弘君（二百九十六番） 議長

○議長（鳩山和夫君） 鈴木充美君

○小室重弘君（二百九十六番） 鈴木君ノ方ガ先キノ樣ニ聽キマシタ

○議長（鳩山和夫君） 先キニ發言ヲ求メマシタ

○鈴木充美君（六十九番） 今日幸ニ本員カラ呈シマシタ質問ニ對シテ、日露協商條約ヲ公ニ此席ニ於テ外務大臣ガ御述ニナリマシタコトハ實ニ感謝ノ至リニ存ジマス、而シテ各條ノコトニ就イテ唯今御答辯下サレマシタガ、尙ホ少シク續イテ御說明ヲ仰ギタイコトガアルノデゴザイマス、唯今日露協商條約ナルモノハ御朗讀ニナリマシタケレドモ、兎ニ角一應ノ事デ、未ダ詳シクドウ云フ意味デアルカト云フコトハ明ニ胸ニハ落チマセヌガ、兎ニ角段々前後ノ御演說カラ伺ヒ、且ツ一應協商ノ明文ヲ伺ヒマシタ所ニ依レバ、露國ト我國トハ互ニ對等ノ位地ヲ守ッテ、朝鮮ノ獨立ヲ互ニ一致シテ保護シヤウト云フコトノ精神カラ成立シタノデアラウト云フコトハ、御說明ニ依リ且ツ本員モ信ズル所デアリマスル、而シテ本員ガ呈シマシタ質問ノ第一項ハ、十分御答ニ於テ分リマシタ、第二項ニ對シマシテ、是ハ日露協商ノ條約ノ中ニハ、何等ノ規定ガナイト云フ簡單ナル御答ガアリマシタ、成ル程唯今伺ヒマスレバ、日露協商條約中ニハ兵ノ訓練ヲスルノハ、如何樣ニスルト云フノデアルト云フコトハ承ラヌヤウニ存ジマスガ、其第三箇條デアリマスカ、第何箇條デアリマシタカ、露國ニハ、成ルベク朝鮮ノ內國人ヲ以テ軍隊警備等ノ事ヲ掌ラシムルト云フコトデゴザリマス、外カラハ成ルベク干涉ヲシナイト云フ精神ニナッテ居ルヤウデアリマス、然ルニ朝鮮ノ狀況ハ、此協商條約ノ成立シマスル以前ニハ、日本ノ士官ガ兵ノ訓練ヲ掌ッテ居ッタ位デ、即チ日本ガ彼ヲ支配スル幾ド全權ヲ持ッテ居ッタ位デアル、然ルニ協商ニ依ッテ對等ノ位地ニナルト云フ精神デアルナラバ、縱令明文ノ上デハ兵ノ訓練ト云フコトマデ書イテナクトモ、條約、苟モ國際條約デ、互ノ間ニ平等ノ權利ヲ以テ朝鮮ノ國ヲ協立シテ助ケテ往クト云フ趣意デアリマスナラバ、縱令明文ニ兵ノ訓練等ノ事ガナクトモ、單一ニ露國ノ一方ニ兵ノ訓練等ノ如キ、最モ大事ナ事柄ヲ致サセテ置キナガラ、如何ナル照會ニモナラズ、其儘御捨置ニナッタノデゴザイマセウカ、先般ノ御演說中ニ伺ヒマス所ニ據レバ、一國ノ外交ノコト、云フモノハ、決シテ國ト國トニ於テ、一箇國ノミデハ事ノ治ルモノデナイト云フコトハ伺ヒマシタ、如何ニモ御尤ト存ジマスル、併レナガラ他人ガ吾ノスルコトニ他人ガ喙ヲ容レルト云フダケニ、吾モ亦他人ノスルコトニ喙ヲ容レル權利ト云フモノハ、外交上明文ガナクテモ出來ルコトデアラウト思ヒマスルガ、即チ第二ノ兵ノ訓練ノコトニ就イテハ、如何ナル程度マデ我外務省ハ御懸合ニナッタノデアリマセウカ、又是ハ何デモナイカラ、捨テテ置イテ宜イト云フノデ、其儘放任ニナッタノデアリマセウカ、此點ヲ先ヅ第一ニ伺ヒタイノデアリマス、尙ホ第二ニ伺ヒタイノデアリマスガ、餘リ長クナリマスカラ、是ダケ句切ッテ御尋致シマス、併シドウゾ御席デ……

○外務大臣（伯爵大隈重信君） ドウカ此處カラ御免ヲ願ヒタウゴザイマス、ソレヲ御答ヲスルコトハ、少シク私ハ今此處デ御答スル時機デハナイト思ヒマス、此前內閣、前ノ外務大臣、若クハ莫斯科ノ戴冠式ニ、全權大使ノ往カレタ其關係ヲ述ベナイデハナリマセヌガ、是ハ今日私ハ述ベルコトハ、甚ダ日本ノ國際上利益デナイト思フ、又私ガ其事ニ就イテ執ル所ノ方針モ、今是ヲ公ニスルノハ甚ダ利益デナイト思ヒマス、併シ表面上、即チ朝鮮ノ獨力以テ自ラ國王陛下ノ安全ヲ保ツタメ、兵隊ヲ組立ツルト云フコトニ附キ朝鮮王陛下ガ其意思ヲ以テ、或ハ露西亞ノ士官、若クハ日本ノ士官ヲ備フト云フ、或ハ日本ノ士官ヲ備フコトガアルカモ知レマセヌ、是等ノ事ハ、今明言スルコトハ甚ダ時機デナイト思ヒマス

○鈴木充美君（六十九番） 外交上ノ事ニ就イテ、祕密等ノ事ガアラウト云フコトハ能クマデモ私ハ察シテ居ル所デアリマス、故ニ國家ノタメニ、今日明言ニナラヌヲ是トスルト云フ御答デアリマスレバ、其點ハ決シテ私ハ進ンデ伺フ譯デハアリマセヌ、併シ唯今ノ御答ノ最末ノ御言葉ニハ、朝鮮ノ國王カラノ依賴ニ依ッテ、露西亞ガシタノデアルカラ、構ハヌト云フヤウニ、チョット語氣ニ伺ッタ樣デアリマスルガ、若シソコマデダケハ御明言ニナルト云フコトナラバ、其ヤウナ場合ニ於テハ、關係セズシテ矢張捨テ、御置キニナルト云フノデアルカ、又特ニ外交ノ祕密上ニ御取リニナル所ガアルノデゴザイマスカ、祕密ナラバ決シテ御問致シマセヌ、尙ホ是ダケノ御答ヲ願ヒマス

○外務大臣（伯爵大隈重信君） 其以上御答スルコトハ今日時機デナイ、唯差支ノナイ限ハ、即チ朝鮮王陛下

ノ身體ヲ保護スルダケノ兵ヲ訓練スルト云フノデゴザイマス

○鈴木充美君(六十九番) 猶ホ先刻此日露協商ニ關シテ御述ニナリマシタ御言葉ノ中ニ、少シク判然ト伺ヒ兼ネマシタ、少シ場所ガ隔ッテ居リマスカラ、聽取リ惡クッテ判然ト伺ヒ兼ネマシタガ、既ニ朝鮮國ハ明カニ我日本トノ間ニ、十分感情ガ和ライダノデアルカラ、國王モ既ニ還宮ニナッタト云フ所ノ御話ヲ伺ッタノデアリマスガ、成ル程本員モ承ル所ニ依レバ、國王ハ還宮ニナッタ趣デアリマスガ、其還宮ト云フノハ明禮宮ト云フ處ニ御歸リニナッタノデ、此明禮宮ハ露西亞ノ公使館ノ直グ鄰、決シテ國王ノ平常御住居ニナル處デナイト云フコトハ、吾々モ承知シテ居リマス、其平常ノ御住居デナイ處マデ、單ニ露西亞ノ直グ鄰デアルト云フ處マデ御歸リニナッタト云フコトハ、既ニ又餘程變則ノヤウノコトデアリマスガ、感情ガ和イデ、最早安心ト認メテ御歸リニナッタト云フコトマデニ、此日露協商ニ依ッテ感情ガ和イデ御歸リニナッタト云フコトデアリマセウガ、尙ホ加ヘテ伺ヒマスルノハ、確實ナル報知ノヤウニ聞イテ居リマスノハ、近頃露西亞ノ水兵ガ八十八人大砲一門ヲ率ヰテ、露西亞ノ公使館ニ入ッタノデアルカ、或ハ王宮保護ニ入ッタノデアルカ、京城ニ這入ッタト云フコトデアリマス、是ハ單一ニ露西亞ノ兵ガ這入ッタト云フコトナレバ何デモナイデアリマスルガ、此協商ノ條約ノ趣旨ニ依リマスルト、斯ノ如キ兵ガ國王ノ身體ヲ保護スルタメニ若シ入ッタノデアルト云フコトナラバ、隨分容易ナラヌコトデアラウト思ハレマスルガ、是等ノ事ニ就イテハ御取調ニナリマシタノデアリマセウカ、或ハ又ソレ〳〵御照會等ニモナリマシタノデアリマセウカ、ドウ云フ御手續ニナッタノデアリマスルカ、一應御尋致シマス

○外務大臣(伯爵大隈重信君) チョット御答致シマス、明禮宮ハ露西亞公使館ノ鄰デハナイ、餘程隔ッテ居ル、併シ元ノ王宮デハナイ、併シ王宮ニ相違ナイ、ソレカラ露西亞ノ水兵ガ八十八人大砲一門ト云フモノハ事實デアル、事實デアルガ、決シテ王宮ノ保護デハナイ、王宮ニハ朝鮮ノ兵ノ外ニ決シテ露西亞ノ兵ハ居ナイ、卽チ其八十八人ハ全ク是マデ公使館ニ在ル所ノ水兵ノ交代デ、ソレデ八十八以上ノ水兵ガ居ルノデアル、ソレハ時々交代シマス、別ニ怪シイコトハナイ、多分國王陛下ノ歸ラレタ時デアルカラ、何ニカ意味ガアルヤウニ人ガ感ジタカ知レマセヌ、少シモ意味ガナイ

○鈴木充美君(六十九番) 唯今御答ニ依リマスト、朝鮮ノ兵ガ這入ッタノハ少シモ意味ノナイコトデアルト云フ御答デアリマスガ、單一ニサウ伺フト、甚ダ異ナ感ジノ起リマシタノハ、是ハチョット露西亞ノ政府ガ自分ガ辯護スルタメニ云フノ言葉ノヤウナコトデハナカラウカト聞エルノデアリマス、併ナガラ全ク其事實ハ確デアルト云フコトマデモ、或ハ御照會ニナリ、或ハ露西亞ノ公使ニ應接ニナッタ結果、御確メニナッタノデアリマセウカ、單ニサウ看做ストニフマデノ話デアリマセウカ

○外務大臣(伯爵大隈重信君) 失禮ナガラ、チョット能ク分ラナカッタカラ

○鈴木充美君(六十九番) 詰リ、要スル所、ソレハ確ニ露西亞ノ公使館ニデモ御照會ニナッテ、御認ニナッタノデアリマスカ、又一概ニサウニ違ヒナイト、單ニ御想像ニナルノデアルカト云フノデ

○外務大臣(伯爵大隈重信君) 別ニ聞クノ必要モ何ニモナイ、公使館カラノ確ナ公ノ報告デアル、疑ナイト信ズル

○鈴木充美君(六十九番) 然ラバ單ニ是ハ何ノタメニ――公使館保護ノタメデアルト云フコトニ御信用ニナルト云フマデノ御答デ

○外務大臣(伯爵大隈重信君) 勿論デ

○鈴木充美君(六十九番) ソレナラバソレデ宜イ、然ラバ尙ホ一ツ伺ヒマス、既ニ伺ヒマシタ銀行ノ事ハ、三百万圓ノ金ノコトハ、ソレハ事實ナイト云フ御答デアリマス、先ヅ此案ニ就キマシテハ、今日國家ノタメニ答辯スルコトガ不可デアルト云フ御答デアリマスル以上ハ、其點カラ關聯ヲ致シマスルカラ、然ラバ質問ハ是丈デヨシマス

○小室重弘君(二百九十六番) 今日ハ、大隈外務大臣ガ自ラ質問ニ御答辯デゴザイマス、此前ノ時ニハ其演說ガ甚ダ廣漠デアッタカラ、私共ハ是々ト云フコトヲ捕マヘテスルデハナイガ、今日ハ日露朝鮮ノ事ニ關シテ二三點ヲ伺ヒタイト思ヒマスル、色々質問ガ前後スルカモ知レマセヌガ、玆ニ四ツノ御說明ヲ仰ギタイ、私ハ曾テ大隈君ガ野ニ在ラレタ時分ニ、斯ウ云フコトヲ大隈君ノ言トシテ聞イタヤウデゴザイマシタ、卽チ朝鮮ノ獨立ハ、日本ノ獨力ヲ以テ爲スコトガ出來ルト云フヤウニ聞イテ居ッタト思ヒマスガ、ソレデ日露協商ト云フコトニハ、反對ノ御意見デアルヤウニ承ッテ居ル、併ナガラ今日ハ此朝鮮ノ獨立ヲ保ツニ就イテハ、日本ト露西亞ト共同ヲシテ往カナケレバナラヌト云フコトヲ外務大臣ハ御認メニナッテ、サウ云フ方針デ、是ヨリ進ンデ行カレルト云フコトガ一ツ、ソレカラ第二ハ此間還宮事件ノ裁判、彼ノ裁判ノ宣告書ヲ讀ンデ見マスルニ、其中ニ此亂黨ヲ致唆シタ人間ノ中ニハ、「京釜鐵道ニ關係ガアル一人ノ外人ガアルト云フコトガ書イテアリマス、一人ノ外人ガ此亂黨ヲ助ケタト云フコトガ、明確デアルト書イテアル、ソレデ此宣告書ヲ見マスルト、自國人ト明ニ外人ト書イテアルヤウデゴザイマスケレドモ、「玆ニ書イテアル京釜鐵道ニ關係アル外人ト云フノハ、何者ヲ指シタノデアルカ、若モ日本人トスルナレバ、是一ツノ研究シナケレバナラヌ問題デアラウト考ヘマスガ、今大隈君ノ御演說ニ據レバ、朝鮮ハ日本ニ對シテ感情ガ和イデ居ル、或ハ喜ブベキコトガアル、好情ヲ表シテ居ル、皆斯ウ云フ宜シイ方ノ側カラノミ御話デゴザイマシタガ、ソレハ大キニ是等ノ點ハ私共疑念ガアル、ソレカラ次ハ大隈君ハ曾テ某ノ會ニ於テ斯ウ云フコトヲ申サレタヤウニ聞イテ居リマス、朝鮮ハ半開國デアル、未ダ開ケザル國デアルカラ、隨分外國人ヲ忌嫌フト云フ國民デアッテ、攘夷的精神ノ國デアルカラ、事ニ依ルト日本ノ國民ノ、朝鮮ニ在ル人民ノ或ハ生命財產等ガ危イコトガアッテモ、ソレハ怪ムニ足ラナイト云フヤウナコトニ承知シテ居ル、其演說ヲ聽イタ者カラ直接ニ聽イタコトガゴザイマス、近頃朝鮮ニ於テ今ノ大隈伯ノ御演說ニ據レバ、朝鮮ニ在ル日本人ハ、隨分安全ニ商賣ヲシテ歩イテ居ルト云フ御話デゴザイマシタガ、併シ此程滄隱洞アタリニ於テ、朝鮮ノ惡ルイ者ノタメニ劍ヲ被リ、財ヲ奪ハレタ者ガアルノデゴザイマス、若シ斯ノ如キ事ニ就イテ御掛合ヲ爲サレタノデアルカ、彼ノ國ハ日本ノ外務大臣ガ朝鮮國內ノ人民ハ未開ノ人民デアルカラ、生命財產ノ安固ハ托スルコトハ出來ナイノハ怪シムニ足ラナイ隨分險呑ナモノデアルト、御前サンノ方ノ大臣ガ言ッテ居ルカラ、二人ヤ三人殺サレテモソレハ認メテ居ルジヤナイカ、斯ノ如ク向フガ言ッタラ何トスルデゴザリマセウカ、最後ニ今一ツ伺ッテ置キタイノハ、今御演說中ニゴザリマシタ、大喪ノ時朝鮮ガ日本ヘ公使ヲ寄越シタ――大喪ニ列シタト云フコトハ承知致シテ居ル、是ハ誠ニ朝鮮ガ我皇室ニ對シテ好意ヲ表シタニ相違ゴザリマセヌガ、露國ノ如キ或ハ共他ノ國ニ就イテ、私共ガ聞

キマスル所ニ依ルト、露國ヤ或ハ獨逸ガあれきさんどる皇帝ノ時、或ハまとりつく先帝ノ時ニモ、我帝室ハ之ニ對シテ喪ニ服セラレタト云フコトハ人ガ皆知ッテ居ルノガ、此度　英照皇太后ノ御崩御ニ就イテ、露國其他ノ國ハ果シテ喪ニ服シタコトハゴザリマセヌカ、是ハアナタノ御演説中ニ、朝鮮ノ公使ガ　太后ノ御崩御云々ト云フコトニ關聯ヲ致シテチョット伺ッテ置キマス

○外務大臣(伯爵大隈重信君)　四ツデスナ、此處カラ御免ヲ蒙リマス、第一箇條ハ……

○小室重弘君(二百九十六番)　朝鮮ノ獨立保護ノ……

○外務大臣(伯爵大隈重信君)　第一箇條ハ朝鮮ノ日本單獨デ獨立ヲ保護スルト云フ問題デスナ、宜シイ第二箇條ハ……

○小室重弘君(二百九十六番)　宣告ニ就イテ……

○外務大臣(伯爵大隈重信君)　ソレニ日本人ガ關係、宜シイ第三箇條ハ……

○小室重弘君(二百九十六番)　朝鮮ノ國内ニ於ケル日本人ノ生命財產ハ……

○外務大臣(伯爵大隈重信君)　先ヅ御答致シマス、朝鮮ノ獨立ヲ私ガ嘗テ單獨デ保護スルト言ッタノハ、勿論朝鮮ノ獨立ニ同意スルコトノ目的ヲ得ルニ就イテ御不審、成ル程嘗テ私ハ記憶ハ致シマセヌガ、日清戰爭ノ時代ニサウ云フコトガアッタカモ知レマセヌ、併ナガラ既ニ明治二十九年ニ、日本政府ハ山縣大將ヲシテ、莫斯科ニ於テ露西亞外務大臣ト朝鮮ニ於ケル協商ガ起ッタンデアル、其協商ノ起ル前ニ於テ、其當時ノ狀況ハ既ニ御話シタ通デアル、ソレヲ繼續シテ私ガ即チ何處マデモ、今日朝鮮ニ於ケル政略ハ執ッテ往ク積デアル、今此政略ヲ變ズルト云フコトハ、國ノタメニ不利デアル、果シテ東洋ノ平和ヲ保チ單獨デ保護シヤウト思ッテモ、朝鮮ノ獨立ガ目的デアル以上ハ、目的ヲ安固ニスルコトガ出來ル以上ハ、露西亞、合衆國若クハ英國、其他列國共同デモ敢テ問ハナイノデ、目的ヲ達スル上ニ就イテハ同一デアル、ソレカラ第二ハ私ガ嘗テ朝鮮ハ未開ノ國デアルニ依ッテ、甚ダ危イト云フコトヲ言ッタト云フ御話デアルガ、決シテソレハ誤解デアリマセウ、ソレ等ハ既ニ四箇月前ニ、日韓貿易協會ニ於テ述ベタ、ソレヲ傳聞シタカ、或ハ其筆記ヲ御覽ニナッタカ知ラヌガ、ソレハドウカ御熟讀下サイ、決シテサウ云フ意味デハナイ、日本人ガ朝鮮ニ於テ愼マナケレバナラヌト云フ意味ヲ述ベタノデアル、ソレカラ共次ハ……

○小室重弘君(二百九十六番)　宣告ニ就イテ大臣ノ一人ガ……

○外務大臣(伯爵大隈重信君)　其次ハ何デモ朝鮮ノ軍隊ノ大將達ガ、往々露西亞公使館カラ外ヘ出サウト云フ其事ニ、日本——日本トハ明言シナイガ、京釜鐵道ニ關係ノ人ガ與ッテ居ルト云フ御話デシタ、ソレハ甚ダ訝シイ宣告デアル、ソレガ今京城ノ公使ニ訓令ヲ傳ヘテ、今既ニ朝鮮政府ニ掛合ッテ居ル次第デアル、ソレカラ最後ノ御問ハ、是ニ御答スルコトハ甚ダ宜シクナイト思ヒマス、是ハ事帝室ニ渉リマシテ、兩國ノ帝室ニ渉リマシテ、或ハ交際國ノ帝室ハ同情ヲ表シテ喪ヲ發セラレルカモ知レマセヌ、歐羅巴ノ喪ノ例ハ多分親族間ニ行レルヤウデアリマスカラ、或ハムヅカシイカモ知レマセヌ、併シ是ハ外交ノ問題ト稱スベキモノデナイカラ、之ニ對スル答辯ハ無用ト思フ

○小室重弘君(二百九十六番)　最後ノ此度ノ　皇太后ノ御崩御ニ就キマシテ、西洋各國ガ日本ノ喪ニ服スヤ否ヤト云フコトニ就イテ御答ニナリマセヌケレバ、強イテ私ハ御問ヲ致サウトハ申シマセヌガ、聞ク所ニ據レバ、マア申シテ見マスレバ、御目出度イコトデモ、凶事ノ場合デゴザリマシテモ、隨分外交家ノ手腕ト云フモノハ、斯ウ云フ場合ニ非常ナ働ヲ爲スモノデアラウト思ッテ居ル、既ニ露國ノ戴冠式ノ頃ニ、露國外交家ノ手腕ニ依レバ、列國ノ總テノ人ヲ舊都ニ集メテ、アノ通立派ナ儀式ヲ爲スコトガ出來ルノデゴザイマス、果シテ然ラバ此外交家ノ御腕前次第デハ、隨分西洋各國ガ日本ノ國ノ喪ニ服スルコトハ、出來得ラレルノデアラウト吾々ハ考ヘテ居ルノデゴザリマスガ、是ダケ承ッテ置キマス、聞ク所ニ據ルト、露西亞ガ發當人デアッテ、サウシテ和蘭ノヘーぐ府ニ於テ、列國相會シテ日本ノ帝室ノタメニ喪ヲ擧ゲナイ——擧行致サヌト云フコトヲ極メタ、斯ノ如キコトガ現ニ新聞紙等ニマデ公ニナッテ居ルコトデゴザリマスガ、隨分我國ノタメニ一考シナケレバナラヌコト、思ヒマスカラ、サウ云フコトハ決シテゴザリマスマイ、是カラ後又喪ニ服スル場合ガアラウト思ヒマス、其邊ハドウ云フ御考デスカ

○外務大臣(伯爵大隈重信君)　決シテ此事ニ就イテ各國相談ヲシタト云フヤウナコトハ決シテナイ、併ナガラ國ニ依ッテ——或國ニ於テハ、嘗テ日本ノ帝室ニ對シテ、或ハ宗教ガ違ヒ、或ハ慣習カ違フニ拘ラズ、喪ヲ發スルト云フコトニ就イテ、列國ガ互ノ間ニ喪ヲ發スルコトノ相談ヲシタト云フ國ハアリマス、別ニ喪ヲ發セナイヤウト云フ相談ヲシタト云フ國ハ、少シモ承ラナイ、無論ナイト思ヒマス

○重岡薫五郎君(百十五番)　唯今詳細ナル所ノ外務大臣ノ御演説ヲ聽キマシテ、我日本ト朝鮮ノ關係ト云フモノガ極テ明ニナッタト思ヒマス、其關係ニ就キマシテ、最モ必要ナル所ノ外交ニ就キマシテ、近日官報ノ報ズル所ニ據ッテ見マスレバ、一等領事ヲ致シテ居リマスル所ノ加藤增雄氏ナル者ガ、進ンデ辨理公使ニナリマシテ、原特命全權公使ノ代リニナリマシタデゴザイマス、此事柄ハ實ニ日韓外交上ニ就イテノ大イナル關係デゴザイマスガ、前日大隈外務大臣ノ御演説ニ據リマスレバ、外交ノ方針トシテ、日本ノ國是トスル所ハ、外交ハ規模大ナラザルベカラズト云フ方針デアルト聽得タノデゴザイマス、然ルニ此國是ヲ執リナガラ、前外務大臣ガ豫テ特命全權公使ヲ置ク所ノ國ニ向ッテ、新ニ特命全權公使ヨリ一步下ッタル所ノ辨理公使ヲ置イテ、所謂外交ノ操縱ヲスルト云フコトハ、果シテ前日ニ述ベラレタル所ノ、日本ノ國是トスル所ノ外交ノ規模ハ大ナルコトヲ期スト云フ原則ニハ適ッタルコトデアリマスカ、イカサマ人間ノ技術ト致シマシテ、或ハ辨理公使デアラウガ、代理公使デアラウガ、大使デアラウガ、何デアラウガ、其人ノ技倆次第ニ在ルト云フナレバ、是ハ別ノ問題デゴザイマスガ、唯今日ノ外交、歐洲各國トノ外交ニ於テ、公使ノ位地、公使ノ資格、此資格ト云フモノハ、是ハ外交ノ懸引ニ於テ重大ナル關係ヲ有シ、辨理公使ヨリハ一層重大ナル信任德望ト云フモノヲ有スル次第デゴザイマス、然ルニ前日ヨリ下ッタ人ヲ置イテ、是ガ外交ノ規模大ナルヲ期スル事柄デアルカ、又其原則ニ適ッタルコトデアリマスカ、是ハ日韓外交ニ就イテ必要ナル問題ト考ヘマスカラ、ドウカ腹藏ナク遠慮ナク、外務大臣トシテ此點ニ就イテ御説明アレバ、甚ダ本員ノ幸福デアリマス

○外務大臣(伯爵大隈重信君)　決シテ御心配ナサルナ、辨理公使デモ宜シイト思フ、又朝鮮ト今日大分交際ヲ結ンデ居ル國ガアリマスガ、辨理公使ヲ置イテアル國ハ少イ、多クハ代理公使デ、最モ關係ノ多イ所ノ獨國ノ露西亞ガ代理公使、英國ノ如キ國ハマダ公使ヲ置カナイ、今マデノ日本ハ少シ位置ガ

高過ギタ、是ハ一時ノ事情ガアッタカラデアリマスガ、最早事情ガ經過シマシタカラ、辨理公使デ十分デ、朝鮮今日ノ外交ハ過タヌ積デアリマス

○重岡薫五郎君(百十五番) 唯今ノ點ニ就キマシテ、別ニ心配ヲ要スルニ及バナイ、斯ウ云フコトデアルナラバ、最早議論ノ必要ハナイノデアル、本員ノ問フ所ハ、外交ノ規模ハ大ナルヲ要スルト云フ方針ニ適ッテ居ルヤ否ヤヲ問フノデアル

○外務大臣(伯爵大隈重信君) 分リマシタ

○重岡薫五郎君(百十五番) 辨理公使ニナルト云フノハ、所謂縮小ノ方針デハナイカ、縮小ノ方針デナイナラバ、ナイト云フ御意見ガ聽キタイノデ、心配ヲスルニハ及バヌ、彼ハ遣ッテ呉レルデアラウ、他ノ國ハ斯樣ナ關係デアルトカ、斯樣ナコトハ本員ハ質問シナイノデアル

○外務大臣(伯爵大隈重信君) 私ハアナタノ質問ヲ誤解シタンダ、御尤デアル、少シモ私ノ方針ニハ違ハナイ、前日ノ方針デアル

○元田肇君(百十二番) 私モ一ツ伺ヒマスルガ、本員ノ申シテ伺ヒマセウト思ヒマスコトハ、大隈伯爵ノ在野ノ時分ニ彼是言ハレタ事ヲ、ドウトカ云フヤウナ事柄デハナイ、唯今ノ御答ニ、朝鮮ノ獨立ヲ保護スルト云フコトニ就イテハ、露西亞ト日本ト協力シテ遣ルト云フコト、此日露協商條約ハ今日ノ場合デ適當ト認メテ、自分ハ此方針ヲ執ルト云フコトヲ、自分ハ確ニ伺ヒマシタ、其次ニ御述ニナリマシタ所ニ據リマスト、朝鮮ノ獨立ヲサセルニ必要ナレバ、露西亞ハオロカ、歐羅巴列國トモ、或ハ亞米利加大陸トモ、皆中ニ混ゼテシマッテ、此事ヲスル積リデアルト云フ御答デアリマシタガ、畢ニ外交ノ方針トシテ述ベラレマシタ所ハ、寧ロ外交ノ方針デナクシテ、斯ノ如キ問題ガ卽チ朝鮮ニ對スル外交ノ方針デアラウト本員ハ思ヒマス、デ、外務大臣閣下ハ、詰リ朝鮮ノ獨立ト云フコトガ目的デアッテ、其タメニハ時ノ場合ニ依ッテ、露西亞ト一緒ニナリ、或ハ英吉利、或ハ歐羅巴中央列國ノ問題トシテ、朝鮮ノ獨立問題ニ關係シタコトハ、歐羅巴列國ノ中ニ當嵌メルト云フコトヲ、時機一ツデドウデモスルト云フコトデゴザイマシタガ、本員ガ質問致シマス譯ハ、凡ソ朝鮮ニ對シテ、日本帝國ノ外交方針ト云フモノハ、獨力デ遣ル、日露協商シテ遣ル、大方針ガ立ッテ居ルト云フコトガ當リ前デハナイカ、獨立ト云フコトヲ一ツ維持スルタメニハ、何處ノ國トデモ、時ノ宜シキニ從ッテ殆ド目的ノ定ラズシテ御變ヘニナルヤウニ御話ニナリマシタカラ、伺ヒマス

○外務大臣(伯爵大隈重信君) 分リマシタ、御尤ノ御尋デス、決シテ一定ノ方針ナクシテ、何處トデモ遣ルト云フ意味デナイ、此朝鮮ノ獨立ト云フ目的、其獨立ト云フ目的ガ常ニ一定不動ノモノデハナイ、既ニ此明治二十七年ト云フモノハ、朝鮮ノ獨立ヲ危クセントスル秋ニ當ッテ、其時ニ日本政府ハ支那ト共同シテ、朝鮮ノ改革ヲシヤウト企テ、遣ッタノガ、御承知ノ通、日清衝突ノ原因トナッタノデアル、其時ノ場合ハ卽チ日本政府ハ支那ト相談ヲシテ、朝鮮ヲ改良シテ、朝鮮ノ獨立ヲ扶植シヤウト企テタノデアル、所ガドウモ時勢ガ變化シテ、先刻述ベタ樣ニ日露協商ト云フコトノ已ムヲ得ヌ場合ニナリマシタ、既ニ日露協商ニ於ケル意思ヲ同クシタタメニ、日露協商ト云フコトガ起ッタノデアル、而シテ今日ハ稍ゝ朝鮮モ秩序ヲ回復シテ、此一年半前トハ大分向キガ變ッテ來タノデアル、併ナガラ他日朝鮮ガドウ云フ運命ニ出遇フカ、ドウ云フ困難ガ起ッテ、朝鮮ノ獨立ヲ危ウスルコトガ起ルカ、ソレハドウセ豫メ察スベキコトデナイ、併ナガラ日本ノ目的ハ、何處マデモ朝鮮ヲ獨立サセルト云フノデアルカラ、其目的ニ向ッテ朝鮮ノ獨立ヲ危クスルト云フ如キ國ガアッタナラバ、日本ト同一ニ、日本ノ目的ニ同情ヲ表シテ出來ルモノデアレバ、何レヲモ問ハヌト云フノデアル、是ハドウモ申スマデモナイコトデアリマス、併ナガラ唯今日カラ大方針ナク、何處トデモ一緒ニ遣ルト云フ、サウ云フ意味デハナイ

○小松三省君(八十番) 本員モ大隈伯ニ一應承リタイ事ガアリマス、大隈伯ハ現今外務大臣トシテカラ、我外交ノ職ニ當ラレテ居ル御方デゴザイマス、凡ソ此政治家トシテカラ、自ラ信ジタ所ノ方針ト云フモノヲ、朝ニ定メテ夕ニ變ヘルト云フコトハ出來ナイコトデアル、若シ誠實愼重ニ事ヲ考ヘタ政治家デアルナラバ、朝ニ考ヘテ定メタ方針ヲ、夕ニ忽チ變ヘルト云フコトハ、政治家ノ恥デアル、又國ノ外交方針ヲ時々變動シテカラ、一國ノ政治一國ノ國是ヲ誤ルモノデアル、大隈伯ガ野ニ在ル時ニ當ッテ、大隈伯ハ確ニ獨力朝鮮ノ獨立ヲ扶植スルト云フ御意見デアッタト云フコトハ、本員ノ確信スル所デアリマス、又大隈伯ヲ首領トシテ居ル所ノ進歩黨ノ諸君モ、必ズ大隈伯ガ獨力朝鮮ノ獨立ヲ扶植スルノ目的デ、是マデ野ニ在ラレタト云フコトヲ定メテ御存ジデアラウト思フ、然ルニ大隈伯ハ今日内閣ニ入ッテ以來、翻然其方針ヲ改メテ、日露協商デモ宜シイ、甚シキハ朝鮮ノ獨立ヲ完クスルノ目的デアルナラバ、何レノ邦國ト共ニ協商シテヤッテモ宜シイト云フガ如キ演説ヲセラルルハ、意外ノ感ニ堪ヘラレヌノデゴザイマス、私ガ質問致シタイコトハ、大隈伯ガ野ニ在ル時ニ當ッテ、獨力朝鮮ノ獨立ヲ扶植スルト云フノ目的デアッタ、サウシテカラ朝鮮ノ事ニ就イテ、日露協商ヲシタト云フコトハ外交上ノ秘密デアッタカラ、大隈伯ガ自ラ外務大臣ト爲ラレテ其椅子ニ著カルヽマデハ、必ズ日露協商ノ存在ハ知ラナカッタノデアルト思フ、サウシテ見レバ大隈伯ガ外務大臣ノ椅子ニ著ク其寸時マデハ、獨力扶植ノ考デアッテ、外務大臣ノ椅子ニ著カルヽヤ、翻然東洋ノ形勢宇内ノ大勢ニ察セラレテ、日露協商ガ宜イト改メタノデゴザイマセウカ、若シ斯ノ如キ御意見ヲ、椅子ニ著ク瞬間ニ前後セラルヽヤウナ外務大臣デアルナラバ、吾々ハ實ニ此外交事務ヲ托スルニ於テ、甚ダ危險ヲ感ズルカラ、其事ニ就イテ御答辯ヲ願ヒタイ

○外務大臣(伯爵大隈重信君) 一向今ノ質問ハ了解シマセヌガ、誠ニドウモ在野ノ時ニ獨力扶植ヲスルト云フ話ヲシナサルガ、ソンナコトハ知ラナイノデアル、ソレカラ朝鮮ニ於ケル外交政略ハ勿論一定ノ政略ヲ持ッテ居ル、其政略ハ今諸君ニ遺憾ナガラ公ニスルコトハ出來ヌデアリマス(此時小松三省君起立ス)御控ヘナサイ(「是ハ怪シカラヌ」ト呼フ者アリ)又「議長ノヤル職務デアル」ト呼フ者アリ、(議場騷然タリ)全體發言中デアル

(「大臣ガ御控ヘナサイト云フコトハナイ、ソレハ議長ノヤルコトデアル」ト呼フ者アリ)

○議長(鳩山和夫君) 唯今ハ外務大臣ノ發言中デアルカラ――

(此時議場騷然發言ヲ求ムル者多シ)

(平田箴君「外務大臣ハ勝手ニ發言ヲナサルガ、發言ヲ許サレタカ」ト呼フ議場騷然發言ヲ求ムル者多シ)

○議長(鳩山和夫君) アナタハ誰ニ發言ヲ許サレマシタカ――外務大臣ノ演説ノ終ッタ後ニ發言セラレンコトヲ希望致シマス

(草刈親明君「唯今ハ誰モ發言シテ居ル者ハアリマセヌ」ト呼フ)

○議長（鳩山和夫君） 質問ハ何ンノ質問デスカ、議場整理ノ事ニ就イテヾスカ

○徳増源太郎君（五十九番） 質問ガアル

○徳増源太郎君（五十九番） 外務大臣ニ質問スルノデス

○議長（鳩山和夫君） 議場整理ノ事ナラ宜シイガ……

○目黒貞治君（百九十八番） 本員ハ議場整理ハ議長ノ職權ニ在ルコトデ、決シテ國務大臣ガ議員ニ對シテ命令シテ喙ヲ容レベキモノデナイ、是ハ失言デアラウト思ヒマスカラ、取消ヲセラレタイ

○折田兼至君（百二一番） 目黒君カラ外務大臣ノ言ニ就イテ失言デアルカラ取消スト云フ請求デアルガ、私ハ外務大臣ノ辯護ヲスルデモ何デモナイ、已レガ發言ノ權利ヲ有シテ居ル中ハ、他ノ人ノ發言ヲ制スルハ其人ノ權利ニ屬スベキコトデ一向差支ナイ、ソレノミナラズ今マデノ先例トシテ、諸君ガ演壇ニ登ッテ演説スル時ニ、他人カラ妨ゲラレテ「御控ヘナサイ」ト云ハレタコトハ常ニアル、ソレノミナラズ國務大臣トシテ、先年第一ノ議會ノ時、山縣首相ヲ始メ、其後屢〻國務大臣ヨリモ、其發言中他ニ向ッテ「御控ヘナサイ」ト云フ言葉ガアッタ、決シテ我輩ハ外務大臣ノ辯護ハシナイガ、謝スルニハ及バヌト思ヒマス

（此時徳増源太郎君「外務大臣ハナゼ逃ゲル、ナゼ逃ゲル、質問スルノニナゼ逃ゲル」ト呼フ）

○議長（鳩山和夫君） 議長ノ考ヲ一應言ヒマスガ、從來ノ慣例ニ依リマスト、發言權ヲ得タル人ガ、登壇中其發言中ニ他カラ妨ゲル者ガアル時ニハ、諸君ノ中ニハ、今自分ガ發言中デアルカラ、默ッテ御控ヘナサイト云フ言ヲ用ヒタコトガアル、外務大臣ハ「御控ヘナサイ」ト云ッタヤウニ思ヒマスガ、矢張其事デアルト考ヘル、此發言ヲ終ルマデ默ッテ居レト云フコトデアル、ソレハ今マデノ慣例ガ許シテアルト考ヘル

○元田肇君（百十一番） 私ハアンマリ彼是申シタクハアリマセヌガ、吾〻議員ガ演壇ニ登ッテ演説中ニ妨害ヲ加ヘタ時ニ「御待チナサイ」ト云フコトガゴザイマスガ、ソレト唯今ノ大隈外務大臣閣下ノ、アスコノ自席ヨリ殆ンド議員ヲ無視シテカラニ「控ヘ」ト云フコトハ同一ニ取ラル丶デアラウカ、或ハ此邊ニ就イテ私ハ大隈伯ト差向ヒ御話デアレバ、ソレハモチットヒドイコトヲ言ハシデモ宜イガ、衆議院ノ神聖ヲ保ッ上ニ於テハ、ドウカ大隈伯ニ於テモ、是ハ帝國衆議院デアルト云フコトヲ頭ニ持ッテ居ラレタイト云フ注告ヲ一言シテ置キタイ、併テドウカ議場ノ餘リ問題ニナラヌヤウニ、議長ヨリ大隈伯ニ御注意アランコトヲ望ミマスガ、尙ホソコニ加ヘテ唯今ハ質問中デ――質問半バデ起ッタガ、外務大臣ハ如何ニシテ去レタカ（「逃ゲタ逃ゲタ」ト呼フ者アリ）ドウカ此問題ガ濟ンダラ、折角今日ハ隨分勉メラレテ答辯セラル丶コトデアルカラ、今一應御答下スッタラ滿足デアラウト思フ

○議長（鳩山和夫君） モウ別ニ外務大臣ガ居ラレヌヤウデアリマスカラ、別ニ此議論ヲシタ所ガ仕樣ガナイ、何ニカ動議ガ起レバ兎モ角モ、動議ガ起ラナケレバ、議長ハ日程ニ移ラウト考ヘマス

鈴木充美君ヨリ朝鮮兵ノ訓練ニ關スル件ニ付質問書ヲ提出セラレタリ
（左ノ質問書ハ朗讀ヲ經サルモ參照ノタメ茲ニ掲載ス）

朝鮮兵ノ訓練ニ關スル質問主意書

右成規ニ據リ提出候也

明治三十年三月十二日

提出者　鈴木充美
贊成者　片岡健吉
外二十九名

朝鮮兵ノ訓練ニ關スル質問主意書

一　曩ニ本員カ提出シタル日露協商條約ニ關スル質問ノ第二項ニ對シ大隈外務大臣ハ露國カ陸軍士官ヲ京城ニ派出シ朝鮮軍隊ヲ訓練シ居ルコトハ事實ナレトモ是事ハ日露協商ニ何等ノ關係ヲ持タサル旨答辯セラレタリ然ルニ本員カ茲ニ疑惑ヲ生スル所ノモノハ山縣大將ノ如キ軍事ニ老達ナル大使カ特ニ露國ニ派遣セラレナカラ軍隊ノ訓練ニ關係スルカ如キ重大ノ事件ヲ不問ニ附セラレタリトノ事ハ甚信シ難シ依テ問フ日露協商條約ニ關係ナシトスルモ其他ニ兵ノ訓練ニ關スル條約ノ締結セラレタルコトナキヤヤ否

二　假ニ明文ヲ以ヲ以テ締結セラレタル條約ナシトスルモ言語ノ上ニ於テ契約セラレタルコトナキヤ否

三　假ニ其條約ナシトスルモ朝鮮國ノ兵ヲ訓練スルカ如キ重大ノ事柄ヲ露國士官ニ一任スルハ實ニ我帝國ノ爲メニ不利ノ甚シキモノナリ然ルニ大隈外務大臣ハ「朝鮮國王陛下ノ身體ヲ保護スルダケノ兵ヲ訓練スルト云フノデゴザリマス」トノ言ヲ以テ本員ノ質問ニ答ヘラレタリ果シテ然リトセバ外務大臣ハ朝鮮政府ニ對シテモ亦露國政府ニ對シテモ之カ懸合ヲ爲サス朝鮮國王陛下ノ意思ニ一任セラレタルモノナルヤ否

右重テ及質問候也

○鈴木充美君（六十九番）　曩ニ本員ガ日露協商條約ノコトニ關シマシテ本院ニ質問ヲ提出致シマシタ所ガ、去ル二十六日ニ大隈外務大臣ガ自ラ當院ニ出頭セラレテ委シク答辯ヲ致サレタコトハ、誠ニ本員ノ滿足スル所デアリマス、唯一ツ甚ダ遺憾ニ感ジマスル所ハ、本員ノ質問ノ第二項ニ對シテハ、未ダ明瞭ナル答辯ヲ與ヘラレテ居ラヌコト、信ズルノデアリマス、卽チ其質問ノ第二項ト申スノハ、露國ノ政府ガ朝鮮ノ京城ニ陸軍士官ヲ派出シテ、朝鮮ノ軍隊ノ訓練ノコトヲ致シテ居ル、此事ニ就イテハドウ云フ有樣デアルカト云フコトヲ質問致シタノデアリマスル、然ルニ外務大臣ガ此第二項ニ對シテ答ヘラレマシタニハ、露國ガ陸軍士官ヲ京城ニ派出シテ、朝鮮軍隊ヲ訓練致シテ居ルト云フコトハ事實デアル、併ナガラ此事ハ日露協商條約ニ何タル關係ヲ持タヌト云フコトヲ以テ大臣ハ答ヘラレマシタ、然ルニ本員ハ此事ニ就イテハ、今進ンデ問ハナケレバナラヌト云フ必要ヲ感ズルノデアリマスル、何故ナレバ、朝鮮ノ軍隊ヲ何レノ國ノ士官ガ訓練ヲスルカト云フコトハ、唯獨リ我國ノミナラズ、各國ガ共ニ注目スル所デアリマスル、最モ國際上ニハ大事ノ關係ヲ持ッ原因ヲ惹起スノデアリマス、然ルニ此日露協商條約ヲ取結ブ際ニ、露國ニ派遣セラレタ人ハ誰デアルカト云フト、我國デ軍事上ニハ最モ老練ナル所ノ山縣大將自ラ露國ニ派遣セラレテ、其任務ニ當ラレタノデアル、山縣大將ノ如キ軍事ニ最モ熟練セラレタ人ガ、露國ニ派遣セラレテ居リナガラ、斯ノ如キ大事ノコトヲ不問ニ付セラレタト云フコトハ、誠ニ信ジ難イコトデアリマスル、全ク是等ノコトヲ不問ニ付シテ何事モ言ハズニ居ラレタカト云フヤウナコトハ、到底山縣大將其人ニシテアルマジキコトデアラウト信ジマスル、然ルニ豫テ大隈伯ガ或ル政友ニ向ッテ語ラレタト云フ風說ガアリマスルノハ、此度日露協商條約ヲ世ノ中ニ公ニスルケレドモ、是ハ唯其一斑ニ過ギナイノデアル、全部ハ顯サヌト云フコトデアル、政友ニ向ッテ話サレタト云フコトデアリマス、斯ノ如キ事ハ勿論一ノ風說タルニ過ギナイコトデアリマスルカラ、本員モ決シテ是ヲ信ジハ致シマセヌ、大隈外務大臣自ラ議會ニ出ラレテ、日露協商條約ハ是ナリト顯サレタ以上ハ、其他ニマダ協商條約ガアラウト云フコトハ勿論私ハ信ジナイノデアリマス、併ナガラ此疑ヲ起サザルヲ得ヌコトハ、彼ノ山縣大使ガ露國ニ派遣セラレタ當時ニ、丁度朝鮮カラモ閔某ガ大使トナッテ露國ニ使シテ居ッタサウデアリマス、丁度此日露協商條約ノ相談ノ始ッタトキニ、朝鮮ノ大使ハ露西亞ニ向ッテ、我邦ノ兵隊ノ訓練ノ事ヲシテ貰ヒタイト云フ請求ヲ致シタ所ガ、露西亞ノろばのふ公ニ於テモ、是ハ容易ナラヌ事デアル、日本ト露西亞トノ間ノ關係ヲ非常ニ危險ニナラシメルコトデアルカラ、卽時ニ答ヘルコトハ出來ヌト云フコトヲ以テ、先ヅ山縣大使ニ相談ヲセラレタ所ガ、山縣大使ハ其樣ナ事ハ斷然許サレナイ、日本ニ於テハ不承諾デアルト云フコトヲ答ヘマシテ、ソレガ將ニ朝鮮軍隊ノ訓練ノ事ヲ露西亞デ務メルト云フコトハ止メニナッタト云フコトハ、殆ド世人ノ一般ニ知ッテ居ル所デアリマスル、斯クマデ山縣大使ガ其當時ニ注意セラレタ所ノ軍隊ノ訓練ノ事ハ、今日何事モ協商ノ上ニハ載ッテ居ラズ、何タル約束モナイト云フコトハ事實ニ於テドチラカラ見テモアラレ得ベキコトトハ思ハレナイノデアリマスル、然ルニ曩ニ申シマシタ如ク、外務大臣ガ當院ニ於テ話サレマシタノハ、日露協商條約ニハ何モ關係ハ持タナイト言ハレタノデアリマスル、果シテ日露協商條約ニ關係ガナイトスレバ、ソレデ宜イガ併シ日露協商ト名ケル條約ニハ關係セズトモ、其外ニ何カ名前ノ付イテ居ル條約ガアッテ其中ニ兵ノ訓練ノ事ヲ規定シタコトガ何モナイカ、之ヲ問フノデアリマスル、日露協商條約ハ先般公ニセラレタ、此中ニ成ル程ナイヤウデアリマスケレドモ、其他ノ名前ヲ以テデモ兵ノ訓練ノ事ニ約束ガ全ク怠ッテアッタコトハ到底山縣大使ノ所爲トシテ見ラレナイノデアリマスカラ、何事カ是ニ就イテハ條約ガアルデアラウ、其アルナラバ如何ナルモノガアルカト云フコトヲ第一ニ問フノデアリマスル、次ニハ或ハサウ云フ明文ガ無イト云フコトデアルカモ知レマセヌケレドモ、曩ニモ申シマスル如ク、現ニ其當時朝鮮カラ要求セラレテ、ろばのふ公ガ山縣公ニ相談ヲシタコトガアルト云フ位ナラ、此事ガマルデ不問ニ付シテアル氣遣ハナイカラ、口上デ以テナリトモ何カ約束ヲシタコトガナイトハ申サレマイト思フ、口上ノ約束ハ何ウル用ヲ爲サヌト云フカモ知レマセヌガ、其樣ナ事ハ國際上ノ交際トシテ決シテ言ハレルコトデハナイ、國際上ノ事ニ於テ一國ノ大使ガ明ニ約束ヲシテ置イタ事ハ、縱令口約ト雖モ確ニ守ルダケノコトハ勿論ナケレバナラヌ、ソレエ違背シタトキハ、ソレ〳〵掛合フ途モアラウト信ジマス、然ラバ何カ言葉ノ上ニ於テデモ約束シタコトガアルカ否ヤ、是レ亦第二ニ問ハントスルノデアリマス、斯クマデ穿ッテ此兵ノ訓練ノ事ヲ問ヒマスト云フノハ、此兵ノ訓練ト云フコトハ、實ニ我邦ニ取ッテ恥辱トカ何カ云フ位ノ事ニアラズシテ、我日本ガ故ラニ大兵ヲ舉ゲテ朝鮮ノ獨立ヲ保護シヤウト云フ目的ヲ立テ、數千人ノ血ヲ流シ屍ヲ積ンデ得タ所ノ結果、マルデ今度朝鮮ノ兵隊ノ動キ方ト云フモノハ、露西亞ノ隨意ニナルト云フガ如キコトニナッタナラバ、我邦ニ於テハ容易ナラス危險ヲ起ス、國家ノ上ニ重大ナル事デアラウト信ジマスルカラ、如何ナル程度デ是ガ進デ居ルカト云フコトヲ明白ニシタイノデアリマス、假ニ數歩ヲ讓リマシテ、若シ明文茲ニ言語ノ上ニ於テモ、朝鮮兵訓練ト云フコトノ何タル條約ガナイト致シマシテモ、斯ノ如キ重大ナ事柄ヲ、若シ露國政府ガ恣ニ行フタト云フナレバ、決シテ日本ハ之ヲ默々ニ附スルコトハ出來ナイノデアリマスル、是ハ日本ノミナラズ、英國タリト雖モ、既ニ此事ニハ大イニ注意ヲシテ居ル趣デアリマスル、英國カラノ電報ヲ或ル新聞ガ載セテ居リマスル、是ハ必ズ正確ノモノデアラウト信ジマスルガ、英國ノ外務次官かーずん氏ガ、英國衆議院ニ於テ演說シタ中ニハ、此朝鮮京城ノ英國ノ總領事カラ報告ニ依ッテ、露西亞ノ士官ガ朝鮮ノ軍隊ヲ訓練シツヽアル趣デアル、若シサウデアルナラバ、是レ實ニ容易ナラヌコトデアル、斯ノ如キ事ガアルナラバ、露西亞國ハ實ニ不當ナ甚シキ事ヲシタモノデアルト云フコトヲ、英國ノ外務次官スラモガ注意シテ、激ク論ジテ居ルト云フコトデアリマス、然ルニ英國ノ如キハ數千里ノ波濤ヲ隔テ、居ル遠國デアリナガラ、此露西亞ノ兵ガ朝鮮兵ヲ訓練スルト云フコトニ就イテハ、斯クマデ氣遣フテ居ルノデアリマス、又其事ノ眞僞ハ未ダ未決トシテ居リナガラモ、斯クマデ疑ヲ抱イテ居ルニ拘ラズ、容易ナラヌコト、シテ之ヲ處置シテ居ルノデアリマス、然ルニ我日本デハドウデアリマスルカ、縱令言語ノ約束ガナイト致シマシテモ、我邦ノ如ク最モ必要ナル親密ナル關係ヲ持ッ所ノ朝鮮ニシテ、露西亞士官ノ訓練ヲ受ケテ居ルト云フコトヲ、其儘ニシテ置カレルト云フコトガアラレ得ルコトデゴザリマセウカ、斯ノ如キ事ヲ放任シテ置イタナラバ、實ニ我國家ノ不利益是ヨリ甚シキモノハナイト云フテ宜イト信ジマス、然ルニ過日大隈大臣ガ本院ニ出席セラレタ時ニ、本員カラシテ質問ニ答ヘラレテ、斯ノ如ク言ハレタノデアリマス、朝鮮國王陛下ノ身體ヲ保護スルダケノ兵ヲ訓練スルト云フノデゴザイマスト云フコトニ答ヘラレマシタ、成程朝鮮國王陛下ノ身體ヲ保護スルタメデアルカ知ラヌケレドモ、陛下ノ身體ヲ保護スル所ノ兵ナレバ、最モ朝鮮國ニ取ッテハ、アノ君主國ニ取ッテハ最モ必要ナル兵デアル、其兵ヲ訓練シテ居ルノデアリマス、則チ露西亞ノ士官ガ訓練シテ居ルト云フコトハ、明ニ答辯ヲセラレテ居ルノデアリマスル、尙ホ進ンデ問フタ時ニ、朝鮮國王ノソレハ意思ニ依ッテ、斯ノ如ク極ッタルノデアリマスル、或ハ日本ノ士官ハ雇フカ知ラヌ、或ハ露西亞ノ士官ハ雇フカ知ラヌ、斯ノ如キハ朝鮮國王ノ意思ニ依ッテ出來タノデアト云フコトヲ、外務大臣ハ答ヘラレタノデアリマスル、然ラバ朝鮮國王ノ意思ニシテ、露西亞ノ士官ヲ雇フトモ、佛蘭西ノ士官ヲ雇ハフトモ、英吉利ノ士官ヲ雇ハフトモ、日本ノ外務大臣ハ國王陛下ノ意思カラ出タノデ、ソレギリデ之ヲ見捨テヽシマハレル趣意デゴザイマセウカ、實ニ國家重大ナ事柄ニ對シテ、斯ノ如ク放任主義ノ事ヲシテ居ルト云フコトハ、容易ナラヌコトデアラウト思ハレマスガ、因テ問フ所ハ、大隈外務大臣ハ露西亞政府又ハ朝鮮政府ニ向ッテ、如何ナル談判ヲ爲シ、如何ナル掛合ヲセラレタノデアルカ、而シテ共結末ハドウナッテ居ルカ、此事ヲ明ニ答辯シテ貰ヒタイ、ト云フモノハ、先日ノ答辯ニ對シテ未ダ滿足スルコトガ出來ヌカラ、尙ホ進ンデ問フタ譯デアリマス

○小室重弘君(二百九十八番)　私ハ病氣ノタメニ二三日缺席ヲ致シマシタガ、今日ハ一ノ質問書ヲ政府ニ提出致シマシテ、其趣意ヲ茲ニ陳述致サウト思フノデゴザリマス、諸君ト私共ハ今日ヲ以テ此議會ノ終リノ日ヲ迎ヘ、之ニ袂ヲ分ツ譯デアリマス、或ハ議案ガ澤山アッテ、時間ガ切迫シテ居ルト言ッテ、諸君ハ吾々ノ演說ヲ妨ゲントスルカモ知ラヌ、併ナガラ諺ニ謂フガ如ク、怠ケ者ノ節句働ト云フ樣ナコトハ、私共感心シナイノデアル、私共ハ自己ノ得タル權能ニ依ッテ、出來得ルダケ思フ所ヲ述ベヤウト思ヒマス、退イテ此第十議會ノ終リノ今日ニ至ルマデノ有樣ヲ私共ガ考ヘテ見マスルト、殆ド此衆議院ナルモノハ、衆議院ノ多數ナルモノハドウ云フ有樣カト云ヘバ、政府案贊成ノ死シタル器械ト云フヤウナ有樣デアルト云フコトハ、世人ガ屢々洪歎致シテ居ル所デアル、私共ハ必シモ諸君ノ所信ニ依ッテ爲サレタモノニ就イテ、敢テ妄ニ之ヲ非難スル譯デハゴザリマセヌケレドモ、第十議會ガ此九十日間ニ爲シ來ッタ跡ヲ見ルナラバ、是ガ果シテ名譽アル、光榮アル、我憲法ノ光ヲ輝カシタ議會ト言ッテ、長ク記憶サル、モノデゴザリマセウカ、或ハ又此議會ガ今日ノ場合ニ於テ、國民カラ如何ナル蔑ミヲ以テ、或ハ如何ナル失望ヲ以テ見返ラル、コトガアラウカ、是ハ誠ニ此終ノ日ニ於テ吾々ト諸君ト憂慮ニ堪ヘヌ譯デゴザイマス、併ナガラ今日ハ私共ノ提出シタ此質問ニ就イテ、先ヅ一言添ヘテ置キタイノハ、過日紀綱ノ紊亂、政道ノ壞廢ト云フコトニ就イテ、現内閣ガ爲シ來ッタ金權政治ノ罪惡、憲法ヲ蹂躙シタル惡業、是等ノコトヲ列擧シテ大イニ内閣大臣ニ問フタノデゴザリマシタ、ソレヲ諸君ノ中ニ、或ハ小室重弘ヲ懲罰ニ處スルト云フコトヲ工藤チンキウ君ナドハ言ッタコトガアッタ、併ナガラ私共ハ若モ當時懲罰委員ニ付セラレタナラバ、却テ自ラ之ヲ光榮トシタカモ知レナカッタ、併シ諸君、内閣ハ私共ノ質問ニ對シテ何ト云フ答ヲシタカ、紀綱紊亂、政道壞廢トシテ列擧セラレタルハ事實ニアラズト申シタデゴザリマス、若モ諸君、諸君ノ前ニ顏ガ眞紅ニナッテ、金時ノ火事見舞ト云フヤウナ顏ヲシテ、足ハ千鳥足ヲシテ、舌ハ呂律ガ回ラヌ、サウ云フ樣ナ酒醉ヒガ諸君ノ前ヲ通行シタトキニ、酒ヲ飲ンダノハ事實ニアラズト答ヘタナラバ、諸君ハイカサマ酒ヲ飲ンダノハ事實デナカラウト信ゼラレルデアラウカ、吾々ハ現内閣ガ爲シタコトニ就イテ、必ズ紀綱ノ紊亂ナリ、政道ノ壞廢ナリ、富豪ノ結托ナリ、官職ノ私約ナリ、議員ノ買收ナリ、斯ノ如ク列擧シタノデゴザリマス、併ナガラ之ニ對シテ列擧シタル所ノモノハ、事實ニアラズト答ヘタノハ、恰モ爛醉者自ラガ、酒ヲ飲ンダノハ事實ニアラズト吾々ニ答ヘタルト同ジコトデ、此答ハ諸君何ト云フ判斷ヲ國民ガ下スデアラウカ、或ハ私ニ向ッテ然ラバ此次ニ不信任ノ決議案ヲ提出スルガ宜カラウ、不信任投票ヲ以テ決スルガ宜カラウト言ハレマシタガ、既ニ政府ノ御答ハ投票ヲ以テ信任、不信任ヲ決スルマデモナク、吾々ハ諸君ノ中ノ頭數ノ多數ハ知ラナイガ、此議院ノ外側ニ圍マレタ、諸君ノ後ロニ立ッテ居ル四千万ノ國民ガ、其公平ナル偏頗ナキ判斷ハ、之ニ對シテ澤山ニ白イ札ヲ投ジテ、結構ニ此信任、不信任ヲ決スルコトデアリマセウ、吾々ハ更ニ進ンデ現内閣ノ諸公ガ、此内閣ヲ組織スル始ニ於テ、國民ニ誓ッタル其言葉、卽チ所謂其政綱ナルモノニ就イテ、大イニ疑訝ニ堪ヘヌコトガゴザリマスカラ、今其或ルモノヲ列擧シテ問フテ見ヤウト思ヒマス、諸君、我立憲政體ガ段々進ミ來ッテ、此明治三十年ノ第十議會ニ至ッテドウシタ譯デアラウカ、金權政治ノタメニ、此政治社會ノ腐敗ノタメニ、松方内閣ガ注イダル毒ノ酒ニ醉ハサレタガタメニ、誠ニ此憲法政治ニ蹉跌ヲ來シタノデアル、吾々ハ之ヲ評シテ梅花開カントシテ北風塞シト云フ有樣デアラウト思フ、我憲法ガ段々發達スルニ當ッテ、花ノ將ニ開カントシテ北風ガ塞クシテ、此憲法ノ發達ヲ妨ゲタ、蹉跌セシメタト云フヤウナ次第デゴザイマス、是ニ對シテハ吾々ハ現内閣諸公ガ當時國民ニ向ッテ公ニシタル言葉ニ對シテ、如何ニ其言責ニ背キツ、アルカト云フコトヲ質サナケレバナラヌ、去年ノ秋今ノ内閣諸公ガ始テ職ニ就クニ當ッテ、如何ナル宣言ヲナシテアルカ、其中ニ諸君モ御承知デゴザリマセウケレドモ、皆ハ讀ミマセヌガ、斯ウ云フコトガ書イテアル「内ハ國民ノ輿論ニ考ヘ外ハ列國ノ形勢ニ察シ誠實以テ經營ノ務ヲ致シ鞠躬以テ補弼ノ職ヲ盡シ帝國議會ノ協贊ヲ完スルヲ務メ至尊ニ對シテ大政ノ責ニ任セント欲ス」此言葉――ニ對シテ大政ノ責ニ任ゼント欲スト云フコトハ、對議會無責任主義トシテ、既ニ世間ノ定論ノアルコトデゴザリマスカラ、別ニ申シマセヌガ、是ヨリ進ンデ其肝要ナ項目ニ就イテ聽カナケレバナラヌ、其財政ヲ整理シ、出入ノ均衡ヲ保タシメ、外交ノ方針ヲ改メ、國權國利ヲ振張シ、言論集會ノ自由ヲ擴張シ、又行政改革ヲ斷行シ、官紀ヲ振肅シ、教育ヲ奬勵スル、或ハ軍備ハ國力ニ適應セシムルコト、實業ヲ奬勵スルト云フヤウナコトヲ明々白々ニ列擧致シテ居ル、是ハ進歩黨ノ諸君モ吾々ト同感デアラウ、卽チ吾々ト同樣ナ質問ガ進歩黨ヨリ出ナイノハ却テ不思議ト思フ位デアリマス、ナゼナラバ進歩黨ノ諸君ガ是等ノ事項ヲ松方内閣ガ宣言シタニ就イテ、何ト云フ決議ヲシテ居ルカト云フト、諸君ガ自ラ天下ニ發表サレタル決議ニ依レバ、是等ノ松方内閣ガ出サレタ宣言ニ就イテハ、我黨ノ方針ト大差ナシ……タント違ッテ居ナイ、ソレ故ニ是等ニ就イテハ、贊成ヲシヤウ、併シナガラ言葉ガ徒ニ立派デ行ヒガ其實ニ適ハヌコトハ、決シテ政治家ノ取ラヌ所デアルカラ、内閣ガ之ヲ實行シナイトキハ、我黨ハ之ヲ攻擊スル責ガアルト、斯樣ニ進歩黨諸君ハ天下ニ宣言セラレタノデアル、然ラバ今日ニナッテ果シテ是等ノ宣言ノ如ク、事實ノ上ニ於テ行レテ居ルデゴザリマセウカ、如何デゴザリマセウカ、現内閣ガ列擧セラレタ政綱ニ就イテ言ッテ見マシタナラバ……若シ英國ノ奇矯ナルちやーちる卿ノ如キ人ガ之ヲ評シタナラバ、何ト云フデゴザリマセウカ、所謂萬能膏ノ廣告デ、總テノ病氣ヲ皆集メテ、己ノ藥ハ何デモ皆利クト云フヤウナ廣告ヲシタト言ッテ、彼ガ評シタガ如ク、總テ是等ノモノハ吾々モ異議ハナイ、其通行レバ結構デゴザリマスケレドモ、果シテ内閣諸公ガ其言責トシテ、此通ニ行ッテ往ッタカト云フコトヲ、二三ノ事實ニ就イテ吾々ノ論議ヲ述ベテ見マスレバ、先ヅ財政ヲ整理スルト云フコトハ、ドウデアルカ、諸君、今日財政ノ不整理ト云フコトハ、私共茲ニ述ベタナラバ、人ヲ代ヘテモ、日ヲ重ネテモ、尙ホ述ベ盡セヌデゴザリマセウケレドモ、試ニ諸君ガ此間決シタバカリノ通過シタテノホヤ〱デアル所ノ彼ノ金貨法案ノ如キモノハ何デアルカ、或者ハ是ヲ以テ誠ニ日本ノ財政ニ適シタモノデアル、是ニアラズンバ以テ我國ノ戰後ノ經營ヲナスコトハ出來ヌト大層ニ太鼓ヲ叩キ喇叭ヲ吹イテ、サウシテ此案ニ贊成シテ居リマスルケレドモ、諸君、彼ノ貨幣法ト云フモノガ、何シニ出來タカト言ッタナラバ、裸體ニ粉飾ナシニ、天ノ見ルガ如クニ、僞ナク此新法ヲ評シテ見マシタナラバ――內閣ハ務テ是ヲ以テ政略デハナイ、財政計畫ニハ關係ガナイト頻ニ辯解的ニ論ズル譯デゴザリマスケレドモ、若モ遠慮ナク是ヲ言ハシメタナラバ、三十年度ノ豫算ニ於テ六千万圓ノ穴ヲ――大穴ヲ明ケテシマッタ、此穴ヲ塡メルコトガ出來ナイ、何ヲ以テ是ヲ塡メルカト言ッタナラバ、外國ノ借金ヲ以テ、卽チ公債賣却、外債募集ヲ以テ是ヲ塡メヤウト云フノデアル、之ヲ塡メルタメニ、穴塡メノ政略、借金政策ヲ執ッタノハ天下識者ノ既ニ認メテ居ル所デゴザリマスル、寧ロ天下萬衆ノ明認スル所デアリマスル、然ラバ諸君、金貨法ト云フ立派ナ名目ノ下ニ、借金政策ヲ以テ之ヲ塡メルト云フコトニ致シタモノデアル、果シテ斯ノ如キモノヲ以テ財政ノ整理ヲ爲シタト言ヒ得ルカ、又今日ノ膨大ナル所ノ此經濟膨張ヲ仕過ギタ所ノ此經濟、而シテ之ヲ收入ト比ベレバ非常莫大ナ不足ヲ生ジテ、不均衡ノ甚シキモノヲ以テ、之ヲ以テ能ク其出入ノ均衡ヲ得タモノデアルト言フコトガ出來ルカ、尤モ可笑シイ話ハ鈴木君ガ貨幣問題ノ時分、大藏政府委員ニ聞イタラ何ト言ッタ、田尻君ハ例ノ如ク首ヲ振リ目ヲ剝イテ曰ク、募集デゴザイマス、募集ト云フコトハ募集ノコトダト言フヨリ外ニ、一言ノ言葉ヲ吐クコトモ出來ナカッタ、松方伯ノ所謂抱負トハ借金政略ニ外ナラヌコトデアル、吾々ハ彼ノ埃及ノ歷史ヲ繰返スマデモナク、印度ノ歷史ヲ繰返スマデモナク、斯ウ云フモノ、前途ハ如何ニ成行クカト云フコトヲ考ヘテ見マシタナラバ、今日ニ於テ此財政ハ決シテ整理均衡ト云フコトハ出來ヌ、我國家ノタメニ決シテ安心ヲスベキモノト云フコトハ出來ナイト考ヘルデゴザイマスル、又其外交ノ方針ヲ改メテ、大イニ國權ヲ擴張スルトハ何ゾ、是ハ所謂進步黨諸君ノ言ハレタ對外硬ノ主義デゴザイマセウケレドモ、若モ現內閣ガ對外硬ノ主義ヲ以テ、外ニ對シテ强硬ノ政略ヲ執ルト云フ事實ヲ、實際其職ニ就イテ以來行ッタト云フコトデゴザリマシタラウカ、私ハ玆ニ大隈伯ニ對スル疑問ニ就イテ――幾ツモノ事實ヲ擧ゲテ問フテ見タイト思フ、ソレハ諸君、私共ガ過日來此外交ノコトニ就イテ大隈君ノ出席ニナッタトキニモ、色々聽イテ見マシタ、或ル新聞ノ如キハ吾々ニ向ッテ惡口ヲ言ッタ、小室ノ問フタ所ノコトハアレハ早稻田ノ閑居ニ於テ大隈伯ノ言ッタコトデアル、外務大臣トシテ大隈伯ガ言ッタコトデハナイト、甚ダ可笑シイ、又松方君ハ豫算委員會デアリマシタカ、斯ウ云フコトヲ言ハレタ、縮小方針ト云フコトハドウ云フ譯デアルカト或ル豫算委員ノ問ヒニ對シテ、松方君ハ之ニ答ヘテ曰ク、ソンナ世間話ヲ諸君ガ信ズルノデアルカト言ハレタ、諸君、立憲政體ノ政事家ハ斯ノ如キ無責任ナモノデアルカ、野ニ在ル時モ朝ニ在ル時モ、其人ガ箱根ノ温泉ニ在ル時デ在ッテモ、早稻田ノ閑居ニ在ル時デアッテモ、御影ノ別莊ニ在ル時デアッテモ、是等ノ人ノ一言一行ハ天下國民ニ對シテ責任ヲ持ッガ、立憲政治家ノ固ヨリナケレバナラヌ所ノモノデゴザリマス、然ルニ野ニ在ル時ニハ斯ウ云フ議論ヲシタガ、一度朝ニ立ッニ至ッテハ其議論ヲ取消シテシマフ、野ニ在ル時ニハ對外硬ノ方針ヲ執ッタガ一度朝ニ立テバ對外軟弱ノ主義ヲ執ッテモ構ハヌト言ッタラ、國民ハ何ニ依ッテ其政治家ヲ信ズルカ、吾々ハ敢テ今日ニ於テ我外務大臣ニ露國ニ對シテハドウスルカ、英吉利ニ對シテハドウスルカ、ソンナ獨佛其他世界列國ニ對スル我外交ノ方針ハ如何ト云フコトハ、サウ云フ大問題ハ今日短時間ノ場合ニ於テ差控ヘテ置イテ、假ニ最モ接近シタ最モ少イ、最モ吾々ニ關係ノ深キ朝鮮ノコトニ就イテ、二三ノ事實ヲ私ハ擧ゲテ見マセウ、諸君、大隈伯ハ過日吾々ニ答ヘテ、對韓政策ハ誤リマセヌ、朝鮮ニ對スル政策ハ決シテ誤ラナイ、諸君ハ御安心ナサイト云フコトヲ言ハレタ、定メテ多數ノ諸君ハ御安心ナスッテ御出ナサイマセウガ、本員ハ不肖ニシテ未ダ此言葉ヲ以テ安心スルコトハ出來ナイノデアリマスル、二三玆ニ朝鮮ニ對スルモノヲ擧ゲテ申シマシタナラバ、先ヅ第一前內閣ノ爲シタ所デモ、其前ノミミ內閣ノ爲シタ所デモ、外交ニ對スル總テノ事ハ、今日ノ政治家等ガ責任ヲ負フテ居ル譯デゴザイマスカラ、私共聽イテ見タイト思フ、先年來彼ノ防穀事件ノ顚末ハドウシタカ、朝鮮ノ政府ガ元山釜山其他ニ防穀令ヲ施イタ時分ノ顚末ハドウシタカ、吾々ハ今日ニ至ルマデ杳トシテ其消息ヲ聞イタコトハゴザリマセヌ、昨年濟州ノ防穀事件デゴザリマシテモ、其要求高ガドレダケデアッテ、今ドウ云フ結果ヲ得タカト云フコトヲ、吾々ハ聞イタコトハナイノデアル、又朝鮮ニ對シテ吾國ガ既ニ有ッテ居ル所ノ、既ニ取極メタ契約上得タ所ノ權利、又朝鮮ニ向ッテ吾々ガ權利上要求スベキ處ノ賠償等ニ就イテ、幾ラモ我國ガ此腰ノ弱イコトヲ示シテ居ルコトガ澤山ゴザリマスル、獨リ獨逸公使ガ生徒ノ頭ヲ鞭デブンナグッテ、サウシテ國ニ歸ッテ流星光底長蛇ヲ逸シテ、サウシテ知ラヌ顏ヲシテ居ルト云フコト抔バカリデハナイ、諸君、朝鮮ニ於テ先ヅ第一今日ノ大問題ナル鐵道ヲ架ケルト云フコトハドウシタカ、京城、仁川間ノ鐵道、或ハ京城、義州間ノ鐵道、斯ウ云フモノハ井上君ガ曾テ朝鮮ニ居ル時分ニ、日本政府若クハ日本政府ノ紹介レタルモノニ對シテ敷設スベキ所ノ權利――許スベキモノナリト取極メテ居タノデアル、卽チ日本人ノ外ニハ許スコトヲシナイト云フ約束デアルモノニ向ッテ、其コトヲ他ノ外人――米人佛人等ニ許シタト云フコトハ、諸君ガ知ッテ居ラル、通ノ譯デゴザリマスル、諸君、京城、釜山ノ鐵道ノ如キハ、大隈君ガ外務大臣ニナラル、ヤ必ズ責任ヲ負フテ遣ッテ見セルト云フコトヲ明言サレテ居ルコトハ、吾々ガ是等ノ關係者ヨリ能ク聽イテ居ルコトデアル、然ルニ怪シカラヌコトニハ、此日本ノ國ガ得タ所ノ權利ニ就イテ、却テ彼等ハ――朝鮮カラハ暴徒ガ出タカラシテ、暴徒ガ鎭定スルマデ之ヲ許スコトハ出來ナイ、然ラバ暴徒ガ鎭定シタナラバ――鎭定シタナラバコチラニ許シテ吳レイト云フコトヲ向フニ賴ンダ、抑々諸君、初ヨリ約束ノ上ニ得タ權利デアッテ見タナラバ、斯ノ如ク弱イ音ヲ吐イテ讓ルニハ及バヌ話デアッタンデゴザリマスルニ、尙ホ此京釜鐵道ガ成立タヌト云フコトデ、朝鮮ノ役人ニ向ッテ、ドウカ此京釜鐵道ガ成立タナイト云フト、日本國民ノ輿論ノ攻擊ガヒドイカラ、此方カラ金ヲ出サウ、王妃――閔后ノ葬式ノタメニ四十万圓ノ金ヲ出サウ、ソレ故ニ此京釜鐵道ヲ許サル、コトヲ周旋シテ貰ヒタイト、然ルニ其後拒絕ノ詔勅ガ韓廷カラ出タ、而シテ京釜鐵道ハ亞米利加人もーす商會ニ許シタ、而シテ此モノガ架ケルコトニナッタ、是デハ日本輿論ノ攻擊ニ堪ヘヌカラ亞米利加ニ人ヲ遣ッテもーすニ言込ンデ、ドウゾ御前ノ方ニ得タ所ノ權利ヲコチラニ讓渡シテ吳レイト云フ譯デ、日本カラ其約束ヲコチラニ讓受ケヤウト云フヤウナ卑屈千萬ナ掛合ノ結果ハ如何ニナッテ居ルカト言フニ、今ニ至ッテモ未ダ其落著サヘ付ケルコトガ出來ナイ、既ニ約束ヲ以テ得タ所ノ權利デハゴザリマセヌカ、彼ノ小弱國ニ向ッテスラモ對外硬ノ政策ヲ行フコトガ出來ナイ、抑々又過日モ大隈君ニチヨット質問シマシタ譯デゴザリマスガ、金宏集、鄭秉夏ノ徒ガ追刑ニ處セラレタ時分ニ、宣告文ノ中ニ何ト書イテアルカ、外國人ト結託シタトカ、或ハ外國人ノ煽動ニ依ッテ反逆ヲ起シタトカ云フコトガアル、此外國人ナルモノハ何ヲ指シタカト云フニ、京釜鐵道ニ關係アル外國人トアルカラ、日本人ヲ指シタニ相違ナイ、然ラバ斯ウ云フ不穩當ナモノハ宜シク我國ヨリ朝鮮ノ政府ニ向ッテ取消ヲ要求スベキ筈デアル、必ズ要求ヲシテ居ル筈デゴザリマセウ、然ルニ今日ニ至ルモ吾々ハソレ等ノ事實ガドウナッタカト云フコトヲ未ダ聞キマセヌ、其他近來朝鮮ノ內地ニ於テ、我國ノ人民ガ財產ノ危害、生命ノ危害ニ罹ルト云フモノモ澤山アルノデゴザリマスル、吾々ハ朝鮮ニ向ッテサヘ斯ノ如キ始末デアリマスレバ、其他ニ對シテ所謂對外强硬ノ主義ヲ執ッテ、日本ノ國權ヲ擴張スルト云フコトハ、如何ニシテ其約ヲ踐ンデ往クノデアルカ、其公言ヲ如何ニシテ履行サレル乎ト云フコトハ、甚ダ怪訝ニ堪ヘナイデゴザイマス、尙ホ諸君、願クバ二十分間程吾々ヲシテ論ゼシメヨ、內務大臣ハドウデアル、私共ハ現內務大臣ナル樺山君ガ其職ニ就カレテ以來、果シテ日本ノ內政ニ就イテ如何ナル方針ヲ以テ、此日本ノ內治ヲ爲スカト云フコトハ――始テ大臣ニナッタナラバ、此議會ニ來テ、此演壇ニ立ッテ、宜シク自分ノ執ル所ノ方針ヲ演說シテ、親切ニ立法府ニ向ッテ、其抱負ヲ吐クト云フコトハ至當ノコトデアラウト思ヒマス、然ルニ此間モ見レバ、御用新聞ト世ニ稱ヘラル、、現內閣ノ提灯ヲ持ツ新聞紙ガ何ト書イタカト云ンニ、今度新聞條例ガ改正ニナッタ、アレハ現內閣ガ言論ノ自由ヲ與ヘタノデアル、是マデ伊藤內閣ノ下ニ出來ナカッタノガ、今度ハ出來得ルコトニナッタガ、誠ニ現內閣ハ有難イ、頗ル之ニ對シテ稱贊謳歌シテ居ル譯デゴザイマスルケレドモ、此稱贊謳歌ハ見當ガ違フテ居ルト私ハ思フ、現內閣ガ新聞紙ニ對シテ果シテ言論ノ自由ヲ與フルト云フ方針デゴザリマシタナラバ、彼ガ如キ新聞紙ノ改正案ヲ出ス筈ハナカッタ、發行停止ヲ全廢シナイ所ノ、一部分ノ姑息ナル改正案ヲ出ス筈ハナイ、此新聞紙改正案ニ付イテ、吾々新聞紙ノ委員ガ如何シタカト云ヘバ、私共ハ之ニ對シテ反對シテ、「吾々ガ此發行停止全廢ナル所ノ修正ヲ作ッタ、御覽ナサレ、吾々ハ或ハ內務大臣ノ官邸ニ、拓殖務大臣ノ屋敷ニ出掛ケテ往ッテ、宵ル夜ナカ談判折衝ヲ爲シタノデアル、而シテ大臣等ハ苦ガイ顏ヲシテ應ジナイ、ヤットノコトデ叩附ケテ、是ダケノ改正案ヲ作ッタ、ソレデ政府ハ何ト言ッタカ、政府ハ諸君方ノ修正ニ贊成スルト云フコトハ申シマセヌ、政府ハ政府案ヲドコマデモ通サナケレバナラヌト云フコトヲ言ッタ、「吾々初ヨリ此內閣デ、言論ノ自由ニ就イテ、十分ニ保障ヲ與ヘルト云フ考ヲ持ッテ居タト言フコトハ出來ナイノデゴザイマス、モウ少シ遡ッテ之ヲ言ヘバ斯ノ如ク言論ノ自由ヲ保障スルト云フテ、宣告シテ居ルニモ拘ラズ、諸君ハ能ク記憶セラル、デアラウ、昨年ノ大問題デアッタ宮內省攻擊ハ何デアルカ、宮內省問題ニ就イテ、二十六世紀ガ宮相攻擊ヲ書イテ、サウシテ日本新聞ガソレヲ轉載シタ所ガ、日本新聞ガ其タメニ停止サレテ、其次ニ至ッテ二十六世紀ガ發行禁止ニナッタ、此事ニ就イテハ、內務大臣ハ何故ニ二十六世紀ヲソレマデ構ハヌデ居ッタノデアルカ、當時內相ノ曠職問題トシテナカ〳〵ヤカマシカッタノデアリマス、此人達ハ言論ノ自由ヲ尊重スルト云ヒナガラ、發行禁止停止ヲヤッタト云フコトハ、今日デハ盲從黨デアラウ、今日デハ何デモ盲メッポウニ起立サヘシテ居レバ宜イト云フ人々デモ、其時分ハマダ活氣ガアッタ、マダ活キテ居ル精神ガアッタカラ、內務大臣ニ向ッテ大攻擊ヲ加ヘタト云フコトハ、諸君方ハ能ク知ラル、所デアラウ(「君獨リ活キテ居ルカ」ト呼フ者アリ)吾々ハ是等ノ事ヲ以テ、必シモ現內閣ガ言論ノ自由ヲ擴張サレタト云フコトハ考ヘルコトガ出來マセヌノデゴザイマス、御覽ナサレ

(「自分ノ盲從スル時ハ如何」ト呼フ者アリ)此樺山君ガ水害地方ヲ巡廻サレタ時分ニ、斯ノ如キ水害地ノ人民ハ可哀サウナモノデアル、何トカ之ニ對シテ救濟ノ法ヲ立ツルト云フコトヲ公言シタニモ拘ラズ、吾々ガ水害地ノ地租特別處分法案ヲ出セバ、之ニ對シテ絕對的反對ヲ爲シタノハ何デアル、序ナガラ申シテ置キマスケレドモ、東京ノ市ニ向ッテ電氣鐵道ヲ設ケルト云ヘバ、前ノ大臣卽チ板垣君ハ、市ノ事業ハ公共ノ利益ヲ圖ラナケレバナラヌカラ、是等ハ市ノ事業ト爲スガ宜カラウト云ッタ、而シテ其方針ヲ取ッタ、然ルニ今ノ大臣ハ之ヲ私設會社ニ許スト、云ッテ居ルサウデス、今日モ新聞紙上ニ嘖々攻擊シテアルハ何ノ譯デアル、私共一々論ジ來レバ、此內相ノ方針ナルモノニ就イテ、頗ル疑ヲ懷ク所ガ多ウゴザイマス、又彼ノ行政整理ト云フ大イナル看板ヲ揭ゲテアルモノ、條約改正準備委員ト云フ大イナル文字ヲ以テ看板ヲ揭ゲテアルモノハ何デアルカ今ニ至ッテ一モ其結果ヲ見ルコトハ出來マセヌ、又官紀振肅ト云フヤウナコトガ、サモ立派ラシク政綱ノ中ニ書イテアリマシタケレドモ、此官紀振肅ノコトハ、此間アラ方攻擊シテ置キマシタカラ吾々ハ一々重ネテ攻擊スル必要ハゴザイマセヌケレドモ、兎ニ角斯ウ云フヤウナコトデ、官紀振肅ガ出來マセウカ、政道ノ壞敗、紀綱ノ紊亂等、列擧レタコトハ事實デナイト云フコトガ證言ヲ爲スコトガ出來ルデアラウカ、私共更ニ進ンデ拓殖務ノコトニ考ヘ至リマスレバ、甚ダ奇怪ナル考ガ起リマスデス、諸君、抑々今日ノ拓殖務大臣高島君ノ如キハ、何ヲ爲サッテ御出デニナルカ知ラヌガ、聞ク所ニ據レバ、議會ノ操縱策、卽チ議員ヲ操ツルト云フコトニ就イテ、大分忙シイサウデアル、卽チ議員ノ操縱ヲ爲スコトニ就イテ忙シイト云フ譯デゴザイマシテ、是等ノ議員ガ何ヲ以テ操縱セラル、カハ、吾々明言スルニ忍ビザル所デゴザイマスケレドモ、若モ議會ノ操縱熱ニ浮カサレテ、大切ナル臺灣ノ經營、北海道ノ經營ヲ徒爲ニ屬セシムルコトガアッタラドウデゴザイマス、臺灣ノ施政ニ就イテハ、世界列國ハ如何ニ之ヲ見テ居ルカ、日本ノ國民ハ新版圖ヲ統治スルダケノ能力ガアルヤ否ヤ、新ニ日本ノ版圖ニナッタ所ノ人民ヲ統治スルノ能力ガアルヤ否ヤト云フコトハ、世界列國ノ立ッテ見テ居ル所デアルデゴザイマス、其中ニ於テ武官ハ如何ニアルカ、武官ガ土匪ガ來レバ、其土匪ノ攻擊ニ怖レテ逃出シタモノモアル、或役人ハ商人ト結托シテ私利ヲ謀リ、情實モ、結托モ、賄賂モ公行シテ居ルト云フコトハ、日々ノヤウニ新聞紙ノ上ナリ、風說ノ上ナリ、吾々ノ耳朶ニ觸ル、所デアル、昨年ノ如キ文武官ノ軋轢ハドウデアル、御互ニ軋轢シテ、マルデ臺灣ハ行政上ノ圓滑ヲ圖ルト云フコトモ出來ナイヤウナ有樣ニナッテ居ルデゴザイマス、「諸君、此間モ鈴木君カラモ質問サレタ、「五月八日ニ至ッテ臺灣ニ在ル所ノ支那人、其支那人ハ日本人ニスルカ、逐出スカ、ドウスルカト云フコトハ一大問題デアル、然ルニ鈴木君ノ質問ニ對スル答ヲ讀ンデ見マスレバ、別ニ法律ヲ以テ規定シナイトカ、是等ニ就イテ處置ヲ誤ラナイヤウニ、怠ラナイニスルト云フ、漠然トシテ雲ヲ攫ミ烟ヲ捉ヘルヤウナ答デアッテ、斯ク〳〵斯樣ニ處置ヲスルノデアル、政府ハ責任ヲ負ンデ、臺灣ノ人民ヲ處分スルハ斯樣ナノデアルト、私共ニ向ッテ其方法ヲ明示シテ居ナイコトハ、誠ニ遺憾ノ至リト言ハナケレバナラヌデゴザイマス、今ノ內務大臣樺山伯ハ當時大奮發ヲ以テ、臺灣ノ土ト爲ルト言ッテ廣言ヲシテ自分ハドコマデモ臺灣ニ骨ヲ葬ッテ、臺灣總督ヲ務メヤウト言ッタ其先生ガ、マダ椅子ガ暖クナルカナラヌ中ニ、病氣デ候ト言ッテ、臺灣ヲ去ッテ來テ、妙ナ風ノ吹キ回シカ

ヲ其次ニ内務大臣ダト言ッテ威張ッテ居レバ、其人自身ノタメニハ結構デアルカハ知ラヌガ、日本國家ノ上ニ對シテハ、骨ヲ以テ臺灣ニ葬ッタ方ガ大イニ宜カッタデアラウト思ヒマス、今日ノ如キ斯樣ナ有樣デゴザイマシタナラバ、臺灣ノ良民ハ我政治ノ宜シカラザルガタメニ……、臺灣ニ行フ所ノ皇化ヲ及シテ居ラナイ、日本帝室ノ恩化ヲ彼等ニ加ヘル所デハナイ、却テ彼等ハ或點ニ於テハ、此新政治ヲ厭ッテ、支那ノ本土ニ逃ゲテ往クコトガ行ハレルトシタナラバ、如何ニ新版圖ヲ治メル上ニ於テ、日本國民ノ統治力ガ世界ノ上ニ於テ環視セラレテ、其輕重ヲナスカト云フコトヲ思ハナケレバナラヌ、其他文部ノ事、農商務ノ事、農商務ノ事ノ如キハ論ズルニ足ラヌ、今ハ四方八面ヨリ攻擊サレ井上君ノ如キハ其次官ニ向ッテ馬鹿呼ハリヲシテモ取消スコトガ出來ナイデハナイカ、文部省ノ敎育事業ノ如キニ至リマシテモ、敢テ伴食宰相ヤ大名ノオトナシイモノヲ攻擊スルノハ氣ノ毒デアリマスケレドモ、意氣地ガナイ、文部省ノ敎育ノ上ニ就イテハ是モ亦世間ヨリ攻擊サレテモ、自ラ奮ッテ敎育ノ大方針ヲ立テヽ大イニ事業ヲ振作シテ行クト云フコトハ出來ナイノデ、僅ノ地方視學ノ六万圓デモ大騷キヲヤッテ、是ダケノ僅ノ豫算ヲ議院ヲ通過サセナケレバナラヌト云フ有樣デアル、全國ヲ見マスレバ數万人ノ正敎員準敎員ガ缺ケテ居テモ、是ヲ養成スルニハ如何ナル方法ヲ以テスルカ、其策モ立タナイ、敎員ハ畑ヲ堀ッテモ地ノ中カラ出ル譯デハナイ、何トカ其策ヲ講ジナケレバナラヌ其策如何ト云ヘバ、吾々ハ未ダ此事ヲ聞クコトヲ得ヌデアル、高等敎育會議ヲ作ッテモ立テト云ヘバ立チ、舞ヘト云ヘバ舞フト云フヤウナ大臣ノ意ニ從フヤウナ者ヲ以テ、敎育社會ノ輿論ヲ代表スルニ足レリト云フコトヲ大臣ガ演說スルニ至リマシテハ、私共日本學政ノ上ニ就イテモ、甚ダ取ラナイ譯デゴザイマス、シテ見マスト敎育ノ發達實業ノ奬勵又州政ノ整理外交ノ方針ヲ云々スルト云フコトデモ又官紀ヲ振肅スルト云フコトデゴザイマシテモ、行政ヲ整理スルト云フコトデゴザイマシテモ、一ツモ是等ノ宣言ノ實行ヲ事實ノ上ニ見ルコトガ出來マセヌ、昨年ノ秋ニ於テ現內閣ガ天下ニ示シタル政綱ガ如何ナル實行ヲ現シテ居ルカ、吾吾ノ前ニ如何ニ其言葉ヲ履行シテ居ルカ、責任アル政治家デアッタナレバ、是ミノ事ヲシタノガ、此宣言ヲ實行シタノデアルト云フコトヲ吾ミハ是非共聞カナケレバナラヌト考ヘマス、今日ハ時間ガ餘程切迫シテ居ルタメニ、私共此以上ニ細カニ述ベマスルコトハ、却テ今日ノ議事ニ於ケル德義上控ヘナケレバナラヌ譯デアリマスルデ、卽チ其大體ノ趣意ヲ爰ニ陳述シテ置キマス

(「十分ニヤリ給ヘ」「モットヤリ給ヘ」又ハ「今日一日切リダカラ十分ヤレ」ト呼フ者アリ)

○議長（片岡健吉君）　問題外ノ質問ハ許シマセヌ

○長谷場純孝君（十三番）　今總理大臣ノ御演説中ニ條約改正ノ事ニ就イテノ御演説ガゴザイマシタ、強チ選舉法一片ノ御演説デハナイト思ヒマス、外交ニ關シタ御演説ガゴザイマシタカラ、私ハ此事ヲ述ベルノデアリマス、決シテ問題外デナイト信ジマス、ソレカラ共通牒ニ對シマシテ、我政府ハ三月十九日附ヲ以テ「朝鮮トノ關係ハ通商的ニモ歷史的ニモ甚ダ深ケレハ朝鮮ノ事ニ全ク關係セサルコト能ハス」、ソレカラ共第二ニ、「金州半島ノ事ハ貴意ヲ諒ス」斯ノ如キ覆牒ガアッタト云フコトヲ私ハ或ル確カナル説トシテ聞イテ居リマス、果シテ是ハ事實デゴザイマスヤ否、誠ニ今日ノ問題ト爲ッテ居ル所ノ事柄ハ、此御答辯ノ如何ニ依ッテ、大イニ決定セラル丶コトガアラウト信ズルノデゴザイマス、卽チ此第二ノ覆牒「金州半島ノ事ハ貴意ヲ諒ス」ト云フコトハ、我政府ノ覆牒サレタ事實デアルヤ否、簡單ニソレダケ承リタイ

○神鞭知常君(百五十五番)　諸君、今日此國家ノ多事ノ際ニ當リマシテ、殊ニ短期ノ議會デ、此已ムヲ得ザル案ヲ以テ、諸君ノ御贊成ヲ請ヒマスルノハ、實ニツライコトデゴザイマスガ、已ムヲ得ズ御清聽ヲ煩シ、御贊成ヲ請ハニヤナラヌコトニナリマシテゴザイマス、御承知ノ通我帝國ハ東洋ノ平和ノタメニ朝鮮ヲ扶掖シテ、其獨立ヲ完ウセント力メタモノデゴザイマス、又東洋ノ平和ノタメニ、二十七八年ノ役ヲ起シテ、莫大ノ費用ト數万ノ人命ヲ失ッタノデゴザイマス、而シテ其戰爭ノ結果ト致シテ、遼東並ニ臺灣ノ土壤、並ニ償金ヲ取リマシタノモ、是モ清國ヲシテ渝盟ノ誠ヲ致サシメテ、東洋ノ永遠ノ平和ヲ期シマシタタメデゴザイマス、然ルニ彼ノ露獨佛ノ三國ノ忠言、東洋ノ平和ノタメトシテ、事實上ノ干渉ヲ受ケマシタ我帝國ハ、又東洋永遠ノ平和ノタメニ、遼東ノ土地モ還付ニナリマシテゴザイマス、實ニ此東洋ノ平和ノタメニハ、勿體ナクモ　至尊ハ大御心ヲ惱マセラレマシテ、其事ニ就イテハ度々大詔ヲ下サセラレテ、今尙ホ御互ニ感銘シテ、忘レ能ハザル所ノモノデアリマス、然ルニ其三國ノ忠言ヲシテ、東洋平和ニ不利ナリトシテ、我日本ヨリ清國ニ還付スルニ至リマシタル遼東ハ、今日ハ諸君御熟知ノ通、露國ハ之ヲ借地ト致シマシテ、之ニ軍備サヘ設ケツヽ、今アルノデゴザイマス、其前ニ獨國ハ膠州灣ヲ借受ケマシタ、是レ亦些細ノ事端ニ依ッテ、甚ダ不穩當ナ處置デゴザイマス、此姿ヨリ見マシテ、直チニ東洋ノ平和ト云フモノハ、斯ノ如キモノデアルカト云フコトハ、實ニ世界ノ疑ヲ懷ク行爲デアリマス、併ナガラ尙ホ直接ニ露國ノ吾ヨリ還付セシモノニ、自ラ占據シテ而シテ之ニ武備ヲ加ヘツヽ、アルト申スコトハ、尙ホ見解ヲ附ケニヤナラヌ所ガゴザイマス、御承知ノ如ク遼東還付ノコトニ就キマシテハ、東洋永久ノ平和ノタメニ寬容ノ御還付ニナリマシテ、尙ホ其大詔ニハ吾邦ノ光榮威信ニ於テ失墜スル所ガナイカラト云フコトハ、詔勅ニモ明ニ上ボサセラレテ居ル所デゴザイマス、然ルニ、斯ノ如キ今日ノ形ニ致サセマシテ、是デ東洋ノ平和ト申スモノガ尙ホ存スル所アリト致シマスルナラバ、近ク譬ヲ取リマスレバ、强盜的海賊的ノ行爲ガアリマシテモ、其被害者ガ柔弱ニシテ財産ヲ輙ク引渡シテ、怪我デモシナカッタナラバ、卽チソレヲ平和ト申スト同一ノコト、存ジマス、斯ノ如キ事ニ對シテ、我政府ノ措置スル所如何、甚ダ心配ニ存ジマスルガ故ニ、既ニ當會議デハ、先達テ質問モ致シマシタ、其質問ノ答辯ニ依リマスレバ、當時遼東還付ニ對シテ、忠告ノ三箇國ガ讓受ケルトカ、自ラ借入レルトカ云フヤウナコトヲサセナイト云フヤウナ條約――誓約モ取換ハサナカッタ然シテソレヲ爲サヽリシハ、當時ノ事情ガ許サヽリシニ依ルトゴザイマス、當時ノ事情許サザリシニ依ルト云フコトヲ以テ見マスレバ、政府モ當時此事ガ氣附カナカッタデハナイカノ如クニ見エマス、諸君、若シ當時之ヲ既ニ氣附イテ居リマシタナラバ、此忠言ヲ容レマスル際ニ於テ、何故ニ是ダケノ約束ガ出來ナカッタデゴザイマセウカ、當時又ソレヲ聞カナカッタト云フコトナラバ――氣附カナカッタト云フコトナラバ、過日ノ政府ノ答辯ト申スモノハ、全ク虛僞デゴザイマス、當時事情ノ許サヽリシモノガアッタト云フコトハ、實ニ疑ハレイ一語デゴザイマス、其他此遼東ノ事ニ關シテ、彼レ此レ申シマスルコトハ、聞ク所ニ依ルト、政府ハ某國ヲシテ、尙更武裝ヲ急ガシヽツヽ、吾ニ敵スルノ心ヲ促スモノデアルカラシテ、是等ノ事ハ成ルベク控ヘタイト云フヤウナコトヲ、常ニ申スサウデアリマスル、是ハ風說デアリマスル、併ナガラ、諸君、吾國ノ如キ地位ニ立チマスルモノハ、已ムヲ得ザル場合ノ外、與ノ武器ヲ以テ天下ニ逍遙スルト云フコトハ、難イデゴザイマスル、所謂正義公道ト云フ與個ニ文命的ノ武器ヲ用ヒルコトハ、此國柄ニ取ッテ最モ必要ナルモノデアルノデゴザイマス、然ルニ是ハ多少異論モアリマセウケレドモ、吾邦ノ之ヲ支フルニ甚ダ困難ナリトスル位ナル、陸軍ノ兵制抔ヲ擴張致シマシテ、臥新嘗膽ト云フ言葉ヲ以テ、遼東還付ノ當時ノ民心ノ不平ヲ抑ヘマシテ、ソレデ決シテ某國ノ敵愾心ハ招カナイ、唯併ナガラ正義公道ニ依ッテ議論スルモノガアルト、某國ノ反抗心ヲ促シテ不利益ナリト云フコトハ、是ハ宛モ耳ヲ掩フテ鈴ヲ盜ムト申スモノデアリマス、斯ノ如キ實ニ柔弱ナル考デアリマスルニ故、遂ニ今日ノ侮辱モ受ケルコトニナル譯デアリマス、其後政府ガ之ニ對シテドウ云フ行爲ヲ爲シテ居ルカト云フコトヲ見マスルニ、是トシテ見ルベキモノハ一ツモゴザイマセヌ、之ヲ訪問シテ親ク尋ネマシタナラバ、外交ノ機密ナリト云ッテ、殆ド聞クニ足ルベキコトハ、一言モ申シマセヌ、稍々新聞紙ニ依ッテ見ル所ニ依レバ、僅ニ福建省ノ貸讓――他國ニ貸讓スルコトヲサセナイト云フ約束ヲシタト云フコトガ、後レ馳セニ現レタ、併ナガラ、是ハ世間ニモ既ニ議論ノゴザイマスル通、彼ノ既ニ他國ノ請求ニ對シテハ――强請ニ對シテハ之ヲ抗拒スルコトノ出來ナイ實際ノ有様デアル、支那ニ斯ノ如キ約束ヲシマスルコトハ、トント其實行ヲ期スルノ望ノナイモノデアル、萬一之ヲ世界强大ナル國カラ請求致シマシタトキニハ、其約束ノ堅固ナラザルコトハ、殆ド鏡ニ懸ケテ見ルガ如キモノデアル、其場合ニ今日ノ有様デ見マスルト云フト、到底帝國ハ又恥ヲ掻イテ、ソレデ默スルヨリ外ニアルマイト存ジマス、是ハ殆ド恥ノ種子蒔ト云フコトヨリハナカラウト存ジマスル、其他ニ彼ノ日露協商、朝鮮ニ對スル日露協商ガゴザイマスル、是トテモ又トント私共ハ此遼東ニ關シテ世間ニ對スル雪辱ノ事項トハ見ラレマセヌ、何トナレバ朝鮮ニ於テ露國ガ勢力ヲ專ニ張ルトキハ如何致シテ居ッタカト云フコトハ、諸君ノツイ近日ノコトデアッテ、御記憶ニ離レザルコト、存ジマス、然ルニ朝鮮其土地ヲ捨テヽ、去ルニ臨ンデデス、日本ト協商シテ今後ハ是々ノ事ヲスルニハ、露國勝手ニシマイ、協議ノ上デシマウ、彼國ガ勝手ニ致ス間ハ、勝手ニスルガ、彼ノ國ガ去ルニ臨ンデハ、日本ノ勝手ニスルコトナラヌト云フ、之ヲシモ國益ニ關スル協商ト見マスナラバ、凡ソ世ノ中ニ一方ニ僻シタル約束デモ協定ナラザルハナイ、丁度宛モ佛蘭西ト近來ニ出來マシタ條約ニ於テ、「メリンス」税或ハ葡萄酒税トカ、特ニ廉ク下ゲラレタ國定税率ノアルニモ拘ラズ英吉利其他ノ國ト積年辛苦シテ協定税率ヲ定メタニモ拘ラズ、佛蘭西トノ協定税率ニ於テ、特ニ片條約デ葡萄酒、「メリンス」、銀細工等ノ片一方ヲ下ゲタノモ、是モ大方國ニ光榮ノアル條約ト政府デ見ラレテ居ルト考ヘマス、凡テ斯ノ如ク、我ニ取ッテ益スル所ナクシテ、彼ニ在ッテ其威信ヲ立貫クト云フモノヲ致シテ、唯何カノ約束サヘスレバ、何カ外交上ノ相談デモ纏レバ、ドンナ不利ナコトデアッテモ、ソレデ差引ガ附クト云フヤウナコトデハゴザイマセヌ、私ハ御聽キツライ發デゴザイマスカラ、長クハ述ベマセヌガ、御承知ノ如ク浦潮斯德、旅順口何タル理由ニ拘ラズ、威海衞膠州灣、南ノ方ハ斯ノ如クニ軍港ヲ整備致シマシテ、其軍港ノ支那ト日本トノ中間ニ整備ノ整ヒマシタ暁ニハ、日本ハ何カ之ニ對シテ鈞衡ヲ保ツノ道ヲ謀リマセヌデ、唯今ノ如ク致シテ置キマシテ、安全デアラウカ、安全デアルマイカト云フコトハ、諸君ノ一考ヲ煩スダケノ値打モナイコト、思ヒマス、斯ノ如キコトモ其儘ニシテ置キマシテ、實ニ東洋永遠ノ平和ハ、既ニ最早一歩ヲ破ラレテ居ル、其破壞ヲ座視シテ、日本光榮ノ潰サレテ居ルノヲ坐視シ、實ニ畏多クモ、至尊ノ發セラレル還遼ノ大詔ニ對シテ、何面目アッテ首相ハ安全トシテ居ラル、カト云フコトハ、實ニ私共ノ疑ニ堪ヘザル所ノモノデアルノデゴザリマス、私ハ決シテ世間ニ近頃新聞杯ニ流言サレテアル通、唯黨派心ヲ以テ政府ヲ攻擊スルト云フヤウナコトガゴザリマスガ、決シテ私ハ黨派ノ人間デゴザリマセヌ、又斯ノ如キ攻擊ト云フコトニ向ッテ、力ヲ入レルコトニ慣レタモノデモゴザリマセヌ、唯此平和ノ大詔竝ニ還遼ノ大詔ヲ讀ミマスルニ附キマシテ、慷慨堪ヘザルモノアッテ、玆ニ及ンダ譯デゴザリマス（「同感」ト呼フ者アリ）又私ハ一概ニ唯威張リサヘスレバ宜イト云フコトヲ主張スル者デハゴザリマセヌ、外交ト云フモノハ、諸君ニ說タニハ及ビマセヌガ、政府委員ニ一言聽イテ欲シイ、外交ト云フコトハ、何ノタメニ設ケタモノデアルカ、事ノ起ラントスルニハ、豫メ其機ヲ知ッテ之ニ備ヘ、事起ラバ成ルベク之ヲ平穩無事ノ間ニ――所謂談笑ノ間ニ大イナル不利ヲ致サヌヤウニ談判スルノ務デアル、若シ何レノ國デアラウトモ、此平和ノ一大要用ノ武器ノ正義公道ト云フモノニ依ッテ、之ヲ談判致スナラバ、或ハ十万五万ノ陸兵ノ增加ニハ、決シテ劣ラヌ實功ヲ奏スベキ筈ノモノデアル、今政府ハ平和ヲ好ム、大詔ニハ平和々々ト仰セラレテアル、ソレニ內地ニ用ヒル所ノナイ陸兵ヲ增スコトハ、軍備擴張トカ、ドウシテ增サナケレバナラヌトカ、肝腎ナ最モ尊ムベキ、公平ナル武器ヲ用ヒルコトヲ爲サヾルハ、何故デアルカト云フコトヲ政府委員ノ答辯ヲ甚ダ渴望スルノデゴザイマス、御認メ下サイマシ、政府ノ實ニ此點ニ向ッテ不親切ナルコトハ、慷慨ニ堪ヘナイ譯デゴザリマス、（「同感々々」ト呼フ者アリ）今マデ政府委員ハ、玆ニ居ラレタガ、此要用ナル問題ニ臨ンデ、縱令此衆議院ヲ何ト輕蔑シテ居ルカ知リマセヌケレドモ、此重要ナル問題ニ臨ンデハ、席中一人ノ大臣ナシ、今マデ竝ンデ居ッタ大臣ガ皆竝列シテ退イタ（「逃ゲタノダ」ト呼フ者アリ）實ニ慨歎ニ堪ヘナイ譯デアリマス、政府ハ斯ノ如キ問題ニハ、親切ニ鄭重ニ、此場ニ臨ンデ議論モ聽キ、又意見モ吐露サレテ然ルベキデアル、勵モスレバ議院ノ議論ハ愼重ニシナケレバナラヌ、鄭重ニシナケレバナラヌ、外國ヘモ聞エル、斯ノ如キ體裁ハ外國ニ聞エテ、果シテ何ノ面目デアラウカト、本員ハ存ズルノデアリマス（「同感」ト呼フ者アリ）倘ホ此事ニ附キマシテハ、モウ一言述ベタウゴザリマス、勵モスルト云フト、如何ンシテ之ニ應ズルノ處置ヲ遂ゲント欲スルカ、其方策ヲ聞キタイト云フコトヲ、往々反對者ノ口ヨリ承ル所デアル、諸君、此方策ハ極々ゴザリマセウ、場合ニ依ッテ如何ヤウニモ、仕方アルコト、存ジマス、併シ此方策コソ政府ノ負フテ、自ラ之ヲ目下ニ行フ者デモ、祕密ニ大方スルデアラウト思フ、若シ色々談判ノ末歸著スル所玆ニ至ルデアラウカト云フコトマデヲ此所ニ陳列致シマスナレバ、ソレハ行ヒタクナイト云フ心ヲ以テ述ベルノト同ジコトデアル、是コソ其局ニ當ッタ者ガ、其場合ニ應ジテ行フベキコトデアラウト思ヒマスカラ、聽キタイ論者モ、此議院內ニモアルカモ知リマセヌガ、御氣ノ毒ナガラソレハ述ベマセヌ、唯攻擊ノ種子ニ之ヲ述ベルコトハ、今日ハ避ケマス、併ナガラ此場合ニ臨ンデ是ダケノ大體ニ附イテ、倘ホ御前ノ方策ハドウスルノカ、ソレサヘ聽ケバ、オレハヤルガト云フヤウナ、ソンナ外交官ハ何程今日ノ政府ガ無爲無能デアラウトモ、ソレハヨモヤ求メマスマイト存ジマス、是ハ斯ウ云フコトヲ云フモノハ、外交ノ如何ヲ知ラズシテ、唯理窟ノ言ヒタサニ述ベルモノト思ヒマスカラ、往々ソンナコトヲ耳ニ致シマスケレドモ、併シ此方策ハ玆デ述ベルコトハ必要ト存ジマセヌカラ、辯明ヲ致シマセヌ

○井上角五郎君（四十二番）　議長

○議長（片岡健吉君）　質問デスカ

○井上角五郎君（四十二番）　說明ヲ求メタイト考ヘマスガ、提出者ハ答ヘラレマスカ、私ハ極ク惡意ナキ說明ヲ求メル積リデゴザリマスガ、說明ヲ爲サルデゴザリマセウカ

○神鞭知常君（百五十五番）　分ッタコトダケハ……

○井上角五郎君（四十二番）　勿論此案ニ付イテヤス

○神鞭知常君（百五十五番）　御尋下サイ

○井上角五郎君（四十二番）　少シヅヽ切ッテ申シマスカラ、宜シウゴザリマスト云フマデハ、其所ニ御出ヲ願ヒマス

○神鞭知常君（百五十五番）　ソレハ請合ヒマセヌ

○井上角五郎君（四十二番）　請合ハヌ、ムッテ逃ゲラレテハ困ル

○神鞭知常君（百五十五番）　逃ゲルトノ云ヒマセヌガ不必要ダッタラ答ヘヌカ知レマセヌ

○井上角五郎君（四十二番）　政府々々ト云フコトヲ度々聽キマシタガ、此上奏案ハ稍々彈劾ノ意味ヲ含ンデ居ルト思ヒマスガ、政府ト云フノハドノ時期ノ政府ヲ云フノカト云フコトヲ伺ヒマス

○神鞭知常君(百五十五番) 今日内閣ニ立ッテ居ル政府デス

○井上角五郎君(四十二番) ソレヨリ遼東ヲ還附シテ以來、其土地ニ來ッテ露西亞、獨逸、近頃ハ英吉利ノ如キガ、彼此權力ヲ張出シタト云フコトハ、如何ニモ提出者ト同樣私モ遺憾ニ心得マスカ、ソレハ何時頃カラ始リマシタ

○神鞭知常君(百五十五番) ソンナコトハアナタモ新聞デモ能ク御存ジデアリマセウカラ、御尋ニ答ヘル必要ハナイ

○井上角五郎君(四十二番) ケレドモ其事ノ始ッタトキノ政府ニアナタガ法制局ニ御出デニナッタ時分デアル

(笑聲起ル)

○神鞭知常君(百五十五番) 是ハ怪シカラヌ

○井上角五郎君(四十二番) 法制局ニ居ッタ時分デ、アナタガ助ケタ政府ノ時分ニ禍ガ起ッタ、火ノ手ガ今擧ッタ、火ガ擧ッタカライケナイヂヤナイカト云ヘバ、是ハイケナイ、是ハ尋常ナ人ガ出シタナラ、彼此言ハナイガ、神鞭君ノ名前ハ能ク存ジテ居ルカラ……

(笑聲成ル)

○神鞭知常君(百五十五番) アナタ議論ヲスルナラ……

○井上角五郎君(四十二番) 議論デナイ、私ガ新聞デ見タ所ト、アナタガ自分デ考ヘル所ト違フカ違ハヌカト云フコトヲ質問スルノデアル

○神鞭知常君(百五十五番) 違ハヌ

○井上角五郎君(四十二番) 違ハナケレバ、何故ニ政府ト云フコトヲ現在ノ政府ト云ヒ得ルカト云フコトヲ説明ヲ求メル……

○神鞭知常君(百五十五番) 事柄ガ捨置カレヌニ至ッタモノハ、皆昨冬カラ今年ニ掛ケテ……

○井上角五郎君(四十二番) ソレデハ私ガ新聞デ見タ所ト違ッテ居ル、違ッテ居ルカラ、此上ハ議論デアルカラ申シマセヌガ、アナタハ前ノ事ハ知ラヌ、昨年冬カラ新聞ヲ見出シタ、(笑聲起ル) ソレカラ更ニ伺ヒタイノハ、朝鮮ノ事ハ今此文章ノ中ニハ見エナイガ、朝鮮ノ事ヲ御話シニナッタノニ、露西亞ト日本トノ協商ノ成立ッテ行レタノハ、伊藤内閣ノ時、ソレガ破レテカラ、露西亞ガ來テ亂暴ナ擧動モスレバ、現ニ京仁鐵道抔ト云フヤウナコトモアッテ色々ノ心配ヲシタノハ、大隈伯ノ時代、再ビ協商ガ成立ッテ以來、兩國共ニ兵ヲ引イタト云フノハ、伊藤内閣ノ時代デアルト云フコトハ、新聞紙ニ書イテアルガ、アナタハソレヲ認メルカドウデアルカ

○神鞭知常君(百五十五番) 協商ノコトニ就イテハ……

○井上角五郎君(四十二番) 一口言ヘバ宜シイ

○神鞭知常君(百五十五番) 一口デハ君ニハ分ラヌ、是マデノ事實ハ今君ノ言レル通デアル、併ナガラ此協商ヲ以テ――今度ノ此協商ヲ以テ、宛モ一ツノ成功ノ如ク看做スト云フコトヲ云フノデアル

○井上角五郎君(四十二番) 宜シイ、分リマシタ、サウスルト、アナタノ意見ハ、又大隈ノ如キ薄弱ナ外交官ガ出タラ、ドンナコトヲスルカ分ラヌカラ、能ク聽イテ置キタイ

(笑聲起ル)

○神鞭知常君(百五十五番) アナタハ惡意ナク聽クト云フコトデアッタガ、ソレガ惡意ナキ問カ、無駄ナ質問ナラバ、此ニ居ラヌト云フコトヲ申シマシタ、ソレハ質問デハナイ、唯議場ノ笑ヲ取ルタメデアル

○井上角五郎君(四十二番) 誰ヲ笑ッテ居ルト云ヘバ、アナタヲ笑ッテ居ル

(笑聲起ル)

○神鞭知常君(百五十五番) 國家ノ事ハ、サウ云フ瓢輕ナコトバカリデハイカヌ、君等ノヤウナ者ガ居ルカラ、僕等ノヤウナ不辯ノ者マデガ――僕等ノヤウナ愚陋ナ者マデカコンナ處ヘ上ッテ物ヲ言ハネバナラヌ、君ノ如キ國事ヲ嘲弄ニ付シテ仕舞フ者ガアルカラデアル

(「ヒヤ〳〵」ト呼フ者アリ)

○小室重弘君(百八十八番) チョット神鞭君ニ説明ヲ請ヒマス、提出者ノ……私ハ井上君ノ御話ノ如キコト、ハ違フノデ、私ハ尤モ愼重ナ點ニ就イテ伺ッテ置キタイ、「此上奏案ノ一番ノ結文ニ「故ニ敢テ赤心ヲ披瀝シ竊ミテ聖斷ヲ仰ク」ト云フコトガ書イテアル、ソレデ私ハ是ダケノ文章デハ、甚ダ理解ニ苦ミマス、又其聖斷ヲ仰グト云フコトハ、「ドウ云フ譯デアルト云フコトハ、今説明者カラモ別ニ御演説ハナカッタカラ、ソレヲ確メテ置キマス、必要ハ此前ニモ「臣等不明」云々ト云フヤウナ上奏ヲ出シタコトモアッタ、ソレハ議長ヲ更迭スルト云フ請願デアルカト云フコトヲ、御下問ヲ受ケテ恐縮シタコトハ、私共承知シテ居ル、左樣ナコトヲ致シマシタナラバ、甚ダ恐縮デアル、此上ニ――聖斷ヲ仰グト云フコトハ、如何ニスルト云フ意味デアルカ、施設スル所ガナイニ依ッテ、此内閣ノ閣臣ノ責任ヲ負フテ自ラ處決セヨト云フ意味デアルカ、聖斷ヲ仰グト云フノハ、如何ニナサッテ下サレト云ウテ、上奏ニナルカト云フコトヲ伺ッテ置キタイ

○神鞭知常君(百五十五番) 答辯致シマス此末文ノ「是レ明カニ還遼ノ聖旨ニ乖戻スルモノナリ」ト書キマシテ、其中ヲ略シマシテ「敢テ赤心ヲ披瀝シテ聖斷ヲ仰ク」ト申シマスレバデス、其意味ハ明ニ現内閣ノ行爲ハ、還遼ノ大詔ニ乖戻シテ居ルモノデゴザリマスル、乖戻シテ居ルモノデゴザリマスル、其他ヲ推シテ、斯ノ如ク御裁斷アラセラレタイト申スコトハ、君ヲ擁スルノ恐ガアリマスカラ、竊ミテ聖斷ヲ仰グト、此文ハ結ンダノデアリマスル、成ル程前ニ議長ノ問題ニ就テ、御再問ヲ辱クシテ恐入ッタコトガアリマスル、ソレハ私モ覺エテ居リマス、是レニ就イテハ、私ハ善キ序デアルカラ、一言セニヤナラヌト思ヒマスルガ、憲法ニハ、「天皇ハ神聖ニシテ侵スヘカラス」トアル、「又各大臣ハ補弼ノ任ヲ竭スベキモノデアル、私ハ決シテ詔勅等ノ文字ニ就イテハ決シテ尊敬ヲ寸時モ忘ル、者デハゴザリマセヌケレドモ、大臣タル者ガ補弼ノ任ニ在レバデス、ア、云フ詔勅ヲ奏請スベキモノヲヘナイト信ジテ疑ハナイノデゴザリマス、デ、ヨモヤ此還遼ノ大聖旨ニ乖戻スルモノト明ニアッテ、竊ンデ聖斷ヲ仰グト云フコトハドウスルノヂヤト云フ御下問ヲ下セラ

ルルヤウナコトヲ奏請スルコトハ、伊藤總理ト雖モ今日ハ最早悔テ居ルデアラウト信ジテ居ル者デアリマス

○小室重弘君(百八十八番) 聖斷ヲ仰グト云フ意味ニ就イテハ、ドウモ明ニ御説明ガゴザリマセヌカラ……

○神鞭知常君(百五十五番) モウ一遍申シマセウカ

○小室重弘君(百八十八番) 承ラナクテモ宜シイ、私ハ反對論ヲ申シテ置キマセウ、然ラバ其前ノ方ニ少シ遡リテ、御説明ノナカッタコトニ就イテ、私ハ聽イテ置キタイノハ、此中ニ「權力ノ均衡云々」ト云フコトガゴザリマスルガ、此權力ノ均衡ト云フコトニ就イテハ、ドレダケノ程度如何ナルコトヲ爲スヲ權力ノ均衡ト云フコトニ、提出者ハ御解釋ニナッテ居ルカ、未ダ伺ヒタイコトモゴザリマスルナレドモ、先ヅソレヲ伺ッテ置キマス

○神鞭知常君(百五十五番) 先刻申シマシタガ、權力ノ均衡ト云フコトニ就イテハ、種々ゴザリマセウ―――種々ゴザリマセウ、利益ニ就イテモ、亦武備ノ上カラ云ヒマシテモ、アレヲ取除キマシテ、元ノ如クニ致シマスルコトハ、最モ均衡ヲ得ルノデアリマセウ、已ムヲ得ナカッタナラバ、又其他ニ趣向ハ色々アリマセウガ、ソレハ察スルニ小室君モ議論ノ種ネトシテ欲シイト云フコトノ外ハ御分リナサラヌ方トモ思ヒマセヌ、先刻述ベテ置キマシタガ、ソレ等ノコトハ事實上ニ於テ、外交官ガ其時ニ相當ノ手續ヲ以テ求ムベキモノデアッテ、豫メ之ヲ述ベテ置クノハ、先刻述ベタ通デアル、此事ハシタクナイト云ウテ述ベルノト同ジ結果ヲ見ルカラ申シマセヌ

○議長(片岡健吉君) 佐々友房君

(佐々友房君演壇ニ登ル)

○佐々友房君(二百八十番) 諸君、私ハ本案ニ反對ノ意見ヲ有シテ居ル者デアリマス、其反對ノ理由ヲ述ベマセウガ先ヅ此本案ノ冒頭ニ掲ゲテアリマス所ノ、所謂「淸國ヲシテ其獨立ヲ保全セシムルハ東洋ノ平和ヲ鞏固ナラシメ世界列國互ニ國交ノ福利ヲ享受スル所以ニシテ帝國ノ國是實ニ此ニ外ナラス」此冒頭ニ書出サレマシタノハ、是ハ誰レモ御同感デアッテ、願ハクハ獨リ淸國ニ止ラズ、東洋ノ諸方ニ國シテ居ルモノハ、盡ク獨立ヲ保タセテ、我帝國ハ文明ノ中心トナッテ世界列國ト權衡ヲ保チタイト云フコトハ、是ハ我帝國ノ天職ト御互ニ信ジテ居リマスノデアッテ、固ヨリ本案提出者ト徹頭徹尾御同感デアリマス、「衡ニ」云々ト云フ點カラシマシテ、此提出者諸君ノ議論ノ根柢ハ、畢竟前年三國干渉ノタメニ、遼東ヲ還附ノコトニ及ビマシタ、議論ハ全ク是ヨリ胚胎シテ居ルト思ヒマス、ソコデ還遼當時ノコトヲ一言スル必要ガアリマセウト思ヒマスガ、其當時我輩モ、此本案提出者諸君ト再々交渉ヲ致シマシタコトモアリマスガ、遂ニ交渉ガ纒ラズ、此議場ニ雌雄ヲ決シマシタ、其當時ノ議論ノ別レ目ハ、提出者諸君ハ專ラ遼東還附ノコトヲ以テ當時ノ外交當局者ノ責任ニノミ歸セラレマシタノデアリマス、私抔ハ此時ノ事ハ、獨リ外交當局者ノミニ責任ヲ歸セズシテ、國勢國力ノ許サヾル所、卽チ國家全體ノ協同責任デアル、依テ戰後ノ經營ヲ畫策シテ、サウシテ他日大イニ爲スアルノ地ヲ爲サンケレバナラヌト云フダケガ、諸君ト意見ヲ異ニシタノデアリマス、ソレカラ、此本案ニ依リマスルト、「大詔ノ明記スル所炳焉トシテ中外ノ具瞻スル所ナリ」云々ト、ソレカラ先キニ、「是レ明カニ還遼ノ聖旨ニ乖戻スルモノナリ」斯ウアリマス、一體此立案者ハ殊ニ上奏案ト申シマスルモ、又 陛下ノ詔勅ニ對シ奉リテノコトデゴザイマスカラ、立言上此ノ如ク鄭重ニサレタモノトハ思ヒマスガ、ナレドモ、先刻神鞭君カラノ御辯明ニ依リマスト、專ラ還遼ノ詔勅ニ違背シ、違背シト云フコトヲ繰返サレマシタカラ、私モ多少申上ゲナケレバナラヌ、一體此時ノ事情ハ、諸君御承知デアッテ、還遼ノ詔勅ヲ發セラレマシタ當時ノ事情、ソレカラ諸君ガ遼東還付ニ反對サレマシタ精神、及論法ト今日比較シ來テ見マスルノデス、今日現政府ガ露西亞獨逸其他ニ對シマシテ、抗議ヲ試ミナカッタト云フヤウナコトハ、吾々ノ見ル所ニ依リマスト、大詔ヲ發セラレタトキノコト、今日ノ外交當局者ガ敢テ拒議ヲ試ミナカッタト云フノハ、「同一」ノ事情ニ闘スルモノト思ヒマス、之ニ反シテ、又諸君ガ遼東還附ノコトニ就イテ、上奏案ヲ出サレタトキノ御精神、又今日此上奏案ヲ提出サレマシタ所ノモノハ、是レ亦同一筆法デアル、同一精神デアルト思ヒマス、此ノ如ク論ジテ見ルト、詔勅ノ文章ハ私ノ初メ解釋シタ所ノ所謂上ニ告グルノ體、上奏文ト云フモノハ、此ノ如ク詔勅ニ對シテ、殊更ニ謹重ニ避ケラレタモノト云フ解釋ニ止ラズ、意味ノ點ニ於テモ、少シク神鞭君ノ御辯明カラシマシテモ、還附ノ詔勅ヲ與向ニ關シテ、言頭ニ攻擊サレマシタヤウニ見エマスノハ、少シク自家撞著ノ議ハ免レマイカト云フ感情ヲ起シマス、要スルニ、本案ノ精神ハ、此閣員ノ偷安姑息ト云フ點ト、ソレカラ權力ノ均衡ト東洋ノ平和ヲ云々、共儘持ッテ行ッテ、一モ施設スル所ナシト云フ、是ガ主眼ト思ハレマス、要スルニ諸君ノ意思ハ新聞紙上デモ見受ケマシタ通、ナゼ共時抗議シナカッタカ、抗議ヲシテ、是ニ亞グニ、最後ノ手段ヲ以テスル意味ガアルカナシカハ存ジマセヌケレドモ、兎ニ角アレヲ無爲ニ看過シタト云フノガ、「相聞ヘヌト云フ御趣意ニナラウカト思ヒマス、是ハ前ニモ述ベマシタ通、吾々ノ考デハ、凡テ此ノ如キ重大ノ事ハ、獨リ外交ノ範圍內ニ止マラズ、必ズ國勢國力ノ之ニ伴ハザルヲ得ヌモノト思ヒマス、ソレデ、國勢國力ノ伴ハザル抗議ハ、或ル場合ニ於テハ、少レノ效ヲ奏スルカモ知レマセヌケレドモ、力ヲ量ラズ、時ヲ計ラヌ抗議ハ、却ッテ國家ニ取ッテ有害無益ノモノデアルト思フ、(拍手起ル「演説ヲ徹回シテハドウデス」ト呼フ者アリ)現ニ前内閣ノ時分ニ、布哇問題カラシテ、亞米利加ニ抗議シタル如キ、又日露協商ヲ某國ガ蹂躙セントスルトキノ抗議ノ如キ、一モ效力ヲ奏セズシテ、却ッテ威信ヲ損シタコトガアリマス、(拍手起ル)又一度抗議シナイト永久抗議ノ權ヲ失フト云フ議論モアルヤウデアリマスケレドモ、是ハ强チサウトハ思ハレマセヌ、或ハ一時容忍シテ他日ノ抗議ノ地ヲ爲スコトモアリマセウ、唯私ハ此點ニ於テハ、場合如何ヲ顧ルノミト思ヒマス、其場合ノ

見ヤウニ於テハ是コソ政治家ノ意見ヲ異ニスル點デアリマセウカラ、吾々ニ於テハ現內閣ガ此露西亞獨逸等ニ對シマシテ、抗議ヲ試ミナカッタノヲ强チ上奏マデシテ、之ヲ追窮シテサウシテ國威國權ヲ墜シタモノトハ認メマセヌ、ソレデ諸君ノ此事ニ附キマシテハ、卽チ反對ノ意見ヲ持ッ者デアリマス、又一モ施爲スル所ナシト云フコトガ、此彈劾的上奏ノ由ッテ起ル根本ト思ヒマスカラ、是ニ附キマシテ私ノ見ル所ヲ述ベマセウガ、此最近ノ外交ニ於テ現政府モ施爲スル所ナキニアラズ、大分仕事ハシテ居ルト思ハレマス、其事ハ此償金ノ一時囘收、又威海衞ノコト、朝鮮ノコト、福建ノコト、第一償金一時囘收ノヤウナコトモ、私ハ極ク賴イコトデハナイト思フ、幸ニ其效ヲ奏シテ、今日ソレガタメニ我財政上經濟上ニ幾許ノ關係ヲ有シマシタヤ、果シテ償金ヲ一時囘收シタ曉ニハ、馬關條約ノ結果トシテ、撤兵ノコトハ已ムヲ得ザル結果ト思ハレマス、獨リ已ムヲ得ザルノミナラズ、此支那ノ獨立ヲ保全スルニ附イテ、最モ熱心ナル所ノ英吉利ニ合意ノ上、彼所ニヤラシタノハ、寧ロ吾々ハ得策ト認ムルノデ、又此朝鮮ニ於ケル新日露協商ノ如キハ、是マデノ協商ヨリモ一步ヲ進メマシタノハ、專ラ此利益線ヲ主ニシテ、政治ヲ第二ニシテ居ル所ノモノハ、頗ル其著眼ノ宜シキヲ得タト私ハ思ヒマス、又福建省ノコトハ、我臺灣ノ防備上ヨリシテ、最モ必要ナル地勢デアル、是ニ先ヅ第一著トシテ、他國ニ對シテ割讓セヌト云フコトマデヲヤリマシタノハ、是又甚ダ著眼ノ宜シキヲ得タモノト思ヒマス、一體此自國ノ防衞又ハ他國トノ權衡ヲ保ッ上ニ取リマシテハ、第一割出ス所ノ打算ガ、地勢上、軍事上、經濟上ノ此三點ヨリ打算スルコトガ、必要ト存ジマス、ソレニ此我九州對州カラ、朝鮮ニ於ケル關係、又臺灣カラ澎湖島ヨリシテ福州ニ於ケル關係、皆此地勢軍事經濟ノ關係ヨリシテ、打算シテ最モ私ハ著眼點ノ其宜シキヲ得タルモノト認ムルノデ、斯ノ如ク論ジマスト、此本案ノ所謂偸安姑息一モ施爲スル所ナシ云々ト云フコトハ、私ニ於キマシテハ事實上ニ於テ認メラレマセヌ、因テ吾々ハ現政府ノ外交政策ニ對シマシテハ、今日ノ場合ニ於テ先ヅ善ク出來タト言フノ外ハナイト(「ノー〱」又ハ「御尤サマ」ト呼フ者アリ、又發言ヲ求ムル者アリ)諸君、今日內外ノ形勢ハ、果シテドウデアリマセウカ、私ノ固ヨリ喋々ヲ要セヌコトデアリマス、唯願ハクハ努テ內地ノ紛爭ヲ避ケマシテ、此國家存立ノ基礎タル所ノ財政經濟ヲ能ク整理發達シテ、大イニ東亞ノ局面ニ向ッテ、他日爲スベキノ地ヲ作ルガ、今日ノ急務ト存ジマス、願ハクハ斯ノ如キ重大ノ問題ハ、十分愼重ニ議シマシテ、所謂進取ノ國是ニ基キマシテ、諸君ト擧國一致ノ實ヲ擧ゲマシテ、今日此東亞ノ局面イツ何時平和ノ破レルヤラ知レヌト云フヤウナ、危險千万ノ時期ニ後レマセヌヤウニ、益々此擧國一致ノ實ヲ擧ゲンコトヲ切望ニ堪ヘヌノデゴザリマス、ソレデ提出者諸君モ、提出者自ラガ黨派的云々ト云フコトヲ言ハレマシタノハ、私ハ寧ロア、云フ言葉ヲ使ハレナカッタコトヲ希望スルノデ、決シテ提出者諸君ニサウ云フコトガ毫更アラウトハ存ジマセヌ、殊ニ神鞭君ノ如キハ、先年來最モ黨派心ニハ冷淡ノ人デ、一意國家ノタメニナラレル人デアルコトハ、能ク私ハ存ジテ居リマス、願ハクハ此外交問題ニ附イテ、黨派ノ臭味ヲ持込ミマシテ、之ヲ以テ攻擊ノ材料トスルヤウナコトハ、左樣ナ惡例ヲ拵ヘヌコトヲ吾々ハ希望スルモノデアリマス、唯今日ノ內外ノ狀勢斯ノ如キトキニ際シマシテ、サウシテ此上奏案ヲ以テ　陛下ノ宸襟ヲ惱シ奉リ、內地ノ紛擾ヲ徒ラニ釀生シマシテ、從ッテ外侮ヲ招クノ端ヲ開カンコトヲ、吾々ハ偏ニ恐ル、者デアリマス、速ニ本案ハ否決セラレンコトヲ希望致シマス

○鮫島相政君(百九十六番)　佐々君ニ御尋致シマスガ、露國ガ我日本ノ戰勝ニ依ッテ得タル遼東半島ヲ而モ三國ノ盟主デ――盟主タル所ノ彼ノ露國ガ、無禮ニモ不屆キニモ、彼ノ旅順、大連灣ヲ二十五箇年ノ拜借ノ名義ヲ以テ占領シテ居ル、此時ニ當ッテ我政府ハ何等ノ措置モ致サナカッタ、致サナカッタノハ還遼當時ノ事情、其當時ノ事情ガ同一デアルカラ、ト考ヘテ居ルト云フコトデゴザイマスルガ、詰リ强イ者ニハ勝テナイ、大キイモノニハ卷カレル、勝テナイコトハシナイガ宜イ、又國勢國力ニ副ハザル所ノ抗議杯ヲシテモ駄目ダ、斯ウ云フヤウナ風ニ聽取リマシタガ、然ラバ我日本帝國ガ海軍ヲ――海軍力ヲ二十五万噸ト爲シ、陸兵ヲ百万備ヘル、其日本ガ今ナラバ何時デモ、ドンナ抗議ヲ持込ンデモ、ドンナイツ何時戰ヲ開イテモ、差支ナイト云フコトマデ、日本ガ軍備擴張ヲスル間、世界列國ガ眼ヲ眠ッテ、日本バカリ軍備擴張ヲスルト云フ御見込デアリマスカ、事實日本ハ無禮千萬ナコトヲスル外國ニ對シテ、抗議ヲ申込ム時期ハ、何時頃來ルト云フ御見込デアリマスカ

○佐々友房君(二百八十番)　ソレハ先程既ニ辯ジ盡シタ積リデアリマシタガ、マダ足ラナカッタカ知レマセヌガ、私ハ其場合デナイト思フノデアリマス

(此時發言ヲ求ムル者多シ)

○肥塚龍君(四十一番)　佐々君ニ一言質問ヲ致シタイデゴザイマス、先刻佐々君カラノ御演說デ見マスルト云フト、國力ガ許サヌトキハ致方ガナイ、一旦取ッタ所ノ遼東ヲ挽取ラレテモ、其時ノ國力ガ許サナンダトキハ、致方ガナイ、又現在ノ外交ト云フモノハ、「寧ロ能ク出來タト思フ」ト云フ所ノ御考、詰リ此上奏案ヲ否決ヲレタイト云フ所ノ趣意ニ外ナラヌノデアル、是ニ附イテ私ハ一言質問ヲ致シタイト思ヒマスノハ、先年此滿場ノ諸君ハ皆御記憶デゴザイマセウ、先年朝鮮ノ京城ニ於テ、時ノ大臣金宏集ナル者ガ、朝鮮人ノタメニ殺サレタ、朝鮮人ガ朝鮮人ヲ殺シタトキスラ、以テ佐々君ハ內閣不信任案ヲバ出サレタコトハ、御承知デゴザイマセウ、(「然リ々々」ト呼フ者アリ)朝鮮人ガ朝鮮人ヲ殺シタトキデスラモ內閣不信任案ヲ提出シテ、途中カラ御取消ニナッタカラ、吾々共ハ大變迷惑ヲ被ッタコトノアルノハ諸君御承知デゴザイマセウ、朝鮮人ガ朝鮮人ヲ殺シタトキスラ、以テ內閣不信任案ノ決議案ヲ出シ、血ト鐵トヲ以テ得タ所ノ遼東ヲ還シタト云フノハ、誠ニ當リ前ノコトデアルト云フコトハ、チト算盤ノ上デ勘定ガ合ハナイヤウニ思ウ(「然リ

然リ」ト呼フ者アリ)遼東還附――血ト鐵トヲ以テ得タル遼東ヲ掠取ラレタノハ、一向平氣デアルガ、朝鮮人ガ朝鮮人ヲ殺シタトキハ、內閣不信任案ヲ出サナケレバナラヌト云フ、此御趣意ガ承リタイト思フ

○佐々友房君(二百八十番) ソレハ御議論ノヤウデアリマスカラ、御勝手ニ御討論下サルヤウニ……

○肥塚龍君(四十一番) 私ハ議論デハナイト思フノデスガ、御答辯ガナケレバ致方ガナイ

(此時發言ヲ求ムル者多シ)

○小田爲綱君(二百四十二番) 議長――先刻カラ三度モ起立シテ居ル――議長

○議長(片岡健吉君) モウ他ニ許シマシタ――五十七番

○芳賀宇之吉君(五十七番) 私モ佐々君ニ少シ質問致シタイ、唯今此佐々君ノ御說ノ中ニハ、遼東半島ヲ還シタ當時ハ、決シテ當局者ノミニ罪ヲ歸スルト云フハ、無理デアルト云フ、是ガ一ツ、國勢ニ伴ハザル剛情ハ無益デアル、斯ウ云フ說デアル是モ私ハ御尤ト思フケレドモ、伊藤總理大臣ハ總理大臣トシテ、如何ナル嘘ヲコイテモ 天皇陛下ニ對シ人民ニ對シテ、ドンナ嘘ヲコイテモ、ソレハ問ハヌト云フノデアルカ、遼東半島ヲ還シタ當時ニ、如何ナル明言ヲシテ居ルカ、東洋ノ平和ヲ維持スルガタメニ遼東半島ヲ還シタノデアル、然ルニ今日ハ東洋ノ平和ヲ維持スルコトガ出來ナイ、却テ其反對デ、東洋ノ平和ヲ攪亂スルヤウニナッテモ、ソレデモ構ハヌト云フノデアルカ、國ハ如何ニナッテモ、今ノ內閣ハ信任スル總理大臣ハ如何ナル嘘ヲコイテモ、ドンナコトヲ遣ッテモ、構ハヌト云フノカ、ソレヲ御聽キ申シタイ

○佐々友房君(二百八十番) 現ニ嘘ヲ言ッタト云フコトナラバ、サウデアリマスガ、私ノ見ル所デハ……

○芳賀宇之吉君(五十七番) 間違ッテ居ル、遼東半島ノコトニ附イテハ、總理大臣ハ相違ナク誤ッテ居ル、東洋ノ平和ヲ維持センガタメニ、遼東半島ヲ還シタノデアルガ、其反對ニ今日東洋ノ平和ハ破レントシテ居ルノダ

○佐々友房君(二百八十番) ドウモ御議論ノヤウデアリマスカラ、ドウゾ御議論ニナサルガ、宜シカラウト存ジマス

○芳賀宇之吉君(五十七番) 私ノ考デハ總理大臣ハ(「無用々々ノ聲起ル」)僞義トシテモ辭職スベキモノデアル、然ルヲ恬トシテ居ルカラ、是ハ 天皇陛下ニ訴ヘルヨリ外ニナイカラ、上奏ヲシタイト云フ吾々ノ考デアルノニ……

○佐々友房君(二百八十番) アナタ方ノ方デハ御尤デアルガ、私共ハサウハ思ハナイノデアリマス

○竹內正志君(三十五番) 佐々君ハ遼東還附ノ當時モ今日東洋問題ニ附イテモ、始終國力ト云フコトヲ頻ニ繰返シテ言ハレタヤウデアリマスガ、詰リ佐々君ト私共ハ意見ガ違フノデアルカラ、致方ハナイガ、遼東還附ト云フコトガ、今日ノ東洋問題ノ本ニナッテ居ルカラ、遼東還附ノ時分ノコトヲ一言御釋ガ致シタイ、佐々君ノ御議論ニ依ルト、兵力サヘアレバ宜イ、海陸軍ガ整ヘハ宜シイト云フコトデ、如何ニセン國力ガ足ラヌ、國力ガ足ラヌト云フコトハ、海陸軍備ノ不完全ト云フコトニ起因シテ居ルト云フ御議論ノヤウニ承リマシタガ、吾々ハ遼東還附ノ當時軍ハセナンダ、何故軍ヲセナンダト云フコトハ、私共ノ遺憾トスル所デナイ、軍ヲセズニ當局者ハ外交上ノ手腕デ以テ「干渉ガ來ルト云フコトナレバ、サウ云フコトヲ豫メ見テ、ア、云フ取ッテ復タ還スト云フヤウナ不體裁ハ、シナイ方ガ宜シイト云フ吾々ノ議論デアッタガ、海陸軍備ト云フ外ニ政府ト云フモノハ、別段ニ處置ノナイモノデアルト云フコトニナルノデアリマセウカ、又ドノ位海陸軍備ノ擴張ガ出來タナラバ、國權ヲ張ルコトガ出來ルノデアリマセウカ、其邊ヲ承リタイ、國力々々ト云フコトヲ何時マデモ言ッテ居ルヤウナコトデハ、何時マデ待ッテモ國權ヲ張ルコトハ出來ヌ

○佐々友房君(二百八十番) 公ノ上デモ、私ノ上デモ、君トハ既ニ論ジ盡シテ居ルカラ、御互ニ分ッテ居ルガ、吾々ハ海陸ヲ既設設計ノ通ニシタイト思フノデアリマス

○竹內正志君(三十五番) 設計ノ通リ出來タ上ナラバ、直チニ東洋問題ノ解釋ガ出來ルト云フ御見込デアリマスカ

(「無用々々」「順序ヲ追フテヤルベシ」ト呼フ者アリ)

○安部井磐根君(八十三番) 吾々モ一言佐々君ニ說明ヲ求メタイ、ソレニ先ッテチョット御斷リヲ申シマスガ、此案ハ遼東還附云々、ソレニ胚胎シタモノデアルト、佐々君ハ述ベラレタヤウデアリマスガ、サウデハナイ是ハ(「通告ノ順序ヲ以テヤルベシ」ト呼フ者アリ、議場騷然) 文字ヲ以テ(「無用々々」ト呼フ者アリ) 明治二十六年ノ頃ニ於テ、前々ノ伊藤內閣ニ對スル(議場騷然聽取シ難シ) 國危シ、奮ハサルベカラズト云ッテ、天下ニ絕叫シタル精神、卽チ今日遼東還附トシテ現ハレタノデアリマスカラ、此事ハ佐々君ニ御斷リシテ置キマス、是ヨリ(「無用々々」ノ聲起ル)果シテ然ラバ佐々君ハ今日ノ政府ヲ至極ノ良政府、至極ノ善政府ト看做シテアラル、ヤ如何ヲ聽キタイノデアル

○中村彌六君(二百三十一番) 吾々ガ提出致シタル――贊成致シタル所ノ上奏案ニ對シマシテ、佐々君ナリ小室君ナリノ反對ガゴザイマシタデ、佐々君ノ說ニ附キマシテハ、島田君ヨリ詳細ニ誤謬ヲ訂サレマシテゴザイマス、小室君ノコトニ附イテハ――發言ニ付イテ聊カ批難スベキ點ガゴザイマスルガ、否、批難デハナク、聊カ取ルベキノ點ガアルダケデ、アトハ何ヤラ兒童ニ向ッテ小學校ノ先生ガイ扁デアルトカイ扁デアルトカ、文字ノ講釋ヲスルガ如キコトデアッテ、更ニ之ヲ辯駁スルノ價値ガナイト私ハ認メテ居ルノデゴザイマス、(ヒヤヽヽ) 若夫レ文章ノ上ニ於テ不備ノ點ガアッタナラバ、宜シク之ヲ修正スベシ、文章ノ上ニ於テ不明ガアルト云ッテ、是レシキノコトニ言ヲ藉リテ、サウシテ吾々ガ此國民ヲ代表シ多數ノ國民ノ意思ヲ代表シテ、茲ニ出シタル所ノ上奏案ヲ磨滅セント欲スルガ如キハ、實ニ私ハ同君ノタメニ取ラザル所デアルノデス、併ナガラ、私ハ未ダ雙方肝膽相照スト云フ

コトデナクシテ、片照シノ內閣ニ對シテ、斯ノ如ク御忠義ヲ御盡シニナルノガ、實ニ感服ニ堪ヘヌノデアリマス、(拍手起ル)ソレダケノ精神ヲ以テ、此上奏案ヲ贊成シテ下サイマシタナラバ、日本國民幾許ノ喜ヲ爲スデアラウト私ハ信ズルノデアリマス、(拍手起ル)デ、私ハ此上奏ノ必要ナル所以、此由ッテ起ル所以、此道理ノアル所以ハ、既ニ提出者ノ神鞭君ガ熱心ニ說カレ、續イテ此誤謬ニ於キマシテハ、島田君ガ訂サレマシタガ故ニ、今之ヲ喋々スルノハ須ヒヌノデアル、唯私ハ茲ニ於テ聊カ諸君ニ請ハントスルノハ、唯此事ヲ以テ徒ラニ內閣ヲ攻擊スルノ材料ニ爲スガ如キノ感ヲ持ッテ、此上奏案ヲ見フレルノハ、私ハ如何ニモ殘念ニ思フ、此事タルヤ前論者ノ語氣中ニモ、往々見エル、曰ク大隈、曰ク何、私ハ進歩黨ニ關スルモノデアル、大隈ハ進歩黨ノモノデナイ、拙者ノ眼中ニ於キマシテハ、國家ノ事ヲ論ジ、殊ニ外交ノ事ヲ論ズルニ於キマシテハ、大隈何カアラン、何モ大隈モ伊藤モ私ノ眼中ニナイノデアル、諸君モ願クハ、此上奏案ヲ議スルニ當ッタナラバ、是等ノ下ラナイ感情ト云フモノハ、假ニモアルマイト思ヒマスルガ、之ヲ腦中ヨリ去ッテ、十分ニ御判斷アランコトヲ希フ、最モ甚シキニ至ッテハ、此上奏案ヲ議スルニ當ッテ、嘲弄的ニ又努テ此議場ノ笑ヲ買ハンガ如キコトヲ爲スガ如キニ至ッテハ、既ニ此上奏案ニ對シテノ無禮ノミナラズ、亦國事ヲ議スル上ニ於テモ、誠心誠意ノナキ人ト存ジテ、私ハ此議場ニ立ッテ實ニ痛嘆ニ堪ヘヌノデゴザイマス、ソレデ佐々君ノ御說ニモ、詰リ第一ノ反對者ノ議論トスル所ヲ聞キマスルト云フト、場合ガ許サナイ、國力ガ許サナイ、故ニ泣イテ寢入ルヨリ外ニ仕方ガナイト、斯フ云ウ論旨ニ過ギザルモノ、此事ハ既ニ島田君ノ述ベラレタ如クニ滅ニ、咄易キノ道理デ、世界ニ實ニ小弱ナル、土地モ小サク、人民モ少ク、兵力モ弱ク、又且ツ貧ナル國ガ大國ト列シテ一國ヲ成シテ居ル、此道理ニ於テ既ニ明カナルモノデアル、故ニ單ニ一國ハ、ソレダケノ兵力モナシ、國力モナカッタナラバ、如何ナル侮辱モ受ケ、如何ナル事モ忍バナケレバナラヌト云フコトヲ以テ、立國ノ原則トナスナラバ、實ニ雙手ヲ擧ゲテ、佐々君ノ說ニ贊成ヲシナケレバナリマセヌガ、吾々ノ此上奏案ヲ奉ル所以ハ、卽チ斯ノ如キ考ヲ爲シテ居ル所ノ內閣ガ、國政ヲ執ルガ故ニ、國家ノ大事ヲ誤ルト云フコトノ精神ニ外ナラヌモノデアル、又佐々君ノ述ベラレルニハ、何モ今ノ政府ハ施爲シタルモノガナイト云フノデハナイ、斯樣ナコトモアル、斯ウ云フコトモシタ、ソレハ何デアルアルカト云フト、支那カラ取ルベキノ償金ヲ取ッタ、曰ク、日露ノ協商モ斯ノ如シ、朝鮮ノ如キモ此頃少シ景氣ガ好クナッタト云フガ、是等ノ事ハ、今ノ內閣ガ働掛ケテシタコトデハナク、返スベキ金ヲ返シテ來タノデアルカラ、請取一本ヤレバ、誰デモ出來ルコトデアル、實ニ何モナスコトガナイト、吾々ガ云フノハ、國務大臣トシテ、外交家トシテ、此外交ノ上ニ於テ、卽チ價値アル仕事ガ更ニナイト云フコトニ過去ルモノデアル、之ヲ換言シテ言ヘバ、唯無爲無能ノ他ニ、ドノヤウナ國家ニ對スル大事ナコトガ生ジテモ、其事ヲ一點眼中ニ止メズシテ、無爲無能ニ沈默シテ、國家ノ段々光榮國威ノ衰頽ヲ座視スルト云フノガ、吾々ノ憤慨ニ堪ヘザル所ノ點デゴザリマス、ソレデ、私ハ此武力又ハ兵力國力ト云フモノ、外交ト云フモノハ、必ズ相伴ッテ此權力ノ消長ガアルト云フコトヲ、極ク立派ニ言ハズニ、諸君ノ現在ノ立場ニ附イテ、一ノ新シキ、比喩ヲ申述ベヤウト思フノデアル、政友ノ

島田氏ハ、之ニ對シテ縷々述ベラレタガ、尙ホ之ヲ極ク近キ例ヲ取ッテ見マスルト、立派ナ外交家ガ、兵力ニ依ラズシテ、外交ノ力ニ依ッテ、其威ヲ保ッテ行ク、國家ノ光榮ヲ進メテ行クト云フノハ、恰モ今ノ伊藤ガ――伊藤內閣ガ對自由黨ノ如キモノデアラウト思フノデゴザリマス、是ハ殆ド能ク御分リニナルコトデアラウト思フ、一方ニハ國家ヲ――憲政ノ美ヲ擧グルノ誠意ナキモノト認メテ置イテ、之ニ反對スル議決ヲシタル當場ナルニモ拘ラズ、片ッ方ノ方デハ、卽チ對議院ノ政略ヲ以テ、之ヲシテ自由ニアチヤコチヤニサセルト云フノハ、是ハ矢張恰モ此國力ニ依ラズシテ、此外交ノ手腕ヲ以テ對スルト同ジコトデアル、吾々ガ外交官ノ敏腕ナルモノヲ欲シイト云フノハ、恰モ伊藤ガ斯ノ如キ決議ノアルニモ、拘ラズ、其者ヲ自由自在ニ籠絡スルガ如ク、之ヲ外交ニ向ッテスルコトヲ欲シイノデアル、併ナガラ彼ハ其手腕ノナイコトヲ認メテ、之ガ更迭ヲ謀ルノデゴザリマス、又小室君ノ言ハレルニハ、外交ノコトニ於キマシテ、還遼ノコトヨリシテ、既ニ大詔ト云フモノヲ、楯ニ取ッテ、之ヲ以テ攻擊スルト云フコトヲ申サレルデゴザリマスガ、縱令此大詔ニ遡ラヌニ致シマシテモ、一方ニ致シテ、遼東ト云フモノヲ取ルト云フコトガ、東洋ノ平和ヲ保チ、我國ノ國威ヲ保ツニ於テ、必要ナリト云フコトヲ豫想シテ、又之ヲ各國ノ例ヘバ勸告アルニ依ッテ、還附セネバナラヌト云フコトニ相成ッタ以上ハ、少クモ是ノ當時ニ於テ不明ノ罪ヲ謝シテ、茲ニ身退カナケレバナラヌ筈デゴザイマス、故ニ今日ヨリ人臣トシテ、其君主ニ對スルノ責ヲ負フト云フコトガ必要デアルモノナラバ、今日ノ伊藤ト云フ人ハ、既ニ其當時ニ於テ責ヲ引カナケレバナラヌ、ソレヨリ今日ニ生ジタル所ノ事態ニ對シテ、又再ビ引カニヤナラヌト云フコトハ、當然ノ話デアッテ、今日新シク之ヲ引クト云フノデハナクシテ、詰リ之ヲ換言スレバ、已ニ業ニ責任ノ上ニ於テ、二罪倶發ト云フコトニナッテ居ルノデゴザリマス、(笑聲起ル)諸君、國民ニ對シテ、二罪ノ倶發ニナルニ拘ラズ、恬然トシテ顧ミズシテ、此國政ヲ執リ、サウシテ外交ヲシテ、日々ニ非ナルニ至ラシメタレバ、吾々ハ決シテ默ッテ置ク譯ニハ行カズシテ、或ハ聖聽ヲ瀆スト云フコトノ畏レガアルト云フ御說モアルガ、私ハ考ヘル、知ッテ言ハザレバ其罪却テ云フヨリモ大ナリト云フコトガゴザイマス、故ニ吾々ト雖モ、上聖慮ヲ煩シ奉ルハ、臣民ノ分トシテ實ニ堪ヘ忍ビ得ラレヌコトデゴザリマスガ、尙ホ是ヨリ大ニシテ忍ブベカラザルモノガアリマスルガ故ニ、吾々ノ考デ文章ニ書イテアリマス通リ、熱誠ガ發シテ、此上奏案ニナッタ所以デゴザリマスデ、諸君之ニ反對論者モアリ、種々ノ事ガゴザリマスガ、詰リ此國家ニ對シマシテ、成ルタケ此ヤウニ東洋ニ於キマシテ、此多事ノ時ニ當リマシタナラバ、日本ノ國ヲ國ラシク持ッテ行ケル人ヲシテ、此政治ノ要路ニ當ラシメル、殊ニ外交ヲ掌ラシムル必要アルコトヲ感ジタノデゴザリマス、デ、外ニ在ッテハ、今述ベマシタ如ク、又政友ノ論ジタル如クデアリマスシ、又此事ニ反對ニナリマス所ノ自由黨ノ方ニ於キマシテモ、外ニ在テ斯ノ如ク、又內ニ在テハ、此議院ニ出來テ居ル憲法政治ノ美ヲ擧グル時ニ當リナガラ、憲法政治ノ美ヲ擧グルノ誠意ナシト御認メニナッタ所ノ內閣デゴザリマスルガ、故ニ、其邊ハ御遠慮ナク、否ナ、進ンデ此案ニ御贊成アッテ、一日モ早ク外ニ對シテ軟弱ナル、內ニ對シテ憲政ノ美ヲ擧グルコトノ出來ナイ所ノ內閣ノ更迭アルコトノ聖斷ヲ仰グノデゴザリマス、故ニ十分御贊成アランコトヲ希望致

シマス

(「決々」ト呼フ者アリ)

○議長(片岡健吉君) 大岡育造君

(大岡育造君演壇ニ登ル)

○大岡育造君(二百八十四番) 私モ此上奏ニ反對ヲ致スモノデゴザリマス、本案ニ入ル前ニ、唯今マデ賛成ヲ表セラレタル演說家ノ言ハレタル大趣意ニ、一言加ヘテ置キタイト思ヒマス――攻撃ヲ加ヘテ置キタイト思ヒマス、唯今中村彌六君ハ、今ノ內閣ニ其責任ヲ負ハスノハ、前年遼東還附時代ニ內閣ヲ造ッテ居ッタ所ノ大臣ガ居ルガ故ニ、其時モ辭スベキデアルガ、其續キニ依ッテ、今日モ辭スベシト云フヤウナ說ヲ唱ヘラレタ、島田君ノ演說モ是程明ニハナカッタケレドモ、尙ホ遼東還附ノ當時ノコトヨリ說起シテ、此事ヲ結バレタノデアリマス、說明者ノ神鞭君ノ意モ、斯クマデ明瞭ニハゴザリマセヌデシタガ、恐ラク斯ウ言ヒタカッタノデアラウト推察スル、是ニ於テ大イナル黨ヲ私ハ爲シタノデアル、進歩黨ノ諸君ハ立憲政體ノ美ヲ爲スト云フコトヲ常ニ口ニ言ハレルノデアル、立憲政體ト云フモノハ、代ガ幾度變ッテモ、少シデモ關係ノアッタ大臣ガ出タナラバ、其古傷ヲ一々脊負ネバナラヌト云フモノデゴザリマスカ、最早憲法發布以來十年ヲ經過シテ居リマスルカラ、是程ノコトノ分ラヌ道理ハゴザリマスルマイト思フテ居ル、今日堂々タル名士ノ說ヲ聽ケバ、斯ノ如シ、誠ニ驚カザルヲ得ヌノデアル、若シ斯ノ如キコトヲ言フヲ以テ、立憲政體ノ美ヲナスト云フナラバ、外國人ヲ裁判官ニ加ヘテ、吾々ノ裁判ヲシヤウト企テタル所ノ案ヲ賛成シタル大隈伯ハ、今日國民ノ選ンダル所ノ裁判官ノミヲ以テ、否、天子ノ選ンダル日本ノ裁判官ヲ以テ、誰デモ裁判シ得ルヤウニマデナッタトキニ當ッテハ、アノトキノ罪ハ唯アノトキニ限ラズ幾度モ問ハレテ幾度モ大臣ニナルコトガ出來ナイノデゴザイマセウ、立憲政體ガ斯ノ如キ窮屈ナモノデゴザリマスルナラバ、諸君立憲政體ハ、國ノタメニ、困ッタモノデアル、此一タビ誤ヲ致シマレタナラバ、其人ノ生存中其人ガ位置ニ立ツトキハ、必ズ之ヲ攻メネバナラヌト云フ程ナラバ、立憲政體ノ美ヲ成スコトガ出來ヌノデアル、立憲政體ノ美ヲ成サントスルナラバ、卽チ其人ノ責ハ、其時ニ攻メテ、ソレヲ退カシメテヤルガ宜シインデアル、然ルヲ幾度モ之ヲ問フト云フノハ、抑々諸君立憲政體ノ美ヲ成ス眞正ノ希望ヲ有スルヤ否ヤ、我輩甚ダ之ヲ疑フンデアル、此ニ一言先ヅ加ヘテ置キマス、全體此誤ヨリシテ、此上奏ハ出タモノデアラウト思フ、(「ノー〱」ト呼フ者アリ)此上奏ハ新聞紙ノ云フ處ニ據レバ、頗ル力ナキモノ、如クニ聞エマスル、併ナガラ私ハ左樣ニハ思ヘヌ、是ハ或ル事情ノタメニ彼處モ削リ、之ヲ削ラレタルタメニ遂ニ力ナイト思フノデアルケレドモ、此文章全體ヲ見レバ、決シテ力ノナイモノデハナイ、「是レ明カニ還遼ノ聖旨ニ乖戾スルモノナリ」ト、之ヲ普通ニ解釋致シマスレバ、內閣大臣ニ違勅ノ責ガアルト云フノデアル、從來日本ノ政海ニ於テ勅旨ニ背イタリト云フコトハ、罪ノ最モ大ナルモノデアル、進歩黨ノ諸君、之ニ賛成スル所ノ諸君、今ノ內閣ニ對シテ勅旨ニ背イタル違勅ノ罪人ナリト訴フル、ナカ〱強イ所ガアルト私ハ思フノデアル、唯斯ノ如キ大切ナルコトヲ人ニ責ムルナラバ、宜シク自ラモ省テ責メラル、所ナキヤヲ思フガ宜シカラウト思フ、先刻來說明ニ依ッテ違勅ト云フコトハ遼東還附ノ詔勅ノ意思ニ背イタルモノデアル、斯ウ云フ意味ニ解釋セラル、「而シテ此案ヲ提出シタル人及之ヲ賛成セラレタル人ハ、果シテ遼東還附ノ詔勅ヲ熟讀セラレマシタデゴザイマセウカ、多分其當時ニアッテハ、詔勅ヲ熟讀セラレタデアラウト思ヒマスルガ、今日此案ヲ提出スルニ當ッテ能ク御熟考ニナリマシタデゴザリマセウカ、短期ノ議會デ數多ノ議案ガゴザリマスルタメニ、悉ク精査ヲスルニ遑ナクシテ、御賛成ニナッタノデゴザリマスルマイカト、本員ハ疑フ點ガゴザリマスル、ソレヲ何デアルト申シマスレバ、遼東還附ノ際ノ詔勅ハ、明カニ三ツノ意味ヲ持ッテ居ル第一ハ三國干渉――三國ノ切實ナル干渉ガアルニ依ッテ、東洋永遠ノ平和ノタメニ遼東ヲ還附スルト云フコトデアル、第二ニハ、更ニ事端ヲ滋クシテ、民生ニ痛苦ヲ與ヘルニ忍ビナイカラ、之ヲ還スト云フコトデアル、第三ハ、既ニ戰爭ノ目的ヲ達シ得タルニ依ッテ、之ヲ還スト云フコトデアル、此三ツ私ノ言葉ヲ以テスルヨリモ、確ニ勅諭ヲ奉讀シタ方ガ、諸君ノ判斷ヲ正シウスルニ宜カラウト思ヒマス、「顧フニ朕カ恒ニ平和ニ眷々タルヲ以テシテ竟ニ淸國ト兵ヲ交フルニ至リシモノ洵ニ東洋ノ平和ヲシテ永遠ニ鞏固ナラシメントスルノ目的ニ外ナラス(「勅諭ヲ奉讀スルニ敬禮ヲ表シナイト云フコトガアルカ」ト呼フ者アリ)證據トスルモノハ構ハヌノデゴザイマス、「而シテ三國政府ノ友誼ヲ以テ切偲スル所其ノ意亦玆ニ存ス朕平和ノ爲メニ計ル素ヨリ之ヲ容ルヽニ吝ナラサルノミナラス」是ガ一ツデアル、「更ニ事端ヲ滋クシ時局ヲ艱ミ治平ノ回復ヲ遲滯セシメ以テ民生ノ疾苦ヲ釀シ國運ノ伸張ヲ沮ムハ眞ニ朕カ意ニ非ス」是レ第二デアル、「且淸國ハ媾和條約ノ締結ニ依リ既ニ渝盟ヲ悔ユルノ誠ヲ致シ我交戰ノ理由及目的ヲシテ天下ニ炳焉タラシム今ニ於テ大局ニ顧ミ寛洪以テ事ヲ處スルモ帝國ノ光榮ト威嚴トニ於テ毀損スル所アルヲ見ス」是デアル、因テ此案ヲ提出セラレタル諸君ノ一考ヲ煩シタイノハ、「第二ノ點ト私ガ申シマスル「更ニ事局ヲ滋クシ又事端ヲ滋クシテ事局ヲ艱シテ治平ノ回復ヲ遲滯セシメ民生ノ疾苦ヲ釀スカ如キハ眞ニ朕カ意ニ非ス」此點デアル、當時遼東ヲ還サレタノハ、此案ヲ提出シタル人ノ言フガ如クニ、單一ニ宜レイ、東洋ノ平和ノタメト云フナラバ還シテ仕舞ハウト仰セラレタノデハナイ、東洋ノ平和ノタメニ還スガ之ガタメニ還サナイト云ウテ、又事局ヲ滋クシテ事ヲ構ヘテ、ソレガタメニ人民ノ痛苦ヲ增シテ今將ニ發達セントスル所ノ國運ヲ沮ムヤウナ事ガアルコトハ、眞ニ陛下ノ好マセタマフ所ニアラズ、故斯ク一致サレタノデアル、諸君、進歩黨ノ諸君ガ、殊ニ注意セラルベシ、事局ヲ滋クナサルトモ、或ハ民生ガ困難ニ陷ヲウトモ、國運ガ沮マルトモ、其發達ヲ害セラレウトモ構ハヌト、ヨモ言ハレヌデゴザイマセウ、何ヲ以テ然ラバ爲スカ、島田三郎君ヲシテ言ハシムレバ、外交ノ要ハ其正理公道ヲ唱フルニアリ、何ゾ兵力ヲ頼マンヤ、若シ兵力ヲ頼ムナラバ、布哇ノ如キ何ゾ日本ニ抗スルヲ得ン、是ハドウモ進歩黨諸君ノ一番大イナル誤ノ點デアル、既ニ之ヲ病トシテ、膏盲ニ入ッテ居ルト云ハナケレバナラヌ、何ノ兵力ガ入ルモノカ、正理公道ヲ言ヘバ宜イ、正理公道ハ誰ガ、極メルカ、島田君ガ極メルデアラウ、島田君ヲシテ正理公道ヲシテ極メシメテ、而シテ饒舌ルコトハ、富裴那ヲ避ケシメテ外交官ヲ驚カシメタラバ、天下國家太平ニナルカ此ノ如キ病ハ單リ島田三郎君ニ限ラズシテ、大隈伯爵其人モ尙ホ斯ノ如キノ筆法ヲ持ッテ居ル、サレバコソ朝鮮ニ向ッテモ、後ト先キ見ズニ手出シヲシテ、手ヲ燒イタ、布哇小ナリト思ウテ、ウッカリ嚇シカケテ、大言壯語ヤッテ見タガ、チットモ動カヌ、今日ノ外交ナルモノハ、サウ新聞ノ社說デモ書クカ演說デモシテ出來ルヤウニ思召スト、國ガ大事デアッテ、甚ダ危殆ナ位地ニ陷ルンデアル、故ニ此詔勅ニ背ケリト云フナラバ、私ハ諸君ガ背ケリト云フノダ、今內ヲ顧レバ民政ハ十分ニ發達致シテ居ラナイ、國運ハ十分ニ伸ブベクシテ、今ヤ沮マレテ居ルンデアル、是レ實ニ　陛下ノ深ク憂慮シ玉フ點デアル、此點ニ向ッテ諸君ハ何ノ施設スル所ガアルカ、今コソ眞ニ國家ノタメニ民力休養ヲ言フベキノトキデアラウ、曾テ改進黨ガ共旗ニ揭ゲタルガ如クニ、努メテ外國トノ交涉ヲ緩ウシテ、內地ノ整理ヲスルベキトキデアル、是等ハ民間ニ共友ヲ集ムルヤ、斯ノ如キ善眞ナル主義ヲ揭ゲナガラ、一旦事局ニ立ッテ事ヲ爲シ、或ル事情ノタメカ、全ク之ニ反シテ此事局ノ困難ナル場ニ當ッテ、露西亞トモ抗議セヨ、獨逸トモ抗議セヨ、佛蘭西トモ抗議セヨ、抗議ト云フモノハ、大層力ノアルモノデアル、布哇ガ日本ト爭ウテ、小サナ國ノ判決ヲ仰グヤウニ至ッタノハ、其力デアル、何ト有難カラズヤ、ドウモ竊入ッタ次第デハゴザリマスマイカ、國ノ自ヲ事ヲ處スル所ノ力ガナクシテ、小サナ布哇、誠ニ小弱國ト事ヲ構ヘテ、共終局ヲ附ケルコトガ出來ズシテ、遂ニ第三ノ國ニ宜シク御願ヒ申シマス、私共ハ如何トモ致シ方ガゴザ…マセヌ、此恥ヲ忘レテ抗議ヲ饒舌シ、饒舌シテ饒舌ルナラバ、終リガ附タトハ、何タル外交ノ方針デゴザイマセウ、私ハ諸君ノ實ニ爰ニ顧ランコトヲ切望スル、又島田君ハ誠ニ公平ニシテ、政府ト云フモノハ、宜シク萬事ヲ打明ケテ議會ニ諮ルベキモノデアル、國民ヲシテ知ラシムベキモノデアルト云フ、或ル場合ニ依ッテハ、自慢ヲシテ報告スルトモ、吾〻ハ之ヲ贊成スル、島田君ノ公平斯ノ如クナルベシ、併ナガラ此案ヲ提出セラレタ諸君ノ中ニハ、ナカ〳〵サウ淡泊デハナイ人ガ多イ、最モ著キハ神鞭知常君デアル、神鞭知常君ガ艱イテ居ッタ所ノ政府ガ、卽チ前ノ松方內閣ガ朝鮮ニ對シテ、種々施設スル所アリト雖モ、何ノ遂グルコトヲ得ズシテ大イニ恥ヲカイタ、國威ヲ殆ド墜サンカト疑ハル丶、マデニヘコンダノデアル、今日、如何ニ今日ハ新日露協商ハ確カニ日本ノ利益ニナッタンデアル、少クトモ前ノ內閣ガ藻搔イテ爲シ能ハザリシコトヲ爲シタノデアル（「自分デ引タノダ」ト呼フ者アリ）自分自ラガ引イタコトデ、コチラ自ラガシタンデハナイ、斯ウ吝カニ物ヲ見ル者ガアルニ依ッテ、島田君ノ公平モ、實ニ通ジテ承知スルコトハ出來ナイト私ハ言フノデアル、諸君、サウ國ト國トノ交際ニ於テ、反對黨ト共他ノ黨派トカ、喧嘩仕合フヤウニ始終己レノ手柄話バカリ致スベキモノデハナカラウト思フ、宜シク考フベキモノデアル、露西亞ガ自ラ引イタト見セテ、日本ノ意志ガ達セラレテ日本ノ利益ガ扶植セラレ、日本ノ目的ガ達セラレテ、朝鮮ヲ獨立セシメ得ルナラバ、卽チ日本ノ目的ハ足レリト言ハナケレバナラヌ、彼レ自カラ引カウトモ、我カラシテ引カレメヤウトモ、何ノ差ガアルカ、然レドモ彼ハ己ガ引カシタノデアル、彼ハ自ラ引イタノデハナイト、自慢ヲスルガ宜シイカ、進歩黨ガ始終誤ッタノハ、始終針程ノコトヲ始終棒ノヤウニ褒メ立テタ、メニ、誤ッデハゴザリマセヌカ、國ノ交際ノタメニ間違ッテ露國自ラ引イタトシテモ、我邦ノ利益ヲ植ユルニ於テ、彼ノ利益ヲ扶クルニ於テ、妨ガナケレバ、ソレデ事ガ宜シイノデアリマセウ、然ラバ卽チ此事ヲ以テ前內閣ノトキニ出來ヌナラバ、內閣ノ爲シタコトヲ宜シトスルガ、當然デアルニ宜イ事•ハ、自分デ出來タデ、內閣ノ出來タノデハナイ例ヘバ威海衞ノコトデアル、若シ誤ッタナラバ、諸君ノ責ムル所トナル、我輩モ又責ムル所トシナケレバナラヌガ、一時皆濟ニナッタ、彼ハ受取一本ヤレバ宜イ、善イ事ハ皆居デモナイヤウニ言ッテ仕舞ッテ、惡ルイ事ダケ責ムルト云フガ、一體ノ常デアル、然ラバ島田君ノ如キ公平ナル人アリト雖モ、以テ此案ヲ提出シタ意志ニ通ジ考ヘルコトハ出來ナイト思ヒマス、抑〻遼東ノ地、之ヲ失フタノハ、一旦取ッタ以上ニ於テ、甚ダ遺憾デアル、我輩共ハ始ヨリ彼ヲ取ルコトヲ好マナカッタノデゴザイマスガ、既ニ取ッタ以上、之ヲ失フコトハ甚ダ遺憾デアル、併ナガラ之ヲ失ウタト申シマシタ所ガ、事柄ヲ思ハナケレバナラヌ、即チ之ヲ失フ――之ヲ還シタト云フテモ、尙ホ戰爭ノ目的ハ足リテ居ッテ、之ヲ押ヘルガタメニハ、又新ニ難局ヲ生ジ、コレニ依ッテ國力ヲ盡シテ、此國運ノ進歩ヲ妨ゲルコトガアルト思フ時分ニハ、暫ク之ヲ忍ブモ、何ノ支ヘルコトガゴザイマセウカ、即チ諸君共ニ大詔ヲ奉ジテ、愼ンダ所デアラウト思フガ、ソレヲ何時マデモ言ッテ、諸君ガ何代經ッテモ、自分ガ氣ニ喰ハナケレバ、之ヲ言フト云フ筆法ハ、第一ニ申シマシタヤウニ立憲政體ノ何物タルコトヲ能ク知ッテ居ラル丶人ニハ、不似合ナコトヲ爲サルト言ハナケレバナラヌ、況ヤ一ノ施設スル所ナシ、是ハ竊入ッタ誣告デアル、內閣ニ對シテハ――陛下ニ自ヲ人ノ罪ヲ訴ヘル人ガ、噓ヲ言ッテ訴ヘルト云フコトハ、大ナル罪デアル、朝鮮ノ淸露協商ヲ爲シ、抑〻朝鮮ノコトハ、御承知ノ通日淸ノ戰爭ヲ爲ス、第一ノ目的デアッテ、其第一ノ目的ガ漸クニ立ッニ至ッタノデ、半バ掩ハレントシテ居ッタ所ノ國威ガ、淸露協商ニ依ッテ、始テ立ツコトヲ得ルニ至ッタ威海衞ノコトデモ、福州讓與ノコトデゴザイマセウトモ、皆以テ爲レ得タリト云フテ宜シイデハアリマセヌカ、一ノ爲ス所ナシ、施設スル所ナシトハ、何ノコトデアルカ、而シテ又私ガ諸君ト共ニ自ヲモ願ミナケレバナラナイコトノアルト申シマシタノハ、諸君ハ子供ノヤウニ眼ニ見ユルモノ、ミニ、サウ戀々タラズシテ、眼ニ見エザル所ノモノニ附イテモ、尙戀々タルガ宜カラウト思フ、何故ナレバ、日淸戰爭ニ依ッテ得タル報酬ハ遼東ノ地、是ハ還シタ、是バカリ覺エテゴザル、臺灣支那ニ於ケル開港場、黃河及運河ノ通行權、興業ノ權利、マダ舉ゲタウゴザイマセウ、凡テコンナモノデゴザイマス諸君ノ同時ニ蘇杭ヲ開タト共ニ、得タル所ノ大切ナル權利、此開港場ノコト、以テ民利ヲ與スベキ大事ナ所デアル、支那ノ獨立ガ大事デアル、支那ノタメニ計レト云フナレバ、此ニ利益ヲ植エテ、文明ノ仕事ニ支那人ヲ導クガ宜シイ、偖テ之ニ向ッテ、何ヲ致シタ、八年以來四年デゴザイマセウガ、實ハヤカマシク爭ッテ開港場ヲ取ッタノミニテ、人民ノ之ニ向ッテ利益ヲ計畫シタル人ハ少ナイ、近クハ反徒ノゴザイマシタ沙市ノ如キ、共損害ヲ見テモ分リマセウ、郵便局ト領事局、アトハ、何ニモナイ、黃河ノ運輸航通ノ利益ヲ得タ、併ナガラ共得タ中デモ、漢口カラ重慶マデノ權利ガ、最モ新シク何人モ得ザリシ所ノモノデアッタガ、此間ニ日本ノ船ガ通行シタコトガアルカナイカ、未ダ曾テ通行シタコトハナイ、アレヲ上ッテ、重慶ニ至ルノダガ、尙ホ郵便局ト領事館シカナイノデアル、ソレヨリ近イ蘇州ニシテモ、杭州ニシテモ、外交上得タ所デアル、肥塚君ノ論法ヲ以テ言ヒマスレバ、血ヲ以テ取ッタ所、國民ノ力ヲ以テ取ッタノデハナイカ、之ヲ利用シテ淸國ヲ助ケル所ノ文明ノタメニモ、更ニ用ヒル所ハナイノデアル、興業ノコト、是レ最モ此國ノタメニ支那ノタメニ利益ノアル所デゴザイマスガ、偖テ之ヲ如何ニ利用シタルヤ、成ル程其最初ニアッテハドウカ紡績ト云フモノ――上海紡績ト云フモノモアッタガ、是ハ途中デ止ンデ仕舞ッタ、而シテ却テ他ノ諸外國ハ此利益ヲ應用シテ居ル、諸君、諸君ハ旅順口ニ船ガ這入ッタト言ヘバ、直グビク〱シマスガ、大切ナ人民ノ利益、國ノ利益ニナルコトハ棄テ、置クヲ顧ミナイト云フコトハ、今日尚ホ殘ッテ居ルデハアリマセヌカ、（肥塚龍君「ソレハ外交ノ軟弱ナルガタメデス」ト呼フ）此長イ間ニハ大隈伯ノ外交ノ軟弱モ與ッテ力ガアッタト思フ、肥塚君ガ鑛山局長トヤラヲ爲サレテ居ッタトキノ農商務大臣ノ大隈伯ガヤッテ居ッタ時代モ、此中ニ籠ッテ居ルデハナイカ、然ラバ則チ地所ヲ失ウタコトニ附イテハ、甚ダ諸君ハ讒ヲ致シテ居ルガ、實益ヲ收ムベキモノヲ未ダ收メズシテ棄テ、アルト云フコトニ附イテハ、格別ノ御注意ガナイト言ハナケレバナラヌ、（神鞭知常君「方面ガ違フ」ト呼フ）今ヤ日本ノ國情ハ遼東還附ノコトノミヲ繰返スノトキニアラズシテ、宜シク內ヲ整理スベキノトキデアル、此大切ナル時期ニ當ッテ、諸君ハ內政ニ向ッテ、平生得意ノ手腕ヲ用ヒルコトヲ爲サズ、徒ラニ事端ヲ繁クシ、治平ヲ破ルベキ方法ヲ以テ、此事ヲ議セラレルト云フコトハ、諸君ノ平生ニ似合ハシカラヌコトデアル、諸君ガノー〱ト言ハレルノハ、巧者ニ演説サヘスレバ、ソレデ外國人ハヘコムト思フナレバ、ソレハ誤カモ知レナイガ、世ノ中ハサウハ參ラナイ、動モスレバ、英國國會ノ例ヲ引ク、成ル程英國ノ國會ハ能ク事情ヲ報告スルヤウデゴザイマス、併ナガラ英國ノ國會ノ事情ガドウ訴ヘラレテ居ルカト云ヘバ、實ハ其國ノ內閣ノ施設ガ十分ニアラズシテ、始終苦シイ事情カラ、日本抔ノ諸君ヲシテ喜バレテヤラウト云フノデアル、少シク都合ノ宜シイ國ハ、默ッテ物ヲ言ハナイノデアル、ソレガ今日ノ狀況デハナイカ、然ラバ不都合ナル英吉利ガ若シ自分ノ利益ニ於テハ、之ヲ學ベ學ベト言ウテ、何モ彼モ打明ケヨ、吾々ハ立テ續ケニ、饒舌ッテ外國ヲ縱サウト言ハレル、ソレニハ贊成シ兼ネル、之ヲ要スルニ、支那ノ獨立ヲ計リ、支那ヲ文明ニ導クノハ、日本ノ惟一ノ目的デハナイカト云フガ如クニ、此案デハ見エルガ、私ノ解釋スル所ニ依レバ、諸君ト雖モ、我國ノ現狀ノ如何ヲ顧ミズシテ、彼ヲ助ケヤウト言フノデハナイト思フ、凡ソ人ノ事ヲ世話ヲスルナラバ、大概ナラバ自ラノ力ノ餘リヲ以テスベシ、國家ノ餘力アルトキニスベレデアル、即チ先刻朝鮮人ガ朝鮮人ト喧嘩ヲシタトキニモ、云々ト言ハレタ、國家即チ日本ノ國家ガ、宣戰ノ公布ヲ致シマシタモ、畢竟朝鮮人ガ內亂ヲシテ治ムルコトガ出來ズ、害ヲ吾々ニ及サントスルガ故ニ、アノ戰爭ヲヤッタノデアル、「而モ其時ニハ、我國家ニ餘力アリ、國庫ニハ剩餘金ガアル時代ニ於テシタノデアル、今ヤ如何ニ、是レ言ハズシテ、諸君ガ既ニ知ルベキトキデアリマセウ、然ラバ支那ノ文明ヲ助ケルト云フモ、我國ノ力ノ餘ッテ居ルトキニスベキコトデアル、今日兵ガ足ラヌ、ソンナ事ヲ言フベキトキデハナイ、日本ノ國民ハ皆忠勇ニ富ンデ居ル、故ニ唯今開戰ノ詔ガ出ルナラバ、利害ヲ棄テ人命ヲ擲ッテ應分ノ效ヲ奏スルデゴザイマセウカナレドモ、我　天皇陛下ノ仁慈ナル、事端ヲ滋クシテ、ソレガタメニ、民政ニ傷ヲツケ、遂ニ國運ノ進歩ヲ妨ゲルコトガアッテハ、ナラヌト云フノデアル、此大趣意ヲ奉スルコトナレニ、唯詔勅ノ一端ヲ取ッテ、徒ラニ紛爭ヲ事トシテカラニ、殊ニ人ヲ遂勅ヲ以テ　陛下ヘ訴ヘルノハ、諸君ノ大ナル誤リデアルト思ヒマスカラ、願クハ諸君、今少シ御考ガ願ヒタイ、私共同志ノ佐々君ノ演説ヲ致シタ所ニ依リマシテモ、外交ノ智識ハ用ヒナイデ、兵力バカリデヤルトハ申サナイノデアル、時ト場合ニ依ッテハ、抗議モ效ガアリマセウケレドモ、必ズ大概ノ場合ニ於テハ、力ガ餘リアルトキニ、サウ云フ事ヲ要スルト申シタノデハアリマセヌカ、即チ斯ノ如キデゴザイマセウ、諸君必ズ此重大問題ニ附イテ、御判斷ノアルコトデモゴザイマセウガ、私ノ言モ御參考ニナサレマシテカラ、相當ナル御決議ノアランコトヲ希望シマス

○恆松隆慶君（百九番）　討論終結ノ動議ヲ起シマス

（「贊成々々」「反對反對」ノ聲起ル）

○議長（片岡健吉君）　討論終結ノ動議ガ成立ッタト認メマスカラ之ヲ先決問題トシテ決シマス、百九番ノ討論終結ノ動議ニ同意ノ諸君ノ起立ヲ請ヒマス

起立者　多數

○議長（片岡健吉君）　多數ト認メマス、因テ討論ハ終結ニ致シマシタ、是ヨリ上奏案ノ採決ヲ致シマスガ、記名投票デ採決ヲ致シマス、御注意ノタメニ申上ゲマスガ、上奏案ニ贊成セラル、諸君ハ、白紙ヘ氏名ヲ記シテ投票ヲナサイ、上奏案ニ反對セラル、諸君ハ、靑ノ紙ヘ氏名ヲ記シテ投票ナサイ、名ヲ記サナイノハ、無效ニナリマスカラ、是モ御注意ノタメニ申シマス――閉鎖

（廣瀨書記官氏名ヲ點呼ス）

○議長（片岡健吉君）　投票淺ノ方ハアリマセヌカ、ナケレバ閉票致シマス、閉鎖――開匣

（書記官投票ノ數ヲ計算ス）

○議長（片岡健吉君）　馬越君、アナタノ姓名ヲ書イタ投票ガ二ツアリマスガ、アナタハ二ツ投票ヲナサイマシタカ

○馬越恭平君（百八番）　一ツデゴザイマス

○議長（片岡健吉君）　馬越恭平君ノ姓名ト、恆松隆慶君ノ姓名ガ一ツノ投票ニ二ツ書イテアリマス、是ハ恆松隆慶君ガ馬越恭平君ノ姓名ノ裏ニ書イテアルコトヲ知ラズシテ、投票サレタモノカト思フ、馬越君ガ一ツ投票ナサレバ、恆松君ニ其覺エハアリマセヌカ

○恆松隆慶君（百九番）　覺エハゴザイマセヌガ、多分ソレハ間違デセウ

○議長（片岡健吉君）　是ハ念ノタメ諸君ニ御諮リ致シマスガ馬越恭平ノ名ト恆松隆慶ノ名ト裏表ニ書イタモノガ一票アリマスカラ、馬越恭平君ハ二ツ投票ヲナサリハセヌカト云フコトヲ問ウタ所ガ、二ツ投票ハセヌト云フ御答デアリマス、依テ是ハ恆松隆慶君ノ投票ト見マシテ宜シウゴザイマスカ

（「異議ナシ異議ナシ」ノ聲起ル）

○議長（片岡健吉君）　異議ナケレバ、是ハ恆松隆慶ノ投票ト認メマス、モウ一ツ御諮リヲスル投票ガアリマス、姓名ヲ記サズシテ番號ヲ記シタ投票ガアリマスガ、是ハ有效ト致シテ宜シウゴザリマセウカ

（「有效」「無效」ノ聲交々起ル）

○議長（片岡健吉君）　御異議ガナケレバ有效ト認メマス

○小室重弘君（百八十八番）　番號ト人ト御調べ下サイマセヌト困リマス、ヤタラノ番號ガ書イテアッテハ困ル

○議長（片岡健吉君） 番號ハ其席デアリマスカラ、其姓名ハ分リマス
○沼田宇源太君（七十二番） ソレハ議長カラ番號ノ者ニ御確メヲ願ヒタイ
（「然リ、々々」ト呼フ者アリ）
○小室重弘君（百八十八番） 番號ノ書イタノヲ入レテ、又姓ノ書イタノヲ入レテハ困リマス
○議長（片岡健吉君） 高梨哲四郎君
○高梨哲四郎君（百四十六番） 何デス
○議長（片岡健吉君） アナタハ番號ヲ書イテ投票ナサレハレマセヌカ
○高梨哲四郎君（百四十六番） 番號ハ書カヌデ投票シマシタ
○議長（片岡健吉君） 玆ニ百四十六番ト云フ投票ガアリマス、アナタノ席ハ百四十六番デアリマスガアナタハ番號ヲ書イテ投票シタノデハアリマセヌカ
○高梨哲四郎君（百四十六番） 私ハ姓名ヲ書イテ投票致シマシタ
○議長（片岡健吉君） 然ラバ百四十六番ノ高梨君ニ問ヒマシタラ、番號ヲ書イテ投票ヲセヌト云ヒマスカラ、是ハ無效ト致シマス、サウシテ外ニ白票ガ一ツアリマス、是ハ無效ト致シマス
（「異議ナシ異議ナシ」ノ聲起ル）
○議長（片岡健吉君） 記名投票ノ結果ヲ御報道致シマス、書記官長カラ投票ノ數ヲ讀上グマス
（林田書記官長朗讀）
可トスル者　百十八
否トスル者　百七十一
無效　二

明治三十一年十二月十二日　議長ノ報告

臺灣匪徒鎭定ニ關スル質問書

臺灣ノ我カ帝國ノ範圖ニ入ル既ニ五年未タ全ク此ノ匪徒ヲ鎭定スルニ至ラス之レ實ニ臺灣ニ於ケル我カ兵數ノ彼レニ優勢ヲ與フルニアリトスルカ幾百ノ群幾十ノ侵擊哨兵之レヲ注セス兵機恆ニ彼レニ先セラル其狀朝鮮政府カ土匪ニ困ムト毫モ異ナルナキノ觀アリ三十二年度ノ豫算臺灣匪徒鎭定ノ一項アルヲ見ル而シテ當局者ノ談ニ依ルニ前々年度來豫算ノ不成立ニヨリ為スノ費途ナク故ニ夫レカ費目ヲ來年度ニ揭クル所以ナリト果シテ然リトセハ臺灣總督府ハ優ニ一師團半ノ兵ヲ持シテ之レ等少數ノ匪徒ヲ鎭定スル能ナキナリ寧アレハ則チ動ク之レ兵ノ執況ンヤ我國範圍內ニ於ケル騷擾ナルニ於テヲヤ今ヤ條約改正實施正ニ急ク三十二年以後ノ臺灣モ又其形勢ヲ改ムルノ日アラントス之レヲ其以前ニ鎭定セス反テ世界交通ノ後ニ於テ匪徒ノ暴起ヲ壓ヘントス之レ自ヲ求メテ我國辱ヲ現スモノニシテ然カモ又其累ヤ國際問題ヲ招クニ至ルヲ保スヘカラス山縣總理大臣ハ身元帥府ノ長者ニシテ兵事ノ責其任タルヲ免カル丶能ハサルナリ依テ質問ニ及ヒ候也

明治三十一年十二月十二日

提出者　高木正年
贊成者　寺田彦太郎
外三十二名

○栗原亮一君(八十七番)　豫算委員會ノ決議ヲ御報告ヲ致シマスル、明治三十一年度ノ追加豫算案ノ第六號デアリマス、是ハ至ッテ簡單ナモノデゴザイマシテ此横濱ノ港ニ輸入スル所ノ石油亞爾箇保留等ガ年々荷物ガ増加ヲ致シテ其貯藏倉庫ト云フモノガ非常ニ狹クアリマスルカラシテ、此假倉庫ノ新築ヲスルト云フノ理由ヲ以チマシテ三万七千百二圓ノ追加豫算ノ請求デアリマスル、是ハ滿場一致ヲ以テ唯今豫算委員會ニ於テ結了ヲ致シマシタノデアリマスルカラシテ極急ヲ要スル事件デアリマスカラ、直ニ本會ニ於テ決議ヲ請ヒタイノデアリマスル、ソレカラ尙ホ併テモウ一件ヲ御報告致シマスルガ、三十一年度ノ追加豫算第三號、是ハ昨年カラシテ提出ニナッテ居リマシテ是亦最モ急ヲ要スルモノデゴザイマシテ、ソレデ此事件ハ韓國ノ京城仁川鐵道引受組合ガゴザイマシテ、此組合ニ貸付金ヲ要スルタメニ百八十万圓ノ請求デアリマシテ、是ハ償金ヲ繰入レテ支辨スル計畫ニナッテ居リマス、此コトニ就キマシテハ餘程込入ッタル事情ガアリマシテ唯今モ委員會ニ於キマシテハ、祕密會ヲ開キマシテ當局者モ十分ニ內情ヲ打明ケ、サウシテ委員諸氏ニ於キマシテモ十分ニ之ヲ協議ヲ致シマシテ此事柄ハ日本ニ於キマシテ此京城仁川間ノ鐵道ヲ我手ニ入レルト云フコトハ、將來此貿易上ニ於キマシテモ共他外交上ニ於キマシテモ必要ノ事柄デアリマスカラ、此コトニ就キマシテハ隨分年來ノ手續ニ於テハ不都合ナル箇條ガアリマスル、其不都合ナルコトヲ今日責メマレタ所ガ既ニ前ニソレダケノ支出ヲ致シテ又後ノ支出ヲ止メレバ、全ク此鐵道敷設ノ權利ト云フモノヲ失ッテシマヒマシテ、利益上ニ於キマシテモ甚ダ詰ラナイ譯ニナル譯デアルカラシテ、ソレデ此コトニ就キマシテ又色々ト細カイ質問ヲ致シマスレバ、當局者ニ於キマシテモ祕密會デモ要求ヲシナケレバ十分ナ話ガ出來ヌ譯デアリマスルガ、是ハ今當局者ノ方カラモ祕密會ニ於キマシテ十分說明ガアリマシテ逐一此コトヲ茲ニ祕密會デアリマシタカラシテ御報告ハ出來ヌデアリマスケレドモ、十分討究ノ上今日ノ形勢ニ於テハ、已ムヲ得ヌコトデアルト云フコトヲ委員總會ニ於テハ認メマシテ、滿場一致之ヲ可決スベキモノト決定ヲ致シマシタノデアリマス、尤モ此コトハ急ヲ要スル件デアリマスカラシテ、尙ホ是モ直チニ本會ニ於テ決議アランコトヲ希望致スノデゴザイマス

○政府委員（阪谷芳郎君）　唯今議事日程ニ登ッテ居リマスル第三號ノ追加ニ就キマシテ説明致シマス、是ハ此百八十万圓ヲ京仁鐵道引受組合ヘ貸付スルト云フ案デゴザイマス、其必要ト致シマスル理由ハ、此朝鮮國ノ京城ト仁川間ノ鐵道、此鐵道敷設權ト申シマスルモノハ、米國人ノモールスト云フ人ガ、朝鮮政府カラ敷設ノ免許ヲ得マシタノデゴザイマス、其米國人モールスガ敷設ノ免許ヲ得マシテカラニ、米國ノ方ニ歸リマシテ、段々資本家ヲ求メマシテ敷設ニ著手シヤウト致シマシタ所ガ、十分ニマダ米國人ハ東洋ノ事業ニ信用ヲ置カヌ所カラシテ、資本ガ集リマセヌノデゴザイマス、資本ガ集リマセヌガ故ニモールスハ、其敷設權ト申シマスルモノヲ賣リタイト云フヤウナ考ヲ以テ、日本ニ歸ッテ參リマシタ、ソコデ其當時既ニ日本ニ於キマシテハ、朝鮮ノ京城ト釜山、即チ京釜鐵道ト云フモノニ附キマシテ、段々日本人中ニ於キマシテモ盡力致シテ居ル人モアリ、此京城ト仁川間ノ鐵道ト申シマスモノト京釜鐵道ト關係致シマシテ、朝鮮國ノ商業上ニ於キマシテ最モ必要ナル所ノ線路デゴザイマス、恰モ我國ノ横濱東京ノ間ヲ見タヤウナ、極テ商業上必要ナル所ノ線路デゴザイマスルカラニ、日本ノ東京横濱竝ニ大阪ノ重ナル實業家ノ中デ、幸ニモールスニ於テ此鐵道ト云フモノヲ讓リタイト云フ考ガアルナラバ、日本人ノ手ニ於テ此鐵道ヲ引受ケルコトガ宜カラウト、ソコデ京仁鐵道引受組合ト云フモノガ成立チマシタ、其組合ノ人數ハ十六名ゴザイマシテ、其モールスト組合トノ約束ト申シマスルモノハ、鐵道ヲモールスニ於キマシテ建築ヲ致シマシテ、其鐵道建築落成ノ上デ、米金一百万弗即チ我貨幣ニ直シマシテ、二百万圓ノ代價ヲ以テ讓受ケルト云フコトヲ組合トモールストノ間ニ於テ約束ガ成立チマシタ、ソレハ明治三十年ノ五月ノコトデゴザイマシテ、其當時ニ於キマシテハ、諸會社ノ起リマスモノモ段々多ウゴザイマシテ、ナカナカ會社等ヲ組織致シマスルニハ、隨分金融上マダ都合ノ好イ時代デゴザイマシタカラ、此鐵道ヲ引受ケルマデニハ、會社ヲ組織シテ代金ヲ拂渡スコトガ出來ルト云フ見込デ、組合ノ人々ガサウ云フ約束ヲ致シマシタノデアリマス、然ル所ガ段々事業ニ著手シマシタ上デ、此我國ノ金融ト云フモノガ、追々逼迫致シマシテ、會社ヲ組織スルト云フコトガ、段々困難ニナッテ來タノデゴザイマス、ソコデ此即チ明治三十一年ノ十月ト云フモノガ、鐵道ガ落成致シマシテ引受ケマス所ノ期日ニナッテ居リマシタノデ、其期日ガ追々到著シマスニ附キマシテモ、組合ニ於キマシテモ資本ヲ募集スルコトガ、ナカナカ困難ト云フ事情ニ相成ッテ來タノデ、又此モールスノ方ニ於キマシテモ、鐵道ヲ段々建築致シマスルノニ、物價ガ或ハ騰貴スルトカ、或ハ測量其他ノ設計ニ附イテ、組合トモールストノ間ニ議論ガ生ズルトカ、種々ノ又困難ナル事情ガ起リマシタガ為メニ、工事ガ段々延ビマシテ、十月ニハマダ落成スルト云フ運ニハ至ラナイ、ソコデ更ニモールスノ方カラ、此鐵道ト云フモノヲ全部落成ニハマダ至ラヌケレドモ、今成立ッテ居ル即チ此半分以上出來上ッテ居ル儘デ、更ニ價ヲ定メテ京仁鐵道ヲ引受ケテ貰ヒタイト云フ、斯ウ云フ話ガ進ミマシテ、遂ニ此條件ヲ以チマシテ京仁鐵道引受組合ニ於テ、モールスカラ鐵道敷設權營業權竝ニ其財産ヲ合セテ引取ルト云フコトニ相成リマシタデ、此鐵道ト申シマスルモノハ、右申シマスル通ニ甚ダ朝鮮國ノ貿易ノ發達上ニ於キマシテ、又日本帝國トノ商業上ニ於キマシテモ、必要ノ線路デゴザイマスカラ、政府ニ於キマシテモ成ルベク其鐵道ノ速ニ完成致シマスコトヲ偏ニ冀望致シマス次第デゴザイマシテ、組合ノ人々ニ向ッテハ十分盡力スルヤウニ奨勵ヲ致シテ居ッタ次第デゴザイマス、ソコデ愈々代金ヲ拂渡スニ附キマシテ、百八十万圓ノ金額ト云フモノヲ政府カラ借受クルニアラズンバ、チヨット引渡ト云フコトガ組合ノ方デ困難デアルト云フ事情デアリマシテ、政府カラ百八十万圓ト云フモノヲ貸付ニナリタイト云フコトヲ願出マシタ、此事タルヤ極テ必要ナルコト、認メマシタガ故ニ、政府ニ於テハ其貸付ヲ許スコトニ致シマシタ、其組合ト政府トノ約束ハ、此利息ハ年五分ト致シマシテ、鐵道財産ノ全部ト云フモノヲ政府ニ抵當ニ入レル、而シテ組合ノ方カラ固ヨリ出金ヲ致シテ居ルノデゴザイマスカラ、其組合ノ出金ニ對シマシテ、鐵道營業ノ利益ト云フモノガ、一箇年五分ニ滿タヌ場合ニハ、政府ノ方ノ利子ハ其年ハ免除シテヤル、一箇年其純益ガ五分以上ニ上リ、組合ノ出金ニ對シテ上ッタ以上ハ、其五分以上ノ中カラ、政府ニ年五分ニ逹スルマデ利息ヲ拂ハシム、而シテ五分ノ利息ヲ拂ッタ上ニ尚ホ利益ガアルナラバ、ソレハ組合ノ所得トスル、斯ウ云フ約束ヲ以テマシテ、百八十万圓ト云フモノヲ貸付スルコトニ致シマシタノデアリマス、此コトハ委員會ニ於キマシテモ、詳シク辯ジテ置キマシタノデアリマスガ、更ニ御質問ガゴザイマシタカラ、再ビ申述ベテ置キマス

○山内吉郎兵衛君（二百四十番）　ソレデハ尚ホ政府委員ニ御尋シマス、サウ致シマスルト、百万圓ノ金ハ既ニ渡シタモノデアッテ、ソレハ日本政府ガ渡シタノデアルカ、日本政府ニハ引受組合ニ貸付ケテ、其借受ケタ人間カラモールスニ渡シタモノデアルカ、サウシテ此渡シタ時期ト云フモノハ何時デアルカ、如何ナル手續デ政府ニハ百万圓ト云フ金ヲ貸付ケタモノデアルカ、又モールスノ手ニ落著クダケノ手續ヲシタモノデアルカ、之ヲ伺ヒタイ、ソレカラ百八十万圓ノ金ヲ渡シタナラバ、京仁間ノ鐵道ヲ敷設シテ、サウシテソレヲ日本政府――日本人民ニ渡シ、即チ引受組合ニ渡スト云フコトニナルノデゴザイマセウカ、抑々最初ノ契約ガモールスト朝鮮政府トノ間ニ成立ッタモノデアルカラ、モールスト日本人民ノ引受組合ノ方デ、朝鮮政府ノ承認ヲ得ナケレバ何ノ效能モナイモノデアル、果シテソレダケノ手續ガ出來テ居ッテ、鐵道ガ敷設完成ヲシタ曉ニハ、愈々此引受組合ニ完全ノ占有權ヲ得ルコトガ出來ルモノデアルカ否カト云フコトノ説明ヲ煩ハシタイ

○議長（片岡健吉君）　政府委員阪谷芳郎君

（政府委員大藏省主計局長阪谷芳郎君演壇ニ登ル）

○政府委員（阪谷芳郎君）　政府カラ此組合ニ向ッテ金ヲ出金シタモノハゴザイマセヌ、ソレカラモールスガ組合ニ賣渡シタ以上ハ、朝鮮政府ガ組合ニ讓渡シタルト云フ確ナル權利ヲ認メルカト云フ御尋ニ對シマシテハ、朝鮮政府ノ方ニ照會致シマシテ、朝鮮政府ハ異存ハナイト云フ證明ヲ組合ニ與ヘテ居リマス

○星亨君（二百三十四番）　少シ承リタイデスガ、初ニモールスガ何トカ云フ組合ト約束シタノハ何時デアルカ、ソレカラ政府カラ金ヲ渡シテ居ラヌ

カ、正金銀行カラ金ヲ渡シテ居ラヌヤ否ヤ、ソレカラ何處マデ京仁鐵道ハ落成ヲシテ居ッテ、將來ハ尙ホドレ程ノ費用ヲ掛ケナケレバ完成シナイカト云フ、此三ツヲ承リタイ

（政府委員大藏省主計局長阪谷芳郎君演壇ニ登ル）

○政府委員（阪谷芳郎君） 唯今ノ御質問ニ答ヘマスガモールスト引受組合トノ間ニ約束ノ成立チマシタノハ、明治三十年五月デアリマス、ソレカラモールスガ正金銀行カラ金ヲ借リタコトハナイカト云フ御尋ニ對シテハ、モールスハ正金銀行カラ、金ヲ百万圓マデ借入レルト云フコトニナッテ居リマス

○星亨君（二百三十四番） 約束シタノハ何時デス

○政府委員（阪谷芳郎君） 三十年五月デス

○星亨君（二百三十四番） 正金銀行カラ借入シタノハ……

○政府委員（阪谷芳郎君） 正金銀行ノハ、百万圓ヲモールスガ正金銀行カラ借入レルコトヲモールスト正金銀行トノ間ニ約束ヲシテ、ソレハ明治三十年十月……

○星亨君（二百三十四番） サウスルト五月ニ約束ガ出來テ、十月ニ金ヲ借ルト云フ約束ガ出來タノデスナ――モウ一ツハ

○政府委員（阪谷芳郎君） 左樣、ソレカラ尙ホ御答ヘ致シマスルガ、唯今鐵道ノ出來テ居リマスルノハ、大概出來テ居リマス、長サガ七十二哩バカリアリマス、漢江ノ橋ガ一番費用ガ掛リマスガ、此漢江ノ橋ガマダ出來上リマセヌ、ソレハ洪水點卽チ洪水ノ出マス點デアリマスガ、此洪水點ニ就キマシテ、組合トモールスノ方ノ建築請負師トノ間ニ議論ガアリマシテ、向フノ方デハ洪水點ヲ成ルタケ低クスル、サウスレバ費用ガ少クテ濟ム、又組合デハ洪水點ヲ高クシテ、如何ナル洪水ノ場合デモ差支ナイヤウニシタイト云フ話カラ、色々議論ガ縺レテ居ッテ、漢江ノ方ノ橋ノ出來上ルノガ、大分後レテ參ッタ次第デアリマス、併シ其コトモ此度半成ノ儘デ鐵道ヲ引受ケルト云フ約束ガ整ッタ以上ハ、其話モ訴訟ニ至ラズシテ落著スルコトニ相成リマシタ、ソレデ殘工事ニハ先ヅ今日ノ所デ、凡ソ七十五万圓ヲ要スルト云フコトニナッテ居リマス、ソレカラ此鐵道ノ停車場ト云フモノハ、概略中シテ置キマスガ、凡ソ十一箇所停車場ヲ設ケルト云フ計畫ニナッテ居ッテ、其中ノ仁川ト五柳洞ト云フ所、梁山ノ近傍デ、ソレカラ京城、此三箇所置キマス、驛長ノ居リマス停車場デ、其外ハ極簡略ノ停車場ヲ設クル積デ、斯ウ云フ有樣ニナッテ居リマス

○星亨君（二百三十四番） 將來幾ラ金ガ掛ルノデスカ

○政府委員（阪谷芳郎君） 七十五万圓デス

○星亨君（二百三十四番） ソレカラモウ一ツ――議長、二百三十四番――モールスハ亞米利加人デ「ドレデング、コンパニー」ノ一人デアル、今マデ私ノ聞ク所ニ依ルト、正金銀行ノソレ程ノ取引ノ出來ルヤウニ聞イテ居ラヌ、然ルニ正金銀行ガ三十年ノ五月ニ百万圓貸スト約束シタ其時分ニ、京仁鐵道ハマダ出來テアラヌ、斯ウ云ヤウナコトハ此際ドウカナッテ居ルカ、政府カラ其際ニ正金銀行ニ貸セト云フコトヲ云ッタノデハナイカ、其處ハドウナッテ居リマスカ

○政府委員（阪谷芳郎君） 政府カラ正金銀行ニ向ッテ貸セト云フコトハ、モールスガ出金ヲ日本デ以テ出金ヲ得ルコトガ出來ナケレバ、此組合トモールストノ契約ヲ解イテシマヒタイ、サウシテ他國デ以テ更ニ買受人ヲ求メルト云フコトヲ申シテ居ッタ、ソコデ政府ニ於キマシテハ、正金銀行ニ向ッテ成ルタケ融通ヲ與ヘテヤッタラ宜カラウト云フ位ノコトハ、云ッテ居ルノデアリマス

○星亨君（二百三十四番） 誠ニ不十分デゴザイマスガ、マダ祕密會ヲ願ッテ宜シイガ、政府委員トシテソレデ宜イ積デアリマスカ

○西村淳藏君（六十二番） チョット序ニ伺ッテ置キマスガ、二百万圓カラノ金ヲ――議員スラ祕密會デ豫算會ニ臨ムコトガ出來ナイ吾々ハ境遇デアル、又天下ノ人民ハ如何ナルコトニ成行クカト云フコトモ聞クコトノ出來ナイ有樣デアル、隨分是ハ不都合ノ話デアルガ、聞ク所ニ依レバ外交トカ何トカ云フコトニ關シテ、十分御話ガ出來ナイト云フ、然ラバ斯ノ如キ重大ナル問題、卽チ其當時ノ當局者ニナッテ居ッタ御方ノ名ヲ確ニ承ッテ置キタイ、誰デゴザイマセウカ

○政府委員（阪谷芳郎君） 其當時ノ外務大臣デスカ

○西村淳藏君（六十二番） サウデス

○政府委員（阪谷芳郎君） 其當時ノ外務大臣ハ大隈伯デス

○西村淳藏君（六十二番） 卽チ伯爵ノ大隈デスカ

○政府委員（阪谷芳郎君） サウデス

○井上角五郎君（百八十番） 本員ハ豫テ京釜鐵道ノ發起人ヲ致シテ居リマシテ、其當時卽チ大隈伯ガ民間ノ有力者ヲ集メテ、兎ニ角是ハ引受ケテ置イテハドウデアルカ、其金ノ如キハ如何ヤウニモ出來ルト云フ、御相談ノアッタ事實ハ、承知致シテ居ル一人デアリマス、私ハ政府委員ガ斯樣ナコトヲ祕密デアル、口外シ得ナイト云フナラバ、敢テ彼此レ云ハナイガ、唯吾々ノ承知シテ居ル所ト、大イニ事實ガ違フニ至ッテハ、之ニ向ッテ十分ナル說明ヲ求メナケレバナラヌト思フ、ドウカ更ニ重複ヲ顧ミズ、一度此コトガ、此案ガ此問題ノ出ルニ至ッタ當初ニ溯ッテ、詳細ナル說明ヲサレンコトヲ望ミマス、若シ又政府委員ニ於テサウセズンバ、此席ニ於テ御前カラ述ベテ見ロ、違フ所ハ直スト云ハレヽバ、私ハ直チニ登壇ヲ致シマス

○大岡育造君（四十五番） 私ハサウムヅカシイ問題デアルナラバ、十分ニ聞キタイガ、是ダケノ大事ノ問題ヲ前ノ外務大臣ノコトヲ彼此レ云ハズシテ、十分安心ヲスルヤウニ致シタイカラ、政府委員ハ安心シテ答辯ノ出來ルコトヲ求メテ、然ル後十分答辯ヲ致シテ貰ヒタイ

○議長（片岡健吉君） 政府カラ祕密會ノ請求ガゴザイマシタカラ、祕密會ト致シマス、傍聽人ノ退場ヲ命ジマス

（午後一時四十分祕密會ニ移ル）

第二十　建議案（藤金作君外四名提出）

建議案

官幣大社香椎宮追遠會ハ本年春期ヲ以テ
仲哀天皇　神靈御鎭座及
神功皇后　三韓征服御凱旋竝
應神天皇　御降誕ノ一千七百年大祭典ヲ擧行シ併セテ中世ヨリ荒廢ニ委シタル諸建物ヲ復舊シ
仲哀天皇ノ御神殿ヲ改築シ三韓御征服ノ御靈跡ヲ永遠ニ保存セントスルモノニシテ上下協力以テ其ノ成功ヲ扱クヘキノ一大盛擧ナリトス政府ハ宜シク相當ノ補助金ヲ同會ニ交付シ其ノ目的ヲ遂セシムヘシ依テ玆ニ之ヲ建議ス

○藤金作君（百二十六番）　是ハ大三輪長兵衞君ヨリ説明ヲ致シマス

（大三輪長兵衞君演壇ニ登ル）

○大三輪長兵衞君（百四十八番）　私ハ官幣大社香椎宮追遠會補助建議案ノ提出者ノ一人デアリマスカラ、聊其理由ヲ簡短ニ述ベマスルガ、ソレヲ述ベタイト申シマスルノハ、即チ官幣社ト云フモノガ澤山アリマスルノデ、或ハ斯ウ云フ建議ガ續々出ハシナイカト云フ、或ハ疑問ガ出ルカモ知レマセヌガ、ソレハ決シテサウ澤山アルヤウナ譯デハナイト云フコトヲ手短カニ御話申上ゲテ置キマス、諸君モ御承知ノ通此香椎宮ハ　神功皇后ヲ祀ル所、即チ三韓御征伐及　仲哀天皇熊襲御征伐ノ大本營ノ舊跡デアル、就キマシテハ御歴代ノ御崇敬ノ厚イコトハ御承知ノ通デ、又兵事ノ起ッタトキ或ハ火災ノトキニ五日間ノ廢朝ヲ仰出サレ、又奉幣使ヲ奉リシ等伊勢大神宮ト殆ド同一ノ御崇敬ノ厚イ宮柄デアル、又世界無比ナル大功烈ヲ立テタマヒタル　神功皇后ノ事蹟モ既ニ御手許ニ回シマシタ、高勾麗古碑釋文ノ中ニモアリマシテ、是ハ明治十八年（「モウ宜シイ〳〵」ト呼フ者アリ）チヨット簡短ニ是ハ私ガ見テ來タノデアリマスカラ……ソレハ清國盛京省懷仁縣ニ九連城カラ、凡ソ百六十餘里モアル所ニ大キナドエライ高イ花岡石ノ碑ガアリマス、是ハ御手許ニ回シマシタ通高勾麗ナル碑ト申シマス、即チ其文ニ「倭以辛卯年來渡海破殘□□新羅以爲臣民」斯ウ云フ一千五百年前ノ碑ガアリマスカラ、斯ノ如キ顯著ナル宮柄デアリマスガ、其有樣ハドウデアルカト云フト、或ハ　仲哀天皇ノ古宮ノ如キ田舍ノ稻荷樣ニモ劣ルヤウナモノデ、四尺カ三尺位ノ宮デアル、ドウゾサウ云フ古來ノ歷史ノアル宮柄デアリマスカラ、ドウカ諸君ノ滿場御賛成ヲ得テ、丁度本年ノ五月ガ千七百年祭ニナリマスカラ、一同滿場ノ御賛成ヲ得テ、追遠會ノ成立タンコトヲ希望致シマス

○西村淳藏君（六十二番）　賛成致シマス、即決ヲ願ヒマス

○恆松隆慶君（九十七番）　特別功績ノアル神社ニ關係ノアル建議案デアリマスカラ、賛成デアリマス、ドウカ即決ヲ望ミマス

（「賛成々々」ト呼フ者アリ）

○議長（片岡健吉君）　御異議ガナケレバ可決シタモノト認メマス

（「異議ナシ異議ナシ」ト呼フ者アリ）

○議長（片岡健吉君）　御異議ガアリマセヌカラ、可決シタモノト認メマス——

次ハ議事日程第二十一、國民教育授業料全廢ノ建議案朗讀ヲ省略致シマス

第十四　（特別報告第八號）宮津港ヲ以テ商港トナスノ請願

○神鞭知常君（二百九十三番）　極テ短簡ニ一言シタイ、此席カラ述ベマス、此宮津港ハ前ニハ浦鹽斯徳並ニ朝鮮アタリト和船デ貿易スルコトヲ許サレタ港デゴザイマス、不幸ニシテ陸路ノ方ハ何モ通ジテ居リマセヌ、馬車位ハ通ジテ居リマスガ、鐵道ハ未ダ達シテ居リマセヌ、折角許サレタ港モ事實上存外寂寞ノ有樣デアルノデ、然ルニ地方ノ人民ハドウシテモ是ハ必要デアルカラト考ヘマシテ、鐵道ノ計畫ヲシテ居リマスガ、是ハ御承知ノ通ノ金融ノ有樣デ、未ダ著手シテ居リマセヌガ、サリトテ此儘抛ッテ置イテハナラヌト云ウテ、測量其他道割或ハ飲用水杯ノ準備ヲシテ居ルガ、何分商港ト定マレバ、準備モ早ク動クト云フコトデ、熱心ニ請願シテ居ル、併ナガラ何分寂寞ノ港デアルガ、昨今ノ狀況ハ唯今申シタ如ク、各員ニ於テモ御承知ノコトデアルカラ、ドウカ御賛成アランコトヲ希望致シマス

○西村淳藏君（六十二番）　唯今神鞭君ノ御述ニナッタ通、滿場ノ御賛成ヲ得テ、採決ニナランコトヲ希望致シマス

○議長（片岡健吉君）　委員長ノ報告通、御異議ハアリマセヌカ

（「異議ナシ」ト呼フ者アリ）

第五　遠洋漁業奬勵法中改正法律案（宮崎榮治君外四名提出）　第一讀會

遠洋漁業奬勵法中改正法律案

明治三十年法律第四十五號遠洋漁業奬勵法中左ノ通改正ス

第三條中「登簿噸數汽船百噸以上帆船六十噸以上」ヲ「總噸數汽船五十噸以上帆船三十噸以上」ニ改ム

第五條中「汽船登簿噸數毎一噸一箇年五圓」ヲ「汽船總噸數毎一噸一箇年十五圓」ニ改メ「帆船登簿噸數毎一噸一箇年五圓」ヲ「帆船總噸數毎一噸一箇年十圓」ニ改ム

附則

此ノ法律ハ明治三十二年四月一日ヨリ施行ス

（宮崎榮治君演壇ニ登ル）

○宮崎榮治君（百八十一番）　私共ガ提出致シマシタ此改正法律案ハ、至ッテ簡單ナモノデゴザリマスカラ、別段申上ゲルマデモナイデゴザイマスガ、提出者ト致シマシテ聊カ申上ゲマス、諸君モ御承知ノ通我國ノ漁業ハ多クハ近海沿岸ニ跼蹐ト致シテ居リマシテ、其沖合漁業ト稱スルモノモ、其規模甚ダ小ニシテ、未ダ十分ノ漁利ヲ擧グルニ至ッテ居リマセヌ、是ヲ以テ從來ノ沖合漁業ヲシテ益々其規模ヲ擴張シ遠洋漁業ノ組織ト爲サレムベキモノガ澤山アリマスルガ、併ナガラ其業體ニ至リマシテハ甚ダ幼稚デゴザリマスカラシテ、是ガ發達ヲ圖ラント致シマスレバ、秩序的奬勵ノ方法ニ依ラナケレバナラヌ、然ルニ現行法ノ奬勵ヲ受ケベキ船舶ノ噸數ハ、如何デアルカト申シマスルト、汽船ハ百噸、帆船ハ六十噸ニ限ッテアリマスガ、其制限ハ今日本邦漁業啓發ノ順序ヨリ推シテモ、將タ又海外ノ實歷ニ徵シテモ、寧ロ過大ニ失シマシテ、秩序的奬勵ト云フコトハ出來ヌト思ヒマス、現ニ膃肭臍ノ漁業ノ如キ、彼米國及加奈陀ヨリ太平洋ヲ橫ギッテ、本邦ノ沿海ニ出獵スル者ノ如キハ、帆船ニハ二十噸又ハ三十噸位ノ船ガ多イノデゴザイマス、又日本海若クハ朝鮮海ニ於テ、盛ンニ捕鯨業ヲ營ンデ居リマス所ノ露國ノ捕鯨船モ、五十噸位ノモノガ澤山アリマス、ソレ故ニ此船舶噸數ノ制限ヲ改メマシテ、汽船ニ於キマシテハ五十噸、帆船ニ於キマシテハ三十噸ト致シマシテ、目下ノ現況ニ適應スル方法ニ改メント致シマスノデアリマス、又今一ツハ奬勵金ノ定率ヲ現行法ノ規定ニ依リマスレバ、奬勵下付金定率ノ割合ハ、汽船帆船ノ區別ナクシテ、登簿噸數一噸ニ附キ五圓ト定メテアリマス、此奬勵金ハ其額甚ダ僅少ナモノデゴザリマスルガ、例ヘバ帆船六十噸ノモノニ致シマシテ、最高定率ニ依リマシテモ、一箇所三百圓ニ止マリマスノデゴザイマス、今之ヲ帆船調製七千八百圓ト致シマスレバ、此奬勵金ハ僅ニ三分八厘ノ利率ニ當リマスノデゴザリマス、帆船ニシテ斯樣デゴザリマスカラシテ、之ヲ汽船ノ調製ニ割當テマスレバ、尙ホ其割合ハ下リマスノデゴザイマス、斯樣ナ僅ナ金額デアリマシテハ、奬勵ノ功ヲ奏スルコトハ、到底出來マセヌノデアリマス、ソレ故ニ本法實施後新規ノ漁業船ヲ製造シタモノハナイノデゴザイマシテ、又將來ニ於テモ殆ド製造ヲ企テマスル者ハナイヤウデゴザリマスル（恆松隆慶君「早ク遣リ給ヘ」ト呼フ）就キマシテハ汽船ト帆船トノ區別ヲ立テマシテ、將來ハ汽船ニ附イテハ一噸十五圓、帆船ニ附イテハ十圓ト云フコトニ改正ヲ致シマシタノデゴザイマスル、此改正ノ定率ハ汽船帆船共ニ其調製費ヨリ算出致シマシテ、凡ソ十箇年ヲ以テ此調製費ヲ償還スルニ足ルヤウニ致シテアリマスルノデゴザイマス、而シテ豫算ニ對比致シテ見マスレバ、此奬勵金ハ一箇年十五万圓ヲ限ッテアリマスルガ、三十一年度ニ於テハ六万四千圓ヲ要求サレテアリマスル內、僅ニ五千五百圓程シキヤ許可ヲ致シタモノハナイノデゴザイマス、斯ノ如ク法律ヲ改メマシテモ、八千八百八十圓シキヤ要シマセヌノデゴザイマス、是ヨリハ更ニ船數ガ增シマシタ所ガ、其金額ニ至リマシテハ、僅ニ二万五千圓シキヤ要シマセヌノデゴザイマスカラシテ、實際ニ於テ差支ハナイト認メマシタノデ、斯樣ナ趣意デ此改正法律案ヲ提出シマシタ譯デゴザイマスカラ、宜シク御賛成ヲ願ヒマス

○恆松隆慶君（九十七番）　詳シク說明ガゴザイマシタガ、是ハ委員ニ一應託シテ見タイト思ヒマス、ドウカ卽決ニシテモ宜イノデゴザイマスガ、委員ニ付託シテ調査スルガ宜カラウ、九名位議長ノ指名ト云フコトニ致シタイ

（「賛成々々」ト呼フ者アリ）

○議長（片岡健吉君）　恆松隆慶君カラ委員付託ノ動議ガ出マシタガ、御異議ハアリマスマイカ

（「異議ナシ異議ナシ」ト呼フ者アリ）

○議長（片岡健吉君）　御異議ガナケレバ、九名ノ特別委員ヲ議長ガ指名スルコトニ致シマス――チョット此際ニ報告ガアリマス

鐵道政治ノ方針ニ關スル質問書

我政府ハ明治二十四年ノ頃ニアリテハ鐵道政治ニ國有主義ヲ取リ當時ノ議會ニ私設鐵道買收案ヲ提出セシモ後漸ク其主義ヲ一變シ同二十七年ノ頃ニアリテハ之ヲ廣軌ニ改築スルノ方針ニ傾キ當時參謀本部ノ如キハ案ヲ具ヘテ之ヲ内閣ニ提出シタリト聞キシニ今復タ本議會ニ鐵道國有案ノ提出者アルヲ見ル自今政府カ採ル所ノ鐵道政治ノ方針如何

簡短ノ質問デゴザイマス、諸君モ御承知ノ如ク第二議會開ケルニ當ッテ、我政府ハ私設鐵道買收案ヲ提出セラレタト云フコトハ、諸君モ御記憶ノコトデゴザイマセウト思ヒマス、ソレデ此當時ニ當ッテ、記錄ヲ調ベテ見マスルト云フト、松方總理大臣ノ演説ヲ見マスルト云フト、大體鐵道ト云フモノハ、國防上及經濟上ニ附イテ、國有デナケレバナラヌト云フ演説ガシテゴザイマスル、又品川内務大臣ノ演説ヲ見マスルト云フト、鐵道ハ電信電話ノ如ク、國有トシテ全國普ク敷設シテ、運輸交通ノ便利ヲ開カナケレバナラヌト云フ演説ガシテゴザイマス、此二人ノ演説ニ附イテハ、私ハ別ニ異議ヲ挾ムコトモナシ、疑ヲ懷クコトモゴザイマセヌガ、當リ前ノ演説ト思ヒマス、併ナガラ當時ノ遞信大臣タル後藤伯爵ノ演説ヲ見マスルト云フト甚ダ疑シイ、何ゼカト申シマスルト云フト、後藤伯爵ノ演説ノ中ニ、今日ノ經濟界ハ、非常ニ恐慌ヲ來サントシツヽアル、若シ此鐵道ヲ買收セヌデアッタナラバ、來年ノ今頃ハ、我經濟界ハ如何ナ有樣ニ沈淪スルデアラウカ、實ニ慨ハシイ次第デアル、ソレ故ニ此鐵道ヲ買收シテ、此經濟界ガ將ニ恐慌ニ陷ラントスル有樣ヲ挽回シタイト思フノガ、大體ノ趣意ニナッテ居ル、實ニ前申上ゲマシタ總理大臣ノ演説ト、品川内和ノ演説ト、此後藤伯爵ノ演説ト、對照シテ見マスルト云フト、疑ナキ能ハズ、丁度當時ノ有樣ヲ見マスルト云フト、株ハ非常ニ下落致シマシテ、殆ド拂込金額ニ切込ンデ居ルト云フ有樣デアル、丁度今日ノヤウナ有樣デアッタ、ソレ故ニ其當時ノ新聞杯ヲ見マスルト云フト、矢張「アジオターシ」即チ空相場師ト云フヤウナ輩ガ、鐵道買收ト云フコトヲ丁度始メテ唱ヘテ居ッタヤウニ思ヒマスル、ソレ故ニ此政府ガ第二議會ニ、鐵道買收案ヲ提出シタト云フノハ、ドノヤウナ考カラ提出セラレタカ、今私ガ誠ニ疑ガアル、或ハ眞ニ國防上經濟上ノ必要デ提出セラレタカ、或ハ一時ノ經濟界ノ有樣、今日ノヤウナ有樣デ、當時ガアッタガタメニ、彼ノ案ヲ一部ノ人々ニ煽動セラレテ提出セラレタカ、殆ド彼ノトキニ提出セラレタ眞ノ理由ト云フモノハ、今私ガ歷史ニ於テ見出スコトガ出來ヌノデゴザイマス、幸ニ第二議會デハ、丁度今御出ニナル憲政黨ノ石田貫之助サンガ、反對ノ演説ヲ爲サレ、栗谷品三サンガ贊成ノ演説ヲ爲サッテ、幸ニ否決サレタカラ、私ハ宜イト思フノデ、ナゼカト申シマスルト云フト、彼ノトキニ若シ彼ノ案ガ否決セラレズシテ、政府ガ採用シテ、鐵道買收ヲヤッタラバ、其結果ハ如何デアラウカ、金モ澤山イリマスルシ、ソレ故ニ財政モ今一層詰ッテ參ッタデアラウト思ヒマス、財政ガ詰ッテ參レバ、明治二十七八年ノ頃ニ至ルマデハ、一度剩餘金ト云フモノガ、二三千万圓餘ッタガ、彼ノ剩餘金モ何モナカッタデアラウト思フ、幸ニ彼ノ案ガ否決セラレタガタメニ、明治二十七八年ノ頃ニ、剩餘金ガ三千万圓アッテ二十七八年ノ戰役ハ、誠ニ結構ナ結果ヲ見ラレタト云フノハ、鐵道買收案ノ否決ノ結果ト、私ハ推測スルノデアリマス、ソレモ宜ウゴザイマスルガ、其後政府ガ如何ナル方針ヲ採ラレタカ、丁度明治二十七年ノ前、支那戰爭ノ始マル際ニ當ッテハ、我政府ガ先キニ鐵道買收案ヲ否決セラレテ、其後トハ煙散霧消――消エテシマッテ二十七八年頃ニ至リマスルト云フト、其方針ガガラリット變ッテ、今後我國ノ鐵道ハ狹クッテ、馳走力ガ弱イ、ソレ故ニ之ヲ廣軌ニ改築シナケレバナラヌト云フ議論ニ傾イタコトハ、諸君モ御承知ノ通デアル、既ニ參謀本部ノ如キハ調ヲモチヤントシテ、既ニ其案ヲ内閣マデ提出セラレマシタ、ソレデ遞信省ノ如キモ當時ノ作業局長、今日ノ鐵道局長松本君ガ歐羅巴マデ行ッテ、此改築鐵道ヲ廣軌ニ改築スルノ利害ニ附イテ、調ヲ爲スッテ來タノデアリマス、勿論此松本君ノ御出ニナッタノハ、ソレノミデハナイ、外ニ鐵道政治ノ一般ニ附イテ調ベテ御出デニナッタト云フコトデアリマスガ、兎ニ角鐵道ヲ廣軌ニ改築スルノ利害ニ附イテ、一方ニ調ヲ爲スッタト云フコトハ、確ナコトデアル、ソレデ松本君ガ御歸ニナッテ、ドウ云フ結果ガ起ッタカ、是モ誠ニ何ノ音沙汰モナシ、雲散霧消シテ此鐵道改築論モ消エテシマッタ、其當時ハ私共モ鐵道改築論者ノ一人デアッテ、議會ニ建議案ヲ提出シテ、滿場一致ノ御贊成ヲ得テ、政府ニ建議ヲ致シタコトモアリマス、以來鐵道局政府遞信省、政府デハ、其建議ヲ採用スルカ採用セヌカ、一向ニ聽イテモ分ラヌ、斯樣ナ有樣デ、實ハ或ルトキハ鐵道ヲ買收スル、或ルトキハ鐵道ヲ改築スル、勿論改築ト買收ト一緒ニヤッタナラバ、宜イカモ知レヌノデゴザイマスガ、財政ノ上デ左樣ナコトヲ許サヌカラ、一ツ方針ハ極メナケレバナラヌト、私ハ思フノデゴザイマス、政府ノ採ル所ノ方針一向立チマセヌ、鐵道ノ政治ニ於テハ、大體ニ於テ斯ノ如シ、ソレカラ今日ノ運輸交通ノ便、其他軍事上ノ必要ニ於テ考ヘテ見マスレバ、我國ノ鐵道ハ甚ダ不十分ナリト云ハナケレバナラナイ、御承知ノ通長イコトハ申シマセヌ、デ、貨物其他ノ運輸ノコトニ附イテハ、諸君モ御承知ノ通荷物ハ停滯シテ、或ル物ニ附イテハ鐵道ニ乘ルマデニハ、腐敗シテ役ニ立タヌト云フマデニ、今日ハ閊ヘテ居ル有樣ニナッテ居リマス、運輸交通ノ上ニ附イテハ、私ガ申サズトモ是ハ分ッタコトデゴザイマスカラ、軍事上ノコトニ附イテ、一應私ハ自分ノ質問ニ對スル説明トシテ、申シテ置キタイノデゴザイマスル、第一明治二十七八年ノ戰役ニ當ッテ、今日ノヤウナ日本ノ狹イ鐵道デ、輸送力ノ弱イ鐵道デ、幾許ノ差支ヲ生ジテ、幾許ノ不便利ヲ見タカ、幾許ノ損害ヲ來シタカト云フコトハ、實ニ調ベテ見マスルト云フト、驚イタモノデゴザイマスル、アノ戰役ノトキニ第一師團ヲ送リマスルニ、八日ト十二時間掛ッタカト思ヒマスル、又第二師團ヲ送リマスルニハ、九日ト十五時間掛ッタカト思ヒマスル、若シ我國ノ鐵道ヲ歐羅巴風ニ改築シタナラバ、殆ド此半分ノ日數デ、輸送ガ出來タデアラウト、私ハ思ヒマスノデゴザイマス、若シアノトキニアノ半分ノ日數デ、輸送ガ出來タト致シマスレバ、アノ日數ヲ費シタナラバ、蓋シ我國ノ軍隊ハ、北京マデ押寄セタコトガ出來タラウト思フノデゴザイマスル、若シ北京マデ押寄セテ、アノ交渉談判ヲ開イタナラバ、如何ニ某々國ノ干渉ガゴザイマシテモ、少クトモ山東省ハ我有ニ歸シテ居ッタラウト、私ハ思フノデゴザイマスル、是ハ過去ッタコトデ、致方モゴザイマセヌ、先ヅ此日本ノ鐵道ハ、御承知ノ如ク軌道ノ幅ガ三呎六吋、歐羅巴普通ノ鐵道ハ四呎八吋、即チ我國ノ鐵道ハ三尺六寸シカ幅ガナイ、西洋ノハ四尺八寸、路西亞ノハ五尺アル、斯樣デゴザイマスカラシテ、軍隊輸送ノ規則ヲ見マスルト、歐羅巴普通、獨逸ヲ始メ大抵ハ、一列車ニ一大隊ト聯隊本部、若クハ旅國司令部、斯樣ナモノガ一列車ニソックリ乘ッテ、輸送スルコトガ出來マスノデゴザイマスル、又架橋縱列ニ致シマシテモ、架橋縱列ガソックリ乘ッテ輸送ガ出來マス、又工兵步兵一中隊ガソックリ乘ッテ輸送ガ出來マス、顧ミテ我國今日ノ鐵道ハ如何デアリマス、野外要務令ノ三百三十條ヲ見マスレバ、我國ノ鐵道ノ一列車ニ乘セル軍隊ハ半大隊、一大隊ノ半分、半大隊ノ聯隊本部、若クハ旅團司令部シカ乘リマセヌ、又架橋縱列ヲ乘セルノヲ見マスレバ、小架橋縱列デアッテ、五分ノ三シカ乘リマセヌ、大架橋縱列ニ至ッテハ、三分ノ一シカ乘ラヌ、殆ド我國ノ鐵道輸送力ハ、歐羅巴ノ輸送力ヲ比ベテ、半分シカナイト云フコトハ明カニ分ッテ居リマス、斯樣ナコトデ、運輸交通ノ便不便、軍隊輸送方、斯樣ナコトカラ考ヘテ見マスルト、我國ノ鐵道ノ改築ト云フモノハ一日モ緩ニスベカラザル問題デアッテ、二十六七年ノ頃ニ政府及參謀本部ガ、熱心ニ御調ナサレテ、內閣マデ案ヲ具ヘテ出シタト云フコトハ、實ニ國家ノタメニ賀スベキコトデアッタト私ハ思フ、今日二十七八年ノアノ不便ヲ感ジテモ、アノ調ガ當時出來テ居ッタモノヲ、今日投遣リニシテ置クノハ如何デアラウカ、實ニ私ハ國家ノタメニ、慨嘆ニ堪ヘヌ次第デアルト思ヒマスル、此軍隊ノコト抔ハ、私ガ喙ヲ容レルコトデハゴザイマセヌ、素人デ一向ニ分リマセヌガ、唯人ニ聽キ規則ニ於テ調ベ、書イタモノニ依ッテ調ベタノデゴザイマスル、今日ノ軍隊ハ諸君モ御承知ノ通、昔ノ軍隊組織ト云フモノハ、步兵三万ニ附イテ砲二門ト云フノデアッタサウデゴザイマス、然ルニ今日ハ段々進步致シテ、步兵三万ニ附イテ砲三門トナッテ居ル、輸送力ハ最モ强イモノヲ要サナケレバナラヌ時代ニナッテ居リマス、ソレデ二十七八年ノ戰役ノ時分ニ、一師團ヲ送ルノニ、ドノ位ノ車輛ガイッテ、ドノ位列車ガイッタカト云フコトヲ調ベテ見ルト、一師團ヲ送ルノニ、列車ノ數ガ六十四列車ヲ要シテアル、之ニ乘セマス客車ガ六百三十二、貨車ガ七百三十九、之ニ乘セマス人ガ二万五千有餘、馬匹ガ二千五百、外之ニ準ズルモノハ皆載ルコトニナッテ居ル、之ヲ見マシテモ實ニ今日ノ我鐵道ハ、殆ド西洋ノ鐵道ニ比ベテ見マスルト云フト、所謂土工軌道小供ノ玩弄物見タヤウナ鐵道デアル、斯樣ナ鐵道デアルノミナラズ、今後二十九年第九議會ノ計畫ニ依ッテ、我軍備擴張ト云フコトガ實行サレツヽアッテ、早晚三十六七年ノ頃ニ至リマスルト云フト、軍隊ガ五十万人、軍艦ガ二十六万有餘噸、斯樣ニ大イナル軍備ニ我國ハナルノデゴザリマスル、二十七八年ノ役ニ於テスラ不十分、又西洋ノ鐵道ト比ベテ見テモ今申上グル通――今申上グル通ノヤウナ軍隊――澤山ナ軍隊ガアッテ、事萬一ニアッタナラバ、今日ノ鐵道デ、ドウ致シテ輸送ガ出來ルコトデゴザリマセウ、勿論列車ノ數ヲ澤山使ヒ、日數ヲ澤山使ッタラバ、ソレハ輸送ガ出來ルデゴザイマセウ、併シ戰爭ハ昔デサヘ機先ヲ制シタモノデアッテ、今後ハ尙更機先ヲ制シ、間一髮ノ間ニ勝敗ハ決スル、早ク軍隊ヲ輸送シタ人ガ勝チ、遲クナッタモノハ負クル、是ハ今日ノ武器共他軍隊組織ノ方法ニ於テ明ナルコトデアラウト、私ハ思フノデゴザイマスル、ソレカラ私ハ考ヘテ見マスルノニ、今日ハ新聞デ見テモ、御話デ聞イテモ、東洋ノ形勢々々ト云フコトハ、諸君ト共ニ寢テモ起キテモ心配シツヽアル問題デゴザイマスル、併ナガラ是モ外交官ノ腕前デ、事ヲ出來シサウデモ、之ヲ鎭制スルコトモアラウシ、又サウ云フ方針ヲ採ッテ貫ハネバナラヌト私ハ思ヒマスル、併ナガラ間一髮ノ間ニ、如何ナルコトガ起ラヌトモ分リマセヌ、事萬一ニ起ッタトキニハ、ドウ云フコトニナリマスルカト思ヒマスルト、是ハ私ノ一個ノ考デゴザリマスルガ、東洋ニ萬一事ガアッタトキニハ、日本ノ內地ニ來テ事ガ起ラウカ、支那若クハ朝鮮ニ於テ事ガ起ラウカト申シマスルト云フト、多クハ支那若クハ朝鮮ノ邊デ、事ガ起ルデアラウト私ハ思フノデゴザリマスル、而シテ相手ハ如何デアルカ、歐羅巴某國――某々ノ國デアラウト私ハ思フノデゴザイマスル、左樣致シマスルト云フト、向フハ海モ何モナイ處ヘ大キナ鐵道ヲ架ケテ、萬一事アッタトキニハ、大キナ鐵道デ軍隊ヲドシ〳〵輸送シニ來ル、コチラハ小サナ土工「レール」ノヤウナモノデ、チヨビ〳〵軍隊ヲ輸送シテ行クノミナラズ、宇品灣ニ行キマスルト云フト船ガ參ッテ居ル、一列車持ッテ行ッタケレドモ、是デハ載セ足ラヌ、後トノ列車ガ若カナイヂヤ、マダ是ハ載セ足リヌト云ウテ、列車ヲ別ケテ載セルト云フヤウナ不便デ、非常ナ手間ガ取レルデアラウト私ハ思フ、加之ナラズ海ヲ渡ッテモ萬一事ヲ致スコトニナリマスルト云フト、此手後ハ蓋シ少カラザル手後ニナラウト私ハ思フ、斯樣ナコトカラ考ヘテモ、今日ノ鐵道ト云フモノハ、國有ハ宜シイカモ知レナイ――國有モ宜シイカモ知レナイガ、今日ノ鐵道ヲ改築スルト云フコトモ、最モ急中ノ急ナルモノト私ハ思ヒマスルノデゴザリマス、ソレカラ是ハマア軍隊ノコトハ私抔ハ餘リ心配シ過ギルト、間違ッタコトヲ申スデゴザリマセウカラ、申シマセヌガ、運搬交通ノコトニ至ッテモ、是カラハ御承知ノ通、アチラデハ西伯利鐵道ガ出來ル、露西亞ノ一方ニハ裏海横斷鐵道ガ出來テ、印度洋ニ之ヲ通貫シヤウト云フ計畫ガ出來テ居ル、殆ド支那ト云フ國ハ、海島國ノヤウナ有樣ニナッテ、即チ露西亞ノ計畫ノ鐵道ハ、暗礁モナシ風波モナキ處ヘ、大キナ航路ヲ開クト同一ナ計畫ニナッテ居ルノデゴザイマス、アノヤウナ大キナ計畫ノアルニ對シテ、我國ガ今日小サナ鐵道デ安ンジテ居ルト云フコトハ、將來如何デゴザリマセウカ、臍ヲ噛ムノ患ハ早晚アルダラウト私ハ思ヒマス、是ハ私ガ心配カラ申ス議論、又學理ノ上カラ申シマシテモ、歐羅巴ニ普通ニ行レテ居ル鐵道ト、今日我國デ採用セラレテ居ル鐵道トハ、共輸運力ニ於テ學理ニ於テモ、十ト十八トノ差ガ確ニアルノデゴザイマスル（恆松隆慶君「質問書ヲ朗讀シ給ヘ」ト呼フ）例ヘハ狹軌鐵道ノ單線ト廣軌鐵道ノ單線トヲ比ベテ見マスルト云フト、十八ト十ノ差ガアル、殆ド今日ノ鐵道ハ、歐羅巴普通ニ行レテ居ル鐵道ト我國ノ鐵道ハ、半分ノ輸送力ガナイト云フコトハ、實際カラ申シテモ、學理カラ申シテモ、明ニ分ッテ居ルノデゴザイマス、然ルニ前申上ゲマシタ通、政府ハドノヤウナ方針ヲ採ルノデゴザルカ一向分ラヌ、或ルトキハ鐵道買收論ヲ唱ヘ、或ルトキハ鐵道改築論ヲ唱ヘ、ソレノミナラズ鐵道施政ノ方針ニ於テハ、ソラ貨物ガ停滯シテ困ルカラ、東海道ハ複線デナケレバナラヌ、ソラマダ足リヌカラ、木曾線ヲ敷設シナケレバナラヌ、殆ド泥棒ヲ捕ヘテ繩ヲ綯フト同樣ナ施政ノ方針デ今日居ルノデゴザイマスル、ソレ故ニ先ヅ此星亨君外御三名カラ、提出セラレタ建議案ハ、贊否ヲ決スル前ニ、政府ガ今後ドノヤウナ鐵道政治ノ方針ヲ採ラレルカ（恆松隆慶君「ソレマデニハ答辯ハ間ニ合ハヌ」ト呼フ）此事ヲ私ハ親切ナル御答辯ヲ煩シタイト思ヒマスル、御邪魔ヲ致シマシタ

○島田三郎君(二百五十番)　本案ニ附キマシテハ、大勢既ニ決シテ居ルト思ヒマスガ、本員ハ此意味ダケハ十分御話シテ置キマセヌト、雙方共ニ利害ノ大關係アル問題デゴザリマスカラ、反對ノ方モ衆議院ガ漫ニ唯反對ノ利益ヲ思ハズ決シタト云フヤウニ思ハレルノハ、遺憾デアリマスカラ、私ガ贊成スル所以ヲ一應御聽キヲ煩ハサナケレバナリマセヌ、本員ハ全體ノ考ニ於キマシテハ、到底島國ノ日本國民ハ、成ルベク海上ニ領分ヲ擴ゲテ、其漁業ヲ盛ニスルト云フコトガ、自然ノ勢デ、是ヲ國法ニ依ッテ助ケルノハ、誠ニ順當ノ筋ト思ッテ居リマス、唯今ノ形勢デ見マスルト、元ト日本領デアッタ薩哈嗹島ハ、是ヲ露西亞ニ渡ストキニ、特別ノ條約ガアッテ、元ト日本領ノ漁業場デアッタガタメニ、是ニ特別ノ利害ノ關係ヲ有ッテ居ル、竝ニ北海道ハ漁業ノ境カラ農業ノ境ニ移ッテ人口ガ增スカラ、自然漁業ガ薄クナッテ來ルト云フコトハ、日本ノタメニ寧ロ喜ブベキ北海道ノ現狀ト私ハ思ヒマス、サウスレバ北海道ニ於テ此業ヲ營ンデ居ッタ者ガ、外ニ出テヤルト云フノハ當然ノコトデ、此億測ニ違ハズ、現ニ出テ居ルノデアリマス、即チ薩哈嗹ハ勿論、是カラ西伯利沿岸竝ニベーリング海峽アタリ、竝ニ英利吉ノ加奈陀領近海アタリマデ、日本ノ漁業者ガ出テ居リマシテ、是ニ附キマシテ特別ニ日本ノ利益ヲ持ッテ居リマスノハ、日本ノ漁業者デアルノト、竝ニ彼ノ領分ニ向ッテ土地廣クシテ人少イノデ、日本ハ土地狹クシテ人多イタメニ力ヲ以テ競爭致スニハ、十分ナ餘力ガアルト云フ有樣デ、唯北海道カラ參ルノミナラズ、中國ノ邊カラモ皆移ッテ、是等ノ所ニ皆漁業ヲ營ンデ居ル、是ニ附イテ色々ナ利益ガ起ッテ居ルノハ、近來西伯利領ニ色々ナ雜貨ヲ持ッテ往キマスガ、是等ハ漁業ガナケレバ、片貿易ニナル、此方カラ品物ヲ持ッテ空船デ歸ルト云フノハ、西伯利ニ對スル貿易トシテ利益ガ薄イカラ、此ニ漁業ガ成立テバ、片貿易デナク、往クトキハ品物ヲ持ッテ往ッテ、歸ルトキハ漁業ノ獲物ヲ持ッテ來テ、間接ニ日本ノ貿易ニ利益ガアルト思ヒマス、其中ノ著シキモノハ鹽ノ商デアリマス、本員ノ承ル所ニ依リマスルト、日本ヨリ此特別ナ漁業ノタメニ此沿岸地方ニ出マスルノガ、五斗俵ニシテ三十万俵出ルト云フコトヲ聞キマス、全體日本デハ此鹽田ガ廢レルト云フノデ、鹽田調査會ヲ起シテ、殊ニ此業ヲ獎勵シナケレバナラヌト云フコトハ、此議院カラモ建議ガアッテ成立ッタコトデアリマスガ、是等ノコトヲ數ヘ上ゲマスルト、此漁業ノ成立ッテ居ルト云フコトハ、日本ノタメニ職業ヲ殖シ、貿易ヲ殖シ、間接ニ鹽田ヲ盛ニスル利益ガアリマシテ、是ニ向ッテ此反對ノ議論ノ起ルト云フノハ、寧ロ私ノ怪ム所デアル、從來若シ此稅ヲ掛ケテ居ッタノヲ唯今取ラウト云フノデナクシテ、昨年ノ歲ノ終リマデ稅ガ極ク薄カッタモノガ、新ナ關稅規則ガ起ッタニ附イテ、稅ガ增シタノデ、ソレニ向ッテ是ガ日本デ漁業ヲ起サウトスルノニ、競爭サレテハ困ルト云フ苦情ガ起ル筈ガナイ、若シ新ナ關稅ガ成立タナケレバ、此進行デ往ッタノデアル、唯今新ニ其コトガ行ハレタタメニ、今マデ是等ニ關係シタ漁業者漁民ガ、大イニ恐慌ヲ起シテ、是マデノ有樣ヲ變ヘラレテハナラヌト云フノデ、狼狽ヲ致シタノガ、此結果ニナッタノデ、北海道近傍ノ人ガ若シ斯ノ如キ苦情ガアッタナラバ、從來ナカッタトキニ彼ノ保護稅ヲ掛ケテ吳レヌカト云フ運動ガナケレバナラヌ筈デアル、其トキニハ沈默シテ居テ、唯今關稅ノ結果ニ依ッテ、當ニ行レントスルトキニ方ッテ、此通掛ケテ貰ハナケレバ困ルト云フノハ、本員ノ大イニ疑フ所デアル、ソコデ此コトニ附イテチヨウド唯今早川君ガ御話デゴザイマシタガ、全體關稅規則ハ日本ニ一般ニ行レナケレバナラヌ、大藏省ノ人ガ朝鮮ニ往ッテ來ル漁業ニハ稅ヲ掛ケヌト云フ、行政官ガサウ云フ取捨ノ出來ベキモノデハナイ、朝鮮ハ外國デアルカ、抑々內國デアルカト云フ限ヲ附ケレバ、薩哈嗹ニ往クモ、朝鮮ニ往クモ、同ジク外國漁業デアッテ、大藏省ノ行政官ノ手加減デ、朝鮮ハ許シテ、薩哈嗹ハ許サヌト云フナラバ、衆議院ハ法律ノ解釋者トシテ、斯樣ナ解釋ハ許サヌト云ハナケレバナラヌ、行政官ガサウ云フ曖昧ナコトヲ云フノヲ信ジテ、薩哈嗹ハ掛ケルガ、朝鮮近海ハ掛ケヌデ宜イト云フカラ、之ヲ許サヌデモ宜イト云フノハ、此衆議院ノ議場ニ於テ言フベカラザルコト、思フ(早川龍介君「ソレハ誤解デス」ト呼フ)倘ホソレニ附イテ御說ガアレバ、倘ホ御發議ヲ願ヒタイ、本員ガ唯今承ッタ所デハ、左樣ナ考ヲ起シタノデアル、無論露西亞人ノ心ヲ以テ見レバ、自分ノ領分デ、自分ノ人民ガ漁業ヲシテ居タノデアリマセウガ、人少ナクシテ土地大ナル國ハ、土地狹クシテ人多キ國トハ、天然ノ競爭ニ於テ貫銀ノ高下ノ上カラシテ、日本人ガ露領ノ沿岸ニ行ッテ漁業ヲスルト云フコトハ、彼ノ殆ド止ムル能ハザル所デアル、故ニ薩哈嗹ニ向ッテ露西亞ノ黑龍江ノ太守ガ、如何ナル法律ヲ出シテモ天然ノ利害ハ一片ノ法律デ之ヲ破ルコトハ出來ヌト思フ、是ニ向ッテ本員ガ承ッタ所ノ事實ヲ申ストキ、今年ニ入ッテカラ、或ハ昨年ノ暮デアッタカ、露西亞領ニ於テ日本ノ者ガ漁業ヲ止メラレタト云フコトハ、此コト雷霆ノ如ク本議場ノ人々ノ耳朶ニ響イテ、ソレダカラ此稅ヲ止メルト惡イト云フコトガ、新聞紙ニモ書カレ、風說ニモ傳リマシタガ、本員ガ信ズベキ筋ノ報ズル所ヲ聞キマスルニ、三人止メラレタト云フコトデアリマスガ、是ハ日本人民タルガタメニ止メラレタニアラズシテ、其場所ガ魚ノ孵化スル所デアッテ、此處ニ來テ漁業ヲスルノハ、魚ノ繁殖ヲ妨ゲルト云フノデ、其場所ノ漁業ヲ止メタノデアル、所謂數罟洿池ニ入ラズト云フ主義デ、繁殖ノ元ヲ止メタト云フノデアルカラ、日本人タルガタメ止メラレタノデハナイ、魚類ノ繁殖ヲ保護スルト云フコトデアルカラ、露西亞人ト雖モ此範圍內ノ地ニ於テハ漁業ガ出來ヌノデアル(「違フ〳〵」ト呼フ者アリ)私ノ言フ所ガ違ヒマスナラバ、後トデ謹デ承リマスルガ、本員ノ聞イタ所デハ、サウ聞イタノデアリマス、ソレ故ニ是ハ外務ノ當局者ニ御質問ニナッテ、本員ノ言フコトガ事實デアルカ、或ハ反對者ノ言フコトガ事實デアルカ、是ハ事實問題デアル(「間違ッテ居ル」ト呼フ者アリ)靜ニ御聽ニナルノガ、當然デアルト思フ(「謹聽々々」ト呼フ者アリ)倘ホ此加拿陀領ニ往キマシテ、加拿陀領ヲ旅行シタ人ノ物語ニ依ルト、加拿陀領ヘ往ッテヤッテ居ルノハ、日本ノ出稼人ガ多イ、彼等一同日本人ハ誠ニ感心ニ營業ヲ務メルト言ッテ、賞讚シテ居ルト云フコトヲ聞イテ居リマスカラ、加拿陀領デ取リマスルノモ、露西亞ノ領デ取リマスルノモ、多クハ日本ノ人ガ出掛ケテヤッテ居ルノデゴザイマス、斯ウ云フ工合ニナッテ居ル、其證據ヲ一ツ擧ゲテ見ルト、之ハ明治三十年ノ外國貿易概覽、大藏省主稅局デヤリマシタノデゴザイマスルガ、北海道ト彼地方トノ關係ヲ靜ニ諸君ニ御報告ヲシマスルト、斯樣ニナッテ居リマス「本品ノ露領亞細亞ヨリ輸入スルモノハ鮭及鱒ノ二品ナリ蓋此二魚ハ從來我北海道ニ於テ漁獲スルモノ頗ル夥多ナリシガ同道ノ拓殖日ヲ逐フテ增進スルニ從ヒ漸ク其數ヲ減少シ今日ニ至テハ石狩後志ノ如キ殆ント收獲ヲ見ス僅カニ北見根室等ノ引續キ漁獲アルノミニシテ是レトテモ亦往時ノ如キ盛況ヲ見サルニ至リタレハ本邦魚漁者ハ勢ヒ海外出漁ノ必要ヲ感シ魯領沿海ニ向ッテ出漁スルモノ次第ニ多キヲ加ヘタリ」是ハ大藏省ノ主稅局ノ報告デゴザイマスカラ、詰リ內地ノ人口ガ殖エマスレバ、北海道ノ今マデノ漁業ハ、自然ニ農業ニ移ッテ北海道ガ全部開ケマストキニハ、漁業ト農業ト相俟ッテ、北海道ハ殖民シナケレバナラヌ、ソレニ何ゾヤ外國ニ出稼スル者ノ足ヲ留メテ、內地人ノ巨利ヲ受ケル所ノ職業ヲ禁ジ、內地ノ片貿易ニシテシマッテ、貿易ノ全部ヲ省キ、尙ホ內地ノ人民ニ向ッテ與ヘル利益ヲ塞イデシマッテ、一部ノ北海道ノ進歩ヲ止メテ、漁業一事ニ依頼セシメントスル、此狹隘ナル政策ハ、本員ハ大體ニ於テ反對セザルヲ得ヌ、斯ノ如キ狹イ見解デアルト、本員ハ疑ヲ懷クノデアル、若シ是等ノコトヲ告稅ヲカケテ縮メルト云フコトデアッタナラバ、勢此漁民ハ我北海道ノ漁業場所ヲ取ラナケレバナラヌ、此漁業ノ場所ハ北海道デ取ルトナッタナラバ、濱場ヲ貸ス人ハ、之ニ依ッテ利益ヲ得ルカモ知レヌガ、損ヲスル人ハ如何ナル人デアルカ、詰リ唯今マデノ北海道ノ漁業者ガヒドイ影響ヲ受ケルノト、內地デ鹽引ノ魚ヲ食ッテ、山間避地ノ農民ガ一種ノ快樂トシテ居ル所ノ食料ヲ割カレルニ過ギナイ、甚ダ狹隘ナル政略ト本員ハ考ヘルノデアル（「ヒヤ〳〵」ト呼フ者アリ）ソレ故ニ總テノモノヲ集メテ、論ジテ見マシタナラバ、左樣ナル次第デアル、唯今マデニ本員ガ調ベマシタ所ニ依リマスルト云フト、是ダケノ事實デゴザイマスルカラ、若シ此事ハ一旦止メマシテ、重キ稅ヲ掛ケマシタナラバ、中國邊カラ朝鮮近海ニ參リマスル漁業者ガ、著シキ打擊ヲ受ケルデアラウ、早川君ノ言ハレルガ如キ事實デアルナレバ、朝鮮ハ外國デアルカ、內國デアルカト云フコトヲ極メナケレバナラム、外國デアルナラバ、薩哈嗹ト同ジコトニ此關稅ニ這入ラナケレバナラヌ、ソレヲ入レルト入レザルトハ、行政官ノ唯隨意ニ恣ニ言フベキコトデアッテ、此議會ハ決シテ左樣ナル暴言ヲ許スベキモノデナイ、之ヲ止ムベカラズンバ、速ニ左樣ナル範圍ヲ去ッテシマッテ、豁達ナル日本國ヲ建設スルコトニ御注意アランコトヲ望ムガタメニ、本員ハ斷然此稅ヲ廢シテ、明治三十一年十二月マデノ如クシタイト云フ、新ニ加ヘルト云フ意味デハナク、新ニ加ッタモノハ、此儘ニスルト云フ意味デゴザイマスカラ、是ダケノコトヲ本員ハ望ムノ趣意トシテ、是ダケノコトヲ述ベテ置キマス

（「討論終結」ト呼フ者アリ）

明治三十二年二月十五日　議長ノ報告

朝鮮國ニ於ケル漁民遭難ニ關スル質問主意書

第一

長崎縣漁民土橋佐久馬外二十三名ハ明治二十九年三月十三日朝鮮國江原道蔚珍郡迎日灣竹邊洞龍湫岬ニ於テ數百ノ土民ニ襲撃セラレ總員二十四名ノ内前記ノ佐久馬以下十五名ハ不幸ニシテ暴徒ノ毒手ニ罹リ終ニ非命ノ死ヲ遂ケタリ辛フシテ重圍ヲ脱シ幸ニ慘殺ヲ免カレタル九名スラ其内八名マテハ負傷セリ而シテ暴徒ハ其犯罪ノ發覺センコトヲ恐レ即チ證據湮滅ノ目的ヲ以テ十五名ノ死屍ニ石油ヲ注キ全然之ヲ燒棄センコトヲ企テ果サスシテ土中ニ埋メタリ我カ政府ハ未タ此事アリシヲ知ラサルカ

第二

暴徒ハ豫メ相謀リテ我カ漁民ノ一行ヲ鏖殺セントシ詭辭甘言ヲ以テ先ツ一行ヲ陸上ニ誘ヒ且ツ風波ヲ避ケシムルヲ口實トシテ船ヲ陸地ニ引揚ケシメ即チ先ツ一行ノ歸路ヲ斷チ而シテ後突然暴發セシ者ナリ又暴民ハ銃槍梶棒等ノ凶器ヲ携ヘ其人員亦數百名ナリシモ我カ漁民ノ一行ハ其數僅カニ二十四名加フルニ身ニ寸鐵ヲモ帶ヒサリシヲ以テ勢固ヨリ當ル可ラス終ニ前記ノ慘害ヲ蒙リタル者ナリ政府ハ未タ此顚末ヲ詳カニセサルカ

第三

暴徒ノ爲メニ慘殺セラレタル土橋佐久馬以下十五名ハ何レモ海上ノ勞働ニ從事シ辛フシテ父母妻子ヲ養ヒ居タル者ナリ故ニ被害者十五名ノ遺族ハ暴民ノ爲メニ柱石ヲ奪ハレ且ツ之カ爲メニ忽チ糊口ニ窮スルニ至レリ現ニ被害者ノ父母妻子ハ東西ニ離散シ路頭ニ彷徨スルニ至ラントス政府ハ既ニ此遺族困窮ノ狀ヲ調査セシカ

第四

土橋佐久馬外二十三名ヲシテ朝鮮海ノ漁業ニ從事セシメタル長崎縣ノ漁業者幸田熊八ハ前記ノ變報ニ接スルヤ同年三月三十日代人西國由太郎ヲシテ在釜山ノ帝國領事ニ對シ不取敢照會願ヲ差出サシメ同年四月二十五日ニハ損害要償遺族扶助ノ件ニ關シテ外務大臣ニ請願シ昨年二月十八日ニハ更ニ再願ヲモナシタリト聞ク又軍艦鳥海號ハ事變後直チニ急航シテ實地臨檢ヲ遂ケタリト聞ク左レハ政府ハ少ナクトモ前記再三ノ願書ニ依リ又軍艦鳥海號ノ報告ニ依リテ既ニ第一第二ノ事實アリシヲ知レルナラン隨テ第三ノ遺族困窮ノ實狀ヲモ調査セシナラン政府既ニ前記ノ事實ヲ知リ且ツ遺族ノ窮狀ヲモ調査シタリトセハ政府ハ既ニ外交上必スヤ相當ノ手續ヲ爲セシナランヤ事實發生以來我カ政府ハ朝鮮國ニ向テ如何ナル要求ヲ爲シ如何ナル談判ヲ遂ケ而シテ如何ナル答辯ニ接シタルカ事變後既ニ滿三箇年ヲ經テ未タ本件ノ落著セサルハ果シテ何カ爲メナルカ朝鮮政府ハ加害者ヲ搜査シ相當ノ刑ニ處スヘキヲ誓ヒタルカ或ハ既ニ之ヲ處罰セシカ朝鮮政府若シ犯人ヲ罰セス又被害者ノ遺族ヲ扶助セス強奪品ノ損害賠償ヲ承諾セスンハ我カ政府ハ如何ニシテ其要求ヲ貫クノ決心ナルカ

右詳細答辯アランコトヲ望ム

明治三十二年二月十五日

提出者　富永隼太
　　　　淺田次郎
贊成者　征矢野半彌
　　　　外三十名

○議長（片岡健吉君）　是ヨリ會議ヲ開キマス、富永隼太君

○古谷新作君（百九十二番）　特許法外三件ノ特別委員會ヲ開キマスデ、例ニ依ッテ退席ノ許可ヲ望ミマス

○議長（片岡健吉君）　是ヨリ特許法案外三件ノ委員會ヲ開キタイト云フコトデアリマスガ、御異議ガナケレバ、退席ヲ許シマス

（「異議ナシ」ト呼フ者アリ）

（富永隼太君演壇ニ登ル）

○富永隼太君（八十九君）　諸君、私ハ此貴重ナル時間ニモ拘ラズ、聊カ諸君ノ清聽ヲ煩ハシタイコトガアリマシテ登壇ヲ致シマシタ、私ハ今日質問書ヲ提出致シマシタガ、其質問書ハ朝鮮國ニ於ケル我漁民ノ遭難事件ニ關スル質問デアリマス、此コトニ附イテ少シク趣意書ノ足ラザル所ヲ補ウテ置キタイト考ヘマス、明治二十九年ノ三月十三日ニ起ッタ事件デアリマス、長崎縣ノ漁業者幸田熊八ト申シマスル漁民ガ、朝鮮ノ江原道ノ沿岸ニ於キマシテ、朝鮮人ノタメニ非常ナル害ヲ受ケタル所ノコトデゴザリマス、三月十二日ニ此漁民ノ一行ハ、二十四名ノ漁民ノ數デアリマシタガ、江原道迎日灣龍湫岬ト云フ所ニ船ヲ著ケマシテ、漁業ヲ始メタノデアリマス、十二日ニ著船ヲ致シテ、十三日ノ午後二時頃ニ至リマシタ所ガ、其海岸ニ於キマシテ朝鮮ノ暴民凡ソ五六百人デアッタト申スコトデアリマスガ、突然此漁民ノ一行ニ襲撃ヲ加ヘタノデアリマス、其當時朝鮮ノ暴民ハ、或ハ鎗、或ハ刀、其他梶棒ヲ持參致シテ居リマシテ、我二十四名ノ漁民ニ向ッテ襲撃ヲ加ヘタノデゴザリマス、此二十四名ノ漁民ハ不意ヲ喰ッタノデアリマシテ、身ニ寸鐵ノ用意モナカッタカラシテ、遂ニ此漁民ノタメニ——漁民デハゴザリマセヌ、暴民ノタメニ二十四名ノ内十五名ト云フモノハ、憫ムベシ此毒牙ノタメニ、不幸ナル最期ヲ遂ゲタノデゴザイマス、遁ル所ノ九名ノ者ハ、圍ヲ遁レテ其海岸ニ在リマスル所ノ漁船ニ乘ッテ、釜山ニ立歸ッタノデゴザリマス、釜山ノ領事、其當時ハ加藤何某ト云フ人ガ領事デゴザリマシタガ、此領事ニ訴ヘテ、之ニ應ズル所ノ相當ナル處分ヲ請求シタノデゴザリマス、加藤領事ハ取敢ヘズ此コトニ附イテ、相當ノ處分ヲ致シマシテ、誠ニ親切ナル手ヲ盡シテ與レタノデゴザリマス、我政府ハ此報知ニ依リマシテ、帝國軍艦鳥海號ヲ其災害ノ地ヘ派遣致シマシテ、之ニ應ズル所ノ處分ヲ施シタノデゴザリマス、然ルニ其當時ノ有樣ト云フモノハ、唯今述ベマシタ通ニ非常ナル殘酷ナル災害ヲ受ケタノデゴザリマシテ、或ハ耳ヲ斷ラレ、或ハ頭ヲ毀ハサレ、或ハ腕ヲ斷メレ、實ニ見ルニ忍ビザル所ノ殘酷ナル災害ヲ受ケタノデゴザリマス、此軍艦ガアチラニ著シマシテ見マシタ所ガ、此十五名ノ屍ト云フモノハ、土中ニ葬ッテアッタト云フコトデゴザリマス、然ルニ其後段々取調ベテ見マスレバ、此屍ニ石炭油ヲ注ギマシテ、此屍ヲ燒カウトシタノデゴザリマシタケレドモ、石炭油ガ十分ナイカラシテ、其屍ガ十分ニ燒ケナカッタサウデス、ソレ故ニ朝鮮人ガ、之ヲ土中ニ匿シテ居ルノヲ發見致シマシタノデゴザリマス、其當時ノ殘酷ナル事情ハ、當時此地ニ派遣シタル所ノ軍艦ニ於テ、寫眞

ヲ撮リマシタノガ、コチラニ二三枚ゴザリマス、此寫眞ヲ御覽ニナリマスルト、誠ニ其當時此十五名ノ漁民ガ、如何ナル慘害ナル有樣ニ出遭ッタカト云フコトハ、諸君モ御承知ニナルデアラウト考ヘマス、然ルニ今日マデ既ニ滿三箇年ヲ經マスルガ、此コトニ附イテ我政府、即チ外務當局者ハ朝鮮政府ニ向ッテ、如何ナル談判ヲ開キマシタデアリマスカ、吾々ハ之ヲ聞クコトヲ得ナイノデゴザイマス、誠ニ此當時ノ慘狀ヲ考ヘテ見マスレバ、其後我政府ニ於キマシテハ、是ニ要スルダケノ相當ノ談判ヲ開イタニハ相違ナイト考ヘマスルケレドモ、今日マデ其結果ヲ聞クコトヲ得ナイノデゴザリマス、然ルニ此十五名ノ遺族ト云フモノハ、昨今殆ド飢餓ニ迫リ、妻子離散シテ路頭ニ迷ハントスルヤウナ有樣ニ及ンデ居ルノデゴザリマス、誠ニ憫然ノ至デゴザリマス、我政府ニ於キマシテハ、速ニ相當ノ處分ヲ致シ、又朝鮮政府ニ向ッテ出來得ル限ノ談判ヲ開イテ、此遺族ヲ救フト云フ所ノコトハ、是非今日我政府ガ盡スベキ所ノコトデアラウト思ヒマスケレドモ、今日マデノ成行ヲ以テ見マスレバ、誠ニ優柔不斷ト云ッテ宜イカ、何ト云ッテ宜イカ、今日ノ有樣デ進ミマシタナラバ、或ハ三年或ハ五年經ッテモ、此コトノ結末ヲ告ゲルト云フコトハ、覺束ナイコトデアラウト思ヒマス、ソレ故ニ唯今私ハ質問書ヲ提出致シマシテ、政府ハ今後此コトニ附イテハ、如何ナル政策ヲ執リマスカ、如何ナル處分ヲ致シマスカ、或ハ朝鮮政府ニ向ッテハ、今日マデドレ程進行シツヽアッタカト云フコトヲ、政府ニ向ッテ質問書ヲ提出シマシタ譯デゴザリマスカラシテ、其質問書ノ趣意書ハ、諸君ノ許可ヲ得マシテ、速記錄ニ載セテ置キタイト思ヒマス、其他ニモアリマスケレドモ、貴重ナ時間デアリマスカラシテ、趣意書ノ足ラザル所ヲ補ウテ置キマス

○議長（片岡健吉君） 議事日程ノ第一ニ入ル前ニ、請暇ノ申出ガアリマスカラ、チヨット諸君ニ御諮リ致シマス、堀越寛介君ガ病氣ノタメニ、本月十六日ヨリ三月一日マデ二週間ノ請暇ヲ申出ラレマシタ、許可シテ御異議ハアリマスマイカ

（「異議ナシ異議ナシ」ト呼フ者アリ）

○議長（片岡健吉君） 御異議ガナケレバ、許可スルコトニ致シマス――議事日程ノ第一、明治三十一年度歲入歲出總豫算追加案第七號

衆議院議員富永隼太君外一名ヨリ朝鮮國ニ於ケル漁民遭難事件ニ關スル質問ニ對シ外務大臣ヨリ答辯書提出ニ付及御回付候也

明治三十二年三月四日

内閣總理大臣侯爵山縣有朋

衆議院議長片岡健吉殿

衆議院議員富永隼太君外一名ヨリ提出ノ質問書ニ對スル別紙答辯書差進候也

明治三十二年二月二十八日

外務大臣子爵青木周藏

衆議院議長片岡健吉殿

衆議院議員富永隼太君外一名ヨリ提出ノ韓國ニ於ケル漁民遭難事件ニ關スル質問書ニ對スル答辯書

一明治二十九年中長崎縣漁民土橋佐久馬等ガ韓國ニ於テ同國暴徒ノ爲ニ暴行ヲ加ヘラレタル件ニ付テハ政府ハ夙トニ精密ナル調査ヲ遂ゲ既ニ幾回トナク韓國政府ニ對シ加害者ノ處罰及償金ヲ要求シ目下尚談判中ニ屬セリ

右及答辯候也

明治三十二年二月二十八日

外務大臣子爵青木周藏

第八　領事官ノ職務ニ關スル法律案（政府提出貴族院送付）　第一讀會（小字及｜｜ハ貴族院ノ修正）

領事官ノ職務ニ關スル法律案

第一條　條約中特ニ領事官ノ權限ニ屬セシメタル事項ニ關シテハ法律ニ抵觸セサル範圍ニ於テ命令ヲ以テ其ノ制限ヲ設クルコトヲ得

第二條　條約中領事官ノ職務ニ關シ法律ノ規定ヲ要スル事項ニ付法律ノ規定ナキトキハ命令ヲ以テ必要ナル規定ヲ設クルコトヲ得

第三條　領事官其ノ他本法ニ依リテ職務ヲ行フ者ハ法令及條約ノ規定ニ從テ其ノ職務ヲ行フヘシ但シ國際法ニ基因スル慣例又ハ駐在地特別ノ慣例ニ從フコトヲ得

前項ニ依リ難キトキハ命令ヲ以テ特別ノ規定ヲ設クルコトヲ得

第四條　外國ニ於ケル施行期日ヲ定メサル法律ニ付テハ命令ヲ以テ其ノ施行期日ヲ定ムルコトヲ得

第五條　領事官ノ職務ニ關スル管轄區域ハ命令ヲ以テ之ヲ定ム

第六條　條約又ハ慣例ニ因リ領事裁判權ヲ行フコトヲ得ル領事官ハ第七條乃至第十七條ノ規定ニ從ヒ訴訟事件竝非訟事件ニ關スル事務及登記事務ヲ行フ

第七條　前條ノ事務ニ關シテハ領事官ハ法令、條約及慣例ニ抵觸セサル範圍ニ於テ地方裁判所及區裁判所ノ職務ヲ行フ

第八條　領事官ハ重罪ノ公判ヲ爲スコトヲ得ス

輕罪ノ裁判ニ付テハ豫審ヲ須非ス

第九條　領事官ノ豫審ヲ爲シタル重罪ノ公判ハ長崎地方裁判所之ヲ管轄ス

第十條　領事官ノ管轄ニ屬スル刑事ニ關シ國交上必要アルトキハ外務大臣ハ其ノ事件ヲ管轄スヘカラサルコトヲ領事官ニ命シ且被告人ヲ内國ノ監獄ニ移送セシムルコトヲ得

前項ノ場合ニ於テ司法大臣ハ其ノ事件地方裁判所ノ權限ニ屬スヘキモノナルトキハ長崎控訴院檢事ヲシテ裁判管轄指定ノ申請ヲ其ノ控訴院ニ爲サシメ其ノ事件區裁判所ノ權限ニ屬スヘキモノナルトキハ長崎地方裁判所檢事ヲシテ裁判管轄指定ノ申請ヲ其ノ地方裁判所ニ爲サシムヘシ

第十一條　前條ノ申請及裁判ニ關シテハ刑事訴訟法第三十三條ノ規定ヲ準用ス

第十二條　地方裁判所ノ權限ニ屬スル事項ニ關シ領事官ノ爲シタル裁判ニ對スル控訴又ハ抗告ハ長崎控訴院之ヲ管轄ス

區裁判所ノ權限ニ屬スル事項ニ關シ領事官ノ爲シタル裁判ニ對スル控訴又ハ抗告ハ長崎地方裁判所之ヲ管轄ス

第十三條　領事官ハ領事館員又ハ警察官ヲシテ檢事又ハ裁判所書記ノ職務ヲ行ハシムヘシ

裁判所書記ノ職務ヲ行ハシムヘキ前項ノ官吏ナキトキハ領事官ハ其ノ管轄區域内ニ在留スル帝國臣民中ヨリ選任シテ臨時其ノ職務ヲ行ハシムルコトヲ得

第十四條　領事官ハ領事館員又ハ警察官吏ヲシテ執達吏ノ職務ヲ行ハシムヘシ

前項ノ職務ヲ行フ者ハ自己ノ責任ヲ以テ自ラ適當ト認ムル者ニ臨時其ノ職務ノ執行ヲ委任スルコトヲ得

第十五條　法令ノ規定ニ依ルモノヲ除ク外訴訟代理人又ハ辯護人タラントスル者ハ領事官ノ允許ヲ受クルコトヲ要ス

第十六條　領事裁判所ニ於ケル忌避又ハ回避ニ關スル規定ハ領事官其ノ他本法ニ依リテ職務ヲ行フ者ニハ之ヲ適用セス

第十七條　第十三條及第十四條ニ掲ケタル職務ヲ行フ者ナキトキハ外務大臣ハ同一國内ノ他ノ領事館官吏ヲ派遣シ其ノ職務ヲ行ハシムルコトヲ得

第十八條　領事館ノ設置ナキ地ニ限リ勅令ノ規定ヲ以テ本法其ノ他ノ法律中領事又ハ領事官ノ取扱フヘキ事項ハ領事官ニアラサル者ヲシテ之ヲ取扱ハシムルコトヲ得

第十九條　本法其ノ他ノ法律中單ニ領事又ハ領事官ト稱スルハ名譽領事ニアラサル領事及其ノ代理ヲ謂フ

第二十條　本法施行ノ爲必要ナル規定ハ命令ヲ以テ之ヲ定ム

第二十一條　清國竝朝鮮國駐在領事裁判規則ハ本法施行ノ日ヨリ之ヲ廢止ス

○早川龍介君（二十八番）　私ハ進行者ノ代理ヲ致シマス、日程ノ第八第十第十二第十四ハ、各九名ノ委員ヲ議長ノ御指名デ直ニ選バレンコトヲ望ミマス

（「異議ナシ」ト呼フ者アリ）

○望月長夫君（十九番）　此第十第十二第十四ノ三ツノ案ハ、性質ガ同ジヤウデゴザイマスカラ、一ノ特別委員デ宜カラウト思ヒマス

○議長（片岡健吉君）　御異議ガナケレバ、第八ヨリ第十五マデヲ一括シテ議題ニ供シマス、早川龍介君望月長夫君ノ動議ニ合セテ御異議ハアリマセヌカ

（「異議ナシ」ト呼フ者アリ）

○議長(片岡健吉君)　是ヨリ陸軍省所管第二款ヲ議題ニ供シマス

○高木正年君(百二十八番)　諸君、私ハ陸軍省全體ニ對シテ反對ノ意見ヲ表明致ス考デゴザイマシタガ、通告致シテ居ルニモ拘ラズ、第一款ガ濟ミマシタカラ、第二款以下卽チ二款以下ノ全部ニ附テ自分ハ此案ニ反對ノ理由ヲ述ベヤウト思ヒマス、(「ノウ〳〵」ト呼フ者アリ)一體此我國ノ今日ノ經濟ニ附イテモ、縱令十年計畫ト云フコトガ以前ニ定ッテ居ルニモ拘ラズ、是非トモ財政ノ上ニ附イテ一大考慮ヲ要サネバナラヌト云フノハ、恐クハ斯ク申ス自分ノミナラズデス、政府黨ト稱スル人ミモ其意思ヲ窮迫シタナラバ、卽チ私ト同一ノ意見ヲ持タルヽデアラウト思フノデゴザリマスル、今日我國ノ財政ハ如何ナル境遇ニ達シテ居ルカ、今日我國ノ財政ノ窮迫ニ往ク所ノ其界ニ至ッテハ、實ニ吾ミヲシテ國家ノ運命ヲ疑ハシメザルベカラザル一大窮迫ノ時期ヲ見ルノハ、蓋シ遠キニアラザルベシト思フノデゴザリマスル、一體陸軍ノ十二師團、及之ニ加フル所ノ臺灣ノ守備隊、卽チ全體ニ亙ル所ノ我國ノ陸軍ノ兵數ハ、實際我國ノ經濟ノ度合實際我國民ガ之ニ對シテ納稅ヲスル程度ノ上ニ附イテ、甚ダ安全ナル我國ノ財政ノ上ニ立タシメル所ノ兵豫算ナリト言ヒ得ルヤ否ヤト云フノガ問題デゴザリマスル、諸君ハ議會ノ多數ガ此豫算ニ對シテ異議ナキガタメニ、恰モ二ツノ汽罐車ヲ備ヘテ坦々タル所ノ鐵道線路ヲ飛ブガ如クニ思フノハ大ナル誤デゴザリマスル、苟モ在野黨ヲ以テ任セラルヽ人ナラバ、此豫算ニ對シテ丁寧親切ニ議シ、又丁寧親切ニ國民ノ意思ヲ參酌シテ發表スルコソ、卽チ諸君ノ務デハゴザリマセヌカ、諸君ガ若シ愼重ノ態度ヲ取ッテ議セラルヽナラバ、何ゾ斯ク申ス高木正年ガ病ノ身ヲ以テ、此演壇ニ登ッテ演說ヲスルノ必要ハナイノデゴザリマスル、然ルニ私ヲシテ斯クアラシムルノハ、卽チ諸君ガ財政ノ上ニ就イテ如何ニモ研究ノ度ノ少イノヲ嘆ズルノデゴザリマスル(「ノウ〳〵」ト呼フ者アリ)一體國ノ總テノ設備ト云フモノハ、國家ノ所謂出產ノ力、卽チ國民ノ生活ノ力ト相伴ハネバナラヌト云フノハ、申スマデモナイコトデゴザリマスル、陸軍ノ十二師團、之ニ加フルニ臺灣ノ一師團半ハ、正ニ我國防ヲ完備セシムルニ足ルモノデアルカト申シマスルナラバ、恐クハ他ノ設備ニ不足ガアルガタメニ、此十二師團ナルモノガ縱レヤ、亞細亞ノ東方ニ一ノ事件アリトスルモ、恐クハ此兵ノ半數モ國外ニ出スコトガ出來ナイト云フ、今日ノ實際ノ有樣デアリマスル、諸君ハ日清戰役ニ於ケル我國ノ凱旋ヲ祝スルニ醉ウテ、今日十二師團ノ兵備ヲ以テ更ニ第二ノ飛躍ヲ試ミ得ベシト思フノハ、大ナル間違ナリト斯樣ニ考ヘラレネバナラヌデゴザイマスル、何ガ間違デアルカト云ヘバ、今日我國ノ總テノ戰爭ニ備フル所ノ運漕船、是等ノ陸兵ヲ護ッテ彼ノ地岸ニ達セシムル所ノ海軍ノ防備ハドウデアルカト申シタナラバ、恐クハ跛ノ國防ナリト私ハ斷言スルヲ憚ラヌノデゴザリマスル、日清戰爭ニ二十五万ノ人ヲ彼ノ地ニ送ッタノハ、如何ナルモノガ此間ニ之ヲ紹介シタリヤト云ッタナラバ、支那ノ海軍ガ全滅シタ後デアッタルヲ以テ、總ニ是ダケノ兵ヲ送ッタノデハゴザリマセヌカ、我國海軍ノ設備ガ如何ニ完全ナリトスルモ、今日海軍ノ設備ノ上カラ考ヘテ見タナラバ、所謂歐洲列强ノ總テノ海軍ヲ全滅セシメタル後ニアラザレバ、恐クハ日清戰爭ダケノ兵ヲ彼ニ送ルコトハ出來ヌノデゴザイマスル、一體申シタナラバ國防ノ豫算位、總テノ具備セナイモノハナイノデゴザリマスル、昨年以來殊ニ陸軍省ハ所謂軍機ノ保護ト云フコトヲ頻ニ主張セラレマシテ、議會ニ對ッテハ是ガ法案ヲ提出シ、人民ニ對ッテハ之ニ對シテ警告セラレタノデゴザリマスル、然ルニ如何ニ保護ヲ名トシテモ、總テノ兵備ガ整ハナイガタメニ、兵備ガ整ハナイガタメニ、十二師團、是ニ增スニ一師團半ノ兵ヲ備ヘテ儼然トシテ我國ノ國防ハ完備シタリト威張ッテ見テモデス、僅ニ橫濱カラ橫須賀ニ往ク間ノ汽車ノ設備ハドウデアルカト云ヘバ、臨戰地トシテ戰時ノ時ニ當ッテハ特別ナル警戒ヲ要セネバナラヌ、橫須賀海兵團ノ中ヲ通拔ケテ往クカラレテ、縱シヤ橫須賀山ニ上ッテ西洋人、若ハ敵國ノ間諜ラシキ者ガ寫眞ヲ撮ラズトモ、汽車ノ窓カラ橫須賀灣内ノ我國ノ總テノ設備、總テノ艤裝等モ容易ク見ラルヽノデゴザイマス、獨リ十二師團ノ兵備ノ完備シタリトテ、決シテ之ニ依ッテ我國ノ國防ハ完全シタリト云フコトハ出來ナイノデアリマス、既ニ外ニ向ッテ送ル所ノ船ナク、外ニ向ッテ送ル所ノ警備船不足ナリトセバ、此十二師團ト云フモノハ、全ク其一半カ、若クハ强テ私共過激ノ修正ヲ爲サズトモ、確ニ二師團若クハ三師團位ノ兵ハ減ジテ、此費用ヲ以テ他ヲ救濟スルカ、若クハ現時今設備ヲシツヽ、アル所ノ要塞等ニ向ッテ、尙ホ一層ノ完全ナル所ノ警備ヲ爲サシムルコトニスレバ、兎モ角モ、凡ソ政府ガ言責ヲ以テ立チ、政府ガ責任ノ重キヲ知ッテ提出セラレタル、豫算案全部ノ中デ最モ不完全ナルモノハ、卽チ陸軍省ノ豫算ナリト云フノハ唯今ノ趣旨デゴザイマスル、私ハ甚ダ此間ニ於テ疑ハネバナラヌノデゴザイマス、臥薪嘗膽ト云フコトハ、十年計畫ノ初ニ於テ能ク諸君カ口ニセラレタ言葉デアリマス、今日ノ陸軍ノ有樣ハドウデアルカ、寧ロ兵ノ多キタメニ總テノ兵備ニ缺ク所アリト言ッテモ可ナル所デアリマス、現ニ昨年ニ於テ施行セラレタル所ノ彼ノ演習ノ如キハドウデアル、成ル程兵ノ多イノハ實ニ數年前ニ數倍スル所デアルガ、其結果ハ新聞紙ノ傳フルノミナラズ、世間ノ眼目アル人ハ、皆之ヲ稱シテ居ルガ、如何ニモ昨年ノ演習ハ兵ノ多キノミデ實際ニ於テ稱揚スベキモノナク、寧ロ日清戰爭以前ヨリモ今日ノ陸軍ハ、總テノ準備ノ點ニ於テ足並ノ揃ハヌト云フコトハ自白シタルデハゴザイマセヌカ、一體私共ヲシテ豫算ヲ適當ニ審査セシメ(笑聲起ル)若クハ私共ヲシテ責任アラシムル位地ニ置イテ、陸軍ノ豫算ヲ編成シタナラバ、是ダケノ兵數ヲ他ニ向ケテモモット有要ナル總テノ兵備、若クハ今日最モ窮迫シツヽ、アル所ノ我國民ヲ救濟スルカ、「二者共一」ニ任ジテ所謂適當ナル豫算ヲ提出セシメ、適當ナル豫算ニ於テ國是ヲ定ムルコトガ出來得ルデアラウト思フノデアリマス、獨リ陸軍ノ兵數ガ大ナリト云フノデゴザイマセヌ、(「先生モウ澤山ダ」ト呼フ者アリ)一體經濟社會ノ上ニ附イテ、此陸軍ガ如何ナル關係ヲ有チ、陸軍ノ設備ガ如何ナル現在ノ有樣ニナッテ居ルカト尋ネテ見タナラバ、一體十年計畫ト云フ名ハ旣ニ定ッテ居ッテ、其擴張ニ關スル費用ハ旣定ノ目ニ、遞年度其他ノ方法ニ依ッテ、別ニ他ニ求メズトモ出來ルコトニナッテ居リマスガ、焉ゾ知ラン此十年計畫ニ伴フ所ノ臨時計畫ニ依ッテ、總テノ設備ヲ爲セバ、從テ其設備ヲ爲シタ以後ニ於テハ、經常費ナルモノハ、ドン〳〵增シテ來ルデハゴザイマセヌカ、決シテ彼ノ十議會ニ於テ十年計畫ヲ爲シ、其時ニ於テ國家將來ノ歲入ヲ諮レ、國家ノ將來ニ於ケル財政ノ針路ヲ定メタ以上ハ、是ニ依ッテ、安心シテ卽チ國ノ豫算ハ成立ツモノデアル、所謂國家ノ財政ハ此途ニ依ッテ步ミツヽアルモノデアルト思フノハ、大ナル間違デアルト言ハネバナラヌノデゴザイマス、何故サウデアルカ、諸君、物價ノ騰貴ト云フモノハ確ニ十年計畫ノ費用ヲ一倍セシメルト云フ危險ニ遭遇スルノデゴザイマス、決シテ十年計畫ヲ定メタ當時ノ豫算ハ幾年カニ跨ル所ノ總テノ繼續費、幾年カニ及バントスル所ノ經濟上ノ反射ト云フモノハ、益〻國民ノ經濟界ヲ危惧セシムル度ニ進ムノデゴザイマス(「モウ宜レイ」ト呼フ者アリ)マダ澤山アリマス、(「モウ澤山ダ」ト呼フ者アリ)左樣ニ御妨ナサレバ、私ハ十二時マデモ饒舌リマス(「十分拜聽シマシタ」ト呼フ者アリ)ソレカラ諸君ト共ニ、殊ニ財政ノ上ニ就イテ一ノ警告ヲ政府ニセネバナラヌ、一ノ注意ヲ國民ニ與ヘナケレバナラヌ問題ガアルノデアルノデゴザイマス、凡ソ物價ノ騰貴ト云フ場合ニ於テ、通貨ヲ減少スルト云フコトハ、普通經濟上ノ途デアッテ、卽チ此途ニ依ッテ國ノ經濟ヲシテ水平線以下ニ陷ラザラシメンコトヲ努メネバナラヌコトハ、中スマデモナキコトデゴザイマス、然ルニ我國ノ財政ハドウデアルカト申シタナラバ(此時議長高木君ニ注意ス)(「大ニヤルベシ」又「モウ宜シ簡短ナヽ」ト呼フ者アリ)通貨ヲ減少シテ物價ノ下落ヲ求メルト云フコトハ、經濟ノ原則デアルガ、如何ニセン吾國ノ財政ト云フモノハ極最モ近キ例ヲ申シタナラバ、我國ノ歲出ハ我國ノ日本銀行ニ於テ準備スル所ノ所謂兌換券ノ總テノ數ト一致シテ居ルノデゴザイマス、何レノ國ニ至ッテモ、何レノ邦土ニ至ッテモ、其國ノ貨幣ト一年ノ經費ト和伴フ如キ、殆ド所謂我日本帝國ノ貨幣ヲ一度ハ殘ラズ政府ニ取ッテ、更ニ之ヲ散ラスト云フガ如キコトガアッタナラバ、如何ニシテモ國家ノ財政ト云フモノ、安全ヲ期スルコトハ出來ナイノデゴザイマス、旣ニ我國ノ財政ノ基礎、卽チ我通貨ノ數ハ明ニ少額ナルガタメニ、若シ所謂財政ノ機關タル所ノ日本銀行等ニ於テ、通貨ヲ減ズルト云フ策ヲ採ッタナラバ、直チニ事業ノ中止ヲ命ズルト同ジ結果ニナルノデゴザイマス、是ハ何デアルカト言ヒマスレバ、我國ノ財政ガ薄弱デアルカラ已ムヲ得ナイノデゴザリマス、然ルニ陸軍省ハドウデアルカト云ヘバ、陸軍ニ於テ無暗ニ設備ヲ大イニスルト同時ニ、所謂不急ノ土木ヲ起シ、若クハ收容シ餘ル所ノ總テノ物品ヲ備フルガタメニ、如何ニ中央ノ銀行ニ於テ若クハ中央ノ機關トシテ立ッテ居ル所ノ銀行ニ於テ、之ガ警戒ヲ爲スモ陸軍自ラガ求メル所ノ物ニ依ッテ、物價ガ漸々騰貴シテ參ル、物價ガ騰貴スレバ卽チ十年計畫ノ全ク完備スルコトノ出來ナイ途ニ陷ラシムルノデゴザイマス、今一ツ諸君ト共ニ注意シナケレバナラヌコトハ何デアルカト云フト、我國ノ金貨制度ト云フモノハ確ニ三十三年以後ノ經濟家ニ於テ、安全ナル保障ヲ爲シ得ルカト云フコトガ問題デゴザイマス、今日ニ於テ陸軍省ノ如キ各國防ノ上ニ附イテ海軍ト相合セズ、總テノ機關ト相合ハズ、徒ニ膨脹セシムルコトガアッタナラバ、總テノ事業ニ向ッテ金貨ノ外國ニ流出センコトヲ止メナケレバナラヌ、之ヲ換ヘテ申セバ、陸軍ノ設備ノタメニ卽チ此金貨制度ヲ危クスル正貨ヲ外國ニ餘計輸出セシメテ、終ニ是マデハ正金若クハ公債等ニ依ッテ外資ヲ我國ニ入レタガ、以後ニ於テハ何ンニモナクナッテ、終ニ我國ノ紙幣ハ不換紙幣ニ陷ルト云フ現象ヲ來サナイデモゴザリマセヌ、現ニ臺灣ニ於ケル三千万圓、最モ今日ノ形勢ノ上ニ於テ設備缺クベカラザル京釜鐵道ノ如キコトヲ、此際ニ爲シタナラバ、我國デ公債ヲ募ッテ之ヲ支辨スルト云フトキ、其内確ニ三分ノ一以上十分ノ四位ハ外國ニ向ッテ正貨ガ輸出スル、ソレ故ニ總テノ設備ノ上ニ附イテ、成ルベク今日ハ恰モ飢饉ノトキニ美食ヲ爲サナイト云フ如キ有樣ヲ以テ、殊ニ陸軍ノ豫算ニ附イテハ私共之ニ反對シ、之ヲシテ成立セシメズ、卽チ政府ニ向ッテ一ツノ反省ヲ求メナケレバナラヌ、已ムヲ得ザル次第デアリマス、今一ツ、是デ御シマヒデアルガ、國民ノ現在ノ有樣ハドウデアルカト申シタナラバ――アナタ方御騷キニナルト二度ツヽ言ハナケレバナラヌカラ長クナル、私ハ何時間デモ申シマス、斯ノ如ク無駄ナル費用ヲ集メテ、果シテ我國ノ經濟ノ完キヲ得ルヤ否ヤト云フコトハ、中スマデモナキコトデアルガ、是ニ附イテ最モ諸君ト共ニ考ヘナケレバナラヌノハ、是等ノ所謂重税ヲ負フ所ノ國民ノ有樣デゴザイマス、例ヲ申シタナラバ、今ヤ條約改正ハ實施サレ、旣ニ內地雜居ノ曉ニ至ッタ今日デアルガタメニ、宜シク敎育ヲ普及シテ是等ノ外國人ニ、我國民ガ一步モ輸サレザルガタメニ、若ハ彼等ノ奴隸ト爲サヾラシメンガタメニ、敎育ヲ完備シナケレバナラヌガ、我國ノ現狀ハドウデアルカト云フト、大阪ニ行ッテ見ルト最モ能ク分ルト思フ、凡ソ稅ト云フモノハ如何ナル程度ニ於テ有害ナリヤト申シタナラバ、所謂貧富ノ人ヲシテ同ク之ヲ納メシムル、所謂人頭稅ニ均シキ如キモノハ、決シテ我國ノ經濟上ニ於テ許スベカラザルコトデゴザイマス、啻ニ是ハ我國ノミナラズ、世界一般此針路ヲ取ッテ居ルガ、大阪ニ行ッテ見ルト如何ナルコトガアルカト云フト、十歲以下ノ職工ガアル、嘗テ農商務省ガ工場條例ヲ調ベタトキニ、其草案ヲ見タガ、如何ナルコトガ書イテアルカト云フト、職工ト云フモノハ十歲以下ハサセナイト云フノニ、大阪ニ限ッテ所謂「マッチ」ノ函ヲ貼ル、十歲以下ノ職工ガアルト云フコトデゴザイマス、此職工ハ如何ナル稅ヲ負フカト云フト現ニ三稅ノ一ツタル醬油稅ハ酒ト違ヒ、砂糖ト違ヒ、到ル處總テノ人〻ノ頭ニ掛ッテ居ルガ、卽チ十歲以下ノ職工ハ自ラ敎育ヲ爲スコトガ出來ナイノミナラズ、所謂手仕事ヲシテ自分ノ親ノ生活ヲ足サナケレバナラヌト云フ、此小兒ニ向ッテ此醬油稅ヲ課シテ居ルデハゴザイマセヌカ、現ニ此議事堂ト云ヒ其他ノ諸官省ニ往ッテ見ルト、此給仕ト云フモノデ、矢張俸給ヲ受ケテ居ル者ガアルガ、是ガ十五歳以下ノ者デモ一ツノ税ヲ負ウテ居ルノデハゴザイマセヌカ、我國ノ人智ノ開發、條約改正ノ實施ニ依ッテ、外ニ向ッテ我國民ヲ移シ、内ニ於テハ外資ヲ輸入シテ、我國ノ總テノ事業ヲ盛ナラシメントセバ、先ヅ以テ豫算ヲ適當ニ分配シ、所謂用フベカラザルモノヲ用フルト云フコトデアッタナラバ、殆ド我國民ハ租税ノタメニ臥薪嘗膽ト云フコトハ、農民ノミニ與ヘテ其他ノ人ニ獨リ陸軍省ノミデナイ――陸軍共者ニ附イテモ兵ノ大ナルニ眠ルト云フニ均シキモノデアリマス、斯様ニ考ヘレバ我國ノ經濟ノ基礎ヲ亂サヤランガタメニ、我國ニ於テ適當ナル歳出ヲ議セシメンガタメ、我國民ヲシテ斯ル重税ヲ負ハセシメザランガタメニ、即チ其結果我國ノ教育ヲ繁盛ナラシメンガタメニ、普及セシメンガタメニ、是非共陸軍ノ豫算ノ如キ、即チ無用ナ兵數ヲ貯ヘテ而モ有事ノ時ニ於テ、一向役ヲ為サナイ他ノ設備ガ出來ナケレバ、陸軍ノ人ガ幾ラエラクテモ、岸ノコッチヲ消防スルト同ジテ、内地デ睨ンデ居ルト云フニ過ギナイ、斯様ノ實際デゴザイマスガ故ニ、願クハ諸君ハ私ノ發議ニ同意セラレテ、此案ヲ否決シテ、更ニ政府ヲシテ適當ノ考ヲ起サシムルコトヲ望ムガタメニ、玆ニ發言ヲ致スノデゴザイマス

○松田正久君（九十五番）　諸君、私ハ餘リ此演壇ニ登ッテ諸君ノ清聽ヲ煩スコトヲ致シマセヌガ、此上奏案ニ附イテハ本員ハ我同列ヲ代表シテ、反對ノ意見ヲ述ベネバナラヌ已ムヲ得ザル場合ニ會シタノデアル、先キニ尾崎行雄君ハ松田正久ナル言葉ヲ以テ、前内閣ノ場合ニ於テ地租增徴ノ計畫ヲ致サナカッタ者ガ、十一月ニ於テ再ビ地租ノ增徴ニ贊成致シタト云フコトヲ以テ、先ヅ吾々ヲ侮辱致サレタノデアル、故ニ私ハ先ヅ以テ尾崎行雄君ニ向ッテ一言ヲ致シテ置カウト思フガ、元來前内閣ニ於テ如何ナル譯ヲ以テ、地租ノ增徴ヲ計畫ヲシナカッタト言ヘバ、是ハ尾崎行雄君ガ前憲政黨時代ニ於テ、吾々ガ共ニ財政ノ計畫ヲ致ストキニ當ッテ、彼ノ創立委員ノ會ニ於テ、當分地租ノ增徴ヲ圖ラナイト云フコトヲ決定致シタノデアル（「共通デアル」ト呼フ者アリ）固ヨリ自由黨ノ側ニ於テモ、又進歩黨ノ側ニ於テモ、增租論者モアリマセウ、非增租論者モアリマセウ、併ナガラ當時ハ成ルベク折合ヲ附ケヌケレバナラヌト云フコトヨリシテ、當分地租ノ增徴ヲセズシテ、財政計畫ヲ立テルト云フコトハ、尾崎行雄君自ラモ御承知ニナッテ居ルコト、考ヘル（ヒヤヒヤ」ト呼フ者アリ）本員ハ決シテ非增租論者デハアリマセヌ、場合ニ依ッテハ地租ノ增徴ヲ必要ナリト思ウテ居タノデアル、併ナガラ右ノ如キ當時ノ内閣ニ於テハ成ルベク折合ヲシテ、財政ノ計畫ヲ立テネバナラヌト云フ所ヨリ、自由派ニ屬シテ居ル板垣伯モ又林有造君モ吾々モ、共ニ增徴ハ止メテ間税ヲ以テ財政ノ計畫ヲ立テルト云フコトヲ致シタニ違ナイノデアル、ソレ故ニ彼ノ海陸軍ノ新經費二千万圓ヲ要求致シタル場合ニ當ッテ、吾々ハ進歩派ノ大臣ト共ニ屢々内閣會議ヲ開イタコトハ、尾崎君モ御承知ニナッテ居ルデアラウ、故ニ私ハ大藏大臣タルノ職責ヨリシテ、此海陸軍ノ新經費ヲ成ルベク節減ヲ加ヘナケレバナラヌト云フコトヲ頻ニ主張致シタノデアル、若シモ此節減ガ出來ナケレバ、此上ハ間税ヲ以テ間ニ合ハスルコトハ出來ヌノダカラ、地租ヲ增徴シナケレバ仕方ガナイト云フコトヲ申シタノデアル、此時ニ當ッテ進歩派大臣ハ一言モ增税ヲ止メテ海陸軍ノ經費ヲ節減セネバナラヌト云フコトニ及ンダカ及バナイカ、私ハ決シテ進歩派大臣ガ此事ヲ論ジタコトヲ實際ニ見テ居ナイノデアル、尾崎行雄君ハ始ニ地租ノ增徴ヲ圖ラナカッタ、松田正久其外ガ假ニ地租增徴ニ贊成ヲ致シタ、是ハ當時私曲ニ依ッテ假ニ說ヲ變ジタト云フコトヲ言ハル、ノデゴザイマスガ、尾崎行雄君ハ見掛ケニモ似合ハナイ、恰モ婦人女子ノ如キ猜疑心ヲ以テ人ヲ憶測スルニ至ッテハ、甚ダ私ハ其意ヲ得ナイコトデアル、決シテ本員ノ如キハ左樣ナコトヲ申掛ケラレテモ、良心ニ於テ聊モ咎ムル所ハナイノダカラ、頓著ハ致サナイガ、唯惜ラクハ尾崎君ガ漫ニ人ニ罪ヲ著セル如キ人デアルカト云フコトヲ、人ヲシテ疑ハシムルノガ、如何ニモ尾崎君ノタメニ惜ムノデゴザリマス、偖テ本案ノ主意ハ先ヅ山縣侯ガ大任ニ當ラレテヨリ、官紀振肅ノ訓令ヲ發シテ大ニ官紀ノ振肅ヲ圖ッタノデアル、然レドモ其言行一致セザル所ニ疑ガアッテ、其事實ハ何デアルカト云ヘバ、卽チ横濱埋立事件ニ關聯ヲ致シテ、是ハ其時ニ於テ此上奏案中ニ掲ゲテアル、星亨君ト何カ政府ガ私約ヲ結ンデ、サウシテ國論ノ反對スル地租增徴案ヲ通過セシメタト云フ意味ニ外ナラヌノデアル、若シモ此事ガ果シテアッタトスルナレバ、是ハ由々敷國家ノ一大事デアル、吾々モ決シテ之ヲ問ハズニ――其罪ヲ問ハズシテ措タコトハ出來ヌノデアル、山縣内閣ガ官紀ヲ紊亂シ、而モ議員ヲ買收スルガ如キコトガアッタナラバ、山縣侯ノ内閣コソハ此國家ノ紊亂ヲ爲スモノト言ハナケレバナラヌ（「共通」ト呼フ者アリ）然レドモ今山縣侯ガ此處ニ辯明ヲ致サレタ、又內務次官ガ說明ヲ致シタ所ヲ以テ見マスレバ、決シテ此事ハ事實デナイト云フコトヲ言ハヌケレバナリマセヌ、加之ナラズ彼ノ星亨君ハ吾々ノ政友デアル、殊ニ尾崎君ハ何カノ證據ヲ示サレテ、星亨君ト小山田トノ關係ヲ餘程事實ラシキ事ヲ述ベラレタノデアルガ、吾々モ亦決シテ其事ノ事實デナイ虛構デアルト云フコトノ一ツノ證據ヲ持ッテ居ルノデアル、今私ハ茲ニ星亨君ヨリ受取ッタル所ノ證據ヲ讀ムノデアル

横濱海面埋立事件顛末錄ノ內星亨君ト拙者等ト會話シタル事柄ハ事實相違ノ廉有之ニ付此段證明候也

委員　中村得治
委員　岡村忠平
委員　福島辰次郎

此委員ノ三人ガ星亨君ト會話致シタル廉ニ附イテハ、事實相違ガアルト云フコトヲ斯ノ如ク證明ヲ致シテ居ルノデアル、シテ見レバ先キニ尾崎君ガ示サレタル所ノ證據ハ、決シテ是ハ眞正ノ證據デナイト云フコトハ、相分ルデアラウト私ハ考ヘルノデアル、シテ見レバ此事ハ結局疑タルニ過ギヌノデアル、又其疑ト云フモノガ凡ソドレ位ナ所ニ關係ヲ及シテ居ルカ、此上奏案ノ文面ニ依ッテ見レバ、初ニハ某々ト書イテアル、其後ニハ星亨輩ト書イテアル、而シテ其餘ノ人ヲ擧ゲントシテ見ルナラバヂヤ、卽チ此文字ニ現レテ居ル所ヲ以テ推測ヲ致シテ見レバ、縱令此事ガアルニモセヨ、僅ニ一二ノ人ニ關係ヲ持ッタト云フコトハ、此文章中ニ明ニ示シテアルトセヌケレバナリマセヌ「尾崎行雄君ガ先キニ多數ノ人ニ關係ヲ持ッテ居ルト云フコトヲ口ニハ言レタケレドモ、此上奏案ヲ以テ見ルナラバ、縱令アルトモ僅ニ一二ノ人ニ關係ヲ持ッテ居ルト云フコトヲ書イテ居ルト致サヌケレバナリマセヌ、シテ見ルナラバヂヤ、其疑ガ僅ニ一二ノ人ニ係ッテ居ル、其一二ノ人ニ依ッテ國論ニ反對スル彼ノ地租增徴案ガ通過シタト云フコトハ何事デアルカ、吾々ハ決シテ左樣ナコトニ信用ハ置キマセヌ、當時地租增徴案ハ如何ナル狀況ノ中ニ通過シタモノデアルカト云フコトヲ、諸君ハ御承知デアルデアラウ、私ハ速記錄ヲ調ベテ見マスルニ、彼ノ田畑地價修正案ト云フモノガ、百二十五ニ對スル百六十六ノ大多數ヲ以テ二讀會ヲ通過致シテ居ルノデアル、又地租增徴案ハ百三十四ニ對スル百六十一ノ大多數ヲ以テ通過シ、其確定議ハ十五ニ對スル百五十五ノ大多數ヲ以テ通過致シテ居ルノデアナイカ（「ソレハ證據ニナラヌ」ト呼ヒ又「ソンナ冗談言ッテモ仕方ガナイ」ト呼フ者アリ）然レバ縱令一二ノ人ガ私曲ニ依ッテ政府ト私約ノ上ニ地租增徴案ニ贊成シタトシテ見テモヂヤ、其關係ハ抑々小ナルモノデアルト云フコトハ、御分リニナラヌケレバナラヌ、決シテ右ノ一二ノ人ガ自己ノ關係ヨリ地租增徴案ニ贊成ヲシテ見タニモセヨ、此議場ノ神聖ヲ瀆シ能ハザリシコトハ疑ヒナイト私ハ考ヘルノデアリマス、何ニ依ッテ國論ニ反對スル地租增徴案ガ、私曲ニ依ッテ通過ヲ致シタト云ハルルノデアルカ、決シテ私ハ其趣意ノアル所ヲ了解ヲ致サナイノデアル、或人ハ

例ノ歳出ハ歳出ナリ歳入ハ歳入ナリト云フ如キ口調ヲ以テ、議院ハ議院ナリ、國論ハ國論ナリト云フ人ガアルカモ知レナイ（拍手スル者アリ）果シテ議院デハ大多數ヲ占メマシテモ、若シモ國論ガ之ニ反對ヲ致スト云フコトデアルナラバ、吾々モ輿論ヲ採ルト云フコトハ決シテ諸君ノ後ヘニ落チナイ積デアルノヂヤカラ、或ハ同感ヲ表スルデアリマセウ、然レドモ決シテ輿論ガ地租增徵ニ反對ト私ハ信ゼヌノデアル（「ヒヤ〳〵」ト呼フ者アリ）進歩派諸君ガ地方ニ周遊ヲサレテ、或ハ慫慂的ニ、或ハ煽動的ニ、將タ又脅迫的ニ、減租同盟論者ヲ募ラレタ、ドレダケノ加入者ガアッタカト云ヘバ、僅ニ田舍ノ隅ニ於テ此内外ノ形勢ヲ辨ヘズ、國家ノ公益ヲ顧ミザル僅々ノ愚民共ガ同意ヲ致シタト云フニ過ギマスマイ（拍手スル者アリ）此狀況ハ進歩派諸君ガ親シク地方ニ於テ實見ヲサレテ居ル所デハゴザイマセヌカ、シテ見レバ國論ガ反對スルト云フコトハ、何ニ依ッテ諸君ハ證據ヲ立テラレルノデアル、私ハ是レ亦一向了解ヲ致サヌノデアル、國論ガ反對スル抔ト云フコトハ、少シドウモ法螺ニ過ギルデアラウ、斯ノ如ク事實ノナキコトヲ構造ヲ致シ、大法螺ヲ吹イテ畏レ多クモ　陛下ニ上奏ヲスルナドト云フコトニ至ッテハ、臣民ノ分トシテ大不敬デハゴザイマセヌカ（拍手）（「其心ガアリマスカアナタハ」ト呼フ者アリ）又本員ハ決シテ信ヲ置クノデハナイガ、此地租增徵ノ當時ニ於テ成程小山田信藏ナル此姓名ヲ耳ニシタコトハアルノデアル、而シテ此人ガ運動ヲ致シタ其運動ハ、専ラ進歩派ニ向ッテ働掛ケタト云フコトハ聞イテ居ルノデアル（「ヒヤ〳〵」「ノウ〳〵」ノ聲起ル）進歩派ニ向ッテ働掛ケタト云フコトハ聞イテ居リマス、若シモ此暗中ニアル所ノ事實顯著ナリト云フコトガ、果シテ其當ヲ得タルモノトスルナラバ、進歩派ニ於ケル所ノ事實ハ倚ホ最モ顯著ナルモノデアル（拍手スル者アリ）然レドモ私ハ是ハ例ノ流傳巷説ニ過ギヌシテ、決シテ此事ガアッタモノトモ信用致サヌガ——致シテ居ナカッタガ、先刻尾崎君ガ彼ノ小山久之助氏ノ證據ヲ擧ゲラレタニ附イテハ甚ダ恐入ッタコトデ、矢張小山田信藏ノ進歩派ニ對シテ働掛ケタコトガ、大ニ其效用ヲ奏シタト云フコトヲ始テ承知ヲ致シタノデアリマスル、又私ハ此現政府ト云ハズ、前政府ト云ハズ、將タ又松方大隈ノ政府トモ云ハヌノデアル、何レノ政府ノ下ニ於テモ醜聞惡評續々ト出デヽ、如何ニモ局外者ノ身ニナッテ見レバ、斯ノ如ク政治社會ガ腐敗ヲシタモノカト、轉タ慨嘆ヲ惹起サシムルコトガ幾十百回ナルヲ知ラヌノデアル（「現内閣殊ニ然リ」ト呼フ者アリ）然レドモ畢竟スルニ我國ノ近時ノ風俗ニ於テハ、善ヲ蔽ウテ惡ヲ擧グル傾向ガアルノミナラズ、己ヲ正サズシテ單ニ人ヲ責ムルノ惡德ガ存シテ居ルト云フコトヲ知ランケレバナリマセヌ（拍手）若シモ此風ヲシテ愈々增長セシメルトキニナリマシタナラバ、恰モ彼ノ支那又ハ朝鮮ノ如クニ各政治家ノ間ニ於テ大ニ嫉妬ノ念ヲ挾ヘ、遂ニハ骨肉相食ヒ戀サンケレバ飽カナイト云フコトニナルカモ知レヌト私ハ恐ルヽノデアル（「進歩派ノ懲罰問題ノ如キ是ナリ」ト呼フ者アリ）大ニ是ハ政府ト議員ト其他ノ人トヲ問ハズ、國民トシテハ最モ注意ヲ致サナケレバナルマイト考ヘル（「然リ」ト呼フ者アリ）諸君、人ヲ責メント欲スレバ、先ヅ己ヲ正セ、諸君ガ此點ニ聊カ御注意ガアッタナラバヂヤ、此上奏案中ノ趣意タル國ノ風俗ノ頽廢ヲ挽回スルト云フコトハ、卽チ諸君ガ反省ヲセラルヽノガ第一ノ上策デアラウト思フ（拍手起ル）何ヲ苦ンデ　陛下ニ上奏ヲサレルノデアルカ、畏レ多イコトナガラ此立憲政體ハ　陛下ノ優渥ナル聖意ヲ以テ立テサセラレタルモノデアル、而シテ益々此國務ヲ改善セント思召サレタデアラウガ、偖此議會ガ立ツヤ如何ニモ議員貴賤ト云フガ如キコトガ、此時代ニ現レルコトニナッタナラバ　陛下ノ思召ハドウデアラウカ、立憲政體モ是マデヽアラウト云フ思召デハナイカト私ハ大ニ考ヘルノデアル、大ニ是ハ吾々ガ注意ヲセヌケレバナラヌコトデアラウト考ヘルノヂヤカラ、斯ノ如キ荒唐無稽ノコトヲ以テ上奏ヲ致ス抔ト云フコトニ至ッテハ、倚ホ最モ是ハ愼マナケレバナラヌ筈ト考ヘマスル、次ハ選擧干渉ノコトデアルガヂヤ、此選擧干渉ノコトニ就イテハ最モ荒唐無稽ノ甚シキモノト私ハ思フ、是亦先ニ總理大臣及内務次官ガ辯明セラレタル所ニ依ッテ明々白々デアル、先頃岡山縣ノ名擧アル代議士竹内正志君ガ質問ヲ起ストキニ當ッテ、「質問演説ヲサレタ、其事ヲ聽イテ見レバ佐賀縣或ハ靜岡縣ノコトヲ色々擧ゲラレマシタガ、諸君全ク是ハ事實ノ相違デアル、我佐賀縣ノ如キハ私モ兼々承知ヲ致シテ居ルノデアル、岡山カラ佐賀ノコトハ分ラヌデアラウ、竹内君抔ハ佐賀ヲ見ルノ望遠鏡ハ御持ナサレヌデアラウト思フ、佐賀縣ノ一ノ例ヲ擧ゲテ見マスレバ、曩ニ進歩派ノ地方官ガ居タ頃、即チ十五年以來竹内正志君ガ言レタヤウナコトハ、彼等ガ現ニ行ウタルコトニシテ、今日ニアッテハ左樣ナコトハ一ツモナイノデアル、併ナガラ是等ノコトニ至ッテハ、地方ニ於テ恰モ蝸牛角上ノ爭デアリマスカラ、私ハ是ニ就イテ多辯ハ費サヌ積デアル（「辯ズルコトガ出來ヌデアラウ」、心ニ耻ヂテ」又「自分ガヤッタンダモノ」「ノウ〳〵」ト呼フ者アリ）唯子供ガ喧嘩ヲシテ負ケタヤツガ泣言ヲ言フト思フテ居タナラバ、ソレデ澤山デアラウト私ハ考ヘマスル（拍手起ル）倚ホ茲ニ一言ヲ加ヘタイノデアルガ、諸君ハ常ニ議院制度ト云フコトヲ申シテ居ラレルデアリマセウ、議院制度ハ吾々モ好ム所デアル、然ルニ此議院制度ニ於テハ政府ヲ攻擊シ議員ヲ戒飭スルニハ相當ノ方略ト云フモノガアルモノデアル、縱令今日ニ於テハ其相當ノ方略ヲ採ッテ其效ヲ奏セザルト雖モ、此風習ヲ養成セヌケレバナラヌト云フコトハ、諸君ト共ニ吾々ガ常々希望シテ居ル所デアル、動モスレバ上奏抔ト云フコトニ至ッテハ、議院制度ノ大體ニ反クモノト私ハ考ヘマスル（「ノウ〳〵」ト呼フ者アリ）上況ヤ根據ナキ（「ノウ〳〵」ト呼フ者アリ）何モ根據ノナイコトヲ以テ之ヲ上聞ニ達レ　陛下乙夜ノ覽ニ供スル抔ト云フコトニ至ッテハ、甚ダ以テ是ハ相濟マヌコトデアルト思ヒマスカラ、私ハ茲ニ反對ノ意見ヲ述ベテ諸君ノ贊成ヲ求ムルノデアリマス（拍手起ル）

明治三十三年一月二十二日　議長ノ報告

自家用醬油稅法案
提出者　西谷金藏君

外交ニ關スル質問書
右成規ニ據リ提出候也
明治三十三年一月二十二日
提出者　大石正己
贊成者　尾崎行雄
外七十二名

左ノ質問書ハ朗讀ヲ經サルモ參照ノタメ茲ニ掲載ス

外交ニ關スル質問主意書

一、英、露、獨、佛、伊、白ノ諸國ハ清國ノ運輸交通ヲ利便ニシ文明ニ誘導シ富源ヲ開發シ且均勢ヲ維持センカ爲メ數年前ヨリ爭フテ鐵道敷設權ヲ清國ニ得タリ政府ハ清國ニ於ケル鐵道敷設權ヲ得ンカ爲メ如何ナル交渉協議ヲ爲シタル乎將タ又其必要ヲ認メサル乎

一、清國鑛物ニ富ミ無盡藏ノ稱アルモ其民文明ノ智識ニ乏シク徒ラニ土中ニ委棄サレテ文明ニ資セス歐米諸國ハ之ヲ遺憾トシテ夙ニ鑛山採掘ヲ權得タルモノ尠ナカラス清國ノ鑛山採掘ハ彼我ニ莫大ノ利益アルハ辯ヲ俟タス政府ハ清國ノ未採掘鑛山調査ニ如何ナル方法手續ヲ盡シタル乎又鑛山採掘權ヲ得ンカ爲メ清國政府ト協議ヲナシタル乎若シ爲シタリトセハ其顛末如何

一、明治二十九年九月二十七日清國杭州ニ於テ調印シ翌三十年五月二十五日外務省告示第六號ヲ以テ公布シタル杭州日本居留地取極書第四條ニ「居留地一切ノ橋梁、溝渠、埠頭、道路ハ清國地方官ニ於テ完固ニ建設スヘシ」ト規定シタリシカ三十年五月十三日調印ノ杭州日本居留地追加取極書ヲ以テ右ノ第四條ヲ削除シテ更ニ第二條ニ「居留地內總テノ道路橋梁溝渠碼頭及警察ノ權ハ日本領事官ノ管理トナス其道路橋梁溝渠碼頭ハ日本領事ヨリ法ヲ設ケ建築修理シ清國地方官ハ之ニ關渉スルコトナシ但界內設計道路ノ外若シ彼此人民水利交通ノ關係ニ因リ別ニ道路ヲ開設セントスルトキハ清國地方官ト協議ノ上取扱フヘシ」ト取極メタリ蘇州漢口福州厦門沙市等日本居留地取極書ニモ亦同一樣ノ規定アリ政府ハ右等專管居留地中確定後既ニ殆ント三年ヲ經過シタルモノアルニ今日マテ未タ何等ノ設備ヲ爲サヽル理由如何

一、明治二十九年十月十九日調印同年十月十日公布ノ日清議定書第一條ニ「新開通商市港場ニ日本專有ノ居留地ヲ置クコトヲ妥定シ道路管轄及地方警察ノ權ハ日本領事ニ專屬スルモノトス」ト規定セリ其後蘇州杭州沙市ノ新開場ニ日本專管居留地ヲ設定シナカラ獨リ重慶ノミニ未タ專管居留地ヲ取極メサルハ其必要ヲ認メサルニ由ルカ將タ又清國政府ト協議中ニ屬スルカ若シ協議中ナリトセハ何年何月何日ヨリ交渉ヲ開始シタル乎

一、明治二十七年八月二十日朝鮮京城ニ於テ調印シタル暫定合同條款ニ「將來朝鮮國ノ自由獨立ヲ鞏固ニシ且彼此ノ貿易ヲ獎勵シ以テ益〻兩國ノ親密ヲ圖ランカ爲メ茲ニ合同條款ヲ暫定ス」ト述ヘテ其第二項ニ「內政改革ノ節目中京釜兩地及京仁兩地間ニ建設スヘキ鐵道一事ハ朝鮮政府ニ於テ其財政未タ裕ナラサルヲ慮カリ日本政府若クハ日本ノ或會社ニ訂約シ時機ヲ見計ヒ起工セントヲ願フト雖モ目下委曲ノ節アリテ其運ヒニ及ヒ難シ依テ良法ヲ按出シ可成丈速ニ訂約起工ノ運ヒニ至ルヲ要ス」ト規定シ翌二十八年京釜鐵道會社ハ京釜間鐵道ヲ全成セントシテ外務省ニ出願セリ其後駐韓公使ノ力ニ依リ三十一年九月八日京釜鐵道會社ハ契約ノ日ヨリ三箇年以內ニ工事ニ著手セサル場合ニハ契約ヲ無效トストノ條件ヲ付シテ朝鮮政府ニ右敷設權ヲ得タリシカ近頃該鐵道會社ハ利子ノ補給ヲ出願セリト聞ク政府ハ利子ノ補給ヲ要セスト認ムル乎將タ又契約ノ日ヨリ三箇年ノ時日空過シテ敷設權ヲ失フモ朝鮮ノ自由獨立彼此貿易ノ發達兩國ノ親和ニ何等不利益ヲ來スコトナシト信スル乎
米人コールブラン及ヒ露獨ノ兩國ハ京城元山間鐵道敷設權ヲ得ントシテ競爭シタリシカ朝鮮政府ハ其敷設權ヲ國內鐵道用達會社ニ許可セリト聞ク當時政府ハ如何ナル措置ヲ爲セシ乎又其權利ヲ我國ニ收ムルノ必要ヲ認メサリシ乎將タ又其必要ヲ認メタルモ袖手傍觀シタリシ乎

一、昨年六月佛人某カ京城義州間鐵道敷設權ヲ他ニ轉賣セントシテ果サス遂ニ國內鐵道會社ノ權利ニ歸セリト聞ク當時政府ハ拱手シテ其成行ヲ傍觀シタル乎若シ然ラストセハ如何ナル方法手段ヲ講シタル乎

一、三十二年度豫算案ニ「露國オデッサハ近來彼我通商上ノ關係益〻頻繁ヲ加ヘ最早名譽領事ニ之カ保護ノ任ヲ委ネ置クヘキ時機ニアラサルヲ以テ之ヲ正式領事ニ改メ」云々ト稱シテ其費用ヲ各相當科目ニ豫算シテ要求シタリシカ第十三議會ハ右費用ヲ否決セリ然ルニ本邦トオデッサトノ通商ハ爾後益〻增進シ加之同港ヲ起點トスル露國東洋義勇艦隊ハ昨年ヨリ航海數ヲ倍シテ絕ヘス東洋ニ送兵セリ通商上政治上兩ツナカラ正式領事館設置ノ必要少シモ減退セサルニ關セス三十三年度豫算ニ右新設費用ヲ要求セサル理由如何

右及質問候也

○議長(片岡健吉君)　御異議ガナケレバ許スコトニ致シマス

○大石正已君(二百七十八番)　エー外交ニ對スル質問ノ辯明ヲ致シマスル、此質問ノ主眼トスル所ハ敢テ當局者ヲ攻撃シ駁難スルト云フ決シテ趣意デハアリマセヌ、寧ロ今日ノ場合ニ於テ、我外交ノ不振退縮ナルコトヲ遺憾ニ思ヒマスルノデ、一層當局者ノ奮發勉勵若クハ此外交ノ政略上大ニ反省ヲ促シタイト云フノ主眼デアリマスル、又凡ソ此外交問題ト云フモノハ、成ルベク黨派的感情ニ訴ヘテ是ハ爭ヒタクナイモノデアリマシテ、成ルタケ此各黨各派ノ區域ナク兎ニ角我外交ノ刷新ヲ圖ルト云フコトニ十分協力シテ其當局者ヲ助ケテヤラシタイモノデアル、固ヨリ此政治家ガ、各經綸ヲ持チ抱負ヲ持ッテ居ル政治家ガ、其局ニアラズンバ人ノ爲スコトハ氣ニ入ラヌノハ、無論デアルケレドモ、此國家ノ事タルヤ我手ニ此責任ヲ持ッテ居ラヌカラ、ドウデモ宜イト云フ譯ニハ往カナイ、十分デナイデモ成ルタケ之ヲ助ケテ我國家ノ進運ヲ圖ルト云フコトニハ爲シタイモノデアリマスル、ソレデ縱令其局ニアラザルモ、多少主義ガ違ヒ政略ガ違ッテモ、成リタケ國家ノ進運上ニハ一歩モ進メテ往キタイト云フノ考デアル、ソレデ私ノ質問ノ主眼ハ固ヨリ政略上違フ所ハ致方ガアリマセヌケレドモ、成ルタケ此局ニ當ラレテ居ル人ヲ助ケテ、ドウカ今日ノ場合十分ニ手腕ヲ振ッテ貰ヒタイト云フ希望カラ質問ヲ致ス、中ニハ固ヨリ吾々國民ガ大ニ當局者ガ何ヲ爲シ居ルデアラウカト云フノ實際疑ヲ懷イテ居ル點ノ如キハ、又是レ質問ノ效力ニ依ッテ、大ニ世間ノ迷ヲ疑團ヲ散ラスト云フ效能モアリマセウ、ソレデ此質問書ヲ出スト云フモノモ、成ルベクハ外交上ノコトヲ質問ヲ避ケタイノデアリマスルガ、然ルニ此吾々國民ノ代表者タル代議士トシテハ、今日ノ場合已ムコトヲ得ヌ、質問セザルヲ得ヌ場合ニ立至ッテ居ル、是ハ此國會ノ代議士ト云フモノガ、隨分此開設以來我代議士諸君ノ御勉勵ニ依ッテ餘程進デ來マシタケレドモ、又一面ヨリ見レバ此代議士ノ職責上トシテハ、甚ダ遺憾ナ點ガアル、固ヨリ此法律規則等ノ區々タル章句ノ間ニ拘泥シテ、固ヨリ是ハ法律規則ノ區々タル間ニモ盡力センナラヌケレドモ、重ニ國民ガ代議士ニ待設クルモノガ、主トシテ何デアル、此高等ノ知識ヲ働カシテ、國家ノ大計上ニ十分著眼シテ貰ヒタイト云フノガ、國民ノ代議士ニ待設クル最モ主點デアル、然レバ今日ノ場合我日本國ニ於テ如何ナル問題ガ一番大切デアルカト云フコトヲ少シク考ヘテ見タナラバ「此今日ノ場合色々内政上大切ナ問題モアリマスケレドモ、凡ソ此外交ヨリ大切ナ問題ハ、差迫ッテアリハシナイ此外交ノ點ニ於テモ如何ニモ私ガ唯コヽデ想像ヲシテ云フノデナイ、我國民ト云フモノガ、近來如何ニモ意氣地ガナイ、如何ニモ不振退縮、是デハ往ケナイト云フコトハ、幾ド我國此今日ノ與論デアル、ソレデ此外交上ノ問題ニ對シテ、此國民ノ遺憾ニ思ウテ居ル點ト云フモノハ、ドウシテモ是ハ十分當局者ニ反省シテ貰ハニヤナラヌ點ガ種々アル、固ヨリ事實ヲ擧ゲテ御話ヲ段々致シマス、ソレデ此吾々ガ此内閣ヲ組織スル初ニ當ッテハ、餘程此内閣デハ十分ノ經綸モアリ、十分ナ手腕ヲ振ハルヽデアラウト思ウタ、ト申スモノハ此内閣ノ起ルトキニ當ッテハ、固ヨリ此今日ノ内閣諸公ハ自ラ政黨ノ勢力ヲ持ッテ居ル御方々デハナイ、自ラ恃ム力ハナクシテ、自由黨ノ重ニ勢力ト云フモノヲ借用シテ作ラレタルモノデアル、自由黨ナルモノハ固ヨリ種々名士ニ富ンデ居ラレル、種々ナ經綸ヲ抱カレタ豪傑ガ澤山アッテ、固ヨリ自ラ内閣ヲ組織シテヤルト云フ抱負ノアルト云フ人ガ澤山充滿シテ居ル、澤山充滿シテ居ルニモ拘ラズ此勢力ヲ貸シテ内閣ヲ作ラセテサウシテ國家ノタメニ働カセヤウト云フ此自由黨ハ、一面カラ見レバ誠ニ是ハ雅量ノアル大度量ノアル御方々デアル、其又勢力ヲ借用シテ内閣ヲ組織スルト云フ内閣諸公ハ、如何ニモ大經綸ヲ持ッテ大手腕ヲ振ハルヽ御方々デアラウト待設ケタノデアル、何トナレバ已ノ勢力ガナクテモ尙ホ人ノ勢力ヲ藉リテマデヤッテ見ルト云フコトニ於テ、此内閣ト云フモノハ非常ニ國家ニ對スル經綸ヲ持ッテ居ラレ、十分内政外政ニ成績ヲ擧ゲラルヽト待設ケタノデアルガ、既ニ一年有餘ヲ經タ今日ニ至ッテモ、他ノ力ヲ借用シテマデヤランナラヌト云フ内閣諸公ガ、一向ニ其成績ヲ御見セナサラヌ、吾々モ沈默シテ待設ケテ居ッタ其望ト云フモノハ、全ク失望ノ結果ニ終ルヤウニナッタ、果シテ此自由黨ノ御方々モ遺憾ニ思ハルヽデアラウ、折角力ヲ貸シテマデヤラシテ見タガ、一向成績ガ擧ラヌト云フコトハ、如何ニモ殘念ニ感ゼラルヽデアラウト御察シ申スノデアル、殊ニ此外政ニ於テ然リ、ソレデ此國家ノ代表者トシテ、又國民トシテ、今日如何ニモ質問ノ矢ヲ放ッテ一應其御意見モ伺ッテ見ンナラヌ、又吾々ノ迷モ散ジンケレバナラヌト云フ場合ニ立至ッタモノハ、何デアル、即チ外政ノ怠慢、外交上ノ怠慢、モウ一ツ云ヘバ即チ外交上ノ所謂退縮、外交政略ノ退縮、之ヲ攫デ其事實ニ附イテ申シマスレバ、詰リ言換ヘテ見レバ、此朝鮮ニ對シテ、支那ニ對スル、我政治上ノ勢力ト云フモノハ、衰微シテ居ル、衰微シツヽアル、尙ホ今日大ニ此我國家ニ對シテハ、危險ヲ感ズルト言ハザルヲ得ヌ、又此貿易、我國ノ貿易ノ利益線ト云フモノガ、今日既ニ退縮シテ居ル、尙ホ且將來モ退縮スルノ甚シキ危險ガアルト云フコトヲ申スノデアル、是ハ唯攫デ申シタ所デアルガ、俗之ヲ事實ニ就イテ我當局者ガ外交ノ怠慢不振不能無爲ト云フモノヨリ來ル所ノ我國ノ受ケル所ノ損害ト云フモノヲ之ヲ一面ニハ此大勢上カラ私ハ申上ゲヤウト思フ、又一面ニハ事實上ノ細目ニ涉ッテ其事實ヲ擧ゲテ申上ゲル積デアル、先ヅ此凡ソ國家ノ勢力、政治上ノ權力トカ、或ハ貿易ノ利益線トカ、斯ウ云フモノハチヨット申スト無形ナモノデ、甚ダ採リ所ガナイ、是ガ衰ヘルトカ、盛ニナッタトカ云フ場合ト云フモノハ、有形物、物ノ寸尺ヲ取ルヤウニ、又物ノ輕重ヲ計ルヤウナ譯ニハイカナイケレドモ、詰リ大勢上カラ論ジ砕イテ、形勢境遇ト云フモノヲ申上ゲンケレバ、衰ヘテ居ルカ盛ニナッテ居ルカチヨット試ニ攫ミ惡クイ話デアル、ケレドモ確ニ日本ガ唯今朝鮮支那ニ對スル勢力ト云フモノハ衰ヘツヽアル、是ハ先ヅ大勢上ヨリ申シマスレバ、此日本ガ唯無爲デアル間ニ、外國モ皆無爲デアレバ宜シイ、決シテ日本ガ無爲デ居ルカラ外國モ遠慮シテ無爲デ居ルト云フ譯デナイ、著々外國ハ手ヲ伸バシ勢力ヲ張リ權力ヲ增シテ來テ居ル間ニ、日本ガ無爲デアルト云フコトハ、日本ノ國ガ愈々比較的ニ退縮シテ、愈々危險ヲ感ジナケレバナラヌ、ソレデ第一朝鮮ニ附キ、又支那ニ附キ、區々別々ニ申上ゲマスルガ、一體此露西亞ガ今日ハ西伯利亞ノ鐵道ガ貫通スル最早期モ接近シテ居ル、又滿洲鐵道ト云フモノモ落成スルデアラウ、又此旅順口大連灣ニ於ケル兵備軍港ト云フモノハ、十分是ガ完成ヲ告グル日遠キニアラズ、此日ニハドウデアル、此北淸ノ地、支那ノ北方ノ部分ト朝鮮半島ト云フモノハ、如何ナル運命ニ遭遇スルカト云フコトヲ考ヘレバ、大勢上分ル、無論此準備ガ完成シタ曉ニハ、此朝鮮半島支那ノ北部ト云フモノハ、此閉門主義ノ或ル强大國ノ管轄ニ歸スルト云フコトハ、論ヲ俟タヌ、是ハ詰リ今日ノ外交當局者ノ過デアルト云フコトハ、私ハ言ハヌ、ソラ外國ガ兵力ヲ張リ、段々鐵道ヲ架ケ、駸々トシテ其勢力ヲ延シテ來ルト云フコトハ是ハ外國ノ仕事デアル、然ルニ其外國ガ勢力ヲ張リ、權力ヲ延ストスト云フトキニ、ソレニ對等スルダケノ勢力ヲ延シ、此準備ヲスル必要ガアル、ソレヲ怠レバ當局者ノ責ヲ免レヌ、又此政治家ト云フ者ガ、必ズ直接ニ過ヲシ、直接ニ惡ルイコトサヘシナケレバ、政治家ノ責ガ塞ガレルカト云フト、決シテサウデナイ、政治家ハ國家ノ水先案內デ、國家ノ大勢ヲ觀察シテ國ノ利害、將來竝ニ現在ニ於ケル利害得失ヲ計較レテ、此大計ヲ誤ラセヌト云フ責任ガアル、故ニ此政治家ノ責任ハ、必ズ進デ惡ルイコトヲシナクテモ、此境遇ニ應ジ、新規ナル出來事、必要ニ應ジタル施設ヲ怠ルトキニハ、卽チ是ハ大責任ヲ失フコトデアル、卽チ此前ニ申上ゲタ如クニ、我强大鄰國ガ段々ト準備ヲシテ來レバ、之ニ對抗スルノ準備ヲセンナラヌト云フコトハ、是ハ明ナ道理デアル、又我日本ガ兵ヲ出シテ、明治二十七八年ニ此朝鮮ノタメニ戰マデシタノハ、如何ナルモノデアル、卽チ此朝鮮ト云フモノハ、我貿易利益線ト云フモノヲ保護シ、又我政治上ノ勢力ヲ保ツ上ニ於テ、且ツ我邦ノ危險ヲ避ケルタメ、我將來國家ノ危險ヲ防禦スル上ニ於テ、必ズ朝鮮ヲ獨立サセテ置カナケレバナラヌカラ、始ッタノデアル、然ラバ此對韓ノ政策ト云フモノハ、方針ハ暗々裏ニ極ッタノデアル、事實ノ上ニ於テ、誰ガ極メタト云フコトハナイガ、事實ノ上ニ於テ斯ウセニャナラヌト云フコトハ極ッテ居ル、然ラバ此對韓ノ方針ト云フモノヲ此段々ニ內閣ガ變リ政府ガ變ジテモ、其方針ト云フモノハ、ドウシテモ是ハ續ケテ遂行シテ往カナケレバナラヌ、此方針ヲ遂行シテ往カネバ、別ニソレナラ經綸ガアルカ、此日清戰爭ヲシタト云フトキノ精神ト、其方針ヲ遂行スルト云フ上ニ於テハ、益々此朝鮮半島ニ於ケル施設ハ怠ラレナイ、卽チ彼ニ對抗スルノ準備ト云フモノハ、著々シナケレバナラヌ、デ斯ウ申スト、露骨ニ申スト、或ハ「アグレーブル」外交上ニソレハ憚リガアルトカ何トカ云フヤウナ、下ラナイ夢ヲ見テ、日本ノ人ガ動モスレバ外交上ノ祕密デナイコトマデモ祕密ニシ、恐ルヽニ足ラヌコトヲ恐ルヽノデ、決シテ祕密デナイ恐ルヽニ足ラヌ、何トナレバ此國ト云フモノガ國交上ニ於テハ、固ヨリ御前ノ國ヲ攻メニ行クト云フ人ハナイ、固ヨリ心持ノ宜イヤウナ御交際ヲシテ居ルガ、各〻共國ニ於テ兵備ヲ擴張スルハ何デアル、詰リ事アレバ戰フ、又我國ノ利益ヲ保護スルタメニ必要デアルト云フノ此名目ノ下ニ各〻準備ヲシテ居ル、此對韓對淸ノ方針ヨリシテ、遂ニ此我利益線ヲ保護スルタメニハ、此朝鮮或ハ支那ニ於ケルドウレテモ鐵道或ハ此鑛山ノ採掘ト云フヤウナモノハ、是ハドウシテモ我國ノ進デ得ラルヽダケノ準備ハシテ置カナケレバナラヌ、卽チ此明治三十一年ニ京釜鐵道ト云フモノヲ日本ノ政府ノ力ニ依ッテ、周旋ニ依ッテ之ヲ我國ノ手ニ收メタト云フモノハ、如何ナル趣意デアッタカ、共明文ニモアル通、朝鮮ノ自由獨立ヲ鞏固ニシ、ドウカ貿易ヲ奬勵スルタメニ、是ハ必要デアルト云フノ趣意ニ依ッテ、此京釜鐵道ト云フモノハ、我國ノ手ニ收メテ居ル、此例ヘバ（「京釜鐵道ノ看板ヲ撤シテ質問ニ掛ルベシ」ト呼フ者アリ）此京釜鐵道ト云フモノヲ我國ニ收メタトキノ趣意ト云フモノハ、ドウシテモ是ハ今日ニ於テ共趣意ヲ拋棄シテシマッタト云フコトヲ內閣ガ言ハレルカ、此趣意ト云フモノヲ何處マデモ之ヲ遂行センナラヌト言ハルヽカ、是ハ內閣諸公ノ今日ノ御決心ヲ承リタイ、固ヨリ是ハ私設會社ニ條約シテ渡シタモノデアルト言ハルヽモ、詰リ此京釜鐵道ト云フモノハ、一種ノ不言ノ間ニ政略上ノ意味モ包蓄レテ居ル、又一般ノ國家ノ貿易利益線ヲ擴張スルト云フ大趣意カラ起キテ居ルモノデアレバ、無論是ハ著々之ヲ落成ニ至ラシムル所ノ處斷ヲシナケレバナラヌ、然ルニ此京釜鐵道ト云フモノヲ日本ノ手ニ收メタルハ、明治三十一年ニシテ、今日如何ナルモノガ竣功ヲ見テ居ルカ、デ此對韓ノ我政策ト云フモノヲ變ジタト云フナラバ、變ジタコトヲ承リタレ、又變ゼヌトスレバ、斯ノ如キ重要ナル問題ヲ等閑ニ附シ去ルト云フノハ、如何ナル譯デアルカ、デ是ハ既ニ既約ノ權デアル、又我國ノ隨分體面ニモ關スル、固ヨリ我國ノ利益ヲ保護スル上ニ於テハ、最モ必要デアル、之ヲ若シ日本ガ此京釜鐵道ノ竣功ヲ十分ニ圖ラズシテ、或ハ是ハ期限モアルモノデ、其期限ガ來リ、其條約ガ無效ニ歸スルト云フコトニナレバ、固ヨリ氣ヲ附ケテ行ッテ居ル國ガ幾ラモアル、是ガ若シ我國以外ノ强國ノ手ニ京釜鐵道ガ落チテ、釜山マデヅット京城カラ鐵道ヲ敷イテ、是ニ據ルト云フモノガアッタトキニハ、日本ノ是ニ對スル覺悟ハ如何デアルカ、容易ナラヌ問題ヲ等閑ニ附シテ居ルト云フコトハ、卽チ外交上最モ我國ノ怠慢ト言ハザルヲ得ヌ、唯是ガ普通割合ノ一個人ノ資格ヲ以テ一個人ノ間ニ此鐵道ノ權ヲ取ッタト云フ譯デハナイ、又モウ一ツ進デ言ヘバ、此京釜鐵道ニ關セズ、朝鮮ニ於ケル大切ナ鐵道線路ハ、延バセルダケノ手ヲ延シテ置クハ、ドウシテモ必要デ、隨分間接ニ承レバ、此京義鐵道京元鐵道ノ如キモ、昨年アタリ十分ニ我國カラ手ヲ延セバ其好機會ハ向フカラ投ジテ來タト云フコトヲ承ッテ居ル、然ルニ何等ノ交涉ヲシタト云フヲ承ラナイ、最モアルナラバ其交涉ヲシタコトヲ答辯ニ預リタイ、固ヨリ此鑛山ノ採掘權抔ト云フコトハ、或ル一種ノ俗論ガ世間ニ流行シテ居ル、サウ云フモノヲ取ッタ所ガ仕方ガナイ、ヤラヌケレバ仕方ガナイヂヤナイカト云フヤウナ、直チニ此算盤上ノ議論ヲスル人ガ世ノ中ニアリマスケレドモ、是ハ大ナル間違デアル、此凡ソ國家ノ權力ヲ維持シ、其位地勢力ト云フモノヲ擴張スル上ニ於テハ、直チニ利益ニナラヌコトデモ、直チニ著手シナイコトデモ、是ハドウシテモ權力ノ平均上釣合上取ッテ置クト云フ必要ガアリ、又國ノ勢力ニモ威力ニモ關スル此鐵道トカ或ハ鑛山採掘ノ權トカ云フヤウナモノハ、今日列國ガ取リ居ルモノヲ見テモ、如直チニ著手スルモノモアレバ、著手ハセヌガ、取ッテ置クト云フモノモアル、如何ニモ共通リ、詰リ權力ノ平衡上、勢力維持ノ對抗上、此ノ如キモノハ一種ノ眼ヲ以テ見ル必要ガアル、直グニ玆デ權力ヲ取ッタカラ、ソレヲ利益線ニ用ヒテ直グニ鐵道モ架ケル、直チニ鑛山モ採掘スルト云フコトハナクテモ、取ルベキモノハ取ッテ置カナケレバナラヌ、是ヲセヌケレバ平衡ヲ失ッテ來ル、又權力ヲ取ルト云フコトガアッテ、段々實業上ノ人ガ後カラ進デ行クト云フコトガ起ッテ來ル權力ガナケレバ、ヤラウト云フ人ガアッテモヤレナイ譯デアル、所ガ朝鮮アタリニハ鑛山ニモ有望ナモノガ、調ベテ見レバ澤山アル筈デアル、ケレドモ是ニ就イテ交涉モ盡力モシタト云フコトハ承ラヌ、斯ノ如ク既ニ朝鮮ニ於ケル我國ノ勢力我國ノ利益線ト云フモノヲ抛棄シテシマッテアル、ソコデモウ一ツ是カラ支那ノ方ヘ目ヲ向ケテ見ルト、又其通リ、抑々此支那ニ於テ日本ガ福州不割讓ト云フコトハ、其後ヲ請求シタ時代ト今日ノ時代ト云フモノハ、如何ナル相違ヲ爲シテ居ルカト云フコトヲ見ルノニ、福州不割讓ヲヤルト云フトキニハ、列國爭フテ勢力ノ範圍ヲ擴張シタモノデアル、勢力ノ範圍ヲ爭フト云フ時代ハ即チ此不割讓ト云フ時代デアッタ、時勢ハ段々轉緩シテ段々進デ來テ無形ノ勢力ハ物ヲ爭フト云フトキカラ一歩進デ實力實權ヲ爭ソト云フ今日ハ形勢ニ立至ッテ居ル、ソレデ詰リ鐵道ノ敷設權鑛山ノ採掘權ト云フモノハ、利益線ニ這入ッテ居ル列國ガ──然ラバ我國ガ不割讓ヲ列國ト共ニ要求シタト云フ精神、其政略ト云フモノヲ遂行スルナラバ、段々モウ利益線ニ這入ッタケレドモ、共ニ列國ト同ジキ位置ヲ持ッテ居ラナケレバナラヌモノデアル、所ガ此列國ハ進ンデ利益實權ト云フモノヲ爭フ時代ニ、我國ハ昔ノ不割讓ノ間ノ夢ヲ見テ居ルト云フコトハ、是ハ既ニ外交ノ怠慢デアル（ヒヤ〳〵）斯ノ如ク申セバ、或ハ支那ヲ懷柔スルニハ、ドウモアノ國ノ歡心ヲ買ハンナラヌト云フ愚論ガアルカ知ラヌ、然ルニ凡ソ未開國ト云フモノニ接シテハ、先進國ガ之ヲ誘導シ警戒スル上ニ於テ、一々其國ノ機嫌ヲ窺フトカ、其國ノ極曚昧ナル所ノ感情ヲ迎ヘルト云フヤウナコトヲシテ居タ例ガナイ、成ル程一方ニハ隨分利益ヲ與ヘ、保護ヲ與ヘ、成ルベク可愛ガルコトハシナケレバナラヌガ、一面ニハ又我國ノ威嚴ヲ保チ、十分權力ノ權衡ヲ得ルト云フ上ニ於テ我國ガ進ンデヤッテ置カヌケレバ、遂ニ支那ヲ十分ニ輔佐スルト云フ仕事モ技倆モ出來ナクナッテシマフノデアル、列國ガ今日皆我國ノ如クニ不割讓ノ程度ニ安ジテ、手ヲ出サヌ時代ナラバ宜シイケレドモ、彼ガ進デ要地要港ヲ占メ、而シテ支那ノ死命ヲ制シテ居ル時代ニ、我權力ノ平衡ヲ取ッテ居ラヌトキニハ、他日事アルトキニ助ケルニモ助ケラレヌ、決シテ手足ガ出ナイコトニナル、必ズ權力ノ平衡ヲ保ツ上ニ於テ斯ノ如キコトハ、十分必要ナコトデアル、又斯ク申セバ或ハ無暗ニ人ノ國ニ手ヲ著ケルコトガ出來ヌト云フ考ガアル、固ヨリ左樣デアル、然ルニ我國ニ於テモ厦門事件ノ如キ、隨分彼ノ暴動ヲ被リ、損害ヲ受ケタコトモアル、幾ラモ其方針ヲ極メテ其傾向ニ働カンナラヌト云フ考ガアル以上ハ、幾ラモ適當ナ名義ノ下ニ無理ナコトヲセズシテ、其間ニ働ケル手段方法ハ、幾ラモアッタノデアル、デ固ヨリ此手心ハ當局者ノ其時ノ場合ニ依ルコトデ、強チ申スコトデナイケレドモ、然ルニ早ヤ一例ガ斯ウ云フ支那ノ如キ未開ノ有樣デアッテ、隨分政府ノ爲ス所、人民ノ向フ所ガ、チグハグシテ往クト云フ場合ニハ、支那ノ國ノタメニモ我十分ナ勢力ヲ占メ、地歩ヲ占メ、取締上働キマスコトハ十分權力ヲ張出シテ置クコトヲシナケレバ、口實ヲ得ルコトモ出來ヌ、先日ノ如キ暴動ガ再發シテ、之ヲ防グコトガ出來ヌ、既ニ今日ノ新聞ニモ厦門ニ無暗ニ亂暴狼藉ニ遭ウテ居ル者ガアル、強チ決シテ機會ガナイデモ、名義ガナイデモ宜イ、又我敢テ口實ヲ作ッテ云キスルノデハナイ、隨分今日列國ノ有樣ヲ見レバ、殊更ニ口實ヲ作リ、又隨分無理ニ強奪ヲスルガ如キ擧動ナキニアラザレドモ、我國ノ如キ決シテサウ云フコトヲシヤウト申スノデハナイ、ソレ故ニ支那ニ於ケル勢力ヲ十分ナル權衡ヲ取ッテ往クト云フ點ニ注意スレバ宜イ、今日ノ如キ有樣デハ到底往カナイ、所ガ此支那ニ於テハ福州不割讓ヲ請求シテ以來、何ノ外交上ノ勢力ヲ得テ居ラヌノミナラズ、却テ比較的我勢力ガ滅ゼラレ、我利益線ガ段々減縮サレル感ガアル、所ガ顧ミテ支那ノ我國ニ對スル政治上兵事上ニ於テ大切ナモノハ、先ヅ俗措イテ、單ニ貿易ノ利益上カラ見テ、凡ソ支那程大切ナモノハナイ、是ハ隨分世間誰デモ知ッテ居ル話デアリマスケレドモ、事實統計ニ就イテ見テ、如何ニモ驚クベク日清貿易ト云フモノハ進歩シテ居ルコトハ、是ハ政府ガ助ケテ進歩シタトハ云ヘヌ、自然的ニ日清貿易ガ非常ナ進歩ヲシテ居ル、若シ我當局者ニシテ當然ノ職責ヲ盡シタナラバ、此幾倍モ進ダニ相違ナイト思フ感ガアル、即チ明治十四年五年頃ニ當ッテ、日清貿易ノ有樣ヲ見レバ、一千三百万圓若クハ一千四百万圓ノ間ニ居ッテ、三十一年ノ統計ハ即チ六千万──殆ド六千万ヲ示シテ居ル、今日ハマダ是ヨリ進ンデ居ルニ相違ナイ、之ヲ見テモ此支那ト日本ノ貿易ノ如ク進歩ヲシテ増加スルモノハナイ、先ヅ五割弱四割強ト云フ有樣デアル、所ガ日本ガ此歐米各國ト日本トノ間ノ貿易ノ有樣ガ斯ノ如ク進ダモノガ何處ニアル、決シテアリハシナイ、是カラ此勢デ往クナラバ、若クハ五六年或ハ七八年ノ後ノ支那ト日本トノ貿易ハ世界中ヲ相手ニスル貿易ト殆ド匹敵スルマデニナルカ知ラヌ、此勢デ云ヘバ、三億万四億万ト云フ金ニ、必ズ近イ間ニ日清貿易ハ進ンデ來ル、然ラバ日本ノ將來ノ經濟上ノ消長、日本ノ國運ノ盛衰ト云フモノハ即チ支那ノ市場ト云フコトニナル、然ラバ無論對清ノ方針ト云フモノハ、開明主義ヨリ外仕方ガナイ、ドウレテモ支那ノ市場ト云フモノヲ日本ニ十分ニ開カシテ、サウシテ此支那市場ヲ日本ガドレダケマデ之ヲ支那市場ニ我貿易線ヲ擴張シテ往クカト云フコトデアル、然ラバ貿易ノ一點カラ見テ、支那ノ方ハ凡ソ我國ニ大切ナ關係ヲ持ッテ居ルモノナノデ、其支那ニ對スル施設上當局者ガ何ヲ爲シテ居ル、ドレ程盡力ヲシテ居ルカト云フコトヲ伺ッテ見ルニ、決シテ此當局者ハ國民ニ滿足ヲ與ヘルダケノ仕事ハシテ居ナイ、シテ居ナイ所デナイ、スルコトモ怠ッテ居ルト云フ形跡ガアル、即チ此居留地──專管居留地ノ如キドウデアル、專管居留地ノ如キハ、此間モ外務大臣ハ本院ノニ演説ニモナリ、貴族院デモ答辯ヲ言ハレタト云フコトヲ仄ニ承ルガ、如何ニ政府ガ働イテモ、人民ガ意氣地ガナクシテ仕方ガナイ、草茫々仕方ガナイ、取ッテヤッテモ仕方ガナイト云フ語氣ヲ往々發セラレテ居ルヤウニ見受ケル、然ルニ是ハ大ナル問違デアル、專管居留地ト云フモノガ、十分ニ利用ノ出來ルベキモノヲ利用シナイト云フ過チハ、何レニアルカト云ヘバ、當局者ニアル、ソレハ何デアル即チ專管居留地ト云フモノヲ我國ニ得ルモトキノ條約文ヲ見テモ明ニアル、ソレハ道路橋梁溝渠ト云フモノハ、領事館ニ於テ之ヲ敷設スルト云フコトガアル、必ズ領事館ガシナクテモ我輩ハ宜カラウト思フ、然ルニ此道路橋梁溝渠ト云フヤウナモノハ、公共ノコトデアッテ、人民ガ一己デスルコトハ出來ナイ、是ダケノコトハ政府ガスルノハ當然ノコトデ、其時ノ條約文ニ書イテアル通、政府ガシナイカラデアル、金ガ要ル、固ヨリ金ハ要ル、要ル金ナラバ使フガ宜シイ、ソレ程ノ大金ガ要ルカト云ヘバ、サウデナイ、五六十万圓カ其位ノモノダ、其金ヲ政府ガ出スコトモ出來ヌト云フハ、何タルコトデアル、日耳曼ノ如キハ組合ヲ立テテ組合ニ金ヲ出サセテ、其居留地ノ成效シタ上、其居留地ニ附イテノ貸借賣買等ノ權ヲ組合ニ許シテ遣ラシテ居ル、ソレデモ宜シイ、兎ニ角專管居留地ヲ取ッタ以上ハ、是ヲ利用シナケレバナラヌ所ノ責任ハ、當局者ニアル、是ヲ怠ッテ居ルノダ、人民ガ往カヌノハ往カヌ、人民ガ意氣地ガナイカラ、草茫茫トシテ居ル抔トハ、何事デアル、實ニ己ノ職務ヲ怠慢ニ附シテ居ルノデアル、斯ノ如キ一例ヲ見テモ日清貿易——日清ノ間ノ貿易ヲ保護スルニ、政府ノ冷淡ナルコトガ分ル、モウ一ツ進デ申シテ見レバ、條約文ニモ重慶アタリモナカ〱寒イ處デ、蘇杭州抔ヨリモ盛デアルトカ、盛ニナラウトカ云フ見込ガアル、是等ニ於テモ專管居留地モ取ラヌ、領事館モ置カヌ、ドウシテモ日本ニ於テハ先覺者——政府——誘導者タルベキモノガ手ヲ進メ地ヲ拓イテ人民ヲ勸メルコトガ、今日ノ日本ノ進歩ノ度合デアル、之ヲシナイデ、歐羅巴各國ノ如クニ人民ガ獨リデ進ミ、獨リデ往ケルモノト思ウテ居ルノハ、間違デアル、ソレダケノ手數ヲレナイデ、人民ガ往カヌナレバ往カヌ、人民ガ惡ルイ抔ト思フノハ、是レ實ニ大ナル當局者ノ怠慢デアル、又領事館ノ云云、專管居留地ノ云々ニ止ラナイ、領事ナル者ガ一向働カナイ、或ル部分ニ於テハ働イテ居ルカ知ラヌガ、領事ガ商業製造工業者等ノ實業ニ對スル深切ガ足ラナイ、十分ノ職責ヲ盡シテ居ラナイ、今日ノ場合一例ヲ擧ゲテ見テモ、或ハ領事館ヲ各所ニ配ッテアル、其領事ト云フモノハ任所地ニ於テ何ヲシテ居ルカ、商業ヲ調べ、模様ヲ調べ、其報告ヲ遠ニシ、又我國ノ國産若クハ製造品ノ捌口ニ對シテ販路ヲ開クニ附イテ、又開カレルヤウナ針路ヲ執リ、又其報道ヲ敏速ニヤッテ居ルカト云ヘバ、サウデナイ、即チ外務省デ拵ヘル所ノ商業彙纂トカ何トカ云フ領事ノ報告抔ヲ御覽ナサイ、大概三箇月四箇月ノ後ニ現レテ居ル前ノコトヲ書イテアルノダ、前ノコトヲ書イ居ルト云フノハ、即チ實業上ノコトヲ心頭ニ懸ケズ、發育ヲ圖ルト云フコトニ冷淡ナルタメニ此報告ノ出來タ時分ニハ、其相場附デモ、注文デモ、疾クノ昔ノ事ガ書イテアル、何ノ役ニ立ツカ、三四箇月經テバ日本ノ物品デモ相場ガ違ッテ居ル、斯ノ如キ無益ノコトヲシテ居ルノデアル、不深切ノコトヲシテ居ルノデアルガ、十分之ヲ發育シ、之ヲ誘導スルコトハ、勉テ居ラナイ、然ラバ外務省ハ金ガ一向ニナイノデアルカト云ヘバ、サウデモナイ、海外貿易擴張費抔ハ六万圓デアッタノヲ十万圓ヲ增シテ居ル、又外務省デモ機密費ヲ增シテ居ル、外務省ノ此金ハ「ジプロマチック」ノ方ニ使フコトモアリマセウケレドモ、日本ノ製造貿易ト云フモノヲ奬勵スル方ノコトハ、寧ロ十分ニ使ッテ宜シイ、又此貿易是ハ中上ゲナケレバナリマセヌガ、其仕事ニ於テハ決シテ以前ト變ッテハ居ラナイ、ドウ云フコトヲレテ居ルカ、見受ケルコトガ出來ナイ、斯ノ如ク一々事實ヲ擧ゲテ往ケバ、實ニ爲スベキコトニシテ爲サレテ居ラヌコトハ枚擧ニ遑アラヌ、又一體外交上——モウ少レ高等ノ外交上ノコトニ移ッテ申セバ、全體支那ノ事ヲ處分スルニ、日本ノ政府ハ單獨デ出來ルト思ッテ居ルカ否カト云フコトヲ問ウテ見タイ、最早支那ト云フモノニ對スル「ハイホリチック」ニ涉ッタコト、高等ノ外交上ニ涉ッタコトハ、單獨ニ支那ノ處分ヲスルコトハ出來ナクナッテ居ル、孰モ我國ト利害ヲ均ウシ、其利害ヲ同ジウスル强國ト組合ッテ、サウシテ暗々裏ノ間ニ其心持ヲ以テシナケレバ、支那ノ事ト云フモノハ出來ナクナッテ居ル、然ラバ支那ノ運命ハ誰ガ制スルカト云ヘバ、歐羅巴列强ガ制スル、就中支那ノ死命ヲ掌ル所ノモノハ英露ノ如キモノデアル、英露ノ今日ノ形勢ト云フモノハ、實ニ機敏ノ外交上ノ運動ヲ爲シ、殊ニ今英吉利ノ「トランスバール」ノ如キハ面倒ナ關係ヲ生ジテ居ル、其面倒ノ關係ヲ生ジテ居ルガタメニ歐羅巴列國ノ全部ヲ動搖サセテ、イツ何時ドンナ事ガ起ルカ知ラヌ場合ニナッテ居ル、兎ニ角支那ノ死命ヲ制スル强國ト云フノハ、英吉利路西亞ト云フ此强國ト云フモノガ、今日ノ其働キノ原動力トナッテ居ルノデアル、原動力ノ中心ハ何處ニ在ルカト云フト、倫敦ト聖彼得堡ニ在ル、此原動力ト爲ル所ニ注視シテ、肝要ノ事ヲ爲スノ決心ガナケレバナラヌ、或ハ此露西亞英吉利等ノ政治家當局者ト交涉ヲシテ、又機會ニ投ズベキノ仕事ヲシナケレバナラヌ、又各々十分ニ顧ミテ準備シナケレバナラヌコトモ著々起ッテ居ル、所デ今ノ外務省ノシザマハ如何デアル、其大切ノ英京倫敦及聖彼得堡ノ公使ヲ數箇月空ケテ、留守ニシテ居ルト云フハ、何事デアル、外務省ト云フモノハ唯儀式的ノ交際ヲ爲スト云フ役所デハナイ、ソレハ昔ノコトダ、儀式的交際ヲ今日爲サヌノデハナイガ、ソレラヲ以テ決シテ能トスル譯デハナイ、今日ハ外務省ハ平和ノ參謀部デアル、平和ノ參謀部トモ云フベキ外務省、何處ノ外務省デモ機敏ノ働ヲ爲シ、最モ迅速ニ確實ニ列國ノ報道ヲ得ルコトガ必要デアル、其形勢ガ分ラズシテハ政策ノ施シヤウハナイノデアル、最モ世界ノ動力トナル本源ノ英吉利ノ倫敦、露西亞ノ聖彼得堡ニ公使ヲ置キ、代表者ヲ置イテ、而モ其全國ニ注意スルト云フコトデナケレバナラナイ、然ルニ此處ナ公使ヲ明ッ放シニシテ、少モ痛痒ヲ感ゼザルガ如ク、阿弗利加ノ戰爭ノ如キハ、遠クノ火事ノ如ク感ジテ居ルノハ、實ニ何事デアルカ、是ハ形ノ上デ現レタコトデアル、然ルニ斯ク形ノ上ニ怠慢ガ現レルトキハ、其裏面ニハ餘程怠ッテ居ルモノト見ナケレバナラヌ、僅ニ形ノ上デハアルガ、大ナル著シキ證據ガ擧ッテ居ル、「ソレハ成ル程當局者ハ辯明スルトキニハ、儀式的ニソレハ斯ウ云フ訓令ヲスル積ガアッタトカ、斯ウ云フ公用ガアッタトカ云フガ、皆口實デアル、ナカナカ實際ハサウ云フモノデナイ、仄ニ聞ク所ニ依レバ、兩國ノ公使ガ最早任地ニ歸ラント云フコトハ、公然ノ祕密ニナッテ居ッテ、サウレテ未ダ後任者モ出來ズ、ソレナリ明放シニシテアルト云フハ、即チ外交上ニ於テ働キガナイト云フ證據デアル、公使館ニ公使ガ居ナケレバ、代理公使ガ居ルナラ差支ナイト云フコトヲ申スガ、是ハ儀式的ノ挨拶デ、人間ノ智識ノ程度交際ノ度合ニ依ッテ開ケナイコトヲ開ケル、又結ビ惡クイ條約モ結ブコトガ出來、交涉ノ付カヌコトモ附クト云フコトハ、當リ前デアル、若シ代理公使デ足リルナラ、全權公使ヲヤル必要ハナイ筈デアル、斯ノ如キコトハ外務省ノ怠慢外交上ノ不深切デ我利益線ヲ保護スル點ニ活動セヌ證據デアル、而シテ其一點カラ申セバ、既ニ暹羅ノ如キモ、今ハ公使ガ向フニ往ッテ居ルガ、日本ニ歸ッテ來テ一年程ニナルモ、內實ノ種々ノ下ラナイ一身上ノ事情ヲ以テ外務省ノ間ニ交涉シテ居ルコトデ、一體ガ政治上ノ事カラ起ッタコトデハナイ、是ハ只證據ノ一部分デアリマスガ、マア斯ノ如キ外交上ノ遣方デ、甚ダ是ハ國家ニ對シテ不深切ノ仕方デ、我國ノ外國ニ對スル利益線ヲ保護スルニ足ヌ處置デアル、外務ノコトハ一朝一夕ニ立派ナ效果ヲ見ルコトハ望マレナイ、內閣ガ變ッテ二三箇月ノ間ニ外交上ノ成績ヲ見セナケレバナラヌト云ヘバ、誰モ出來ヌニ和違ナイ、然ルニ凡ソ一箇年有餘ノ經驗ヲシタナレバ、大抵分リサウナモノデアル、然ルニ之ガ目ニ見エズ、失策怠慢ノアルト云フハ、即チ當局者ノ不能ト云ハザルヲ得ヌ、斯ノ如キ不能ハ當ニ當局者ヲ責ムルノミデハナイ、サウ云フ人間ニ依ッテ國家ノ責任ヲ負ハシテ居ル國民ガ甚ダ迷惑デアル、是ハ支那ニ對スル方ノコトデアリマスガ、更ニ貿易ニ對スル當局者ノ何ヲ見ルニ、進取ト云フコトヲ内閣ノ作ラル丶トキノ宣言ニアッタカドウカハ知リマセヌガ、進取ノ政策ヲ採ッテ進メテ往ク、貿易其他ノ擴張ヲ計ル、斯ウ云フコトハ何時デモ云フコトデアルガ、事實ハドウデアルカ、事實ハマルデ反對デ、退縮デアル、退縮トカ進取トカ云フコトハ、隨分漠トシタ話デアルガ、又事實ヲ押ヘテ是ヲ徴スルコトガ出來ル、例ヘバ露西亞ノオデッサニ領事館ヲ置ク議ガ盛デアッタガ、今年ノ豫算ニハ引込マシテ居ル、其時ノ理由ハ日露ノ貿易ノ特ニオデッサノ如キハ貿易ガ年々ニ增加シテ、非常ニ必要ヲ認ムル理由ヲ以テ議會ニ豫算ヲ請求シテ居ッテ、今年ハソレヲ引込マシテ居ル、昨年ハ大變必要デアルガ、今年ハ必要デナイト云フハ、抑々何ニ依ッテ斷ズルカ、吾々トノ統計表ニ依ッテ見マストオデッサノ如キ所ニ對シテハ、日本トノ貿易ハ非常ノ勢力ヲ進テ以テ來ヨル、或ル時ハ石油杯デ亞米利加カラ輸入スルト云フコトデ、額ガ減ッテ居ルガ、此頃ハ又非常ニ增シテ居ル、ソレデオデッサヲ外カラ兼帶スルモムヅカシイ、又名譽領事ニ任カシテ居リマスガ、手ヌルクテ往カヌ、何故ニ昨年ハ出シテ、本年ハ引込マシタカ、昨年否決シテモ、本年ハ又出サナケレバナラヌ、又議會ハ決シテ國家ニ必要ノ機關ニ使フ上ニ金ヲ惜ムコトハナイ、斯ノ如キ例ヲ擧ゲテ申セバ、政府ノ外交上我國ノ勢力ヲ外ニ伸張シ、國家ノ利益線ヲ外ニ保護スル點ニ於テハ、甚ダ冷淡甚ダ不深切ト云フ證據ハ、歷々擧ゲルコトガ出來ル、而シテ政府ガ一體外交上ニ斯ノ如キ不信無能無策退縮怠慢ト云フモノヲ著シテ來タノハ、何處ニ原因ガアルカト云フコトヲ一言申ス、ソレハ何デアルカト云フニ、元來此内閣ト云フモノガ、斯ノ如キ國家ノ大計國家ノ利害得失ヲ見テ大ナル施設ヲスル、言換ヘレバ國家ノ經綸ト云フコトガ、全ク此内閣ニハナイ、其經綸ガナイト云フコトガ、不信ヲ來ス原因デ、主義目的ガアリ、方針ガ定ッテ居ルナラバ、見ルベキ所ガアルノデアルガ、更ニ其考ガナイ、而シテ更ニ考ガナイナラバ、從來ノ方針政策ヲ追踏シテ之ヲ仕遂ゲル決心ガアレバ、マダ宜イガ、事蹟ノ上ニ於テ其成績ガアルベキデアルガ、斯ル從來ノ方針ヲ斷行スル決心勇氣ガナイノデアル、而シテ一ニハ是モ公然ノ祕密デアルガ、或ル當局者ハ——何分外交モ是デハ仕方ガナイ、不振ヲ來スモ仕方ガナイト云フタ所ガ、ドウモ外務大臣ガ三人モ五人モアルカラ、實ニ仕方ガナイト云フコトヲ申シタト云フコトデアルガ、成ル程是ハ御當人ノ辯解通外務大臣ガ幾人モアッテハ、御無理モナイコトデアルガ、御當人ガ十分ニ此切回シヲ附ケルコトガ出來ナイカラ、幾ラモ黑幕ガ出來ルノデハナイカト思フ、是ハ即チ外交ノ不振ノ原因ヲ一言致シタイノデアルガ、此一年有餘ノ日月ヲ經テ何等ノ效績ノ擧ラヌノミナラズ、却テ反對ニ輕々ノ失態ノ證跡ガ擧ル、斯ノ如ク日本ノ勢力ノ退却シタル有樣デアッタナラバ、日本ノ國ガ或ハ危險ノトキニ際會シナイカト云フ議論ガ立ツト云フコトデアルト、隨分當局者ハ其器ニアラズト云フコトガ推斷セラル丶ノデ、當局者ガ其器ニアラズトスルト、其配下ニ人物ガ來ラヌト云フハ、自然ノ結果デ、當局者ガ其器ニアラズ、配下ニ相當ノ人ガ來ラヌト、其事業ガ擧ラヌノハ、必然ノ理デアル、而シテモウ一ツノ原因ハ是ハ多少我反對黨ニ於テモ御注意ニナラナケレバナラヌト云フハ、最初申ス通隨分内閣ノ人ハ勢力マデモ横取リニシテ、内閣ヲ造ッテ居ルト云フコトハ、非常ニ經

綸アルカノ如ク待受ケラレタニ拘ラズ、今日愚圖々々シテ居ッテ、國務ヲ怠ッテ居ルト云フ證據ガ擧ッテ來ルト云フヲ見レバ、益々政府ト云フモノガ、人ノ船ヲ便船ニ借リ、人ノ馬ヲ借馬ニシテ行クト云フヤウナコトデハ、斷乎トシタ政策ヲ懷イテ、ソレヲ實行スルコトガ出來ヌト云フ證據デアル、然ラバ詰リ政治家ガ國家ノタメニ盡力スル上ニ於テハ、我勢力ヲ有ッタ者ガ十分ニ御ヤリナサル方ガ宜イ、サウシテ人ノ勢力ヲ借リテヤルト云フコトハ、御止シナサレタ方ガ宜イ、ソレデモ成ル程國家ノタメニ功績ガ擧ガレバ宜イ、然レドモ此一年有餘ノ期限ヲ經テ、一向目ニ見エヌトスレバ、借馬内閣便船内閣ト云フモノハ、到底國家ノ利益ヲ圖ルコトガ出來ヌト云フ譯デアル、ソレデ是ハ唯政府當局者ノミナラズ、今日大度量ヲ以テ政府ニ全力ヲ御貸シニナッテ居ル所ノ諸君モ能ク御注意ニナランコトヲ希望スル、而シテ此質問ノ要點ハ右述ベタル如キ次第デアリマシテ、倘ホ督附モアリマスカラ、不日當局者カラ答辯ガアリマセウガ、然ルニ此答辯タルヤ、從來唯儀式的ニ言葉ノ尻ッポヲ捉ヘテ、サウシテ三百的ニ揚足ヲ取ルト云フヤウナヤリ方デハ、如何ニモ親切ナ答辯ヲ得ルコトガ出來ナイ、是ハ言フテ見レバ理窟ハ種々言ヘルモノデアル、又隱レントスレバ種々隱レ道モアリマセウ、殊ニ外交ハ祕密ト云フ一言ヲ以テヤルト云フコトガ、今日マデ出來ルカラ、種々口實モアリマセウガ、兎ニ角形ダケノ答辯ヨリハ、精神的答辯ヲセラレンコトヲ希望スルノデアル、而シテ將來吾々國民タルモノガ、安心シテ指ヲ啣ヘテ默シテ見テモ、日本ノ商權ト云フモノガ外ニ伸ビ、又日本ノ勢力ト云フモノモ伸張シ居ラル丶ト云フ御見込ガアルカ否ヤ、是モ十分承リタイト考ヘル、殊ニ今日ハ斯ノ如キコトヲ言フト、唯大キナ論ヲスルヤウデアルケレドモ、決シテサウデナイ、此頃亞米利加大統領ノ議會ニ下シタ教書ヲ見テモ、亞米利加ノ如キ國ハ、實ニ政府ガ世話ヲスル必要ガナイ程發達シテ居ル、商工業ト云ヒ、智識ト云ヒ、富ト云ヒ、資本ト云ヒ、申シヤウノナイ働キヲ爲ス國柄デアル、然ルニ其大統領ノ教書ノ中ニ、特ニ支那ニ對スル亞米利加ノ利害ト云フコトニ就イテ、最モ注意サレテ居ル、獨リ亞米利加ノミデハアリマセヌガ、亞米利加ノ大統領ノ教書ノ中ニ先ヅ第一ニ亞米利加ガ太平洋太西洋兩洋ヲ占領スルニ尼加拉瓦掘割ノ如キハ、最モ亞米利加ニ無限ノ利益ヲ與ヘルト云フコトヲ説キ、其次ニ亞米利加ノ航權ノ擴張——十分ニ航海事業ノ發達ヲ圖ラナケレバナラナイト云フコトヲ亞米利加ノ商權ノ伸張亞米利加ノ航海權ト云フモノヲ增サナケレバナラヌト云フコトヲ申シテ、其上リニ殊ニ目指ス所ハ支那市場ト云フモノ、今日ノ狀況及製造所ノ現況ヲ調査スル必要ガアル、而シテ亞米利加ノ國産製造品ト云フモノ、市場ヲ支那ニ開墾スルト云フコトニ就イテノ手段方法ト云フモノト、竝ニ其障碍物トナルモノヲ調査セネバナラヌニ依ッテ、玆ニ其調査委員會ヲ開クノ必要ガアルカラ、國會ハ十分之ニ協贊ヲシテ金ヲ出サレタイト云フコトヲ請求シテ居ル、亞米利加ニシテ斯ノ如クデアル、無論佛蘭西ト云ヒ、英吉利ト云ヒ、皆支那ニ商工業ヲ擴張スルト云フコトニ就イテ非常ナ速力非常ナ熱心ヲ以テヤリツ丶アルニ拘ラズ、我當局者ハ如何ナル施設ガアルカ、如何ナル方案ガアルカ、何モシテ居ハレナイ、斯ノ如キ有樣デ、是デ推移ッテ行ッタナラバ、無論今日未ダ日本ノ勢力ヲ悉ク失ッタニモアラズ、又日本ノ利益ハ放ッテ置イテモ、人民ノ個人的膨脹ハ致シツツアリマスケレドモ、遂ニ此日本ノ内外諸國ト競爭ヲスル上ニ於テ非常ナ失

敗ヲ取リ、非常ナ後レヲ取ルト云フ結果ガ來ルニ違ナイ、固ヨリ支那ニ於ケル、朝鮮ニ於ケル、日本ノ勢力ガ一度衰ヘルナラバ、日本ノ將來ノ經濟上ノ運命知ルベキノミ、斯ノ如ク無形ノ間ニ日本ノ將來ガ誠ニ案ジラル、有樣デゴザイマス、固ヨリ是ハ事實ニ於テ朝鮮ノ半島支那ノ北部ト云フモノガ、何國ノ管轄ニ歸レタト云フトキデハナイガ、未ダ其極點ニ至ラザル前ニ之ニ對スル準備ヲスルト云フノガ、即チ國ヲ預リ人民ヲ預ッテ居ル所ノ當局者ノ責任デアル、マダ申シタイコトモアリマスケレドモ、是ダケノコトヲ申シテ、答辯ヲ請ハウト考ヘマス

○議長(片岡健吉君)　御異議ガ無ケレバ確定ト認メマス、議事日程ノ第二十韓國京釜鐵道速成ニ關スル建議案――佐々友房君

第二十　韓國京釜鐵道速成ニ關スル建議案(星亨君外七名提出)

韓國京釜鐵道速成ニ關スル建議案

韓國ニ於ケル京釜鐵道ハ明治二十七年我カ政府ト韓國政府トノ暫定條約ニ基ツキ明治二十九年以來我カ國人澁澤榮一外百四十餘名ノ發企ニ係リ我カ駐韓公使ノ手ヲ經テ數回交渉ノ末明治三十一年九月ニ至リ始メテ合同條約ヲ締結スルノ運ニ至リ敷設起工ノ許可ヲ得タリ而シテ該合同條約ニハ起工ハ三年ヲ限リ竣工ハ十五年ヲ限ルノ條件ヲ定メタリ爾來既ニ一年有餘卽チ殆ト起工期限ノ半ヲ經過スルモ京釜鐵道會社ハ未其ノ成立ヲ見ルニ至ラス起工ノ計畫未其ノ緒ニタモ就カサルハ甚遺憾トスル所ナリ是必竟我カ民間經濟界資本闕乏ノ致ス所ニシテ發企人ニ於テモ亦已ムヲ得サルノ事情アルニ因ルヘシト雖熟ラ按スルニ該鐵道ノ發企ハ唯リ私人營利ノ目的ノミニ出テタルニ非スシテ該鐵道線ハ實ニ韓國ニ於ケル大幹線路ノ過半ヲ占メ他日東清鐵道乃至西比利亞鐵道ト聯絡シテ世界ノ郵便線路ノ要部トモナルヘク殊ニ該鐵道ハ卽チ韓國ニ於テ物產最富饒ナル三南地方ヲ貫キ其ノ首都タル京城ト其ノ最大貿易港タル釜山港トヲ接續セシムルモノナルカ故ニ其ノ韓國ノ利源ヲ開拓シ風氣ヲ啓發シ彼我兩國貿易上ノ利益ヲ增進スルニ於テ一日モ忽ニスヘカラサルノ經營タリ故ニ我カ經濟界ノ事情ニ因リ發企人等カ獨力其ノ經營ノ責ヲ盡ス能ハサルノ今日政府ハ宜ク暫定條約當時ノ精神ニ顧ミ特別ノ保護ヲ與ヘ速ニ會社ノ成立ヲ助ケ線路ノ起工及竣工ヲ督勵スヘキハ急要怠ルヘカラサルノ責務ナルコトヲ信ス若京釜鐵道ハ海外ノ事業ニシテ會社ノ組織成立營業ニ付我カ商法及私設鐵道條例ノ規定ニ悉ク準據セシムルコト能ハサルノ事情アリ且國庫ノ補助ヲ與フルニ就キ其ノ監督亦尋常ノ規定ニ依ルヘカラストセハ政府ハ特別ノ條例ヲ設ケ此ニ準據シテ會社ヲ成立セシメラレムコトヲ望ム

右建議ス

(佐々友房君演壇ニ登ル)

○佐々友房君(百四十二番)　此本案提出ノ趣意ヲ述ベマスル前ニ、少シ印刷ノ違ヒガアリマシタカラ訂正ヲ致シマス、此建議案中ニ「十五年」ト書イテアリマスノハ、全ク印刷ノ間違デ「十年」デゴザイマスカラ、其御積リデ御聽ヲ願ヒマス、此本案ノ大趣意ハ既ニ斯ノ如ク認メテ置キマシタカラ、皆サン御承知ト存ジマスケレドモ、一應其理由ヲ述ベマス積デゴザイマス、先ヅ此理由ヲ述ベマス前ニ當ツテ、京釜鐵道ナルモノヽ沿革ヲ一應御話致シマシタ方ガ、諸君ノ御協贊ヲ仰グニ附イテ都合ガ宜カラウト思ヒマスカラ、一應此沿革ヲ申述ベマスガ、此京釜鐵道ノ沿革ノ第一期ハ、二十七年ノ日清戰役ノ頃ニ當リマシテ、所謂暫定條約ナルモノガ出來マシテ、其暫定條約ノ大體ハ、京城釜山間、京城仁川間、此兩鐵道ハ日本政府又ハ日本ノ或ル會社ニ於テ之ヲ設立スルコトヲ許スト云フコトノ趣意デアリマシテ、其後二十九年ニ至リマシテ、此京仁鐵道ノ方ハ亞米利加人ノ所有ニ歸シマシテゴザイマス、併ナガラ我日本人ガ三十年ニ至ッテ、亞米利加人ヨリ之ヲ買收シタノデゴザイマス、又京釜鐵道ノ方ハ、二十九年七月ニ我國ノ發起人等ガ請願ヲ致シマシテ、三十一年九月ニ朝鮮政府トノ間ニ合同條約ヲ訂結シテ、其敷設權ヲ得タノデゴザイマス、ソレカラ昨年ノ二月ニ至リマシテ、發起人等線路ヲ踏査致シマシタガ、所謂線路ナルモノハ釜山ヨリ京城マデ凡ソ三百哩、其工事費ハ二千五百万圓デアリマス、以上述ベマシタノガ卽チ京釜鐵道ノ沿革ノ大略デゴザイマスルガ、是ヨリ京釜鐵道必要ノ理由ヲ述ベヤウト思ヒマスガ、第一ニ京釜鐵道ノ必要ハ、此日韓兩國ノ交通貿易ニ便利ヲ與フルト云フコトガ第一デアラウト思ヒマス、諸君御承知ノ通、今日現在ノ有樣デゴザイマスト、我馬關カラ釜山ノ間ニ普通ノ商船會社ノ船デ參リマシテモ、僅十時間デ到著致シマスルガ、ソレカラシテ全羅道ノ南ヲ經マシテ、仁川マデ參リマスノニ附キマシテハ凡ソ四十時間、其間ニハ朝鮮海ニ一種ノ霧ガアリマシテ、大抵一航路每ニ或ハ一日二日若クハ三日間モ空シク海中ニ漂フト云フヤウナコトガゴザイマス、然ルニ此京釜鐵道ガ果シテ貫通シマシタ曉ニハ、釜山ヨリ京城ニ至ル三百哩、今內地デ行レテ居リマス所ノ此狹軌鐵道デ一時間平均二十哩ト致シマシテモ、十五時間、又京仁鐵道ノ如ク廣軌鐵道デ致シマシタ曉ニハ、十時間デ京城マデ參リマスカラ、卽チ取モ直サズ我馬關ヨリ京城マデ二十時間未滿デ、到著スルヤウナ便利ヲ得マスノデゴザイマスカラ、從來ハ仁川カラ我馬關マデ殆ド三晝夜以上モ要スルヤウナ、迂濶極ッタル所ノモノト比較致シマスト、霄壤啻ナラヌ有樣デ、實ニ兩國間ニ非常ナル便利ヲ與フルモノト思ヒマス、又此貿易上ノコトカラ申シマシテモ、朝鮮ハ御承知ノ通マダ未開ニ屬シテ居リマスカラ、人口ノ統計總テノ點ニ於キマシテ、十分統計ハ擧リマセヌケレドモ、此人口統計ハ段々各國人ノ統計又學者ノ意見杯ガゴザイマシテ、區々ニナッテ居リマスケレドモ、大抵千二三百八――千二三百万人ト申シマスノガ蓋シ間違ナカラウト思ヒマス、此朝鮮國ノ貿易ノ樣子ハ極最近ノ統計表ニ據リマスレバ、昨年卽チ明治三十二年――三十一年デス、三十一年ノ八月ノ總額ガ釜山港ガ六百九十一万二千二百八十七圓、仁川ガ千十九万六千三百二十一圓、元山ガ四百九十八万二千百四十四圓、合計二千二百十零零七五二ト、斯ウ云

フノガ、最近ノ貿易デゴザイマス、其内日本ト朝鮮ダケニ係ッテ居リマス所ノ貿易ノ額ガ、日本ヨリ彼國ニ輸入シマシタル所ノモノガ五百六十六万八千九百六十一圓、又朝鮮國ヨリ日本ニ輸入シマシタル所ノ高ガ四百七十七万六千百八十三圓、合計千零四十四万五千百四十四圓、ト斯ウナッテ居リマス、ソレデ朝鮮國全體ノ貿易ノ高カラ申シマシテ、我帝國トノ貿易ガ半ヲ占メテ居リマスノデ、殊ニ此鐵道ハ朝鮮國ニ於キマシテ有名ナル所ノ三南地方ヲ經過レテ居リマス、此三南地方ト申シマスト諸君モ御承知ノ通卽チ、全羅、慶尙、忠淸ノ三道デゴザイマシテ、此鐵道線路ノ範圍ニ屬シマス所ノモノハ、朝鮮全國ノ戶口及生産力ノ凡ソ十分ノ七以上ヲ專有シテ居リマス所ノ有望ナル地方デゴザイマシテ、卽チ朝鮮國ノ正身處ハ皆此地方ニ集ッテ居ルト云ウテ宜シカラウト思ヒマス、此ノ如ク日韓兩國ノ交通竝ニ貿易ニ附キマシテ、至大ナル便利ヲ得テ居リマスカラシテ、最モ此京釜鐵道設立ノ必要ノ第一ノ理由ト存ジマス、「又第二ノ理由ヲ說明致シマスレバ、此朝鮮國ニ日本人ガドレダケ居リマスカト云フコトヲ玆ニ申レマスト、凡ソ極最近ノ調査ニ據リマシテ、日本人ガ朝鮮ニ居リマスノガ一万五千五百三十二人、其地方別ト致シテ見マスルト、釜山ニ六千二百十八人、仁川ニ四千三百二十八人、京城ニ千八百二十八人、元山ニ千六百四十八人、木浦ニ八百六十八人、鎭南浦ニ三百二十七人、平壤ニ百三十三人、郡山ニ二百八人、馬山浦ニ九十九人――斯ノ如ク日本人ガ朝鮮ニ大勢參ッテ居リマス、殊ニ此朝鮮ノ沿岸ニ於キマシテ日本ノ漁船ガ愛媛又ハ廣島、大分、山口、長崎、熊本アタリカラ漁船ガ夥シク參ッテ居リマスルガ、實際釜山港ニ於テ正當ノ手續ヲ致シテ居リマスル者ガ凡ソ三千艘以上、又屆出ノ手續ヲ致シマセヌモノガ又三千艘以上アラウト思レマス、一艘ニ附キマシテ大抵漁夫ガ五人ヅヽ乘込ンデ居リマスカラ、之ヲ六千艘ト假定致シマスレバ凡ソ漁夫ガ三萬人居ル譯デゴザイマスカラ、我日本人ガ朝鮮ノ陸地竝ニ海上ニ居リマス者ガ、凡ソ四万五千人ト見テ間違ハナカラウカト思レマス加之此各居留地ニ於キマシテハ、其病院、學校、寺院、敎會、銀行、會社、新聞紙、總テ商工業ニ係リマス所ノ機關ガ備ッテ居リマシテ、最モ保護ヲ要スル十分ナル理由ハ其間ニ存シテ居リマス、又其資本ヲ投ジテ居ル所ノモノガ幾千万圓アルヤ、殆ド知ラレヌ程多數ニナッテ居ラウト思ヒマス、殊ニ此線路ガ京城カラ釜山ノ間ニ於キマシテ、殊ニ我國ノ人ガ多數居住シテ居リマス所ヲ貫通シテ居リマス鐵道デアリマスカラシテ、最モ此鐵道ノ必要ヲ感ズルノデアリマス、卽チ我日本人ニ致シマシテ、布哇ノ如キ出稼人ヲ除キマシタ外、海外ニ二三万人以上正當ナル商人、正當ナル人民ガ出掛ケテ居リマスル所ノ者ハ、決シテ朝鮮ヲ除イタ外ニゴザイマスマイト思ヒマス、是ガ京釜鐵道ノ速ニ出來ナケレバナラヌト云フ第二ノ理由ト存ジマス、又第三ノ理由ヲ述ベマスレバ、御承知ノ通、朝鮮國ノ目下ノ有様ト申シマスルモノハ、實ニ文學モ敎育モ宗敎モ

其他出版トカ著作トカ云フヤウナ、苟モ此文明ノ資ニ供スベキモノハ殆ド皆無ニ屬シテ居リマス、昔ハ我國ノ文明ノ資ヲ朝鮮ニ仰ギタト云フコトガアッテ、我日本ノ文明ハ殆ド朝鮮カラ輸入シタト云フコトニ歷史上ナッテ居リマスガ、之ニ比較ヲ致シマスルト、實ニ今日ノ朝鮮ノ有様ト云フモノハ、殘念至極ノ有様ニナッテ居リマス、シテ見マスルト我國タルモノハ宜シク歷史上カラ申シマシテモ、又近年日韓ノ問殊ニ親密ヲ加ヘテ居ル、前年ノ攻守同盟ノ位置ニ立チマシタ關係カラ申シマシテモ、ドウシテモ此交通機關ヲ早ク完全ナラシメテ、朝鮮國ニ於テ文明ノ扶殖ヲ企テルト云フコトハ、我國民ノ最モ希望スル所ノ殆ド義務デアラウト思レマス、又彼ノ國ニ於キマシテハ、餘程利源財源ニ富ンデ居ル國デアリマシテ、所謂金山ナリ銀山ナリ銅鐵其他漁業總テ經濟上ノ元資ニ富ンデ居ル國デアルト云フコトハ、是レ亦諸君ノ御承知ノ通デゴザイマスカラ、此際ニ於キマシテ交通機關ヲ敏活ナラレメテ、サウシテ其民ヲシテ十分富强ノ途ヲ拓カシメマレテ、以テ此善隣ノ途ヲ明ニスルト云フコトハ、是亦我日本人ノ責務デアラウト存ジマス、第四ノ理由ハ此鐵道ニシテ貫通致シマシタ曉ニハ、遂ニ義州ヲ經テ彼ノ東淸鐵道マデ聯絡接續スルト云フコトハ、是レ亦期シテ待ツベキコトデアリマスカラ、果シテ斯ノ如キコトニナリマシタ日ニハ、御存ジノ通北支那卽チ滿州一體ノ地ハ今日餘程寂寥ヲ感ジテ居リマスルシ、又彼ノ亞比利亞地方ノ人煙稀薄ナル所モ、此鐵道ノ貫通ヲシタルガタメニ、餘程商業上ノ發達ヲ來タスト云フコトハ、是レ亦論ヲ俟タヌコト、思ヒマス、ソレカラ第五ノ理由ヲ申述ベマスレバ、此歐羅巴亞細亞ノ大幹線ト爲ル利益ガアリマセウト思ヒマス、シテ見マスレバ此鐵道ト云フモノハ獨リ日韓兩國ノタメノミナラズ、又朝鮮ノ文明ノ爲ノミナラズ、朝鮮國バカリノ經濟ノタメノミナラズ、是ヨリ將ニ東西兩洋ノ間ノ交通機關、卽チ大幹線ト爲ルベキ資格ヲ備ヘテ居ル鐵道デアラウト思ハレマス、御存ジノ通從來我日本ヨリ歐羅巴ニ航行致シマスルニ附イテハ、印度洋地中海カラ參リマシテモ、少クモ我橫濱ヨリ佛蘭西ノ馬塞耳ヲ通ッテ、歐羅巴ノ中心タル巴里マデ參リマスルニ附イテハ、四十五六日ハ費サナケレバナラヌ、又今度ハ巴里カラ太西洋ヲ渡リマシテ、亞米利加ヲ經テ我日本ニ歸航致シマスルニシマシテモ、是レ亦ドウシテモ二十八九日若クハ、三十二三日間ヲ要シナケレバ、迚モ此交通ハ出來マセヌ、然ルニ今將ニ露亞西ニ於テ晝夜拮据經營シテ居リマス所ノ、彼ノ西伯利亞鐵道ガ貫通致シマシテ、此東淸鐵道又ハ滿州鐵道トモ申シマスル所ノ、卽チ滿州ノ野ヲ橫切ッテ彼ノ大連灣若クハ浦潮斯德ニ到着シマシタ曉ニハ、凡ソ歐羅巴ノ中心卽チ巴里カラ致シマシテモ、浦潮斯德又ハ大連灣マデ十五日間デ到達致シマセウ、ソレニ此京釜鐵道ガ延長致シマシテ、サウシテ東淸鐵道ト接續ヲ致シマシタ日ニハ、卽チ歐羅巴カラ我日本マデ到著致シマスル所ノ日數ガ凡ソ十七八日乃至二十一二日間デ到達致シマスルコト、思ハレマス、果シテ斯ノ如クナリマスレバ、私ノ中上ゲタ所ノ歐

羅巴亞細亞兩大陸ノ大幹線ト申スコトヲ申シタノハ、決シテ是ハ壯言大語ニアラズシテ、事實ト爲ルニ相違ナイ、斯ノ如ク東西兩洋ノ大貿通ヲ致シマシタ日ニハ、是ヨリ生ズル所ノ貿易、是ヨリ生ズル所ノ文運ノ進步、恐ラクハ今日ヨリ殆ド思ヒ半ニ過ギルヤウナコトニナラウト思レマス、是ハ私ハ京釜鐵道必要ノ第五ノ理由ト存ジマス、是ヨリ京釜鐵道速成ノ時期ノ點ニ附イテ御參考ニ上ゲヤウト思ヒマスガ、或ハ吾々ノ議論ヲ以テ成程君ノ議論ハ宜シイト、必要ハアルケレドモ、如何セン今日ハ經濟上ノ不振デアル、我國經濟ノ狀勢ガ許サヌカラト云フ議論ガアリマセウト思ヒマス、是ハ一應尤ナコトデアッテ、私等モ亦其事情ヲ知ッテ一應尤ト思ヒマスケレドモ、如何セン茲ニ我國經濟上ノ不振ト云フコトニ對シテ躊躇サレナイ事情ガ此間ニアッテ存シマスノデアリマス、其理由ト云フモノハ外デハナイ、卽チ此合同條約ナルモノハ、此合同條約ノ本文ニモゴザイマスル通、是ハ條約締結ノ日ヨリ三箇年ヲ經過シテ起工セザルトキニ於テハ、全ク條約ハ無效ニ屬スルト云フコトガゴザイマス、卽チ來年三十四年ノ九月ニ至ッテ、全ク此期限ハ廢滅ニ期スルノデゴザイマス、ソコデ若シ此際著手ヲシナケレバ、遂ニ折角得タル所ノ權利モ是ガ消滅致シマスカラ、實ニ事情已ムヲ得ザルモノト思レマス、又或ハ來年ノ九月マデ期限ガアルナラバ、本年ノ冬ノ議會ニデモ持出シタナラバ宜カリサウナモノ、何ゾ今期ニ限ラヌデハナイカト云フ論者モ亦アリマセウ、是レ亦一應尤ノヤウデアリマスケレドモ、茲ニモウ一ツ諸君ノ御參考ニ供シタイコトハ、此朝鮮ノ地タルヤ內地ヲ旅行サレタ諸君ハ御承知デゴザイマセウガ、餘程困難ナコトハ極是ハ小サイヤウナコトデゴザイマスケレドモ、一ノ蟲ノ害ガアル、彼ノ虱ト云フ字デアリマスガ、朝鮮デハ「ピンレー」トカ申シマシテ、コイツガ餘程人ヲ苦メルヤウデアッテ、戰爭ノトキ杯ハ兵營ニ居リマスレバ、隨分此蟲位ハ何デモナイガ、平常ノトキニ於テハ餘程旅客ハ困難スルモノデアッテ、往々朝鮮內地ヲ旅行シタル者ハ皆此事ヲ熟知シテ居ルノデゴザイマス、併シ此蟲位ハ構ハナイト云ッテモ、モウ一ツ困リマスノハ、八九月頃ニナリマスルト、霖雨ガ激シウゴザイマシテ御存ジノ通リ朝鮮ハ生レ儘ノ國デアリマシテ――河川ニハ堤防モナク橋梁モナク唯天然生レ儘ノ國デゴザイマシテ、殊ニ山林ハ荒廢シテ居リマスカラ、少シノ雨ガ降リマシテモ直チニ小サイ所ノ溪流ガ、洪水氾濫ノ觀ヲ呈スルト云フヤウナ朝鮮ノ有樣デゴザイマスカラ、先ヅ七八月ノ候ハ測量モ何モ出來ナイト言ハザルヲ得ヌ、又搗テ加ヘマシテ、十二月中旬カラ二月ノ中旬頃マデハ、是ハ河水ガ氷結致シマシテ、實地測量等ヲ爲スニハ甚ダ困難ヲ感ズルコトデゴザイマス、斯ノ如キ困難ノ事情ガゴザイマス、果シテサウトシマスルト、六七八九及十二、一二ノ此七箇月ヲ除去リマシタ日ニハ、一箇年中僅カ五箇月ダケ外、仕事ヲスル時間ガゴザイマセヌ、サウ致シマスルトドウシテモ今度此議會ニ於テ、此決議ヲ致シテ而シテ實地ニ著手ヲ致シマセヌトキニハ、到頭此京釜鐵道ノ權利ト云フモノハ、空シク空文ニ歸シ去ルト云フコトニナルノデアリマスカラシテ、ドウカ此邊ハ餘程諸君ハ御參考ニナリマシテ、此京釜鐵道ハ一日モ忽ニスベカラザルコトヲ御察知アランコトヲ希望致シマス、ソレカラ此建議文ノ末項ニ書置キマシタ通リ（「簡短々々」ト呼フ者アリ）簡短ニヤリマスケレドモ、モウ少シドウゾ――此組織上ニ附キシマテモ御話ヲ致スコトガアル今迄海外ノ鐵道ノコトハ是ガ始テデゴザイマス――尤モ京釜鐵道ハ是迄日本ノ東京ニ本社ガアリマシテ、合資會社デ商法ニ依ッテヤッテ居ルサウデゴザイマスケレドモ、此京釜鐵道ニ附キマシテハ、將來政府ハ如何ナル監督ヲ致シマスルカ、吾々ノ希望スル所ニ依リマシテハ、是ハ特別ノ監督特別ノ保護ヲ要スル譯デゴザイマスカラシテ、ドウモ今マデ日本ノ商法又ハ私設鐵道條例ニ據リ難イ所ノ事情ガアラウト思ハレマス、就キマシテハ之ヲ如何ニシテ宜シイカ、此建議案ニ認メマシタ通、特別ノ條例ヲ拵ヘナケレバドウモ宜シクアルマイト思ヒマス、我國ニ於キマシテハ斯ノ如キ例ガ少ナイノデ、朝野共ニマダ研究中ト思ハレマスガ、吾々ト雖モ茲ニ立派ナ立案モゴザイマセヌガ、唯彼ノ露西亞ト支那ト結ビマシタ所ノ東清鐵道、卽チ滿州鐵道並ニ中國鐵道公司等ノ條款杯ハ、頗ル參考ニナルベキモノト思ヒマスルガ、是モ一々條款ノ全文モゴザイマスケレドモ、成ルタケ簡單ニ申シマス、大體ハ支那人ガ社長デゴザイマシテ、露西亞人ガ副社長、其他建築ノ方法ハ露西亞ノ鐵道規則ニ依ルトカ、又露西亞ノ大藏省ニ提出シテ始テ其事ガ成立ットカ、種々ノ法則ガゴザイマシテ、我ガ當局者ガ特別ニ條例ヲ設ケマスルニ附キマシテハ、所謂此東清鐵道ノ規則、「カレニー」ノ條約等ハ餘程參考ニナルベキモノト思ヒマスガ、餘リ是ハ長クナリマスカラ一々辯ジマスヌガ、是ハ當局者ノ參考ニモナラウカト思ヒマスカラ其端緒ダケヲ茲ニ辯ジマス、大抵以上述ベマシタ通、京釜鐵道ノ沿革並ニ其理由其他組織等ノコトニ於キマシテモ、一應述べ盡シマシタカラ諸君モ御諒察デアラウト思ヒマスガ、一體我日本國ノ朝鮮ニ對シマスル所ノ位置ハ、諸君ノ御存ジノ通、第一朝鮮ノ獨立ヲ扶殖スルト云フコトハ、我國ノ輿論デゴザイマシテ、先年來此目的ニ向ッテ一直線ニ進行シツヽアルノデゴザイマス、ソレデ唯朝鮮ノ獨立々々ト申シマシテモ、畢竟此經濟上ノ根底ヲ堅クセヌ限ニハドウシテモ獨立ノ實ヲ擧グラレナイモノデゴザイマス、ソレデ此コトニ附イテハ我暫定條約ノ趣意ニモ十分含マレテ居リマスシ、又明治二十九年六月莫斯科ニ於テ山縣「ロバノフ」ノ議定書中ニモ、此意ヲ表明シテ居ルノデゴザイマス、又同年ノ五月十四日京城ニ於ケル所ノ小村「ウェバー」ノ覺書ニハ、明文コソゴザイマセヌケレドモ、亦此意ヲ含ンデ居ルニ相違ナイ、殊ニ明治三十一年四月二十五日我東京ニ於キマシテノ西「ローゼン」ノ議定書ノ第三條ニ、露西亞帝國政府ハ韓國ニ於ケル日本ノ通商及工業ニ關スル景況ノ大ニ發達セルコト、同國ニ於ケル日本國臣民ノ多數ナルコトヲ以テ、日韓兩國間ニ於ケル商業上及工業上ノ關係ノ發達ヲ妨害セザルベシト明ニ認メテアリマス、斯ノ如ク朝鮮ニ對シテハ最モ利害ノ關係ノ密接ナル所ノ露西亞ニ於キマシテモ、斯ノ如ク明明地ニ認メテ居リマス以上ハ、其他ノ英吉利ナリ、佛蘭西ナリ、獨逸ナリ、亞米利加ナリ、我邦ガ朝鮮ニ對スル位地ヲ承認シテ居ルト云フコトハ、固ヨリ議論ヲ須ヒヌコトデゴザイマス、業ニ既ニ諸外國ノ關係ハ斯ノ如クナッテ居リマスル、又我内地ノ輿論ヲ見マスルト云フト、全國ノ新聞異口同音ニ之ヲ唱道シテ居リマスル、又我邦ニ於キマシテモ屈指ノ紳商達ハ、悉ク之ニ同意シテ居ルノデゴザイマス、殊ニ此議場ニ於キマシテモ、諸君ト物ニ依リマシテハ實ニ意見ヲ異ニシテ反目スルニモ拘ラズ、此問題ニ於キマシテハ斯ノ如ク諸君ト同ジク提出ヲ致シマシテ、各黨各派ノ差別ナク、此提出者此贊成者ト云フ者ハ、即チ滿場一致ト云フヤウナ有様デゴザイマスカラ、此京釜鐵道ノ事タルヤ、實ニ内外ノ輿論寸毫モ疑フベカラザルコト、信ジマス、一體此曾定條約當時ノ有様ハ、御存ジノ通朝鮮ト日本ト攻守同盟ノ位地ニ立ッテ居リマシテ、一旦ハ支那ト干戈相見ルノ慘劇ヲ見マシタケレドモ、今日ニ於キマシテハ彼ノ支那モ全ク一ノ良友ト爲ッテ了リマシタカラシテ、今日ハ我國ト朝鮮ト當初ノ交情ヲ益々温メマシテ、サウシテ此目的ヲ達シマスト云フコトハ、最モ吾々ノ希望スル所デゴザイマシテ、此事實ヲ擧グルニ附キマシテハ、即チ此鐵道ヲ貫通シテ彼我ノ情交ヲ通ジ、文明ヲ扶殖スルト云フコトハ、最モ今日ノ急務ト存ジマス、以上述ベマシタ通ノ次第デゴザイマシテ、是カラ斯ノ如キ事情デゴザイマシタナラバ、政府ハ此輿論ニ對シマシテ、即チ此滿場一致ノ輿論ニ對シマシテ、即チ京釜鐵道會社ニ特別ノ保護ヲ與ヘマシテ、該會社ノ成立ヲ助ケ、此目的ヲ達センコトヲ希望致シマス、何卒滿場一致ヲ以テ即決アランコトヲ希望致シマス

○恆松隆慶君(百四十三番)　ドウカ本案ハ提出者ノ演説モ長クナリマシテ、能ク分リマシタカラ、滿場一致ヲ以テ贊成シヤウト思ヒマスカラ、ドウカ直チニ可決アランコトヲ希望致シマス

(「贊成々々」ト呼フ者アリ)

○議長(片岡健吉君)　本案ニ附キマシテハ滿場御異議ガナイト認メマシテ、宜シウゴザイマスカ

(「異議ナシ」ト呼フ者アリ)

衆議院議員大石正己君ヨリ提出ノ外交ニ關スル質問書ニ對スル別紙答辯書差進候也

明治三十三年二月十日　外務大臣子爵青木周藏

衆議院議長片岡健吉殿

衆議院議員大石正己君ヨリ提出ノ外交ニ關スル質問書ニ對スル答辯書

一 政府ハ清國政府ト左ノ協定ヲ遂ケタリ
清國政府カ他日福建省内ニ鐵道ヲ敷設スルニ當リ他國ノ資本技師ヲ求ムル場合ニ於テハ必ス先ツ之ヲ日本政府ニ相談スヘシ

一 政府ハ其爲シ得ル範圍内ニ於テ清國鑛山ノ調査ヲ爲シツヽアリ然レトモ鑛山採掘權ヲ得ンカ爲清國政府ト交渉シタルコトナシ

一 政府ハ在外國帝國專管居留地經營ノ必要ヲ認メ數箇月來實地踏査ノ結果トシテ去月三十一日在外國帝國專管居留地特別會計法案ヲ帝國議會ニ提出セリ

一 政府ハ明治二十九年中清國重慶ニ帝國委員ヲ派シ該地地方官ト商議ノ上王家沱地方約十万坪ヲ我專管居留地ニ豫定セリ

一 京釜鐵道發起人等ハ曩ニ韓國政府ヨリ京城釜山間ニ鐵道ヲ敷設スルノ特許ヲ得タレトモ未タ會社ヲ組織スルニ至ラス又政府ハ該發起人等ヨリ公然利子補給ノ請願ヲ受ケタルコトナシ

一 韓國政府ハ國内鐵道ヲ次第ニ自ラ經紀シ既ニ條約アルモノノ外一切外國人ニ敷設ノ許可ヲ與ヘストノ趣意ヲ以テ外國人ノ請願ヲ却ケ京元鐵道敷設權ヲ國内鐵道用達會社ニ許可セリ

一 京城義州間鐵道敷設權ハ佛國「フイブリル」會社是ヲ得タレトモ約定期間内ニ起工セサリシヲ以テ韓國政府ハ敷設權ヲ返還セシメタリ尤モ當時「フイブリル」會社ヨリ該敷設權ヲ讓受ケントスルモノナカリシハ起工期限ノ延長到底許可セラルヽノ見込ナカリシヲ以テナリ

一 政府ハ露國オデッツサニ正式領事館ヲ設置スルコトヲ希望スト雖モ三十二年度ニ於テハ財政上ノ理由ニ依リ已ムヲ得ス右新設費用ヲ要求セス

貴族院ヨリ送付セラレタル議案左ノ如シ

大石正己君ヨリ外交ニ關スル再質問書及淸國事變ニ關スル質問書ヲ提出セラレタリ

（左ノ質問書ハ朗讀ヲ經サルモ參照ノタメ玆ニ掲載ス）

外交ニ關スル再質問書

右成規ニ據リ提出候也

明治三十三年二月十六日

提出者　大石正己

贊成者　武富時敏

外四十名

外交ニ關スル再質問主意書

本員ノ曩日ノ質問ニ對スル政府昨日ノ答辯ハ其要領ヲ得ス仍テ再ヒ質問スルコト左ノ如シ

一政府ノ答辯ハ政府ハ淸國政府他日福建省內ニ鐵道ヲ敷設スルニ當リ他日ノ資本技師ヲ求ムル場合ニハ必ス先ツ之ヲ日本政府ニ相談スヘキ旨ヲ淸國政府ト協定セリト謂フ是レ去ル明治三十一年中矢野全權公使ト淸國政府ト協定セルモノナリ此協定ハ鐵道敷設權ヲ獲得スルニ於テ殆ト效力ナキモノトス政府ハ此協定ニ滿足シテ更ニ爲ス所ナキ乎列國政府ハ競フテ淸國內ニ鐵道ヲ敷設シ以テ各其國ノ利益ヲ進ムルニ汲々タルノ今日ニ當リ政府ハ我國人ヲシテ淸國內ニ鐵道ヲ敷設セシムルノ必要ナシト認ムル乎若シ其必要ヲ認ムルトセハ何故ニ敷設權ヲ獲得スルノ手段ヲ取ラサル乎

一政府ノ答辯ニ依レハ政府ハ其爲シ得ル範圍內ニ於テ淸國鑛山ノ調査ヲ爲シツツアリ其採掘權ヲ得ンカ爲ニ曾テ淸國政府ト交渉シタルコトナシト謂フ抑モ政府ハ如何ナル方法ニ依リ調査ヲナシツツアル乎實地ニ人ヲ派シ調査ヲ爲サシメツツアル乎又政府ハ其調査未タ完カラサルカ爲メニ淸國政府ト交渉スルニ至ラサル乎抑モ亦採掘權ヲ獲得スルニ意ナキ乎

一前二項政府ノ答辯ニ依リ政府ハ淸國ノ鐵道及鑛山ヲ放棄シテ顧ミサルモノトスレハ政府ハ啻ニ淸國ニ於ケル我國ノ利益ヲ進ムルニ意ナキノミナラス遂ニ淸國ニ於ケル列國權力ノ平衡ヲ保維スルノ意ナキ乎

一政府ノ答辯ハ明治二十九年中政府ハ淸國重慶ニ帝國委員ヲ派シ約拾萬坪ノ居留地ヲ豫定セリト謂フニ過キス爾來政府ハ何故ニ專管居留地區ヲ確定スルノ手段ヲ取ラサル乎明治二十九年ヨリ今日ニ至ルマテ五年ノ星霜ヲ閲スルニモ拘ラス未タ專管居留地區ヲ確定スルノ手段ヲ取ラサルハ怠慢ニアラスト謂フコトヲ得ル乎

一政府ノ答辯ハ京釜鐵道發起人ハ未タ會社ヲ組織スルニ至ラス又政府ハ該發起人等ヨリ公然利子補給ノ請願ヲ受ケタルコトナシト謂フ抑モ京釜鐵道ノ敷設ハ啻ニ我國ト韓國トノ通商貿易上必要ナルノミナラス我國カ韓國ノ獨立ヲ扶植スルノ外交政策上亦極メテ必要ナルコトヲ政府ハ認メサル乎若シ其必要ヲ認ムトセハ何故ニ該發起人等ヲ勸誘シ奬勵シ速ニ會社ヲ組織セシメ其工事ニ著手セシムルノ手段ヲ取ラサル乎今日ニ至ル迄該發起人等ノ會社ヲ組織セサルニ藉口シテ空シク放棄シ置クハ政府ノ怠慢ニアラスト謂フコトヲ得ヘキ乎

一政府ノ答辯ハ韓國政府ハ國內鐵道ヲ次第ニ自ラ經紀シ外國人ニ敷設ノ許可ヲ與ヘスト云フ是政府ノ答辯ヲ待チテ初メテ知ラサルナリ韓國政府自ラ國內鐵道ヲ經紀スヘシト謂ハハ政府ハ韓國政府能ク自ラ之ヲ經紀シ得ヘシト信スル乎彼ノ國內鐵道用達會社ノ如キモノ能ク京元鐵道ヲ敷設シ成功シ得ヘシト信スル乎今日ノ韓國ノ狀況ニ於テ韓國自ラ是等ノ大事業ヲ經紀シ成功シ得ルノ望ナシ然ルモ猶政府ハ彼ノ所謂京元線京義線等ノ敷設權ヲ獲得スルノ手段ヲ取ラサル乎

一政府ノ答辯ハ露國ヲデツサニ正式領事館ヲ設置スルコトヲ希望スト雖モ三十三年度ニ於テハ財政上ノ理由ニ依リ新設費用ヲ要求セスト謂フト雖モ其新設費用ハ僅々タル少額ノミ之ヲ支出スルニ於テ何ノ難キコトカ之レアランヤ且ツ夫レ昨年度ニ於テハ之ヲ要求シ本年度ハ之ヲ要求セス所謂財政上ノ理由昨年ト本年ト何等ノ相異アルカ

右及質問候也

淸國事變ニ關スル質問書

右成規ニ據リ提出候也

明治三十三年二月十六日

提出者　大石正己

贊成者　坂本金彌

外四十三名

淸國事變ニ關スル質問主意書

淸國事變ニ關シ曩日本員ノ質問ニ對シ政府ノ答辯ハ唯西特命全權公使ノ電報ヲ示シタルニ過キスシテ未タ要領ヲ得ス仍テ更ニ質問スルコト左ノ如シ

一淸國ノ皇太子册立以來淸國臣民ノ動搖ニ際シ西特命全權公使ハ淸國皇帝ニ謁見シタルコトアル乎又淸國政府ニ對シ何等友誼的忠言ヲ與ヘタルコトアル乎

一政府ハ淸國事變ニ際シ我公使カ淸國政府ニ對シテ取ルヘキ態度ニ付何等訓令ヲ與ヘタルコトアル乎

右及質問候也

○議長（片岡健吉君）　諸君ニ御諮リスルコトガアリマス、保險業法案特別委員關直彥君ヨリ病氣ノタメ同委員ヲ辭任シタキ旨ヲ申出デラレマシタガ、許シテ御異議アリマセヌカ

（「異議ナシ」ト呼フ者アリ）

○議長（片岡健吉君）　御異議ガナケレバ許スコトニ致シマス、此委員ハ議長ノ指名ヨリ成立ツテ居リマスカラ、議長ハ鈴木萬次郞君ヲ補闕ニ指名致シマス、委員長安川繁成君カラ治安警察法案及行政執行法案ノ委員會ヲ開キタイト云フコトデアリマス、是モ許シテ御異議ハアリマセヌカ

（「異議ナシ」ト呼フ者アリ）

○議長（片岡健吉君）　御異議ガナケレバ許スコトニ致シマス、委員長安部井磐根君カラ刑法中改正法律案ノ委員會ヲ開キタイト云フコトデアリマスガ、是モ許シテ御異議アリマセヌカ

（「異議ナシ」ト呼フ者アリ）

○議長（片岡健吉君）　御異議ガナケレバ許スコトニ致シマス、是ヨリ會議ヲ開キマス

○星亨君（九十一番）　鐵道國有法案外一件ノ委員會ヲ是ヨリ開キタウ存ジマスガ、許可アランコトヲ希望致シマス

○議長（片岡健吉君）　委員長星亨君ヨリ鐵道國有法案外一件ノ委員會ヲ開キタイト云フコトデアリマスガ、許シテ御異議ハアリマセヌカ

（「異議ナシ異議ナシ」ト呼フ者アリ）

○議長（片岡健吉君）　御異議ガナケレバ、許スコトニ致シマス——大石正己君

（大石正己君演壇ニ登ル）

○大石正己君（二百七十六番）　私ハ昨日外務當局者カラ答辯ニナリマシタル外交質問ニ對スル答辯ノ甚ダ質問ニ對スル要領ヲ得ナイ譯デアリマスカラ、再ビ質問ヲ致ス考デアリマス、此凡ッ質問ニ對シテ政府ノ答辯ト云フモノハ、其質問セラレタルコトニ對シテ、答辯ノ出來ル限ハ答辯ヲスル、答辯ノ出來ザル理由ガアルトキニハ、答辯ナシナイ理由ヲ附シテ答辯ヲスルノデアル、ソレデ詰リ此質問ニ對スル政府ノ態度ハ答辯ヲスルカ、若クハセナイカト云フ二ツヨリ外ニナイガ、此昨日ノ答辯ナルモノハ答辯ヲシナイト云フ範圍ニモ這入ラナイ、又答辯ヲシタト云フ譯ニモナラナイ、一種曖昧模稜ノ間ニ此質問ヲ埋沒サセルト云フ答辯ノ仕方デアル、是ハ共將來議員カラ政府ニ對シテ質問ヲスル、此權利ニ向ッテ甚ダ惡例ヲ遺スコトデアリマス、ソレデ斯ノ如キ答辯ヲスルヤウナ當局者ニ屢々出テ質問ヲ詰フト云フコトハ、如何ニモイヤナ仕事デアリマスケレドモ、一應是ハ議院ノ將來ノ惡例ニモナルコトデアリマスカラ、重テ茲ニ共事ヲ言ハザルヲ得ヌ場合ニ立至リマシタ、ソレハ何トナレバ答辯ト云フモノハ、問ウタ共大趣意ニ向ッテ答ヘルノデアル、若シ答ヘナケレバ是ハ答ヘラレヌ理由ガ斯ウ云フ譯デアルト云フコトヲ云フノデアル、昨日ノ質問ニ對スル答辯ト云フモノハ、問ウタ趣意ニ答ヘモシナケレバ、又寧ロ答辯ガ出來ナイト云フコトモ言ハナイノデアル、是ハ甚ダ不都合ノ仕方デアリマス、是ハ或ハ外務省ノ當局者ガ色々文ヲ舞ハシテ、一種曖昧ノ問ニ遁路ヲ求メタモノト見エル、然ルニ此議院ヲ甚ダ輕ジタ譯デ、大概ノ事ナラ是ハ通シテヤルベキダガ、斯ノ如キコトハ見遁サレヌ、何トナレバ第一問ニ對シテ政府ハ答ヘテ曰ク、清國政府ト協定ヲ經テ、サウシテ此福建省ニ於ケル鐵道敷設ノ必要ヲ清國政府ガ感ズルトキニハ、先ヅ共資本若クハ技師ト云フモノヲ外國ヨリ——之ヲ必要トスレバ一番ニ日本ヘ相談ヲスルト云フ、此箇條ヲ以テ答ヘテ居ル、本員ガ質問シタ趣意ハ決シテサウデナイ、此清國ニ於テ鐵道敷設權ヲ今日ノ場合日本ガ必要トスルカセヌカ、若シスルナレバ、之ヲ得ルダケノ政府ノ盡サレタ手段ハ、如何ナルモノデアルカト云フノガ問デアル、ソレヘ向ッテ此清國政府ハ協定ヲ經テ、斯ウ云フモノヲ得テ居ルト云フ、餘程是ハ御自慢ラシク申立ッテアルガ、是ハ此協定ヲ經タト云フモノハ、今ノ政府デハナイ、餘程前ノコトダ、今ノ政府ガ決シテ協定ヲ經タモノデハナイ、是ハ誰デモ知ッテ居ル、即チ此福州——支那國ニ於テ列國ガ競ウテ、此處ナ部分、此處ナ部分ト云フ勢力範圍ヲ爭フ場合ニ當ッテ、福州ノ不割讓ヲ請求シタ場合ノ話デアル、此又協定ヲ經テ居ルコトガ——一種此協定ヲ經テ居ルコトガ、今ノ政府ノシタ仕事デアルト、之ヲ假ニ看做シテ、サウシテ此協定ト云フコトガ、ドレダケノ利益ガアルカ云フコトヲ考ヘテ見レバ、此協定ヲ經テ居ル覺書ナルモノハ、其協定シタ場合ニハ多少ノ效力ガアッタカ知ラヌケレドモ、今日ニ於テハ何ノ效力ガナイト云ウテ宜シイ、何トナレバ此鐵道ヲ他日支那政府ガ鐵道ヲ架ケルトキニ、外國ノ資本ト外國ノ技師ヲ要スル場合ニハ、先ヅ日本政府ニ相談ヲスベシト云フ箇條デアル、所ガ支那政府ガ此福州アタリマデモ鐵道ヲ自分ノ國カラ必要ヲ感ジテ開クト云フコトガ、事實ニ於テ此數十年ノ間ニアリマスルコトデアルカ、ナイコトデアルカト云ヘバ、無論分ッタ話デアル、此支那ガ今日ノ場合ニ於テ、自ラ鐵道ヲ架ケル必要ヲ感ズルト云フコトハ、恐ラクハ五十年百年經ッテモ感ゼヌカモ知レヌ、若シ此支那政府ガ鐵道ヲ架ケル必要ヲ感ジタト假ニ假定メタ所ガ、自分ノ資本自分ノ國ノ技師デヤルトキニハ、日本ヘ相談スル必要ハナイ、スレバ日本ハ此協定ガアルガタメニ、日本ガ鐵道敷設權ト云フモノガアルト云フ理ハ、決シテアリハシナイ、又モウ一ツ此鐵道ヲ架ケルニ依ッテ、外國ノ資本ト外國ノ技師ヲ要スルトキニ日本政府ヘ相談ヲスルト云フダケノコトデアッテ、必ズ日本ニ此鐵道敷設權ヲヤルト云フ約束ヂヤアナイ、サスレバ此鐵道ヲ架ケルトキニ外國ノ技師ト外國ノ資本ヲ要スルト云フコトハ、今日ニ於テ何ノ效能モナイ協定デアル、「第一ニハ支那政府ガ鐵道ヲ敷ケバ日本ニ相談スル必要ハナイ、自分ノ資本ト自分ノ技師ヲ以テヤレバ、一向日本ニ關係ガナイ、若シ之ニ相談シタ所ガ、日本ノ技師ト日本ノ資本デナケレバナラヌト云フコトハナイ、サスレバ此協定書ト云フモノハ其場合ニナッテ外ニ取ラレルト云フタメニ云フモノカ知ラヌケレドモ、今日ノ場合ニ於テハ決シテ必要ハナイ、又左程是ガ鐵道敷設權ヲ得ルト云フ上ニ於テ效力ハナイモノデアル、サスレバ政府ガ日本ノ今日ノ場合、日本國ガ清國ニ於テ鐵道敷設權ヲ必要ト認ムルカ否ヤト云フ問題ニ對シテ、殆ド答ヘテ居ラヌ、又之ヲ必要トスレバドウ云フコトヲシテ居ルカト云フノ問ニハ、更ニ是ハ答辯ニナッテ居ラナイガ、然ルニ是ハ一方カラ見レバ、「政府モ餘程窮シタ答デアル、何トナレバ此鐵道敷設權ヲ得テ置クト云フ必要ガアルカナイカト云フニ至ッテ、ナイト云フコトヲ答ヘルコトハ、是ハ餘程困ッタモノト見エル、然ラバアルト云ウテ見タトキニ何シテモ居ラヌト云フコトガ一方ニ現レテ來ル、ソレ故ニ有ルトモ無イトモ言ハヌ間ニ之ヲ胡麻化シテ往カウト云フ是ハ答辯ノ仕方デアル、是ハ政府ノガ詰リ一ノ遁路ヲ見附ケタト云フニ過ギヌ答辯ノ仕方デ、誠ニ此日本ノ國家ノ上カラ此政府ノ清國ニ對スル鐵道敷設權ト云フモノニ重キヲ置カヌト云フヤリ方ニ於テハ、甚ダ歎ズベキ次第デアル、ソレカラ此第二ノ問ニ對シテ鑛山採掘權ト云フモノヲ、「是ハ日本ガ支那國ニ於テ必要ト認メルヤ否ヤ、若シ認メルナラバ政府ガ調査シテ居ルカ、若クハ交渉シタコトガアルカナイカト云フノ問ニ對シテ、政府ハ答ヘテ曰ク、「鑛山ハ政府ノ爲シ得ル限調査シツヽアル、ソレカラ支那政府ト之ニ附イテ交渉シタコトガアルカナイカト云フ所ノ意味ニ對シテハ、是ハ判然シナイト云フコトヲ答ヘテ居ル、是ハ寧ロ男ラシイ答ヘ方デアル、何ニモシテ居リマセヌト云フコトヲ白狀シタノデアル、此鑛山ニ附イテ調査ヲシツヽアルト云フコトハ、是モドウモ甚ダ怪シイ、何トナラバ此支那ノ鑛山ノコトニ附イテ、日本政府ニ於テ人ヲ派セズ、技師ヲ遣サズ、地圖ヲ開イテ書類ヲ見タ位デ、決シテ分ラヌト云フコトハ、モウ二三年前カラ明ニ分ッテ居ル、既ニ一昨年アタリニ於テモ、之ヲ必要トシテ彼ノ地ニ技師ヲ派シタト云フコトニ附イテハ、餘程協議ヲシツヽ、其事ヲ運ビツヽアッタト云フ事實ニ照シテモ其時ノ關ニ於テ、日本ニ於テ今日支那ノ鑛山ノ實地ト云フモノハ分ラヌト云フコトニナッタ上、是ハ調査ヲセニヤナラヌ、人ヲ派セナラヌト云フ詮議ニ及ンダコトガアル、スレバ今調査ヲシツヽアルトハ、何處デ調査ヲシヨルノデアルカ、技師ヲ實地ニ派シテ調査ヲシヨルノデアルカ、未ダ共事ヲ聽カナイ、實際恐ラクハナイデアル、サウスレバ内務省ノ二階アタリデ地圖ヲ開イテ見ヨルコトハ、ヒョットアッタカ知ラヌガ、是ハ調査ニハナラナイノデアル、又今日調査シツヽアルト云フコトハ何事デアルカ、是ハ今日マデ實ハ怠ッテ居リマシタト云フ白狀ノ言換デアル、列國各々此處

ニ手ヲ著ケル際ニ於テ、日本ハマダ調査シツヽアル、而モ其調査シツヽアルト云フ是ハ、即チ派シタニモアラズ、何處デ調査シヨルカ分ラヌト云フ位ナ形迹デアル、是ハ鑛山ト云フモノヲ――鑛山ノ採掘權ハ不必要デアルト云フコトヲ斷然ト云フコトガ出來ナイカラ、ソコデソレナラバドレダケ交渉ヲシテ居ルカト云フニ至ッテ、何モシテ居ナイ、唯調査シツヽ、アルト言ッテ、政府ハスル積デアルトカ云フ先ヅ意味ヲ裏兩院ヲ面ニ匂ハシタモノト考ヘル、然ルニ其調査タルヤ、今申ス通ノコトデアッテ、甚ダ怪シイ譯デアル又愈〻政府ガヤル積デアルナラバ、調査ガ不完全ナルガタメニ、請求ヲシナカッタノデアルカ、然ラバ調査ガ完成シタ上ニハ、又交渉ヲ開イテ取ルダケノ手段ヲ盡スカト云フコトヲ問ウテ見タイコトデアル、ソレカラモウ一ツ大切ナ問題ハ、即チ此京釜鐵道ノ一件デアリマス、是ハ過日上下兩院ヲ通過シテ建議案ガ成立ッテ居リマスルガ、然ルニ此京釜鐵道ノ質問ノ趣意ハ、凡ソ期限ノアルモノデ、期限ガ切迫シテ來ルニ今日未ダ著手セヌト云フコトハ、餘程是ハ怠慢デハナイカ、若シ是ガ期限ガ切レルト云フトキニハ、政府ハ之ヲ抛棄シテシマフ積デアルカ、將タ是ニ著手ヲシテ、其契約ヲ有效ナラシメテ、此京釜鐵道ハ我日本ノ國ノ勢力ノ下ニ之ヲ管理スルヤウニ致サセルカ、ドウデアルカト云フノガ問ノ趣意デアル、其問ニ對シテ政府ノ答ヲ御覽ナサイ彼ノ京釜鐵道ノ發起人等ハ、特權ヲ得タケレドモ未ダ會社ヲ組織シナイ、又政府ヘ公然ト此發起人カラレテ交渉ヲ受ケタコトモナイ、利子補給ノ請願ヲセラレタコトモナイト答ヘテ居ル、是ハ實ニ怪シカラヌ答ノシヤウデハナイカ、何トナラバ此京釜鐵道ト云フモノハ、元ト是ハ政府ガ殆ド發起シテ、サウシテ此朝鮮國ノ獨立進歩又我國ノ貿易利益線ヲ擴張スルト云フ上ニ於テ、必要デアルト云ウテ、餘程ノ力ヲ以テ政府ガ之ヲ取ッタ權利デアル、而シテ今日發起人ガ會社ヲ組織セヌトカ――第一事實ガ違ッテ居ル、成ル程公然タル社名ヲ附ケテ屆出ヲセヌカモ知ラヌガ、即チ百七十八人ノ經濟社會ニ於テ有力ナ方々ガ發起人ト爲ッテ、サウシテ力ヲ併セテ今日働イテ居ル、幾度カ調査ニ人ヲ出シ、幾度カ此工事ノタメニ集會ヲシ、又政府ニ交渉ヲシ、既ニ其實是ハ會社ガ成立ッテ居ルノデアル、モウ一ツハ公然ト利子補給ノ請願ヲシテ來ナイカラト、斯ウ云フ答デアル、是ハ質問ノ趣意ニ全ク關係ノナイコトヲ答ヘテ居ル、質問ノ趣意ハ即チ此京釜鐵道ハ、ドウスルカト云フノガ質問ノ趣意デアル、ソレニ向ッテ發起人等カラ利子補給ノ請願ガ來ナイ、斯ウ云フ利子補給ノ請願ヲ政府ニセラレタコトガアルカナイカト云フコトハ、決シテ問ハシナイ、又殊ニ此政府デ大切ナ鐵道デアルト云フコトヲ認メテ居ル以上ハ、發起人ヲ電話デ呼ンデモ、直グニ相談ガ出來ルヂヤナイカ、忽チ發起人等ト相談シテ、或ハ會社ヲ組織サセルナリ、又利子補給ノ一件ナリ、之ヲ交渉スルコトハ、何時デモ出來ル、是ハ全ク怠慢ノ責ヲ唯當局者ガ逃レンガタメニ、此會社ノ發起人ニ浴セカケテレマッタヤリ方デアル、會社ノ發起人杯ガ怠慢シテ居ルヤ否ヤ、シテ居ルトカ云フコトハ知ラヌケレドモ、會社發起人ト云フモノニ拘ラズ、必要ガアルト認ムル鐵道ナラバ政府ハ何セ進デ之ヲ奬勵シ交渉シテ、是ノ成立ツヤウナ手數ヲ取ラナイノデアルカ、是ハ甚ダ謂レナイ答デアル、而モ此答ガ不都合デアルト云フダケデハナイ、斯ノ如キ答ヲスル政府ノ裏面ハ、遂ニ此鐵道ヲ曖昧ノ中ニ葬リハセヌカト云フコトヲ吾々ハ恐ル、ノデアル、若シ政府ガ進デ之ヲヤルト云フナラバ、斷然トヤルト云フコトヲ答ヘテ宜シイ、此答方ガ曖昧デアルト云フコトハ、若シソレナラバ會社ノ發起人等ガ其利子補給ノ請願ヲシタラドウスルト云フ譯デアルカ、又若シシナカッタナラバ、政府ハ棄テル積デアルカ

ドウデアルカ、此ニ至ッテ政府ハ何トモ其色ヲ附ケズ、其考ナレニ唯是迄怠慢ヲシテ居ラナカッタト云フコトヲ世間ニ見セビラカシタイタメニ、此會社ノ發起人ガ怠慢シテ居ルヤウナ答ヘ方ヲシテ、即チ此質問ノ元ニ向ッテ、決シテ答ヲシテ居ナイ、是ハ京釜鐵道ノコトデアリマスガ、ソレカラ政府ハ此京義鐵道ト京元鐵道ト云フコトニ附イテ質問サレテ、ソレノ答ト云フモノヘ、是レ亦甚ダ薄弱ナル甚ダ曖昧ナル答ヲセラレタ何トナラバ此京義京元鐵道ノ元來性質ト云フモノハ、ドウカト云フト、實ハ此京義鐵道ハ其重キコト決シテ讓ヲヌ、ソレニ京義鐵道サヘ成立テバ一切宜シイト云フ譯デナイ、又此地形ノ上カラ見テモ、實地上政略上ノ上カラ考ヘテモ、詰リ此朝鮮ト云フモノヲ橫斷スル所ノ京元鐵道、又朝鮮ノ北方カラ、大陸カラ南下シテ來ル京義鐵道杯ト云フ大切ナルモノハ、恰モ釜山カラ京城ニ到ルノト同ジコトデアル、此鐵道ニ向ッテ日本ハドウ云フ態度ヲ取ルカ、ドウ云フ働ヲ爲スカヲ問ウテ居ル、之ヲ必要ト認メルカドウカ、之ヲ必要デアレバ得ラレル機會ガアッタト云ウテ居ル、所ガ政府ハ唯表面上京義鐵道京元鐵道ト云フモノハ、是ハ近來朝鮮政府ト云フモノガ自分ノ國內ノ人デ經營サセルト云フ方針ヲ取ッテ、內國鐵道會社ト云フモノニ今與ヘテ居ルト云フコトヲ答ヘテ居ル、是ハ一面皮想上カラ考ヘルト、成ル程ソレデモ宜イヤウニ考ヘラレル、全ク是ハ形式ノ上ノ面目ヲ利用シテ、其實ヲ見ナイ申譯的ノ答辯デアル、何トナレバ朝鮮政府ガ今日又朝鮮人民ガ、今日自分ノ國ノ鐵道ヲ自分デ作ルト云フ力ガ何處ニ在ルカ、幾ラ搜シタッテモ左樣ナ有力ナモノハアリハシナイ、今日殆ド共國ガ危イト云フ場合ニ、此鐵道ノ上ニ又殊ニ其朝鮮政府ガ、財政ガソレ自ラ立行カヌト云フ今日ノ急迫ナ場合ニ、此鐵道ヲ朝鮮內國ノ鐵道會社デ之ヲ敷設スル杯ト云フコトハ、夢ニモ出來ナイコトデアル、又內國鐵道會社ナルモノハ、如何ナル勢力ガアルカト云フト、何モ名ガアッテ實ハナイ、然ラバ是ガ特許ヲ得テ居ルカラト云フモノハ、何ノ役ニモ立タヌ、詰リ斯ノ如キ有名無實ナ會社ガ鐵道敷設權ヲ持ッテ居レバ、是ハ非常ニ危險ナコト、言ハナケレバナラヌ、即チ此會社ノ出來能ハザルコトヲ此際會社ニ弄バセル結果ハ、遂ニ外國人強力ナ者ノ手ニ奪ハル、下地ヲ爲スノデアル、故ニ此京義鐵道京元鐵道ヲ大切ナリト認メル以上ハ、之ヲ得ル上ニ於テ決シテ其手段難キニアラザルモノデアル、既ニ其事實ヲ聞ケバ、屬〻朝鮮政府ハ日本ノ手ニ之ヲヤッテ貰ヒタイ、外カラ來テ色〻之ヲ手ヲ著ケラレルノハ、非常ニ危險デアルカラ、日本ニ之ヲ引取ッテヤッテ貰ヒタイト云フ交渉ガ屢〻アッタト云フコトハ事實デアル、斯ノ如キモノニ向ッテ、全然其手ヲ著ケルコトモ斡旋ヲスルコトモセズシテ、即チ其責ヲ免レントスルタメニ、所謂內國鐵道會社ガ請合ウタカラト云フ、斯ウ云フ遁ゲ所デアル、是ハ抑〻京元鐵道京義鐵道ノ我國ニ必要デアルカナイカ、之ヲドウスルト云フ問ニ對シテハ、是モ答ヘテ居ナイ、サウシテ此モウ一箇條ハチヨンキンノ專管居留地ノコトデアル、チヨンキンニ於ケル專管居留地ト云フモノヲ何セ早ク確定シナイカト云フ質問デアッタガ、ソレニ對シテ政府ノ答辯ハ、明治二十九年ニ委員ヲ派出シテ、約ソ十万坪位ヲ豫定シテ居ルト云フ答デアル、是ハ何タル答デアルカ、明治二十九年ニ我國ノ委員ト清國ノ委員ガ其他色〻ナコトヲ協定ヲシタト云フコトハ、是ハ誰モ問ハナクトモ分ッタ話デアル、ソレヲ問フノデハナイ、此協定ヲシテ專管居留地ヲ造ルベキ權利ヲ得テ以來、此大切ナル所ニ專管居留地ヲ設ケナイノハ、何故カト云フ問デアル、ソレニ向ッテ明治二十九年ニ委員ヲ派シテ云々ト云フ、何カ政府ガ之ニ附イテ心配デモシタラシク云ウテ居ルガ、決シテナイ、明治二十九年ニ倒ヘバ政府ガソレダケノ手數ヲ經、ソレダケノ手數ヲ施シタトシテモ、倘ホ

且ツ怠慢デアル、何トナレバ星霜五年、五年ノ星霜ヲ經テ豫定トハ何事デアル、何ゼ確定ト云フコトヲセヌ、豫定シテ置イテモ何デモナイ、確定シナケレバ決シテ效能ハナイ、卽チ五年ノ間マルデ抛棄シテ置イタト云フコトヲ間接ニ白狀シタモノデアル、而シテ終ノ阿泥沙ト云フ所ニ何ゼ正式ノ領事館ヲ置カナイカ、昨年ハ請求シテ今年ハ此豫算ニ請求ヲシナカッタハ、何デアルカ、果シテ不必要ト認メルカドウカト云フコトヲ問ウテ居ルノニ、ソレニ對シテ答ヘテ曰ク、昨年ハ必要ハ非常ニ必要デアルガ、昨年ハ請求ヲシタケレドモ、今年財政上ノ都合デ請求ヲシナイ、此阿泥沙ノ領事館ナルモノハ大金ヲ要スルモノデアルカ如何、僅ニ二万四五千圓三万圓内外ノ金デアル、一方ニハ二億万モ金ヲ募ッテ、鐵道ヲ買收スルト云フ勢ヲ持ッテ居ル政府ガ、此二万カ三万ノ領事館ヲ置クト云フ金ニ財政上ノ都合トハ何事デアル、又財政ノ都合ガ昨年ト今年ハ二万カラ三万ノ金ノ上ニドウ云フ差等ヲ生ジタコトガアルカ、是ハ甚ダ無責任ナ答辯ト言ハザルヲ得ヌ、デ斯ノ如ク申シテ見レバ、政府ト云フモノガ元來ノ此外交殊ニ又此日本ノ商工業者、此事業ノ事、貿易ノ事、總テ此日本ノ日本人民ノ權利利益ニ關スル問題ニハ、餘程冷淡デアルト云フ證據ハ、自ラ明ニ分リマスガ、殊ニ此間加藤政之助君カラモ、此露領浦潮斯德近邊ニ於ケル質問ガ出テ居ルヤウデアル、是等ノ卽チ日本人民ノ此營業利益上ニ關シタ問題ト云フモノヲ等閑ニ附シ去ッテ、サウシテ此人民ガ無限ノ損害ヲ受ケ又我國ノ將來發達上非常ナ損害ヲ受ケルト云フコトハ、餘程是ハ政府ハ冷眼視シテ居ル、又此露西亞浦潮斯德或ハ、安南東京等ノ佛蘭西領杯ニ於テ、日本ノ貿易品ニシテ從來十分輸出ノ出來ヨッタモノガ、或ハ海關稅ヲ引上ゲラレタ、メニ、或ハ色々ナ故障規則ヲ設ケラレタタメニ、日本ノ販路ノ狹メラレタルト云フノモ事實デアル、總テノ方面ニ對シテ、此政府ガ十分ニ我國ノ利益線ヲ保護シナイト云フ證據ハ、著々トシテ現レテ來ル、ソレデ實ハ我輩ノ前ノ質問ト云フモノハ、皆是ハ政府ヲ責ムルト云フ譯デハナイ、誠ニ此政府ガ外交上又日本ノ人民ノ利益線ヲ保護スル上ニ於テハ、如何ナルコトヲシテ居ルカ、ドレダケ政府ト云フモノガ、マダ進デヤラウトスレバヤル餘地ガアルカト云フコトヲ問ウテ、サウシテ政府ノ十分此ニ外交方針ト云フモノヲ人民ニ知ラシメル機會ヲ與ヘテ居ルノデアル、ソレハ成ル程外交上ノ機密ニ涉ルコトヲ以テ答ヘナクトモ、十分ニ此質問ニ對シテハ間接ニ若クハ直接ニ政府ガ其外交上ニ對シテ取ル所ノ方針若クハ將來取ラントスル政略ト云フモノヲ示スヤウナ機會ヲ與ヘテ、政府ガ成ル程今日マデシナカッタ、怠ッテ居ッタト云フコトヲ兎ニ角マタ今日現ニ政府ガナサナイデ居ルト云フコトヲ攻メナイ、將來ニ於テ政府ハ斯ウ云フ計畫ヲ有ッテ居ル、斯ウ云フコトヲスル積デアルト云フコトデモ政府ガアレバ尙ホ吾々ハ餘程賴母シイ政府ト考ヘルケレドモ、過去ニ於テシテ居ラズ、現在ニ於テ爲シツヽナシ、而シテ將來ニモ尙ホ爲スト云フ氣配ガナイ、斯ウ云フコトニ至ッテハ甚ダ是ハドウモ怪マザルヲ得ヌ、而シテ此支那ノ事變ニ對スル質問ト云フモノモ、隨分氣候後レニ答辯ヲセラレテ居ル、固ヨリ斯ノ如キ事件ト云フモノハ、或ハアルコトモアレバ、ナイコトモアルガ、兎角其當時ノ人心ニ非常ナ刺戟ヲ與ヘタ問題デアル、然レバ此問題ニ對シテハ、アル事ナリ、ナイ事ナリ、其時ノ事實ヲ其時ニ答辯ヲスルニ於テコソ、始テ價値ガアル、政府ノ責任ト云フモノガ始テ立ツノデアル、ソレガ今日マデ分ラナイコトナラバ、成ル程今日ニマデ之ガ延引シタト云フテモ宜シイガ、卽日ニ分ッテ居ルコトヲ今日態々之ヲ出シテ來テ、答辯ヲスルト云フニ至ッテハ、殆ド是ハ御問ヲシタ趣意ニハ決シテ適ウテ居ナイ、又政府ヘセウ一應支那事件ニ附イテハ尋ネテ見タイト云フコトハ、或ハ外國ノ意向モ探ッテ知ッテ居ルケレドモ、ソレハ言レヌト云フ、探ッテ知ッテ居ルコトハアルカナイカハ私ハ知ラナイ、言レヌトナラバ、ソレマデノ話デアルガ、又將來ニ於テ此支那ノ勢運ヲ保チ、支那ノ保全ヲ保チテ、支那ノ利益ヲ保チ、又我國ノ利益ヲ保護スル上ニ於テ、政府ノ執ルベキ方針ヲ言レヌ、隨分差支ノアルコトノヤウニモ思フガ、是ヲ以テ卽チ答辯ガ出來ナイト云フナラ、是モ宜シイ、然ルニ此支那事件ト云フモノガ起ッテ以來、日本ノ外務省ハ此北京駐箚ノ公使ニ向ッテ、何等ノ訓令ヲ下シタコトガアルカ、又此事變ニ對シテ支那政府ニ對スル我代表者タル公使ノ態度ト云フモノハ、如何ニスベキモノデアルカト云フコトノ其訓令ヲ一回出シタコトガアルカナイカト云フコトヲ聞イテ見タイ、又モ一ツハ此支那事件ノ起ッタ以來、或ハ皇帝ニ謁見ヲシタコトガアルカ、若クハ總理衙門ニ向ッテ友誼的ノ忠言デモ與ヘタト云フコトガアルカナイカ、是ハ隨分今列國ノ公使ガ或ハ謁見ヲシ又ハ淸國政府ニ向ッテ忠告ヲ爲ストカシタヤウナ運動ハ、今頃ポツ〳〵現レテ居リマスルガ、兎ニ角我日本ガ此鄰國ニ臨ンデ、一回ノ友誼的ノ働ヲ執ッテ居ラヌ、一回ノ忠言モ與ヘテ居ナイト云フコトハ、決シテアルマイト考ヘル、此際若クハ此事變後今日ニ至ルマデ、日本ノ態度ハ公使ニ向ッテ外務省ハ如何ナル訓令ヲ發シタカ、又此淸國皇帝ニ對シテ或ハ謁見ヲ願ッタトカ、若クハ支那政府當局者ニ向ッテ、十分ナ忠言デモ與ヘタコトハアルカナイカト云フコトハ、聞イテ見タイ、而シテ又多クハ公使ノ電報ト云フモノハ、卽チ答辯ノ中ニアリマシタガ、此北京ヨリノ電報ナルモノハ、若クハ日ノ支那ノ官報ニ載ッタ杯ト云フコトガアル、成ル程官報ニ載ッタハ確ナコトデアリマセウ、然ルニ官報ニ載ッタモノヲ見テ直グニ報道スル位ナコトハ、是ハ新聞ノ通信員ノ方ガモット早イ、又其他ノ報道ナルモノモ、是ハ支那政府ガ責任アル當局者ニ就イテ、能ク其實事ヲ確メテノ報道デアルカ、將タ世間ノ風評若ハ其新聞通信者杯ノ傳フル所ノモノヲ其儘ニ電報ヲシテ來タモノデアルカ、是等モ十分ニ承ッテ見タイト考ヘル、兎ニ角先日ノ質問書ニ對スル甚ダ曖昧ナル答辯ノ仕方ニ對シテハ、モウ一應當局者ノ明ナル答辯ヲ煩ハシタイト考ヘマスルカラ、今日是ダケノコトヲ申シテ置キマス

○議長（片岡健吉君）　御異議ナケレバ委員長ノ報告通確定致マス、議事日程第十二博士王仁古墳擴張費補助ニ關スル建議案議案ノ朗讀ヲ省略致シマス、深尾龍三君

第十二　博士王仁古墳擴張費補助ニ關スル建議案（深尾龍三君外七名提出）

博士王仁古墳擴張費補助ニ關スル建議案

博士王仁ハ人皇十六代
應神天皇ノ御宇
天皇使節ヲ百濟國ニ遣シテ識者ヲ召シ玉フトキ
叡旨ヲ奉シテ來朝シタル人ニシテ典籍ヲ獻シ畏クモ
仁徳天皇ノ師傅トナリ且我カ帝室ヲ補佐シ奉リタル事蹟ハ載セテ國史ニ在リ即チ我カ朝文學ノ始祖トス
然ルニ其ノ墳墓ハ今纔ニ河内國北河内郡菅原村ニ在リテ今ヲ距ルコト千有餘年前ノ建設ニ係リ方形ノ碑ハ文政十年地方ノ有志之ヲ建立シ其ノ碑面ノ文ハ故有栖川宮殿下ノ親ラ揮毫セラレシモノナレトモ規模狹小頗ル頽廢シテ實ニ見ルニ忍ヒサルノ觀ヲ呈セリ依リテ此ノ古墳ヲ擴張シ以テ我カ帝國文學ノ始祖
聖皇ノ師傅トシテ裨益セラレタル功績ヲ發揚セムトス依リテ政府ハ宜ク相當ノ金額ヲ支出シテ之ヲ補助セラレムコトヲ望ム
右建議ス

（深尾龍三君演壇ニ登ル）

○深尾龍三君（六十三番）　本案提出ノ理由ヲ聊カ、辯明致シマス、此王仁博士ハ人皇十六代 應神天皇ノ御宇ニ天皇使節ヲ百濟國ニ遣シマシテ識者ヲ召サレマシテ、其時叡旨ヲ奉ジテ來朝シタ人デアリマス、サウシテ論語千字文等ノ典籍ヲ攜帶シテ此方ヘ參リマシテ 仁徳天皇ノ師傅ト爲リ、且ツ帝國ヲ補佐シ（「能ウ知ットル、ソンナコトハオニト云ハナイデ、ワニト言ヘ」ト呼フ者アリ）奉リマシタ人デゴザイマスカラシテ我邦ニハ大ニ鴻益ノアル人デゴザイマス、然ルニ其墳墓ハ今僅ニ大阪ノ北河内郡菅原村大字藤阪御墓谷ト云フ所ニ在リマス、今ヲ距ルコト千有餘年ノ昔ノ建設ニ係リマシタガタメニ、頗ル頽廢シテ居リマシテ實ニ見ルニ忍ビヌ譯ニナッテ居ルノデアリマス、故ニ斯ル我國文學ノ始祖聖皇ノ師傅トシテ、大ニ功績ノアル譯デアリマスルカラシテ、此際ニ其功績ヲ發揚スルコトハ、最モ急務ノコト、吾々ハ信ズルノデアル、故ニ宜シク政府ハ此事業ニ對シマシテ、相當ノ資金ヲ支出セラレ補助セラレンコトヲ希望スル次第デアリマス、滿場一致ヲ以テ即決アランコトヲ希望致シマス

○望月長夫君（二十二番）　本案ハ反對デアル、反對ノ意見ヲ述ベヤウト思フ、今日マデ祭典トカ神社ノ修築トカ云フコトニ附イテ、段々議案モ出マシタガ大抵ハ事皇室ニ關スルモノバカリデアル、大抵ヂヤナイ總テサウダッタト思フ、前ノ議會ナリ今期ノ議會ナリニ出タモノハ、悉ク皇室ニ關スルモノデアッタノデアル、然ルニソレデモ隨分サウ云フ建議案ノ多過ギルヤウニ感ジテ居ッタノニ、此議案ハ更ニ其範圍ヲ擴張シテ、博士王仁ニ及サウトスルノデ、墓ガ小サイカラソレヲ大キクスルノニ國家ノ費用デ補助セヨト政府ニ請求スルノデアル、政府ニ左樣ナ餘分ナ金ガアリマセウカ、凡ソ國費ヲ以テ、租税ヲ以テ取立テタ國費ヲ以テ經營スル仕事ハ、此仕事ガ國家ノ公益ニ關スル事柄デナケレバ、私ハ出來ナイト思フ、斯樣ナコトヲ際限ヲ設ケズニ少ノ由緒ヲ申立テ、悉ク墓ノ修繕マデモ國費ヲ要求致ス習慣ヲ開イタナラバ、ドノ府縣ニデモ此位ノ由緒ノアル事柄ハ七ヤ八ハドッチニデモアル、議會モ政府モ共ニ斯ノ如キ建議者ニモセヨ、サウシタ結果、政府ハ斯樣ナ建議ヲ受ケテモ、之ニ持ッテ出ル金ガナイト云フコトニナレバ、院議ヲ採用スルコトガ出來ナイト云フコトニナリ、議會カ議決シテ政府ニ出シタ建議案ハ、政府ガ採用シナイノモ無理デハナイト云フヤウナ議案ヲ、ドン〳〵送ッタナラバ是ゾ議會自ラガ、議會ノ院議ヲ輕蔑スルト同一ノ結果ニ相成リマス、若シモ諸君ガ斯ノ如キ仕事ニ是非トモ國家事業、國家ノ經費ヲ以テ經營セネバナラヌ仕事デアルト御信ジニ相成ルナラバ格別、否ラザル以上ハ將來斯ノ如キ範圍ヲ擴張スル問題ハ、此際否決ニナッテ自ラ國家ノ事業ト爲スベキコトノ範圍ヲ御定メニナルガ至當デアル、私ハ反對デアル

（「採決々々」「贊成々々」「反對々々」ノ聲交々起ル）

○出水彌太郎君（百五番）　私ハ贊成ヲスルデス、唯今暫ク御聽下サレ望月君ハ

（「採決々々」ノ聲起ル）

○議長（片岡健吉君）　登壇ナサイ

（出水彌太郎君演壇ニ登ル）

○出水彌太郎君（百五番）　靜聽ヲ煩シマス、唯今望月君カラ反對ノ御議論ガアリマシタガ、是位ノコトヲスレバ各府縣到ル處ニ澤山アルト云フ御話デアリマスルガ、抑々此博士王仁ト云フ者ノ履歴ヲ御讀ニナラナイノデアル、知ラナイノデアル是ハデス 應神天皇ノ十六年ニデス、未ダ日本ニ典籍ノナイト云フトキニ（「默レ々々」ト呼フ者アリ）渡ッテ來テ、即チ日本ニ此典籍ヲ將ヘタト云フ功績ガアルノデ（「反對」ト呼フ者アリ）故ニ政府ガ博士ト云フノ號マデ賜ッテアルト云フ位ノモノデアリマスガ、他ノ蟲ノ研究ニ身代ヲ傾ケタト云フ者、若クハ人力ノ發明ニ保護ヲ加ヘルトカ、恩典ヲ與ヘルト云フモノト、私ハ其得失果シテ如何デアラウカト思ヒマス、ドウカ諸君、望月君ノ如キ亂暴ナ議論ニ御贊成下サレズト、ドウカ即決ヲ以テ（「ノウ〳〵」ト呼フ者アリ）此即決ヲ爲シ下サランコトヲ希望致シマスル次第デアリマス

（「反對」又ハ「贊成」ト呼フ者アリ）

○議長（片岡健吉君）　本案同意ノ諸君ノ起立ヲ請ヒマス

起立者　少數

○議長(片岡健吉君)　議事日程ノ議事ニ移リマス、議事日程ノ第一、第四號明治三十二年度歳入歳出總豫算追加案、栗原亮一君

第一　(第四號)明治三十二年度歳入歳出總豫算追加案

(栗原亮一君演壇ニ登ル)

○栗原亮一君(十番)　豫算委員會ノ結果ヲ報告致シマス、此度出マシタ追加豫算ハ合テ五册アリマスガ、共中デ明治三十二年度ノ第四號、同ジタ三十二年度ノ特第二號、三十三年度ノ分ニ於キマシテハ第二號、特第二號、追第二號ト、斯クナッテ居リマス、是ハソレ〲分科會ニ於キマシテ審査ヲ盡シ、本日總會ニ於キマシテ決定ヲ致シタノデアリマスガ、此三十二年度ノ第四號、三十二年度ノ特第二號、是ハ總テ審査ノ結果原案ノ通可決スベキト認メマシタノデアリマス、會期切迫ノ際デアリマスカラ、豫算總會ニ於キマシテ問題ノ起ラナクッテ、原案ノ通可決シタモノハ悉ク述ベマセヌデ略シテ置キマス、ソレカラ三十三年度ノ第二號、三十三年度ノ特第二號、是モ同ジタ原案ノ通審査ノ結果、可決スベキモノト決定ヲ致シタノデアリマス、此中デ問題ニナリマシタノハ、追第二號豫算外國庫ノ負擔トナルヘキ契約ヲ爲スヲ要スルモノ、是ニハ第一ヨリ第五マデ契約條項ガアリマスガ、第一ノハ警察監獄學校ノ教師ヲ雇入レルト云フノデアリマシテ、是ハ格別ノコトデモナイデアリマスカラ、別ニ問題モナク原案通可決シタノデアリマス、ソレカラ此契約ニ於キマシテハ是マデハ郵船會社ト云フノニ八十八万圓ノ補助ヲ與ヘテ、定期航海ヲヤラレタモノデアリマスガ、是ハ三十三年度ノ十月ヨリ滿期ニナリマシテ、此會期ニ於テ之ヲ契約ヲシテ置カナケレバ、十月以後ハ定期航海ハナクナル譯デアリマスカラ、是ハ此會期ニ於テ處分ヲセンケレバナラヌ場合ニ立至ッテ居リマシテ、此契約案ガ出タノデアリマス　、本回ノ此航路補助ノコトニ附キマシテ、契約ノ精神ハ是マデハ段々此航海モ幼稚デアリマシテ、會社ノ保護ト云フノ主義デアリマシタガ、今回ノ此航路補助ノ精神ハ一變致シマシテ、會社其モノヲ認メズ致シテ、各樞要ノ航路ヲ選定ヲ致シテ、其各航路ニ附キマシテ、損失ノ見積ヲ立テ、其損失額ダケト云フモノハ、國庫ノ補助ヲシナケレバ成立タヌ譯デアリマスカラ、此線路ヲ見附ケテ損失ノ往クダケノモノヲ補助スルト云フ精神ニナッテ居リマス、此中ニ於キマシテ、是マデハ海外ノ航路並ニ北海道沿岸航路、遞信省ノ同一ノ管轄デアリマシタガ、内地ノ北海道ノ分トソレカラ海外ニ渉ル所ノ航路ト、之ヲ區分ヲ致シマシテ、第二ノ分ニ於テハ北海道ノ沿岸ノ定期航海補助ト云フモノニ區域ヲ立テマシテ、第三ニ於キマシテ海外航路ノ契約ガ出來テ居ルノデアリマス、此北海道ノ沿岸定期航海ノ補助ト致シマシテ、即チ此三十三年ノ十月ヨリ滿五箇年間、函館室蘭線、小樽稚内線、根室網走線、根室擇捉線、是ニ附キマシテ原案ニアル如クソレ〲金額ヲ盛出シテ、損失ノ分ダケヲ補助スルト云フコトニナッテ居ルノデアリマス、此中ニ於キマシテ修正ノアッタ分ダケヲ申スデアリマス、此線路ノ保護ニ附キマシテハ、委員會ニ於キマシテモ種々審査ヲ遂ゲマシテ、固ヨリ經費ノ多キニ過グルモノハ之ヲ刪減スルノ精神デアリマスガ、成ルベク航海ノ便利ヲ圖ッテ金額ヲ減ズルト云フヨリ、成ルベク餘計ノ義務ヲ負ハシテ、一般航路ノ便利ヲ圖ルガ宜イト云フ考デ、金額ハ原案ノ通ニナッテ居リマス、共代リニハ義務ヲ同ジ金額ニ於テ餘計負ハセルト云フノ精神ニナッテ居リマス、此中ニ北海道ノ方ノ線ニ於キマシテハ、是マデヨリハ十一万圓バカリ増加ヲスルノデアリマスガ、是ハ色々船抔ノ速力ノ強キモノ、噸數ノ多イ所ノ船ヲ改良シ、竝ニ移住民ノ便利ヲ圖ルタメニ賃錢ヲ安クスル、是マデハナイ義務ガ大分殖エテ居ルカラ、從來ノ金額ニ比スルト十万圓餘ガ超過シテ居ルガ、是ガ今申ス特別ノ義務ヲ負ハセルコトニナル、船ヲ改良シタ結果、増額シタノデアルカラ已ムヲ得ヌモノト認メタモノデアリマス、ソレカラ第三ハ是ハ重ニ海外ノ樞要ノ線路デアリマシテ、即チ横濱上海ノ間、神戸ト韓國トノ間、神戸ト清國トノ間、北清韓國トノ間、神戸浦潮斯德線、神戸小樽線、青森室蘭線モ這入ッテ居リマスガ、此第三ノ分ニ於キマシテ豫算委員會ニ於テ、文字其他修正シタコトヲ報告致スデアリマス、此第三ノ所ニ於キマシテ神戸北清直航線トアリマスノヲ、神戸北清線ト修正ヲ致シマシタハ、是ハ決シテ文字ノ如ク直航デハナクシテ、門司長崎ニモ寄港スル譯ニモナッテ居ルカラ、直航ノ文字ヲ穩當デハナイト云フ意味デ修正ヲ致シマシタ、ソレカラ神戸北清韓國經由線トアリマスノヲ、韓國北清線ト——直航ト云フ文字ニ致シテ、經由ト云フ文字ガ使ッテアッタガ、直航ヲ削ルニ附イテハ經由ノ文字ヲ削ッタノデアリマス、ソレカラ此契約面ニ於テハ顯レテ居リマセヌガ、是マデ築港ヲ致シタ所ヲ、ソレヲ全ク定期ヲ廢スレバ、非常ニ商工業ニモ地方ニ於テ全體ノ不便ヲ感ズル譯デアリマスカラ、委員會ニ於キマシテハ種々政府ト交渉ヲ致シマシテ、此神戸北清直航線ト云フ所ニ於キマシテ、之ヲ毎週一回トアリマスガ、其中隔週一回ト云フモノハ長崎ニ寄港スルト云フコトヲ、政府委員ニモ色々交渉シタル末、政府ニ於テモ此コトハ是非ヤラセルト云フコトニ話ガ纒リマシテ、ソレカラ是マデハ四日市ハ定期航海カアッタ、原案ニハ是ガナクナッテ居ル、是ガナクナッテハ誠ニ附近ノ地方ニ於テ、商工業ノ不便ヲ感ジ、又肥料其他ノ運搬等ガアリマスカラ、農業上ニモ不便ヲ感ズルニ因ッテ、此神戸小樽線ノ東回リノ内、是マデ十回アッタノヲ五回ダケ四日市ニ寄港スルコトヲ、政府委員ニ交渉ヲ致シマシテ、是モ政府委員ノ認メタル譯デアリマス、ソレカラ八頁ノ所デアリマスガ、以上ノ航路ニ依リ遞送スヘキ郵便物ハ無賃タルヘキコトトハ云フ前ノ所ニ、「二項程這入ルヤウニナッタンデアリマス、ソレハ政府ニ於テ必要ト認ムルトキハ、航路内ニ於テ寄港地ヲ増加シ、又ハ之ガ變更ヲ命ズルコトアルベレ、今ノ四日市或ハ長崎ノ如キハ前ノ所ニ明記シテアリマセヌカラ、地名ハ

掲ゲテナイガ必要ノトキハ寄港地ヲ増シ、又ハ變更モ出來ルト云フコト、モウ一ツハ乘客及積荷ノ運賃ハ政府ノ認可ヲ得テ之ヲ定ムルモノトス、此項ハ第二ノ方ニハ這入ッテ居リマスガ、第三ノ方ニハ這入ッテ居リマセヌカラ、茲ニ明文ヲ掲ゲテ共始ニ乘客荷物ノ運賃ヲ定メル場合ニハ、政府ノ認可ヲ得ルハ勿論ノコトデ、又他日運賃ヲ變更スル時分ニモ、認可ヲ得ル、是ハ普通ノ政府ノ補助ヲ貰ハヌ營業デアレバ束縛ヲ要ラヌガ、競爭デナリ其特定ノ航路トナルモノデ、特別ノ助成ヲ受ケル譯デアルカラシテ、是ダケノ義務ヲ負ハシテ不當ナ賃錢ナド貪ラナイヤウニスルト云フ精神ヲ以テマシテ、此二項ヲ挿ムコトニ修正ヲ致シタノデアリマス、是ハ意味ニ於テ格別ノコトハアリマセヌガ、十頁ノ所デアリマス「契約者義務ヲ他人ニ移轉シ若ハ船舶ヲ賣讓シ又ハ一年期間ニ於テ命令書ニ規定スル囘數以上ノ航海ヲ停止シタルトキハ、原文ニ斯クアリマスルノヲ「一年期間ニ於テ契約ニ規定スル囘數ノ航海ヲ爲サヽルトキハ」ト修正ヲ致シタノデアリマス、是ハ文字ノ修正デアリマシテ、格別意味ニ於テハ相違ハナイノデアリマス、此第三ニ於キマシテモ、孰モ是マデ露國清國其他北海道皆樞要ナ線路デアリマシテ、是ハ是非航海ノ事業ヲ繼續シナケレバナラヌト云フノ精神ヲ以テマシテ、此第三ノ分ハ以上修正ヲ除クノ外ハ、總テ原案ノ通至當ナルモノト認メテ可決ヲ致シタノデアリマス、ソレカラ第四ノ分ガ委員會ニ於キマシテモ、種々議論ガアリマシテ、此分ニ於キマシテ修正ガアルノデゴザイマス、是ハ孰モ是マデノ支那揚子江其他南清ニ對スル所ノ航路ノ擴張デアリマシテ、是マデモ之ヲ開キツヽアル、尙ホ一層進デ擴張ヲスルト云フノコトデアリマシテ、我國ガ露國ニ向ッテ航路ノ擴張ヲスルト云フコトハ、固ヨリ必要デアルト云フコトハ委員會ニ於テモ認メマシテ、此第四ニ於キマシテ修正ノ起リマシタノハ、詰リ此契約ハ三十四年度ヨリ實行スルノデアルカラシテ、三十三度ニ於テ契約ノ結ブノ必要ハナイト云フヤウナ議論モアリマシメ、併ナガラ船ヲ新ニ製造致シ、ソレ〳〵事業ノ計畫ヲ爲ス上ニ於テハ、此契約ト云フモノガ豫メナケレバ、營業者モ其準備ニ困ル譯デアルカラシテ、ソレデ三十四年度ノ事業デアルモノヲ、三十三年度ニ於テ契約ヲシタイト云フノガ原案ノ精神デゴザイマシタ、併ナガラ此中ニ於キマシテ其船舶ノ製造等ハ、三十四年度ノ十月ヨリ爲スモノガアリマスルカラシテ、是ハ全年分ヲ契約スルニ及バヌデアリマスカラシテ、其船ノ新造ニ係ル所ノ分ハ、十月ヨリ以後ハ認メラレテ、其以前ノ方ハ之ヲ削ルコトニシタノデアリマス、ソレカラシテ此第三ノ是マデ多年營業シツヽアッタ所ノ各線路ト申スモノハ、既往ノ經驗ニ依ッテ大抵損失ト云フモノヽ、計算モ確實ニ分ッタ譯デアリマスガ、第四ノ分ニ至リマシテハマダ此業ヲ開イテ以來日モ淺イ譯デアリマシテ、果シテ是程ノ補助額ガナケレバ、ドウシテモ營業ガ出來ナイモノデアルカ、尙ホ之ヲ二三年ノ經驗ニ徴シタルナラバ始テ確實ナル精算モ立ッテアラウ、始カラシテ餘計ノ金額ヲ見込ンデ置クニモ及ブマイカラシテ、尙ホヤッタ以上足ラザルトキニハ、ソレダケノ處置モアルモノデアルカラシテ、先ヅ今日ノ所デハ二割位ニ減ジテ、此事業ヲ見込ンデ置イテ、サウシテ其中ニハ段段ト年ヲ經レバ、創業時分ニハ餘程經費ニモ要ル譯デアルケレドモ、年ヲ經ルニ從ッテ事業モ完全ニ赴ケバ、又經費追々減ジテ來ルニ相違ナイ、斯ウ云フ考ヲ以テマシテ全體ニ對シテ二割減ト云フモノヲ致シタノデアリマス、サウ致シマスルト云フト、是マデヨリ金額ノ増加致シタノガ、十五万圓七千七百三十六圓十五錢五厘デアリマシテ、總體ニ對シテ是ニ二割減ジマスレバ、卽チ十二万六千百八十八圓九十二錢四厘相成ルノデアリマス、此中デ又三十四年度ノ分ハ下半季ダケヲ與ヘル、其金額ガ六万三千九十四圓四十六錢二厘、是ダケヲ削減スル譯ニナルノデアリマス、サウシマスルト三十四年度ニ於テノ要求額ガ、「三十八万六千四百八十九圓餘デアリマスルガ、修正ノ金額ハ二十九万千八百四十八圓餘ト相成ルノデアリマス、同ジク此第四ニ於キマシテ卽チ十三頁ノ所デアリマス「以上ノ補助ニ云々」トアリマス、此行ノ前ニ矢張前文ト同ジ所ノ「政府ニ於テ必要ト認ムルトキハ航路内ニ於テ寄港地若ハ停船地ヲ増加シ」少シ文字ガ違ッテ居リマスガ「停船地ヲ増加シ又ハ之カ變更ヲ命スルコトアルヘシ乘客及積荷ノ運賃ハ政府ノ認可ヲ得テ之ヲ定ムルモノトス」斯ノ如ク修正ヲ致シテ、此二項ヲ加ヘルコトニナッタノデアリマス、ソレカラ十四項ハ矢張此「契約者義務ヲ他人ニ移轉シ云々」是モ前文ト同ジヤウニ命令書イトアルノヲ「契約」ト改メ、又「囘數以上ノ航海ヲ停止シタルトキハ」トアルノヲ「囘數ノ航海ヲ爲サヽルトキハ」同ジ修正デアリマス、先ヅ大體斯ノ如クニ委員會ニ於キマシテハ修正ヲ致シテ可決スベキモノト決定ヲ致シタノデアリマス、此段報告致シマス

○議長(片岡健吉君) 全部ヲ議題ニ供シマス、是ハ委員會ニ於テ修正モ何モアリマセヌガ、委員長ノ報告通御異議ハアリマセヌカ

○工藤行幹君(二百七十九番) チヨット質問シテ、政府ノ御答辯ヲ得タイノデアル、此豫算外國庫ノ負擔トナルモノデゴザイマスガ……

○議長(片岡健吉君) ソレハマダ議題ニナリマセヌ、一番終ヒノ方デス、御異議ハアリマセヌカ

○議長（片岡健吉君） 委員長戸狩權之助君ヨリ日本漆保護ニ關スル建議案ノ委員會ヲ開キタイト云フコトデアリマス、御異議ガナケレバ許シマス、井上角五郎君

○井上角五郎君（百八十四番） 私ハ此際緊急動議ヲ出シテ議事日程ノ變更ヲ求メヤウト心得マスガ

○議長（片岡健吉君） 何ノ件デス

○井上角五郎君（百八十四番） ソレハチヨット此案ヲ朗讀致シテ見マスデゴザイマス

帝國臣民ノ外國ニ於ケル鐵道敷設ニ關スル法律案ハ帝國臣民ニ於テ外國ニ於テ鐵道ヲ敷設シ運輸ノ業ヲ營マンガタメニ帝國内ニ於テ設立スル會社ニ付イテハ勅令ヲ以テ特別ノ規定ヲ設ケ之ニ準據セシムルコトヲ得

提出者ハ星亨君尾崎行雄君佐々友房君長谷場純孝君島田三郎君、斯ウ云フヤウナコトデアリマシテ、是非此會期ニ於テ制定スルノ必要ガアルカラ、議事日程ヲ變更シテ諸君ノ即決セラレンコトヲ希望致シマス

（「贊成々々」ト呼フ者アリ）

○議長（片岡健吉君） 井上角五郎君ノ議事日程變更ニ御異議ハアリマセヌカ

（「異議ナシ異議ナシ」ト呼フ者アリ）

○議長（片岡健吉君） 御異議ガナケレバ議事日程ヲ變更致シマス——井上角五郎君

帝國臣民ノ外國ニ於ケル鐵道敷設ニ關スル法律案

（井上角五郎君演壇ニ登ル）

○井上角五郎君（百八十四番） 諸君、唯今法律案ノ文章ハ朗讀シマシテゴザイマスガ、極簡單ナモノデ文章ヲ朗讀スレバ意味自ラ瞭然タリト云フガ如キ法律デゴザイマスカラモウ一度文章ヲ朗讀致シマス「帝國臣民ノ外國ニ於ケル鐵道敷設ニ關スル法律案帝國臣民ニシテ外國ニ於テ鐵道ヲ敷設シ運輸ノ業ヲ營マンガタメニ帝國内ニ於テ設立スル會社ニ付イテハ勅令ヲ以テ特別ノ規定ヲ設ケ之ニ準據セシムルコトヲ得」是ガ法律案デゴザイマス、サウシテ其理由ハ矢張此書イテアルノヲ朗讀致シマス「理由帝國臣民ガ外國ニ於テ鐵道ヲ敷設シ運輸ノ業ヲ營マンガタメニ會社ヲ設立スル場合ニ於テ私設鐵道條例及商法ノ規定ヲ嚴守スルトキハ到底事業ニ著手スル能ハザルノ事情アリ此等ノモノニ對シ特ニ除外例ヲ設ルハ蓋シ已ムヲ得ザル所ニシテ特別ノ法律ヲ制定スルノ必要アリト雖モ事緊急ニ屬スルヲ以テ之ヲ行政命令ニ一任セントス是本案ヲ提出スル所以ナリ」要スルニ京釜鐵道ヲ早ク成立サセタイト云フダケノ法律案、ドウカ諸君ハ讀會省略ヲ以テ直チニ可決セラレンコトヲ希望致シマス

○議長（片岡健吉君） 本案ハ讀會省略ニ御異議ハアリマセヌカ

（「異議ナシ異議ナシ」ト呼フ者アリ）

○議長（片岡健吉君） 御異議ガナケレバ其通ニ致シマス、本案ニ就イテ御異議ハアリマセヌカ

○議長（片岡健吉君）　議事日程第九在韓國居留民敎育ニ關スル建議案、議案ノ朗讀ヲ省略致シマス

第九　在韓國居留民敎育ニ關スル建議案（喜多川孝經君外三名提出）

在韓國居留民敎育ニ關スル建議案

韓國釜山、仁川、京城、元山及木浦各居留地ニ於ケル本邦人ノ敎育ハ内國市町村ニ於ケルト大ニ其ノ事情ヲ異ニスルモノアリ依リテ政府ハ其ノ事情ヲ斟酌シ各居留地小學校敎育費ヲ補助シ其ノ敎員ニハ内國ニ於ケルト同樣ノ待遇ヲ與ヘ又其ノ敎員ハ内國府縣師範學校ヨリ雇聘シ得ルノ方法ヲ定ムルハ刻下緊急ノ責務ナルヲ信ス

右建議ス

（「委員付託」ト呼フ者アリ「贊成々々ト」呼フ者アリ）

○議長（片岡健吉君）　委員付託ニ御異議ハアリマセヌカ――九名ノ特別委員ヲ議長ガ指名シテ御異議ハアリマセヌカ

（「異議ナシ」ト呼フ者アリ）

○議長（片岡健吉君）　御異議ガナケレバ其通致シマス、西川宇吉郎君カラ緊急動議ガ出テ居リマス、所得税法中改正法律案ヲ議事日程ヲ變更シテ此際議事ニ掛ケタイト云フコトヲアリマス

（「反對々々」ト呼フ者アリ）

明治三十三年二月二十三日　議長ノ報告

衆議院議員大石正已君ヨリ外交ニ關スル再質問ニ對シ外務大臣ヨリ答辯書提出ニ付及御回付候也

明治三十三年二月二十三日　内閣總理大臣侯爵山縣有朋

衆議院議長片岡健吉殿

衆議院議員大石正已君ヨリ提出之外交ニ關スル再質問書ニ對スル別紙答辯書差進候也

明治三十三年二月二十日　外務大臣子爵青木周藏

衆議院議長片岡健吉殿

衆議院議員大石正已君ヨリ提出ノ外交ニ關スル再質問書ニ對スル答辯書

一　第一問及第二問ニ對シテハ事外交ノ機宜ニ關スルヲ以テ前回答辯シタル ノ外更ニ答辯スルノ限ニ在ラス從テ第三問ニ對シテモ亦然リ

一　政府ハ是迄ハ勿論今日ト雖濟國重慶ニ於テ豫定シタル帝國專管居留地區ヲ確定スルノ必要ヲ認メサルナリ

一　外交政策上京釜鐵道敷設ノ必要ナルヤ否ヤハ政府ニ於テ答辯スルノ限ニ在ラス

一　韓國自カラ國内鐵道ヲ經紀シ得ルヤ否ヤハ政府ニ於テ答辯スルノ限ニアラス

一　財政上ノ狀況各年度全然同一ナルコト能ハサルハ別ニ辯明ヲ要セサルヘシ

衆議院議員根本正君提出貴族院令ニ關スル質問ニ對シ別紙答辯書差進候也

明治三十三年二月二十三日　内閣總理大臣侯爵山縣有朋

衆議院議長片岡健吉殿

衆議院議員根本正君提出貴族院令ニ關スル質問ニ對スル答辯書

右質問ニ對シ政府ハ答辯ノ限ニアラス

右及答辯候也

明治三十三年二月二十三日　内閣總理大臣侯爵山縣有朋

明治三十四年二月二十七日　　議長ノ報告

朝鮮國馬山浦ニ關スル質問書

右成規ニ據リ提出候也

明治三十四年二月二十六日

提出者　臼井哲夫

賛成者　佐々友房

外三十四名

質問主意書

頃日長崎ニ著セレ上海ニユープレスノ仁川通信ハ馬山浦碇泊ノ露國軍艦ハ砲臺建設ノ爲メ客年十二月十一日大砲其ノ他ノ材料ヲ馬山浦ニ陸揚シタリトノ旨ヲ報セリ

尙別所ニ於テ得タル所ノ報道ニヨレハ露國ハ馬山浦各國居留地ノ西海岸線ニ沿ヒ大凡貳哩以上ニ亙レル其ノ領有地ニ於テ海軍病院石炭庫等ヲ建築シ尙軍事上重要ナル設備ヲ急ケリト云フ

右ノ報道果シテ事實ナラハ馬山浦ニ於ル露國ノ行動ハ獨リ朝鮮ノ獨立ヲ危フスルノミナラス直ニ我カ國權ニ對シ遏害ヲ加フルモノト云ハサルヲ得ス

我カ政府ハ之ニ關シ露國ニ對シ何等ノ交渉ヲ開始シタルコトナキカ

右及質問候也

明治三十四年三月十五日　議長ノ報告

衆議院議長片岡健吉殿

（別紙）

衆議院議員臼井哲夫君提出ノ韓國馬山浦ニ關スル質問書ニ對スル答辯書

露國軍艦ガ砲臺建設ノ爲昨年十二月大砲其他ノ材料ヲ馬山浦ニ陸揚シタル事實ナレ政府ハ露國カ馬山浦居留地外十韓里以内ニ在ル栗九味ニ於ケル其借入地ニ石炭庫及病院ヲ設置セントスルノ計畫アリヤニ聞クト雖未タ起工セラレタルノ報ニ接セス

右及答辯候也

○工藤行幹君（六十六番）　今日ハ大分質問モ重ナッタコトデゴザリマスカラシテ、成ダケ極ク簡單ニ申ス積デアリマス、恆松君カラ毎度御叱リモゴザリマスカラ、極ク省略シテ致シマスカラ、暫時……私ノ質問ハ、卽チ滿州問題ニ關スル質問デゴザリマスル、其一ハ滿州ニ關スル露國ト淸國ノ密約ト云フモノガ、事實ドウ云フコトニナッテ居ルカト云フコトヲ一ツ聞キタイ、其次ガ露國ノ外務大臣ト淸國ノ公使ト、近來露都ニ於テ特別ノ條約ヲ爲シテ居ルト云フコトデゴザイマス、此特別ノ條約ト云フモノハ、果シテドウ云フコトヲ條約シテ居ルデゴザイマセウカ、其要領ヲ得タイト云フノデゴザイマス、其三ハ此條約ハ世ニ謂フ所デゴザイマスト、隨分我國ノ利害ニ大ナル關係ヲ持ッテ居ル箇條ガ、往々見エテ居ルノデゴザイマス、政府ハ之ニ對シテドウ云フ態度ヲ執ラル丶デアルカト云フコトガ一ツデアル、モウ一ツハ二月九日ニ外務大臣ハ本院ニ於テ、段々說明セラレタ所ノ趣意ヲ承ルト云フト、昨年ノ九月一日附ヲ以テ露國ガ我國ニ對シテ――吾政府ニ對シテ滿州ノコトハ、全ク一時自分ノ鐵道ノ保護ノタメニ兵ヲ置クノデアッテ、鎭定スレバ速ニ其兵ヲ引揚ゲルト云フコトヲ宣言シテ居ル、是ハ卽チ是ハ吾政府ニ通告シテアル、此事ヲ外務大臣ハ大ニ信頼シテ居ルト云フ如キノ口氣ガアッタノデゴザイマス、然ルニ爾來ノ景況ヲ見マスルト云フト、露國ノ宣告ト云フモノハ、殆ド露國政府ハ自カラ之ヲ打消シテ居リハセヌカト云フ實況ガアルノデゴザリマス、然ルニ我政府ニ於キテハ未ダ此露國ノ宣言ヲ、果シテ信頼シテ居ルカ否カト云フコトノ、此四箇條ノ質問ヲ提出シタノデゴザイマス、故ニ此質問シタ趣意ヲ聊申述ベタイト思フノデゴザリマス、此二月ノ六日ニ於テ、外務大臣ハ當院ニ於テ支那ノ事件、卽チ團匪ニ關スル所ノ次第ヲ詳シク說明セラレタ所ハ、吾々誠ニ滿足スル所デゴザリマスルガ、其席ニ於キマシテ、私ガ斯ウ云フコトヲ質問シタノデゴザリマス、近年既ニ此北淸ノ事情ト云フモノハ、將ニ一段落ヲ終ラントスルガ、是ニ附イテ恐ルベキコトハ、卽チ露西亞ノ滿州ニ對スル擧動デアル、是ガ極テ我國ノ利害ニ關係シ我國ノ安危ニモ關係スルコトデアルト思フ、然ルニ此滿州ニ對スルコトニ附イテハ、世間ニ露淸密約ト云フモノガアルト云フコトデアルガ、是ガ果シテ有ルカ否ヤト云フコトヲ質問シタノデゴザリマス、所ガ外務大臣ハ答ヘラレルニハ、是ハ極テ重大ナ事デアルガ故ニ、相當ノ手續ヲ經テ質問ヲシタナラバ其時ニ答ヘヤウ、今直グニ此處デ答ヘルコトハ出來ヌト云フ、御答ガアッタノデゴザリマスルカラ、私ガ今茲ニ質問書ヲ提出シタノデアルノデゴザリマス、ソレデ滿州ニ關スル露淸ノ密約ト云フモノハ、其時ニ於テ外務大臣ノ言ハレルニハ、政府モソレヲ聞イテ居ルガ、未ダ公文デ確ナルコトヲ得ナイ、世ニ所謂密約トハ云フケレドモ、ドウ云フコトデアルカ分ラヌ、恐ラクハ此事ハ出先ノ者ト支那政府ノ地方ノ官吏トノ間ノコトデハナイカ、一向未ダ要領ハ得ナイト云フコトデゴザリマシタガ、爾來二月ノ六日カラシテ今日マデ三十日以上ニナリマスデゴザリマスル故ニ、最早政府ハ大抵此露淸密約ト云フモノハ、果シテ事實デアルヤ否ヤト云フコト、竝ニサウ云フコトデアルト云フ譯ナラバ、其事柄ガドウ云フ事柄デアルカ、又事實デナイト云フ譯ナラバ、吾々人民モ甚ダ安心スルコトデゴザリマスルカラ、其事實デアルカ否ヤト云フコトヲ、吾々ハ明ニ當局者ノ御答ヲ得タイト思フノデアル、其二箇條ノ露都ニ於テ、露國ノ外務大臣ト淸國ノ公使トノ間ニ出來タ條約ト云フモノハ、是ハ近來起ッタコトデアル、而シテ此箇條ニナッテ來ルト、吾々ハ露淸密約ニ附イテ憂慮シタヨリハ、又一層憂慮ニ堪ヘナイ條項ガ載ッテ居ルノデゴザイマス、是ハ其箇條ノ如キハ大抵諸君等ハ新聞ニモ書イテアリマスカラ、御承知デモゴザイマセウカラ、私ガ此所ニクド〳〵シク一々申シマセヌケレドモ、今其一二ヲ擧ゲテ見レバ、淸國ハ自分ノ領土ノ滿州デアルニモ拘ラズ、鐵道ノ開ケナイ所ニ淸國ノ兵隊ヲ一ツモ置クコトガ出來ヌ、又鐵道ノ開ケタ所ハ露國ノ兵隊ヲ澤山置イテ、事ガアレバ露西亞ノ兵隊デ鎭定スルト云フコトニナッテ居ルト云フヤウナコトデ、殆ド事實的此滿州ヲ露西亞ガ占領シタ形ニナッテ居ルノデゴザイマス、前ノ密約ト云フヨリハ、一層我國ノ利害ニ關係スルコトガ大ナルノデゴザイマス、是ハ果シテ事實ナルコトデアルカ、又事實デアルナラバ、其密約ノ條項ト云フモノハ如何デアルカ、吾吾ハ明ニ政府ノ御答辯ヲ得タイト云フコトデアリマス、而シテ此第三ニナリマスルト云フト、此露都ニ於テノ條約ト云フモノハ、果シテ事實デアッテ、新聞ニ書クガ如クデアルナレバ、前申シタ通我邦ノ利害ニ關スル最モ大ナルモノデアル、之ニ對シテハ是非我邦デハ排除スルコトヲ努メナケレバナラヌト思フ、政府ハドウ云フ意向デ、之ニ對スル處置ヲ爲サレテ居ルカ、或ハ世間デ傳フル所ニ依レバ、此事ニ附イテハ固ヨリ英獨ノ協商ノ精神ニ反スルノミナラズ、支那ノ保全ヲ完ウスルコトハ出來ナイト云フコトハ、勿論デゴザイマスカラシテ、英國ト我日本ト共ニ協議ノ上、他ノ聯合各國トモ協議ノ上、淸國ニ對シテ忠告ヲ與ヘテ居ルト云フコトヲ、言ウテアルデゴザイマス、是ハ外交ノ手續ニ附イテ、果シテサウナッテ居ルカ、サウナレバ甚ダ吾々ノ滿足スル所デゴザイマスガ、是ハ獨リ淸國ニ言ウタバカリデナイ、其條約ノ成立ッタトキハ、露西亞ニ對シテ其條約ノ成ラントスルトキニハ、忠告ヲシナケレバナラヌコトガゴザイマセウ、又我國ハ判然ト之ニ對シテ、抗拒ヲ試ミナケレバナラヌコトモアルデアリマセウ、然ルニ政府ハ之ニ對シテドウ云フ處置ヲ取ラレテ居ルカ、吾々ハ早ク聽カント欲スル者デアル、抑此外交ノコトニ至リマシテハ、固ヨリ其時ノ取運ビ上ノコトモアリマスカラ、成ルタケ或ル場合ニ於テハ、祕密ヲ保タナケレバナラナイコトガ、澤山アルデゴザイマセウケレドモ、此條約ハ果シテ外國カラ傳ハッテアル如キコトガ、事實アリトスレバ、片時モ差措カレヌコト丶思フノデゴザイマス、何トナレバ若シ此條約ノ如ク、露國ハ滿州ヲ殆ド占領――事實的ノ占領ヲ爲シテ、此ニ大ナル兵ヲ駐在セシメタナラバ、彼ノ我邦デモ協商ニ加ッテ居ル所ノ英獨協商ト云フモノハ、全ク破レタモノトシナケレバナラナイ、然ラバ支那政府ノ保全ガ危イト云フコトハ、當リ前ノコトデアル、況ヤ朝鮮ノ獨立、是ガモウ滿州ト云フモノヲ、露西亞ニ事實的占領セラレタナラバ、朝鮮ノ保全ガ完ウスルコトガ出來ナイト云フコトハ、明デアルト思フノデゴザイマス、朝鮮ノ國ト云フモノハ、諸君モ御存ジノ如ク、何分自衞ノ力ガマダナイノデアル、既ニ先年明治二十七八年ノトキニ於テ、我國ノ兵隊ガ彼處ニ居ッテ、支那ノ事件ガ濟ンデ、沿道ニ我國ノ兵站部ノ兵ガ居リマシタトキニ、私共モ其處ヲ通ッタ、其時ニ日本デ言ヘバ縣知事ト云フヤウナ人ノ話ニ、若シ日本ノ兵站部ノ兵ガ引上グレバ、賊徒ガ四方ニ起ッテ、迚モ朝鮮國ノ安寧ヲ保ツコトガ出來ナイ、ドウカ日本ノ兵站部ノ兵ナリトモ、長ク朝鮮ニ留メテ置クヤウニ周旋ヲシテ貰ヒタイト云ウテ、私ニ生ノ雞卵ヲ持ッテ來テ言ウタコトガアル、他ノ一般ノ國カラ、一日モ自分ノ國ニ兵ノ駐ッテ居ルト云フコトハ、忌ムベキコトデアルノニ、尙ホ日本ノ力ニ依ラナケレバ、自ラ安寧ヲ保ツコトガ出來ヌト云フコトヲ自白スルノハ、取リモ直サズ朝鮮ノ如キモノハ、自衞ノ力ガナイモノト云ウテ可ナルモノデアルト思ヒマス、然ルニ爾來今日ニナッテドウデアリマスルカ、日本ハアレダケノ人命ヲ損ヒ、アレダケノ金ヲ費シタノハ、何デアルカ、朝鮮ノ獨立ヲ保タンガタメデアルノニ、近來ドウ云フ事情カト云ヘバ、殆ド露西亞ノ勢力ト、日本ノ勢力ノ朝鮮ニ及ブ所ハ、今日ニナッテハ半々ト云ッテ宜シイ、露西亞ハ一兵ヲ費サズ、一金ヲ費サズシテ、勢力ヲ朝鮮ノ邦國ニ及シテ居ルノデアル、爾來漸々朝鮮ニ露西亞ノ勢力ヲ擴張シテ居ル、其一二ヲ言ヘバ、補助貨幣ノ如キハ、日本ノ補助貨幣モ朝鮮ニ行ハレナイ、融通ヲシナイ、露西亞ノ補助貨幣モ行レナカッタモノガ、滿州ノ戰以後露西亞ノ補助貨幣ハ、朝鮮ノ內地ニ行レテ居ルト云フコトデアリマス(「箇短」ト呼フ者アリ)親ナドガ子供等ニ言フノニハ、露西亞ノ恐ロシイコトヲ以テ、泣ク兒ヲ騙シテ居ルト、殊ニ近來聞ク所ニ據レバ、二三日前吾々ノ友人ガ朝鮮カラ歸ッタ者ノ話ヲ聞クニ、滿州ノ戰ニ依ッテ、餘程朝鮮ノ人氣ト云フモノハ、露西亞ニ傾イテ居ルト云フコトデアル、云フヤウナコトデ自然ニ滿州ノ戰一ツデスラ、以テ斯ノ如ク朝鮮ノ人氣ト云フモノハ、露西亞ニ傾イテ居ルノニ、若シヤ露都ニ於テ特約シテ居ル所ノ箇條ガ、成立ッタト云フヤウナコトニナレバ、朝鮮ノ獨立ハ保ツコトガ出來ナイ、否ナ若シ保ッテモ我國ノ勢力ヲ伸ベルコトガ出來ナクシテ、折角明治二十七八年我國ノ朝鮮獨立ノタメニ、力ヲ盡シタコトガ無ニナッテシモフダラウト思フ、故ニ政府ニ於テハ是ニ對シテ相當ノ處分ガナクチヤアナラヌト思フ、又第四ノコトニナリマシテハ、此外務大臣ノ二月九日ニ演說セラレタコトハ、其當時ハサルコトデアッタカ知ラヌガ、今ニ於テ尙ホ此滿州ニ對スル露國ノ宣言ハ、果シテ政府ハ信頼シテ居ルカ、吾々ハ自ラ想像スルト、露西亞政府ハ從來ノ外交手段ヲ以テヤッテ居ルガ、先キノ宣言ハ露西亞政府自ラ之ヲ放棄シテ居ル、自ヲ棄テテ更ニ事實的ノ手順ヲ運ンデ居ルモノニ相違ナイト思フ、然ルニ外務大臣ノ言フ所ハ、露西亞ノ宣言ハ今ニ於テ尙ホ之ヲ政府ニ於テ信頼シテ居ルヤ否ヤヲ伺フタメニ、質問書ヲ出シタノデアル、偕質問書ヲ出シタ趣意ハ斯ノ如クデアルガ、私ガ一言申シマスルハ、是等ノコトハ或ハ人ガ外交ニ關係スルコトデアルカラ、サウ公會ノ席ニ於テ言ハナクテモ、政府ニ於テハ十分ソレ等ノ取運ヲシテ居ルニ附イテ、餘リ是等ノ聲ヲ高クシテ言フハ、如何カト云フコトヲ申ス人ガアルカ知レマセヌガ、吾々ハ國ヲ思フノ念慮ノタメニ、巳ムヲ得ヌコトデアルト思フ、何ゼナレバ吾々ハ既往ノコトニ徴シテ、將來ノコトヲ憂慮スル者デアッテ、彼ノ遼東半島還付ノトキニハ、何某ガ日本ノ總理大臣デアッタカト云フト、卽チ唯今ノ伊藤侯爵デアル、而シテ此處置ガドウ云フコトニナッタカト云フト、多クノ人命ト多クノ財帑ヲ費シテ得タ馬關條約ノ權利ハ、僅ニ一朝ノ間ニ、之ヲ烏有ニ歸セシメテシマッタヂヤアリマセヌカ、啻ニ烏有ニ歸セシメテシマッタノミナラズ、其時ノ辭ニハ、外國デ云フニハ、此土地ヲ日本デ持ッテ居ッテハ東洋永遠ノ平和ノタメニ害ガアル、日本デ持ッテハ東洋永遠ノ平和ノタメニ害ガアルナラバ、他ノ國デ持ッテモ矢張東洋永遠ノ平和ノタメニ害ガアルニ相違ナイ、我國ガ之ヲ棄テルナラバ、他ノ國ヲシテ之ニ據ラシムルコトガ出來ナイト云フコトヲ、豫約シテ置クガ必要デアラウト思ヒマス、然ルニ此豫約モナサナイデ、僅ニ東洋ノ平和ニ害ガアルカラ還付ヲシロト云フ、忠告ノ舌ノ根ノ乾カナイノニ、二十九年ノ失策ヲナレタト云フコトデアル、之ガ根據ニナッテ露西亞ハ益北淸ノ地ニ手ヲ伸バシテ、今日ハ實ニ臍ヲ噬ンデモ及バヌト云フ實況ニナッテ居ル、故ニ吾々ハ萬一之ヲ粗略ニシテ、我國民ガ之ヲ粗略ニシテ居ッタナラバ、又々先日ノ遼東半島還附ノ轍ヲ履ムカト云フコトヲ深ク憂フルモノデゴザイマス、故ニ露西亞ノ宣言ノ如キモ、既ニ之ヲ看破スルニ宜イトキニナッタナラバ、十分ニ人民モ國論ヲ一定シテ、政府モ人民モ一致シテ、滿州ノ事ニ當ラナケレバナラヌト思フ、又諸君モ御存ジノ通、支那ノ事變ハ更ニ世界ノ事變デゴザイマスレバ、西洋各國萬里ノ波濤ヲ離レテ居ル國民デモ、議會ノアル毎ニ議會カラ質問ヲ提出シ、政府當局者モ之ニ對シ丁寧ナル答辯ヲ爲シテ居ル、然ルニ我國ハ一葦帶水ヲ隔テ、居ル此擧動如何ニ附イテハ最モ利害ノ關スル重大ナルモノヲアル、然ルニ先達外務大臣ノ御答辯ニハ、滿足ヲシタコトモゴザイマスガ、此滿州ノコトニ附イテハ如何ニモ、未ダ明ナル御答辯ヲ得ナイ、故ニ人民モ往々惑ウテ、アスコデハ斯ウ云フ決議ヲスル、コヽデハ斯ウ云フ決議ヲスルト云フコトデ、或ハ國民同盟會デアルトカ、各地方ノ青年國體デアルトカ、大ニ憂慮シテ各處ニ集會ヲ催シテ心配ヲシテ居ル、政府モ之ヲ明ニシタナラバ、外國カラドン〱漏レテ來ル所ガアルノニ、獨リ政府ガ機密ヲ保ッテ居ルノ必要ハナカラウト思フ、外國ノ新聞雜誌ハ總テ現レテ來テ居ルノニ、之ヲ融密ニシナケレバナラヌト云フ必要ハアルマイト思ヒマスカラ、願クハ政府當局者ハ是等ニ附イテ、外交上ノ極テ融密ヲ要スルモノヲ除クノ外、此滿州ニ關スル政府ノ是マデノ執リ來ッタ所、又將來ノ精神ノアル所ヲ明ニシテ、以テ國民ノ意志ヲ一致シ、輿論ノ聲ヲ大ニシテ、他日事ヲ待ッタメニ、此質問ヲ出シタノデアリマス

明治三十四年三月十七日　議長ノ報告

馬山及鎭海ニ關スル質問書

右成規ニ據リ提出候也

明治三十四年三月十五日

提出者　臼井哲夫

賛成者　佐藤里治

外三十八名

質問主意書

一栗九味ニ於ル露國ノ領有地ハ讓與若クハ賣買ノ名ニヨリテ收得サラレタルモ事實ハ兵ヲ加ヘテ之ヲ要奪シタルモノトス

一石炭庫及病院ノ名ヲ冠レタル建築物ハ事實兵營ノ目的ヲ以テ設計セラレ現ニ露國人ギンスブルクノ受負ノ下ニ於テ栗九味丘頭ノ平地ヨリ降仙合ノ平野ニ向ヒ其ノ工事ヲ進メ居レリ

一二月二十一日前後ニ於テ露國ノ國旗ハ鎭海灣頭ニ揭ケラレ尙六百ノ露兵ハ大砲十數門ヲ備ヘ陸上操練ヲナシタリ

其ノ他馬山及鎭海ニ於ル露國ノ行動ハ恐ク軍事上ノ目的ニ由來シタルモノ無キニアラサルヲ報セサルハナシ大凡此等ノ事實ハ獨リ韓國ノ獨立權ヲ侵害シタルノミナラス直ニ我カ國權及利益ニ對シ逼害ヲ加フルモノト云ハサルヲ得ス之ニ關シ我カ政府ハ何等ノ處置ヲ取リタルヤ

右及質問候也

明治三十四年三月十七日　質問ノ理由ニ附キ白井哲夫君ノ演説

○白井哲夫君（四十一番）　諸君、私ハ去ル二十六日韓國馬山浦ニ關シマシテ、政府ニ對シテ質問書ヲ提出致シマシタ、偶〻議會ガ停會ニ次グニ停會ヲ以テセラレタルガタメニ、提出ノ趣意ヲ説明スルノ機會ヲ得マセヌデゴザイマシタガ、政府ハ我輩ノ説明ヲ俟タズ、停會ノ期ノ盡キル翌日、即チ一昨十四日ヲ以テ、質問書ニ對シ答辯ヲ送付致シマシタ、私ハ其答辯ノ無責任ニシテ、而モ要領ヲ得ザルニ拘ラズ、兎モ角外務大臣ガ質問權ヲ尊重セラレテ、立憲大臣ノ職責ニ忠實ナル御心掛ニ對シテハ、甚ダ感謝ヲ表スル所デゴザイマス、今茲ニ再質問書ヲ提出致シマシタニ附キマシテ、聊カ其理由ヲ説明スルノ必要ガアルト考ヘマシテ、此壇ヲ瀆スコトニナリマシタカラ、諸君、暫クノ間御清聽ヲ願ヒマス、便宜ノタメニ質問趣意書ヲ朗讀致シマス

質問主意書

一栗九味ニ於ル露國ノ領有地ハ讓與若シクハ買賣ノ名ニヨリテ收得セラレタルモ事實ハ兵ヲ加ヘテ之ヲ要塞シタルモノトス

一石炭庫及病院ノ名ヲ冠シタル建築物ハ事實兵營ノ目的ヲ以テ設計セラレ現ニ露國人ギンスブルクノ受負ノ下ニ於テ栗九味丘頭ノ平地ヨリ降仙台ノ平野ニ向ヒ其ノ工事ヲ進メ居レリ

一二月二十一日前後ニ於テ露國ノ國旗ハ鎭海灣頭ニ揭ケラレ尙六百ノ露兵ハ大砲十數門ヲ備ヘ陸上操練ヲナシタリ

一其ノ他馬山及鎭海ニ於ル露國ノ行動ハ悉ク軍事上ノ目的ニ由來シタルモノ無キニアラサルヲ報セサルハナシ大凡此等ノ事實ハ獨リ韓國ノ獨立權ヲ侵害シタルノミナラス直ニ我ガ國權及利益ニ對シ迫害ヲ加フルモノト云ハサルヲ得ス之ニ關シ我カ政府ハ何等ノ處置ヲ取リタルヤ

右及質問候也

諸君、馬山浦ト申シマスル所ハ全羅道ノ一灣デゴザイマシテ、我國ト最モ接近致シテ居ル所ニ位置致シテ居リマス、對州ヨリ致シマスレバ僅ニ二十里、天氣晴朗ノトキニ於テハ、彼我ノ山容水態ヲ物色スルコトガ出來得ル所デゴザイマス、我居留民六千以上ヲ有シマスル所ノ釜山浦ヨリハ、一時間六哩ノ汽船ヲ以テ六時間以內ニシテ、達スルコトガ出來得ル所デアル、巨濟島ト申シマス島ノ北端、即チ此加德水道ノ一角ヨリ一路ヲ通ジマシテ、左ノ方ヘ回リマスレバ即チ鎭海灣デアル、右ノ方ニ至リマスレバ馬山灣デアリマス、此馬山浦ハ深ク內地ニ灣入スルコトガ四哩斗リデサトウ島ト申ス島ガ、其灣ノ中央ニゴザイマスガサトウ島ノ尙ホ左ニアル二灣ハ、即チ近時露西亞ノ領有ニ依リマシテ、有名ニナッテ居リマス、其一ヲパンクミート申シ、其二ヲ滋福里灣ト申シマス、馬山浦ト申ス所ノ開港場ハ、其サトウ島ノ前面即チ此前部ノ澳頭ニ位シテ居リマス、此馬山ハ水深ク風濤ハ侵サズ、實ニ天然ノ良港デアルガ、近時朝鮮ニ於テ開港セラレタル港灣ノ內ニ於テ、單ニ港灣其物ヨリ論スレバ、馬山ト申シマスル所ハ確ニ朝鮮第一ノ良港デアル、一昨年五月一日開港セラレタル以來、日尙ホ淺キノ故ヲ以テ、未ダ貿易トシテハ大ニ見ルベキモノハゴザイマセヌガ、他日京釜鐵道ノ支線ガ昌原府ヲ經マシテ、此馬山浦ニ參リマスレバ格別デゴザイマスルケレドモ、今日ノ所デハ貿易國ノ擴ガリヨリ致シマシテ、未ダ俄ニ繁榮ヲ競フト云フ場合ニハ、至ラナイデアラウト思ヒマス、併ナガラ諸君、之ヲ軍事上ヨリ論ジマスレバ、馬山ト申シマスル所ハ、實ニ重大ナル關係ガアルノデゴザイマス、私ハ軍事上ニ就イテハ勿論門外漢デアルケレドモ、若シモ我國ノ國防策ヲ畫クノモノガアッタナラバ、馬山即チ對州ノ對岸――對州ノ對岸ナルモノハ、對州水道ト共ニ確ニ第一位ニ置カナケレバナラヌト考ヘル、臺灣水道ノ如キ、宗谷岬角ノ如キ、津輕海峽ノ如キ、勿論重要ナルニハ相違ゴザイマセヌガ、馬山ノ位置ガ釜山、鎭海、對州ト相包擁致シマシテ、日本海ノ掌握ヲ爲スト云フコトノ、重大ニシテ且ツ緊要ナルニハ及バナイノデゴザイマス、若シモ我國ニ於テ、東洋平和ノ擔保者タルコトガ天職デアルナラバ、少クトモ朝鮮海、日本海ノ靜穩ヲ保證スルト云フコトガ責任デアルナラバ、我國ハ此對州水道ヲ通ジタル對岸ノ地點ニ於テハ、何レノ國タルヲ問ハズ、又如何ナル名義ヲ以テスルヲ問ハズ、苟モ軍事的意味ニ成立シタル如キ領有若クハ租借ノ如キ事柄ハ、斷ジテ排除シナケレバナラヌト信ズルノデアル、日淸戰爭ノ如キ成功ハ固ヨリ我　皇上ノ御稜威ト、海陸軍隊ノ忠勇ナル働ニ依リタルコトハ、勿論デゴザイマスルケレドモ、而モ我權力ガ對州水道ヲ通ジテ、朝鮮半島ニ加リ居タルガタメニ、其軍隊ノ行動ヲ安全ナラシメ、自在ナラシメタルモノガ、甚ダ少ナシトハ致サナイノデアリマス、果シテ然ルナラバ、對岸及此對州水道ノ安全ヲ永久ニ保留スルト云フコトニ附イテハ、我國ハ縱ヒ如何ナル代價ヲ拂フモ、又如何ナル危險ニ遭遇スルモ、此權利即チ對州水道ノ制海權ト云フモノハ、確實ニ把持スル所ナケレバナリマスマイ、殊ニ朝鮮全道ニ於キマシテ、通商其他ノ關係ヨリ論ジマスレバ、我國程重厚ナル關係ヲ有スルモノハナイノデアル、鑛山ノ採掘ニ係ル特權、京釜鐵道京仁鐵道ノ如キ鐵道敷設權、沿岸漁業權、其他在留民二万以上ヲ有スル所ノ總テノ權利及利益ハ、實ニ枚擧ニ遑アラザル程ノ、重大ナル關係ヲ有スルモノデアル、サラバ我國ノ權利及利益擁護ノタメ、對州水道ヲ通ジテ朝鮮ニ及ベル我國ノ權力ナルモノハ、世界何レノ國タルヲ問ハズ、特ニ尊重スベキ價アル所ノモノデアルト私ハ信ジマス、然ルニ諸君、露西亞ハ朝鮮東南面ニ於テ、一ノ居留民ヲ有セザル所ノ露西亞ハ、昨三十三年四五月ノ交ニ於キマシテ、東洋艦隊ノ一ナル軍艦「マンヂユリー」號ヲ特派シ、武裝シタル水兵ヲ上陸セシメ、藩籬ヲ設ケ步哨ヲ張ッテ、而シテ己自ラ要スル所ノ地域ヲ掠奪致シタノデアル、此掠奪シタル所ノ地域ハ、露西亞ガ曾テ俄國輪船會社ノ基地ト云フ名ヲ以テ、買收致シマシタル月影合ノ西ノ方、滋福里ト云フ所ガアルガ、其滋福里ノ一角ヨリ栗九味ノ全部ヲ包有致シテ居ルノデアル、海岸線ノ延長ヨリ致シマスレバ、凡ソ二哩ニ連綿致シ、面積ヨリ致セバ百二十万坪餘ニ達スル、實ニ廣大ナル地區デ、私ハ之ヲ踏査ノ上ニ、實驗シタルモノデアル、露西亞ハ何ノ目的ニ依リテ、斯ノ如ク廣大ナル地區ヲ必要トシタノデアル、又露西亞ハ何ノ理由ニ依ッテ、獨立國ノ領土ニ對シ兵ヲ加ヘテ、之ヲ掠奪スルコトヲシタノデアルカ、我外務大臣ハ私ノ質問ニ答ヘラレテ、栗九味ニ於ケル其借入地ニ――其借入地ニ石炭庫及病院ヲ設置セントスルノ計畫アルヤニ聞クト雖モ――計畫アルヤニ聽クト雖モ、未ダ起工セラレタルノ報ニ接セズ、如何ニ外交殊ニ露西亞ニ對シテハ、見ザル、聽カザル、言ハザル、即チ一種ノ三猿主義ヲ以テ、外交方針トスル所ノ政治家ト雖、我國ガ曾テ其運命ヲ賭ケテ、獨立ヲ擁護シタル韓國ノ邦土ニ對シテ、露西亞ガ兵ヲ加ヘ之ヲ掠奪セントシタコトヲ、否

認セントスルハ、何事デアルカ、栗九味ノ土地ハ外務大臣ノ所謂借入地デナイ、事實領有ニ歸シテ居ルト云フコトハ、栗九味掠奪ノ當時ニ於テ、其地區ノ上ニ我邦人ノ迫間房太郎ナルモノ、地所ガアッタノデアル、其地面ガアルト云フコトニ附イテハ、露西亞ガ將來栗九味灣ニ設備スル上ニ、少カラザル支障アルヲ以テノ故ニ、露西亞ハ我馬山ノ領事ヲ紹介シテ、迫間ノ地面デハ露西亞ガ當テ月影合附近ニ於テ、買收シタル地面ト交換ヲシタノデアル、是ニ於テ此栗九味ノ殆ド全部ヲ依然タル露西亞ノ領有ニ歸シテ居ルノデアルガ、是等ノ事實ニ徴シテモ、領有ト云フコトハ最早明白デアッテ、決シテ借入地デナイノデアル、斯ル明白ナル事實アルニ拘ラズ、外務大臣ハ何ノ憚ル所アッテ、此事實ヲ否定セラレントスルノデアルカ、若シモ知ラズトナラバ、確ニ怠慢デアル、無責任デアル、知ッテ事實ヲ誣ユルモノトスルナラバ、其責任ハ更ニ大ナラザルベカラズ、我輩ハ曾テ今日ニ於テ、當時ノ事情ヲ暴露シテ、殊更ニ三猿主義ノ政治家ヲ苦メルノデハナイ、苦メルモノデハナイケレドモ、而モ平和ノ名ヲ以テ裝ハレタル馬山ノ領地ガ、露西亞ノ東方政策上ノ優大ニシテ而モ危險ナル計畫ノ目的ニ供セシメ、爾來猛然トシテ其步武ヲ進ムル事實ヲ見ルニ及ンデ、吾々ハ大ニ我當局者ノ注意ヲ請ハンガタメ重ネテ此事實ヲ語ラナケレバナラヌト云フ點ニナッタノデアル、諸君、石炭庫及病院ノ名ヲ冠シタル所ノ、兵舍ノ建築ハ如何デアル、露西亞人ハギレスブルクト云フ者ノ名ノ下ニ於テ、栗九味灣ノ丘頭ノ平地ヨリ、降仙台ト名ケタル平屋ニ向ッテ、盛ニ工事ヲ進メラレテアルノハ事實デアル、我外務大臣ハ我輩ノ質問ニ答ヘテ、大砲其他兵事的建築用ノ材料ハ、曾テ馬山浦ニ陸揚ゲセラレタル事實ナイト云フコトヲ、答ヘラレタケレドモ、間斷ナリ該地ニ航スル所ノ露西亞ノ軍艦ハ、有ラユル材料ヲ毎々輸送シツヽアルノデアル、啻ニ然ルノミナラズ、軍事上重大ナル所ノ計畫ハ、更ニ馬山港外ニ及ンデ居ル、加德水道ヨリ以內、鎭海灣ヲ合セテ、要害無極ノ軍港ヲ形成セントスルノ事實ハ、今日最早蔽フベカラザルコトデアル、露西亞ノ鎭海灣ニ於ケル消息ハ、昨年十月——先月十日ノ東京日々新聞、同ジク十一日ノ時事新報、其他府下ノ新聞ニ據リマシテモ、其一斑ヲ推測スルニ難カランコトデアリマス、特ニ先月二十一日加德水道內海、卽チ馬山及鎭海ニ集合致シマシタル、露西亞艦隊ノ威力カラ推測ヲ致シマスレバ、鎭海灣ノ灣頭ニハ、早ヤ既ニ雙頭ノ鷲ノ旗影ガ翻ッテ居ルコトヲ思ハナケレバナラヌ、果然去ル七日私ノ手ニ接シマシタル釜山電報ハ、鎭海灣ノ露兵六百名ハ、大砲十數門ヲ備ヘテ、陸上演習ヲ始メマシタ趣シ申シテ居ル、又去ル十日釜山發ノ電報ニ據レバ、露西亞ノ東洋艦隊——東洋艦隊ト申スマスレバ、二十一隻十一万四千二百八十噸デアルガ、此大艦隊ハ鎭海灣內ニ集合セントスルコトヲ報ジテ居ルノデアル、鎭海灣ハ斯ノ如キ事實ヨリ推測致シマスレバ、確ニ露西亞ノ領有ニ歸シテ居ル私ハ露西亞ハ如何ナル名義ニ依ッテ、此鎭海灣ヲ獲タルヤヲ知リマセヌケレドモ、兎ニ角此一葦帶水ナル對州ノ對岸ニ於テ、軍事上重大ナル計畫ヲ實行シツヽアルト云フコトハ、事實ニ於テ縱シ我輩ノ得タル報道ノ中、一二錯誤ノ點ガアルト致シマストモ、其大體ニ於テ最早否認スルコトハ出來ナイデアラウト思フ、特ニ先日露西亞旗艦、甲裝巡洋艦デアル「ロレヤ」號、戰鬪艦「ペトル」、「ボウルスク」砲艦「グリヤック」此三艦ガ、鎭海灣ニ於テ實彈演習ヲ爲スニ當リマシテ、假裝日本軍艦ヲ標的ト爲スト云フニ至ッテハ、事兒戲ニ類セリトシテ、決シテ一笑ニ付スベキモノデナイ、凡ソ是等ノ事實ハ其名義ノ何タルニ拘ラズ、平和ナル狀態ニ在ルモノト云フコトハ出來ヌ、諸君、兵ヲ加ヘテ馬山浦ノ要地ヲ掠奪致シ、又現ニ鎭海灣ヲ占領シツヽアルト云フコトハ、朝鮮ノ獨立ヲ無視シタルモノデナイト云フコトガ出來マスカ、是等領有地ニ於テ、軍事上ノ設備ヲ盛ニスルト云フコトハ、直チニ我國防ノ第一區線ヲ破壞シタルモノデナイト云フコトガ言ハレマスカ、實彈演習ノ際ニ假裝日本軍艦ヲ標的ニシタト云フコトハ、我國旗ニ對シテ侮辱ヲ加ヘタモノデアル（「ヒヤ〳〵」）東洋艦隊ガ馬山浦鎭海灣ニ於テ集合スルト云フコトハ、明ニ我國ニ對シテ示威運動ヲ行フモノト言ハナケレバナリマセヌ（「ヒヤ〳〵」）我輩ハ今日ニ於テ敢テ詭激ナル辭ヲ放ッテ、自ラ快トスルモノナハナイケレドモ、露西亞ノ是等ノ行爲ハ、明ニ朝鮮ノ獨立ヲ無視シ、我國ノ國權ヲ僞ケタルノミナラズ、之ヲ以テ極言スレバ挑戰的行爲ナリト斷言スルコトヲ憚ラヌノデアル（「ヒヤ〳〵」）國家タル權力ノ實在ナキ朝鮮ニ於テハ、是等露西亞ノ僭行ニ對シ、抗議スル力ノナイコトハ勿論デアリマスケレドモ、苟モ朝鮮扶植ノ大詔ヲ奉承シタル、內閣殊ニ此海峽ノ權力ト云フモノハ、我國權自衞ノタメニ殆ド生命トシテ死守セザルベカラザル責任ヲ有スル內閣、況ヤ其主張ヲ貫クベキ機關實力一二十四万噸、五十万ノ陸軍ヲ有スル所ノ我政府ニシテ、尙ホ三猿主義——見ザル聞カザル言ハザルト云フ三猿主義ニ依ッテ安眠逸息ノ陋態ニ安ジテ居ルト云フコトハ何事デアルカ、一ダビ遼東ニ屈シタル膝ハ、再ビ朝鮮ニ於テ屈シナケレバナラヌカ、我當局者ニ開カント欲スル所ハ此點デアリマス、我責任アル國務大臣ハ宜シク是等ノ大問題ニ對シテ議院ニ出席シ、明白ナル答辯ヲ與ヘラル、コトハ至當デアラウト信ジマス

○議長（片岡健吉君）　關直彥君

（關直彥君演壇ニ登ル）

○關直彥君（六十八番）　諸君、質問ノ連發デ定メテ諸君ハ御厭キデアリマセウシ、會期ノ切迫シタ今日デアリマスカラ、私ハ質問ノ趣意ヲ成ルベク簡短ニ、最モ簡短ニ陳述致シマス、事頗ル些細ナコトノ如クデゴザイマスケレドモ、法律ヲ無視シ、法律ヲ蹂躪シタル處置ハ、如何ニモ默許スルト云フコトハ出來マセヌ、故ニ此質問ヲ提出スル次第デゴザイマス、ソレヲチョット讀ンデ見マスルト

市制第六十條ニ於テ區長ハ其區又ハ鄰區ノ公民中選擧權ヲ有スル者ヨリ之ヲ選擧シ又ハ之ヲ選任スト規定セラレタリ然ルニ東京市ニ於テ小石川牛込本鄕ノ三區區長ニ選任セラレタル區長ハ其區又ハ其鄰區ノ公民タル資格ヲ具備セサルモノナリ政府ハ何故ニ此違法アルニ對シテ其監督權ヲ行使セサルヤ

斯ウ云フ次第デアリマス、ソコデ市制ノ六十條ヲ讀ンデ見マスルト云フト「區長及其代理者ハ市會ニ於テ其區若クハ鄰區ノ公民中選擧權ヲ有スル者ヨリ之ヲ選擧ス區會ヲ設クル區ニ於テハ其區會ニ於テ之ヲ選擧ス但東京京都大阪及人口二十万以上ノ市ニ於テハ市參事會之ヲ選任ス」トアリマス、何レモ其選任スベキ人ノ資格ト云フモノハ、其區ニ住居シテ公民權ヲ有ッテ居ル選擧權ヲ有ッテ居ル者、若クハ其鄰區ニ於テ同ジ資格ヲ有ッテ居ル者デナケレバイケナイト云フコトガ規定シテアル、ソレハドウ云フ次第デアルカト云フト、諸

君ノ御存ジノ通　自治區デアリマスカラ、成ルベク其區ノ事情習慣等ヲ能ク承知シテ居ル者デナケレバ治マラナイト云フ趣意カラシテ、特ニ此規定ヲ設ケタモノデゴザイマス、然ルニ過日東京市ニ於テ、牛込區長、本郷區長、小石川區長ノ選任ガゴザイマシタ、其牛込區長ニ選任セラレタル所ノ土方某ト云フ人ハ、牛込區若クハ其鄰區ニ於テ公民權若クハ選擧權ヲ有ッテ居ラヌ人デアル、其住所ハ神田西小川町ニ住居シテ居ル、是ハ何處ノ人デアルカト云ヘバ、三多摩郡ノ人デアルト云フコトデアル、無論此人ハ選擧公簿ニ選擧權ヲ有ッテ居ルト云フ記載ハゴザリマセヌ、ソレカラ本郷區長ニ選任セラレタル稻岡某ト云フ者ハ、是ハ新潟縣ノ人デアリマスル、住所ハ麻布ニ在ルト云フコトデゴザリマスガ、新潟縣ノ人デアル、本鄕區若クハ其鄰區ニ於テ選擧權ハ有ッテ居リマセヌ人デゴザイマス、ソレカラ小石川區長ニ選任セラレタル所ノ中野某ト云フ人ハ、是ハ麻布ノ板垣サンノ家ニ居ル人ダサウデス、是モ亦其選擧權ハ其區若ハ鄰區ニゴザイマセヌ、是等ノ人ミト云フモノハ、或ハ舊自由黨ノ若手ノ頭デアッタトカ、或ハ新潟縣ニ於テハ、一時收賄トカ或ハ詐欺取財トカノ嫌疑ヲ受ケテ、今日ハ晴天白日ノ人デアルサウデゴザイマスガ、但シ星君ガ推薦ニナッタカモ知レマセヌ、併シ何人ノ推薦カ若クハ其人等ハ如何ナル經歷カハ問ヒマセヌガ、其選任ガ法律ニ背イタト云フコトニ於テハ、是ハドウシテモ監督官廳タルモノガ、之ヲ匡正スベキ責任ヲ有ッテ居ルモノデアルト信ジマス、宜シク內務大臣ハ是等ノ事實ヲ明ニ調査シテ、適當ナル監督權ヲ行使セラレンコトヲ希望スル次第デアリマスカラ、此質問ヲ提出致スノデアリマス

○恆松隆慶君(百三十六番)　此海關税定率法附屬輸入税法中ノ改正案デゴザイマスガ、是ハ唯今栗原君ノ述ベラレタ所ノ「コプラ」ヲ二種ノ方ニ移シテ、免税ニスルト云フコトハ固ヨリ賛成、私モ提出者ノ一人デゴザイマスガ、是ニ至ッテ聊カ修正ヲ加ヘタイト申スモノハ、色々調査致シマシタ結果デ、此第二種五一四ノ一鐵鑛ト云フコトヲ加ヘタイ、サウレマスルト此輸入税表中五一四ノ一ヲ、五一四ノ二ト改ムルコトニナルノデアリマス、此五一四ノ一ヲ五一四ノ二ト改メル所ノモノハ、現在ノ所デハ人造肥料、其他別項ニ掲ゲタル肥料ト云フモノデゴザイマス、其鐵鑛ヲ新ニ加ヘマスト云フノハ、多クハ此福岡ノ製鐵所ヘ、支那朝鮮カラ輸入スルモノデゴザイマス、是ガ矢張第一種ノ方ノ他ニ於テ、從價税ニ仕拂ハナケレバナラヌコトニナル、前年度ニ於キマシテモ二万噸位輸入シテ居ル、此税金ハ一万八千圓位デアリマスガ、本年ハ製鐵所ノ擴張ニ依ッテ、凡ソ見込ム所ハ十万噸位ノ見込デアリマス、此金ガ九十万圓位デアリマシテ、此原價運賃其他ノ代價等ノ總額デアリマスルガ、是ガ輸入税デ八万圓位ノ概算ニナリマス、門司デ仕拂ヒマスル、ソコデ是ハ兎ニ角免税ノ方ニ加ヘマシテ、製鐵所ノ方ニモ、大ニ便利ヲ得ルコトニナルノデアリマス、而シテ之ヲ免税ニスルカラト云ウテ、內地ノ鐵山鑛業等ニ決シテ差支ノナイ、當局者ニ於テモ內地ノ鐵山等ハ追々此途ヲ開キ進メテ往クト云フ方針デアリマスカラ、決シテ之ヲ免税ニ致シテモ、內地ノ鐵山其他ニハ一向差支ハナイト云フコトデゴザイマスカラシテ、此場合此「コプラ」ヲ免税ノ部分ニ入レマス案ニ、唯今述ベマシタ所ニ、鐵鑛ト云フコトヲ加ヘテ、之ヲ一種カラ二種ニ移スト云フコトデゴザイマス、ドウカ諸君御賛成アランコトヲ望ミマス

明治三十四年三月二十一日　議長ノ報告

衆議院議員臼井哲夫君提出馬山及鎭海ニ關スル質問ニ對シ別紙外務大臣答辯書及御回付候也

明治三十四年三月十九日　內閣總理大臣侯爵伊藤博文

衆議院議長片岡健吉殿

（別紙）

衆議院議員臼井哲夫君提出ノ馬山及鎭海ニ關スル質問書ニ對スル別紙答辯書差進候也

明治三十四年三月十八日　外務大臣加藤高明

衆議院議長片岡健吉殿

（別紙）

衆議院議員臼井哲夫君提出ノ馬山及鎭海ニ關スル質問書ニ對スル答辯書

質問ノ基礎タル事實ハ政府ノ知ル所ト異ナルモノアリ從テ見解モ亦各相同シカラス依テ本質問ニ對シテハ政府ハ答辯ヲ爲サス

右及答辯候也

明治三十四年三月二十二日　議長ノ報告

韓國馬山及鎭海ニ關スル質問書

右成規ニ據リ提出候也

明治三十四年三月二十日

提出者　臼井哲夫

賛成者　佐々友房

外三十八名

質問主意書

政府ハ本員ノ質問ニ答ヘテ質問ノ基礎タル事實ハ政府ノ知ル所ト異ナルモノアリ從テ見解モ亦相同シカラスト云ヘリ果シテ然ラハ政府ノ知ル所ノ事實及其ノ見解如何

右及質問候也

明治三十四年三月二十五日　議長ノ報告

（別紙）

衆議院議員臼井哲夫君提出ノ韓國馬山及鎭海ニ關スル質問書ニ對スル別紙答辯書差進候也

明治三十四年三月二十三日　外務大臣加藤高明

衆議院議長片岡健吉殿

（別紙）

衆議院議員臼井哲夫君提出ノ韓國馬山及鎭海ニ關スル質問書ニ對スル答辯書

一栗九味ノ地所ハ昨年三四月ノ交露國政府カ韓國政府ヨリ借入レタルモノニシテ兵ヲ加ヘテ要務シタルモノトハ認メス

一前項借入地ニ於ケル石炭庫及病院ノ建設ハ該地貸與ノ當時ヨリ韓國政府ニ於テ同意ヲ與ヘタル趣ナリ然レトモ未タ實際起工セラレタリトノ報ニ接セサルハ曩ニ答辯セシ通ナリ

一政府ノ聞ク所ニ依レハ本年二月二十一日前後ニ於テ露國ノ國旗カ鎭海灣頭ニ掲ケラレタル事實ナク露國水兵ノ上陸操練ハ三月一日以來一兩回アリシ由ナリ

明治三十四年三月二十三日

第五　移民保護法中改正法律案（政府提出）

移民保護法中左ノ通改正ス

第一條中「外國」ヲ「清韓兩國以外ノ外國」ニ改ム

（政府委員外務總務長官珍田捨巳君演壇ニ登ル）

○政府委員（珍田捨巳君）　唯今議題ニナッテ居リマス此移民保護法中改正案ハ、御覽ノ通甚ダ簡單ナモノデゴザリマス、即チ此移民保護法中第一條中ニ「清韓兩國ヲ除ク」ト云フ趣意ノ文字ヲ加ヘルマデノコトデゴザリマス、其目的ト致シマスル所ハ、即チ此兩國ニ渡航ヲスル所ノ我移民ヲ、移民保護法ノ範圍外ニ置ク目的デゴザリマス、其必要ヲ認メマシタ理由ハ、即チ御手許ニ差出シテアル通リ理由書ニ書イテゴザリマス、ドウゾ御賛成ヲ願ヒタウゴザリマス

第一　移民保護法中改正法律案（政府提出）　第一讀會ノ續（委員長報告）

（西川宇吉郎演壇ニ登ル）

○西川宇吉郎君（二百七番）　本員ハ移民保護法中改正法律案ノ委員ト爲リマシテ、去ル十三日ニ委員會ヲ開キマシテ、委員長理事ノ選擧ヲ致シマシタル處、本員ガ委員長ニ臼井哲夫君ガ理事ニ當選致シマシテゴザイマス（「大聲デ願ヒマスト」呼フ者アリ）然ル所選擧ヲ致シマシテ直チニ開會スルコトニ致シマシテ、政府委員ノ出席モ求メ、ソレカラ審議討論ノ末、本案ハ尤ナモノダト云フコトニ決定致シマシテ、即チ原案通確定致シマシテゴザイマス、此段御報告ニ及ビマス

○花井卓藏君（二百八十三番）　議長

○議長（片岡健吉君）　御質問デスカ

○花井卓藏君（二百八十三番）　反對ノ意見ヲ述ベマス

○議長（片岡健吉君）　二百八十三番

○神藤才一君（百十八番）　議長質問ガアリマス

○議長（片岡健吉君）　質問ガアリマスカラ、花井君暫ク……神藤君

○神藤才一君（百十八番）　私ハ委員長ニ御尋致シマスガ、此外國ヲ清韓兩國以外ノ外國ニ改メラレタノハ、ドウ云フ理由デアリマスカ、清韓ハ内地デアルト云フ御積デスカ

○西川宇吉郎君（二百七番）　是ニ詳シウ書イテアリマス通、清韓ハ他ノ外國ト大ニ事情ヲ異ニシテ居ッテ、我帝國ト大ニ密邇シテ總テノ事情ガ、斯ウ云フ法律ノ下ニ置カナクテモ差支ナイモノデアリマスカラ、ソレデ清韓二國ダケヲ取ッタモノヲ外國トシタ方ガ宜カラウ、斯フ云フ積デアリマス

○議長（片岡健吉君）　花井卓藏君

○花井卓藏君（二百八十三番）　私ハ……

○議長（片岡健吉君）　登壇シテ御述ベナサイ

○花井卓藏君（二百八十三番）　ハイ

（花井卓藏君演壇ニ登ル）

○花井卓藏君（二百八十三番）　極テ簡短ニ反對ノ意見ヲ表明シヤウト思ヒマス、本案ハ移民保護法中ノ第一條ヨリシテ、外國ト云フ文字、即チ此二字ノ文字ヲ改正スルト云フ法律案デゴザイマス、ソレデゴザイマスカラ反對ノ意見モ、亦長カラザルヲ欲スルノデアリマス、故ニ極テ短ク反對ノ意見ヲ述ベマスル、改正ハ僅カ二個ノ文字ニ止マッテ居リマスガ、併ナガラ此法案ノ通過スル曉ニ於キマシテハ、法律ヲ以テ法律ヲ殺スト云フ悪例ヲ、開ク所ノ原因ニ相成ラウト考ヘルノデアル、臣民ノ移轉ノ自由ニ關スルコトニ就キマシテハ、憲法上自ラ規定ノアルコトデゴザイマス、併ナガラ國家ハ法律ヲ制定致シマシテ、此移轉ノ自由ノ拘束ノ出來ルコトハ論ヲ俟タナイノデアル、國ノ内外ヲ問ハズ臣民ノ移轉ノ自由ヲ制限スルコトハ出來ルノデアル、此移民保護法モ亦國家ガ臣民ノ移轉ノ自由ヲ制限シタル法律デアルノデゴザイマス、而シテ明治二十九年ノ法律第七十號ト云フモノハ、本案即チ移民保護法デゴザイマスガ、殆ニ角我國ノ立法者ハ――我國ノ政府ハ、外國ニ渡航スル所ノ移民ト云フモノ、取扱竝ニ保護ニ關シマシテハ、法律ト云フモノニ憑據セネバナラヌト云フコトヲ示シタル所ノ、先例ト言ハネバ相成ラヌノデゴザイマス、而シテ外國ナル言葉ノ中ニハ、固ヨリ清韓兩國ハ言フヲ俟タズ、英米獨佛天涯到ル處日本國ヲ離レタル所ハ、外國ト看做スベキデアラウト思フ、然ルニ此改正ノ法案ニ依ッテ見マスルト云フト、清韓兩國ニ渡航スル者ニ附キマシテハ、移民保護法中ヨリ度外シマシテ、法律ノ保護ヲ避ケントシテ居ルノデゴザイマス、先例ハ外國渡航ノ自由ヲ拘束スルニ當ッテ、法律ニ依ルニアラザレバ能ハズト示シテ置キナガラ、清韓兩國ハ外國デアリナガラ、此法律ニ依ルコトヲ要セズト云フノハ、如何ナル方針ニ依ルモノデアルカ、本員ノ甚ダ疑フ所デゴザイマス、均シク外國デアル以上ハ、同一ノ法律ノ下ニ保護セナケレバナラヌ、又同一ノ法律ノ下ニ待遇セナケレバナラヌト考ヘルノデアル、然ルニ清韓兩國ヲ除ク總テノ外國ニ於テハ、法律ノ下ニ之ヲ支配シ、清韓兩國ニ於テハ、法律以外ニ支配セントスルハ、實ニ立法ノ杜撰極マルコトヲ表明スルノミナラズ、外國ヲ二樣ニ別ッテ、甲ノ外國、乙ノ外國、或ハ又一等ノ外國、二等ノ外國ト云フヤウニ、種々ニ取扱ハナケレバナラヌヤウニ相成ルノデアル、併ナガラ法律ノ眼ニ映ズル所ノモノハ、甲ノ外國ハ法律ノ下ニ支配シ、乙ノ外國ハ法律以外ニ支配スル、或ハ一等國ハ法律ノ支配ヲ受ケ、二等國ハ支配ヲ受ケナイト云フヤウナコトノアルベキ道理ハナイ、國家ノ眼ニ映ズル所モ亦共通デアル、然ルヲ殊更ニ清韓兩國ヲ別ニスルト云フハ、政府ハ此兩國ヲ内地ト見做スト云フ趣意デアルカ、内地ト見做シテ居ルナラバ、北海國ニ移住スル者ノ如キハ、特ニ格段ノ法律命令ヲ以テシテ居ル、然ラバ是ヨリ以下ニ取扱ハントスルニ至ッテハ、實ニ言語同斷ノ立法ト言ハナケレバナラナイ、固ヨリ特別ナル取締法令ガアルカラシテ、ソレニ據レバ差支ナイト云フコトガ、理由書ニ掲ゲラレテアル、如何ニモ清韓兩國ニ對シテハ、特別ノ法律ハアリマスガ、其特別ノ法律ト云フノハ、移民ニ適用スベキ法律デナイ、清韓在留ノ人民一般ニ適用スベキ法律デアル、即チ安寧ニ害ガアルトカ、秩序ヲ保ツニ害ガアルトカ、或ハ又風俗ニ關スル場合ニ於テハ、此等ノ者ノ在留ヲ禁止スルトカ停止スルトカ云フコトガ出來ル法律ニ外ナラヌノデアリマス、此等ノ法律ハ移民取締ニ關スルノデアリマセヌカラ、特別ナル法律ガアルト云フノハ、此理由書ニ書イテアルコトハ、全ク虚僞デアルト云フコトヲ、論斷スルニ憚ラヌノデアリマス、要スルニ一旦法律ヲ以テ決定セラレタルモノヲ、特ニ、法律ニ據ルニ及バヌト云ヒ、甲ノ移民ハ法律ニ據ルヲ要シ、乙ノ移民ハ法律ニ據ルヲ要セヌト云ガ如クニ、移民ニ等差ヲ設ケ、國ニ等差ヲ設ケ、サウシテ法律ヲ同ジウセヌト云フノハ是レ法律ヲ以テ法律ヲ殺スト云フノデアリマスカラ、文字ハ僅ニ二字ノ修正デハアリマスガ、私ハ大ニ反對セナケレバナラヌノデアリマス、理由ハ是デ澤山デアラウト思フ

○望月長夫君（二百四十二番）　極ク簡短デスカラ、當席カラ述ベマスガ、今ノ花井君ノ意見ニ反對デ、政府案ニ贊成ノ意見ヲ述ベヤウト思フ、花井君ノ所説ニ據ルト、移民保護法ナルモノハ、外國ニ移民ヲスル場合ニハ、必然ノ法律デアル、如何ナル場合ニ於テモ、ドウシテモ各外國平等ニナカラネバナラヌ法律デアルト云フノガ、根據ノ論ノヤウデアル、サリナガラ是ハサウデナイ、必要ヨリ生ジテ來タ法律デアル、移民保護法ナル特別ノ法律ヲ設ケテ、之ニ據ッテ保護ヲセネバ移民ガ非常ニ困難ヲスル、即チ無智ノ移民ハ例ノ移民

周旋屋ノ甘口ニ乘セラレテ、非常ナ苦ミヲスルト云フガタメニ、此弊害ヲ矯正スルガタメニ、其必要ヨリ生ジタ法律デアル、元來ガサウ云フ法律デアルガ故ニ、外國ノ中ノ一國デモ二國デモ、此特別ノ保護ヲ加ヘルノ必要ガナイ、加之此法律ガアルタメニ、却テ自由ノ渡航ヲ妨グラレルト云フ如キ場合ニハ、是非トモ他ノ各國ニ移民保護ノ法律ガ存スルタメニ、清韓兩國ニモ之ヲ存シテ置カナケレバナラヌト云フコトハナイノデアル(花井卓藏君「全廢ヲスルナラバ贊成スル」ト呼フ)外ニハ必要デアルガ、清韓ニハ必要ガナイノデアル、現ニ朝鮮アタリニ居ル商人ハ、確カ仁川ダケノ會議デアッタカト思フガ、外務省ニ向ッテ、自由渡航ヲ許スヤウニシテ貰ヒタイト云フ決議マデシテ居ル、移民保護ノ必要ハ外國ニ往ッタ者ガ、非常ニ迷惑ヲ被ルカラ生ズルノデ、寧ロ往ッタ者カラ要求スベキモノデアルノニ、向フカラサウ云フ保護ヲ受ケル必要ハナイ、自由ニ渡航セラレル方ガ宜イト云フノデアルカラ、此必要ノナイコトハ事實ニ於テ、極テ明白デアルト信ズル、今日ニ於テ尙ホ一衣帶水ノ清韓兩國ニ對シテ、此特別ノ法律ヲ存セナケレバナラヌト云フノハ、單純ニ各國ヲ一列ニ見タダケノ理窟デ、實際ノ必要ヲ知ラナイ、學者ノ迂論ト言ッテ差支ナイト思フ

○恆松隆慶君(二百二十四番) マダ二讀會ハ開カレテ居ラヌノデスカ

○議長(片岡健吉君) マダ開カレテ居リマセヌ

○恆松隆慶君(二百二十四番) ドウカ直チニ二讀會ヲ開カレンコトヲ望ミマス

○議長(片岡健吉君) 本案ニ附イテ第二讀會ヲ開クヤ否ノ採決ヲシヤウト思ヒマス

(「異議ナシ異議ナシ」ノ聲起ル)

○議長(片岡健吉君) 本案ノ二讀會ヲ開クコトニ同意ノ諸君ハ、起立ヲ請ヒマス

起立者 多數

○議長(片岡健吉君) 多數ト認メマス

○恆松隆慶君(二百二十四番) 直チニ二讀會ヲ開カレンコトヲ望ミマス

(「贊成々々」ノ聲起ル)

○野間五造君(二百五十一番) 議長、議長、質問デス

○議長(片岡健吉君) マダ二讀會ヲ開クヤウニナリマセヌ、直チニ二讀會ヲ開クコトニ御異議ガアリマセヌカ

(「異議ナシ」ト呼フ者アリ)

○議長(片岡健吉君) 御異議ガナケレバ直チニ第二讀會ヲ開キマス

移民保護法中改正法律案(政府提出) 第二讀會

○野間五造君(二百五十一番) 左樣ナラ私ニ御許ヲ願ヒマス……私ハ第一讀會ノトキニ質問シヤウト思ウテ居リマシタガ、御演說ガ始マッテ機會ヲ失シマシタカラ、此場合ニ質問致シマズ、大臣ノ御見エガナイヤウデアリマスカラ、總務長官デモ宜シウゴザイマス、移民ノコトニ關聯シテ御尋ヲ致シマスガ、清韓二箇國ヲ別ニ移民制限ノ中カラ除カウト云フノデアリマスガ、移民制限法ヲ出シタ原因ハ、日本ノ勞働者ガ歐羅巴亞米利加ニ無暗ニ往クコトノタメニ、此法律ガ出タノデアラウト思ヒマスガ、所ガソレニ附イテ拙者ハ前年政府ニ質問ヲ出シマシタガ、例ノ如ク要領ヲ得ザル答辯ヲ辱ウシタノデアル、併シ最早一年モ經ッテ、尙ホ移民ニ關スル問題ガ起ッテ居ルカラ、外務省ニ於テハソレ〳〵御方針ガ定ッテ居ルダラウト思フ、日本ノ移民ト云フ――寧ロ日本帝國ノ臣民ガ事實ニ於テ、上陸ヲ停止サレテ居ル箇所ハ、一ハ加奈陀一ハ濠太剌利デアル、昨年私ガ質問シタトキハ濠太剌利ノ問題ハ、左程盛デナカッタガ、其際ニ加奈陀ダケハ日本帝國臣民ヲ、事實ニ於テ上陸ヲ禁止シタノデアルビクトリヤデ横文字ノ書ケナイ、卽チ歐羅巴ノ一箇國ノ語ニ通ジナイモノハ、總テ上陸ヲ禁ズルト云フノデ、卽チ事實ニ於テ日本帝國臣民ノ上陸ヲ禁止シタノデアル、所ガ日本デハ新聞ナドデ見ルト抗議ヲナサレ、之ニ對シテ英國政府ハ不認可權ヲ與ヘタト云フコトヲ承ッタノデアルガ、併シ實際今日ハ矢張上陸ヲスルニハ、非常ニムツカシイ制限ガアッテ、歐羅巴ノ語ニ通ゼザル黃色人種卽チ日本人ハ、特別ナル不便ヲ與ヘラレツヽアル、之ニ對シ我外務省ハ如何ナル方針ヲ執ラレルノデアルカ、ソレヲ一ツ、ソレカラモウ一ツハ濠太剌利ニ對シテ昨今問題ガ起ッテ居ルノデ濠太剌利ハ此上ニ尙郵便局ノ郵便ヲ取扱フ官吏ニハ、日本臣民ヲ使ハヌト云フコトノ法律ヲシドニー メルボルン クインスランド等デ、卽チ濠太剌利ノ聯邦國ノ一部ニ於テ、殆ド法律ニナリ掛ッテ居ル、ト云フコトヲ聞イテ居ル、而シテ濠太剌利ニハ郵便官ニ日本人ヲ使ハナイノミナラズ、矢張バンクーバガ行ッタ如ク、日本人ニ對シテハ、歐羅巴ノ一箇國ノ言語ニ通ズルモノデナケレバ、上陸ヲ許サヌト云フコトヲヤラウトシテ居ルノデアル、是等ノ事實ハ我國威國權ニ對シテ、非常ノ侮辱ヲ加ヘタモノデアルガ、之ニ對シ如何ナル抗議ヲ申込ンダカ、ドウ云フ進行ヲ今日爲シツヽアルカ、外務當局者ノ答辯ヲ得タイノデアリマス

(政府委員外務省通商局長杉村濬君演壇ニ登ル)

○政府委員(杉村濬君) 唯今御質問ガアリマシタカラ答辯致シマセウ、御質問ガ二ツニ分レテ居リマスガ加奈陀ノ事ハ御聞及ノ通加奈陀ノ內ノ洲ブリチスコロンビアニ於テ、移民制限法ヲ設ケタノデ、今御質問ノ通ニ英語ノ制限ヲ加ヘテ、英語ニ通ジナイモノヲ上陸ヲ許サヌト云フ制限デアリマシタ、併シ是ハ正面カラ云ヘバ加奈陀ハ日英條約ノ內ニ這入ッテ居ラヌカラ、日本政府ハ條約上ノ權利トシテ之ニ抗議ヲ申込ムコトハ出來ナイ、併ナガラ段段政府ニ交涉ヲシタ結果、竝ニブリチスコロンビアノ設ケタ法律ハ加奈陀ノ法律ニ抵觸シテ居ルコトモアッテ、夫是ガ遂ニ不認可ニナリマシタ、ソコデ此法律ガ行ハレテ居ル間ガ、今御質問ノ通ニ、日本人ハ移民ニ限ラズ制限法

ヲ適用サレテアッタノデアリマス、併不認可ニナッタ後ハ、勿論當前ニ從前ノ如ク法律ノナカッタ當時ノ如ク、移民ガ往カレルコトデアリマス、又今ノ御質問ノアッタ事柄ハ、未ダ政府デハ承知レテ居リマセヌ、ツイ不認可ニナッタノモ最近ノコトデアリマスカラ、其後ノコトモ分リモセズ、何等ノ故障ノアッタコトモ承知致シマセヌ、ソレカラ次ハ濠洲ノコトデアリマスガ、是ハ今丁度聯邦會議ニ出テ居ルノデ、此事ハ政府ガ濠洲聯邦總督竝ニ英政府ニ交渉シツヽアリマスガ、未ダ此事ハ茲デドウ云フ事ニナッテ居ルト云フコトヲ、精シク申上ゲル時機ニ至リマセヌカラ、是ハ申上兼ネマス、其內郵便局員云々ト云フコトガアリマシタガ、ソレニ附イテハ特ニ法律ヲ設ケテアルコトヲ承知致シマセヌ、又サウ云フ事柄ハ承知致シマセヌカラ、御答ガ出來マセヌ

○野間五造君(二百五十一番) 唯今ノデ要領ヲ得マシタガ、併ナガラ唯今抗議ヲ申込ンデ居ルト云フコトデアリマスガ、英國ハ加拿陀ニ向ッテ不認可ヲ與ヘテ居ル所カラ濠太剌利ニモ不認可ヲ與ヘナケレバ、自家撞著ニナラウト思ヒマスガ、抗議ヲ申込ンデ居ルノハ、英國ノ好意ニ訴ヘルノハ、英國ノ本政府デアルカ、聯邦政府ニ向フノデアルカ、念ノタメニ……

(政府委員通商局長杉村濬君演壇ニ登ル)

○政府委員(杉村濬君) 兩方ニ申レテ、居リマス聯邦政府ニハ領事カラ、英政府ニハ公使カラ申レテ居リマス、今ノ問題ト爲ッテ居ル移民制限法ハ、未ダ法律ト爲ッテ居リマセヌ、此間兩院ダケ通過シタ電信ヲ受ケタノデ、總督ノ裁可ヲ與ヘタ報ハ、未ダ聞マセヌ

○花井卓藏君(二百八十三番) 移民保護法ニ依ッテ、清韓兩國ヲ取除キマシテ、サウシテ其他ノ外國ニ附キ其移民ニ對シマシテハ保護ノ實ガ、法律通リ擧ッテ居ルヤ否ヤト云フ事柄ハ、極テ大切ナ事柄デアラウト思フ、ソレニ附キマシテ本員ノ質問セント致シマスル所ハ融路ノ移民ニ關スルコトデアル、明治三十二年二月二十八日融路ヘ渡航致シマシタル移民ハ、廣島縣人、山口縣人及岡山縣人、新潟縣人、デ總數七百八十餘名アルノデアル、而シテ九千里バカリノ海路ヲ越エマシテ、三十餘日ノ日數ヲ費シマシテ、遙ゝ融路ヘ到著致シマシタル曉ニ於テ、上陸ノ後ニ於テ、未ダ三十日ヲ閲セザルニ、早ク既ニ十中八九ノ病人ヲ出シタノデアル、氣候風土ノ變ニ依ッテ病人ヲ出シタノデアル、ソレカラソノ生キテ居ルモノハ五百有餘名デアッテ、慣レニモ此海外萬里ノ異域ニ在テ、敢ナク鬼籍ニ上リマシタモノモ、既ニ百八十名ノ多キニ上ッテ居ルノデアル、是等ノ移民ノ慘狀ト云フモノハ、筆舌ノ悉クシ得ル所デハナイ、然ルニ活キテ居ル即チ活キ殘ッテ居ル者ノ中ニ就イテハ、如何ナル保護取扱ヲ爲レテ居ルカト云ヘバ、雇主ト云フ者ノ甘言ニ欺カレマシテ、無條約國ノボリビヤノ野ニ放タレタル者ノモアル、或ハ一万八千尺モアル高キ山ヲ越エテアンデスト云フ山ヲ越エテ、サウシテチヤンチヤマヨウト云フ、人跡稀ナル僻境ニ放タレタル者モアルノデアル、而シテ其融路ニ殘ッテ居リマスル者モ、今日ニ於キマシテハ雇主ノ虐待ニ堪ヘズシテ、餓ニ叫ケンデ居ル、憐ヲ道途ニ請フ者アリ、其僻境ニ誘致セラレタル者ニ至ッテハ、遙ニ故鄕ノ天ヲ望ンデハ、涙ヲ悲慘ノ境ニ呑ンデ居ル者モアルノデアル、政府ガ移民保護法ト云フモノヲ制定セラレマシテ、成ルベク便宜ナ方法ヲ與ヘテヤラウト云フノテ、清韓兩國ハ除クト云フ、成程除クノハ實際便宜デアオト云フ、望月君ノ御演說モアッタノデアリマス、併シ殘ッテ居ル外國ノ移民ニ對シテノ慘狀、斯ノ如キ有樣デアルト云フコトハ、明治三十二年以來外務大臣ノ卓上ニハ、堆キヲ爲レテ居ルノデアル、而レテ本案ノ如キ法律ガ出マスルト云フト、清韓兩國ノ移民ニ對シテハ、成ルベク渡航上ノ便宜ヲ與ヘ、其他ノ外國ニ對シテハ共代リ成ルベク多クノ權利利益ト云フモノヲ保護シテ遣ル、即チ兩々相待ッテ、一方ニ於テ法律ヲ殺スノデアルケレドモ、是ハ望月君ノ言フ學者ノ迂論デ、事實サヘ宜ケレバヨイト云ッテ又他ノ一面ニ於テハ保護監督ノ道ガ附イテ居ルノデアルト云ッテ居ル、ソレガ若シ屆イテ居ルナラバ、是モ此改正案ト云フモノトモ、一應意味ハ取レルノデアル、併ナガラ同ジク移民デアル、而レテ融路ニモ居リマス其移民ノ慘狀ニ附キマシテハ、政府ハ何等ノ保護スル所ガアッタノデアルカ、移民保護法ニ據リマスレバ、雇主其他ノ關係ニ於テ日本ヘ已ハ歸リタイト云フ希望ガアル者ニ對レテハ、之ヲ歸スト云フダケノ保護ヲ致サナケレバナラヌト云フ事柄モ、法律ノ上ニ於テハ條文炳然トレテ敵フコトガ出來ヌノデアル、然ルニ外務大臣其他ノ所屬地方長官ヘ、幾ナル十回ノ保護ノ請願ヲ爲セルニモ拘ラズ、之ヲ捨テ、顧ミナイト云フノハ如何譯デアルカ、移民保護法アリト雖モ何ノ保護スル所ノ實際ガアル、即チ移民保護法ニ映セラレタル所ノ、政府ノ事實、竝ニ政府ガ此法律ヲ政府ノ目ニ映ズル保護法ト云ソモノハ、如何ナル狀態デアルカ、外國ノ文字ガ一字一字殘ッテ居ル、而レテ清韓以外ノ外國移民ノ狀態ト云フモノハ、未ダ政府ノ目ニ映ジヌノデアリマスカ、若シ映ッテ居ルナレバ、何故ニ精細ナル調查ヲレ、何故ニ是ガ始末ヲ附ケナイノデアルカ、本案ヲ決定スルニ附キマシテ、此事實問題ハ極テ大切デアラウト思フ、又政府モ能ク知ッテ居ルコトデアル、故ニ此質問ニ對シテハ、十分ノ答辯ヲ得ンコトヲ希望スルノデアリマス

(政府委員外務省通商局長杉村濬君演壇ニ登ル)

○政府委員(杉村濬君) 唯今ノ質問ハ融路ノ移民デスガ、此問題外ニ涉ルヤウデアリマスケレドモ、大略ヲ御話レマス、併レ之ヲ御話スルト隨分長イコトニナリマスカラ、最初融路ヘ移民ヲ送ッタ、ソレカラシテ段々其移民カラ苦情ヲ持來タト云フコトハ、今御質疑ノ通デス、併ナガラソレト同時ニ、反對ナコトモ亦申シテ來タノデスカラ、政府ガ融路ニハ領事ハアリマセヌ、名譽領事ハアルケレドモ領事ハナイデス、名譽領事ノ意見ハ電信デモ聞ケバ手紙デモ聞イテヤッタ、名譽領事ノ申ス所ハ矢張リ移民ノ苦情ト違ッテ居リマシタ、倘ホ不安心ダカラ特ニ墨西哥ニ居ル書記生ヲ轉任サレテ、サウシテ移民地ヲ悉グ見サセマシタ、明細ナ報告ヲ得テアルノデス、ソレニ依ッテ見レバ移民ガ言フ程ナ苦情ハナイト云フコトデ、多少アッタケレドモ、移民ノ言フ程ノコトハナイト云フコトヲ認メタ、サリナガラ其儘ニシテ置ケナイカラシテ、之ヲ移民保護法ノ第十七條デアッタト思ヒマス、政府デ喚還スカ、若クハ他ニ方法ガアルカト云フコトヲ考テ、サウシテ別ニ方法ヲ設ケテ、ソレカラソレニ依ッテ更ニ之ヲ救濟スルト云フコトニ著手致シマシタ、致シタガ其後ノ調ニ據レバ、段々落著イテ來テ、又移民モ事業ニ就イテ、サウシテ苦情モ殆ドナクナリマシタ、倘ホ最近ノ報告ニ據レバ、今歸サウトスレバ却テ歸シテ貰フコトヲ望マヌト云フコトニナリ來ッタデス(花井卓藏君「證據ガアリマスカ」ト呼フ)向フノ報告デス、外ニ關ハナイデス、向フカラ來タ報告デス、サウ云フ譯デアリマスカラ、政府ガ決レテ捨テ、置イタノデハナイ、盡スダケノ道ヲ十分盡レテ居ル、ソレカラ調ハ精密ナ調ヲ持ッテ居ル、ソレダケノコトヲ……

（「採決ト」呼フ者アリ）

○議長（片岡健吉君）　原案ニ就イテ採決致シマス、委員長ノ報告通御異議ハアリマセヌカ

（「異議ナシ」ト呼フ者アリ）

○議長（片岡健吉君）　原案ノ通決シマス

○恆松隆慶君（二百二十四番）　私ヨリモ質問書ヲ議長ノ手許ヘ提出致シマシタ、其事務ニ附イテ極ク大體ノコトダケ申述ベテ置カウト思フ、質問ハ山陰道高等農林學校設置ニ關スル件、山陰道地方ニ對スル政府ノ施設方針ノ件、北清事件ニ關スル從軍者以外ノ官公吏ニ對スル賞賜ノ件、斯ウ云フ質問デゴザイマス、數箇ノ質問デゴザイマスルデ、此理由ヲ十分述ベマスルト長クナリマス、然ルニ既ニ鈴木君ガ鑛毒事件ニ附イテ相應ニ長演說ヲセラレマシテ、時間モ餘程費ヘテゴザイマスカラ、遺憾ナガラホンノ大略ヲ述ベテ置キマスガ、此山陰道ノ地勢ハ諸君ガ大體御承知ノ如ク、半面ハ山嶽ニ接シ半面ハ日本海ノ方ヘ其沿ウテ居リマス、交通頗ル不便ヲ極メテアリマス、然レドモ普通敎育ノコトニ附キマシテハ、町村ニ相當ナ學校ヲ建築致シ、却テ此都會ニ優ッタ位ノ學校ヲ建テ、又敎員モ相當ナ人ヲ屆入レ、隨ッテ敎員モ眞面目ニ奉職シ勉強致シテ居ル、斯ウ云フ僻地デゴザイマスカラ、貧民モ多イノデアルケレドモ、敎育ノ必要ヲ今日ハ認メテ粥ヲ食ベ芋ヲ食ベル者デモ、其子弟ヲ學校ニ通學セシメ、其就學生ノ數カラ見テモ、他道ニ强テ後レテハ居リマセヌ、然レドモ高等敎育ト云フコトニナリマシテハ、誠ニ不便ナ地デゴザイマスカラ、是ガ人材ヲ養生スルコトハ振ハナイノデ、誠ニ地方ノ人々ハ遺憾トスル所デゴザイマス、故ニ諸種ノ高等學校ガ希望デゴザイマスケレドモ、地形上カラ考ヘマスルトキニハ、最モ必要トスベキモノハ、高等農林學校デアルト認メマシテ、第十四議會ニ建議書ヲ提出致シマシタ、政府モ之ニ同意セラレ、又衆議院モ一人ノ異議者ナク、是ガ可決ニナリマシタ、然シテ第十五議會ヲ經テ、第十六議會ノ今日ニナリマシテモ、山陰道ノ此問題ニ就イテハ更ニ其計畫モナイノデアル、一面山陽道ノ方ノ側ヲ見マスレバ、山口縣ハ一種異ナルト雖モ、近來ハ官立ノ高等中學トナリ、廣島ノ高等師範學校、岡山ノ高等中學、兵庫ノ高等商業學校ナリ、其他近畿九州ト云フノ方面ナリマシテモ、敎育ノコトニ附キマシテハ、種々ナ學校モ設置ニナッテ居ル、又敎育ノミデハナイ、國防上ノ設備モ多々設置シテアルノデアル、兎角此東南ニ向ッテハ色々政府ガ仕事ヲ致シマスケレドモ、此北ノ方面ニ向ッテハ更ニ構ハナイ、我邦ノ表日本ニハ力ヲ盡シテモ、裏日本ニハ力ヲ盡サレナイ、更ニ構ハナイト云フヤウナ傾向デアリマス、ソコデ高等農林學校ノコトハ迚モ今此議會ニ豫算ヲ出シテ吳レト云フテモ、出來ナイコトデアリマセウケレドモ、此來ル所ノ十七議會若クハ其後ノ次期ニ於テ、是非是ハ置カレルカ、ドウ云フ政府ハ考ヘデ居ルカト云フコトヲ、明確ナ答ニ政府ノ意向ヲ承リタイト云フノデアル、然シテ次ハ山陰道ノ地方ニ關係スル問題デ、主トシテ山陰道鐵道及廣濱鐵道、ソレカラ及電信郵便ノ增設、又裁判所出張所即チ登記所ノ增設、又港灣法ト云フヤウナコトニ附イテノ質問デゴザイマスルガ、諸君、實ニ今日ハ文明ガ日ニ月ニ進歩致シマシテ、之ニ伴ウテ鐵道ノ事業ノ如キハ、最モ著シキ傾向ヲ來シテアリマスケレドモ山陰道ノ方面ニ向ッテハ、實ニ鐵道ノ恩澤ヲ受ケルト云フコトハ少イノデアル、漸クニシテ近年境港ヨリ米子鳥取ヲ經テ姫路ニ達スル所ノ陰陽連絡姫鳥線ト云フモノガ、一昨年以來豫算ガ出マシテ、著々工事ヲシテ居リマス、此有樣デアルナレバ數年ノ後ハ全通レマセウガ、併ナガラ此米子ト松江ノ處ハ諸君ガ――御出下スッタ諸君ハ御承知デゴザイマセウガ、僅ニ七八里ノ里程ヲ隔テ、其間極平坦ナ土地デ鐵道ヲ架ケルニモ誠ニ容易ク出來ルノデアル、殊ニ境港ノ港灣ハ鳥取縣ノ下カナレドモ、其實商業其他ノ重ナル所ハ島根縣ニ大關係シテ居ルノデアル、昨年小松宮殿下ガ御來臨ニナリマシタトキニ、此松江ノ盛ナル所、風景ノ宜シイ所ト云フモノハ、誠ニ御氣ニ參ッタト云フコトデアル、又其後中央カラ各名士ガ續々見エマシテモ、此松江ニナゼ米子カラ鐵道ヲ延長シナイノデアル、實ニ松江ノ地方ハ山ハ青ク水ハ清シ、風景頗ル好シ、又近ク大社モ控ヘテ居ル、誠ニ繁盛ノ地デアリ、鐵道ガ出來テ利益ノアル所デアル、然ルヲ山陰道ノ第一ノ都會トスベキ所ノ、此中央ナル島根ノ松江マデ敷カナイト云フコトハ如何ナモノデアルカ、誠ニ歎クベキコトデアル、一度來タ人ハ皆共感ゼシメルノデアル、然ルニ地方ヨリ屢々請願其他ノコトヲ致シマスケレドモ、マダ時期ガ參リマセヌ、又軍事上カラ申シマシテモ、二十七八年ノ戰爭ニモ一番先驅ヲシテ出兵シテ居ル、一昨年ノ北清事件ニ於テモ動員令ガ發セラレテ、總テ島根縣ノ者ハ妻子ヲ打捨テ、出兵致シテ居ル有樣デ、又土地ノ上カラデモ露西亞ノ浦潮斯德ニモ、朝鮮ニモ、清國ニモセヨ、種々ノ關係アルニモ拘ラズ、鐵道ノコトガマダ呼聲ガ高マラヌノデアル、又濱田デシマスルト、廣島師團ノ聯隊ガ置レマシテ、又此間ノ師團ト聯隊ノ關係ト云ヒ、又濱田港ハ貿易港ト爲ッテ種々他ニ關係ノアル土地デアル、ソレデ米子ヨリ松江ヲ經テ濱田又ハ山口縣下ヨリ津和野ヲ經テ濱田ニ至ル、廣濱間ノ線路等ノ問題ハ、本年ノ豫算デ見マスルト、鐵道線路調査費ト云フモノガ、昨年吾々ガ建議シタメニ豫算ニ入レタノデ、是ハ四箇年ノ繼續事業ト云フコトニナッテ居ル、デ是等ノ費用ヲ置キマシタ以上ハ、是等ノ鐵道ニ附イテ實測ヲナシ、而シテ其工事ノ善後計畫等ハ政府ノ如何セラル、カト云フコトヲ、私ハ尋ネルノデアル、又電信ナリ、郵便ナリ、登記所ナリ、近來多少增シマシテ、昔日ノ感ハナイノデアリマスルガ、併ナガラ鐵道デモ開ケマスレバ、十分御減シニナッテモ宜シイケレドモ、マダ鐵道ノ出來ナイヤウナ地方ハ、戶數トカ人口トカ云フ例ニ依ラヌデ、特種ノ點ヲ以テ增設シテ貰ハヌト、僅カ一電信ヲ掛クルニ附イテモ、草鞋掛デ七八里ヲ往クト云フコトデハ、ナカ〳〵今日ノ此時世ノ交通ノ恩澤ヲ受クルコトハ殊ニ少イノデアル、又登記所ヲ見ルト、是ガ十二月カラ二月頃マデ田舍ハ最モ賣買讓與ガ多イノデアル、僅カ一畝歩ノ登記ヲ受ケルニモ六七里ノ雪道ヲ踏ンデ往カナケレバナラヌ、又泊リ掛ケデ往カナケレバナラヌヤウナ有樣デ、民法商法實施以來非常ニ困難シテ居リマスカラ、斯ウ云フ田舍ニ向ヒテハ、後ノ年度カラデモ增設スル方針ヲ取ッテ、幾分ノ便利ヲ與ヘテ貰ヒタイ、是等ハ決シテ財政整理問題ニ關係ハシナイ、電信郵便ヲ拵ヘヤウト、登記所ヲ拵ヘヤウト、ソレダケノ登記者ガ多クナリ、電信ナリ、郵便ナリ、發信者ガ多クナッテ、從ッテ收入ガ增加スルノデアル、詰リ營利的ノ事業ト云フ有樣デアルカラ、鐵道ノ開ケナイ中ニハ是等ノコトニ便利ヲ與ヘテ貰ハナケレバナラヌ、又港灣ノコトニ附キマシテハ、舞鶴ガ軍港ニナリマシテ、鳥取島根ハ最モ關係ガ多ク、又港灣モ多ウゴザイマス、島根ノ如キハ海岸ガ七十里、殊ニ隱岐ノ國ヲ控ヘテ居リマスカラ、百里位海ニ沿ウテ居ルノデアル、港灣モ多多アルノデアルカラ、是等ノ實測ヲ致シテドウカ改築致シタイト云フ考ヲ持ッテ居リマスガ、如何セン此港灣法ト云フモノガナイカラシテ、如何ナル支出方法ニシテモ宜イカト云フコトハ苦ンデ居ル、軍艦ナリ水雷艇ノ寄港又汽船ノ安全ニ碇泊スルヤウニ、漁船ノ避難ヲスルヤウニ致シタイト云フ計畫ハ、綿密ニ調査致シテ、ソレ等ノコトノ計畫ヲ遂ゲルト云フコトニ因ル、是ハ鐵道ニ敷設法アリ、河川ニ河川法アリスレバ、港灣ハ我邦ハ四面環海ノ國ナレバ、最モ港灣ニ政府ハ重キヲ置イテ、港灣法ノ制定位ナコトハ出來テ宜カラウト思フガ、是ハ今後如何ナ考デ政府ハ居ラル、カト云フコトヲ尋ネル、ソレカラ次ハ從軍――北清事件ノ從軍者以外ノ官公吏ハ如何スルカ、二十七八年ノ戰爭ニ附キマシテハ、全國一般ニ從軍サシタノデゴザイマス、此度モ從軍者ガ二十七八年ノ例ニ依ッテ、或ハ勳章ナリ賞金ガアリマシタ、是ハ尙武奬勵ノ美擧ナリト吾〻ハ感ジテ居リマスガ、此從軍者以外ノ者ハ二十七八年ノ例ニ依ッテ、五師團管內限臨時召集ニナッタ所デアル、之ガタメニ非常ニ郡長ナリ郡吏ナリ町村長ト云フ者ハ、非常ナ煩雜ヲ來シタノデアル、是等ニモ相當ノ賞賜ノ手續ヲサレルカ否ヤ、殊ニ此師團聯隊ノ所在地ノ郡町村行軍ノアッタ所ノ公吏ハ、非常ナル此事ニ附イテ心配モ致シテ居ルノデアリナガラ、是等ニ附イテハ未ダ何コソト云ッテ、一向取沙汰モナイノダガ、是等ハ政府ガ傍觀サレテ居ルコトデアルマイ、相當ノ手續ヲサレルヤ否ヤト云フコトヲ尋ネル、以上私ガ述ベル所ハ大體デゴザイマスガ、細カイコトハ今少シ述ベタウゴザイマスガ、是ハ略シマス、而シテ此質問書ニモ大分長ク書イテアリマシテ、又質問ノ中ニモ提出ノ理由ノ書イタノモゴザイマスカラ、ソックリ之ヲ速記ニ載セテ貰フコトニ致シマシテ、先ヅ提出ノ理由ハ之ニ止メテ置キマス

○議長(片岡健吉君) 是ヨリ議事日程ノ第一ニ移リマス、地租條例中改正法律案、第一讀會ノ續、委員長報告――有村連君

明治三十五年一月二十六日　議長ノ報告

外交及ヒ內政ニ關スル質問書

右成規ニ據リ提出候也

明治三十五年一月二十五日

提出者　大石正已

贊成者　犬養毅

外六十一名

外交及內政ニ關スル質問主意書

第一　露國政府ハ清國ノ秩序常態ニ復シ皇帝回鑾シテ中央政府北京ニ建設セラルル場合ニハ滿洲撤退ヲ實行スヘシト聲明シ帝國政府ハ此宣言ニ信頼セリ然ルニ今ヤ清國ノ秩序回復シ清國皇帝ハ北京ニ還御シ中央政府モ亦首都ニ在ルニ關ハラス露國ハ滿洲ヲ撤退セス滿洲ニ於ケル清國ノ主權行ハレス露國占領ノ實アリ是レ露國政府前日ノ宣言ト相容レサルモノナリ此際清國政府ハ強力ナル援助ヲ得ルニ非サレハ容易ニ之ヲ解決シ得ス帝國政府ハ發キニ責任ヲ負フテ露國政府ニ警告シタル方針ニ照ラスモ亦今日ノ事態ヲ遷延經過セシムヘキニアラスト信ス政府ハ露清兩國政府ニ對シ何等ノ行動ヲ爲シタル歟

第二　今ヤ列國ハ競フテ東亞ノ經營ニ從事ス獨リ帝國政府ハ清國ニ對シ何等劃策經營スル所ナシ今日ノ怠慢無爲ハ他日國家ニ百年ノ悔ヲ貽スノ惧アリト認メサル歟

第三　朝鮮ニ關シ日露協商ノ儼存スルニ關ハラス朝鮮ニ於ケル帝國ノ利益ハ屢々侵害サレタリ政府ハ何故ニ之ヲ安全ニ保護スルノ手段ヲ採ラサル歟

第四　帝國臣民ノ濠洲ヨリ排斥サレタルニ對シ帝國政府ハ如何ナル措置ヲ採リタル歟

第五　北清事件ニ關係セル列國カ清國政府ヨリ收メタル賠償債券四億五千万兩ノ內ヨリ帝國政府ハ七百八十六万八千圓ノ割增金ヲ請求シタリト謂フ其成行如何

第六　政府ノ移殖民ニ對スル方針ハ之ヲ奬勵スルニ在ル乎將タ壓抑スルニ在ル乎將タ又放任スルニ在ル歟

第七　帝國政府ハ公債賣出ノ瀕路ミ即チ準備談ヲ開キテ失敗シタル事ヲ內外ニ暴露シタルハ帝國ノ信用ヲ毀損シタルモノナリ政府ハ當時ノ顚末ヲ明示シテ帝國ノ信用ヲ保護スルヲ當然ノ責務ト認メサル歟

第八　地方政費年々增加シ而シテ其大部分ハ適當ノ費途ニ使用セラレス爲メニ今ヤ府縣市町村ノ財政危機ニ迫レルモノ尠ナカラス此弊害ヲ釀成セシハ地方行政監督ノ弛廢ニ職由ス政府ハ何故ニ之レカ救濟ノ方法手段ヲ行ハサル歟

第九　地方秕政ノ弊資ハ寒村僻邑ニ汲及シ官吏ニシテ奸商ト結托スルモノ公吏ニシテ公金ヲ私スルモノ各府縣ニ簇出セリ政府ハ何故ニ當該非行者及ヒ監督長官ノ處分ヲ曖昧模稜ニ附スル歟

第十　所謂軍人掠奪事件ニ關スル世論囂々タリ政府ハ何故ニ其虛實及ヒ其顚末ヲ明白ニシテ忠良ナル軍人ノ名擧ヲ保護セサル歟

第十一　現政府ニ於テモ亦憲政ノ發達ヲ希望セラルヽヤ如何

○大石正己君（八十八番）　私ハ外交内政ニ關スル質問ヲ提出致シテ置キマシタ、其質問ノ要領ヲ説明致サウト思ヒマス、此質問ニ入ルノ前ニ當リテ、一應辯明ヲ致シテ置キタイコトガアル、段々新聞紙ノ報スル所ニ據ッテハ、或ハ吾々ノ態度ガ云々、政府ニ反對若クハ彈劾的ノ演説ヲ云々ト云フヤウナ報道ガ、澤山傳ッテ居リマス、併シ本員ノ今日質問ヲ致ス大主眼トスル所ハ、敢テ徒ニ反對攻擊ヲスルト云フヤウナ、決シテ本意デハアリマセヌ、要スル所當局者ノ注意ヲ促シ警告ヲ與ヘテ、國家ノタメニ大ニ奮勵シテ盡スアランコトヲ、希望スル趣意デアリマスカラ、或ハ申述ベテ見レバ、政府ト大ニ同意スル點ガアルカモ知レヌ、政府ノ方ニ於テハ贊成シテ働ク所ガアルヤモ知レヌト私ハ考ヘル、是ハ私ガ説明シテ置ク所以ト云フモノハ、凡ソ人ノ説ヲ聽クニ、虛心平氣デ以テ聽クノト、或ハ吾ニ反對シ吾ヲ攻擊スルト云フノ待設ケデ聞キマスルノトハ、大層ナ違ガアッテ、場合ニ依リマスルト、本員ノ説ク所、質問ヲ受ケル所トノ間ニ、誤解ヲ惹起シテ、爲ニ目的ヲ違セヌト云フコトニ立到ルカモ知レヌ、故ニ是ハ私ハ一應辯ジテ置ク、又本員ノ質問ヲスル趣意ニ於キマシテハ、主トシテ外交ニ在リ、此外交ニ對シテハ恐ラク當局者政府タルモノモ、大贊成ヲ表セラル、點ガアルカモ知レヌ、寧ロ私ハ反對スルト云フ點ガアッタナラバ、國トシテ外國ニ反對スルト云フ點ガアルカモ知レヌ、併シ又凡ソ質問ヲスルニ於テハ、其要領ヲ言フノミニアラズシテ、順序ヲ立テ、道理ヲ説キ理ヲ説イテ談ズル中ニハ、或ハ大ニ又衝突スル點ガアルカモ知レヌ、併ナガラ是ハ人ト人トノ衝突デハナイ、道理ノ衝突デアリマスカラ、敢テ此質問ヲ爲ス上ニ於テ、一點ノ私心アルニアラズ、愛憎アルニアラズ、唯眼中國ヲ見ルノミニシテ、私ハ決シテ政府モ、當局者モ、其他何等ノ政黨モ、政派モ、眼中ニハ置カヌ積デアル、ア是ハ前置キデゴザイマスガ、サテ外交ニ就キマシテモ、段々ニ其條ガ別ッテ見レバ、滿洲ノ事件モアリ、又朝鮮ノ事件モアリ、或ハ濠洲ノコトモアリマスルシ、段々箇條ガ岐レテ居リマス、又内政ニ附キマシテモ、色々財政ノ事ニ渉ルコトモアレバ、行政ニ渉ルコトモアリマスルシ、今日質問ノ趣意ハ、大分多端ニ渉ッタコトデアリマスガ、唯質問ノ要領ヲ説明スル前ニ當ッテ、其一ツ一ツ題目ニ附イテ切ッテ質問ヲスル積デアリマス、私ノ外交ノ上ニ於テ質問ヲスル第一點ハ、滿洲問題デアリマスガ、此滿洲問題ニ付キマシテハ、諸君モ御存知ノ如ク、未ダ落著ヲ告ゲマセヌ、落著ヲ告ゲヌノミナラズ、寧ロ此滿洲問題ニ附イテハ、餘程危險ヲ感ズル筋ガ多々アリマス、ト申スモノハ、此外見誠ニ近來ハ露西亞ノ要求案ナルモノモ、段々ト和ライデ來ッタガ如キ觀ヲ爲シテ、或ハ不日ニ此問題ハ片付クデアラウト云フヤウナ、豫想ヲシテ居ル方面モアリ、偶ニハ新聞紙杯ニモ、サウ云フ筆法デ書カレテ居ルノヲ見受ケマスルケレドモ、此事態ト云フモノハ、甚ダ切迫ヲ致シテ居ルコトデ、又此落著ト云フコトハ、容易ニ是ハ告ゲナイコトト察シマス、第一此露西亞ノ曩ニ我國ノ警告ヲ與フルニ當ッテ、露淸特約ナルモノヲ撤回スルトキニ於テハ、ドウ云フ態度ヲ取ラレタカト云ヘバ、即チ露西亞ハ此時ニ露淸特約案ナルモノヲ撤回スルト同時ニ、世界ニ宣明シテ曰ク、淸國ノ秩序ヲ恢復シ皇帝回鑾スレバ、露國ハ兵ヲ滿洲ヨリ撤去シ、滿洲ノ秩序、滿洲ノ舊態ヲ復舊セシムルト云フコトヲ盟ッテ、即チ此事ハ露西亞政府ノ責任ヲ以テ、世界ニ表明シテ居ルコトデアル、此時ニ當ッテ日本政府ナルモノハ、其宣明ヲ信ジ其實行ヲ期シタルガ故ニ、警告ト云フモノヲ致シテ、爰ニ默リ込ンダ譯デアル、此露西亞ノ天下ニ宣明シタル所ノ第一ノ條件タルモノハ、即チ支那ノ秩序ヲ恢復シ、皇帝回鑾シテ而シテ中央政府ガ北京ニ建立セラル、ト云フコトヲ、即チ條件トシテ之ヲ宣明セラレタモノデアル、此條件トサレタ所ノ狀態ハ、今日如何デアル、即チ支那ハ秩序ハ恢復シ皇帝ハ回鑾シ、中央政府ハ北京ニ建立セラレテ居ルデハナイカ、是ニ於テ露西亞ガ速ニ兵ヲ滿洲ヨリ撤シ、滿洲ノ狀態ヲ復スルト云フコトハ、當然爲スベキコトデアル、此宣明ヲ爲ストキニ當ッテ、今日露西亞ノ要求案ナルモノ、如キ意味ヲ、決シテ宣明ヲシテ居リハシナイ、露西亞ガ滿洲カラ兵ヲ引キ、滿洲ノ舊態ヲ復スルトキニ當リテハ、斯ク斯クノ條件ヲ以テ支那ト殊ニ條約ヲ結ンデ、然ル後ニ兵ヲ引クト云フコトハ、決シテ言ウテ居リハシナイ、即チ其時ノ主眼ノ條件トスル所ノモノハ、今日得ラレテ居ルノデハナイカ、今日ニ於テ最早條件ヲ取リ特約ヲ結ブ必要ハナイ、速ニ兵隊ヲ引上ゲテ、此滿洲ノ主權ト云フモノヲ、支那ニ還付スルト云フコトハ當然デアル、然ルニ此露西亞ノ形勢ヲ見レバ、如何デアル、決シテ兵ヲ滿洲カラ引キサウニモ見エヌ、滿洲ノ統治權ヲ支那政府ニ還付スルト云フ形勢ハ、決シテナイ、此狀態ハ先キニ露西亞ガ支那ト特約ヲ結バントシタトキノ狀態ヨリ、一層是ハ惡ルイ形勢デアル、何トナレバ條約ヲ結バントスルト云フトキハ、即チ滿洲ノ主權ヲ取リ、滿洲ノ占領ヲ確實ニシヤウト云フノ約束ヲ結バントシタトキデアル、今日ハ即チ其條件トシタ所ノモノヲ得ナガラ、兵ヲ引カズ主權ヲ還サナイト云フコトハ、既ニ此約束ヲ破ッタノデアル、曩ニ天下ニ宣明シタ所ノ、即チ宣明ニ相反スルモノデアル、然ラバ此日本政府ガ此露西亞ノ宣明ヲ信用シテ、此實行ヲ欺イテ、此先キニ警告シタル所ノ日本政府ハ、茲ニ信用ヲ置イテ之ヲ默シテモノデアル、此信用ヲ以テ即チ今日ニマデ來ッタモノトスレバ、今日ニ於テ此滿洲ノ露西亞ノ態度ト云フモノヲ見テ、如何ナル處置ヲ取ラレタノデアルカ、或ハ察スル所、當局者モ默ッテ居ナイデアラウ、何モシナイデ居ナイデハナイ、然ルニ僅ニ支那ノ腰ヲ突イテ、支那政府ニ忠告ヲシ勸告ヲシ、或ハ一部分ノ彼此レノ指圖ヲスルト云フヤウナコトヲ以テ、決シテ是ハ外交ノ能事終レリトスベキモノデハナイ、曩ニ警告ヲ與ヘタルトキノ日本政府ノ決心ト、共責任ヲ以テ考ヘテ見タナラバ、即チ一刻モ是ハ默スベキトキデハナイ、又單ニ支那政府ニ向ッテ、僅ニ忠告ヲ入レ、入レ智慧ヲスルト云フヤウナコトヲ以テ、今日決シテ默スベキトキデハナイ、何故進デ此問題ヲ解決スベキダケノ日本ハ態度ヲ取ラナイ、又勢ヒ今日ノ形勢ヲ見テ見マスレバ、兩方睨合ノ形ニナッテ、決シテ此事件ガ容易ニ落著ヲシヤウトハ思ハレナイ、又露西亞ノ方ノ側カラ考ヘマスレバ、是ハ容易ニ落著ヲサセヌ方ニ利益ガアル、何トナレバ滿洲ナルモノヲ今日以後ニ占領シヤウト云フトキデハナイ、既ニ滿洲ヲ占領シタ曉デアル以上ハ、茲ニ談判ニ利益ナラザルヲ見レバ、即チ日一日一日ト之ヲ遷延スルト云フコトハ、露西亞ニ取ッテハ大ナル利益デアッテ、支那及此支那ニ利害ヲ持ッテ居ル國ニ取ッテハ、一大危險デアル、諸君モ御記憶ノ通リ、此普佛ノ戰爭ノタメニ佛蘭西ガアルサス、ローレンヲ日耳曼ニ取ラレタ、其當時ト云フモノハ、人心此アルサス、ローレンヲ取リ還スニアラズンバ、決シテ佛蘭西ノ人民デハナイ、佛蘭西人トシテノ佛蘭西ノ面皮ガナイト云フ感覺ヲ以テ、佛蘭西ノ人民、佛蘭西ノ愛國家ト云フモノハ、一日モ早ク之ヲ恢復シヤウト云フコトヲ決セラレタ、所謂學校ノ地圖ニモアルサス、ローレンヲ黑ク塗ッテ、子弟ノ敎育ニマデ、腦中ニマデ印セシメンコトヲ勉メタ、然レドモ歲經ッテ見レバ、段々此感覺ハ薄ライデシマッテ、遂ニ今日ハ日耳曼ヲ見ルコト昔日ノ如クナラズアルサス、ローレンノ問題ハ殆ド忘レタル如キ有樣ニナッテ居ル、斯ノ如キモノデアッテ、此滿洲ノ如キモ既ニ露西亞ガ占領シテ居ル以上ト云フモノハ、此先キ月ヲ重ネ時ヲ經ルニ隨ッテ、段々此事ニ慣ル、ノ結果ハ、遂ニ之ヲ復舊スルコトノ頗ル困難ナルコトハ明ナルコトデアル、既ニ露西亞ノ方ニ取ッテハ、是ハ時ヲ延ベル方ニ利アッテ、即チ此支那及是ニ關係――此滿洲ニ利害ヲ有スル所ノ國ニシテ、甚ダ危險デアリマス、故ニ此露西亞ガ或ハ伸ベタリ縮メタリ、或ハ嚴ニ或ハ軟ニ、此驅引ヲシテ居ラレル所デアッテカラニ、決シテ是ハ此問題ヲ早ク落著サセルコトニ、露西亞ハ急グ決シテ理由ハナイ、此繰ラル、間ニ日ヲ送ッテ、今ニモ是ガ事ガ落著スルガ如ク考ヘテ、之ヲウカ〳〵待ッテ居ル程、愚ナ話ハナイダラウト考ヘマス、固ヨリ當局者ニ於テハ、ソレ〳〵外交上ニ働カレテイハ居ルト考ヘマスケレドモ、誠ニ其働カル、所ノ方針ニ於テ、吾ミトハ大分見込ノ變ル點ガアル、ト云フモノハ、此滿洲問題ト云フモノニ附イテ、當局者ハ如何ナル考ヲ持ッテ居ラル、カ、之ヲ解決スルト云フノハ、何時ノトキニ於テドウ云フトキニ至ッテ是ハ解決シタト之ヲ考ヘラル、カト云フノハ、吾ミノ考ヘルニハ、殆ド今日ニ於テ支那ト更ニ條約ヲ結ンデ云々ト云フコトノ必要ヲ見ナイ、最早條約ヲ結バナクトモ、條約ニ書クベキコトハ、事實ニ於テ支那ガ秩序ヲ恢復シ、皇帝ハ回鑾サレタ、中央政府ガ北京ニ成立ッテ居ル以上、殆ド條約ヲ更ニスル必要ハナイ、然ルニ當局者ガ或ハ又別ニコ、デ、支那ト露西亞ノ間ニ主權ヲ害セザル條約ヲスルコトガ必要デアルト見レバ、或ハ條約ヲスルモ害ガナイカ知ラヌケレドモ、此條約ヲ結ブト云フ必要ハ、今日實際ニ於テアリハシナイ、露西亞ノタメニハ、利益ヲ取ラウト云フタメニ條約ヲ結ブ必要ハ起ルガ、支那ノタメニハ、決シテ條約ヲ結バヌナラヌト云フ必要ハナイ、然ルニ若シ條約ヲ結ブト致シタ所デ、然ラバ條約ヲ結ンダラ此問題ガ解決シタト諸君ガ考ヘラル、カ如何、決シテ紙ノ條約ハ當テニナルモノデハナイ、此條約ト云フモノヲ結バレタナラバ、滿洲問題ハ誠ニ是デサッパリ濟ミマシタト云フヤウナ、心得方ヲシテ居ルノハ、是ハ大ナル間違デアル、條約ト云フモノハ紙ノ條約、如何ナル效能ガアルカ、其紙ノ條約ヲ實行サセル所ノモノ、此紙ノ條約ヲ維持スル所ノ實力ト云フモノヲ、備ヘヌ以上ト云フモノハ、決シテ滿洲問題ハ解決シタト云フコトハ受取レナイ、又事實此紙ノ條約ヲ維持スルダケノ實力ガ出來サヘスレバ、即チ滿洲問題ハ條約ヲ結バナクテモ、既ニ解決シテ居ルデハナイカ、スレバ即チ此紙ノ條約ヲサスル力モ、紙ノ條約ヲ維持スル力モ、唯一ニ此實力如何ニ存ズルノデアッテ、此實力ヲ茲ニ備フルニアラザレバ、此滿洲問題ハ解決シナイノデアル、露西亞ノ國ナルモノガ、是マデ紙ノ條約ヲ守ラレタル例ガ何處ニ在ル、紙ノ條約ヲ破ラレタト云フ例ヨリハ、寧ロ守ラレヌト云フ例ノ方ガ實ニ乏イノデアル、此ノ如ク即チ權謀術策、千變万化スル所ノ外交ヲ行フ所ノ國ヲ相手トシテ、單ニ一ノ紙ノ條約ヲ目的ニシテ外交ヲセラレルト云フナラバ、是ハ大ナル間違デアル、然ルニ尙ホ此紙ノ條約ヲモ結ブコトガ出來ヌト云フニ至ッテハ、如何ナルモノデアル、故ニ我輩ハ此滿洲問題ノ解決スルト云フノハ、單ニ此支那ト露西亞トノ間ニ、彼此云々ト今日騷イデ居ル所ノ者ニ重キヲ置ク必要ハナイ、即チ難問ノ根本ヲ解決スル所ノ考ノセンケレバナルマイト思フ、又今日ノ場合デ此問題ガ長引クト云フコトニ於テ、決シテ是ハ空想デハアリマセヌ、長引クト云フコトハ、勿論物ノ道理カラ當然ノコトデアル、長引カセルト云フコトガ露西亞ノ政略デアルト云フコトヲ看破スルコトハ、敢テ識者ヲ俟タヌ、何トナレバ露西亞ノ西比利亞ノ鐵道、歐亞ノ聯絡ヲスル所ノ鐵道ヲ、日一日ト一刻ノ間ニ段々ト進デ來テ、コ、數年ヲ出デザル間ニハ、之ヲ完結スルト云フノデアル、又軍艦其他此兵備ノ點ニ於キマシテモ、寸々刻々決シテ歇ム間モナク、露西亞ノ實力ト云フモノヲ增加シツ、アルノデアル、此力ガ增加スル時期ニ、一方ハ向ヒヨル、一方ハ占領サレテ、段々弱ッテ來ヨルト云フ關係ガ見エテ居ル以上ハ、露西亞ニ於テ何ヲ急グ必要ガアル、是ハ物ノ勢ニ於テ物ノ利害ノ關係ニ於テ觀易イノデアッテ、此問題ヲ長引カセルト云フノハ勿論デアル、サウシマスレバ此滿洲問題ノ解決ト云フモノハ、殆ド是ハ想像シ、豫メ今日ヨリ豫メ何日是ガ解決セラル、ト云フコトハ、殆ド見込ノ附カヌ位危險ナ問題デアル、此際ニ在リマシテ、日本政府當局者ナルモノガ、此問題ニ對シテ如何ナルコトヲサレヨルカ、吾ミハ之ヲ承リタイト思フ、凡ツ斯ノ如キ問題ニ於テハ、議會開ケルヤ政府ナルモノハ、斯ツ云フ重大事件ノ經過ト現狀ト、竝ニ將來ノ見込ト云フコトニ附イテハ、何レカ是ハ說明ヲセンケレバナラヌ、何モ此議會ガ政府ノ豫算ヲ贊成シタリ否決シタリスルト云フダケノ、是ハ道具デハナイ、即チ國ヲ代表シテ、國家ノ休戚ニ關スル大問題ヲ議スル議場デアル、又若シ問ハザレバ云ハヌト――分ラヌコトガアレバ問フノガ順デアル、斯ウ云フ考ヲセラレテ居ルカ知レヌガ、是ハ大ナル間違デアル、問ハザルコトハ云ハヌト云フナレバ、何ボ議會ニ臨ンデ列國ト交際國トノ間ハ、益々親密ヲ加ヘツ、アル云々ト云フヤウナ、儀式的ノイラヌ演說ヲスル必要ハナイ、誰モ知ッテ居ル、列國トノ間ノ交際ガ、ドウナリ居ル位ノコトハ分ッテ居ル、サウ云フ要ラザルコトヲ持ッテ來テ、饒舌クルヨリハ、詰リ斯ノ如キ大切ナル問題ニ附イテ、此人民ヲ代表シテ居ル議會ニ報告ヲスルト云フコトハ、當然ノコトデアル、吾ミハ外務大臣、總理大臣ガ、イツレ此外交問題ニ附イテハ、說明若ハ報告モアルダラウト、今日マデ待設ケテ居リマシタケレドモ、遺憾ナルカナ、一向其報告ニ接シナイ、已ムコトヲ得ズ此問題ヲ――斯ノ如キ種類ノ問題ヲ持出シテ、質問ヲスル所以デアルガ、サテ此滿洲問題ニ附キマシテ、支那ト色ミナ取引ヲセラレテ居ルコトデアラウ、又固ヨリ進行中ノコトニ附イテハ、天下ニ公ニスルコトハ憚ル點モアリマセウケレドモ、兎ニ角今日ノ露西亞ノ態度ニ向ッテ、日本政府ハドウ云フ態度ヲ採ラレ、ドウ云フ仕事ヲシタノデアルカ、ドウ云ウ交涉ヲ開カレタノデアルカ、且ツ又之ヲドウ云フ風ニ片付ケテシマフ決心ヲ持ッテ居ラレルノデアルカ、曩ニ我邦ガ露西亞ニ警告シタ所ノ方針ト云フモノヲ、今日尙ホ之ヲ護ッテ居ラレルノデアルカ、又此方針ヲ逐行シツ、アルノデアルカ、若クハ其方針ヲ變ゼラレテ居ルノデアルカ、又此歐洲問題ニシテ露西亞ト支那トノ間ニ於テ、忽チ條約ガ成立ッテシマッテ、直ニ是ガ結局ヲ告ルト云フコトガ出來レバ、是ハ幸ナコトデハアルガ、意ノ如ク是ガ纏マラナカッタト云フ時ニハ、ドウナサル御積デアルカ、滿洲問題ニシテ解決セラレヌト云フトキハ、ドウ云フ決心ヲ持ッテ居ルカ、ドウスル積カ、何日マデモ之ヲ物ノ成行ニ放任シテ、ヂットシテ傍觀ヲシテ居ル積カ、將タ責任ヲ以テ其間ニ立込ンデ、此問題ヲ處分スル積デアルカ、凡ソ歐洲問題ヲ支那ノ問題ト心得テ居リハセヌカト考ヘル、歐洲問題ハ決シテ支那ノ問題ニアラズシテ、日本ノ問題デアル、若シ是ガ單ニ支那ノ問題デアルナラバ、決シテ先日警告シ與ヘル必要モナイ、此問題ニ附イテ是マデ騷立テルト云フ必要モアリハセナイ、即チ是ハ日本ニ對シテ二種ノ大ナル利害ヲモ持ッタ問題デアル、一ハ即チ日本ノ國防線デアル、滿洲朝鮮ノ如キハ日本ノ國防線デアル、國防線ヲ今日侵サレルト云フ利害ガアル、一ハ即チ日本ノ田畑デアル、即チ北滿及此滿洲ノ住地ハ日本ノ貿易ノ市場、商工業ニ利害ヲ持ッタ所ニシテ、恰モ是ハ商工業者ノ田畑デアル、此滿洲ノ地ヲ侵サレ、國防線ヲ侵サレ、此田畑ヲ荒サレルト云フコトヲ考ヘルナラバ、是ハ決シテ支那ノ問題ニアラズシテ、日本ノ問題デアル、何トシテモ是ハ支那ガドウモ氣ガ附カヌカラ困ル、支那ガ踏切テ此問題ヲ落著セヌカラ困ルト云ッテ、他人ノコトニ考ヘテ居ルト云フコトハ、抑〻問違ヒデアル、斯ク日本ノ利害ニ關スル、日本ノ今日國防線ニ係ッタ問題デアリトスレバ、此問題ヲ片付クルコトニ於テハ、支那ガ役ニ立タヌト云フナラバ、棄テルト云フ譯ニハ參ラヌ、若シ支那ガ役ニ立タヌト云フトキハ、日本ガ之ヲ片付ケルト云フ要ガナケレバ、片付カヌ問題デアル、又今日ノ形勢ヲ見レバ、即チ露西亞ト支那トノ睨合ノ間ニ、十分ナル强力ナル援助ヲ得ルニアラザレハ、支那ハ此問題ヲ片付ケ得ヌト云フコトハ明デアル、スレバ此十分ナル勢力アル援助ヲ與ヘルト云フ決心ガナケレバナラヌ、與ヘルト云フ決心ガナケレバ、此問題ハ片付カヌノデアル、然ラバ此問題ノ片付カザル——遷延何日片付クトモ分ラヌト云フ間ニ、是ガ彷徨ッテ居ルニ、是ガ未ダ決心ガ附カナイデハナイカ、宜シク此滿洲問題ノ落著スルト云フコトニ附イテハ、此當局者ノ頭ヲ決スルコトノ如何ニ關ハル、斯ク云フト、何日デモ實力問題ガ必ズ出テ來ル、若シ外交ガ進ンデ衝突スルト云フ點ニ立到レバ、實力ガ足ラヌト云ヤト云フコトハ、能ク現レル問題デアリマスガ、併ナガラ此實力ト云フモノハ、果レテ今日實際如何ナル日本ノ實力ガアルカト云フコトヲ御考ナサイ、何時デモ實力ノ不足ヲ以テ云々スルト云フコトハ、當局者ガ其働カザル點ヲ補ウテ、其遁路ニ使フ道具ニナッテ居ルガ、決シテ實力ニ依ッテ日本ノ力ヲ云々スル必要ガナイ、若シ之ガ未ダ實力ガ眞ニ弱イトスレバ、ドウデアルカ、是ハ當局者ノ大責任デアル、抑々兵力、國防力、戰鬪力ナルモノハ、是ハ國家ノ飾リデハナイ、唯ニ平生ニ於テ看板ニスルノデハナイ、實力ナルモノハ即チ非常ナルトキニ使フタメノ實力デアル、其非常ナトキニ使フ實力ガ使ヘナイトナレバ、國防軍備ノ必要ハナイ、非常ナトキニ使ヘルト云フモノニシテ置クト云フコトハ、即チ當局者ノ責任デアル、又此非常ナトキニ使ヘナイト云フ見込ガアルナラバ、ナゼ擴張ヲシナイカ、或ハ今日ノ場合、列國各々我對手國ト或ハ將來認メラル、カモ知ラヌト云フヤウナ國々デハ、隨分近來軍艦ヲ造リ或ハ軍備ノ擴張ト云フモノヲヤリツ、アルニ依ッテハ、此儘デ默ッテ居ッタナラバ、果シテ實力ガ非常ナ時ノ間ニ合ハヌト云フコトニ至ルカモ知ラヌ、スレバ今日ハ其力ヲ計リ彼ノ增加スル所ノ力ヲ計ッテ、吾レ亦之ニ備ヘルト云フコトハ、無論當局者ハ怠ルベカラザルコトデアル、何モ海軍ヲ造ルニ軍艦ヲ家ノ中デ造ル譯ニモ往クマイ、兵隊ヲ倉ノ中ニ藏ス譯ニハ往カナイ、必ズ各國ノ軍備擴張ノ程度、其準備ト云フモノハ、歷々トシテ見エツ、アル、之ニ比較シテ其權衡ヲ維持シテ往クト云フコトガ、當局者ノ責任デアル以上ハ、決シテ實力云々ト云フ議論ヲ持出スト云フコトハ、無必要ナコトデアル、然ラバ即チ此國トシテハ、何時デモ談判ノ破裂シテ、國家不幸ニモ外國ト衝突ヲスルト云フ場合ニ至レバ、其時ニ働ケルダケノ力ヲ持ッテ居ルベキモノデアッテ、必ズ又日本ハ持ッテ居ルノデアル、スレバ當ニ今日外交談判ノ上ニ於テ、或ハ躊躇シ或ハ凹ンデシマフト云フヤウナコトハ、是ハ實力ノ上ニアラズシテ當局者ノ即チ働ノ如何ニ在ル、ヲ滿洲問題ニ對シテノ質問ハ是ニ止メマシテ、次ニハ此東亞ノ經營ト云フコトニ附イテ、當局者ノ御考ヲ承リタイト思フノハ、曾テ外務大臣ガ東洋經濟會ノ席上ニ於テ演說ヲセラレタコトガアル、支那ノ事件モ殆ド片付イテ、最早外交ハ心配ハナイ、外交ノコトハ最早談ル必要ガナイカラシテ、今日ノ急務ハ支那ニ對スル日本ノ商略如何ニ在ル、支那ニ對シテハ如何ナル商略ヲ以テ、如何ナル經營ヲスルカト云フノガ、今日ノ大問題デアル、自分ハ即チ一ノ經綸ヲ持ッテ居ルケレドモ、今日是レハ言ハヌ、諸君、此支那ニ對スル經營、支那ニ對スル商略ヲナゼ攻究セヌカト云フコトヲ言ハレタコトガアルガ、其後最早數箇月ヲ經マスケレドモ、此外務大臣、此政府ノ商略如何ニ附イテ、其端緒ヲ親フコトモ出來ヌト云フノハ、如何ニモ殘念ナコトデアル、尤モ此內閣ニハ不言實行ト云フ主義ヲ持ッテ居ラレテ、何モ言ハズシテ事實ニ行フト云フ標識ヲ携ヘラレテ居ルカラ、或ハ言ハヌ中ニ行ハル、コトデア

ヲウト思ッテ居ッタガ、未ダ之ヲ行ノ上ニモ之ヲ見出スコトハ出來ナイ、此商略如何ト云フ問題ハ、外務大臣ノ說カル、ガ如クニ、頗ル私ハ同感デアル、誠ニ今日商略如何ト云フ問題ハ、容易ナラヌ問題デアッテ、外交ノ大問題ト爲ラザル所デ、日本ノタメニ最モ力ヲ盡スベキ所ノ問題ト思フ、今日此東洋ノ經營ト云フコトニ附イテハ、諸君モ御承知ノ如クニ、獨逸、露西亞、佛蘭西、亞米利加、英吉利、皆各々今日競テ此東洋ノ經營ニ從事サレ最モヒドイ競爭ヲ支那ノ中部ニ於テハ起シテ居ル事實デアル、凡ソ此東洋經營ノ大切ナルコトニ入ル前ニ當ッテ、支那ニ對スル日本ノ貿易如何ト云フコトヲ考ヘテ見ルニ、支那ノ貿易ナルモノ、上ニ於テ、外國貿易ノ上ニ於テ一番其大切ナル輸出入ノ貿易ノ大ナルモノハ、即チ英吉利ト、英吉利ガ支那ニ對スル貿易ト云フモノハ、一年ニ五千四百万兩ノ貿易ヲシテ居ル、其次ニ亞グモノハ即チ日本デアル、五千三百万兩ノ貿易ヲ持ッテ居ルト云フノガ即チ日本ニシテ、支那貿易ノ中ニ於テ、世界中第二位ヲ占メテ居ル、而シテ又日本ノ外國貿易ト云フモノ、點カラ見マスレバ、亞米利加英吉利ヲ除イタナラバ、即チ支那ヲ以テ第一トスル、殊ニ此日本ノ貿易ニ於テ最モ大切ナルモノハ、即チ此日本ノ製造品ヲ賣捌ク市場ト云フモノハ、世界中支那ガ第一デアル、或ハ亞米利加ヘ生絲ヲ輸出スルガ如キハ、金高ニ於テハ多ケレドモ、即チ是レハ未製品デアル、此日本ノ紡績其他製品ヲ需要スル所ノモノハ、即チ支那ノ市場デアル、而シテ此日本ノ貿易品製造品ト云フモノ、一番需要ヲシテ一番金高ノ多イ所ハ支那デアルト云フコトハ、今日ノ形勢デアリマスガ、此又輸入モ共ニ此支那ニ對シテハ、日本ノ貿易ハ此處數年ヲ出デズシテ、忽チ日本ノ貿易中支那ニ對スル貿易ハ、世界ニ對シテ一番第一位ヲ占メルコトニナリハセヌカ、或ハ又支那ノ貿易中世界ニ對スル上ニ於テ、日本トノ取引ガ支那ノタメニモ、第一位ヲ占メルデアラウ、是ハ近ク數年ノ間ノ統計ノ、其增加ノ割合ヲ考ヘテ見テモ、實ニ驚クベキ速力ヲ以テ進步ヲシテ居ル、此ノ如ク支那ニ對スル日本ノ貿易ト云フモノ、如何モ、大切ナ關係ヲ有ッテ居ッテ、更ニ將來日本ノ經濟ヲ維持シ、日本ノ貿易ト云フモノ、對手ト爲ッテ、日本ノ繁昌ト不繁昌ノ岐ル、所ト爲ルモノハ、即チ支那デアル、支那ノ貿易ニ依ッテ日本ハ活キテ居ル、支那ノ貿易ガ衰ヘルト日本ガ亡ビルト云フ位ナ、大切ナ關係ヲ有ッテ居ル、スレバ此支那ニ對スル經營ニ於テモ、歐羅巴列國ノ今日支那ニ對スル經營ト云フモノヨリハ、遂ニ上位ヲ占メテ居ラナケレバナラヌ、露西亞ノ如キハ纔ニ支那ニ對スル貿易ハ一千二百万兩デ、日本ノ半分ニモ及バナイ、歐羅巴列國悉ク集メテ來テモ、英吉利ヲ除ク外ヲ悉ク一緒ニシテモ、四千六百万兩シカナイ、日本一國ノ貿易ニ對シテモ劣ルコト七百万兩下テ居ル、其吾ニ劣ル貿易上ノ利害ヲ持ッタ國ニシテ、尙ホ且ツ支那ニ對スル經營ト云フモノハ、駸々トシテ進デ居ル、之ニ對シテ、日本ガ利害ト平行シタ位置ヲ維持シテ往カウト云フナラバ、歐羅巴列國ヨリハ一倍若クハ二倍ノ經營ヲシナケレバナラヌガ當然デアル、此今日ノ經營ヲ怠ルト云フ結果ハ、數年ノ後ニハ日本ノ貿易ト云フモノハ、悉ク支那ノ大陸カラ驅逐セラレテ、歐羅巴ノ貿易ガ玆ニ全勝ヲ占メルト云フコトニ立到ルハ明デアル、何トナレバ、今日歐羅巴ノ經營ガ鐵道ト航路トヲ結ビ附ケ、陸ト海トヲ結ビ附ケルト云フ、此大經營ガ成就シタ以上ハ、即チ日本ノ貿易ハ、必ズ歐羅巴ノタメニ奪ハレルト云フコトヲ見ヌケレバナラヌ、其大切ナル支那ノ市場、支那ノ利害ト云フモノ、、第一ノ位置ヲ占メテ居ル日本ニシテ、此支那ノ經營ニ對シテ、何等ノコトモシテ居ラヌノハ、如何ニモ驚クベキコトデハナイカ、是ハ今日ハマダ目ノ面タリ其事實ガ見エヌカラ、安々トシテ居ルケレドモ、即チ無形ノ間ニ日本ノ貿易ハ、殺サレツ、アルモノト見ヌケレバナラヌ、歐羅巴ノ貿易ハ無形ノ間ニ其勢力ヲ占メテ、他日

形ニ現レル上ニ於テハ、日本ノ貿易ヲ奪ッテシマフト云フ位置ニ立至ルノデアル、然ラバ此支那ニ對スル經營ハ、一日一刻モ緩ウスベカラザル問題デアッテ、而シテ此事ニ著手シテ居ナイ、斯ウ申スト云フト、凡ソ政府ガ前進シテモ、國民ガ之ニ附イテ來ヌケレバ、仕方ガナイヂヤナイカト云フ議論ガ起ッテ來ル、政府ガ如何ニ進デヤッテモ、人民ガ一向ソレニクッ附イテ來ヌ以上ハ、仕方ガナイヂヤナイカト云フコトハ、往々世間ニ耳ニスル所デアリマス、是ハ何カラ起ッタカト言ヘバ、支那ノ專管居留地ノ問題、專管居留地ト云フモノヲ拵ヘテモ、人民ガ往ッテ家ヲ建テナイト、斯ウ云フ之ヲ材料ニシテ、即チ日本人民ト云フモノハ、如何ニモ意氣地ノナイヤウニ言ヒナシテ居ルト云フコトハ、最モ是ハ誤デアル、凡ソ專管居留地ノ如キモノハ、サウ此處ヘ場所ヲ拵ヘタカラ、直ニ人民ガ往ッテ其處ヘ家ヲ建テルト云フ問題デナイ、サウ云フ物柄デナイ、何レノ國ト雖モ、歐羅巴列國ノ國ト雖モ、居留地ヲ拵ヘタカラ、直グニ其處ニ人民ガ充滿スルト云フモノデナイ、即チ其經營ヲシテ、其政府ガ前進ヲシテ設備ヲシテ置ケバ、續々續々ト人民ガ段々歲月ヲ經ル間ニ、其處ニ集マルト云フ譯ノモノデ、決シテ之ハ一時ニ人ガ集マルト云フ、元來性質柄ノモノデナイ、夫等ノ事ヲ以テ政府ガ進デヤッテモ、人民ガクッ附イテ來ナイト云フコトヲ云フケレドモ、是ハ大ニ間違ッテ居ル、現ニ人民ガクッ附イテ往ッテ居ルデハナイカ、即チ此朝鮮ニ於ケル京釜鐵道、或ハ京仁鐵道ノ如キモノヲ御覽ナサイ、是程日本人民ガ内ニハ疲弊シタト云ヒ、財政ガ困難デアルト云フニモ拘ラズ、一タビ政府ガ國ノタメニ得テヤッタ所ノ、鐵道敷設權ト云フモノハ、決シテ之ヲ空シウスルコトニハイケナイ、國ノタメニ——日本ノ國ノタメニ、如何ニ内ニハ困難シテモ、進デ此募集ニ應ズベシト云フ勢デ、即チ京釜鐵道京仁鐵道ハ、著々此事業ヲ進メツヽアルト云フコトヲ見テ、如何ニモ日本人民ト云フモノハ賴母シイ、此愛國的ノ斯ノ如キ事柄ニ向ッテハ、決シテ後レヲ取ッタコトハナイノデアル、若シ日本政府ガ列國ト共ニ、此支那ニ於テモ、鐵道敷設權若クハ鑛山ノ採掘權ヲ、先キニ得テアッテ御覽ナサイ、今日ハモウソレニ著手シテ居ルニ違ヒナイ、ツマリ此人民ヲ輕蔑シ、人民ヲ見クビッテ人民ハ何モ事ヲ爲シ得ヌト云フコトノ憶測カラ、遂ニ取ルベキ權利ヲ取ラズ、著手スベキ計畫モ著手シナイト云フコトガ、遂ニ日本國ヲシテ萬國ノ間ニ機先ヲ制セラレテ、種々樣々ノ經營上ニ附イテ、後レヲ取ラシムル所以デアル、是ハ私ハ獨リ此時ノ政府ヲ攻メルト云フノデハナイガ、全體政府ノ態度ト云フモノガ、是マデサウ云フ態度デアル、始終國ノ上ニ於テ後レヲ取ッテ來テ居ル、此支那經營ノ事ニ附キマシテモ、先ヅ事柄ヲ擧ゲレバ、或ハ日清銀行ノ如キアリ、鐵道ノ如キアリ、航路ノ如キアリ、種々ナコトガアルガ、兎ニ角支那ニ附イテノ經營上ニ於テ、一ノ調査モ探檢モシナイト云フコトハ、如何ニモ是ハ怠慢ノ至デアラウト思フ、先ヅ事業ニ直チニ著手スルト云フ前ニ、必ズ必要ナルモノハ、此探檢調査デアル、其探檢調査モ出來テ居ナイ、探檢調査モ之ヲシヤウト云フ計畫ガナイト云フコトニ至ッテハ、實ニ驚クノ外ハナイ、又今日ノ場合此支那ノ經營ト云フモノニ於テ、政府ハ何モ構ハヌ、人民ガヤレバ宜イト云フ人ガアルカモ知レヌガ、是ハ實ニ形勢ニ迂ナル人ノ考デアッテ、今日ノ場合個人トシテ、決シテ此支那經營ト云フヤウナ大事業ガ出來ルモノデハナイ、歐羅巴亞米利加ノ智識ニ富ミ、資本ニ富ミ、技術ニ富ンデ居ル所ノ、殊ニ對外的事業ニ經驗アル所ノ人民デスラ、尙ホ單獨孤立シテ決シテ此事業ヲ企テルコトハ出來ヌデス、即チ國力ノ援助ヲ與ヘテ遣ラシテ居ル、日本ニ於テモ斯ノ如キ對外的ノコトハ、必ズ國家ノ力ヲ貸シテ大ニ援助スル所ガナケレバ往カヌコトハ、明ナコトデアル、今ノ場合ニ於テ、日本國民ガ一年ニ百万圓ヤ二百万圓ノ金ヲ仕出シテ、此經營ノタメニ盡スコトハ、人民決シテ困ヲヌ、如何セン此局ニ——共道ニ當ル所ノ人カラ、一向何等ノ提案モナク何等ノ計畫モナイト云フニ至ッテハ、遂ニ著手スルト云フ機會ガナイデハナイカ、此支那經營ト云フコトニ附イテハ、固ヨリ其事ハ百端アルコトハ百端アルガ、兎ニ角先ヅ此調査探檢ト云フ方カラ手ヲ著ケルト云フコトハ、第一必要デアルノミナラス、其他ニモ事實ニ於テ、其事業ニ直チニ著手セラレルモノモ澤山アリマセウ、ツマリ此東亞ノ經營、日本ノ商略ト云フモノヲ極メルト云フコトガ必要デアル、商略ヲ極メテ、而シテ是ニ著手スルト云フコトガナケレバ、遂ニ百年清メルヲ待ット云フ譯デ、到頭此機會ヲ失レテシマフ、又殊ニ今日ニ於テ機會ヲ失スルト云フコトハ、他日其再ビ之ヲ取還スコトガ出來ヌト云フコトニナッテ來ル、是ガ東亞經營ノコトニ附イテ、當局者ニ大ニ勸告ヲシテ勸メル所ノ點デアリマス、而シテ此次ニ朝鮮ノ問題ニ就イテ、質問ヲ爲ス個條ガアリマス、朝鮮ノ問題ト云フモノハ、如何ナル點ニ於テ質問ヲスルカ、朝鮮ノ問題ニ就イテ大キク申セバ、當局者ハ朝鮮ヲドウスル積デアルカ、朝鮮ノ現狀ヲ維持シ、獨立ヲ保護シテ、遂ニ確乎タル拔クベカラザル礎地ヲ作ッテ往カウト云フ極意デアルカ、朝鮮ヲ棄テ、逃ゲル積デアルカ、或ハ朝鮮ヲ分割スルト云フヤウナ段々議論モアルラシイガ、ドウスル積デアルカ、殊ニ此際私ハ最モ憂慮ニ堪ヘヌ説ヲ耳ニスルノデアル、ソレハ寧ロ外ト云フヨリハ内デアル、隨分此日本ノ政海ニ於テ有力ナル元老中ニハ、朝鮮ヲ或ハ大同江ヨリ分割シテ、一半ヲ露西亞ニ與ヘ、一半ヲ日本ニ取ルト云フ説ヲ懷カレテ居ル——懷カレテ居ルノミナラズ、サウ云フ説ヲ唱ヘラレテ居ル人ガアル、又或ハ朝鮮ノコトハ最早爲スベカラズ、斯ウ云フ面倒ナ所ハ棄テ、モウ更ニ係リ合ハヌト云フ説ヲ唱ヘラレテ居ル人モアル、是ハ決シテ一個々々ノ人ノ説デアッテ、採ルニ足ラヌト云フ人ガアルカモ知ラヌガ、併ナガラ日本ノ今日ノ狀態ニ於テハ、隨分元老ノ相談ヲ受ケ、元老ノ指圖ニ依ッテ動クト云フ形勢モアル、此世ノ中ニ於テハナカ〳〵有力ナ元老ノ間ニ、サウ云フ説ガアルト云フコトハ、如何ニモ恐ルベキコトデナイカ、抑〻此朝鮮ト云フモノ、歷史ハ、最早喋々スルコトヲ待タズ、之ヲ概括シテ申セバ、即チ朝鮮ハ日本勢力圏内ニ歸シタルコトガアリ、日本ノ屬國ト爲ッタルコトガアル、或ハ屬國ト爲リ或ハ勢力圏中ニアッテ、始終變遷シテ來テ居リマスケレドモ、遂ニ歷史上ニ於テ事實ニ於テ、日本ノ勢力以外ニ朝鮮ヲ置イタコトハナイ、即チ此日清戰爭ナルモノハ、其與相ヲ申セバ、朝鮮ノ勢力圏ノ爭デ此戰爭ヲレタノデアル、或ハ朝鮮政府ヲ支那ノ公使ガ往ッテ色〻指圖ヲ與ヘル、日本公使ガ色〻勢力ヲ有シテ來タ、互ニ其勢力ヲ爭ッテ、遂ニ支那ト日本ト衝突ヲシテ、朝鮮ノ勢力圏ヲ爭ッタメニ、明治二十七八年ノ戰爭ガ起ッテ居ル、即チ此戰爭ノ結果ハ如何ニナッタカト云フト、即チ日本ガ勝ッテ支那ガ負ケタト云フコトハ、勢力圏ノ確定期デアル、支那ガ最早爭フコトガ出來ナクナッテシマッテ、全然日本勢力圏中ニ朝鮮ト云フモノハ陷ッテシマッタ、而シテ此朝鮮ナルモノハ純然タル日本ノ勢力圏中ニ在ルト云フ日ニ當ッテ、此儘朝鮮ヲ分割スルトカ、朝鮮ヲ棄テルト云フ方ノ側ノ勢力家ニ於テハ、如何ナルコトヲ爲サレタ、日露協商、日露協商ト云フコトニ至ッタノハ、殆ド無意味ナル日本ノタメニハ、有害ナル是程馬鹿氣切ッタル協商ハアリハシナイ、日本ガ支那ト折角戰ヲシテ、日本ノ勢力圏ヲ確定シテ置イタモノヲ、何デ之ヲ露西亞ニ與ヘル、日本ノ勢力ニ於テ爭フコトノ出來ヌ場合ニ於テ、即チ此朝鮮ノ勢力ヲ割イテ、御前ハヅッチノ半分ダケ勢力ヲ有セヨ、己ハ半分ダケ勢力ヲ有スル、互ニ是カラ先キハ同等ノ權力ヲ有ッテ、朝鮮ニ臨マウヂヤナイカト云フコトハ、何事デアル、此ノ如ク馬鹿ナ此ノ如ク日本ノ不利益ナル條約協商ナルモノハ、殆ド世ノ中ニ稀ナル所デアル、而シテ此協商ヲ結ンデ、ソレナラバ露西亞ト協商ヲ結ンデ以來、其協商ヲ我モ守リ彼ニモ守ラセルカト云フニ、決シテサウデナイ、屢〻此日露協商ノ現立シテ居ルニモ拘ラズ、此日本ノ利益ヲ侵害セラレタ例ト云フモノハ、枚擧ニ遑アラズ、例ヘバ馬山浦問題、鎭海灣問題、若クハ借款問題、續續トアツテ、此協商以外ニ起ツタ問題ハ、悉ク日本ノ利益線ヲ害シ、日本ノ權利ヲ害シタ事實ガ現ハレテ居ル、此既ニ今日ノ如キ現ニ露西亞ガ、豆滿江ヲ越ヘテ慶興府ニ到ル電信ヲ架ケテ、朝鮮政府ヘ無斷デ之ヲヤツテシマツタ、所デ、朝鮮政府ハ大ニ狼狽シテ、ドウカ此電信ヲ取除ケテ呉レト運動ヲスルケレドモ、ナカ〳〵承知セヌ、是レ何事デアル、朝鮮ニ對スル決シテ是ハ侮辱デハナイ、日露協商ニ於テ即チ侵犯スルモノデアル、此ノ如ク此日露協商成立以來、日本ノ利益線ヲ害サレ日本ノ勢力圏ヲ段々短縮サレツヽアルト云フ形勢ハ、如何ニモ憂慮ニ堪ヘヌコトデアル、遂ニ今日ノ如キ形勢ヲ以テ立到レバ、外ニモウ一ツ日露協商ガ出來テ、日本ハ僅ニ釜山ニ於テ居留地ヲ有スル位ノ協商ガ出來ルカモ知レヌ、斯ノ如キ此日本ノ條約ヲ結ビナガラ、其條約ヲ嚴守スルト云フ活動ヲシナイト云フモノハ、如何ニモ是ハ其當局者ニ於テ大ニ顧ル所ガナケレバナルマイ、抑〻朝鮮ニ於テ斯クモ我利益線ヲ侵サレルト云フコトハ、何デアルカト云ヘバ、畢竟侵スベカラザル位置ニ朝鮮ヲ置イテ居ナイト云フノガ、誤デアル、今日ノ儘ニ捨置ケバ、是ハ此後モ又屢〻斯ウ云フ問題ガ起ツテ來マスルガ、偖愈〻當局者ガ朝鮮ヲドウスルカト云フ問題ニ附イテ、朝鮮ノ現狀ヲ維持シ、朝鮮ノ獨立ヲ何處マデモ保存シテ往クト云フ考ニナツテ、其方針ガ定ツテ、茲ニ一度斷乎タル處分ヲスルニ於テハ、愛ゾ區々マチ〳〵ニ將來煩シキ事件ノ起ルコトノナイヤウニ、其根本ヲ斷ツト云フコトハ、誠ニ容易イコトデアラウト思フ、此問題ハ朝鮮ノ事態ニ附イテ、更ニ將來此紛亂ヲ避ルト云フ手段ヲ、今日ニ於テ施シテ置カズシテ、此儘ニ朝鮮ヲ措イテ置クト云フコトデアツタ以上ハ、遂ニ朝鮮ト云フモノハ、日本ノタメニ大不利益ナル位置ヲ取ルデアラウト考ヘル、朝鮮ニ對シテドウスル、若シ又朝鮮ニ於テ愈〻朝鮮ノ現狀ヲ維持シ、獨立ヲ保存スルト云フ考ナラバ、決シテ今日此政治上ノミナラズ、他ノ朝鮮ニ對スル事業ノ上ニ就イテ、餘程運バセンケレバナラヌ問題ハ多々アラウト思フ、例ヘバ此京釜鐵道ノ如キモノモ、迫ヽト進行シテ往キマスルケレドモ、遂ニ此京釜鐵道ノ效力效果ヲ收ムルト云フコトニ附イテハ、所謂進デ京義鐵道ニマデモ及バンケレバナラヌト思フ、朝鮮ノ即チ此事業ト云フモノハ、朝鮮ノ政治ト密著シテ居ルノデアル、朝鮮ニ對スル事業ヲ進ムレバ、自ラ政治的勢力モ進デ往ク、政治的ノ十分ナル此利益ヲ保護スル所ノ勢力ガ增シテ往ケバ、即チ事業モ進デ往ク、唯茲ニ於テ當局者ノ方針如何ニ依ッテ、朝鮮ノ運命ト云フモノハ決セラルヽノデ、此朝鮮ノ問題ニ就キマシテハ、イヅレ當局者ガ質問ヲシテアル要點ニ向ッテ答ヘラルヽヲ待ッテ又更ニ考ヘヲ述ベル積デアリマス、此次ニハ此濠洲ニ於テ日本人ノ排斥ヲセラレタト云フコトノ個條デアリマス、此濠洲ニ於テ、此度日本人ガ排斥條例ノ通過ニ依ッテ、今後西洋語ノ試驗ヲ受ケテ、ソレニ及第スルニアラズンバ、濠洲ヘ入ルコトハナラヌコトニナリマシタコトハ、新聞紙上ニ於テ諸君モ御存ジノ通デアル、此濠洲ノ問題ナルモノハ、私ハ寧ロ此朝鮮及滿洲問題ノ大切ナルヨリモ、モット之ヲ大切ナル問題デアラウト考ヘテ居ル、其故ハ濠洲ニ於テ日本人ガ歐羅巴語ノ試驗ヲサレテ、及第スルト云フコトハ、是ハ最モ罕ニ及第スル人ガアリマセウカ知ラヌガ、詰リ此試驗ヲ受ケテ及第スルト云フヤウナ人ニ、濠洲ヘ行クコトノ必要ノアル人ハナイデアラウ、スレバ濠洲ノ移住民條例ナルモノハ、取リモ直サズ日本人ニ對シテ、今後日本人ハ同等ノ人間ニ看做サヌニ依ッテハ、濠洲ノ中ニハ足踏ヲスルコトハナラヌト云フコトノ意味デアル、

斯ノ如キ問題ヲ若シモ各個人ノ交際上ニ持ッテ來テ、當嵌メテ見マシタナラバ、ドウ云フ姿ニナリマスカ、互ニ交際ヲシテ出入ヲシテ居ル間ニ於テ、御前ハ今後非人ト看做ス、己ノ門内ヘハ這入ルコトハナラヌゾ、併シ己ガ御前ノ家ニ用事ノアルトキニ往クコトハ、此例外デアル、斯ウ云フ姿ニナルデハナイカ、濠洲ニ日本人ガ行クコトハナラヌガ、濠洲ノ人ハ日本ニ自由ニ來タイトキニハ來ル、斯ウ云フ狀態デアル、是ハ單ニ移住民ノ問題ト心得テ居ラレテハ、私ハ大ナル間違デアラウト思フ、即チ此四千万ノ人民ノ一大問題デアル、日本ノ國ガ世界ノ此面ニ立ッテ、萬國ト交際ヲスル上ニ於テ、日本人ノ侮辱サレタコト、日本人ノ輕蔑ヲサレタルコト、日本人ナルモノハ殆ド普通當リ前ノ人間デハナイト云フ、即チ茲ニ宣告ヲ受ケタモ是ハ同樣ノ事柄デアル、此重大ナル問題、此侮辱ヲ——國ガ侮辱ヲ同胞四千万悉ク世界ニ向ッテ宣告ヲセラレテ、是ヘ人非人デアル、同等ノ人間ノ取扱ヲスベキモノデナイト云フ宣告ヲ受ケテ居リナガラ、日本人ガ之ニ向ッテ何等ノ憤激モナク、又何等ノ之ニ向ッテ日本ノ態度ヲ決セザルト云フコトハ、如何ナルモノデアル、日本人ガ大キナ顏ヲシテ、亞米利加歐羅巴ト旅ヲシテ、是マデ往キヨルヤツガ、如何ナル顏ヲシテ是カラ先外國ニ往來ガ出來、外國人ト交際ガ出來マスカ、此凡ソ斯ノ如キ國ガ侮辱ヲ受ケタコトハ、私ハ古今未曾有ノコトデア[illegible]吾々ノ時代ニ於テ、此明治年間ニ於テ、斯ノ如ク國ノ品位ヲ墜サシ[illegible]コトニナレバ、吾々子孫ニ對シテモ、實ニ責任ヲ負ハヌケレバナラ[illegible]ウト思フ、此重大ナル侮辱ヲ、如何ニモ千古拭フベカラザルノ境遇[illegible]ナガラ、日本人ガ今日マデ之ヲ默シテ居ルト云フノハ、ドウシ[illegible]アル、日清戰爭ニ得タル所ノ名譽ハ何レニ在ルカ、消ヘ去ッテシマ[illegible]アル、三十年來日本ヲ文明ニ進メテ來テ、折角世界ノ仲間入ヲセン[illegible]計畫ハ、是ハ水泡ニ歸シタデハナイカ、如何ニモ今日此國ヲ愛スル[illegible]トシテハ、眦ヲ裂イテ、是ハ大ニ此問題ニ於テハ、攻究ヲスベキ問[illegible]ウト思フ、然ルニ世ノ中ノ形勢ヲ見テ見レバ、數百ノ新聞紙ハ[illegible]此事ヲ憤ルモノハナレ、又三百ノ議員ハ議場ニ集ッテ居レドモ、[illegible]テ決シテ是マデ說ヲ唱ヘラレル人モ聞カヌ、政府ハ嚴然トシテ居リ、[illegible]此事件ニ對シテ決シテ廟議ヲシタト云フコトモ聞カナイ、私[illegible]日ハ四千万ノ國民ハ、喪服ヲ著テ居ルベキトキデアラウト思フ、廟[illegible]タメニ廟議ヲ開イテ、大ニ此問題ニ對シテ處分ヲ講ズベキトキデア[illegible]國會開設ノトキニアラズンバ、臨時議會ヲ開イテモ、此問題ハ攻[illegible]斯ノ如ク重大ナル問題ヲ、之ヲ知ラ[illegible]尚ホ差レタル心頭ニ懸ケズシテ、之ヲ[illegible]此我四千万ノ同胞一ノ愛國者ガナイカ、又國民ヲ代表スル[illegible]テモ、此問題ノ落著ヲ見ズンバ、[illegible]喪服ヲ著テ[illegible]ト云フ重大ナル問題デアル、若シ日本ニ於テ今日此恥ヲ拭フコトガ出來ナカッタト云フナラバ、兵隊ハ何ノタメニ[illegible]戰爭ニ戰ッタ軍人ハ今何レニ居ル、黄海ノ戰爭ニ名譽ヲ得タル軍艦ハ[illegible]繫イデアル、此問題ニ於テハ實ニ日本四千万ノ人民ハ、泣イテ萬國ニ訴ヘ、萬國ノ輿論ヲ以テモ、此問題ニ[illegible]ナケレバナラヌト云フ譯デアラウト考ヘル、殊ニ此日本人排斥問題ト云フモノハ、一朝一夕ニ成立ッタモノデハナイ、豫テ是ハ濠洲聯邦議會ニ於テ此案ガ出テ、而シテ濠洲聯邦政府ニ於テモ、此事ニ附イテ種々ノ評議ヲ凝シツヽアルト云フコトハ、前々カラ分ッテ居ル問題デアル、又此今年ノ議會ニ現レタル問題ニアラズシテ、數年以前カラ此問題ハ將ニ已ニ起ラントシツヽアッタ問題デアル、然レドモ今日マデハ幸ニシテ英吉利政府ノ盡力ニ依リ、此問題ヲ漸ク押止メテ來テ居タノデアル、然ルニ今年ノ形勢——昨年以來ノ

議會ノ形勢ト云フモノハ、餘程此問題ノ歩ヲ進メテ參リマシテ、ナカ〱容易ナコトデ之ヲ防グコトガ出來ヌト云フ形勢ニ立至ッタ場合ニ、英吉利ノ殖民大臣チヤンバーレンハ、濠洲聯邦政府ノ總理大臣ニ向ッテ訓令ヲ下レテ居ル、其訓令ニハ此日本人排斥案ナルモノヲ通過スルト云フコトハ、容易カラヌコトデアル、今日東洋ノコト多事ニシテ、日本國トハ最モ英吉利ガ相親ンデ事ヲ倶ニセンナラヌ場合ニ於テ、若シ一朝ニシテ此問題ヲ──此排斥案ナルモノヲ通過セシムルニ於テハ、終ニ英吉利ヲシテ東洋ノ事件ニ對スル政策ヲ過タシムルト云フ結果ガ來タルノデアル、故ニ極力之ヲ押ヘ止メテ、此問題ノ通過ヲサセヌヤウニ圖ラナケレバナラヌト云フ訓令ヲヤッテ居ル、其中ニ日本ノ今日ノ勢ガ、今日ノ位置ハ昔日ト違ッテ、餘程ノ強大ナル力ヲ持ッテ居ル國柄ト爲ッテ居ル、若シ濠洲ニ於テ日本人ヲ排斥スルト云フヤウナコトニナレバ、或ハ日本ノ人心ヲ激シテ、タメニ一朝日本ガ決心ヲスルト云フコトニナレバ、隨分濠洲ニ對シテ「レプライサル」ヲ行ヒ兼ネヌト云フ力ヲ持ッテ居ルノデアル、斯ウ云フコトヲ云ッテ、此議案ノ通過ヲ防イデ居ラル、所ノ訓令ガ出デ居ル、是ハ私ハ我當局者ニ於テモ、大ニ此意味ハ了解シテ、此時ニ及ンデ十分ニ防禦ノ政策ヲ取ラナケレバナラヌデアッタラウト思フ、ツマリ此濠洲ノ日本人排斥案ナルモノハ、濠洲ノ勞力者──濠洲ノ無智無識ナ此多數ノ勞力者ノ勢力ニ依ッテ、是ハ成立ッテ通過シタ問題デアル、苟モ具眼ノ政治家、凡ツ世界ノ形勢ノ分ル政治家ハ、濠洲ノ人間ト雖モ、決シテ此案ノ是ナルコトヲ認メナイ、唯普通選擧ノ國ニ行ッテ、此選擧人ノ勢力ニ制セラレテ、遂ニ政治家モ玆ニ至ッタ形跡ハ歷々トシテアル、然ラバ此際ニ於テ、英吉利政府ガ大ニ此警告ヲ與ヘテ、濠洲ノ人民ト云フモノニ、其恐ルベキコトヲ論スト同時ニ、日本ノ勢力日本ノ品位ヲ維持スルタメニハ、或ハ卽チ人民保護ノタメ、或ハ巡回ノタメ、軍艦ナドハ澤山居ルデハナイカ、强チ軍艦ヲ差出シテ威迫スルニモアラズ、示威運動ヲスルニモアラズ、唯此英吉利政府ノ警戒ヲ與ヘル所ノ意ト相應ジテ、日本ノ外交ハ働イタナラバ、或ハ此問題ハ容易ク差止メラレルコトガ出來タカモ知レヌ、斯ウ云フ重大ナル問題デアルノニ、未ダ一人ノ位地ノアリ勢力ノアル外交官ガ、濠洲ヘ派遣セラレタコトモ聞カナイ、又今日ノ場合ニ立到ッテ居ルガ、之ガタメニ何等ノ外交ヲ開カレタ、交渉ヲ開カレタト云フコトガナイト云フノハ、何デアルカ、或ハ曰ク濠洲トハ條約ノ上ニ於テ、是ハ如何トモスルコトガ出來ヌト云フ、凡ソ此ノ如キコトハ條約ニ必要ナルコトハナイ、條約ニモ書クコトヲ要セヌ位明ナ事柄デアル、物品ニ於テハ或ハ其國ニ有害ナルモノヲ禁止スルト云フコトハアルガ、人間ヲ禁止スル杯ト云フコトハ、條約ヲ掊ヘルトキニ、抑々意中ニ浮ビサウナ事業デハナイ、條約ニ書クコトモ要セヌ、拘ヘル必要モナイト云フ程ノ分リ切ッタル問題デアッテ、而シテ此條約ニナイカラ云々ト云フコトハ、甚ダ受取レヌ說デアル、又條約ニナイコトナラバ、外交上何等ノ働モ出來ヌガ、卽チ條約ニナイコトガ起ッタニ依ッテハ、更ニ此コトニ就イテハ、外交談判ヲ開クベキモノデアル、然ルニ此防禦策、此善後策ニ附イテ、何等ノ著手スルコトガナイト云フノハ、何等ノコトデアルカ、殊ニ條約一方カラ推シテモ、條約ニ違反シテ我條約上ノ權利ヲ侵害サレタト云フ事實モアル、デ斯ウ云フ重大ナル問題デアッテ、而モ此濠洲ニ對シテハ、日本ハ國家ノ力ヲ以テ、此航海航路ヲ助成シテ、サウシテ此濠洲日本ノ間ト云フモノ交通ヲ打立テ、サウシテ此日本ハ濠洲ノ貿易ヲ盛ニシヤウト云フ、是マデ計畫ヲシテ來テヤッテ來タノデハナイカ、今日ハ人ヲ禁セラレ、物ヲ禁セラレ、總テ日本ニ向ッテハ戶ヲ締切ラレテシマッタト云フ今日ニ、敢テ此濠洲ニ對スル航路ハ如何ニシテ是ガ成立ツコトガ出來ルカ、又何ノ必要ガアッテ船ヲ通ハスノデアルカ、若シ此濠洲事件ニ對スル日本ノ態度ニシテ一著ヲ誤レバ、單リ是ハ濠洲問題デハナク、世界萬國ニ對スル日本ノ是ハ大問題ト爲ル、何トナレバ濠洲ニ於テ日本人ガ拒絶セラレ、人間扱ニセラレナカッタト云フノ一例ハ、延テ萬國ニ及ブ、日本人ノ移住スル所、日本人ノ往ク所ト云フモノハ、單リ濠洲ニ限ラヌ、或ハ加奈陀デ候、或ハ南中央亞米利加デ候、總テ此世界中ニ今日日本人ガ出入シテ居ル間ニ於テ、若シ濠洲ニ於テ日本人ヲ辱メ、日本人ヲ人間以外ノ扱ニシタケレドモ、更ニ日本人ト云フモノハアレデモ宜シイ、斯ウナッタ以上ト云フモノハ、日本ヲ輕視シ日本人ヲ待遇スル上ニ於テ、此影響ナルモノハ如何ナル結果ヲ爲スカ、然レバ此濠洲ノ問題ハ單リ濠洲ニアラズ、移民ノ問題ハ單リ移民ニアラズ、卽チ此四千万ノ我同胞ノ頭上ニ係ッタ重大問題デアル、故ニ此濠洲問題ニ於テハ、私ハ殊ニ當局者ノ注意ヲ促ス、此善後策、此處分ヲ明ニシテ、速ニ此濠洲ノ我國ニ對スル所ノ態度ヲ改メシムルコトノ手段ヲ取ラレンコトヲ希望スル、此次ニハ移植民ニ對スル政府ノ方針ヲ聽カントスル、移植民ト申スノハ、日本ニ於テ移民ハアルガ、未ダ植民ト云フコトハナイ、併ナガラ植民ナルモノモ、日本ノ方針ノ極メ方ニ依ッテハ、植民モ出來ヌコトハナイ、差當リ此日本ノ移民ト云フモノニ於テハ、今日現ニ移民ガ往キツ、アル、此移民ト云フモノヲ誘導奬勵シテ、將來ヤルト云フノ方針デアルカ、若クハ之ヲ抑壓シテ成ルタケ之ヲ押止メテ、此移民ト云フモノヲ妨ゲル方針デアルカ、若クハ此移民ナルモノハ、成行ニ放任シテ置クト云フモノデアルカ、是ハ隨分此移民ノ問題ト云フモノハ大切ナル、此東洋ノ經營ニ對シ、又日本ノ將來ノ貿易ニ對シテ、大切ナル關係ヲ有ッテ居ルノミナラズ、凡ツ貿易ノ盛衰ナルモノハ、此移民移植民ト云フモノ、盛衰ニ依ッテ決スル、此移植民ト云フコトノ途ガ十分ニ開ケテ、此保護ガ十分ニ足リテ、其成績ガ良イトキニハ、卽チ此總テノ商工業モ盛ニナリ、此移植民ト云フモノガ、先ヅ萎微シテ振ハヌ、益々移植民ノ途ガ塞ガッテ來ルト云フコトニナレバ、卽チ從ッテ此貿易ト云フモノハ衰ヘルノミナラズ、移植民ノ問題ニ附イテハ、固ヨリ世間定論ガアル、人口增殖ノ上カラ見テモ、其年々四五十万ト云フモノ、增加シテ往クモノヲ、之ヲ如何ニスル、其配合ノ宜キヲ得セシムルト云フコトモ、卽チ植民ニアル、然ラバ今後之ヲ禁ズルト云フコトハ無論出來ナイ、禁ズルト云フコトガ出來ヌノミナラズ、之ヲ放任シテ置クコトモ頗ル不成策デアル、然ラバ此移植民ト云フモノハ、是ハ止メテモ出テ往クト云フモノデアッテ、而シテ是ハ寧ロ獎勵指導シテ、移植民ノ成績ハ、好良ナル成績ヲ得ルコトヲ圖ランケレバナラヌ所ガ、今日ノ有樣ヲ見テ見ルニ、此移植民ト云フモノニ對スル政府ノ態度ト云フモノガ、甚ダ宜カラヌト思フ、之ヲ十分ニ保護シテ、其成績ヲ擧ゲサセサウトモシナケレバ、又十分ナル取締ヲ附ケテ、サウシテ此移植民ノ難儀ニ陷ラヌヤウニスル點モ十分ニ立テ居ナイ、サウシテ遂ニ外ニ往ク所ノ移植民ヲ苦メ、移植民ヲ受込ム所ノ國モ苦シメ、又其本國モ大イナル不名譽ニ陷ルト云フコトモ往々アル、故ニ移植民ニ對スル方針ハ、宜シク早ク決シテ、サウシテ移植民ノタメニ、移植スル所ノ土地其移植スル所ノ方面ヲ極メテ、固ヨリ人民ガ自由ニ出テ往クモノデアルカラ、東西南北何ヘデモ宜シイデアリマス、何處ヘ往クモ宜シイガ、併ナガラ國トシテ此移植民ノ上ニ於テハ、主力ヲ注グ所ガ極ラナケレバナラヌ、從來ハ唯南ノ方ヘ南ノ方ヘト人ガ出テ往クノデアッタ、或ハ成績ノ良キモアリ惡キモアルガ、詰リ是ハ格別今日マデハ移植民ノヤリ方ト云フモノハ、大ナル利益ヲ國家ニ與ヘタトモ思ハレヌ、ト云フモノハ、畢竟國トシテ移植民ニ對スルノ方針ガ極マラヌ、サウシテ地點ヲ選ンデ移植ヲサセルト云フコトノ世話ヲスルコトハ、私ハ必要デアラウト思フ、申サバ朝鮮ダトカ、或ハ滿洲ダトカ、或ハ西比利亞ダトカ、イヅレ此我國ニ近接シテ、將來ハ唯ノ移植民デハナイ、唯ノ商賣人デハナイ、又其外ニモイロ〱

ナ利害ヲ、ソレガ兼ネ持ッテ居ルト云フヤウナ意味ノアル所ノ土地ニ向ッテ、十分ニ力ヲ注グベキモノデアラウト思フ、事實上、或ハ體面上申サバ植民杯ト云フコトモ、亦公法上カラ申サバ、人ノ國ニ植民ヲスルト云フ理窟モナイ譯デアルケレドモ、事實ニ於テハ總テニ日本ガヤラウトスレバ、朝鮮乃至滿洲乃至西比利亞乃至、其先キニ進ンデ、切リ拓キヲサシテ往キサイスレバ、是モ十分望ガアル、此移植民ト云フコトニ附イテ、今日ノ儘ニ之ヲ放任シテ置クト云フノハ、不利益デアル、併ナガラ昨年議會ヲ開クヤ、當局者ハ支那朝鮮ニ對スル渡航條例ヲ解カレタコトハ、是ハ甚ダ其宜キヲ得タルモノデアラウト思フ、吾々モ最モ是ハ贊成スル所デアル、モウ一歩進メテ旅行免狀杯ハ廢止シテハドウデアルカ、寧ロ廢スルニアラザルモ、旅行免狀ヲ一種ノ外國ニ出ル免許同樣ニ心得テ、取扱フト云フコトハ、是ハ大ニ間違ッテ居ル、外國ニ其累ニ堪ヘズ、其煩ニ堪ヘズ、其手數ニ堪ヘズシテ、外國ニ出ル者ハ、是ガタメニ妨ゲラレ、迷惑ヲ致ルコトガ夥イ、寧ロ今日ノ場合ニ、昔ノ鎖國的ノ筆法ヲ以テシタ所ノ、旅行免狀杯云フモノハヨシテシマッテ、隨意ニ何ニモ持タナクテ往ッテ宜シ、若シ必要デ請求スル者ガアレバ、之ニ與レテヤルト云フコトニ、之ヲモウ一ツ自由ニスル必要ガアル、其他移植民ト云フコトニ附テハ、隨分政府ガ――當局者ガ注意セラレタナラバ、餘程便利ヲ與ヘ、航海上ノコトデモ、又其外ヘ出テ往ク所ノ、總テノ運賃、旅費、其他自由ヲ與ヘ、便利ヲ與ヘル手段ハ幾ラモアラウト思フ、是ハ今日マデ此渡海條例ヲ廢スルト云フ筆法デ居ラル、政府デアルカラ、モウ一歩奮發セラレタナラバ、大ニ好イ結果ヲ見ルデアラウト思フ、此次ニハ支那償金ニ附屬シタ所ノ、割增金ノ請求ト云フゴトニ附イテ、私ハ不審ヲ抱イテ居ル、支那償金割增金ノ請求ト云フモノハ、日本バカリデアラウト、恐ラクハ思フ、是ハ日本ノ國柄トシテハ、少シク體面ニ係ルヤリ方デハナイカト思フ、成ル程國々ニ於テ金ノ利息ガ違フ、高イモアレバ安イモアルト云フコトハ無論ノコトデアルガ、歐羅巴、亞米利加、何レノ國カラモ、割增金ノ請求ト云フヤウナ、汚ナイコトヲシタ國ハナイヤウデアル、是ハ又支那ニ對スル政策上カラ申シテモ、甚ダ面白イ結果ヲ得ナイデアラウト思フ、外交上ノコトニ於テ、斯ウ云フ日本ノ國ノ體面ニ係リ、又列國ニ於テ餘リサウ云フコトヲシナイヤウナコトハ、少シク注意サレタラドウデアラウカ、又斯ウ云フコトガ事實、私ハ行ハレヌト思フカラ、速ニ是ハ撤回サレタガドウデアラウカ、併ナガラ當時割增金ノ成行ハ、ドウナッテ居ルカト云フコトハ、承リタイト考ヘル、是ハ餘リ單純ナ問題デアリマスカラ、是ダケニ止メテ措キマス、此次ニ外債募集ノ政府ノ始末ト云フコトニ附イテ、一言陳ベタイト思フ、外債募集ニ失敗ヲサレタト云フコトハ、既ニ世ノ中ニ明ナコトニナッテ居リマシテ、此議會開會スルヤ各質問ヲセラレテ、又政府カラ答ヘラレタ所ノコトモ承知シテ居リマスガ、私ハ此外債ノ善惡ヲ言フノデハナイ、外債ヲスルガ善イトカ惡ルイトカ云フコトハ別問題デ、唯此外債ノ顛末ヲ明ニスル必要ガアルト云フコトヲ言フノデアル、是ハ凡ソ過ギ去ッタコトヲ申スト云フコトハ、無益ナヤウナ感ジヲ懷カル、人ガアルカモ知ラヌガ、併ナガラ過去ッタコトヲ正シテ、而シテ後此ノ過ヲ防グノデアル、又議會ナルモノハ、當局者ガ當時進行中ノ事柄ヲ聞ク權利ハナイ、又強テ言ハセルト云フコトハ不利益デアル、又當局者ハ即チ事業進行中、交涉進行中ニ在ル事ト云フモノハ、便利上是ハ言ハヌ方ヲ便利トシテ居ル、併ナガラ過去ッタコトニ於テ、之ヲ言ヘレヌト云フコトハナイ、又寧ロ過去タコトヲ明ニスルト云フコトハ、即チ當局者ノ是ハ責任デアル、議會モ亦過去ッタコトヲ聞イテ、而シテ此良否ヲ斷ジテ監督スルノ權利ヲ持ッテ居ル、若シ過去ッタコトヲ言ハズ、現場ノ進行中ノコトヲ言ハズ、無論未來ノコトヲ言ハヌトシタナラバ、此議會ト云フモノモ何ヲ聞クノデアルカ、聞クコトモナケレバ、此行政權ヲ監督スルト云フ位地ニ立ッタ、此立法府ノ仕事ト云フモノハ、何レニ在ルカ、是ハ私ガ攻擊スルト云フ意味デハナイガ、此外債談ニ附イテハ、議論紛々批評紛々トシテ居ル場合ニ際ッテ、當局者ハ之ヲ明ニシテ見タナラバ、案外當局者ノヤリ方ハ尤デアッタト贊成スルカモ知レナイ、兎ニ角此事實ヲ明ニシ顛末ヲ明ニスルト云フコトハ、當局者ガ是ハ爲スベキコトデアラウト思フ、又此質問ニ對シテ言ハヌトカ、言ヘヌトカ、言ヘレヌトカ云フコトノ押問答ヲシテ居ルガ、是ハ如何ニモ呆レ返ッタ話デアル、言ハレヌト云フコトハ、即チ私ノ事柄ニハ言ハヌト云フ權利モアリ、言ハレヌ事柄モアルガ、政府ガ公ノコトヲ爲シツ、アル上ニ於テ、其事柄ヲ明ニスルト云フコトハ、大變是ハ政府モ愉快ナ話デハナイ、之ニ附イテ言ハレヌト云フコトニナリマスルト、益々疑ガ起ッテ來ル、凡ソ政治上ニ於テ此外交程融資ヲ要スルコトハナイガ、其外交ノ如キスラ過去ノコトヲ言フノガ當然ナコトデアル、何處ノ國デモ之ヲ隱ス所ノ國ハアリハシナイ、然ルニ當局者ノ辯解ヲ見マスルト、一種ノ言葉ヲ發明セラレテ、瀨踏ヲシツ、アル、瀨踏ヲシツ、準備ヲシツ、アッタ所デ、終ニ止メタノデアッテ、決シテ外債ヲ募リハシナカッタ、失敗ハシナカッタト云フ答辯ガ見エテ居リマスガ、是ハ甚ダドウモ受取レナイ說ト見ヌケレバナラヌ、何トナレバ此瀨踏ヲシツ、アルト云フコトノ論法ハ――是ハ瀨踏ヲシツ、アッタト云フコトノ論法ヲ推シテ見マスルト、詰リ約束ヲシテ金ヲ受取ッテシマフマデハ瀨踏ヲシテ居ッタト、ソレナラバ言ヘル譯デアル、此ノ如キコトハ三百的モグリ代言杯ノ言フコトデアッテ、堂々タル政府ノ辯護トハ受取レナイ、凡ソ此事ニ附イテ口ヲ開クノ必要ハ何レニ在ルカト云ヘバ、申サバ私ハ國ノ信用ヲ保護スルタメニ、此顛末ヲ明ニスベシト云フ論デアル、抑々日本ノ外國ニ對シテ、未ダ曾テ一厘半毛ノ損耗ヲ掛ケタコトガアリマスカ、國ヲ開イテ萬國ト交際ヲ始メテ以來、日本ノ國トシテ信用ヲ墜ス擧動ト云フモノハ一度モナイ、日本ノ國ガ五千萬圓ノ金ガ借リラレナカッタト云フ程ノ、薄弱ナ信用デアルカ、將タ當局者ノヤリ方ガ面白クナカッタガタメニ、是ガ失敗ニ歸シタカト云フ疑ヲ明ニスル必要ガアル、又日本ノ國ニシテ、若シ此信用ガナイガタメニ、五千万圓ノ金ガ借リラレナカッタトシテモ、尙ホ私ハ此汚名ヲ國家ニ被セルト云フヨリハ、之ヲ個人ガ此責任ヲ負フト云フ習慣ハ、甚ダ私ハ必要ナ習慣デアラウト思フ、又當局者モ實ニ國ノタメニ働キ、國ヲ愛スルタメニセラル、仕事デアル、其精神ヲ以テセバ、國家ノ不信用モ尙ホ自身ニ之ヲ破ルト云フ位ノ、愛國心ガアッテモ宜カラウト考ヘル、敢テ此事ハ當局者ヲ責メテ、サウシテ徒ニ其事ヲ窮迫スルト云フ意味デハアリマセヌガ、兎ニ角是ハ顛末ヲ明ニシテ、國家ノ信用ヲ傷ケナイト云フコトニスルコトガ、甚ダ今日及將來ニ於テモ、其筭法ヲ用ヰルト云フコトハ、必要ナコト、考ヘル、而シテ此外債ヲ募ルト云フ、其募ル高ハ幾ラデアッタカト云ヘバ、五千万圓ト承ッテ居ルガ、五千万圓ノ金ハ必ズ是ハ募ラネバナラヌ必要ガアッテ、募ッタモノデナケレバナラヌ、然ラバ五千万圓ノ金ガ募ラレナカッタトキニハ、ドウシテモ成立ツ理窟ハナイノデアル、若シ募ラナクッテ事ガ足ルナラバ、募ラナクテモ宜イモノヲ募ッタト云フコトニナル、果シテ此五千万圓ヲ募ッテ、ソレヲ何レノ費途ニ充テル積リデアッタカ、而シテ此公債ヲ募ル仕方ト云フモノハ、如何ナル手續ニ依リ、如何ナル人ヲ使ヒ、如何ナル談判マデシテ進ンデ居ッタカト云フコトヲ、明ニシテ貰ヒタイ、却ッテ當局者ノ累モ是デナクナルコトデアラウト思フ、若シ又愈々國ノ信用ニシテ、五千万圓ノ金ガ何事モナイ太平無事ノ世ニ募レナイトスレバ、一朝國ニ事アルノ際ニ方ッテハ、果シテ如何ナルモノデアルカ、平時ニ於テ五千万ノ金ノ募レナイト云フ、如何ニモ募レナイト云フ、如何ニモ情ナイ話デアレバ、事アル日ニハ益々募レナイト云フコトヲ考ヘナケレバナラナイ、誠ニ國民トシテハ心細イ話デハナイカト思フ、然ルニ是ハ事實ヲ派ラヌ以上ハ、決シテ誹謗ヲ致スデハナイ、是ハ明ニシタ方ガ、當局者ノタメニモ甚ダ宜シイコトデ、又國家トシテモ國ノ信用ヲ保護スル上ニ於テ、此議會ニ於テ、其顛末ヲ明ニスルコトヲ望ムノデアル、借此次ニハ私ハ内政ノ部ニ這入ッテ質問ヲ致ス、内政ノ部ニ這入リマシテハ、極ク簡單ノコトデ、實ハ分リ切ッタ問題デアリマスルガ、兎ニ角其趣意トスル所ハ、當局者ニ此分リキッタ問題ニ附イテ、早ク分リキッタ處分ヲナセト云フ問題デアル、即チ此内政ノ質問ハ專ラ中央ニ在ラズシテ地方ニ在ル、地方ノ税政ト云フコトニ附イテ、諸君モ御存ジノ通リ、今日ノ場合年々歳々地方政費ノ膨脹ト云フコトニ於テハ、殆ド人民負擔ニ堪ヘズ、此儘ニシテ若シ數年ヲ推シ進ムトキニハ、府縣市町村ニ於テ續々身代限ノ現象ヲ惹出スデアラウト思ハレル、地方ノ財政ノ紊亂レテ居ルコト、地方ノ行政ノ紊亂レテ居ルト云フ此二點デアル、デ此地方ノ財政ノ紊亂ト云フ點カラ見マシテモ、其材料山ノ如クアッテ、實ハ一々之ヲ擧グル譯ニハ往カヌ、又固ヨリ一々擧ゲナクテモ、既ニ世間ニ明ナコトデアル、皆口ニ唱ヘ腦ニ感ジテ居ル點デアリマスカラ、敢テ其近例ヲ引イテ申シマセヌ、併ナガラ甚キニ至ッテハ、一千八百戸ノ村ニシテ二万五千圓ノ町村費ヲ拂フ一家、貧乏ナル家ニシテ、二十圓三十圓ノ町村費ヲ徴收セラル、ト云フヤウナ町村ガ澤山アル、斯ノ如ク是ハ唯町村費デナイ、或ハ市ノ費、府縣ノ費、段々此地方ノ費用ト云フモノガ増シテ來マシタ、中ニモ殊ニ此著シク三五年ノ間ノ地方費ノ増徴ト云フモノハ、殆ド府縣ニ依ッテハ二倍二倍三倍ノ増加ヲ來シテ居ルノデアル、一段ノ地ニ二石ノ米ノ取レル所ニ、二三年ノ間ニ四石五六石ノ收穫ノアル筈ハナイ、地方人民ノ歳入ハ増サズシテ、歳出ノミ、費用ノミ増スト云フコトニ推續イタナラバ、此人民ハ無論路頭ニ迷フ境遇ニ至ルデアラウ、是ハ誠ニ其村々其府縣々々ニ就イテ、事情ヲ質シテ見タナラバ、固ヨリ無名ニシテ金ヲ徴收スル譯ハナイカラ、或ハ學校ト云ヒ病院ト云ヒ、或ハ道路ノコト、云ヒ、河川ノコト、云ヒ、ソレ〳〵結構ナ名目ノ下ニ金ヲ集メテ居ルニハ相違ナイ、然レドモ其費ス所其爲ス所ノ業ガ、其國家ノ必要ニ應ジテ遣ッテ居ルカト云ヘバ、決シテサウデナイ、或ハイラザル所ニ學校ヲ起シ、人ノ通ハヌ所ニ道ヲ起スト云フヤウナ奇談ガ澤山アル、斯ウ云フ有様デ、地方ノ財政ガ紊亂シテ往クコトハ、是ハ容易ナラヌコト、思ヒマス、是ハ固ヨリ疾ニ當局者モ既ニ承知ノコトデアルニモ拘ラズ、未ダ之ヲ矯正スルノ策ヲ施サヌ、之ヲ監督スルノ途ヲ講ジナイニ至ッテハ、實ニ驚クノデアル、畢竟斯ノ如キ災ノ根本ヲ繹ネテ參ルト云フト、詰リ被治者ニ在ラズシテ治者ニ在ル、其害悪ヲ防禦スベキ職責ニ在ルベキ人ガ、却テ其罪悪ヲ爲シ來ッテ居ルト云フ事蹟ガ、歴々トシテアル、又今日新聞紙ノ報ズル所ハ、各府縣續々ト收賄ナル者ガ拘引セラル、者ガアルデハナイカ、畢竟地方ノ市町村ト云フモノ、、此亂ル、ト云フコトハ、地方長官ノ監督ノ不行屆ニ在ル、地方長官ノ私、地方長官ノ罪悪ヲ爲スト云フコトハ、中央政府ノ監督ノ足ラザルニ歸因スル、然ラバ斯ノ如キ税政ノ現レタ所ニ向ッテ、斷乎タル處分ヲ下シテ、元兇ヲ罰スルダケノ處分ヲ取ラレナイカ、或ハ其處ノ戸長ヲイヂクリ、巡査ヲイヂメルト云フコトハ、時々聞クガ、其元兇ヲ處分スルト云フコトニ至ッテ甚ダ鈍イ、或ハ轉職ヲ命ジ、或ハ轉任ヲ命ズルト云フヤウナ、實ニ姑息ナコトバカリヤッテ居ルカラシテ、決シテ此罪悪ガ革マラヌ、弊害ガ革マラヌ、又其税政ノ甚シイ處ニ向ッテハ、多少ノ役人ヲ取更ヘルトカ色々ニシテ、良クナッタト云フヤウナ想像ヲセラレテ居ルヤウナ向モアルガ、静岡縣ノ如キハ良クナラヌ、益々悪ルクナルト云フ形勢デアル、是ハ其府縣ヲ指ス必要ハナイガ、既ニ當局者ノ机ノ上ニハ、歴々トシテ證據ガ各府縣カラ擧ッテ居ラウト思ハレル、斯ノ如キハ唯是ハ一地方ノ利害デナイ、是ハ一國ノ存亡ニ關スル問題デアル、此地方税政ノ今日、財政ノ紊レ、行政ノ亂レ、サウシテ官吏ト奸商ト相合シテ私ヲ爲シ、或ハ縣會議員ト縣知事ト相謀ッテ、私ヲ爲スト云フヤウナコトガ續々アル、或ハ之ヲ調査ニ托レ、或ハ之ヲ調ベルトカ何トカ云フ間ニ、時日ヲ遷延シテ居ルガ、時日ヲ遷延スル間ニ益々害悪ハ大キクナル、是ハ實ニ今日國民トシテ、一日モ早ク其禍源ヲ絶ッテ、地方税政ト云フコトニ、専ラ當局者ハ注意シナケレバナラヌ話デハナイカ、或ハ中央政府ニ於テ、行政ノ整理財政ノ整理ト云フコトガヤカマシクナルニ從ッテ、委員會ヲ設ケルト云フヤウナコトハ耳ニスルガ、今日ノ大患ハ中央ニ在ラズシテ地方ニ在ル、或ハ行政整理或ハ財政整理ト云フヤウナコトハ、局課ノ廢合或ハ小サナ役人ヲ叩キ出スト云フヤウナ、形式的ノコトヲシテ何ノ利益ガアルカ、寧ロ爲サヾルニ勝ルモ、之ヲ以テ一國ノ政治ノ面目ヲ益メルコトヲ望ムハ、是ハ木ニ縁ッテ魚ヲ求ムルガ如クデアル、地方税政ニ於テハ十分當局者ニ勸告ヲ致シテ置キマス、而シテ終リニ臨ンデ當局者ニ、私ハ謎トシタ問題デアリマスガ、問ヒ方モ妙ナ質問ノ出シ方デアルガ、現政府モ倘ネ憲政ノ發達ヲ希望セラル、ヤ如何ト云フ問ヲ出シテ見タイ、是ハ頗ル奇ナ問デアリマスガ、併シ私ハ自分ノ頭ニ了解レナイ事件ガ著著アリマスカラ、序ナガラ茲ニ質問ヲ試ルノデアリマス、固ヨリ此立憲政治ノ國ニ於テ、政府ヲ打立テ、國家ノタメニ盡力セラル、諸君方ノ頭ニ於テ、立憲政體ノ發達ヲ希望セヌト云フコトハナイ理窟デアル、無論立憲政治ト云フモノヲ、ドウカ一日モ早ク發達シ、其精神ニ遵奉シテ國政ノ美ヲ擧ゲントスルコトヲ期待セラル、ニ相違ナイ、其愛國心ヲ以テ國事ニ當ラル、諸君デアルカラ、特ニ私ハ此一點ヲ忠告ヲ致シ、又當局者ノ大ニ反省ヲ促サウト云フ考ヲ持ッテ居ル、ト申スモノハ、其當局者ノ愛國心アルニモ拘ラズ、實ニ當局者ノ此日本ノ今日、内外多事ナル際ニ蹶起シテ立タレテ、内閣ヲ持タレテ往ク、此勇氣熱心ト其愛國心ニハ、實ニ敬服致シテ居ルガ、此内閣組織以來、行動ニ現ル、所ノモノヲ見レバ、如何ニモ憲政ノ希望ト相容レザルモノモアルガ如ク感ゼラル、條項ガ澤山アル、先ヅ算ヘ立テ、見ルト幾ラモアリマスガ、ソレハ省イテ、極ク其中ノ二三ノ世間ノ人ノ知ッテ居ル點ニ就イテ、例ヲ擧ゲテ見レバ、事小ナリト雖モ内務省ニ於テハ、當テ態々萬里ノ遠方ニ在ル露西亞ノ教務大臣、殊ニ壓制家ノ有名ナル人デアル、其著書ニ於テ殊ニ立憲政治ヲ罵リ盡シテアル書物ヲ御取寄セニナッテ、サウシテ之ヲ飜譯サレテ、政府ノ屬僚ニ之ヲ配ラレタト云フコトハ何事デアル、立憲政治ヲ發達サセルタメニ、非立憲ノ説法ヲスルコトガ必要デアルト云フコトハ、如何ニモ奇怪ナコトデハナイカ、或ハ説ヲ爲ス者曰ク、參考ノタメニ憲政ノ弊害ヲ擧ゲルノデアル、成ル程其説ハ尤ラシウ聞エルガ、然ラバ宗教ヲ嫌ハセルタメニ、經文ヲ教ヘルト云フコトガアッタナラバ、世間ハ如何ニ之ヲ感ズルカ、宗教ヲ嫌ハセルタメニ經文ヲ教ヘルト云フコト、殆ド立憲政治ヲ發達サセルタメニ、立憲政治ヲ罵ッタ者ヲ屬僚ニ教ヘラレルト云フコトハ、是ハ相背馳シテ居ルコト、言ハザルヲ得ナイ、是ハ事小ナリト雖モ、私ハ立憲政治ヲ希望セラル、諸君ノタメニ、誠ニ惜ム點デアリマス、ソレカラシテモウ一ツハ、此凡ソ政府、内閣ナルモノガ、國家ノ頭ニ立ッテ、事ヲ内外ニ見テ往クト云フ上ニ於テハ、如何ナル組織、如何ナル活動ヲシテ往クカト云ヘバ、即チ自由意思ヲ以テ、少モ牽制セラレナイ位置ニ立ッテ、獨立ノ位置ニ立ッテ、自由意思ヲ以テ、獨立ノ位置ニ立ッテ、サウシテ一致シタ行動ヲ執ル團體デナケレバ、政府ト謂ハレナイ、内閣ト名ケラレナイ、即チ此政治ノ大權ガソコニ在ッテ、何モ左右前後牽制セラレナイト云フ位置ニ居ラナケレバ、此成績ト云フモノハ内外ニ對シテ擧ガルモノデハナイ、又内外ノ人民、亦之ヲ決シテ信用スルモノデハナイ、是ハ憲政ノ上ニ於テ最モ然リトスル、然ルニ其實際ヲ見レバ、往々元老ニ相談スルトカ、或ハ一部一種ノ人ニ此政務ノ進行上ニ就イテ相談ヲセラル、ト云フコトハ、是ハ公然ノ祕密デアル、是ハドンナコトヲ言ッタト云フコトヲ、段々御質問ニナルト、吾々ハ知ラナイガ、凡ソ此政治ノ面ニ立ッテ働ク人間ハ、所謂此世間ノ「コンモンセンス」——常識ト云フモノニ依ッテ判斷ヲセニヤナラナイ、常識ニ依ッテ判斷シ、輿論ニ依ッテ判斷シ、其實相ヲ見ルト云フコトデ澤山デアル、今日實相ヲ見レバドウデアル、著々事アル毎ニ、ソコナ元老、コ、ナ元老、元老ニ相談ヲスルト云フコトガ、是ハ果シテ自由意思ヲ持ッテ獨立ノ運動ヲスル「キャビネット」ト謂ハレルカ、是ハ立憲政治ト背馳シタルモノデアル、是ハ私ハ敢テ深ク責メル程ノ問題デハナイガ、唯御注意ヲ致シテ置クノデアル、ソレカラシテモウ一ツハ、此内閣ト云フモノハ、統一ト云フコトガ第一デアル、統一ト云フコトノナイモノナラバ、是ハ内閣デハナイ、十人ガ十人別々ノ考ヲ持ッテ別々ノ働キヲシタトキハ、是ハ内閣ト云ヘルカ、丁度例ヲ申シテ見タ所デ、總理大臣桂君、總理大臣桂君ト云フ人ガ、一私人ノ桂太郎殿デアッタトキニハ、其桂太郎殿ヲ見附ケテ内閣ト云フコトハ云ヘナイ、内閣ガ歩ルイテ往キヨル、内閣ガ來タト云フコトハナイ、是ハ一私人デアル、サウスルト云フト、政府ト云フ名、内閣ト云フ名ト云フモノハ、一私人ニ下ス名デハナイ、又ソレナラバ、即チ建物建築物或ハ丸ノ内ニ在ル所ノ諸君ノ——大臣ノ集マラル、所ノ家ヲ指シテ内閣ト云フカ、決シテ是ハ内閣デモ政府デモ何デモナイ、人ヲ取除ケテ家ヲ指シテ内閣トモ政府トモ云ヘズ、又一人ノ人ヲ見附ケテ、政府ト云ヒ内閣ト名ヲクッ附ケルコトモナイ、即チ内閣ト云フモノハ統一シテ、サウシテ一致ノ運動ヲシテ、自由意思ヲ持ッテ獨立ノ働ヲシ、一定ノ方針ガアッテ動ク所ノ團體ヲ名ケテ、即チ内閣ト云ヒ、政府ト云フ、此點カラ見マスルト云フト、吾々ハ如何ニモ怪ム、此議會ニ公ヤ然ト出ラレテ、三大臣四大臣而シテ政府委員ナルモノガ、説明セラル、所ヲ聽クト、遙々マチ〳〵一人辯ジ二人辯ジ、愈要領ヲ得ズ、三人辯ズレバ遂ニ分ジヌ、斯ノ如ク内閣ノ人ガ、僅カ十人集ッテ説ガ違フト云ヘバ、其政府ナルモノト云フモノハ、幾百千万ニモ説ガ分レテ居ル、是レ即チ主義、方針、經綸ノナイ所ノ致ス所デアル、主義、方針ナシ、經綸ナシ、内閣ハ統一ナシト云フコトニナッタナラバ、即チ内閣トクッ附ケタ名ヲ施ス所ハ、ドコニ内閣ト云フ名ヲ施シ、ドコヲ見附ケテ政府ト唱ヘテ宜イカ、一向是ガ分ラヌデハナイカ、殆ド此點カラ見マスルト、誠ニ吾々ハ政府トドコヲ呼ンデ宜イカ、甚ダ方向ニ迷ッテ居ル、又此内閣ハ不言實行ト言ハレル、不言實行ト云フコトハ、是ハ憲法政治ノ國ニ於テ、果シテ相容ル、所ノモノデアルカ、否ナ、不言ト云フ、言ハナイ、言ハナイモノナラバナイモ同ジコトデアル、尤モソコデ實行ト云フヤツガ補フ、言ハヌ代リニ實行スル、實行ト云フモノガアレバ、又是ハ認ムル所ガアル、不言不行デアル(拍手スル者アリ)不言不行ナルモノハ、即チ無イト云フコトデアル、是ハ化學的カラ申スト言フト、空氣ノ如キハ見エヌケレドモ有ルト云フ理窟ガアルガ、政治的ハソンナモノデハナイ、眼ニモ見エズ耳ニモ聞エズ、物ニモ觸レヌモノハ無イト云フヨリ外、仕方ガナイ(故ニ「ナイ閣」ト呼フ者アリ)然ラバ此内閣ナルモノハ、殆ド我國ニハ内閣政府ト云フモノガ、成立ッテ居ルヤ否ヤト云フコトヲ、甚ダ疑フノデアル、遂ニ内閣ガ無クナリ、政府ガ無クナッタナラ、私ノ質問モ無クナッタヤウナモノデアル(笑聲起ル)併ナガラ、我廟堂ノ諸公ハ實ニ賢明ナル諸公ニシテ、是位ノコトハ御分リニナッテ居ル、決シテ是ハ惡意故意ニ、斯フ云フ行動ニ陥ラレタモノトハ見エヌ、知ラズ識ラズ此非立憲的ノ態度ニ陥ラレテ居リハセヌカト云フコトヲ、私ハ疑フノデ、又斯ノ如キ困難ナ場合、國家内外多事ノ場合ニ、一人ノ國民ノ賛成者モナケレバ味方モナクシテ、政府ヲ打立ッテ居ル所ノ勇氣ハ、又如何ニモ感ズベキ所ノモノデアル、是ハ私ハ惡口デハナイ、政府ト云フモノガ自ラ一致シテ居ラヌト云フ位ニ、主義ガナシ、方針ガナシ、サウシテ政府ガ無イト云フ有様デアッタラ、賛成シヤウモ賛成ガ出來ナイ、反對シヤウモ反對ノシヤウモナイ(笑聲起ル)斯ノ如キモノハ、助ケヤウト思ウテ居ル國民ガ幾ラモアッテモ、助ケヤウモナイノデアル、スルト云フト、是ハ政府ノ外ニ味方ナシ、而シテ政府ノ内ニ又味方モナイノデアル、何トナレバ主義ガナイカラ、皆考ガ違ッテ居ル、斯ク言フヤウナコトハ、即チ此立憲政體ノ上ニ於テ、甚ダ其發達ニ如何ナモノデアルカ、素ヨリ斯ウ云フコトハ、此廟堂ノ賢明ナル諸君ハ、一々氣附ケラレテ、若シ御分リニナリ、又御同意ニナル以上ハ、其過ヲ改メラレテ、其行動ノ將來立憲政治ノ軌道ニ欲ジル、コトヲ努メラル、ト云フコトモ、亦敢テ疑ヲ容レヌ、故ニ吾々ハ唯徒ニ人ヲ攻撃シ、政府ヲ批評スルト云フ譯デハナイ、誠心誠意斯ノ如キ立憲政治ノ下ニ在ッテハ、内閣ヲ立テラル、人ハ、斯ノ如キ理窟ニ叶ハヌ所ノ行動ヲ、聊カ注意セラレテハ如何デアルカト云フコトヲ、希望スルノデアル
(拍手スル者アリ)

明治三十五年二月九日（議長ノ報告）

韓國ニ於ル露國ノ軍港要求ニ關スル質問書

右成規ニ據リ提出候也

明治三十五年二月八日

提出者　臼井哲夫

賛成者　重岡薫五郎

外三十名

質問主意書

京城電報ニヨレハ露國公使ハ韓國政府ニ對シ軍港ニ供スルノ目的ヲ以テ韓國東南面ニ於テ一ノ港灣ヲ租借セントスルノ要求ヲ爲シタリト云フ事實果シテ然リトセハ我カ政府ハ之ニ對シ何等ノ處置ヲ取リタルヤ

右及質問候也

○議長（片岡健吉君）　是ヨリ會議ヲ開キマス、請暇ノ件ニ附キ諸君ニ御諮リ致シマス、金尾稜嚴君公務ノタメ本月五日ヨリ二十日間ノ請暇ヲ申出ラレマシタ、許可シテ御異議アリマセヌカ

（「異議ナシ」ト呼フ者アリ）

○議長（片岡健吉君）　御異議ガナケレバ許可スルコトニ致シマス

○外務大臣(小村壽太郎君)　今回帝國政府ト英國政府トノ間ニ成立致シマシタル協約ノ件ニ關シ、其顛末ヲ諸君ニ御報道スルノハ、本大臣ノ光榮ト致ス所デゴザイマス、政府ハ東亞ノ事局ニ鑑ミ、帝國ノ利益ヲ慮リ、帝國ト利害ヲ同クスル與國ト、緊切ナル關係ヲ結ブコトハ、有益ナリト認メマシタルニ依リ、昨年以來英國政府ト累次交涉ヲ重ネマシタルガ、其結果トシテ兩國政府ノ意思幸ニ一致ヲ致シマシタルニ依リ、勅裁ヲ經テ本年一月三十日我全權委員ヲシテ、英國ノ全權委員ト會同シ、共ニ一ノ協約ニ調印致サシメマシタ、茲ニ此協約ノ全文ヲ朗讀致シマス

日本國政府及大不列顛國政府ハ偏ニ極東ニ於テ現狀及全局ノ平和ヲ維持スルコトヲ希望シ且ツ清帝國及韓帝國ノ獨立ト領土保全トヲ維持スルコト及該二國ニ於テ各國ノ商工業ヲシテ均等ノ機會ヲ得セシムルコトニ關シ特ニ利益關係ヲ有スルヲ以テ茲ニ左ノ如ク約定セリ

第一條　兩締約國ハ相互ニ清國及韓國ノ獨立ヲ承認シタルヲ以テ該二國孰レニ於テモ全然侵略的趨向ニ制セラルヽコトナキヲ聲明ス然レトモ兩締約國ノ特別ナル利益ニ鑑ミ即チ其利益タル大不列顛國ニ取リテハ主トシテ清國ニ關シ又日本國ニ取リテハ其清國ニ於テ有スル利益ニ加フルニ韓國ニ於テ政治上並ニ商業上及工業上格段ニ利益ヲ有スルヲ以テ兩締約國ハ若シ右等利益ニシテ別國ノ侵略的行動ニ因リ若クハ清國又ハ韓國ニ於テ兩締約國孰レカ其臣民ノ生命及財產ヲ保護スル爲メ干涉ヲ要スヘキ騷擾ノ發生ニ因リテ侵迫セラレタル場合ニハ兩締約國孰レモ該利益ヲ擁護スル爲メ必要欠クヘカラサル措置ヲ執リ得ヘキコトヲ承認ス

第二條　若シ日本國又ハ大不列顛國ノ一方カ上記各自ノ利益ヲ防護スル上ニ於テ別國ト戰端ヲ開クニ至リタル時ハ他ノ一方ノ締約國ハ嚴正中立ヲ守リ併セテ其同盟國ニ對シテ他國カ交戰ニ加ハルヲ妨クルコトニ努ムヘシ

第三條　上記ノ場合ニ於テ若シ他ノ一國又ハ數國カ該同盟國ニ對シテ交戰ニ加ハル時ハ他ノ締約國ハ來リテ援助ヲ與ヘ協同戰鬪ニ當ルヘシ講和モ亦該同盟國ト相互合意ノ上ニ於テ之ヲ爲スヘシ

第四條　兩締約國ハ孰レモ他ノ一方ト協議ヲ經スシテ他國ト上記ノ利益ヲ害スヘキ別約ヲ爲サヽルヘキコトヲ約定ス

第五條　日本國若クハ大不列顛國ニ於テ上記ノ利益カ危殆ニ迫レリト認ムル時ハ兩國政府ハ相互ニ充分ニ且ツ隔意ナク通告スヘシ

第六條　本協約ハ調印ノ日ヨリ直チニ實施シ該期日ヨリ五箇年間效力ヲ有スルモノトス若シ右五箇年ノ終了ニ至ル十二ケ月前ニ締約國ノ孰レヨリモ本協約ヲ廢止スルノ意思ヲ通告セサル時ハ本協約ハ締約國ノ一方カ廢棄ノ意思ヲ表示シタル當日ヨリ一箇年ノ終了ニ至ル迄ハ引續キ效力ヲ有スルモノトス然レトモ右終了期日ニ至リ同盟國ノ一方カ現ニ交戰中ナル時ハ本同盟ハ講和結了ニ至ル迄當然繼續スルモノトス

右證據トシテ下名ハ各其政府ヨリ正當ノ委任ヲ受ケ之ニ記名調印スルモノナリ

一千九百二年一月三十日龍動ニ於テ本書二通ヲ作ル

大不列顛國駐箚日本國皇帝陛下ノ特命全權公使　林　董　印

大不列顛國皇帝陛下ノ外務大臣　ランスダウン　印

(拍手起ル)

本協約ノ條文ハ、唯今朗讀致シタ通デゴザイマス、此協約ノ目的ハ、全ク極東ノ平和ヲ益鞏固ニシテ、同時ニ清韓兩國ニ於ケル帝國ノ利益及權利ヲ擁護スルト云フノデゴザイマス、又清國ノ領土保全、門戶開放トハ、列國ガ悉ク是認シ、且ツ自ラ明ニシタル所ノ主義デアリマスルカラシテ、本協約ハ必ズ列國ノ異議ヲ招クヤウナコトハナカラウト信ジテ居リマス

(拍手起ル)

第十　徵兵令中改正法律案（竹內正志君外四名提出）　第一讀會

徵兵令中左ノ通改正ス

第二十三條第二項中「外國ニ在ル者」ノ下「朝鮮國ニ在ル者ヲ除ク」ヲ削ル

（竹內正志君演壇ニ登ル）

○竹內正志君（九十四番）　私ハ徵兵令中改正法律案、是ハ誠ニ簡單ナ問題デアリマス、此徵兵令中ノ二十二條デアリマスガ、三條デアリマシタカ、外國ニ參リマスル者ハ、諸君ノ御承知ノ通ニ、徵兵ハ猶豫サレルコトガ這入ッテ居リマスデ、支那杯モ矢張無論外國デアルカラシテ、徵兵ヲ猶豫サレル中ニ這入ッテ居ル、併ナガラ獨リ朝鮮ハサウデナイ、ソレ故ニ朝鮮ト支那ト同樣ニ、朝鮮モ外國ノ取扱ヲシテ、矢張朝鮮ニ參リマスル者モ、猶豫ノ中ヘ入レルコトニ致シタラ宜カラウト云フ、而シテ此改正案ヲ提出シマシタノデス、ソレデ誠ニ簡單デ、二十三條ノ第二項中ノ、朝鮮ニ在ル者ヲ除クト云フ、唯括弧ヲ取ルダケガ改正案ノ趣意ナンデ、此ノ如ク簡單デゴザイマスケレドモガ、此改正ヲ致シマスル結果ノ影響スル所ハ、隨分廣イデアラウト思フノデス、中スマデモナク段々交通ノ便モ開ケマスレ、工商業モ進步シテ來マスルカラシテ、成ルベク日本人杯ハ支那朝鮮ナドニハ、少クトモ此誠ニ近イ所デアリマスルカラシテ、一人デモ餘計出ルト云フコトガ必要デアラウト思ヒマス、鐵砲バカリ擔カズニ、成ルベク鍬ヲ下ゲテ支那朝鮮アタリヘハ、一人デモ多クノ人ガ出ルト云フコトガ、最モ今日ノ事態、國家ノ全體ノ上ニ於テ、願ハシイコト、信ジマス、ソレ故ニ障害ガアレバ、成ルベク此障害ヲ取ルノミナラズ、進ンデ之ヲ保護奬勵スルト云フコトモ、國家トシテ必要ト思ヒマス、先達ドウカ條例杯モ、支那朝鮮杯ニ往キマス者ハ、移民法ガ改正サレマシテ、餘程便利ニナッテ居ルモノト相竝ンデ、此ノ如キ障碍ハ成ルベク取去ルト云フコトハ、陸軍當局者、一片ニ眼ヲ著ケル者ハドウデアルカ知レマセヌガ、國家ノ全體ニ眼ヲ著ケテ見レバ、斯ルコトハ至極宜シイト考ヘマスルデ、ドウカ御贊成ヲ願ヒタイト思ヒマス

○恒松隆慶君（二百二十四番）　是ハ委員付託ニナランコトヲ望ミマス

（政府委員陸軍總務長官中村雄次郎君演壇ニ登ル）

○政府委員（中村雄次郎君）　本案ニ附キマシテ、私ハ一言申述ベテ置マタイト思ヒマスル、甚ダ遺憾デゴザイマスルガ、遺憾ナガラ本案ニハ反對シマスル、唯今竹內君カラモ御述ニナリマシタ如ク、此本案ヲ提出致サレマシタ趣意ハ、支那ト朝鮮ト別ニナッテ居ル、支那同樣ニ朝鮮ニ外國ト見做シテ、サウシテ朝鮮ニ往ッテ居ル者ニ、徵兵猶豫ヲスルヤウニト、斯ウ云フ御趣意デゴザイマスル、成ル程支那ト朝鮮トハ唯今別ニナッテ居リマスデゴザイマスル、併ナガラ兵役ニ服スルノ義務ト云フモノハ、日本人民ノ中スマデモナイ重大ナル義務デゴザイマスル、此義務ヲ免除シ若クハ猶豫スルト云フコトハ、餘程重大ナル場合ノ外、之ヲ猶豫シ竝ニ免除スルコトハ出來ナイノデゴザイマス、獨リ是ハ陸軍ノ眼カラ見マスルバカリデナク、諸君モ御同感デアラウト感ズルノデゴザイマスル、而シテ此免除若クハ猶豫ヲ得ルト云フモノハ、此ノ如キ重大ナル場合ノ外ハ、出來ナイノデゴザイマスル、然ルニ朝鮮ノ有樣ハ如何デゴザイマセウカ、今ノ竹內君ガ述ベラレタ如ク、今後愈〻其交通ガ便利ニナルノデアル、此ノ如キ交通便利ナ地ニ往ッテ居ル者ニ、徵兵猶豫ヲ致ス理由ガナイノデゴザイマス、即チ此ノ如キ重大ナル義務ヲ、此ノ如ク容易ニ歸ッテ來テ服役シ得ル所ノ者ニ、猶豫ヲスルト云フコトハ、甚ダ出來ナイノデゴザイマスル、而シテ此支那ト朝鮮ト違フト云フ御意見ハ、是ハ如何ニモ御尤ト思フノデゴザイマス、併ナガラ此現行法制定ノ當時ヲ御考ヘ下サリマスレバ、其當時ハ支那朝鮮ト云フハ餘程事情ガ違ッテ居ルノデゴザイマス、朝鮮ハ我對島ヲ距ルコト實ニ僅ノ徑路デゴザイマシテ、常ニ往復シテ居ル所デゴザイマス、支那ト云ヘバ容易ニ是ハ往復ノ出來ナイ有樣デゴザイマシタカラ、此條例制定ノ當時ハ、斯ウナッテ居リマシタノデゴザイマス、併ナガラ今日ハ其當時トハ餘程趣ヲ異ニシテ居リマス、故ニ唯今調ベテ居リマスルノハ、支那モ朝鮮同樣內地ニ歸ッテ服役シ得ルヤウナ方法ニシナケレバナラヌデアラウト考ヘテ、唯今ソレハ調査中デゴザイマス、兎ニ角此法案ガ通過致シマスレバ、非常ニ徵兵忌避ト云フコトモ、恐レル一ツデゴザリマス、併ナガラ即チ對島各部隊ノ如キハ、或ハ成立ニ困難ヲスルヤウナ場合ニナリハシナイカ、又山口福岡縣等ニ於テハ、最モ內地ニ附イテハ、朝鮮ノ渡航ト云フコトハ、便利デゴザイマスカラ、徵兵忌避ノタメニ、此渡航者ガ多クナルト云フ、其憂モアリマスルノデゴザリマス、旁〻本案ハ甚ダ遺憾デゴザイマスケレドモ、否決ニナランコトヲ希望致シマス

○恒松隆慶君（二百二十四番）　ドウカ是ハ委員ダケニハ、御付託ニナランコトヲ願マヒス

○議長（片岡健吉君）　恒松隆慶君カラ委員付託ノ動議ガ出テ居リマスガ、御異議ハアリマセヌカ

（「異議ナシ異議ナシ」ト呼フ者アリ）

○議長（片岡健吉君）　其委員ハ議長ガ九名指名シテ、御異議ハアリマセヌカ

（「異議ナシ異議ナシ」ト呼フ者アリ）

○議長（片岡健吉君）　御異議ガナケレバ其通致シマス

○恒松隆慶君（二百二十四番）　次ノ十一十二ハ、是ハ同一委員ニ附託シタラ宜カラウト思ヒマス、デ一括トシテ議題ト爲ランコトヲ希望致シマス

（「贊成々々」ノ聲起ル）

○議長（片岡健吉君）　十一十二ハ一括シテ議題ニスルト云フ動議ガ出マシタガ、御異議ハアリマセヌカ

（「異議ナシ異議ナシ」ト呼フ者アリ）

○議長（片岡健吉君）　御異議ガナケレバ、其通致シマス、議案ノ朗讀ヲ省略シマス

第二十　徴兵令中改正法律案（竹田正志君外四名提出）　第一讀會ノ續（委員長報告）

（兒玉仲兒君演壇ニ登ル）

○兒玉仲兒君（二百六十三番）　徴兵令中改正法律案ノ委員會ノ報告ヲ致シマス、此改正案ノ委員會ニ於キマシテハ、幾多ノ質問モアリマスルシ、澤山ナ押問答ガゴザイマシタ、ト申シマスルノハ、政府當局者ノ方ニ於キマシテハ、若シモ此改正案ノ通ニナリマスル、ト壯丁徴募ノ上ニ大ニ差支ヲ起スデアル、殊ニ朝鮮ニ近イ所ノ福岡縣或ハ山口縣ノ如キニ於テハ、恐ラク徴兵忌避ノタメニ壯丁ガ朝鮮ヘ押渡ルト云フヤウナ者ガ澤山ガアッテ、第五師團等ニ於テハ、恐ラク徴兵ニ差支ヘルデアラウ、殊ニ對馬杯ハ尙更朝鮮ニ接近シテ居ルガタメニ、對馬ノ警備隊徴募ノ上ニ、恐ラク差支ヲ起スト云フ憂慮ヲ以テ、本案ニ大ニ反對ヲサレマシタ、ソコデ委員中ノ多數ハ斯ク改正致シタ處デ、決シテ陸軍當局者ガ憂フル如キコトハ万ナイト信ズル、決シテ之ガタメニ朝鮮近シト雖モ、徴兵忌避ノタメニ澤山ナ壯丁ガ朝鮮ヘ渡ッテ、陸軍徴兵ノ上ニ差支ヲ起ス杯ト云フコトハ、アルマイト云フヤウナ論者ガ、委員中多數デアリマス、ソレガタメニ幾多ノ押問答ガアッタ譯デアリマスルガ、結局委員ノ多數ハ此改正通ニナリマシタ所ガ、陸軍徴兵ノ上ニ差支ガナイノミナラズ、斯クアルベキガ至當デアルト云フコトガ多數デ、此改正案ニ同意決定致シマシタコトデアリマス、此段報告致シマス

（征矢野半彌君演壇ニ登ル）

○征矢野半彌君（百四十四番）　私モ委員ノ一人デゴザイマシテ、不幸ニ致シマシテ反對說ガ、一名ノ少數ヲ以テ破レタノデアリマス、故ニ少シク反對ノ理由ヲ述ベタイト考ヘマス、成ル程原案者ノ述ベラルヽ所ノ、我國民ヲシテ朝鮮若クハ支那ヘ續々ト派出シテ、大ニ日本ノ事業ヲ海外ニ爲サウト云フコトハ、如何ニモ御尤吾々モ滿腔ノ同情ヲ以テ、其御精神ニハ贊同ヲ致スノデアリマスル、斯ノ如クナケレバ、決シテ日本ノ發達ト云フコトハ、望ムベカラザルコトデゴザイマス、故ニ御目的ハ如何ニモ御同意デゴサイマスケレドモ、此徴兵適齡ノ壯丁ニ直チニ之ヲ用ヒルト云フコトハ、甚ダ宜クナイト考ヘマスル、先ヅ第一ニ宜クナイト云フコトヲ申シマスルノハ、此朝鮮地方ニ接近致シテ居ル所ノ壯丁ニ、是ハ恰モ徴兵忌避ノ罪惡ヲ、勸誘スルヤウナ結果ニナルノデゴザイマス、如何トナレバ諸君モ御案內デアルカナイカ存ジマセヌガ、此朝鮮近クノ漁民ト申シマスルモノハ、徴兵ノ期限ガ近ウヤマスト、動モスレバ漁舟ニ乘リマシテ、朝鮮ハ至ッテ近イ處デゴザイマス、故ニ此期間寄留ヲ朝鮮ニ附ケテ、一時徴兵ヲ免カルヽト云フ有樣デ、今日マデ事實ガ之ヲ證明致シテ居ルノデゴザイマス、故ニ此期限ガ濟ムト再ビ歸ッテ來マスニ依ッテ、是ハ大ニ徴兵忌避ノ罪惡ヲ奬勵スルヤウナ結果ニナリマス、對馬ノ如キニ於キマシテハ、警備隊ノ壯丁ヲ徴收致シマスルニ、今日マデニ於キマシテモ、其島ノ人員ヲ以テ其兵役ニ服セシムルニ、尙ホ不足ヲ告ゲテ居ルノデゴザイマス、現ニ三十四年ノ如キニ至リマシテハ、三人不足致シテ居リマス、三十二年三年ニ於キマシテハ、略々相當デアルナレドモ、要スルニ此法律ノ制定ニナッタ曉ニ於キマシテハ、對馬ト申シマス所ト朝鮮ト申シマス所ハ、諸君御案內ノ通向岸ニ見ユル所デス、此法律ガ一度出來マシタナラバ、徴兵ノ期限ニナリマシタナラバ、續々寄留ヲ彼國ヘ附ケテ、逐ニハ警備隊ノ獨立ハ、對馬デ出來ナイヤウナ結果ニナルト考ヘマス、吾々ノ考ヘマスルニハ、徴兵ノ義務ト申シマスルモノハ、一面ニ國民ノ權利ト申シテ宜イカ、又義務ト申シテ宜イカ、是ハ日本臣民ノ職責デアル、此大切ナル職責ニ於キマシテハ、已ムヲ得ザル事柄ノ外ハ、成ルタケ平等ニ、均一ニ、壯丁ニ向ッテ此義務ヲ負擔サセルガ、相當ダラウト考ヘマス、然ルニ此法律ガ一度出來マシタナラバ、一方ニ於テハ國民ノ義務ヲ負フ者ガ出來、一方ニ於キマシテハ國民ノ義務ヲ免ルヽニ、甚ダ便利ナルモノガ出來ルト致シマシタナラバ、如何ノ結果デゴザイマセウ、吾々ニ於キマシテハ最モ朝鮮ニ近キ處ニ居ル者デゴザリマスルガ故ニ、事實ニ於テ是ハ證明致スコトガ出來ルデゴザイマス、願クバ（臼井哲夫君「左樣ナル事實ハアリマセヌ」ト呼フ）殊ニ臼井君ノ所杯ニ於テハ、最モ是ハアルデアラウト考ヘマス、吾々ノ所ニ於テアル以上ハ、諸君ノ所ニ於テ決シテナイト云フコトハナイ、此地方ニ於テハ、爲ニ兵役ヲ免レタナラバ、國民ノ義務ヲ缺ク者ノ考カラ考ヘマシタナラバ、非常ニ嬉シイコトデゴザイマセウケレドモ、是ハ一大權利トシテ喜ブ者カラ考ヘマスルト、甚ダ是ハ歎息スベキ結果ヲ來スト考ヘマスル、願ハクバ諸君ニ於キマシテハ、此案ハ御否決アランコトヲ希望致シテ置キマス

（「贊成」ト呼フ者アリ）

○臼井哲夫君（六十七番）　私ハ政府委員ガ、必ズ反對スルデアラウト思ヒマスカラ、願ハクバ贊成スル趣旨ヲ述ベル時間ヲ、私ニ與ヘテ貰ヒタイト思ヒマス、豫メ御斷致シテ置キマス、重大ナル問題デアル

（神藤才一君演壇ニ登ル）

○神藤才一君（百十六番）　私ハ唯今征矢野君ノ御述ニナリマシタ所ノ、細カイ論ハ私ハ致シマセヌ、大體ノコトニ就イテ、私ハ一言諸君ノ御清聽ヲ仰ギタイモノデアル、何故ニ唯今征矢野君及先日政府委員ガ、此案ニ附イテ御反對ナサレマシタカ、其反對ナサレタ所ノ御趣意ガ、私ハ了解致方ナイコトデアル、其譯ハ政府ハ時勢ノ進運ト云フモノヲ、解セナイモノト言ッテモ憚ラナイコトデアル、抑々今日――二十世紀今日ニ至リマシテ、我日本國人民ハ、往時血税ノ布令アリシトキニ當リ、血ヲ絞ッテ之ヲ上ニ納ムルハ税デアルト誤解レテ、東西狂奔セシガ如キ時勢デハゴザイマセヌ、今日ハ――今日ハ尙武ノ進歩ノトキデアル、加之二十七八年支那ニ對セシ大勝、及一昨年北淸ノ大勝利ノ如キハ、益々以テ我邦國民ノ國民タル一大義務ヲ盡ス所ノ軍役ヲ遁ルヽ如キ、卑屈千萬ナル國民デハナイ、此ノ如キ大勝利ヲ惹出シ、益々以テ我邦人民ノ尙武ヲ盛ナラシメル時デアル、決シテ鄰國ニ、徴兵ヲ遁レルメニ遁レ往クガ如キ所ノ、卑屈千萬ナル我國民デハナイ、然ルヲ政府ハ斯ル卑屈千萬ナル爵ヲ以テ、我血性國民男兒ニ負ハシムル所ノモノハ、何ガ故デアルカ、昔成ル程血ヲ以テ上ニ納メル税ト誤解スルガ如キ時勢デハゴザイマセヌ、今日ハ又一方ヲ顧ミマスレバ、支那國ノ如キモ外國ノ部ニ編入レアリナガラ、獨リ朝鮮國ノミ外國ヨリ除カレタル所ノモノハ、何ノ理由デアルカ、是ハ此案ノ提出ノ理由ニ書イテアル通、抑々朝鮮國ノ獨立ハ我邦ノ扶植シタルコト、一般ノ御認ニナルコトデアル、加之先年朝鮮國皇帝陛下ガ、王號ヲ帝號ニ改メルノコトアルヤ、我邦卒先シテ以テ、此帝號ヲ承認シタル所デハアリマセヌカ、然ルヲ今日當局者ノ御言葉ノ如キニ在リテハ、自ジ扶植シタル所ノモノ

ヲ自ヲ侮辱シ、及之ヲ毀損スルモノト一般デアル、卽チ鄰國ノ獨立ヲ侮辱シ及我國民ヲ侮辱スル所ノモノデアル、苟モ建國ノ民ニシテ、斯ノ如キ行爲ハ決シテ爲スベキモノデハナイ、故ニ政府ノ異議ノ御言葉ハ、一ハ以テ我國民ノ氣象ヲ侮辱シ、且ツ之ヲ挫折セシムル所ノモノデアル、一ハ以テ鄰國ノ獨立ヲ輕蔑スルノ行爲デアル、此ノ如キコトハ實ニ國際上ニ決シテ容ルベキコトデハナイ、故ニ短簡ニ此理由ヲ述ベマシテ、滿院ノ諸君ノ改正案ニ大々的御贊成アランコトヲ、私ハ希望スルモノデアル

○中村榮助君（七番）　大體ニ附イテト云フコトデアリマスガ、此問題ハ事實ニ入ッテ、私ハ質問致シタイ、既ニ征矢野君ハ稍々事實ニ近イ説明ガアッテ、明瞭シタト思ヒマスガ、當局者ノ此事ニ就イテノ事實ヲ一應伺ヒタイ

○議長（片岡健吉君）　中村政府委員

（政府委員陸軍總務長官中村雄次郎君演壇ニ登ル）

○政府委員（中村雄次郎君）　段々此説ニ附キマシテ御議論モゴザイマス、委員會ニ於テモ私ハ十分ニ述ベマシタカラ、委員諸君ハ御承知デゴザイマセウト存ジマスガ、殘念ナコトニハ一名ノ少數ヲ以テ――一名ノ多數デ、此原案ガ成立チマシタノハ、甚ダ遺憾ニ思ヒマスノデゴザイマス、大體政府ノ考ヘテ居リマスル所ニ據リマスレバ、徴兵ノ義務ト云フコトハ、臣民ノ實ニ重大ナル義務デアルノデゴザイマスル、ソレニ附イテハ此重大ナル義務ヲ、公平ニ人民ニ課スルト云フコトハ、誠ニ必要ナコトデアル、然ルニ已ムコトヲ得ズ、國家ノ利益上、已ムコトヲ得ヌ場合ニ於テ、之ヲ猶豫シ若クハ免除スル其外ニ於テ、容易ニ之ハ免除シ、猶豫スベキモノデナイト信ジテ居ルノデゴザイマス、此點ニ附イテハ征矢野君ガ既ニ十分ニ申サレマシタコトデゴザイマスカラ、深ク申ス必要ハゴザイマセヌ、故ニ實際ニ就イテ如何ナル害ガ起ルカ、第一ニ害ガ起リマスノハ、對島警備隊ト云フモノハ、御承知ノ如ク島民ヲ以テ、自衞ノ防禦ヲ爲スト云フ計畫ニナッテ居ルノデゴザイマス、卽チ對馬島ト云フモノハ、實ニ今日必要ノ地位デゴザイマス、此對馬ノ防禦ト云フモノハ、實ニ必要ナルガ故ニ、全國多クノ師團ノアルニ拘ラズ、獨リ對馬ニ對シテハ、從來警備隊ト云フモノヲ置イテアルノデゴザイマス、ソレハ卽チ對馬ノ自衞ト云フコトガ、誠ニ緊要ナルコトデアルト云フコトデゴザイマスル、此點ニ附イテハ恐ラク諸君ニ於テ異論ガナイダラウト思ヒマス、然ルニ對馬島ノ人民ガドレダケアルカ、卽チ其壯丁ガドレダケアルカ、此事ヲ考ヘテ見マスルト、其壯丁ヲ三十三年四年――三十二年、三十三年、四年、此處ニソレダケノ數ヲ舉ゲテ見マスレバ、卽チ其壯丁ニ於テ三十三年ト二年ニハ略々要員ニ滿ツルノデゴザイマス、三十四年ニ至ッテハ、征矢野君ノ言ハレタ如ク、三名ノ不足ヲ生ズルト云フ次第デゴザイマス、是ハ對馬全島ノ壯丁ヲ集メテデゴザイマス、對馬全島ノ壯丁ヲ集メテ、之ヲ兵役ニ服サシメ、一朝事アル時ニハ内地ノ應援ヲ待タズシテ、應分ノ警備ノ出來ルト云フコトハ、誠ニ必要ナコトデゴザイマス、而シテ對馬人民ガ如何デゴザイマスカ、常ニ朝鮮ト往復致シテ、釜山ニ參ルノハ、内地ニ來ルノヨリハ餘程便利デアル「天氣ノ好イトキニハ一目シテ見ユルノデアリマス、故ニ對馬ノ人民ハ内地ニ比シテ、多ク朝鮮ニ入ルト云フコトガアル、其壯丁ヲ呼集メズシテ、若シ之ニ徴兵猶豫ヲ爲シマスレバ、恐ラクハ對馬ノ警備隊ト云フモノハ、成立タヌデアラウト思ヒマス、是ガ誠ニ當局者ノ苦心ヲ致ス所デアリマス、尙ホ徴兵忌避ト云フコトニ附イテハ、神藤君ハ如何ニモ立派ナ御議論デゴザイマスガ、實際左樣デハゴザイマスマイト思ヒマス、恐ラクハ世界中、神藤君ノ御議論ノ如キコトハ、今後何千年デイケルカ、何百年デイケルカ、其後ニアラザレバ遂シナイコト、思ヒマス（「説明ダケデ宜シイ」ト呼フ者アリ又「モウ宜シミ」ト呼フ者アリ、議場騒然タリ）此案ニ附イテ神藤君ガ、既ニ日本ノ人民ハ徴兵ヲ忌避スルヤウナ者ハナイ、斯ウ云フコトヲ斷定セラレテゴザイマスガ、私ハ其説ヲ取シマセヌケレバ、卽チ此案ガ成立シマスルノデゴザイマス、是ハ神藤君ノ御論ノ如ク、日本人民ハ如何ニモ忠勇ナル人民ニ相違ゴザイマセヌ、誠ニ結構ナル人民デアルト云フコトハ、私モ確信致シテ居リマスガ、併ナガラ徴兵忌避ノ人間ガナイト云フコトヲ、神藤君ガ斷言セラル、ト云フコトハ、恐ラクハ事實ニ反シタコトデアラウト思フ、現ニ徴兵忌避ト云フコトハ澤山アルノデゴザイマス、既ニ壯丁ノ中ニ逃亡シテ徴兵ニ應ジナイ者ガ何人アルカ、卽チ三十三年、三十四年――皆五六万ノ人間ト云フモノガ、三十二年、三十三年、三十四年、皆ソレダケノ者ガ逃亡失踪シテ、徴兵ニ應ジナイノデゴザイマス、其他ニ徴兵忌避ノタメニ、種々ナルコトヲ致シ、刑罰ニ觸レル者ガ澤山アル、ソレハ貧民ニシテモアリマス、金持ニモアリマス、金持ハ金ヲ使ッテ徴兵ヲ免レヤウトスル、ソレ等ノコトハ澤山アルノデゴザイマスカラ、神藤君ハ誠ニ日本人民ハ立派ナルモノデアル、政府ハ之ヲ侮辱スルト仰シヤルケレドモ、比較的日本人民ハ誠ニ結構ノ人民デアリマスケレドモ、皆神樣ノヤウナモノデハゴザイマセヌ、ソレ故ニ今日ハ徴兵忌避ト云フコトヲ防グト云フコトハ、誠ニ必要ノコトデゴザイマス、其他神藤君ハ色々仰シヤッタコトモ、アッタヤウニ思ヒマスケレドモ、私ハ要點ダケニ止メテ置キマス

○鈴木萬次郎君（三十六番）　討論終結ノ動議ヲ提出致シマス

（「贊成々々」ト呼フ者アリ又發言ヲ求ムル者アリ、議場騒然タリ）

○議長（片岡健吉君）　討論終結ノ動議ニ贊成ガアリマスカ

（「贊成々々」ト呼フ者アリ）

○議長（片岡健吉君）　成規ノ贊成ガアルト認メマス、討論終結ニ贊成ノ諸君ノ起立ヲ請ヒマス

起立者　多數

○議長（片岡健吉君）　多數ト認メマス――本案ノ第二讀會ヲ開クヤ否ヤノ採決ヲ致シマス、本案第二讀會ヲ開クニ同意ノ諸君ノ起立ヲ請ヒマス

第二十一　外國領海水產組合法案（長谷場純孝君外二名提出）　第一讀會

外國領海水產組合法案

第一條　條約又ハ許可ニ依リ外國領海ニ於テ水產動植物ノ採捕又ハ製造若ハ販賣ヲ業トスル帝國臣民ハ本法ニ依リ水產組合ヲ設置スルコトヲ得

第二條　組合ノ區域ハ利害關係アル漁業區域又ハ住所ノ區域ニ依リ之ヲ定ムヘシ

第三條　組合ヲ設置セムトスルトキハ其ノ區域内ニ於ケル同業者三分ノ二以上ノ同意ヲ得テ創立總會ヲ開キ定款ヲ議定シ主務大臣ノ認可ヲ受クヘシ但シ二種以上ノ營業者相集リテ組合ヲ設置セムトスルトキハ各種營業毎ニ三分ノ二以上ノ同意ヲ要ス

第四條　組合ノ區域内ニ於テ組合員ト同一ノ業ヲ營ム者ハ其ノ組合ニ加入スヘシ但シ營業上特別ノ情況ニ依リ主務大臣ニ於テ加入ノ必要ナシト認ムル者ハ此ノ限ニ在ラス

第五條　組合ノ設置アリタルトキハ組合、組合聯合會又ハ組合員ノ名ヲ以テスルノ外組合ヲ組織スル營業者ト同一種類ノ營業ヲ爲スノ目的ヲ以テ組合ノ漁業區域ニ渡航シ又ハ船舶若ハ漁具ヲ廻送スルコトヲ得ス

前項ノ漁業區域ニ於テハ組合員ヲ除クノ外組合ヲ組織スル營業者ト同一種類ノ營業行爲ニ關シ帝國領事ノ認證又ハ公證ヲ申請スルコトヲ得ス

第六條　第四條ノ規定ニ違背シタル者ハ千圓以下ノ過料ニ處ス

第七條　第五條第一項ノ規定ニ違背シタル者ハ五千圓以下ノ過料ニ處ス

第八條　前二條ノ過料ニ付テハ非訟事件手續法第二百六條乃至第二百八條ノ規定ヲ準用ス

第九條　本法ニ規定ナキモノニ付テハ重要物產同業組合法ヲ本法ニ依ル組合及組合聯合會ニ之ヲ準用ス但シ同法中農商務大臣ニ屬スル職權ハ主務大臣之ヲ行フ

附　則

第十條　本法ハ明治三十五年四月一日ヨリ之ヲ施行ス

第十一條　本法施行以前ニ於テ條約又ハ許可ニ依リ外國領海ニ於テ水產動植物ノ採捕又ハ製造若ハ販賣ノ業ニ關シ營業上ノ弊害ヲ矯正シ共同ノ利益ヲ增進スル目的ヲ圖ル爲主務大臣ノ認可ヲ經テ設置シタル組合又ハ組合聯合會ニシテ本法又ハ本法ニ基ツキテ發スル命令ノ規定ニ抵觸セサルモノハ本法ニ依リ設置シタルモノト看做ス

（長谷場純孝君演壇ニ登ル）

○長谷場純孝君（二百二十二番）　外國領海水產組合法案ノ說明ヲ一應致シマス、此法案ハ重ニ露領薩哈嗹島及朝鮮國領海ニ向ツテ施行シヤウト云フ法案デゴザイマスガ、朝鮮ノ方ハ從來ノ慣行ガ誠ニ宜シク出來テ居ッテ、諸君ノ御承知ノ通リソレ〳〵組合モ立ッテ居リマスシ、ソレ〳〵保護奬勵ノ途モ立ッテ居ル、併ナガラ獨リ露領薩哈嗹島附近ノ漁業ニ對シテハ、獨リ薩哈嗹島漁業組合ガ立ッテ居リマスケレドモ此頃ニ至ッテ或ハ我國ノ無賴ノ徒輩ト、又向フノ宜カラザル徒黨ト密ニ密約ヲシテ、正當ナル營業者ノ妨害ヲ爲サントスルモノガ、續々生ジテ來ルノデ、是レ亦諸君御承知ノコトデアラウト思ヒマスガ、ソレニ就イテ我當局者ハソレ〳〵今ヤ交渉ヲ始メ、若クハ交渉ヲ重ネテ、此事ノ善キヤウニ解決センヤウニ盡力セラレツヽアルト云フコトハ、私モ承知シテ居ルノデゴザイマス、然ルニ此場合ニ際會シテハ、彼ノ正當ナル漁業者ヲ保護スルノ必要ト云フモノガ、眼前ニ迫リ來ツタノデ、其一二ノ理由ヲ申シマスレバ、諸君モ御承知ノ去ヌル一月二十五日ニ於テ、我官報ニ明記シテゴザイマス通、黑龍江ノ沿道總督ハ、彼ガ如キ漁業法案ヲ、所謂規則ヲ發布シタ次第デゴザイマス、右ノ次第デゴザイマスカラシテ、今日ハ此法案ヲ私ヨリ提出致シマシタ、一體此法案ノ内容ヲ一言致シマシテ、諸君ノ御參考ニ供スルノ必要ガアラウト思フノデゴザイマス、即チ内容ハ如何デアルカト申シマスト、實ハ此案ハ政府案トシテ提出セラルヽ積リデ、外務省ニ於テモソレ〳〵立案セラレ、農商務省ニ於テモソレ〳〵立案セラレテ居ツタサウデゴザイマス、所ガ彼是ノ交渉若クハ都合ニ依ツテ、其事ガ急速ニ運ビ兼ネル、然ルニ一方ニ於テハ議會ガ日ニ切迫シテ來マスカラ、若シ是ヲ政府案トシテ提出スルトキニ當ツテハ、是ヨリ十數日ヲ要シナケレバナラナイ、然ルトキニ於テハ此必要ナ法案ガ本議會ニ於テ議了サレヌトシテハ、誠ニ我國ノ利益ヲ害スルノミナラズ、尙營業者ノ利益ヲ害スル次第デアルカラ、茲ニ簡易ノ方法ヲ用ヒテ、私ヨリ急ニ提出シタラドウデアルカト云フコトヲ、其當局者ニ交渉ノ上ニ決シタイノデゴザイマス、ソレデハ私ハ此法案ハ全ク主管ノ省ニ於テ立案シタ其儘ヲ、一字一句ノ改竄ヲ加ヘズシテ提出シタ此法案ニ於テハ、私ハ一個ノ意見トシテ多少文字ノ修正ヲ加ヘタイコトモアルケレドモ、是ハ例規ニ依ツテ特別委員會ニ付託セラレテ、而シテ其委員會ノ席上ニ於テ、委員ニ當選セラレタ諸君ガ、審案熟議セラレテ、相當ノ修正ヲ加ヘラレ、而シテ此終ノ遂ニ可決セラレンコトヲ、希望致シマス

○花井卓藏君（二百八十三番）　唯今ノ御提案ノ順序ヲ承リマスルト云フト、長谷場政友會ノ總務委員ハ、政府ノ代理ト爲ツテ御提出ニナツタカノ如ク見ユルノデアル、併ナガラ旣ニ信用アリ名望アル長谷場君ノ名ニ於テ、提出セラレマシタル以上ハ、案ニ對スル即チ質問ニ對スル答辯ノ責任ヲ、御負ヒニナラナケレバナラヌト思フ、而シテ此案ニ附キマシテ、提出セラルヽ理由ト云フモノハ、寧ロ内容ヲ離レテ――案ヲ離レテノ御意見ト云フモノハ、窺ヒ知ルコトガ出來タノデアル、然ルニ長谷場君自身ニ於テモ異議アルガ如キ、此法律ニ規定セラレテアル條項ニ就キマシテハ、多少此文字ノ修正ヲヘナイ、最モ大ニ疑ヲ抱ク點ガ多イノデゴザイマス、ソレデ御尋ネヲ致シマスルノハ、四點ゴザイマスルガ、先ヅ第一ニハ本案ニ掲ゲラレテゴザイマス、内國ノ領海、領海ト云フノハ、如何ナル意義ノモノデアルカ、領海ト申シマスルモノハ、所謂此彈丸ノ到達スル所、鐵砲ノ玉ノ屆ク所、三里若ハ六里ノ範圍ヲ領海ト名クルト云フヤウナ說モアル、或ハ又内海ハ總テ領海デアルト云フガ如キ說モアル、或ハ更ニ區域ヲ押擴メマシテ、沿岸ノ一帶ト云フモノ

ハ、無制限ニ太洋ノ中心ニマデ及ブコトガ出來ルト云フ、大膽ナル議論ヲ唱ヘル人モアルノデアル、併ナガラ斯ノ如キ、卽チ最後ニ私ガ述ベマシタル如キ大膽ナル議論ハ、今日何レノ國ニ於キマシテモ、學者ノ採用スル所デナイノデアル、抑〻本案ニ含マレテアル領海ト云フノハ、如何ナルモノヲ言ハル、ノデアルカ、私ハ最後ニ申シタ部分ニアラズト致シマシタナラバ、玆ニ掲グラレテアル領海ト云フモノハ、所謂彈丸到達シ、陸上ヨリ三里ヲ隔テタル場所、若クハ内海ト云フコトモ限ラレマスルト云フト、長谷場君ノ說明ノ中ニゴザイマス、朝鮮若ハ薩哈嗹島附近ニ於テ、本案ノ必要ト云フト云フ御目的ト云フモノニ、根本ヨリ副ハナイ結果ニナリハシナイカト云フ疑ヲ抱クノデアル、ソレカラ第二ニハ、本案ハ外國領海ニ於テ水產動植物ノ採捕、又ハ製造、若クハ販賣ヲ許可スルト云フ事柄ガ掲グラレテアル、此法律ノ支配致シマスル採捕ハ姑ク措キマシテ、製造若ハ販賣ト云フモノハ、領海卽チ海ノ上ニ於ケル製造、海ノ上ニ於ケル販賣ト云フ事柄ニ限ラレテ居ルモノト外ニ、讀メナイノデアルガ、斯ノ如キ趣意ニ了解シテ宜イノデアルカ、斯ノ如キ趣意ニ了解スル外ニ、讀方ハナイノデアル、第三ニハ條約又ハ許可ニ依リト云フ事柄ガアル、此條約ト云フ事柄ハ國ト國トノ條約ト云フ意味デゴザイマセウカ、或ハ單純ナル契約ト云フ意味デゴザイマセウカ、甚ダ奇妙ナル問ノヤウデゴザイマスガ、本條ノ全體ヲ讀ンデ見マスルト云フト、國ガ條約ヲ致シマシテ一個ノ人、外國政府ガ條約ヲ以テ日本帝國ノ一臣民、一個人ト訂結ヲシテ、サウシテ本案ニ掲グラレテアルガ如キ水產業ト云フモノヲ、營ミ得ルガ如クニモ讀メルノデアル、條約ニ依リ云々、販賣ヲ業トスル帝國臣民ハ云々ト掲グラレテアル、斯ノ如キ場合ト云フモノガ、今日マデアルノデゴザイマセウカ、アルト致シマスレバ、甚ダ異例ニ屬スルガ故ニ、其實際ノ歷史竝ニ事實ヲ承リタイト思フノデアリマス、ソレカラ第四ニハ、此ヲ掲グラレテアル許可ト云フノハ、帝國政府ノ許可ト云フ意味デゴザイマセウカ、或ハ外國政府ノ許可ト云フ意味デゴザイマセウカ、是等ノ邊モ頗ル不明瞭デゴザイマス、以上ノ四點ハ第一條ノミニ對スル質問デアル此第一條ニ含マレテ居ルコトノ上ニ付イテ、私ガ平生尊敬スル長谷場君ナルガ故ニ、極テ遠慮シテ質問致シマシテモ、是ダケノ缺點ガアル、更ニ進ンダナラバ此中ニ幾百ノ批難スベキ點ガアルデスカラ、此御答辯ヲ承リマシタ上デ、本案ハ政府ノ案トシテハ不面目デアルカラ、長谷場君ヲ煩スト云フヤウナ、寧ロ無禮ノ行動ヲ執ッテ居ルノデハナイカト云フ事柄ニモ、思ハレルノデゴザイマスカラ、左樣ナ場合ニハ委員ニ付託ヲセズニ、直チニ否決スルト云フ考モ持ッテ居ルカラ、願クハ詳シク御說明ヲ願ヒタイ

○長谷場純孝君（二百二十二番） 御答致シマス、第一ニ私ガ政府ト交渉デ出シタノハ、如何ハシイト云フ御言葉デゴザイマシタガ、決シテ私ハ如何ハシク考ヘヌノデゴザイマス、卽チ和衷協同ノ實ヲ擧グルノ擧ヲナシタ積リデアリマス、少シモ私ハソレニ對シテ耻入ル所モ何モゴザイマセヌ、議會ハ進ムニ從ッテ斯クナッテ、却テ宜イコトデアラウト思ヒマス、ソレタラ第二ニ水產動植物ノ採捕云々、是ハ海上デ捕ヘルヤウニバカリ見エテ、陸地デ製造スルヤウニハ、此法文デハ見エナイガト云フ御問デゴザイマシタ、私ガ前ニ多少文字ノ修正ヲ加ヘタイケレドモト云フ意味ハ、其邊ニモ籠ッテ居ルノデゴザイマスカラ、宜シクソレハ御了承ヲ願ヒマス、ソレカラ第三ニ於キマシテ、條約又ハ許可トアル條約ト云フコトハ、固ヨリ國ト國トノ條約、許可ト云フコトハ、卽チ君ハ第四ヲ含ンデ御答シテ宜カラウト思ヒマス、是ハ我國ノ許可ノミデナイ、竝ニ外國ノ許可、併ナガラ丁度花井君ノ御問ノ通、是等ノ點ニ於テモ法律家タル花井君ガ、第一惑ハナイヤウニ文字ノ修正ハ加ヘタイト思ヒマスカラ、前申シタ意味ヲ含ンダコト、御承知ヲ願ヒマス

○恆松隆慶君（二百二十四番） 直チニ委員會ニ付託セラレンコトヲ望ミマス

○花井卓藏君（二百八十三番） 領海ノ質問ガ脱ケテ居リマス

○長谷場純孝君（二百二十二番） 領海ノ御答ヲ致シマス、領海ノ御答ハ普通條約ノ示ス所、卽チソレニ依ッテ領海ト是ハ認ムルノデゴザイマス、共以上ニナリマシタナラバ、私ガ御答スルヨリモ、外務省ノ政府委員ガ御答スル方ガ、一番明瞭ダラウト思ヒマスカラ、此段申上ゲテ置キマス

○花井卓藏君（二百八十三番） 領海ノ範圍及領海ノ意味ハ、條約ノ中ニハ一向掲グラレテハ居リマセヌカラ、其條約ト云フモノハ普通ノ條約デハナイノデゴザイマスルヤウニ、私ハ心得マスルガ……

（「採決々々」ノ聲起ル）

（恆松隆慶君「委員付託」ト呼フ「贊成々々」ト呼フ者アリ）

（花井卓藏君「委員會ニ付託スベキモノニアラズ」ト呼フ）

○議長（片岡健吉君） 委員付託ニ贊成ガアリマスカ

（「贊成々々」「異議ナシ」ト呼フ者アリ）

○議長（片岡健吉君） 委員付託ノ動議ガ出テ居リマスカラ、委員付託ニ附イテ採決致シマス、委員付託ニ同意ノ諸君ノ起立ヲ請ヒマス

起立者 多數

○議長（片岡健吉君） 多數ト認メマス

○恆松隆慶君（二百二十四番） 議長ノ指名九名ノ委員

○議長（片岡健吉君） 九名ノ委員ヲ議長ガ指名シテ御異議アリマセヌカ

（「異議ナシ」ト呼フ者アリ）

第五　輸入原料砂糖戻税法案　　第二讀會

（鹿島秀胤君演壇ニ登ル）

○鹿島秀胤君（百五十九番）政府ガ此案ニ對シテ反對セラレマスル所ノ理由ト云フモノハ二ツアル、其一ナルモノハ、我政府ガ糖業者ニ對シテ施ス所ノ計畫ニ對シテ、此法案ノ改正ハ障害ニナル、斯ウ言ハレルノデアル、今一ツハ内地ノ産糖即チ砂糖ノ販路ヲ妨グル、即チ内地ノ砂糖ニ妨ゲガアル故ニ、同意ガ出來ヌト言ハレルノデアリマス、今政府ノ計畫ハ如何ナルモノヲ持ッテ居ルカト云フト（「三讀會デセウ」「モウ政府ノ意見ハ破レテ居マス」ト呼フ者アリ）破レテ居ナイ、第五デス、デ其計畫シテ居リマス所ハ、現在内地ニ於テ一億万圓ノ糖産ガアル、又臺灣ニ於テモ一億万圓ノ糖産ガアル、然ルニ臺灣ニ向ッテ將來四億万斤ヲ産出セントスルノ計畫デアル、斯樣ナルガ即チ答辯デアル、此計畫ニ對シテ……

（多田作兵衛君「贊成演說ハイリマセヌ、二讀會ヲ開クヤウニナッテ居ル」ト呼フ）

○議長（片岡健吉君）唯今此問題ハ二讀會ヲ開イテ、委員長報告ノ修正說ヲ贊成スルノ演說デス

（「ヤリ給ヘヤリ給ヘ」ト呼フ者アリ「無用ダ」ト呼フ者アリ）

○鹿島秀胤君（百五十九番）サウシテ政府ノ計畫ト云フモノハ、今申上ゲマスル通、四億万斤ノ砂糖ヲ造ル計畫デアル、其計畫ニ之ヲ成立タシムレバ妨害ヲスルカラ、贊成ヲセヌト云フノデアリマスガ、併ナガラ我此日本ノ原料ガ、即チ日本ノ内地ナリ臺灣ニ於テ、今産出シテ居リマスル所ノ内外二億万程ノモノガ、即チ此精製ト云フモノニ適スルモノデハアルノヂヤケレドモ、價格ガ外國ヨリ參ル所ノ二億万斤程ノ價格ト云フモノガ廉イ、故ニ壓倒セラレテ遂ニ是ガ出來ヌノデアル、然ルニ尙ホ之ニ加フルニ、此法律ニ依ッテ此戻税ヲ行フガ如キコトヲ致シタナラバ、益々輸入糖價ガ廉クナッテイカヌノデアル、故ニ斷然同意ガ出來ヌト言ハレマスガ、實ニ是等ハ先刻申ス通、政府ハ何ノ見ル所ガアッテ言フノカ分ラヌ、政府ノ調ト云フモノハ餘程信用ヲ措クベキモノ、如クアリマスガ、甚ダ杜撰極ッタモノデアッテ、何故ニ左樣ナコトヲ政府ハ申スノカ、此政府ガ外國ノ砂糖ガ安キガ故ニ、精糖ノ原料トシテ用フルニ足ルベキ所ノ内國若クハ臺灣ノ砂糖デアルケレドモ、ソレガ用ヒラレヌノデアルト、斯ウ一方言ウテ居ルガ、決シテ左樣デハナイノデアル、デ政府ノ言フガ如キモノト、私ガ調ベテ居リマスル所トハ決シテ……（「簡單」ト呼フ者アリ）違ッテ居ッテ、而シテ實際ヲ見マスルノニ、此精製ノ原料トシテ用フル所ノ即チ砂糖ノ價ト云フモノハ、日本ニアリマシテハ五圓、外國ノ輸入スル所ノ砂糖ハ平均六圓ニ相成ッテ居ル、其高キ所ノ砂糖ヲ用ヒテ、現在ノ精製ヲシテ居ルノハ事實デアル、政府ハ何處ニ調ガアッテ、左樣ナルコトヲ謂ハレマスカ、現在此原料ト云フモノハ、外國原料ハ六圓――高キ六圓輸入品ヲ使ッテ、サウシテ此安キ五圓ノ内地ノ砂糖ヲ使フコトガ出來ヌノハ、何デアルカト云フト、是ハ引合ハヌノデアル、何トナレバ内地ノ砂糖ノ分量、即チ砂糖ノ價以テ之ヲ原料ト致シタトキニ於テハ、損失ヲ招クノデアリマス、決シテ損失ヲ招クモノ、尙ホ爲スベシト云フコトヲ、政府トシテ言ヘマスカ、決シテ損失ノアルモノヲシセイト云ウテ、國民ニ強ユル何ノ理窟ガアリマスカ、故ニ一方ニスレバ百斤ヲ造ルニ五十錢ノ損ヲシナケレバナラヌ、一方ニスレバ百斤ノ製造ニ對シテ五十錢ノ利益ヲ見ルト云フナラバ、決シテ適當シタルモノデハナイノデアル（「無用々々」「簡單々々」ト呼フ者アリ）ソレカラ又モウ一ツヲカシイコトハ、此臺灣ノ製糖ノ原料トシテ、既ニ今日現在ニ於テ一千万斤以上ヲ使ッテ居ルト云フガ、決シテ使ハレテ居ラヌ、今申上ゲル通決シテ使ハレテ居ラヌモノヲ、今日マデモ使ハレテ居ルト云フコトヲ言ハレタ、又臺灣ノ此設計ト云フモノヲ聞キマスニ、如何ニモ是ハ大要デ四億万斤ノ砂糖ヲ、一箇年ニ造ラントスルノ設計デアル、非常ニ大ナルモノデアリマスガ、恐ラクハ臺灣ニ設計ガアルカラ、本案ノ如キモノハ必要ナラヌト云フノハ、甚ダ其理ヲ得ヌノデ、今ヤ政府ガ鋭意以テ昨年來臺灣ニ於テ精製會社ヲ拵ヘテ居ル、即チ其精製ト云フノハ違フ、精製糖ノ原料トスル所ノ其材料ヲ拵ヘル所ノ會社ガ、六十万圓ヲ以テ造ッタモノガ、此頃追々開業スルコトデアリマセウガ、漸クソレヨリシテ五百万斤餘ノ産出ガアリマスケレドモ、其五百万斤ト云フモノハ、既ニ數日間ノ内地ノ精製業ノ原料ト爲ルニ足ラヌ位ノモノデ、若シ之ヲ四億万斤ト云フ政府ガ計畫スル所ノ通シタナラバ、斯ル六十万圓ヲ掛ケテスル所ノ、五百万斤宛造ル所ノ製造所ヲ八十箇所置カンケレバ――臺灣ニ八十箇所置カナケレバナラヌ、既ニ一箇所デ六十万圓掛ッタナラバ、八十箇所之ヲ置クト云フナラバ、殆ド五千万圓ノ金ヲ要スル、政府ハ無責任ニモ何ノ見込ガアッテ、左樣ナルコトヲ今直ニヤラントシテ、此財源ヲ持チマスカ、然ラバ此ニ於テ此盛ニ輸入ヲシテ來ル居ル所ノモノヲ防ギ得ル所ノ手段ガアレバ、其法律ヲ改正致シテ、戻税ヲ致シテ、此砂糖ヲ防グト云フコトヲシテ、國家ノ利益ヲ圖ラナケレバナラナイ、今此國家ノ經濟上ヨリ大觀シテ考ヘテ見マスルノニ、今此輸入ノ精製糖ハ（「分ラヌ分ラヌ」ト呼フ者アリ）金ニ直シテ二千四百万圓ノモノガ這入ッテ居ル、ソコデ内地ニ於テ精製致シテ居ル所ノモノハ六百万圓、即チ六百万圓ダケノモノ四分ノ一ト云フモノハ、日本ノ精製糖會社デ以テ之ヲ漸クニ加工費ヲ取ッテ、ソレダケノモノヲ防グノデアル、併ナガラ尙ホ殘ル代價ニシテ千八百万圓ニ對スルモノハ、矢張外國ヨリ是ガ輸入致シテ參リマスカラ、ソレダケノ錢ヲ外國ニ取ラレテシマフ、此殘ル所ノ千八百万圓ニ對スル所ノ、砂糖ノ輸入ヲ防グト云フ途ヲ講ズルノハ、最モ必要デハアリマセヌカ、若シ之ヲ防止セント致スナラバ、益々此會社ニ一切ノ便宜ヲ與ヘテ、サウシテ此ノ如キモノヲ、今六大會社モ起シタナラバ、六百万圓ノモノヲ二箇所デ拵ヘルモノナラバ、モウ六箇所モ拵ヘタナラバ、千八百万圓ニ對スル所ノ精製糖ヲ拵ヘルデアリマセウ、果シテ然ラバ最早此二千四百万圓ノ外國ヨリ參リマシタ所ノ精製糖ハ、

加工費ダケハ我國内デ加工ヲシテ、ソレダケ安キモノヲ以テ此内國ノ需要ニ充スト云フコトガ出來マス、凡ソ其金額ト云フモノハ、今申上ゲマスル通、一億万斤ダケヲ拵ヘマシテモ、既ニ消費税ノ二百五十万圓ヲ引去ッテモ、百五十万圓ノ國家ノ利益ガアル、若シ之ヲ四倍致シタナラバ、六百万ニ近キ所ノ利益ト云フモノガ國家ニ在ルノデアル(「モウ宜シイ」ト呼フ者アリ)況ヤ他ノ方面ニ於テハ、我邦ノ石炭、我邦ノ宜シキ水、我邦ノ賃銀等ニ依ッテ、隨分外國ト爭ウテ、北清地方其他朝鮮ニ於テ輸出ヲ、獨逸ナリニ爭フト云フ所ノ見込ハ、立ッテ居ルノデアル(「ヒヤ〳〵」ト呼フ者アリ、笑聲起ル)既ニ是等ニ著手シテ居ルモノモアルカラシテ見レバ、今茲ニ此改正ヲ與ヘテ、而シテ此創立後日未ダ淺クシテ十分ニ基礎ノ確立シテ居ッタ所ノモノヲ、漸次便利ヲ與ヘテ此ノ戻税ト云フモノヲ致シテ以テ、此精製ノ事業ヲ發達致シマシタナラバ、國家ニ得ル所ノ利益ハ非常ニ大ナルモノト確信シテ疑ヒマセヌカラ、本案ヲ贊成スル所以ヲ述ベルノデアリマス

(「贊成々々」ト呼フ者アリ)

○恆松隆慶君(二百二十四番) チョット唯今ハ順序ガ狂ッテ居リマスガ、二讀會ガ若シ開ケテナイナラ、一應御開ニナルト云フコトヲ……

○議長(片岡健吉君) 二讀會ヲ開クコトヲ宣告ヲシテ、贊成演説ヲ許シテ居ル

○恆松隆慶君(二百二十四番) ソレナラ二讀會ヲ直チニ開カレンコトヲ……

○議長(片岡健吉君) 二讀會ハ開イテアル――委員會ノ修正説ニ附イテ採決ヲ致シマス、委員長ノ報告ニ同意ノ諸君ノ起立ヲ請ヒマス

起立者　多數

○議長(片岡健吉君) 多數ト認メマス

○恆松隆慶君(二百二十四番) ドウカ直ニ三讀會ヲ開カレマシテ確定ナランコトヲ希望致シマス

○議長(片岡健吉君) 直チニ三讀會ヲ開クコトニ御異議ハアリマセヌカ

(「異議ナシ異議ナシ」ト呼フ者アリ)

○議長(片岡健吉君) 御異議ガナケレバ直ニ三讀會ヲ開クコトニ決シマス

第七　外國領海水産組合法案（長谷場純孝君外二名提出）　第一讀會ノ續（委員長報告）

（長谷場純孝君演壇ニ登ル）

○長谷場純孝君（二百二十二番）　外國領海水産組合法案ニ對スル、特別委員會ノ經過ト結果トヲ御報告致シマス、昨日正午十二時ヨリ委員會ヲ開キマシテ、ソレ〳〵主務ノ政府委員モ出席致サレマシタ上、質問審議討論ノ結果、修正ヲ加ヘマシテ、其修正案ハ業ニ既ニ諸君ノ御手許ニ配付シテゴザイマスカラ、御覽下サレタコト、存ジマス、其中ニ質問ノ結果トシテ、此法案ハ修正ヲ要スル廉ガ澤山ゴザイマシタカラ、九名ノ特別委員中ヨリ三名ノ協議員ヲ選ビマシタ、其委員ハ即チ丸山嵯峨一郎君ト高岡忠郷君、恆松隆慶君、此三名ヲ此法案ノ修正委員ト致シマシテ、外務省、農商務省ノ政府委員トモ尚ホ協議ヲ盡シマシタ、其結果トシテ此諸君ノ御手許ニ配付ニナッタ修正案ガ、出來上ッタノデゴザイマス、既ニ御手許ニ配付シテゴザイマスカラシテ、御熟覽ノコト、ハ存ジマスケレドモ、一應其修正ニナッタ、箇條ダケヲ、御披露致シテ置カウト思ヒマス、第一條ノ中ニハ「外國領海ニ於テ」ト云フ文字ヲ「於ケル」ト直シマシタ、ソレカラ其下ニ「水産動植物ノ採捕又ハ」トアルノヲ「其ノ」ト云フ字ニ直シ、ソレカラ「製造若ハ」ト云フ字ヲ「又ハ」ト、斯ウ第一條ハ修正致シマシタ、第二條ハ「組合ノ區域ハ利害關係アル漁業」トアルノヲ「營業」ト「營」ノ字ニ直シマシタ、ソレカラ住所ト云フ下ニ「ノ」ノ字ガゴザイマシタガ、是ハ削リマシタ、ソレカラ第三條ハ二行目ニ「創立總會ヲ開キ定款ヲ議定シ主務大臣ノ」トアルノヲ「外務農商務兩大臣ノ」ト、斯ウ修正ヲ致シマシタ、ソレカラ第四條ハ矢張第三條ト同ジク「主務大臣」トアルノヲ「外務農商務兩大臣」ト、斯ウ云フコトニ修正ヲ致シマシタ、其理由ハ是マデノ慣例ガ、即チ朝鮮海等ニ於ケル漁業出願其他ノモノニ對シマシテハ、内務農商務兩大臣ガ連署シテ、或ハ許可ヲ與ヘベキモノハ許可シ、認可スベキモノハ、認可ヲ與ヘテ居リマスカラ、主務大臣ト書イテモ、分リマスコトデハゴザイマスケレドモ、法律ノ上ニハ成ルベク明ニ文字ヲ掲ゲテ置クガ宜シイト云フ理由ヲ以テ、斯ウナッタノデゴザイマス、ソレカラ第五條――第五條ノ一行ノ下ニ「組合員ノ名ヲ以テスルノ外」此處ニ修正ヲ致シマシタ「他人ノ名義ニ依ルト他人ニ雇ハルル者トヲ問ハス組合ヲ組織スル」トアルノヲ「組織セル」ト斯ウ直シテ、其下ニ「同一種類ノ營業ヲ爲スノ」トアルノヲ「營業ニ從事スルノ」ソレカラ、其又下ニ是ハ第二條ニ依ッテ「漁業」トアルノヲ「營業」ト爲シ、サウシテ第五條ノ第二項ヲ全ク削除致シマシタ、其削除致シマシタル理由ハ、此法律ガ制定セラレタ以上ハ、此第二項ノ如キハ即チ主務大臣ニ於テ、外國駐在ノ領事ニ訓令ヲ下セバ、ソレデ足リルコトデアルカラ、明ニ法律ニ掲グルノ必要ハナイト云フ、理由ヲ以テ、斯ウ致シタノデゴザイマス、ソレカラ第六條ニ「規定ニ違背シタル者ハ千圓」トアルノヲ「五十圓」ト、斯ウ修正致シマシタ、其理由ハ即チ第四條ノ規定ニ違背シタル者ハ五十圓ト致シマシテ――千圓トゴザイマシタガ、之ヲ五十圓ト爲レタノハ、第四條ニ「組合ノ區域内ニ於テ組合員ト雖モ同一ノ業ヲ營ム者ハ其ノ組合ニ加入スヘシ」トゴザイマスカラ、同一ノ區域内ニ於テ其營業ヲ營ム者ハ組合ニ加入セヨ、若シ之ニ背イタ者ハ原案ニハ千圓以下ノ過料ニ處ストゴザイマシタケレドモ、唯組合ニ加入セザル者ニ向ッテ、一千圓ノ過料ハ餘リ過當デアル、五十圓以下デ宜シイト云フ、理由ヲ以テ、是ハ此通ニ修正ヲ加ヘマシタ、而シテ之ニ第二項ヲ加ヘマシタ、唯原案ノ第八條ヲ第六條ノ二項ニ持ッテ來タノデゴザイマス、即チ「前項ノ過料ニ附イテハ非訟事件手續法第二百六條乃至第二百八條ノ規定ヲ準用ス」ト、斯ウナッタノデゴザイマス、次ニ第七條――第七條ハ「第五條第一項ノ」トアッタ、此「第一項」ト云フ三字ヲ削除致シマシテ「五千圓以下ノ過料ニ」ト云フ、此「過料」ト云フコトヲ「罰金ニ處ス」ト、斯ウ改メタノデゴザイマス、ソレカラ第八條ハ今申シマシタ通、第六條ノ第二項ニ持ッテ往キマシタカラ、是ハ全ク削除致シマシタ、ソレカラ原案ノ第九條ヲ繰上ゲテ、第八條ト爲シマシテ、冒頭ニ「組合及組合聯合會ニ關シテハ本法ニ規定アルモノ、外重要物産云々」「組合法ノ規定ヲ準用ス」ト「同法中農商務大臣ニ屬スル職權ハ外務農商務兩大臣之ヲ行フ」是ハ讀デ字ノ如クデゴザイマス、ソレカラ附則第十條ヲ第九條ニ繰上ゲ、第十一條ヲ第十條ニ繰上ゲマシテ、既ニ第一條ニ於テ「外國領海ニ於ケル水産動植物ノ採捕其製造又ハ販賣ヲ」ト、斯ウ修正致シマシタ以上ニハ、第十條ニ於テモ斯ノ如クナラナケレバナヌ筈デゴザイマスカラ、其通ニ修正ヲ加ヘ、而シテ其第二行目ノ「營業上ノ弊害ヲ矯正シ共同ノ利益ヲ増進スル目的ヲ圖ル爲主務大臣」是ハ此條文ニ入ル、ノ必要ナイト云フコトヲ以テ「販賣ノ業ニ關シ外務農商務兩大臣ノ認可ヲ經テ」ト云フコトニ修正致シマシタ、而シテ其末條ニ「命令ノ規定ニ抵觸セサルモノハ本法ニ依リ」トゴザイマスノヲ「本法」ト云フ二字ヲ「第三條」ト、斯ウ修正ヲ致シマシタ、凡ソ此理由ハ殆ド精神上ニ於テ違ッタコトハゴザイマセヌ、唯千圓以下ノ過料ニ處スルト云フコトヲ、五十圓以下ト、斯ウシタガ一ノ大ナル修正デアッテ、其他ハ文字上ノ修正ト見テ然ルベキモノデゴザイマス、殆ド讀デ字ノ如キモノデゴザイマスカラ、是カラ縷々此處ノ理由ヲ發辯スルノ必要ハナイト思ヒマスカラ、此段御報告致シマス、而シテ此案ニ附キマシテハ、外務省ノ政府委員及農商務省ノ政府委員モ、正午十二時ヨリ五時過ギマデ、一刻モ間斷ナク非常ノ勉強ヲ以テ協議ヲ盡シ、審議討論ヲ盡シマシテゴザイマスカラ、大ニ滿足シテ同意ヲ表シマシタ、此段御報告致シマス

○花井卓藏君（二百八十三番）　政府委員ニ御質問ヲ致シタイ、矢張第一ニ於キマシテハ、領海ノ意味ヲ御尋ネ致シマス、修正ノ案ハ或ル點或ル點ニ對シマシテハ、前回ニ於テ私ノ質問ノ趣意ガ、貫徹致シテ居ルヤウニ見エル、併ナガラ獨リ領海ト云フ事柄ニ至リマシテハ、此茫漠タル、而モ不分明ナル文字ハ今尚ホ存在致シテ居ルノデアル、政府ハ領海ノ範圍ト云フモノハ、何レ

ノ邊ニマデアルト云フコトノ考案ヲ有タレテ居ルノデアルカ、領海殊ニ外國ト云フ文字ガ冠セラレテ居ル外國ノ領海ニ於テ、水產ノ營業ニ從事スル者ニ對スル取締ト云フ事柄ガ、外國ナラザル我國ニ於テ、出來得ベキモノデアルカ否ヤト云フ事柄ハ、論ズルマデモナキコトデアル、外國政府ノ免許ニ依ッテ得タル此營業ト云フ者ニ、外國ノ政府ガ法律ノ力ヲ以テ干涉ヲスルト云フ事柄ハ、法律ノ許サヽル所デアル、然ルニ茲ニ矢張外國領海マデ、日本ハ法律ノ力ヲ及サントスルト云フ事柄ハ、少モ力ノナイコトデ、却ッテ笑ハル、ト云フヤウナ關係ニナリマシテハ、面白クナイ、本案ハ漁業ノ權利ニ關シテノ、帝國政府ト外國政府トノ間ニ於ケル、勢力範圍ヲ爭フ所ノ別段ナル、私ハ外交上ノ問題デアラウト思フ、ソレハ外交上ノ問題トシテ、適當ナル方法ヲ取リ得ベキモノデアラウト思フ、力ノナキ法律ヲ作リマシテ、サウシテ此案ノ成果ト云フコトノ得ラレヌト云フコトハ、論ヲ待タヌト思フ、故ニ帝國ノ法律ノ力ハ外國ニマデ及ブ、殊ニ外國ノ領海ニマデ及ブト云フノハ、如何ナル理由ニ基イテ案出セラレタル關係カト云フコトヲ、第一ニ承リタイ、ソレカラ第二ニハ、本案ハ示サレテアル如ク、外國領海ニ於ケル水產組合ノ法律デアル、即チ根本法ト致シマシテハ、我邦ニ先ヅ外國領海ニ關スル水產營業ヲ營ム事ニ關スル、一ツノ根本法ト云フモノガ出來マシテ、而シテ其法律ノ下ニ於イテ、業ニ從ッテ居ル所ノ者ヲ保護スルトカ、或ハ取締ルトカト云フコトノタメニ、出來ベキ法律デアル、總テノ組合法ハ斯ノ如キモノデアル、然ルニ根本法タルモノガナクシテ、即チ此法案ト云フモノ、主腦タルベキ法律ト云フモノガナクシテ、此法バカリ抛リ出シタ所デ、如何ナル效果ヲ奏スベキモノデアルカト云フ事柄ニ附イテモ、本員ハ甚ダ疑フノデゴザイマス、即チ此案ニ關シテ根本法ナリト云フノヲ第二ニ伺ヒマス、第三ニ、併ナガラ——私ガ質問スルガ如キ理窟ガアルノデアルガ、是ヲモ忍デ此法案ヲ出サナケレバナラヌト云フ、何カ事實上ノ緊要必迫ナル理由ガアルノデゴザイマセウカ、若シソレガアルコトデアレバ、ソレヲモ窺ヒ知リタイノデアリマス、ソレカラ第四ニハ法律ノ改正——法律ノ改正デハアリマセヌ、此法案ノ修正ト云フコトニ關シマシテ、私ハ一言尋ネテ置キタイ點ガアル、總テ此制裁ノアル法律ト云フモノハ、制裁ノ掲ゲテアル部分ガ強キ力ヲ有ツ所ノ性質ノ法則ニ屬スルノデアル、所デ此法案ニ關スル制裁トシテ掲ゲテゴザイマスル、即チ罰則トシテ掲ゲテゴザイマスルモノニ依ッテ見ルト、日本ノ此刑事ニ關スル法律ノ上ニ於テハ、殆ド意外千萬ニ感ズル如キ、大ナル罰金ノ刑ガ科セラレテアッテ、即チ千圓以下ノ過料ト云フコトニナッテ居ル、是ガ長谷場君ノ御報告ニ依ッテ承リマスルト、外務省農商務省ノ政府委員ハ、一刻一秒モ間斷ナク勉强ヲセラレテ、一時ヨリ五時ニ至ルマデノ間審議硏究ヲセラレマシタ結果、九百五十圓ト云フ額ヲ減シテ、五十圓ニシタト云フ如クニ減ルト云フ事柄ハ、頗ル非常デアル、殆ド世界ヲ異ニシタル如キ——此法律案ヲ一ノ世界トシテ觀察ヲシテ見マスレバ、全ク別世界ニ生レ出タルガ如キ修正ニナッテ居ルノデアル、即チ十年ノ懲役ニ處スルト云フノヲ、五時間ノ拘留ニ處スルト同シ比例ニ變ッテ居ルノデゴザイマスガ、頗ル大切ナル法案トシテハ、重ナル點ニ九百五十圓ノ修正ガ出タト云フコトノ邊カラ考ヘテ見マスレバ、尙ホ御熟考ニナリマシタナラバ、種々ノ點ニ於テ御困ニナル邊ガアリハセヌカ、ト云フコトヲ、推測スルノデアル、其點ヲ一々御說明ニ相成リマシタナラバ、場合ニ依リマシテハ、修正ノ勞ヲ取ルニ吝ナラヌガタメニ之ヲバ併セテ伺ッテ置ク必要ガアラウト思ヒマス

（政府委員外務省通商局長杉村濬君演壇ニ登ル）

○政府委員（杉村濬君） 唯今ノ御質問ニ御答致シマスガ、此外國領海水產組合法ト云フデスガ、此事ニ附イテハ豫テ政府デモ此組合ノ取締ニ附イテ、ドウカシタイト思ウテ硏究シテ居ッタノデアリマスガ、政府ノ考ヘモ熟サズシテアル所ヘ、斯ウ云フ案ガ出タノデ、所々調查シテ見マスト、政府ニ於テモ不同意ハアリマセヌデス、ソレニ附イテ段々御質問ガアリマシタガ、四箇條ノ御質問ト承知シマシタガ、或ハ私ノ間違ヒガアッテ、御答ガ御質問ニ合ハヌヤウナコトガアレバ、ドウゾソレヲ繰返シテ下サルコトヲ願ヒタイ、最初ハ此外國領海ト云フナンデアッタヤウデゴザイマスガ、外國領海ト云フノハ、質問者ノ述ベラレタヤウナ、御疑問ノ起ルノモ尤ノコト、思ハレマス、是ハ別ニ外國ノ領海ガドウデアルト云ッテ、國々デ界ヲ極メテ定メテアルデモナシ、ソレカラ條約ニ依ッテ悉ク定ッテアルノデモナシ、或ル場合ニハ條約デ規定シタ所モアル、或ル場合ハ制限シタ所モアルケレドモ、併ナガラ一般ハ例トシテ認メラレテ居ルト云フヨリ外ニ、解釋ノシヤウハナイ、ソレデソレニ附キマシテ、此法律ガ外國領海ニ日本ノ權ガ、及ブヤ否ヤト云フコトデアリマスケレドモ、是ガ外國領海ニ往ッテ漁業スル者ノ組合デ、其組合ノ取締リヲスルト云フノガ規定デアルノデス、就テハ此外國領海ニ於テ向フニ在ル——外國デモ違ヒマスガ、朝鮮ノ如キト又薩哈嗹ノ如キト違ヒマス、朝鮮デアレバ日本ノ裁判權ガ向フニ行ハレテアルカラシテ、是ハ別段ノコトダガ、薩哈嗹ノ如キニ至レバ、日本ノ裁判權モナシ、警察權モナシ、取締ト云フモノガ立タヌケレバ其處ニ起ルト、裁判ヲ向フデハ出來ナイ、出來ナイカラシテ向フデ以テソレヲ效力アルカラ以テ、此法律ヲ及ボスコトガ出來マセヌ、併ナガラ此組合員ノ取締トシテ、組合ノ反則ガアレバ、後ノ末條デ制裁ヲ設ケテ、取締ヲ致スヨリ外ハナイカラ、此法案モ其目的デアルデス、ソレカラ第二ノガ此外國領海ノ漁業生產組合ハ、第一ニ是ガ母法タルベキ——外國ノ領海ノ漁業ニ附イテノ法律ガナケレバナラヌト云フコトデアリマシタガ、ソレハサウ云フ御說ハ御說トシテ、此法案ノ目的ハ其處ヘ渡航ヲシテ漁業ヲスル者、又其他ノ製造者ヤラ販賣者ヤラノ組合ヲ設ケテ、其取締ヲスルト云フ目的デアリマスカラ、ソレマデハ見ナクテ宜カラウト云フ考デアリマス、ソレカラ第三ノガ、斯ウ云フモノヲ設ケル必要ト云フコトノ御尋デアリマシタガ、設ケル必要ニ附イテハ、先ヅ其長イ來歷ヲ述ベナケレバ分リマセヌガ、今茲ニ摘ンデ簡短ニ述ベテ置キマス、此法案ヲ行フベキ目的ガ二ツニナッテ居リマス、朝鮮ニ對シテト薩哈嗹ニ對スルト二ツデス、朝鮮ニ於テハ條約ニ依ッテ

許サレテアル、薩哈嗹ノガ向フノ政府ノ許可ニ依ッテ、日本人ノ名義ニ依ッテ許サレテアルノデス、ソレデ朝鮮ノ方ハ段々ニ二三年前カラ、イヤ、其前カジモアリマシタガ、二三年前ニ組合法ヲ大ニ改正ヲシテ出來テ居リマス、コチラニ於テハ強テ非常ナ急ニ迫ッタト謂フデハナイ、今日ノ儘デモ往キマスガ、薩哈嗹ノ方ニ往キマスト、段々露西亞政府ノ方ノ規則ガ變ッテ來テ居リマス、最初明治二十七八年頃ハ、日本人ガ曾テ――豫テ開イテ營業ヲシテ繼續シテ來タモノヲ、其儘デ繼續シ得ラレテアッタノヲ、明治二十六年ニ規則ヲ發布シテ、ソレヲ一旦繼續スルコトヲ得ナイヤウニナッタノデス、然ルニ當時ノ領事ガ向フノ地方官ト交渉ヲシテ、一ノ覺書ヲ作ッテ、明治二十七年カラ繼續シテ來タノデス、其規則ハ三年ノ期限デ行ハレテ居ッタノヲ、尙ホ又一年延シ二年延シテ、二十七年カラ三十二年マデ其有樣デ來タノデス、ソレカラシテ三十二年ニナッテ、又再ビ露西亞ガ規則ヲ改正シテ、新規則ヲ發布シタ、其新規則ニハ斯ウ云フコトニナッテ居ル、新規則ノ骨子トスベキモノハ、漁業場ニ附イテノ優先權ハ、自國人ニ與ヘルト云フコトデアリマス、サウシテ第二ニ往ッテ、若シ自國人ノ居ヲヌ場合ニ、外國人同志デアレバ豫テ營業ヲシテ、其所ニ建物ヲ以テ居住ヲシテ居ル者ニ、優先權ヲ與ヘルト云フコトニナッテ來タカラシテ、サウ云フ譯デアレバ、其規則ヲ實施セラレルト、今マデ日本人ガ營ンデ來タ五十餘名ノ漁業者、其土地ハ二百六十程ノ漁場竝ニ一箇年二百万圓程ノ漁業高ガアッタノヲ、ソレヲ失フコトニナッタ、ソレカラ丁度今ノ露西亞人ニ優先權ヲ與ヘルト云フコトノ停止ヲシテ、日本人ガ今マデ得テ居ッタモノヲ、繼續シテ貰ヒタイト云フコトデ、露西亞政府ニ交渉ヲシマシタ、其結果一年ダケノ猶豫ヲ得タ、其間ニ露西亞政府ト漁業條約ヲ締結シヤウト云フコトヲ、政府ガ掛ッタデス、併ナガラ漁業條約ヲ締結スルニモ、色々ナコトヲ調ベズバナラズ、向フノ方ノ意向モ探ラニヤナラズ、大分暇ヲ取リマシテ、一年程經ッテ漸ク成案ヲ得テ、向フヘ提出ヲレマシタ、サウシテ提出ヲシタ以上ニ、其條約ノ成立ツコトヲ段々催促ヲシテアルケレドモ、向フデハ調査中調査中ト云フテ、未ダ十分ニ相談ニ深ク入ルコトヲ得ナイデ居リマス、向フデモ徒ニ調査中調査中ト云フノデハナイ、委員ヲ選ンデ調査ヲシテ居ル、農商務省ト大藏省ト外務省ト、此三省カラ委員ヲ選ンデヤッテ居ルケレドモ、今ニ調査中調査中デ今日マデ來タ、其調査中ト云フノデアッテ、最初一年ヲ延シテ貰ッタノヲ、又一年ヲ延シテ、明治三十五年マデ延ベテ來マシタガ、來年又一ツ新シイ改正規則ヲ發布シテ、ソレニ據ルト斯ウ云フコトニナッテ居マス、向フノ規則ノガ一歩進デ、漁業ト云フモノハ、絶對的ニ露西亞人デナケレバ許サヌト云フ原則ニナッテ來タ、唯當分ノ間居ッテ命令ヲスルマデハ、薩哈嗹ノ南部ト、ソレカラ向フデ云ヒマスト、沿海州ノ西南區ノ一部分ダケハ、外國人露西亞人ノ競爭ヲ以テ許スト云フコトニナッテ來タ、サウ云フコトヲ進デ來マシタカラ、此後日本政府カラ提出シタ漁業條約ガ、成立テバ宜シイガ、サモナケレバ矢張其規則デ、明年カラ適用セラレナケレバナラヌ、其規則ヲ適用スル曉ニハドウナルカ、薩哈嗹南部ト、ソレカラ沿海州ノ西南區ノ一部ダケハ、內外人ノ營業ヲスルコトガ出來ルケレドモ、餘ハ取除カレル、其他ガ取除カレルト云フコトハ、今マデ日本人ノ營業ノ爲メニハ、格別影響ヲモナイ――影響ヲモナイコトハナイケレドモ、喰込マレテハ居ナイカラ、明治十年頃カラ殆ド既得權ニナッテ居ッタモノニハ、別段ノコトナシトシテ、薩哈嗹南部卽チ日本人ノ既得權ト爲ッテ來タヤウナ場所竝ニ西南區ノ場所ノヤウナモノハ、是カラ先キハ內外人ノ競爭デ往カナケレバナラヌ、今マデハ競爭デナカッタガ、來年カラ競爭デ往カナケレバナラヌト云フ譯デス、競爭ニナリマスト、ドウ云フコトガ起ルカト云ヘバ、第一番ニ困難ナコトハ、日本人ト日本人トノ競合ガ起ル、前年モニコライフスクデアッタカ、漁場ヲ借受ケルニ當ッテ、詳シイ高ハ今知リマセヌガ、百ナンボトカ二百ナンボトカ云フ高ガ、一万圓以上ニ日本人間デ競上ゲタト云フコトガアリマシタ、日本人同士ノ互ニ競合ト云フコトガ起ッテ來ル、モウ一ツハ日本人ノ中デ今マデ營業ヲシ來ッテ漁場ヲ占メテ居ッタ者ハ、容易ニ動カヌガ、サモナイモノハ、向フノ露西亞人ガ反對ニ、日本人ノ漁場ヲ橫奪ヲシヤウト掛ル者モアル、ソコデ以テサウ云フコトノ弊害ノ起ラヌヤウニシテ、此日本人ノ利益ヲ保護シヤウトスルニハ、矢張組合ヲ設ケテ、組合ガ互ニ、ノミナラズ彼處デ漁業ヲスル者ヲ其中ニ入レテ、日本人同士互ニ嚙ミ合フト云フコトヲ一方デ防ギ、一方デハ裏切リシテ往ッテ同志ノモノヲ橫取リスルヤウナ者ノ起ラヌヤウニシナケレバ、是カラ先ヤ競爭ニナッタ以上ハ、防グコトガ出來ナイト云フ考ヘヲ、政府デハ有ッテ居リマシタ、恰モ此法案ガサウ云フコトノ目的ニ備ヘテ出來テアルヤウニアルデス、デアルカラシテ、矢張今マデ政府ノ心配シテ居ッタ所ノ目的ヲ、充スコトガ出來ルモノト信ジマス、ソレカラ其罰則ノ――其次ノ罰則ノ御疑問デシタガ、其罰則ノ御疑問ニ附イテハ、五千圓ハエライ重イヤウデスガ、實際ノコトニスルト、隨分向フヘ往ッテ漁業ヲスルト利益ガ多イ――非常ニ多イ、低イ罰金デハ此犯則者ヲ止メルコトガ出來ナイ、若シ之ニ出向イテ往ッテ、而シテ向フデヤッテ戾ッテ來テ、三百ヤ五百ノ罰金ナヲ罰金ヲ拂ッテモ、營業シタ方ガ宜イト云フコトニナルト云フ虞レガアル、五千圓ノ罰金ハ、必シモ高イト云フコトハ認メヌノデアリマス、マア大略ソレダケニシテ置キマス

○花井卓藏君(二百八十三番) 第三ニ對スル答辯ニ對シテ疑ヲ起シマスルガ、本案ノ趣意ト云フモノハ、詰リ事實上ノ必要ト致シマシテハ、內地人相互ニ競爭スルモノヲ牽制シナケレバナラヌ、又橫取ヲスルト云フヤウナ弊ヲ矯メナケレバナラヌ、是ガ卽チ本案提出ノ必要、切迫ノ一事實ノ如クニ聽取リマシタガ、左樣心得マシテ宜シウゴザイマスカ

○政府委員(杉村濬君) サウデス、互ニ日本人同士競爭スル者ヲ防ギ、又ソレ等ガ橫ノ方ニ飛デ往ッテ、日本人ノモノヲ橫カラ奪フト云フヤウナコトノ弊害モ、防グヤウナコトヱシタイノデス

○花井卓藏君(二百八十三番) 尙ホチヨット御待下サイ、尙ホ質問ヲ致シタ

イ、其趣意ハ唯今政府委員ガ極テ大切ナル理由トシテ、殆ド本案ヲ少々無理ナ解釋ヲ執ッテモ、通過ヲ致シタイ決心トシテノ理由ト云フモノハ、唯今ノ御答ノ通ナリト致シマシタナラバ、此法案ノ中ノ何レノ條文ニ其關係ガ示サレテ居ルカ、本員ノ見ル所ニ據レバ、第一條ヨリ第十一條ニ至リマスルマデヲ通覽ヲ致シマシタル所デ、毫モ唯今申サレマシタル弊害ヲ矯正スルコトヲ定メマシタル法文ト云フモノハ、一モ發見スルコトハ出來ナイ、或ハ第五條ト云フモノニ、色々ノ譯ヲ附ケテ御説明ニナルカ知レマセヌガ、第五條モ唯今申サレマシタル弊ヲ矯正スル所ノ法文トハ、ドウシテモ讀メナイノデゴザイマスカラシテ、ソレ等ノ關係ハ何ヲ以テ示サレテ居ルノデアルカ、ソレヲ伺ヒタイ

○政府委員(杉村濬君) 御尤ナ御質問デス、第五條ハ彼ノ組合ノ組合員デナケレバ、營業スルコトノ出來ナイト云フダケノ括リヲ附ケタノデス、此組合ヲ設ケテ組合ノ規約ノ中ニ出來タモノデ、ソレヲ認可シテヤル積リデアリマス、其外ニ御質問ノ通、此法文ニハアリマセヌ

○花井卓藏君(二百八十三番) イエ待ッテ下サイ、尙ホ一二點尋ネタイ

(仮松隆慶君「モウ分リマシタ」ト呼フ)

○花井卓藏君(二百八十三番) 法律家デアルカラ分ラヌ、君ナラ分ルカ知ラヌガ、我輩デアルカラ分ラヌ――尙ホ一ツ御尋ヲシテ置キタイ、漁業ニ關スル條約ヲ締結セラレタル國ハ、我邦ニ於テハ幾ツアリマス、朝鮮ダケデスカ

(仮松隆慶君「君ハサウ法律ガ分ラヌカ」ト呼フ)

○政府委員(杉村濬君) 左樣

○花井卓藏君(二百八十三番) ソレカラ今一點御尋ヲシタイト云フノハ、露國ニ對スル問題ニ附イテ、卽チ漁業權ニ關スル問題ニ附イテハ、屢々爭モアリシコトノヤウニ記憶モ致シテ居ル、ソレ等ノ事柄ニ附キマシテ、何カ交渉ノ事實等モアルノデゴザイマセウカ、若シ交渉ノ事實ヲ生ズベキダケノ爭ハナカッタノデアルカドウカ、其答ヲ得マスルト、本案ト云フモノガ必要デアルカ否ヤト云フコトガ、寧ロ直チニ決定セラルベキコトデアラウト思フ、本員ノ見ル所デハ、斯ノ如キ事ハ法律ヲ以テ之ヲ定メタル國ハ殆ドナイ、一般ニ海ノ利益ニ關スル問題――漁業權ニ關スル問題ハ、條約若クハ政治上ノ問題トシテ、外交問題トシテ解決スベキ筋ニ相成ッテ居ルカノ如クニ記憶シテ居ル、歴史ガ證明シテ居ルデゴザイマスルカラ、此問ニ對シテ、成ルベク詳シイ御説明ヲ得タイ

○政府委員(杉村濬君) 唯今ノ御問ハ……

○花井卓藏君(二百八十三番) 第一ニ於テ漁業權ニ關スル條約ハ、朝鮮ノ外ニハナイト云フ答デアルカラ、第二ニ薩哈嗹ノ方デス、薩哈嗹ノ方ニ關シテハ條約ナシト云ヘバ、斯ノ如キ法律ヲ作ルニアラザレバ、始末ノ付カヌ程ノ爭ノ事項デモアリシコトデアルヤ否ヤト云フコトヲ尋ネル、ソレガナケレバ必要ガナイト云フコトニナル

○政府委員(杉村濬君) 露西亞人ト日本人トノ間ニ爭ガ起ッタ事柄ハ、サウ大シタコトハアリマセヌ、露西亞政府ノ――政府ト云ヘバ大キイカラ、地方廳ノ仕方ニ附イテ、或ハ今マデノ日本人ノ漁業ヲ斷ナシニ、直チニ露西亞人ニ許シタ、ソレカラ税ノ掛ケ方ガ不公平デアッタト云フコトニ附イテハ、色々交渉シテ、ソレカラ孰モコチラノ要求通――殆ド大抵其要求通、向フハ應ジテ居ル、ソレカラ露西亞トノ關係ガ、前申シタ通今其漁業條約締結ノコトハ交渉中デアリマスガ、ソレガ出來ルカ出來ナイカト云フコトハ、マダ未定ノ問題デアリマスカラ、ドウトモ申スコトハ出來マセヌ、或ハ出來ナイカモ知レマセヌ

○花井卓藏君(二百八十三番) 其交渉ノ結果ヲ待ツコトハ出來ナイノデスカ

○政府委員(杉村濬君) 隨分考ヘモノデアリマス

○花井卓藏君(二百八十三番) ソレヲ待ツ遑ガナイ、目下ニ差迫リタル焦眉ノ問題トシテ、此法案ヲ通過シナケレバナラヌト云フ程ノ必要ヲ感ジテ居リマスカ

○政府委員(杉村濬君) 分リマシタ、ソレデ今ノ協商ハ前申シタ通ニ、何時出來ルヤラ分ラヌガ、茲ニ差迫ッタ問題ハ、昨年十二月向フデ規則ヲ發布シテ來タ、其規則ニ據ルト、前ニ説明シタ通、絶對的ニ外國人ニ漁業ヲ許サヌトアル、薩哈嗹ノ南部、ソレカラ浦鹽斯德近傍ニダケ、内外人ノ競爭ヲ以テ許ス、前ノ分ハ、薩哈嗹ノ分ハ、日本人ノ既得權トシテ殆ド既得權ト認メテ、前營業シテ居ッタモノガ繼續シテ來タガ、今度ハソレガナクナッテ、來年カラハ當分ノ間競爭ヲ以テ、内外人混ジタ競爭ヲ以テ許スト云フコトニ、事態ガ變ッテ來タノデ、ソレデ今マデナラバ安心シテ前營業シテ居ッタモノハ、段々繼續シテ居ッタケレドモ、是カラ先キハ、今マデ營業シタモノハ皆失ッテシマハナケレバナラヌ、競爭ニ負ケレバ、斯ウ云フコトガ新ニ起ッタ問題デス、ソレハ昨年十二月發布シテ、當年ダケハ先キノヲ繼續サシテ呉レルケレドモ、來年ニナレバ繼續スルコトハ出來マセヌ、ソコデ斯ウ云フコトヲ必要ト認メタノデス

○花井卓藏君(二百八十三番) 一番最終ニ一ツ御尋致シテ置キタイデアリマスガ、唯今ノ御答ニ據ッテ見マスルト云フト、昨年露國ニ於テ一ノ規則ヲ出シタ、漁業ニ關スル一ノ規則ヲ出シマシテ、卽チ其規則ニ依ッテ日本人ノ有セシ漁業權ニ關シ、既得ノ權利ヲ害シテ居ナイト云フノデスカ

○政府委員(杉村濬君) 前ノ御答ガ、少シ其言葉ガ強過ギタカハ知ラヌガ、日本人ノ得タ漁業權ト云フコトハ言ハナカッタ、今マデ繼續シタノハ、向フノ恩惠ニ依ッテ繼續シテ來タノデ

○花井卓藏君(二百八十三番) ソレデハ既得權ノ文字ヲ改メテ、露國政府ノ恩惠ニ依ッテ、慣例上爲シ來ッタ日本人ノ漁業ト云フモノニハ妨ヲシナイ制度ニ於テ、規則ガ立テラレタノデアルカ

○政府委員(杉村濬君) エ、サウデス

○花井卓藏君(二百八十三番) 日本人ガ恩惠上許サレテ居ル漁業權ニ對シ

テ、尙ホ不足ガアルト云フ趣意デハナイカ

○政府委員(杉村濬君) 恩惠上許サレタル漁業權ニ對シテ……

○花井卓藏君(二百八十三番) 漁業權ヲ害セザル規則ガ出來タルガタメニ、何等カ日本ノ漁民ト云フモノガ、響ヲ被ルベキ筈ハナイノデゴザイマスカ

○政府委員(杉村濬君) イヤ、サウデス

○花井卓藏君(二百八十三番) 害スルコトニナッタデスカ、害セヌノデスカ

○政府委員(杉村濬君) 害スルコトニナッタ

○花井卓藏君(二百八十三番) ソレナラ政府ハ抗議ヲ試ワレタカ

○政府委員(杉村濬君) ソレニ對シテ政府ハ別ニ抗議スベキ根據ガナイ

○花井卓藏君(二百八十三番) 無イカラ此法律デ一ツヤッテ見ヤウト云フ

○政府委員(杉村濬君) サウデス

○花井卓藏君(二百八十三番) 役ニハ立タヌガヤッテ見ヤウ、斯ウ云フコトニ心得テ宜イカ

(「ドウカ大抵ニシテ」ト呼フ者アリ)

○望月長夫君(二百四十二番) 私ガ聞キタイノハ、許可ニ據ルトアル、此許可ナルモノハ、無論外國政府ノ許可デアル、所ガ此法律ハ日本ノ法律デアル、日本ノ領土內デナケレバ、效力ヲ有セナイト云フコトハ、是ハ論ヲ俟タヌ話デ、日本ノ法律ハ日本ノ領土內デナケレバ效力ヲ有セナイカラ、外國政府ヘ願ッテ來タ漁業ヲ許否スルノニ、日本ノ法律ヲ遵奉シテ願ッテ居ラヌカ、願ッテ來ナイカト云フコトヲ取調ベル必要ハナイカラ、外國政府ガ許可スレバ、縱令此組合ニ加入シテ居ラヌ者デモ、幾ラデモ外國政府ガ許可スルコトガ出來ヤウ、外國ノ領土內領海內ニ於テ、其支配權ヲ持ッテ居ル政府ノ許可ヲ受ケテ漁業ヲ致シタコトナレバ、勿論其方ノ側カラ觀察スレバ適法デアル、領土權ヲ持ッテ居ル政府ノ許可ヲ受ケテ漁業ヲスルト云フコトハ、勿論適法デ、外國政府ニ於テ、領土權ヲ持ッテ居ル外國政府ノ下ニ、卽チ適法ニ漁獲シテ、サウシテ戾ッテ來レバ日本國ヘ歸ッテ來ルト、直ニ貴樣ハ犯罪者ダト云ッテ、此方ハ直ニ罰スル、外國政府ガ適當ト認メテ、適法ト認メラレタル下ニ於テ事業ヲ致シタ者ガ、本國ヘ歸レバ本國デハ直ニ法律違反者トシテ處罰スルト云フヤウナ事柄ガ、從來外交上實例ガアルデゴザイマセウカ、若シアラバ安心ノタメニ承ッテ置キタイ、ソレカラ此第二條ニハ、住所區域ニ依ッテ定ムト云フコトガ書イテアル、私ハ薩哈嗹ナンカノ事情ハ全ク存ジマセヌカラ、分リマセヌガ、若シ薩哈嗹ナンカニモ、住所區域ニ依ッテ組合ヲ定ムル場合ガアリト致シマスレバ、斯ノ如キ外國ノ領地內ニ於テ、殊ニ治外法權ヲ有ッテ居ラナイ領地內ニ於テ、如何ニシテ此法律ノ效力ヲ實用スルコトガ出來マスカ、適用スルコトカ出來ルカ、此兩點ニ附イテ政府ノ御意見ヲ伺ッテ置キタイ

(政府委員外務省通商局長杉村濬君演壇ニ登ル)

○政府委員(杉村濬君) 唯今ノ質問ニ御答シマスガ、モウ一遍簡短ニ願ヒタイ、最初ノハドウ云フコトデス

○望月長夫君(二百四十二番) 初ノハ外國ノ方デハ適法ノ事柄ナリトシテ、外國政府ノ許可ヲ受ケル、許可致シタラ適法デアル、外國ガ日本ニコンナ法律ガアッテ、ドウト云フ取調ベヲスル必要ガナイカラ、願ッタ者ヲ適當ト見レバ、固ヨリ適法トシテ許可スル、向フヂヤア適法トサレテ仕事ヲシテ來タ所ノ者ガ、本國ヘ歸ッタトキニハ犯罪者トシテ、本國ノ裁判所デ罰スル、斯ノ如キ實例ガアルカドウカ

○政府委員(杉村濬君) 御質問ハ能ク分リマシタガ、私ハ此席デサウ云フ例ヲ擧ゲテ御答ヲスルコトヲ、調ベテ居リマセヌカラ出來マセヌ、次ノハ何デシタ

○望月長夫君(二百四十二番) アルカナイカ分ラヌ

○政府委員(杉村濬君) サウデス

○望月長夫君(二百四十二番) アルカナイカ分ラヌケレドモ、今ドウト云フコトハ分ラヌト云フ

○政府委員(杉村濬君) 調ベテ見ナケレバ分リマセヌ、第二ノ御尋ハ何デス

○望月長夫君(二百四十二番) 若シ薩哈嗹ノ如キ治外法權ヲ有セザル場所ニ、此法律ヲ適用スルコトガ出來ルカ

○政府委員(杉村濬君) 第二條ハ斯ウ解釋シテ居ルデス、營業區域ト住所區域トハ、營業區域ト云フノハ是ハ打明ケテ云フト、薩哈嗹ノ方ニ適用スル、向フヲ薩哈嗹ノ何地カラ何地マデ、ソレカラ住所區域ト云フノハ、朝鮮ニ現在行ハレテ居ル、長崎縣トカ島根縣デ以テ組合ヲ作ッテ、朝鮮ニ於テ總テ組合ニ這入ルコトニナッテ居ル

○神藤才一君(百十六番) 政府委員ニ御尋申シマスルガ、此外國ノ海領ニ附イテノ御答デゴザイマスルガ、花井君及望月長夫君モ之ヲ御問ニナリマシタヤウデゴザイマスルガ、其答ハ漠然ナル所ノ答デアル、ソレヲ後トヲ追窮セザル所ノモノハ、卽チ兩君共ニ御納得サレマシタト私ハ思ヒマスルガ、私ハ納得ガ出來マセヌ、此外國ノ海領ニ附イテハ定ッテ居ラヌ、領海デス、領海ニ附イテハ定ッテ居ラヌト仰セラレマスルガ、抑〻此問題ニ附キマシテハ非常ナル衝突ガ起ルコトガアル、私ハ經歷ニ依ッテ見受ケテ居リマスルガ、既ニ御承知ノ通ベーリング海ニ於ケルアラスカノ英米ノ大衝突オセアンチックニ於ケル所ノ英領チルヌーフノ佛蘭西及英國ノ大事件、既ニ之ガタメニ干戈モ動カサウト云フコトニナッタノデアリマスガ、國際仲裁ニ依ッテ之ガ和解ニナッタコトモアル、然ラバ政府委員ガ外國領海ト云フモノハ、定ッテ居ラヌ、或ハ漠然タルモノダト御答ニナリマシタヤウニ承リマスルガ、屢〻今日マデノ國際上ノ仲裁、國際上ノ衝突ニ附イテ、十分ニ調ベラレタヤウニ、私ハ存ジテ居リマスガ、抑〻此問題ニ附イテ之ガ一番ノ御尋申シテ置ク所デアラウト思フ、兩君ニ於テハ何トモ仰セラレナイノデ、定メシモウ御納得ナスッタラウト思ヒマスルガ、私ハ之ヲ第一ニ聞カンケレバ、後トノ問題ハ起ラヌカラ、御尋申シマス、大事件デゴザイマス、外國ノコトヽハ違ヒマシテ、國際上ノ大事件ヲ起スコトガ屢〻アッテ、是ハ當局ニ於テ御承知デアラウト思ヒマス

（政府委員外務省通商局長杉村濬君演壇ニ登ル）

○政府委員（杉村濬君） 唯今ノ御質問デスガ、是ハ先刻モ答辯ヲレテ置キマシタガ、併シ先刻ノ答辯ガ、少シ誤解ナレテ御出デナサラヌカト思フヤウデアッタノデ、定ッテ居ルト云フノハ、私ハ今ノ言葉ヲ設ケテ是ハ別ニ之ヲ堺ヲ引イテ、斯ウ云フヤウニシテ居ルノデハナイ、之ガ慣例上各國ガ認メテ、例ヘバ砲丸ノ達スル距離、今マデ大概普通認メテ居ル三英里ト云フヤウナコトガ、慣例上定ッテ居ル（神藤才一君「ソンナコトデハ承知レナイ」ト呼フ）ソレカラ其他ニ段々込入ッタ距離ノ鑑定ノ仕方モアリマセウケレドモ、大概ソレガ公法學者ガ大體論ジ盡シテ、其論ジ盡シテアルノヲ、各國ニ慣例ヲ認メテ居ルト、ソレマデノ御答スル外ニ……

○神藤才一君（百十八番） 花井君ノ御質問及政府委員ノ御答ハ、彈丸ノ距離距離ト仰セラレマスケレドモ、此又御問モ彈丸ノ距離ナント云フヤウナ、漠然ナ御問ガ甚ダ私ハ解セナイ、ソレデ又御答ニ於テモ、彈丸ノ距離ナラ何處カラ規定致シタ、私ガ聞及ビマスルノハ、彈丸ニ於キマシテモ、海ハドウ云フコトニナッテ居ル、引潮ト上潮ガアルデハアリマセヌカ、既ニ朝鮮ノ如キモ、殆ド引潮ニ至ルト十五里モ引キマス、或ハ我海岸ニ於キマシテモ、或ハ二里ノ所モアリマセウ、ソウ中樞ヲ取リマセウケレドモ、是等ノコトカラ第一番ニ御問中サンケレバ、御問中ス所ノ者ガ、甚ダ素人ダラウト思ヒマス、又御答ニナル所ノ者モ甚ダ素人ダラウト思ヒマス、併ナガラ此事ガ慣習ニ於テ、定ッテ居ルト仰セラレマスケレドモ、是ハ日本ハ措テ置キ、歐羅巴ニ於キマシテモ、亞米利加ニ於テモ、大體是ハ經線ト緯線ト云フモノガアリマスカラ、北緯何度ダトカ或ハ何度カラシテ凡ソ定ッテ居ルニ違ヒナイ、若シソレガ慣習上トカ、或ハ定ヲヌ以上ハ、即チ千八百九十二年ニ於テ、佛蘭西伊太利其他ノモノガ違法ノ衝突ヲ仲裁ヲ入レタノモ、定リガアリマスマイト思ヒマス、即チベーリングニ於ケルアラスカノ大衝突、其他屡々アリマスルカラ、決シテサウ云フヤウナ漠然ナモノデハアリマスマイト思ヒマス、併ナガラ慣習上デ定ッテ居ルト申シマシテモ、若シ之ガ定ラヌトキニハ、是ハ緯線經線ト云フモノガアリマスカラ、先ヅ是デ定ルダラウト思ヒマス、即チ國際一般ノコトデアリマス

○政府委員（杉村濬君） 御答レマス、此法律案ガ領海ニ附イタ領海ヲ定メル目的ノ法律案トハ認メナイ、外國領海ト云フモノハ、既ニ一般ノ慣例デ認メラレ、又内外共ニ是ハ使ッテ居ル文字デアル、言葉デアリマスカラ、ソレヲ借リテ來タノデ、其外ニ御答ヘノシヤウハナイノデス

○神藤才一君（百十八番） 此外國領海ト云フモノガ定ヲヌケレバ、是ハアチタ這入リヤウガアリハレマスマイ、併ナガラ是ハ大體宜イ加減ニシテ置キマス

○恆松隆慶君（二百二十四番） 採決々々

○議長（片岡健吉君） 採決ヲ致シマス

○花井卓藏君（二百八十三番） 反對ノ意見ガアリマス

○議長（片岡健吉君） 反對ノ意見ヲ述ベマスカ

○花井卓藏君（二百八十三番） 簡短デアリマスカラ、此席カラ一言シテ置カウト思ヒマス、私ハ此領海ト云フコトニ附キマシテハ、此處デ別段ナル反對ノ意見ヲ述ベヌ方ガ、便益デアルカト考ヘルノデアリマス、其所以ハ此處ニ掲ゲラレテ居ル領海ト云フ文字ハ――外國領海ト云フ文字ハ、事實ヲ指示スルコトヲ殊更ニ避ケタノデアルガ、併ナガラ事實ハ實際ハ朝鮮近海並ニ薩哈嗹ニ於テト、是ハ讀ムベキ文字ノ如キ御説明デアッタヤウニ記憶シテ居リマスガ、果シテ然リト致シマスレバ、兎ニ角唯今ガ極テ時事緊切ノ必要アル場合ニ、到着シテ居ルカ否ヤハ、別論デアリマスケレドモ、兎ニ角我國ノ漁民ノ權利ト云フモノヲ保護スルガタメニ制定シタト云フ御趣意ダケハ、聊カ斟酌ヲシテヤラネバナラヌト私ハ考ヘル、ソコデ名ハ甚ダ美デアル、又大ニ斟酌スベキ事情ガアル、又神藤君ノ論ゼラル、ガ如ク、私ガ前回ニ於テ論ジマシタルガ如ク、領海ノ區域範圍ヲ唯今ノ如キ政府委員ニ向ッテ解決セシムルト云フ事柄ハ、困難デアラウト思ヒマス、ヲ又私ハ是ハ避クルガ宜カラウト思ヒマス、領海ニ關スル大問題ハ、區々タル小政府ノ小官吏ガ解決シ得ベキ、左樣ナ些細ナ問題デハナイ、神藤君ノ申サレル如ク、彈丸到達ト云フコトハ、古イ議論デゴザイマスルガ、併ナガラ潮ノ引イタ點カラ距離ヲ見ルト云フコトモ、餘リ國際法ノ上デ新シイ説デハナイノデアリマス、是ハ是處デ爭ハナイデモ宜シイ、兎ニ角政府ノ申シマシタル意志ハ甚ダ美デアル、私ハ贊成スル、併ナガラ其目的ト云フモノヲ貫徹スル條文ハ何レニ在ルヤト問ヒマスレバ、ソレハナイノデアル、此條文ノ上ニハソレハナイノデアル、法文トシテハ指示スコトハ出來ナイノデアルト答ヘラレタノデアル、私ハ或ハ此法條ノ第五條ノ中ニ樣々ノ藝道ヲ試ミテ、是ヨリ種々ノ利益便益ト云フコトヲ案出シテ、保護ノ方法ガ出來ルモノデアルカト云フノデ、實ニ好意ヲ持ッテ質問ヲシタ所ガ、勿論其條文ニハ含マレテハ居ナイ、他ニハ固ヨリナイノデアルト答ヘタ、因ッテ遡リマレテ、大變ニ必要ニ制セラレ、大變ニ漁民ノ權利ヲ保護スルト云フタメニ案定セラレタル此案ハ、案其者ノ上ニ於キマシテハ、何等ノ見ルベキモノガナイト云フ結果ニナレバ、是ハ唯西洋紙ノ上ニ活字ガ附レテアル所ノモノデアル、法律デハナイ、效ノナイモノデアルト云フコトニ論定ヲシナケレバナラヌ、總テノ外交ニ關係ヲ持イマスル問題條約文デモ、或ル場合ニハ空文ニナルコトガアル、法律文モ屢々空文ニナルコトガアルノデアル、而モ效力アル條約效力アル法律ニシテ、尚ホ且然リ然ルヲ、況ヤ此ノ如キ目的モ定ラズ、效力モナキ此紙ヲ出シタ所デ、如何デゴザイマセウ、ドウ云フ結果ヲ來スデアラウ、是ガ何カノタメニナル法律デゴザイマスレバ、甚ダ考ノ宜イト云フ當初ニ遡ッテ、私ハ看過スルケレドモ、マルデ役ニ立タヌト云フ事柄ニナリマスレバ、寧ロ廢メタガ宜カラウト云フ感ガ起ル、全體此海ニ關スル問題、

漁業權ニ關スル問題ノ如キハ、總テ條約ニ依ッテ定メルト云フノガ、國際法ノ定例デアッテ、而モ外國ヲ規律スルコト能ハザル內國ノ法律ニ依ッテ、之ヲ規定スルト云フガ如キハ、元來何レノ國ノ立法例ニ於テモ見ナイ所ニ屬シテ居ル、此ノ如キ事柄——事柄モ尙ホ忍ブベシト致シマシタ所デ、即チ效果ガアレバ宜イガ、何ノ效果ヲモ見ナイト云フ關係、此點ニ於テ尙ホ熟考ヲ要スベキモノデハナイカト私ハ考ヘル、次ニ今一點、私ガ諸君ニ訴ヘテ置キタイト申シマスルコトハ、即チ質問ノ折ニ申シマシタルガ如ク、此法案ニ附キマシテハ、根本法ガナイノデ、即チ外國ノ領海ニ於テ水產業ニ從事スル關係ニ附イテノ、基本タル法律ト云フモノハ、未ダ制定致サレテ居ナイ、又制定スル事柄ハ出來ナイデアル、外國領海ニ於ケル水產關係デゴザリマスルカラシテ、外國ノ立法院ハ此法律ヲ作ルト云フ事柄ハ、當然デゴザイマスルカラ、吾邦ニ於テソレ等ノ法律ノナイノハ勿論ノ話デ、併ナガラ此所ニ一ツ御考ヲ願ハンケレバナラヌ、極テ大切ナル點、根本法ト云フモノハ、外國ニ於テ、又外國政府ノ許可ニ依ッテ漁業權ヲ得テ居ル、斯樣ナ場合ニ致シマスト云フト、爭ノ起リシ場合若クバ諸般ノ關係ヲ生ゼシ場合ニ於テ、根本トシテ支配サルベキ、若クハ制裁サルベキ法律ハ、外國ノ法律ト謂ハネバナラヌ、即チ帝國ノ漁民ハ或ル場合ニ於テ、此問題ニ關シテ外國法律ノ下ニ立タネバナラヌ、然ルニ更ニ退イテ考ヘテ見ルト云フト、又此法案ノ下ニ立ッテ支配ヲ受ケナケレバナラヌノデアル、制裁ヲ受ケナケレバナラヌノデアルト云フヤウナ結果ニナルノデ、同一問題ニ關シマシテ、二ツ以上ノ法律ノ支配ヲ受ケル、而モ國ヲ異ニシテ居ル二箇以上ノ法律ノ支配ヲ受ケネバナラヌ、外國領海ニ於ケル事實ニ關シテ、法境——法律ノ境、法律管轄ト云フモノハ、一面ニ外國ニ跨リ、一面ニ內國ニ跨ルト云フ、大變ナ結果ニナルダラウト思ヒマス、斯ノ如キ場合ニ於キマシテ、實際ノ上ニ於テ、外國法ト內國法トノ衝突ヲ來タスト云フヤウナ憂モ殘ルノデアル、ソレ等ノ關係ト云フモノガ、此法案ノ上ニ詮議セラレテアルヤ否ヤヲ考ヘテ見マスト、元來法案ノ目的ガ是ガ拔ケテ居ルノデゴザイマスカラ、此方ノ關係ノ詮議セラレタル事實ノ見ルベキモノガナイト云フコトハ、論ヲ俟タヌ話デアラウト思フノデアル、況ヤ政府ハ必要ナリト云フト雖モ、實ハ政府ノ案デアルト云フト雖モ、內務省ト外務省ハ大ニ爭ウテ、互ニ此法案ニ附イテハ爭ヲ起シテ、結局長谷場君ヲ煩シテ議場ニ問フト云フ次第ニナッタト云フコトヲ密カニ承ッテ居ル、斯樣ニ考ヘテ見マスト云フト、此法案ハ何モ政府ガ急グ程ノ必要モナイカノ如ク思フ、サウシテ此問題ニハ朝鮮ニ於テ、漁業條約ノ成立セルアリ、露國ニ於テ今既ニ交涉中デ、未ダ其結果ヲ得ナイト云フ答辯モアルノデアリマスカラシテ、其時ヲ待ッテモ亦未ダ遲シトセズト思フノデアリマス、斯樣ナ次第デゴザイマスカラ私ハ此法案ニハ幾多ノ缺點ノアル事柄ヲ十分宥恕シテ、十分ニ讓步シテ、政府ノ意見ト云フモノヲ斟取シテ——酌取ッテ、サウシテ尙ホ且ツ二讀會ヲ開クト云フ事柄ハ、稍〻早計ニ失シハレナイカト云フ考ヲ起シマスガ故ニ、此場合ニ於テ二讀會開クベカラズト云フ意見ヲ述ブルト云フコトハ、極テ必要デアラウト考ヘマス

○恆松隆慶君（二百二十四番） 討論終結デ、直チニ二讀會ヲ開カレンコトヲ希望致シマス

○神藤才一君（百十六番） 議長

○議長（片岡健吉君） 神藤君、アナタノ發言ヲ求メルノハ何デスカ

○神藤才一君（百十六番） 私ハ政府委員ニ御尋申ス——質問ヂャナイ、討論デス

（「討論終結ニシヤウジヤナイカ」ト呼フ者アリ）

○神藤才一君（百十六番） チョット御待チナサイ

○平岡萬次郎君（三百九十番） 議長

○議長（片岡健吉君） 平岡萬次郎君ハ何デスカ

○平岡萬次郎君（二百九十五番） 贊成演說ヲ致シタイ

○議長（片岡健吉君） 平岡萬次郎君

○平岡萬次郎（二百九十五番） 簡短デゴザイマスカラ此處カラ述ベマス、花井君ハ此案ハ取締ル所ノ途ガ開イテナイ、故ニ是ハ半紙同樣ノモノデアルト

○政府委員（中村雄次郎君）　此際簡短ニ述ベテ置キタイ、固ヨリ深クハ述ベマセヌデゴザイマスガ（「無用々々」ノ聲起ル）朝鮮兵營ノコトニ附イテハ、京城ハ原案ヲ御贊成ヲ蒙ッタノデゴザイマス、ソレト同一ノ理由ヲ以テ、釜山ノ兵營ヲモ併セテ協贊ヲ得タイト思フノデアリマス、別段ニモ理由ハ述ベマセヌデゴザイマスガ、委員長カラモ述ベラレタノデゴザイマス、實ニ此見苦シイ所ノ兵營ニ居リマスルノハ、日本全體ノ威容ニモ關スルコトデアリマスカラ、釜山ノ兵營モ協贊セラレルコトヲ願ヒマス、モウ一ツハ靖國神社ノコトデゴザイマス、靖國神社ハ御承知ノ通戰死者ノ靈ヲ祀ル所デゴザイマシテ、軍人ノ戰死ト云フコトハ、實ニ名譽トスル所デアリマス（「モウ宜シイ」「簡短簡短」ト呼フ者アリ）戰捷ノ名譽ト云フモノハ、實ニ戰死者ノ功ニ歸サナケレバナラナイノデ、其戰死者ノ靈ヲ祀ル所ニ於テ漸ク（「無用々々」「簡短々々」ノ聲起ル）拜殿ヲ建テタ位ノコトデアリマスカラ、此處ニ十五万圓ノ金ヲ出シテモ此功勞者ニ酬フルハ至當ノコト、思ヒマスカラ、願ハクハ御贊成アランコトヲ望ミマス

對外商業政策ニ關スル質問書

右成規ニ據リ提出候也

明治三十五年三月六日

提出者　田口卯吉

贊成者　金岡又左衞門

外三十五名

對外商業政策ニ關スル質問主意書

日本政府ハ如何ナル商業政策ヲ以テ英、獨、露ノ東洋ニ於ケル自由港政策ニ應セントスルヤ

○田口卯吉君（二百五十七番）　諸君、本員ハ對外商業政策ニ關スル質問ヲ、政府ニ提出シテ置キマシテゴザイマス、其文面ハ「帝國政府ハ如何ナル商業政策ヲ以テ英、獨、露ノ東洋ニ於ケル自由港政策ニ應セントスルヤ」斯ノ如キモノデゴザイマス、此趣意ヲ是ヨリ申述ベタク存ジマス、諸君モ御承知ノ如ク、歐洲ノ强國ハ、今日東洋ニ於テ自由港ノ政策ヲ以テ、根據地ヲ確定シ盛ナル貿易市場ヲ自分ノ支配權ノ中ニ抑ヘテ、他日大ニ働ク所ノ根據地ト爲サントシテ居ル有樣デゴザイマス、其第一ニ著手致シマシタノハ、今ヨリ六十年バカリ前ニ於テ、英吉利ガ彼ノ香港ニ於テ自由港政策ト云フモノヲ執リマシタモノデゴザイマス、其當時ニ於キマシテハ、香港ト云フモノハ一箇ノ島デ、誠ニ微々タル一漁村デアッタ、僅ニ漁師ノ住ッテ居ル所デゴザイマシタガ、英國ガ之ヲ占領致シマシテ、是ニ自由港ノ政策即チ無稅ノ港ヲ開キマシテ、貿易ノ根據地トシヤウト云フ計畫ヲ定メマレタ以來、此自由港政策ノ力ハ實ニ著レイモノデアッテ、今日ニ於テハ東洋第一ノ市場ト爲リマシタノデゴザイマス、其以前ニ於テ東洋ノ貿易市場ト申シマスレバ、申スマデモナク支那ノ廣東デゴザイマス、香港ハ廣東ニ向ッテ居ル所ノ小サナル島デゴザイマス、然ルニ廣東ニ於キマシテハ、海關稅ヲ設ケテ、總テノ輸出輸入ニ重キ所ノ稅ヲ取リマスルカラ、是故ニ凡ソ總テノ商品ガ廣東ニ參リマス物モ、先ヅ香港ニ參ルト云フヤウナ譯ニナル、此重イ關稅ヲ掛ケテ居ル港ノ前ニ持ッテ往ッテ、無稅ノ港ヲ開キマシタノデゴザリマスカラ、香港ノ市場ノ繁昌致シマシタコトハ、非常ナモノデアル、僅ニ六十年ノ今日ニ於キマシテ、香港ノ貿易ノ盛ナルコトハ喋々ヲ要セズ、諸君御承知デアラウト思フ、香港ニ於キマシテハ、御承知ノ如ク無稅デアル、即チ自由港ノ政策ヲ執ッテ居リマスルカラ、其輸出入等ガ幾許アルカ分リマセヌ、併ナガラ私共ガチヨット調ベテ見マスル所ニ依レバ、支那ノ貿易ノ中デ支那ノ貿易ハ、今日輸入ガ二億六千万圓、輸出ガ一億九千万圓──兩程デゴザイマスルガ、其內香港トノ貿易ハ一億九千万モ占メテ居ルノデゴザイマスル、而シテ廣東ノ輸出入ハドウカト言ヒマスルト、輸入ガ千三百万、輸出ガ二千三百万、如何デゴザリマセウ、其以前廣東ハ東洋ノ第一ノ市場デアッタノガ、其前ヘ持ッテ往ッテ自由港ヲ設ケマシタモノデスカラ、廣東！總テノ貿易ヲ、香港ガ取ッテシマッテ、而シテ支那トノ貿易ダケデモ、香港ハ一億九千万、廣東ハ三十万少シ餘ニ止ルノデゴザイマスル、況ヤ香港ノ商賣ト云フモノハ、支那トノ貿易ノミナラズ、日本ナリ、英吉利ノ本國ナリ、其他トノ貿易高ト云フモノハ、非常デゴザイマスルカラ、此廣東ノハ僅ニ外國ヘ出シマスル輸出入──總テノ輸出入デゴザイマスルガ、香港ノ總テノ輸出入ニ至リマシテヘ、實ニ無限ナルモノデ、表ニ於テヘ知レナイ程デアル、サレバ支那ノ廣東ノ商賣ヲ香港ニ奪ハレテシマッテ、英吉利ノ支配ノ下ニ、此ノ如ク盛ナル市場──東洋ヲ支配スル程ノ市場ヲ、僅ニ六十年ノ間ニ拵ヘテシマヒマシタノデゴザイマス、此政策ヲ今日ニ於キマシテハ、獨逸モ露西亞モ行ハウトシテ居ルノデアル、近頃獨逸ガ彼ノ膠州灣ヲ占領シテ、如何ナルコトヲ爲サウトシテ居ルカト云フコトニ就キマシテ、新聞上ニ於テ漏レテ居リマスル所ヲ、チヨット諸君ニ朗讀シテ御聞カセ申シタウゴザイマス、此報ノ長イ中ニ、斯ウ云フコトガ云ッテゴザイマス

膠州灣ノ入口ニアル市街ヲ靑島ト稱シ靑島ニ連接セル市街ヲ大包島ト云フ靑島ハ占領國タル獨逸軍ノ根據地トモ云フベク政廳警察署軍務局其他ノ諸官衙ハ此處ニ設ケラレ市街ノ全部ハ悉ク獨逸風ノ家屋ニシテ近來ハ市街モ

大ニ整頓シ外觀ノ美ハ一見銀座街路ノ如キ趣キアリ各戸ノ建築ハ頗ル宏壯ニシテ到底日本ノ家屋ノ比ニアラズ經營ノ雄大ナルハ唯驚クノ外ナシ
獨逸ガ膠州灣ノ經營ニ力ヲ用ヒルハ、ナカ／＼日本人ノ豫想シ能ハザル程ニテ、占領地ニ向ッテ獨逸年々費ス所ノ費額ハ、一千万「マーク」――一千万「マーク」ト申シマスルト、凡ツ四百万圓程デゴザイマスル、金額ハソレ程デモゴザイマセヌガ、一千万「マーク」ヲ下ラズ、當局者ノ發言スル所ニ依レバ、今後十箇年間ヲ期シテ、香港ト比較スル一大自由港ト爲サントスルニアリデ、獨逸ハ此膠州灣ヲ自由港ト致シテ、英吉利ノ香港ト相對サウトシテ、此ノ如キ大計畫ヲヤッテ居ルノデアル、膠州灣ト云フ地勢ハ、サマデ今日ニ於テハ好キ地トハ思ヒマセヌガ、支那ノ所謂齊ノ國ノ瑯古鄕ト申シタ地方ニ近イ處デ、是カラ西南地方ヘ鐵道ヲ架ケ、河南開封府ニ向ッテ、鐵道ヲ架ケル計畫デアルノデアル、若シ此鐵道ニシテ聯絡致シマスレバ――成效致シマスレバ、支那ノ北部ニ於ケル物産ハ、此自由港カラ出テ參ルニ違ヒナイ、又支那ノ北部ニ對スル輸入品モ、此港ヨリ往クニ違ヒナイト、本員等ガ見マシテモ思ヘルノデアル、獨逸ハ必ズ之ヲ期シテ、此處ニ大ナル自由港ヲ立テ、大ナル市場ヲ設ケヤウト云フ計畫ニ違ヒナイ、デ支那ノ富ハ今日ヨリ江水沿岸ニ於テ、盛ニ發達シテ居リマスルガ、是ハ全ク上海並ニ江水沿岸ニ早ク港ヲ開キマシタ結果デアルノデ、支那ノ歷史ヲ見マスレバ、古ヨリ北部ノ――北支那ガ最モ富ンデ居ルト云フコトハ、多言ヲ要サナイデアル、今日ト雖モ北支那ニ於テ大ナル富ノ財源ガアルト云フコトハ、吾々疑ヘナイノデアル、殊ニ農商務省アタリニ於テハ、必ズ御調デアラウガ、北支那ニ於テノ此炭田ノ大ナル――石炭ノ田ノ大ナルコト、即チ今日ノ山西省昔ノ趙ノ國ノ邊ヘ、全ク炭田デアルト云フ程ナノデゴザイマス、デ是等ノ地方ヘ向ッテ、膠州灣カラ鐵道ヲ架ケテ、此富ガ――河南山西若ク陝西等ノ富ガ、此膠州灣ヘ出テ參リ、又歐洲ノ物産ガ膠州灣ヨリ這入リマシタナラバ、此膠州灣ノ自由港デス、即チ無税ノ港ガ、直ニ成效シテ、今日コソ誠ニ迂遠ナル計畫ノ如クデアルガ、他日大ニ成效シテ、北支那ニ於ケル貿易ノ一大市場トナルト云フコトハ、喋々ヲ要サヌ、獨逸ハ百五十餘万ノ人間ヲ養フ所ノ市街計畫ヲ、既ニ膠州灣ニ爲シテ居ルノデ、其市街ノ地均シ等ハ、本員モ既ニ見テ居リマスル、計畫ハ既ニ見テ居リマスル、思フニ當局者ハ必ズ知ッテ御出デゴザイマセウ、此ノ如キ大計畫ヲ、自由港即チ無税ノ港ト云フ方策ヲ以テ、計畫ヲシテ居ルノデアル、而シテ之ニ對シテ英吉利ハ今日ニ於テ、彼ノ秦皇島ト云フ處ニ、頻リニ手ヲ盡シテ居リマスルコトハ、必ズシモ私ノ喋々ヲ要セズ、諸君ノ御承知ノコトデアリマセウト思フ、今日ノ北支那ノ物産ハ、天津ニ於テ捌ケマスルノデアリマスルガ、天津ハ御承知ノ通、白河ガ早ク凍リマシテ、始終輸出入ヲ致シマスル港デナイ所カラ、彼ノ山海關ノ側ナル秦皇島ヲ開港場トシテ、之ニ立派ナル港ヲ作ラウトシテ、英國ハ正ニ巨万ノ金ヲ費シテ、之ニ開港場ヲ造ッテ居ルノデ、其成蹟ハマダソレ程良クナイト云フコトデゴザイマスルガ、山海關鐵道ニ由ッテ天津マデ通ジテ、玆ニ貨物ノ輸出入ヲ致シマスルトキニハ、是ハ不凍港デアリマスルカラ、忽チ大ナル開港場ニナルデアラウト信ズル、殊ニ北京ニモ近イ處デゴザイマスルカラ、獨逸ノ膠州灣ノ計畫カラ見マスルト、少シク規模ハ小デハゴザイマスケレドモ、他日忽チ金ヲ費スコト少ナクシテ、忽チ大ナル港ニナリ得ル場所デアラウト、本員ハ考ヘルノデアル、今日既ニ此處ニ向ッテ税關所ヲ設ケテ、支那ノ關税ヲ掛ケテ居リマスルガ、他日獨逸ノ計畫ガ十分ニ調ッテ、此膠州灣ニ於テ、自由港ノ計畫ガ十分ニ屆キマシタトキニハ、英吉利モ必ズ此秦皇島ニ於テ、自由港ノ計畫ヲ爲シテ居ルト本員ハ察スルノデアル、思フニ本員ノ推測ハ違フマイト思ヒマス、斯ノ如キ自由港ノ競爭ヲナス所ヘ、又露西亞ガ此西伯利鐵道ヲ完成シテ、此金州ノ大連灣ノ向ヒナル大立内灣ト云フ所ヘ非常ノ大ナル――更ニ大ナル計畫ヲ爲シテ、市街ノ地均シヲナシテ居ルト云フコトハ、明カナル事實デアル、思フニ諸君、既ニ御聽及デモアラウト思フ、此大立内灣モ露西亞ハ自由港トスルト云フコトヲ、宣言シテ居ルノデアル、是ニモ東洋ノ大ナル市場トナサンガタメニ、「二百五十餘万ノ人ヲ養フダケノ、市街ノ地均シヲ爲シテ、町ヲ建テ、下水ナドヲ設ケテ、既ニ居ルノデアル、人口ハマダ集マラナイガ、他日集マルコトヲ期シテ、此計畫ヲ爲シテ居ル、斯ク歐羅巴諸國ガ、東洋ニ於テ自由港ノ競爭ヲ爲スニ當ッテ、日本ガ依然今日ノ如クニヤッテ居リマスレバ、矢張廣東デス、香港ノタメニ廣東ガ壓セラレタト同ジ地位ニ、日本ノ貿易ト云フモノガ至ラネバナラヌカト、本員ハ恐レルノデアルノデス、之ニ就イテハ當局者ハ餘程御注意シ爲サレテ、如何ニシテ此自由港ニ反對シテ、日本ノ貿易ヲ盛ニシナケレバナラヌト云フコトノ御注意ガナケレバナラヌコト、思ヒマス、思フニ本院ニ於テモ、先キニ京釜鐵道ノコトヲ建議シ、今將ニ實行セラレントシテ居リマスルガ、是等ノコトモ東洋ニ於テ、露西亞ノ彼ノ大立内灣ニ於ケル自由港ニ向ッテハ、牽制ノ一ノ働ヲ――力ヲ持ツモノデアラウト察スルノデス、之ニ依ッテ京釜鐵道ヲ延長シテ、義州ニ至リ、義州ヨリ牛莊ニ至ッテ、東清鐵道ニ通ジマシテ、此西伯利鐵道ノ極端驛ト云フモノ、利益ヲ、我釜山若クハ仁川ノ港ニ於テ占有スルト云フ策ヲ立テルノハ、第一ノ必要デアラウト思フ、西伯利鐵道ガ完成致シマスレバ、必ズ東方亞細亞ヨリ歐羅巴ニ往クモノ、又歐羅巴ヨリ東方亞細亞ニ參ル者ハ、露西亞ハ必ズ、大立内灣ニ於テスル、ソレ故ニ大立内灣ハ、大ナル東洋ノ市場ニナルト思テ居ルニ相違ナイデス、併ナガラ若シ此京釜鐵道ヲ延長シ、牛莊マデ參リマシテ、東清鐵道ニ通ジマスレバ、即チ旅客ノ亞細亞ヨリ歐羅巴ヘ參リマスルモノハ必ズ釜山若クハ仁川ニ於テスルニ違ヒナイ、歐羅巴ヨリ東方亞細亞ヘ參リマスル旅客モ、必ズ仁川若クハ釜山ニ於テスルニ違ヒナイ、然ル場合ニ於テハ、仁川釜山ハ露西亞ノ大立内灣ト競爭ノ港ニナッテ而シテ極端驛ノ利益ヲ互ニ占メヤウトスル、一個ノ對敵者デアリマスカラ、此敵ニ當ッテ釜山若クハ仁川ハ是非トモ、自由港トスルコトハ、朝鮮政府ニ向ッテ談ジナケレバナラヌ、事柄デアラウト思フ、大立内灣ハ自由港デアル、仁川、釜山ハ有税港デアルト云フ場合ニ於キマシテハ、トテモ大立内灣ト競爭スルコトハ出來マセヌカラ仁川ナリ釜山ナリハ、朝鮮政府ニ向ッテ適當ナル償金ヲ拂ヒマシテモ、之ヲ無税港トシテ、彼ノ大立内灣ト競爭シテ、西伯利鐵道ノ利益ヲ、寧ロ其極端驛ノ利益ト云フモノヘ、我居留地ヘ占有スルト云フコトヲ、セナケレバナルマイト考ヘルノデス、デ是ハ一ノ大立内灣ニ對スル政策ノ一デゴザイマスガ此場合ニ於キマシテ、本員ハ斯ノ如キ自由ナル貿易策――港ヲ無税ニマデスルト云フ貿易策ヲ以テ、玆ニ此質問ヲ呈スルニ當ッテハ、第一ニ妨害ニナリマスルノハ、此世間ニ於ケル保護政策主義、取別ケ本院ニ於テモ屢々起リマスル所ノ保護政策主義デアル、過日當議場ニ於テ大岡君ノ述ベラレタル、支那輸出米ノ禁令ヲ解クコトニ、反對ノ御意見ノ如キハ、本員ガ最モ反對セネバナラヌコトデアルト思ウテ居リマス、又此衆議院ハ第一ニ排斥シナケレバナラヌ、御趣意デアルト思フノデス、此御趣意ハ屢々當議場ニ於テ現ハレタモノデアル、嘗テ支那ノ綿ガ無税デ以テ日本ヘ這入ルトキニ當ッテ、支那ノ綿ガ無税デ這入ルトキニハ、日本ノ綿ガ減シルト云ッテ、頻ニ反對セラレタ御論ガアッタノデ、デ我紡績ノ發達ハ顧ミナイデ、支那ノ綿ノ無税ニ這入ルコトニ反對セラレタ論ガアッタ、又當テ支那ノ棉ガ日本ニ無税ニ這入ッテ來ルコトニ反對シテ、當議場ニ於テ、支那ノ棉ニ向ッテ税ヲ掛ケヤウト云フ議論モアッタノデアル、是等ノ議論ハ皆滅ジマシタガ、過日ハ此處ニ卵ノ支那カラ非常ニ這入ッテ來ルノヲ妨グヤウト云フ御議論ハ、遂ニ當議場ヲ通過シタコトデアル、常ニ斯クデス、支那カラ品物ノ輸入ノ多イコトハ、恐レル、意志ガ常ニ當議場ニ於テ流行レテ居ルト云フコトハ、是ハ我日本ヲシテ東洋ノ大ナル市場、即チ彼ノ香港ノ如ク、成ルベク香港ヲ經テ日本ニ來ルト云フ、總テノ貿易ガ東洋ニ捌ケル如クニスルト云フ自由港ノ政策トハ、大反對ノ主義ヲアルノデアル、デ大岡君ノ過日ノ當議場ニ於ケル支那ノ米ガ、日本ニ這入ッテ來タナラバ、日本ノ農家ガ苦レムノデアル、ドウシテモ是ハ抑ヘナケレバナラヌト云フ御論モ、矢張是ト同一種類デアッテ、成ルベク貿易ハ制限レテ、寧ロ鎖港シナケレバナラヌト云フ、結局鎖港ニ至ラザレバ、滿足ノ出來ナイ御論ト本員ハ考ヘナケレバナラヌ、デ此點ニ就キマシテハ、大岡君ノ御演説ハ、隨分間違ガ多カッタノデアル、支那ノ米相場抔モ御承知ガナイヤウニ、本員ハ認メル、今日支那ノ江水沿岸ニ於キマシテハ、昨年ハ洪水ガゴザイマシタメニ、日本ヨリハ米相場ガ、支那ニ於テハ高イノデアル、一石十二圓餘デアルノデス、支那ノ米ハ日本ノ中等米ヨリ以下ノモノデアル、此事モ御間違デアッタノデアル、ソレカラ又支那ハ輸出ヲ禁ジテゴザイマスガ、支那ハ江水沿岸ノ米ヲ廣東ヘ參ルト稱スル——香港ヘハ參ルノデアル、香港ヨリ日本ヘハ輸入シテ居ルノデアル、上海ト香港トノ間ニハ、常ニ米ガ輸出入ガアル、香港ヨリ日本ヘハ直ニ參ッテ居ルノデアル、唯支那ノ米ノ解禁ト云フコトハ、上海ヨリ直接ニ支那ノ米ガ參ルカ、香港ヲ經テ來ルカト云フコトデアルノデアル、是等ノ點モ、大岡君ハ間違ヘテ居ラレタノデアル、共外英吉利ノ當時ノ人口、若クハ輸出入、其他ニ於テモ、非常ナ間違ガゴザイマシテ、本員ハ將ニ大岡君ト新聞紙上デ爭ッテ居リマスカラ、是等ノ細カイコトニ於キマシテハ、私ハ玆ニ大ニ論ジマセヌ、大ニ論ジマセヌガ、併ナガラ此場合ニ於テ、私ガ諸君ト共ニ大ニ爭ハネバナラヌコトデス、大岡君ガ保護主義ヲ唱ヘラレルト同時ニ、私ハ帝國主義ヲ唱ヘラレル人ト云フコトヲ、知ッテ居リマス、近時何レノ國ニモ流行スル所ノ帝國主義、即チ「エントペリアリズム」或ル新聞ニ依ルト、佐々君ハ「アンペラズム」トカ云フコトヲ、惡口ヲ言ハレマシタガ「エンペリアズム」即チ帝國主義、此帝國主義ヲ主張セラル、人ハデス、何ヲ以テ支那ノ米ノ輸入ニ反對スルカ、帝國主義ト云フモノハ、決レテ支那ノ米ノ、日本ニ這入ルコトヲ妨ゲナイノミナラズ、歡迎スルモノデアル、日本ガ帝國主義、即チ廢藩置縣ニ依ッテ、海外各地ノ稅關ノ種々ノ妨害ヲ撤去シテ、奥州ノ米デモ、肥後ノ米デモ、皆何レノ國ヘモ往ク如ク致シマシタカラ、今日ノ繁榮ハ來タノデアル、獨逸ガ帝國主義ニ依ッテ、今マデ各州分裂シテ居リマシタ海關局ヲ撤去シテ、何レノ物産モ、何レノ米モ、州内一ニ致シマシタカラ、ソレ故ニ今日ノ獨逸ノ貿易ハ盛ナルモノデアル、帝國主義ニ致シマスレバ——殊ニ政友會諸君ハ、政友會ノ總務諸君ハ、何カ支那占領ヲ——尾崎君ノ如キハ、支那占有ノ御趣意ヲ發表セラレテ居ルト聞イテ居リマスガ、若シ斯ノ如キ場合ニナッテ、又支那カラ米ノ來ルノヲ、ソコヘ海關稅ヲ設ケマスカ、日本ガ臺灣ヲ征略シタノハ、帝國主義デアル、臺灣ノ米ハ無稅デ、日本ニ這入ッテ參リマス、領土ヲ擴ゲテ宏大ナル帝國ヲ建テヤウト云フトキニ方ッテ、外國カラ品物ノ這入ルノガ怖イナドト云フコトハ、是ハ誠ニ小膽ナル帝國主義ト云ハナケレバナラヌ、品物ガ我國ニ自由ニ這入ッテ參リマシテコソ、大ナル帝國ヲ建テル基デアル、國コソ違ヘ、貿易ニ於テハ即チ帝國主義ヲ立テルノガ——貿易ダケニ於テ帝國主義ヲ立テルノガ、即チ英ナリ、佛ナリ、獨逸ナリ、露西亞ナリ、東洋ニ於テ自由港ト云フモノ、政策ヲ用井テ、早ク其港ヘ許多ノ貿易ヲ集メテ、許多ノ人口ヲ集メテ、他日大ニ爲スアラントスル根據ヲ作ッテ居ルノデハナイカ、斯ノ如キハ小膽ナル孤立主義、鎖港主義ノ考ヲ以テ、東洋ノ國ヲ建テタナラバ、若シ露西亞ノダルニー灣、獨逸ノ膠州灣ガ、他日香港ノ如ク盛ニナリマシタナラバ、貿易ガ盛ニナッタナラバ、彼等ハ都デアル、我ハ田舍者デアル、都會ノ權ト云フモノハ彼ニ歸スル、恰モ今日北海道ノ物品ガ、今日ト雖モ大阪ヲ經テ東京ニ參ルノデアル、大阪ノ自由港ノ政策ト云フモノハ、盛ナルモノデ、彼ガ斯ノ如キ富ヲナシテ居ル所以デアル、他日東洋ノ貿易ハ、皆露西亞ノダルニー灣、膠州灣ヲ經テ、日本ヘ參ルヤウナ政策ニナルダラウト、本員ハ考ヘルノデアル、サウ云フ勢ニナルデアラウト考ヘルノデ、斯ノ如キ主義ガ有害ナルト同時ニ、私ハ此主義ガ、現ニ我新領土ノ臺灣ニ行ハレテ居ルノヲ驚クノデス、ドウデゴザイマセウ、今日世界ニ於テ貿易ノ衰頽スル國ガゴザイマスカ、何レノ國ト雖モ、貿易ハ年毎ニ發達シテ居ル、然ルニデス、彼ノ香港ガ臺灣ノ鄰リデ、自由港トシテ總テノ貿易ヲ無稅トシテ、益々發達セシムル、殆ド無限ニ發達スル脇キニ於テ、臺灣ハ門戸ヲ鎖シテ、總テノ輸入品、阿片ノ如キモノハ專賣トスル、鹽モ專賣トスル、殊ニ又輸出品ノ重ナル物ナル樟腦ヲ專賣、ソレ故ニ外國貿易ハ年毎ニ減ッテ居ル、内地ノ貿易ハ發達シテ居リマスガ、ソレト合計ヲ致シマシタ所ガ、合計ニ於テ三十一年ニ於テハ千七百万圓程ノ輸出アリマシタノガ、三十三年ニ於テハ千五百万圓ニ止マッテ居ルノデアル、内地ト外國貿易ト込メマシテモデス、ソレ故ニデス、凡ソ商賈ガ香港ヘハ往カウトスル、臺灣ニ往ッテ貿易ヲ營マウトスル者ハナイ、世界ガ斯ク貿易ヲ以テ進ンデ居ル間ニ、臺灣ノ如クニデス、貿易ガ衰頽シテ參ルト云フコトハ、是ハ全ク輸出ヲ制限シテ居ルガタメニ、ソレ故ニ輸入ガ減ル、今日輸出ヲ制限スレバ、輸入ノ減ルト云フコトハ、買フ品物ヲ出サナケレバ、品物ノ這入ルコトハナイノデアル、斯ウ云フコトヲ致シマシテハ、臺灣ノ行末ハ實ニ覺束ナイ、香港ノ如キコトヲヤラネバ、長ク臺灣ハ我帝國ノ御厄介デアルト云フコトハ、喋々ヲ要サナイト本員ハ實ニ憂フルノデアル、併ナガラ臺灣ノコトハ先ツマア致方ガナイ、今日ニ於キマシテハ、六十三號アタリヲ共儘ニシテ置キマスレバ、ドウスルコトモナイ、我本國ヲ如何ニスベキデス、露西亞ノ自由港、獨逸ノ自由港ノ方ガ、我ヨリ盛ニナリマシタナラバ、我長崎ノ貿易モ、矢張奪ハレルノデアル、福岡ノ貿易モ奪ハレルノデアル、神戸大阪アタリマデモ、其影響ハ及ブノデアル、我日本國ニ於テハ、彼ノ歐羅巴ノ諸國ノ品物ヲ、日本ノ港ヘ入レテ、之ヲ亞細亞大陸ニ賣捌クト云フ、即チ中心市場ノ利益ト云フモノヲ、我ニ占有シナケレバナラヌ、恰モ香港ガヤル如キ政略ヲ、日本ガ取ラナケレバ、日本ハ東洋ノ大ナル商業國ト爲ルコトガ出來ナイノデアル、我貿易、外國カラ參ル品物ニ制限ヲシテ、之ヲ排斥シテ、而シテ却ッテ外國ニ遜ロヤルガ如キコトヲ致シテ居リマシテハ、日本ハ遂ニ第二ノ廣東ニナルヨリ外、仕方ガナイト思フノデス、第二ノ廣東ニナッタリ、即チ世界ノ他ノ大ナル進歩國ニ制限サレル國ニナル、恰モ大阪ノ脇ノ小サナ堺ノ如キ、其他ノ小サナル國ガ、大阪ニ制限サル、ト同ジ如クニ、香港ニ我橫濱ガ制限サレル、神戸ガ制限サレル、商權ハ彼ニ握ラレルト云フコトニナル、畢竟日本國ハ歐羅巴國ノ上ニ頭ヲ上ゲルコトガ出來ヌト云フ根據ハ、今日ニ旣ニアルト思フ、デス、露西亞ナリ、獨逸ナリハ、其力ヲ將ニ今日ニ於テ蓄ヘヤウトシテ居ルト、本員ハ考ヘルノデアル、更ニ此場合ニ於テ、長崎ヲ此儘ニシテ置イテ宜イカ福岡ヲ此儘ニシテ置イテ宜シイカ、神戸ヲ此儘ニシテ宜シイカ、彼ガ自由港ヲ持ッテ來レバ、我ガ廣東タラザランド欲スルナラバ、日本モ亦自由港ヲ持ッテ之ニ應ジナケレバナラヌ、私共ハ長崎アタリハ、ドウシテモ自由港ニシナケレバナラヌコトデアラウト考フル、ソレデアリマセヌナレバ、長崎ノ朝鮮貿易ハ、必ズ廣東若クハダルニー港ニ取ラレルデアラウト恐レルノデアル、併ナガラ長崎ダケデ宜シイカ、或ハ又彼ノポンデット、ウェーヤ、ハウス即チ保税倉庫ノ組織ヲ完成致シマシテ、外國ノ品物ガ、這入ッテ、製作ヲ加ヘテ輸出スル場合ニ於テ、税ヲ取ラヌト云フ自由ナル組織――是ハ大ナル保税倉庫ノ、餘程大ナル組織デナケレバナラヌ、餘程大ナル費用ヲ要スルデアラウト思フ、ダカラシテ、神戸大阪アタリニ建テナケレバ、是等ノコトハ今日ニ方ッテ、此獨逸、露西亞、英吉利ノ自由港政策ニ對シテ、我邦ノ商業政策トシテハ、最モ研究ヲ要スルコトデアラウト思ヒマスル、又今日ニ於テ、必ズ此策ヲ立テナイトキニハ、他日我邦ハ決シテ外國ノ盛ナル港ヲ作ラレタ後ニ、大ニ悔ユルコトガアラウト私ハ信ジマス、ソレ故ニ私ハ此場合ニ於テ、當局大臣ニ向ッテ質問致シマスルノハ、如何ナル商業政策ヲ取ッテ、此自由港政策ニ對セントスルヤト云フ點デアルノデゴザイマス、當局ノ有司ハ、必ズ成算ガアルデアラウト思フ、又ナケレバ十分ニ攻究ヲセラレテ、至當ナル問題デアルト信ジマスカラ、茲ニ質問ヲ致シマス

明治三十七年十二月二十九日　議長ノ報告

佐藤虎次郎君ヨリ韓國荒蕪地拓殖案ニ關スル質問主意書ヲ提出セラレタリ

委員長理事左ノ通リ當選セラレタリ

郡制廢止法律案

委員長　元田　肇君　理事　青地　雄太郎君

（左ノ質問書ハ朗讀ヲ經サルモ參照ノタメ茲ニ掲載ス）

韓國荒蕪地拓殖案ニ關スル質問書

右成規ニ據リ提出候也

明治三十七年十二月二十八日

提出者　佐藤　虎次郎

贊成者　尾見　濱五郎

外三十名

韓國荒蕪地拓殖案ニ關スル質問主意書

明治三十七年六月中長森藤吉郎ノ名義ヲ以テ韓國政府ニ提出セシレタル同國荒蕪地拓殖權ノ要求ニ對スル帝國政府ノ關係、措置及ヒ同事件ノ顛末經過如何

右及質問候也

理由

韓國利源ノ開發ハ日韓議定書ノ設定以來我國家ノ肩上ニ落チ來レル當然ノ責務ニシテ其成否ハ亦我國民福利ノ消長ニ繫ル所多シ即チ本年六月中我駐韓公使ノ手ヲ經テ韓國政府ニ提出セラレタル韓國荒蕪地拓殖案ノ成行ノ如キ此點ニ於テ大ニ國民ノ注意ヲ要スルモノニシテ我政府ノ之ニ對スル措置關係亦決シテ輕々ニ看過スヘカラサルモノアリ、是レ本質問書ヲ提出スル所以也

○政府委員(仲小路廉君)　唯今ノ花井君ノ御問ニ答ヘマス、第一ノ御尋ハ唯今繼續シテ居ル事件ガ何件デ、處分濟ガ何件デアルカ(花井卓藏君「處分ヲ與ヘザルモノガ幾ラ」ト呼フ)處分ニ至ラザルモノガ總計二十九人アリマス、ソレカラ裁判ノ確定シタ數ガ三十三人、ソレカラ不起訴及豫審免訴ガ三十八人デアリマス、ソレカラ第二ノ點デアリマスガ、是迄發布シテ居ッタモノ、刑期ヨリモ、此度ノ方ガ刑期ガ非常ニ多クナッテ居ルガ、ソレハドウ云フ必要カラ斯ウ刑期ヲ重クスルニ至ッタカト云フ質問デアラウト考ヘマスガ、元來此朝鮮ナリ若クハ滿洲地方ニ於テ行ハレマス銀行ノ一覽拂證劵デアルトカ、又ハ軍用切符ニ關係スルモノデアルトカ、其他白銅貨、是等ノ種類ニ關スル犯罪ハ、數年來餘程澤山ニ及ビマシタ譯デアリマス、現ニ其遣リ方モ餘程大キナ仕掛ヲ以テヤッテ居リマス譯デアリマス、之ニ就キマシテ僅ニ重禁錮一年、若クハ罰金二百圓ノ刑罰デハ、トテモ取締ガ付キマセヌ、寧ロ犯罪ニ依ッテ得マスル方ノ利益ガ、刑ヨリモ餘程多イコトニナリマスル結果、關西地方ニハ是等ノ犯罪ガ續出致シマシテ、殊ニ昨年時局以來ハ、朝鮮ノ混雜ニ乘ジマシテ、多數ノ犯罪者ヲ作ルコトニナリマシタ、トテモ今日マデ行ハレテ居リマスル此法律ニ依リマシテ、制裁ヲ加ヘマスコトハ、出來マセヌ次第デゴザイマス、故ニ刑ハ成ベク之ヲ重ク致シマシテ、サウシテ此等ノ弊害ヲ杜絶スル途ヲ講ジマスルコトハ、肝要デアラウト存ジマシタ譯デゴザイマス、尙此勅令ヲ發布致シマスルニ就キマシテ、緊急デアッタト云フ理由ハ、是モ唯今申シマスル通ニ、丁度時局ノ關係ト同時ニ、朝鮮ニハ少ナカラヌ關係ヲ有チマシテ、多數内地人モ參ルヤウナ次第デゴザイマシタ、其混雜ノ際ニ處シテ、澤山此僞造貨幣ヲ使用致シマス譯、尙御承知デモゴザイマスルガ、昨年此時局ニ伴ヒマシテ、軍用手形ノ發布ガアリマシタ、所ガ此軍用手形ニ就キマシテハ、法律上何等ノ制裁モナイ次第デゴザイマス、此際朝鮮ニ對シマシテ帝國ノ信用ヲ保チ、尙軍用手形ニ付イテ、相當ノ取締ヲ致シマスル上ニ就キマシテハ、ドウシテモ相當ノ制裁ヲ付スル法律ノ發布ヲ、必要ト致シマシタ、此等ノ理由ニ依リマシテ、次ノ議會ノ開期ヲ待ツ暇ガゴザイマセヌカッタノデ、憲法第八條ニ據ッテ、緊急勅令ヲ發布サレタ次第デゴザイマス、第三ニ就キマシテハ、是ハ政府ヨリ答辯ヲ致スベキ事柄デナイト存ジマス、兩點ダケ御答致シマス

○恆松隆慶君（百五十九番）ソレダケハ更ニ補闕指名アランコトヲ願ヒマス

○議長（松田正久君）然レバ議長ヨリ補闕ノ指名ヲ致シマス――佐藤虎次郎君ハ韓國拓殖ニ關スル件ニ付イテ、質問演說ヲ致サレマス

〔佐藤虎次郎君登壇〕

○佐藤虎次郎君（三百四十八番）本員ハ昨年十二月ニ於キマシテ、政府ニ對シテ韓國荒蕪地拓殖案ニ關スル質問書ヲ提出致シテ置キマシタ、其主意ハ「明治三十七年六月中長森藤吉郎ノ名義ヲ以テ韓國政府ニ提出セラレタル同國荒蕪地拓殖權ノ要求ニ對スル、帝國政府ノ關係措置、及ヒ同事件ノ顚末經過如何」ト云フコトデゴザイマス、其理由ト致シマシテハ「韓國利源ノ開發ハ日韓議定書ノ設定以來我國家ノ村上ニ落來レル當然ノ責務ニシテ其成否ハ亦我國民福利ノ消長ニ繫ル所多シ即チ本年六月中我駐韓公使ノ手ヲ經テ韓國政府ニ提出セラレタル韓國荒蕪地拓殖案ノ成行ノ如キ此點ニ於テ大ニ國民ノ注意ヲ要スルモノニシテ我政府ノ之ニ對スル措置關係亦決シテ輕々ニ看過スヘカラサルモノアリ是レ本質問書ヲ提出スル所以也」ト云フ理由ヲ附シマシテ御尋ヲ政府ニ致シテ居リマシタノデゴザイマス、所ガ今日ニ至ルマデモ、未ダ之ニ對スル答辯ニ接シマセヌノデゴザイマス、全體私ハ此壇上ニ登ッテ、此理由ヲ說明シ、敢テ演說ヲスルト云フヤウナコトノ必要ヲ、認メテ居リマセヌデゴザイマシタ、此主意書、此理由書ニ依ッテ、十分御答ヲ下サレ、又此以外ニ於テ、本員ガ別ニ此問題ヲ荒立テヤウト云フノデモゴザイマヌシ、別ニ之ニ依ッテ彈劾的ノ質問ヲ試ミヤウト云フ譯デモゴザイマセヌシ、又之ニ依ッテ得ルトコロノ答辯ニ付イテ、其中カラ政府攻擊ノ資本ヲ見出サウト云フ考デモゴザイマセヌ、故ニ此質問主意書、竝ニ其理由トシテ申シテ居リマスル事柄以外ニ、是ヲ補足スルタメニ、演說ヲスルト云フ程ナ、必要ヲ、見ヌト考ヘテ居リマシタノデゴザイマス、所ガ未ダ答辯ガゴザイマセヌカラ或ハ意味ノ明瞭ナラザルトコロガアッテ、御答辯ガナイノカモ知ラヌトモ、考ヘテ見マスルヤウナコトデゴザリマスルシ、又多少ソレヲ說明スルトコロノ演說アルヲ例トスルカラ、故ニソレヲ待ッテ、御答辯ヲ政府ガシテ下サルト云フ事柄デ、アルカモ知ラナイト存ジマシタ故ニ、唯形式的ニ殆ド簡單ニチョット申述ベマスルノデゴザイマス、此問題ハ百三十銀行貸附事件ト、殆ド同時ニ起リマシタ、又世間ニ同時ニ傳ヘラレタ問題デゴザイマシテ、此二ツガ相竝ンデ出テ、相竝ンデドチラガ重イカト云フ位ニ、世上ノ物議ヲ惹起シタ問題デアリマスル、然ルニ百三十銀行ノ事柄ニ付イテハ、質問書提出ト同時ニ、直チニ政府ノ答辯モゴザイマシタガ、之ニハ未ダ何トモゴザイマセヌノデアリマスル、ソレデ此事ヲ輕々ニ看過スルコトガ出來ナイト云フコトハ、其頃吾々ハ新聞ニ現ハレタトコロデモ見マシテ、又其見タトコロニ依リマシテモ、亦本員ナドハ朝鮮ニ行キマシテ、アチラデ見タリ聞イタリシタトコロノ事ニ依リマシテモ、又見ルトコロカラ致セバ、彼ノ京城ノ與中ノ鐘路ト云フ所ニ――韓民ノ何時モアスコニ集ッテ會合スル所、總テノ人ガ集ル所ノアスコニ持ッテ往ッテ、吾々ノ眼ニ著クモノガ揭ゲラレテゴザイマス、ソレハドウ云フコトデアルカト云フト、荒蕪地拓殖ト云フ事ニ付イテノ提案ガ出テ居ルガ、アレハ決シテ朝鮮ノ山川沼澤ヲ、日本人ニ讓ルト云フモノデナイト云フトコロノ趣意ナル詔勅ガゴザイマス、ソレガ私ガコチラニ來マスルノガ、十一月ノコトデアリマスルガ、其時デモ尙揭ゲラレテアルヤウナ次第デ、韓國帝皇ガ態々詔勅ヲ發シテ、人民ノ激昂ヲ鎭メナケレバナラヌト云フ必要ヲ、見ル程ナ問題デアッタデアッタカト云フコトヲ、思ハシムルノデゴザイマス、ソレデ是ガ理由トシテ申述ベタ中ニモ、チョット書イテゴザイマスル通、朝鮮ト云フモノハ、私ガ申スマデモナク、今ヤ共ニ露西亞ヲ敵トシテ戰ッテ居ル、所謂「ベリゲエレント」ノ我國ト共ニヤッテ居ルトコロノ國デゴザイマス、ソレデ日韓議定書ノコトノ設定以來ト云フモノハ、其利害ヲ倚密著ニ共ニシテ居ルノデゴザイマシテ、今度ノ軍ト云フモノモ、其起リト云フモノハ、ヤハリソコカラ起ッテ來テ居ルノデアッテ、自分ノ鄰家カラ火ノ出タ時ニ、是ガタメニ類燒スルトコロノ害――害ト云フモノハ、其火元ノ過失ガアルケレドモ、其害ノ度合ヲ云フトキニハ、同ジ程度デアル、等シク燒ケルノデアル、等シク財產ヲ失フノデアル、ソレト同ジコトニ、ヤハリ朝鮮ノ富源ヲ開發スルト云フ責任ハ、アノ議定書ニ依ッテ、正ニ我國ニアルノミナラズ、其朝鮮ノ富源ヲ開發シテ得ルトコロノ利益ト云フモノハ、ヤハリ同ジヤウニ我國ガ之ヲ得ルノデゴザイマスカラ、我國民ノ福利ト云フ問題ニ大ナル關係ヲ有チマスルノデゴザイマス、ソレ故ニ此問題ハナカ〳〵輕々シク見ラレヌノデゴザイマス、ソレ故ニ此質問ヲ提出致シタノデゴザイマシテ、殆ド茲ニ書イテゴザイマスル以外ニ、理由ハナイノデス、唯其中デ關係ト云フモノハ、ドウ云フコトノ關係ヲ云フノデアルカ、帝國政府ノ關係ト云フコトハ、ドウ云フ意味カト云フコトガアルカモ知レマセヌ、其關係ト云フ帝國政府ノ關係ヲ聞キタイト申シマスルノハ、是ハ一個人ノ提案ノ如クニモ見エマスル、私共ノ聞クトコロニ依リ、又コチラニ居ッテ聞キ、或ハ朝鮮ニ於テ聞クトコロニ於テモ、イロ〳〵デゴザイマス、長森藤吉郎氏御自身デ提出サレタモノカ、韓國皇帝ニ謁見ナドヲ吾々ガ希望致シマスル時ニ、公使館ガ之ヲ取次ノ勞ヲ執リ周旋ノ勞ヲ執ルト云フ位ナ事柄デアリマス、ソレデ即チ一個人ノ何カノ希望ガアッタトキ、之ニ公使館ガ便宜ヲ與ヘテ、周旋ノ勞ヲ執ッテヤッタノデアルカ、即チ全ク一個人ノ提案デアルカ、ソレトモ初メハ一個人デ始マッタコトデアルカ、後ニハ政府ノ提案トシテ之ヲ持出シタモノデアルカ、ソレカラサウデナケレバ、全ク初メ政府ノ提デアッテ、政府ノ考デアッテ、長森君ハ其代理者タルニ過ギヌモノデアッタカ、即チ政府ノ提案デアルカ、斯ウ云フ關係ヲ聞キタイノデゴザイマス、其關係ト云フ意味ハ……ソレカラ之ニ對シテ執ッタトコロノ措置ハ如何ナルコトデアッタカ、其起リハドウ云フモノデアッタカ、其終リハドウ云フコトデアッタカ、現在ハドウ云フコトニナッテ居ルカ、其顚末經過ト云フモノヲ、明瞭ニ承ハリタイノデゴザイマス、是ダケ申述ベテ、政府ガ此質問ニ對シテ明瞭ニ御答下サルコトヲ、希望致スノデゴザイマス

第八　海外移民保護ニ關スル建議案（吉植庄一郎君提出）

海外移民保護ニ關スル建議案

本邦ニ於ケル海外移民ハ其ノ創始日尚淺キニ係ヲス今ヤ海外各地ニ散在セル移民ノ總員ハ無慮十餘万ノ多數ニ上リ其ノ成蹟亦頗ル見ルヘキモノアリ而シテ歳次猶增加ノ趨勢アルヲ以テ此ノ趨勢ヲ利導シ永遠ノ發達ヲ圖ルハ洵ニ方今ノ急務ナリトス然ルニ從來政府ノ移民ニ對スル措置ヲ見ルニ往々親切周到ノ用意ヲ缺クモノアリ保護監督ノ實效太タ舉ラス爲ニ其ノ發達ヲ害スルコト鮮少ナラサルヲ認ム故ニ政府ハ左ノ諸項ニ對シ速ニ適當ノ方法ヲ講セラレムコトヲ望ム

一現在移民ノ所在地及將來移民ヲ有利トスル海外各地ニ就キ凡ソ移民ニ必要ナル材料ヲ蒐收シ諸般ノ調查ヲ遂クルコト

一移民ノ保護監督ニ必要ナル機關ヲ設ケ且之ニ伴フ諸般ノ設備ヲ爲スコト

右建議ス

（吉植庄一郎君登壇）

○吉植庄一郎君（七十三番）　本員等ノ如キ、新參ノ議員ガ、斯ウ長イ間、多クノ辯論ニ倦ンデ居ルトコロノ諸君ニ對シテ、割ノ惡ルイトコロヘ立ッタコトヲ悲シム、併ナガラ、本員ガ茲ニ提出シマシタルトコロノ海外移民ノ建議案ハ、凡ソ既往十年ノ間我内閣ノ諸大臣ヲ初メトシテ、滿天下ニ忘レラレテ居ッタトコロノ、此大ナル事實ヲ、諸君ノ前ニ訴ヘテ、内閣ノ各大臣ニ反省ヲ請ヒ、併セテ之ニ適當ナル施設ヲ促サントスルノデアル、ソレ故ニ先刻來堂々タル御辯論ノ如キ大問題デナイカモ知レマセヌケレドモ、少ナクトモ一年間ニ於テ、現在一千八百万圓以上ノ正金ヲ、海外ヨリ取來ル、我移民ニ對シテ此重大ナル事實ヲ沒却致シマシテ、等閑ニ付シマシテ、十年ノ間、明治二十八年以來、政府ガ之ニ對シテ一錢一厘ノ支出モセズ、一舉手一投足ノ監督ヲ與ヘテ居ヲヌト云フ事實ハ、以テノ外デアルト云フ自分ノ考デアリマス、之ニ就イテ本案ヲ建議致シタノデアル、此建議ノ要點ハ嘗テ御手許ニ廻シテアルカラ、茲ニ申シマセヌ、建議ヲ提出シマシタル理由ヲ簡單ニ――稍シク申上ゲタイノデスガ、諸君ノ御倦怠ヲ恐レマスカラ、成ルベク要ヲ摘ンデ申上ゲマス、之ヲ明瞭ナラシムルタメ、四ツノ論點ニ依ッテ之ヲ論ジマス、第一ノ理由ハ、此移民ガ我國家ニ及ボシテ居ルトコロノ既往現在、此直接及間接ノ利益ハドレダケデアルカ、第二點ニ於テ、將來海外各邦ニ於テ、我移民ガドノ方面ニ於テ、需用サレテ居ルカ、又世界ノ各邦ガ我移民ヲ、ドノヤウナ意嚮ヲ以テ迎ヘツヽアルカ、此趨勢ト及狀態、竝ニ我國ノ現在ノ狀態、將來ノ狀態ガ、此移民ト云フ問題ニ對シテ、ドノヤウナル國情ニナリツヽ、アルナラムトスルカト云フコトヲ申上ゲタイ、第三ニハ、既往竝ニ現在ニ於ケル我政府ノ移民ニ對スル政策、卽チ移民政策ノ缺陷ハ、如何ナルトコロニアルカ、是ガ第三、第四ニ於キマシテ、移民ト云フ問題ニ付イテ、之ヲ保護スルコトニ付イテ、政府ハ如何ナル處置ヲ執ッテ宜シイ筈デアルカ、又其程度ハドノ邊ノ程度マデ、保護シテ差支ナイモノデアルカ、此四點ニ付イテ事實ヲ申シマス、議論ヲ避ケマシテ、成ベク統計ニ依リ、事實ニ依ッテ、此四ツノ論點ヲ確メヤウト思フ、明治十八年以來、一昨年明治三十六年マデノ間ニ、移民ノ數ハ、ドレダケ出テ居ルカ、統計ニ依リマスト、二十二万二千四百八ノ移民ガ出テ居リマス、ソレデ此二十二万二千四百八人ノ移民ガ出テ居リマス中ニ於テ、日本ニ歸ッタ人ガアリマスルガ、凡ソ平均二割五分、サウシテ現在ハ凡ソ十五万人、海外移民ガアルノデアリマス、之ヲ統計ニ徵シテ調ベマスト、明治十八年ヨリ明治二十七八年ノ十年間ト云フモノハ、丁度五万人位シカ居ラナイ、卽チ一年平均二千六百八シカナカッタ、然ルニ明治二十八年ヨリ一昨年三十六年マデノ九箇年ノ平均ヲ見マスルト、一年一万六千デ、卽チ十年ノ間ニ每年三倍ノ數ヲ以テ出テ居ルト云フコトガ、統計ニ現ハレテ居ル、ソレカラ移民ノ數ハ、是ダケ出テ居リマスケレドモ、既往及現在ニ於テ、ドレダケノ金ヲ日本ニ送ッタカ、此移民ハドレダケ直接ノ利益ヲ、日本ニ與ヘタカト云フコトヲ、數字デ申上ゲマス、大藏省ノ調査或ハ其他ノ民間ノ調査區々ニシテ、未ダ統一シテ居リマセヌケレドモ、或ハ一箇年平均ハ凡ソ八百万圓デアルト云ヒ、或ハ一千二百万圓ト云ヒ、或ハ一千四百万圓或ハ一千六百万ト云フケレドモ、人數ノ上カラシテ大體算盤ヲ入レテ見マシテモ、私ノ推算スルトコロニ依リマスレバ、少クトモ一年ニ一千二百万圓以上ノ金ヲ、現在送ッテ居ルコトヲ確メマス、ソレカラ此一千二百万圓ト云フ金ハ、最近明治三十五六年以來ノ趨勢デアリマスルガ、明治十八年以來ノ事ハ、私ハ調査致シマセヌカラ、分リマセヌガ、十八年ヨリ一昨年ノ三十六年十九年間、此割合ヲ以テ推算シテ見マスルト、總體ノ金額ハ一億二千三百二十万圓餘ニナッテ居ル、是ハ如何ナル方法ニ依リ、如何ナル便宜ニ依ッテ送ラレタト云フコトマデハ、分ッテ居リマセヌガ、少ナクトモ是ダケノ正金ハ、最近十九年間ニ於テ現在十五万人ノ移民ガ、日本ニ送ッタノハ、一億二千万圓以上ナラザルヲ得ズ、非常ニ大ナル實事デアリマス、ソレカラ此度ハ移民ガ、正金デ送ッタノハ是ダケデアリマスケレドモ、海外ニ往ッテ居ル日本ノ移民ハ、多クハ日本ノ食糧ヲ要スル、或ハ米、味噌、醬油――今日海外列國各地ニ向ッテ、日本ノ醬油、酒ガ、サウ云フ風ニ出テ往キマスノハ、多ク日本ノ移民ガ使ッテ居ルノデアリマス、少數ハ海外ノ國民ガ要求シマスケレドモ、大多數ハ日本ノ移民ガ需用スルノデアリマス、之ガタメニ布哇ノ一國ニ、日本カラ輸出スルトコロノ日本品バカリデモ、一年ニ三百万圓ヲ下リマセヌ、三百万圓カラ四百万圓ニ近イ數ヲ得テ居ル、布哇ニハ七万以上ノ日本人ガ參ッテ居ル、ソレガタメニ三四百万圓近ク需用シテ居ル、此需用ハ――海外ニ輸出スル品物ハ、全ク移民其モノガ需用シテ居ルノデアリマス故ニ、移民ハ一方ニ於テ、正金デ日本ニ送ルト同時ニ、左ノ手ニ於テ日本ノ品物ヲ、移民ガ海外ニ持出シテ居ル、卽チ二重ノ利益ヲ直接國家ニ與ヘテ居ル、此金額ヲ人數ニ割當テ、ドノ位アルカト云フコトヲ調査シテ見マスルト、是モ元來政府ガ移民ト云フ重大ナル問題ト考ヘナイデ居ルノデアリマスカラ、之ニ對シテ綿密ナル調査ノ材料ヲ有ッテ居ラヌ、サウシテ調査シナイ、調査シテナイガ故ニ、明確ニ移民ニ關係アル金ガ、何千何百万圓ト云フコトハ、容易ニ見出スコトガ出來マセヌ、イロ〳〵ノ方面ニ亙リマスケレドモ、布哇一國ニ於テ大體需用スル金高ハ、一年少ナクモ今日ハ六百万圓以上ニナッテ居ル、サウシマスト正金デ送ル金ガ一千二百万、輸出スルガ――引出スコトガ六百万、合セテ一千八百万圓以上、直接ノ正貨ヲ日本ノ移民ノ手ニ依ッテ送ルツ、アルト云フコトハ、打消スベカラザル事實ト認メマス、ソコデ斯樣ナル直接ナル利益ヲ與ヘルバカリデナイ、移民ガ間接ニ日本ノ國家ニ與ヘル利益ハ、如何デアルカ、日本ノ商人ノ移民ノ往ッテ居ル地方ニ、自然ト引付ケル、是ガ第一、ソレカラ我商品、我產物ヲ自分等デ使フバカリデハナクシテ、自分ノ往ッテ居ル地方ノ外國人ニ向ッテ、之ヲ紹介シマス、此利益ト云フモノハ、間接ニ非常ナ利益ヲ有ッテ居ル、ソレカラ又其移民ノ往ッテ居ルト云フガタメニ、彼我ノ事情ヲ疏通シテ、通商貿易ノ發達ヲ助ケルコトガ、少ナカラヌコトデアルト思ヒマス、是ハ計數ニ徵セルコトハ出來マセヌケレドモ、推斷シテモ此事ハ確カナルコト、私ハ信ジマス、ソレカラ又諸君ガ前年ノ議會以來我航路擴張其他ニ付イテ協贊ヲ盡シテ居ラレマス、郵船會社、若クハ東洋汽船會社、此航海業者ガ移民ノ手カラ得ル金ハ、非常ナモノデアル、第一亞米利加ノ航路ノ如キハ、若シ移民ノ數ガ今日ノ十分ノ一以内ニ減退スルコトガアリマシタナラバ、東洋汽船會社ハソレニ依ッテ、營業ノ利益ヲ失フデアリマセウ、此金高ヲ極ノ概算シテモ、一年ニ平均一万六千人以上行ッテ居ル、此一人ノ運賃ガ六十圓ト假定シテモ、サウ云フ移民ニ關係ノアルトコロノ會社ノ得ル利益ハ、一年ニ百二十万圓ヲ下ラヌノデアリマス、是ハ間接ノ利益、ソレカラ移民業者、移民ヲ業トスルトコロノ會社ハ、既ニ今日三十ニ達シテ居ル、此資本金ガ二百二十五万圓ニナッテ居ル、此會社ハ單純ニ移民ト云フ一ノ問題ヲ以テ、是ハ營業シテ居ルノデアル、是ガ成立ッテ居ルノハ、移民ノ御蔭デアル、其他政治的ノ意味ニ於テ、或ハ社會的ノ意味ニ於テ間接ニ移民ガ國家ニ多大ノ利益ヲ與ヘテ居ルト云フコトヲ、私ハ知ッテ居リマス、是ガ第一ノ理由デアリマス、ソレカラ更ニ第二ノ理由(「ソレハ委員會デ述ベヨ」ト呼ブ者アリ)所ガ今日ハ大臣方ガ居リマセヌケレドモ、少シ聽イテ貰ヒタイ(「其時ハ政府委員モ出ル」ト呼ブ者アリ)モウ少シ御待チ下サイ(「十分ヤルベシ」ト呼ビ「繰返スノハヨシ給ヘ」ト呼ブ者アリ)決シテ繰返ス理窟ハ一ツモナイ、皆新事實ヲ申シテ居リマス(「ナカ〳〵君ハ議論ガ宜イナ」ト呼ブ者アリ)第二將來海外諸邦ニ於ケル移民需用ノ範圍、並ニ其趨勢、ソレト我國情、是ハドウナッテ居ルカト云フコトヲ、極ク摘ンデ云ヒマス、第一ハ東亞ノ方面、即チ滿韓ノ方面、第二ニハ北米及加奈陀ノ方面、第三ニハ中央亞米利加及南米ノ各方面及此方面ニ於ケル「パナマ」ノ移民事業、第四ニハ南洋及濠洲、暹羅、安南、其他ノ地方、第五ニハ阿弗利加即チ南阿ノ方面、此方面ニ於テデス、我移民ト云フモノガ、如何ナル方面ニ發展スルコトガ、出來ル事情ニナッテ居ルヤ否ヤ、將來此方面ニ於テ、我移民ト云フモノヲ、ドレダケ需用スルカト云フコトハ、ドウシテモ此議論ノ順序トシテモ、事實トシテモ申上ゲテ置カナケレバナラヌノデアリマス、東亞ノ方面ニ於テノコトハ、モウ近イ所デアリマスカラシテ、私ガ此處ニ詳細ノ說明ヲ要シマセヌ、滿韓ノ方面ニ我移民ヲ送ル此問題ハ、即チ滿韓ノ開發ハ、資本ト勞力ノ二ツヲ以テ往カナケレバナラヌト云フコトノ、前提ノ上カラシテ、又日露開戰ノ大目的ガ、決シテ移民ノ問題ト聯關セヌ問題デナイ、ダカラシテ、此方面ニ向ッテ將來發展シ得ルト云フコトノ斷定ハ、是ハ私ガ申上ゲルマデモナイト思フ、ソレカラ北亞米利加カラ加奈陀ノ方面ニ對シテ、現在今ノ移民ハ、一万何千人以上カ出テ居リマス、其大部分ハ布哇及太平洋沿岸ノ加奈陀及北米デアリマス、是ガ尙將來ニ於テ、我日本ノ移民ヲ需用スルヤ否ヤ、イロ〳〵日本ノ移民ヲ邪魔スルトカ、或ハ日本ノ勞働者ノ來ルコトヲ拒ムトカ云フコトハ、新聞紙上等ニモ散見致シマスケレドモ、親シク彼ノ國情ニ付イテ、北米ノ內情ニ立入ッテ見マシタナラバ、決シテ北米ノ內情ハ、我移民ヲ絶對的ニ拒絶ハシテ居ナイノデアリマス、僅ニ「キヤリホルニヤ」ノ入口、或ハ英領「コロンビヤ」ノ一部ニ於テ、無賴ノ政治家ガ勞働者ヲ煽動シ、普通選擧ノ弊害トシテ、日本ノ勞働者ガ來テハ、吾々ノ職業ヲ奪フト云フコトノ口實ノ下ニ、勞働者ノ一派ガ反對スルダケデ、有識ノ政治家、事業家、資本家、其他アラユル中流以上ノ部面ニ於テハ、日本ノ勞働者移民ニ付イテハ、實際歡迎シツヽ、アルノデアリマス、此事情ハ既ニ日英同盟ノ結果トシテ、現ハレテ來タノデアリマセウガ、加奈陀ニ於テモ英領「コロンビヤ」ノ洲ガ、日本ノ移民ヲ絶對ニ拒絶スルヤウナ方針ヲ取掛ケタトコロガ、先日ノ新聞ニアル通、加奈陀ノ政府ハ之ヲ許サヌ(「議員ノ頭ガ定數アリマスカ」ト呼ビ)又「アリマス」ト呼ビ「大アリ」ト呼ブ者アリ) 斯樣ナル北米ノ方面、及加奈陀方面ニ於テ、將來我移民ノ發展スベキ餘地ハ、十二分ニアル、之ヲ詳シク申シマスト、今ノヤウナ定數論ガ起リマスカラ、先ヅ此位ニシテ置キマス、ソレカラ中米及南米、此方面ハ僅ニ「ペリユー」ト墨西哥、此二方面ニ於テ、日本ノ移民ノ少數ナルモノヲ認メマス、併ナガラ此以外ニハマダ日本人ノ手ハ著イテ居リマセヌ、著イテ居ラナイケレドモ、此天然ノ狀態、ソレカラ產物ノ大イナルコト、其氣候、ソレカラ日本トノ交通上位置、イロ〳〵ノ方面カラ綜合シテ、是ヲ觀察致シ、又親シク其他ニ臨ンデ、實地ヲ踏査シテ見マシテモ、南米及中米ノ方面ハ、將來我日本民族ノ大發展ヲスルニ足ル地區デアルト云フコトヲ、私ハ確信スルノデアリマス、此方面ニ於テハ、未ダ手ハ著イテ居ラヌノデアリマスケレドモ、最モ最近ニ於テ著目スベキコトハ「パナマ」ノ移民デアル、御承知ノ如ク「パナマ」運河ハ「レセップ」ノ設計ヨリシテ以來、今日ニ至ルマデ、成功シテ居ラナイノデアリマスガ、之ニ對シテ米國政府ハ遂ニ或外交上ノ手段ニ依リ、「コロンビヤ」共和國ノ中カラシテ、遂ニ「パナマ」ノ獨立政付ガ出來マシタ、其內容ハ多少聞イタコトガアリマスガ、是ハ茲ニ言明致シマセヌ、既ニ「パナマ」ノ地峽一帶ヲ獨立國ニシテ、此地峽一帶ノ運河ノ工事ノ全權ハ、米國政府ノ手裡ニ落チテ居ル、是ガ米國ノ力ヲ以テ著手スル以上ハ、十年ヲ期セズシテ世界交通ノ燒點トナル場所デアリマス、此場所ニ於テ此運河ノ大工事ニ要スル所ノ移民ハ、即チ勞働者ハ決シテ共數十万人ヲ下ラヌノデアリマス、其氣候モ「パナマ」ハ殆ド熱帶ニ屬シテ居リマスヤウナ所デアリマスケレドモ、私共ガ其地方ヲ歩ルイタ時ノ狀態カラ考ヘマシテモ、決シ「パナマ」ノ方面ハ、日本ノ移民ノ健康ニ不適當ナルモノデアルトハ思ハレナイ、之ニ十分ノ衛生的ノ設備ヲ加ヘテ臨ム以上ハ、此「パナマ」移民ハ非常ナ有望ナル事業デアルト思ハレマス、殊ニ此移民ハ單ニ移民ソレ自身ノ題目デハナイ、將來中米及南米ノ宏大ナル方面ニ向ッテ、日本ノ通商貿易ヲ發展セシメテ、日本人ヲ漸次ニアノ方面ニ發展サセルト云フコトニ付イテハ、是非トモ此「パナマ」ヲ景勝ノ地ヲ以テ、移民ノ根據地トシナケレバナラヌ、此處ヲ以テ移民ノ策源地トシナケレバナラヌト思フ、是ハ實ニ重大ナル關係ヲ持ッテ居ル地點デアリマス、第四更ニ南洋及濠洲、此方面ノ事ハ私ハ自分デ實際ヲ踏査致シマセヌカラ、詳シイコトハ他ノ者カラ聞イタ話デスカラ、申上ゲマセヌガ、唯濠洲ニ於キマシテ、最近ノ濠洲ノ政府ガ、日本ノ有色人種排斥ノ楽ヲ否認シテ、次第ニ我日本人ヲ迎ヘルト云フトコロノ風ガアル、ノミナラズ、事實ガアルノデアリマス、是ハ實ニ日英同盟ノヤハリ結果ト見ナサナケレバナリマセヌガ、事實上日本ノ勞働者ト云フモノハ、善良ナル勞働者トシテ認メラレ、善良ナル移民トシテ待遇セラレントスルノ徴候ヲ、是ニ依ッテ見ルコトガ出來ルノデアリマス、阿非利加ノ方面――是ハ先年友達カラ聞イタ話デアリマスカラ、阿非利加ノ話ハ今日言ハヌデ置キマセウ、是ニ對シテ世界ノ各方面ハ、日本ノ移民ガ十分ニ發展スルトコロノ場所ヲ持ッテ居ル、又各方面ニ於テ日本ノ移民ヲ需用シテ居ルノデアル、是ニ對スル我國情ハドウデアルカト顧ミマスレバ、現在ニ於テ一年ニ四十七八万ノ人口ヲ增殖シテ居ルノデアル、一年ニ四十万人以上ノ增殖ヲシテ居ルノデアル、此日本ガ現在一方哩ニ對シテノ人口ノ數ハ、之ヲ英國ニ比シ、之ヲ獨逸ニ比シテモ、決シテ人口稠密ノ點ニ付イテハ、世界何レノ國ニ對シテモ負ケハセヌノデアル、又人口ノ斯樣ニ增殖スルト同時ニ、日本ノ下等ノ農民其他ノ者ニ於テ、職業ヲ失フ人ガ甚ダ多イノデアリマス、即チ人口增殖ノ割合ニ、日本ノ耕地ノ段別ハ殖ヘテ居ラヌノデアリマス、ソレデ即チ此增殖スルトコロノ人ヲ、漸時ニ職業ヲ失フ人トナルノデアル、此人口增殖ノ趨勢ニ對シテ、國家ハ當然此研究ヲシテ、年々殖ヘルトコロノ此人口――既ニ餘リアル五千万ノ人口ト云フモノハ、日本ノ邦土ニ溢レ切ッテ居ルノデアルカラ、人口ガ益々殖ヘルト云フ此國情ニ於テ、移民ハ果シテ必要ナル問題デアルヤ否ヤト云フコトヲ、考ヘテ見ナケレバナラヌ、ソレカラ現在ニ於テ海外ノ移民ガデス、國民ハ出タクナイノデアルカ、出タイノデアルカト云フニ、海外ノ移民ハ、渡航免狀ヲ得ラレザルガタメニ――容易ニ渡航免狀ヲ得ルコトガ出來ヌタメニ、非常ニ難儀ヲシテ居ル者ガ多イ、是ハ政治家ノ指導ニ由ッテ動イテ居ルモノデモナケレバ、新聞ノ指導ニ由ッテ動イテ居ルモノデモナイガ、極ク日本ノ最下層ニ居ルトコロノ無智ノ人民ガ、此經濟上ノ自然ノ必要ナル事情ノ下ニ壓迫セラレテ、海外ノ移民ヲ非常ニ希望シテ居ルモノガ、非常ニ多クナッテ來タノデアリマス、此一大事實ガ等閑ニ看過セラレテ居ルト云フノガ、一ノ事實デアリマス、更ニ日露戰爭ノ終結シタル後ニ及ンデ、我日本國民ノ意向ハ如何デアルカト云フコトヲ、考ヘテ置カナケレバナラヌ、現在ニ於テ――明治二十七八年ノ日淸戰役ト云フモノガデス、我國民ノ經濟上ニ、偉大ナル影響ヲ及シタノデアル、ソレガ一ツ、ソレカラシテ此支那ヲ討ッテ、國民ノ意氣ガ揚ッタ、海外ニ出ル位ノコトハ屁トモ思ハナイト云フ觀念ガ、國民一般ニ行亙ッタノデアル、此二十七八年ノ戰爭ノ結果トシテ、一年僅ニ五千人ノ移民デアッタモノガ、假ニ三倍ノ增加ヲ來シタ、二十七八年戰爭以來三倍以上ノ激增ヲシタト云フコトハ、是亦日露戰爭ト云フ、此世界ノ大强國ト戰ッテ勝ッタト云フ此場合ニ於テハ、國民ハデス、如何ナル考ヲ事實ノ上ニ於テ現ハシテ來ルカト云フコトハ、是ハ推測ノ出來ヌコトデハナイ、日淸戰爭ノ事例ニ照シテ明カナルコトデ、此時期ノ來ルハ明治三十九年カ四十年カハ知リマセヌケレドモ、ソレカラ先キノ國民ガ、今日ヨリ三倍若ハ六倍ト云フ倍加數ヲ以テ、發展スルト云フコトハ、是ハ當然ナコトデアリマス、斯樣ニ世界ノ各方面ニ於テ手ヲ出シテ、日本ノ移民ヲ迎ヘ、日本國內ノ事情ハ、是非トモ年々四十万人以上增加スルトコロノ人口ハ、何處ヘカ出サナケレバナラヌト云フ、內外ノ事情ニ遭逢シテ居ルニモ拘ハラズ、政府トシテ、當局者トシテ、此移民ノ政策ガ立ッテ居ラヌト云フコトハ、抑々何タルコトデアルカ、是ガ卽チ私ノ本案ヲ提出シタルトコロノ、第一ノ理由デアリマス、第二ノ理由(恆松隆慶君「モウ澤山ダ、大抵ニシテ止メテ置キ給ヘ」ト呼フ)モウ少シ聽イテ呉レ給ヘ、新米ノ話ハ少シ忠實ニ聽イテ貰ヒタイ……理由ノ第三ハ旣往現在ニ於ケル我移民政策ノ無定見――先ヅ政策ノ有無ヲ問ハントスル前ニ、我政府ガ是ダケノ大ナル金ヲ日本ニ送リ、直接間接ニ大利益ヲ與ヘテ居ル移民ニ對シテ、明治十八年以降茲ニ其金ヲ何錢出シタカ、何圓是ニ支出ヲシタカト云フコトヲ調ベテ見ルト、一番早ク分ル、明治二十五年度ニ於キマシテハ、聞クトコロニ依レバ、是ハ私ハ責任ヲ持ッテ御答ヲスル譯デハナイガ、外務省ノ機密費カラ僅ニ一万圓ノ金ヲ、移民ノ調査其他ノコトニ使ッタト云フ事實ガアリマス、是ハ二十五年度デアリマス、二十六年度ニ於テ始メテ移民探檢費ト云フ項目ヲ、外務省ノ費目ニ於テ設ケタノデアリマス、是ガタッタ一万圓、共一万圓ニ前年度同樣機密費中カラ繰合シテ出シタ一万圓ヲ合セテ、合計二万圓ヲ二十六年度ニ於テ支出シタノデアル、二十七年度モ前年同斷……二十七年、二十八年ハ丁度日淸戰爭ノ起ッタ當時デアリマスカラ、聞クトコロニ依レバ經費節減ノ名目ノ下ニ、折角茲ニ設ケタ費目ヲ潰シテシマッタサウデ、二十五年ヨリ二十七年ニ至ル三箇年間ニ、五万圓ト云フ金ノ支出ヲ見テ居ルノデアルガ、爾來二十八年以降ニナッテハ、外務省ノ豫算ノ內ヲ、先覺ノ諸君ガ御覽下サレバ、何時ノ年ニ幾ラ支出シタ事實ガアルカ直グ分リマスガ、一厘一毛モ移民ニ對シテ金ハ出シテ居ラヌノデアル、獨リ、保護ノミナラズ、監督ノ上ニ於テモ此費用ガ出シテナイ、凡ソ文明ノ仕事カ金錢ヲ要セズシテ方針ヲ立テ、目的ノ遂行ガ出來ル仕事ハ何デアルカ、此政府ガ二十五年、二十六年、二十七年ノ間ニ、五万圓ノ金ヲ支出シタト云フ事實ニ依ッテ、之ヲ國家ガ當然保護シ又監督スベキ事業ト認メタ證據デアル、其金高ノ多少ヲ問ハズ――ケレドモ二十八年以降ハ日淸戰爭ノ結果、豫算ガ倍ニナッテ國家百般ノ事業ガ、積極的經營ノタメニ、國民ニ大ナル負擔ヲ掛ケテ、各種ノ新事業ニ着手シタデハナイカ、然ルニ移民ニ對シテハ、前ニ五万圓支出シタ其金キリデ、アト十年ト云フモノハ厘毛モ支出シテ居ラヌト云フ事實ハ、是ハ政府ガ旣往十年間移民ニ對シテ、無策、無定見、何等ノ政策ヲ持ッテ居ラナカッタト云フ鐵案デアリマス、第二、然ラバ何カ兼務ノ機關ニ依ッテ、移民ノ調査若ハ移民ノ保護ト云フコトニ對シテ、或ハ他ノ省ノ一部分ニ此仕事ヲ含メテ居ッタカ、或ハ何等カノ機關ニ依ッテ、此仕業ヲ保護サレテ居ッタカト云フ事實ヲ調ベルト、何ニモナイノデアリマス、此移民ニ對シテハ移民課ト云フモノガ、二十五六年頃デアリマシタカ、設ケラレタト云フコトヲ、傳聞シタクコトガアリマスガ、以來ソレモ廢シテシマッテ、移民ニ對シテハ特別ノ役人――移民官若クハ移民事務官ト云フヤウナモノハ、一人モナイノデアリマス、ソレカラ移民ニ關シテハ特別ノ官署モ無ケレバ是ニ專門ニ與カル役員モ一人モ無イノデアリマス、ソレカラ保護監督ニ關シテハ、政府ハ十九年間何ヲ爲シタカト云フト、移民保護法ナル法律ヲ拵ヘテ居ル、此法律ヲ一ツ出シタト云フニ過ギナイ、其法律ヲ執行シテ往クノハ、海外ノ事情ニ通ジナイ地方ノ長官、地方ノ巡査警吏ニ、此權能ヲ委ネテ居ル、移民渡航免狀ヲ出願スル場合ニハ、地方ノ罪人デモ接檢スル如ク調ベテ、地方官ガ許否ヲシテ居ル、一タビ此移民ガ地方ノ警察若クハ地方長官ノ排斥スルトコロトナレバ、日本全國ニ共氏名ヲ通ジテ、再ビ出願スルコトハ出來ナクナル、移民保護法ノ執行ハ、左樣ナル不完備ナル方法ニ依ッテ、執行サレテ居ルノデアリマス、然ラバ海外ニ在ッテハ、ドウ云フコトヲシテ居ルカ、海外ニ於テハ領事ニ此移民ト云フモノヽ保護監督ヲ托シテアリマセウ、恐ラク今日デモ領事ノ職責トシテ、當然移民ニ對シテハ、是ダケノコトヲシナケレバナラヌト云フコトニハ、ナッテ居ラヌデアリマセウ、先ヅ仕事ノ片手間ニ、移民デモ往ッタラ世話シテ遣レト云フ程度ニ過ギナイ、故ニ領事廳ニ參ッテモ、領事館ニ往ッテモ名簿モ何モ立派ニ備ッテ居ラヌ、又日本ノ移民ハ、ドノ方面ニハドノ位來テ居ルデアラウ、ドコヘ移轉シタカト云フヤウナコトハ分ラヌ、形式ハ存シテ居ッテモ、移民ノ保護監督ト云フモノハ、少シモ行ハレテ居ラヌ、斯樣ニ金ハ一文モ出サヌ、其機關モ設ケテ居ラナイ、就イテハ最近ニ於テ移民ノ受ケタトコロノ難義シテ居ル狀態ハ、諸君ノ參考ニ供サナケレバナラナイ、諸君、是ガ若シ日本ノ國內ニ、斯ノ如キ二千万圓以上ノ利益ヲ、實際國家ニ與ヘテ居ル移民ガ、國內ニ在ッテハ、運動好キノ人ハ、之ヲ煽テ、居ッタナラバ、恐ラク八十年ノ間議場ニ於テモ、武藤君ノ如ク慷慨悲憤ノ演說ヲ、代理シテヤッタ者ガ何人アッタカ知レナイ程デアラウ、此事實ハ其海外ニアル移民ハ、全ク無智ノ移民デアル、サウシテ上流ノ人ハ、少シモ譯ヲ知ラレテ居ラヌ故ニ、此事柄ニ向ッテ、政府モ等閑ニ附シ、議會モ等閑ニ附シタト思フ、現ニ第一ノ證據ヲ諸君ノ目ノ前ニ出ス、ソレハ横濱デアリマス、横濱ニ於テノ移民取扱ノ方法ヲ御覽ナサイマスト實ニ驚ク、私ハ實際ソレニ乘ッテ往ッタノデアリマスガ、全ク驚イタト云フモノハ、横濱ニ參リマシテ、中等及下等ノ船客ガ切符ヲ買ヒマス前ニ、檢疫ヲシナケレバ、米國ニ上陸スルコトガ出來ヌ、其檢疫ノ爲メニ、此檢疫ヲスル者ハ誰デアルカ、日本ノ國民デアルニ拘ハラズ、亞米利加ノ醫者ガ日本ノ移民ノ檢疫官デアリマス、横濱ノ山ノ手ニ一町四方位ノ埒ヲ設ケテ、其中ニ中等及下等ノ船客ヲバ一週ニ入レテ、一二三ノ番號デ呼込マレデ、ソレデ何ヲスルカト云フト、先ヅ裸體ニセラル、ノデアリマス、ソレデ單衣ヲ著セラレテ湯ニ入レラレル、共時ニ二百人往カウガ、四百人往カウガ、一ツノ風呂ガアルバカリデ、ソレガ半日ノ間ニ順番ニ入レラレル、サウワコニ亞米利加ノ醫者ガ附イテ見テ居ル、是ハ男モ女モ殆ド混浴同樣デアリマス、サウシテアルイヤツハ、湯ニ這入リハシナイ、這入ッタ振リシテ居ル、サウシテ又宿ノ御仕著セヲ著テ、旅舍ヘ歸ッテ、檢疫ガ濟ンデカラ、船ノ切符ヲ買フコトニナッテ居ル、是ハ實ニ日本ノ帝都ノ直キ膝元ニ於テ、治外法權同然ノ事ヲヤッテ居ルノデス、若シ是ガ前年小學校ノ生徒ガ友達ノ物ヲ盗ンダトカ云フ事デ裸體ニシテ調ベタトカ云フノデ、天下ノ視聽ヲ聳カシテ、社會ノ大問題トナッタノデアリマス、日本ノ移民ハ罪人デモナケレバ、惡黨デモナイ、國家ニ對シテ多大ノ貢獻ヲ爲シテ居ルトコロノ、何百ト云フ數ノ者ガ、米國ノ醫者ノ前ニ裸體ニサレテ、日本ノ恥辱ヲ演ジツヽアルノデアリマス、之ヲ以テ外務當局者ハ、日本國民ノ體面ト權利ヲ維持シテ居ルト云フコトガ出來ルカ、又天下ハ此大問題ヲ、何時ニ小學校ノ子供ヲ裸體ニシタ如ク騒イダカ、是ハ知ラレヌカラデアル、紳士諸君ハ、上等船客トシテ旅行セラル、人ミデアリマスカラ、下等賤民ガ斯樣ナル狀態ノ下ニ、帝都ノ膝元ニ於テ、斯樣ナル外國人ニ壓迫ヲ被ッテ居ルコトハ、多クハ御知リニナラヌノデアラウ、其一事ヲ以テ、彼等ガ、海外ニ上陸シ、又上陸シタ後ニ、種々樣々ノ壓迫虐待、アラユル困難ノ事情ニ遭フト云フコトハ、此一事ヲ以テ證明スルコトガ出來ル、既ニ昨年中社會ノ大問題ニナッテ居ルトコロノ墨西哥移民ノ如キモ、移民會社モ惡ルイデアリマセウ、移民モ惡ルイデアリマセウ、併ナガラ國ガ之ニ對シテ何等ノ保護監督ヲシテ居ラナイノデアリマス、墨西哥ニ於ケル方面ノ調査ガ、國家トシテ出來テ居ッタナラバ、移民會社若クハ移民ニ知ラシテヤッタナラバ、何百ト云フ數ノ者ガ、無駄ニ往ッテ大騷ヲシテ會社モ損シ、移民モ損ヲシテ戻ッテ來ルト云フヤウナコトハ、無カッタラウト思フ、其前ノ「ペルュー」ノ移民ノ時モ、移民ハ會社カラ欺カレタト云ヒ、會社ハ移民ガ背イタト云ヒ、其間ニ非常ノ反抗ヲ起シ、國際上ノ厄介問題マデモ惹起シタコトガアリマス、斯樣ナル國體トレデヤッタ場合ニモ、サウ云フ不都合ガ澤山出來ルノデアル、是ハ皆我政府ガ移民ヲ取締リ監督シ及保護スルコトニ付イテ、殆ド無定見ナル遣リ方ヲ爲シ、無政策デアッタタメニ、斯樣ナ結果ヲ持來ラシタコトヲ、斷言スルノデアル、更ニ理由ノ第四デゴザイマス、簡單ニ述ベマス、ソコデ第四ノ理由トシテ、移民法ニ對スル國ノ政府トシテ執ルベキ措置、及程度如何、此移民ノ是ガ將來ノ問題ト云フバカリデナイ、現在ニ於テノ大問題デアル、大事實デアル、既往ニ於テモ、亦大事實デアッタノデアリマス、故ニ是ダケノ事柄ヲ保護スルトカ、放任スルトカ云フ一定ノ方針ガ無ケレバナラヌ、一定ノ方針ヲ國トシテ立テナケレバナラヌ、卽チ保護スルカ、放任スルカ、此二ツノ行路ニ向ッテ、政府ハ解決シテ行カナケレバナラヌ、何レニスルモ、之ヲ放任スルト云フモ政策デアル、若クハ之ヲ保護スルト云フモ政策デアル、兎ニ角今日マデノ既往ノ政府ノ執ッタ方針ハ、保護ニモナラズ、放任ニモアラズ、半上落下ノ中ブラリンヲキメタノデアリマス、今日ハドウシテモ之ヲ現在ニ照シ、將來ノ形勢ニ鑑ミテ以テ、政府ノ政策ヲ一定シテ、國家ハ如何ナル方針ヲ執ルカト云フコトハ、少ナクトモ、消極的ノ意味ニ於テモ、當然政府ハ政策ヲ立テナケレバナラヌト思フ、第二ニハ移民事項ノ調査及研究、是ダケハ航海業者ニ對シテ、政府ハ常ニ海路ト云フモノヲ調査シテ、海圖ヲ拵ヘテ、其便利ヲ圖ッテ居ル、商工業者ノタメニハ商工業視察員ヲ出シ、或ハ領事館ヲ拵ヘ、種々ノ報告ヲ取ッテ、其事情ヲ知ラシムル方法ヲ採ッテ居ルノデアル、斯ノ如ク右等ノ者ニ向ッテハ、ソレ〳〵保護スル途ヲ執ッテ居ル以上ハ、少ナクトモ此移民ニ付イテハ、現在往ッテ居ル者ノ事情、將來發展スベキ移民ノ地ノ事情ヲ調査シ、之ガタメ吏員ヲ出ストカ、技術員ヲ出ストカシテ、果シテ其地ガ移民ニ適スルカドウカ、如何ナル方法デ移民ヲ許シテ宜イカト云フ調査研究ダケハ、少ナクトモ政府ガシナケレバナラヌ仕事デアルト思フ、是ガ第二、ソレカラ第三ニハ移民ノ保護監督ノ機關ヲ設置シ、是ニ伴フ設備ヲ、ソレ〳〵シテ往カナケレバナラヌ、此事モ說明ヲ要セヌコトデ、以上ノ移民ノ政策ヲ確立シ、又監督ノ機關ヲ設ケ、且諸般ノ調査ヲナスコト、此三ツハ政府ガ如何ニ拋ッテ置カウト思ッテモ、今日國費多端ノ際デモ、最少ノ意味ニ於テ、消極的ノ意味ニ於テモ、是非ヤラナケレバナラヌトコロノモノデアル、此以上進ンデ大經營ヲスル者ガアルナラバ、其提案ヲ以テ此機會ニ臨マルレバ、至極結構デアルガ、以上私ノ述ベタノハ、少ナクトモ政府ノシナケレバナラヌトコロノモノダケヲ申シタノデアル、ソコデ以上申シマシタ四ツノ理由ニ依ッテ、本建議案ヲ提出致シマシタガ、此問題ニ付キマシテハ、從來ノ政府ガ甚ダ其政策ヲ誤ッタノミナラズ、現當局者モ頗ル輕重本末ヲ誤ッタ遣方ヲシテ居ルノデアル、私ノ如キ拙口ノモノガ申スマデモナイ、政治ハ各般ノ平均ヲ得テ「バランス」ヲ失ハヌヤウニスルガ、一言ニ云ヘバ政治ノ要訣デアルト思フ、各大臣ハ自分ノ所管事務ニ責任ヲ持ツト同時ニ、國家ノ全般ノ政務ニ向ッテ、聯帶ノ責任ヲ負ハナケレバナラヌ、然ルニ此二千万圓ニ近キ、現在國家ニ利益ヲ與ヘテ居ル移民ノ事實ニ向ッテハ、毫モノ支出ヲセズ何等ノ設備モレナイハ、何ノタメニ斯ウ云フコトニナッタカト考ヘテ見ルト、由來各省割據ノ弊ト云フコトガ、民間ニ傳ッテ居ル、各大臣各自分ノ所管ノ事務ノ領分ヲ、切開ク傾向アルヲ聞イテ居ルガ、私共ハサウ云フコトハ分ラヌガ、少ナクトモサウ云フコトカラ來タノデナクンバ、斯ノ如キ權衡ヲ誤ル、輕重本末ヲ誤ッタ仕事ハシナイデアラウト思フ、若シ之ヲ金額ノ上カラ申セバ、日本ノ重要輸出品ニ於テ、一年八百万圓以上ニ上リ居ルモノハ、僅ニ五六種ニ過ギナイ、一番多イノハ生絲デアルガ、三十六年ニ之ガ七千万圓、綿絲ガ三千万圓、羽二重ガ二千七百万圓、石炭ガ千九百万圓、銅ガ千四百万圓、茶ガ千三百万圓ト云フ譯デ、日本ノ重要輸出品中、八百万圓以上ニナルモノハ其位ニ過ギヌ、然ルニ移民ニ依ッテ持ッテ來ル金ハドウデアル、千二百万圓――千八百万圓ト云フノデアルカラ、重要輸出品ノ第三位第四位ニ比較スルコトガ出來ル、勿論品物ト活キテ居ル移民ト比較ハ取レナイガ、單ニ金額ノ上ニ於テ計算スレバ、左樣ナ比較ニナル、然ルニ其他ノ重要ナル輸出品ニ付キマシテハ、或場合ニハ殆ド些細ノコトニマデ立入過ギテ、或ハ其發達ヲ妨ゲヤシナイカト云フマデニ干渉シテ居ル、然ルニ此多大ナル利益アル移民事業ニ向ッテ、何等ノ設備ヲシナイト云フノハ、常識ヲ以テ判斷シテモ、是程無能ノ譯ハナイ、今マデ是ダケノ事實ヲ忘レテ居ッタ譯デハナイカ、此事實アルニ拘ラズ、此經營ヲシナイノハ、各省割據ノ弊ガ、事實トシテ茲ニ現ハレタモノデハナイカト思フ、正貨準備ヲ維持スルタメニ、海外ニ向ッテ高イ利息ヲ拂ッテ、外債ヲ募集セラル、當局者――國家經濟ノ要素ヲ保護スルタメニ、六百万圓以上ノ大金ヲ、一私立銀行ニ貸出ストコロノ我政府ハ、其趣意正貨準備――貨幣制度ノ維持ニ努メ、我國戰時ノ財政ヲ完ウスル志ニ出デタノデアリマセウ、然ルニ現在是ダケノ金額ヲ日本ニ送ッテ居ル事柄ニ對シテ、何等ノ事ヲセヌト云フコトニ至ッテハ、矛盾撞著、言語同斷ト云ハナケレバナラヌノデアリマス、以上述ベマシタトコロニ依ッテ、獨リ現政府ヲ攻メントハシナイ、卽チ國民モ亦責アル、今日ニ至ルマデ十年間、議會ノ一問題トモナラズ、一般ニ忘レテ居ッタノデアルカラ、之ハ寬大ニ容赦スル、既往ノコトハ咎メナイ、併ナガラ是ダケノ事實アル以上ハ、速ニ當局者ハ今後ニ於テ、相當ノ手段方法ヲ講ジテ、此建議案ノ如キ移民ノ保護監督ニ必要ナル機關ヲ設ケ、且之ニ伴フ設備ヲナシ、今後發展スベキ大和民族ヲシテ、十分ニ發展ノ目的ヲ達セシムルヤウ致スハ、現政府ノ當然ノ職責ト確信スルノデアリマス、若シ政府ガ幸ニ反省致サレテ、今後雄大ナル計畫ヲ供ヘテ本院ニ臨マルルナラバ、今日ノ如キ經費多端ノ場合デモ、本員等ハ喜ンデ政府ノ提案ニ贊同スルコトヲ、明言シテ置クノデアリマス

鑛業法案（政府提出）

（堀田連太郎君登壇）

○堀田連太郎君（百九十一番）　此鑛業法案ノ委員會ハ、諸君、御承知ノ通、比較的長時日ヲ要シマシタノデゴザイマス、會ヲ開クベキ準備ヲ致シマシタコトガ十回デ、正ニ開會致シマシタコトガ八回デアリマス、ソレデ箇條モ章トシテ八章アリ、箇條トシテ百十九條カラ成立ッテ居リマスル、隨分浩瀚ナルモノデゴザイマス、殊ニ數年來朝野ノ問題ニナッテ居リマス、大切ナ問題デアリマスルカラ、特別委員モ鄭重ニ審議ヲ致シ、尙當局者モ懇切ニ辯明ヲ致シマシテ、種々ニ練リマシタ結果、第八回目ノ特別委員會デ、決定ヲ致シマシタ、之ヲ細カニ御報道致シマスコトハ、殆ド不可能ト信ズル位、隨分長ウゴザイマス、又頗ル諸君ノ御倦怠ヲ來シマセウト思ヒマス、既ニ修正ノ箇條ハ、御手許ニ回ッテ居リマスカラ、委員會ニ於キマシテ、最モ重要ト看做シマスル結果ト、經過ダケヲ御報道致シマス、先ヅ此委員會ヲ開キマスニ方リマシテ、兎ニ角是ダケノ長イ箇條デアリマスルカラ、初メニ或ハ修正ヲシマシタトコロガ、後ニ至ッテ抵觸スルヤウナ場合ガ、起ラヌトモ限ラヌカラ、一通リ假決定ヲシテ最後ニ前ニ遡ッテ本決議ニシヤウデハナイカ、斯ウ云フコトデ、卽チ議事ノ順序ヲ、右ノ次第ニ採リマシタ、ソレデ假決定ヲ致シマシタモノガ、本決議ニ至リマシテ、變リマシタ點ハ、一二ゴザイマスルガ、約假決定通ニ、本決議モ終リマシタノデゴザイマス、ソレデ其大要ヲ申シマスレバ是モ箇條ニ亙リマスト、數箇條ゴザイマスガ、其中デ重モナルモノヲ申シマスレバ、第一條ニ於テ現行法ニアリマスル如クニ、其條文ヲ「試掘採掘及之ニ關スル事業」ト直シマシタルガ如キ、ソレカラ第二條ニ鑛物ノ種類ニ、重石鑛、竝ニ水鉛鑛、之ヲ加ヘマシタルガ如キ、又第三條デ鑛物ノ定義ニ於キマシテ、廢鑛及鑛滓ト入レマシタルガ如キ、ソレカラ、鑛區ノ區域ニ付イテ、六十万坪ヲ百万坪ト直シマシタルガ如キ、第十四條ニ國ノ鑛業ハ、一切第八條ノ罰ノ規定ヲ除クノ外ハ、悉ク鑛業法案ノ支配ヲ受クルト直シマシタルガ如キ、段々ゴザイマスルガ、是等ハ前申シマスル通、御手許ニ回ッテアリマストコロノモノヲ、御熟覽ヲ願ヒマシテ、報告ヲ省クコトニ致シマス、要スルニ鑛業法案ニ於テ、重モナル問題トナッタモノハ二ツデアリマス、一ハ稅ノ問題、一ハ外國人――個人ナル外國人ニモ鑛業權ヲ許スヤ否ヤト云フ、此二ツノ問題デアリマス、此二ツノ問題ニ就キマシテハ、少シク時間ハ要シマセウケレドモ、特別委員會中ニ起リマシタル議論ト、ソレカラ如何ナル終局ヲ告ゲタカト云フ事柄ニ付イテ、諸君ノ御淸聽ヲ煩ハス點ガ、多々アリマスルト思ヒマスカラ、是ニ就イテハ少シク詳シク申シマス、ソレデ結局稅ノコトハ政府原案通ニナリマシテゴザイマスルカラ、是ハ特別委員會中ノ一ノ波瀾ト見ルニ過ギマセヌカラ、是カラ其有樣ヲ報道致シマス、稅ノコト、一口ニハ申シマシタガ、是ハ分ケマスルト、無論試掘稅ト採掘稅トアルノデアリマス、ソレデ初ニ假決議ノトキニ、委員會デ決定レマシタノハ、八十三條ニアリマスル試掘稅ト云フモノハ、一切無稅ニシマス、卽チ削除シテシマツ、ソレカラ採掘稅ノ四十錢トアリマスルノヲ、三十錢ト直ス、斯ウ云フコトデ假決議ニナリマシタ、其理由ヲ申シマス、是ニハ無論贊成モ反對モ兩方ゴザイマス、又隨分長ク此議論ガ鬪ハサレマシタカラ、ソレヲ一々詳シク此處デ申スコトハ、時間ガ掛リマスカラ、一ツ書ニ致シテ、要點ダケヲ茲ニ申シマス、ソレデ詰リ八十三條ノ原案維持、卽チ八十三條ヲ贊成スル方ノ理由トシテ、各委員カラ述ベラレマシタル其要點ダケヲ、茲ニ申シマスレバ、勿論此中ニハ、政府當局者ノ贊成演說ノ趣旨モ含蓄シテ居リマス、先ヅ第一ニ試掘ノ課稅ト云フコトハ、鑛業ノ保護奬勵竝ニ弊害ノ豫防、斯ウ云フコトデアリマス、是ハ稅ヲ課スルト云フ コトソレ自身ガ、直チニ鑛業奬勵保護ニナルト云フコトハ、少シク辻褄ノ合ハヌヤウデアリマスガ、是ハ附帶シタ理由トシテ、述ベラレテ居ル、卽チ弊害ノ豫防ト云フコトガ、重モナル理由デアル、ソレハ諸君御承知ノ如ク、日本全國ニ於キマシテ、試掘ノ總坪數ガ二十何億万ト云フ、非常ナ廣イ區域ニナッテ居リマス、之ヲ占領シテ居ルガタメニ、眞正ノ事業ヲ營マウトスル者ニ大弊害ヲ與ヘル、ソレヲ課稅ト云フコトハ、一面ニハ無論收入ヲ意味スルケレドモ、是等ノ占領地ヲ開放セシメル、卽チ眞正ノ事業ヲナサントスルモノ、タメニ、便益ヲ與ヘ、卽チ保護ヲスルト云フ方ノ意味カラシテ、弊害豫防ト云フコトヲ意味シテ、課稅法ヲ主張シ、若クハ贊成サレタノデアリマス、ソレカラ次ニハ此行政機關ノ擴張ト同時ニ、收入ノ目的デアル、今日デハ政府當局者モ種々ニ苦心ハシテ居ルケレドモ、如何ニモ行政ノ機關ニ不備不完ノ點ガアッテ、思フガ如ク行屆カヌ、大ニ此行政機關ヲ改良シ、又增大スルノ必要ガアル、就イテハ此目的ヲ達スルニヤハリ一ノ收入ト云フモノヲ、得ナケレバナラヌト云フ理由ガ、第二ニナッテ居リマス、ソレカラ是ハ直接ニ、此鑛業法案其物ニ對シテノ理由デハアリマセヌガ、同ジク理由トシテ數ヘラレマスノハ、豫算案トノ關係デアル、既ニ一面ニ於テ、豫算案ハ通過シ、其豫算案中ニ無論此法案ニ依ッテ、極メラレルトコロノ稅、非常特別稅ハ勿論ノコト、ソレ等ガ含マレテ、一面既ニ可決サレテ、此議院ヲ通過シテ居ル以上、茲デ此八十三條ノ試掘課稅ト云フモノヲ全廢シ、併セテ採掘稅ノ四十錢ヲ三十錢トスル以上ハ、忽チ茲ニ影響ヲ及ボスニ依ッテ、是ハ原案ニ贊成スベシ、斯ウ云フ議論ニナリマシタ、ソレデ重モ擧ゲマスルト、原案維持竝ニ贊成ノ理由ハ、斯クアリマス、是ニ對シテ修正ヲスルト云フ方ノ理由モ、亦アリマスル、是モイロ〳〵ノ方面カラ、議論ガ出マシタ、併シ是ヲ約シテ見マスルト、先ヅ斯ウナラウト思ヒマス、第一ニハ試掘ノ性質上ヨリ課稅スベカラズ、卽チ試掘ト云フモノ、原則カラ、是ハ稅ヲ課スベキモノデナイ、其議論トシマシテハ、隨分イロイロゴザイマスルガ、賢明ナル諸君ハ、此一言ヲ以テ御判斷下サルコトガ出來マセウト思ヒマスカラ、深クハ申シマセヌ、卽チ試掘ノ性質上、原則カラ課稅スベキモノデナイト云フ議論、ソレカラ第二ニハ、課稅ノ原則カラ、是ヲ以テ課稅ヲスベキモノデナイ、試掘其物ハ、其字ノ如ク、未ダ利益ノ目的トナッテ居ラナイ、卽チ是カラドウナルカ、ヤッテ見ヤウト云フ其物デアッテ、物體トシテ課稅ヲスベキ性質ノモノデナイ、是モ長ク敷衍シマスレバ、イロ〳〵議論ニナリマセウガ、先ヅ大體ニ於テ、此一言デ宜カラウト思フ、ソレカラ其次ハ當局者ノ說明、又是ニ贊成ヲサレタ、其說ノ重モナル原因ハ、試掘地占領ノ弊害ヲ、防禦スルト云フコトデアリマシタ、是ハ其委員會ノ有樣ヲ申シマスレバ、絕對ニ是ニ反對スルト云フ人ハ餘ナカッタヤウデス、是マデノ如ク無制限無責任ニ、試掘地ヲ勝手放題ニ許シテ置クヤウナコトヲシテハ、宜シクナイト云フコトハ、各員大概意思ガ一ツデアッタヤウニ思ヒマス、併ナガラ此弊害ヲ豫防スルト云フコトノタメニ課稅ヲシテ、此弊害ヲ豫防スルト云フコトハ、根抵ニ於テ面白カラヌト云フコトハ、是ハ一面ニ他ノ法文ニ於キマシテ、餘程今度ノ法案ハ、現行條例ニ比ベテ見マスルト、行屆イテ居ル點ガゴザイマスカラ、ソレ等ノ條項カラ持ッテ來マシテ、卽チ行政上ノ取締トシテ、現在ノ如ク試掘地ノ占領ノ弊害ヲ防ギ得ルト云フコトノ、立論モアッタノデアリマス、ソレカラ其理由ヲ推擴メ、尙且實際ニ當ッテ、斯樣ナル議論モアリマシタ、ソレハ當局者ノ說明ヲシマシタ如ク、試掘地占領ノ弊害ヲ防グニハ、ヤハリ稅ヲ取ルノガ最上手段デアル、假ニシテソレハモウ既ニ非常特別稅ノ、試掘ニ付イテモ、二十錢、採掘ニ付イテモ二十錢、之ヲ掛ケタ以上ハ、ソレデ既ニ目的ハ達セラレテ居ルノデハナイカ、既ニ達シテ居ルモノト見テ宜シイ、此以上永久ニ亙ル稅トシテ、試掘ニ稅ヲ課スルト云フコトハ、宜シクナイノミナラズ、採掘稅ノ三十錢ヲ四十錢ニ增スト云フ理由ハ見出サナイ、ソレデ弊害ヲ防禦スルト云フコトハ、早ヤ既ニ一面ニ於テ、非常特別稅デ達セラレテ居ル、或者ハ非常特別稅ハ、其字ノ通、是ハ戰局ガ何時止ルカ分ラヌ、止メバ直チニナイモノニナッテシマフカラ、ソレデハ目的ガ達セラレナイト云フコトモアリマシタ、ケレドモ此時局ト云フモノハ、前途尙遼遠ト、諸君ガ見ラル、如クデアッテ、假ニ此稅ト云フモノガ、全廢スルトハ看做シ得ナイモノデアルカラ、ヤハリ大ニ試掘地占領ノ弊害ヲ防グダケノ力ヲ持ッテ居ル、斯ウ云フヤウナ議論モアリマシタ、ソレカラ次ニハ、其豫算案ガ既ニ通過シタ今日デアルカラ云々ト云フコトハアルガ、是ハ決シテ法案ヲ讓スル上ニ付イテ、心配ノナイコトデアル、ソレハ既ニ前例ニ多々アルノデ、一面豫算案ガ通過シマシタ後デ、法律ノ方デ變リマシテモ、ソレヲ處分シタ例ハ、多々是マデアルノミナラヨット聞キマシタガ、貴族院ハ未ダ衆議院ノ辯論ヲ、未ダ聞イテ居ラナイノデアル、殊ニ鳩山和夫ノ議論ハ、貴族院ノ耳ニ這入ッテ居ラナイノデアル、此議論ガ速記トナッテ公ニナッテ、往ク日ニハ、貴族院中ニ、多少ノ頑冥者ガアリマシテモ、勿論服從セラル、コトニナルデアラウ、決シテ貴族院ハ御心配ニハ及ビマセヌノデアル、今ヤ日本帝國ハ隨分大キナ眼ヲシテ居ルノデアル、獨リ露西亞ト戰ッテ居ルノミデナク、文明ヲ以テ野蠻ニ戰フノデアル、智ヲ以テ愚ニ戰ッテ居ルノデアル、代議政治ヲ行ッテ居ル國ガ、專政ノ國ト戰ッテ居ルノデアル、日本ノ表彰スルトコロノ主義ハ、總テ文明ノ主義デアル、文明ト野蠻トノ眼ヲシテ居ルト云フ、此大イナル抱負ヲ持ッテ居ル國ガ、外國人ニ日本ノ鑛業ヲヤラシテハ困ルト云フヤウナ、小サナコトヲ言フハ、ドウシテモ出來ナイ、是ハ前後矛盾スル、私ノ議論ニスレバ、此法文ハ削除シテ、而シテ外國人ニ來テ鑛業權者トナッテ貰ヒタイ、唯恨ムラクハ此五條ヲ削除シテモ、外國人ガ十分ニ多額ニ資本ヲ持ッテ來テ、鑛業權者トナッテ呉レナイダラウト思フ、ソレガ心配ナノデアル、外國人ノ來ルノヲ防グドコロデハナイ、來テ欲シイノデアル、併ナガラ吾々ハ之ヲ削除シテ置イタトコロガ、事實ニ於テヤハリアッテモナクテモ、殆ド同ジコトヂヤナイカト思フ位デアル、併ナガラ門戸ヲ開イテサヘ置ケバ、或時機ニ於テ、或ハ少數ノ外國人ガ我國ニ來テ、鑛業權者トナルコトモアラウカト信ズルノデ、門戸ダケハ開イテ置キタイト云フ精神カラ、第五條削除ニ同意スルノデアリマス

○議長（松田正久君） 大岡育造君

（大岡育造君登壇）

○大岡育造君（百六十四番） 本員ハ鑛業法ノ第五條ヲ討議スルニ當リマシテ、不幸ニシテ委員長ノ報告ニ贊成ヲ表スルコトノ、出來ナイノヲ、甚ダ遺憾トスルモノデアリマス、委員長ノ此案ニ對シテ、多數ノ日子ヲ要シ、數回ノ詮議ヲ盡サレタコトニ付キマシテハ、其勞ヲ多トスルモノデアリマス、尙意見モ詳密ニ御陳述ニナリ、更ニ鳩山君ノ御意見ヲ述ベラレタ點マデモ、了承致シタ譯デアリマスガ、本員ニ於キマシテモ、根本ニ於テ大差ハナイノデアル、今日ノ日本ハ國運發展ノ形勢ニ鑑ミマシテ、無論大ニ進歩政略ヲ取ラナケレバナラヌコトハ、殆ド御一人モ御異論ノナイコトデアラウト存ジマスル、併ナガラ政治ノ問題ハ、鳩山君ガ先刻御陳述ニナリマシタ中ニ、古イ條約改正頃ノ歷史ヲ御引用ニナリマシタガ、其中ニ外人ノ雜居サヘモ厭フタコトガアルト云フコトデアル、本員ハ其人デハナカッタデスガ、無論日本ノ國民中ニハアッタニハ相違ナイノデアル、年代ニ於キマシテハ、歷史ト云フモノハ、サウ云フモノデアル、鳩山君ノ先祖ハ、如何ニ賢明デアッタカモ知ラヌガ、年代ノ古イ時代ニ於テハ、外國人ヲ恐レタコトモアッタカモ知レヌト思フ、政治ノ問題ハ、即チ時機ニ於テ之ヲ可トシ、或ハ不可トスルコトガアルノデ、常ニ原則ニ於テ、此ハ是ナルベキモノ、此ハ不可ナルベキモノト云フコトヲ討究スルノガ、主眼デハナイノデアル、聽テ近キ將來ニ於テ、委員長及委員會ガ、修正セラレタル如クニ、修正シタイト私共モ希望シテ居ルノデアルガ、唯今ノ時機ニ於テハ、之ヲ原案ニ置クコトヲ適當ト認メル、如何ニモ鑛業法案ノ改正ハ、茲ニ二回カト思ヒマスル、堀田君ノ演說中ニ、前回ニ於テモ我衆議院ノ委員會ハ、外人ニ鑛業權ヲ許スコトヲ極メテ、確カニ其通デアル、恰モ其時私ハ不肖ナガラ、委員長ヲ致シテ居ッテ、能ク記憶致シテ居マスガ、此時分モ結局兩院ヲ圓滿ニ通過スルマデノ見込ガ、立タヌト云フコトモ一ツデアルガ、政府ニ於テ責任ヲ取ッテ此事ヲ斷行スルマデノ度合ニ進ンデ居リマセヌ、本員ガ茲ニ此政府案ニ同意ヲ表スルニ止メテ置キタイト申スノハ、他ノ意デハナイノデアリマス、吾々ハ最早日本ノ國民ノ進歩ト、國運ノ進歩トガ、外人ヲ恐ル、ナド、云フ時期デアナイコトハ、確信ヲ致シマスル、ケレドモ、事外人ニモ關スル重大ノ問題デアリマスルカラシテ、政府ニ於テモ十分ナ準備ヲ盡シテ、遺憾ナキ度合ニ於テ、之ヲ行ハシメタイト思フノデアリマス、此ヨリ外ニ別段說明ナル譯モゴザイマセヌガ、恐論モ持チマセヌ、ドウゾ諸君ハ原案ヲ御贊成ニナルヤウニ希望シマス

（「贊成」ト呼フ者アリ）

○議長（松田正久君） 波多野傳三郎君

（「採決」「討論終結」「討論ヲ歡迎ス」ト呼フ者アリ）

（波多野傳三郎君登壇）

○波多野傳三郎君（二百二十四番） 唯今ハ政友會ノ院内總理タル大岡育造君ガ、原案維持ノ說ヲ述ベラレマシタガ、共要點ヲ申シマスレバ、政府ニ十分準備ヲ與ヘルト云ウコトノ外ハナイ、國運ノ進歩ヲ見レバ、既ニ業ニ外國人ニ鑛業權ハ與ヘテ宜シイ、質ニ大岡君ガ政府ニ御親切デアルガ、同時ニ國家ニハ果シテ御親切デアルヤ否ヤガ、疑ハレルト存ジマス、我帝國日本中ニアル比較的多數ノ黨派ノ、而モ院内總理タル大岡育造君デアルナラバ、既ニ國家ノ進運ハ、外國人ニ鑛業權ヲ與ヘルニ適シテ居ル、然ルニ時ノ政府ガ、未ダ共準備ヲナスダケノ事ガ出來ヌト云フナラバ、何ガ故ニ我變ッテ是ヲ爲ストノ覺悟セラレヌノデアルカト云フコトヲ、大岡君ヲ始ト致シマシテ、多數ノ方々ニ、上下交ミ希望致シマスル、私ハ第五條ヲ削除致シマスル第一ノ理由ト致シマシテハ、惜ムノデアリマス、私ハ第五條ヲ削除致シマスル第一ノ理由ト致シマシテハ、外資ヲ輸入スルト云フ點カラシテ、（「ソレガ間違ヒダ」ト呼フモノアリ）先ヅ此ハ削除スルノガ相當デアルト思ヒマスル、諸君ノ御記憶ノ如クニ、外資ヲ輸入致サント致シマシテ、最モ努メタル一ツハ、此戰局ニ應ズルガタメニ、外債ヲ募集シタルコト、即チ是デアリマスル、此外債募集ノ條件ハ果シテ諸君ガ御滿足ニナル程ノ有樣デアルヤ否ヤ、昨年五月及十一月ノ兩度ニ募集セラレマシタル外債ノ條件ハ、蓋シ諸君ハ御滿足ニナラヌデアラウト思フ程ノ狀態デアリマス、即チ七箇年ヲ以テ償還スルト云フコトデアリナガラ、其利子ハ幾何カト申シマスレバ、六朱デアル、而シテ第一回ノ賣出價格ハ、九十三磅半、第二回ノ賣出價格ハ九十一磅半、即チ償還期限ニ至リマスレバ、九十三磅半デ賣出シ、九十一磅半デ賣出シタモノヲ、百磅ヲ以テ償還致スト云フコトデアリマスカラシテ、第一回ハ七朱以上ニ當リ、第二回ハ八朱以上ニ當ル、而モ海關稅ノ優先權ヲ與ヘネバナラヌト云フコトデ、僅カニ外債ヲ募集シタト云フヤウナ狀態デアリマス、此ノ如キヲモ尙我政府ハ外債ニ付イテハ、成功シタリト喜ンデ居ラル、狀態デアリマス、蓋シ諸君ハ餘リ御滿足デハアルマイト思ヒマス、其證據ハ歷々數日前ニ、此外債募集ニ斡旋セラレタリト聞エマスル、日本銀行ノ副總裁高橋是清君ハ、貴族院令第一條ノ第四項ニ依ッテ、貴族院議員ニ勅任スルト云フコトニナッテ居リマスル、是ハ蓋シ外債ニ成功シタト云フコトデアラウト思ヒマス、諸君ノ御承知ノ如クニ、此第四項ハ國家ニ勳勞ノアル者、若クハ學識アル者ト云フ箇條デアリマスルガ故ニ、高橋是清君ハ學識ヲ以テ勅任セラレタルニハアラズシテ、蓋シ外債募集ニ成功ト云フ、勳勞ヲ以テデアラウト思ヒマスレバ、此一端カラ見テモ、如何ニ我ガ朝野ガ外資ヲ輸入スルト云フコトニ、熱心シツ、アルカトト云フコトハ、窺ハレルト存ジマス、斯ノ如キ時ニ當リマシテ、苟モ外資輸入ノ途ガ開ケルナラバ、是ヲ努ムベキコトデアルト思ヒマス、即チ第五條ヲ削除致シマスレバ、外資輸

入ノ一端トナルデアラウト存ジマスルガ故ニ、第一ニ此點カラシテ、第五條ヲ削除スベシト存ジマス、又第二ニハ戰後ノ財政ノ計畫ヲ考ヘマシテモ、第五條ヲ削除スルコトガ、必要デアルト存ジマス、ナゼサウアルカト申シマスルト云フト、今ヤ去ル三十二年ヨリ實施セラレタル我通商條約ニハ、十二箇年ヲ以テ其效力ヲ失フト云フコトニナリ居ルガ、而モ協定稅率ガ多イ、此協定稅率ノ箇條ヲ、十二箇年ノ後ニ至ッテ廢サントナラバ、之ガ報償物ガズ、又法律ノ結果トシテ、豫算ニ不足ヲ生ジタトキノ場合ハ、ソレ〲準備シテアルベキ筈デアルカラ、其心配ニハ及バナイ、殊ニ此稅額ト云フモノハ、誠ニ僅カデアッテ、或ハ十万ソコ〱ノモノデアラウ、其タメニ大ナル響キヲ生ズベキモノデナイカラ、是ハ差支ナイ、斯ウ云フヤウナ次第デ、凡ソ舉ゲマスレバ、是等ノ論點ト存ジマスガ、併シ時モ長ク、又隨分議論モ多クアリマシタカラ、或ハ私ノ述ベ落シガアルカモ知レマセヌガ、是ハ又若シ反對ノ御議論デモアリマシタラ、委員中カラ出テ補フコトガアラウカト存ジマス、是ガ稅ニ付キマシテ波瀾ヲ生ジマシタ其理由デ、ソレデ前申シマスル通、假決定ノ場合デハ、殆ド大多數デ、試掘稅ヲ全廢シ、竝ニ採掘稅ヲ減額スルト云フコトデゴザイマシタガ、本決議ノ場合ニ於キマシテ、原案通ニナリマシタ、但シソレハ委員八名ニ對スル七名ノ少數デ修正說ガ潰レマシタノデ、是ヲ御報告致シマス、ソレカラ原案通ニナリマセズ、即チ修正案ヲ以テ委員會ノ決定ヲ致シマシタノガ、第五條ノ削除說デアリマス、是モ私ハ委員長ト致シマシテ、冷々淡々ニ特別委員會ノ有樣ヲ御報告致スニ止マルノデ、（「簡單ニ願ヒマス、會議錄デ分ッテ居リマス」ト呼フ者アリ）承知致シマシタ、ソレデ第五條ヲ削除シナイト云フ、即チ原案ヲ維持スルト云フ方ニ付イテノ議論、又是ヲ削除スルト云フ方ノ議論、是モ多々ゴザイマスルガ、ソレモ箇條ニ約メマスルト、大凡ソ此範圍ニ止マルダラウト存ジマス、ソレデ原案維持說トシマシテ、第一ノ理由ハ、土地所有權ノ關係、即チ他法律トノ均衡ト云フコトデアリマス、是ハ既ニ議論トシテハ申シマセイデモ、是ダケノ項目ヲ舉ゲタナラバ、事足ルダラウト思ヒマス、此以上申シマセヌ、即チ土地所有權ノ關係、即チ他法律トノ均衡等ニ於テ、獨リ鑛山ノミガ個人ナル外國人ニ採掘サレ得ルト云フ權利ヲ、今與ヘナクテモ、宜イデハナイカト云フコトニナルノデス、ソレカラ其次ニ、外國人ニ日本ノ鑛業權ヲ壟斷サレハシナイカト云フ懸念ガ、一ツノ議論デアッタ、是ニモイロ〱理由トシテ述ベラレタ方ガゴザイマスルガ、大要申シマスレバ、我幼稚ナル此日本國ニ於テ、而モ鑛業ハ彼外國人ニ較ベマスルト、非常ニマダ幼稚デアル、殊ニ日本ノ鑛山ノ價格ト云フモノハ、大變廉イ、今彼等ニ廉ク之ヲ買ハレテ、彼等ニ低利ノ金ヲ以テ、大仕掛ケノ仕事ヲサレタナラバ、日本ノ鑛山ト云フモノハ、良イ所ハ殆ド彼等ニ占領サレハセヌカ、國家ノタメニ甚ダ恐ルベキコトデアルト云フヤウナ議論ニ、歸著スルノデアリマス、是ガ第二ノ理由、ソレカラ其次ニハ、協定稅率ノ關係ナドヲ以テ反對サレ、即チ原案ヲ維持サレタノデアリマス、是モ餘リ深ク私ガ申シマセイデモ、大概諸君ノ御承知ノコトヽ思ヒマスルガ、要スルニ是ハ或時ニ於テ、外交上ノ關係等モアリ、且又今日斯ウシナクテモ宜クハナイカ、先ヅ保留問題トシテ置カウデハナイカト云フ意味ニ、大體歸シマス、是ガ第三、第四トシテハ、是ハ少シ勘定スル程ノ値打ハアリマセヌガ、斯ウ云フ意味ノ議論モアリマシタカラ、御紹介ヲ致シテ置キマス、ソレハ後段ニ述ベマスルガ、第五條ノ削除ト云フコトニ就キマシテハ、既ニ速記錄ニモ明ニ載ッテ居リマスル通、當局大臣トシテ、絕對ニ反對ハシナイト云フコトヲ、質問當時劈頭第一ノ場合ニ於テ述ベラレテ居ル位デアルカラ、若シ第五條ヲ削除スルト云フコトガ、利益デアリトスレバ、何故ニ政府卒先シテ之ヲ提出シナイカ、議會ガ進ンデ之ヲ提出スルノハ面白クナイ、政府ガ自ラ責任ヲ以テ提出シタナラバ格別、先ヅ今日ハ議會自ラ進ンデヤルノヲ、不可トスルト云フヤウナル意味ヲ以テ、原案ヲ維持サレタ說モアリマシタ、マア概シテ申シマスルト、原案維持ノ說ハ、此四點ニ歸著スルヤウデアリマス、ソレカラ反對、即チ削除ヲ可トスル理由トシテ、又多々述ベラレテアリマスルガ、是モ項目トシテ、一ツ書キニ拔キ舉ゲマスレバ、第一ニ土地所有權トノ關係ヲ言ハレルガ、土地有所權ガ個人ナル外國人ニ許サレヌカラト云ウテ、此鑛業法案ノ、即チ鑛業權ヲ外國人ニ許スト云フコトヲ延バス理由ニハナラヌ、否ナ、寧ロ他日土地所有權ヲ外國人ニ許スト云フ、一ツノ階梯ニナルベキ位ノモノデアルカラ、更ニ懸念スルニハ及バヌト云フノガ、一ツノ議論、ソレカラ外國人ニ鑛業權ヲ壟斷サレルト云フヤウナコトハ、是ハ殆ド不可思議ニ感ズル位デ、如何ニ日本ノ鑛業界ガ幼稚トシマシテモ、左樣ナル今日、日本ノ鑛業界デナイ、是ハ殆ド杞憂ニ屬スル、寧ロ實地ヲ知ラヌ議論デハナイカト云フヤウナコトヲ以テ反對サレタ、即チ其骨子ガ、更ニ鑛業權ヲ個人ナル外國人ニ許シテモ、恐ルヽコト無シト云フ議論ニ歸スルノデス、ソレカラ協定稅率ト云フコトニ付キマシテハ、サウ云フコトガアルカラシテ、尚以テ此場合、我カラ進ンデ濶大ノ心ヲ以テ彼ニ臨ムベシ、斯ウ云フ議論ニナリマス、ソレデ殊更ニ第五條ヲ削除スルト云フ場合ガ起ッタノデナク、今將ニ鑛業法案、即チ政府カラ提出シテ、之ヲ法律トシテ、今茲デ拵ヘヤウト云フ場合デアル、尚以テ此機會ニ於テ窮屈ナル束縛ヲ解イテシマフ方ガ宜イ、斯ウ云フコトニナリマスルガ、是等ニ就イテハ、隨分議論、明確ナル發議ヲサレタ方ガアリマスガ、之ヲ事細カニ述ベマスルト、大變時間ヲ費シマスカラ、大綱ニ止メマス、ソレカラ尚利益トシテ述ベラレタ說ノ中ノ第一ハ、外資ノ輸入ト云フコトデアリマス、是ハ事細カニ申スマデモナイ、確カニ外資輸入ノ一ツノ途トナルコトハ分リ切ッタコトデ、是ニ就イテモ種々統計ヲ引キ、或ハ外國貿易ノ關係カラ、緻密ナル研究ヲ遂ゲラレテ、說ヲ立テラレタ方モアリマシタガ、大綱ヲ申シテ、私ハ是ニ止メマセウ、ソレカラ次ニハ清韓ニ對スル今ノ我政策トシテ、彼ニハ大ニ鑛山ヲ開放セシムベシト云フコトヲ以テ、ヤッテ居ルデハナイカ、彼ニ斯ノ如キ註文ヲ發スル我ニシテ、我ノ方ニ於テハ、少シ都合ガアルカラ、今イケナイト云フヤウナコトハ、如何ニモ矛盾シタ、殆ド口ニスルヲモ厭フ位デハナイカト云フ、ナカ〱熱心ナル說モ、是ニ就イテハ出マシタ、即チ之ヲ一言致シマスレバ、清韓ニ對シテハ、既ニ開放主義ヲ執ッテ、我ハ是ニ臨ンデ居ル場合ニ、第五條ヲ今削除スルコトニ付イテ反對スルト云フコトハ、取モ直サズ或意味ニ於テ、閉鎖主義デアル、殆ド矛盾シテ居ルデハナイカ、ト云フ議論ニナルノデアリマス、ソレカラ其次ニハ、此鑛業法案ト云フモノハ、御記憶ノ如ク、第十六議會ニ出マシテ、貴族院ハ通過シテ、衆議院ニ參リマシタトコロガ、日ノ無ナイタメニ議事ヲ終ラズシテ、中止シタノデアリマス、其節ニヤハリ其時ハ、第五條デハナク、第四條デス、第四條ヲ同ジ意味ヲ以テ、特別委員會デハ削除致シマシタ、其時ノ農商務大臣平田東助氏ハ、同ジク大ナル反對ヲ唱ヘナカッタ、ソレハ速記錄ニモアリマスシ、私ナドモ其委員ノ一人トナッテ、親シク其席ニ居リマシテ、其答辯ヲ聽イタノデアリマス、勿論贊成ト云フ筈ハナイ、是ハ言ハヌノガ當リ前デス、自分ノ拵ヘテ出シタ原案デアルカラ、併ナガラ反對デナイト云フコトダケハ、明カデアッタ、其時ナゼナサラナイカト言ウタ委員ノ反問ニ對シテ、何分會期モ切迫シ、假ニ衆議院ヲ通過シテモ、貴族院ノ議ニ上ルベキ日ガナイカラ、トテモ駄目ダト云フコトガ一ツ、政府自ラガマダ一定ノ所信ヲ持ッテ居ラヌト云フコトニ歸著スル、サウハ言ヒマセヌガ、サウ云フコトデアッタ、即チ要スルニ詮議中デアルト云フ、斯ウ云フコトヲ以テ、先ヅ困ルト云フヤウナ答辯ハアリマシタケレドモ、反對ト云フ意味ハ、チョットモナカッタ故ニ、此度ノ清浦農商務大臣トシテモ、其時ノ内閣ニ列スル一人トシテ、如何ナル事ヲ言ハレルカト、本員等ハ思ッテ居リマシタガ、ヤハリ同ジ意味デ、寧ロ贊成ニ近ヅイタル答辯ヲ、サレタノデアリマス、是ハ速記錄ニアリマス通、議院ガ修正ヲシテ、其案ガ通過シタ以上ハ、政府ハ是ニ對シテ反對ヲシナイト云フコトデアリマシタカラ、委員會ト云フモノハ、稍ヽ其意味ヲ以テ進行シタノデアリマス、既ニサウ云フ次第柄デアルカラ、政府ガ自ラ之ヲ出スト云フコトヲ、待ツ待タヌト云フヤウナコトハ、問題トナラヌ、議會自ラ之ヲ爲シ、又爲サシムル權能ヲ持ッテ居ル、我立法部デアルカラ、此修正案ヲ今日通過セシムルト云フコトハ、時機ニ於テ國家ノタメニ、最モ爲スベキモノデアルト云フコトヲ以テ、卽チ決定ヲシタノデ、大體右樣ノ次第デ、マダ其他ニモ事細カニ申シマスレバ、アリマスガ、餘リ長クナリマスカラ、是デ委員會ノ報告ヲ終リマス

○加瀨禧逸君（三百十四番） チヨット質問ガアリマス、私ノ見方ガ惡ウゴザイマシタナラバ、暫ク御許ヲ願フトシテ、一應御尋シタイ、ソレハ現行ノ鑛業條例ノ第四條ヲ見レバ「農商務省鑛山局及鑛山監督署ノ官吏ハ在職中鑛業人トナリ又ハ鑛業ニ關スル組合員又ハ會社ノ株主若ハ役員トナルコトヲ得ス」ト云フ、禁止ノ明文ガ置イテアリマス、所ガ今般ノ鑛業法ヲ見レバ、是ト同ジヤウナ規定モゴザイマセヌシ、又是ニ類似シタ規定モナイト、見受ケルノデアリマス、兎ニ角現行鑛業條例ニ於キマス規定ハ、誠ニ適當ナル規定ト思ヒマス、其理由ハ私別ニ申上ゲマセヌガ、兎モ角農商務大臣トカ、監督署長トカ、斯ウ云フ者ハ鑛業權ニ對シテ至大ノ權利ヲ持ッテ居ル者デアル、實ニ鑛業ノ許否、一ニ其人ノ手ニ在ルノデアル、是ハ弊害ヲ防クタメニ、斯ウ云フ規定ガ定メラレテアルト思フノニ、今般ノ鑛業法ニ於テハ、此規定ガゴザイマセヌガ、別ニ何カ斯ウ云フ弊ヲ防グ、他ノ法律デモアルノデゴザイマスカ、ソレガ有リマスレバ、甚ダ心ヲ安ンズルノデゴザイマスケレドモ、兎ニ角私ハ未ダ不敏ニシテ、サウ云フモノヲ見受ケマセヌカラ、此安心ヲ得セシメテ貰ヒタイノデアリマス、今一ツ御尋ネシタイノハ、鑛業法ノ五十七條、五十八條ヲ見マスニ、土地ノ所有者ハ鑛業權者ニ對シマシテ、土地ノ收用ヲ請求スルコトガ出來ルトナッテ居ル、此場合ニ於テハ、無論收用トハ所有權ノ收用マデ含ンデ居ルト考ヘマスガ、今委員長ノ報告通ニ、第五條ヲ削除シテ、外國人ニマデ鑛業權ヲ與ヘルコトニナレバ、此鑛業權ノ力ニ對スル許否如何ハ、別問題デゴザイマスガ、詰リ五十七條五十八條ノ結果、土地ノ所有權ヲ外國人ニ與フル現象ガ、起ランカト信ジマス、此五十七條、五十八條ヲ此儘ニ置イテ、第五條ヲ削除シテモ、土地ノ所有權ヲ外國人ニ與フルト云フ結果ハ、起ッテ來ナイノデアリマス

○堀田連太郎君（百九十一番） 初ノ御尋ネハ、鑛業法案ニ無イモノデ、現行條例ヲ引イテノ御尋デアリマスガ、鑛業法案ニハアリマセヌカラ、委員會トシテハ無論審議ヲ致シマセヌ、私個人トシテノ考ヲ申セバ、アリマスガ、ソレハ申ス必要ガゴザリマセヌカラ申シマセヌ、政府委員ニ御尋下サイ、次ノ御尋ハアリマシタガ、ソレハ土地所有權ハ其場合ニ於テ得ラレヌト云フコトニナッテモ、差支ナイト云フコトデアリマス、是ハヒドク議論ノアッタコトデハアリマセヌ、私ガ記臆シテ居ルダケノコトヲ申上ゲマス

○加瀨禧逸君（三百十四番） 先刻第一トシテ御尋シマシタ點ヲ、政府委員カラ答辯ヲ請ヒタイ

（政府委員田中隆三君登壇）

○政府委員（田中隆三君） 唯今ノ御尋ネニ御答ヲ致シマスガ、官吏ガ其自分ノ掌ッテ居ルトコロノ行政事務ニ關係ノアル會社ノ社員トナルトカ、或ハ關係者ニナルト云フ如キコトハ、官吏服務規律ニ於テ、自ラ取締ノ出來ルコトデアルカラ、殊ニ此法律ニ限ッテ、サフ云フ法文ヲ置ク必要ガナイト認メマシタ故ニ、是ハ削除致シマシタノデゴザイマス

○議長（松田正久君） 格別御發議ガナケレバ、第二讀會ヲ開クヤ否ヤノ決ヲ採リマス

（「異議ナシ異議ナシ」ノ聲起ル）

○恆松隆慶君（百五十九番） 直ニ第二讀會ヲ開カレンコトヲ望ミマス

○議長（松田正久君） 本案ニ付イテ、第二讀會ヲ開クコトニ御異議アリマセヌカ

（「異議ナシ異議ナシ」ノ聲起ル）

○議長（松田正久君） 然ラバ第二讀會ヲ開クコトニ致マス、引續イテ第二讀會ヲ開クコトニ御異議ハアリマセヌカ

（「異議ナシ異議ナシ」ノ聲起ル）

○議長（松田正久君） 異議ガナケレバ、直チニ第二讀會ヲ開クコトニ致シマス、先ヅ第一章第一條ヨリ第四條マデヲ討論ニ付シマス

第二讀會

鑛業法案

（「原案異議ナシ」ト呼フ者アリ）

○議長（松田正久君） 委員長ノ報告ニ御異議ハアリマセヌカ

（「異議ナシ異議ナシ」ノ聲起ル）

○議長（松田正久君） 異議ガナケレバ委員長ノ報告通決定致シマス——第五條ヲ討議ニ附シマス——鳩山和夫君

○花井卓藏君（三百七番） 議長——議長

○恆松隆慶君（百五十九番） 全部議題トナッテ居リマスカ

○議長（松田正久君） 第五條ヲ議ニ附シタノデアリマス

○花井卓藏君（三百七番） 兩黨デイロ〳〵御打合セガアルコトデゴザイマスレバ、私ハ極ク短イノデアリマスカラ、此席ニ於テ意見ヲ述ベタイト思フ

○議長（松田正久君） 既ニ鳩山和夫君ノ通告ガアリマスカラ……

（鳩山和夫君登壇）

○鳩山和夫君（二百二十九番） 諸君、此第五條原案ヲ、其儘ニ置クコトニ付イテ、大岡育造君ノ御意見ヲ承ッテ、是ニ反駁スル順序ト思ッテ居リマシタ、所ガ突然茲ニ呼出サレマシタガ、考ヘテ見ルト、其方ガ正當ナノデアル、私ハ削除ヲ主張スルノデアルカラ、殆ド先ニ演壇ニ登ル譯デアル、然ルニ削除ニ付イテハ、委員長カラ詳細ノ報告ガアッテ、殆ド餘ストコロガナイヤウニ思ヒマス、大岡育造君ノ御議論ヲ伺ッタラ、反駁ノ議論ガ出ルダラウト思ッタガ、唯今デハ委員長カラ、明晰ノ報告ガアッテ、誠ニ報告ニ對シ、御意見ニ對シテハ、非難スベキトコロガナイノデアリマス、（「ノウ〳〵」ト呼フモノアリ）其「ノウ」ノ理由ヲ先ニ聞クコトガ出來ルト宜イノデアルガ、「ノウ」ノ聲ミデアルカラ、誠ニ困ルノデアル、私ガ削除シナケレバナラヌト云フ大キナ理由ヲ、一ツ述ベタイト思フノデアル、ソレヨリ外ニ述ベルトコロハナイ、政府ノ原案ニアルトコロノモノ、卽チ「帝國臣民若クハ帝國法律ニ從ヒ成立シタル法人ニ非ラサレハ鑛業權者トナルコトヲ得ス」ト、此法文ハ攘夷的精神ヲ含ムトコロノ法文デアル、今日新タニ法律ヲ制定スルニ當ッテ、斯ノ如キ思想ヲ含ンデ居ルトコロノモノヲ、條文ニ載セルト云フノハ、我衆議院ノ體面ヲ汚スモノデアル、我衆議院ノ體面ヲ汚スノミナラズ、我帝國ノ位置ヲ一層低ウスルトコロノモノデアル、是ガ五十年前、若クハ六十年前デアレバ、攘夷思想ノ盛ナルトキニ、斯樣ナ法律案デモナイガ、斯樣ナ議論ヲ提出スルモノガアッタナラバ、世ノ中ガ之ヲ歡迎シタデアリマセウ、併シ今ノ日本ハモウ少シ進ンデ居ル、先年條約改正時分ニ當リマシテ、內地雜居ヲ非常ニ憂ヒマシテ、外國人ト日本人トガ共ニ此內地ニ雜居スルコトニナッタナラバ、劣等日本人種ハ優等ナル白晳人種ニ、負ケテシマハウト云フヤウナ議論ヲ出シタ人ガアルノデアル、帝國大學ノ某々博士ノ如キガ、サウ云フ議論ヲ書イテ、世ノ中ニ敷演シタコトガアル、又此議員中ニモ、サウ云フコトヲ憂ヘラレタ人ガアッテ、內地雜居ニハ反對セラルヽトコロノ人ガアッタ、然ルニ是等ノ愚論者スラモ、今日ハ目ガ覺メマシテ、邦土開放ト云フヤウナ文字ヲ列ネテ、前ニハ內地雜居ニ反對セラレタモノガ、今日ハ內地ヲ開放シ、土地ノ所有權ヲ許スベシト云フ議論ヲ唱ヘテ居ルノデアル、斯ノ如クニ時勢ノ進歩トトモニ、愚ナル人ガ賢トナル、今日ニ當ッテ、尙其昔ノ議論ヲ墨守シナケレバナラヌト云フ理窟ガ、ドコニアルノデアルカ、或ハ委員長ノ報告ノ中ニモ、貴族院ノ反對ヲ恐レタト云フヤウナコトヲ、チ

必要デアルト云フコトヲ、言ハレル方ガアリマス、併シ私ハ其場合ニ——丁度鑛業法協賛ト云フ場合ニ、我自ラ與フベキハ與フル ト云フコトガ必要ナリト、私ハ考ヘルノデアリマス、遡ツテ今日不十分ナガラ、行ハレテ居リマストコロノ現行ノ條約ガ、其效力ヲ生ズルニ至ルマデノ歷史ヲ考ヘマスレバ、如何デアリマス、彼外人ヨリシテ種々ノ故障ヲ申立テルト云フコトガアル、其時々ニハ極ク著シイ例ヲ申シマスルト云フト、成程日本ノ治外法權ヲ撤去シ、收稅ノ權利ヲ囘復サレルハ宜シイガ、未ダ日本ノ法廷ノ有樣、日本ノ法律ノ有樣ハ、安心ガ出來ヌト云フ譯デ、彼ノ「ボアリナード」博士ヲ傭來リマシテ、刑法治罪法ヲ十三年ニ制定スルト云フコトヲ以テ、之ニ應ジヤウトシタガ、果シテ我レ彼ノ故障ニ應ズレハ、直ニ其通リ相成ルカト申セバ、左樣ニハ參ラズ、其甚シキハ彼ノ風俗習慣ニ從ハネバナラヌト云フ譯デ、日々夜々舞踏ヲ行ハレル、其甚シキハ「ファンシーボール」マデヤルト云フコトヲ致シマシテモ、是デ決シテ我目的通行ハレハシマセヌ、然ルニ遂ニ明治三十一年ニ至リマシテハ、稍々我改正條約ノ目的ヲ達スルニ至ツタノハ、何デアルカト申シマスレバ、我帝國、日本ノ實力ガ稍々各國ノ同意ヲ得ルダケニ進ンダト云フコトガ、其原デアルト云ハネバナラヌト、私ハ存ジマス、其最モ著シヤモノハ、去ル二十三年以來、帝國議會ガ開會セラレテ、茲ニ國民ノ公議輿論ヲ代表スルノ風ガ現ハレタ、而シテ國民ノ公議輿論ハ、條約ノ改正ヲ希望スルト云フコトガ一ツ、二ツニハ二十七八年ノ戰役ニ當ツテ、戰ヘバ勝チ攻ムレバ取ルト云フ働キガ、又之ヲ助ケテ、遂ニ現行ノ條約ガ行ハル丶ト云フコトニ相成ツタニ相違ナイト存ズルノデアリマス、果シテ然ルト致シマスルト云フト、我戰後ノ財政ノ、今日ノ如キ零細ノ稅ヲ或ハ增シ、或ハ新タニ起スト云フコトニ著目セズシテ、他ノ國ガ財源ト頼ムトコロノ海關稅ヲ、大ニ增加スルト云フコトハ、戰後ノ財政トシテ努ムベキコトデアルト思ヒマス、即チ他ノ國ハ、諸君ノ御承知ノ通、最モ多キハ亞米利加合衆國デアリマスガ、政府ノ歲入ノ殆ド一半ハ海關稅ニ依ルト云フ狀デアリマス、少ナキモノト雖モ、強國若クハ、大國ト言ハレルトコロニシテ、我帝國日本ノ如キ小歐ノ海關稅シカ、手ニ收ムルコトノ出來ヌト云フ國ハ、ナイノデアリマス、然レバ我帝國日本戰後ノ財政ノ計畫トシテハ大ニ海關稅ノ收入ニ依ルト云フコトニ、努メネバナラヌト存ジマスル、之ヲ努ムルニハ、然ラバ如何スルカ、我ヨリ進ンデ彼ニ與フベキハ、與ヘ置クト云フコトガ、寧ロ我目的ヲ達スル端緒デアルト存ジマス、決シテ戰後ニ至リマシタカラト云ウテ、彼ヨリ輸入セラル丶モノヲ禁止スル、我ヨリ輸出スルモノヲ保護スルト云フ目的デハゴザイマセヌ、我戰後ノ財政ノ計畫上、歲入ノ目的トシテハ、斯ク〳〵セネバナラヌ、我ヨリ胸襟ヲ披イテ彼ニ諮ツタナラバ、強チ十二箇年ノ期限ヲ待タズトモ、海關稅ヲ大ニ收入スルト云フ目的ヲ、達シ得ラレヌ譯デモアルマイ、之ヲ爲スニハ我ヨリシテ與フベキハ與ヘル、即チ幸ニ鑛業法案協定ノ場合ニ、第五條ヲ削除シテ、外國人ニモ鑛業權ヲ與ヘルト云フコトシ、第二ニハスベキデアルト、私ハ考ヘマス、今一ツ必要ナルコトハ、即チ支那及朝鮮ニ向ツテハ、我ニ鑛業權ヲ與ヘコト迫リツヽアル、今日デゴザイマスノニ、我ヨリ求ムルモノハ與ヘヌト云フコトハ、之ハ決シテ彼我權衡ヲ得タ仕方デハナイト思ヒマス、然レバ此一點カラ見テモ、實ニ我日本ハ年々歲々人口ノ增加ヲスル、此繁殖スル人口ヲ發展スベキノ土地ハ、支那朝鮮——殊ニ支那朝鮮ノ鑛業ニ著目ヲスルト云フ譯デアルナラバ、我ノ與フベキモノハ又與ヘルト云フコトヲ、第二ニ於テスルコトガ、他ノ人ヲシテ、即チ列國ヲシテ不同意ヲ言ハシメザル原因デアルト信ジマスカラ、第三ニ此支那朝鮮ニ向ツテ、鑛業權ヲ要求スルノ權衡ヲ得ルト云フ點カラ申シテモ、第五條ハ削除スベキガ相當デアルト思ヒマス、今一ツ申シマスルト云フト、今日ノ如キコトシシテ置クヨリハ、削除スル方ガ、餘程人ヲ選ム譯デアルト云フコトヲ、諸君ハ御考ヘ下サツテ、相當デアラウト存ジマス、即チ今日ノ如ク、帝國ノ法律ニ從ヒ、成立シタル法人ニアラザレバ云々ト云フコトデ、我法律ニ從ツタル法人ナラバ、鑛業權ヲ與ヘルト云フコトニ相成リ居リマスルト云フト、此法律ヲ潛ル如キ種類ノ粗末ノ人物ガアルナラバ、今日ノ儘デモ何ノ差支ハナイノデアリマス、然レバ正々堂々、個人トシテ我法律ニ從ツテ鑛業ヲシスルト云フモノニ、鑛業權ヲ與ヘタ方ガ、寧ロ正シキ人ヲ我ニ入レル譯デアツテ、正シキ金ヲ我ニ收ムル譯デアル、今日ノ法律デモ潛リ得ルト云フ立派ナル名稱ハ、諸君ノ御記憶ニアルガ如ク、即チ土地抵當法案ヲ諸君ガ協贊セラレネバナラヌト云フコトハ、何デアルカ、土地所有權ヲ與ヘテナイ、所ガ或ハ百年ニ二百年、甚シキハ一千年ト云フ、借地權ヲ得ルト云フヤウナコトヲスレバ、實ニ有名無實、今日吾々ハ進ンデ第五條ヲ削除シテ、個人ニ鑛業權ヲ與ヘズ、我法律ニ從ツタル法人ナラバ、鑛業權ヲ與ヘルト云フコトニ致シマスレバ、其實同樣デアツテ而モ法律ヲ潛ル如キ、寧ロ卑シキ人物ガ、鑛業權ヲ得ルト云フ傾キ相成リマスルガ故ニ、斯ノ如キノ弊害ヲ避ケテ、相當ナル人物ヲ、正當ナル途ニ依ツテ、金ヲ出サシムルト云フ點カラ、觀察致シマシテモ、此第五條ハ削除スルガ相當デアルト存ジマス、且既ニ委員會ニ於テ、國務大臣ノ一人タル、清浦農商務大臣ハ明言セラレテ居ルガ如クニ、政府モ差支ハナカラウト云フコトデアリマスル、是ハ蓋シ差支ガナイト云フ、明言ヲセラレナカツタノハ、勅旨ヲ奉ジテ出シタ議案デアルカラシテ、國務大臣トシテハ、全然御同意トモ言兼ネラレテ、差支ハアリマスマイト、言ハレタコトデアラウト思ヒマス、併シ我帝國議會ハ、政府ノ同意ヲ得ルト云フコトハ、既定ノ歲出、日程ノ變更ノ場合ノ外ハ、政府ノ同意ヲ得ルコトハ要サヌ、諸君ノ見ラレルトコロニ依ツテ、進行セラレテ宜イノデアリマスルガ、假ニ一步ヲ讓ツテ、政府ノ同意ガ必要ナルモノトシテモ、國務大臣ノ一人タル清浦男爵ハ、差支ガアリマスマイト、即チ差支ガアリマスマイト云フ、言葉ヲ換ヘテ申セバ、勅旨ヲ奉ジテ出シタ議案ヲ、全然自分ノ獨斷デ撤囘トモ申サレヌカラシテ、言葉ヲ綺麗ニ言ハレタト云フダケノコトデアツテ、必ズ政府ハ此案ニハ、即チ削除スルト云フコトニハ、不同意ガナイト云フコトハ、明カデゴザイマス、是等諸々ノ點ヨリ觀察致マスルト云フト、第五條ヲ削除スルト云フコトハ、如何ニモ今日適當ナルコトデアツテ、大岡育造君ノ如キモ、國家ノ氣運ガ既ニ之ヲ許シテ居ルト言ハレル以上ハ、原案贊成ハ、今ヨリ御撤囘ニナツテ然ルベキコトカト存ジマス

○議長（松田正久君） 坂本金彌君

（「採決々々」ト呼フ者アリ）

（坂本金彌君登壇）

○坂本金彌君（二百九十番） 此第五條ニ付キマシテハ、段々御議論モアリマスルシ、殊ニ唯今波多野傳三郎君ノ御說ヲ承リマスルト云フト、此委員會ニ於キマシテ、第五條ヲ削除セラレマシタルトコロノ理由ヲ、最モ大ニ明カニセラレタヤウニ思ヒマスル、本員ハ此第五條ニ付イテハ政府案ヲ贊成致シマスルモノデ、飽迄モ第五條ヲ存シタイトコロノ意見ヲ持ツテ居リマスル一人デゴザイマス（「謹聽」ト呼フ者アリ）第一鑛業權ヲ外國人ニ許スノ可否ト云フ問題ハ、時機ノ問題ナノデアリマス、是ガ絕對ニ惡ルイトカ宜シイトカ云フトコロノ問題デハナイノデ、唯時機ノ如何ニアルノデアリマス、所デ今日之ヲ許スベキノ時機デアルカ、許スベカラザル時機デアルカト申シマスレバ、本員ハ遺憾ナガラ、與フベカラザル時機デアルト云フコトヲ、斷言シナケレバナラヌ、曩ニ大岡君ハ、此日本ノ鑛業ハ、頗ル進步シテ居ルカラ、今日ニ於テ許スノハ差支ナイガ、唯政府ノ準備如何トカ云フヤウナ議論ヲセラレマシタガ、本員ハ之ニ反對スルノデアル、日本ノ政治家ガナゼ有體ニ國ノ事情ヲ申サレマセヌカ、立派ニ今日ノ國情ハ斯ウデアルト云フコトヲ、申サレマセヌカト

云フコトヲ言フノデス、正直ニナゼ云ハヌノデアリマス、本員ニ云ハセルナラバ、日本ノ鑛業ハ實ニ進歩シテ居ナイト云フノデアル、日本ノ鑛業程今日日本ノ總テノ仕事ノ上ニ於テ、進歩シナイモノハアリマセヌ、此進歩シテ居ラヌト云フトコロノ證據ハ、何ニ依ッテ擧ゲマスルカト申シマスレバ、第一ニ日本ノ鑛山ノ價格ト云フモノハ、頗ル廉イト云フコトヲ申スコトガ出來ル此例ヲ擧ゲマスレバ、四五年前ニ得ラレマシタトコロノ、古河氏ノ遠州ノ久根鑛山ハ如何デアリマスカ、彼ノ久根鑛山ハ、價格ハ僅ニ三十万圓餘デ得ラレタノデアリマス、而シテ其銅鑛ノ鑛層ノ厚サハ如何デアルカ、ト申シマスレバ、百尺以上ノ大キナル鑛層ヲ持ッテ居ルノデアル、サウシマシテ之ヲ價格ニ積リマスルナラバ、今日如何ト申シマスレバ、一億万圓以上ノ價格ガアルト云フノデアル、此一億万圓以上ノ價格ノ立派ナルトコロノ、日本ノ第一ノ銅鑛モ、僅ニ三十万圓餘リデ得ラレタト云フ位マデ、鑛業ガ幼稚ナノデアリマシテ、而モ其鑛山カラ産出致シテ居リマストコロノ鑛石ハ、如何デアリマスカ、ドシ〳〵外國ヘ輸入致シテ居ルデハアリマセヌカ、又日本デ精錬ヲセズニ、外國ヘ持ッテ往ッテ、外國人ガソレヲ精錬シテ、此利益ヲ得ルト云フ位、マダ鑛業ハ幼稚ナノデアリマセウ、是デ日本ノ鑛業ガ發達シテ居ルト云フコトハ、何ニ依ッテ云ハレルノデアルカ、實ニ私ハ正直ニ政治家ガ云ハレヌト云フコトハ、最モ面白クナイノデゴザイマス、殊ニ皆様モ御承知デゴザイマセウ、四五年前ニ九州ノ炭坑ノ命脈ハ、ドノ位アルカト云フコトヲ、餘程ヤカマシク云ハレタコトガアル、其道ニ詳シイトコロノ技師アタリモ、種々調査ヲセラレマシタ結果、九州ノ炭坑ノ命脈ト云フモノハ、誠ニ短イノデアリマス、此先五十年ノ命脈ヲ保ツコトハ、私共決シテアルマイト思ウテ、實ハ心配ヲ致シテ居リマスルノデアリマス、又一面北ノ方ヲ見マスレバ、北海道ノ炭坑ハ如何デゴザイマスルカト申シマスレバ、實ニ立派ナルトコロノ九州ニ較ベマスレバ、餘程望ミノアル大ナルトコロノ炭山ガアルノデアル、サウシテ之ニ今仕事ヲ致シテ居リマスルモノハ、ドレデアルカト申シマスレバ、僅カニ彼ノ炭礦鐵道會社一ツナノデ、外ノ方ハ立派ナルトコロノ寶ガ、地中ニ埋沒シテ、日本ノ大切ナルトコロノ祕密ノ寶庫トナッテ居ルノデアル、此寶庫ガナゼ今開ケヌカト申シマスレバ、卽チ日本人ガ、マダ鑛業ト云フトコロニ付イテ、十分ナルトコロノ見識ヲ持タズ、十分ナルトコロノ資本ヲ投ジラレヌトコロノ結果ト致シマシテ、交通ノ不便ナル故ニ、今ノ立派ナル寶庫ハ、マダ祕密ノ寶庫トシテ、世ノ中ニ立派ニ出デ居ラヌノデアリマス、是等ノ寶庫ヲ開クト云フコトニ就キマシテ、サウ大シタ金デ、アリマセヌ、私共ニ言ハセマスルナラバ、一千万圓位ノ金ヲ持ッテ來マシテ、アノ立派ナル寶ヲ開キマシタナラバ、隨分開クコトガ出來ルノデアル、コヽラノモノハ、今日萬一私ハ直チニ、鑛業權ヲ外國人ニ許スト致シマシテモ、外資ガ直チニ這入ルモノト信ジテ居リマスルモノデモアリマセヌガ、併ナガラ是等ノモノヲ外國人ノ手カラ、若シヤラレルコトニナリマシタナラバ、日本ノ工業ノ前途ハドウデゴザリマスルカ、唯今ノ工業ト申シマスルノハ、鑛山ノ鑛業デハアリマセヌ、此一般ノ工業デアリマス、一般ノ工業ハ實ニ日本ハ賃銀ノ廉イノト石炭ノ安價ナルノヲ以テ、餘程立ッテ居ルノデアリマス、是ガ九州ノ炭礦ハ盡キテシマヒ、北海道ノ一ニ依ラナケレバナラヌト云フヤウナ場合ニナリマシテヨリ、石炭ノ相場ガ高クナルト云フヤウナコトニナリマシタナラバ、總テノ工業ニ影響ヲ及ボストコロノ利害ハ、ドウデアリマスカ、今カラ之ヲ考ヘマスレバ、本員共ハ國家百年ノタメニ、寒心セザルヲ得ヌ事柄ト信ズルノデアリマス、又モウ一ツ、日本ノ鑛山ノ最モ廉イト云フトコロノ例ヲ擧ゲマシタナラバ、是ハ眞デアルカ、將タ僞デアルカト云フコトハ、今日マダ十分ニ分リマセヌガ、近來ニ至ッテ、東北ニ現ハレマシタル氣仙ノ金鑛ハ、如何デアリマスカ、四十億万圓ノモノガアルト云ウタデハアリマセヌカ、之ヲ百分一ノ價格ト致シマシタトコロガ、四千万圓位ノ相場アルノデアリマセウ、之モ相場アッタモノデアルカ、ドウデアルカト申シマスレバ、多クハ鑛業者ナル僅カナ人ガ、鑛業權ヲ持ッテ居ルト致シマシテモ、之ガ仕事ヲ十分ニスルト云フコトハ、能ウ致シマセズ、多クノ鑛區ニモナッテ居ラヌ多クノ區域ガ、唯謂レナク、皆十分能ウスルコトヲ皆能ウセズニ、廢ッテ居タノデ、四十億万圓ト云フヤウナ大ナルトコロノ價ガアッタト云フコトヲ、云フデハアリマセヌカ、此ノ如ク日本ニ廢ッテ居ルモノガ、澤山アリマスノデス、マダ此先ドンナモノガ發見セラレルカ分リマセヌ、私共ハ此土地ト云フコトニ付イテハ、ドッチカト申シマスレバヤハリ、所有權ヲ與ヘルト云フ方ノコトヲ信ジテ、最モ主張致シテ居ルトコロノ論者デアリマスガ、此土地ト鑛區ト云フモノトハ、餘程違フノデアル、土地ハ廣濶ナルトコロノ、誠ニ廣ク何所ニデモアルモノデアリマスガ、此鑛山ト云フモノハ、特定ノモノデ、サウ澤山アルモノデ、ハナイノデゴザイマスカラ、此少ナイモノヲ、外國人ニ若シ占領セラレルト云フコトニナリマシタナラバ、最モ是ハ恐ルベキトコロノコトナノデアリマス、殊ニ鳩山君ハ此鑛業ヲ、今外國人ニ與ヘヌト云フコトハ、實ニ攘夷的ノ思想デアル、鎖港的ノ思想デアルト云フヤウナ議論ヲセラレマシタガ、私ハ此等ノ議論ニ至ッテモ、又最モ服スルコトガ出來ヌノデアル、若シ鑛業權ヲ外國人ニ與ヘナイノガ攘夷的デアル、鎖港的デアルト致シマスナラバ、今日世界各國何レノ國カ、攘夷的ニアラザル、何レノ國カ鎖港的ニアラザル、何所ノ國デモ鎖港的デアリマス、何所ノ國デモ攘夷的デアリマス、鳩山君、試ニ南洋ノ英領ニ往ッテ、眞珠貝ヲ拾ハントシテ見給へ、英國人ガ之ヲ許スカ、ベーリング海峽ニ往ッテ漁業ヲセント欲シマシテモ、米國人ガ之ニ漁業權ヲ與ヘマスルカ、國ノ利權ヲ自ラ國ノ者ガ守ルト云フコトハ、是ハ當然ナノデアル(「ヒヤ〳〵」ト呼フ者アリ)ソレヲ與ヘナイカラシテ、攘夷論デアル、鎖港論デアルト云フコトハ、最モ分ラナイ、是ガ古臭イトコロノ思想ナノデアル、ソレカラ先ニ波多野君ハ、此協定税率ヲ十二箇年ノ後ニドウカスルタメニ、今日カラ鑛業權ヲ早ク與ヘタラ宜カラウト云フヤウナ御話ガアリマシタガ、此等ハ殆ド宋襄ノ仁ナノデアル、今外國人ニ日本ノ利益ナルトコロノ事柄ノモノヲ、直チニ之ニ與ヘタラ、コチラノ與ヘタダケヲ、直チニ共報ヒヲシテ呉レルカト云ヘバ、ソンナモノデハナイ、鵜ノ目鷹ノ目デ、利權ヲ探シテ居ル場合ニ方ッテ之ニ御ウツリモナシニ、直チニ持ッテ往クト云フコトハ、殆ド宋襄ノ仁ナノデアル、殊ニ清韓ニ持ッテ往ッテ、今日鑛業權ヲ、日本人ハ大ニ請求シテ居ルノハ、之ヲ日本ガ閉ヂテ置イテ、清韓へ持ッテ往ッテ許スト云フヤウナコトヲ云フノハ、最モ道理ニ合ハヌトコロノ話ダ、ト斯ウ言ハレマシタガ、此等ガ最モ不都合千万ナル議論デアル、波多野君ハ朝鮮ヲ如何ナル國ト見テ居ルカ、朝鮮ハ日本ト對等國デアルカ、又清ト申シマシタトコロガ、此日本ノ今日鑛業權ヲ最モ大ニ請求シ、大ニ得ント欲シテ居ルノハ、是ハ滿洲ノ野デアル、御承知ノ通、滿洲ハ殆ド統治權ノナイトコロノ國デアレバ、何所ノ國ノモノニナルノカ、名ハ清國ノモノデアリマスガ、其實ハ何所ノモノカ分リマセヌ、此等ノモノニ對シテ、對等ナルトコロノ國ト認メテ、サウシテ日本ノ鑛業權ヲ與ヘテ置カナケレバ、此等ニ向ッテ鑛業權ヲ請求スルコトガ出來ナイナドト云フノハ、實ニ思ヒモ寄ラザルトコロノ話デアル、總テコンナ御考ヲ持タレマスルカラシテ、卽チ外交ドモガ不振ナノデアル、此等ノ權利ヲ得ント欲スルナラバ、一ニ外交ノ手腕ニ依ッテヤルベキコトデ、是ガ先以テ往カナケレバ、已ニ取ルコトガ出來ナイト云フヤウナ考ヲ、國民ガ若シ不幸ニシテ持タレルナラバ、是ハ詰ラナイトゴロノ外交ヲ、頭ニ戴イテ、其下ニ蠢動シテ居ラレルトコロノ、殆ド定見ノナイトコロノ國民デアルト、私ハ申スノデアリマス、殊ニ此國際ハ相互的ノモノデアリマス、國際ハ相互的ノモノデアルト致シマスレバ、今日本ノ外國ニ與ヘテ居リマスルトコロノ權利デ、頗ル過當ナルモノガアリハ致シマセヌカ、譬ヘテ見レバ土地ノ永代借地權ノ如キモノハ、如何デゴザイマスカ、ナカ〳〵過當ナモノガアル、此等ノモノハ何時カ、ドウカシナケレバナラヌ、又種々ナルトコロニ、日本ハ是カラ他ニ發展シテ往キマストコロノ、商工業ニ付キマシテモ、種々相互ニ利益シ、對等ニシナケレバナラヌトコロノ、事柄ハ澤山アルノデアル、是等ヲ得ント欲スルナラバ、先ヅ己レノ利權ヲ成タケ大切ニ護ッテ置イテ、是等ノモノヲ與レヌカト云ハレタ時ニ、場合ニ依リマシタナラバ、ヤリマシテモ、未ダ晩シトハ致シマセヌノデアリマス、此等ノ理由ニ依ッテ、本員ハ第五條ヲ政府案ノ通ニ從キマスルコトニ、賛成ヲ致シマスルトコロノ一人デゴザイマス

（「討論終結」ト呼フ者アリ）

在韓國日本人居留地ニ流行スル猩紅熱調査ニ關スル建議案（山根正次君提出）

在韓國日本人居留地ニ流行スル猩紅熱調査ニ關スル建議案

帝國政府ハ目下京城及仁川ノ日本人居留地ニ流行スル猩紅熱ノ原因並豫防治療ノ方法ニ就キ調査研究ヲ爲ス爲宜ク速ニ醫師ヲ韓國ニ派遣シ機宜ノ處置ヲ執ラレムコトヲ望ム

右建議ス

〔山根正次君登壇〕

○山根正次君（三百五十八番）　此在韓國日本人居留地ニ流行スル猩紅熱調査ニ關スル建議案ヲ提出シテ置キマシタガ、今日ハ此日程ニハ上リマセヌデゴザイマシタ、ナレドモ變更ヲ願ヒマシタトコロガ、御贊成ヲ得マシテ、誠ニ有難ウゴザイマス、此恐ルベキトコロノ傳染病ガ、韓國ノ京城及仁川ニ、流行ヲスルト云フコトデゴザイマスルニ依リマシテ、政府ヨリ是ガ調査委員ヲ出サレマシテ、其蔓延ノ原因、豫防方法、救治ノ方法等ニ付イテ、調査ヲ致サレマシテ、サウシテ此機宜ノ處置ヲ取ラシムルコトヲ望ムノデアリマスル、抑々此猩紅熱ナルモノハ、帝國ノ法律ニモアリマスル、卽チ八種傳染病ノ一デゴザイマシテ、最モ恐ルベキトコロノ病氣ノ一デアリマスル、此病氣ハ卽チ急性ノ腎臟炎デアルトカ、或ハ尿毒症ヲ發スルトカ、心臟ノ內膜炎等ヲ發シテ、ソレガタメニ死スル者ガ多イノデアリマスル、此病氣ガ今ヤ仁川ニ或ハ京城ニ、非常ナル流行ヲ極メテ居ルノデアリマシテ、昨秋以來韓國政府ノ顧問タル內田工學士ハ、其病氣ニ斃レタノデアリマスル、其幣原文學博士モ其病氣ニ罹ッタノデアリマスガ、幸ニ命ヲ全ウシテ居リマスルナレドモ、其以來大變ニ此病氣ガ居留地ニ蔓延ヲ致シマシテ、サウシテ或ハ一家三人ノ子供ヲ失ヒ、或ハ妻ハ夫ヲ失ヒ、夫ハ妻ヲ失フト云フヤウナ慘況ニナッテ、學校ノ如キハ之ヲ閉ヂネバナラヌト云フマデニ至ッタノデアリマスル、冬ニ至ッテ此病氣ガ全然衰頽ヲ致シマシタカラ、一月頃ニハ定メテ此病氣ガ、撲滅スルデアラウト云フ考ヲ、居留民ハ抱イテ居リマシタガ、豈計ランヤ一月ニ至ッテ、此病氣ガ益々盛ニナリマシタ、客月二十四日以來、學校ハ閉ヂネバナラヌト云フ次第ニナッテ居リマス、然ルニ是等ニ付イテノ豫防方法ト云フモノガ十分ニ行ハレヌ結果ハ、其所ニ居ルトコロノ人民ハ、日本帝國ニ歸ッテ來ルト云フヤウナ鹽梅デアリマスル、若モ斯ウ云フコトカラシテ、僅ニ內地マデ歸ルニハ、此所カラ鹿兒島ニ往クヨリハ、遙ニ容易ク歸レルノデアリマスルガ故ニ、此病毒ヲ內地ニ持來ラレタラ、ドウデゴザイマセウ、日本帝國內ニモ此病氣ノナイコトハナイ、併ナガラ新シイトコロノ病毒ニシテ、或ハ馬關ニ、或ハ長崎ニ、或ハ福岡等ニ持ッテ參リマシタ際ニ於テハ、其際ニ於テ大ニ狼狽ヘテ、豫防方法ヲ講ズルト云フヤウナコトハ、甚ダ手緩イコトデアラウト思ヒマス、且又此傳染病ヲ豫防スルト云フコトハ、僅ナ時代ニ豫防スルノガ本當デ、マルデ無イトキニ豫防スルノガ、一番易イ、少數ノ時ニ於テ、之ヲ叩キ付ケルノガ宜イノデアリマス、シテ見レバ朝鮮ニ於ケルトコロノ傳染病ノ如キ、朝鮮政府ニ於テ、豫防法ナド、云フモノハ、殆ド無イ、否ナ、何ニモ無イト言ッテ宜イ、サウ云フ結果カラシテ、我居留民ニ大ナル危害ヲ與フルノデアリマス、ソレノミナラズ此軍國多事ノトキニ於テ、此傳染病ガ流行シマシタナラバ、非常ナル困難ヲ極ムルモノデアラウト信ズルノデアリマス、韓國ノ卽チ京城ニハ、日本ノ兵營ガアル、卽チ駐屯兵ガ居ル、或ハ仁川ニ於テハ兵站部ノ兵ガ居ル、是等ニ持ッテ往ッテ、若モ此病氣ガウッテ參リマシタナラバ、ドウデアリマセウカ、非常ナル軍隊ニ困難ヲ與フルコトニナルデアラウト私ハ信ズル、明治二十七八年ノ日清戰爭ノ際ニ於テ、困ッタモノハ何デアルカ、軍隊ニ於テ非常ニ赤痢ガ行ハレ、虎列拉ガ流行シ、「マラリヤ」ガハヤリ、實ニサウ云フモノ、タメニ、非常ニ金ヲ潰シテ居ルノデゴザイマスル、今ヤ海外デハアリマスルナレドモ、韓國ノ居留民等ガ、サウ云フ鹽梅ニ困難ヲシテ居ルト云フ場合ニ於テハ、政府ハ直ニ人ヲ遣ハシテ、此病氣ノ蔓延シナイヤウニ、或ハ內地ニ持ッテ來サセヌヤウニ、軍隊ニ此病氣ノウツラヌヤウニ――勿論軍隊ニ於テハ、軍隊ノ衞生ガ嚴重デゴザイマシテ、幸ニ斯ノ如キ病氣ハ、ナイト云フコトデアリマスルナレドモ、イツ何時、此病氣ガ蔓延ヲシテ往クヤモ、分ラナイノデアリマス、デアリマスルガ故ニ、私ハ此際ニ政府ハ宜シク調査員ヲ送ルガ宜イ、內務省ハ文部大臣ノ所謂新智識ヲ持ッテ居ルトコロノ學者モ、衞生局ニ居ル、或ハ一年二十六万圓モ金ヲ支出シテ居ルト云フ、傳染病研究所ナルモノモアル、此等ノ所ニハ、立派ナル人々ガ居ルノデアルカラ、進ンデ之ヲ研究シテ、豫防撲滅ノ方法ヲ圖ルノガ本當デアルニモ拘ラズ、マダ今日マデ人ヲ出サナイ、ウム、猩紅熱カ、是位ノモノナラ宜カラウト云フ考デ、若モ怠ッタナラバ、此傳染病ガ蔓延ヲ致シマシテ、非常ニ困難ヲ極ムルトキガアルニ違ヒナイ、人々ハ病氣ノトキニハ分ラヌガ、其結果ヲ見テ、非常ニ金ヲ使ヒ、ソレガタメニ人ヲ非常ニ要スルコトニナラヌヤウニ、今日ヨリ豫防方法ヲ講ゼサセルト云フコトガ、必要デアラウト思ヒマス、是等ノ調査ニ付キマシテ、一日モ早ク政府ハ人ヲ派出シテ、豫防撲滅ノ方法ヲ、講ジラレルト云フコトニナリマシタナラバ、居留民ノ秩序安寧ヲ保タセテ、內地ニ傳染病ヲ持來サセルコトナク、或ハ軍隊ニ此病氣ヲウツスコトナク、非常ニ完全ニ往クコトデアラウト思ヒマス、此段建議ヲ致スノデアリマス、ドウカ滿場ノ御贊成ヲ願ヒタイノデアリマス。

〔「贊成々々」ト呼フ者アリ〕

○議長（松田正久君）　此建議案ヲ討議ニ付シマス

○恆松隆慶君（百五十九番）　此建議ハ、九名ノ委員ヲ議長カラ指名ニナランコトヲ希望致シマス

〔「贊成々々」又「卽決」ト呼フ者アリ〕

○議長（松田正久君）　贊成者ガアリマスカ

〔「卽決」又「委員附託」ト呼フ者アリ〕

○議長（松田正久君）　委員附託ニ成規ノ贊成ガアリマスカラ、採決致シマス、念ノタメニ侚宜告ヲ致シマスガ、本案ヲ委員ニ附託シテ調査セシムルト云フ動議ガ、出テ居リマスカラ、ソレヨリ先キニ決ヲ採リマス、恆松君ノ動議、卽チ建議案ヲ委員ニ附託スルト云フ說ニ贊成者ハ、起立ヲ請ヒマス

起立者　少數

○議長（松田正久君）　少數デアリマス――本案ニ付イテ決ヲ採リマス、本案ヲ採用スルニ同意者ハ起立ヲ望ミマス

起立者　多數

○議長（松田正久君）　多數デアリマスルカラ、本案ハ採用サレマシタ――議事日程第二十及第二十一ハ、同一委員ニ付託サレテアリマスルカラ、委員長ヨリ同時ニ報告ヲ致シマス――中西新作君

第十八　在韓邦人利權ノ發達ニ關スル建議案（望月小太郎君提出）

在韓邦人利權ノ發達ニ關スル建議案

韓國ノ扶植經營ハ誠ニ帝國ノ責任ニシテ日露開戰ノ目的亦實ニ玆ニアリ丼開戰以來政府ハ韓國ノ施政改善ニ關シテ鋭意經營スル所アルモ獨リ在韓邦人ノ永住的利權ノ保護經營ニ關シテハ未タ多ク施設スル所アルヲ見ス想フニ軍國多事ノ際、政府ハ其ノ施設セムトスル經營ニ關シ切ニ國費ノ膨脹ヲ防ルノ餘リ爲サムト欲シテ未タ爲ス能ハサルモノナラムト雖戰局ノ前途ハ所謂遼遠ニシテ而カモ韓國ニ對スル帝國ノ優勝ナル地位及特權ノ關係ハ日露戰爭ニ依リテ特ニ宇內列強ノ是認スル所トナレリ政府ハ宜シク其ノ韓國ニ對スル施政改善ノ經營ト共ニ須ク兩々相待ツテ在韓邦人永住ノ利權ヲ保護セサルヘカラス特ニ居留地ノ發達ニ關スル保護方法ノ如キ在韓邦人ノ子弟敎育奬勵法ノ如キ若ハ產業ノ保護奬勵ニ關シ或ハ通商貿易ノ奬勵發達ニ關スル凡百ノ施設中、特ニ緊急ニ屬スヘキ法案ハ速ニ之ヲ本議會ニ提出シ以テ協贊ヲ求ムルハ會ニ以テ帝國カ韓國ニ對スル扶植經營ノ實ヲ全ウスル所以ナリト認ム

右建議ス

○望月小太郎君（二百九十五番）　本案ハ極メテ簡單且明白ノ問題デアリマスカラ、當席ヨリシテ其要領ヲ述ベテ、御贊助ヲ得タイト思ヒマス、卽チ日露戰爭ノ結果ニ依リマシテ、帝國ガ朝鮮ニ對スル特殊ノ地位、竝ニ優勝ナル關係ハ、最早列國ノ是認スルトコロトナリマシタ、所謂臥榻ノ傍ヲ他人ノ鼾睡ヲ容サヌト云フコトハ、今日帝國ガ朝鮮經營ニ對スルトコロノ地位ト、確信致シマス、從ッテ政府ガ此朝鮮經營ニ附帶シテ、政治上ノ改良ニ對シテハ、諸君ノ御承知ノ通、著々經營セラレテ居リマスガ、獨リ吾々同胞人ノ朝鮮ニ於ケル永住的利益、竝ニ其權利ノ發達奬勵ニ關スル經營ニ對シテハ、當局ハ未ダ施設スル所ガナイノデアリマス、卽チ是ガ本案提出ノ理由デアリマシテ、其要ハ第一ニ居留地ニ於テハ、願クハ此居留地ノ將來ノ發達ヲ助長スルタメニ、法人制度ヲ與ヘテ貰ヒタイト云フ事ト、次ニハ領事裁判ヲ以テ、在韓同胞數万ノ訴訟ヲ司ッテ居リマス、此行政官ト裁判官トノ區劃ヲ明確ニシテ貰ヒタイト云フ事、其他市町村ノ發達ニ對スル、或ハ水道ノ敷設、若クハ病院ノ設立、醫師ノ招聘ナドニ關シテハ、是又以テ母國タル吾々本國ニ於テハ、適當ノ保護ヲ爲スベキモノデアルト信ジマス、是ガ卽チ居留地ノ發達ニ關スルトコロノ、大要ノ趣意デゴザイマス、第二ニハ是モ當時ノ在韓同胞子弟ノ敎育奬勵ノ事デ、殊ニ朝鮮ニ精通セラルヽトコロノ諸君ニ、細カイ事ヲ申ス必要ハナイ、要スルニ朝鮮ニ於ケル吾々同胞人ノ小學校ニ對スルノ補助、若クハ敎員ニ對シテハ、內地同樣ノ優待ヲ與ヘルト云フ事、進ンデハ願クハ京城ノ如キ中心ニ於テ、男女少ナクトモ一ノ高等中學校ヲ速ニ設立シテ貰ヒタイト云フ事、是ガ敎育ニ對スル母國ノ補助ヲ希望スル本員ノ意見デアリマス、終ニ臨ンデ、產業法ニ對シテモ、是亦當局ノ施設ヲ希望致シマス、ソレハ朝鮮ノ風土地位ニ應ジマシテ、適當ナル農事試驗場ヲ設ケ、是ニ適當ナル農業上ノ經營ヲ致スト云フコト、若クハ海ニ於テハ、水產試驗所傳習所ノ如キ物ヲ設ケ、魚族ノ播殖、漁民ノ保護、斯ウ云フコトニ付イテ、一日後ルレバ數年母國ニ不利益ナルノミナラズ、在韓同胞人ノ利權ノ上ニ、重大ナル關係ヲ生ズルトコロノ施設ニ對シテハ、特ニ之ヲ本議會ニ提出シテ、吾々ノ協贊ヲ求ムルコトハ、會ニ以テ政府韓國經營ノ實ヲ全クスル所以デアルト信ジマスカラ、是ダケヲ申上ゲマシテ、後トノ詳細ナルコトハ、委員會ニ於テ、諸君ノ御贊助ヲ得テ、十分ナル修正ヲ致シ、十分ナル施設經營ヲ致シタイト希望スルノデアリマス、ドウゾ御贊助ヲ願ヒマス

○恆松隆慶君（百五十九番）　本建議案ハ、九名ノ委員ニ付託ニ致シタイ、議長ノ指名アランコトヲ願ヒマス

○議長（松田正久君）　恆松君ノ動議ノ如ク、議長指名ノ九名ノ委員ニ付託スルコトニ、御異議ハアリマセヌカ

（「異議ナシ異議ナシ」ト呼ブ者アリ）

○議長（松田正久君）　御異議ガナケレバ其通決定致シマス――議事日程第十九、郡役所廢止ニ關スル建議案ヲ、議ニ付シマス、朗讀ハ省略致シマス、佐藤虎次郎君

第十三　清韓醫事衛生ニ關スル建議案（山根正次君外二名提出）

清韓醫事衛生ニ關スル建議案

財團法人同仁會ハ清韓其ノ他亞細亞諸國ニ對シ醫事衛生ノ學術竝施設ノ普及ヲ目的トシテ設立セルモノナリ而シテ清韓其ノ他亞細亞諸國ヲ啓發救濟スルハ我カ日本國家カ經營スヘキ對外事業ノ第一問題ニシテ殊ニ清韓二國ノ經營事業ニ對シテハ政府ニ於テ著々其ノ施設ヲ怠ラサルヘキハ勿論ニシテ醫事衛生ニ關スル諸件ノ如キ之ヲ等閑ニ付スルコトナキハ疑ハサル所ナリト雖財團法人同仁會ハ此ノ目的ヲ以テ現ニ二國ニ經營ヲ試ミツツアルモノニシテ政府ノ施設スヘキ或事業ニ對シ事實上之ヲ翼贊實行シ以テ國家ノ清韓經營ニ多大ノ利益ヲ與フルモノナリ依リテ政府ハ此ノ際相當ノ助力保護ヲ爲スハ國家政策上ノ緊要事項ナリト認ム

右建議ス

（山根正次君登壇）

○山根正次君（三百五十八番）　諸君、私ハ多數ノ贊成者ヲ得テ、清韓醫事衛生ニ關スルトコロノ建議案ヲ出シテ從キマシタ、此事ニ就イテ少シク理由ヲ申上ゲマスルノデアリマス（「簡單ニ願ヒマス」ト呼フ者アリ）無論簡單ニ申上ゲル積リデアリマス、財團法人ノ同仁會ト云フモノハ、我日本帝國ノ目今ヨリ、尙一層經營スベキ對外事業ノ一問題ヲ、常ニ翼贊致シマシテ、ヤッテ居ルコトデアリマスガ故ニ、政府ハ此際ニ相當ノ助力保護ヲナスベキハ、國家政策上ニ、緊要ナル事項ト云フコトニ付イテ、建議ヲ提シテ居リマス、ソレデ此同仁會ナル財團法人ノ目的ハ、ドウ云フ處ニアルカト云フコトヲ、少シバカリ申上ゲテ從キマス、同仁會ノ目的ト云フモノハ、清韓其他亞細亞ノ諸國ニ、醫學及藥學、之ニ隨伴スルトコロノ技術ヲ普及セシムル目的ヲ持ッテ居ル會合デアリマス、法人デアリマス、其事業ニ付イテハ既ニ遂行シツヽアル、其事業ハドウ云フコトデアルカト云フト、彼ノ淸國ニ、彼ノ韓國ニ、醫學校或ハ醫院ノ設立ヲ勸誘シテ居リマシタリ、或ハ本會ガ病院ヲ建テルトカ云フヤウナコトニナッテ居ルノデアリマス、又彼ノ國ニ居ルトコロノ――我國ノ、彼ノ國ニ居ルトコロノ居留民ノ請求ニ依リマシテ、醫師及藥劑師其他ニ關スル技藝者ヲ備フ時ニ於テ、周旋ヲ致シマシタリ、或ハ藥品ヲ送ルコトデアルトカ、種々ナル此衛生事業ニ對シマシテ、ヤッテ居ルノデアリマス、ソレデ若モ此邦人團體ニ於テ、尙更政府ノ保護ヲ致シマシタナラバ、彼我人民ノ仕合セト云フモノハ、至大ナコト、存ジマス、先般諸君ノ卽決ヲ以テ決セラレタルトコロノ猩紅熱豫防ノ如キハ、實ハ若モ財團邦人ノ發達ガ十分デアリマシテ、事ヲ達シテ居リマシタナラバ、卽チ彼ノ國ニ於テ恐ルベキ傳染病モ、蔓延セヌデアラウト思ヒマス、從ッテ鄰邦ノ傳染病ガ少ナイト云フコトハ、我帝國ニ於キマシテ、經濟上ニ又衛生ノ上ニ、非常ナ仕合セニナルコトデゴザイマス、此立派ナトコロノ目的ヲ立テ、居ルトコロノ、財團法人デゴザイマスルガ故ニ、ドウカ諸君ハ御贊成ヲ下サッテ、此建議案ノ成立ツヤウニ致シテ貰ヒタイノデアリマス、簡單ニ此議ヲ申上ゲタ次第デアリマス、詳シイコトハ、此建議案ニ書イテアル通リデアリマスル

○恆松隆慶君（百五十九番）　本案ハ九名ノ委員ヲ、議長ガ指名シテ、審査アランコトヲ望ミマス

（「贊成々々」ノ聲起ル）

第十四　水産銀行設立ニ關スル建議案（森茂生君提出）

水産銀行設立ニ關スル建議案

今ヤ本邦振古未曾有ノ時局ニ際シ其ノ施設經營スヘキ事業ハ夥多アリト雖要スルニ國家ノ財源ヲ涵養シ國民ノ生産力ヲ増加セシムルヨリ急ナルハナシ從來政府ハ陸産業ノ發達ノミニ之レ力メ勸業銀行ヲ始メ諸種ノ金融機關ヲ設備シテ保護奬勵至ラサルナシト雖水産業ノ發達保護奬勵ノ途ニ至リテハ未タ全カラサルモノアリ政府ハ此ノ際水産ノ事業ヲ保護奬勵スル爲中央ニ一大銀行ヲ置キ地方ニ小銀行ヲ設立シ以テ遠洋沿岸ヲ論セス漁撈採藻等總テ一般ノ水産業ニ從事スル者ヲシテ遺憾ナク其ノ事業ヲ遂行セシムルノ金融機關タラシムヘシ政府ハ宜ク之レカ調査ヲ遂ケ案ヲ具シテ次期ノ議會ニ提出セラレムコトヲ望ム

右建議ス

（森茂生君登壇）

○森茂生君（三百四十八番）　諸君、本員ハ玆ニ政府ニ向ツテ、水産銀行ヲ設立セラレンコトヲ希望スルノ建議案ヲ提出致シマシタニ付キマシテハ、簡單ニ其理由ヲ説明シヤウト思ヒマス、諸君、今ヤ我國ハ振古未曾有ノ事變ニ遭遇致シマシテ、國事ノ多端デアルト云フコトハ、申スマデモナイコトデゴザイマスルガ、要スルニ刻下ノ場合ハ、國民ノ生産力ヲ發達セシメテ、國富ノ充實ヲ圖ルノガ、最モ急務デアルト考ヘルノデアリマス、諸君、我國ノ地形ハ四面環ラスニ海デアリマシテ、漁撈ノ利ハ到ル所トシテ、之ヲ見ザルコトハアリマセヌ、又採藻ノ益ト云フモノニ於キマシテモ、容易ニ之ヲ收メ得ラレルノデアリマス、然ルニモ拘ハリマセズ、我水産業ハ、之ヲ陸上ノ各産業ニ比シテ見マスルト、其發達ノ程度ハ、大ニ後レテ居リマシテ、未ダ十分ニ其事業ヲ擴張スルコトガ出來ヌノデアリマス、其事業ヲ擴張スルコトガ出來得マセヌノハ、抑ミ何ノタメデアルカト申シマスレバ、是マデ種々ナル原因モゴザイマセウケレドモ、本員ハ政府ガ水産業者ニ對スル保護奬勵ノ途ヲ缺イテ居ルコトガ、確カニ一ノ原因デアラウト思フノデアリマス、（「ヒヤ〳〵」ト呼フ者アリ）諸君、政府ハ從來陸産業ノ奬勵保護ニ就キマシテハ、隨分力ヲ盡シテ居リマス、一例ヲ擧ゲテ見マスレバ、農工業ノ改良發達ノタメニハ、中央ニ勸業銀行、地方ニ農工銀行ヲ設立致シマシテ、農工業者ヲシテ、特別金融機關タラシメマシテ、彼等ヲシテ遺憾ナク、其事業ヲ遂行スルコトヲ得セシメツヽアルコトハ、諸君ノ知ラルヽ如クデアリマセウ、顧ミテ水産業ニ對スル保護奬勵ノ途ハ、如何デアリマス、實ニ遺憾ナガラ、斯ノ如ク完キヲ得ルコトガ、出來得ヌノデアリマス、否ナ、水産業者ニ對スル政府ノ處置ハ、冷淡ト言ハネバナラヌノデアリマス、農工業者ニ對シマシテ、既ニ特別ノ金融機關ヲ設置セラレマシテ、多大ノ便益ヲ與ヘラレツヽアルト致シマスレバ（「簡單々々」ト呼フ者アリ）獨リ此水産業者ノミ、何ゾ此惠ミニ浴スルコトガ、得ラレナイト云フ筈ハナイ道理デアリマス、政府ハ宜シク水産業者ニ對シマシテ、特別ノ金融機關ヲ設ケラレテ、陸産業者ニ對スル保護奬勵ト同一ニ、當業者ニ對シテ遺憾ナク、其事業ヲ施設經營セシメ、以テ國産ノ増加ヲ圖ルノハ、實ニ緊

期モ切迫致シマスカラ、爾今ハ右ノ例ニ依ラズシテ、本會ノ日ニ於テモ、緊急ノモノハ委員會ヲ開キタイト云フ、段々申出モゴザイマスカラ、其通リ決シテ差支アリマセヌカ

（「異議ナシ異議ナシ」ノ聲起ル）

○議長（松田正久君）　然ラバ其通決定致シマス

○恆松隆慶君（百五十九番）　法律案ハ、四十八時間後ト云フ規定デアリマシテ、追々期限モ切迫スルノデアリマスカラ、之モ成ベク早ク日程ニ上ボセラルヽノ便宜ヲ與ヘラレンコトヲ、希望致シマス

○議長（松田正久君）　諸般ノ報告ヲ致シマス

（書記朗讀）

議員ヨリ提出セラレタル議案左ノ如シ

要ナコト、考ヘルノデアリマス、諸君、征露ノ戰役ハ果シテ（「簡單々々」ト呼フ者アリ）何レノ日ニ其終局ヲ告ゲルノデアラウカト云フコトハ、豫メ知ルコトハ出來マセヌガ、我軍ガ交戰最終ノ目的ヲ遂スルト云フコトハ、疑フマデモナイコトデアリマセウ、戰後ノ經營ニ就キマシテハ、當局者ハソレ〳〵胸算ノアルコトヽハ信ジマスケレドモ、支那朝鮮ノ沿岸並ニ北海ニ於ケルトコロノ遠洋漁業ハ、此際一層奬勵發達セシムルノ必要ガアルト共ニ、該方面ニ於ケル漁權ト云フモノハ、全然之ヲ邦人ノ手裡ニ收ムル覺悟ガナケレバナラヌノデアリマス、諸君思ウテ玆ニ至リマスレバ、我水産業ノ前途ハ、實ニ多事多端デ、且有望デアルノデアリマス、政府ガ今日ニ於キマシテ、水産銀行ヲ設立シテ、一般水産業ノ金融機關ニ充テマシテ、當業者保護ノ途ヲ完カラシメ、以テ國富ノ増進ヲ圖ルノハ、當然ノ責務デアラウト思フノデアリマス、故ニ本員ハ玆ニ水産銀行ノ設立建議案ヲ提出シタ次第デアリマス、諸君、願クハ全會一致ヲ以テ協贊セラレンコトヲ希望致シマス

○武藤金吉君（九十一番）　提案者ハ、肝腎ノ銀行ノ貸付方法總テノ點ガ、落チタヤウデアリマスルカラ、是ガ説明ヲ簡單ニ願ヒマス

（「委員會委員會」ト呼フ者アリ）

○森茂生君（三百四十八番）　唯今武藤君カラ御尋デアリマスガ、是ハ方法デゴザイマスカラ、今本員ハ此席デ述ベマセヌデアリマシタガ、幸ニ御質問デアリマスカラ、其一二ヲ御答シヤウト思ヒマス、（「委員會委員會」ト呼フ者アリ）大分ニ是モ長クアリマスガ、委員會ト云フ御説モゴザイマスガ、如何デゴザイマセウ（「委員會委員會」ト呼フ者アリ）デハ追ッテ又……

○恆松隆慶君（百五十九番）　本案ハ誠ニ適切ナ建議案デゴザイマスルガ、併シ一應委員ニ付託シテ調査セシメタイト思ヒマス、九名ノ委員ヲ議長ガ指名アランコトヲ望ミマス

（「贊成々々」ノ聲起ル）

○議長（松田正久君）　恆松君ノ動議ニ贊成ガアリマスカ

（「贊成々々」ノ聲起ル）

○議長（松田正久君）　恆松君ノ議長指名ノ委員九名ニ、本案ヲ付託スルコトニ、御異議ナケレバ、其通決定致シマス——玆ニ御諮リヲ致シマスガ、刑ノ執行猶豫及免除ニ關スル法律案委員長鵜飼退藏君ヨリ、唯今ヨリ退席ヲ致シマシテ、委員會ヲ開キタイト云フコトデアリマスガ、許可シテ差支ガアリマセヌカ

（「異議ナシ異議ナシ」ト呼フ者アリ）

○議長（松田正久君）　然ラバ許スコトニ致シマス、議事日程第十五市街宅地々價修正ニ關スル建議案ハ提出者タル根本正君ヨリ、本日ノ議事ヲ延期シタイト云フ請求デアリマスガ、延期ニ反對ハアリマセヌカ

（「異議ナシ異議ナシ」ノ聲起ル）

○議長（松田正久君）　御異議ガナケレバ、本案ハ延期スルコトニ決定致シマス、尙玆ニ御諮リヲシマスガ、是マデハ委員會ハ月、水、金ノ日ヲ以テ開カレテアリマシタガ、追々會

淸韓醫事衛生ニ關スル建議案

乾　奈良吉君	江藤　新作君	山田　省三郎君
松本　恒之助君	栗塚　省吾君	石井　信君
竹田　千代足君	松井　源内君	山根　正次君

水產銀行設立ニ關スル建議案

小田　文行君	根津　嘉一郎君	鈴木　久次郎君
蘆田　鹿之助君	島津　良知君	濱名　信平君
丹尾　頼馬君	松浦　五兵衛君	森　茂生君

第五　外國ニ於ケル銀行事業ニ關スル法律案（政府提出、貴族院送付）　第一讀會

外國ニ於ケル銀行事業ニ關スル法律案

外國ニ於テ銀行業ヲ營ムモノニ付テハ勅令ヲ以テ特別ノ規程ヲ設ケ之ニ準據セシムルコトヲ得

（政府委員阪谷芳郎君登壇）

○政府委員（阪谷芳郎君）　本案ハ極メテ簡單ナル法律デゴザイマスルガ、是ハ此滿韓地方及支那地方ニ於キマスル銀行業ニ對シマシテ、現行ノ法律デハ、多少ノ不便ヲ感ジマスル場合ガゴザイマスルノデ、其場合ニ於キマシテ、勅令ヲ以チマシテ、特別ノ規定ヲ設ケタイト、斯ウ云フ趣意デゴザリマスル、是ハ差向キノトコロハ、此度ノ朝鮮國ニ於キマスル、第一銀行ノ業務ガ、彼國ノ金庫事務ヲ取扱ヒ、尚紙幣ノ發行ヲ致スト云フヤウナコトカラ、多少取締ノ規定ヲ設ケル必要モゴザリマスルシ、又軍用切符ノ處分ニ就キマシテハ、之ヲ整理致シマスル場合ニ、相當ナル銀行ニ、之ヲ托サナケレバナラヌ、其場合ニ於ヤマシテハ、又相當ナ取締ヲ要スルト云フヤウナ、種々ナルコトガゴザリマスルノデ、ソレニ就キマシテハ、現行ノ法律ノ內デハ、多少不備ヲ感ジマスル場合ガゴザリマスルノデ、其場合ニ於キマシテハ、勅令ヲ以チマシテ、相當ナ規定ヲ設ケテ、處理上差支ナイヤウニ致シタイト云フ考デゴザリマス

○武藤金吉君（九十一番）　政府委員ニ質問、唯今阪谷政府委員ノ御話ニ依リマスルト、此軍用手票ニ付イテ、整理云々ト云フコトガゴザリマシタガ、整理ト云フコトハ、隨ニ紛雜ガ出來テ居ルトカ、若クハ不整理デアルト云フ御言葉デアラウト思フノデアリマス、ソレカラ一時ハ、大藏大臣カラ答辯ニナッタ軍用手票ノ事ニ就キマシテハ、好良ニ實行サレテ居ルト云フ答辯デゴザイマスルガ、一昨日ノ大藏大臣ノ答辯ト、唯今阪谷政府委員ノ說明トハ、矛盾致シテ居ルヤウニ考ヘマスガ、其軍用手票ニ付イテノ概要デ宜シウゴザイマスカラ、御答辯ヲ願ヒマス

（政府委員阪谷芳郎君登壇）

○政府委員（阪谷芳郎君）　唯今ノ答辯ハ、別ニ抵觸ハ致シテ居ラヌ考デゴザリマスガ、軍用切符ノ概要ト申シマスルノハ、ドウ云フ御趣意デゴザリマスカ

○武藤金吉君（九十一番）　滿洲ニ於ケル軍用手票ハ、非常ニ割引ノ上ニ於テ、我國ノ不利益ヲ來シテ居ル、ソレカラ交換基金ノ事ニ付イテ、非常ニ不足ヲ告ゲテ居ル、ソレガ露西亞ノ兌換銀券ト比ベテモ、非常ナ差デアル、又現在牛莊ノ正金銀行ノ支店ニ於テノ取付ケノ有樣等ハ、先日私ガ質問ノ趣意ノ說明シタ通デアリマス、是等ノ點ニ付イテハ、唯政府デモ整理ノ必要ヲ認メルノデアラウト思フノデス、ソレデ大藏大臣ノ說明ハ――說明デハナイ、答辯ハ好良ノ結果ヲ來シテ居ルノガ、甚シイノデ、實際政府ハ是等ノ不都合ヲ整理スルト云フコトハ、自ラモ認メテ置イテ、其答辯ニ對シテハ、シラ〳〵シクモ好成績デアル、好良デアル、差支ハナイ、ソレカラ割引ハ時々高低ガアルト云フコトハ、之ハ勿論ノ話デアリマスケレドモ、之ハドウシテモ、軍用手票ニ付イテハ、整理ノ方法、ソレカラ唯今出テ居ルノハ四千万、殆ド四千万圓ノ軍用手票ガ出テ居ルニ拘ハラズ、是等ヲ如何ニ處分スルカ、整理スルカト云フコトハ、答辯ニ言ハズシテ、此法律デ整理ヲスル積リデアリマスカ否ヤト云フコトヲ、御答ヲ願ヒタイノデアリマス

（政府委員阪谷芳郎君登壇）

○政府委員（阪谷芳郎君）　滿洲ニ今日發行致シテ居リマス軍用切符ハ、七千餘万ノ多キニ達シテ居リマス、尤モ出納官吏ノ手ニ保管致シテ居ルモノモゴザリマスルカラ、實際市場ニ流通致シテ居リマス高ハ、三千乃至四千万ノ間デアラウト考ヘテ居リマスル、此軍用手票ハソレ〳〵交換機關ヲ設ケマシテ、交換ヲ致シテ居ルノデゴザイマス、又漸次此交換シ終ルト云フコトヲ期シテ居リマス、其一時輻湊致マスト云フヤウナコトハ、ソレハ多少ゴザリマセウ、ソレハ同地ガ未ダ戰時ノ狀態ニアル上カラ、手ノ行居カヌ所モゴザイマスカラ、ソレハ多少免レマセヌケレドモ、大體ノ上カラ御觀察ニナリマシテ、此軍用手票ト云フモノガ、此度ノ戰時財政ノ上ニ、如何ナル利益ヲ與ヘタカト云フコトハ、御推察ニ餘リアルト考ヘマスル、ソレデ唯今申シマシタ、此法案ト多少ノ關係アルカノ如ク申シマシタノハ、結局之ヲ交換致シマスル場合ニ、政府ガ何時マデモ交換スルト云フコトハ、必要ガナカラウト、政府ハ考ヘテ居リマス、相當ナル金融機關、例ヘバ正金銀行ガ、既ニ彼處ヘ交換機關トシテ、今從事致シテ居リマスカ、是等ヲ一ツ擴張致シマスト云フコトモ、一ノ手段デゴザイマス、卽チ正金銀行ヲ擴張致シテ、ソレニ交換ノ事務ヲ托シ、併セテ將來滿洲ニ於ケル、我國ノ商工業ノ金融上ノ便宜ヲ圖ルト云フ手段モ、アルト考ヘマスル、ソレ故ニ軍用切符ヲ歲末ニ處分致シマスル場合ニ於テ、此法案ガ多少ノ關係ヲ持ツト云フコトヲ、併セテ申上ゲマシタ次第デゴザイマス、左樣御了承ヲ願ヒマス

○武藤金吉君（九十一番）　續イテモウ一ツ御尋ヲ致シタイ、此軍用手票ガ唯軍用ノタメニ仕拂フバカリデナク、私ガ聞ク所ニ據リマスルト、此正金銀行ノ方ヘ、取扱フ方ヘ、此軍用ヲ一々使ハナイトコロノ人ガ、唯交換ヲ致シタ――唯交換ヲ致シテ、現在此十万圓モ二十万圓モ、軍用手票ヲ我國ノ札ト、此金貨――兌換金券ト交換シテ、買ッテ來タトコロノ人ガアルサウデアリマス、是等ハ銀行ノ取締ノ上ニ於テモ、非常ナ關係ヲ持ツコトダラウト思フ、斯ウ云フ弊害モ、此法律デ防グ方針デアリマスカ、ソレ等ノ點モ御答辯ヲ願ヒタイ

（政府委員阪谷芳郎君登壇）

○政府委員（阪谷芳郎君）　此軍用切符ハ、陸軍省ガ經費ヲ仕拂ヒマス場合ニ、戰地デ、使ヒマスルノデスカラ、使ヒマシタトキニハ、別段ニ此札ニ下落ハナイノデ、ソレヲ交換致シマスルノニ、今日ハ戰時ノ狀態ニアルカラ、十分手ガ屆カヌカラ、差ヲ生ジマス、其差ヲ生ジタノハ、或ハ商人、若クハ支那人カラ廉ク買集メテ、交換ニ持ッテ來ルト云フコトモ、固ヨリ限ラレマセヌ、併ナガラサウ云フ分ニ對シテハ、政府ハ成ベク交換ヲシナイ、善良ナル所持者ニ對シテノ交換ヲ、主トシテ力メテ居リマス、何分戰時ノ狀態ニ於テ、多數ノ人ノコトデゴザイマスカラ、行屆カヌ場合モナイトハ限リマセヌ

○武藤金吉君（九十一番）　ソレデハ政府モサウ云フ交換ヲシタ人ガアルト云フコトヲ、御認メニナッテ居リマスカ

○政府委員（阪谷芳郎君）　アルデアラウト想像致シマス

○武藤金吉君（九十一番）　宜シウゴザイマス

○議長（松田正久君）　發議者ナケレバ、議事日程第六、右議案ノ審査ヲ付託スヘキ委員ノ選擧ヲ議題ト致シマス

第二十四　在韓邦人利權ノ發達ニ關スル建議案（委員長報告）
（望月小太郎君提出）

（福井三郎君登壇）

○福井三郎君（三百十二番）　御付託ニナリマシタ、在韓邦人利權ノ發達ニ關スル建議案ノ委員會ノ經過及結果ヲ御報告申上ゲマス、此案ハ簡單ナリト申シマスレバ、其名ノ如ク、是デ御シマヒノヤウナ、極ク簡單ナモノデアリマスガ、若シ其意義ヲ云ヒ盡サントスレバ、廣イ意義ヲ持ッテ居ル案デゴザイマス、ソレデモウ大分諸君ガ、御草臥ニナッテ居ルヤウデアリマスカラシテ、隨分長イ委員會デゴザイマシタガ、經過ヲ餘リ詳シク御話シタナラバ、御退屈デアラウト思ヒマスカラ、殊ニ提出者カラ豫テ詳シク說明モアッタ後トデアリマスカラ、唯大要ダケヲ掻摘ンデ御話シテ置キマス、此案ノ大要ハ詰リ朝鮮國ニ對シテ、日本ノ人ガ往ッテ居ル、ソレデ溢レル程ニナッテ居ルカラ、之ガ利權ノ發達ヲシナケレバナラヌガ、其方法ハ第一ニ居留地ノ發達トシテ、或程度マデノ人口ヲ持ッテ居ル居留地ニハ、町村自治ノ制度デモ設ケテ、サウシテ法人ノ資格ヲ與ヘタナラバ宜カラウ、又領事裁判制度ノ如キモノガ、今日マデアッタノデ、是ガ利權ノ發達ヲ妨ゲテ居ッタカラ、コンナモノハ廢シテ、特別裁判ノ制度ヲ設ケタナラバ宜カラウ、其他人口ノ澤山アル所ハ大抵ドノ位ノ程度ト云フ、程度ヲ設ケテ、水道ヲ敷設スルトカ、乃至病院ヲ設立スルトカ、或ハ立派ナ醫者ヲ招イデ、彼ノ國ニ在留シテ居ル者ノ用ニ供スルトカ云フ方法ヲ設ケテヤッタラ宜カラウ、第二ニ、在韓邦人子弟ノ敎育ニ付イテハ、移住者ガ澤山アルト共ニ、子供モ澤山出來テ居ルノニ、然ルニ此敎育ノ方法ト云フモノハ、一向發達シテ居ラヌガ故ニ、是等ノモノヲ助ケルタメニ、學齡兒童ノ數ニ應ジテ、小學校ヲ補助シテ、朝鮮ニ設ケル、又其敎師ニ從事シテ居ル者ニハ、特別ノ待遇ヲスルトカ、或ハ內地ノ高等學校ノ如キ、男女ノ高等學校ヲ設ケル設備方法ヲ立テルトカ、第三ノ產業保護奬勵ニ付イテハ、農事試驗所、農林學校、蠶絲試驗所、精米試驗所、水產試驗所ヲ掎ヘルトカ、其他イロイロ澤山ナ箇條ガ擧ゲテゴザイマス、數ヘ來ルト百モ亦足ラズ、澤山臚列シテアリマスガ、要ハ唯在韓邦人ニ便利ヲ與ヘテ、發達ヲ期スルト云フ案デゴザイマス、故ニ委員ニ於テハ調査シマシタガ、案ガ斯ウ云フ案デゴザイマスカラ、一人ノ反對者モアル筈ハナイ、政府モ大層機嫌克ク贊成セラレテ、兩手ヲ擧ゲテ悅ンデ贊成ト云フコトデゴザイマス、故ニ註文ノモノハ、明日ノ日カラモ、直グ著々實行シタイガ、唯經費トノ相談デアリマスカラ、經費ノ容サルモノハ、サウ急ニヤル譯ニ往カヌガ、經費ノ容スモノハ、著々順序ヨク運ンデ往クト云フコトデアリマス、ソコデ朝鮮ノ狀態ハ、御承知ノ通、仁川、釜山、京城ノ三ツニ專管居留地ガアリマス、是ガ二十六年マデハ――今日ハ多クアリマセウガ、二万居ルデアラウ、之ヲ詳シク申上ゲテ云フト澤山開港場、開市場ガアリマスガ、引括ンデ朝鮮ノ各開港場、專管居留地等ノ雜居地ニハ、二万五千人バカリ居ッタノガ狀態デアッタ、然ルニ今日ハ日露戰爭ノ結果デ、大ニ趣ヲ異ニスル、今マデハ二万五千以上居リマシタ者ガ、此度モ二万五千人――元ノ二万五千ニナルト云フコトハナカラウ、五万人七万人ニモ、殖ヘテ往ッタトコロガ、減ルコトハナカラウト思ヒマス、スルト詰リ此案ノ如キハ最モ必要デアルト云フノデ、委員會ハ此案ニ贊成セラル丶コトヲ、希望スルノデアリマス、前申上ゲタ通、政府委員モ悅ンデ贊成ヲセラレ、委員會全般、政府委員モ併セテ同意デアリマスカラ、此段御報告致シテ置キマス

○望月小太郎君（二百九十五番）　ドウカ御贊成ヲ願ヒマス

○議長（松田正久君）　本案ノ採否ヲ決シマス、本案採用ニ御異議アリマセヌカ

（「異議ナシ」ト呼フ者アリ）

○議長（松田正久君）　然ラバ委員長ノ報告通、本案ハ採用スルコトニ決定致シマス――次ハ日程第二十五濟韓醫事衞生ニ關スル建議案、委員長ヨリ報告ヲ致シマス――山田省三郎君

第二十五　清韓醫事衛生ニ關スル建議案（山根正次君外二名提出）（委員長報告）

（山田省三郎君登壇）

○山田省三郎君（三百四十番）　清韓醫事衛生ニ關スル建議案ニ付イテ、委員會ノ經過ヲ御報道致シマス、委員會ニ於キマシテハ、二ツノ質疑ガ起リマシタ、此建議案ニアルトコロノ同仁會ナルモノハ、如何ナル性質ノモノデアル、又末文ニ助成保護ト云フ文字ガアル、此建議案ガ成立ッタ以上ハ、政府ヘ幾分ノ助成金デモ請求スル目的デアルカドウカト云フ、委員會デ質疑ガゴザイマシタ、其時ニ提出者ガ詳シク答辯ガゴザイマシタガ、第一ニ同仁會ナルモノハ、即チ博愛仁ヲ以テ國家ガ自ラヤラヌ所ノ仕事ヲ、有志團體ヲ以テ世話ヲシテ、清韓地方ヘ醫事衛生ヲ普及致シテ、醫術ヲ以テ向フノ人ヲ、成ダケ誘導シ、文明ノ域ニ達セシメルヤウニシタイト云フノガ希望デアル、今日マデ既ニ三十八名程派遣ヲシテ居ル樣ナ次第デアル、尙續々註文モアルヤウナ次第デアル、又此際國事多端ノ折柄、此建議案ガ成立ッタトテ、政府ニ金ヲ强請スルト云フヤウナ次第デハ、決シテナイノデアル、ドウカ公使ナリ領事ナリガ、此上共便利便益ヲ助ヘルヤウニ、助力ヲシテ貰ヒタイト云フ精神ニ外ナラヌ次第デアル、斯ウ云フ答辯デゴザイマシタカラ、故ニ委員會ニ於テハ、實ニ此時局ニ對シテ、適切ナル問題デアラウト云フコトデ、滿場一致ヲ以テ決議ヲシタ次第デゴザイマス、ドウカ願クハ諸君モ、速ニ可決アランコトヲ望ミマス

○恆松隆慶君（百五十九番）　本案モ贊成致シマス、直チニ確定セラレンコトヲ望ミマス

○議長（松田正久君）　本案ヲ討議ニ付シマス――委員長ノ報告通決定シテ御異議アリマセヌカ

（「異議ナシ異議ナシ」ト呼フ者アリ）

○議長（松田正久君）　御異議ガナケレバ、委員長ノ報告通本建議案ヲ採用スルコトニ決定致シマス、日程第二十六、國本培養ニ關スル建議案ノ議事ハ、委員長ヨリ延期ヲ求メテアリマスガ、延期スルコトニ御異議ハアリマセヌカ

（「異議ナシ異議ナシ」ト呼フ者アリ）

○議長（松田正久君）　然ラバ本案ノ議事ハ延期スルコトニ致シマス、諸般ノ報告ヲシマス

明治三十八年二月十九日　議事日程第一乃至第三ノ件　第一讀會

第一　居留民團法案（政府提出）

居留民團法案

第一條　專管居留地、各國居留地、雜居地其ノ他ニ住居スル帝國臣民ノ狀態ニ依リ外務大臣ニ於テ必要ト認ムルトキハ地區ヲ定メ其ノ地區內ニ住居スル帝國臣民ヲ以テ組成スル居留民團ヲ設クルコトヲ得

居留民團ノ廢置分合又ハ其ノ地區ノ變更ニ關スル事項ハ命令ヲ以テ之ヲ定ム

第二條　居留民團ハ法人トシ官ノ監督ヲ受ケ法令又ハ條約ノ範圍內ニ於テ共ノ公共事務及法令、條約又ハ慣例ニ依リ之ニ屬スル事務ヲ處理ス

第三條　居留民團ニ吏員及居留民會ヲ置ク

第四條　居留民會ノ組織、居留民團吏員又ハ居留民會議員ノ任免、選擧、任期、給與及職務權限等ニ關スル事項竝居留民團ノ財產、負債、營造物、經費ノ賦課徵收及會計ニ關スル事項ハ命令ヲ以テ之ヲ定ム

第五條　居留民團ハ領事、公使及外務大臣順次ニ之ヲ監督ス但シ土地ノ情況ニ依リ第二次ノ監督ヲ省略スルコトヲ得

前項監督ニ關シ必要ナル事項ハ命令ヲ以テ之ヲ定ム

第六條　居留民團設立ノ際共ノ地區內ニ住居スル帝國臣民ノ共同財產及負債ノ處分共ノ他本法施行ニ關シ必要ナル事項ハ命令ヲ以テ之ヲ定ム

（政府委員石井菊次郎君登壇）

○政府委員（石井菊次郎君）　本案ハ外國ニ在ル各居留地雜居地其他ニ居住シテ居リマス帝國ノ臣民團體ノ或者ニ對シマシテ、法人ノ資格ヲ公認スルノ法律案デアリマス、政府ハ我在外居留民團體ノ現狀ニ鑑ミマシテ、之ヲシテ秩序アル健全ナル發達ヲ得セシメンガタメニハ、是ニ公共團體ノ資格ヲ與フルヲ以テ、最モ適切ニシテ、且緊要ノコト、認メマシテ、本案ヲ提出シタル次第デゴザイマス、而シテ過日望月君ノ建議案、卽チ居留地ヲ法人トナス、云フコトヲ以テ、主タル眼目ノ一トスルトコロノ建議案ヲ、殆ド滿場一致ヲ以テ可決セラレタル諸君ニ向ッテ、本案ノ必要ナル所以ヲ辯イレク申上グル必要ハナカラウト存ジマスカラ、是ハ省略致シマス、速ニ協贊ヲ與ヘラレンコトヲ希望致シマス

○久保伊一郎君（三百六十一番）　チョット私ハ御尋ヲ致シタイノデスガ、在外帝國居留地ノ居留民團ニ此法案ヲ施行スルト云フコトデアリマスガ、今日デハ餘程共箇所ガ多數ニナッテ居ルト思ヒマスガ、所謂我帝國ノ支配シナス權利ノアル場所ヲ承ッテ、置キタイ

（政府委員石井菊次郎君登壇）

○政府委員（石井菊次郎君）　唯今ノ御質問ノ趣意ガ明カニ分リマセヌガ、既ニアル帝國ノ居留民ノ團體ノコトデゴザイマスカ、或ハ本法律案ヲ執行スルノ、將來ノコトニ關スル御質問デゴザイマスカ、其點ヲ明カニ……

○久保伊一郎君（三百六十一番）　現在此居留民團トシテ、設立ヲ許サウト云フ資格ノアル場所ヲ聞クノデス

○政府委員（石井菊次郎君）　勿論此法律ハ、帝國ニ於テ領事裁判權ヲ有スル所デナケレバ、執行シ難イ事柄デゴザイマシテ、今日其必要ニ迫ッテ居リマスノハ、淸國及韓國デゴザイマス、淸國ノ方ハ多クハゴザイマセヌガ、韓國ノ今日開港場ノ多クハ、此居留民團法案ノ執行ヲ必要トスルト政府ハ認メテ居リマス

○久保伊一郎君（三百六十一番）　其外ニハ無イデスカ

○政府委員（石井菊次郎君）　淸國及韓國ノ以外ニハ、今日ノトコロデハゴザイマセヌ

○議長（松田正久君）　發言者ナケレバ、議事日程第一、右議案ノ審査ヲ付託スヘキ委員ノ選擧ヲ議題ト致シマス

議事日程第一乃至第三ノ件

第一　日本興業銀行法中改正法律案（政府提出貴族院送付）　第一讀會

（小字ハ貴族院修正）

日本興業銀行法中改正法律案

日本興業銀行法中左ノ通改正ス

第八條ニ左ノ但書ヲ加フ

但シ主務大臣ノ認可ヲ受ケタルトキハ此ノ限ニ在ラス

第九條第四號中「地方債證券、社債券及株券ニ關スル」ヲ削リ左ノ二號ヲ加フ

第五　手形ノ割引

第六　法律ノ規定ニ依リ設定シタル財團ヲ抵當トスル貸付

同條ニ左ノ一項ヲ加フ

前項第五○號ノ手形ハ割引依賴人ヨリ國債證券、地方債證券、社債券又ハ株券ヲ擔保ニ提供スルモノニ限ル

第十一條ニ左ノ但書ヲ加フ

但シ主務大臣ノ認可ヲ受ケ外國ニ於テ營ム○銀行○及其ノ附帶業務○業務○ニ付テハ此ノ限ニ在ラス

第十二條　日本興業銀行ハ拂込資本金額ノ十倍ヲ限リ債券ヲ發行スルコトヲ得但シ其ノ貸付金現在高、割引手形現在高及其ノ所有ニ係ル國債證券、地方債證券、社債券現在高ヲ超過スルコトヲ得ス

第十二條ノ次ニ左ノ一條ヲ加フ

第十二條ノ二　日本興業銀行ハ外國ニ於ケル公益事業ニ對シ資金ノ需要アル場合ニ限リ主務大臣ノ認可ヲ受ケタルトキハ本法第十二條、第十五條及商法第二百條ノ規定ニ依ラスシテ債券ヲ發行スルコトヲ得

前項公益事業ノ種類ハ勅令ヲ以テ之ヲ定ム

第十四條中但書ヲ削ル

第十四條ノ二　日本興業銀行ニ於テ債券ヲ發行スル場合ニハ商法第百九十九條ノ規定ヲ適用セス

〔政府委員阪谷芳郎君登壇〕

○政府委員（阪谷芳郎君）　本案ハ此度ノ戰爭ニ就キマシテ、內地ノ資本ガ軍費ノ方ニ向キマシタニ付キマシテハ、自カラ此資本ヲ補フノ方法ヲ必要ト致シマスル、又淸韓兩國ニ於ケルトコロノ企業ニ對シマシテ、永期ノ貸付ヲ必要トスル事業ニ對シマシテ、相當ナル金融機關ヲ必要ト致シマスル、ソレカラ金銀ノ產出ヲ獎勵致シマスガタメニ、金銀ノ鑛山ニ低利ノ資金ヲ供給スルノ必要ガアル、是等ノコトカラ致シマシテ、別ニ抵當法案竝ニ信託法案及外國ニ於テ營ム銀行事業ニ關スル所ノ法案モ出テ居リマスルガ、此興業法案モソレニヤハリ關聯致シマス、願クハ速ニ御協贊ヲ與ヘラレンコトヲ希望致シマス

○議長（松田正久君）　發言者ガナケレバ、議事日程ノ第二、右議案ノ審査ヲ付託スベキ委員ノ選擧ニ移リマス

○竹越與三郎君（八十四番）　私ハ委員長ノ報告ニ賛成ヲスル一人デアリマス、議場ノ大勢ヲ見マスルニ、大體委員長ノ報告ニ御贊成ノヤウデアリマスルカラ、私ノ愚論ヲ以テ諸君ノ御耳ヲ煩ハス必要ハナイカト思ヒマスルガ（「其通ト」呼フ者アリ）併ナガラ斯ル問題ハ鄭重ノ上ニモ鄭重ヲ盡シ、明白ノ上ニモ明白ニシテ置キタイト思フノデ、聊カ諸君ノ寬大ヲ利用シタイト思ヒマス、此問題ハ僅ニ一ノ法律案ヲ通過スルト否トニ過ギザルガ如ク、表面カラ言ヘバ甚ダ大ナラザルガ如クノヤウニ見エマスガ、其實此法律ヲ通過スルト否トハ、我日本ガ東西南北ニ膨脹スルニ當ッテ、其膨脹ニ付イテ來ルトコロノ土地人民ヲ如何ニ支配スベキカト云フ、大ナル殖民政策ヲ含ンダ問題ト思フノデアリマス、（「ヒヤヒヤ」ト呼フ者アリ）故ニ此問題ヲ決スルニ當ッテハ、唯多數ヲ以テ決レタト云フコトデハ甚ダ本意デナイ、斯ル理由ニ依ッテ決シタト云フコトヲ明白ニシテ置キタイト思フノデアリマス、諸君ハ吾〻ノ祖先ノコトヲ御考ニナレバ、天智天皇ガ朝鮮ノ白村江ニ敗軍セラレタル以來、豐太閤ノ八道蹂躙ヨリ、又八幡船ガ遼東沿岸ヨリ蘇州杭州ノ沿岸ヲ侵略シタルコトヲ考ヘテ見レバ、其續ハ極メテ勇壯活潑ナルニモ拘ハラズ、不思議ニモ我國ニハ何等ノ新領土ヲ附ケナカッタノデアル、我國ニ新領土ヲ附ケタノハ、二十八年ニ臺灣ヲ取ッタノガ初メテデアリマス、斯ノ如キ歷史ヲ持ッテ居ル國民デアルカラ、臺灣ヲ取ル時ニ、唯劍ノ先ニ掛ケテ取ッタダケデアッテ、如何ナル領分トシテ取ルカト云フ決心ハ付イテ居ラナカッタノデアル、故ニ之ヲ領有シタ後モ、如何ニシテ統治スベキヤト云フコトハ、朝野トモ一ツノ定見ガナカッタト云ッテ差支ナイノデアリマス、或人ハ九州ノ一部ヲ治メル如クシテ治メタイト思ヒ、或人ハ琉球ニ少シク毛ノ生ヘタモノトシテ治メタイト思ヒ、又或人ハ英吉利ガ印度ヲ持ッテ居ッタヤウニ治メタイト云フ人モアリ、兎ニ角唯領分ヲ取ッタト云フダケデ、之ヲ領土トスルカ、殖民地トスルカ、將タ縣ヲ一ツ殖ヤシタト云フコトニスルカ、其見解ガ一定シテ居ラナカッタト思フ、（「ソンナコトガアルモノカ」ト呼フ者アリ）サウ云フモノハ四千万人中一人デアル――而シテ之ヲ如何ニシテ統治シテ宜イカト云フ、臺灣ニ付イテ稍ゝ理窟アル見解ヲ下シ始メタノハ、彼ノ高野事件デアル、高野事件ハ既ニ御忘レニナッタ人モアルカ知ラヌガ、臺灣ニハ憲法ガ行ハレテ居ルモノデアル、然ルニ憲法上ノ保障ガ裁判官ニ及ボサヌト云フ理由ハナイト云フコトデ爭ッタノデアリマス、當時高野君ノ仕ヘタル政府ハ、甚ダ人望ノ多クナイ政府デアッタカラ、是ニ對スル高野君ノ擧動ハ極メテ天下ノ同情ヲ引イタノデアリマシタ、併ナガラ其問題ハ今ニ至ッテ尙不明デアル、併ナガラ此内閣ハ憲法ガ臺灣ニ行ハレテ居ルト云フ見解ヲ取ッテ居ルモノト見受ケラレテ、卽チ茲ニ六十三號ノ復活ヲ要求サレテ來タ、卽チ憲法ガ臺灣ニ行ハレテ居ルカラ、其除外例ナル六十三號ヲ認メル必要ガ茲ニ出テ來タノデアル、併ナガラ臺灣ニ憲法ヲ其儘ニ行フト云フハ、極メテ大膽ノ意見デアッタト思フ、併シ諸君、是ハ憲法上ノ空論ト思ハレルカ知ラヌガ、暫クノ間諸君ノ耳ヲ假シテ頂キタイ、卽チ此高野事件以來臺灣ガ殖民地デアリハシナイカト云フコトガ、稍ゝ朝野士人ノ心ニ這入ッテ來タ、私ハ唯今盛ナル議論ノアッタニ拘ハラズ、臺灣ハ殖民地デアルト斷言シテ憚カラヌ、殖民地トハ何ンデアル、風俗、習慣、人情、歷史、人種ノ異ッタ所ニ別人種ガ這入ッテ、ソコニ殖民スルト云フコトデ、此外何等ノ意義モナイ、臺灣ハ確カニ殖民地ニ相違ナイ（馬鹿ナコトヲ云フナ」「ソンナ愚論ガアルカ」「エライ解釋ダ」ト呼ヒ議場騷然）臺灣人口三百万人、其中十万人（「モウヨセ」「長ク云フト却テ贊成ガ減ル」ト呼ヒ議場騷然）三百万人ハ支那人デアル、此支那人ハ東京市ニ中於テ諸君ガ見ルガ如キ支那人デハナイ、銅色ノ身ヲ出シテ、犢鼻褌一ツデ天秤棒ヲ擔イデ居ル支那人デアル、其歷史ハ吾〻ト全ク關係ノナイ、風俗ノ異ッテ居ルモノデアル、（「日本ノ領土ダ」「日本人ダ」「ノウノウ」ト呼ヒ議場騷然）卽チ我大日本帝國ニ於テハ、外國人ニ土地所有權ヲ與ヘテ居ラザルニ拘ハラズ、臺灣ニハ外國人ニシテ日本ノ領地ヲ持ッテ居ル外國人ガアル、斯ノ如ク法律的ノ結果トシテ、歷史カラ云ッテモ、民事カラ云ッテモ、異ッタ所ニ、僅ニ五万六万ノ同胞ガ居ッテ殖民ヲシヤウトシテ居ルノデアル、是ガ卽チ殖民地デアル（「ソンナ亂暴ノ議論ガアルカ」ト呼ヒ議場騷然）併此殖民地ヲ如何ニシテ治メルカト云フコトニナレバ、其統治ノ方法ハ歐羅巴諸國ノ先進殖民地ノ例ニ依ッテ治メルヨリ外ハナイト思フ、諸君ハ暫ク私ニ英吉利ノ殖民制度ヲ茲ニ論及スルノ自由ヲ與ヘテ貰ヒタイ（「モウヨセ」「簡單簡單」ト呼ヒ議場騷然）御承知ノ如ク英吉利ノ殖民地制度ハ一樣デナイ、所謂王政殖民、卽チ「クラウンコロニイ」ガ第一デアル、是ハ立法行政トモ、總督ノ手ニアルモノデ、總督ガ指名スル人間カラナッタ評議會ガ、立法行政ニ參與スルコトハアルガ、要スルニ王權ノ發動ニ外ナラヌノデアル、卽チ錫蘭、香港ノ如キハ其類デアル、第二ニハ半バ自活制度ヲ採ッテ居ル殖民地デ、總督ハ王命ヲ奉ズルモノデアルガ、總督ノ下ニ代議政體ガアル、代議政體ハ人民ガ選擧スルケレドモ、王權ハ全然行政ヲ支配シテ居ルノデアル、（「簡單々々ト」呼ヒ議場騷然）卽チ（「モウソンナコトハヨシ給ヘ」「簡單々々」「贊成ガ減ルゾ」ト呼ヒ議場騷然）

第八　在外指定學校職員退隱料及遺族扶助料法案(政府提出)　第一讀會ノ續(委員長報告)

(小川平吉君登壇)

○小川平吉君(三百二十六番)　在外指定學校職員退隱料及遺族扶助料法案委員長神鞭知常君缺席ニ付キ、理事ノ私ヨリ御報告ヲ致シマス、本案ハ多年宿題トナリマシタ、御承知ノ朝鮮ニ於ケル我國人ノ設立致シマシタル學校ノ職員ニ對スル保護ノ法案デゴザイマシテ、委員會ハ大體ニ於テハ、全員皆異存ハナカッタノデゴザイマスルガ、唯此第一條ガ問題ニナリマシタ、第一條ハ本法ヲ適用致シマスル範圍場所デゴザイマス、此適用ノ範圍竝ニ本法ニ依ッテ保護ヲスルトコロノ職員ノ學校ノ數ノ制限ガ、第一條ニアリマス、此制限ト適用ノ範圍ト云フモノガ、問題ニナリマシテ、第一條ニ就キマシテハ、在韓國本邦人ト云フコトニナッテ居リマシテ、此法律ヲ韓國ニ於ケル學校ノミニ限ルト云フコトニナッテ居リマスル、之ニ對シマシテ政府委員ニドウ云フ譯デ之ヲ朝鮮ノミニ限ッタノデアルカ、其他ノ外國ニ之ヲ適用セヌノハ、ドウ云フ譯デアルカト云フコトヲ、質問ヲ致シマシタトコロガ、政府委員ノ答ハ是マデ段々此保護ヲ請求シテ來タノガ、朝鮮ヨリシテ請求ヲシテ來テ居ルノデアル、其他ノ場所ヨリハ、未ダ斯ル請求ガナカッタ、ソレ故ニ先ヅ朝鮮ト定メタノデアルト云フヤウナ意味ノ答辯デゴザイマシタ、又此補助料ノ費用ノ關係ト云フモノモアル、ソレデアルカラシテ、本法ハ朝鮮ノミニ限ル、斯ウ云フ說明デゴザイマシタ、ソレカラ又第二ノ學校ノ數ハ、二十校ヲ超エルコトヲ得スト云フノデ、學校ノ數ガ制限シテアル、此制限モドウ云フ譯デ此制限ヲシタカト云フコトヲ尋ネテ見マシタトコロガ、先ヅ當分ノ間ハ二十校位ニ極メテ置イテ宜カラウト思フ、若シ此制限ヲ解イタトキニナルト、或場合ニ多數ノ學校ヨリシテ、續々此保護ヲ請求シテ來テ、本法ヲ適用シテ往カナケレバナラヌ、サウ云フ場合ニナリマスト云フト、隨分此豫算ノ力ニモ關係ヲ持ッテ來ルカラシテ、先ヅ二十校ト制限ヲシタノデアルト云フ答デゴザイマシタ、ソレカラ今日此法律ヲ適用致シマスレバ、ドレ程ノ金ガ要ルカト云フコトノ問ニ對シマシテ、政府委員ノ答ハ凡ツ三百圓位アッタラバ宜カラウト云フ答デアリマシタ、ソコデ委員會ハ質問ヲ致シマシタ後ニ、委員ノ宮崎榮治君ヨリ修正案ヲ出シマシテ、卽チ諸君ノ御手許ニ廻シテアリマス通ノ修正案デアリマス、此修正ノ通ニ誥リ決シタノデゴザイマスガ、其理由ヲ簡單ニ申シマスト、是ハ朝鮮以外ノ例ヘバ布哇デアルトカ、或ハ支那デアルトカ、其他ノ諸國ニモ汎ク適用スルコトノ出來ルヤウニシテ置イタ方ガ宜シイ、今日之ヲ其他ノ國ニ悉ク適用セヨト云フノデハナイノデアル、其適用スルヤ否ヤハ、當局者卽チ外務大臣ハ文部大臣トニ委任シテアルノデゴザイマスカラ、法律デ其他ノ外國ニ適用スルコトヲ得ルトシテ置イテモ、必シモ今日直チニ之ヲ適用センケレバナラヌト云フコトハナイ、當局者ガ適當ナリト認ムル時、及其場所ニ向ッテ適用スルコトガ出來ルノデアルカラ、是ハ朝鮮ノミニ限ラズシテ、其他ノ外國ト云フコトニ削ッテシマッタ方ガ宜カラウト云フ意味ヲ以テ、卽チ修正ヲ致スコトニ決シマシタ、此第一項ニ付イテハ承ルトコロニ依リマスルト、原案ノ又原案トモ云フ一番元ノモノハ、ヤハリ在外國トナッテアッタサウデゴザイマス、諸君、此法案ヲ見ルト直チニ分リマス、皆外ハ外國トナッテ居ル、此ノミガ韓國トナッテ居ル、ソレカラ第二項デゴザイマスガ、此第二項モ簡單ニ說明致シマス、是モ學校ノ數ガ當局者ノ見込ト、委員會ノ見込トハ大ニ違フ、委員會ニ於テハ朝鮮ノミデモ、近キ將來ニ於テ二十モ三十モ殖エル、若シ之ニ對シテ金ガ要ッテモ、ソレハ詰リ學校ガ殖エル、國民ガ殖エルタメニ要ルノデアルカラ差支ナイ、多々益々辨ズルト云フ趣意ヲ以テ、學校ノ制限ヲ取ッタノデ、是モ前ノト同ジコトデ必シモ校數ヲ限ッテ置カズトモ、當局者ガ適當ト認メレバ、三十デモ五十デモ宜カラウト云フ理由ヲ以テ、第二項ハ削除致シマシテ、其他ハ原案ノ通決定致シマシタ、此段報告ヲ致シマス

○恆松隆慶君(百五十九番)　本案ハ委員會ノ修正ガ最モ適當ト思ヒマス、ドウカ讀會省略ヲ以テ確定セラレンコトヲ望ミマス

○議長(松田正久君)　讀會ヲ省略スル動議ニ御異議ハアリマセヌカ

(「異議ナシ異議ナシ」ト呼フ者アリ)

○議長(松田正久君)　御異議ガナケレバ、讀會ヲ省略シテ、全部ヲ討議ニ附シマス

在外指定學校職員退隱料及遺族扶助料法案　確定議

(「委員長報告通異議ナシ」ト呼フ者アリ)

○議長(松田正久君)　委員長ノ報告通ニ御異議ハアリマセヌカ

(「異議ナシ異議ナシ」ト呼フ者アリ)

○議長(松田正久君)　御異議ガナケレバ委員長ノ報告通確定採用サレマス、議事日程第九、戰時補助船舶奬勵ニ關スル法律案第一讀會ヲ開キマス、朗讀ハ省略シマス

第二十二　海外移民保護ニ關スル建議案（吉植庄一郎君提出）（委員長報告）

（石塚重平君登壇）

○石塚重平君（三百七十番）　御委託ヲ受ケマシタ海外移民保護ニ關スル建議案ノ委員會ノ結果ヲ報告シマス、此案ハ很膨脹的ノ日本ノ將來ニ付キマシテ、重モニ關係ヲ持チマス案デゴザイマスガ故ニ、委員會ヲ四度重ネマシタ、而シテ其委員ヲ列セラレタ諸君モ、多クノ事情ニ明カナル諸君デゴザイマシタガ故ニ、政府委員ニ向ッテモ、精密ニ質問ヲ遂ゲマシタ、殊ニ外務大臣ノ出席ヲ求メマシタ、外務大臣ノ意見トシテ述ベラレマシタトコロノ大體ヲ、御話申上ゲマスレバ、即チ此案ニ對シテハ、我帝國ノ勢力範圍ノ及ブ所ノモノト、而シテ勢力範圍以外ニ渉ル所ノモノ、二種ニ別ケテ、而シテ勢力範圍ノ以内ニ及ブトコロノモノニ對シテハ、政治上ノ關係モアッテ、必要ハナイ、而シテ此勢力範圍ノ以外ニ渉ルモノニ對シテハ、三個ノ目的ガアル、即チ第一商業、第二航海第三ハ移民、此三ノ事業ニ付イテハ、是迄政府ガ十分ニ此奬勵ノ途ヲ採ッテ來タノデアルガ、尚今後ニ於テモ爲シ得ラル、限リハ、十分保護監督ノ届クヤウニ進メツ、アルト云フコトシ、明言ヲサレマシタ、而シテ委員會ノ決スルトコロハ、一人ノ少シク異ナルトコロノ異論ガゴザイマシタ、其意味ハ如何ナルコトデアルカト云ヘバ、在來ノ移民ノ方面ヲ變ヘテ、重モニ此滿韓ノ地方ヲ限ッテ、此保護監督ノ途ヲ進メタイ斯ウ云フコトデ、在來ノ殖民地ニ向ッテ、是マデノ通リ放任シテ居ッテ、即チ（「簡單々々」ト呼フ者アリ）此專ヲ滿韓ノ兩地ニ向ッテ、此方法ヲ實行シタイ、斯ウ云フ議論ダケデ、而シテ其議論モ滿韓ノ地方ハ含ンデアルカ否ヤト云フコトヲ、提出者ニ質問ヲ致シマシテ、提出者モ之ヲ含ンデアルト云フコトノ答ヲ得ラレマシタガ故ニ、一部ノ賛成デアルト云フコトヲ表セラレタ譯デアリマスカラ、殆ド滿場一致ヲ以テ此案ハ可決スベキモノト決定致シタ譯デアリマス、何卒本會ニ於テモ委員會通御同意アランコトヲ切ニ希望致シマス

○早速整爾君（二百八十九番）　チョット簡單デアリマスカラ、此席カラ意見ヲ述ベマス、私ハ此案ニ對シテチョット修正ノ意見ヲ有ッテ居ルノデアリマスガ、此修正ノ意見ニハ本案ノ提出者モ、ソレカラ本案ニ對シテ御賛成ニナル御方モ、私ノ修正ニ對シテハ、別ニ御異存ハナイコトデアラウト思ウテ居ル、ソレハドウ云フコトデアルカト云フト、此海外移民ノ保護トアルノヲ「奬勵」ト云フ文字ヲ加ヘテ、サウシテ此委員長ノ報告シタ建議文ノ第一面ニ、一、移民奬勵ノ目的ヲ以テ在來ノ制限ヲ解キ更ニ是ニ必要ナル施設ヲナスコト」ト云フ一項ヲ加ヘル、斯ウ云フ私ノ修正意見デアリマス、提出者ガ先日當議場ニ於テ長々ト移民ノ奬勵ノ必要、ソレカラ移民政策確立ノ必要ヲ述ベラレタノハ、本員共大ニ其精神ヲ賛成スルトコロデゴザイマスガ、此建議文デ見マスト云フト、少シモ政府ニ對シテ此移民事業ニ關シテ、積極的ノ施設ヲ求ムルト云フ意味ガ掲ゲラレテ居ラヌ、唯必要ナ調査ヲシロ、移民地ノ調査ヲ遂ゲロト云フコトガ掲ゲテゴザイマスケレドモ、大イニ移民奬勵ヲシテ是マデノヤリ方ヲ改メテ、此事業ノタメニ積極的ノ施設ヲセヨト云フ文字ト云フモノハ、此建議文ニ掲ゲラレテ居ラヌ、恐ラク本案ノ提出者モ此建議文通デハ私ハ御滿足デナカラウト思ウテ居ルノデアリマス、委員會ノ速記録ニ依リマシテモ（「簡單」ト呼フ者アリ）直キ濟ムノデス――政府ノ外務大臣或ハ外務次官ノ御答辯ガ、實ハ喪ヘ切ラナイ、保護ヲヤリ、監督ヲヤル、保護ヲヤルト云フコトノタメニ制限ガ必要ダ奬勵ヲスルト云フ考モアルケレドモ、單ニ奬勵ヲスルト云フコトニナルト、移民ガ即チ棄民ニナルカラ、保護ノ上カライロ〳〵ノ制限ヲ加ヘナケレバナラヌト云フヤウナ意味ハ、屢述ベラレテ居リマス、サウシマスト、政府ノ所謂保護監督ト云フモノハ、移民事業ニ對スル干渉デアル、移民事業ニ對スル干渉ヲ意味スルカラ、是マデ通ニ、此事業ニ對シテイロ〳〵制限ヲ設ケテ、國民ガ望ムヤウナ、國民ノ輿論ガ希望スルヤウナ、移民事業ノ奬勵ヲ圖ルト云フ、根本ノ精神ガ政府ハ定マッテ居ラヌ、元來外國ニ向ッテ移民ヲ奬勵シナケレバナラヌコトハ、分リ切ッタ話デアルケレドモ、是マデノ政府ノ大方針ガ決定ヲシテ居ラヌガタメニ、此奬勵ノ目的ヲ十分ニ達スルコトガ出來ナイノデ、私ハ此點ニ於テハ、外務省ノヤリ方ガ無方針デアルト云フコトヲ斷言スルニ躊躇シナイノデアリマス、幾ラモ此事實ハ提案者モ先日此議場デ御説明デゴザイマシタ、ソレデアルカラ唯移民ヲ保護シロ監督ヲシロト云フ建議文ナラバ、ヤラヌ方ガ宜シイ、平々凡々ニ失スル此委員長ノ報告通ノ建議文デハ何ニモナラヌカラ、政府ニ對シテモウ一層進ンダ註文ヲシナケレバ、移民事業ニ對シテ忠實ナモノト云フコトハ出來ヌ、ソレデ私ハ更ニ一項ヲ加ヘテ、移民奬勵ノ目的ヲ以テ、是マデアッタヤウナ制限ナドハ、之ヲ解除シテ、サウシテ更ニ奬勵ニ必要ナル設備ヲシテ往クト云フコトノ註文ガ加ヘタイ、又之ヲ加ヘナケレバ、本案提出者ノ精神モ滿足セシムルコトガ出來ヌ、提案者ガ此席ニ於テ述ベラレタ希望ヲ滿足サセルコトハ出來マセヌ、建議文ヲ能ク御覧ニナレバ分リマスケレドモ、平々凡々タル建議文デゴザイマス、此一箇條ヲ加ヘテ、政府ニ向ッテヨリ多ク請求ガシタイ、希望ヲ多クシタイト云フノガ、私ノ修正意見ノ趣意デゴザイマス（「採決々々」ト呼フ者アリ）恐ラクドナタモ御異論ノナイコトト信ジマスカラ、提案者ニ於テモ、私ノ説ヲ御賛成下サルコトニシ、合セテ滿場ノ御賛同ヲ仰ギマス

（「討論終結」ト呼フ者アリ）

○議長（松田正久君）　定規ノ賛成者ガアリマスカ

（「アリマス」ト呼フ者アリ）

○議長（松田正久君）　定規ノ賛成ガアリマスカ

（「アリマス」又「ナイ」ト呼フ者アリ）

○恆松隆慶君（百五十九番）　議論ハ措イテ決ヲ採ラレンコトヲ……

○議長（松田正久君）　賛成ガナイモノト認メテ異議ハアリマセヌカ

（福井三郎君登壇）

○福井三郎君（三百十一番）　諸君、私ハ此問題ニ反對スルノ一人デアリマス、茲ニ反對ノ理由ヲ延ベマス、本會モ最早旦夕ニ迫リマシタ今日ニ於テ、僅カデモ時間ヲ潰シマスノハ、甚ダ恐縮致シマスケレドモ、殊ニ本員ノ如キ分際デ、反對呼ハリヲ致シマスノハ、定メシ滿場諸君ガ御聽苦シイデゴザイマセウト信ジテ居ル、（「聽苦シイ」ト呼フ者アリ）或ハ然ラント思ウテ居ルノデス、併ナガラ一寸ノ蟲ニモ五分ノ魂デアリマス（笑聲起ル）本員ハ此問題ニ付イテ、十數年來ノ宿論ト云ウタラ嗚呼ガマシウゴザイマスガ、考ガゴザイマス、其考ハ不幸ニシテ吉植君ノ建議案ト一致致シマセヌ、是ガ又甚ダ小ナル問題デナイノデゴザイマス、故ニ已ムヲ得ズ、今日暫クノ間御邪魔ヲ致シマス、委員會ニ於テ委員長ハ殆ド全會一致ト述ベラレマシタガ、其殆ド殘ッタ一人ノ反對ガ私デゴザイマス、其他ハ全然皆賛成ヲ表セラレタト云フコトデ、今日ハ殊ニ日ガ暮レテ明リガ點キマシタカラ、御聽苦シウゴザイマセウガ、暫時國家ノタメ御忍ヒヲ願ヒタイト思ヒマス、（「國家ノタメ共議論ヲヨシテ呉レ給ヘ」ト呼フ者アリ）諸君、本員ガ、見テ以テ移民トナスモノハ、先ヅ我北海道ニ移住シタル内地人ノ如キ、或ハ亞米利加大陸ニ移住致シマシタ歐羅巴人ノ如キ、乃至布哇ニ移住致シマシタ米國人ノ如ク、少ナクトモ其國ニ於テ相當ノ生活ヲシテ、其國民ト同等位ニハ發達ヲシテ往クモノヲ言フノデアル、モウ一ツ望メバ其國民以上ニ發展スルモノヲ呼ンデ、移民ト本員ハ言フノデアル、今日布哇其他「トランスヴァール」若ハ「バンクーバー」ナドト云フ約ソ十箇所バカリニ散在シテ居ルトコロノ憫レナル日傭出稼人、即チ奴隷ノ境遇ニ陷ッテ居ルモノヲ稱シテ、移民ト居フノデハゴザイマセヌ、本建議ガ若モ本員ノ所謂前者ヲ保護奬勵スルト云フコトデアルナラバ、何ヲ苦ンデ反對シマセウ、本員ハ喜ンデ賛成スルノデアル、然ルニ惜イカナ本建議ハ、本員ノ所謂後者ノ奴隷的移民ニ關スルノデアリマス、故ニ本員ハ國家ノ名譽ヲ代表シテ、茲ニ反對セザルヲ得ヌノデゴザイマス、若モ本建議ガ所謂前者ノ移民デアルナラバ、勿論本員ハ賛成ヲスルノデアルガ、不幸ニシテ本案ハ所謂後者ノ移民デアルカラシテ、是ニ反對スルノデアル、論者ハ曰ク、今日ノ移民ハ決シテ奴隷デナイ、決シテ不都合ナル取扱ハ被ッテ居ラヌ、到ル所得々トシテ喜ンデ居ル、金モ澤山持ッテ來ル、ト斯ウ云ヒマス、成程ソレハサウデアルカモ知レマセヌ、殊ニ又今日ノ我國ノ勢ト云フモノハ年々五十万バカリノ率ヲ以テ、人口ガ

蕃殖スルノデアルカラ、此増殖スル人口ヲ如何ニスルカドウシテモ海外ニ人ヲ送リ出スヨリ外ニ途ガナイデハナイカ、斯ウ云フノガ論者ノ論旨デアル、斯ノ如キ論者ハ要スルニ、支那人的ノ考デアルノデアル(「ノウ〱」ト呼フ者アリ)妻ヲ人ノ妾ニシテモ、子ヲ犠牲ニシテモ、金サヘ得レバ少シモ頓着ナイト、斯樣ニ言ハルノデアルト本員ノ愚トシテハ考ヘルノデアリマス、諸君是カラ先ノコトハ――其移民ガ果シテ奴隷デアルカ、又論者ノ所謂立派ナ望ミアル移民デアルカト云フコトハ、畢竟是ハ事實問題ニ屬スルノデアリマス、所謂事實ノ爭イデアル、雙方見テ來タ者ガ證據立テ爭フ問題デゴザイマスル、故ニ此問題ヲ引出シテ爭ソ致シマスレハ、日モ惟レ足ラヌノデアル、故ニ本員ハ今日ハモウ餘程遲イカラシテ、質問デモアレバ答ヘマスガ、詳シイ實況ハ御話致シマセヌ、致シマセヌガ順序トシテ、掻摘ンデ御話ヲシナケレバナラヌノハ、移民ハ御承知ノ通リ、我國ニ於テハ明治元年ニ横濱ノ英國人ガ、百人バカリ誘拐シテ布哇へ持ッテ往テ之ヲ奴隷ニシタ、之ガタメニ明治五年カニ政府ガ官吏ヲ派シテ、伴レテ戻ッタコトガアル、斯ノ如キモノハ別問題トシテ先ヅ現今ノ奴隷的移民ト本員ノ公言スルノハ何レヨリ始マッタカト言ヘバ、明治十九年ニ其當時布哇國ト我政府トノ間ニ締結シタ手稼人渡航條約ト云フモノガアル、其渡航條約ニ依ッテ、二十七年ニ官約移民ト云フモノガ、此條約ガ廢棄セラレマシタトキマデ、約ソ三万人バカリノ人ガ、布哇ヘ政府ノ世話ヲ以テ送ラレタノデゴザイマセウ、ソレカラ又移民會社ノ誘拐ニ依ッテ、否ナ、御世話ニ依ッテ、募集ニ依ッテ伴レテ往カレタモノナドヲ併セテ――或ハ其中ニ自由渡航モアッタノデゴザイマセウガ彼此レ併セテ布哇ニ往キマシタ者ガ、約ソ十一万人餘リデゴザイマス、其他ニ倘ホマダ「トランスヴアール」ニ「バンクーバー」ナドト云フ、名前モ能ク覺エテ居レヌヤウナ所ノ、約ッ十箇所バカリニ散在シテ居ル移民ガ、其後八万人バカリニナッテ、今日マデ海外ニ出テ居ル者ガ二十万人バカリニナッタノデアル、此二十万人バカリノ移民ヲ、本員ハ稱シテ奴隷的移民、憫レ果敢ナキ日傭出稼人ト言フノデアリマス、是ガ奴隷的ノ移民デアルト云フコトハ、前ニモ述ベタ通リ、事實ノ問題デアルカラ(「簡單〱」ノ聲起ル)事實ヲ擧ゲテ是ニ反對セザルベカラザル御話ヲシレヤウト思ッタガ、大分諸君ハ御退屈ノヤウデ、簡單ノ聲モ起ルヤウデアルカラ、事實ヲ一々書上ゲテ、茲ニ十三箇條バカリ持ッテ居リマスケレドモ、言フノヲ止メマセウ、若シ本員ノ議論ニ不審ガアッタナラバ、御質問ニ應ジテ事實ノ證據ヲ擧ゲテ御答ヲスルコトニシテ、今日ハ列擧シマセヌ、唯本員ハ茲ニ之ヲ奴隷的移民ナリト斷言シテ置クニ止メルノデアリマス、此奴隷的移民ニ付イテ本員ハ反對說ヲ述ベルノデアル、諸君(「マダヤルノカヘ」ト呼フ者アリ)ヤルトモ――此憫レナル日傭出稼人ガ往ッテ居ルノデアル、之ヲ不憫トモ思ハネバ、又國賊トモ考ヘズシテ國費ヲ以テ之ヲ澤山送出サウ、此奴隷的移民ヲ餘計造出サウト云フノデアルカラ、甚ダ宜クナイノデアル、現行ノ移民保護法ヲ見テ、移民ヲ保護スルノデアル、移民ヲ奬勵スルノデアルト、御考ニナル御方モアリマセウガ、今早速君ノ御說ノアッタ如ク、アレハ干渉法デアルノデアル、政府委員ガ委員會ニ於テ保護奬勵ヲスルカト云フ、委員長ノ問ニ對シテ、保護モスル奬勵モスルト言ハレマシタガ、實ハアレハ保護デモナケレバ奬勵デモナク、所謂干渉法デ、保護法ト云フ巧ミナル名目ノ下ニ於テ、實ハ移民ヲ防遏スル防遏法デアルノデアル、移民保護法ト云フモノハ、彼ノ憫レムベキ日傭出稼人ノ前ニ張ラレタル鐵條網デアリマス、此鐵條網ガアッタレバコソ、既往二十万バカリノ移民ガ出テ、其中七万人バカリハ戻ッテ、後トニ殘ッテ居ル者ガ十三万人バカリデアルガ、若シ此鐵條網ガナカッタナラバ、思フニ今頃ハソレヲ商賣ニスル人達ノ誘拐ノタメニ、否ナ、募集ニ應ジテ、サウシテ旨イ口車ニ乘ッテ出テ往ッテ、外國ニ多數ノ棄民即チ乞食ヲ造ッテ、今日アタリハ船ヲ出シテ伴レテ戻ラナケレバナラヌト云フ、必要ニ迫ッテ居ッタデアラウト思フノデゴザイマス、幸ニシテ其事ノナカッタノハ、是ハ當局者ガ移民干渉法ト云フ、否ナ、保護法ト云フ巧ミナル名ノ下ニ干渉ヲ行ヒ、奬勵ノ名ノ下ニ巧ミニ防遏禁止ヲ行ウタ、效能ニ歸スルノデアリマス、故ニ本員ハ何事モ餘リ感心セヌ政府ノコトデゴザイマスガ、此事バカリハ、喜ンデ兩手ヲ突イテ、國家ノタメニ感謝ヲスルノデアル、實ニ政府ノ功ヲ多トスルモノデアリマス、諸君、此十三万人殘ッテ居ル移民中デ、或ハ得々トシテ安ンジテ居ル者モアリマセウ、或論者ハ十三万ノ移民ハ、皆喜ンデ居ル、「シャップ」ヲ被ッテ洋服ヲ著テ、時計ヲ持ッテ得々トシテ居ル、之ガ何デ奴隷デアルカ、何ガ之ガ悲哀デアルカ、憫レデアルカト云フ論者ガアリマスガ、成程ソレハ得々トシテ居ルニ相違ナイ、喜ンデ居ルニ相違ナイ、本員ハ之ヲ論者ト同感デアル、何トナレバ貧乏人ガ、愈々窮シテ來テ、將ニ乞食ニナラントシテ、人ニ訴ヘテ人ノ助ヲ請フ中ハ宜イケレドモ、愈々陷ッテ乞食ニナッテ何年モ經過スルト云フト、終ニ其境遇ニ安ンジテ、別ニ乞食ヲ辛イトモ思ハヌ、得々トシテ安ンジテ居ルノガ今日ノ有樣デアル、ソコデ此移民ナルモノガ、得得トシテ安ンジテ居ルト云フノハ、境遇ガ有難イカラデハナイ、卽チ境遇ガ然ラシメタノデアル、習慣ガ然ラシメタモノデアルト思ヘバ、熱イ涙ガ流レルノデアル、氣ノ毒ノ情ニ堪ヘヌノデアル、是デ以テ仕合セデアルト云フノハ、餘程考ノ足ラヌ人ト言ハナケレバナラヌ、少シク考ガアッタナラバ、ソンナ境遇ニ居リハセヌノデアル、中ニハ五人七人ハ金持ニナッテ居ル者モアル、中ニハ地主ニナッテ居ル者モアルト云ヒマス、「ホワイトメン」ニナッテ居ル者モアルト言ッテ御自慢ナサル人モアル、本員ハ決シテ之ヲ無イトハ言ヌ、ダガ是ハ消極的ノ自慢デ、一向感服ハシナイノデアル、ツヒ先頃大阪ノ名取川丸ガ紀州カラ戻リ道ニ、紀州沖デ沈沒シタ、乘組ノ者ハ悉ク沈沒シタト云フト、イヤ七人バカリハ助ッタト云フ、成程一番此海ヲ乘切ッテ見ヤウト冒險的ノ仕事ナラ、百人ノ中、七人デモ八人デモ助ケレバ成功シタノデアラウガ、紀州カラ大阪カラ來ル間ニ、商賣ノ汽船デアルトシタナラバ、百人ニ對スル九十幾人ガ死ンダナラ、私ハ之ヲ以テ全部亡ビタモノデアルト斷言スル、五人ヤ七人助カッタノハ、決シテ自慢デハナイ、論者ノ移民ニ付イテノ自慢ハ、之ニ類スルノデアル、既往十數年ノ間ニ、五人七人ノ財産家ガ出來タカ地面持ガ出來タカ云フノハ、名取川丸ノ沈沒ヨリハ、其助ッタト云フ比例ハ餘程遠イノデアル、其位ノコトガアルカラト云ッテ、十九万九千九百九十幾人ヲ犧牲ニ供サナケレバナラヌト云フノハ、實ニ算盤ニ疎イ議論デアルト言ハナケレバナラヌ、又モウ一ツデ濟ムノデアルカラ辛抱シテ御聽キ下サイ(笑聲起ル)又既往十數年ノ間ニ、二十万人ノ中カラ五人七人ノ金持ガ出來タトシテモ、此等ノ場合ノ外ニ一應尤ニ聞エテ本員モ鄭寧ニ反駁ヲ加ヘナケレバナラヌト存ジマスノハ、日本ニ金ヲ持ッテ來ルト云フ一事デ、アルサウ惡ルク言フガ、移民デモ年々七八百万圓ノ金ヲ日本ニ持ッテ來ルゾコ、一千万近クノ金ヲ持ッテ來ルト云フ、是ハ如何ニモサウデアル、嘘デナイ、當局者ニ聞イテモ稍々其位ハ持ッテ來ルト云フ、此一事ニ付イテハ、實ニ效能ハアル、併シ諸君能ク考ヘテ下サイ、ソレモ品位ト相談デアル、卽チ品位トノ相談デアル、品位人格トノ對照問題デアル、如何ニ品位ヲ失ウテモ如何ニ人格ヲ失ウテモ、國家ノタメニ恥辱ヲ忍ンデモ、金サヘ持テバ、母國ニ往カレル、如何ニ辱ヲ受ケデモ金サヘ持ッテ歸レバ、ソレヲ歡迎スルト云フモノデハナイ、或點マデハ人間ノスベキコトヲシテ、勞働ナリ何ナリ、金ヲ持ッテ歸ッタト云フナラバ、母國ハ歡ンデ之ヲ迎ヘル、併シ夜陰竊ニ人ノ目ヲ偸ンデ醜業ヲ營ムトカ、或ハ牛馬ノ如ク逐使ハレルト云フ如キ、恥辱ヲ忍ンデ歸ッテ來タナラバ、母國ノ者ハ之ヲ何ト申シマセウ、馬鹿者メト云フヨリ外ニ仕方ガアリマスマイ、國家ハ斯樣ナ不祥ナ金ヲ以テ一國ノ政治ヲシヤウト云フ希望ハナイノデアリマス、殊ニ此七八百万圓ノ半バマデハ、大抵醜業婦トカ淫賣婦トカ云フ者ノ、持ッテ歸ル金デアルト云フコトニ氣ガ付イタナラバ、蓋シ思ヒ半バニ過ギルデアラウト思フ、先ヅ辯駁ハ此位ニシテ置キマス、ソコデ乃チ本員ハ此將來ニ向ッテ發展ノ見込ノアル移民ハ別トシテ、奴隷的ノ移民ハ反對デアル、現在ノ移民モ何カ方法ヲ以テ伴戻シタイト考ヘテ居ル、若シ發展ノ見込アル移民ナラバ、金ヲ掛ケテ御相談モスルノデアル、是ニハ少シモ反對スルノデナイ、所デ最後ニ述ブル一問題ハ、人口蕃殖ノ問題デアル、年々五十万ノ人口ハ增シツ、アル國柄デアル、是モ大ニ考ヘテ置カナケレバナラヌ、併シ此人口モ決シテ徒ラニ殖エルノデハナイ、狹イ日本ニ斯ノ如キ人口ノ增殖スルノハ、卽チ天ガ此日本國民ヲシテ大ニ發スヤラシムルノ希望ヲ寄セテ居ルノデアル、ソレ故ニ殖エルノデゴザイマス、給仕水ガナイ(「水ノアルダケニシテ呉レ」ト呼フ者アリ)此希望アルトコロノ人民ガ殖エルノデアリマス、所デ此第一ニ以上述ベタルトコロノ、東洋以外ノ十箇所バカリニ散在シテ居ルトコロノ國民ハ、御承知ノ通ニ發展スベキモノデアレバ、既往十七八年、此方ニ大分發展シナケレバナラヌノデアル、然ルニ彼處デハ上陸ヲ禁ズルトカ、此處デハ謝絶スルナド、云ッテ、イヤガラレテ、支那人以下ニ取扱ハレテ居ルノデアル、卽チ斯ノ如キハ天ガ往ケヨト命ジタノデハナイ、自然ノ趨勢ニ背イテ居ルカラデアルト思フ、眼ヲ轉ジテ東洋ノ天地ヲ御覽ナサイ、朝鮮ハドウデゴザイマス、本員ハ其實況ヲ見マシタガ、諸君ニ於テモ定メテ御存ジデアリマセウガ、釜山デモ、仁川デモ、京城デモ、元山デモ、乃至鎭南浦、平壤ト云フ地方ハ、何レモ大ナル日本町ヲ形成シテ居リマス、五六千ノ人ガ住ッテ、優ニ千戸ノ家ヲ構ヘマシテ、與ニ驚クベキ立派ナ町ガアル、サウシテ一種變體ナル自治制ガ行ハレテ居ル（「ノウ」ト呼フ者アリ）ノウト云フノハ、未ダ朝鮮ヲ御存ジナイ人デアル、從ッテ此人間ハ土地ヲ有シ、家屋ヲ構ヘ、一種變體ナ自治制ヲ行ウテ居ルガ、何レモ其地方ニ於テ最上ニ位シテ居ル、是ハ誰ガ助ケタカト云ヘバ、本國カラ三文モ助ケタノデハナイ、政府ガ世話ヲシタノデモナイ、此點ニ於テモ、政府ハ巧ニ防遏禁止ノ手段ヲ行ウタノデアル、然ルニ其鐵條網ヲ潜ッテ、彼地ニ渡ッテ働イタ人デアル、諸君ノ如ク立派ナ新智識ト金ヲ持ッテ居ル人ガ往ッタノデハナイ、本國ニ於テハ爲ストコロヲ失ッテ、僅ニセメテ朝鮮ニデモ往ッテト云フヤウナ境遇ノ人ガ、今日ハ立派ノ紳士デ、御同樣ガ驚ク程ノ金ト權力ヲ持ッテ居ル、是ハ言フマデモナイ自然ノ力天ノ意デアル、天ノ意ニ縱ッテ往ッタカラ、繁榮スルノデアル、一方ハ天ノ意ニ背イタカラ衰ヘルノデアルト云フコトハ、歷々タルモノデアリマス、東洋ハ我國民ノ發展スベキ所デアルト云フコトヲ、私ガ言フト、東洋トハ甚ダ狹イデハナイカ、ナゼ世界ニ發展スルト言ハヌカト反問スル人ガアルガ、言ハ大ナルヲ要シ、壯ナルヲ要スルガ、考ハ緻密ナルコトヲ尙ブ、大言壯語ヲスル人ハ、何事ヲモ爲シ得ヌノデアル、故ニ本員ハ極メテ緻密ニ考ヘル、先ヅ一葦帶水ノ朝鮮ヨリ始メヨト云フノデス、朝鮮ヨリ進ンデハ、遠ク烏拉山脈ヲモ越ヘテ往ッテ差支ナイ、故ニ此方面ノコトハ相手ハ露西亞デアルガ、露西亞ハ金力ト人力トヲ極メテ、支那ニ鐵道ヲ敷イテ、到ル處ニ東方ノ經營ニ努メ、愛親覺羅氏ヲ御前立ニシテ、我邦ニ推シ掛ッテ來ヤウト計畫シツ、アルデハアリマセヌカ、所ガ世間ノ一部ト時ノ政府ノ一部トニハ、恐露病ト云フモノガアッテ、露西亞ニハ到底敵スベカラズト云フ考ヘデアッタトコロガ、今日ハドウデアル、本員ハ當時御心配ナサルナ、其鐵道ハ天ノ意ニ逆ッタモノデアル、之ハ吾々ノ膨脹シテ出掛ケルノヲ助ケルタメニ、架ケツ、アルノデアル、少シモ御心配ハ要ラナイノデアル、又彼ガ浮山作ル所ノ都府ハ、吾々ヲ待設ケルタメニ、作リツ、アル都府デアル、決シテ御心配ナサルナ、寧ロ之ハ感謝シテ宜シイ、決シテ怨ムコトモ、怒ルコトモ、入ラヌト云ウテ居ッタ（笑聲起ル）所ガ、其時ハ此事大言ト申シ、突飛ト評サレテ居ッタガ、果セル哉、事實ハドウデス、彼ガ拵ヘタ鐵道ハ、今日現ニ吾々大和民族ヲ乘セテ、往復シテ居ルデハナイカ（笑聲起ル）夫ノ意ヲ表レタトコロノ、鐵道トナリツ、アルデハナイカ、强大ナリト誇リツ、アリシ露國モ、流石ニ我大和民族ノ向フトコロニハ、當ルコトガ出來ナイデ、王師一タビ與レバ、簞食壺漿シテ之ヲ迎ヘルデハナイカ（笑聲起ル）露國ハ其名ノ如ク、名詮自稱、露ト消エテ朝日ノ前ニナクナリツ、アルデハナイカ（拍手起ル）是レ卽チ天ノ意ヲ證據立テルモノデアル、大意ノアル所ヲ知ラヌモノハ、遂ニ奴隷ニナルコトガアルノデアル、故ニ本員ハ是ヨリ將ニ大ニ發展スベキ大和民族ノタメニ、茲ニ奴隷ヲ造ルト云フ、此建議案ニ反對セザルヲ得ヌノデアル、特ニ最後ニ望ンデ一言シナケレバナラヌ、支那朝鮮ノコトデアル――親戚ニ等シキ此兩國ハ、ドウシテモ我國ニ於テ、助ケナケレバナラヌ、之ヲ開發指導シナケレバナラヌノデアルガ、之ヲ何トスル、何カ顧問ノ如キヲ傭イテ、遂ノ一ツヤ二ツヲ出シタ所ガ、實ニ何ニモナラヌ、紙ヤ筆デ餘所ノ國ガ改造ノ出來ルモノデナイ、要スルニ何デモ構ハヌ、大勢我國民ガ押出シテ、五百万人、一千万人ノ人ガ出掛ケテ、アラユル方面カラ、開發指導シテ、其力デ我ニ同化セシメテ、而シテ世界競爭ノ舞臺ニ引入レテ、有難イ文明政治ノ澤ニ浴セシムルヨリ外ハナイノデアル、故ニ人ハ一人モ大切デ、之ヲ海外各地ニ於テ、奴隷ニシテシマフト云フコトハ出來ヌノデアル、而モ國家ガ世話ヲシテ、國家ノ費用ヲ以テ奴隷ヲ作ルト云フコトハ、本員ノ取ラザルトコロデ、此建議案ハ煎ジ詰メレバ、ソレニナルノデアル、特ニ建議ノ文章モ、委員會ニ於テ、ドレニモ不同意デアッタガ、其中ヲ又抹殺シテ、殘ッタモノハ、丁度アリモシナイ烏賊ノ骨ヲ扱イテ、肉ナシニシテシマッタノデアル、斯ノ如キモノヲ政府ニ授ケテ、何トカシロト迫ッタトコロガ、茫漠タル「アラビヤ」ノ砂漠ノヤウナ、廣イ意味ノ建議ノ下ニ、何ヲスルコトガ出來ルカ、本員ハ極メテ危險ナル、極メテ不愉快ナル、極メテ不親切ナル此案ニハ、不同意ヲ表スル一人デアリマス、提案者ノ吉植君ニハ與ニ相濟マヌガ、茲ニ反對ノ意ヲ表シテ置キマス

○議長（松田正久君）　二百九十六番

（「討論終結」ト呼フ者アリ）

○議長（松田正久君）　通告ガアリマス

（日向輝武君登壇）

○日向輝武君（二百九十六番）　唯今此案ノ反對論者ハ、縷々御意見ヲ述ベラレマシタガ、要スルニ其論點ハ二ツニ過ギヌ、又其第一ハ、現在ノ移民ハ奴隷ナルガ故ニ反對ス、第二ハ下等ナル所ノ細民ヲ海外ニ出スノハ、國ノ恥辱デアル故ニ、之ニ反對ス、第三ハ能クハ存ジマセヌガ、先ヅ是ヲ天命論トデモ名ケルコトガ出來ルデアリマセウ――凡ソ奴隷ト云フコトハ、無制限ニ權力ヲ持タナイモノデアリマシテ、今日ノ契約ノ移民ト云フモノハ、決シテ斯ノ如キモノデハアリマセヌ、一定ノ契約ノ下ニ就勞スルノデアリマシテ、一時間幾ラ、一日幾ラト云フ契約ニ依ッテ、就勞シテ居ルノデアリマス、若シ此移民ガ奴隸デアリマシタナラバ、學術ヲ持チ或ハ技術ヲ以テ、勞働ヲ賣ルモノモ、亦奴隷ト云ハナケレバナラヌト思ヒ、故ニ之ハサウ云フ觀念ヲ以テ、論斷スルト云フコトハ、甚ダ其當ヲ得ヌト思フ、第二ハ人格問題デアリマスガ、凡ソ移民ナルモノヲ海外ニ出スノハ、勿論小ナルモノデアル、又貧シキモノデアルガタメニ、海外ニ出ルノデアル、若シ之ガ智識アリ、富アリ、相當ノ智識アルモノナラバ、海外ニ出ル必要ハ少シモナイ、既ニ歐米ニ於テモ、多數ノ勞働者ガ外國ニ出テ居ル、併ナガラ決シテ之ガタメニ、國威ヲ損セラル、コトモナイ、斯ノ如キコトヲ、國ノ威嚴ヲ損スルト云フヤウニ考ヘル人ハ、今日ノ進運ヲ知ラナイ、退嬰ノ主義ヲ採ルトコロモノモノデアリマス

○議長（松田正久君）　諸君ニ申上ゲマスガ、唯今定足數ヲ缺イテ居リマスカラ、本議事ハ是ニテ中止致シマス――報告ヲ致シマス

衆議院議員佐藤虎次郎君提出韓國荒蕪地拓殖案ニ關スル質問ニ對シ別紙外務大臣答辯書差進候也

明治三十八年二月二十五日

内閣總理大臣伯爵桂太郎

衆議院議長松田正久殿

衆議院議員佐藤虎次郎君提出韓國荒蕪地拓殖案ニ關スル質問ニ對スル答辯書

韓國荒蕪地拓殖案ヲ目下尙ホ懸案ニ屬スルヲ以テ同案ニ關スル事項ハ未タ公表ノ時機ニ達セス

右及答辯候也

明治三十八年二月二十一日

外務大臣男爵小村壽太郎

○政府委員(阪谷芳郎君)　御答致シマス、此勅令ハ會期切迫ト云フコトヲ利用シテ、出シタカト云フ御尋ネデアリマスガ、サウ云フ譯デハゴザイマセヌノデ、十分ニ熟考ノ時間ガゴザイマシテ、政府デモ愼重ニ調査致シテ、尚愼重ノ御調査ヲ兩院ニ請求致シマシタ、此勅令ヲ適用致シマスル場合ハ、清韓兩國ニ限ラレマスノデ、向フノ國デ或銀行ガ特許ヲ得タモノデ、向フノ國ノ立法ガ完全致シテ居リマセヌガ、故ニコチラデ以テ勅令ヲ以テ、其取締ノ規定ヲ設ケル必要ガゴザイマスル、差當リ第一銀行ガ朝鮮國ニ於キマシテ、金庫事務ヲ取扱フ、又紙幣發行ノ特許ヲ得マシタ、此特許ヲ得マシタコトニ付イテ、向フノ政府デ、是ニ對スル完全ナル立法ガゴザイマセヌカラ、コチラニ於キマシテ、勅令ヲモチマシテ、相當ナル規定ヲ設ケタイ、斯ウ云フコトガ一ツ起ッテ居リマス、ソレカラ又次ニハ、軍用手票ノ處分ニ付キマシテ、相當ナル規定ヲ設ケタイト考ヘマスガ、是ハ清國政府トノ間ニ、イヅレ一ツノ交渉ガ必要デアルカトモ考ヘマス、ソレ等ノコトハ、マダ未必ニ關シテ居リマスノデ、併ナガラ此處分ニ付キマシテ、相當ナル勅令ノ要ルト云フコトハ、申上ゲラレマス、ソレカラシテ、又此清韓兩國ノ人デアッテ、日本人ト組合ヒマシテ、日本ノ法律ノ下ニ、銀行業ヲ營ミタイト云フモノガゴザイマス、是モ一種ノ變態ナコトデゴザイマスガ、併ナガラ此事タルヤ、勅令ヲモチマシテ、相當ナル保護ヲ與ヘテ、銀行業ノ發達スルコトハ、清韓兩國ノタメニモ、亦帝國政府ノ貿易ノタメニモ、利益ナコトデゴザイマス、サウ云フ勅令ヲ設ケタイト考ヘテ居リマス、勿論此特種ノ銀行ヲ造リマシテ、或ハ其利益ヲ補給スルトカ、或ハ政府ガ株券ヲ有ツトカ云フヤウナ、ドウシテモ國ノ負擔トナリマスヤウナコトハ、此勅令ニハ規定スル考ハナイノデ、前以テ御協賛ヲ仰イデカラ、致シマスノデゴザイマス、是ハ全ク清韓兩國ニ於テ起リマスルトコロノ、事實ニ就イテノ必要カラ生ロマスル勅令デゴザイマス

○議長(松田正久君)　發言ノ請求ガナケレバ、本案ノ二讀會ヲ開クヤ否ヤノ決ヲ採リマス

○恆松隆慶君(百五十九番)　申込ガシテアリマス

○武藤金吉君(九十一番)　通告ガ致シテアリマス

(「採決々々」ト呼フ者アリ)

○議長(松田正久君)　武藤金吉君ヨリ反對ノ演說ヲスルト云フ申込ガアリマスカラ許シマス――武藤金吉君

(武藤金吉君登壇)

○武藤金吉君(九十一番)　此問題ハ外國ニ於ケル銀行事業ニ關スル法律案トシテ、甚ダ單純ナヤウデゴザイマスガ其事柄ハ頗ル重大デアリマスノミナラズ、我國ノ經濟又朝鮮人民ニ對シテノ金融貨幣制度、滿洲ニ於ケル貨幣制度ニ、重大ナ關係ヲ持ツ事柄デアリマシテ、私共ハ此委員會ニ於テ、又政府當局ノ人々ノ意見ヲ承ッテ、サウシテ私ハ意見ヲ述ベタイ積デアリマシタガ、不幸ニシテ委員會ハ、秘密會トナリマシテ、委員會ノ模樣モ承ハルコトガ出來マセヌ、又政府ノ意見モ之ヲ聞クコトガ出來マセヌノデアリマス、併ナガラ此外國ニ於ケルト申シマシテモ、清韓ニ國ニ關係シテ居ル銀行事業デゴザイマシテ、現在朝鮮ニアリマスル第一銀行、其他ノ銀行ノ支店ガ營業シテ居ル事柄、ソレカラ朝鮮ニ於ケル貨幣制度――貨幣制度ノ確立ハ、如何ニスルカト云フコトハ、此日露戰爭ニ付イテ、國民ノ之ハ囑望スルトコロデアラウト思ヒマス、デ此貨幣制度ト申シマスレバ、總テノ對韓政策ノ先決問題デアル、第一著手ノ事業デアルト思フノデアル、此貨幣制度ガ確立シナイ以上ハ、農業ニ致シマシテモ、商業ニ致シマシテモ、殆ド朝鮮ノ仕事ト云フモノハ、目的ガ著カヌノデアリマス、ソレデ此問題ニ付イテ、本院ニ於テ吾々ガ十分政府ノ意見ヲ聞キ、又諸君ノ意見ヲ承ハルコトノ出來ヌノハ、甚ダ不幸デアリマス、又秘密會ノ内容モ知ルコトガ出來ナイ、知ルコトガ出來マヌガ、其意向ト云フモノヲ聞キマスルト、此勅令ノ精神モ、御話ニナッタヤウデアル、又此期日ガ漠然ト致シテ居ルヤウデアリマスガ、或ハ本年中ニヤル――本年ノ八月ニ之ヲヤルトカ云フコトデゴザリマスガ、此重大ノ問題ヲ、此有耶無耶ノ間ニ、之ニ承諾ヲ與ヘ、此案ヲ通過サセルト云フコトハ、私ハ絶對ニ反對ナノデアリマス、デ朝鮮ニ於ケルトコロノ第一銀行ノ手票ハ、如何ニ通用シテ居ルカ、又現在銀行業ニアラズシテ、朝鮮ニ於テハ、手票ガ通用シテ居ル、京釜鐵道ノ工事請負人ガ――請ヲヌトコロノ請負人ガ、一個人ノ名ヲ以テ手票ヲ發行シテ居ルコトガアルノデアル、是等ニ對シテハ非常ナルトコロノ弊害ト、非常ナルトコロノ我邦ニ於ケル損害ガアルノデアリマス、是等ノモノヲ取締ルニ、殆ド此勅令ヲ前ニ承認スルト云フ、事後承諾ヲ前ニ知ッテ、通過サセルト云フコトハ、ドウシテモ出來ヌノデアリマス、ソレデ朝鮮ノ貨幣制度、兌換制度ノ如キハ、此議會ニ於テ確立ヲ致シマシテ、最モ正確ニヤッテ、サウシテ此總テノ對韓ノ事業ヲ起サナケレバナラヌト云フコトハ、國民一致シテ望ムトコロデアラウト思フノデアリマス、其他滿洲ニ於ケルトコロノ軍票ニ對シテハ、私ハ先日質問ヲ致シマシタカラ、此說ハ略シマス、略シマスルガ、大藏大臣ガ私ノ質問ニ對シテ、如何ニ答ヘラレテアルカ、軍票ハ成績良好デアッテ、少シモ不都合ガナイト云フ、御答辯デアリマシタガ、此間此案ヲ出スニ當ッテ、阪谷政府委員ノ答辯ハ、諸君ノ御聽キノ通デアル、諸君ノ御聽キノ通デアッテ、整理ヲシナケレバナラヌト云ッテ、不都合ガアルト云フコトヲ、自ラ認メテ居ルノデアル、然ラバ大藏大臣ノ答辯ト云フモノハ嘘デアル、此議會ヲ胡麻化シタルトコロノモノデアルト思フ、斯ノ如キモノ――斯ノ如キ重大ナ此法律ヲ、唯時局デアルカラト云ッテ、是ニ盲從ヲスルノ義務ハナイノデアル、啻ニ盲從スルノ義務ガナイノミナラズ、此滿韓ニ國ニ於ケルトコロノ、此兌換制度ニ付イテハ、吾々ハ最モ愼重ニ審議ヲ凝ラシテ、サウシテ此戰後ニ於ケル貨幣制度ノ如キモノハ、繼續シテヤルベキモノデアルト思フ、然ルニ此案ハ唯今加瀨君カラ質問モアリマシタガ、十分ニ議會ノ初メニ當ッテ、攻究ノ餘地ヲ與ヘテ出スノガ、當前デアルノニ、僅ニ一日ヲ餘ス今日ニ於テ、此案ヲ出スト云フノハ、抑々政治ヲ執ルトコロノ當局ノ處置トシテハ、實ニ不都合デアル、斯ウ云フヤウナ有樣デアリマスルカラ、ドウカ此案ハ絶對的ニ否決ヲ望ミマス、此隨時機宜――此文章ヲ御覽ナサイ、理由書ノ中ニ、外國ニ於ケル銀行事業ニ付イテハ、其國ノ經濟事情、又ハ商習慣ニ依リ、機宜ニ應ジテ特別ノ規定ヲ設ケルトアルガ、少シモ國ノ經濟事情ヤ、商習慣ニハ、則ッテ居ラヌ、滿韓ノ商習慣、經濟事情ニハ則ッテ居ラヌノデス、(「簡單々々」ノ聲起ル)斯樣デアリマスカラ、ドウゾ此案ハ、絶對的否決ヲ望ム所以デアリマシテ、簡單ニ此演說ヲシタ譯デス

○恆松隆慶君(百五十九番)　本案ハ唯今武藤君ノ雄辯ナ反對說ガアリマシタガ、此問題ノ是非ハ、既ニ極マッテ居ルコトデアリマスカラ、ドウカ讀會省略ヲシテ、確定アランコトヲ望ミマス

(「賛成々々」ノ聲起ル)

○議長(松田正久君)　恆松君ノ動議ニ御異議アリマセヌカ

(「異議ナシ」ノ聲起ル)

○議長(松田正久君)　御異議ガナケレバ、讀會ヲ省略シテ、全部ヲ議題ニ供シマス

外國ニ於ケル銀行事業ニ關スル法律案　確定議

○恆松隆慶君(百五十九番)　委員長報告通

○議長(松田正久君)　發言者ガナケレバ採決致シマス――委員長ノ報告通御異議

アリマセヌカ

(「異議ナシ」ト呼フ者アリ)

○議長(松田正久君) 御異議ガナケレバ、委員長報告通確定致シマス――議事日程第三、日本興業銀行法中改正法律案ノ第一讀會ヲ繼續シテ、討議ニ附シマス

日本興業銀行法中改正法律案(政府提出、貴族院送付) 第一讀會ノ續

○早速整爾君(二百八十九番) 議長――質問ガアリマス

○議長(松田正久君) 二百八十九番

○早速整爾君(二百八十九番) 私ノ政府委員ニ御尋ネヲシタイノハ、此十二條ニ掲ゲアル「外國ニ於ケル公益事業」ト云フノデアリマスガ、此公益事業ノ種類ハ、勅令ヲ以テ之ヲ定ムトシテアリマスカラ、別ニ極マッタコトハナイト云フコトヲ、御答ニナルカ知レマセヌガ、併シドウ云フ種類ノモノト云フハ、略々御考ノアルコトデアラウト思フ、此公益事業ノ種類ニ依ッテハ、隨分イロ〱ナコトニ付イテ、危險ヲ感ズルトカ、或ハ是ナラバ安心デ宜イト云フヤウナ點ニ於テ、非常ナ相違ガ生ジテ來ルヤウニ思ハレマスルノデ、勅令ヲ以テ定メルト云フコトニハ、ナッテ居リマスガ、大體ニ於テ豫メ是ニ相應シタル種類ト云フモノヲ承ハリタイ、其次ニハ外國ノ公益事業ニ對シテ、資金ヲ供給スル場合ニハ、非常ナル特典ヲ與フルコトニナッテ居ッテ、債券ノ如キモ、無制限ニ發行スルコトガ、出來ルヤウニナッテ居リマスガ、此無制限ノ債券ト、內地ニ於テ制限ヲ受ケテ、發行スル債券トノ關係ハ、ドンナモノデアラウカ、例ヘバ內地ニ於テ發行スル制限ノアル債券ト、外國ノ公益事業ニ對シテ資金ヲ供給スルタメニ發行スル無制限ノ債券トノ間ニ、價格其他ニ於テ、非常ナル影響ノ來ルコトハナイカ、若シナイトスレバ、ドウ云フ次第デ、サウ云フ虞ガナイカ、ソレヲ承ハリタイ、次ニハ政府ガ曾テ日清銀行ト云フヤウナ風ノ――滿韓事業經營ノタメニ、日清銀行ト云フヤウナモノヲ設立スルト云フコトデ、ソレニ關スル御取調ガアッタト云フコトヲ承ハリマシタガ、詰リ此興業銀行法ヲ改正スルト云フコトニ付イテハ、曾テ御調ニナッタ日清銀行ト云フモノ、設立ハ、思止マラレタノデアルカドウカ、此興業銀行ノ事業ノ範圍ヲ擴張シタタメニ、日清銀行ノ如キモノハ、設立スルノ必要ガナイト云フコトニ、御決定ニナッタカドウカ、或ハ日清銀行ト云フモノハ、ヤハリ此問題トハ別デアルカラ、時機ヲ見テ之ヲ設立スルト云フヤウナ御考ガアルカドウカ、此點ヲ確メテ置キタイノデアリマス

○議長（松田正久君）　而シテ宮中ノ御都合ヲ伺ヒマシテ、捧呈スルコトニ取計ヒマス、尙先刻決議ニナリマシタ、原君外數名ヨリ提案サレタルトコロノ頌德表ヲ審査委員ニ於テ審査致シマシタニ依ッテ、其文案ヲ議長ニ於テ朗讀致シマス

衆議院議長臣松田正久誠恐誠惶謹テ言ス伏シテ惟ニ
陛下天縱聰明宸極ニ臨御シ　徽猷ヲ恢弘シ内ハ文ヲ脩メ武ヲ尙ヒ乾綱維レ張リ庶政維レ擧リ外ハ列國ト輯睦ヲ敦ウシ盟約ヲ英國ニ重ネ保護ヲ韓國ニ加フ中興ノ業裁成ノ功之ヲ古今ニ徵シ與ニ推校スル所ナシ不幸客歲露國ト釁ヲ開クヤ　大號渙發乃チ六師ヲ興シ貔貅貙㺜威遠近ニ震ヒ　神謨授クル所海ニ陸ニ大捷ノ功ヲ奏セサルハ莫シ而シテ友邦ノ忠言ヲ呈スルヤ　聖衷恢廓進テ之ヲ容レ以テ平和ノ約ヲ結ハシメ旅ヲ振ヘ師ヲ班ヘス是レ寔ニ曠古ノ大業ニシテ　盛德中外ニ光被ス臣等聖世ニ遭遇シ斯盛事ヲ瞻仰シ　宏謨ヲ翼贊ス何ノ慶幸カ之ニ若カム爰ニ恭ク上表シ竊ミテ微忱ヲ敷ク臣松田正久誠恐誠惶謹テ言ス

本案ニ付イテ御異議ガナケレバ、敬意ヲ表スルタメ、諸君ノ起立ヲ望ミマス

（議員一同起立）

（拍手起ル）

明治三十九年一月二十六日

○內閣總理大臣（侯爵西園寺公望君）　諸君、本大臣ハ曩ニ大命ヲ恪ミテ重責ヲ荷ヒ、今日茲ニ親シク諸君ニ對シテ、大政ニ關スル所見ノ梗概ヲ陳述致シマスルハ、本大臣ノ深ク光榮トスルトコロデゴザイマス、顧ミレバ去ヌル三十七年露國ト釁端ヲ啓クニ當リマシテ、軍國ノ經營、內外ノ施設、悉ク正鵠ニ適ヒ、時局ニ應ズルノ措置ニ於テ遺算ナク、戰捷ノ偉功ヲ奏シ、能ク國威ヲ發揮スルコトヲ得マシタノハ、上　陛下ノ御稜威ニ由リ、下將卒ノ勇烈ナルニ因ルハ勿論デゴザイマスガ、抑〻亦我國民ガ義勇奉公ノ聖旨ヲ奉體シ、朝ニ野ニ各其分ニ從ヒ、其職ニ應ジ、忠誠ヲ披瀝シ、擧國一致ノ實ヲ示シタルノ效果ト申サネバナラヌノデゴザリマス、而シテ米國大統領ノ平和ヲ重ンジ、進ンデ忠言ヲ帝國及露國ニ致スヤ、我　天皇陛下ハ深ク其好意ヲ諒シタマヒ、露國ト和好ノ條約ヲ締結シタマヒ、平和ノ克復ヲ見ルニ至リマシタノデゴザイマス、我國民ガ此昭代ニ遭遇シテ、協力一致振古未曾有ノ鴻業ヲ贊襄スルコトヲ得タルノハ、本大臣ノ諸君ト共ニ慶賀ニ堪ヘザルトコロデゴザイマス、曩ニ英國ト改締ニナリマシタ、協約ハ、能ク時運ニ適シ、其效果ノ著シク東洋平和ノ保障ハ之ガタメニ愈々確實ニナッタノデゴザイマス（「ノウ〳〵」ト呼フ者アリ）向後此保障ヲシテ益〻牢固ナラシメ、以テ永遠ニ其目的ヲ達セネバナラヌノデゴザイマス、而シテ韓國ニ對スル帝國ノ關係モ、數次ノ協約ヲ經マシテ、益〻密接ヲ加ヘ、能ク帝國ノ地位ヲシテ明確ニスルコトヲ得マシタノデゴザイマス、帝國ガ交戰ニ際シテ、執リタル正義ト公平トハ、深ク列國ノ同情ヲ得マシテ、平和克復後、締盟各國トノ交際ハ益〻親交ヲ加ヘマシタノモ、亦大ニ喜ブベキコトト考ヘマス、我國ガ戰捷ノ效果ヲ完全ニ收メ、愈〻國運ノ隆興ヲ期スルニ於テ、擧國一致ノ力ニ倚ルハ、猶軍國ノ際ノ切ナルニ讓ラヌト存ジマス、彼ノ滿洲ノ經營、韓國ノ保護ハ共ニ帝國ノ應ニ努メザルベカラザルトコロデゴザイマス、國力ノ發展ハ、一日モ緩クスルコトハ出來ヌノデゴザイマス、卽チ內ニアッテハ財政ヲ鞏固ニシ、陸海軍ノ充實、及産業ノ發達ヲ圖ラナケレバナリマセヌ、又敎育ノ普及ト學術ノ進步ヲ講ゼネバナラヌノデアリマス、從ッテ之ニ伴フ諸般ノ政務モ、亦大ニ改善ト進步ヲ圖ラネバナラヌノデゴザイマス、外ニアリマシテハ帝國ガ滿洲ニ於テ獲得シタル利權ノ實效ヲ收メ、韓國トノ協約ニ基キ、保護ヲ完ウスルニ於テ遺算ナク指導啓發ノ道ニ於テ、缺クルトコロナキヲ務ムルハ、共ニ急要措クベカラザルコト、考ヘマス、又清國ト益〻親睦ヲ敦ウシ、我帝國ノ至誠ヲ貫徹セシメ、共ニ文化ノ衢ニ併進スルハ、齊シク外交ノ急務デゴザイマス、其他戰捷ニ由リテ獲タル光榮ト利權トヲ永ク維持シ、益〻之ガ伸張ヲ期スルニ於テ必要ナル施措頗ル多イノモ、亦分明デゴザイマス、之ヲ要スルニ、現今內外ノ事務ハ至緊デアッテ而モ一ツトシテ緊要ナラザルモノハナイノデゴザイマス、卽チ政費ノ增加ヲ來スハ必然ノ勢デゴザイマス、我國民ハ戰時ニ於ケル熱誠ヲ更ニ發揮シ、此ノ重大ナル負擔ニ任ズルノ覺悟ガナケレバ、帝國ノ光榮ヲ無窮ニ傳ヘ、帝國ノ利權ヲ伸張スルコトハ出來ヌノデゴザイマス、今ヤ我國民ハ上下心ヲ一ニシ、擧國一致以テ、戰後經營ノ大計ヲ樹ツベキノ秋ト存ジマス、本大臣ハ此大責任アル樞機ニ當リマシテ、實ニ恐懼措ク能ハザルノデゴザイマス、然レドモ亦奮ッテ蹇々匪躬ノ節ヲ竭サンコトヲ竊ニ期シテ居リマス、諸君モ亦國家ノ此時運ニ際シ戰後經營ノ大經綸ヲ畫スルニ於テ、協力一致國論ノ一定ニ努メラレンコトヲ、本大臣ハ切ニ希望致シマス、政府ハ以上陳述致シマシタ方針ニ基キ、漸次畫策ヲ立テ、、諸君ノ協贊ヲ得テ、之ガ實行ヲ期セント欲スルノデゴザイマス、而シテ本議會ニ提出シ、又提出セントスル豫算案及法律案ハ、現下ノ急ニ應ズルニ於テ、已ムヲ得ザルモノデゴザイマス、此諸案ノ詳細ニ至リマシテハ、本大臣及當局大臣ニ於テ、隨時說明致シマス、諸君、本大臣ハ、終リニ臨ンデ諸君ガ此國家緊要ナル時局ニ際シ、能ク政府ノ意ノアル所ヲ諒セラレ、和衷協同、以テ協贊ノ任ヲ竭サレンコトヲ希ヒマス

（拍手起ル）

第一　臨時事件費支辨ニ關スル法律案（政府提出）　第一讀會

臨時事件費支辨ニ關スル法律案

第一條　臨時事件費支辨ノ爲政府ハ一時借入金ヲ爲シ、特別會計ニ屬スル資金ヲ繰替使用シ及公債ヲ募集スルコトヲ得

前項ノ一時借入金及公債ノ額ハ通シテ三億六千三百萬圓以内トス

第二條　臨時事件ニ因リテ生シタル陸海軍所屬ノ復舊其ノ他ノ事業ニ要スル經費及滿韓軍備ニ關スル臨時費支辨ノ爲政府ハ特別會計ニ屬スル資金ヲ繰替使用シ及公債ヲ募集スルコトヲ得

前項公債ノ額ハ七千萬圓以内トス

第三條　本法ニ依ル公債ノ發行價格差減額ヲ補塡スル爲必要アル場合ニ於テハ前二條ノ制限以外ニ公債ヲ募集シ又ハ一時借入金ヲ爲スコトヲ得

第四條　前三條ニ依ル一時借入金、特別會計ニ屬スル資金繰替及公債ヲ整理償還スル爲必要アル場合ニ於テハ第一條及第二條ノ制限以外ニ公債ヲ募集スルコトヲ得

第五條　政府ハ臨時軍事費出納上一時ノ不足ヲ補充スル爲其ノ歳入ヲ以テ償還スヘキ大藏省證券ヲ發行スルコトヲ得

前項大藏省證券ニ關シテハ前項ニ規定スルモノノ外總テ大藏省證券條例ヲ適用ス

第六條　一時借入金及公債ノ利率、募集借入ノ方法規約、据置年限及償還年限ハ命令ヲ以テ之ヲ定ム

第七條　本法ニ依リテ發行スル公債ニ關シテハ本法ニ規定スルモノノ外整理公債條例ヲ適用ス

（大藏大臣法學博士阪谷芳郎君登壇）

○大藏大臣（法學博士阪谷芳郎君）　此臨時事件費支辨ニ關スル法律案、之ハ既ニ唯今大體説明ノ中ニ盡シテ居リマスル、即チ公債ヲ募集スルト云フ法律デゴザイマスルガ、此事ニ付イテチヨツト一言申シマスルノハ、此公債ヲ募集スルノ時機ガ、已ニ段段迫ツテ居リマスルカラ、此案ハ願クハ緊急ニ決議アランコトヲ希望致シマス

○長谷場純孝君　本案ハ質問審査等ハ、委員會ニ附託スルコトニ致シマシテ、第二ノ議事日程ニ移ラレンコトヲ希望致シマス

（「贊成々々」ト呼フ者アリ）

緊急勅令ニ關スル質問主意書

一　前內閣ハ緊急ノ必要アリト認メ憲法第八條ニヨリ明治三十八年勅令第二百五號（戒嚴令中施行ノ件）及ヒ同年勅令第二百六號（新聞紙雜誌取締ノ件）ヲ發布シタリ

二　前內閣ハ又緊急ノ必要アリト認メ憲法第八條ニ依リ明治三十八年勅令第二百四十二號ヲ發布シ同年勅令第二百五號及ヒ同年勅令第二百六號ヲ廢止シタリ

右勅令ニ關スル質問ノ要旨如左

第一　憲法第八條第二項ニ依レハ緊急勅令ハ必ス次ノ會期ニ於ケル帝國議會ニ提出シテ其承諾ヲ求メサルヘカラス從テ議會提出前ニ於テ擅ニ勅令第二百五號及ヒ第二百六號ヲ廢止シ發令ノ審查ヲ帝國議會ニ要求セサリシハ憲法ノ條規ニ違フモノト信ス敢テ問フ現政府ノ所見如何

第二　假ニ議會提出前ニ於テ廢止シ得ヘキモノトスルモ憲法ハ爲メニ提出ノ責任ヲ免除スルコトナシ又法文ノ以テ其例外ヲ許シタルモノアルヲ見ス故ニ政府若シ之ヲ提出セサルトキハ憲法ノ條規ニ違フモノト信ス敢テ問フ現政府ノ所見如何

第三　憲法第八條第一項ニ依レハ緊急勅令ハ公共ノ安全ヲ保持シ又ハ其災厄ヲ避クル必要アルニアラサレハ發スルコトヲ得サルモノニシテ卽チ消極的ニ危害防禦ノ目的ニ出ツルヲ要シ積極的ニ幸福增進ノ目的ニ出ツルヲ許サヽルノ法意ヲ示シテ餘アリ而シテ勅令第二百五號及第二百六號ハ施行ノ必要ナシトシテ廢止セラレタルモノナレハ其目的危害ノ防禦ニアラスシテ幸福ノ增進ニアルコト明ケシ故ニ假ニ廢止シ得ヘキモノトスルモ勅令第二百四十二號ハ憲法第九條ニ則リテ發セラルヘク同法第八條ニ基キテ發セラルヘキモノニアラス而シテ事爰ニ出テサルハ憲法ノ條規ニ違フモノト信ス敢テ問フ現政府ノ所見如何

第四　現政府ハ憲法第八條第二項ノ條規ニ遵ヒ明治三十八年勅令第二百五號第二百六號及第二百四十二號ヲ帝國議會ニ提出シテ承諾ヲ求ムヘキモノト信ス敢テ問フ其時期如何

參　考

一　憲法上緊急勅令發布ニ關スル條規アルモ其廢止ニ關スル條規ナシ

二　憲法上緊急勅令廢止ノ場合ニ於テ次ノ議會ニ提出スルコトヲ免除シタル條規無シ

三　憲法上緊急勅令ヲ以テ緊急勅令ヲ廢止スルコトヲ許シタル條規無シ

四　明治二十七年勅令第百六十七號ヲ以テ同年勅令第百三十四號（新聞紙雜誌及ヒ其他ノ出版物ニ關スル件）ヲ廢止シ及明治二十九年勅令第三百九十八號ヲ以テ同年勅令第二百四號（朝鮮國渡航ノ禁ニ關スル件）ヲ廢止シタル先例アリ然レトモ是レ違憲ノ惡例ニシテ範トスルニ足ラス

右及質問候也

第五　國債整理基金特別會計法案（政府提出）　第一讀會ノ續（委員長報告）

（長谷場純孝君登壇）

○長谷場純孝君　國債整理基金特別會計法案外一件、委員會ノ經過ヲ御報告致シマス、前以テ御斷リ申上ゲ置キマスノハ、國債整理基金特別會計法案外一件トアルノハ、即チ此非常特別税法中改正法律案デアルノデゴザイマス、慣例ニ依リマスト、二案ヲ同一ノ委員ニ附託セラレタ場合ニ於テハ、凡ソ同時ニ報告ヲ致シ來ッタノデゴザリマス、併ナガラ此二問題ハ誠ニ重大ナル問題ニシテ、本期ノ議會ニ於テハ、此二案ヲ以テ最モ重要ナル問題ト、所謂國民ノ上下共ニ之ニ視聽ヲ傾ケテ居ルトコロノ問題デゴザリマス、否ナ、國民ノミナラズ、外國人モ之ニ向ッテハ大ニ注意シテ居ル問題ト信ジマス故ニ、議事日程ノ順序ニ依リマシテ、此場合ニハ國債整理基金特別會計法案ダケノ報告ヲ致シマシテ、其討論採決ノ後ニ於テ、又第六ノ非常特別税法中改正法律案、此委員會ノ經過結果ヲ御報告致スコトニシヤウト思ヒマスカラ、左樣御承知ヲ願ヒマス、國債整理基金特別會計法案ハ、委員ニ附託サレマシテヨリ、五回ノ委員會ヲ開キマシタ、而シテ此討論ニハ數時間ヲ要シタノデゴザイマス、三日間ノ間ニハ悉ク三十六名ノ委員ノ中ヨリ、種々ナル討論ガ出マシテ、ソレニ、政府ハ説明ヲ與ヘラレタノデゴザイマス、其事柄ハ速記録ニ依ッテ諸君ハ既ニ御熟知ノコト、信ジマスカラ、私ハ茲ニ贅辯ヲ要シマセヌ、而シテ昨日ヲ以テ此案ノ可否ヲ決シマシタ、昨日ノ委員會ハ、委員長ヲ除イテ三十一人ノ出席者、其中十三ニ對スル十八ノ多數ヲ以テ、原案ニ可決致シマシタ、先ヅ此原案ニ反對サレタトコロノ概要ヲ御報告致シマシテ、續イテ原案ニ贊成サレタトコロノ概要ヲ御報告致シマス、其詳細ナルコトハ、既ニ業ニ反對贊成共ニ議長ノ手許ニ發言ノ通告ヲ爲シテアルサウデゴザリマスカラ、自ラ其人々ヨリ本壇ニ於テ詳細ニ贊否ノ御論ガアラウト思ヒマスカラ、極メテ簡略ニ御報告ヲ致ス積リデゴザイマス、反對ノ要旨ハ、是マデ戰時中ニ外債ヲ募集シ得タルハ、帝國財政ノ信用ガ外國ニ厚キニ基ク所以デアル、即チ帝國財政ノ信用ガ外國ニ厚イカラシテ、彼ノ戰時中ニ於テモ、是ダケノ外債ガ出來タノデアル、尙將來財政ノコトヲソレ〳〵ノ機關ニ依ッテ明カニスレバ、益々此信用ハ厚クナルトモ輕クナルノ要ハナイ、故ニ是ノ如キ法律ヲ特別ニ設クルノ必要ナイ、尙一面ニハ内外債ヲ募リ、一面ニハ内外債ヲ減ズルト云フガ如キ手段ヲ執ルノ必要ハナイト、凡ソ是ノ如キコトガマア反對ノ概要デアル、其概要中ノ概要デアッタノデゴザイマス、然レドモ其論ハ遂ニ成立スルコトガ出來ズ、十三名ニシテ多數ヲ得ナカッタノデゴザイマス、又贊成ノ要領ハ、凡ソ戰時中ニ起シタル公債ハ、十二億八千萬圓ニ及ンデ居ル、尙四億三千萬ノ公債ヲ募集スルノ計畫ニナッテ居ルノデアルガ、本邦ノ現下ノ現況ニ照シテ、財政經濟界ノ事ヲ觀察スレバ、此場合ニ於テ特別ノ方法ヲ設ケ、此十八億ノ負債ニ向ッテ、償還ノ基礎ヲ固ウスルト云フコトハ、最モ必要ナル場合デアル、而シテ内外ノ信用ノ上ニ於テ、此特別法ハ最モ基礎ヲ固ウスルモノデアル、若シ是ノ如キ方法ヲ設ケザルトキニ於テハ、非常ナ疑惧ヲ懷ク者ガ内外ノ間ニ起リ、ソレガタメニ内外資本共通ノ道ガ杜絶シテ、從ッテ内國ニ起ルベキ生産事業ノ上ニ、直チニ影響ヲ及ボスハ明カナル道理デアル、故ニ此特別法案ハ今日ノ場合ニ於テ、最モ適當ナル方法ト認ムルヲ以テ、贊成スルト云フノ理由ヲ以テ、十三名ニ對スル十八名ノ多數ヲ以テ決シタノデゴザイマス、是モ各贊成諸君カラ議長ノ手許ニ通告ニナッテ居リマスカラ、詳細ナコトハ、自然此壇ニ於テ述ベラル、デアラウト思ヒマスカラ、私ハ之ヲ省略致シマシテ、此國債整理基金特別會計法案ノ委員會ノ經過ト結果ヲ御報告ニ止メ置キマス

○議長（杉田定一君）　淺野陽吉君

（淺野陽吉君登壇）

○淺野陽吉君　唯今ノ委員長報告、即チ政府提出案ニ反對ノ意見ヲ主張致シマシテ、原案ノ廢棄ヲ唱ヘント欲スルモノデアリマス、先日來委員會ニ於テ數日ヲ重ネテ、政府當局者ノ本案ヲ出シマシタ趣意ヲ、段々尋ネテ見マスルト、畢竟スルトコロ、此本案ヲ政府ヨリ提出致シマシタ趣意ハ、唯今日、ヨリ以上ニ公債ノ價格ヲ引上ゲテ置イテ、サウシテ他日益々公債募集ノ便宜ヲ圖ラウト云フヨリ外ニハ趣意ハナイノデアッテ、今委員長報告ノ通此案ヲ以テ減債ノ基金トナシテ、段々公債ノ減額ヲシテ往カウト云フ趣意デアルト云フコトハ、口ニ之ヲ言フコトガ出來テ、實際ニ於テ計算上其實ヲ擧グルコトハ出來ナイノデ、唯徒ニ此減債基金ト云フ、即チ國債整理基金ト云フモノ、實際ハ、漸次國債ノ價格ヲ增加スルニ止マルノデアルト、私ハ信ズルノデアルカラ、今日ヨリ少シク此趣意ヲ述ベテ、反對ノ意ヲ表シマス、戰捷ノ結果ハ幸ニシテ、我國ノ陸海軍ハ戰場ニ捨テ、呉レタ命、即チ血ト骨トニ依ッテ、我國民ハ歐米各國ノ經濟社會ニ對シテ、偉大ナル信用ヲ購ヒ得タト私ハ信ジマス、今日マデ戰時ニ於ケル外債ノ募集ガ遺憾ナク捗取ッタノモ、是ハ全ク戰勝ノ效果デアル、即チ陸海軍ガ戰場ニ捨テ、呉レタ血ト骨トノ價デアルト信ジマス、「ポーツマウス」ノ講和談判ハ國家ノ元老、若クハ元勳ト云フ名ノアル人々、若クハ前内閣即チ桂内閣ニ依ッテ、遂ニ國家ノ汚辱ヲ點ジマシタケレドモ、幸ニシテ此陸海軍ノ忠勇ナル働キハ、各國民ニ對シテ偉大ナル信用ヲ世界各國ヨリ買ヒ得タト云フコトノ恩惠ガアルト存ジマス、此戰勝ノ結果ニ依ッテ購ヒ得タル我國ノ信用ノ程度ハ、左程薄弱ナモノデハナイ、强テ今日此公債整理基金ト云フヤウナ制度ヲ作ラナクトモ、我帝國ニ於テハ、將來十分ニ信用ヲ維持シテ往ッテ、公債ノ便宜ハ十分ニアルト本員ハ信ズルノデアル、又我國民ノ經濟狀態ヲ觀察シマスレバ、戰爭ノ結果膨脹シマシタ通貨ノ隋勢ハ今以テ經濟社會ニ横溢シテ居ルノデアル、貨幣ハ餘ッテ居ッテ、而シテ皆警戒心ノタメニ事業ガ起ラヌ、從ッテ金利ハ漸次低下ノ狀勢ヲ呈シテ居ルノデアル、此際ニ當ッテ强テ減債基金ノ如キモノヲ——此制度ヲ設ケナクトモ、公債ノ價格ト云フモノハ、漸次騰貴ノ形勢ヲ保ツガ、今日經濟界國内ノ狀況デアルト私ハ信ジマス、此際ニ當ッテ此減債基金制度ヲ置イテ、一層公債ノ價格ヲ引上グルト云フコトハ、油ヲ掛ケルト云フコトハ、寧ロ是ハ經濟社界ニ對シテノ一ノ惑亂ヲ與ヘル政策デアルト私ハ信ジマス、戰勝ノ效果ニ依ッテ購ヒ得タル國家ノ信用ヨリ自然ニ來ルトコロノ公債ノ價格騰貴コソ、實ニ國家ノタメニ慶ブベキコトデアル、併ナガラ一ノ經濟社界ノ秩序ヲ或ハ惑亂シヤシナイカト云フヤウナ政策ヲ執ッテ、公債ノ價格ヲ上ゲテ、益々公債募集ノ便宜ヲ圖ッテ、サウシテ亂暴ナル財政計畫ノ便宜ヲ茲ニ圖ラントスルト云フコトハ、如何ニシテモ國民ノタメ國家ノタメニ贊成ノ意ヲ表スル譯ニイカヌノデアル、若シ我國ノ政體ガ露國若クハ支那ノ如クニ、國家ノ狀態ハ海外ヨリ如何ニシテモ窺フコトガ出來ナイ國デアレバ卒ザ知ラズ、古今未曾有ノ戰ヲシテ、古今未曾有ノ勝利ヲ占メテ、サウシテ尙其間ニ財政ヲ維持シ來ッタ、鞏固ナル我國ノ財政狀態ハ、明カニ如何ニ此非立憲的擧動ヲナス内閣ノ下ノ財政ト雖モ、歲入出ノ狀態ハ明カニシテ、國家ノ法律ト立憲政治ノ恩惠ニ依ッテ世界ニ暴露シテ居ル國デゴザイマス、隨ッテ世界列國ノ人ハ減債基金ノ如キモノヲ信用シナイ、寧ロ直接ニ我財政ノ狀態ヲ見テ始メテ信任ヲ下スデアラウト思フ、若シ此基金制度ヲ設キマシタトコロガ、万一國家前途ノ財政ニ、此基金ノタメニ危イ兆ヲ生ズルコトガアッテ、財政ノ基礎ヲ危クスル憂ガアリマシタナラバ、法律ノ下ニ基金制度ノ存立ヲ世界列國ニ示シマシ

タトコロガ、列國ノ人民ハ唯基金制度ノ存在ノミヲ信用シテ、財政ノ基礎ヲ見ナイデ、我國ヲ信用スル程、卽チ現内閣ノ想像スル程、愚ナル人民デハナイト本員ハ信ズル、是ガ本員ガ第一ニ此本案ニ對シテ反對ヲ表スル所以デアリマス、本案ヲ採用レマシタナラバ――國家今日ノ内外ノ狀勢ニ於テ必要ノナイ本案ヲ採用レマシタナラバ、一二富豪ノ、一二金持ノ、一二金満家ノ歡心ヲ得ルカハ知リマセヌガ、國民全體ノ幸福トハナラヌト信ズルノデアリマス、又深ク考ヘテ見マスレバ、此國債整理基金ト云フノガ、果シテ目的ヲ達シ得ルコトガ出來ルデアラウカ、疑ハシイト思ヒマス、政府者ガ言フ通、果シテ此減債基金――國債償還ノ目的ガ是ニ依ッテ達セラル、ノデアラウカト云フコトハ、餘程疑ハシイト思ヒマス、御承知ノ通ニ此三十九年度ノ政府提出ノ豫算案ニ依ッテ、我國將來ノ財政ノ狀態ヲ推測シテ見マスレバ、殆ド此國債整理基金ト云フ名ヲ設ケテモ、其實ガ無クナルコトニナッテ居ルト私ハ信ジマス、三十九年度ノ歳出入ニ依ッテ、四十年度以下ノ――以後ノ財政ノ狀態ヲ推察シマスレバ、如何ニシテモ此歳出ノ總額ハ四億三千萬圓以下デハナカラウト、私ハ推察ヲ致シマス、本年ノ豫算、卽チ三十九年度ノ豫算ノ中、通常經費ニ屬スルノガ、大藏大臣ノ説明ニ據レバ、二億ニ六千万圓デアル、其中時局關係ノ中、經常費ノ性質ヲ帶ビテ後年度ニ亙ルノガ一億七千万圓ト云フコトデアル、之ヲ寄セレバ四億三千万圓ト云フ金額ハ、四十年度ノ歳出ニ於テ決シテ免カル、コトノ出來ナイ金額デアルト考ヘル、是ハ私ノ推察デハナイ、大藏大臣ノ説明ノ材料ヲ綜合スレバ斯クナルノデゴザイマス、而シテ西園寺首相ハ行政刷新ハ斷ジテヤラヌ、打切リデアルト言ハレル、根本ニ行政刷新ヲヤラナイ以上ハ、政費ノ節減ト云フモノハ、ムヅカシイト思フ、ソレ故ニ四十年度ノ歳出額ヲ想像シマスレバ、四億三千万圓以下デハ、決シテナカラウト思ヒマス、是ガ想像シ得ラル、歳出ノ豫想額デアラウト思ヒマス、而シテ此歳出ノ増加スル理由ノ項目ヲ見マスレバ、十中八九後年度ニ亙ル繼續費ノ性質ヲ帶ビテ居ル、陸軍ノ復舊ハ、御承知ノ通ニ六箇年、海軍ノ復舊ハ九箇年間ノ性質デアルト云フコトハ、陸海軍大臣ノ説明ニ依ッテ明カデアル、尙滿韓派兵費ノ如キモ、將來ニ向ッテ、繼續シテ居ッテ、何時之ヲ取除ケルコトガ出來ルカ、殆ド今日ニ於テ當テハナイノデアリマス、其他滿韓經營費ノ如キ漸次年ヲ逐ウテ、是ハ増スバカリデアラウト思フ、當分ノ中ハ――其外ニ陸海軍大臣ノ説明ニ據レバ軍備擴張ハ尙此外デアル、他日時期ヲ待ッテ之ヲ提出セント云フコトヲ明言サレテ居ル、必ズ將來是ハ一二年ノ中ニ出ルコト、信ジマス、是ノ如ク推測ヲ下シテ見マスレバ、四十年度乃至四十一年、二年度ニ於テ歳出ノ總額ハ遙カ四億ヲ超ヘテ五億ニ近イ、金額デアラウト私ハ想像致シマスル、現内閣ノ方針ヲ以テ組立テラル、ナラバ、或ハ遙四億ヲ超エテ五億ニ近ク歳出豫算ノ上ニ現ハレテ來ルデアラウト私ハ信ズル、サウシテ之ヲ償フトコロノ歳入ノ財力ハ、ドレダケアルカト云フコトヲ計算致シマスレバ、三十九年度ノ豫算ヲ見テ看マスレバ、總額四億九千万圓ト云フコトデアル、其中ニ公債ノ金額ガ八千万圓上ガッテ居リマスカラ、是ハ無論引去ラナケレバナラヌ、サスレバ實收額ハ三十九年度ニ於テ四億千万圓ヲ餘レテ居ル、其中ニ戰利品竝ニ船舶ノ如キ、三十九年度ニ於テハ財源デアルケレドモ其以後マデ續イテ財源デアラウト信ゼラレルダケノ彈力ノアル財源ノナイノガゴザイマス、ソレヲ總計レマスレバ、御承知ノ通ニ千五百万圓近クニナルノデアル、是ヲ無論引去リマスレバ健全ナル三十九年度ノ財源ハ、三億九千万少シ上ニ過ギナイノデアル、如何ニシテモ、是ハ四十年度以後ノ財源ヲ調ベテ見マスレバ、是以上ニ取レルト云フ見込ハ先ヅ立難イモノト私ハ信ジマス、其外ニ大藏大臣ノ説明ニ據リマスレバ、滿韓地方ニ於テハ撫順、若クハ東清、若クハ京義線ノ如キ利源ガアルト云フケレドモ、是等ノ利源ヨリ國家ノ收入ヲ増スト云フコトハ、多大ノ費用ヲ投ジタ後デナケレバ出來ナイコトデアラウト私ハ信ジマス、シテ見レバ歳入ト歳出ヲ想像シテ、四十年以下ノ計算ヲシテ見マスレバ、歳入ニ於テノ缺陥ハ恐クハ一億ニ近イ缺陥ガ必ズ生ズルデアラウト私ハ信ジマス、是ハ統計ノ上ニ斯様ニ現ハレルノデアル、諸君モ亦必ズ統計ノ數字ニ訴ヘテ計算ヲナサッタナレバ、私ノ計算ト略〻同一ノ結果ヲ生ズルデアラウト思ヒマス、是ニ據リマスレバ、如何ニシテモ此一億一千万圓ノ國債基金ヲ積ムト云フコトハ、健全ナル財源ヨリ産出スコトハ出來ナイノデアル、八千万以上ニ近イ公債ヲ起サナケレバナラヌ、此一億一千万圓ノ基金ト云フモノヲ積ムコトハ計算ガ――算盤ガ既ニ許サナイコトデアルト私ハ思ヒマス、而シテ此一億一千万圓ノ内容ヲ段々調ベマスレバ、公債ノ金利ガ既ニ本年モ來年モ再來年モ八千万圓以上ニアルノデアル、差引僅カニ二千万圓内外ノ元金ヲ拂ハンガタメニ、一般收入ヨリ早ク既ニ一億一千万圓ノ金額ヲ引去ラネバナラヌト云フ、茲ニ法律ヲ作ル必要ガ殆ドナイト私ハ思フ、其名ガアッテ其實ハ殆ドナイノデアッテ、却テ二千万圓ノ元金ヲ拂ハンガタメニ、年々今後數年間ハ八千万圓ニ近イ新公債ヲ起サナケレバナラヌ又形勢デアルト信ジマス、是ノ如ク歳入歳出ノ計算ノ上カラ割出シマスレバ、國債整理基金ト云フノハ、偶〻以テ元金ヲ二千万圓減ラス傍ニハ、年々八千万圓近クノ新公債ヲ起スト云フコロノ法案デアル、差引シテ五六千万圓ノ公債ハ、却テ年々殖エテ往クノデハナイカト思ヒマス、若シ之ヲ極端ニ申シマシタナラバ、減債ヲ二千万圓近クヤッテ、一方ニハ數年ノ間八千万圓近クノ増債ヲ行ハナケレバナラヌ、殆ド其名ガアッテ、其實ハ逐ニ亡ビテシマフト云フヤウナコトハ、此財政ガ斯ク致サシメル結果デアルト私ハ思フ、茲ニ現内閣ノ一員デアル加藤外務大臣ノ如キハ、野ニ居ラレルトキニハ、極力口ヲ極メテ、現内閣ノ、否ナ、前内閣ノ此財政方針ニハ反對ヲセラレテ、併セテ此減債基金ノ如キモノニハ、口ヲ極メテ、否ナ、筆ヲ極メテ反對ノ意ヲ表シテ、社會ニ對シテ、教師ノ地位トナッテ、是ヲ社會ニ向ッテ此案ハ非ナリ、減債基金ノ如キモノハ我國ニ於テ採ルベカラザル政策デアルト云フコトヲ主張サレタトコロノ一人デゴザイマスルガ、一度廟堂ニ立タレテ、茲ニ二十日カ三十日僅カ經過シタ今日ニ於テサヘモ、寂々寥々一言ノ聞ク所ガナイノデアル、併ナガラ其胸中ニハ必ズ是ハ反對デアラウ、政治家ノ徳義サモアルベキコト、私ハ信ズル、是ヲ見レバ此減債基金案ト云フモノニ向ッテハ、内閣ノ全體モ亦一致デナイ、必ズ不一致ノ事柄デアルト私ハ思フ、若シ今日ノ加藤外相ノ態度ガ眞正デアルナラバ、過日ハ虚僞デアル、過日ガ眞正デアルナラバ、今日ノ態度ハ虚僞ト云ハナケレバナラヌ、人間ノ豹變是ノ如ク速ニシテ、迅速ニシテ、氣樂ニ往クナラバ、誠ニ人間ノ生活ハ氣樂ナモノト思フ、併ナガラ加藤高明氏、又一個ノ政治家デアル以上ハ、必ズ此基金案ニ對シテハ内閣ノ一員トシテ反對ヲ表セラレテ居ルニ違ヒナイ、内閣ノ意見、既ニ本案ニ對シテハ不一致デアルト本員ハ信ジマスノミナラズ此法案ノ完結ヲ告ゲテ、其目的ヲ達スルニハ、今後三十四箇年ノ長歳月ヲ要スルノデアル、大藏大臣説明ノ如ク、今日ノ狀態ハ戰後非常ナ變化ヲ來スト云フコトハ、誰デモ知ッテ居リマスガ三十四箇年間是ガ無事ニ年々一億一千万圓ヅヽ、特別會計ニ繰入ガ出來ルト云フコトハ、誰ガ保證ガ出來ルノデアルカ、歳出ハ益〻増加ノ傾ガアッテ、歳入ニ如何ニシテモ増加ノ傾ノアルト云フコトハ、事情ガ許シマセヌ、ソレニ向ッテ、三十四箇年繼續シテ、之ヲ無事ニ通過セシメナケレバ、此效力ハ吾々ハ收ムルコトハ出來ナイノデアル、三十四箇年ノ長年月ニ亙ル茲ニ約束ヲ御互ニ設クルト云フコトハ、却テ將來敏腕ナル財政家ガ出タトキニ、卽チ臨機ノ處置ヲ以テ、財政整理ノ大手腕ヲ振フト云フコトハ、是ニ依ッテ妨ゲラル、、惡因縁ヲ作出スノデハナイカト私ハ思ヒマス、ソレ故ニ是ノ如キコトハナサナイデ、先ヅ八千万圓ノ利子ハ無論拂フタメニ豫算ニ計上シナケレバナラヌ、其他ノ元金仕拂ノ如キハ、時ニ從ッテ、暫ク借換政策ヲ執ッテ是ノ如ク法律ヲ以テ三十四箇年ノ長歳月ニ亙ル惡因縁ヲ作ルコトハ止メテ、暫ク時ニ從ッテ便宜ノ政策ヲ執ッテ、財政ノ基礎ノ健全ヲ圖ルガ、私ハ得策デアラウト思ヒマス、私ハ無論現内閣ノ成リマストキニハ、前内閣ヨリモ比較シテ是ハ餘程立憲政體ニ近イ内閣ガ出來タト云フコトヲ信ジテ居ル、ソレ故ニ決シテ是ハ惡意ヲ以テノ攻撃デヤゴザイマセヌ、唯斯ル三十四箇年ニ亙ッテノ長年月ノ法案ハ、玆ニ財政ノ將來歳出ヲ益々多クシテ歳入ニハ頼ミ寡ナノ今日ニ於テ、是ノ如キ改策ノ根本ヲ立テルト云フコトハ、寧ロ内閣ノタメニ不幸デアルト思フ、一度是ガ蹉跌スルコトガアリマシタナラバ、此法案ニ依ッテ公債ノ騰貴ヲ保タウト云フ希望ノ大ナルダケ、他日公債ノ暴落ト云フコトハ免カレヌト思ヒマス、一度躓ケバ國家ノ大事デアルカラ、寧ロ之ヲ廢棄スルガ却テ安全デアリ、内閣ノタメニモ得策デアル、斯樣ニ眞意ヲ以テ信ズルカ玆ニ、玆ニ反對ノ意見ヲ述ベテ、廢棄說ヲ出シマスルノデゴザイマス

○望月小太郎君　議長

○議長(杉田定一君)　望月小太郎君

(望月小太郎君登壇)

○望月小太郎君　諸君、本案ノ運命ハ、議論ヲ鬪ハセズシテ、大勢ハ既ニ定ッテ居リマスニモ拘ハラズ、尚私ハ玆ニ數言縷術ノ必要ヲ感ジマシタ、ト云フ次第ハ頃日委員會ニ於テ本案提出ノ政府ノ辯明ト言ヒ、又是ガ贊成ノ御意見ト云ヒ、露骨ニ申上ゲマスレバ、說イテ未ダ詳カナラザルト云フ憾ミヲ本員ニハ感ジタノデアリマス、又從ッテ是ニ對スル反對論ノ御議論ヲ謹聽致シテ見マスレバ、大石君ノ如キ、島田君ノ如キ、有力ナル議論家ノ間ニスラ、其反對ノ標準ハ、失禮ナガラ多ク是皮想的評論ニ過ギズンバ半バハ悲觀的想像說ニ過ギナイトシカ本員ハ感ゼヌノデアリマス、況ヤ本案ノ運命ハ、戰時ニ於テ多大ノ犧牲ヲ供シタトコロノ忠愛ナル國民ニ向ッテ、吾々ハ尚前途其負擔ニ向ッテ堪ヘテ貰ハナケレバナラヌト云フ境遇變轉ノ國運ニ際會シタル今日、惡稅ノ改良スベキモノハ勿論之ヲセナケレバナラヌ、サリナガラ負擔其物ノ增額ニ於テハ勢ヒ是ヲ忠愛ナル國民ニ向ッテ訴ヘナケレバナラヌト云フ是レ本案ノ緊急ニシテ必要避クベカラズト云フ所以デ、其精神ニ向ッテハ、本員之ヲ明白ニ簡潔ニ其所感ヲ述ベテ、諸君ノ御批評ヲ願ハウト思ヒマス、本員ガ本案ニ贊成スルト云フ趣旨ハ、極メテ簡單デアル、贊成ノ要點ハ之ヲ四ツニ分ケマスル、即チ本案ハ既往竝ニ將來ニ於ケル外債ニ對スル、否國債ニ對スルノ信用維持上避クベカラザル政策デアルト云フ事、是ガ贊成ノ一要點、第二ニ於テハ將來ニ於ケル戰後經營ニ必要ナル資金、殊ニ殖産興業上ニ關スル國債信用ノ維持上、避クベカラザル必要案トシテ贊成スルト云フ是ガ二點、第三ハ既往公債ノ整理竝ニ内外資本共通ノ便宜ノタメ、本案ハ是又必要避クベカラザルト云フ事、第四ニ於テ本來基金制度ナルモノハ其實文明諸國ガ認メテ以テ安全ナル財政政策トシテ居ルモノデアルト云フ之、此四箇ノ論據ヨリシテ、本員ガ贊成ノ趣意ヲ簡單ニ申述ベテ、見ヤウト思ヒマス、諸君、國家ノ信用ハ勿論自國ノ實力ニ依ルノハ申マデモゴザリマセヌ、左リナガラ自國ノ實力ヲ事實ノ上ニ現ハスマデハ自國民ガ思フガ如ク、他國民ガ其國家ヲ信用スルモノデナイト云フコトハ、論ヨリ證據、日本ノ軍事上ニ於ケル信用、即チ戰時ノ實力ニ對シテ、御同樣ニ日本國民コソ日露戰爭前既ニ之ヲ確信致シマシタガ、日本ハ勝テカシ、ドウゾ破レテハ困ルト同情アル歐米諸國ハモ、此戰爭ニ於テハ日本ノ實力ハ、戰爭其物ノ結果ニ依ラザレバ、之ヲ認メナカッタノデアル、扨戰時ニ於ケル國家ノ信用尙且是ノ如シ、況ヤ平時ニ於ケルトコロノ國家ノ信用、即チ日本ノ財政上ノ實力ニ對シテハ、唯今ノ反對ノ御意見ニハ偉大ナル信用アリト言ハレテ居ルガ、本員ノ見ル所ヲ以テスレバ、戰時ノ實力ヨリハ、尙平時ノ信用ニ對シ今日ハ其信認ノ程度甚ダ低クアルト云フコトヲ證明セラルヽノデアル、何トナレバ連戰連勝ノ我國ガ、而モ同盟國ノ英國ニ向ッテ其外債ヲ募集スルニ於テハ、第一回、二回、三回、四回、此同盟國ノ英國ハ日本ガ勝テバ勝ツダケ、自國ノ利益ニナルニモ拘ハラズ、日本ニ貸付ケル外債ノ利子ニ至ッテハ、普通英國人ガ仕拂フトコロノ二倍以上三倍ニモ及ンダノデアル、尙其高利ニ於テモ不滿足デアル其以上ノ擔保ヲ出サナケレバナラヌト云フコトハ、縱シ是前内閣ノ財政政策ガ公債政略ノ上ニ於テ誤ッタトハ言ヘ、結果ノ上ニ於テハ諸君ノ知ラルヽガ如ク、同盟國ノ英國スラモ普通金利ノ二三倍以上ニ搗テ、加ヘテ擔保ヲ要求シタト云フ、是ガ日本ノ財政ノ實力ニ於ケルトコロノ外國ノ信任デアル、英吉利既ニ是ノ如シ、其他ノ歐米諸國ガマシテ況ンヤ地理歷史ノ異ナル此日本ノ事情ニ通ゼザルトコロノ外國ニ向ッテ、吾々日本國民ガ信ズルガ如ク、其財政上ノ實力ヲ信用セヨトマデ待設ケルノハ、是ハ諸君世界ニ不適ナルトコロノ議論、即チ通ゼザルトコロノ議論デハナカラウカト本員ハ思フ、兎ニモ角ニモ本員ノ見ル所ノ世界カラ見タル日本ノ財政ノ實力ハ、斯ク薄弱ト信ズルノデアル、ソレ故ニ歐米諸國ガ日本ハ過去又現在將ニ負擔セントシツヽアルトコロノ公債ヲ合セテ、此二十三億ノ國債ハ如何ニ整理シテ往クノデアラウ、是ガ日本ガ平時ニ於ケルトコロノ實力ノ試驗デアル、其二十三四億中戰爭前ニ於ケル五億七千万圓ニ對シテハ、年々三千六百万圓ヅヽ、元利償還ノ基金法モ同樣ナル制度ガ出來テ居ルカラ安心デアルガ、殘リ十七億、即チ日露戰爭ノ結果ニ依テ生ジタル其外債ハ、如何ニ日本ハ之ヲ處理シテ往クデアラウカ、豈啻ニ現在ニ於ケル十七八億ノ公債處理ノミナラズ、將來日本ガ此發展ト共ニ必要ナルトコロノ殖産興業ノ財源ト云ヒ、其他國防上ノ經營ニ於テ避クベカラザル財源ト云ヒ、日本國民ハ現存シタル二十三四億以上尙數億ノ負擔ヲシテ往カナケレバナラヌ、此勇武ナルトコロノ日本國民ガ、戰爭ニ於ケルト均シク、果シテ能ク平時ニ於ケル其財政ノ運用ヲ圓滿ニシテ往クヤ否ヤト云フコトハ、世界ノ疑問デアル、諸君故ニ歐米諸國ハ縱シ日本ニ同情アリトハ云ヘ、好意ニ同情ヲ持ッテ居ルトコロノ財政ノ實力ニ對シテハ、實ハ試驗中ト本員ハ信ズルノデアル、斯ル有樣デゴザイマスカラ、此本案ノ目的タル日露戰爭ノ結果ニ依ッテ起スベキトコロノ十七八億ノ國債整理ノ方法ガ付カナカッタナラバ、此國債ノ時價ヲ維持スルコトノ出來ザルハ申スニ及バス、前途ニ於テ起スベキ殖産興業ニ必要ナル資金ハ、何レカラ得ヤウト云フ御希望デゴザイマスルカ、即チ少ナクトモ世界ノ普通金利以上二割三割否二倍三倍ノ增加ヲ拂フニアラザレバ、日本ニ放銀スル者ガナイト云フノガ、今日ノ世界ニ於ケル日本ノ財政上ノ信用ト見テ居リマスル、ソレ故ニ現ニ前内閣ノ財務委員タル高橋君ガ、昨年ノ十一月ニ五千万磅ヲ四分利附キデ、而カモ無擔保デ借リタノデアル、併ナガラ是ハ無擔保デアルトハ云ヒナガラ、其實此金ヲ以テ内國債ノ六分利附ヲ二億万圓拂ヒ、而シテ其殘部ヲ以テ、外國ノ六分利附ノ一回二回ヲ拂フ、此拂フノモ來ル三月カラ之ヲ償還シ始メルト、斯ウ云フ條件デコソ、是ハ無擔保デ以テ此公債ガ出來タノデアル、併ナガラ英國資本家ヘ向ッテ、高橋君ハ如何ナルコトヲ言フタカ、即チ日本前内閣ノ財政委員タルモノガ歐米各國ノ財政家ニ向ッテハ、斯ウ明々白々ニ質言シテアルノデアル、我政府ノ財政政策ハ日本ノ信用ニ依頼シタルモノニ向ッテ寸毫モ後悔又ハ失望ヲ來タサシムベキ原因是ナキハ予ノ確信スル所ナリ我日本ノ重要ナル財政計畫ノ一ハ國債元利ノ償却ニ向ッテ特別基金法ヲ定ムルニアリ、此目的ニ對シ我政府ハ既ニ大藏省中新タニ一局ヲ設ク即チ國債整理局ナリ右ノ基金ハ此局ノ特別取扱ニ屬シ、決シテ他ノ目的ニ使用セズ而シテ其額ハ年々一億四千六百万圓ヲ一般歳入ヨリ特別會計ニ移シ以テ國債ノ償却ニ應ズ、此特別基金ニ依ッテ我國ハ三十年内外ニシテ全ク國債ヲ償却シ得ラルベシ云々」是ハ信用アルトコロノ記事ヨリ本員ガ諸君ニ證據ノタメニ提出致ス次第デアル、諸君、日本人トシテハ、如何ニモ遺憾ナル問ハレ方デハアルガ、併ナガラ貸方タル英米ノ資本家ガ日本ノ財力ニ付イテ安心ガ十分デナイト云フ結果、此質問ヲ起シタト

云フコトハ、是ハ當然ノコトデアル、此當然ナル質問ニ對シテ、我財務委員ハ是ニ言質ヲ與ヘタノデアル、諸君、本員ハ之ヲ以テ日本國ノ言質ト認メルニ於テハ、獨リ本員ノミナラズ、大藏大臣モ之ヲ是認シタノデアル即チ此委員會ニ於テ、本員ガ此點ニ付イテ、大藏大臣ニ質問ヲ致シマシタ時ニ大藏大臣ハ答ヘタ、其速記録ニハ斯ウ云フコトヲ云フテ居ル、「外國人ノ安心スルタメニ必ズ高橋君ハサウ言フタラウト思フ、(笑聲起ル)又事情サウ云フコトヲ云フベキデアルト私ハ信ズル(「高橋君ハ日本ニアラズ」ト呼フ者アリ)此高橋ノ言質、大藏大臣ノ是認シタル言質、如何ニモ高橋君ハ日本デハナイ、去リナガラ日本國ヲ代表シタル財政委員ノ此言質ハ、縱シ法律的條件トシテ借リタノデハナイケレドモ、即チ國家平時ノ財力ヲ試驗スルトコロノ其基礎タル德義的言質ト致シテ、ドコニ差支ガアル・デアル(「ヒヤ〳〵」ト呼フ者アリ)此德義的言質ニ對シテハ、獨リ前內閣ノミナラズ、現內閣ハ勿論、倘況ヤ現內閣ヲ歡迎シタルトコロノ國民ハ、現內閣ノタメデハナイ其實自己ノ利益ノ上カラシテ、此質言ノ有無ニ拘ハラズ、減債基金ノ方法ヲ講ゼズシテ往カレヤウトハ、ソレハ自分勝手ノ理屈トシカ本員ハ信ゼラレナイ、(「大出來大出來」ト呼フ者アリ)何トナレバ公債整理ノ基金法ガ、我國ニ於テ出來ナカッタナラバ、既往否現在ニ於ケルトコロノ十七八億ノ國債ノ信用ト云フモノハ、直チニ歐米人不安ノ念ヨリ市場ニ動搖ヲ來ス目前ノ損害、是レ則チ本員ガ第一ノ理由トシテ此案ハ必要缺クベカラザルモノトシテ贊成スル眞意ハ、實ニ玆ニアルノデアル、更ニ第二ニ至ッテ見ルト、(「簡單」又「謹聽」ト呼フ者アリ)三十年ノ問題ガ簡單ニ往キマスカ(「ヒヤ〳〵」大ニヤルベシト」呼フ者アリ)第二ノ要點タル將來國防ニ必要ナル財源、若クハ殖産興業ニ必要ナルトコロノ財源ハ、勢ヒ是ヲ低利ノ公債ニ仰グト云フコトハ、是又諸君ニ於テモ是認セラル、コト、思フ、果シテ然ラバ、現時在存シテ居ルトコロノ公債ノ整理ノ付カナイノニ、如何ニシテ新ナル公債ガ而カモ日本ノタメ有利ノ條件ニ於テ、之ガ募リ得ラレマセウ、是ガ則チ第二ニ於テ本員ガ此案ヲ贊成スルトコロノ要點デアル、又第三ニ於テ、今日ノ公債ヲ整理スルト云フ必要ハ目前ニ迫マッテ居ルト信ジマスル、又內外資本ノ共通ハ、間、髮ヲ容レザル程、戰後ノ經營上大切ノ問題ト思ヒマス、此點カラ見マスルト、諸君先刻ノ御議論ニハ、日本ハ戰爭ノタメニ偉大ナル信用ヲ得タト言ハレテ居ルガ、本員ハ事實ニ於テ日本ハ決シテ偉大デハナイ、極ク僅少ナル信用シカ得テ居ラヌト云フコトヲ數字ニ示シ得ラレヤウト思フ、(「ノウ〳〵」又「ソレハ往カナイ」ト呼フ者アリ)諸君日本ガ偉大ナル信用デアルカ將タ僅少ナル信用ヲ得テ居ルカハ、試ミニ日露戰爭ノタメニ生ジタル內外公債ノ利子ヲ一覽致シテモ、明白デアル、先ヅ外債ノ方カラ見マスルト、第一回六分公債ハ其實幾ラニナッテ居ルカト云フト、八分五厘七毛ニナッテ居ル、第二回ノ六分公債ハ其實幾ラデアルカト云ヘバ是ハ九分三厘一毛デゴザイマスル、第三第四ノ四分半ノスラモ、其實ハ六分二厘ニナッテ居ル、更ニ內ヲ顧ミマスレバ、第一回ヨリ五回マデノ五分利付ノ公債ハ、名義ハ五分デアリマスルガ、事實ハ六分六厘八毛ニナッテ居ル、又六分利付ノ公債ハ、其實八分二厘五毛ニナッテ居ル、斯ク致シマスレバ、日露戰爭ニ依ッテ日本ガ得タト云フ、論者ノ所謂偉大ナル信用ハ、實ハ平均七分八厘ニ當ッテ居ルト云フ數字ニナリマス、諸君、今世界一等國ノ公債ハ平均三分以上ヲ出ヅル國ガ何處ニアリマセウ、吾々ガ認メテ以テ財政上不安ノ國デアルト云フ「アルゼンタイン」ノ如キスラモ、三分半以上六分ノモノハ僅少デアル、白耳義ノ如キモノハ四分五厘デアル、戰敗ノ露國デスラモ、尙且三分以上五分ノ公債、然ルニ世界ノ一等國トナリ、英國ノ同盟國タル日本ガ、世界ノ金利ノ二倍三倍以上ヲ拂ッテ、尙是デモ偉大ナル信用ガアルトハ如何ニ算盤ニ暗イ人ト雖モ、是ハ無理ナル結論ト本員ハ信ズルノデアル(「ヒヤ〳〵」ト呼フ者アリ)然ラバ則チ此高キ處ノ公債ハ一刻モ早クドウシテモ整理シテ、世界ノ金利ト平等ヲ保ッテ往カナケレバナラヌ、若シ平等ガ保チ得ラレルトシ、即チ七分八厘ノ金利ガ半額ニナッテ、世界ト平等ヲ保ツトシタナラバ、今日拂ッテ居ル金利ヲ以テスレバ、十八億デハナイ三十六億ノ公債ヲ吾々ハ負擔シ得ラレルノデアル(拍手起ル)假ニ此十八億ハ戰爭ノ——不生産的ニ使ッタトシテモ、殘ル十八億ハ殖産興業ノ方面ニ綽々トシテ餘裕アル費途ノ明カデアルマテ、吾々ハ公債ノ整理ハ必要デアルト信ズル、此公債ノ整理ヲセナカッタ結果ハ、ドウデアルカ、井上君モソコニ見エルガ炭礦鐵道會社ノ如キハ、有利ノ條件デ外資ヲ入レタニモ拘ハラズ、思フニ五分五厘以上彼是六分ニナラウト思フ、又關西鐵道ノ如キモ是ノ如キモノデアルト思フ、諸君我國ハ世界ノ金利ノ二倍以上若クハ三倍ノ金ヲ拂ウテ、而モ共高キ利息ノ金ヲ以テ、如何ニシテ門戶開放、各國均霑ト云フ亞細亞大陸ニ於テ吾々ガ戰後ノ經濟ヲ發達シ得ラレヤウト云フコトガドウシテ結論ガ起リマセウ、(望月長夫君「此法律デ廉ク借リラレルト云フコトカ全クナイ」ト呼フ)ソレ故ニ若シ元金ヲ拂フコトガ出來ナケレバ、金利ダケ拂ッテ居テモ宜イデハナイカト云フ反對ノ議論ノ如キハ、俗ニ所謂後家ノ算盤、世界ノ大勢ニ通ゼザルトコロノ數字ト私ハ論定セザルヲ得ナイノデアル、斯ク申シマスレバ此基金制度ハ現在ノハ勿論ノ事、將來ノタメ吾々國民ハ戰時同樣、所謂擧國一致ノ熱誠ヲ以テ、アラユル苦痛ヲ忍ンデ、此基金制度ヲ通過スルト云フコトハ、國家今日ノ財政々策トシテハ緊急避クベカラザルモノデアルト云フ、是ガ本員ノ贊成ノ第三ノ理由デアル、今一條アリマス、諸君第四基金ノ制度ハ、世界ノ强國ガ認メテ以テ安全ナル財政政策ト致シテ居ルト云フコトニ付キマシテハ、本員モ曾テ誤謬ニ陷リ即チ財政上不信任ナル智利、「アルゼンタイン」ノ外ニハナイモノダト思フタ、所ガ其實英吉利ニモ佛蘭西ニモ獨逸ニモ亞米利加ニモゴザイマス、否現時之ヲ繼續致シテ居リマス、ウヂ一分間外國ノ例ヲ申スコトヲ御許シヲ願ヒタイ、簡單ニ——諸君、英吉利ノ基金制度ハ三十一年前ヨリ七年前マデ續キマシテ、年々二億五千万圓ヅ、新基金制度ノ中ヘ入レテ參リマシテ、是ガ「トランスバール」戰爭ノタメニ動搖シタ結果ハ、ドウデアル百十磅ノ「コンソル」ハ九十磅ニ減ジ、遂ニハ十五磅ニ減額致シマシテ、今日英吉利ノ新內閣ハ、此減債基金ヲ復活スルニアラザレバ、英國ハ間接ニ五億万圓ノ損失ヲ來スモノデアルト云フコトガ、有力ナル財政家ノ輿論トナッテ居リマス、又佛蘭西ノ如キモ、九十一年前ヨリ實行致シマシテ、年々四千万法ダケ、此基金ノ中ニ入レテ其外ソレニシテ尙甘ンゼス、土地賣下代金ヲ以テ此基金ニ入レテ居ル、獨逸ノ如キハ元利償却ノタメニ、特別ノ稅源ヲ定メテ、支出シテ居ル、即チ鹽稅國有財產拂下代金、又官有地ノ收入ト云フモノヲ一定ノ基金ニ入レテ居リマス、亞米利加ノ如キ、富强國ニ在ッテモ、百十數年前ヨリ此制ヲ實行シテ、今日ハ公債額ノ百分ノ一以上、若クハ百分ノ五マデヲ年々積立テ、基金制度ノ中ニ入レテ以テ其國家ノ信用ヲ海外ニ維持シテ居ルト云フ、此安全ナル基金制度ニ對シテ、諸君我國ガ之ヲ採用スルノニ何トシテ恥カシイコトガゴザイマセウ、況ヤ日本ハ此戰爭ノタメニ、一擧ニシテ六倍半以上ノ土地ヲ擴張致シ、一朝ニシテ千二百万即チ內地人口ノ四分ノ一ヲ增加致シ、一年五十六万ノ增加ト見マスレバ、二十四年掛ラナケレバ增加シナイトコロノ人口ヲ、一擧シテ吾々ハ增加致シタノデアル以上ハ、此六倍大ノ新領土、若ク新領土ト見ルベキ所ノ亞細亞大陸、此二十四年ニシテ增加スベキモノガ、一朝ニシテ增加シタル此人口、此二ノモノニ對シテ——日露戰爭ノ結果トシテ得タル此二ツノモノヲ、其費用ノ償却法ヲ講ゼナイト云フコトガ、果シテ是ガ安全ナル財政政策デアリマセウカ、此償却法ヲ講ズルタメニ、玆ニ特別基金制度ヲ設クルコトヲ以テ、人爲的ノ政策ダト攻擊スルナラバ、凡ソ世界ノ財政政策ハ皆人爲的政策デナイモノハナイト本員ハ信ズルノデアル、即チ人爲的ノ政策ヲ以テ、天然ノ信用ヲ發揮スル、是ガ財政運用ノ妙デ、本案ノ如キハ宜シク上下擧ッテ以テ之ヲ贊成スベシト云フノハ、實ニ此原因デアル(「ヒヤ〳〵」ト呼フ者アリ)終リニ臨ンテ反對論ノ骨子ト云フモノニ向ッテ一言ヲ加ヘテ置キタウゴザリマス、反對論ヲ議ンデ承リマスレバ、二ツ三ツ有力ナル御議論ガアル、是ヲ玆ニ是非辯明スル必要ガアリマスカラ、今數分御割愛ヲ願ヒマス、反對論ノ一ニ曰ク、年々缺損ヲ生ズベキ前途ノ財政ニ對シ一ノ道繰的ノ減債基金ヲ設ケルヨリハ、寧ロ其足リナイトコロダケ借リタラドウデアルカト云フ御議論、此御議論ハ基金制度其モノ、目的ヲ誤解ナサレテ居ル論旨ト思フ、何トナレバ將來借リルモノハ暫ク措イテ、現在借リタモノ、整理ヲ付ケルニアラザレバ、如何ニシテ將來起スベキ財源ヲ得ラレマセウ、此故ニ是等ノ議論ハ深ク取ルニ足ラズトシテ、次ニ尤モラシク如何ニモ一度之ヲ聞ケバ同情ノ感ニ堪ヘナイトコロノ議論ハ、先刻モ承ハリマシタ、即チ四十年度以後ノ財政ト云フモノノ上ニ於テハ、歳出入ニ不足ヲ生ズル、是ニ對シテ當局者ノ意見ハドウデアルカト云フコトカラ、陸軍大臣、海軍大臣、大藏大臣ヲ追窮又追窮、而シテ其返答ガ不得要領デアッタ結果、之ヲ以テ愛國心ニ冷淡デアルカノ如ク呼バレタトコロノ御議論ガアル、諸君、此四十年以後ノ財政計畫ガ不得要領デアルト云フコトヲ攻擊ナサルノハ、寧ロ政界ノ事情ニ通ゼザルトコロノ俗論ト本員ハ信ズルノデアル、（拍手起ル）一個人ノ寺内大臣、一個人ノ阪谷君、一個人ノ齋藤君ハ各々軍事財政ノ專門家トシテ一定ノ意見アルニ相違ナイ、サリナガラ一個人ノ齋藤君ナリ、阪谷君ナリ、寺内君ナリノ這入ッタトコロノ内閣、其内閣ハ諸君ノ認メテ以テ憲政ノ一進歩ナリト歡迎シタル其内閣、此内閣ニ這入ッタトコロノ三君ハ、内閣ノ生レタトコロノ爲命ト共ニ、其命數ヲ等ウスル、即チ諸君ノ歡迎シタル西園寺内閣ハ、生レテ僅カニ四週間、乳ヲ飲ムカ、生キテ育ツカ、此儘斃レルカ、（笑聲起ル）ト云フコトニ付イテハ、實ニ國民ガ研究セネバナラヌトコロデアル、此四週間ノ短日月ナル内閣ニ向ッテ、而モ日本ガ前古未曾有ノ大戰爭ヲ爲シタ戰後經營ニ對シテ、内閣ノ意見ガドウデアル、戰後經營ノ方策ハドウデアル、此答辯ガ出來ナケレバ是ハ不得要領デアルト云フニ至ッテハ、是甚ダ事情ニ通ゼザルノミナラズ、試ミニ反對ノ諸君ガ日本ノ如キ現狀ニ於テ、政權ノ授受ガ未ダ立憲的ナラザル國ニ於テ、此現内閣ノ地位ニ至ッテ、果シテ之ヲ能クシ得ラレマセウカ、（「ヒヤ〳〵」ト呼フ者アリ）是ハ寧ロ自己ニ於テ出來難キトコロノコトヲ、他人ニ向ッテ難キヲ責ムルモノ（拍手起ル）ト本員ハ信ズレバ信ズル程、現内閣ヲ以テ憲政ノ一進歩ナリト歡迎シタル其言葉ハ、徒ラニ言葉ノ上ノ雅量ニシテ、其行ニ向ッテハ頗ル狹量デアルト云フ遺憾ヲ抱クノデアリマス、（拍手起ル）今一ツ反對ノ意見ニハ前途ノ公債ニ對スル基金ヲドウスルカト云フ議論、是ハ一應尤デアリマスガ、前途ノ公債ハ、其公債ヲ募ルベキモノ、產出スル所ノ利益ヲ以テ、元利ヲ償却シテ往ク方法ヲ講ズルノデアル、即チ朝鮮問題ニ向ッテハ、朝鮮公債モ起リマセウ、滿洲公債モ起リマセウ、鐵道公債モ起ル、斯ウ云フ公債ガ多々益々辨ズルダケノ日本ノ將來ノ利源開發ト云フコトニ向ッテ熱中スルノデアル、殷鑑遠カラズ臺灣ガ六千万圓ノ公債ヲ募ッテ、臺灣ノ財源ヲ以テ裕ニ收支相償ッテ居ルト云フ、此前途ヲ考ヘマスレバ、此將來ニ於ケル公債ノ基金ヲ如何ニスルカト云フコトハ、餘リ憂フルニ足ラヌトコロノ御議論ト思フノデアル（「ヒヤ〳〵」ト呼フ者アリ）要スルニ戰後ノ國家經濟ト致シテハ申スマデモナイコト、御同樣擧國一致ノ實ヲ以テ如何ニシテ民力ノ發達ヲ圖リ、如何ニシテ貿易ノ增進ヲ企テルカ、此民力ノ發展、貿易ノ增進ト共ニ、政府ノ收入タルベキ營業稅、所得稅ノ所得ハ增加致シマセウ、更ニ關稅ノ改正ヲ企テル、又ハ惡稅ノ改廢ヲ爲シ、進ンデハ滿韓起業ノ利源ヲ以テ、算盤ヲ立ッテ往クト云フ、此外ヨリ八百万ノ神樣ヲ以テ内閣ヲ造ッテモ、此日本ノ財政政策トシテハ此上ノ明案ハナイモノト信ズルノデアル、（笑聲起リ拍手起ル）以上本員ノ所論ニ反シテ、若シ反對論者ノ希望スルガ如ク、本案ガ否決ヲセラレタ曉ニハ、如何ナル結果ヲ日本ハ得マセウカ、現ニ委員會ニ於テ此案ハ否決サレハシマイカト云フ風說ガ、倫敦ニ傳ハルヤ否ヤ、直ニ其公債ハ一磅四分ノ一下落シタノデアル、又數日來此賢明ナル忠愛ナル諸君ノ大多數ハ、本案ヲ通過スルデアロウト云フ氣配ガ、株式市場ニ現ハル、ヤ、八十圓臺ノ公債ガ九十圓九十五圓ニ上ル、外ニ於テハ五分利付ノ公債ガ一二三磅騰貴シタ、況ヤ甚ダ極端デアルガ、反對ニ本案ガ否決サレタ曉ニハ如何ニナルカ、差當リ先年借リタ五億万圓ノ新舊公債ヲ償還シナケレバナラヌ、即チ目前ニ迫ッテ居ル三月ノ外國市場ニ於ケル日本ノ公債ハ、必ズ響ノ聲ニ應ズル如ク下落スルデアル、（「ヒヤ〳〵」ト呼フ者アリ）諸君、百圓ニ付イテ一二三圓ノ下落ガアッタナラバ、即チ諸君ノ反對ノ聲ガ多ケレバ多イ程（笑聲起ル）此下落ノ程度ガ多クナルノデアル、此下落ガ百圓ニ對シ一二三圓ト見ルナラバ、十八億万圓ノ借錢ノ上ニ於テハ、少クトモ三千六百万圓以上五六千万圓ノ損失ヲナス、五圓損シタラバ一億万圓ノ損失ガ、吾々ガ一二三分ノ間ニ國家ノ上ニ蒙ラシムベキモノダラウト思フ、（拍手起ル）畢竟反對論ノ骨子ハ愛國心ニ媚ンガタメ（「ノウ〳〵」又ハ「ヒヤ〳〵」ノ聲起ル）敢テ媚ビント云フ——愛國心ノ目的タル國家永遠ノ財政上ノ信用ヲ破壞スルト云フトコロノ結果マデハ御推論ナサラナカッタトコロノ御議論デハナカラウカト、本員ハ信ズルノデアル（「ヒヤ〳〵」ト呼フ者アリ）況ヤ苟モ現内閣ヲ以テ憲政ノ一進歩トマデ歡迎セラレタ其舌根ノ未ダ乾カザルニ、早クモ此現内閣ノ死活問題デハナイ——國家永遠戰後經營ノ第一主義タル此減債基金ニ反對ヲシヤウト云フコトハ、果シテ是ガ諸君憲政ノ益友デアルカ（「ヒヤ〳〵」ト呼フ者アリ）抑モ又戰後經營ニ對スルトコロノ、滿場一致ノ大多數ヲ以テ通過シナケレバナラヌ問題ニ對スル政治家ノ行動トシテ是認シ得ベキモノカ（拍手起ル）本員甚ダ疑ナキ能ハザル次第デアル、申スマデモナキコト、政界ノコトハ兎角感情ニ奔リ易イノハ、吾人共ニ戒メナケレバナラヌ、減債基金ト云フ其他ノ感情ノ風ニ吹カレテ、（笑聲起ル）此國家永遠ノ前途ノ利害ニ關スル本問題ニ反對ト云フコトハ、本員ハ切ニ反對諸君ノ猛省ヲ望ムト共ニ、一人モ贊成者多ケレバ多キ程、日本ノ公債ハ直チニ倫敦デ直グ騰ガルノデ（笑聲又ハ「ヒヤ〳〵」ト呼フ者アリ）一人モ反對者ガ多ナレバ、成程諸君ノ反對ハ一磅ノ何分ノ幾ツト云フモノヲ國家ニ損害ヲ來タスノデアル、（笑聲又ハ「ヒヤ〳〵」ト呼フ者アリ）希クハ此所感ヲ以テ諸君ニ本案ハ、ドウゾ到底通過スルモノデアル以上ハ、最大多數ヲ以テ平生ノ愛國心ヲ以テ、擧國一致ノ贊成アランコトヲ希望致シマス（拍手起ル）

○議長（杉田定一君） 大石正己君

（大石正己君登壇）

○大石正己君 諸君、私ハ此減債基金法ニ反對ヲスル方デアリマスガ、政府ハ此案ヲ以テ財政整理ノ根本ナリトシテ、玆ニ辯護サレテ居ル——說明サレテ居ル、私ノ見ルトコロデハ、此案ヨリ外ニ日本帝國ノ財政整理ト云フモノハ、此案以外ニ其根本ガナケレバナラヌ、デ此案ヲ以テ殆ド現内閣ハ生命ニモ繫ルヤウニ大切ニサレテ居ルガ、私ハ此案ニハ左程ノ重キヲ措カナイ、此案ハ案ソレ自身ノ善惡ニ拘ハラズ、日本政府ノ今日ノ狀態デハ、到底行フベカラザルモノト考ヘル、固ヨリ此案ハ最早大勢ハ極ッテ居ル案デ、敢テ此議場デ勝敗ヲ爭フト云フ趣意デハアリマセヌガ、實ハ内閣諸公ニ日本帝國ノ財政ガ是デ往ケルト云フ信用ヲ得ラル、カ、モウ一ツ元ニ遡ッテ此本年ノヤウナ豫算ノ杜撰ナル不健全ナル有樣デ、殊ニ日本帝國ノ財政ノ根本ガ、是デハ決シテ健全デナイト云フコトヲ、國民ハ見テ居ル、此點ニ十分ニ現政府ガ省慮セラレンコトヲ望ムノデ、私ハ此案ト相竝ンデ日本帝國ノ財政ノ根本ガ、外ニ於テ確然ト立タネバナラヌ點ヲ論ジヤウト思フ、デ又内閣諸公ニモ十分此一ツノ減債基金法案位ヲ以テ、左程是ニ重キヲ措カズ、モウ一ツソコニ遡ッテ親切ニ帝國ノ財政ヲ料理セラレンコトヲ望ム、故ニ國民ノ現政府ニ希望シテ居ル財政上竝ニ其他ノ點ニ付イテ最モ現政府ニ勸告ヲ致シタイ考デゴザイマス、固ヨリ財政ト云フモノ、方針ノ立ツ立タヌト云フコトハ、決シテ此財政單獨ニ方針ガ立ツモノデハナイ、整理ノ出來ルモノデナイ、其外ニ内閣ノ内外施政ノ方針、陸海軍ニ對スル整理及其擴張ノ計畫、或ハ戰後ニ於ケル滿韓其他ノ經營ノ方針、此三大方針ガ立ッテ初メテ財政ノ整理ガ付クノデアル、初メテ財政ノ基礎ヲ鞏固ニスルコトガ出來ル、之ヲ立テズシテ、財政ノミ獨リ鞏固ナランコトヲ欲スルノハ抑々間違ッタコトデハナイカト私ハ信ズル、何トナレバ政治ト云フモノハ金ノ出入ヲスルノガ政治ノ本職デナク、必要ナル國家ノ事務ヲナスガ上ニ於テ初メテ金ノ出入ヲスルコトガ起ッテ來ル、其方針ガ立ズシテ此財政ノ整理ガドコデ付クデアラウカト思フ、故ニ新政府ノ立ッ以來、國民ガ翹望シテ政府ニ聞カント欲スルトコロハ此方針デアル、内外施政ノ方針ノ立方モ間違ヒ、或ハ陸海軍整理、及擴張ノ程度ヲ間違ヘルカシテ、御覽ナサイ、此財政ノ整理ト云フモノハ、根本的カラ破レテ來ルノデアル、此減債基金法ナルモノハ、實ハ財政中ノ僅カノ小部分ニ居ッテ、決シテ之ヲ以テ日本ノ財政ヲ立テルナド、云フコトハ、大ナル間違デアル、國民ガ此政府ニ向ッテ、施政ノ方針、竝ニ陸海軍ノ整理及擴張ノ方針ヲ聞カントシタトコロノ目的ハ、甚ダ失望ニ終ッタ、總理大臣ガ開會ノ初メニ當リテ、施政ノ方針ト稱スルトコロノモノヲ御演說ニナッタ、吾々モ謹聽致シタ次第デゴザイマスルガ、是ハ私ハマダ方針ト稱スル程ノ具體的ノモノデナイト考ヘテ居リマス、成程戰後ノ經營ヲ擧國一致デガナケレバナラヌト云フ、斯ウ云フコトハ、是ハマダ方針ニハナラヌ、若シ是ガ方針ナラバ、小學校ノ生徒モ、車夫馬丁モ皆此位ノコトハ知ッテ居ル、是ハ詰リ戰後ノ經營ハ斯クヽヽセネバナラヌ、斯ウ云フ重大ナ問題ハ斯ウスルト云フ方針ヲ御示シニナラヌケレバ、決シテ施政ノ方針ト云フコトニハナラヌノデアル、偶々内政上ノ方針ト申スベキモノヲ、此處デ無理ニ引出シテ見レバ則チ財政整理ニ對スルトコロノ打切、是ハ此席若クハ他ノ席ニ於テハ或ハ一應御辯明ヲ願フ譯ニナリマセウカト考ヘマスルガ、定メテマダ言葉ガ足ラズシテ、其御意味デハナカッタト考ヘマスルケレドモ、行政整理ヲ唱ヘラル、コトハ、數年以前カラ日本帝國ノ今日ノ狀態ハ、決シテ此行政整理ト云フモノヲセナケレバ、（高橋安爾君「問題外」ト呼フ）此機關ハ時勢ニ決シテ是ハ適合シナイト云フトコロカラ、行政整理ヲ望ムノデアル、是ノ如ク日本帝國ノ……（「問題外」ト呼フ者多シ）時勢後レニナッテ數年前カラ主張シタトコロノ行政整理ガ、戰後ノ今日ニ於テ、是ガ未ダ整理モセザル中ニ、是ガ不必要ナリト云フコトハ決シテナイノデアル、固ヨリ此行政整理ノコトタルヤ財政ノ上ニ大ナル關係ヲ生ズルノデアル、既ニ行政上ニ於テ既ニ不完全ナル點ガアル、又甚ダ此豫算ノ出方ニ於テ杜撰ナル不謹愼ナル點ガアルト云フコトハ、一二ノ例ヲ以テ申シマシテモ、卽チ此經常費ト臨時費ト云フモノヲ大イニ顚倒シタト云フノ感モアル、又或ハ復舊費、補充費、若クハ新計畫ニ係ル一部分ト看做サル、トコロノモノモ混同シテ居ルト云フコトハ事實デアル、殊ニ此豫算ノ出方ノ杜撰ナルコトハ、昨日モ委員會ガ僅カ數分間ニシテ五百万圓ノ金ヲ一筆ニ削ルト云フコトハ、實ニ奇怪千萬ナルコトデアル、是ハ當局者ニ於テモ是ノ如キ杜撰ノ豫算ヲ出シテ――成程之ヲ削ッテ一方ニ生產的ニ用ヰルト云フコトヲ言ヘバ、如何ニモ尤モラシク聞エマスルガ、併シ凡ツ内閣大臣ガ責任ヲ以テ國會ニ提出スル豫算ノ上ニ於テ、是ノ如キ杜撰ノコトハ將來ハ戒ムベキコト、私ハ考ヘル、是ノ如キモノデアッテ本年ノ財政ト云フモノハ、殆ド之ハ整理シタト云フ迹ハ見エズシテ、實ニ紛亂シテ居ル、頗ル此豫算ト云フモノハ杜撰不謹愼ト云フ言葉ノ裡ニ纒メルコトガ出來ルヤウナ有樣デアル、斯ウシテ此施政ノ方針、竝ニ陸海軍ノ整理、及將來ノ擴張ト云フコトニ付イテハ、全ク方針ガナイト云フコトヲ斷言セラレテ居ルノデアル、然ルニ此國家ハ一日モ方針ノナイ下ニ活動スルコトハ出來ヌノデアル、凡ツ國務ヲ處理スルト云フコトハ、必ズ是ハ繼續的關聯的ノモノデアル、殊ニ陸海軍ニ至ッテハ最モ然リ、軍艦ヲ半分造ッテ之ニ乘ル譯ニ往カヌ、大砲ヲ半分造ッテ之ヲ撃ツ譯ニ往カヌ、然ラバ必ズ是ハ繼續シタ事業、繼續シタ事業デアル以上ハ、必ズ初メカラ方針ヲ立ッテヤルト云フコトガナケレバナラヌ、ソレハ或ハ此新内閣就任匆々總テノ調査其他ノコトガ、間ニ合ハヌト云フコトモ成程一理アル理窟デアッテ、是ハ決シテ苛酷ニ責メルト云フ譯デハアリマセヌガ、併ナガラ政治家ノ野ニ在ルト朝ニ在ルトヲ問ハズ、時ノ國情ニ對スル政策ト云フモノハ、イツデモナケレバナラヌ、若シ是ガナケレバ政府ヲ攻撃シタト云フノガ、抑々間違デアル（征矢野半彌君「議長、今ハ何ノ問題デアリマス」ト呼フ）是ノ如クニ無方針デ、此國政ヲ料理スルト云フコトハ問違ッテ居ル、（征矢野半彌君「問題外」ト呼フ、又「謹聽々々」ト呼フ者アリ）財政ノ整理ニ付イテ根本的ニ關係ノアル議論ヲシ居ルノデ（「議長ニ注意ス、問題外」ト呼フ者アリ）未ダ其連絡ヲ知ラヌモノガ、サウ云フコトヲ云フノデアル、（「問題外」又ハ「謹聽」ト呼フ者アリ、議場騷然）最モ是ハ國家ノ重大ナル問題デアルカラ、諸君ガ激動サル、コトハ甚ダ尤デアル、（征矢野半彌君「今ハ減債基金ノ議事中ダ」ト呼フ）是ノ如ク政府ガ方針ヲ立テズシテヤルト云フ弊害ハ實ニ將來恐ルベキコトデアルト思フ、何トナレバ陸海軍本年度ノ豫算ハ決シテ本年度ニ打切レルモノデナイ、必ズ是ハ來年度ニ至ッテモ此事業ヲ繼續セヌナラヌト云フコトガ、多々起ッテ來ルガ故ニ、政府ガ是ノ如キ（「議案ニハ區別ガアル」ト呼フ者アリ）是ノ如キ問題ニ對シテハ、先ヅ速ニ方針ヲ立テ、其宜シキトコロニ當篏メテ、然ル後ニ財政ノ上ニ、豫算ノ上ニ現ハレテ來ルト云フコトニシナケレバナラヌ、所ガ是ガ諸君ト共ニ本年度ノ此海陸軍ノ豫算――海陸軍ノ豫算ト云フモノハ、殆ド混同ヲシテ居ッテ計畫スル、新タニ（「豫算外ハ日程外ダ」ト呼フ者アリ）新タニ擴張ヲ計畫スルノデアルカ、或ハ唯ニ補充ニ止ムルカト云フコトノ區域ノ分ラヌ間ニ、議員ヲシテ盲判ヲ捺カセルト云フコトノ弊ニ陷ルノデアル、是ハ我輩此内閣ノタメニ甚ダ惜ムノデアル、判然ト陸海軍々事ノ方針ヲ極メテ、サウシテ此議員ヲシテ贊否ニ迷ハシメズ、調査ニ迷ハシメヌトコロニ於テ、利害得失ヲ堂々ト論ゼサセルダケノ餘地ヲ與ヘ、サウシテ政府ハ十分ナル、之ヲ擴張スルノ理由ヲ說イテ、然ル後ニ此贊否ヲ決スルト云フコトヲセネバナラヌノデアル、是ノ如キ豫算ノ出方ヲスルト云フコトハ、抑々此政府ノ方針デナイト云フノデアルカ、或ハ勇氣ガナイト云フノデアルカ、吾々ハ甚ダ是ニ迷フ、若シ今日ノ如キ財政ノ有樣ヲ以テ、一面ニハ豫算ノ上ニ大ナル、缺陷ヲ生ジツヽ、其缺陷ハ或ハ公債ヲ以テ之ヲ補塡スルト云フヤウナ、頗ル不健全ナル有樣ニ財政ヲ置イテヲキナガラ、一方ニ此減債基金ノ制度ヲ設ケタト云フタメニ、ドレ程日本ノ信用ガ增スノデアル、又内閣諸公ガ今日ノ如ク日本帝國ノ財政ト云フモノヲ不健全ナル位地ニ置イテ、サウシテ今年ハ方針ガ立タヌガ、來年度ニハ計畫ヲ立テ、出ルト仰シヤルケレドモ、今日ニシテ若シ此方針ガ立タズ、財政計畫ヲ定メナイナラバ、事實ニ於テハ來年ハ愈々困難ナ處ニ陷ッテ往クノデアラウト私ハ信ズル（「ヒヤヽヽ」ト呼フ者アリ）固ヨリ政府ハ終始計畫ガマダ立タヌ、方針ガナイト云フコトヲ以テ避ケラル、以上ハ、吾々モ本年限リハ此陸海軍ノ隨分杜撰ナル豫算ニ盲判ヲ捺スコトノ已ムヲ得ザルニ至ッテ居ル、併ナガラ來年度ヲ待ッテ其擴張ノ程度其利害曲直ト云フコトヲ爭フコトニナルデアラウト是ハ感ジマス、併ナガラ此豫算ノ全體ヲ見、日本財政ノ根本ニ遡ッテ考ヘテ見ルノニ、決シテ是ガ來年ニ至ッタナラバ斯ク改マッテ來ヤウト思フトコロノコトヲ今日デハ見出サヌ、吾吾ハ唯此政府ノ財政ノ立方ヲ徒ニ攻撃スルト云フ譯デハナイ、若シ政府ノ茲ニ提出シテアルトコロノ財政計畫ノ立方ニ付イテ單ニ批評ヲ下シテ見レバ、茲ニ若シ政府ガ勇氣ガアレバ決シテ困ルコトハナイ、誠ニ易々ノ間ニ之ヲ處理スルコトガ出來ハセヌカト考ヘラレル、其概要ヲチヨット申セバ、吾々ガ斯ウスルガ宜イ、斯ウスルト云フ考デハナイカ、政府ノ出シテ居ルトコロノ財政全體ノ立方ニ付イテ一時ノ說ヲ立テ、見レバ、先ヅ世界ノ形勢ニ鑑ミテ、殊ニ東洋ニ對スル外國ノ狀態ヲ考ヘレバ、此十四五年ノ間ニ於テハ、東洋ニ於テ日本ト衝突ヲ求ムルト云フ國ハ、先ヅ之ハナイ、ナイト申スヨリハ寧ロ之ハ不可能ノコトデアル、何トナレバ今日ノ戰爭ト云フモノハ、固ヨリ大仕掛ノ準備ヲセヌケレバ戰爭ハ出來ヌ世ノ中デアッテ、茲ニ若シ帝國ト衝突ヲ求ムルト云フ國ガ、苟モ現ハレテ來ルナラバ、少ナクモ十五六年ノ歲月ヲ積マヌケレバ衝突ヲスルト云フコトハ出來ナイノデアル、又日本ノ決心次第デ、茲ニモウ四五年ノ平和ガ欲シイト云フナラバ、外交ノ作用ニ依ッテ、四五年ノ平和ヲ引延ベルコトガ出來ル、然ラバ東洋ノ平和ハ、確實ナルトコロガ二十年ノ平和ガ保テルト云フコトハ、略〻豫算ガ立ツノデアル、サウシマスレバ當局者ガ今提出シテ居ルトコロノ豫算案ヲ其儘修正シテ、マダ此豫算ト云フモノニハ五百万圓カ二三百万圓ハ削減ノ出來ル豫算ダカラ、マダ是ハ研究シタラ何千万圓出テ來ルカ分ラヌケレドモ、併ナガラ先ヅ此豫算ト云フモノヲ正當ナルモノト認メテ、是ニ修正ヲ加ヘテ、チヨット修正ヲ加ヘレバ、卽チ日本ノ財政ノ始末ヲ付ケルト云フコトガ出來ル、何トナレバ茲ニ東洋ノ平和ヲ二十年確實ニ維持セラルヽコトガ出來ルナラバ、陸海軍ノ今竊ニ計畫シテ居ルトコロノ、或ハ六年ノモノヲ十二年ニシ、八年ノモノヲ十六年ニ引延ベレバ、卽チ要求スル額ハ半額ニナル、是ニモウ一ツ今ノ減債基金ニ一億一千万圓ヲ使フトアルガ、是ハ卽チ公債ノ利子ヲ拂フニ止メテ、八千万圓ヲ引去レバ三千万圓程出テ來ル、又此政府ハ先キニ行政整理デ千五百万圓ハ確カニ出來ヤウト云フコトヲ主張サレテ居ッタガ、大イニ是ヲ負ケテヤッテ三分ノ一ニシテモ五百万圓ハ、出來ル、サウスルト云フト、詰リ茲デ六千万圓、合計六千万圓位ノ金ハ容易ク此上ニチヨット修正ヲ加ヘレバ出來ルノデアル、此六年ノモノガ十二年ニナリ、八年ノモノガ十六年ニナッタト云フダメニ、決シテ日本帝國ハ危險ヲ感ズルト云フ位地ニハ落チナイノデアル、是ノ如クシテ一面ニ民力休養ノタメニ五六年ノ間決シテ增稅ヲシナイ、一面ニハ借金政策ハズット止メテシマッテ、固ヨリ此中ニ生產的事業ノタメニ公債ヲ募ルト云フコトハ、別ナ話デアリマスケレドモ、今日ノ如ク兎ニ角經常費ニ於テ仕拂フベキ性質ノモノヲ臨時費ニ操込ムト云フコトハヨシテ、或軍事ノタメニ費ス金、若クハ公債ノタメニ拂フトコロノ利子ト云フモノハ無論此經常歲入ニ仰グト云フコトニシテ、暫ク借金政策ハ一方ニ止メテ、此豫算上ニ缺陷ヲ生ゼシメルト云フヤウナ不束ナ財政ノ整理ノ仕方ハ之ヲ改メルナラバ、日本帝國ノ財政ノ信用ハ愈〻鞏固ニナルノデアル(「ヒヤ〳〵」ノ聲起ル)是ト同時ニ一面ニハ戰後ノ經營ニ於テ、早ク當局者ガ其方針ヲ立テラレ、愈〻戰後經濟上ノ施設ニ急ガレ、又戰勝ノ利益、結果ヲ利用シテ、萬國ニ日本ノ貿易ヲ擴張スルト云フヤウナコトニナリ、段々ト此戰爭ノ勢力、利益、結果ト云フモノヲ利用スル日ニ於テハ、日本ノ貿易其他經濟社會ノ事業ト云フモノハ、駸々トシテ此數年ノ間ニ起ッテ來ル、然レバ則チ此日本ノ經濟力ト云フモノガ、段々一方ハ民力ノ休養ニ依リ、一方ハ借錢ノ政策ヲ止メ、一方ハ事業ガ勃興スルト云フ結果ハ、歲入ノ增加ニナルノミナラズ、三四年ノ後ニ關稅ノ改正ヲ行ヘバ、少ナクトモ三千万圓位ノ歲入ハ增ス、此時ニ至ッテ、始メテ此公債ノ償還モ行フベシ、軍備ノ擴張モ急グナラバ、年限ヲ縮小シテ宜カラウト考ヘル、十分ニ日本ノ信用ヲ高メ、財政ノ基礎ヲ固クスルト云フ方法ハ、吾輩ハ此減債基金ニアラズシテ、却テ他ノ此日本ノ財政ノ大ナル料理ヲスル上ニ於テ、當局者ガ意ヲ用ヰラレルト云フコトガ當然デハナイカト考ヘル(「ヒヤ〳〵」ノ聲起ル)此減債基金ナルモノソレ自身ノ性質ハ、敢テ重キヲ措クニ足ラヌ、又今日ノ場合ニ於テ、財政ガ是ノ如ク紊亂シテ居ル傍ラ、是ヲ置クト云フコトデハ、餘リ效能ハナイデアラウト云フ考ヲ持ッテ居ル(「ヒヤ〳〵」ノ聲起ル)實ハ此案ニ付イテハ、十分ニ專門家ノ說明カサレタ方デ、吾々ノ辯ヲ俟ツ程ノナイ案デアリマスルガ、チヨット近イ一、二ノコトヲ申シテモ、吾々ハ二ツノ著シキ點ニ於テ、甚ダ此案ガ正シクナイト考ヘテ居ル、一ツハ先程段々論者モ言ハレタル通ニ、日本ノ經濟ガ一方ニ大ナル缺陷ヲ生ジテ居ッテ、其缺陷ヲ補フニ公債ヲ募ルト云フ時代ニハ、コチラニ少シバカリノ金ヲ拂フト云フコトガ、ソレ程ノ效能ガナイデアラウ、成程大藏大臣ガ先日來公債ニ新舊ノ區別ガアル、段々ニ古イモノヲ借換ヘテ往クト云フ方ニ於テ、大ニ信用ヲ增スト云フコトヲ說カレマシタガ、是モ一理アルコトデアラウト考ヘルケレドモ、併ナガラ兎ニ角一方ニ約八千万圓ノ金ヲ借リツヽ、三千万圓ヲ還スト云フヤウナコトハ、其種類ガ違ヒ、時ガ違ッテモ、兎ニ角日本ノ世帶ガ一ツデアルカラ、此一ツノ世帶ノ中ニ、是ノ如キ大キナ借錢ヲシテ、小サク還スト云フヤウナコトデハ、信用ヲ高メル方法デハナイデアラウ、又一ツハ三千万圓ノ資金ヲ以テ、公債ノ相場ヲ維持スル利益ガアルト云フコトヲ說カレル、是ハ成程多少利キ目ガアルカモ知レマセヌガ、併シ元來ノ日本ノ國債額ト云フモノガ、今日ノ如ク約二十億ト云フ場合ニ持ッテ來テ、三千万圓位デ此相場ヲ釣上ゲルト云フコトハ、果シテ效能ガアルヤ否ヤ、又若シ利子ニ拂フベキ八千万圓ヲ併セテ、相場社會ヘ此金ヲ下シテ、是デ運轉ヲスルト云フコトモヤルカモ知レヌガ、若シ是ノ如キコトヲスレバ、或ハ時ニ儲ルコトハアリマセウカ、失敗ノ極ハ利息ヲ拂ヘヌト云フヤウナコトニナリハセヌカ、(「ヒヤ〳〵」ノ聲起ル)又是ノ如キ投機的ノコトニ、國家ガ干與スルトキニ於テハ、其半面ニ生ズルトコロノ弊害ト云フモノハ、實ニ言フニ忍ビザルモノガ往々アル、兎ニ角此案ハ餘リ面白クナイト云フ考ヲ持ッテ居リマスルガ、併シ茲ニ段段列國ノ例ヲ引イテ、先日モ大藏大臣ガ埃及アタリハ大分成效シテ居ルト言ハレル、成程埃及アタリノ借金ノ始末ハ、今日ハ餘程著イタヤウニアリマスルガ、是ハ一面ニ借リナクシテ、一面拂フト云フコトデアル、借リル方ヲ止メテ置イテ、拂フ方ヲ拂フノデアルカラ、段々整理シテ來ル、日本ノ場合トハ少シ違フ、又露西亞ノ如キハ、戰爭以前カラ隨分此無盡藏ヲ裝フトコロノ資本ヲ、歐羅巴ノ各都會ニ「インベスト」シテ置イテ、ソレヲ預ケ置イテ、ソウシテ相場釣上策ヲヤッタニ相違ナイ、併ナガラ是モ矢張本國ノ財政ノ不健全ニナルト同時ニ、其事ハ大失敗ニ終ル、諸君モ御記憶ニナルデアリマセウガ、卽チ戰爭中ニ二三億ノ公債ヲ外國ノ市場デ募レヌト云フコトガ幾度モアッタ、詰リ此相場ノ維持ト云フコトハ――相場ヲ釣上ゲテ置クト云フコトハ、唯相場ノ賣買ニ依ッテ左右スルモノニアラズシテ、其國ノ根本的財政ノ整理ノ强弱ニ依ッテ、之ハ決スル問題デアラウト思フ(「ヒヤ〳〵」ノ聲起ル)デ私ハ終リニ臨ンデ、此日本國民ガ現政府ニ希望スル點ガアルト云フコトヲ一言申上ゲテ置ク、此戰後ノ經營ニ於テ、國民的勢力ノ後援ノ必要ナト云フコトハ何ガタメデアル、殊ニ日本ノ今日ノ場合ニ於テ、國民的勢力ヲ有スル政府デナケレバ、此難局ニ當レヌト云フ感ジガ、何處カラ起ッタト云フコトヲ考ヘテ見ルニ、第一ハ軍事上ノ要求ト云フモノヲ適度ニ抑ヘテ、財政ト和俟ツトスルノ卽チ擴張ヲサセ、卽チ一方ニ財政ヲ斷然ト整理スルト云フコトガ、是ガ一ツノ國民ノ要望デアル、無論斯ウ云フ大戰ノ後ヲ承ケテハ、軍人ノ勢力モ膨脹スルト云フコトハ、軍人ガ惡ルイデハナイ、是ハ自然ノ勢デアル、此勢力ノ膨脹ト共ニ、要求ト云フモノガ膨脹シテ來ルト云フコトハ、又自然ノ勢デアル、此秋ニ當ッテ此要求ヲ適度ニ抑ヘルト云フ力ハ、所謂國民ノ後援ヲ藉ルトコロノ政府デナケレバ出來ナイ、此點ニ於テ國民ハ大ニ此新政府ニ望ヲ措イタガ、モウ一ツハ卽チ日本社會ノ非立憲的ノ勢力ヲ、之ヲ制御スルト云フコトヲシテ、而シテ憲政ノ發達ヲ計ルト云フコトデアル、此日本社會ノ非立憲的ノ勢力ト云フモノハ、是ハ爭フベカラザル勢力デアッテ、卽チ此外交ノ失敗ヨリ、日比谷ノ大騷動トナリ、或ハ戒嚴令ノ實行トナリ、種々此民權ノ抑壓手段ヲ執ッテ來タト云フモノハ、是ハ桂內閣ノ獨リノ罪デハナイ、卽チ此社會ノ非立憲的勢力ノ伏在シテ居ルモノガ、桂內閣ヲ藉リテ愈〻勃發シテ來タノデアル、是ノ如キ例ヲ擧ゲテ來レバ、日本ノ社會ノ未ダ立憲政治ト云フモノガ根柢ノ强イモノデナクシテ、大ニ此國民ノ勢力ヲ後援トスル政府ノ熱力ヲ俟タナケレバナラヌ、此二ツノモノヲ國民ガ新政府ノ成立ト共ニ、最モ要望シテ居ル點デアリマスカラ、卽チ此豫算ノ編成、日本財政ノ整理ノ上ニ於テハ、十分ニ勇氣ヲ奮ッテ抑ヘルトコロハ抑ヘ、而シテ其適度ノ計畫ヲサセルト云フコトノ方針ヲ、今日カラ執ラレルト云フコトガ得策デアラウト考ヘル、若シ此軍事上ノ整理、及擴張ノ方針ニ於テ、一度政府ガ深入リヲシテ、或ハ彼ノ虜ニナルト云フヤウナコトニナレバ、此國民ガ政府ニ要望シタトコロノ目的ガ外レテシマフノデアル、又是ガ大ニ國民ノタメニ悲ムベキコトデアラウト存ジマスルカラ、此二點ニ付イテハ、宜シク猛省スルトコロアッテ、十分ニ此戰後困難ノ際ニ、日本財政ノ整理ヲ勇氣ヲ出シテ斷行セラレンコトヲ希望スルノデアル

○渡邊敬昌君　質問ガアル、唯今ノ大石君ノ御討論中ニ車夫馬丁……

○議長（杉田定一君）　大岡君ニ發言ヲ許シマシタ

（大岡育造君登壇）

○大岡育造君　諸君、私ハ國債整理基金法案ニ贊成ヲスル一人デアリマス、此法案ニ對シテハ贊成ノ論者モアリ、又反對ノ論者モゴザイマス、既ニ論旨モ大概ハ明カニナッテ居ルヤウデアリマスケレドモ、私ハ玆ニ自ラ信ジテ必要デアルト思フトコロヲ簡單ニ申述ベヤウト思ヒマス、此法案ヲ要スル所以ノモノハ、日露戰爭ノ結果デアル、日露ノ戰爭ハ連戰連勝ニ終ッタト云フハ、誠ニ國家ノ幸デアル、而シテ上ハ　陛下ノ御稜威、中頃軍人ノ忠勇及人民ノ後援ノ力ニ依ルト申シナガラ、二箇年ニ亙ル大戰爭、巨額ノ費用ヲ投ジタルトコロノ大戰爭ガ、幸ニ圓滿ニ十分ニ出來タノハ、財政上ノ運ビノ宜カッタ結果ト申サナケレバナラヌノデアル、而シテ世界ニ於ケル大戰爭ナルモノ、困難ヲ致スコトハ、表面ニ於テハ戰鬪デアルケレドモ、亦一面ニ於テハ財政ノ計畫デアル、英吉利ノ如キ進歩シタル國ニ於テモ、英佛戰爭ノ際ニハ、直チニ正貨準備ヲ失ッテ仕拂ガ出來ナクナリ、不換紙幣ヲ發行シナケレバナラヌト云フコトニ出逢ッテ居ル、又亞米利加ノ如キ、彼ノ南北戰爭ニ於テ同ジ例ヲ履ンデ居ルノデアリマス、然ルニ我後進ナル日本國ガ此大戰爭ヲ行フニ方ッテ、一回ノ不換紙幣ヲ發行シタルコトナク、正貨準備ヲ失ッタルコトナクシテ、遂ニ終局マデ健全ニ至ッタト云フコトハ、內ニハ人民ノ後援モ强カッタケレドモ、外ニ於ケル列國ノ同情ト云フモノガ、大ニ力アルト評サナケレバナルマイト思フノデアル、今此基金ヲ置クコトハ、今ノ日本ノ財政ノ度合ニ於テハ、實ハ苦シキコトデアル、或論者ガ委員會等ニモ述ベラレタガ如ク、此基金ナルモノハ財政整理ノ上ニ現ハレタルトコロノ所謂剩餘金カラ來タモノナラバ、甚ダ結構デアル、自然ニ出來タモノナラバ甚ダ都合好キコトデアルケレドモ、其自然ニ出來タモノデナイ以上ニハ、斯ウ云フコトヲ遣ルノハ宜シクナイ、故ニモウ少シ自然ノ信用ヲ待ッテ然ル後ニ行フモ可ナリト言ハレテアリマスガ、是ハ日本人自身ノ立場カラハ誠ニ都合好キコトデアリマスケレドモ、外ノ列國ノ同情ニ對スル點カラ考ヘテ見レバ、私ハ俄ニ同意スルコトハ出來ナイノデアル、此大戰爭ヲ斯クマデモ無事ニ經過シタルトコロノ、財力ヲ供給シタルトコロノ世界ノ同情者ニ對シテ、此基金法ヲ苦クテモ設ケテ、彼ノ債主ニ安心ヲ與フルコトハ、吾々日本國民ノ信義ヲ明カニスル所以デアラウト思フノデアル（拍手起ル）ソレデ、詰リ言フト自然ニ任カシテ於テモ、日本ノ財政ノ信用ガ厚ケレバ、更ニ公債ノ價格ヲ失フコトモナク、財政上ノ信用ヲ低ウスルコトモナイト云フ說ガ一番强力デアル、所ガ吾々自身カラ見レバ誠ニ日本ノ財政ハ堅固デアル、吾々ノ財政ハ姑ク堅固デナイマデモ、吾國力ナルモノハ非常ニ强イノデアルカラ、自カラ疑フコトハナイケレドモ、外國ノ債主ノ位地カラ見レバ決シテ未ダ安心ハ出來ナイ、吾々ガ知ル程外國ノ方面カラハ知ラレテ居ラヌノデアル、一番日本ノ進歩シタル點ハ何處デアルカト云ヘバ、申スマデモナイ、軍備ノ擴張デアル、兵力ノ充實デアル、是サヘモ十分ニ認メル人ガナカッタ、僅ニ此近キ數年卽チ五年程前ニ、英吉利ガ此事ヲ確認シテ、始メテ日英同盟ト云フモノガ出來タノデアル、吾々カラ見レバ當然ノ話デアルガ、彼ノ方面カラ見レバ餘程突飛ナコトヲ致シタ譯ニナッテ、現ニ英吉利ノ國民中非常ナル反對ヲ表明シタコトモアルノデアル、況ヤ債主ナル者ハ最初ニ於テ――國債ヲ募ル最初ニ於テ、多ク各銀行ノ連絡シタル「シンヂケート」ノ手ニ據リマスケレドモ、此國債ヲ持ツ人ハ中人以下ニ多イノデアル、彼等西洋ノ人々ガ日常ノ生活ノ有樣ハ、吾々トハ少シ違ッテ居ッテ、吾々ハ家モ持ッテ居ル、田地モ持ッテ居ルト云フノガ、中人ノ常デアリマスガ、彼等ノ中人ナル者ハ家モ持ッテ居ル人ガ少ナケレバ、田地ヲ持ッテ居ル人モ少ナイ、併ナガラ一軒ノ家ニ公債ヲ持ッテ居リ、株券ヲ持ッテ居ルト云フ人ハ澤山ニアル、其收入ニ依ッテ生計ヲ定メル人モ多イノデアリマスカラシテ、吾々日本ナルモノハ是程進歩シテ居ル、是程强イト云フコトハ、政府若クハ銀行ト云フヤウナ大キナ機關ヲ持ッテ居ルモノハ知ルニ難クハナイガ、此公債ノ持主ニナル中以下ノ人ハ甚ダ知ルニ困難デアル、西洋ノ人ハ餘程進歩シテ居ル、進ンデ居ルト昔ハ思ウタガ、今日ノ日本人ノ程度ト左程違ヒハナイ、中以下ノ人ハ政府ノ力ハ此通デアル、國家ノ力ハ此通デアル、人民ノ力ハ是ダケノ程度デアルト云フコトヲ、一々知リ得ラル丶ト見ルハ、少シク無理ノ註文ト云ハナケレバナラヌ、然ラバ誰ニモ分リ易イ方法ヲ以テ、是ニ安心ヲ與ヘルノガ一番宜シイ、租税ヨリ分ケテ一億一千万圓ヲ基金トシテ、是ヲ利息ニ當テ、其中カラシテ元金モ拂フト云フ方法ヲ立テレバ誰ニモ分ル、必シモ國家ノ力若クハ兵力ヲ調査セズトモ宜シイノデアル、我見ル所ハ是ノ如シ、然ルニ是マデ承ルトコロニ依ルト世界ノ中日本ハ裏カラモ表カラモ十分ニ知リ得ラル丶ガ如ク解釋シテノ論ガ多カッタノデゴザイマスガ、吾々ハサウハ見ナイ、サウ見ナイト云フコトハ、モウ一ツ諸君ガ知リ得ラル丶大キナ證據ガアルデハナイカ、日露戰爭ノ起ッタノハ、要スルニ日本ノ力ヲ外國カラ能ク知ラレナカッタ結果ト言ハナケレバナラヌ、若シ是ノ如ク民力ガ强ク、是ノ如クニ兵力ガ强イト見タナラバ、歐羅巴ノ强大國ハ容易ニ彼ノ失敗ヲ取ラナカッタデアラウト思フ、一例ヲ擧ゲレバ是ノ如キデアル、ソレデ併ナガラ減債基金ヲ置イタトコロガ、一面ニハ還シテモ一面ニハ借入レル、而シテ借入ル丶トコロノモノハ、八千万圓ニモ上ッテ、減債スルノハ三千万圓デヘ無イカ、斯樣ニ言ハル丶ガ、是ハデス、常ニ是ノ如キ比例ヲ以テ往キマシタナラバ、國家ノ前途ガ危イト云フ判斷ガ出來ルカ知ラヌガ、此國力ガ十分ニ增進スル事實ガアル以上ハ、此心配ハ終ニ無用ニ歸スルノデアル、若シ我國運ガ次第ニ退却シテ、衰微シテ往ク實例ガアルナラバ、成程唯今大石君ガ述ベラレタ攻擊モ適當デアルカモ知レナイ、併ナガラ我國運ハ決シテ退却スルノデナク、非常ナル長足ノ進歩ヲナシテ往クノデアル、先ヅ私ガ外國貿易表ヲ繙イテ見マスルニ、十年每ニ三倍以上ノ增加ヲ見テ居ル、卽チ明治二十七年ノ輸出高ハ、一億一千三百七万八千五百八十七圓デアッタ、而シテ明治三十七年、卽チ其後ノ十年目ニハ、三億一千九百二十六万八百九十五圓ニナッタ、約三倍ノ進歩デアル、而シテ更ニ立戾ッテ二十年前、卽チ明治十七年ハ如何ニト云ヘバ三千三百九十八万六百八十一圓デアル、二十年前ハ三千万圓ノ輸出高ガ、二十年後ニハ三億一千九百何十万圓ニナッテ、殆ド九倍以上ニナッテ居ル、十年每ニ三倍四倍、二十年ニハ殆ド九倍進ムト云フ、此國力ノアル以上ニハ、一面ニ資金ヲ借入レテ、一面ニ還スト云フコトヲスルトモ、決シテ憂ハナイノデアリマス、此進ム力シバ愈〻益〻進ムルト云フニハ、低利ナル外資ヲ輸入シテ、而シテ大イニ國力ノ發展ヲ期セナケレバナラヌコトダラウト思フ、故ニ此點モ亦心配ニ及ブマイト思フ、兎ニ角反對論者ノ根據ハ、自然ニ任セテ自然ノ信用ヲ厚ウスル、ソレガ一番上策デアルト言ハレマスガ、是モ一理アル、併ナガラ政治ト云フモノハ、自然ニ任セルモノデハナイ、若シ政治ナルモノガ自然ニ任セルト云フモノナラバ、總テノ法律モ規則モ何ニモ彼モ止メテシマヘ

ハ、頂上ニ達スルト云ハナケレバナラヌ、是ハ私ガ概シテ云フノデアルガ、政治ナルモノハ自然ニ甚シク逆フコトハ出來ヌガ、自然ノミヲ賴ムコトハ出來ナイ、時ニ人爲ヲ加ヘテ程好キニ制シナケレバナラヌコトハ、御諒知デアラウト思フ、先刻大石君ノ親切ニモ此所見ヲ述ベラレ、現內閣ニ忠告セラレ、而シテ此案ニ對スル反對ノ理由トナッタガ、私ハ反對理由ヲ傾聽スルニ力メタガ、最モ重キ理由ハ何處ニアルカト云ヘバ、施政ノ方針ガ表明セラレザルガ故ニ、此基金法モ何ニモ彼モ往カヌト言ハレタ、併シ施政ノ方針ヲ定メルト云フコトハ大切ノコトニハ相違ナイガ、施政ノ方針ヲ具體的ニ擧ゲテ、一々是ヲ演說スルニアラザレバ、不可ナリト云フコトハ私ハ假ニ同意シナイ、昔頻リニ有リタケノ政治意見ヲ表明シテ、而シテ內閣ヲ造ッタモノガアル、其表明シタ政綱ノ一モ行フコト能ハズシテ倒レタ例ガアルノデアル、必シモ政治ノ要目ニ付イテ意見ヲ定メテ發表スルガ、政治ヲ行フ所以トモ思ハレヌ、併ナガラ是ハ人ノ立方デアル、大石君卽チ進歩黨ノ諸君ハ、之ヲ最上ノ方便トセラル、人デアルカラ、敢テ非難ハシナイガ、併ナガラ私ハ之ニ從フコトヲ得ヌ、今假ニ從ッタナラバ、ドンナ結果ガアル、大石君ハ世界ノ大勢ヲ說クニ於テ、他人ニ讓ラヌ、能ク世界ノ大勢ヲ說イタ結果トシテ何ニナルカ、今後二十年間ハ東洋ノ平和ハ請合フト云フコトデアル、今後二十年間東洋ノ平和ヲ保證シテ、而シテ軍備ノ擴張ヲ急グベカラズ、是ヲ縮小スベシ等ノ意見デアル、成程戰後ニハ往々ニシテ軍備擴張ガ過大ニ失スル憂ガアルカラ、是ヲ程宜キニ制シテ財政ト和伴フヤウニスルハ適當ナコトデアリマス、併ナガラ二十年ノ間ノ平和ヲ確信シテ、此政治ヲ行ヒマシタナラバ如何ナル大事ガ起ルデゴザイマセウカ、前途ハ知ラズ、既往ノ實例ニ於テ如何ナル事ガアリマシタカ、十年ノ間ニ開戰ガ三度アリマシタ、明治二十七八年ノ戰爭、三十二年ノ團匪、及三十七八年ノ戰爭、此十年ノ間ニ世界ノ大戰トモ謂フベキモノガ二ツ、及世界ノ關係シタル重要ナル戰爭ガ一ツ、東洋ノ局面ニ於テ斯ウ行ハレテ居ルノデアル、モウ一ツ私ハ立入ッテ申シマスレバ、軍備ノ擴張ニ反對セラレタルトコロノ諸君ハ——今私ガ申シタノハ、議會ノ開會以來、著シク軍備ノ擴張ニ反對セラレタルトコロノ諸君ハ、東洋ニ於ケル今數ヘタ戰爭ヲ宣言通ニ從ッテ軍備ノ擴張ヲセズニ置イタラドウナッタデセウ、軍備擴張ニ反對ノ主義ヲ極力唱ヘラレタル其政治家ニ日本ヲ賴ンデ置イテ、サウシテ露西亞トノ交涉ヲドウレマセウカ(「日英同盟」ト呼フ者アリ)日英同盟ナルモノハ 相當ニ效果ヲ收ムベキモノト私ハ信ジマス、併ナガラ日英同盟ハアッテモ日露戰爭ハ起ッタノデアルデハゴザイマセヌカ、同盟ハ或程度マデハ力ガアリマスケレドモ、共同盟ヲ約束ノ以外ニ於テ、戰爭ノ起ルコトガアルノデアリマス、日本ガ今日世界ニ抽デ、信用ヲ博スルヤウニ至ッタ——抽デ、トハ申サレマセヌガ從來ノ位置ヨリ抽デテ、列強ノ間ニ立ッタ、強國ノ中ニ這入ッテ居ルトコロノ此國ノ位置、及吾々ノ名譽ヲ博シタノハ何ノタメデアルカト云ヘバ、諸君、今演說セラレタ大石君等ノ言フ意味ニ於テハ出來ナカッタ、常ニ平和ヲ賴ンデ軍備ヲ縮小シ縮小シ往ッタナラバ、今日ノ位置ハ得ルコトノ出來ナカッタト云フコトヲ考ヘテ見ナクテハナルマイト思フノデアル、(拍手起ル)故ニ此基金法案ヲ議スルニ當ッテ、大體ニ於テ軍備ノ縮小マデシナケレバ、役ニ立タヌト云フヤウナ反對ハ、私ハ取ルニ足ラヌト思ヒマス、茲ニ私ハ此案ヲ贊成スルトコロノ理由ハアリマスケレドモ、餘リ多クヲ申サズトモ、反對ノ理由ハ頗ル強力トモ私ハ思ヒマセヌカラ、茲ニ單一ニ贊成ノ意ヲ表明シテ終リマス(拍手起ル)

(「討論終結」ト呼フ者アリ)

(島田三郎君登壇)

○島田三郎君 諸君、本案ニ對シテハ、委員會ニ於テ引續イテ反對致シテ居リマシタガ、今日モ矢張反對ノ說ヲ諸君ノ前ニ述ベルコトノ機會ヲ得タノハ、甚ダ滿足ニ存ジマス、是マデ本員ノ信ジテ居リマシタルトコロノ反對意見ヲ幾許カ修正シ、若クハ翻然改メテ、本案ヲ贊成スル榮譽ヲ得タイト云フ一點ノ希望ヲ以テ、反對諸君ノ御說ヲ伺ッテ居リマシタガ、更ニ此希望ハ充タスコトガ出來ズシテ、依然反對論ヲ述ベナケレバナラヌノハ、甚ダ本員ノ元來ノ希望ニ背イタコトヲ歎息シナケレバナラヌト思ヒマス、唯今政友會ヲ代表シテ述ベラレタ大岡君ハ、專ラ憲政本黨ノ大石君ニ對スル駁論デゴザイマスカラ、勢ヒ外交論ニ亙リ世界ノ形勢ニ亙ル雄大博論ヲ費サレタニ拘ハラズ本員ノ謹ンデ承ッテ居ルトコロニ據リマスルト、實ハ本問題ノ脇ヘ多ク走ッタヤウニ考ヘマス、是ハ甚ダ遺憾デアリマス、本員ハ單刀直入此案ノ是非ヲ決シタイ、此案ノ性質ヲ定メタイト云フノガ論旨デゴザイマスガ、本案ハ國債整理基金特別會計法案ト題シテアッテ、世ノ中デハ普通ニ減債法案ト言ッテゴザイマスカラ、無論日露ノ對戰ニ依ッテ既ニ募リマシタトコロノモノト更ニ是カラ募リマストコロノモノヲ併セテ、十八億ニ至リマストコロノ此巨額ノ公債ヲ整理スルノ目的ヲ以テ立案セラレタルモノニ相違ナイ、整理ノ中ニ此負債ヲ減却スルトコロノ方針ヲ立テラレタニ相違ナイ、此趣意ニ於テハ何人カ是ニ同意セザランヤ、整理ト云フコトハ不整頓デアルトコロノモノヲ整頓スル意味デアッテ、減債トハ有ルトコロノ負債ヲ減却スルノデアリマスカラ、是ヲ個人ト致シマシテモ、必要ナコトデアリ、國家ト致シマシテモ必要ナコトデアリマスカラ、是ハ議論ノ無イコトデアル、吾々ガ此減債法案、國債整理基金法案ニ反對致シマスルノハ、其目的ガ名ト相副ハズシテ、其手段ガ決シテ其目的ヲ遂グルニ足ラヌト云フコトガ、論ヲ岐ル、トコロデゴザイマスカラ、財政ヲ整理スル必要デアルトカ、種々ナコトヲ述ベラレルノハ實ハ餘波デアッテ、殆ド本員ノ耳ニハ論ズルニ足ラヌヤウニ聽ユルノデゴザイマス、事實ニ關シテ論ジナイトコロノモノハ、實ハ空論デアッテ、數字ヲ除イテ論ゼラル、トコロノモノハ全ク餘談ニ過ギナイト思ヒマスカラ、本員ハ直チニ此本案ヲ評スルノニ、是ハ整理法案トアッテ、實ハ整理法案ニアラズ、他日ニ紛亂ヲ遺ストコロノ法案デアルト思ヒマス、減債ト云フトコロノ名ガアッテ、實ハ減債ニアラズシテ、增債準備法案ト、本員ハ解釋ヲ致サウト思フ、之ガ本當ノ性質デアルト思ヒマスカラ、元來物ノ得失利害ヲ決シマスノハ名義ニ依ッテ決スルノガ正當デアリマスカ、名義ノ如何ニ拘ハラズ事實ニ依ッテ決スルノガ正當ノ判斷デアルカト申シマシタナラバ、諸君モ必ズ名義ノ如何ニ拘ハラズ事實如何ト云フコトニ付イテ、得失利害ヲ判定セラル、デアラウト思ヒマス、大體評シマスルト云フト、過度ノ信用ヲ此方法ニ依ッテ拵ヘテ、サウシテ後ノ公債ヲ募ルトコロノ活路ヲ開カウト云フノガ、此本案ヲ立案シタ趣旨デゴザイマス、恰モ政府委員ガ說明スル如ク、政府委員ガ說明セントシテ說明スルニ躊躇セラル、トコロヲ、望月君ガ能ク說明セラレタ是デ以テ信用ヲ繫イデ置イテ、相場ヲ上ゲテ置イテ、後ノ必要ナル種々ノ公債ヲ募ラウト云フノデアルカラ、是ハ減債法案ニアラズシテ、增債準備法案ト本員ガ名稱シタノハ、決シテ牽強附會ノ說デナイト思ヒマス、(拍手起ル)元來信用ト云フモノハ、實力ト相伴ウテ始メテ完全ナル信用デゴザイマスケレドモ、實力ニ伴ハヌ虛名ニ伴フ信用ト云フモノハ、非常ニ危險ナルモノデアル、若モ己レノ負債ハ安全ニ之ヲ消却スル工夫ヨリモ、多クノ信用ノ名譽ヲ持ッテ居リマシテ、容易ニ負債ヲ殖シマシタナラバ、個人ニ於テモ一家ニ於テモ危險デアルガ如ク、一國ニ於テモ同樣ニ危險デアリマスカラ、果シテ之ガ是ノ如キ目的ヲ遂ゲテ、信用ヲ高メ得ルヤ否ヤト云フコトヲ吟味シ、第二ニハ之ガ後來安全デアッテ、國利ヲ保全スルニ足ルヤ否ヤト云フコトヲ吟味スルノガ、全ク至當ノ評定論デアッテ、イロ〳〵多岐ニ亙リマシテ、論旨ノアルトコロヲ曖昧ノ間ニ沒了セントスルトコロノ評論ハ、本員失禮ナガラ是ヲ聽クノヲ餘リ希望致シマセヌ、諸君ニモ矢張餘リソレニ亙ルコトヲ御聽カセ申スコトヲ謹ンデ私ハ避ケナケレバナラヌト思フ、豫算委員ハ詳シク承知セラレテ居リマスカヲ、豫算委員ノ多數ヲ占メタルトコロノ兩黨ノ諸君、竝ニ大同派ノ諸君ハ飽マデ御承知デアリマセウガ、豫算書ニ依リマスルト云フト、後年――八九年若クハ十年ノ後ニ繼續致シマスルトコロノ事業ノ費用トシテ、今年初メテ其第一ヲ現ハシテ居リマスル費用ノ八千万圓バカリト云フモノハ、是ハ經常ノ收入カラ取ラズシテ、臨時ノ募債即チ公債ヲ募ッテ之ニ填補致シマストコロノ計算ニナッテ居リマス、サウ致シマスルト、本年一億一千万圓ヲ減債ノ基本ニ充テマシテモ、凡ソ十八億ノモノヲ五分ト積リマスルト、利子ノタメニ九千万圓取ラレテシマヒマスカラ、減債ニ充テマスルノハ二千万圓デ、大層減債基金トカ、或ハ整理法案トカ謂ッテ名ハ大キイガ、十八億ニ對シテ元金二千万圓ヲ還スト云フ算定ニナッテ居ル、一方ニ經常收入デモッテヤラナイデ、國債ニ依ッテヤリマスル事業ガ、年々續キマスルコトハ九年若クハ十年デ、是ガ八千万圓ツヽニ致スト云フト、十年後ニハ是ガ丁度八億ニナル譯デゴザイマスルカラ、一年ニ二千万圓デ、元金ヲ還シテ、一年ニ八千万圓デ、公債ヲ募ルト云フコトガ、是ガ個人トシテモ、一家トシテモ、安全ナル會計ノ立方デゴザイマセウカ、信用ヲ博シ得ルトコロノ組織デゴザイマセウカ、此事ニ向ッテ判斷ヲ下シマシタナラバ、區々ノ評論ハ無益デアルト本員ハ思ッテ居リマス、ソレ故ニ本員ハ斷乎トシテ是ハ増債準備基金法案ナリト、斯ウ評スルノハ、決シテ誣告デモナケレバ、讒誣デモナイト思フ、是ガ信用ヲ繋グニ足リヌト云フコトデアッタナラバ、既ニ本案ノ精神ト云フモノハ破レタリト私ハ思フノデゴザイマスルガ、是ハ今年ノ豫算通ニ來年カラ推往キマスルトコロノ算定デゴザイマスルケレドモ、丁度此委員會ヘ陸海兩相ガ臨マレテ委員ノ中カラノ質問ニ答ヘテ、マダ陸海ノイロ〳〵ナ調査ガ出來テ居ラヌカラ、來年ニ至ッタラバ、スッカリ調査ヲシテ持出ス、其豫定ハドノ位デアラウカト質問ヲ致シマシタラバ、海軍ニ於テハ一億ノ餘デゴザイマスシ、陸軍ニ於テハ六千万圓バカリアルノデゴザイマスルガ、此金ノ出所モ實ハ經常收入ニハナイノデ、是ヲ除イテ今年即チ踰シテ居リマスル、三十九年ダケデ還スコトガ二千万圓デ、借ルコトガ八千万圓デアルト云フノニ、尚何レノ所カラ費用ヲ取ランカト云フトコロノモノガ、陸海軍兩省ノミデ唯今申シタヤウナ巨額ナルモノガゴザイマス、此他滿韓ノ經營費ト云フモノモ、必ズ後來出デ來ナケレバナラヌト思フレ、アチラニ分駐サセルトコロノ軍人ノ兵營ト云フモノモ、是ハドウカシナケレバナルマイト云フイロ〳〵ナモノガ含マレテ居リマスカラ、極メテ前途ニ危險デアル、經常收入ヲ以テ、經常支出ヲ償フニ足ラヌトコロノモノデアルカラ、禍ヲ早ク見出シテ、速ニ料理スルト云フコトガ國ノタメニ忠實デアルカ、禍ヲ不言ノ間ニ延バシテ置イテ、後來其大ナルニ向ッテ料理スルト云フコトガ、宜シイコトデアルカト云フコトヲ極メマシタナラバ、早ク此事實ヲ世ノ中ニ表明シテ有ル信用ニ依ッテ或經營ヲ立テルト云フコトガ一番眞面目デ、英人ノ商業ガ天下ニ信用ヲ得テ居ルノハ、是ノ如キ確實ナルトコロノ考ヲ持ッテ居ルカラデアッテ、相場的ニ無イモノヲ有ルトシテ、多クノ信用ヲ維持シ、其信用ニ依ッテ新ナル負債ヲ起サウト云フ増債準備法案ニ向ッテハ、本員其精神ニ於テ甚ダ危險ナリト思フノデアリマス、ソレナラバ一歩ヲ退キマシテ、是ノ如キコトデ信用ヲ繋ゲルカドウカト云フコトヲ吟味シナケレバナラヌト思ヒマスルガ、前ニ申シマシタル通、此後ニ公債ヲ募ラナイト云フノデ、此整理法案ト云フモノガ倫敦ニ傳ハリマシタナラバ、是マデ金ヲ貸シタルトコロノ者ハ、大ニ喜ンデ望月君ノ言ハルヽガ如ク、利息ノ上ルト云フコトモアルデゴザイマセウ、併ナガラ後ニ含マレテ居ルトコロノ新ナル公債ヲ募ルト云フコトガ、其額、還ストコロヨリ大ナリト云フコトデアッタナラバ、此報告ハ必ズ信用ノ根柢ヲ損害スルニ相違ナイト思ヒマス、甲ヨリ傳ッタルトコロノ減債ノ報告ダケヲ耳ニシテ、乙ヨリ傳ハルトコロノ増債ノ報告ヲ耳ニセザルト云フ――兩方耳ヲ持ッテ居ル英人ナリ米人ナリガ、片聞キスルト云フノハ餘リ人ヲ愚ニ見タトコロノ猾智惡デハナイカト本員ハ思ヒ（拍手起ル）且又政體ノ根抵ガ違ヒマスノデ、露西亞ハ御覽ノ如キノ混亂ノ國デ、總テノ事ヲ祕密ニシテ、其公ニスルトコロノ官署ノ文書ト云フモノハ、當ニナラヌト云ッテ居リマスルカラ、況シテヤ祕密ノ上ニ祕密ヲ必要トスルトコロノ財政ノ報告ニ至リマシテハ、大層根據ガ堅イヤウデ、黄金ヲ山ノ如ク積ンデ居ルト、戰爭ノ始メニ於テモ世界ニ吹聽シタ位デ、事實ハ無カッタト同ジヤウナ譯デゴザイマスカラ、或ル點ニ於テハ專制政體デ、宛モ暗室ニ運動スルガ如キ國ニ於テハ、或時限ノ間他國ノ信用ヲ過度ニ保ツコトカ出來ル、詐リ詐欺的信用ヲ維持スルコトガ出來ル併ナガラ立憲政體ハ之ト反對デアッテ宛モ硝子室ノ中ニ仕事ヲナスガ如ク、總テ内外ヲ打明シテヤッテ、國民ト共ニ事ヲ計ル政體デゴザイマスカラ、年々公債ノ殖エタ増シタト云フコトハ豫算ノ附錄トシテ世ノ中ニ現ハレルノデ、之ニ關係ヲ有テ利害ノ觀念ニ鋭敏ナルトコロノ債主、竝ニ市場ガ之ヲ知ラズニ居ッテ、晏然トシテ信用ヲ日本ニ大ニ置クト思フノハ、是亦餘リニ人ヲ見ルコト愚ナルトコロノ考デ、是ヲ朝三暮四ノ拙ナル謀ト私ハ評サウト思フ、ソレナラバ信用ヲ繋ギ得ナイ、併ナガラ尚一歩ヲ退イテ信用ヲ繋ギ得タトシタナラバ、私ハ茲ニ明カニ斷言スル、早ク事實ノ發見セラルヽハ、禍ガ速ニシテ其量ハ小ナリ早ク事實ガ發見セラレズシテ、後ニ至ッテ其弊極ッテ年々ノ利息ヲ借リタ金ノ元金カラ還スト云フヤウナ、恰モ露國ノ深入ヲシタルガ如キ政略ガ、万一ニ祕密ノ間ニ效ヲ奏シタト見タナラバ、其危險實ニ大ナルモノデアッテ、恰モ身體ニ出來タ腫物ガ、早ク切斷サレテ治療ヲ遂ゲルト、外部ニ餘リ見エヌガ、内部ニ大ナル毒ガ廻ッテ居ッタト同ジヤウナ形勢ニ陷ルデアラウト思フ、本員ノ見ルトコロニ依リマスルト、露國今日ノ動亂ハ、全ク此政策ノ報酬デアル、反動デアルト思フ、ソレハ例ヘバ宏大ナル仕掛ヲ以テ、旅順大連ニ金ヲ下シタ、滿洲鐵道ヲ經營シタト云フヤウナ、所謂俗士ヲ喜バストコロノ極東遠略ノ方針ハ、何所ノ金デヤッタカト云フト、多クハ佛蘭西、白耳義ノ金持カラ借リタ金デヤッタ、ソコデ段々ヤッテル中ニ、露國ノ大ヲ信ジ露國ノ祕密ニ運レテ、貸込ンダガ、一度蹉跌シタラバ、新タニ入レヤウト云フ金ガ途切レ、況ヤ戰爭ニ依ッテイロ〳〵ナ事實ガ明カニナッテ來タカラ、全ク此金ヲ絶ッテシマッタ、即チ露國ノ銀行モ狼狽スレバ、總テノ工場モ閉鎖スル、總テノ市場ハ破壞サレル、一般ノ生活問題ノ大動亂ヲ惹起シテ來タカラ、彼ノ立憲ノ思想ニ熟セザルトコロノ露國ガ、一同ニ起リ立タノハ、蓋シ權利ノ爭ト云フヨリハ、生活ノ上ニ非常ナル動亂ヲ起シテ、之ヲ率井ルトコロノモノガ、權利ノ思想ヲ以テ率井タノガ、唯今尚露國ヲ危險ニ陷レテ居ル、此動亂ノ原因デアルト私ハ思フ、望月君ノ述ベラルヽトコロ、大岡君ノ述ベラルヽトコロハ、敗國タル露國ヲ主トシテ傚ウテ、勝國タル日本ヲシテ此危險ニ傚ハシメントスル恐ルベキ危險ヲ含ンダルトコロノ、誤ッタル政策デアラウト私ハ思フ（拍手起ル）是ヨリ餘論ニ移ッテ少シク本員ノ意ヲ述ベナケレバナラヌ、ソレハ日本ノ弱點ハ何レニアルカト云フコトヲ考ヘナケレバナラヌ、國力ノ上ニアルカ、抑〻兵力ノ上ニアルカト申シタナラバ、海陸軍トモ列國ヲ敬服セシムルトコロノ、吾々ノ最モ信任シ尊重スルトコロノ此忠勇ノ士ガ、國光ヲ大ニ輝セル働キヲ遂ゲテ、列國ノ人ニ一言モナイト敬服サセタノデアル、此點ニ於テ英吉利ノ軍隊ヲ一人モ借リタコトモナケレバ、亞米利加ノ輸卒ヲ一人モ使用シタコトモナイ、全ク日本全國ノ壯丁ヲ驅ッテ是ノ如キ雄大ナル仕事ガ遂ゲラレタ軍備ノ點ニ至ッテハ、日本ハ他國ニ誇ルニ足リルト私ハ尊敬ト驚嘆トヲ以テ之ヲ仰ギ見ルノデアリマス、是ハ日本ノ強點デアル、然ラバ日本ハ如何ナル財力ニ依ッテ、此十八箇月戰ヲ續ケタカト申スト、嘆息スベシ、若モアノ連戰連勝ノ際ニ亞米利加ナリ英吉利ナリガ同情ヲ持タズシテ金ヲ貸サナカッタナラバ、此驚嘆敬服スベキ軍隊モ、其效ヲ奏スルコトガ出來ナイ、本員ノ承ッテ居ルトコロニ依レバ、尙哈爾賓ニ進ンデ、大イニ活動ヲスルニハ、前途ニ十八億ノ金ガ要ルカラ、是ノ如キコトヲヤッタトコロガ、後トデ之ヲ補塡スベキ見込モ確立セヌノデアルカラ、既ニ收メ得タルトコロノ勝利ヲ以テ、滿足スルト云フコトノ發議ガ、廟堂ノ上ニ、元老ノ口ヲ經テ發セラレタト承ッテ居ル、是ハ確カニサウデアルカ、サウデナイカ、本員ハ確聞スルコト能ハズ――確聞スルコト能ハザルモ、併ナガラ事情ヲ推シテ考ヘテ見マスレバ、財力ノ上ニ付イテ第一ニ痛心セラレテ、尙忠勇ナルトコロノ兵ハ、側カラ訓練シテ側カラ送ッタナラバ、隨分遣リ得ルデアラウト云フ信用ハアッタラウト思フ、然ルニ第一ノ弱點ト感ジタノハ財力ノ上デアル、英吉利ノ兵ハソレ程勇敢デハナカッタケレドモ、「ボア」ノ戰爭ニハ英吉利ハ氣長イ戰爭ヲヤッタガ、自分ノ金デヤッタ、金力ハ強點デアッタガ、兵力ノ方ハ讓ッタ、日本ハ之ニ反對デ、兵力ニ於テハ強ヲ誇ルニ足ッテ、財力ニ於テハ他國ノ資本デ喧嘩ヲシタト云フ有樣デアルカラ、後來大ニ注意スベキコトハ、財政ヲ整理シ財力ヲ堅固ニスル、發達スルニアルト云フコトハ、一番理ノ睹易キコトデアルノニ、何ゾ計ラン強ハ益々強ナラシムルニ、弱ヲシテ弱ナラシメントスルコトヲ前途ノ方針ナリト、大岡君ノ説明セラレタノガ、是ガ若シ政友會全體ノ志デアッテ、政友會ノ一部デ拵ヘテ居ル内閣ノ志デアッタナラバ、本員ハ誤レルノ甚シキモノナリト、全部ヲ併セテ反對ヲ表サナケレバナラヌ、凡ソ人ノ病ヲ醫スルニハ、弱キヲ補益シテ、強キニ副フト云フノガ策ノ得タルモノト考ヘテ居リマスガ、今ニ於テ顧ミルベキハ、國力ノ如何、財力ノ如何ト云フコトニアル、此點ニ付イテ考ヘテ見レバ、名ヲ整理基金ニ藉リテ、負債ノ始末ヲスルノガ、戰後第一ノ務ダト言ハレルガ、其論ト精神ハ反對デアリマスケレドモ言葉ダケハ本員ト同ジニナル、ドウシテモ負債ヲ始末シテ、負債ヲ殖サナイヤウニスルガ宜イ、全體公債ヲ以テ平素ノコトヲヤルト云フコトハ、國ニ取ッテ甚ダ危險デ、萬一事ノアッタ時ニ、公債ヲ募リ得ル餘地ヲ持ッテ居ルノガ、國家變ニ備ヘル廣キ意味ニ於テ、軍備鞏固ナルモノト本員ハ信ズルノデアル、然ルニ信用ヲ過度ニ高メテ、借リ得ル活路ヲ開イテ尙其上ニ借リタイ、此上ニ借リルニハ信用ヲ高メテ置カナケレバナラヌ、名ヲ大ニシテ整理基金法案ト云フヤウナ、如何ニモ俗人ヲ瞞著スル法律ヲ立テ、ソレヲ以テ今信用ガ低イカラ、モット信用ヲ高メヤウ、信用ヲ高メルニハ、外ノ意味デハナイ、二千万圓ヲ返シテ六千万圓ヲ借リヤウト云フ、負債準備ノ法案ヲ是認スルト云フコトハ誤レルノ甚シキモノト、本員ハ全體ニ於テ排斥シナケレバナラヌト思ヒマス、且還スト云フコトニ、ソレ程重キヲ置クニ及バヌト思ヒマス、今望月君ノ言レル如ク、望月君ハ種ヲ政治年鑑ニ御取リニナッタノデアルガ、英吉利ガドウデアル、佛蘭西ガドウデアル、「アルゼンチン」ガドウデアル、大層該博ヲ誇ラレタガ、是ハ數圓ヲ費シテ、丸屋ノ書店ニ御求メニナレバ、政治年鑑ノ表ノ中ニ擧ゲテアルノデ、新タニ謹聽スル程ノ事實デモナイト思フノデアリマス、(笑聲起ル)併ナガラ望月君ノ數ヘラレタ政治年鑑ノ中ノ數字ハ、他國カラ金ヲ借リテ英佛ガ減債基金ト云フモノヲ造ッタ例ガアリマスカ、是ハ私ハ曾テ聞カザルトコロデアル、現在經常歲入ガ足リナイデ、是カラ借リヤウ、併ナガラ是ダケハ三十三年ヲ豫定シテ置カウト云フノハ、誠ニ朝四暮三ノ術ト評スベキ、笑フニ堪ヘタル囈語デアルト排斥ヲシナケレバナラヌト思ヒマス、且又此事ハ甚ダ不利デアル、前ニ申シマシタ通、過度ノ信用ヲ行政府ニ與ヘテ、國家ガ此事ヲ政府ニ投機的ニ運用サセルト云フコトハ、健全ナル財政ノ根本原則デナイノミナラズ、是ノ如キコトヲシタナラバ、事實ニ於テ不利デハナイカ、若シ歲計ニ餘裕ガアッテ、其中カラ少ナクモ利息ヲ拂ッテ償デモ元ヲ拂フコトガ出來ルナラバ、是ハ健全明白ナル政策デアリマスケレドモ、之ニ反シテ多クヲ借リテ少ナク拂フト云フコトデアッタナラバ、其差ニ於テ國力ノ根柢ヲ危クスルト云フコトノアッタトキニ、何人ニ依頼シテ整頓シタル軍備ヲ動スコトガ出來マスカ、私ハ今マデ幸ニ吾々ノ唱ヘタルトコロノ國力増進、財力發展ノ議論ガ行ハレテ居ッテ、負債ヲ起ス餘地ガアッタカラ、幸ニ日露ノ戰爭ヲ續ケルコトガ出來タト思ヒマス、若シ更ニ活動スルノ餘地ガナイ、信用ノアリダケ借リルダケ借リルト云フコトデアッテ、望月君ノ憂ヘラレル如ク、大岡君ノ憂ヘラレル如ク、今後強點ヲ持ッテ居ッテモ、財力ノ弱點ハ勇敢ナル兵士ガ食ナク衣服ナクシテ立竦ミヲシナケレバナラヌト云フコトヲ深ク本員ハ憂ヘルノデゴザイマス、望月君ノ言ハレル如ク、歐羅巴ニ借リテアリマス、米國ニ借リテアリマスノハ、利子ハ不幸ニシテ高イ、ソレ故ニ或時本員ハ斯ウ云フコトヲ聽イタ、倫敦ニ日本ノ公債ヲ起シマシタトキニ、此コチラデハ、償還年限ガ短イ方ガ受ケガ宜イト思ッタラ、長ク借リテ貰ハナケレバ徒ニ煩雜デ割合ニ手數ヲ要スルノデ、永ク續イテ貰フ方ガ、貸主ノ便利デアル、確ニ還スト云フ信用ヲ繫イデ置ケバ、寧ロ利息ノ良イ負債ト云フノハ、短期ヨリハ長期ノ方ガ直打ガアルト云フコトヲ記憶セラレンコトヲ望ム、ソレ故ニ遣繰リヲシテ強テ元ヲ還スヨリハ、若干年間利息ヲ拂ッテ、若干年間整理ヲシテ、其中ニ日本ノ財力ガ伸ビテ來ルカラ、元利ヲ拂フダケノ前途ノ目的ガ著イタナラバ、此五年位ハ元ヲ拂ハナイデモ決シテ財政ハ不安ヲ感ズルコトハナイ、利息ノ高イノヲ長ク借リテ居ルト云フコトハ、債主ノ望ムトコロデアル、唯財政ノ健全ナリヤ否ヤト云フコトガ、根本ノ問題デ、五箇年以後ニ利息ト元金ヲ拂ヒ得ルダケノ日本ノ財政デアルカ、日本國民ノ實力ガアルト云フコトハ、實地ノ問題デアル、名ニアラズシテ實ニアルト云フコトヲ記憶セラレンコトヲ望ム、斯ウ云フ譯デアリマスカラ、サウ慌テ、遣リ繰リヲスルニハ及ハヌ、遣繰リヲスレバ手數料ヲ取ラレル募債手續ノタメニ金ガ要ル、禮モシナケレバナラヌト云フヤウナ譯デ、個人ノ負債ニシテモ、一國ノ負債ニシテモ、屢々借替ヘル――信用ヲ増サズシテ借替ヘルト云フト、借替ト借替トノ間ニ、雜費ヲ散ッテシマウ金ノアルト云フコトヲ記憶シナケレバ長ク借リルコトガ出來ルノデアルカラ、本員ハ根柢ニ溯ッテ今過大ナルトコロノ計畫ヲ立テズシテ、安全ナル財政、安全ナル經營ト云フモノハ、國民ト胸襟ヲ披キ精神ヲ開イテ議セラレタナラバ、是コソ外國ニ向ッテ日本ノ根柢堅キ信用ヲ維持スルコトガ出來ルト思フノデゴザイマスカラ、全體戰爭ノ間ハ金ノ上ノ損得ヲ議スル餘地ガナイ、國ノ存亡ヲ賭スル時デゴザイマスカラ、ドンナコトデモヤラナケレバナラヌガ、平和ノ時期ニ入ッテ尙外國ノ公債ガ貸シ易イ、借リ易イト云フ所ニ活路ヲ開イテ、之ヲ無限ニ殖ストコロノ隙ヲ明ケテ置クト云フコトハ、財政ノ危險是ヨリ大ナルハナシ、是ノ如キ權力ヲ政府ニ與フルト云フコトハ、實ニ國會ガ――其職責ヲ懸念スルモノガ御同樣甚ダ相濟マヌコト、本員ハ思フ、少額タリトモ確カ還スト云フ目的ガ立ッタナラバ、年限ヲ追テ何年マデニハ還ス、現金拂デ還スト云フテモ決シテ差支ナイ、唯此間ハ高低ノアルコトハ、私ハ信用ニ關係スルト思フ、今年ハ多ク拂ッタ、來年ハ拂ヒ得ナカッタト云フノハ、甚ダ宜シクナイコトデ、還スナラバ還スト云フコトヲ、ハキリト年割ニ當嵌メテ、此表ノ如ク還シマスト云フコトハ、一番明白ナル健全ナル財政デアッテ、若シ節儉整理ノ結果常收入カラ之ヲナス基礎ガ立チマシタナラバ、是ヨリ安全ナコトハナイ、併ナガラ本員ハ爲シ難イコトヲ政府ニ責メルノデハナイ、唯空中ニ樓閣ヲ構ヘテ、多クノ信用ヲ維持セントスルトコロノ根柢精神ニ反對スルノデアリマス、陸海兩相ハ此點ニ於テ本員ノ委員會ノ質問ニ滿足ナル答ヲ與ヘラレタ、若シ陸海當局者ノ單純ナル意見ヲ以テスレバ是々ノ金ガ要ルケレドモ、併ナガラ國力ト相伴ハナケレバナラヌ、財力ト相對セナケレバナラヌカラ、是ハ大藏當局者ト議シタ上デナケレバ、確定ノ意見ト認メザランヤウニ望ミマスト言ハレタノハ、本員ハ其當時ニ於テ誠ニ滿足ナル御答デアルト云フコトノ謝辭ヲ述ベル位マデ、此問題ニ付イテハ大イニ喜ンダノデアリマス、詰リ國力ニ相應ズルトコロノ飾リナキトコロノ準備ヲ整ヘテ來ラレルコトハ、本員ノ望ムコトデアッテ、大石君ノ豫言セラレタル如ク、現在ニ於テハ恐ルベキ敵ハ目前ニナイ、「クリミヤ」戰爭ノ創痍ハ二十年ニシテ癒ヘタト英人ガ露國ヲ評シテ居リマスケレドモ、今囘ノ打撃ハ恐ラク「クリミヤ」戰爭ノ打撃ヨリ甚シイノデアル、況ヤ今申シマシタ如ク、不健全ナル財政ノ結果、巨億ノ國債ヲ外國ニ持ッテ居ッテ、其利ヲ拂フニ苦心シテ居ル露國デアリマスノト、尙内ニ於テハ生活ニ迫レルトコロノ人民ガ動搖シテ居リマスノト、長ク戰爭ヲ維持シテ、既ニ時候後レニナッテ居リマスタメニ、權利ノ思想ニ動カサレテ、海外ニ動亂ガ暴露シテ居リマスノト、總テ綜合シテ見マスルト、「クリミヤ」以後ノ露國ヨリハ、滿韓ニ於テ敗レタルトコロノ露國ノ方ガ、苦痛ガ深イデアラウト思フ、之ト反對デアッテ、日本ハ此戰ヲナス前ニハ、消極的ノ同盟デアッタガ、今日ハ積極的ノ同盟ヲ英國ト結ンダル以上ハ、吾々ハ強キヲ加ヘテ、彼ハ弱キヲ愈々極メタト云フ形勢デアルナラバ、常識ヲ以テ天ノ知ルトコロ神ノ知ルトコロハ豫測スル能ハザルモ、人ノ智惠ヲ以テ計數的ニ較ベテ見マシタナラバ、今日ニ努ムベキハ、國力ノ充實政務ノ整理ニアルト私ハ思フノデアル、之ニ反對デ借リルダケハ借リテ、信用ヲ益々過大ニ維持シヤウ、今マデノ既ニ金ノ借リ易イ精神ヲ以テ、此案ニ贊成ヲ表セラレルノハ、國家ニ對シテ不忠實ナルトコロノ行デアル本員ハ排斥シナケレバナラヌ、況ヤ一言附加ヘベキハ、高橋是清君ガ日本ノ委任ヲ受ケテ、アチラニ參ッテ金ヲ借リルトキニ、斯ウ云フ約束ヲシタカラ、是ガ日本ノ言質デアルト云フニ至ッテハ、實ニ議會ヲ侮辱シ、日本ノ全體ヲ侮辱シタルトコロノ、淺マシキ言葉ト私ハ言ハナケレバナラヌ、計ラザリキ博覽達識ノ望月君ノ口ヨリ、此演壇ニ於テ是ノ如キ報告ヲ受ケントハ、流石ニ政府ハ「レゾブル」シタ答ヲシテ、アタカモ知レヌト言ッテ居ルノハ、政府ノ方ニ常識ハアッテ、之ヲ明言シテ憚ラズ、是ガ日本ノ言質デアルト云フノハ失禮ナガラ常識ニ外レタルトコロノ言葉デアルト思フ、本員ハ高橋君ガ是ノ如キ言葉ヲ放ッタナレバ齊東野人ノ語ナリ、國家ノ獨立ト相容レズ、己レノ信ズルトコロヲ以テ論決セヨト、諸君ニ向ッテ告ゲナケレバナラヌト思フ

○議長（杉田定一君） 井上角五郎君

（井上角五郎君登壇）

○井上角五郎君 諸君、本員ハ唯今ノ問題タル法案ニ對シテ贊成ヲ表スルモノデゴザイマス、贊成ノ主意ヲ玆ニ簡單ニ述ベタイト考ヘマスノデス、ケレドモ、既ニ先輩タル大岡君、又望月君ヨリ十分ニ之ヲ述ベラレ、サウシテ是ガ反對タル淺野君、大石君、就中唯今ノ島田君ニ至リマシテハ、勿論一一擧ゲテ評スベキコトハアルケレドモ、要スルニ大體要領ヲ得ズノ一言ヲ以テ、之ヲ駁スルニ足リルト思フノデアリマス、（「ヒヤ〳〵」ノ聲起ル）本員ハ故ニ極メテ簡單ニ唯所見ヲ述ベテ置ク積デアリマス、諸君、今囘我國ガ露西亞ニ打勝ッタ、此打勝ッタル名譽ノ重モナルモノハ何デアルカ、勿論陸軍ガ強イ、海軍ガ強イ、故ニ我國ガ勝ッタト云フコトハ論ノ無イコトデアルケレドモ、私共ハ自カラ信ズル、殊ニ平生實業ニ從事スルノ立場ニ於ケル井上角五郎ハ信ズル所ガアルノデアル、即チ今回戰爭ノ勝利ノ最後ノ名譽ハ、我國財政ノ鞏固ニアルト云フコトニ歸シナケレバナラヌノデアル、（「然リ〳〵」ト呼フ者アリ）諸君、我國ガ露西亞ト戰端ヲ開ク當時ニアッテ、外國ノ新聞、又ハ外國ノ人々ハ如何ニ之ヲ評シ、如何ニ之ヲ期シテ居ッタカ、到底日本ガ露西亞ト戰ヲシタトコロガ勝ツコトガ出來マイ、間モナク陸軍ハ鴨綠江デ勝利ヲ得、海軍ハ旅順港デ勝利ヲ得タトキニモ、外國ノ人々ハ如何ニ之ヲ言ッタカ、成程戰爭ハ強イ、強イガ到底シマヒマデ財政ガ持續カヌダラウ――到底シマヒマデ財政ガ持續カヌダラウ、日本ハ之ガタメニ失敗スルノデアル、斯ウ云ッテ居ッタガ、其財政ガ鞏固ニシテデス、即チ既ニ平和克復ノ今日ニ至ッテ未ダ日本ノ財政ト云フモノニ甚シキ紊亂ヲ見ズ、彼ノ貨幣制度ハ依然トシテ戰爭前ノ有樣ヲ繼續シテ居ルト云フ、此事コソ今回ノ戰爭ニ於ケル最後ノ勝利デアル、最後ノ名譽デアル、是アレバコソ即チ我國ノ信用ハ忽チ從前ニ倍シテ、戰爭前ノ日本ノ公債ハ、幾朱利付ノモノガ幾ラシテ居ッタガ、即チ海外ノ市場ニ於テ、戰爭後ノ今日ニ於テ、其同一ノ公債若クハ利率ノ低イトコロノ公債ガ、今幾ラシテ居ルカ、公債ノ直段ハ能ク此國ノ信用ノ如何ヲ徵スルニ足リル、即チ一ノ標準トスベキモノデアルト云フヤウニ、此戰爭ハ即チ我國ノ財政ノ鞏固ヲ示シタル勝利デアッテ、其勝利ハ即チ我國ノ經濟ノ信用ヲ增シタノデアル、此時ニ當ッテデス、我日本ガデス、之ヲ如何ニスベキカ、折角得タル此信用ヲ如何ニスベキカト云フコトガ、即チ大問題デナクテハナラヌノデアル、諸君、島田三郎君ハ日本ガ戰爭中ニ財政ガ鞏固デアッタト言フケレドモ――大岡君ハ左樣言ッタケレドモ、ソレ程鞏固デアッタノデハナイ、借財ヲ以テ戰爭ヲシタノデアッタ、島田君ハ日本ト露西亞トノ戰爭中ハ、日本ノ財政ガ鞏固デアルノデモナク、日本ノ財政ガ充實シテ居ルノデモナク、借財ヲ以テ戰爭シタノデアル、（島田三郎君「借財ト云フノハ外債ノ意味デス」ト呼フ）勿論デゴザイマス、外債ヲ以テ戰爭シタノデアル、「ケレドモ此外債ガ募リ得タト云フコトハドウ云フコトデアル、非常特別稅法案ヲ實行シテ、國民ノ負擔ハ何倍ニナッタ、サウシテ尙此國民ハ重キ稅ニ堪ヘツヽ、内債ヲ募集スル場合ニハ之ニ應スルモノ甚ダ多ク、場合ニ依レバ三倍五倍ト云フ募入金額ニ至ルガ如キ、國民ハ重稅ヲ負擔スル上ニ尙能ク公債募集ニ應ズルノ餘力アルト云フコトヲ示シタイト云フ、此信用アレバコソ外債モ募レタノデアル、外債ガ募レタカラ戰爭ガ出來タノデ

アル、貧乏デアルカラ外債ヲ募ッテ戰爭シタノデナク、國内ニ能ク外國人ヲシテ能ク信用サセル事實ガ充滿シテ居レバコソ外債ガ募レタノデアル、戰爭ガ出來タノデアル、何處ノ國ニカ是ハ獨リ國ノミナラズ、一個人一家ニ於テモ、萬一不時ノ場合ニ處スル金ヲ積ンデアルモノデハナイ、其場合ニ能ク信用ヲ以テ世間カラ借リ得ル、借リ得タルモノヲ戻シ得ル見込ガアレバ人モ貸スノデアル、卽チ是ニ於テ一家モ立テ、一國モ其不時ノ場合ニ應ズルコトガ出來ルノデアッテ、島田君ノ言フガ如ク、貧乏ニシテ金ヲ借リタト云フコトデナイト云フコトハ、殊ニ島田君ハ名譽アル島田君、我國ガ是程ニ立派ナ國デアルモノヲ、殊更ニ曲ゲテ貧乏ナル如ク、玆ニ吹聽スルト云フコトハ其當ヲ得ナイコトデアル、諸君、斯樣ニシテ我國ノ信用ハ高マッテ居ルト云フ、此時ニ當ッテ此信用ナルモノガ如何ナルモノデアルカ、今後諸君ハ口ヲ開ケバ戰後經營ト言フ、戰後經營ナルモノハ何デアルカ、國内ノ產業發達貿易ノ奬勵、若クハ滿洲、朝鮮、樺太等ニ於ケルガ如ク、新領地ノ經營ノ如キガ、戰後經營ノ最モ大切ナルモノデアル、是等各種ノ事業ハ、政府ガヤルニモ人民ガヤルニモ、必ズ資本ナルモノガ要リマス、元デガ要ルノデアル、元デナルモノハ如何ニシテ生ズルカト云ヘバ、獨リ外國カラ借リルガタメニ、政府ノ信用ガ入用ナルノミナラズ、政府其モノ、財政ノ基礎ガ鞏固ナリト云フ、此大ナル一ツノ木ノ下ニ、吾々人民ハ始メテ安心シテ事業ニ着手スルコトガ出來ルノデアル、ソレ故ニ政府ノ財政ハ、基礎鞏固ナリト云フコトヲ示サナケレバ、外國ノ信用ハ暫ク措イテ、內地ノ事業モ起ラナイノデアル、故ニ是程ニ得テ來タトコロノ日本ノ財政、サウシテ是程得タトコロノ此信用ヲ繼續シテ、此信用ト此財政ノ下ニ、戰後ノ經營卽チ國力ノ發達ヲ圖ルト云フノガ、今日ニ大切デアルナラバ、政府ノ財政ノ鞏固ヲ期スルト云フコトガ何ヨリ大切ナ問題デアル、偖テ政府ノ財政ノ鞏固ヲ期スルト云フナラバ、如何ニスルカ、大石君ハ曰ク、政府ノ施政ノ方針ナルモノヲ示サス、政府ノ今後ノ財政ト云フモノハ、斯樣々々ニナル筈デアラウ、若シ儉約ヲスレバ此位ハ省ケルデアラウ、斯樣ニ述ベラレタガ、政府ノ施政方針ヲ鞏固ニシテ、卽チ今後ノ日本ノ財政ハ斯ウシテ往ク、斯フ云フヤウニシテ往クト云フコトハ別問題、是亦必要ナモノデアル、僕ハ大石君ニ其事ハ贊成スル、大石君ノ說ノ如ク、ソレハ必要ナモノデアル、ヤルベキ問題デアル、ヤルベキ問題デアルガ唯其大方針ナルモノガ一ツ極ッテ居リサヘスレバ何ニモ要ラナイ、方針バカリ極メテ內閣ヲ拵ヘテ何ニモシナイデハ、直ニ其內閣ハ瓦解スル、斯樣ナモノデハナイ、大方針ヲ極メルト云フコトモ必要デアルガ、又各部々々ノ財政ノ始末ヲシテ往カナケレバナラヌノデアル、各部々々ノ財政ノ始末ヲシテ往クト云フハ、卽チ何デアルヤト云ヘバ、露西亞ト戰爭以前ニ旣ニ、我國ニハ募集シタトコロノ公債ガ幾億万圓モアル、此幾億万圓ト云フモノハ、其整理ノ方法ガ立ッテ居ルノデアル、今回新タニ戰爭ノタメニ增シタトコロノ公債ト云フモノハ、十何億二十億、斯樣ナ多額ニ至ッタ場合ニ於テ、又此多額ナ公債ヲ隨時償還スルト云フガ如キ、往キナリ放題ニ任シテ置ケルモノデハナイ、政府ノ財政ニ餘リガアッタラ戻スガ宜シイ、餘リガナケレバ捨置クガ宜シイ、其餘リガアッタナラバ、場合ニ依ルトソレヲ以テ、一ツ差向ヲ此稅ヲ減ラシテ呉レトカ、彼ノ事業ヲヤッテ呉レトカ諸君ハ望ムニ相違ナイ、サウ云フヤウナコトニシタナラバ、遂ニ借リタ金ノ償還スルト云フコトニ付イテノ秩序ガ立タナクテハ、其物ノ始末ガ附カナイ、ソレデアルカラ十何億二十億ト云フ公債ノ殖エタ、此場合ニ當ッテハ、アレダケノ整理方法ヲ極メテ置カナケレバナラヌ、是ガ卽チ今回ノ法案ヲ提出セラレタル政府ノ趣意デアラウト思フ、何モ此整理ノ方法ヲ極メルト云フコトガ、直接ニ外國ノ信用ヲ得タイト云フノ一本鎗デ極メタモノデハナカラウト私ハ思フ、取モ直サズ財政其物ノ整理ヲナシテ、サウシテソレガ出來タ上ニハ、ドウナルカト云ヘバ、自カラ外國ノ信用モ得ラレル、日本公債ノ價格モ維持セラレル、其事ニ付イテハ、望月君ガ詳シク述ベタ如クニ、望月君ガ能ク述ベラレタカラ、私ハ玆ニ說明シマセヌガ、自カラ日本ノ公債ヲ持ッテ居ルモノモ安心スルコトガ出來、又日本ノ公債ノ信用モ得ラレルノデアル、此事ニ付イテ島田君ハ公債ヲコンナノ基金ナルモノハ、減債基金ニアラズシテ增債基金デアル、ナゼナレバ信用ヲ得テ外國カラ金ヲ借リヤウト云フノガ、是ガ目的デアルト云フ、吾々ノ此國債基金整理ノ問題ニ付イテ、政府委員ノ當局者ガ是ヲ實地ニ行フ場合ニ當ッテ、何モ外國ノ信用ヲ得ルト云フコトノタメニ是ヲ整理スルノガ必要デハナイ、第一ニハ今廉イ利子ノ金ガ借リラレル、此金ヲ借リテ彼ノ高イ利子ノ金ヲ戻シタナラバ、差引斯樣ナ利益ガ生ズルノデアラウ、此機失フベカラズ卽チ其利益ヲ取ルニハ國債整理基金ノ重ナル一ノ働キデアル、又或場合ニハ日本ノ社會ノ全體ノ金融ノ有樣、又總テ日本ノ株券トカ、或ハ公債ノ價格、其他此經濟上ノ有樣ヲ維持スルガタメニ、玆デ此物ヲ買ッテ置ケバ、斯ウ云フヤウナ有樣ニ陷ラズシテ、此經濟ノ有樣ヲ舊ニ復スルコトガ出來ルト云フ場合モアル、卽チソレガタメニハ、直段ヲ引上ゲル手段モ取ルヤウナコトガアラウ、總テソレ等ノコトヲナシ、又此金ダケハ此方法デ戾スノデアルカラ安心ナモノデアルゾト云フコトヲ示ス、示スノミナラズ實際安全ナルモノニスルガタメニ、特別會計ヲ設ケタノデアッテ、是ガ增債ノ目的デナイト云フコトハ分ッテ居ル、且島田君ノ如キ淺野君ノ如キハ、或ハ數字ヲ知ラナイ、數字ヲ知ラナイト云フナラバ、私ハ又何モ言フトコロハナイノデス、恐クハ數字ヲ御承知デアリツヽモ、麗々ト能クアノヤウナコトガ述ベラレタト思フ、今回ノ整理ノ法案ニ依ッテハ、年々二千万圓カ乃至三千万ホカ戾スコトガ出來ナイ、サウスレバ十年經ッタトコロガ三億戾スニ過ギナイ、三十九年度ノ豫算ノ上カラ見テモ、公債ハ年々八千万位募ラナケレバナラヌ、一年ニ八千万圓募ッテ、十年トスレバ八億ニナル、二億戾シテハ八億借リレバ、差引六億殖エルノデアル、斯樣ナ言葉ガ苟モ議員トシテ一國ノ財政ニ與ルダケノ權利ヲ有ッタ人ノ口カラ出得ルモノデハナイ、年々國庫ノ收支相償ハズ、年々八千万圓ヅヽ、經常費ノ不足ヲ公債デ補ハナケレバナラヌト云フ國家ヲ――公債デ補ハナケレバナラヌト云フ國家ヲ拵ヘテ、其衆議院議員トシテ、ソレガ當リ前ノコトデアルト島田君、淺野君ハ思ッテ居ラル、デアラウカ(「ヒヤ〳〵」ト呼フ者アリ)左樣ナコトハ出來ナイカラ、本年――三十九年度ノ豫算コソ兎ニ角ニ四十年度ノ豫算ニ至ッテハ、政府モ相當ノ計畫ヲ立テルノデアラウレ、吾々モ亦相當ノ考ヲ籠メテデス、之ガ整理方法ヲ考ヘテ、經常費ノ不足ヲ年々公債デ補フト云フガ如キ有樣ヲ殘スベキデハナイノデアル、ソレガ殘ルモノト見レバ、二千万還シテ――二億万還シテ、八億万借ルコトニナラウケレドモ、ソレ等ハ吾々自カラモ能ク其事ニ注意シテ整理シテ往クナラバ、之ヲ卽チ此整理法案ハ(拍手スル者アリ笑聲起ル)自カラ財政整理ガ出來、其公債ノ償還ガ出來、サウシテ我國ノ信用ガ保タル、モノデアルト思ヒマスルカラ、私共ハ此際ニ於テ、最モ此案ヲ必要ナリトシテ、折角戰勝ニ依ッテ得タルトコロノ我國ノ信用、我國ノ名譽ヲ維持スルニハ、唯一是ノミトハ言ヒマセヌケレドモ、

此案ハ最モ大切ナリト思ッテ、玆ニ賛成ヲ表スルノデアリマス

（拍手起ル「討論終結」ト呼フ者アリ）

○長谷場純孝君　既ニ本案ニ對シマシテハ、各派ノ代表者ガ交々討論ヲ盡シタト信ジマスカラ、是ニ於テ討論終結ノ動議ヲ提出シマス

（「賛成々々」ノ聲起ル）

○議長（杉田定一君）　討論終結ノ動議ニ制規ノ賛成ガアルト認メマスカラ、決ヲ採リマス、討論終結ノ動議ニ御異議ハゴザイマセヌカ

（「異議ナシ異議ナシ」ノ聲起ル又「異議アリ」ト呼フ者アリ）

○議長（杉田定一君）　御異議ハナイト認メマス、討議ハ終結セラレマシタ

（「議長冒イゾ」ト呼フ者アリ）

○元田肇君　直チニ本案ノ二讀會ヲ開カレンコトノ動議ヲ提出シマス

（「賛成々々」ト呼フ者アリ）

○議長（杉田定一君）　本案ニ付キマシテ、二讀會ヲ開クヤ否ヤト云フコトニ付イテ決ヲ採リマス、扨テ其採決ノ方法ニ付イテ御諮リヲ致シマス、長谷場君外二十名以上ヨリ、記名投票ヲ以テ採決セラレンコトノ要求ガ出テ居リマスル、因テ衆議院規則百二十七條ニ據リマシテ、記名投票ヲ以テ採決ヲスルコトニ致シマス、第二讀會ヲ開クベシト云フ御方ハ、卽チ白票ヲ――白ヲ御持參ニナルヤウニ願ヒマス、又第二讀會ヲ開クベカラズトスルトコロノ御方ハ、靑キ札ヲ御持參ニナルヤウニ願ヒマス、ソレデ御分リニナリマシタカ

（「分リマシタ」ト呼フ者アリ拍手起ル）

第五　明治三十九年度豫算案

（栗原亮一君登壇）

○栗原亮一君　明治三十九年度ノ總豫算、竝ニ三十八年度ノ追加豫算、臨時軍事費ノ追加豫算、此等ヲ總テ一括綜合シテ報告ヲ致シマス、本豫算ハ通常豫算ト時局關係ノ豫算ト、内容ハ二ツデアリマスケレドモ、豫算ノ體裁ニ付キマシテハ、此二ツガ相混ジテ居ルノデアリマス、此三十九年度ノ總豫算ハ歳入歳出、トモニ四億九千二百万圓餘デアリマシテ、同ジ數ト原案ハナッテアリマス、然ルニ此歳入ノ方ニ於キマシテハ、公債募集金ニ於テ五百万圓ガ減ゼラレテ、其修正ノ額ハ御手許ニ廻ッテ居ル通デアリマシテ、四億八千七百万圓餘トナルノデアリマス、此原案ノ四億九千二百万圓餘ガ、四億八千七百万圓餘トナリマシタ、其理由ハ後段ニ詳シク申シマスルガ、大要臨時事件豫備費ニ於キマシテ、五百万圓ヲ減ジマシタノト、航路擴張費ノ濠洲ノ部ニ於キマシテ、此分ダケガ委員會ニ於キマシテハ成立セズシテ餘儀ナク此額ダケヲ減ジテ、玆ニ報告スルノデアリマス、此二ノ理由ダケデアリマス、本豫算ハ修正ノ箇所モ少ナクアリマシタケレドモ、何分ニモ此戰時竝ニ戰後ノ豫算デアリマシテ、非常ニ重大ナルコトデゴザイマスカラ、大體ノ審査ノ結果ダケ御報告申シテ置キマス、此臨時軍事費ノ追加ニ於キマシテハ、四億五千四十五万圓デアリマシテ、其内容ハ委員會ニ於キマシテ、詳シク説明書モ出テ居リマスガ、之ヲ大別スレバ、此中デ二億七千七百八十二万圓餘ト云フモノガ、陸軍ノ軍事費デアリマシテ、海軍ノ軍事費ガ二千二百六十二万圓餘トナッテ居リマス、又論功行賞ノ資金ガ一億五千万圓ト、豫算ガ積モッテアリマス、大要ハ此三ツニ分カレテ居リマス、ソレカラ三十八年度ノ臨時事件豫備費ノ追加ニ於キマシテ、七百二十万圓ノ要求ガアリマス、是ハ公債利子等ニ於テ、不足ヲ生ジ、既ニ二千八百八十万圓餘ト云フモノハ、豫算外ニ支出濟ニナッテ居ルカラ、尚其不足分ヲ要求ニナッタンデアリマス、原案ニ依レバ――――、此三口ヲ合シテ九億五千五十四万八千五百七十二圓トナルノデアリマスガ、修正額ニ於キマシテハ、九億四千五百七万五千四百八十万圓トナッテ居リマス、其外ニ臨時軍事費ノ責任支出トナッテ居ルノガ、六千万圓デアリマス、ソレカラ三十八年度ノ臨時事件豫備費ニ於キマシテ、責任支出ト相成ッテ居ルモノガ二千八百八十二万圓餘アリマス、併シ此二口ハ年度後ニ於キマシテ、更ニ協贊ヲ求メ來ルモノデアリマシテ、之ヲ總體加ヘマスルト、十億三千三百九十万圓餘デアリマスケレドモ、此本豫算ニ請求ニナッテ居リマスルノハ、此六千万圓ト二千八百万圓ト云フモノガ這入ッテ居リマセヌ歳出ガ四億九千二百八十万圓餘ト原案ニアリマスルノガ、四億八千七百四十万圓餘ト相成リマシタノハ、先刻申ス通ニ臨時事件豫備費ニ於キマシテ五百万圓ヲ減ジ、航路擴張費ノ内デ此案ノ成立ツマデ濠洲航路ノ分四十七万圓餘ガ削減シテアリマス、此臨時事件豫備費ハ、八千四百五十万圓デアリマシテ、此中五百万圓削減ヲ致シタカラ、玆ニ訂正シテアル通、七千九百五十万圓餘トナッテアリマス、此五百万圓ヲ歳出ヨリ減ジタコトニ付イテハ、委員會ニ於キマシテモ、種々説ガアリマシテ、此五百万圓減ジタト云フモノハ、唯三十九年ニ於テ之ヲ減ジテ置クケレドモ、又四十年度ニ至ッテハ更ニ之ヲ要求シ唯支拂ヲ繰延ルノミニ止ッテ、實際節減デナクテハ一向用ヲ爲サヌカラ、ソレハ繰延ニアラズシテ、眞ニ節減ヲスルヤ否ヤト云フ質問ガ起リ、當局者ハ之ニ對シテ、成ル可ク是ハ實際節減ヲ致スノデアッテ、唯三十九年度ノモノヲ繰延ベテ翌年ニハ矢張此金ヲ使フト云フ趣意デハナイ、又之ヲ減ジタ委員會ノ精神ニ於キマシテハ、今日戰後ノコトデアリマスカヲ、此陸海軍費ノ膨脹ヲ致スノハ已ムヲ得ヌケレドモ、戰後ノ經營ト致シテハ、生産事業ノ發達ヲ計ルコトガ、最モ必要デアルカラ、陸海軍ニ於テモ必要ノ經費デアルケレドモ、尚之ヲ忍ンデ生産事業ニ用井ルコトニ致シテ貰ヒタイ、是ノ如キ希望ヲ添ヘテ、是ハ削減ニナッタノデアリマス、此臨時事件豫備ト云フノハ、八千四百五十万、誠ニ簡單ニ一款デ出テ居リマスケレドモ、隨分是ハ大ナル金デアリマスカラ、委員會ニ於キマシテハ、餘程詳シク質疑討論ヲ致シタノデアリマス、固ヨリ未ダ戰時状態デアリマスカラ、當局ニ於テモ詳シク豫算ハ立タヌ、概算デハアルケレドモ、大體ハ如何デアルカト云フコトハ、能ク質問ヲ致シマシテ、即チ此内容ハ詳シク申ス必要モアリマスマイケレドモ、何分大金ノコトデアリマスカラ、大要ダケハ玆ニ御報告スルガ宜カラウト思フノデアリマス、此内ノ主ナルモノハ、陸軍臨時軍事費ノ増加デアリマシテ、是ハ滿韓ニ四個師團ガ今置イテアル、其師團ヲ増設スルガタメニ、經常費ノ方デ一千万圓、サウシテ此方デ一千万圓ト積ッテアリマス、又關東總督府以下諸部隊ヲ滿韓竝ニ樺太ニ駐屯セシムル、タメ一千万圓ヲ要ルト云フ豫算ニナッテ居リマス、サウシテ兵器其他ノ復舊デアリマス、是ガ千五百六十六万圓餘ニナッテ居リマス、戰役殘務費ガ六百七十五万圓餘、倉庫建築費ガ二百五十八万圓餘、即チ合計四千五百万圓ト云フモノガ陸軍ノ部デアリマス、ソレカラ海軍臨時事件費ノ方ニ於キマンテハ、旅順鎭守府其他復舊費ニ於テ二千五百万圓、其他ノ經費ヲ合セテ二千七百三十二万圓、是ガ海軍ノ分トナッテ居リマス、大藏省所管ニ於テ勳章勳記ノ製造費ガ、三百五十万圓餘デアッテ公債證書ノ製造費ガ三百三十四万圓餘其他ヲ一括シテ千百万圓ト云フノガ大藏省ノ所管デ、其他各省ニ亙ッテ經費ガ段々アリマス、此財源六千八百万圓ハ、是ヲ公債支拂ニ仰ギ、千三百万圓ト云フモノハ歳入殘餘金デヤルト云フ豫定ニナッテ居リマス、此總豫算ニ於キマシテハ、格別修正ノ點モ少ナイノデアル、何分今日ノ場合ト致シマシテハ、陸海軍ノ經費ガ大イニ増加致シタンデアリマシテ、先刻申シタトコロノ滿韓ニ四個師團ヲ増設スルト云フコトニ付キマシテ、臨時事件豫備費ノ方ニ於テ一千万圓、經常費ニ於テ一千万圓、ガ要求ニナッテ居ルノデアリマス、是ハ今日ノ形勢ニ於テ已ムヲ得ヌト認メマシタカラ、委員會ニ於テモ一ノ異論モナカッタノデアリマス、ソレカラ下士以下ノ賄料ト云フモノガ、段々物價騰貴其他ノタメニ六十六万圓餘増加ニナッテ居ル、是ハ原案通可決シマシタ、昨年ヨリ増加シテ居ル主ナル經費ハ、陸軍ニ於テハ是ノ如クデアリマス、ソレカラ、海軍ニ於キマシテ、經常費ノ増加ガ四百九十五万圓餘ニナッテ居リマス、是ハ段々戰勝ノ結果、戰利艦モ約十万噸餘殖エテ居ルノデアリマス、詰リ此戰爭前ニ於キマシテ約二十八万噸アッタモノガ約四十万噸ニ増加致シタ、ソレガタメニ定員ノ補充ヲ致シ、又糧食品モ物價騰貴ノタメニ、餘程高クナッテ居リマシテ、是等ノタメニ四百九十五万圓餘ノ増加ヲ致シタノデアリマス、我帝國海軍ハ偉大ナル功ヲ奏シ、又是ガタメニ多クノ經費ヲ要スルト云フコトハ已ムヲ得ヌ次第デアリマスケレドモ、彼ノ第三期擴張ノ經費ト云フモノモ、既ニ一億一千万餘ヲ協贊シテアリマシテ、其戰爭中ニ於テハ、當時ノ勢ヒ已ムヲ得ヌデアリマシタカラ、臨時軍事費ヲ以テ軍艦製造ニ著手致シタモノガ一億圓餘ニモナツテ居リマス、言ハヽ茲ニ第四期ノ擴張ノ計畫モ行ハレツヽアルト云フ場合デアリマス、是ハ臨時軍事費ニ於テ著手ニナツテ居リマシタガ、既ニ平時ニ復シタル以上ハ之ヲ豫算ニ於テ要求ヲ致スコトニナツテ居リマス、既ニ著手致シタモノハ今日已ムヲ得ヌデアリマスケレドモ、平和克復ノ際ニ、未ダ手ヲ著ケテ居ナイノガアリマス、此手ヲ著ケテ居ラヌダケノモノハ、本年ノ豫算ニハ要求シテナイノデアリマス、此著手ニ及ンダモノハ、今日之ヲ後ニ戻ス譯ニモ往カズ、是ハ委員會ニ於テモ認メタノデアリマス、併シナカ〱海軍ノ事ニ付キマシテハ、誠ニ帝國ノ防護ノタメニ必要ハ固ヨリデアリマスレ、又大イニ功績モアツタ譯デアリマスケレドモ、將來ハ隨分海軍ノタメニ吾〻國民ハ大ナル負擔ヲシナケレバナラヌト云フコトハ、大イニ注意スベキコトデアリマス、ソレカラ經常、歳出ノ中デ少シク是マデヨリ財政計畫ノ變ハリマシタモノハ、鐵道電話製鐵所ノ經費、是等ハ出來得ルダケ、經常歳出カラヤツテ居ツタノデアリマスケレドモ、今日ノ場合ハ迚モ是ヲ經常費ニ仰グコトハムヅカシイ、又殊ニ是等ハ隨分生產的デアリマシテ、ソレダケ金ヲ掛ケルナレバ利益モアルコトデアリマスカラ、是ノ如キ生產的ノ事業ハ、之ヲ普通財源ニ求メズ、公債支辨ニ移シテモ差支ナイ譯デアリマスカラ、此千二百万圓餘ト云フモノハ、此度公債支辨トナツテ居ルノデアリマス、ソレガタメニ鐵道ノ經費モ官設ノ改良費、敷設費、北海道其他ヲ合セテ八百七十万圓バカリト云フモノガ、此公債財源ヲ得テ段々手ヲ延バスコトニナツテ居リマス、此鐵道費ニ付キマシテハ、皆必要デアリマスカラ、豫算本會ニ於キマシテモ別ニ異論ハナク贊成デアツタノデアリマシタ、但シ此富山直江津間鐵道ニ於テ東岩瀨ヲ經テ直江津ニ至ル建議ガ議會ニ成立ツテ居ツタノデアル、然ルニ此建議ガ採用サレテ居ラヌノハ甚ダ遺憾デアルト云フコトデ、委員會ニ於キマシテ、其議論ハアリマシタガ、要スルニ是ハ總テ原案ニ贊成トナツタノデアリマス、此豫算中ニ於キマシテ、唯問題トシテ茲ニ殘リマシタノハ、遺憾ナガラ濠洲線路ノコトデアリマス、是ハ此航路擴張費ニ於キマシテ、六百十九万六千百八十一圓ト原案ハアルノデアリマス、此中デ濠洲航路擴張費ノ四十七万圓餘ト云フモノハ、濠洲線路ノ分デアリマシテ補助年限ハ原案ハ五年デアリマスガ、是ハ長キニ過グルト云フノデ、或ハ三年ト云ヒ、二年、一年、此三ツニ分レマシテドウシテモ委員會ニ於キマシテハ、過半數ノ決ヲ見ルコトガ出來ナカツタノデアリマシタ、是ハ本會ニ裁定ヲ求ムルヨリ致方ガナイ場合ニナツタノデアリマス、豫算外國庫負擔ノ契約ト云フノガアリマスガ、是モ年限ノ問題ニ於キマシテ、過半數ノ決議ガ出來ヌデアリマシタカラ、此儘事實ヲ報告スルヨリ致方ガナイデアリマス、先ヅ大體ハ斯樣ナモノデアリマシテ、之ヲ約メテ見レバ修正ハ至ツテ簡單デアリマス、臨時事件豫備費ニ於テ五百万圓ヲ減ジタノト、サウシテ此濠洲線ノ分ダケハ議ガ纏ラズニ終ツタ、是ノ如クニ其儘報告スル次第デアリマス、又例年ノ豫算ニ出ル新營費、營繕費、是等ハ議會ニ於キマシテモ、年々或ハ三分減、五分減ト云フコトヲ施シテ居リマシタケレドモ、餘リ面白キコトデモナク、ドウカ當局者ニ於テモ十分節減ヲシテ、モウ是デ差引ハナラヌト云フヤウニ要求シ委員會ニ於テモ成ルベク斯ウ云フ事ニ手ヲ付ケタクナイノデアリマスケレドモ、是マデノ審査ニ於キマシテハ、新營費、營繕費等ニ於テ三分カ五分ヲ減ズル餘地ヲ見定メ、サウスルト當局者ハ三分カ五分ハ減ズルカラ、懸ケテ置イテモ宜イト云フコトガアツテハ面白クナイ話ダカラ、此際ハ是ニハ一文ノ削減モ加ヘナイデ當局者ノ公德ニ訴ヘ今後ハ誠實ニ豫算ヲ積ルヤウニシテ、責任ヲ負ハシメ此際ハ些々タル削減ナドハセヌガ宜カラウト云フノガ、委員會ノ意向デアリマス、委員會ノ審査ノ結果ハ、大體是ノ如キモノデアリマスガ、何分戰時中ニ於テモ、戰後ニ於テモ國民ハ巨大ナル負擔ヲ致シ、忠愛ノ精神ヲ以テ、此豫算ヲ協贊スル譯デアリマスカラシテ、當局者ニ於キマシテモ、誠意誠心此支出ニ於キマシテハ深ク注意セラレンコトヲ希望致スノデアリマス

○議長（杉田定一君）　菊池武德君ニ許シマシタ

（菊池武德君登壇）

○菊池武德君　此第九款ノ臨時事件豫備費ト云フノニ付イテ、私ハ修正ノ意見ヲ持ツテ居ルノデアリマス、此臨時事件豫備費ニ付イテハ、委員會ニ於テ既ニ五百万圓削減スルト云フコトニ政府モ同意セラレタコトヲ承ツテ居リマス、所ガ此復舊費ノ中カラシテ五百万圓許ノモノヲ減ズルト云フコトハ、誠ニ當然ナコトデアリマスルガ、政府ガ原案ヲ飽クマデモ維持スルト云フコトノ執拗ナル考ヲ持タズシテ、道理アルトコロニハ耳ヲ傾ケテ、削減ニモ同意ヲスルト云フコトノ意向アルコトヲ是ニ依ツテ確メタノデアリマス、是ハ本員ノ最モ滿足スルトコロデアリマス、所ガ復舊費ノ方ニ於テ五百万圓ノ削減ハアリマシタガ、滿韓駐屯兵ノ費用ニ於テ何等ノ御議論モ、餘リ精密ナル御議論ノナカツタト云フノハ、本員ノ甚ダ不思議ニ思ツテ居ルトコロデアリマス、此如何ナル必要ガアツテ、滿韓ニ四個師團ノ大兵ヲ置ク必要ガアルカ、此事ニ付イテ委員會ノ速記錄ヲ見マスルケレドモ、確カニ是ト云フ理由ノ存スルトコロハ吾々ニハ見エヌノデアリマス、豫算委員會ニ於テ、陸軍大臣ガ大石君ノ質問ニ答ヘテ言ハレタ其中ニ、軍備ノ擴張ハ日露戰爭ノ結果トシテ、我國ノ勢力ノ及ボス國土ノ幅員ハ從前ニ二倍シ、又人口ニ於テモ我國民ハ殆ド四分ノ一强ヲ增シテ居ル、是ガ則チ擴張ノ理由デアルト云フコトヲ述ベタノデアル、所ガ是ヨリ外ニハ、吾々ハ四個師團存立ノ理由ラシキモノヲ豫算委員會ノ筆記錄ニ於テ見出サヌノデアリマス、國土ノ幅員ノ廣クナリ、人口ガ增シタト云フコトハ、少シモ兵隊ヲ置クコトノ理由トナラヌノデアル、昔ノ戰サト今日ノ戰サトハ違フ、腕力ノ强弱ニ依ツテ決スルニアラズ、今日ノ戰ハ兵器ノ精粗、其性質ノ如何ニ依ツテ決スルノデアルカラ、假令我勢力範圍ガ擴マラウトモ、人口ガ多クナラウトモ、ソレガタメニ兵ヲ多ク置クト云フコトハ、決シテナイ、若シ其理由ヲ以テシタナラバ、英吉利ハ印度ヲ治ムルニ百万ノ大兵ヲ以テシナケレバナラヌニ、僅カ數万ノ兵ヲ以テ滿足ニ之ヲ統治シテ居ル、サウシテ見ルト朝鮮ニ於テモ、滿洲ニ於テモ、アレダケノ人口アリ、アレダケノ面積ガアルカラ、ドウシテモ二個師團ヲ、兵ヲ置カナケレバナラヌト云フ理窟ハ一ツモナイ、是ハ世間ニモ自カラ公論アルノミナラズ、滿韓ノ經營保護ニ任ズル有力ナル政治家ガ——其當局者ニ於テモ、是ノ如キ大兵ニ待タンデモ、統治スルコトガ出來ルト云フコトノ意味ヲ以テ吾々ハ承ツテ居ルノデアル、サウシテ見ルト四個師團ヲ置クト云フ眞實ノ理由ハ、ドコニアルカト云フト、政府ハ戰時中ニ編

成シタル四個師團、其四個師團ヲドウカシテ平和克復ノ今日ニ於テモ元ヘ戻サズシテ其儘存設シテ置キタイト云フノガ、蓋シ當局者ノ眞意ノアルトコロデアラウト考ヘル、四個師團サヘ殘ッテ居レバ、之ヲ内地ニ置クト滿韓ニ置クトハ必シモ當局者ハ深ク意トスルニ足ルトコロデアルマイト思ヒマス、是ハ恐ク當局者ニ於テモ、此意向ヨリシテ今日戰時中ニ增設シタル四個師團ヲ此儘置クト云フテハ、世間ニ對シテ甚ダ理由ノナイヤウニ考ヘラレル、議會ノ攻撃モ計ラレヌガ是ヲ滿韓地方ニ配置スルト云フコトデハ、定メシ議論ハナカラウト云フコトデ、是ノ如キ點ヨリ此案ヲ作ッタモノデアラウカト吾々ハ考ヘル、ソレ故ニ若シ豫算委員會ニ於テ四個師團ヲ二個師團ニ減ズル、若クハ其以下ニスルト云フ御相談ガアッタナラバ、恐ラク當局者モ喜ンデ之ニ應ジタノデハアルマイカト思ヒマス、例ヘバ復舊費五百万圓ノ削減ニ同意シタト同ジ雅量ヲ以テ、必ズソレニ同意ヲシタデアラウト私ハ考ヘル、ソレデソレガ若シ滿韓ノ國土人口ノ平生ノ治安ヲ維持スルト云フ目的ノ外ニ、例ヘバ露國ノ復仇ニ對シテ用心スルト云フヤウノコトナラバ、二個師團ガ二個アッテモ四個アッテモ事足リハシナイカラ、若シ滿韓ニ事アル場合ニハ、何時ニテモ出兵ノ出來ルト云フコトニシテ置イテ、サウシテ其半分ヲ内地ニ半分ヲ滿韓地方ニ配置シテ少シモ差支ナイト思フノデアリマス、サウシテ今滿韓地方ニ四個師團ヲ置クトカ、其半分ヲ内地ニ置クト、ドウ云フ結果ニナルカト云フト、卽チ是ハ御承知ノ通、費用ガ明カニ五百万圓内外ノモノガ節減サレル、無造作ニ節減サレル、ソレダカラ私ノ考ハ敢テムヅカシイ問題デモ何デモナイ、唯々明カニ五百万圓削減ノ餘地ガナイト云フナラバ、國土ノ擴張ニ眩シ、人口ノ增加ニ目ガ眩ンデ、是非共四個師團ヲ置カナケレバナラヌト云フコトヲ匆卒ニ考ヘタモノデアルト云フコトハ、聊カ遺憾ニ思フノデアリマス、ダカラ大勢既ニ定マッテ居ル今日、吾々ハ殆ド辯ヲ費スノハ無益ノヤウデハアリマスケレドモ、(「然リヤヤ」ト呼フ者アリ)併ナガラ苟モ道理ノアルトコロニハ耳ヲ傾ケナケレバナラナイ、唯一瀉千里ノ勢ヲ以テ之ヲ通過スルハ甚ダ不本意デアル、若シ吾々ヲシテ十分ノコトヲ玆ニ言ハシメルナラバ、四個師團前後ヲ――新タニ戰時中編成シタル四個師團ヲ平和克復後ノ今日ニ於テ悉ク止メテシマウ、而シテ從來ノ十三師團ノ中カラ割イテ滿韓地方ノ駐屯兵ニ充テルト云フコトハ、元來ノ問題デアル、其戰爭後ハ無益ノモノデアラウト考ヘルケレドモ、サウ思ハヌ政府ノ人ハマルデ話ニナラヌ、是非共四個師團ハ何等カノ名義ヲ以テ殘シテ置キタイ、將來ドウモ增サナケレバナラヌ師團デアルカラ、今日ノ四個師團――一旦編成シタモノハ解キタクナイト云フ趣意デアリマスガ、私ハ大負ニ負ケテ此半分ヲ内地ニ置イテ、而シテ五百万節減ノ方法ヲ簡便ニ付ケタナラバ、今ノ五百万圓ト後ノ五百万圓ト合セテ千万圓ヲ、此豫備費カラ節減ガ出來ルト考ヘル、是ニモ政府ガ同意ヲシナイト云フナラバ、同意シナイ政府ガ餘程無理デアル、既ニ大勢定マレリト云フ理由ヲ以テ、諸君ハ一概ニ之ヲ排斥シナイデ、道理ノアルトコロニ耳ヲ傾ケテ、修正説ノ成立ニ御賛成ヲ願フノデアリマス

(政府委員石本新六君登壇)

○政府委員(石本新六君) 唯今ノ御質問ニ對シテ、陸軍大臣カラ御答シマス筈デアリマスガ、今日ハ病氣デ缺席シテ居リマスカラ、私カラ簡單ニ玆ニ御答ヘ致マス、唯今ノ御趣意デゴザイマスルト、四個師團ヲ滿韓地方ニ置ク必要ハナイ、二箇置ケバ澤山デアル、ト後ノ二箇ハ内地ヘ持ッテ來テモ宜カラウ、斯ウ云フ御趣意ノヤウニ承ハリマシタ、然ルニ先ヤノコトハ分リマセヌガ、唯今ノ狀況デゴザイマスルト、ドウシテモ四箇師團ヲ置ク必要ガ軍備上アルト當局者ハ認メマスルデ、是ノ如ク提出シテゴザイマス、其内容ヲ申上ゲマスレバ、イロイロナ理由モゴザイマスガ、事ノ祕密ニ屬スル部分モゴザイマスルデ、唯必要ナコトダケヲ申上ゲテ置キマス、ドウゾ御諒察ヲ願ヒマス

○江藤新作君 本員ハ唯今ノ大藏省所管ノ第一款ニ付イテ、當局者ニ質問ヲ致シマスガ、臨時事件豫備費八千四百五十万圓、此金額ニ付イテハ、先刻委員長ヨリ御報告ヲ承リマシタガ、其内容ニハ陸軍復舊費、海軍復舊費、總テ計畫ニ屬スルモノガ含ンデ居ルヤウニ承ハッテ居ル、然ルニ款項ニハ豫備費ト云フ名目ヲ以テ提出シテアリマスルガ、委員長ノ報告通、政府當局者ガ説明シタモノトスレバ、何故ニ陸軍海軍其他ノ諸省ニ於テ、款項ヲ具ヘテ要求ヲシナカッタノデアルカ、若シ是ノ如ク漠然タル名ノ下ニ於テ、計畫ニ屬スルコトヲ豫備費ト云フ如キ名目ノ下ニ要求スルナラバ、議院ノ豫算ニ對スル監督ト云フコトハ、餘程要領ヲ得ルコトハ出來ヌヤウニナルト思ヒマスカラ、政府ハ何故ニ是ノ如キ漠然タル名義ヲ用井タカト云フコトニ付イテ説明アランコトヲ希望シマス

(大藏大臣法學博士阪谷芳郎君登壇)

○大藏大臣法(學博士阪谷芳郎君) 此豫備費ト云フ名目デ、今年請求致シマシタノハ、是ハ既ニ昨年及一昨年モ矢張豫備費ト云フ名目デ、要求シテアリマス、其引續デアリマス、卽チ臨時軍事費ノ分ハ、軍事費ノ方デ、追加ヲ求メマシタ、是亦一本ノ款項デ請求致シテ居リマス

○江藤新作君 昨年ハ戰時デアリマスカラ事態ガ違ヒマス

○大藏大臣(法學博士阪谷芳郎君) 卽チ臨時軍事費ノ追加ト同ジヤウナコトニ、未ダ正確ナル豫算ニ組入レル、コトヲ利益トシナイモノ、卽チ唯今陸軍省カラ御答ニナリマシタヤウニ、四箇師團ヲ永久ニ滿韓ニ置クト云フコトニナリマスレハ、其計畫ヲ具シテ請求致シマスノデゴザイマス、今年ハ則チソレ等ノ費用ト云フモノハ、先ヅ三十九年度ノ形勢ニ依ッテスルト云フヤウナコトニナッテ居ル、斯フ云フヤウナ事ガアリマシテ、卽チ豫備費トシテ請求ハ致シテ居リマスケレドモ、是ハ支出ノ際ニハ更ニ精査ヲシテ節約ヲ務メル性質ニナッテ居リマス、卽チ戰時ノ引續ト致シマシテ、今年ハ豫備費ト云フ形式ヲ取リマシタ次第デゴザイマス

○江藤新作君 モウ一ツ御尋致シマス、先刻委員長ノ報告ノ中ニ五百万圓ノ節約ガアッタト云フコトデアリマシタガ、其五百万圓ノ金額ハ何ニ御使ヒニナルノデアリマスカ、説明ヲ求メマス

(大藏大臣法學博士阪谷芳郎君登壇)

○大藏大臣(法學博士阪谷芳郎君) 江藤君ノ唯今ノ御尋ハ、何カラ減ジタカト云フノデスカ

○江藤新作君 五百万圓ノ節約ニ付イテハ、其節約シタル金ハ實業上ノ發展ニ伴フ事ニ使フトカ、何トカ云フ御説明ガ、委員會ニ於テアッタト云フコトヲ承リマシタガ、果シ

テ共通デアレバ、ドウ云フ事ニ御使ヒニナルカ承リタイ

○大藏大臣（法學博士阪谷芳郎君）　分リマシタ、是ハ削除ニナル時分ニ委員會ニ於テ五百万圓ヲ豫備費ノトコロデ削除スルケレドモ、生產ノ事業ノタメニ更ニ政府ガ案ヲ具シテ使フト云フヤウナ追加豫算ヲ提出ヲシテ貰ヒタイ、斯ウ云フ發議ガアリマシタ、ソレニ對シマシテ、政府ニ於テハ十分ニ調査シ、更ニ追加ノ案ヲ具シテ出ス、斯ウ云フコトヲ御答ヲ致シテ置キマシタノデ、其追加豫算ト云フモノハ、未ダ閣議ニ於テ決定ハ致シテ居リマセヌ

○望月長夫君　私ガ或ハ大臣ノ唯今ノ御說明ヲ聞洩ラシタカモ分リマセヌガ、此第九款ノ豫備費ト云フモノガ、此多額ノ金額ガ、唯一本ノ豫算ニ出テ居ル年ハ、來年度ノミハ餘義ナイコト、致シマシテモ、決算ノ場合ニ於テハ其支出ノ各目ニ付イテ、議會ニ於テ之ヲ審査スルコトノ出來ル法式ヲ提出ニナリマシタモノデゴザイマセウカ、參考書ノ方ヲ見マシテモ、唯一本ノ儘ニナッテ居テ、殆ド唯今豫算トシテ審査スルコトガ出來ナイノミナラズ、更ニ決算ノ場合ニナリマシテモ、若シ此儘デアレバ、殆ド議會ノ審査スル方法ガナイヤウニナルト思ヒマスガ、是ハ此儘一本デ提出ニナル御考デアリマセウカ、少シソコヲ確メテ置キタイ

（大藏大臣法學博士阪谷芳郎君登壇）

○大藏大臣（法學博士阪谷芳郎君）　決算ニ於キマシテハ明細ニ區分シテ提出致シマス款項ニ分チマシテ……

○議長（杉田定一君）　チョット御尋シマスガ、菊池武德君ノ第九款ニ付イテノ修正ニハ、定規ノ贊成ガアリマスカ

（「アル〳〵」ト呼フ者アリ）

○議長（杉田定一君）　贊成ノ御方ハ御起立ヲ願ヒマス

起立者　少數

○議長（杉田定一君）　定規ノ贊成ハアリマセヌ――豫算委員ノ修正ニ付イテ決ヲ採リマス、卽チ第九款第一項、豫算委員ノ修正通御異議ガアリマセヌカ

（「異議ナシ異議ナシ」ト呼フ者アリ）

○議長（杉田定一君）　御異議ガナイモノト認メマス、修正ノ結果大藏省ノ合計ニ異動ガゴザイマス、是固ヨリ御異議ガナイモノト認メマス

（「異議ナシ異議ナシ」ト呼フ者アリ）

○議長（杉田定一君）　陸軍省所管ヨリ農商務省所管ノ全部マデ修正モナシ、又反對ノ通告モゴザイマセヌ、之ヲ一括シテ議題ニ供シマス

（「異議ナシ異議ナシ」ト呼フ者アリ）

○議長（杉田定一君）　御異議ガゴザイマセヌカ

（「異議ナシ異議ナシ」ト呼フ者アリ）

○議長（杉田定一君） 南條吉左衞門君

（南條吉左衞門君登壇）

○南條吉左衞門君 チョット一言御聽キヲ願ヒタウゴザイマス（「簡單々々」ト呼フ者アリ）簡單ニ申シマス、是ハ此委員長ノ報告ノ通ニ、請願ヲ採用スルノガ宜イト思ヒマス（「贊成々々」ト呼フ者アリ）唯今池田君ノ御說ニ、非常特別法ト予盾スルト、斯ウ云フコトデスガ、是ハ非常特別稅中ノ、卽チ輸入稅ノ中ニアルモノデス、其金額ノ如キハ僅ニ六万圓デアル、其抵觸スルシナイト云フヤウナ事柄ニ至ッテハ、政府ガ此問題ヲ處置スル上ニ付イテ、適當ノ方法ヲ行フダラウト思ヒマス（「ヒヤ〳〵」ト呼フ者アリ）ソコデ諸君ニ御話シ致シタイノハ、此繭ハ現今ノトコロデハ、支那カラ多ク參リマスガ、併ナガラ是ヲ今日此輸入稅ヲ取ッテ置クト云フコトハ、頗ル必要デアル、彼ノ朝鮮デアル――我保護國トナッタ朝鮮デアル、此朝鮮ハ此養蠶ト云フコトニハ、最モ適當シテ居リマスカラ、今後ハ彼ノ朝鮮ニ養蠶事業ガ發達シヤウト思フ、思ヒマスルガ、此朝鮮デ得タルトコロノ繭――此養蠶ヨリ得タルトコロノ繭ト云フモノハ、悉ク本邦ニ持ッテ參ッテ、是ヲ製絲其他ノコトニ使用致スト云フコトニ和成ル、然ルニ此輸入稅ガアレバ、假令朝鮮ノ保護國カラ輸入スルニモ、尙且輸入稅ヲ課サナケレバナラヌト云ヲ有樣デゴザイマス、モウ一ツ又此支那ノ繭ヲ輸入スルト云フ上ニ付イテモ、既ニ昨年此輸入稅ヲ取ッタガタメニ、內地ニ於テ玉繭其他ノ繭ヲ使用スルトコロノ營業者ハ、大分困難ヲ感ジマシテ、爲ニ本邦ノ此事業ニ幾分カ阻害ヲ與ヘタト云フ形迹ガ確ニゴザイマスカラ、是ハ一時モ速ニ此法ヲ採用シテ、輸入稅ヲ廢スト、斯ウ云フコトニ政府ハ途ヲ盡スコトガ、相當デアラウト思ヒマスカラ、委員長報告ノ通、御採用ニナランコトヲ希望致シマス

（「贊成々々」又ハ「採決々々」ト呼フ者アリ）

○議長（杉田定一君） 採決ヲ致シマス――本案ヲ採擇スルヤ否ヤト云フコトニ付イテ、採決ヲ致シマス、本案ヲ採擇スベシト云フ方ノ御起立ヲ願ヒマス

起立者 多數

（「大多數」又ハ「少數」ト呼フ者アリ）

○議長（杉田定一君） 多數ト認メマス

（拍手起ル「異議アリ異議アリ」ト呼フ者アリ）

○議長（杉田定一君） 異議ノ中立ニ定規ノ贊成ガアリマスカ

（「ナシ〳〵」ト呼フ者アリ）

○議長（杉田定一君） 定規ノ贊成ハナイヤウニ認メマス

（「然リ〳〵」ト呼フ者アリ）

○議長（杉田定一君）　御異議ハナイト認メマス、日程第十五、京釜鐵道買收法案第一讀會ヲ開キマス、議案ノ朗讀

第十五　京釜鐵道買收法案（政府提出）　第一讀會

京釜鐵道買收法案

京釜鐵道買收法

第一條　政府ハ本法ノ規定ニ依リ明治三十九年ニ於テ京釜鐵道株式會社所屬ノ鐵道ヲ買收スヘシ

買收ノ期日ハ政府ニ於テ之ヲ指定ス

第二條　政府ハ買收ノ日ニ於テ會社ノ現ニ有スル權利義務ヲ承繼ス但シ會社ノ株主ニ對スル權利義務竝收益勘定、積立金勘定及雜勘定ニ屬スルモノハ此ノ限ニ在ラス

第三條　買收價額ハ左ニ掲クルモノトス

一　拂込株金ノ六分ニ相當スル金額ヲ二十倍シタル金額

二　京仁線ニ於ケル明治三十五年後半期乃至明治三十八年前半期ノ六營業年度間ニ於ケル建設費ニ對スル益金ノ平均割合ヲ買收ノ日ニ於ケル建設費ニ乘シタル額ヲ二十倍シタル金額

前項第二號ニ於テ益金ト稱スルハ營業收入ヨリ營業費及收益勘定以外ノ諸勘定ヨリ生シタル利息ヲ控除シタルモノヲ謂ヒ益金ノ平均割合ト稱スルハ明治三十五年後半期乃至明治三十八年前半期ノ毎營業年度ニ於ケル建設費合計ヲ以テ同期間ニ於ケル益金ノ合計ヲ除シタルモノノ二倍ヲ謂フ

第四條　會社ニ於テ塡補スヘキ社債發行ノ差損金ハ會社ノ負擔トス

第五條　左ニ掲クル金額ハ時價ニ依リ公債券面金額ニ換算シ買收價額ヨリ之ヲ控除ス

一　京仁線ヘ繰替使用シタル金額

二　京仁線ノ債務ニシテ政府ヘ返還スヘキ金額

前項第二號ノ金額ハ買收ノ日ヲ以テ年五分ノ單利利引法ニ依リテ之ヲ算定ス

第六條　會社カ鐵道及附屬物件ノ補修ヲ爲ササル場合ニ於テハ共ノ補修ニ要スル金額ハ前條第一項ノ例ニ依リ買收價額ヨリ之ヲ控除ス

第七條　權利義務ノ承繼ニ關シ又ハ計算ニ關シ會社ニ於テ異議アルトキハ政府ハ審査委員ヲシテ決定ヲ爲サシムヘシ

審査委員ノ決定ハ終局トス

第八條　買收ノ執行ハ審査委員ノ審査中ト雖之ヲ停止セス

審査委員ニ關スル規定ハ勅令ヲ以テ之ヲ定ム

第九條　會社カ買收ニ因リテ解散シタルトキハ主務大臣ハ解散ノ登記ヲ登記所ニ囑託スヘシ

第十條　買收代價ハ買收ノ日ヨリ二箇年以內ニ於テ券面金額ニ依リ五分利付公債證書ヲ以テ之ヲ交付ス但シ五十圓未滿ノ端數ハ之ヲ五十圓トス

會社殘餘財產ノ分配ハ前項公債證書ヲ以テス

第十一條　政府ハ買收ノ日ヨリ公債證書交付ノ日ニ至ル迄買收價額ニ對シ一箇年百分ノ五ノ割合ニ相當スル金額ヲ從前ノ決算期每ニ會社ニ交付スヘシ

前項ニ依リ交付シタル金額ハ淸算中ト雖之ヲ株主ニ配當スルコトヲ得

第十二條　政府ハ買收ノ執行ニ必要ナル額ヲ限度トシ公債ヲ發行ス

第十三條　政府ハ前條ニ依リ發行シタル公債及第二條ニ依リ承繼シタル債務ノ整理ニ必要ナル額ヲ限度トシ公債ヲ發行スルコトヲ得

前項ノ場合ニ於テ利率、募集ノ方法、規約、据置年限及償還年限ハ命令ヲ以テ之ヲ定ム

第十四條　前二條ノ公債ニ關シテハ本法ニ別段ノ規定アルモノヲ除クノ外整理公債條例ヲ適用ス

第十五條　第五條ニ規定シタル公債時價ハ買收期日前六箇月間ニ於ケル帝國五分利公債ノ平均相場ニ依ル

前項平均相場ハ日本銀行ノ證明ニ依リ政府之ヲ定ム

〔「朗讀ヲ略スベシ朗讀ヲ略スベシ」ト呼フ者アリ〕

○議長（杉田定一君）　ソレデハ朗讀ヲ省略シマス――別ニ說明ガナイヤウデアリマスデ、次ノ日程ニ移リマス、第十六、右議案ノ審査ヲ付託スベキ委員ノ選擧ニ移リマス

第二十八　日韓兩國ノ關税ニ關スル建議案（早速整爾君外五名提出）

日韓兩國ノ關税ニ關スル建議案

日韓兩國通商ノ利便ヲ圖リテ經濟上ノ一大發展ヲ策スルハ刻下ノ急務タリ而シテ又韓國指導ノ任務ヲ完クスルニ於テ缺クヘカラサルノ要道トス兩國ノ通商ハ年次大ニ増進セルヲ見ルト雖共ノ間關税制度ノ存スルアリテ經濟共通ノ一大障壁ヲ築キ通商ノ不便尠ナカラス從テ韓國經營ノ途ヲ妨クルコト大ナリ

政府ハ相當ノ施設ヲ爲シ在來ノ關税制度ヲ撤廢シ依リテ以テ經濟上ノ一大發展ヲ策セムコトヲ望ム

右建議ス

○肥塚龍君　本員ハ提出者ノ一人トシテ本案ヲ提出致シマシタ理由ヲバ、簡略ニ一應說明致シマス、御承知ノ御方モ澤山アル筈デゴザイマスガ、此東京市制案ト申シマスモノハ、ナカ〳〵長キ歷史ヲ持ッテ居ルノデゴザイマス、一番最初ニハ貴族院デ、安場保和君ガ府制案ト云フモノヲ提出セラレタ、是ガ確カ一番初メデアッタト思フテ居リマス、ソレカラ其次ニ明治二十九年ノ一月、時ノ總理大臣伊藤侯爵カラシテ、東京都制案ト云フモノヲバ提出セラレタノデアリマス、是ガ第二番目ニナッテ居リマス、ソレカラ同年ノ十二月ニ至リマシテ、私共ガ東京市制案ト云フモノヲバ、一旦提出致シマシタガ、本院デハ通過シテ、確カ貴族院デ通過シナカッタヤウニ思ウテ居リマスガ、是ガ第三番デゴザイマス、ソレカラ此度ノ此提案ニナッテ居ルノデゴザイマスガ、吾々ガ最初ヨリシテ主張シテ居リマスルトコロト、ソレカラシテ唯今內務大臣カラシテ說明セラレタ政府ノ市制案、此市制案ハ箇條ガナカ〳〵長ウゴザイマスルカラ、一々此所デ說明モ何モ出來タモノデハゴザイマセヌ、ゴザイマセヌガ、丁度同時ニ政府カラモ提出セラレ吾々カラモ提出セラレマシタガ、其中ノ箇條ハ同ジモノモアレバ、變ッタモノモ澤山ニゴザイマスケレドモ、其中デ最モ吾々ガ骨子トシテ提出シテ居ルトコロノ必要點ガ、政府提出案トハ誠ニ違ッテ居ルノデゴザイマスカラ、此一點ダケヲバ、大略說明ヲ致シタイト思フ、ソレハ何デアルカト申シマスレバ、政府ノ提出シタトコロノ市制案ニハ、東京市ト云ヘルモノモ、矢張普通ノ——外ノ一般ノ市ト同一法律ノ下ニ支配シテアッテ、第一ノ監督者ガ東京府知事、ソレカラ第二ノ監督者ト云フモノガ內務大臣、斯ウ云フ譯デ此二種ノ監督廳ト云フモノヲ——監督者ト云フモノヲ設ケテアルノガ現在ノ市制デアル、又今度政府カラ提出セラレタトコロノ案モ、共通ニナッテ居ル、是ガ大ニ違フトコロノ一點デゴザイマシテ、吾々ガ提出致シマシタノハ、御承知デモゴザイマセウガ、此內務省ト東京市ト云ヘルモノトノ、中間ニアルトコロノ一ツノ停車場——一ツノ「ステーション」即チ東京府ト云フ此「ステーション」——停車場ヲバ廢シテシマッテ、東京市ト內務省ト直接ニ取引ト云フコトニシタイト云フノガ、即チ吾々ガ提出シテ居ルトコロノ最モ大切ナル部分トシテ書イテアルトコロノ違方デゴザイマス、此一點ガ不幸ニシテ政府案ト吾々ノ案ト衝突シテ居ルノデゴザイマスガ、イヅレ委員付託トナッテ種々議論モゴザイマセウカラ、詳細ナ議論ハ其場デ致シテモ、宜シウゴザイマスガ、此一點ダケハ吾吾提出者ハドウシテモ容ルヽコトガ出來ナイト考ヘテ居ルノデゴザイマス、何故ニ吾々ガ、此現在デモ第一監督者ガ東京府知事、第二監督者ガ內務大臣、斯様ニアルノヲバ、內務省直轄ニシナケレバナラヌト云フ理由ヲバ出シマシタ、ト申シマスルト、是ハ理窟ノ上カヲ言ヒマシテモ、事實ノ上カラ言ヒマシテモ、斯クアラナケレバナラヌト、吾々ハ信ジテ居ルノデアル、又內務省直轄ニシナケレバナラヌト云フコトヲバ、吾々ガ今日始メテ提案シタノデハ決シテゴザイマセヌ、吾々ドコロデナイ、今ヨリ約十年前、既ニ政府——時ノ總理大臣伊藤侯爵デスラ以テ、東京市ハ內務省ノ直轄ニシナケレバナラヌト云フコトガ、立派ニ書イテアルノデアル、伊藤侯ガ出シタトコロノ東京都制案ト云フモノモ、茲ニ私ハ持ッテ居ルガ、何時デモ御目ニ懸ケマスルガ、其中デヤ、當時ノ總理大臣ガ東京市ト云ヘルモノハ、內務省ノ直轄デナケレバナラヌト、其議案ノ理由書ニ斯様ニ書イテアリマスカラ、其擷摘ンダトコロダケヲバ、私ハ書拔イテ置イタ、此中ニモアリマスケレドモ、一應諸君ニ御聽ヲ願ヒタイト思フ、誠ニ短イ話デゴザイマス、伊藤侯爵カラ出シテ居ルトコロノ理由書ニ斯ウ書イテアル「帝都ノ地タル廣袤五方里ニ亙リ人口百三十万ヲ有シ國家政令ノ出ル所社會樞軸ノ存スル所ニシテ亦智力ノ中心資力ノ焼點タリ今試ニ東京市ノ人口ヲ把テ之ヲ尋常ノ市ノ人口平均數ニ比スレハ實ニ其ノ三十倍他ノ二都ノ人口ニ比スレハ殆ント大阪市ノ三倍京都市ノ四倍ニ及ヒ之ヲ他ノ府縣ノ人口平均數ニ比スルモ尙其ノ二倍ニ及ヘリ其經費ニ就テ之ヲ觀ルモ一歲ノ支出額(二十六年度市費決算額)殆ント二百万圓ニ上リ之ヲ尋常ノ市ノ歲出平均額ニ比スレハ實ニ其ノ五十倍他ノ二都ノ歲出ニ比スレハ各都ノ四倍ニ當リ之ヲ他ノ府縣ノ歲出平均額ニ比スルモ尙其ノ四倍ニ過ク」中ヲ少シ省キマシテ「現今ノ如ク東京市ヲ以テ他ノ都市ト等シク府縣ノ下ニ隷屬セシムルハ此ノ最モ重要ナル團體ト國家トノ關係ヲ密接ナラシムル上ニ於テ未タ完備ノ制度ト爲スヘカラス依テ本制ニ於テハ從來ノ東京府ノ區域ヲ以テ都ヲ置キ中央政府直接ノ監督ニ屬スル自治體タラシメタリ」ト云フコトガ當時ノ內閣總理大臣ガ提出シタルトコロノ理由書ノ中ニ斯様ニ書イテアル、然ラバ今內務省ノ直轄ニスルト云フコトハ、吾々ノ考ドコロデハナイ、十年前ノ政府デスラ以テ其考ヲバ持ッテ居ルノデアル、シテ見マスレバ吾々ガ今內務省ノ直轄ニスルト云フコトハ、決シテ自分自身ノ一夜作リノ考デナイト云フコトヲバ御承知ヲ願ヒタイ、又此理由書デ見マスレバ、當時ハ人口百三十万トシテゴザイマスケレドモ、今日ノ人口ハドウデアルカト申シマスレバ、今日ハ最早二百万ニ達シテ居ル、東京市內ニ於テハ一區ノ內ニ於テ、淺草區ダケデモ二十五万ノ人口ヲ持ッテ居リマス、一區デ二十五万ノ人口、一市デ二百万ノ人口ヲ持ッテ居ルモノト、一万五千カ三万乃至、四万ノモノト同一規律ノ下ニ支配シテ往クト云フコトハ、隨分權衡ヲ失フタ話デハゴザイマスマイカ、又一年ノ此財政ノ上デ言フテ見マスルト、ドウデアルカト申シマスレバ、今日ノ東京市ハ、一箇年ノ收入支出各々約一千万圓ニ上ッテ居ルノデゴザイマス、約一千万圓ノ歲入歲出、是ハ一國ノ上カラ言ヒマスレバ、ソレハ大シタ金デハナイ、大シタ金デハゴザイマセヌケレドモ、一ツノ市ニ於テ、一箇年ニ一千万圓ノ出入ト云フコトハ、恐ラク此近クヘ寄ル所ノ市モ、全國內デハゴザイマセヌ、御承知デモアリマセウガ、先日朝鮮カラ歸ッテ來タトコロノ、目賀田氏ハ——御承知ノ通リ朝鮮ノ財政顧問ヲシテ居ル目賀田氏ガ、或者ニ向ッテ話ヲシタト云フコトガ、新聞ニ出テ居リマスルガ、朝鮮ノ財政ハ一箇年ニ幾許ノ收入アルカト申シマスルト、朝鮮ノ政府ノ歲入ガ、一箇年八百万圓ト云フコトガ出テ居リマス、一ツノ政府ノ歲入八百万圓デアリマスルガ、東京市ノ歲入ハ約一千万圓、歲出モ亦是ニ伴ウテ居ル、此一點カラ見マスレバ、朝鮮政府ヨリモ東京市ト云フモノハ大キクナッテ居ルノデゴザイマス、斯様ナ譯デゴザイマスルカラシテ、財政ノ上カラ言ヒマシテモ、人口ノ上カラ言ヒマシテモ、東京市ヲバ他ノ小サイ市ト同一律ノ下ニ支配ヲシテ往クト云フコトハ、隨分無理ナ話デアル、又遡ッテ德川時代ノ有樣ハドウデアッタカ、德川時代ノ有樣ハ其時ハ東京トハ言ハナイ、即チ江戸デアル、江戸ヲバ德川ガ如何ナル司法行政ノヤリ方ヲシテ居ッタカト申シマスレバ、德川時代ニハ、殆ド江戸市中ハ直轄同様デゴザイマセウ、橋梁ナリ、市區改正ナリ、水道ナリ、殆ド政府直轄ノ事業トシテ居リマシタノガ、德川時代デゴザイマスルガ、維新開明ノ時代ニナッテ、段段段々此行政機關ガ殖エテ來テ、遂ニハ內務省ト云フモノ、下ニ東京府、其下ニ東京市ト云フモノヲ置キ、オマケニ先日ノ議場デ討論ガアリマシタル通、其外ニハ警視廳ト云フモノガアッテ、市ノ手足ヲ縛リ付ケテ居ル、斯ウ云フ有様ニナッテ居ルノデゴザイマスカラ、江戸ノ昔ノ歷史ヲ見マシテモ、今之ヲバ東京府廳ノ下ニ隷屬シテ、府知事ガ監督シ、內務大臣ニ二重ノ監督ヲスルト云フコトハ、隨分ドウモマドロクサイ話デアル、出來ルダケナレバ行政機關ハ誠ニ「シンプル」單簡ニシテ仕事ガ擧ルモノナレバ、クレニ越シタコトハゴザイマスマイ、何時ノ政府ト雖モ繁文縟禮ハ宜シクナイト云フコトヲバ言ウテ居リマスル以上ハ、即チ吾々ノ東京市ト、中央政府トノ中間ノ「ステーション」ヲバ取外シテ、直接直轄ノ行政ノヤリ方トスルト云フコトハ、決シテ無理ナル希望デハゴザイマセヌ、既ニ約十年前ノ政府當局者デスラ以テ、東京市ハ內務省直轄デナケレバナラヌト云フ理由ヲバ、分明ニ書現ハシテ居ラレル以上、十年後ノ今日ハ益々其必要ヲ感ジナケレバナラヌノデゴザイマスルカラ、此案ヲ提出シマシテ、政府案トノ衝突ハ此一點デアラウト思ヒマスルカラ、尙委員會ノ上ニ於キマシテモ、此事ニ付イテハ諸君ト審議討論ヲ致シテ見タイト思ヒマスルカラ、其邊ノ處ヲバ御諒察ニナリ、又東京市現在ノ有樣モ、御承知ニナッテドウゾ本案ノ他ノコトハ譲リ合モ、誠ニ仕好ウゴザイマスルガ、此一點ダケハ吾〻提出者ニ於テ讓ルコトハムヅカシウゴザイマスカラ、ドウゾ本案ニ贊成セラレテ、政府ノ市制案デナクシテ、東京市ニ關スルモノダケハ、吾〻ノ案ニ贊成ヲセラレテ、政府ノ提出セラレタトコロノ市制案ハ、但東京市ヲ除クト云フ但書ヲバ加ヘテ、吾〻ノ案ヲバ通過スルヤウニ御盡力ヲ願ヒタイト思ヒマス

第三 韓國ニ於ケル裁判事務ニ關スル法律案（政府提出 貴族院送付） 第一讀會

〔小字及「」ハ貴族院修正〕

韓國ニ於ケル裁判事務ニ關スル法律案

第一條 理事廳ハ其ノ管轄區域內ニ於ケル訴訟事件ノ始審及非訟事件ノ事務ヲ行フ

第二條 統監ハ一ノ理事廳ノ管轄ニ屬スル裁判事務ノ一部ヲ他ノ理事廳ヲシテ取扱ハシムルコトヲ得

第三條 理事廳ハ理事官又ハ副理事官單獨ニ審問裁判ス

第四條 統監府法務院ハ終審トシテ理事廳ノ裁判ニ對スル上訴ヲ審理管轄ス

第五條 統監府法務院ハ評定官三人ヲ以テ組織シタル部ニ於テ審問裁判ス」評定官中上席ノ者ヲ以テ裁判長トス

第六條 五年以上判事、檢事、○帝國大學法科大學教授、理事官又ハ副理事官ノ職ニ在ル者又ハ在リタル者又ハ辯護士ニ非サレハ評定官又ハ檢察官タルコトヲ得ス

第七條 理事官ハ理事廳職員ヲシテ其ノ廳ノ檢察事務ニ付檢事ノ事ヲ行ハシム

第八條 統監府法務院ノ檢察事務ハ檢察官之ヲ行フ但シ檢察官事故アルトキハ法務院長ハ評定官中ノ一人ヲシテ之ヲ代理セシム

第九條 裁判所構成法中法律上ノ共助ニ關スル規定ハ理事廳及統監府法務院ト裁判所トノ間、裁判所及臺灣總督府法院ト統監府法務院トノ間ニ於ケル法律上ノ共助ニ之ヲ準用ス」外國裁判所ノ囑託ニ因ル共助法ノ規定ハ外國裁判所ノ囑託ニ因リ理事廳及統監府法務院ニ於テ行フ法律上ノ輔助ニ之ヲ準用ス

第十條 本法ニ規定アルモノノ外裁判事務ニ關シ韓國ニ於テ適用スル法律ニ付テハ勅令ヲ以テ別段ノ規定ヲ設クルコトヲ得

附 則

本法施行ノ期日ハ勅令ヲ以テ之ヲ定ム

本法施行前受理シタル訴訟事件及非訟事件ニ關シテハ總テ從前ノ例ニ依ル

〔「朗讀省略」「朗讀ヲ願ヒマス」ト呼フ者アリ〕

○議長（杉田定一君） ソレデハ省略致シマス

（司法大臣松田正久君登壇）

○司法大臣松田正久君 韓國ニ於ケル裁判事務ニ關スル法律案提出ノ理由ヲ一言致シマス、從來韓國ニ於ケル居留日本人ノ裁判事務ハ、多ク領事廳デ取扱ッテ居タノデアリマス、尤モ其中デ種類ニ依ッテハ、長崎地方裁判所ノ管轄ニ屬シテ居タモノガアリマシタガ、其領事廳ノ裁判ニ對スルトコロノ控訴、若クハ上告ノ如キニ至ッテハ、長崎ノ控訴院若クハ大審院ニ於テ之ヲ受理シテ居タノデアリマス、然ルトコロ幾ニ韓國ニ於テ理事廳及統監府ヲ設ケラレタノデアル、而シテ統監ハ政務ヲ統一スルノ職務ヲ持ツコトニナリマシタ、隨ッテ韓國ニ於ケル裁判事務モ統監府ニ直屬セシムルト云フ趣意ヨリシテ、本案ヲ提出スルコトニ至リマシタ、此案ノ大要ヲ申セバ、從來領事館デ取扱ッテ居タ裁判事務ハ理事廳デ取扱ヒ、而シテ長崎ノ地方裁判所若クハ控訴院及大審院ニ於テ受理シタルモノハ、總テ統監府ノ法務院ニ於テ之ヲ取扱フコトニシタイト云フノ要旨ニ止マリマス、是ハ貴族院ニ於テ可決ヲ得マシテ、本院ヘ送付サレタ譯デアリマスカラ、速ニ御協賛アランコトヲ希望致シマス、尙詳細ナルコトハ法制局長官ヨリ御質問ニ應ジテ説明ヲ致スデアリマセウカラ、此段御了承ヲ願ヒマス

（森田卓爾君登壇）

○森田卓爾君 是ハ私ハ司法大臣バカリデナク、提案ノ根柢ニ付イテ、三箇條程政府全體ニ御尋ヲ致シタイノデ、遠クカラ聽エマセヌカラ登壇致シマシタ、此案ハ表題ハ韓國ニ於ケル裁判事務ニ關スル法律案ト題シテアリマスガ、其內容ハ韓國ニ於ケル裁判所構成法ト云ッテ差支ナイ案デアリマス、中ヲ見マスルト是マデノ韓國ニ於ケル裁判所構成法ト云フモノハ根柢カラ壞シテシマッテ、稍〻內地ニ行ハル、ヤウナ裁判所構成法ガ出來テ居ル、即チ二審制度ニシテ、一審ハ元ノ領事、今ノ理事廳デ扱フ、二審ハ唯今新タニ出來マスルト云フ法務院デ扱フ、斯ウ云フコトニシタイト云フノガ、本案ノ趣意デアル、唯今司法大臣カラノ説明モ、其通內容其通リニナッテ居リマス、モウ一ツハ今マデノ領事館ト云フモノハ、極ク狹イ範圍ノ職權ヲ持ッテ居ッタ、即チ豫審ヲ經ザル重輕罪ノ公判、是ダケデ、ソレカラ重罪ハ一切扱フコトハ出來ナイト云フコト、即チ豫審ヲ經タ重罪ト輕罪ハ、長崎控訴院ガ公判ヲ開クト云フコトニナッテ居ル、ソレヲ今度ハ重罪デモ輕罪デモ豫審ヲ經ルモノデモ、經ザルモノデモ、盡ク唯今ノ理事官ト云フモノニ、裁判權ヲ與ヘルト云フコトニナッテ居ル、第一ノ質問ハ、サウ云フコトニスルナラバ、私ハ是ハ憲法違反デハナイカト思フ、具體的ニ質問ノ明文ヲ申シマス、第一審ノ判事資格ヲ法律ヲ以テ一定セザルハ、如何ナル理由ナルヤ、是ガ第一法案ニ依リマスト、第六條ニ於テ法務院ノ評定官、即チ憲法ニゴザイマス、裁判官ダケハ本案即チ法律ヲ以テ判事、檢事、理事官、又ハ副理事官ノ職ニ在ル者、又ハ在リタル者ニアラザレバ、評定官又ハ檢察官タルコトヲ得ズトアル、是ハ至當ノ規定デアリマス、裁判所ノ構成ト云フモノハ他ノ官制トハ違ッテ、行政官ガ手心デ資格ヲ定ムルコトハ出來ナイコトニ、憲法ニ規定シテアル、然ルニ一審ノ裁判官、即チ理事官、若クハ副理事官ト云フモノハ、ドウ云フ資格ノモノカラ得ルカト云フコトハ、本案ニ於テ規定ガ致シテナイ、ソレハドウ云フ趣意デアルカト云フコトヲ、貴族院デ聽イテ見マスルト、政府ハ斯ウ答ヘタノデアル、ソレハ幾ニ出シマシタ官制ニ依ッテ、其資格ガ定メテアリマスカラ、此案ニハ除ケマシタ、其官制ノ第一條ニ理事官副理事官ト云フモノハ、左ノ資格ヲ得タル者カラ採用スル第一外交官、領事官、貿易事務官ノ職ニアル者、第二外交官又ハ領事官ノ資格ヲ有スル者、第三ニハ司法官試補ヲ經テ、滿一年以上、判事又ハ檢事ノ職ニ在リ、又ハ在リタル者、此三ツノ者カラ採用スル考デ、勅令ガ既ニ出サレテゴザイマス、斯ウ云ウテ居ル、是ガ甚ダ私ノ疑點ノ氷解スルコトノ出來ヌ點デアル、評定官ト名ヲ命ケマシテモ、臺灣ノ法院判官ト名ヲ命ケマシテモ、民事刑事ノ裁判ヲ爲ス者、憲法ノ二十四條ノ所謂裁判官ニ違ヒナイ、憲法二十四條ニ依リマスト、日本臣民ハ法律ニ定メタル裁判官ノ裁判ヲ受クル權ヲ奪ハル、コトナシトアル、行政官ノ官制デ――勅令デ拵ヘタ者ノ裁判ヲ受クルト云フ義務ハナイノデアル、徹頭徹尾法律ニ資格ヲ定メテ、其資格ヲ持ッテ居ル裁判官ノ裁判ニノミ服從スル義務ヲ持ッテ居ル、其他ノ行政官ガ拵ヘタ勝手次第ノ裁判ニ服從スル義務ハ日本臣民ハナイ、ソレガナイト云フコトヲ認メラレタレバコソ、韓國ニ於ケル一名裁判所構成法ト稱スルトコロノ本案第六條ニ法務院ノ評定官ト云フモノハ、裁判官若クハ檢察官ト限ラレテ、六條ニハ明カニ法律ヲ以テ資格ガ規定セラレテ居ル、然

ルニ裁判官ニ限ッテ法律ニ於テ、其資格ヲ限定セズシテ、勅令ニ依ッテ之ヲ定メルト云フコトハ、ドウ云フ全體御趣意デアルカ、第一本案ニ於テ矛盾スルノミナラズ憲法ニ於テ行政官ノ裁判ヲ受クル義務ノナイ國民ヲ、行政官ノ裁判官ノ下ニ置クト云フコトニナリハセヌカ、モウ一ツ詳シク申シマスト、此行政官ノ官制ト云フモノハドノヤウニモナル、勅令デ——官制ニ於テ司法官試補ヲ經テ、滿一年以上判事又ハ檢事ノ職ニ在リ、又ハ在リタル者、ト斯ウシテアルカラ宜イデハナイカト云フガ、之ヲ止メヤウト思ヘバ、勅令デ直グ止メルコトガ出來ル、之ヲ止メテ今マデノ行政官ノシテ居ッタモノヲ理事官ニサセルコトモ出來ル、法律デ極メテ置クトキニハドウシテモ出來ナイコトニナルノニ、此一審ノ裁判官ニ限ッテ、勅令デ自由自在ニ進退スルヤウナ、司法權ノ獨立ヲ持ッテ居ラヌ者ニ、此裁判權ヲ與ヘルト云フコトハ、如何ナル趣意デアルカ、第二ニハ二審裁判官ノ資格ガ極メテアル中デ、大學敎授、若クハ辯護士ト云フモノヲ、資格カラ除イタノハドウ云フ譯、（「修正サレテ居ル」ト呼フ者アリ）修正ガ原案デハナイ、修正ガ惡ルク出來テ居ルカラ申スノデ、此原案デハ「五年以上判事檢事理事官又ハ副理事官ノ職ニ在ル者又ハ在リタル者ニ非サレハ評定官又ハ檢察官タルコトヲ得ス」トアル、是ハ當リ前デゴザイマスガ、日本ノ內地ノ原則トシテアル構成法ニハ、法科大學ノ敎授ヲ何年シタ者ハ判事ニナル、又ハ辯護士タル者ハ云々ト斯ウアル、ソレデ第二ニ付イテ問ヒタイノハ、ドウ云フ譯デ帝國大學ノ法科敎授ト、辯護士ト云フモノヲ入レナカッタカ、貴族院デ意見ガアッタラ、トウ〳〵政府ハ要領ヲ得ル答ヲスルコトガ出來ナカッタ、ソレ故ニ私ハ此處デ聽イテ置ク、ソレカラ第三ニ私ノ聽キタイト思フノハ、第六條ノ貴族院修正ニ對シテ、政府ガ同意致シタ趣意ガ分ラヌ、貴族院デ斯ウ修正シタ、唯今ノ大學ノ敎授辯護士ヲ入レタト云フコトハ穩當デゴザイマスガ、其下デ原案ヲ貴族院デ打壞シタノニ、政府ガ贊成シタノガ分ラヌ、原案ニアル「職ニ在ル者又ハ在リタル者」ト斯ウ立派ニ書イテアル、原案ノ方ガ宜イノデアル、卽チ此原案ノ趣意ト云フモノハ、今マデ法科大學ノ敎授、判事ニ仕官ヲシテ居ッタ者、若クハ現ニ職ニ五年以上勤メテ居ル者、兩方ノ中カラ採ル、斯ウ云フコトガ立派ニ詳シク書イテアルノニ貴族院デハソレヲ改正シテ「在リタル者」ヲ除ケテシマッタ、既往ニ於テソレダケ勤メタ者ヲ除ケテ——今日休職退職シタモノヲ退ケテ唯現在「タル者」ダケヲ採ルト云フコトニ修正シタトコロガ、政府ハ差支ナイト云ウテ同意セラレタノハ、立派ニ六條ニ嚴格ニ書イテアルノヲ除ケラレテ、恬トシテ顧ミナイ、是デモ政府ノ方ハ既往ニ於テ其職ニアリタルモノモ取リ得ルト云フ趣意デアルカ、此三點ヲ伺ヒタイ

（政府委員法學博士岡野敬次郎君登壇）

○政府委員（法學博士岡野敬次郎君） 唯今ノ御質問ニ御答致シマス、第一ノ御質問ハ理事官ノ資格ヲ法律デ定メナイノハ、憲法ニ違反スルデハナイカト云フ御趣意ト考ヘルノデアリマス、是ニ付キマシテハ、從來朝鮮ニアリマシタトコロノ領事裁判ノ性質如何、領事官ガ如何ナル資格ヲ以テ民刑ノ事件ヲ裁判シタノデアルカト云フコトヲ考ヘナケレバナラヌノデアリマス、御承知ノ通日韓協約ニ依リマシテ、領事官ノ裁判權ノミナラズ、領事官ノナシテ居ッタトコロノ職務ト云フモノハ、新タニ設置セラルヽトコロノ理事官ノ職務ニ移ッタノデアリマス、故ニ嘗テ領事官ガ其資格ヲ法律ニ定メテナイニモ拘ハラズ、矢張裁判ヲナシ來ッタモノデアルノデアリマスカラ、此日韓協約ノ定ムルトコロニ依ッテ、領事官ノナシタトコロノ職權ガ、理事官ニ移ッタナラバ、是ハ矢張其時勢ニ於テハ理事官ハ矢張領事官ト同一ノ職權ヲ有スルモノト言ハナケレバナラヌノデアリマス、此領事官ト云フモノハ御承知ノ通、嘗ニ朝鮮ニアルバカリデハアリマセヌ、其他ノ外國ニモアルノデアッテ、治外法權ノ存シテ居ル所ニアッテハ、此領事官ガ矢張裁判ヲナシテ居ルノデアリマス、而シテ此領事官ノ資格ガ法律ニ定メテナイト云フ點ニ於テ違憲デアルト云フノ議論ハ、私ハ嘗テ聞カヌノデアリマス、卽チ第一ノ御質問ニ對シテハ、領事官ノ職務ガ日韓協約ノ定ムルトコロニ依ッテ、理事官ニ移ッタノデアリマスカラ、其領事官タルノ資格ハ法律ニ限定スルコトヲ要セナイ、限定セザルモ敢テ憲法ニ反スルコトハナイト信ズルノデアリマス、ソレカラ第二ノ……（森田卓爾君「一般ニ治外法權ノアル領事官トハ其關係ガ違ッテ居ル」ト呼フ）矢張理窟ニ於テハ同樣デアリマス、多少權限ニ廣狭ハアルニ致シテモ、裁判ヲナスト云フ點ニ於テ、理事官ガ他ノ外國ニアルトコロノ領事官ト、共性質ヲ異ニスルモノデハナイト信ズルノデアリマス、第二ノ點ニ付イテ、政府カラ提出ニナッタ原案ニハ、大學ノ敎授、ソレカラ辯護士ト云フモノヲ加ヘテナカッタノデアル、貴族院ノ修正ニ同意ヲシタノハ甚ダ分ラヌ、何ガ故ニ原案ニ於テ之ヲ加ヘナカッタト云フノガ、御質問ノ點ノヤウデアリマスガ、質問者自身モ貴族院ノ修正ニハ御贊成ノ意ヲ表セラレテ居ルヤウニ聽エマスルシ、又政府ニ於テモ貴族院ノ修正ヲ可ナリト認メテ、是ニ同意ヲシタノデアリマスカラ、此貴族院ノ修正ニナッタモノヲ議案トシテ、御討論ヲ願ヒマシタナラバ、敢テ其以前ニ遡リテ說明ヲ致ス程ノ必要モナカラウト信ズルノデアリマス、第三ノ「職ニ在ル者又ハアリタル者」ト云フノヲ、改メテ「タル者」トシタノハ所謂「タリシ者」ヲ含マナイ、斯ウ云フ意味ニ解釋セラレハセヌカ、ソレナラバ甚ダ穩當デアルマイ、斯ウ云フ御趣意ト伺ッタノデアリマス、是ハ貴族院ニ於キマシテモ、度々說明ヲ致シマシタ通、此本案ノ第六條ハ其文字ニ於テモ、裁判所構成法ノ定ムルトコロニ倣ッタノデアリマシテ、御承知ノ如ク裁判所構成法ノ第六十五條ニ於テ「三年以上帝國大學法科敎授若ハ辯護士タル者」斯ウ書イテ居ッテ「タリシ者」ト云フコトハ言ウテハ居リマセヌノデス、又第六十九條、第七十條ニ於テモ「五年以上判事タル者」「十年以上判事タル者」トアッテ「タリシ者」ト云フコトハ明カニ言ウテハ居リマセヌノデス、併ナガラ此裁判所構成法ノ「タル者」ト云フノハ、卽チ「タリシ者」ヲモ合セテ含ムモノデアルト云フコトニ、從來解釋シ來ッテ居ルノデアリマシテ、卽チ此點ニ於テハ貴族院ノ修正ニナッタコトニナリマシテモ、一向趣意ニ於テハ變ラヌ精神デアルノデアリマス

○森肇君 質問ガアリマス、此本案ノ卽チ韓國ニ於ケル裁判事務ニ關スル法律案ナルモノハ、我日本ノ國民ガ韓國ニ對シテ居留シテ居ル場合ニ、其居留民ヲ支配スルトコロノ此法律案デゴザイマス、而シテ見レバ此法律ニ於テ、居留民ガ如何ナル利害ニ關係ヲ持ッテ居ルカト云フコトヲ想像シテ見ルニ、實ニ重大ナル關係ヲ持ッテ居ルノデアリマス、ソレニ付イテ先キニ御質問モ出マシタガ、私ハ先ヅ第一ニ斯ウ云フコトヲ御尋ヲシタイ、此第十條ヲ見マスルト斯ウ云フコトガ認メテアリマス「韓國ニ於テ適用スル法律ニ付テハ勅令ヲ以テ別段ノ規定ヲ設クルコトヲ得」ト云フコトガアリマス、是ハ讀ンデ字ノ如ク、一ツノ命令ヲ以テ法律ヲ變更スルト云フコトヲ許スト云フ、法律ニナッテ居ルノデアル、卽チ明文デアリマス、又政府委員ガ貴族院ニ於テ說明ヲ與ヘラレタトコロノ筆記錄ヲ讀ンデ見マシテモ、サウ云フ趣意ニ聽エマスル、是ハ卽チ憲法ノ第九條ニ於テ明カニ「命令ヲ以テ法律ヲ變更スルヲ得ス」ト云フコトガアル、此憲法ノ明文ニ違反スルトコロノ規定デハナイカト、本員ハ考ヘルノデアリマス、是ヲ先ヅ第一ニ御尋ヲ申シタイ、ソレカラ第二ニ御尋ヲシタイノハ、卽チ先キノ質問者ガ言ハレタトコロノ、第一項ニ對スル質問ト同一ニ關スル問題デゴザイマスガ、私ノ尋ネント欲スルトコロハ、モウ一歩進ンデノ御尋デゴザイマス、唯今政府委員ガ答ヘラレタトコロノ答辯ハ、貴族院ノ委員會、若クハ本會議ニ於テ答辯セラレタルトコロト同一デアリマス、本員ハ既ニソレヲ一讀致シテ居リマスカラ、其意味ハ能ク承知致シテ居リマスガ、倘答辯ソレニ自體ガ既ニ私ハ此理事官、若クハ副理事官

ナルモノハ、法律ニ於テ定メラレタルトコロノ裁判官ト云フモノニハ當ラナイモノデアルト云フ意見ヲ有シテ居ルノデアリマス、固ヨリ此明治三十二年ノ第七十號ノ領事ニ關スルトコロノ法律ハアリマシテ、領事官ニ委任スルニ、此裁判ノ權ヲ與ヘテ居ルノデゴザイマス、種々ナル條件ヲ附ケテ――是ハ法律ニ於テ領事官ニ裁判權ガ委任シテゴザイマス、此委任ガ果シテ適法デアルカ、憲法ノ第五十八條、又ハ憲法ノ第二十四條等ニ牴觸スルカセナイカト云フコトニ付イテハ、憲法學者間ニ於テモ多クノ議論ノアルトコロデゴザイマス、併シ私ハ此議論ハ茲ニ言フ必要ハナイ、何ゼトナラバ、既ニ領事ニ關スルトコロノ法律ノコトニ付イテ論ズル必要ハナイノデアリマスカラ――然ルニ此領事官ニ對スルトコロノ此法律ガ、直チニ理事官ニ應用ガ出來ルト云フコトハ、何故デアルカト云ヘバ、此日韓協約ノ第三條ニ於テ斯ウ云フコトガアル、即チ「理事官ハ統監ノ指揮ノ下ニ從來在韓國日本領事ニ屬シタル一切ノ職權ヲ執行シ竝本協約ノ條款ヲ完全ニ實行スル爲必要トスベキ一切ノ事務ヲ掌理スヘシ」ト云フコトガアリマス、此在韓國日本領事ニ屬シタル、一切ノ職權ヲ執行スルト云フコトハ、日韓協約ノ第三條ニアルガ故ニ此領事官ニ關スルトコロノ法律ガ、直チニ理事官ニ對シテモ應用ガ出來ルト云フ御意見ノ如ク聽取リマシタガ、果シテサウデゴザイマスルナラバ、是ハ又大ナル間違デアラウト思ヒマス、ナゼトナラバ此日韓協約ナルモノハ、天皇ノ大權ニ屬シテ即チ其大權ニ屬スル範圍內ニ於テ、締結セラレタル此條約デゴザイマス、此條約ニ於テ規定セラレタルコトガ、直チニ法律トシテ民間ニ效力ヲ持ツト云フコトハナイ、之ヲ言換ヘテ見ルナラバ、此當衆議院ニ於キマシテモ、斯ウ云フ既ニ全會一致ヲ以テ結了シテ居ルトコロノ決議案ガアリマス、即チ明治二十七年ノ六月一日ニ當衆議院ガ決議ヲシテ居ルトコロノ決議案ヲ見マスルト「條約ノ締結ハ天皇ノ大權ニ屬スト雖モ之カ爲メ新ニ法律ノ制定ヲ要シ又ハ法律ノ變史ヲ生スヘキ事項」云々トアリマシテ「當然議會ノ協贊ヲ經ヘキモノトス茲ニ之ヲ決議ス」ト云フトコロノ決議案ガアリマス、此決議文ニ依ッテ見マシテモ、條約締結ハ天皇ノ大權ニ屬シマスケレドモ、其條約ヲ締結スルニ當リ、若クハ締結シタトキニ於テ、法律ノ制定ヲ新タニ要スルトカ若クハ法律ノ變更ヲ要スベキ事項ガ發生シタ時ニハ、當議會ノ協贊ヲ經ベキモノアルト云フコトガ、決議ニナッテ居リマス、其當時ノ政府ハ、果シテ此決議文ヲ容レラレタルヤ否ヤハ本員ノ知ルトコロデハナイガ、是ノ如キ譯デアリマスルカラ、縱シ日韓協約ノ第三條ニ於テ一切――即チ日本領事ニ屬シタル一切ノ職權ヲ執行スルコトヲ領事官ニ許シテヤッタトコロガ、之ガタメニ領事官ニ關スルトコロノ法律ガ、直チニ理事官ニ應用ガ出來ルト云フコトハ、決シテナイヤウデアリマス、サウシテ見レバ此理事官若クハ副理事官ヲシテ、裁判ヲナサシムルト云フコトハ、所謂憲法ノ第五十八條ニ「裁判官ハ其法律ニ於テ定メタル資格ヲ備フル者ヲ以テ之ヲ任ス」トアル、即チ裁判官ナルモノハ必ズ法律ニ於テ定メタルトコロノ資格アル者ヨリ、之ヲ任命シナケレバナラヌ、又第二十四條ニ於テ「法律ノ定メタル裁判官ノ裁判ヲ受クルノ權ヲ奪ハル、コトナシ」トアル、此第二十四條、五十八條ヲ對照シテ見マスルナラバ、必ズ第一審ノ裁判官トシテモ、理事官ガ單獨ニ裁判ヲ致シマスコトニ付イテモ、必ズ法定ノ裁判官ト云フモノヲ極メナケレバナラヌノデアリマス、私ハワレ故ニ領事官ガ果シテ法定ノ裁判官ナリヤ否ヤト云フコトニ付イテ、議論ヲスルノデハアリマセヌガ、理事官ニ對シテ、未ダ法律ヲ以テ定メタルトコロノ裁判官トシタト云フ法律ト云フモノハ存在シテ居ラヌノデアリマス、サウスレバ矢張襄ノ質問者ノ如ク、理事官又ハ副理事官ト云フモノハ、法定ノ裁判官デナイト斷言シナケレバナラヌ、又隨ッテ憲法ノ精神ニ違反シタモノデアルト云フコトニナリマスカジ、此點ニ付イテモ、詳細ナル御答辯ヲ聽キタイノデアリマス、ソレカラ尙一ツ附加ヘテ申シテ置キマスルガ、元來本案提出ノ理由ハ、曩ニ司法大臣ヨリ御說明ニナリマシタ通、統監府ヲシテ其直屬事項ノ政務ヲ統一スルガタメニ、裁判上ニ關スル司法ノ事務ヲモ、統監府ヲシテ、即チ統一ヲ圖リタイ、是ガ即チ此本案ヲ提出セラレタルトコロノ主要ノ理由トナッテ居ルヤウデゴザイマス、本員ノ考ヘマスルニハ、此法案全體ト云フモノガ、既ニ憲法ノ精神ニ違背シテ居ルノミナラズ、法律ノ保障ヲ蹂躙シテ居リマス、人民ノ權利ノ尊重ヲ沮礙シテ居ルトコロノモノデアラウト思ヒマス、蓋シ斯ウ申シマシテモ、本員ハ多少此韓國ニ於ケル領事裁判ニ付イテハ、經驗モアリ、又實地ニ付イテ調査ヲ遂ゲタモノデアリマシテ、此韓國ノ裁判制度ヲ如何ニ改良センカト云フ、ソレ等ノ意見ニ付イテハ曩ニ伊藤大使ガ韓國ニ往カレテ、日韓條約ヲ締結セラレタ場合ニ、其當局者ニ向ッテ、本員ハ自己ノ意見ヲ披陳シテ置キマシタ、其幾部分ハ本員ノ意見ヲ採用セラレテ居ル、故ニ之ヲ言換ヘレバ、此裁判制度ヲ改良シテ、即チ韓國人ヲシテ日本ノ司法裁判ノ信用ヲ得、以テ之ヲ模範的ノ裁判トシテ、サウシテ此信用ヲ彼ノ韓國ニ磐カントスルト云フ趣意ニ付イテハ、大體ノ趣意ニハ賛成ヲ致シマスルケレドモ、此法案ノ立方ニ於テハ、實ニ我日本居留民ノ權利尊重ヲ沮礙シテ居ルコトノ甚シヤモノデアリマス、其譯ヲ申シテ見マスレバ、ドウデアリマセウ、今日領事裁判ヲ受ケテ居リマシタトコロノ有樣ハ、曩ノ質問者モ述ベマシタ如ク、現ニ領事裁判ニ對シテ不服ガアルナラバ、長崎控訴院ニ控訴シ、尙其判決ニ不服ガアレバ大審院ニ上告シタノデアリマス、然ルニ之ヲ今回ハ領事官ノ判決ニ對シテ、不服ガアレバ京城ニ於ケル最モ劣等ナル僅カ三名ニ限ラレタルトコロノ法務院ナル裁判所ニ於テ、即チ二審制度ヲ於テ、之ヲ終審トシテシマフト云フノデアル、如何ナル重罪モ、死刑ニ處セラル、犯罪モ、是モ即チ第一審ノ單獨裁判――曩ニ申シマシタル不完全ナル理事官ノ判決ノ第一審ノ判決ヲ受ケテ、第二審ニ至ッテハ、內地ノ控訴院判事ト同一ノ資格ヲ以テ組織セラレタル、彼ノ三名ノ評定官ニ於テ、是等ノ決定ヲ與ヘテ、終審トシヤウト云フ法案デゴザイマス、是ガ忍バル、モノデゴザイマセウカ、是ガ若シ韓國ノ韓人、若クハ其他ノ國民ト共ニ是ノ如キ判決ヲ受ケシメルト云フ場合デアリマスレバ、又格別デアリマスガ、此法律ハ日本ノ人民ガ彼ノ國ニ居留シテ居ル居留民ヲ取締ル法律案デアリマス、ソレ故ニ內地ニ置キマスルト、云フト斯ノ如ク完全ナル三審制度、大審院マデ上告シ得ルトコロノ裁判制度ヲ適用セラル、モノガ、吾々ガ一朝彼ノ韓國ニ參リマスルト同時ニ、此完全ナル法律ノ保護ヲ受クルコトガ出來ナクシテ、サウシテ此二審制度ヲ於テ、此不完全ナル裁判所ノ構成ニ於テ、劣等ナル裁判官ニ依ッテ、其判決ヲ受ケナケレバナラヌト云フコトハ、實ニ不權衡ノ甚シキモノデアル、今日日韓兩國利害共通ノ際ニ於テ、若クハ彼ノ國ヲ我保護國トシ、若クハ宗主權ヲ有スルト云フ、日本ノ內地人民ガ、彼ノ國ニ渡韓ヲシナケレバナラヌト云フ今日ノ場合ニ當ッテ、一朝內地人ガ彼ノ韓國ノ地ニ渡レバ、忽チ憲法上ノ保障ヲ蹂躙セラレ、法律ノ保護ヲ受クルコトガ出來ナイト云フ結果ニナルノデアリマス、然ルニ是ノ如キ不都合ガアルノニ、此京城ニ於ケルトコロノ法務院第二審裁判トシテ、大審院ニ向ッテ、此上告ヲ許スト云フ制度ヲ、何故ニ置カナイノデアルカ、之ヲシモ統監ヲシテ統監ノ直屬ノ下ニ於テ、其政務ヲ統一シナケレバナラヌト云フ必要ガ存スルノデアリマスカ、此點ニ對シテ十分ナル御答辯ヲ願ヒタイノデアリマス

（政府委員法學博士岡野敬次郎君登壇）

○政府委員（法學博士岡野敬次郎君） 細カイコトニ至ッテハ、委員會デ御答ヲ致シタ方ガ便利デアラウト存ジマスルガ、唯今ノ御質問ニ付イテ、極ク大體ノコトヲ御答致シタイト思フノデアリマス、第一ノ御質問ハ本案ノ第十條ニ於テハ、廣ク命令ヲ以テ法律ヲ

變更スルコトヲ得ルト云フノコトヲ規定シテ居ル、是ハ「命令ヲ以テ法律ヲ變更スルコトヲ得ス」ト云フ憲法ノ條規ニ反シハシナイカト云フ御疑ノヤウデアリマス、第一ニ此第十條ニ付キマシテハ、質問者ノ御述ベニナッタヤウニ、廣ク韓國ニ於テ適用スル法律ニ付イテ別段ノ規定ヲ設ケルコトヲ得トハ云ウテ居リマセヌノデ、裁判事務ニ關スト云フ文字ヲ加ヘテ居ルノデアリマス、此裁判事務ニ關スト云フコトハ、總テノ法律ヲ勅令デ反對ノ規定ヲ設ケテ宜シイト云フ意味デハナクシテ、主トシテ此手續――裁判ニ關スル手續法ニ付イテ別段ノ規定ヲ設ケルコトヲ得ルト云フノガ趣意デアリマス、是ハ其外ニ刑事訴訟法、或ハ民事訴訟法ガ我法律ニ規定シテアル通ニ、韓國ニ於テ之ヲ適用スルト云フコトハ、事情ノ許サヌトコロデアリマスカラ、或ハ強制執行ニ付イテトカ、或ハ書類ノ送達ニ付イテトカ、是ガ民事訴訟法、刑事訴訟法、其儘ニ行フコトガ出來マセヌカラ、其必要ト認メル範圍ニ於テ、勅令デ別ニ規定ヲ設ケヤウト云フガ、第十條ノ精神デアリマス、而シテ、此法律ニ此一條ヲ設ケテ、其第十條ニ於テ必要ト認メル範圍ニ於テ特別ノ規定ヲ勅令ニ委任スルトシタナラバ、則チ此法律ノ規定ガ、法律ヲ以テシナイデモ宜シイ、勅令デ宜シイト云フコトヲ許スノデアリマスカラ、憲法ニ反スルトハ考ヘマセヌ、ソレカラ第二ノ御質問ノ點ハ、條約ト法律トノ關係ノ御議論ノヤウデアリマスガ、是ハ御承知ノ通ニ、隨分大ナル法律上ノ問題デアリマスル、併ナガラ質問者ノ御述ベニナッタ通、日韓協約ノ第三條ニ依ッテ領事官ノ持ッテ居ッタ職權ガ、悉ク理事ニ移ルト云フコトニナッタノデアリマス、而シテ一方ニ於テ領事ノ職務ニ關スル法律ハ既ニ行ハレテ居ルノデアリマスカラ、是モ此理事官――理事官ノ權職ト云フモノヲ動カスコトガ必要デナカッタナラバ、條約ノ定ムル處ニ依ッテ、自カラ領事ノ職務ニ關スル法律ハ、矢張理事ノ職務トシテ行ハル、コトニナルノデアリマスカラ、唯從來ノ領事官ト同一ノ職務ヲ行ハシムルモノト、理事官ヲ解釋スルナラバ、更ニ法律ノ制定ヲ必要トシナイノデアリマス、ケレドモ此條ニ定メテアリマスル通ニ、理事官ノ職權ヲ押擴メルコトヲ必要ト認メマシタガ故ニ、特ニ此處ニ本案ヲ提出シテ、此贊成ヲ請フ譯デアリマス、ソレカラ終リノ第三ノ點ハ、御意見デアル如ク、御質問デアル如クデアリマシタガ、要スルニ上告ヲ許サヌノハ、ドウ云フ理由デアルカト云フ御尋ト、マア解シテ宜シカラウト思ヒマス、質問者ノ御述ベニナッタコトニ付イテハ、唯朝鮮ガデスナア、朝鮮ト云フ國ガ、日本ニ近イカラ、ソレデ上告ト云フ問題トカ、或ハ日本ノ裁判所ト云フ問題モ起ルノデアリマスケレドモ、既ニ外國ニ往ッテ尙日本ノ裁判所ノ裁判ヲ受ケルコトハ、是ハ原則トシテ出來ナイノデアリマス、唯朝鮮其他領事館ヲ置イテアルトコロノ國ガ、日本ニ近イカラ、ナゼ大審院ニ上告ヲ許サヌカト云フ疑モ起ルノデアリマス、是ハ現在ノトコロデハ質問者ノ御述ベニナッタ如クニ、大審院ニ上告ノ途ガ開イテアルノデアリマスルケレドモ、先刻本案提出ノ理由トシテ、司法大臣ノ説明セラレタ如ク、韓國ニ於ケル裁判事務ノ統一ヲ圖ルノガ主タル目的デアリマシテ、即チ臺灣ノ法院ト同一ノ先ヅ例ニ倣ッテ、二審終審ノ制ヲ立テタイト云フノガ、本案ノ趣意デアリマス、尙細カイ、何故ニ上告ヲ認メナイカト云フ理由ニ至リマシテハ、却テ煩雜ニ涉ル虞アリト存ジマスカラ、委員會デ詳シク説明致シタイト考ヘマス

○森肇君　唯今ノ答辯ニ付イテ、簡單ニチヨット一言尋ネタイ、此第十條ニ於テハ「本法ニ規定アルモノ、外裁判事務ニ關シ」ト云フ文字ガアルカラ、是ハ單ニ裁判ノ訴訟手續デアル、即チ法律ヲ執行スルニ付イテノ執行方法デアルガ如ク述ベラレマシタガ、縱シ立法ノ精神ガドウデアッテモ、此明文ニ據ッタナラバ、民法モ、刑法モ、商法モ、訴訟法モ、民刑ノ訴訟法モ、其他ノ諸法律ヲ變更シ得ルコトニ、是ハ讀メルノデアリマス、サウ即チ讀ミ得ラレマスガ、是ガ即チ今日ノ統監――幸ヒニ伊藤統監ノ如キ其人ヲ得タナラバ宜シウゴザイマスガ、其人ヲ得ナケレバ、此明文ノ如ク、民法モ、刑法モ變更シ得ラレルコトニ、是ハ廣義ニ解釋セラレマスルガ如何、即チ其程度ハ斯ウ云フ裁判ノ訴訟手續ニ限ルガ如クニ、此文章ハ讀ミ得ナイ、サウ云フ程度ハ、即チ何ニ依ッテ分解ガ出來マスカト云フコトヲ一應確カメル、ソレカラモウ一ツハ、日本臣民ガ、内地ニ於テハ憲法上ノ保持ヲ受ケル、ソレガ一度韓國ノ土地ヲ踏メバ、忽チ憲法上ノ保持ヲ受ケルコトガ出來ヌト云フ理由ハ何處ニアルカ、日本臣民ハ自己ノ利權ヲ失ハザル限リハ、必ズ韓國ニ往ッテモ、憲法ノ保持ヲ受ケルノデアル、是ハ如何ナル憲法學者モ疑ヒヲ挾マヌトコロデアル、ソレガ何故ニ韓國ニ渡韓スルト同時ニ、日本國民ガ憲法ノ保持ヲ受ケルコトガ出來ヌカ、此點ヲ承リタイ

（政府委員法學博士岡野敬次郎君登壇）

○政府委員（法學博士岡野敬次郎君）　唯今ノ御質問ニ御答ヲ致シマスガ、第一ノ「裁判事務ニ關シ」ト云フコトヲ如何ニ解釋スルカト云フコトハ、即チ御意見ニ關スルノデアリマシテ、政府提出ノ法案ノ趣意ハ、實體法ニ付イテハ勅令ヲ以テ別段ニ規定ヲ設ケルコトヲ得ト云フノデハナイノデアリマス、ソレカラ第二ノ點ハ、是ハ隨分憲法上ノ議論ハアリマセウガ、日本臣民ガ世界中何處ニ往ッテモ、日本ノ裁判官ノ裁判ヲ受ケルコトハ出來ナイノデアリマス、英吉利ニ參レバ英吉利ノ裁判所ノ裁判ニ服從シナケレバナラヌノデアリマス、領事――治外法權ノアル所ニ於テ其問題ガ起ルノデアリマス、敢テ憲法上ノ議論ヲ此處デ致ス必要ハナカラウト思ヒマス

○議長（杉田定一君）　第四ノ日程、右議案ノ審査ヲ付託スベキ委員ノ選擧ニ移リマス

第一　內國官憲ノ管掌ニ關スル事項ニ付統監ノ職權ニ關スル法律案（政府提出貴族院送付）　第一讀會

（書記朗讀）

內國官憲ノ管掌ニ關スル事項ニ付統監ノ職權ニ關スル法律案

韓國ニ關スル事項ニシテ法律ノ規定ニ依リ內國官憲ノ管掌ニ屬スルモノハ勅令ヲ以テ之ヲ統監ノ職權ニ屬セシムルコトヲ得

（政府委員法學博士岡野敬次郎君登壇）

○政府委員（法學博士岡野敬次郎君）　此案ハ其形ニ於キマシテモ、極メテ簡單デアリマスルガ、同時ニ其實質ニ於キマシテモ、誠ニ簡單ナ法律案デアリマスル、餘リ簡單ナルガ故ニ一言說明ヲ加ヘタイト思フノデアリマス、先ヅ二三ノ例ヲ申上ゲテ說明ヲ致ス方ガ、簡便デアラウト考ヘマス、第一ニ御承知ノ如ク居留民團法ト云フ法律ガアルノデアリマシテ、此居留民團ハ外務大臣ニ於テ之ヲ監督スルト云フコトガ規定シテアルノデアリマス、又清國朝鮮國在留帝國臣民取締法ト云フモノニ於キマシテ、在留禁止ノ命令ヲ受ケタルモノハ、外務大臣ハ其命令取消ノ申請ヲナスコトヲ得ト云フコトガ規定シテアルノデアリマス、其外或ハ戶籍法ニ於テ、在外日本人ノ戶籍ノ屆出トカ、航海中ニ出產ガアッタトカ、或ハ航海中ニ死亡ガアッタトカ、サウ云フヤウナ事實ニ付キマシテハ、又法律ノ定ムルトコロニ依ッテ、外務大臣ガイロイロ手續ヲナスベキコトガ定メテアルノデアリマス、其他尙一二或ハ外務大臣トカ、文部大臣トカ、或ハ農務務大臣トカ云フコトガ法律ノ中ニ掲ゲテアルモノガアルノデアリマス、本案ハ卽チ是等ノ職權ヲ統監ノ職權ニ移シタイト云フノガ、卽チ趣意デアリマス、既ニ御承知ノ如ク韓國ニハ統監ガ置カレマシテ、條約ノ定ムルトコロ、並ニ條約ニ基イテ發セラレタトコロノ官制ニ依ッテ、統監ハ朝鮮ニ於ケル我國ノ諸般ノ政務ヲ總括スルト云フ制度ガ立テラレタノデアリマスルカラシテ、唯今例トシテ申上ゲタトコロノ諸法ニアルトコロノ權限ハ、將來ニ於テ之ヲ統監ノ職ニ移スガ、適當デアルト認メタノデアリマス、卽チ本案ヲ提出シタ所以デアリマス

○花井卓藏君　議長――質問ガアリマス

○政府委員（法學博士岡野敬次郎君）　斯ノ如ク誠ニ實質ニ於テ、簡單ナモノデアリマスシ、且精神ニ於テモ、誠ニ適切ナリト信ズルノデアリマスカラ、速ニ御協贊アランコトヲ希望致シマス

○花井卓藏君　議長

○議長（杉田定一君）　花井卓藏君

○花井卓藏君　先ヅ御趣意ハ贊成デアルト云フコトヲ申シテ置キマス、遺憾ナガラ贊成デアルト云フコトヲ申シテ置キマス、併ナガラ第一ニ立法ノ形式ガ甚ダ宜シクナイト私ハ信ズル、唯今岡野君ノ御演說ヲ承リマスレバ、居留民團法デアルトカ或ハ戶籍法デアルトカ、其他外國領海水產組合法デアルトカ、或ハ貴族院ニ於テ演說ニナリマシタトコロヲ見マスレバ、淸韓兩國在留帝國臣民ノ取締法デアルトカ、若クハ民事訴訟法若クハ在外小學校職員退隱料及遺族扶助料法、是ガ內國官憲ノ管掌ニ屬スルモノデアッテ、統監ノ手ニ歸スベキモノデアルト云フコトデアル、是以外ニハ殆ドナイノデアル、是丈デ網羅シ盡サレテアルト云フコトノ御演說ガアッタヤウニ覺エテ居ル、若シ左樣ナ次第デゴザイマシタナラバ、勅令ニ讓ルト云フコトヲナサラナイデ、唯今讀上ゲラレタモノヲ悉ク此法文ノ上ニ列揭ゲラレテ、法律ノ形式ニ依ッテ、明白ニ疑ノナイヤウニ、此權限ヲ統監ニ授ケルト云フコトニナスッタ方ガ、正當デアラウト私ハ思フノデアル、然ルニ之ヲ殊更ニ勅令ニ讓ラル、所以ヲ承リタイ、思フニ將來尙統監ニ屬セシムベキ法律規定ガ生ズルト云フコトヲ豫想セラレテノ趣意デアルデアラウカ、之ヲ一ツ伺ヒタイノデアル、第二ニ若シ將來ニ於テ、統監ノ管掌ニ屬スベキ斯ノ如キ事項ノ包マレタル法律ガ出ルト云フコトヲ豫想シテノ御趣意デアルトスレバ、ソレコソ其場合ニ於テ各法律ノ規定ノ中ニ此點ハ統監ノ權限ニ屬セシムベキモノデアルト云フコトヲ末條ニ書イテモ、事足ルベキ次第デアルト思フ、サレバ將來ヲ豫想シテノ規定ト云フコトニシテモ、法律ニ依ラレ得ベキニ、何ガ故ニ之ヲ勅令ニ讓ラレタカ、ソレヲ伺ヒタイ、第三ニ最終トシテ御尋シタイノデゴザイマスガ、是ハ日韓協約第三條ニ附隨シタ結果カラ出タ法案デアルト云フヤウニ承ッテ居リマスガ、全體明治三十八年十一月十七日ノ日韓協約ニ書イテアルトコロニ依ッテ見マスト云フト、日本國政府及韓國政府ハ兩帝國ヲ結合スル利害共通ノ主義ヲ鞏固ナラシメンコトヲ欲シ、此目的ヲ以テ以下ニ掲ゲタル條款ヲ約定スルト云フコトガ書イテアル、第一條第二條、第三條、第四條、第五條ハ其內容トシテ揭ゲラレテアルノデアル、私ハ第一ノ問ヨリモ、第二ノ問ヨリモ、更ニ一歩ヲ進メテ法律ノ力ニ據ラズ、勅令ノ力ニモ據ラズシテ、此協約履行、當然ノ結果トシテ本院ノ協贊ヲ經ルニ及バズ、又勅令ニ規定スルコトヲ待ツニ及バズ、日韓協約ヲ有效ニ働カシムルト云フ趣意ニ於テ、統監ガ韓國ニ於テ處理シテ然ルベキモノハ、凡テ此條約ノ中ニ於テ授ケラレテ居ルモノト信ズル、條約ノ力ガ强イカ、法律ノ力ガ强イカト云フコトハ、一ノ問題デゴザイマセウガ、今日韓國ニ於テ統監ガ其職務ヲ執ル上ニ於テハ、帝國ノ威信トシテ是等問題ノ拘束ヲ受クベキ理由ハナイト思フ、朝鮮ニ對シテ何ノ遠慮スルコトガアル、又海外諸國ニ對シテ何ノ憚ルコトガアル、而シテ保護ノ關係アル韓國ニ對シテハ、無論遠慮スルニハ及バヌコトデアル、日韓協約ノ力ハ履行トシテハ、是ノ如キ事柄ニ對シテマテ法律ノ力ヲ假ルニハ及バヌ、而シテ又統監ガ自由自在ニ韓國ヲ經紀シ得ル大キイ權限ヲ授ケヌケレバ、對韓政策ハ立派ニ行ハレテ往クモノデハナイト思フ、杓子定木ハ對韓政策ヲ破ル、日韓協約ハ是無クンバ行ハレヌト云フコトデハ、甚ダ價ノ無イモノト思ヒマス、政府ノ協約解釋ノ與意如何、或ハ其點ニ付イテハ、議論ニ屬スルカラ答辯セヌト云フ例ノ筆法デ來ルカモ知レマセヌガ、私ハ議論デハナイ、私ノ質問ガ理窟ポイカラ議論ノヤウニ聽エルカモ知レマセヌガ、極メテ秩序アル、穩健ナル質問デアリマスカラ、速ニ答辯ヲ願ヒマス、先ヅ此三點ニ付イテ御尋ヲシテ、徐々ニ進ンデ數十數百ノ質問ヲ致サウト考ヘマス、併シソレハ勘辨シテ委員會ニ於テスル

○森田卓爾君　此法案ハ矢張臺灣ニ於ケル六三問題ト內容ハ同ジデ、唯書方ガ違フ丈ノコトデアル、私ノ問ヒタイノハ「韓國ニ關スル事項ニシテ法律ノ規定ニ依リ內國官憲ノ管掌ニ屬スルモノハ勅令ヲ以テ之ヲ統監ノ職權ニ屬セシムルコトヲ得」ト斯ウボンヤリ書イテゴザイマシテ、政府ノ貴族院ニ於テ答ヘラレタトコロニ依ルト、是ノ如ク廣ク書イタケレドモ、勅令ヲ以テ統監ノ職權ニ移スト云フモノハ僅カデアル、言換ヘレバホンノ些細ナ輕易ナモノデアルト答ヘラレテ居ル、併ナガラ此文章デハ左樣ナ手續ニ關スル輕易ナモノ、ミナラズ、韓國ニ於ケル裁判事務ニ關スル、法律案ノトキニ本員ノ――森肇君ノ申シタヤウナ、實體法カラ來ル職權マデモ、矢張統監ノ職權ニ勅令ヲ以テ附サレ得ルヤウニシカ見エヌノデアル、此樣ナ文章デハ、ドウシテモ政府ノ言フヤウナ狹イ意味ニハ讀メヌノデアル、是ガ第一ノ質問、第二ニハ臺灣ノ六三問題ト云フモノハ、是トハ少シ形

式ガ違フガ、内容ハ同ジデアルケレドモ、尙是ハ謹ンデ期限ガ附シテアル、法律ニ代ルベキ命令ヲ發スル、即チ律令ト云フモノヲ臺灣總督ヲシテ發セシメルニハ、期限ガ設ケテアッテ、其期限ガ最早迫ッテ、近キ將來ニ於テ又繼續案ガ出サウニナッテ居ルト云フ、非常ナ危險ナモノデアルカラ、期限カ設ケテアリマスガ、是ハ矢張同ジヤウナ性質デアリマスカヲ、永久無限ニ統監ニ此職權ヲ授ケテ置クト云フノハ、ドウ云フ趣意デアルカ、此一點ニ付イテ答辯ヲ煩ハシタイ

（政府委員法學博士岡野敬次郎君登壇）

○政府委員（法學博士岡野敬次郎君） 先ヅ花井君ノ御質問ニ對シテ、御答致シマスガ、第一ノ御質問ト第二ノ御質問トヲ併セテ御答辯致シタイト思ヒマス、唯今花井君カラ御質問ニナッタヤウナ事柄ハ、矢張貴族院ニ於テモ質問ガ出タノデアリマシテ、先刻説明ノ際ニ列擧致シマシタトコロノ法律ハ、政府ニ於テ十分ニ審査ヲ遂ゲタトコロデ、先ヅ此外ニハナイト確信ハ致シテ居ルノデアリマスル、併ナガラ統監府ト云フモノガ開カレテカラ、マダ誠ニ日ノ淺イコトデアリマシテ、或ハ將來朝鮮ニ關スル法律ヲ制定スルニ當ッテハ、統監府ノ設備完カラザルガ故ニ、尙或ハ外務大臣其他ノ大臣ニ職權ヲ法律デ以テ委ネルト云フ必要ガアルカモ知レヌノデアリマス、此場合ニ於テハ其法律制定ノ當時既ニ統監ノ職權ニ屬セシメテ可トスルトコロノモノハ、花井君ノ御質問中ニ述ベラレタ通リ、朝鮮ニアッテハ其統監ノ職權トスルト云フコトヲ規定スレバ足リルノデアリマス、併ナガラ其法律制定ノ當時ノ事情ガ、未ダ許サヌト云フ場合ニ於テハ、或ハ其以後ニ於テ勅令ノ以テ其大臣等ニ與ヘタトコロノ權能ヲ統監ニ移スト云フ必要ガアルカモ知レヌ、斯ウ云フノデ、即チ將來ヲ慮ッタト云フコトモ、即チ此案ノ一ツノ精神デアリマス（花井卓藏君「ソレ丈デスカ」ト呼フ）ソレカラ次ニ日韓協約ニ關スル上カラノ御議論ニ付キマシテハ、別ニ御答ヲ致シマセヌガ、日韓協約第三條ニ定メテアルトコロニ據ッテハ、統監ハ理事官ヲ監督スル、理事官ハ如何ナルコトヲ爲スカ、斯ウ云フコトヲ規定シテ居ルノデアリマシテ、現行ノ法律ニ於テハ、或ハ外務大臣トカ、農商務大臣ニ屬セシメテ居ルトコロノ職權モ、尙統監ニテ之ヲ行フコトヲ得ルト云フコトノ趣意ハ、明カデハナイノデアリマス、既ニ現行ノ法律ニ於テ是等大臣ニアラズンバ行フコトヲ得ズト定メテアルモノデ、而モ此點ニ於テハ條約ニ何等明記スルコトガナイノデアリマスカラ、即チ此法律ヲ以テ之ヲ統監ノ職權ニ移スト云フコトヲ規定スルノ必要ヲ見タノデアリマス、次ニ唯今六三問題ト同樣ノ内容ノ法律デアルト云フ御疑ノヤウデアリマシタガ（花井卓藏君「ソンナコトハ言ヒマセヌ」ト呼フ）是ハ花井君ノ質問デハアリマセヌ、森田君ノ質問デスガ、是ハ全ク此法律ヲ誤解サレテ居ルノデハアルマイカト私ハ信ズルノデアリマス、此法律案ニ示シテアル通リニ、内國官憲ノ管掌ニ屬スルモノハ、勅令ヲ以テ之ヲ統監ノ職權ニ屬セシメルト云フコトヲ定メタニ止マルモノデ、或ハ法律ニ代ルベキ勅令ヲ出ストカ云フ、サウ云フヤウナ意味ハ少シモ持タヌノデアリマシテ、其御心配ニハ及ブマイト考ヘマス

○恒松隆慶君 次ノ日程ニ移ラレンコトヲ希望致シマス

○議長（杉田定一君） 日程第二ニ右議案ノ審査ヲ付託スベキ委員ノ選擧

第一讀會ノ續（委員長報告）

第七　鐵道國有法案（政府提出）

（長谷場純孝君登壇）

○長谷場純孝君　鐵道國有法案ノ特別委員會ノ經過及結果ヲ御報告致シマス、本問題ハ積年朝野ノ間ニ議論ヲ生ヂツヽアツタ重大ナル問題デゴザイマシテ、而シテ愈々本期議會ニ提出ヲ見マシタ、特別委員會ハ特別委員會ニ付託セラレテヨリ、日曜日ヲ除クノ外、連日非常ナ勉強ヲ以テ調査審議ヲ盡シマシタ、而シテ其結果ハ昨日ノ委員會ニ於キマシテ、鐵道國有法案ニ於テハ、凡ソ十四ニ對スル三十ノ大多數ヲ以テ、原案ヲ一字一句モ修正セズシテ可決スルコトニ決定致シマシタ、又京釜鐵道買收法案ニ於テハ、多少ノ討議ヲ盡シタル末、昨日ノ委員會ハ滿場一致ヲ以テ一ノ異議ナク原案ノ儘ニ通過致シマシタ、私ハ委員長トシテ此鐵道國有法案ニ對スル委員會ニ於ケル、賛否ノ議論ノ大要ヲ述ブルハ、相當ノコト、思ヒマスカラ、極ク掻摘ンデ其概略ヲ御報告致シ置キマス、此法案ハ既ニ諸君ノ御承知ノ通、尙委員會ニ於ケル質問及政府説明ノ事柄ハ、日々速記錄ヲ以テ諸君ノ御手許ニ御配付致シテゴザイマスカラ、諸君ハ御熟知ノコト、信ジマス、我國ニ於テ此鐵道ノ國有ト云フ大方針ヲ立テタノハ、京濱鐵道ヲ起シタ以來ノコトデアルト云フコトハ、前日總理大臣ガ此壇ニ於テ、述ベラレタ通ノ次第デ、其事柄ニ付イテモ種々ノ質疑モ起リマスシ、又政府ハソレニ對シテ答辯ヲ盡サレタ次第デゴザイマス、要スルニ鐵道ノ國有ト云フコトハ、卽チ此鐵道ノ系絡、今ノ有樣デハ三十有餘ノ會社ガ、日本帝國内ニ割據ノ姿ヲナシテ居ッテ、ソレニ對シテ種々ノ弊害ガ無キニシモアラナイ、將來產業ノ勃興生產力ノ發達ヲ企圖スル上ニ於テハ、益々此鐵道ノ統一ヲ圖リ、而シテ運賃ノ低減ヲ期シ、物產ノ蕃殖ヲ圖ルガ第一ノ要務デアル、況ヤ國防ノ點ニ於テモ、三十有餘ノ會社ガ割據ノ姿ヲナシテ居ルノト、是ヲ國家ガ統一シテ系絡ヲ一ニスルノハ、言ハズシテ何レカ利益ト云フコトハ明カナルコトデアル、其細目ヲ御報告致シマスルト、ナカ〳〵長クナリマス故ニ、私ハ茲ニ唯其概要ヲ述ベ置イテ、委員會ノ報告ニ止メヤウト思ヒマス、本問題ニ對シテハ反對賛成共ニ多數ノ發言通告者ガゴザイマシテ、各々其所見ヲ此壇ニ立ッテ述ベラル、コトデアラウト思ヒマスカラ、諸君ハ是ニ付イテ宜シク賛否ヲ御決定ニナルコト、信ジマス、又反對意見トシテハ今日ハ現ニ三十有餘ノ會社ガ、縱令割據シテ居ルト雖モ、現ニ大ナル弊害ヲ見ズシテ、鐵道ノ運搬經營等ノコトハナシツヽアル、デハナイカト云フ御議論モアッタノデゴザイマス、又假ニ今日ノ場合ニ數億ノ公債ヲ發行シテハ、經濟市場ヲ大ニ惑亂スルノ慮ガアルト云フ御議論モアッタノデアル、之ニ對シテ賛成ノ議論ハ此法案ニ依ルト、數年ヲ期シテ其經濟市場及財政ノ都合ヲ見計ッテ、適宜ノ度合ニ於テ漸次ニ公債ヲ發行スルノデアルカラ、經濟市場ヲ攪亂スルノ憂ハナイ、況ヤ流通貨幣ヲ以テ之ニ換フルニアラズシテ、公債ヲ以テ株券ニ換フルノミデアルカラシテ、反對論者ノ憂アルガ如キノ憂ハ、國家ノ上ニ貽スコトハナイト云フ論據デアッタノデアリマス、其他種々ナル理由モゴザイマシタケレドモ、前來申シマス通、委員會ニ於ケル賛否ノ概要ハ、先ヅ是ノ如キモノト御承知ヲ願ヒタイ、其細目ニ至ッテハ、前ニ申述ベマシタ通リ、反對賛成ノ論者ガ、此壇ニ立ッテ、自カラ詳細ナル御演説ガアルト信ジマス、是ガ卽チ鐵道國有案ニ對スル、委員會ノ經過デゴザイマス、京釜鐵道買收法案ニ對シテハ、前ニ御報告致シマシタ通リ、多少ノ質問ニ止マッテ、本法律案ニ對シマシテハ、大ナル議論ナクシテ、滿場一致ヲ以テ可決致シマシタ、此段御報告致シマス

○佐々友房君　諸君、（「大キナ聲デ願ヒマス」ト呼フ者アリ）私ハ此鐵道國有法案ニ賛成ノ一人デアリマス、諸君、此振古未曾有ノ大戰役ノ後ニ於キマシテ、戰後ノ大經綸ヲ爲サナクテハナラヌトキニ於キマシテ、此大法案ノ提出ヲ見ルト云フコトハ、吾々先以テ、我心ヲ得タリト云フ外ナイノデアル（「ヒヤ〳〵」ト呼フ者アリ）此案ノ提出ニ付キマシテハ、有力ナル一大臣ハ、爲ニ辭表ヲ呈シタト云フ困難ニ遭遇シナガラ、其他種々ナル困難ニ遭遇シナガラ、終ニ此提出ヲ見ルニ至ッタ、現内閣ノ英斷ハ吾々ノ稱讚ノ外ナイノデアリマス、吾々ハ茲ニ賛成ノ理由ヲ各方面ヨリ羅列シテ、諸君ノ御同意ヲ得ンコトヲ希望スルモノデアリマス、第一鐵道ノ性質上ヨリシテ、吾々ハ賛成ヲスルモノデアル、此法案ノ第一條ニ「一般運輸ノ用ニ供スル鐵道ハ國ノ所有トス云々」トアリマスガ、卽チ此主義ニ於テ、吾々ハ平生ノ所信ニ照シテ、最モ賛成ヲ表スルモノデアリマス、一體鐵道其物ノ性質ハ如何ナルモノデアリマセウカ、吾々ノ平生學ブトコロ、信ズルトコロニ依リマスレバ、是ハ國家ノ公道デアル、又社會共通ノ道路デアル、此鐵道其物ノ性質ニ於キマシテ、既ニ國家所有ノ――國家所屬ノ事業ニスベキモノデアルト信ジマス、卽チ普通ノ道路、又ハ郵便電信ノ如キモノデアッテ是ハ必ズ國家所屬ノ事業デナケレバナラヌト云フコトヲ、平生信ジテ居ルノデアリマス、ソレ故ニ此國家ノ所有ニ屬スルト同時ニ、又社會共通ノモノデアリマスカラシテ、社會ノ方面ヨリ見マシテモ、是ハ眞ニ社會公共ノモノデアリマスカラシテ、一二ノ富豪、又ハ私立會社ノ專有ニ屬スベキモノデ無イト信ジマス（「ヒヤ〳〵」ト呼フ者アリ）諸君御承知ノ通、輓近歐羅巴ニ於キマシテモ、此種ノ論ハ大イニ盛ニ行ハレマシテ、現ニ獨逸ナリ、墺地利ナリ、匈牙利、白耳義、丁抹、瑞西等ノ歐羅巴大陸ニ於キマシテハ、續々此國有主義ガ現在ニ行ハレツヽ、アルノデアリマス、恐クハ英佛ノ兩國、又ハ米國ニ於キマシテモ、今新ニ國家事情ノ變化ヲ致シマシタトキニハ、必ズ此種ノ論ガ勝ヲ制スルカモ知レマセヌト思ヒマスケレドモ、彼ノ兩國ハ既業ニ歷史ガ是ノ如クナッテ居リマスカラ、今更致シ方ハアリマスマイケレドモ、世界ノ大勢、吾々ノ信ズルガ如ク、國家公共ノモノデアル、社會共通ノモノデアルト云フコトハ、實ニ學說上理論上ニ於テ、益々其說ガ盛ンニナリツヽ、アルノデアリマスカラ、吾々ノ平生信ズルトコロノ所論ト正ニ一致シテ居リマスカラ、先以テ此主義ニ於テ絕對ニ賛成ヲスルモノデアリマス、又第二ニ、是ハ國防上ヨリ賛成ヲ表スルノデアリマス、此鐵道ヲ國有ニスルト云フハ、卽チ其必要ハ最モ統一ニアル、其他鐵道ノ普及モアリマスケレドモ、先以テ統一デアリマス、其統一ハ先刻來進步黨ノ諸君ガ段々民有統一ノ論モアリマシタケレドモ、是ハ成程一論デアルニ相違ナイ、併ナガラ何レニ統一スルカト云ヘバ、是ハ主義上ヨリ見テモ、便利上ヨリ見テモ、ドウシテモ是ハ國家ガ統一シナケレバナラヌト思ヒマス、其統一ノ結果ハドウカト云ヘバ、卽チ首尾貫通シ、脈絡系統ガ一筋ヨリ割出シテ、所謂肱ノ指ヲ使フガ如ク、行ハレテ參リマスカラシテ、最モ軍事上敏活、迅速、整頓ト云フ點カラ申シマスルト、誠ニ便益ノモノニ相違ナイ、尙日清戰爭ノ當時、日露戰爭ノ當時ニ於キマシテ、私立會社ガ甚シキ不都合ガアッタカ、失策ガアッタト申シマスレバ、ソレハ相當ナル働キヲ爲シテ、全ク日清戰爭ニ對シテ、私立會社ガ十分ナル働キヲ爲シタト云フコトハ、吾輩モ認メル、併ナガラ之ヲ國家ノ手ニ統一シテ、而シテ敏活、迅速ニ能ク規則正シクヤルトコロノ便益ニ比スレバ、是マデノ私立會社ノヤリ方ハ、尙且國家ノ手ニ收メルノ便益ナルニ如カナイダラウト信ジマス、此軍事上ノコトハ、吾輩長ク申シマセヌ、是ノ如キ理由ニ依リマシテ、第二卽チ軍事上ノ必要ヨリシテ、賛成ヲ表スルノデアリマス、第三鐵道ノ經營上ヨリ賛成ヲ表スルモノデアリマス、此鐵道ヲ國有ニスルハ、卽チ鐵道ノ統一ト鐵道ノ普及トヲ目的トスルモノデアリマス、現在全國官私ノ鐵道ハ五千哩、而シテ四十何會社ニ分レテ居リマス、其間犬牙錯綜、所在割據シマシテ其弊害ト云フモノハ、

貨物ノ停滯ヲ來シ、又ハ時間ノ遲著、或ハ商業ノ機會ヲ失シ、其不便不利ナルコトハ、擧ゲテ算フベカラザル程ノモノデアリマス、若シ今日本案ノ如ク之ヲ統一シテヤリマシタ日ニハ、此作業上ノ合併ト云ヒ、其他種々ノ便益ガアルノデアリマシテ、例ヘバ此製作所ノ合併ノ如キハ、現在ソコノ新橋ニ大キナ製作所ガアリマスカト思ヘバ、ソコノ大宮ニ於テ、又是ノ如キ大キナモノガアル、又神戸ニアルカト思ヘバ、兵庫ニアル、是ノ如キ、重複複雜ナルモノガ、何ガタメニアルカト云ヘバ、全ク鐵道ノ統一ヲシナイ、五千哩ノ哩數ニ、四十幾會社ト云フヤウナ、複雜ナル組織ヲ爲シテ居リマスガ故ニ、之ヲ統一致シマシタ日ニハ、卽チ其吏員ノ減少、又ハ費用ノ節減、又ハ賃銀ノ低減、遞滯運送等ノ便ヲ得マシテ、實ニ尠カラザル便益ヲ得マスカラ、公衆ノ便利、物貨ノ流通ノ圓滑ヲ計ル等ノコトハ、實ニ此統一ニ優ルコトハナカラウト信ジマス、現在本案ニ反對ヲ表シテ居ラレルトコロノ進歩黨ノ諸君モ、此統一論ノ如キハ夙ニ唱道セラレテ居ル、先日世上ニ發表セラレマシタ統一論モ、正ニ此意味デアラウト思フ、唯吾々ト諸君ト意見ヲ異ニスルノハ、諸君ハ民有統一ヲ主張セラル、モノ、如ク思ハレル、吾々ハ之ヲ民間ニ統一スルノ困難ナルヨリハ、之ヲ國家ノ手ニ統一スルト云フコトガ、誠ニ相當ノ道理デアリ、且便利デアルト云フコトヲ、深ク信ズルノデアリマスカラ、卽チ鐵道經營ノ上ヨリシテ、本案ニ贊成ヲ表スルノデアリマス、又第四、國庫ノ歳入ノ增加ト云フ點ヨリシテ贊成ヲ表スルノデアリマス、本來鐵道ナルモノハ、國家無二ノ財源デアリマス、此法案ニ據リマシテモ、當局者ノ信ズルトコロデハ、四十年間ニ元利ヲ償却シテ、而シテ五千五六百万圓ノ年々歳入ヲ得ルト云フコトニナッテ居リマス、唯今武富君ハ杜撰粗漏ノ豫算デアルト云フコトヲ申サレマシタケレドモ、私ハ當局者ノ豫算ヲ信ズルノデアリマス、尤モ吾々ハ歳入增加ヲ專ラトシテ、立案シテ見マスナラバ、先日本案ニ對シテ修正ヲ試ミテ見タイト云フコトモ考ヘマシタガ、是ハ小鐵道ヲ省イテ、年度ノ變更ヲ致シタ日ニハ、此歳入增加ノ點ニ於テハ、著シク效果ヲ見マスカラ、一時修正ノ意見モ考ヘテ見マシタケレドモ、亦吾々ノ鐵道國有ニ贊成スル所以ノモノハ、啻ニ歳入增加ノミナラズ、間接ニ一般國家經濟ノ發達ヲ期スルガタメニ、贊成ヲ致シマシタカラシテ、卽チ本案ノ通、三十二會社、又ハ三十八年度上半期ヲ入ル、ト云フコトニ、本案ニ同意ヲ致シタノデアリマスガ、單ニ財政ノ增加ヲ計ルト云フ、歳入ノ增加一點ヨリ致シマスレバ、吾々ノ修正シタイト一時考ヘタノガ當リマスケレドモ、併ナガラ國家百年ノコトカラ申シマスルト、直接ニ國庫歳入ノ增加ト、又ハ間接ニ一般經濟ノ發展トニ依リマスカラシテ、其間ヲ折衷シテ尚且國庫歳入ノ增加モ得ラル、ノデアリマス、殊更外國ノ例ヲ引クニモ及ビマセヌケレドモ、是ノ如キコトハ、又外國ハ餘程經驗モ有リマスカラ、今假ニ獨逸ノ實例ヲ以テ見マスレバ、獨逸ノ元ト私設鐵道會社ノ三万里アッタモノヲ、資本五十五億馬克、公債四十五億馬克、卽チ百億馬克、日本ノ金ニ致シマシテ五十億万圓、是ダケノ金ヲ掛ケテ、三万哩餘ヲ買收シタ、其結果ハ御承知ノ通、獨逸ノ財政ハ歳入ガ二十三億二千万馬克デアルノニ、其内鐵道ノ收入ガ十二億八千馬克デアリマスカラ、歳入ノ半額以上ハ、鐵道收入デ支辨シテ居ル、而シテ其內歳入總額ノ四分ノ一ハ、全ク鐵道ノ純益ヲ以テ支辨シテ居リマスト云フヤウナコトハ、歐羅巴ノ先進國タル獨逸ニ於テ是ノ如ク明白ナル成績ヲ得テ居リマス、尤モ我國ノ現狀デアリマスレバ、獨逸ノ如ク、忽ニシテ歳入四分ノ一ノ純益ヲ得ルト云フコトハムツカシカラウト考ヘマスケレドモ、凡ソ鐵道程有利有益ナル事業ハナイノデアリマスカラ、是ヲ國家ガ買收シテ、サウシテ國庫歳入ノ財源ニ充テルト云フコトハ、策ノ得タルモノデアッテ、殆ド吾々ハ國家ノ財政政策トシテ、是程ノ名案ハナイトマデ、確信スルノデアリマス、又反對論者ノ諸君ニ向ッテ申シマスガ、是ノ如ク吾輩ガ論ズレバ、徒ラニ政府ノ財政ノミガ膨脹シテ、却ッテ人民ガ困窮スルガ如キ感ヲ懷カレルカモ知レマセヌガ、ソレハ決シテサウデナイ、右御話シタ通リノ結果ニ依リマスカラ、是モ現在歐羅巴ノ諸強國ノ統計表ニ依リマシテ、一般政費ガ、例ヘバ獨逸ハ一般政費ニ於キマシテ、一人前ガ七十三馬克、英吉利ハ八十七馬克、佛蘭西ハ九十五馬克、墺地利ハ七十馬克、伊太利ハ六十四馬克、是ハ一般政費ヲ人民ニ各自ニ割付ケタ數デアリマス、而シテ其各自ノ負擔ハドウナッテ居ルカト云フト、大抵英、佛、獨ノ諸國ハ、一般政費ノ支出分ト、一個人民ノ負擔分ト、大抵平均シテ居リマスノニ、單リ獨逸バカリガ七十馬克ニ對シマシテ、二十九馬克ト云フ數ガ出テ居リマス、是ノ如ク人民負擔ノ輕減サレタコトハ、何ノタメデアルカト云フト、卽チ鐵道收入ガ多イカラシテ、ソレガタメニ民力休養トナッテ、人民ノ負擔ガ輕減サレルノデアリマスカラ、此鐵道國有デモッテ、國庫歳入ノ增加ヲ來シタルガタメニ、民力ハ却ッテ疲弊スルガ如キ誤解ヲ來サナイヤウニ、最モ是ハ民力ヲ休養ノタメニモ、鐵道ヲ國有ニシナケレバナラヌト云フ、結論ガ生ジテ來ルノデアリマス、（拍手起ル）我帝國ノ從來ノ官設鐵道モ、私設鐵道モ、既往ニ徵シマシテ、最良成績ヲ得テ居ル、卽チ開業線路ノ資本ニ對スル純益合計ノ率ガ、一割零三分、ソレニ補修費ヲ引去ッテ、尚八朱三厘ニナッテ居リマス、卽チ獨逸ノ純益九朱內外ト、殆ド大差ナキマデニ進ンデ居リマスカラ、我帝國ノ鐵道經濟モ、是ヨリ進ンデ參リマスト、私ハ唯今申シタ通獨逸ノ如キ好成績ニ至ルコトハ決シテ違カラヌコト、信ジマス、是ノ如キ理由デアリマスカラ、是亦鐵道國有ニ大贊成ヲ表スルノデアリマス、又第五、一般ノ經濟ノ發達上ヨリ、贊成ヲ表スルノデアリマス、此鐵道ノ統一、及普及スルトキニ於キマシテハ、申スマデモナク、運輸ノ疏通、運搬ノ增加、而シテ最モ迅速ニ、而モ價ガ低廉ニイケル、加之一會社一私人ノ仕事トハ違ヒマシテ、國家ガナスコトデアリマスカラ、山村僻地マデモ、普及スル方針ヲ執リマス日ニ於キマシテハ、是マデハ發掘セザル物產モ開發セラレテ、其生產力ノ發達、製造貿易ノ發達ヲ促スコトハ申スマデモナイコトデアリマスカラ、爲ニ國力充實スルコトヲ得テ、前途我帝國ノ發展ハ、是ヨリ良策ハナイト信ジマスル、加之鐵道國有ニシマシテ、卽チ鐵道買收ノ結果ハ、又目下ノ經濟救濟策ニモナルノデアリマス、我帝國ニ於ケル第一等ノ資本家大株主、其他多數ノ株主等ハ、此買收ノ結果、巨額ノ資本ヲ如何ニスルカト云ッテモ、公債ニ安ンジテ便々トシテ居ル譯ニハ參リマセヌカラ、必ズ他ノ方ニ向ッテ各種ノ事業ヲ起スニ相違ナイ、其結果トシテ事業ガ勃興致シマシテ、遂ニ戰後ノ大經營大發展ヲナスコトハ、眼前ニ見エテ居リマスカラ、是ヨリ貿易ノ伸張ヲ見ルコトハ洵ニ睹易キ道理デアリマスカラ、此鐵道買收ノ結果ト云フモノハ、間接ニ又目下經濟ノ發展救濟ヲナスニ於テ、最モ便利ナルコト、考ヘマス、是ノ如キ理由デアリマスカラシテ、是又吾々ノ國有ヲ贊成スル所以デアリマス、ソレカラ第六、鐵道買收ノ時期ニ於テ、最モ好時機ナリト信ジマス、諸君、凡ソ天下ノ大事業ヲ爲スニ於キマシテハ、時期ヲ選バナケレバナラヌ、此日露戰爭ノ後ニ於キマシテ、所謂國勢一變シテ人心維新タナルトキデアリマスカラ、斯樣ナトキニ於テ、是ノ如キ大法案ヲ出シテ、國家大發展ノ端緒トスルコトハ、最モ其時ヲ得タルモノデアリマス、實ハ我黨ハ日清戰爭ノトキニ於テ、國有論ノ實行ヲ致シタイト思ッテ、其當時ノ諸君ト、卽チ政友會ノ諸君ト、當時專ラ其事ニ付イテ御相談ヲ致シタコトモアッタケレドモ、到頭實行ヲ見ルニ至ラズシテ止ミマシタノハ、今ニ深ク遺憾トシテ居リマスガ、幸ニ此日露戰爭デ以テ、是ノ如キ人心ノ新ニシテ、國勢一變ノ期ニ際シマシタカラ、此好時機ハ再ビ來ラザルモノデアルカラ、此時ヲ利用シテ是ノ如キ大法案ヲ決行スルハ、最モ機ノ得タルモノト信ジマス、以上第一ヨリ第五ニ至ルトコロノ理由、卽チ主義ノ點カラシテ、國防上、及鐵道ノ經營、國庫歳入上、又ハ一般經濟ノ發展、此五ツノ理由ニ依リマシテ、鐵道國有法案ハ誠ニ吾々ノ衷心贊成スルトコロデアリマシテ、殊ニ此時此時機ニ於テ、最モ適當ナル時機ト信ジマスル、斯樣ナ譯デアリマシテ、理由ニ於テ贊成シ、其時機ニ於テ最モ宜シキニ適フモノト考ヘマシテ、是ノ如キ滿腹ノ同情ヲ以テ贊成スルノデアリマスガ、諸君、先日當院ニ於キマシテ、所謂二大問題ト稱シタ基金、竝ニ戰時增稅ノ繼續、此二問題ハ進步黨ノ諸君ヲ除キマシテ、滿場大多數ヲ以テ決定致シマシタ、我黨モ其贊成ノ一人デアリマシタガ、是ハ吾々ノ見ル所ヲ以テスレバ、此鐵道國有法案ガ根本デアル、是ノ如クニ國家ノ根本的ノ大法案ガ通過シテ、而シテ初メテ戰時增稅繼續ノコトニ及ビ、而シテ基金ノ必要ヲ生ズル、此三ツノモノト相關聯シテ居ルモノデアッテ、寧ロ我黨ヲシテ言ハシムレバ、鐵道法案ガ本デアッテ、而シテ戰時增稅、而シテ基金、ト斯ウ云フ立論ヲスルノデアリマスカラ、今日鐵道國有法案ニ對シテ是ノ如キ滿腹ノ同情ヲ表スルノハ、即チ先日來ノ二大問題ト關聯シテ、吾々ハ是ノ如ク贊成ヲスルノデアル、又別案ニハナッテ居リマスケレドモ京釜鐵道ノコト、是ハ矢張同一ノ趣意デアリマスカラ、此事ニ付キマシテハ、最早多辯ヲ要シマセヌ、即チ韓國經營ノ急務デアリマスカラ、是ハ滿場一致ノ模樣デアリマスカラ、此處ニ論ズル必要ハアリマセヌ、要スルニ唯今此好時機ニ際シテ、此鐵道法案ヲ通過シテ置カナケレバ、他日必ズ臍ヲ噬ムノ悔ガアル、モウ現在ノ亞米利加アタリノ容子ハ、諸君モ御承知ノ通、最早ア、ナリマシテハ、如何ナル國家ノ勢力モ動カス能ハザル程、牢トシテ拔クベカラザル程ニナッテ居ルノデアル、現在我國ニ於キマシテモ、今日ハ私設會社ハ益々隆々トシテ進步シテ居リマスカラ、先年一時行ハレマシタルトコロノ官設鐵道拂下運動ト云フコトガアリマシタガ、必ズ早晚サウ云フコトモ起ルニ相違ナイ、之ヲ要スルニ鐵道ナルモノハ國家ニ取ッテ、非常ナル有利有益ナル問題デアリマスカラ、ソレデ之ヲ國家ノ手ニ收メテ置キマスレバ、益々國家全般ノ福利ヲ增進スルニ於テ遺憾ナキモノト思ヒマス、或論者ノ如ク、自由競爭デナクテハ進步シナイト云フ御論モアリマスケレドモ、ソレハ成程世界ノ經濟主義ニ於テ、二大主義アッテ、決シテ之ヲ悉ク非難スルノデハアリマセヌケレドモ、又今日ノ世界ノ趨勢ハ、此自由競爭ノ弊トシテ、一二ノ富豪又ハ私設會社ガ是ノ如キ有利有益ナルモノヲ壟斷致シマシタ弊ハ、是亦弊害ヲ破ルモノハ、總テノ國民デゴザイマス、故ニ國家ガ之ヲ監理シテ居ル、ト彼ノ富豪又ハ私設會社ガ營利一方ノ眼ヲ以テ經營シテ居ルモノト、兩々相對シテ見マスレバ、國家ハ誠ニ公平ナルモノデアル、國家ハ決シテ比較的不公平ナモノデハナイ、社會ハ又是公平ナモノデアリマスカラ、近頃社會問題ガ我國ニモ勃興シテ居ル今日デアリマスガ、諸君御承知ノ通、今日社會主義ヲ唱フル人ハ、此鐵國案ニ付イテ滿腹ノ同情ヲ寄セテアルデハアリマセヌガ、此國家ト社會トハ、公平ナモノデアル、其中間ニ在ルトコロノ富豪、又ハ私設會社ト云フモノハ、專ラ營利ノミヲ主トシテ居リマスカラシテ、甚ダ比較的ニ不公平ナルモノデアルカラ、是ハ國家ト社會ト今日ハ夾擊ヲシテ、此鐵國案ノ如キハ、今日ヲ措イテ外ニ好時機ノナイト云フ程ノトキデアリマスカラ、之ヲ通過スルハ、最モ緊要ナルモノト信ジマス、諸君、此私設鐵道會社ハ、吾々國家論者ノ最モ採ラザルトコロ、又社會論者ノ敵視スルトコロデアル、現在此法案ニ付キマシテモ、熱心ニ反對シタモノハ、唯デアルカト言ッタラバ、日本一流ノ富豪、之ニ亞グトコロノ會社員、株主、其一種ノ株主ヲ除クノ外、普通ノ株主ハ寧ロ贊成ヲシテ居ル、之ヲ要スルニ此國家ト社會ノ利益ヲ圖ルニ於テ、鐵道ヲ國有ニスルト云フコトハ、當ニ闕クベカラザルノ政策デアッテ、今日此時ヲ以テ斷行スルハ最モ策ノ得タルモノト信ジマスガ故ニ、速ニ此事ノ決行サレンコトヲ希望スルノデアリマス、又反對論者ノ御議論モ種々アリマスケレドモ、サマデ聽クニ足ルノ論モ私ハナイト信ジマスガ、一二申シテ見マスレバ、此私權蹂躪ト云フコトガ頗ル論據ニナッテ居ルヤウデアリマス、是ハ成程私設鐵道條例三十五條ニ、二十五箇年云々ト云フ規定ガアリマスカラ、之ヲ諸君ガ殆ド憲法蹂躪、法律無視トマデ絕叫サル、方ガアリマスケレドモ、吾々ノ信ズルトコロニ依レバ、何等憲法法律ニ差支ハナイ 苟モ國家ガ國家ノタメニ決議ヲ爲シテ、之ヲ斷行スルニ、決シテ差支ハナイ、又土地收用法ノ如キ、煙草專賣法ノ如キニ、現在行ハレテ居ル先例モ澤山アリマスカラシテ、何ゾ諸君ノ御心配ノヤウニ、憲法蹂躪トカ法律無視トカ云フヤウナコトハ、最モ御心配ニ及バヌコト、思ヒマス、現在歐羅巴ニ於キマシテモ、瑞西ノ如キハ、共和國デアル、其共和國ガ千八百九十八年ニ、強制的ニ全國ノ鐵道二千三百哩ヲ買收シタト云フコトガアリマスル、最モ歐羅巴デハ私權ヲ重ンズル國デアリマシテ、而モ共和國デスラ、是ノ如キコトガ行ハレテ居リマス、吾々ハ此私權蹂躪論ニ付イテハ、一向耳ヲ傾クルノ價値ナキモノト信ジマス、又此公債增發ノコトニ付イテ、餘程憂慮ヲ懷カシテ居ル諸君ガアリマスガ、是ハ一應御尤ナコト、思ヒマス、併ナガラ此鐵道公債ナルモノハ、所謂消費的ノ公債ニアラズシテ、全ク起業的ノ公債デアル、殊ニ最モ實力アル公債デアル、ソレガタメニ別ニ國民ノ負擔ヲ增スコトモアリマセヌ、又此公債ガ增セバ、全體ノ公債ノ信用ヲ傷クルト云フ說ガアリマスケレドモ、實際株券デアレ、公債デアレ、既ニ有價證券トシテ外國人ノ手ニモ澤山入ッテ居リマスカラ、實際同ジモノデアル、又正貨ノ流出スルト云フ嫌モアルト云フ說デアリマスケレドモ、矢張株券モ同ジモノデアッテ、決シテ異ルコトハナイノデアル、況ヤ此四十年後ニ於テ、國庫ハソレガタメニ五千万圓ノ確實ナル收入ヲ得ル ト云フ見込ガアリマス、以上ハ國家ガ是ノ如キ有利有益ナル財源ヲ所持シタト云フ曉ニ於キマシテハ、外人ハ寧ロ信用ヲ固クスルノデアッテ、日本政府ハ是マデノ確實ナル財源ヲ持ッテ居ルト云フコトニ、信用ヲ置クノデアッテ、之ガタメニ日本ノ公債ノ信用ヲ減ズルト云フコトハ、吾々ハ斷ジテナイコト、信ジマス、（「然リ」ト呼フ者アリ）以上ノ理由ニ依リマシテ、吾々ハ徹頭徹尾、此案ノ滿場大多數ヲ以テ、通過スルコトヲ希望スルノデアリマスガ、終リニ臨ンデ、我反對論者ノ大立者大石正已君ニ問ハン ト欲ス、（笑聲起ル）大石正已君ハ、明治二十四年十二月ノ出版ニ係ル、富强策ト云フモノヲ著述サレテ居ル、是ハ以前カラ大石君トハ懇意ノ問柄デアリマスカラ、大石君ガ贈ラレタカラ、吾々ハ始終愛讀シテ居ルノデアリマス、吾々無學デアルカラ、大石君カラ是ノ如キ名說ヲ敎ハッタト申シテモ宜カラウト思フ、其富强策ノ中ニ此國家鐵道是ハ大石君ガ翻譯サレタ國有ト云フ字ハ其事デアル、國家鐵道、鐵道ハ國家鐵道ニ如クモノハナイ、共利益ヲ五箇條擧ゲテ居ル、第一ノ利益ハ、國防ニアリ云々、第二ノ利益ハ、國家經濟ニシテ非常ニ其發達ヲ迅速ナラシムルニアリ云々、第三ノ利益ハ、乘客貨物ノ運賃ヲ低落スルニアリ云々、第四ノ利益ハ迅速ニ鐵道ヲ延長スルコトヲ得ルニアリ 第五ノ利益ハ即チ收入多キ線路ト、收入少キ線路トヲ平均シテ、以テ其發車ヲ增減スルコト 是ナリ云々、而シテ國家ノ公道タル鐵道ヲ、一ニ私立會社ノ手ニ委ネテ、社會公衆ノ利益ヲ無視スルハ云々ト言ッテ殊ニ痛罵ヲ加ヘテアル、又大石君ノ同ジク明治二十五年五月出版ニ係ル著述ノ、日本ノ二大政策ノ其第三節ニ、三大鐵道ノ連絡、是ハ日本ノデス、東北鐵道ハ既ニ横濱ニ通ジ、東西鐵道ハ既ニ備後ノ尾ノ道ニ到リ、西南鐵道ハ門司港ヨリ佐賀ニ達セリ云々、盛ニ統一貫通ノ論ヲ鼓吹シテ、誠ニ痛快ニ論ゼラレテ居ル、大石君（笑聲起ル）君ハ是ノ如キ名論ヲ吐カレテ、吾々ハ大イニソレガタメニ益スルトコロアッタト思フノデアリマスガ、大石君ハ在野ノ大政治家デアル、能ク世ト推移スル人デアル、願クハ更ニ大石君著述ノ趣意ニ復舊サレテ、速ニ君子ノ豹變サレンコトヲ希望スルノデアル

（拍手起ル）

○議長（杉田定一君） 島田三郎君

（島田三郎君登壇）

（拍手起ル）

○島田三郎君 諸君、本員ハ不幸ニシテ、現內閣ノ提出セラル、重大ナル議案ニ皆反對セザルヲ得ザルノ位置ニ立チマシタノハ、本員顧ミテ自カラ嘆息スルコトデアリマス、本員ハ現內閣組織ノ始メニ當ッテ、少ナカラヌ希望ヲ有シテ之ヲ歡迎シタルモノ、一人デアリマス、ソレハ首相ノ人格、竝ニ首相ノ財利ニ淡泊ナルコトヲ、私ハ知ッテ居リマス、又

首相ガ夙ニ歐洲ノ教育ヲ受ケテ、自由ノ空氣ヲ呼吸セラレテ、其爽カナル空氣ヲ日本ニ傳ヘラレタルコトヲ本員ハ記憶シテ居リマス、ソレ故ニ少ナクモ前内閣ニ比シテ、十中ノ八九ハ吾々ノ賛成スベキ議案ガ本議會ニ於テ見ルデアラウト思ッテ居リマシタガ、不幸ニシテ此希望ハ空想トナッテ、現内閣ノ命脈ノ係ルトコロト認メラレタトコロノ重大ナル議案ハ、本員ガ皆反對セザルヲ得ヌ境遇ニアッテ、今日ノ議案モ亦同ジ運命ニ際會シタノハ、本員之ヲ悲ムノデアリマス、且又首相ガ嘗テ明言セラレタトコロノ言葉ト反對デアッテ、誠意ヲ以テ國ニ臨ムト言ハレタノデアリマスガ、本員ノ見ル所ニ依ルト、總テノ議案ヲ説明セラル、ニ當ッテ、誠意ヲ何レノトコロニ見出スベキカ、疑フノデアリマス、本員ハ虚心坦懐少ナカラザルトコロノ敬意ヲ拂ッテ、内閣並ニ政府委員ノ辯明答辯ヲ拜聽致シマシタ、又少ナカラザルトコロノ注意ヲ拂ッテ速記録ヲ通覽致シマシタケレドモ、其答辯ト云ヒ、説明ト云ヒ、一モ本員ヲシテ成程是ノ如キ考ヲ以テ、斯ク説明セラル、デアラウト信ズベキトコロノ分子ヲ其中ニ見出スコト極メテ稀ニシテ、誠意ハ何レノトコロニ求ムベキカ、本員ノ疑フトコロノ言デアリマス、既ニ武富君モ説明セラレタ如キコトデ、又或贊成論者ハ國有ト云フコトハ天然法ノ定メタル原則デモアルカノ如ク、我國ノ鐵道ハ國有デナケレバナラヌト、其趣意ヲ細カニ説明シテ、直チニ斷定ヲ下サレタル佐々友房君ノ如キ御方モアリマス、竹越君ニ至ッテハ、稍々其理由ヲ説明セラレマシタカラ、其理由ニ付イテ尚本員ハ細カニ批評ヲ下サウト思ッテ居リマスガ、西園寺首相ハ斯樣ニ申サレタ、國有義ハ我國ノ元來ノ確定シタル主義デアッテ、一時私有ヲ許シタノハ權宜デアルト言ハレマシタケレドモ、其例トシテ引カレタ我國第一ノ鐵道設立ノトキニハ、實ハ我國ノ程度ハ、國有ナリ私有ナリト云フ辨別ハ、我國人ノ思想ノ上ニ浮バナカッタノデ、國民ノ之ヲ企テルモノガナカッタカラ、政府自カラ之ヲ企ッタト云フニ過ギヌノデアリマスカラ、是等ハ殆ド、若シ西園寺首相ガ此事實ヲ知ッテ、是ノ如ク言ハレタナラバ虚僞デアル、知ラズシテ申サレタナラバ、餘リ政治上ノ經歴ニ富ンデ居レル御方ニ取ッテ、不似合ナル事實ノ證明デアルト本員ハ思フ、此事ニ付イテハ特ニ武富君ガ密カニ述ベラレマシタカラ、本員ハ詳シク述ベマセヌガ、尚一二三述ベナケレバナラヌコトガアル、元來我國ノ鐵道ガ模範ヲ英國ニ採ッタノハ履歴ノアルコトデ、我國ノ鐵道ニ功ノアルトコロノ井上勝君ガ、其事實ヲ英國ニ學ンデ、其人ノ力ニ依ッテ、鐵道ノ起原ヲ開イタノデアリマスカラ、勢ヒ英國ニ模範ヲ採ルコトハ自然ノ結果デアルト思ヒマス、ソレ故ニ我國ニハ明治四年鐵道ヲ造リマストキニ、重キトコロノ技師モ、輕キトコロノ技手モ、英國人ヲ雇ウテ、其物品モ、悉ク英國カラ入レマシタカラ、其規則モ英國流デアッタ、其英國流ハ私立鐵道創立者デアルカラ、其後イロ〳〵變遷ハ經マシタケレドモ、先ヅ私設鐵道ノ國ト見テ宜カラウト思ヒマス、此事ハ其時代ニ確定シタ事實デアッテ、決シテ國有主義ト云フモノハ、我國ノ既往ニハ成立ッテ居リマセヌ、ソレカラ後ドウデアッタカト申シマスト、明治十年以前ニ、元ノ岩倉右府ガ華族ノ後來ヲ案ジテ、世襲財産トシテ確タルモノヲ持タセタイ、ソレ故ニ世襲財産トシテ官有鐵道ヲ拂下ゲタラ宜カラウト云フ、議ヲ立テラレタ、此事ハ當時ノ事實ヲ記憶シテ居ルトコロノモノガ、今日モアルノデゴザイマス、然ルニ此事ノ未ダ行ハレザル先キニ、西南ノ變ガ生ジマシテ、國事一變致シマシタガ、此經歴ガ依然トシテ引續イテ居ッテ、今日國有論者ガ頻リニ打撃ヲ加ヘラレルトコロノ、我國ノ私設鐵道ノ第一デ、期限ガ長ク、其哩數モ多クナッテ居ルトコロノ日本鐵道會社ガ、抑々誰ノ誘導ニ依リ、誰ノ説諭ニ依ッテ、成立ッタモノデアリマスカ、岩倉右府ガ主トシテ華族、並ニ財産家ヲ説諭誘導シテ、其募リニ應ジサセンガタメニ保護規則ヲ立テ、サウシテ之ヲ成立セシメタノデ、實ニ私設鐵道會社ト云フモノハ、英國ノ如ク民間有志者ガ、之ヲ發起シテ、設立シタニアラズシテ、政府ノ權力ヲ持ッテ居ル人ガ、之ヲ誘ウテ建テラレタモノデアル、是ニ與ッタルトコロノ古老モ、歴々トシテ存シテ居リマスカラ、此事ニ一點ノ虚僞ハナイノデアリマス、ソレ故ニ我國ノ國有鐵道ノ主義ガ、確定シタト云フコトヲ若シ知ッテ言ハル、ナラバ、首相ノ説明ハ虚僞ノ説明デアル、知ラズシテ言ハル、ナラバ、是ハ事實ニ粗雜ナリト云フ謗リハ免レヌ、ト本員ハ思フ、是ガ第一本員ガ記録ニ留メテ内閣ハ虚僞ノ説明ヲセラレタト云フコトヲ、世ノ中ニ申シテ差支ナイトコロノ、事實ノ説明デゴザイマス、ソレカラ漠然トシテ今日ハ鐵道ノ經綸ヲ定メテ、其基礎ヲ立テナケレバナラヌト云フノデ、此大變革ヲ國ノ經濟ニ起ストコロノ議案ヲ提出シテ、之ヲ贊成セラレタ佐々君ノ如キハ、大戰爭ノ後ニ大經綸ヲ建テタ大議案ヲ出シタト、如何ニモ壯大ナル言論ヲ重ネラレマシタガ、是ハ本員カラ見マスルト、殆ド空中樓閣ニ過ギヌト、本員ハ思ウテ居リマス、（「ノウ〳〵」ト呼フ者アリ）空中樓閣ニ過ギヌト云フコトヲ、是カラ説明シテ、ノウ〳〵ト言ハル、御方ニ答ヘヤウト思ヒマスガ、且又斯ウ云フコトガアル、時期ノ問題ニ付イテ、首相ハ斯樣ニ説明セラレタ、來年度ニナルト、種々ノ經綸ノ事業ガ多クナッテ來ルカラ、最早鐵道ノ事業ヲ考ヘテ協議スル暇ガナイカラ、先以テ之ヲ提出致シタト云フノデ、今日ハ最モ適當ナ時期ナリト説明セラレタ、ソレカラ軍事ニ係ッテハ、最モ簡單ニ軍事ノ必要ト云フ首相ノ一言ニ止マリマスガ、其詳細ナル説明ハ、陸軍大臣ノ説明ニ依ッテ本員ハ、其意ノアルトコロヲ知リマシタカラ、是ハ此次ニ批評ヲ下ス積デアリマスガ、斯ウ云フヤウナ譯デ、全體國有トカ私有トカ云フコトハ、我國デハ近時ノ問題デ、翻譯輸入ノ言葉デアラウト思ヒマス、又國有デナケレバナラヌト云フ原則ハ、決シテ宇宙ノ間ニ存スルノデハナイノデ、政治ト物理學トハ、全ク原則ガ違ッテ居リマスカラ、政治カラ云ヘバ、其國ノ事情、形勢、時期等ノ利害得失ノ問題ヲ以テ、私有デナケレバナラヌ、國有デナケレバナラヌト云フコトヲ、ドコニ誰ガ極メテ物理學上ノ原則ガ、世ノ中ニ現ハレマシタカ、本員ハ之ヲ佐々君ニ伺ヒタイノデアル、ソレ故ニ本員ハ歴史ニ徴シテ、其利害得失ヲ論ゼナケレバナラヌト思ウテ居リマスガ、本員ノ理想ヲ申シマスレバ、國ノ幹線大動脈ハ、國有デアルコトヲ宜イト致シマス、此事ハ本員確カニ明言致シマス、併ナガラ、ソレニモ適當ナル時期ガアッテ、尚且今日私設ノ會社ヲ買收シテ、之ヲ國有トナスニ至ッテハ、是ハ暴人ノ暴擧デアルト、本員ハ斷定ヲ致スノデゴザイマス、是非トモ競爭ヲ此間ニ殘シテ置カナケレバ、他ノ進歩ガ止ムト同ジ道理ヲ以テ、鐵道ノ進歩モ止ムト思ウテ居リマス、（「競爭ハアリマス」ト呼フ者アリ）其競爭ニ付イテ、本員ハ論ズルノデゴザイマスカラ、尚御聽キヲ願ヒマス、頻リニ獨逸ノ例ヲ引イテ、獨逸ガ鐵道ヲ買上ゲテ、サウシテ大イニ成功シタト申サレマシタケレドモ、獨逸モ諸君ノ申サル、ガ如キ成績ヲ奏セズ、又諸君ノ空想セラル、ガ如キ經歴ニ依ッテ、之ヲ買上ゲタノデハナイト本員ハ信ジテ居リマス、ソレ故ニ始メテ之ヲ買上ゲマスルトキニ、孛漏西國ノ鐵道ヲ統一シテ、殆ド孛漏西ガ獨逸聯邦ノ首位ヲ占メテ、此力ヲ以テ他ノ聯邦ヲ統一スル機關ニ備ヘタノデアリマシテ、獨逸聯邦ノモノヲ、一時ニ買上ゲルト云フヤウナ暴擧ハ致シマセヌ、又其財源ハ我國ノ如ク、公債ヲ殖シテヤッタノデハナクシテ、佛蘭西ヨリ戰捷ノ結果得タル償金ヲ利用シテヤッタノデアリマスカラ、經濟ノ上ニ於テモ全ク事情ガ違ッテ居リマス、我國デ封建ヲ碎イテ、諸藩ヲ統一スル場合ニ於テ、若シ其時ニ諸藩ニ鐵道ト云フモノガアッタナラバ、之ヲ統一スルトコロノ必要モ起ルデゴザイマセウシ、尚又其間ニ幹線ノモノガアッタナラバ、此幹線ヲ統一スル必要ガ、恰モ獨逸ノ聯邦ヲ統一スル必要ト同ジヤウナ形勢ガアッタラウト思ヒマスガ、我國ハ前ニ申ス通政府ガ誘導シテ、政府ノ獨力爲ス能ハザルトコロノ地方ニ、鐵道ヲ敷カシタノデゴザイマスカラ、其力ノ乏シキモノハ、今尚先キノ如シト思ウテ居リマス、今假ニ政府ノ一手ニ取ッテ其乏シキトコロノ財源ヲ以テ、是ニ臨ミマシタナラバ仕上ゲタ鐵道ヲ修理改良ヲスルノニ、蓋シ其人ヲ闕キ、其手ヲ闕キ、尚其財源ヲ闕イテ、是ヨリ以後鐵道ノ延長ト云フモノハ、全ク止ムニ相違ナイト思ヒマスカラ、本員ハ此財源ノ上カラ、形勢ノ上カラ、並ニ歴史ノ上カラ論ジテ、是ノ如キ暴擧ヲ一時ニ斷行スルト云フコトハ、斷然國利デナイト信ジテ居ルノデゴザイマス、尚是ヨリ進ンデ申シマスルト云フト、政府ハ屢〻迷ウタノデゴザイマス、本員ガ理想ヲ以テ見マスレバ甲武鐵道線ノ如キ、アレハ主トシテ政府ガ企ツベキトコロノ線路デアルト思ッテ居リマス、本員ハ決シテ私設鐵道會社ニ固著スルモノニアラズ、又國有主義ガ憲法ノ如ク定マッテ居ルモノトモ思ウテ居ラヌ、國ノ形勢ト、當時ノ事情ト、其利害得失ニ據ッテ判斷ヲ下スノデゴザイマスカラ、果シテ當初カラ首相ノ演説セラレタ如キ、國有主義デアッタナラバ、政府ガ何故ニ此甲武鐵道――東京カラ八王子ニ至ル短イ線路ヲ、私有線ニ許シタカ、是ガ抑〻政府ノ迷ッテ居ッタ、政府ニ一定ノ主義ノ無イト云フ確證デアラウト思フ、アレハ中央鐵道ノ吐口デアッテ中央鐵道ガアレヨリ延長シテ、甲信ノ地ヲ貫イテ、難路ヲ通ッテ岐阜縣下ニ向ッテ往クトコロノ、我國ノ脊髓難線デアルトコロノ、此難工事ハ政府ガ大ナル負擔ヲ國民ニ負ハシメテ、其利益ヲ一會社ニ與ヘテ、甲武鐵道ニ許可シタト云フトキニ於テハ、私立會社又可ナリト思ウテ居ラレタ時代デアラウト本員ハ思ヒマス、今日之ヲ買上ゲルニ、過大ナ金額ヲ投ジナケレバナラヌト云フノハ、政府ニ確信ノナカッタ確證デアラウト、本員ハ思ッテ居リマス、斯ウ云フ譯デアリマシテ、倘且日本鐵道ノ特許ハ英國流ニ出來テ居ッテ、九十九箇年ノ特許ヲ與ヘテ、特許條約ト云フ不思議ナ文字ガ使ッテアルノデゴザイマス、此時ニ當ッテ、國有ノ考ノ毛頭政府ニ無カッタト云フコトハ、明白ナ事實デアラウト信ジマス、甲武線ヲ許可シ、倘炭礦鐵道ヲ拂下ゲ、日本鐵道其他ノモノヲ成立セシメタル、同ジ政府ニ當テ國有主義ノ無カッタト云フコトハ、最早他ノ辯明ヲ待タズシテ明カデアラウト思ヒマス、次ニ統一論デアリマス、統一ト云フト、誠ニ文字ガ立派デアッテ、總テ區々ニ岐レテ居ルトコロノモノヲ、一様ニスルノハ結構デアルト、彼ノ大經綸トカ、大經濟トカ、大發展トカ云フ、彼ノ虚飾誇大ノ言ヲ以テ、人ノ耳目ヲ聳動スル論者ハ、統一云々ト申サレ、政府モ亦統一云々ト云フコトヲ頻リニ申サレマスガ、是ハ唯一ノ口實ニ過ギヌノデ、本員ハ事實ヲ分析シタナラバ、全ク是ハ事實ノ問題ニアラズシテ、一ノ口實デアルト云フコトニ歸著スルデアラウト思ヒマス、本員ハ斷然トシテ斯ク明言致シマス、今日諸會社ノ分立シテ、統一ヲ闕クノハ、全ク政府ノ怠慢無能ノ事實ヲ證據立テタモノデアッテ、會社自カラ是ノ如キコトヲ世ノ中ニ現出シタモノデナイト斯様ニ斷言致シマス、是ハ私立鐵道法ヲ讀マレタナラバ直チニ分ルデゴザイマセウ、設計カラ圖面カラ總テノモノヲ悉ク政府ニ差出シテ、政府ガ是ニ許可ヲ與ヘ、倘之ヲ檢査シテ、悪ルイ所ガアルナラバ、是ヲ改造セシムルト云フ條件モ出來テ居ルノデゴザイマスカラ、若シ今マデノコトガ、統一ガ無イガ故ニ、後來モ長ク總テノ鐵道ヲ政府ノ一手ニ括ラナケレバナラヌト云フコトデアレバ、政府ハ今マデ統一ノ意思ナクシテ、是ノ如ク錯雜シタルモノヲ現出セシメテ、殆テ、昨ノ夢ノ覺メタル如ク、世ノ中ニ大變動ヲ與フルトコロノ暴擧ヲ企ッテ、過チヲ繰返スモノナリト言ハナケレバナラヌノデアル、若又運賃ノ上ニ區々ニ別レテ居ッテ、統一ガ付カント云フコトデアレバ、是亦運賃ヲ定メルノハ、此方カラ書面ヲ出シテ、當局ノ人ガ定メルノデアリマス、茲ニ條ヲ讀上ケマス「會社ハ運輸ニ關スル規定ヲ定メ主務大臣ノ認可ヲ受クヘシ之ヲ變更スルトキ亦同シ」ト書イテゴザイマス、「會社ハ旅客及荷物ノ運賃ヲ定メ主務大臣ノ認可ヲ受クヘシ之ヲ變更スルトキ亦同シ」「主務大臣ハ公益上必要ト認ムルトキハ運賃ノ變更ヲ命スルコトヲ得」ト書イテアリマス、是等ヲ讀ミマシタナラバ、本員ガ無用ノ言ヲ費ヤサズトモ、竹越君ガ喋々論ゼラレタトコロハ、根柢ヨリ瓦解スルト思フ、運賃ヲ上ゲルモ下ゲルモ大臣ガ定メルノデアル、定メルコトヲ定メズシテ運輸ノ規則ガゴタ〳〵シテ居ルト云フノハ（無用々々ノ聲起ル）是ノ如キ無能無責任ノ人ニ己レノ持ッテ居ル鐵道ヨリ二倍三倍ノ鐵道ヲ預ケテ、ソレデ完全ナコトヲ望ミ得ベキカ、甚ダ疑ハシイト思フ、立法部ノ人ハ法律ノ大體ハ御承知デゴザイマセウガ、此規則ハ政府ガ定メタモノデ、鐵道ノ運賃ガ區々デアル、運輸ノ方法ガ別々デアルト云フコトヲ咎メルナラバ、何故ニ此權利ヲ持ッテ居ル遞信大臣ヲ咎メナイノデアルカト申サナケレバナラヌ、設計モ是ノ如ク、運輸モ是ノ如ク、設立ノ條項皆是ノ如クニ斯ウナッテ居ッテ是デ倘手足ガ動カヌト云フナラバ、是ヲ無能ト言ハナケレバナラヌ（ノウ〳〵ノ聲起ル）倘其他ノコトヲ擧ゲテ見マスルト言フト「會社ハ主務大臣ノ認可ヲ受クルニ非ラサレハ鐵道運送ニ對シ何等ノ名義ヲ問ハス運賃以外ノ料金ヲ請求スルコトヲ得ス」ト書イテアリマス「會社ハ列車ノ發著時間及度數ヲ定メ主務大臣ノ定ムル規定ニ依リ認可ヲ受クヘシ之ヲ變更スルトキ亦同シ」竹越君ハ殊更ニ時間ヲ違ヘテ、他ノ聯絡ヲ絶ッ會社ガアルト言ハレマスガ、是ノ如キ會社ガアレバ、會社ノ不埒ト大臣ノ盲目ヲ證據立ッタモノデアラウト思フ、是ノ如キ法律ガアルニ拘ハラズ時間ヲ變ヘテ、イロ〳〵ノ不便ヲ旅客ニ與フルモノナラバ、法律無效ノ事實ヲ政府ハ披露シタモノデアッテ、誠ニ濟ヌコト、思フ、倘又斯ウ云フ明文ガアル私ハ讀ミマス「主務大臣ハ公益上必要ヲ認ムルトキハ列車ノ種類發著時間及度數ヲ定メ其施行ヲ會社ニ命スルコトヲ得」（「無用々々朗讀省略」ト呼フ者アリ）朗讀ヲ省略スルコトハ出來マセヌ、言葉デ話スヨリハ斯ク明文ヲ讀ンダ方ガ短カウゴザイマスカラ、省略スルコトハ出來マセヌ、是ガ確證デゴザイマス、竹越君ガ喋々辯ゼラレタルトコロハ、皆空論デアッタト本員ハ唯一言シテ足レリト思フノデゴザイマス、全體申シマスト言フト、外國ノ例ヲ引イテ種々ニ申シマスケレドモ、外國ト我日本ノ官省ガ私會社ニ臨ムトコロノ權力ニ、非常ナ違ヒガアル、例ヘバ米國、英國、ノ如キハ特權ヲ一度得タナラバ、一歩モ假サヌトコロノ國風デアッテ政府ト雖モ是ニ一寸ノ力ヲ加ヘルコトガ出來ナイノデアリマスガ、我國ハ之ニ反シテ是ノ如ク細密デアル、時間ノ規定、運賃ノ度合、設計ノ總テノ條項ヲ皆定メテ、其役人マデモ替ヘルコトガ書イテアル、不適任ト認ムルトキハ、主任ノ技師ヲ替ヘルコトガ出來ルト書イテアル「主任技術者ヲ不適任ト認ムルトキハ主務大臣ハ其ノ解任ヲ命スルコトヲ得」ソレ故ニ鐵道會社ノ組立テカラ、總テ運賃カラ總テノ遣リ方ハ悉ク大臣ガ唯私立會社ニ間接ニヤラセルノデ、直接ニハ政府ガ之ヲ監督シテ其資本ハ民間ノ人ガ出シテ居リマスケレドモ、支配權ハ間接ニ政府ニアルト云ッテモ宜シイノデゴザイマスカラ、今日私設鐵道ノ上ノ紊亂ハ間接ニ政府ノ責任ナリト論ジテ、少シモ差支ナイノデアル、權力ガ有ッテ其權力ヲ適當ニ行フニアラザレバ、其責任ヲ怠ッタモノト思フノデアリマス、是カラシテ倘其上ニモ一ツ確定シタ文章ヲ本員ハ讀マナケレバナラヌ、私設鐵道法ノ五十二條ニハ（「簡單々々」ト呼フモノアリ）簡單ニハ出來マセヌ、凡ソ二時間程ハカヽル（「分ッテ居ル」ト呼フ者アリ）オダマンナサイ、「主務大臣ハ公衆ノ安全ノ爲官設鐵道ニ實施スル事物ヲ會社ニ命シテ施設セシメ其ノ他官設鐵道ニ實施スル規則ヲ私設鐵道ニ適用スルコトヲ得」茲ニ至ッテ官設私設ノ別ハ殆ド規則上ニハナイノデアリマス、規則上ノ區別無クシテ、實際ノ上ニ區別有ルノハ、言葉ヲ極ク輕ク申シマスレバ、當局ノ人ガ意氣地ガ無イト云フコトヲ以テ、此國有論ノ根柢ノ主張ヲ拒ムノガ適當デアルト思ヒマス、ソレカラシテ私設鐵道ハ進歩ガ早クシテ官設鐵道ハ常ニ私設鐵道ノタメニ競ハレテ、漸ク進歩スル形勢ヲ持ッテ居ルト本員ハ信ズル、是ハ運輸ノ點竝ニ線路延長ノ點皆然リト存ジマス、先キニ武富君ノ申サレタ通、京濱間ハ長ク五十五分ヲ要シテ、本員モ長ク不便ヲ受ケテ居リマシタガ、先キニ電氣鐵道ガ出來テ二十七分デ通スルコトガ出來ルヤウニナッタ、其他連絡ノ點ハ如何、聯絡ハ海陸ノ連絡ヲ便利ニスルノガ、鐵道ノ效用デアリマシテ、港ハ國ノ入口捌口デアリマスカラ、旅客竝ニ貨物ヲ速ニ鐵道ニ直接ニ上ゲルト云フコトデナケレバ、鐵道ノ效用ハ半バ空シト言ハナケレバナラヌ、我國ノ第一ノ鐵道ナル京濱間ハ、港ノ連絡ガナイ、此間ヲ馬車デヤッテ居ルコト、實ニ三十五年ト云フハ、何ト緩慢ナモノデハアリマセヌカ、漸ク今年豫算ガ出テ、連絡線ガ是カラ著手セラルヽト云フコトハ、官設鐵道ハ利益ガアッテモ利益ガナクッテモ、定ッタル給料ニ制限ガ無イモノデアルカラ、人情トシテ政府ノ利益ヲ高メテ、會社モ利益シ公衆モ利益シ、共ニ共福利ヲ享ケヤウト云フ、其動機ガ成立ッテ居ラヌカラ、是ノ如ク連絡ノ上ニモ大ナル缺點アリト云フコトヲ、事實ガ確證スルノデアリマス、是デモ倘官設ハ私設ニ優リ進歩アリト言ヒ得ルカ、反對ノ人ハ其事實ヲ擧ゲルコトヲ望ム、運送ニ付イテ申セバ、富山、直江津間ハ、是ガ繫ガリマスレバ、東海、北陸ノ間ノ連絡線トナリ、貨物ノ上、旅客ノ上ニ便利ヲ得、利益ヲ與ヘルノデアリマスガ、長イ間豫定線ニナッテ居リマスガ、此線路ハ中断セラレテ居ッテ、此循環鉄道ノ効用ヲ遂ゲルコトガ出来ナイ、是ハ私設カ官設カト云フト、別ニ文書ヲ繰廣ゲズトモ官設ト云フコトガ分ル、此怠ハ如何、本員ハ記憶シテ居リマスガ、中央鉄道ヲモット早ク延長シテ、長野其他ノ縣カラ、中央ノ山間ニ在ルトコロノ物貨ヲ、廉ク諸所へ運ビタイト云フノデ、此連絡ノ一日モ速ナランコトヲ望ンデ居ルガ、此線路ガ遅々タルガタメニ、鹽尻近傍ノ村ハ数村聯合シテ、郡ニ及ボシテイクラカ献金ヲシテ、早ク延長シテ貰ヒタイト云フ請願ヲスルタメニ、調印ヲ取ッテ居ッタト云フコトヲ記憶シテ居ル、是ハ官線カ私線カ、官線ノ怠慢是ノ如シ、ソレカラ賛成論者ハ斯様ニ申サレル、若シ官線ニスレバ寒村僻落マデ線路ヲ延バスカノ、國民ガ利益ヲ享ムルト言ハレマスケレドモ、山陰ノ方面ノ官線ハ如何、山陽ハ敷キ易イト云フ便利ガアリマスケレドモ、山陽鉄道会社ハ軍事ニモ間ニ合ッテ遺憾ナカラシムル程ノ働ハシマシタガ、山ヲ一ツ越ヘマシテ、山陰ノ鉄道ハ官線ノ領域デアリマスケレドモ、其土地ノ人民ガ非常ナ不便ヲ受ケテ、屡請願ヲ議会ニ提出スルノヲ、諸君ハ御記憶ハアリマセヌカ、是ハ官線ノ領域デアルカ、私線ノ領域デアルカ、無論官線ノ領域デアラウガ、既往ノ事是ノ如クニ、官線ガ一時ニ敷ケバ、寒村僻落マデ線路ガ延ビヤウト云フノハ、賛成論者ハ事實ヲ根拠トセズシテ、夢ヲ見テ居ラレヌカト本員ハ冷評ヲ致シマスノデ(「ノウ〳〵」ト呼ブ者アリ)ノウト云フナラバ其理由ヲ承リタイ、前ニ申シマス通、本員ハ官線デナケレバナラヌ、私線ナケレバナラヌト云フコトニ固著スルモノデハナイ、國ノ宜シキニ適シテ、早ク人民ノタメニ便利ヲ開キ、運賃ヲ廉クシテ、國力ノ發達ヲ望ムノデアリマスガ、現在ノ事情是ノ如クニ明カデアルノニ、官線ニ左袒シテ唯独逸ノ翻譯ノ文章ヲ読ムノガ、議会ノ能事デハナイト思フノデアリマス、競争ガナイト言ハレマスガ、本員ハ競争ガアルト思ヒマス、競争ハ必ズ並行線バカリガ競争ト思フノハ、如何ニモ浅薄ナル意見デアル、荷物ノ扱方カラ運賃ノ上ゲ下ゲガ皆是ガ競争デアル、然ルニ私設線ガ却テ廉ニシテ官線ガ高イト云フニ至ッテハ、マダ官線ガ今日ダケニ止ッテ居ルノハ、此運賃ノ競争カラ吾々ガ甚シイ害ヲ被ラナイノデアラウト本員ハ思ウテ居ル、總テノ競争ハ皆進歩ノ友デゴザイマスカラ、本員ハ競争ヲ一切絶ッテ、空名ノ下ニ國有ニ統一セシムルト云フコトニ付イテハ、大イニ諸君ノ反省ヲ煩サナケレバナラヌト思ヒマス、抑モ山陽線ノ他ノ線路ニ比シテ進歩致シマシタノハ、別段ノ理由デハナイ瀬戸内ニ往復致シマストコロノ船舶ニ依ッテ旅客ガ便利ヲ得、荷物ガ廉ク往クカラ、山陽線ハ此競争ニ促サレテ、旅客ノ大事ニ致シマス、旅客ニ對シテ左様ニ親切ニ取扱フ線ガアルカラ、政府ノ官線ガサウドウモ旅客ヲ悪シク扱フコトガ出来ナイ、サウ運賃ヲ高ク上ゲルコトガ出来ヌノデアルト云フノデ、今現在ニ止マッテ居ルノデアラウト思フ、尚共通ノ列車ヲ許シテ貰ヒタイト云フトコロノ願出ヲ、鉄道局ニ出シタト云フコトヲ承ッテ居リマスガ、官線ノ方ヨリ官線ノ方ニ餘リアルト云ッテ、私設線路ニ列車ヲ從サウト云フコトハ常ニ無クシテ、却テ不行届デアルト云ハレル山陽会社ガ、政府ノ線路ニ自分ノ列車ヲ入レテ、往来ノ區域ヲ廣メタイト云フトコロノ請求ヲ致シタトコロヲ見ルト云フト、山陽ノ方ハ働掛ケデアッテ、政府ノ方ハ受身デアルノデ、是ヲ較ベテ見マシタナラバ、強弱ノ點ハ判然ト分ルデアラウト思ヒマス、是ハ決シテ私ガ政府ノ當局者ヲ罪スル譯デナイ、制度ノ然ラシムルトコロデ、總テ利益ガアリマスレバ、其利益ガ下ニ及ブト云フ商業的ノ組立ハ、總テ規則デヤル、規則ニ違ハナケレバ反則ニアラズト云フ官營ノ組立ハ、根柢ノ基礎ガ違ッテ居リマスカラ、是ノ如キ弊害ヲ生ズルノデ、例ヘバ長ク鉄道局ニ奉職シテ居ラレタ仙石君ガ、九州鉄道ニ入ッテ敏活ニ働カレテ、彼ヲ改良シタト云フノデアルガ、是ハ人ノ違ヒニアラズシテ制度ノ違ヒカラ自分ノ力ヲ、伸ブルコトガ出来ルト思フノデ、今日ノ私設会社ヲ残ラズ統一シテ、總テノ政府ノ手ニ帰シタナラバ、此固有ノ弊害タル無競争ノ害ハ、ドウシテモ受ケルデアラウト思ウテ居リマス、唯今申シマスル通リ、斯ウナッテ居リマス、ソレカラ細カイトコロノ里数割

ノ人数ノ使方モ政府ノ方ガ一哩ニ付イテ多クナッテ居リマス、營業ノ上ノ利益ト云フコトモ政府ノ方ガ多クナッテ、私設会社ハ少ナクナッテ居リマス、是ヲ明言シテ置キマスガ、一々読ムノハ煩雑ニ亙リマスカラ止メマス、抑モ政府ガ鉄道国有ヲ主張スル主タル目的ハドコニ在ルカト云フコトヲ聴イテ見タイ、主タル目的ハ軍事ヲ主トスルノデアルカ、國力ノ發達ヲ主トスルノデアルカ、首相ノ演説ヲ承ルト民力開發ノタメ、運賃引下ト云フヤウナ意味ガ這入ッテ居リマスガ、此民力開發ト云フコト、運賃引下ゲト云フコトモ、本員ノ考ヘルトコロデハ果シテ其希望ヲ達セラル、ヤ否ヤ、恐クハ否ト答ヘザルヲ得ヌト思ヒマス、然ルニ賛成論者ノ中ニハ此壇ニ登ッテ、發言ハセラレマセヌケレドモ、斯ウ云フコトヲ言ッテ居ラレル、確ニ人ニ語ッテ申サレル中ニ、今後五千万圓ノ收入ヲ得ル、確實ノ官營事業ハ鉄道ヲ除イテ外ニナイノデアルカラ、是非是ハ國有ニシテ、サウシテ政府ノ財源ヲ助クルニ好財源デアル、此理由ヲ以テ鉄道國有ニ賛成スルト言ハレタ方ガアル、ソレニナリマスト云フト、全ク二ツノ目的ニ分レル、一ハ利源開發デアルト云フノデアルカラ、成ルタケ費用ヲ少ナクシテ多クノ荷物ヲ容易ニ出サセヤウト云フノデ、營業ノ費用ガ少ナケレバソレダケ割合ヲ下ゲテ、多クノ人ヲ乗セ、多クノ荷物ヲ出サセルト云フ方ニシナケレバナラヌ、若シ營利ノ目的デアッタナラバ、高クシテ此差ヲ多クシテ、政府ノ國庫ヲ富マスト云フ方デ往カナケレバナラヌ、若シ又軍事ヲ目的トスレバ、軍艦ヲ造リ砲臺ヲ造ルト同ジ考ヲ以テ造ラナケレバナラヌノデアルガ、此目的ハ如何ニ調和セラル、カ、種々ノ内閣ノ權力ハ、首相ノ一身ニ集マルノデアリマスカラ、首相ハ陸軍大臣ニ左袒シテ、軍事ノ目的ニ専ラ考ヘラレルカ、抑モ亦大蔵大臣ニ左袒シテ收益ヲ目的トセラル、ノデアリマスカ、此區別ノ調和如何ト云フコトヲ本員ハ承リタイト思フノデアリマス、此所ハ委員會ニアラズ、本員ハ不幸ニシテ委員ニ洩レマシタカラ、聴クコトガ出来ナカッタ、其故ニ今日此事ヲ社会公衆ト共ニ承リタイト云フ質問ヲ、此壇ニ發シテ置キマス、本員ノ考ヘルトコロニ依リマスレバ、恐クハ收入ニ陥リハセヌカト思ヒマス、軍事ノ目的モナカ〳〵要求ガ強イ、收入ノ目的モナカ〳〵強クシテ、サウシテ遂ニ必要ニ追ラレテ、收入ニ陥ラネバ宜イカト本員ハ憂ヘテ居リマス、政府ノ國庫ハ決シテ裕デナイ、裕ト言ハンヨリハ寧ロ窮迫シテ居ル、常收入ヲ以テ常支出ヲ償フ能ハザル形勢デ、減債基金ノ如キ誠ニ入組ンダ機關ヲ以テ、此難事ニ處シテ居ルコトヲ知ッテ居リマスカラ、是ニナリマスト若シ政府ノ一手ニ是ヲ集メテ、此鉄道カラ收益ガ多クナッテ、或論者ガ希望スルガ如ク、大層利益ガアルニ拘ハラズ、此利益ヲ收入ノ目的ニ使ハレルノデアリマスカラ、運賃ノ下ガル目的ガ無ク、従ッテ國力開發ト云フ目的ハ塞ガルデアラウト思ヒマス、是ニ於テ丁度両大臣ガ言ッ答ヘラレタコトヲ本員ハ速記録デ發見シタ、或議員ガ政府ノ直接ノ管理ニ歸シテ國有ニシナケレバ、統一ガ出来ナイカト云フコトヲ問ヒマシタラ作業局長ノ平井君ハ完全ナル統一ハ政府ニ握ラナケレバ出来ヌト言ハレタ、誠ニ是ハ巧ミナル答デアッテ、本員ノ論ズル如ク私設鉄道法デ何故統一ガ出来ナイカト云フ問ハ、至當ナル鋭敏ナル議員ノ問デゴザイマスカラ、其故ニ統一ガ出来ナイト云フコトハ物ヲ知ッテ居ル作業局長ニハ言ハレナイ、流石ニ此人ハ苦勞人デアルカラ、内務次官カラ移ラレタ方ハ素人デアルカラ、漫然ト統一ガ出来ヌト、遞信大臣ハ答ヘル餘地ガアリマスケレドモ、作業局長ハ苦勞人デアルカラ、完全ナル統一ガ出来ナイト逃ゲラレタノハ、極メテ辯護士的ノ口調デアルト、本員ハ冷評ヲ以テ是ヲ迎ヘタ、其次ハ公債償還年限計算表ト云フモノガ出来テ、此年限表ハ幾年ノ後ニナルト、元金モ返レバ儲カルト云フ表ニナッテ居リマス、是ニ向ッテ問ヲ發スレバ、果シテ此表ノ如クンバ、誠ニ政府ハ徳ガアルト阪谷大蔵大臣ハ答ヘラレタガ、是モ亦大蔵大臣ノ脳髄デハ此計算ヲ信用セラレザルトコロノ言葉デアッテ、大蔵省ハドウシテモ此責任ヲ執ラル、ダケ、曖昧デナイト本員ハ大蔵大臣ノ脳髄ヲ信ジテ

居ルカラ、是ハ極メテ巧ミナル答辯デ、果シテ此表ノ如クンバ、ト云フノデ、大藏大臣ハ此責任ヲ免レタハ、誠ニアブナイトコロノ機關デアッテ、此機關ノ上ニ大鐵道ヲ政府ノ手ニ歸サウト云フハ、如何ニモ氣樂ナルトコロノ諸君デアルト、本員ハ笑ッテ之ヲ許サナケレバナラヌ（拍手起ル、此時發言者多シ）尚諸君ガ御退キニナリマシテモ一向差支ナイ、定足數ノ闕ゲルマデハ本員ハヤリマス（「ヒヤ〳〵ヤルベシ」ト呼フ者アリ）且又空想ヲ逞シウシテ政府ノ手ニ歸スレバ儉約ガ困ク、ソレ故ニ此割合ヲ低メルコトガ出來ルト言ハレマシタガ、本員ノ記憶スルトコロニ依リマスト云フト、政府ノ手ニ歸シタル鐵道ハ決シテ此割合ヲ低メルコトハ出來ナイ、寧ロ唯今申シマシタ四邊ノ事情ニ迫ラレテ高メルデアラウ、競爭ヲ斷チマシタナラバ、一方ニハ進歩ガ止ッテ、一方ニハ競爭ヲ離レタルガタメニ、割合ヲ上ゲテモ乘ラザルヲ得ヌト云フ窮地ニ國民ハ陷ルト思ウテ居リマスルガ、何故ニ政府ヲ斯クマデ本員ガ信ゼヌカト云フト、最初ヨリ政府ハ此一般ノ通信機關、一般ノ運輸機關ニ依ッテ益ヲ得ルト云フ方針デアッテ、決シテ其實際ノ費用ヲ拂ヒ切ッテシマッタラバ、後トハ直段ヲ下ゲルト云フ方針ヲ執ッタコトガナイ、寧ロ上ゲタコトヲ、本員ハ記憶シテ居ル、ソレハドウ云フコトデアルカト云フト、前年地租增徴ノ案ガ政府カラ出マシタトキニ、衆議院ハ此割合ヲ減ジタノデアル、マルデ否決ハ致シマセヌガ、政府ガ望ムダケノ割合ヲ與ヘヌダケノ修正ヲ加ヘタカラ、ソコニ政府ガ望ムダケノ額トノ差額ガ出タ、此差ヲ如何ニスルカト云ヘバ、政府ハ斯樣ニヤッタ、其一ハ確カ山縣内閣ノトキト思ッテ居リマスガ、一ハ郵便賃ヲ上ゲルノデ、市内ニ今マデアリマシタ一錢ノ端書ガ、一錢五厘ニナッタノハ此時デ、國中平均二錢ノ郵税ガ、三錢ニ上ッタノハ此時デアル、是ト同時ニ是ハ法律デナク、行政ノ一ノ命令デ、是ノ如ク出來ルノデアリマスガ、鐵道ノ運賃此差ニ對スル豫算ノ上ニハ、之ヲ以テ補フト云フコトデ、今日鐵道ノ運賃ノ上ッタコトハ、此譯カラデアル、此事蹟ノアルニ、尚諸君ハ政府ノ手ニ歸スレバ運賃ガ下ガルト思ハル、カ、氣樂モ亦甚シイ哉ト本員ハ思フ、尚政府ガ之ヲ上ゲタガタメニ、私設鐵道モ上ゲタノデアリマスガ、是ハ國民ノ損デアッテ、政府ノ會計ヲ殖ヤスト同時ニ、私設鐵道ノ利益ヲ政府ガ媒介シテ殖ヤシテヤッタト云フ結果ニナルカシ、既往ノ例是ノ如キモノデアレバ、後來之ヲ一手ニ歸シテ、如何ニシテ運賃ヲ下ゲル望ミヲ圖スルコトガ出來マス、是ヨリシテ本員ハ緩急論ニ至ッテ、殆ド評スルトコロヲ知ラヌ位驚イタ、何故ナレバ首相ハ唯今申シマス通リ、國ノ富ヲ開發スル、運輸ヲ便ニスルト言ハレルガ、其一部ノ責任ヲ帶ビタル陸軍大臣ノ説明ニ依リマスレバ、是トハ全ク事實矛盾シテ居ル、ト本員ハ思フノデアリマス、竹越君ハ誠ニ戰捷後ノ日本ハ大規模ヲ以テ大ニ發展ノ勢ヲ示サナケレバナラヌノニ、武富君ハ極メテ悲觀デアルト言ハレタガ、本員ハ武富君ガ悲觀デアレバ、寺内陸軍大臣ハ、極度ノ悲觀論者デアルト評サナケレバナラヌト思フ、ソレハドウ云フコトデアルカト云フト、軍事ノ間ノ連絡ガナケレバナラヌ、統一ガナケレバナラヌト云フ議論ガアッテ、果シテ日露ノ大戰ノ間ニ、ドウ云フ有樣デアッタカト委員ノ一人ガ問ハレタラ、陸軍大臣ハ斯樣ニ申サレタ、今回ノ大戰爭ハ働キカケノ戰爭デアッテ、外ヘ兵ヲ出シタノデアルカラ、相當ニ往ッタ、斯ウ明言シテアル、ソレハ確ニ速記録ニ載ッテ居リマスカラ、陸軍大臣ハ多クノ遺憾ヲ私設官設錯雜シテ居ル此線路ニ於テ、感ゼラレナカッタコトハ確デアル、百万ノ兵ト之ニ伴フ軍需品ノ輸送ガ、相當ニ往ッタノデ、殊ニ最モ繁激ナル衝路ニ當ッタノハ、山陽線ト九州線デアラウト思ヒマスカラ、是ニシテ遺憾ナクンバ、私設鐵道ハ相當ノ役目ヲ勤メタト思ッテ居リマスガ、然ルニ陸相ハ斯樣ニ申サレタ、今回ノハ働キカケノ戰デアッテ、外ヘ兵ヲ出シタノデアルカラ斯ウデアル、ケレドモ若シ受身ノ戰デ、外敵ヲ引受ケタトキニハ、唯今ノデハムヅカシカラウ、其外敵ヲ引受ケテ敵軍ガ我海濱ニ攻上ッタ場合ヲ指シテ、受身ノ戰ト申サレタノデアリマセウガ、此受身ノ戰ハ陸相ハマダ實驗ガナイ、實驗ガナイケレドモ、想像ノ上デハ恐ラク是デハ遺憾ガアルダラウカラ、國有鐵道ニシテ、總テヲ丁度肱ノ手ヲ使ヒ、手ノ指ヲ使フ如クニシナケレバナラヌト思フ、是ノ如キ大體ノ議論カラ進ンデ、其實例ヲ示サレタノハ、紀州半島ニ敵軍ガ上陸シタ場合ニ、大阪附近ニ兵ヲ送ッテ、自由自在ニ動スニハ、唯今ノ鐵道デハイカヌト云ハレタ、本員ハ實ニ大規模ノ戰捷後ノ日本帝國ガ海軍全滅シテ敵ノ陸兵ガ近畿ニ上ッタト云フコトヲ假定シテ、鐵道政策ヲ立ツルニ至ッテハ悲觀ノ極度デアルト思フ（拍手起ル）是ハ海軍全滅シタ場合ヲ想ハナケレバナラヌ、海軍全滅シテ、後ノ陸軍ノ計畫ヲ今カラ――今日ハ日英同盟モ成リマシテ、甚ダ氣強イトコロノ時勢ニ進ンダト云ッテ、外交者ニ向ッテ贊辭ヲ呈スルトコロノ政府當局ガ、何故ニ此條約モ無視シ、尚且僅ニ浦鹽斯德ニ數隻ノ船ヲ止メタダケ、歐羅巴カラ輸送シタトコロノ相當ノ軍艦ハ、悉ク日本海ニ沈沒シテ、之ヲ恢復スルニハ十年ノ時日ヲ要スルデアラウト假定セラル、トコロノ露西亞ヲ相手トシテ、日本國ガ何レノ敵ヲ引受ケテ、海軍全滅ヲ假定スルコトガ出來マスカ、是ニ至ッテハ本員ハ理財ノ上ニハ現在闕陷ガアルカラ之ヲ憂フルノハ杞憂ニアラズシテ、相當ノ憂デアルガ、戰捷國ノ日本帝國ガ海軍全滅ヲ豫想シテ、紀州半島ニ敵ガ上ッタト云フコトヲ豫想シテ、全國ノ鐵道政策ヲ定メントスルニ至ッテハ、實ニ悲觀ノ極度デアルト本員ハ思フノデアル、尚本員ハ是ニ於テ記憶ヲ惹起スコトガアル、是ハ委員會ノ中デアルカラ、本院ノ御方ハ御承知アリマスマイガ、本員ハ明治二十六年ト覺エテ居リマスガ、鐵道敷設法ノ委員會ニ臨ンデ、大切ナル事實ヲ本員ハ聽得タノデアル、此時ニ方ッテ鐵道敷設ノ計畫ヲ致シマシテ、線路ヲ豫定スルトキニ、委員トシテ出ラレタノハ、今ハ殁クナラレタ、故ノ松本莊一郎君ガ、鐵道局長トシテ出ラレ、唯今ノ臺灣總督ノ兒玉源太郎君ガ、陸軍次官トシテ出ラレテ、陸軍ト遞信トノ間ノ聯合ノ政府委員ガ、吾々ニ向ッテ説明セラレタ、其餘談ヲ悉ク今日ハ諸君ニ御報告ヲシテ、軍事ノ基礎ニ於テ、平常ノ鐵道ヲ計畫スルト云フコトハ謬レルモノデアルト云フコトヲ説明ヲシタイト思ヒマス、（「謹聽」ト呼フ者アリ）斯ウ云フコトデアル、其時ニハ總テノ鐵道ヲ早ク敷イテ日本ノ國富ヲ開發シタイト云フノハ、鐵道局ノ意見デアッテ、尚東海道ヲ複線ニシテ、此運輸ヲ便ニシタイト云フノ鐵道局ノ意見、陸軍省ハ若シ陸軍ヲシテ專門ニ喙ヲ容レシムレバ、海濱ニ鐵道ヲ敷クト云フコトハ、甚ダ危險デアル、海岸ヲ砲擊セラル、トキニハ、直チニ鐵道ヲ斷タレルノデアルカシ、ドウシテモ中央ヘ敷カナケレバナラヌト云フガ、陸軍省ノ説明、其時ニ陸軍省デハ費用多キニ拘ハラズ是非共早ク開カナケレバナラヌト云フノハ、甲州ヲ經テ信州ニ到ル八王子線ノ先キノ方デ、是ニハ幾多ノ隧道ガアルカラ、非常ニ鐵道局ノ方デハ難工事トシテ、費用ノ多キニ苦ンダガ其委員ノ説明ニ依ルト、東海道ニイクラ線路ヲ敷イテモ、アレハ一タビ海岸カラ砲擊セラレ、バ斷ヘテシマフ若シ東京灣ガ砲擊サレタナラバ尊キ御方ヲ何レノ地ニ置クカ、ドウシテモ甲州ヲ以テ尊キ御方ノ行在地ト定メナケレバナラヌカラ、早クアノ隧道ヲ穿タナケレバナラヌト云フコトガ、中央ノ隧道ヲ急ギマシテ、多クノ費用ヲ厭ハズ、之ヲ急イダト云フコトノ理由デアッテ、此時ニ餘談トシテ故松本莊一郎君ノ話サレタコトガアリマス、是ハ初メカラアル議論デアッテ、東海道ノ鐵道ヲ敷クトキニ、既ニ此事ガ陸軍部内カラ開イタコトガアル、此時ニ日本ハ國力ヲ養ウテ、大體ノ基礎ヲ定メズシテ、此國帑ヲ使ヒ潰ス方ニ先ヅ手ヲ著ケルト云フコトハ、日本ノ建國ノ大方針デナイト如何ナル論ガアッテモ、東海道線路ヲ選定スル、是ダケノモノヲ開イタノハ井上勝君ノ功ナリト、松本君ハ明カニ本員ニ語ラレタ、此人既ニ死シマシタカラ、直チニ其證言ヲ證人トシテ呼ブコトハ出來マセヌガ、名譽ニ掛ケテ此人ガ井上勝君ノ功ナリト言ハレタコトハ、本員ハ記憶シテ居リマス、凡ソ軍事ヲ根柢ノ基礎トシテ、鐵道ヲ敷設スルカ、經濟ヲ根柢ノ基礎トシテ鐵道ヲ敷設スルカ、鐵道ヲ敷設シマスルニハ、先ヅ是ダケノ違ヒガアル、今日先ヅ諸君ガ中央ノ線路ヲ穿タナケレバナラヌ、或ハ東海道ノ線路ヲ敷設スルト云フ論ガアッタトキニ、東海道ノ線路ガ今日マデ敷設セラレナカッタナラバ、日本ハ如何ナル損害ヲ受ケテ居リマスルカ、發達スルトコロノモノガ如何ニ阻害セラル、カ、誠ニ想像ニ餘リアルト思フ、ソレ故ニ陸軍大臣ガ總ノノ寒村僻地マデモ、國有鐵道ヲ望ムト云フノハ、實ニ悲観極ッタモノデアッテ、國力涵養ノ主張ノ第一ニ明言セラレタ、民力ヲ發展シ國力ヲ開發セラレントスル方針トハ如何ニ調和スベキヤハ、甚ダ問題デアルト思フノデアル、且又本員ハ今回ノ買收方法ニ付イテ、矢張陸軍當局者ノ主張ハ矛盾スルコトヲ言ハナケレバナラヌ、承ハリマスレバ初メ内閣ニ出デマシタ原案ハ、十七會社ノ線路ヲ買ト云フ案デアッタノガ、度々ノ閣議ニ於テ甲論ジ乙論ジテ、遂ニ三十二會社ヲ併セテ買收スルトコロノ、唯今議會ニ現ハレテ居ル議案ニナッテ居ルト伺ヒマシタガ、果シテ是ノ如キモノデアッタカ否ヤハ本員ハ知リマセヌ、併ナガラサウデアックラウト推測スル、是ニ於テ本員ハ此竝ベテアリマス三十二社ノ線路ヲ見ルト、唯驚クノ外ハナイ、其中ドウ云フ線路ガアルカト云フト、近江鐵道、高野鐵道、豐川鐵道、成田鐵道、水戸鐵道、豆相鐵道、河南鐵道、中國鐵道、上武鐵道、東武鐵道、ナド、云フヤウナモノデアッテ、非常ニ弱ッテ居ル會社ノ線路ガ皆含マレテ居リマスガ、此中ニ若シ陸軍大臣ノ申サルヽ如キ、本員ガ又理想的ニ望ンデ居ルガ如キ、宗谷ノ海峽カラ薩摩ノ端ニ至ルマデノ幹線ハ、他日國有ニナルベキ性質ノモノデアル故ニ、甲武鐵道ヲ國有トスルハ、政府ノ誤リデアルト論ズル本員ハ、若シ他ニ障礙ナクシテ經濟的ニナシ得ラルヽナラバ、是ノ如キモノハ國有ニスルコトハ、多分諸君ニ御同意ヲ表スルデアラウト思ヒマス、併ナガラ他ニ形勢ノ不可ナルモノガアルカラ、本員ハ反對ヲスルノデアルガ、何レニシテモ最早近江鐵道、高野鐵道、豐川鐵道、成田鐵道、水戸鐵道、豆相鐵道、河南鐵道ナドガ、何デ軍事ニ關係ガアリマスカ、是ハ一モ關係ハナイ、高野鐵道ハ高野山ニ參詣ノタメニ出來タ、豐川鐵道ハ吒枳尼天參詣ノタメニ出來タ、成田鐵道ハ成田ニ參詣ノタメニ出來タ、是等ノ鐵道ハ何デ國有ニ關係シマス(拍手起ル)知ルベシ、情實ノ結果デアッテ、多數ヲ得ルニハ方々ノモノヲ併セナケレバ成立ツコトガ出來ナイ、情實ノ確證ト思フ、是ハ國民ノ損害デアル、近江鐵道ノ下落シテ居ルノモ、必ズ經濟ニ詳シイ御方ハ御承知デアリマセウ、豐川鐵道モ既ニ破産ニ瀕シテ居ルト云フコトモ諸君御承知デアリマセウ、水戸鐵道ガ或銀行ノ抵當ニナッテ居ルト云フコトモ諸君御承知デゴザイマセウ、是等ノ中ニ關係ノ御方ガアッタナラバ、尙詳細ニ御承知デアラウト思フ、七尾鐵道ノ如キモ、亦是ノ如クデ、本員ハ七尾鐵道ノコトナドハ能ク知リマセヌガ、拂込ガ三十圓デ、唯今七圓ニ下落シテ居ッタガ、此議ノタメニ上ッタト承ッテ居ル、然ラバ外見國有ヲ以テ軍備ヲ立派ニスルナド、云フコトハ、虚僞ノ甚シキモノデアッテ、西園寺首相ガ誠意ヲ以テ民ニ臨ムト宣言セラレタノハ、ドコニ誠意ヲ見出スコトガ出來ル、併ナガラ斯樣ニシナケレバ多數ヲ取ルコトガ出來ナイ、七尾ノ方ノ利害ヲ持ッテ居ル御方モアリマセウ、近江ニ關係ノ御方モアリマセウ、豐川ニ關係ノアル御方モアリマセウ、高野ニ關係ノアル御方モアリマセウ、ソレ故ニ多數ヲ得ルタメニ出シタト云フナラバ、本員ハ其理由ニ於テ、サモアルベシト承ルノデアリマスガ、其中ニ若シ是ガ軍事ニ關係ガアルト云フナラバ、是ハ足利ヨリ以上ニ溯ッテ、國ニ難ノアルトキハ高野山ニ御祈禱ヲスル位ノタメデアラウ、(笑聲起ル)尙溯ッテ成田ノ不動ニ勝ヲ祈ッタ、源平盛衰記時代ノ話デアラウ、明治ノ世ノ中ニ成田鐵道、高野鐵道、豐川鐵道ガ軍事ニ關係アルト云フニ至ッテハ、唯本員ハ笑フヨリ外ニ評シ方ハナイト思フ(「誠意ヲ以テ論ズベシ」ト呼フ者アリ)決シテ共通デ事實ハ一モ誤リハナイノデアル――少シモ誤リハナイノデアル、事實ニ一點ノ誤リガナイカラ、諸君ハ本員ノ言フコトヲ御聽キニナッテ宜イ(「一二小會社ノタメニ主義ヲ曲ゲルコトガ出來ルカ」ト呼フ者アリ)諸君ガ御騷ギニナレバ靜マルマデ本員ハ此壇ヲ去リマセヌ、議長ノ命ニアラザレバ本員ヲ妨ゲルノ權利ハ諸員ニハナイ筈デアル、ソコデ官業鐵道國有ノ弊ト云フモノヲ、本員ハ玆ニ例ヲ擧ゲテ論ズルコトハ、武富君ノ詳シキ説明ニ讓リマスガ、森林事業ハ如何デアリマス、森林事業ハ政府ガ多クノ財産ヲ有シテ居ッテ、多クノ土地ヲ領スル、封建ガ總テ破レテ、政府ノ手ニ諸藩ノ止メ山ガ這入ッテ居リマスカラ、政府ノ持ッテ居ル森林ガ立派ナモノデ、民ガ伐ッテ賣ルモノトハ競フコトガ出來ナイ、止メ山ガ皆政府ノ所有ニナッテ居ルケレドモ、其財産ヲ較レバ其所得ガ極メテ少ナイノハ、是ハ官有事業固有ノ弊デアル、森林ニシテ尙是ノ如キモノデアレバ、鐵道獨リ政府ノ手ニ歸シテ、有利ナリト論ズルコトハ、理ニ於テ許スベカラザルコト、本員ハ思フ、ソレ故ニ是ヲ分析スルナレバ、一モ全國鐵道ヲ一手ニ歸スルト云フコトハ、正確ノ理由ハナイノデアッテ、事實事情カラ起ッタモノデアルト本員ハ推定ヲスル、サレバ是マデ屢〻現ハレマシタ文書、或ハ新聞雜誌ニ出デ居ル贊成論者ノ口實ニハ、奇怪不思議ノモノガアル、外人ガ鐵道ノ株ヲ所有スルト云フコトニナルト、遂ニハ重役ヲ擧ゲルコトニナル、サウスレバ軍事ノ改良ヲ加ヘルト云フコトニモ甚ダ覺束ナイカラ、今ノトキガ卽チ買收ノトキデアルト云フ議論ガ、貴族院議員等ノ中ニナカ〳〵行ハレテ居ルコトハ、世ノ中ニモ漏レテ知ラレテ居リマスルガ、是等モ亦夢ニ過ギナイ、本員ガ調ベタトコロニ依リマスト、總テノ大イナル鐵道會社デ五十株以上外人ノ手ニ這入ッタモノハ一モアリマセヌ、外人ハ好ンデ鐵道株ヲ買フモノニアラズ、若シ買フナラバ日本公債ヲ買ヒマス、公債ヲ買フ方ガ誠ニ容易イ、若シ又賣ルトキハ倫敦市場デ賣リマスカラ、公債ノ方ニ手ヲ出シマスガ、外人ガ好ンデ所有權ノ確定セヌ政府ノ干渉ノ甚シイ此遠イ所ノ國ニ對シテ、鐵道株ヲ買上ゲテサウシテソレニ依ッテ重役ヲ出タスナド、諸君ノ中ニハ左樣ナル夢ヲ見ル方ガアルカモ知ラヌ、有リト言ハヌ、併ナガラ外人ノ中ニハ絕ヘテナイト本員ハ明言シヤウト思フ、ソレ故ニ此等ハ空想デ必竟遁辭ハ其窮スルトコロヲ知ルト云フ古諺ニ背カヌト思ヒマス、ソレカラ經濟上ノ一問題トシテ、軍事ノタメニ最モ否定スベキ事實ヲ述ベナケレバナラヌ、十八億ノ公債ハ最早其數ニ達セントシテ居ル、其前ノヲ合セマスルト總計二十四億トナルト云フノハ誰モ知ッテ居ル、然ルニ此上ニ又四億カ五億ノ株券ヲ公債ニ換ヘルト云フコトニ付イテ杞憂ヲ懷カレマスノハ、武富君ガ詳細述ベラレマシタガ、本員ハ駁論ニ向ッテ一言述ベテ置カウト思フ、是ハ本院ニ說モアリ、尙責任アル人ガ嘗テ擧ゲタ說デアリマスカラ、ソレマデ說明ノ材料トシテ論ジナケレバナラヌ、株券ガ公債ニ變ル、此公債ハ確實ナルトコロノ財産ノ引當ノアルモノデアルカラ、源ノナキトコロノ公債デハナイ、ソレ故ニ是ハ相場ニ影響シナイト信ゼラル、トコロノ政府ノ當局者モ、竹越君モ、又此論法ヲ以テ言ハレマシタガ、是ハ經濟ノ初歩ヲ理解シテ居ルモノハ同意シナイ、日本ノ公債何レカ本ノ無イモノガアリマセウ、國ノ信用ヲ基トシテ出シテ居ルモノデアルカラ、本ノ有ル無イト云フノハ、一ツノ物ヲ言フニアラズシテ、日本ノ富ガ卽チ本デアル、然ラバ政府ノ公債ハ本ノ無イトコロノ公債ガアリマセウカ、併ナガラ此公債ニ高低ノアルノハ何デアルカ、物多ケレバ價ヲ失ッテ需用者ガ少ナケレバ價ヲ失ッテ、供給者ガ多ケレバ價ガ下ガルト云フコト、同ジコトデアル、ソレト同ジコトデアッテ、株券ガ公債ノ所有者ト、物ノ種類ガ違フノデアリマスカラ、株券ガ公債ニ變リマスレバ、日本帝國ノ信用トシテ成立ツニセヨ、鐵道ノ實物ガ、抵當トシテ成立ツニセヨ、多ケレバ價ヲ失フノハ自然ノ數デアッテ、是ヲ自分ガ所有スルノヲ好マズシテ、鐵道株ヲ好ムモノデアリ、鑛山ヲ好ムノデアリ、他ノモノヲ好ムモノナラバ皆利ノ薄キ公債ヲ賣ルニ相違ナイ、賣レバ下ガル、簡單ニ見易イ道理ヲ以テ竹越君ニ私ハ答ヘヤウト思ヒマスノハ、若シ竹越君ノ說明ノ如クンバ、斯クナリマセウ、株券ノ穴ニ公債ガ嵌ッテ來ルカラ、公債ガ殖エテモ直段ガ下ガラヌト云フナラバ、試ミニモウ一歩進メテ此五億ダケノ紙幣ヲ發シタナラバ如何デアル、五億ノ公債ヲ引込マシテレマッテ、是デ紙幣ヲ發シタラ紙幣ガ下ガラザルヤ否ヤ、此假定ヲシテ見タラバ株券ガ公債ニ變ッテ下ガルト云フコトハ、恰モ公債ガ紙幣ニ變ッテ下ガルト同ジ道理デアルカラ、是ガ分ラナイノハ腦ノ鈍イノデアルト考ヘル、腦ガ鋭敏デアレバ分ルノデアル、此原理ガ本統デアルナラバ、之ニ代ッテ市場ニ多クノ公債ガ出マスレバ、必ズ公債ノ下アルト云フコトガ道理アル推定デアル、尙又大藏大臣ハ斯樣ニ答ヘラレタ、前後通ジテ七年間ニ市場ノ有樣ヲ見テ出スノデアルカラ、決シテ下ガル筈ハナイト言ハレマシタガ、此市場ノ有樣ニ付イテ本員ガ一歩進メテ問ハフト思フノハ、七年ノ間ニ若シ公債ガ減ルト云フ餘地ガアッテ、其代リニ出テ來ルナラバ、七年ノ間ニ公債ガ市場ニ溢レルト云フコトハナイケレドモ、併ナガラ公債ハ殖エルコトガアッテモ減ルコトハナイト云フ有樣デ、此數年間過ギルノデアリマスカラ、此間ニ出テ來タモノハ下ガル、下ガッテモ割合ガ宜シケレバ外人ノ手ニ歸スルカラ、先以テ下ガルコトハ防ゲルト思ヒマスケレドモ、併ナガラ鐵道株券ガ外人ニ歸スルコトヲ恐レル杞憂論者ハ、同時ニ公債ガ多ク外人ニ歸スルコトヲ恐レナケレバナラヌノハ、論理上自然ノ結論デゴザイマセヌカ、茲ニ至ルト云フト拂フ者ハ皆金ヲ以テ拂フノデアルカラ、同ジ憂ハ伴ウテ出テ來ルノデ、移ラズシテ此經濟ノ攪亂スルトコロノ現狀ヲ暫ク維持シテ、其時ヲ待ッテモ可ナリデアラウト思フ、此議論ハ本員ガ始メテ唱ヘルニアラズ、茲ニ明確ナル文書ガアル、ソレハ外ノコトデアリマセヌガ、明治三十二年ニ鐵道ノ調査會ト云フモノガアリマシテ、鐵道國有論ガ其調査會ノ中ニ起ッタ、所ガ鐵道調査會ノ人ハ專ラ理財ノ方ニ明ルイ人バカリデナイ、鐵道ノコトニ熱心ナル人ガ集ッタノデアルカラ、理財ノコトハ理財ノ當局者ニ聞クベシト云フトコロノ普通ノ理ニ從ッテ大藏省ニ問合セタ、大藏省ノ理財局長ノ松尾臣善君ハ唯今本員ノ論ジタ如ク、同ジ道理ヲ以テ今日ハマダ、イロ〱ナ公債ヲ發布シナケレバナラヌ時期デアル、臺灣事業公債其他イロ〱ノ事業公債ヲマダ發シナケレバナラヌ時節デアルカラ、今鐵道公債ヲ出サルルト云フコトハ、頗ル不安デアルト云フトコロノ答ヲ與ヘタノハ、是ハ今ノ日本銀行總裁ノ松尾臣善君デアッテ、是ノ如ク專ラ理財ノコトニ身ヲ委ネテ居ルトコロノ松尾臣善君ガ、一人デ調ベタノデナク、大藏省ノ理財局ノ調、若クハ省ノ調トシテ鐵道調査會ニ與ヘタ文書ハ、今嚴トシテ茲ニ本文ガアリマス、御望ミナラバドナタニモ御示シスル、尙本員ハ是ヲ速記錄ニ留メテ本員ノ說明ニアラズシテ、理財專門ノ人ガ是ノ如ク言ッテ居ルト云フコトヲ申サウト思フ、大藏省ノ三十二年ノ意見ハ、是ノ如キモノデアリマシタガ、當時ノ公債ハ總テ合セマシテモ、多分五億以下ナモノデアラウト思ヒマスガ、今日ハ三十二年カラ較ベマシテ、日本ノ經濟ハドレ程發達致シマシタカ、國力ハドレ程發達致シマシタカ、五億ノ公債ノトキニ尙且ツ理財局長ノ松尾君ハ危險ナリト答ヘラレタガ、今ノ日本銀行ノ總裁ハ恐ラク同ジ意見ヲ持ッテ居ルデアラウト思フ、サウシマシタナラバ十八億、總計合セマシテ二十四億ノ公債ノトキニ、更ニ五億ニ近イモノヲ出スノハ、一層危險ヲ感ゼラレルト思ヒマスガ、松尾氏ノ意見ヲ聞クコトハ出來マセヌガ、日本銀行ノ副總裁ノ高橋君ハ、矢張倫敦ヨリ歸ッテ直チニ日本ニ發表レタ意見ハ、今日ハ鐵道ヲ公債ヲ以テ買上ゲルノハ危險ナリト言ッテ居リマスガ、是ガ日本銀行ノ副總裁ノ意見デゴザイマスカラ、理財專務ノ人ハ恐ラク是ノ如キ考ヲ持ッテ居ルデアラウト思フ、決シテ本員ノ架空ノ說ニアラズシテ、總テ是ノ如キ根據アルトコロノ危惧ヲ懷イテ居ルカラ、竹越君ガ言ハレタ如ク、杞憂論者ニモアラズ、悲觀論者ニモアラズ、若シ悲觀論者デアルトスレバ、日本ノ財務ニ大關係アル人ミモ同ジ悲觀ヲ懷イテ居ルト云フコトノ答ガ出來ルノデアリマス、是カラ博覽ノ佐々友房君ガ外國ノ例ヲ引イテ種々論ジラレマシタカラ、是ニモ一言答ヘル必要ガアルト思ヒマスガ、佐々君ハ獨逸ノ例ヲ引キ、ソレカラ伊太利ノ例ヲ引キ、尙瑞西ノ例ヲ引キ、處々ノ例ヲ引イテ、國有ニアラズンバ鐵道ノ本體ニ副ハナイ、鐵道ハ元來天ヨリ命ジテ國有タラシムルモノナリト、恰モ物理學ノ原則ノ如ク論ジマシタガ、本員ハ餘程是ヲ聽イテ疑ヲ生ジテ、頗ル失禮デアリマスガ、笑ヲ禁ズルコトヲ得ナカッタノデアル、全體獨逸ノ國有鐵道ハ是ノ如キ簡單ナル理由ニ依ッテ成立ッタト本員ハ信ジテ居リマセヌ、獨逸ハ御承知ノ如ク、封建ノ遺政ヲ殘ッテ戻ッテ、普魯西ハ其一部デアッテ、聯邦ノ盟主ト漸ク近年ナッタノデアリマスカラ、孛漏西ニ威ヲ振フコトハ獨逸全體ニ向ッテ餘リ愉快ノ感ヲ與ヘヌ部分ガ多イノデアル、殊ニ孛漏西ハ左樣ナ考ヘデゴザイマシテ、先ヅ以テ經濟統一ノタメニ其以前ノ官線ヲ撤去シテ、總テヲ協定スルト云フノデ、帝國統一ノ謀ヲ立テ、次ニ交通ヲ統一シテサウシテ帝國統一ヲ計ラウト云フ歷史的必要ガアッタノデアリマスガ、流石ニ「ビスマーク」ハ公然ト左樣ニ言ハナカッタ、帝國ノ統一ト云フコトハ、「ビスマーク」ハ辯護シテ居ラヌ、「ビスマーク」ガ議會ニ說明シタ其演說ヲ讀ンデ見マスルト、獨逸ハ分立シテ居ッテ、經濟上ノ共通デナイカラ、丁度官線ヲ撤去シタト同ジヤウナ形勢ノ下ニ、鐵道ヲ統一スル必要ガアルト論ジテ居ルハ、他ノ諸聯邦ノ嫉ニ反對ヲ避ケンガタメデアッタノデアル、故ニ當時ハ孛漏西ダケニ是ヲ行フコトガ出來テ、徐々トシテ他ハ聯邦ニ及ボシテ確カ八年バカリヲ經テ、漸ク是ヲ完成シタト記憶スル、此例ガ違ヘバ佐々君ノ御正シヲ願フノデアリマスガ、本員ノ記憶スルトコロハ是ノ如キモノデアル、ソコデ是ノ如キ必要カラ是ヲヤリマシタノト、並ニ大陸國デアッテ四隣ノ國ハ皆鐵道ヲ敏活ニ用ヰテ、兵ヲ出スト云フ恐レガアル、私ハ「ビスマーク」ノ此事業ノ如キハ、矢張左祖セザルヲ得ヌ、殊ニ此場合ニハ相當デアルト思ウテ居ル、併ナガラ尙米國ヲ旅行シテ歸ラレタトコロノ御方ガ言フトコロヲ見ルト、本員ハ頗ル是ニ不同意ヲ表スルノデアル、米國ノ鐵道ハ「トラスト」デ以テ會社ガ大勢力ヲ持ッテ居ル、大統領モ議會モ制スルコトガ出來ナイ大勢力ヲ持ッテ居ルカラ、今日ハ鐵道民有論ガ民論トシテ盛ンデアルト言ハレマシタガ、大統領ノ意見書ヲ讀ンデ見ルト云フト、決シテサウ云フ極度ノモノデナイ、米國ニハ丁度英國流儀デ、百年トカ九十九年トカ云フ長イ間特許ヲ得テ、其特許ガ盛ンニ勢力ヲ得テ米國ヲ支配スルヤウニナッテ居ッテ、此組合ハ國論ヲ左右スルニ至ルカラ、何トカシテ是ヲ制スルトコロノ法律ヲ立テタイト云フノデ、少ナクトモ日本ノ私設鐵道法ノ如キモノヲ大統領ガ議會ニ設定セシメテ是ヲ支配スル、其割合ヲ餘リ高クセシメタクナイ、其荷物ニ餘リ不便ヲ與ヘサセナイヤウニ「トラスト」ヲ以テ直段ヲ上ゲルト云フコトヲ防グトコロノ權力ヲ、政府ニ有シタイト云フ意見デアルカラ、鐵道私設法ノナイ強大ナルトコロノ米國ガ之ニ對シテ言フベキコトデアッテ、鐵道私設法ノアル日本ニ於テ、是ノ如キコトヲ言フノハ是亦夢ニ過ギナイト私ハ思フノデアル、是カラシテ竹越君ハ白耳義ニ於テ、著シク國有鐵道ガ成功シタト言ハレマシタガ、本員ノ讀ンダ書ハ反對デアル、白耳義デヤリカケテ一時成功シタガ大ニ弱ッテ、議會ガ調査シテ此議案ヲ豫算委員會デ討議ラレタトコロノ記錄ガアリマスルガ、是ハ餘程前ノコトデアル、丁度獨逸ガ國有鐵道ヲ拵ヘルト同時代ニ、歐羅巴ヲ席卷シ風靡シタトコロノ議論デアル、ソレデ詰リ其以前ニ白耳義ノ方ガヤリマシタカラ、經驗ヲ以テ――少シ弱ッタトコロノ經驗ヲ本員ハ知ッテ居リマス、千八百七十三年カラ七十四年ノ間ニ、政府ノ國有鐵道ハ非常ニ損ヲシテ、今マデ收入ガ有ルト思ッタモノガ無クナッテ俄カニ弱ッタ、其弱ッタ原因ハ何デアルカト云ヘバ、國有鐵道ニ向ッテ批評ヲ加フルトコロノ白耳義ノ論者ノ意見ハ斯樣デアル、凡ソ私立會社ノ物品ヲ買入レルニ、其規則ニ拘束セラレズニ廉イ時分ニ買入レル、今直グニ使ハナイデモ軌道ヤ車ヲ註文ヲシテ早ク準備ヲスル、政府ノ會計規則デ拘束スル國有鐵道デハ、ソレガヤレヌタメニ廉イ品物ヲ買フコトガ出來ヌ、高イトキニ高イ物ヲ買ハナケレバナラヌ必要ニ迫ラレテ、白耳義ノ鐵道國有ハ大損ヲシテ、議會ノ問題トナッタノガ千八百七十三年ト七十四年ノ間ノ問題デアルカラ、竹越君ノ言ハレル如キ成功ハナカッタト思フ、ソレカラ鐵道ノ上ニ付イテ伊太利デモ矢張左樣ナ經驗ヲ經テ、トウ〱私立ノ方ニ分ケナケレバナラヌト云フトコロノ論ガ沸騰シタ、是等ノ諸國ガ皆成功ヲシタト云フコトハ本員ハ請合フコトハ出來ナイ、況ヤ日本ニ於テオヤト思フ、日本ニ於テオヤト云フノハ、前ニ申シマシタル通リ、鐵道ノ賃銀ヲ上ゲタノハ、私設鐵道ニアラズシテ官設鐵道ノ例ニ倣フテ上ゲタノデアル、ソレカラ進步ノ度ハドウデアルカト云フニ、官設鐵道ガ成功スルト云フコトハ受合フコトガ出來ナイ、本員ハ獨逸ノ一例ヲ以テ總テヲ極メルト云フコトハ餘リ早計デアラウト思フ、斯ウ考ヘテ見マスルト、此滿韓經營ノ方針モマダ定マラナケレバ、稅則改正ノ方針モ定マラズ、內地ニ於ケル諸般ノ設備モ亦次ノ議會ニ出スト云フ、其調ベ中デアルト云フ時代ニ於テ、直チニ鐵道國有ヲ實行シナケレバ、國ノ安危ニ係ハルガ如ク、外敵境ニ迫マルコトヲ豫想スルガ如キ理由ヲ以テ、鐵道國有論ヲ主張スルニ至ッテハ、本員ハ何分是ガ眞正ノ理由ナリトシテ、受取ルコトハ出來ナイ、唯本員ガ聞イテ居ッテ頗ル怪ンデ居ルトコロノ一ノ事實ガアリマス、ソレハ斯ウ云フコトデアル、昨年戰爭中ニ一度ハ關稅ヲ抵當ニシ、一度ハ專賣煙草ヲ抵當トシテ、尙戰ガ續イタナラバ、何カ金ニナリ易イ物品ヲ政府ガ持ッテ、金ニ替ヘナケレバナラヌ、其時ハ鐵道ヲ內地ノ公債デ以テ、人民カラ買上ゲテ、是ヲ金貨ニ替ヘル、一ノ基本財產デアラウト云フ論ガアッタト云フコトヲ本員ハ聞イテ居ル、是ハ戰爭酣ナルトキニ民間ニ傳ッタ一ノ風說デアル、是ガ根據デアリハシナイカト思ッテ居ルノガ、是ハ公ノ理由、モウ一ツ私ノ理由ヲ私ハ茲ニ公言スルノモ餘リ快クナイトコロノ理由ガ一ツアリマス、ソレハドウデアルカト言ヘバ、方々ノ鐵道會社ハ、多年買收セラレンコトヲ希望シテ居ッタ、ソレデ其準備ヲシテ居ッタ、準備ト云フノハ外ノコトデハナイガ、買上ゲル年ニハ成レベク割賦金ヲ多クシテ、高ク買上ゲラレル準備ヲスル、ソレニハ鐵道ノ普請ヲシナイ、鐵道ノ方ノ言葉デ申シマスルト、線路ヲ虐使シテ鐵道ニ金ヲ入レナイデ、多クノ割賦ヲシテ株ヲ上ゲテ置イテ、久シク準備ヲシテ持ッテ居レバ、政府ノ國有ニシテ貰ヘルト云ノ或會社ガアッタト承ッテ居リマスガ、此會社ノ請願モ亦一ノ理由ニナッテ居ルト聞イテ居リマス、是ハ現內閣ニ出シタニアラズシテ、前內閣ニ出シタトコロノ請求デアルト承ッテ居リマス、若シ是ガ事實ナリトセバ、一ツ共ニ非ナリ戰已ニ終リタルトキニ當ッテハ、政府ガ是ノ如キモノヲ所有スルニ及バヌ、況ヤ共後ニ公債ガ無抵當デ出來ル位ナ日本ガ、何ヲ苦ンデ過去ノコトヲ夢ミテ、鐵道ヲ所有シナケレバナラヌト云フ必要ガアリマスルカ、第二ハ彼我ノ請託ニ依ッテ或會社ガ準備ヲシテ買上ゲヲ望ムダコトガ一ノ理由デアレバ、本員ハ奮然トシテ國民ノ心情ニ訴ヘナケレバナラヌ、是ハ本員ノ唯想像バカリデナイ、或ソレト符合スル事實ガ世ノ中ニアルニ至ッテハ本員驚カザルヲ得ナイ、是ハ本月十二日ノ國民新聞ノ中ニ「法理ノ蹂躙」ト云フ論題デ載ッテ居リマスルガ、某法學者ノ談トシテ載ッテ居リマス、其文章ノ必要ナルトコロヲ讀ミマス(「無用無用」ト呼フ者アリ)無用デナイ有用デアリマス「鐵道國有ナルモノハ固ト鐵道業者ノ要求スル所ニシテ(「無用々々」ト呼ヒ議場騷然)諸君ノ御靜ニナルマデ待ッテ居リマセウ「鐵道國有ナルモノハ固ト鐵道業者ノ要求スル所ニシテ今日トテモ一部ノ何カ爲メニスル者ノ外ハ皆ナ國有案贊成者タルノ實アリ云々」是ハ一篇ノ論文デアッテ、本月十二日ノ紙上ニ出テ居ル「法理ノ蹂躙」ト書イテ、某法學者ガ此法是律ヲ以テ買收ヲスルノハ、私權ヲ蹂躙スルモノナリト云フ反對ノ論ニ答ヘルトコロノ論旨デアリマスカラ、詰リ政府ニ贊成スルトコロノ論旨デアル、無論國民新聞ハ前內閣ニ付イテハ、今ノ內閣ヨリ關係ノ深イコトハ世ノ人ガ認メテ居リマスルカラ、此原因ニ付イテハ前內閣ニ溯ッテ尋ネル程、是ハ脈絡ノアル論文デアルト云ッテ宜イ、其論文ニハ鐵道國有ナルモノハ、元ト鐵道業者ノ要求スルトコロニシテ(「無用々々」ト呼ヒ議場騷然)サウ致シマスルト、此論文ニシテ根據アリトスレバ、此國有案ハ政府ノ自由獨立ノ意思カラ發シタルニアラズシテ、或鐵道業者ノ要求ガ原因ニナッタト推斷スルコトガ出來ル(拍手起ル)此論文ヲ抹殺スルコトハ出來ナイ、是ハ萬人ノ目ニ觸レテ居ル論文デアル、是ハ前內閣ノ爲メニ辯護ノ勞ヲ執ッタトコロノモノデアル、然ラバ某會社ガ豫テ買收セラレンコトヲ用意シテ――準備シテ、サウシテ鐵道ヲ虐使シテ割賦金ヲ殖ヤシテ株券ヲ高メテ、高ク買上ゲラレヤウト云フ請求ガ一部ノ原因ニナッタカト思フ、本員ガ當局ヨリ示サレタル鐵道ノ參考表ヲ見ルト、或會社ハ大ナル割合ヲ以テ算定セラレテ居ルノハ、多クノ割賦ヲシタ線デアルト本員ハ思フ、是ノ如ク種々ナル方面カラ推定シテ見タラバ、是ハ或ハ民間ノ或一部ノ發意ヲ政府ガ採用セラレタノデハアルマイカ、前內閣ガ採用シタ案ヲ現內閣ガ承繼イダモノデハアルマイカト云フコトハ、決シテ本員ハ無根ノ推論ニハアラズト信ジマス、ソコデ本員ガ思ヒマスルニハ、成程鐵道業者ガ是ハ贊成スル譯デアル、前ニ申シマシタ通、七尾鐵道、豐川鐵道、近江鐵道、豆相鐵道、尙私設鐵道ヲ買上ゲマスレバ、日本全國ノ民間ガ疲弊シテ居ル間ニ、或少數ノ人ガ俄ニ巨万ノ富ヲ得ルトコロノ現象ガ必ズ此案ノ過ギタ後、一年ナラズシテ現ハレルコトハ本員ノ豫言スルコトガ出來ル、如何トナレバ價ノ下ガッテ居ル鐵道ヲ國家ガ損害ヲ顧ミズシテ買上ゲレバ、買上ゲラレタモノハ俄ニ巨多ノ利益ヲ得ルコトハ推定上、算出上、明確ナル事實デアリマスカラ、本員ハ此議案ノ經過シタ後ニ、一年ナラズシテ社會ニ現ハレルトコロノ現象ヲ、冷眼ヲ以テ是ヲ觀察シヤウト思ウテ居リマス、斯ウ考ヘテ見タナラバ(「宜シイ」ト呼フ者アリ)此案ト云フモノハ眞ニ國家ノ利益カラ割出サレタル案ニアラズシテ、種々ナル空想ガ促シテ茲ニ至ラシメタモノデアル、ソレ故ニ現內閣ガ求メ稅則ノ改正モ緒ニ就カズ、滿韓ノ經營モ手ヲ著ケズシテ、直チニ是ヲ出サナケレバナラヌト云フ必要ニ迫ラレタトハ思ヘマセヌ、本員ハ此點ニ於テ幹線ハ其年限ノ盡キルニ從ッテ、政府ガ選ンデサウシテ段々國有ニナシテ、自然ト此儘ニ放任シテ私設ト官設トノ間ニ、健穩ナルトコロノ競爭ヲ開カシメテ此進步ト並ニ安全ト云フモノヲ保ッテ國民ノ福利ヲ完クスルノ處置ヲ執ラル、ト云フコトデアルナラバ、本員ハ其方法ニ依ッテハ、此政策ヲ贊成シテハ、國有鐵道トスルモ非ナラズトノ論斷ヲ下スコトモ出來ルデアリマセウガ、今日ノ案ニ於テハ、本員ガ唯今マデ列擧シタルトコロノ事實ト道理トニ依ッテ全然國ヲ誤ルモノナリ、國民多數ノ損害ハ、政府ノ手ヲ經テ、少數ノ人ニ期スルトコロノ案デアッテ、價ナキトコロノ案デアリ、道理ナキトコロノ案デアルト、論斷シナケレバナラヌ、成田鐵道ノ如キ、或ハ高野鐵道ノ如キ、或ハ豐川鐵道ノ如キ、參詣ノ用ニ當ルトコロノ鐵道マデモ、或ハ陸軍ニ必要ナリトノ名ニ依ッテ或ハ經濟上有利ナリトノ名ニ依ッテ、之ヲ政府ノ手ニ收ムルト云フノハ、政府ノタメニ極メテ悲ムベキコトデアルト言ハナケレハナラヌ、本員ハ此理由ニ依ッテ、此案ヲ廢棄セラレンコトヲ望ミマス

〇長谷場純孝君　討論終結ノ動議ヲ提出致シマス、最早議モ熟シタト考ヘマス、今ノ此案ヲ通過シマシタ以上ハ、直チニ京釜鐵道買收法案ヲ是非今日中ニ議了致シタイト思ヒマスカラ、此案ノ討論終結ノ動議ヲ提出致シマス

(「贊成々々」ノ聲起ル)

○議長（杉田定一君）　大多數ト認メマス、原案ニ可決セラレマシタ、是ニテ本案ハ確定ヲ致シマス、日程第八、京釜鐵道買收法案第一讀會ノ續

第八　京釜鐵道買收法案（政府提出）　第一讀會ノ續

○長谷場純孝君　此京釜鐵道買收法案ハ、先刻委員長トシテ御報告申シマシタ通、特別委員會ニ於テハ四十五名中、一人ノ異議者ナク一字ノ修正ナク、政府提出ノ案ニ贊成ヲ表シタノデゴザイマス、故ニ直チニ二讀會ヲ開キ、續イテ三讀會ヲ省略シテ、政府原案ノ通リ可決セラレンコトヲ望ミマス

（「贊成々々」ノ聲起ル）

○議長（杉田定一君）　本案ニ付イテ二讀會ヲ開クニ付イテ、御異議アリマセヌカ

（「異議ナシ異議ナシ」ノ聲起ル）

○議長（杉田定一君）　御異議ハナイト認メマス、長谷場君發議ノ通、直チニ二讀會ヲ開キ三讀會ヲ省略シテ確定スルコトニ御異議アリマセヌカ

（「異議ナシ異議ナシ」ノ聲起ル）

○議長（杉田定一君）　御異議ハナイト認メマス、全部ヲ議題ニ供シマス

京釜鐵道買收法案　確定議

（「異議ナシ異議ナシ」ト呼フ者アリ）

○議長（杉田定一君）　委員長報告通リ原案ニ付イテ御異議アリマセヌカ

（「異議ナシ異議ナシ」ノ聲起ル）

○議長（杉田定一君）　御異議ハナイト認メマス、本案ハ是ニテ確定ヲ致シマシタ

○恆松隆慶君　本日ハ是ニテ散會ヲ願ヒマス

○議長（杉田定一君）　マダ議題ガ殘ッテ居リマスガ、今日ハ是ニテ散會致シマス、御報告スルコトガアリマス

第三　韓國ニ於ケル裁判事務ニ關スル法律案(政府提出貴族院送付)　第一讀會ノ續(委員長報告)

(横田虎彥君登壇)

○横田虎彥君　諸君、韓國ニ於ケル裁判事務ニ關スル法律案ノ委員會ノ經過ヲ報告致シマス、本案ハ去ル十三日十四日ノ兩日ヲ以テ、引續キ、委員會ヲ開會致シマシテ、全部ニ付キマシテ、委員會ハ、一人ノ異論者ナク原案ヲ可決致シタノデゴザイマスル、尤モ此中デ第四條ノ「上訴ヲ審理ス」ト云フ原案ニ付キマシテ、貴族院ハ「審理」ト云フ二字ヲ「管轄」ト云フ文字ニ修正ヲ致シマシタコト、又第十六條ニ於キマシテ「五年以上判事檢事理事官又ハ副理事官ノ職ニ在ル者又ハ在リタル者」此點ニ於テ貴族院ハ「帝國大學法科大學敎授」副理事官ノ次ニ「又ハ辯護士タル者」斯ウ云フコトニ修正ヲシテ、本院ニ送付ニナッタノデゴザイマスルガ、此修正ノ點ヲモ併セテ貴族院ノ修正ノ通ニ委員會ハ同意ヲ致シタノデアリマス、尤モ此第四條ノ「審理」ト云フ文字ヲ、「管轄」ニ改メタト云フ如キ事柄ハ、頗ル理由ノナイ文字ト認メマシタノデゴザイマスケレドモ、大體ノ趣旨ニ於テ、意味ニ於テ、變更ヲスルコトガゴザイマセヌガ故ニ、是等ノ僅カナ小文字ニ付イテ、本院ノ意見デ、更ニ變更ヲシテ、以テ貴族院ト協議會ヲ開クト云フガ如キ面倒ヲ見ルマデノ重要ナル點デゴザイマセヌガ故ニ、是等ノコトヲモ併セテ承認ヲ致シタノデゴザイマス、本案ハ此理由書ニモゴザイマスル通ニ、本同御承知ノ如ク、韓國ニ於キマシテハ、統監府ヲ置カレ、其統監府ノ下ニ理事ト云フモノガアッテ、即チ統監府ハ此理事ヲ指揮ヲ致シマシテ、韓國ニ於ケル諸般ノ政務ヲ統一ヲスルト云フコトガ、即チ統監府ト大體ノ職制ト相成ッテ居ルノデゴザイマスルガ故ニ、此司法事務ノ如キモ、又所謂政務統一ノ目的ヲ以テ、總テ統監府ノ下ニ、獨立ノ機關ヲ具ヘテ、此裁判事務ヲ齊整處辨ヲセシムルコトガ、本案提出ノ大體ノ趣意ニナッテ居ルノデアリマス、御承知ノ如ク、朝鮮ニ於キマシテハ、明治三十二年ノ領事官制度ニ關スル法律ノ上ニ於キマシテ、裁判ノ事務ヲ取扱フト云フコトノ規定ガ定メラレ、從來此領事裁判ノ下ニ朝鮮ノ裁判事務ト云フモノハ、取扱ヲ致シテ來ッタノデアリマスガ、彼ノ日韓ノ協約ニ依リマシテ、更ニ領事ト云フトコロノ制度ヲ改メテ、朝鮮ニハ理事ヲ置クト云フコトニナッテ、而シテ理事廳ノ組織トナッテ此裁判事務モ取扱ヲ致シタノデアリマス、此裁判事務ノ取扱ノ大體ヲ御話ヲ致シマスルト、即チ刑事ノ如キハ、輕罪ニ關スルトコロノモノハ、理事廳ノ裁判ニ依リマシテ、サウシテ之ニ對シテ上訴ヲ致シマスル、即チ控訴上告ヲ致シマスルトコロノモノハ、長崎控訴院ノ管轄トセシメ、普通之ニ對シテハ上告ノ權利ヲモ、即チ本邦ノ總テヤリ來リマシタトコロノ刑事、又ハ民事ノ訴訟法ノ手續ニ依ッテ、上告ノ權利モ與ヘテアッタノデアリマス、尤モ區裁判所ノ權限ニ關スルモノハ、其控訴抗告ヲ長崎地方裁判所ノ權限ニ關セシメテ、之ニ對スル上告ト致シマシテハ、長崎控訴院ニ於テ管轄ヲセシムルトコロノ制度ヲ執リ來ッタノデゴザイマス、所ガ今回ハ即チ統監府ヲ置カレテ、統監府ノ下ニ是等ノコトヲ總テ統一セシムルト云フコトノ大體ノ精神ヲ定メラレタノデゴザイマスルガ故ニ、此本案ノ必要ガ茲ニ發生シタノデアリマス、此本案ニ付キマシテ、委員會ノ大體ノ議論ト致シマシテ講究ヲ致シマシタルトコロノ論點ハ、即チ是ハ理事廳ニ於テ始審ノ裁判ヲ――第一審ノ裁判ヲシテ、サウシテ、之ニ對スルトコロノ上訴ヲ第四條ノ規定ニ依ッテ統監府法務院ト云フモノニ於テ、裁判ヲスル即チ之ヲ以テ終審ノ裁判トスルト云フコトガ、大體ノ趣意ニナッテ居リマスル故ニ、委員會ハ先ヅ之ヲ三審ノ制度ヲ採ルヤ否ヤ、即チ上告ト云フモノヲ別ニ設ケナイカ否ヤト云フコトノ點ニ於キマシテ、頗ル討議ヲ致シタノデアリマス、其今三審制度ヲ採ルト云フ、即チ上告審ヲ置クト云フコトニ付イテハ、或ハ同ジク統監府ノ下ニ、上告裁判所ヲ新タニ設クルガ宜シイト云フ一說モアリ、法務院ノ裁判ヲ第二審ノ裁判トシテ、總テ之ニ對スルトコロノ上告ハ、大審院ノ審理ニ歸セシムルト云フコトノ議論モアッタノデゴザイマスガ、大體ニ於キマシテハ、前ニ述ベマシタ通ニ、本案ヲ全部是認ヲ致シタノデアリマス、今其三審制度ヲ設クルト云フコトノ論旨ヲ、茲ニ二三擧ゲマスレバ、從來ノ理事廳ノ裁判ト致シマシテモ、總テ控訴裁判所ノ長崎控訴院ニ付イテハ、之ニ對スル上告ノ制度ガ許サレテ居ル、然ルニ今韓國ニ於ケルトコロノ人口ハ、益々增加ヲシテ、隨ッテ裁判事務モ段々增加ヲスルト云フ今日ニ至ッテ、此制度ノ下ニ上告權ヲ剝奪スルト云フコトハ、甚ダ道理ニ於テ許スベキコトデハナイト云フ議論ト、殊ニ此裁判事務ノ如キハ日本ノ如キハ、動モスレバ此裁判上ニ關スルコトヲ、或ハ輕々ニ看過スルト云フヤウナ嫌ガゴザイマスルケレドモ、就中外國人等ニ取ッテハ、最モ此裁判事務ニ注意ヲスル、況ヤ韓國ニ於ケルトコロノ裁判事務ニ付イテハ、殆ド列國ノ領事裁判ノ如キモ、之ヲ悉ク撤回シテ、日本ノ裁判權ニ囑託シテ、裁判ヲセシムルト云フ如キ、今日ノ有樣デアルガ故ニ、之ヲ今日ノ上告權ヲ剝奪シテ上告ヲスル途ガナイト云フコトヲ設ケタナラバ、所謂列國ノ見ル所モ如何デアラウカト云フ、多少懸念モアル、ソレ故ニ是非此上告審ヲ、即チ三審ノ制度ヲ採ルト云フコトガ必要デアルト云フヤウナ議論ガアッタ(「簡單々々」ト呼フ者アリ)尤モ是ニ付イテハ多々主要ナル點ハゴザイマスルケレドモ、簡單ト云フ御從モゴザイマスルカラ、略シマシテ是等ノ大體ノ要旨ニ於テ、三審制度ヲ採ルト云フ議論モゴザイマスガ、元來此事ハ當局者ノ意見ニ依リマシテモ、必ズ近キ將來ニ於テ、漸次此裁判事務ノ發達ヲスルニ於テハ、獨立ノ裁判所ヲ設ケ、所謂三審制度ヲ採ルト云フ時機モ、或ハ來ルデアラウ、即チ漸次ニ斯ル方法ヲ採ルト云フコトモ、決シテ遲シトセズ、或ハ其必要ノ場合ニ際會スルコトモアルデアラウ、唯今日ハ朝鮮ニ於テ模範裁判所トシテ、朝鮮ノ如キハ、御承知ノ通、總テ韓國ノ裁判ノ如キハ、裁判ト云フヤウナモノガアルデハナシ、法律ト云フモノガ固ヨリアルデハゴザイマセヌ、韓國人民ノ生命財產ト云フモノハ、唯一ツノ官吏ノタメニ左右ヲセラル、ト云フヤウナ今日デゴザイマスルガ故ニ、韓國人民ヲシテ我ニ信賴ヲセシムルト云フコトノ、大體ノ基礎ヲ採ルト云フコトハ、我裁判方法ヲ設ケテ、而シテ以テ我裁判ニ最モ適當シテ、最モ人民ノ生命、或ハ自由ヲ貴重スルト云フコトノ念慮ヲ、實際直接ニ韓人ニ廣ク之ヲ見セシメ、或ハ之ヲ感ゼシムルト云フヤウナコトニ至ッタナラバ、韓國人民ヲシテ我國ニ信賴セシムルト云フ、即チ衷心ヨリ悅服ヲセシムルト云フ基礎ヲ、此點ニ取ルト云フコトガ最モ必要デアラウト云フ、即チ之ヲ換言ヲ致シマスルト、韓國ニ對スルトコロノ司法的政策ノ一トシテ、以テ茲ニ此制度ヲ採ルト云フコトノ必要ヲ感ジタノデアリマス、ソレ故ニ本案ハ貴族院ヨリ回付ヲ得マシタ修正ノ通、全部委員會ハ贊成ヲ致シマシタ次第デゴザイマスカラ、滿場異議ナク本案ヲ可決セラレンコトヲ望ミマス

○花井卓藏君　唯今ノ問題ニ對シテ、通告ヲ致シテ置キマシタガ、反對者ガナイヤウデゴザイマスカラ、演說ハ致シマセヌ、但シ長々シキ横田委員長ノ報告ハ、一部ハ歡迎致シマスルガ、一部ハ否認致シマス、此案ノ委員會ニ於テ、聞クニ足ルベキ――味フニ足ルベキ二三分ハ、確カニ贊成ノ意ヲ表センケレバナラヌ、殘リノ横田君ノ報告意見ニハ、間違ノ極メテ多キコトヲ含蓄シテ居リマス、併ナガラ結論ハ贊成ト云フコトニナルノデゴザイマスカラシテ、達テ爭ソノ必要ガゴザイマセヌカラシテ、態ゝ登壇ハ致シマセヌ、唯贊成ノ意ヲ申上ゲテ置キマス、併ナガラ委員長ノ意見ノ全體ガ委員會ノ意見ト云フコトニナリマスルト、大ニ違フトコロガアリマスカジ……

○元田肇君　本員モ一言此處カラ申上ゲマスガ、裁判所ノ構成ニ付キマシテハ、意見

モゴザイマスルガ、今日ノ韓國ノ場合ニ於テハ、本案ハ已ムヲ得ザル必要ノ法案ト信ジマスルカラシテ、贊成ヲ致シマス

（「採決々々」ト呼フ者アリ）

○議長（杉田定一君） 採決ヲ致シマス、本案ニ付イテ二讀會ヲ開クベシト云フニ御異議ハアリマセヌカ

（「異議ナシ異議ナシ」ト呼フ者アリ）

○議長（杉田定一君） 御異議ガナイト認メマス

○恆松隆慶君 直チニ二讀會ヲ御開キニナルコトヲ希望致シマス

○議長（杉田定一君） 恆松君、發議ノ通リ直チニ二讀會ヲ開クト云フニ御異議ハアリマセヌカ

（「異議ナシ」ノ聲起ル）

○議長杉田定一君 御異議ガナイト認メマス、直チニ二讀會ヲ開キ、全部ヲ議題ト致シマス

韓國ニ於ケル裁判事務ニ關スル法律案 第二讀會

（「異議ナシ」ノ聲起ル）

○議長（杉田定一君） 委員長報告通御異議ハアリマセヌカ

（「異議ナシ」ト呼フ者アリ）

○議長（杉田定一君） 御異議ガナイト認メマス、委員長報告通リ決シマス

○恆松隆慶君 直チニ三讀會ヲ開キテ、確定セラレンコトヲ望ミマス

（「異議ナシ」ト呼フ者アリ）

○議長（杉田定一君） 御異議ガナイト認メマス、委員長報告通リ第二讀會ニ於テ決議通御異議ハアリマセヌカ

韓國ニ於ケル裁判事務ニ關スル法律案 第三讀會

（「異議ナシ」ト呼フ者アリ）

○議長（杉田定一君） 御異議ガナイト認メマス、本案ハ確定致シマシタ――日程第四、內國官廳ノ管掌ニ關スル事項ニ付統監ノ職權ニ關スル法律案第一讀會ノ續委員長ノ報告横井時雄君

第四　內國官憲ノ管掌ニ關スル事項ニ付統監ノ職權ニ關スル法律案（政府提出　第一讀會ノ續（委員長報告）貴族院送付）

（橫井時雄君登壇）

○橫井時雄君　此法案ハ韓國協約ノ第三條ニ依ッテ、日本帝國ノ代表者トシテ、統監ヲ韓國皇帝ノ闕下ニ置カル、ト云フコトニナリマシタニ付キマシテ、統監府ノ官制モ出來マスルシ、又統監モアチラニ赴任シテ、既ニ政務ヲ執ルト云フコトニナッテ居リマスルニ付キマシテ、今日マデ帝國ノ法律ニ依ッテ、韓國ニ於ケル政務ノ內、例ヘバ居留民團ヲ取締ルコト、若クハ淸國及韓國ニ在留帝國臣民ノ取締法ニ關シテ、其臣民ノ在留ヲ禁止スルト云フヤウナコト、又ハ外國領海水產組合法ノ組織ニ關シテ取締ヲスルト云フコト、在外指定學校職員退隱料及遺族扶助法、又ハ戶籍法、卽チ在留ノ屆、又旅行中ニ於ケル船中ニ於ケル出產屆、死亡屆等ノ如キ、其外民事訴訟法中ニ於キマシテ、外國ニアル本邦公使、及公使館官吏等ニ對スル書類ノ送達ト云フヤウナコトハ、總テ帝國ノ外務大臣、若クハ農商務大臣、若クハ文部大臣ノ管轄ニ屬スルコトニナッテ居ルノデアリマス、ソレ故ニ此法律ニ依ッテ「韓國ニ關スル事項ニシテ法律ノ規定ニ依リ內國官憲ノ管掌ニ屬スルモノハ勅令ヲ以テ之ヲ統監ノ職權ニ屬セシムルコトヲ得」ト云フコトニシテ、勅令ヲ以テ是等ノコト、若クハ其外ニ必要ナル同ジ理由ニ依ッテ必要トスルコトハ、卽チ勅令ニ依ッテ之ヲ統監ノ職權ニ屬セシムルコトニシタト云フノガ、此法律ノ目的デアリマス、之ニ付キマシテ委員會ニ於キマシテハ、此統監ノ職權ニ屬セシムルコトヲ列記シテ、今後勅令ニ依ッテ時々ニ一部ヲ取ッテ、而シテ統監ノ權ニ屬セシムルヤウナコトハシナイ方ガ宜イデハナイカト云フ議論モ出マシタシ、又ハ或一ノ修正ハ「韓國ニ對スル事項ニシテ法律ノ規定ニ依リ現ニ內國官憲ノ管掌ニ屬スルモノ云々」ト云フコトデ、「現ニ」ト云フ字ヲ加ヘタイト云フ修正說モ出マシタガ、政府委員ノ說明ニ依リマシテ、今日事草創ノ際ニ、矢張勅令ニ依ッテ屬セシムルト云フコトニ、餘裕ヲ存シテ置ク方ガ都合ガ好イドウカサウシテ貰ヒタイト云フ御說明デアッテ、其理由ヲ聞イテ見テ、委員ハ尤ト思ヒマシタカラシテ、全會一致ヲ以テ之ヲ可決シタノデアリマス、ドウカ滿場一致ヲ以テ御可決ニナランコトヲ希望スルノデアリマス

（「贊成々々」ト呼フ者アリ）

○議長（杉田定一君）　採決ヲ致シマス、本案ニ付イテ二讀會ヲ開クベシト云フニ御異議ハアリマセヌカ

（「異議ナシ異議ナシ」ト呼フ者アリ）

○議長（杉田定一君）　御異議ハナイト認メマス

（元田肇君「直チニ御開キニナランコトヲ望ミマス」ト呼フ）

○議長（杉田定一君）　直チニ二讀會ヲ開クニ御異議ハアリマセヌカ

（「異議ナシ」ト呼フ者アリ）

內國官憲ノ管掌ニ關スル事項ニ付統監ノ職權ニ關スル法律案　第二讀會

（「委員長報告通」ト呼フ者アリ）

○議長（杉田定一君）　委員長報告通、御異議ハアリマセヌカ

（「異議ナシ異議ナシ」ト呼フ者アリ）

○議長（杉田定一君）　御異議ハナイト認メマス、直チニ三讀會ヲ開クニ御異議ハアリマセヌカ

（「異議ナシ異議ナシ」ト呼フ者アリ）

○議長（杉田定一君）　直チニ三讀會ヲ開キマス、二讀會ノ決議通御異議ハアリマセヌカ

內國官憲ノ管掌ニ關スル事項ニ付統監ノ權限ニ關スル法律案　第三讀會

（「異議ナシ異議ナシ」ト呼フ者アリ）

○議長（杉田定一君）　御異議ハナイト認メマス、本案ハ確定致シマシタ——日程第五、營附稅則中改正法律案第一讀會ノ續委員長報告——海野謙次郎君

明治三十九年三月二十日　議長ノ報告

明治三十九年三月十七日
提出者　松本君平

賛成者　竹越與三郎
外三十九名

趣意書

一　將來帝國ノ發展ハ一ニ殖民政治ノ得失成敗ニアリ今日ノ最大急務ハ殖民教育ヲ盛ンニシ國民ノ殖民思想ヲ涵育シ同時ニ殖民行政ノ機關ヲ完ウスルニアリ政府ハ殖民省若クハ殖民局ヲ設定シ殖民政治ノ發達ヲ促スノ意アリヤ

一　輓近南米及中央アメリカノ政治通商ノ進歩顯著ナルモノアリ帝國政府ハ此方面ニ於ケル諸國ト通商條約ヲ協定シ兼任公使館ヲ設ケ各地ニ領事及名譽領事ヲ置キ本邦通商外交ノ發展ヲ企圖スルノ意ナキヤ

一　最近清國ニ於ケル利權囘復ノ運動及排外思想ノ勃興ハ其背後ニ日本ノ煽動スルモノアリト云フ猜忌ノ念ハ一般歐米諸國ノ間ニ流傳シツヽアリ是等ノ浮説ハ文明諸國ニ對シ日本ノ眞意ヲ誤解セシメ恐ルヘキ反動ノ空氣ヲ惹起スルモノト信ス帝國政府ハ是ニ對シテ何等ノ手段ヲ講シツヽアリヤ

一　江間俊一君提出犯罪檢擧ノ方針ニ關スル質問ニ對シ松田司法大臣ヨリ左ノ答辯アリタリ

衆議院議員江間俊一君提出犯罪檢擧ノ方針ニ關スル質問ニ對シ別紙答辯書差進候也

明治三十九年三月十九日

內閣總理大臣侯爵西園寺公望

（松本君平君登壇）

○松本君平君　對外政策ニ關シテ、政府ニ質問シタル趣旨ノ大要ヲ申述ベヤウト思ヒマス、殖民政策ノ得失成敗ハ、今後ニ於ケル帝國ノ繁榮及隆替ニ、著シキ關係ヲ持ッテ居ルコト、信ジマス、故ニ今日ノ帝國ノ政策トシテ、最モ急ニ定メンケレバナラヌトコロノ、殖民政策ノ方針ニ付イテノ、政府ノ將來ニ把持スルトコロノ意向ヲ伺ハントスルノデアリマス、十五万方哩ノ土地ト、四千五百万ノ人口ヲ有スル帝國ハ、毎年五十万ヨリ六十万ノ人口ガ蕃殖シツヽアルノデアリマス、若シ此人口增加シマシテ、此儘ニ進ンデ往ッタナラバ、帝國將來ノ經濟、國民生活ノ程度ハ、次第ニ下落シテ、人民貧富ノ懸隔ハ、甚シクナッテ、政治上及經濟上ノ危機ヲ來スコトヲ憂フルノデアリマス、故ニ此人口增殖ノ問題ヲ解釋スルコトハ、殖民政策ヲ定ムルヲ以テ、最大ノ要訣ト考ヘルノデアリマス、獨逸帝國ノ殖民政策ヲ採用シタルノハ、其獨逸民族ガ毎年六十万ヨリ八十万ノ人口ヲ增殖スルトコロノ、此人口ノ增加力ヲ利用シテ、獨逸帝國ノ殖民政策ヲ定メテ居ルノデアリマス、此問題ニ於テハ、我民族――日本ノ民族ハ著シキ人口ノ蕃殖力ヲ持ッテ居ッテ、殖民ノ要素ヲ――殖民政策ノ基礎ヲ作ルト云フコトニ於テ、著シキ國民ノ長所ヲ持ッテ居ルノデアリマスル、併ナガラ若シ今日ノ有様ニ於テ殖民ノ政策ヲ定メズシテ、此儘ニ人口ノ蕃殖――人口ノ增加ヲ放任シタナラバ、遂ニハ此日本帝國ノ有力ナル、產出スルトコロノ毎年ノ人口ノ增加ハ、何等ノ效力ヲ及ボサズシテ寧ロ國民ノ品位ヲ下落セシムルニ過ギザルコトヲ憂フルノデアリマス、古「フイニシヤ」希臘若クハ「カーセージ」ノ繁榮ノ跡ヲ考ヘテ見マスレバ、皆此殖民政策ノ結果デアル、殖民政策ノ成功デアル、此問題ハ實ニ國家國民ノ繁榮發達ニ著シキ基礎ヲ作ルモノト考ヘルノデアリマス、又西班牙若クハ葡萄牙ガ一時非常ナル世界ニ於ケル經濟上、及政治上ノ勢力ヲ占メテ居ッタトキハ、卽チ此殖民ニ於ケル成功シタル時代デアリマス、又是等ノ嘗テ雄大ナルトコロノ國民ガ、今日殆ド其影ヲ止メナイモノハ、其帝國ノ殖民地ヲ失ッタコトニ基因スルノデアリマス、十九世紀ノ初ヨリシテ、二十世紀ノ今日ニ至ルマデ、世界ニ於テ雄大ナル殖民的計畫ヲ爲シツヽアルモノハ、英吉利、佛蘭西、獨逸ノ三國デアリマス、英吉利ハ諸君――賢名ナル諸君ノ知ラルヽガ如クニ、亞弗利加ニ、印度ニ、到ル處ニ其殖民地ヲ造ッテ、母國ヲ發ヒ、サウシテ母國ノ財政及經濟ノ基礎ヲ作ッテ居ルノデアリマス、若シ英吉利ニシテ今日ノ殖民政策ヲ誤ッタナラバ、恐ラクハ、英吉利ノ今日ノ現狀ヲ維持スルコトモ出來ナイノデアリマス、英吉利ニ於テハ、殖民政策ハ英國政治ノ基礎デアル、英吉利ノ外交及財政上ノ問題ハ、卽チ殖民政策ノ問題ニ歸著スルノデアリマス、佛蘭西ニ於テハ諸君ノ知ラルヽガ如クニ、安南ニ於テ、或ハ印度「チャイナ」ニ於テ、或ハ「チユニス」ニ於テ「モロッコ」ニ於テ、非常ナル計畫ヲ以テ、殖民ノ制度ヲ定メツヽ、アルノデアリマスル、又獨逸ガ輓近殖民ニ力ヲ盡サンガタメニ、亞弗利加ニ於テ、若クハ「モロッコ」ニ於テ、今日外交上ノ難問題ヲ惹起シツヽ、アルハ、獨逸殖民政治ノ一端ヲ伺フコトガ出來ル、卽チ獨逸ガ後馳セニモ、殖民ノ經綸ヲ行ハントスルトコロノ志ヲ見ルニ足ルノデアリマス、南米「ブラジル」ニ於ケルトコロノ殖民經營ハ、非常ナル勢力ヲ以テ行ハレツヽ、アルノデアリマスル、彼ノ「ハンサチック」殖民會社ノ如キ、或ハ「ブラジル」獨逸同盟會ノ如キ、是等ノ偉大ナル殖民會社ハ、政府ノ保護ヲ受ケ、政府ヨリ種々ノ援助ヲ受ケテ、南米ニ於テ第二ノ獨逸民族ヲ建設セントシツヽ、アルノデアリマスル、過去ニ於テ獨逸ハ殆ド一千万人近キトコロノ國民ノ精鋭ヲ失ッタ、其失ッタノハ過去ノ殖民政策ヲ過ッタタメニ、獨逸ノ最モ最鋭トナルトコロノ人口ヲ到ル處ニ散漫シテ、殖民政策ノ統一ヲ闕キ、殖民政策ノ主義ガナイタメニ、何等ノ結果ヲ見ル能ハズシテ、遂ニ散漫ニ歸シタノデアリマス、爾來今日ニ至ッテ、獨逸政府ハ頻リニ殖民ノ經營ヲ爲サンケレバナラヌ、從來ノ失敗ニ鑑ミテ、大イニ殖民ノ政策ヲ改善センケレバナラヌト云フノデ、南亞米利加ノ「ブラジル」ニ於テ、今日經營シツヽアルトコロノ、此獨逸ノ殖民事業ハ、非常ナル成功ヲ以テ迎ヘラレツヽ、アルノデアリマス、亞米利加ニ於テ著シキ反動ヲ起シ、又「ブラジル」政府ヲシテ、猜疑嫉妬ノ念ニ堪ヘザラシムルニ至ッタコトハ、如何ニ獨逸ノ殖民經營ガ、成功シ、獨逸ノ殖民經營ガ南米ニ於テ雄大ナル施設ヲ爲シツヽ、アルト云フコトヲ證明スルノデアリマス、我國ハ日露戰爭ノ結果トシテ、若クハ日清戰爭ノ結果トシテ、或ハ遼東ノ半島ヲ日本ノ屬國ト爲シ、或ハ樺太ヲ割取シ、或ハ臺灣ヲ以テ日本ノ版圖トシ、朝鮮ヲ以テ日本ノ殖民地ノ一部トシ、經營センケレバナラヌノデアリマス、又或意味ニ於テハ卽チ資本ヲ放下シ、日本人ノ事業ノ經營ヲ爲シ、或ハ民族發展スルトコロノ土地トシテ、支那滿洲ハ、卽チ日本ノ殖民地デアルト云フコトヲ、私ハ言フノデアル、是等ノ到ル處ニ日本民族ノ發展スルトコロノ餘地ガ廣ガリツヽ、アルノデアリマス、又頭ヲ回ラシテ、大平洋ヲ越ヘテ、南米若クハ中央亞米利加ニ於ケルトコロノ、此今日ノ狀況ヲ見マスレバ、又是日本民族ノタメニ多大ナル殖民地ヲ供給シテ居ルノデアリマスル、而シテ此日本民族ハ毎年五十万ヨリ六十万ニ至ルトコロノ、大ナル人口ヲ增加シツ、アルトコロノ此國民ハ、到ル處ノ方面ニ其才力ヲ施シ、或ハ其民族ノ發展、資本ノ放下ヲスルトコロノ、此有望ナル、又廣大ナルトコロノ殖民地ハ、吾々民族ノ前ニ横ハッテ居ルノデアリマスル、此時ニ方ッテ日本政府ハ將來帝國ノ經營、國民ノ繁榮、又吾々子孫ノ發展ノタメニ、殖民ノ政策ヲ打立ッテ、永遠ニ此增加シツ、アルトコロノ人民ノ民族ノ發展 地ヲ作ランケレバナラヌト考ヘルノデアリマスル、是ニ付イテハ、政府ハ如何ナル計畫ヲ持チツ、アルカ、又如何ナル考ヲ以テ、將來帝國ノ殖民政策ヲ定メントスルノデアルカ、國民ノ注意ヲ喚起シ、又國民ノ思想ヲ殖民ノ方向ニ向ッテ注ガンムルニハ、政府ガ斷乎タル決心ヲ以テ之ヲ今日ニ於テ定メンケレバナラヌト信ズルノデアリマス、此殖民經營ヲ爲スニ付イテ、尙政府ニ求メンケレバナラヌトコロノ事柄ハ、第一ニ國民ノ敎育ノコトデアル、殖民敎育ヲ盛ンナラシメンケレバナラヌト云フコトデアリマス、小學校若クハ中學校ニ於テ、一般殖民ニ關スル思想ヲ發ノト云フコトハ、甚ダ今日ノ急務デアルト考ヘルノデアリマス、又大學校若クハ技術學校ニ於テモ、技藝學校ニ於テハ、特殊ナル殖民ノ敎育ニ付イテ施設ヲ施サンケレバナラヌト考ヘルノデアリマスル、是ハ此方面ニ於ケルトコロノ智識ニ於テハ、今日我邦ノ敎育ハ最モ劣等ニシテ、又最モ智識ヲ闕イテ居ルノデアリマスル、佛蘭西ノ農學校若クハ大學校ニ於テハ、殖民敎育ハ最モ重大ナル敎育ノ一トシテ、講究セラレテ居ルノデアリマス、又獨逸ノ大學ニ於テハ、殖民敎育ハ非常ナル決心ト注意トヲ以テ研究サレテ居ルノデアリマスル、殊ニ「ボン」大學ニ於ケル、殖民學ノ講座ト云フモノハ、世界ニ於テ最モ信用ヲ留カレテ居ルトコロノ研究デアリマス、又和蘭、白耳義ニ於テハ、農學校ニ於テ殖民ノ敎育、總テ殖民ニ關スルトコロノ敎育ニ付イテ、非常ナル注意ト、金トヲ費シテヤッテ居ルノデアリマス、又和蘭ノ如キハ、唯僅ニ爪哇ノ一島ヲ所有シテ居ルニ拘ハラズ、其農學校ニ於テ研究スルトコロノ殖民上ノ智識ハ、實ニ著明ナルモノデアリマス、又爪哇ニ派遣スルトコロノ役人、會社ノ事務員ハ、現ニ「アムステルダム」ニ於ケルトコロノ農學校ヲ卒業シタル、是等ノ卒業生ハ、殖民上ニ於テ優等ナル智識ヲ有シ、又爪哇ニ於ケルトコロノ農產物、工藝、其他風土人情ニ付イテ、十分ノ智識ヲ持ッテ居ルトコロノモノヲ送ルノデアリマス、獨逸ノ如キ、既ニ國内ニ於ケル殖民ニ關スル智識上ノ研究ヲ仕遂シテ、今ヤ世界ノ各地殖民地ニ人ヲ派シテ其地理ヲ研究シ、土地ノ化學的研究ヲナシテ、殖民經營ノ材料ヲ供シツツアルノデアリマス、是ノ如ク歐羅巴諸國ニ於テハ、殖民事業及殖民經營ニ多大ナル精力ト資力トヲ費シテ研究シツヽアルニモ拘ハラズ、我帝國ニ於テ是等ノ殖民ニ關スル智識ハ、ドウデアルト申シマスレバ私ハ甚ダ憂フベキコトヲ澤山發見スルノデアリマスル、東洋ニ於テ西洋文明ノ唯一ノ淵叢ト稱ヘラレ、又日本ニ於ケル文明及學問ノ中心ト稱ヘラレルトコロノ、帝國大學ニ於テマダ殖民學ノ講座サヘモナイノデアリマス、況ヤ其他ノ農學校ニ於テ、其他ノ技藝學校ニ於テ、若クハ中學校小學校ノ如キ普通一般ノ學校ニ於テハ、殆ド何等ノ殖民經營及殖民上ノ智識ヲ與ヘラレテ居シナイノデアリマス、是ノ如クニシテ、學問ノ淵叢ト云ヒ、文明ノ中心ト稱フルトコロノ大學ニ於テサヘモ、而モ此大學ニハ、國民ハ多大ノ金ヲ拂ッテ居ルトコロノ大學ニ於テサヘ、此緊急ナル學術上ノ研究ヲ怠ッテ居ルト云フコトハ、如何ニモ時勢ニ後レ、如何ニモ今日ノ國家ノ急ニ應ゼヌトコロノ施設デアルト考ヘルノデアリマスル、之ニ付イテ文部大臣ハ、今後我帝國ノ殖民政策ト云フコトニ付テ、殖民ノ教育ヲ國民ニ普及スル點カラ、如何ナル經綸ヲ懷イテ居ルノデアルカ、私ノ問ハント欲スルトコロデアリマス、又今日ノ政府ノ行政上ノ機關ハ、甚ダ幼稚デアッテ、帝國ノ將來ノ發展ニ必要ナルトコロノ殖民ノ行政ニ至ッテハ、何等ノ施設ヲモ持ッテ居ラヌト云フコトハ、甚ダ遺憾ナル點デアリマスル、曾テ日淸戰場ノ役ニ於テ、臺灣ノ領土ヲ日本ガ取ッタトキニ、拓殖務省ナルモノヲ置イテ、之ヲ經營セシメントシタノデアル、併ナガラ當時ノ拓殖務省ナルモノハ寧ロ失敗ヲ以テ終ッタノデアリマスル、併ナガラ今日ノ有様ハ十年以前トハ大ニ異ッテ居ッテ、將來ノ帝國ノ發展ハ殖民政治ノ得失ニ依ッテ定マルノデアル、此大問題ヲ控ヘテ居ル國民デアリマスカラ、私ハ政府ニ向ッテ行政上ノ一ツノ施設ヲナサンケレバナラヌ時デアルト質スノデアリマス、英吉利ニ於テハ「コロニアルオヒス」ト云フモノハ、外務省以上ノ勢力ヲ持ッテ居ルノデアリマス、世界ニ散漫スルトコロノ英吉利ノ大殖民地ヲ統轄シ、英吉利ノ富源ヲ供シツヽアルトコロノ、此殖民省ナルモノハ、前保守黨內閣ニ於テハ總理大臣「バルフオー」氏以上ノ勢力アル「チヤンバアーレン」氏ガ此地位ニ立ッテ、英吉利帝國ノ國策ヲ定メントシテ、彼ノ殖民地關稅問題ナルモノヲ提出シ、今日尙天下ニ絶叫シツヽアルノデアリマス、又佛蘭西ニ於ケルトコロノ殖民省ナルモノハ是又佛蘭西政府ガ心血ヲ注イデ經營スルトコロノ行政機關ニシテ、最モ有力ナル國策上ノ機關デアリマス、獨逸ニ於ケルトコロノ殖民局ナルモノハ殆ド一省ニ類スルトコロノ勢力アル、一ツノ行政上ノ機關デアリマス、苟モ世界ニ向ッテ殖民政策ノ大業ヲ定メテ、國民ノ發展ノ基礎ヲ立テントスルトコロノ政府ガアッタナラバ、殖民政治ノ機關ヲ全ウシ、殖民行政ノ基礎ヲ定ムルト云フコトハ最モ今日ノ急務デアルマイカト思フノデアリマス、此點ニ付イテハ、私ハ政府ガ今度如何ナル施設ヲ以テ、殖民經營ノ基礎ヲ定メントスルカト云フコトヲ問ハントスルノデアリマス、以上ハ卽チ殖民政策ニ對スル、第一ノ質問ノ要點デアリマス、第二ノ點ハ今日ノ南米、及中央亞米利加ニアル諸共和國ノ外交及通商上ノ形勢ハ、最近十年間ニ非常ナル進歩ヲシタノデアリマス、又此通商上、及外交上ノ進歩ハ著シク世界ノ注意ヲ惹キ、歐羅巴ニ於ケル政治上ノ勢力ヲ南米及中米ニ惹キツヽアルノデアリマス、然ルニ此方面ニ向ッテ帝國ノ外交及通商ノ有様ハ如何デアルカト云ヘバ、從來ノ有様ハ微々トシテ振ハナイノデアリマス、殊ニ今日米國大統領ガ、畢世ノ智勇ヲ振ッテ建設シヤウトスルトコロノ「パナマ」ノ運河ナルモノハ、早晩開設セラルヽモノデアル、今既ニ亞米利加ノ議會ニ於テ提出セラレツヽアルトコロノ「パナマ」運河工事ノ費用ハ、無論可決セラルヽモノデアリマス、是ト同時ニ「パナマ」ノ運河ハ來ルベキ五年若クハ七年ノ間ニ、必ズ成工スベキトコロノ一ツノ世界ノ大工事デアル、此工事ハ世界ノ通商、及政治上ノ關係ニ、多大ノ變化ヲ與ヘルトコロノ大事業デアリマス「スエス」ノ運河ガ世界ノ文明及通商上ニ與ヘタル事柄ヨリモ「パナマ」ノ運河ガ將來與フベキトコロノ影響ハ、更ニ多大ノモノデアリマセウ、此方面ニ於ケル外交上通商上ノ關係ハ、次第々々ニ緊密ヲ加ヘ、世界ノ視聽ヲ集メツヽアルトキニ於テ、我國ハ是等ノ諸國ニ未ダ通商ノ條約サヘモ結ンデ居ラヌト云フコトハ、甚ダ遺憾ナルコトデアリマス、中央亞米利加ニ於テハ「グーテマラ」「コスタリコ」「ホンドラ」「サルバドウ」共和國ノ如キ、或ハ「ニカラガ」共和國ノ如キ、是等發展シツヽアルトコロノ中央亞米利加ノ共和國ニ向ッテハ、未ダ何等ノ通商條約サヘモ結ンデ居ラヌノデアリマス、而シテ日本ノ貿易、日本ノ貨物ハ、次第々々ニ此方面ニ流レツヽアル間ニ、又日本民族ハ、中央亞米利加ノ到ル處ニ、勇往濶歩シテ居ルトキニ、日本ノ利益若クハ外交上ノ關係ヲ掌ルトコロノ、一ツノ機關サヘモナイト云フコトハ、甚ダ遺憾ナルコト、考ヘルノデアリマス、南米ニ於テハ「ヴエネズイラ」ノ如キ、諸君ノ知ラルヽ如ク、既ニ昨年暮ヨリシテ佛國トノ葛藤ヲ生ジ、從ッテ著シク歐羅巴ノ政治上ノ注意ヲ拂ヒツヽアルトコロノ、此「ヴエネズイラ」共和國ノ如キ、「ウルゲー」「パラゲー」ノ如キ、或ハ「コロンビヤ」、「ボリビア」共和國ノ如キ「イクエドル」共和國ノ如キ、非常ニ希望ノアルトコロノ南米ノ共和ニ向ッテハ、未ダ何等ノ通商及外交上ノ施設ノナキト云フコトハ、如何ニモ此方面ニ於ケル我帝國ノ外交上及通商ノ事業ヲ怠ッテ居ルコト、存ジマス、是等ノ方面ニ向ッテハ、速カニ政府ハ通商條約ヲ締結シ、領事館ヲ置キ、若クハ名譽領事ナルモノヲ置イテ、日本ノ通商貿易上ノ發展ヲ圖ルト云フコトヲ希望スルノデアリマス、是ハ甚ダ今日ノ急務デハアルマイカト思フノデアリマス、此邊ニ向ッテ、政府ガ將來ニ執ラントスルトコロノ方針、若シ今將ニ執リツヽアルナラバ、如何ナル方針ヲ採リツヽアルカ、施設ヲ爲シツヽアルカト云フコトニ付イテ、聞カント欲スルノデアリマス、最後ニ第三ノ點ハ、外交上速ニ政府ガ、力ヲ盡サンケレバナラヌトコロノ點デアリマス、ソレハ日露戰爭ニ於テ日本ガ露西亞ニ打捷ッタト云フ事柄ハ、世界ノ視聽ヲ聳動シタト同時ニ、又著シク日本ニ對スル猜疑ノ念ヲ起サシメタト云フコトハ疑ノナイ事實デアリマス、又日本人ノ甚ダ不遠慮ナル行動ハ著シク世界ノ感情ヲ害シテ居ル點モアリマス、ソレト同時ニ東洋ニ於テ起リツヽアルトコロノ、此支那ノ利權回復ノ問題デアリマス、利權回復ノ問題ガ起ッテヨリ、漢口ト廣東ノ間ノ鐵道ヲ買收シ、或ハ山西省鑛山ノ利權ヲ買收シ、到ル處ニ曾テ支那政府ガ外國ノ資本家ト約シ、及外國ノ資本ニ許シタトコロノ是等ノ利權ヲ、有ユル力ヲ以テ回復シツヽアルノデアリマス、既ニ回復シタトコロノ事柄ガ澤山アルノデアリマス、此利權回復ノ問題ハ、日本人ノ眼中ヨリ見レバ、何等ノ意味ヲ持ッテ居ラヌガ如ク見エルノデアリマスル、併ナガラ是ヲ歐羅巴及亞米利加ノ政治家及學者ノ眼ヨリ見レバ、非常ニ意味ヲ含ンデ居ルノデアリマス、是ト同時ニ起ッテ來タトコロノ亞米利加ノ商品ヲ、同盟シテ排斥スルトコロノ、所謂「ボイコット」ナルモノデアル、是ハ著シク亞米利加ノ商人、及政治家ノ頭ヲ刺擊シテ居ルノデアリマス、又商業上ノ利權回復、政治上ノ利權回復ト唱ヘ、支那內地ニ起リツヽアル大ナル排斥的思想ナルモノハ、實ニ歐羅巴人及亞米利加人ノ眼中ニハ、第二ノ團匪事件ノ發生ヲ反映シテ居ルノデアリマス、黃色人種ノ勃興反動ヲ想像シツヽアルノデアリマス、又或點ニ於テハ、是等ノ利權回復ナルモノハ、著シキ成功ヲ以テ認メラレタノデアリマス、既ニ支那ニ於テ多大ノ成功ヲ奏シタノデアリマス、此利權回復ナリ、ソレニ伴フトコロノ排外的思想ノ勃興ハ、其背面ニハ日本人ガ隱レテ居ルノデアル、日本人ハ支那人ヲ煽動シテ、サウシテ歐羅巴ノ貨物ヲ支那ノ市場ヨリ排斥シ、又歐羅巴人ノ勢力ヲ支那ヨリ排斥シテ、日本人自カラ支那ノ市場ニ立ッテ、東洋ノ利益ヲ壟斷スルモノデアル、斯ウ云フトコロノ觀念思想ハ、既ニ日本ノ國力ヲ恐レ、日本人ノ政治思想ヲ疑ッテ居ルトコロノ歐羅巴人ノ眼ニハ恐ルベキ怪物ト映ズルノデアリマス、是ノ如キ日本人ガ支那人ノ背後ニ隠レテ、排外思想ヲ煽動シ、或ハ利權回復ノ問題ニ向ッテ多大ノ運動ヲシズニアルト云フコトハ、到ル處ニ新聞ニ謳ハレヌ有勢ナルトコロノ政治家ノ眼ニ映ジ、學者ノ議論トナッテ、今日歐羅巴或ハ亞米利加ノ政治界及文學界ニ傳布シツヽアル事柄デアリマス、是ハ一種ノ黄色患デアル、一種ノ黄色人種ノ勃興デアル、是ノ如キ議論ハ日本人ノ眼ヨリ觀レバ、何等ノ影響ヲ見マセヌケレドモ、既ニ日本ニ向ッテ多大ノ恐怖ヲ持チ、日本人ノ成功ニ向ッテ猜忌ヲ持ッテ居ル、歐羅巴人ノ眼ヨリ觀察スレバ、實ニ悪意アル日本人ノ行為デアル、日本人ノ勢力擴張デアル、是ノ如キ事柄ハ既業ニ各方面ニモ傳播シツツアル勢力アル議論デアリマス、過去ニ於テ非常ナル日本ガ成功シタルコトハ世界ノ同情ヲ得タカラデアル、世界ノ文明國ガ、背後ニ立チ有力ナル聲援ヲ與ヘタト云フ事柄ハ、即チ日本ガ今日ニ於テ二十世紀ノ劈頭ニ立ッテ大成功ヲナシタル原因デアルト思フ、今日ニ於テ日本人ガ東洋ノ市場ヲ獨占シ、或ハ支那ニ於ケル排外思想ヲ煽動シ、更ニ東洋ニ於ケル第二ノ團匪ヲ起サシメ、日本人自カラ支那ノ市場ヲ獨占シ又東洋ノ利益ヲ壟斷シヤウト云フ考ハ、非常ニ悪感ヲ文明國人ニ與ヘテ居ルノデアリマス、又是ノ如キ事柄ハ大イニ謹マナケレバナラヌ事柄デアリマス、又是ノ如キ誤解ハ十分是ヲ釋カンケレバナラヌ、日本ハ人道ノタメ、文明ノタメ、イツ何時デモ必要ノ場合ニハ闘ハナケレバナラヌ境遇ニ立ッテ居リマスカラ、世界ヨリ不利益ナル想像ノ下ニ日本人ガ誤解サル、ト云フコトハ、大イニ避ケンケレバナラヌ、日本人ハ正理ノタメ、人道ノタメ、常ニ東洋文明啓發ノ任ヲ持ッテ居ル、是ハ東洋ニ於ケル日本人ノ立場デアル、此立場ヲ日本人ガ失フト云フコトハ、非常ニ不利益ナ地位ニ陥ルノデアリマス、然ルニ之ニ反シテ歐羅巴、及亞米利加人ノ誤解ナルモノハ、次第々々ニ高マリツヽ、其結果日本ニ對シテ非常ニ悪感ヲ起シツヽアルト云フコトハ、最近ノ事實デアリマス、是ニ對シテ政府ハ、速ニ何等ノ施設ヲナシ、此文明諸國ノ誤解ヲ解キ、日本ハドコマデモ人道平和ノタメ世界ニ立ツモノナリト云フコトヲ明カニセンコトヲ希望スルノデアリマス、此三箇條ノ點ニ付イテ私ハ政府ノ意見ヲ聽カンコトヲ希望スルモノデアリマス、

○議長（杉田定一君） 御諮リスルコトガアリマス、日韓兩國ノ關税ニ關スル建議案ノ委員會ヲ是ヨリ開キタイト云フコトヲ請求シテアリマスガ、許シテ差支ゴザイマセヌカ

（「異議ナシ」ト呼フ者アリ）

第三　新聞紙條例中改正法律案(横井時雄君外三名提出)

(横井時雄君登壇)

○横井時雄君　諸君、唯今新聞紙法中改正法律案ノ委員會ノ御報告ヲ致シマス、此法律ノコトニ付キマシテハ、委員會ニ於キマシテ再三會議ヲ開キ、種々協議ヲ重ネマシタル結果、遂ニ諸君ノ御手許ニ提出シテアルトコロノ修正案ニ決定ヲ致シマシタ次第デアリマス、私ハ提出者ノ一人デアリマシタガ、其修正案ノ大要ハ即チ幾ニ提出シタル議案――改正案ノ大要ト異ルトコロナイト云フコトヲ認メマシタガ故ニ、即チ此修正案ニ同意ヲ表シテ、而シテ委員會ヲ代表シテ御報告申上ゲルノミナラズ、又提出者ノ一人タル其精神ヲ以テ諸君ニ此御報告ヲ申上ゲルノデアリマス、今此修正案ニ變リマシタ大要ハ、即チ其形ガ變ッタノデアリマシテ、前ハ新聞紙條例中改正法律案デアリマシタガ、今此所ニ現ハレテ居ルモノハ、即チ單獨法ノ形ニ變ッテ居ルノデアリマス、其大趣意ハ「新聞紙ニ掲載スルヲ目的トスル電信電話ノ事項ニ關シ受信者ノ承諾ナクシテ之ヲ新聞紙中ニ掲載シ若クハ掲載スル目的ヲ以テ其事項ヲ他ニ通信シタル者又ハ電文ヲ抄略シ若クハ字句ヲ變更シテ掲載シ若クハ通信シタル者ハ三百圓以下ノ罰金ニ處ス但シ受信者カ轉載禁止ノ旨ヲ明示シテ其電信電話ノ事項ヲ新聞紙ニ掲載シタル場合ニ限リ二十四時間以内ハ轉載ヲ許サヽルモ他ハ此限ニアラス」「前二項ニ於テハ其編輯人ヲ處罰ス」「前項ノ事項ヲ新聞紙ニ掲載シタル場合ニ於テハ受信者ノ告訴ヲ待テ其罪ヲ論ス」斯ウナッテ居リマス、今極ク簡單ニ此法案ノ趣意ヲ諸君ニ申上ゲテ見タイト思ヒマス、ソレハ御承知ノ如ク近來吾國ハ我國ハ極東ノ清韓諸國ハ固ヨリ、歐米諸國ニ對シテ、非常ニ頻繁ナル交際ヲ持ツコトニナリマシタガタメニ、此新聞事業ノ如キモ、外國ノ電信ヲ取ルト云フコトガ十年前ニ殆ド夢ニモ思ハナカッタ程ノ盛大ヲナシテ居ルノデアリマス、殊ニ此度ノ日露戰爭ノ如キハ、此海外電報事業ガ、非常ニ發達シタノデアリマス、ソレデ其事ハ申上ゲルマデモナク、諸君ノ御承知ノ通リデアル、併ナガラ今日迄我國ガ外國ヨリ――我國ノ新聞紙ガ外國ヨリ電報ヲ取ッタ、其料ヲ以テ之ヲ外國ノ諸新聞ガ、此東洋諸國ヨリ通信ヲ取ッテ居リマスル、電報ヲ取ッテ居リマスル其料ニ比較スルトキニハ、實ニ百分ノ一ニモ當ラヌト申シテ必シモ不當デハアルマイト私ハ思フノデアル、試ニ彼ノ日本海ニ於ケル戰爭ノトキニ、如何ニ長キ電報ヲ東京ニアルトコロノ英吉利、亞米利加ノ通信者ガ送ッタカト云フコトハ、殆ド吾々ノ想像ニ及バザル程ノコトデアリマス、ソレデ我國ニ於キマシテモ、此後益々此通信社又ハ各新聞社ノ外國電報事業ト云フモノヲ發達致シマシテ、サウシテ通信ヲ俟タズシテ大體ノ出來事ハ、殆ド遺憾ナク此國ニ即日ニ達スルヤウニ發達セシメナケレバナラヌト思フノデス、即チ是ガ外交上、通商上、及國民ノ此文明ニ發達シテ往ク上ニ於テハ、最モ必要ナル事業ノ一ツデアラウト思フノデアッテ、即チ諸君モ御同感デアラウト思フ、然ルニ今日我國ノ各社ノ通信事業ノ狀態ニ付イテ見マスルナラバ、特電ヲ取リ、若クハ特約ヲ以テ外國ヨリ取ル電報、其電報ヲ種々樣々ニ形ヲ變ヘテ、或ハ其儘ニナッテ、サウシテ直チニ他ノ新聞ニ掲ゲルト云フヤウナ有樣ニナッテ居ルノデアリマス、今ノ現狀デハドウシテモ之ヲ取締ルコトガ出來ヌノデアリマス、之ヲ取締ルコトガ出來ヌト云フノハ、此委員會ニ於テ、吾々ノ提出シタル原案ニ反對ヲナサレタトコロノ諸君モ、御承知ノ通リデアリマス、是ハ事實デアルカラ、否ムベカラザルコトデアリマス、サレバドウシテモ此各社ノ外國電報ヲ保護シナケレバ、此事業ハ發達シナイノデアル、之ヲ保護シテ居ルカラ、英吉利アタリデモ發達シテ居ル、又亞米利加アタリデモ發達シテ居ルノデアッテ之ヲ保護シナケレバ、ドウシテモ此事業ガ我國ニ發達スル譯ニイカヌノデアリマス、或人ハ是ハ公益ヲ目的トスルモノデアルカラ、各新聞社ニ來ルトコロノ通信ガ、直チニ他ノ新聞紙ニ現ハレテ往クト云フコトガ、即チ文明ヲ擴ムル所以デハナイカト云フコトヲ言フ人ガアリマス、成程一面ヨリ見レバ、サウ云フ風ニモ見エマスガ、併シ文明ヲ擴ムル所以ハダ、啻ニ報告ガ他ニ傳ハルノミナラズ、善キ報告、詳シキ報告、十分ナル報告ノ我國ニ來タルト云フコトガ、是ガ公益ヲ擴ムル第一デアル、善キ報告來ラズ、詳シキ報告來ラズ、十分ナル報告來ラズト云フコトデアッタナラバ、如何ニ文明ヲ擴メヤウトシテモ、之ヲ擴ムルコトガ甚ダマヅイモノデアル、ソレ故ニ此法案ノ目的ハ、各社ニ來タトコロノ外國電報ヲ、マダ其新聞ニ掲ゲナイ以前ニ、他ノ社ニ取ラレナイヤウニ、保護ヲスルト云フノガ、第一ノ目的デアリマス、第二ガ其新聞社ガ新聞ニ載セテカラ、他ノ新聞ニ轉載スルト云フナラバ、二十四時間以内ハ他ノ新聞ニ轉載スルコトガ出來ヌ(「其起算點ハドウスルカ」ト呼フ者アリ)他ノ點ニ付イテハ、全ク自由デアッテ、ドコノ新聞ガイツ取ッテ掲載シテモダ、一向差支ナイノデアリマス(東尾平太郎君「議論ハ後廻シニシテ、委員會ノ報告ヲシナサイ」ト呼フ)議論ヲスルノデハナイ、説明ヲシナケレバ諸君ガ分ラヌカラ、詳シク報告スルノデス(「經過ノ報告デ宜イ」ト呼フ者アリ)或人ガ若シ此新聞社ガ取ッタ電報ヲ其新聞紙ニ掲ゲナイ場合ニ、之ヲ他ノ新聞紙ガ竊ンデ出セバ、國家ノタメニナルデハナイカト云フコトヲ言フ人ガアリマスガ、態々外國カラ取ッタ電報ヲ新聞ニ載セナイト云フ、ソンナ愚ナコトヲスル新聞社ハアリマスカ、月ニ何百圓、年ニ何千圓ト云フ大金ヲ投ジテ取ッタ電報ヲ自分ノ新聞ニ載セナイ前ニ、是ヲ他ノ新聞ニ竊ンデ載セルト云フ必要ハ、毫モナイト思フ、ソレ故ニドウカ諸君ニ於キマシテハ(「委員會ハドウダ」ト呼フ者アリ)委員會ニ於テハ、多數ヲ以テ極メタトコロノ此修正案ニ滿場一致ヲ以テ御同意下サランコトヲ希望致シマス

第九 日韓兩國ノ關税ニ關スル建議案（早速整爾君外五名提出）（委員長報告）

（三井忠藏君登壇）

○三井忠藏君 諸君、私ハ日韓關税ニ關スル建議案ニ付キマシテ、其經過及結果ヲ御報道致シマス、此會ハ五回開キマシテ、其間ニ質問審議ヲ致シマシテ、其末本案ハ一人ノ異議者ナリ、滿場ノ同意ヲ以テ可決スルコトニ決定ヲ致シマシタ、他ノ議案ト異ナリマシテ、此建議案ハ其關係スルトコロ甚ダ區域ガ多クアリマスカラ、此可決ヲ致シマシタコトヲ一通リ御報道致シマス、此韓國經營ノコトニ付キマシテハ、政治上軍事上ノコトハ、其緒ニ就キマシテ、稍々見ルベキモノガゴザイマスルガ、獨リ經濟上ノコトニ至リマシテハ、殆ド日露戰爭以前ト異ナルトコロハゴザイマセヌ、發展ヲシタト云フコトハ見ルベキモノハナイノデゴザイマス、是ハ何ガ原因カト申シマスルト、其事ハ多々アリマスルガ、中ニ就イテ最モ此發展ノ弊害トナッテ居ルコトハ、此兩國ノ關税ノ事柄デアル、此關税ガ一ノ兩國經濟共通ノ牆壁トナッテ居リマスル、ヂヤニ依ッテ此經濟的ノ經營ヲ彼國ニ發展シヤウト申シマシテモ、此牆壁ニ支ヘラレマシテ、發展ヲスルコトガ出來ナイト云フノガ、今日ノ事實トナッテ居リマスル、ヲ此日露戰爭後戰後ノ經營ト申シマスルモノハ多々アリマスルガ、此韓國經濟上ノ發展ヲナサナケレバ、經營ト云フコトニ付キマシテ、大ナル效果ヲ見ルコトガ出來ヌノデアル 因テ此法案ハ兩國ノ關税ヲ撤退ヲ致シマシテ、日韓兩國ニ於テ關税同盟ヲシテ、一口ニ言ヒマシタナラバ（「反對々々」ト呼フ者アリ）日本ノ關税ノ區域ヲ朝鮮ニ擴ゲルト云フ事柄デゴザイマス、然ルニ或論者ハ此事ヲ實行致シマシタナラバ、第三國ニ關係ヲスルコトガ多イ、即チ最惠國ニ均霑ヲシナケレバナラヌト云フ故障ガ出來ル（「共通リ」ト呼フ者アリ）ヂヤニ依ッテ此事ハ可決ハ出來ナイト云フヤウナコトヲ委員外ノ人デ申サルヽ人ガアルト云フコトデアル、如何ニモ一通リ尤ト考ヘマスガ、此事タル貿易品ノ一種又ハ數種ノモノヲ、此關税ヲ全廢シマスルトカ云フヤウナコトナレバ、第三國ニ均霑ヲシナケレバナラヌト云フコトガゴザイマスルガ、貿易品ノ全部ヲ彼我ノ兩國ガ關税ヲ共通スルト云フコトニ付イテハ、此議論ハ一ノ杞憂ニ過ギナイコトデゴザイマス、（「ドウゾ委員長ノ報告ニ願ヒマス」ト呼ビ又「報告外ノコトハイカヌ」ト呼フ者アリ）ヤ報告ダケヲヤリマス、是ハ一通リ矢張可決ヲシタ理由デゴザイマス、簡短ニヤリマス、此事ハ他國ニモ段々例ガゴザイマスル、段々簡短ト云フコトガゴザイマスカラ、最モ縮メテ申上ゲマスルガ、是ハ北獨逸ト南獨逸ノ聯邦ノ關税同盟ガアリ、墺地利ト匈牙利ノ關税同盟ガアリ、此他段々此同盟ガアリマスルガ、決シテ他ノ三國カラ故障ノアッタコトデハナイ、又此故障ト云フモノハ、大概其國ノ利益ニ依ッテ、故障ガ起ルモノデゴザイマスルガ、此韓國ニ付キマシテ、日本ノ貿易ニ依ル外ニハ、他ノ國ハ百分ノ――貿易ノ最近ノ統計ヲ見マスルト、百分ノ二弱トカ、千分ノ四トカ云フ位ノ貿易ノ關係デアッテ、斯ル小利益ナレバ、決シテ他ノ國カラ故障ノ申シヤウハナイト考ヘマス、此理由ニ依リマシテ、委員會ニ於キマシテハ一人ノ異議者ナク、滿場一致ヲ以テ可決ヲ致シマシタ、諸君、御審議アランコトヲ望ミマス

○恆松隆慶君 質問致シマス、此案ハ日韓兩國關税ニ關スル建議案、如何ニモ日韓ノ上ニ於キマシテハ、至ッテ語呂ノ宜サヽウナ案デゴザイマスガ、此趣意デゴザイマスルト、朝鮮ノ米ヲ日本ヘ輸入スルニハ、一割ノ税ヲ取ルノデ、サウ云フモノハ、ヨシニシヤウト云フ趣意ニナリマスカ、全體ドウデスカ（早速整爾君「違ヒマス」ト呼フ）果シテサウ云フ意味デゴザイマスレバ、前ノ關税定率改正法律案デハ、戰時特別税デアッテ、此法律案ニナイモノヲ殊更ニ全會一致ヲ以テ、是ニ插入シタ位ナモノデアル、然ラバ此案ヲ此場合ニ於テ院議ガ可決スベキ理由ハナイト思ヒマスルデ、私ハ是ニ付イテ絕對的ニ反對ヲ致シマス

○早速整爾君 議長

（「採決」ト呼ヒ又「討論終結」ト呼フ者アリ）

○議長（杉田定一君） 早速君、何デスカ

○早速整爾君 本案ニ付イテ……

○議長（杉田定一君） 早速君

（「議席ノ途中ニ於テ發言ヲ許スコトハ宜シクナイ」ト呼ビ又「サウ云フ慣例ヲ作ッテハ宜シクナイ」ト呼フ者アリ）

（早速整爾君登壇）

○早速整爾君 發言ノ通告ガシテアッタノデス、極ク簡單ニ私ハ申シマスカラ……チヨット恆松君ノ唯今ノ御疑ガゴザイマシタケレドモ、質ハソレトハ丁度性質ヲ別ニシテ居リマスノデ、決シテ恆松君ノヤウナ御懸念ノナイ問題デアル（恆松隆慶君「アル〱」ト呼フ）關税同盟ト云フコトデ、詰リ日本ノ關税區域ヲ朝鮮ニマデ延長シヤウト云フコトデゴザイマスカラ、無論ソレハ米ノ輸入税トカ、或ハ其他ノ總テ朝鮮カラ日本ヘ這入ル品物ノ輸入税、又日本カラ朝鮮ヘ出テ往ク品物ノ税ト云フモノモ、總テ是ヲ免除スルト云フコトニナリハスルケレドモ、其點ニ於キマシテハ、詰リ此朝鮮ト云フモノヲ關税關係デ、日本ノ領分ノ內ニ入レテシマフト云フ意味ニナルノデアリマス、御承知ノ通リ朝鮮ノ今日ノ農業ト云フモノハ、誰ガ之ヲ旨ク發展ヲセシメテ往カナケレバナラヌト云ヘバ、ドウシテモ諸君ガ御承知ノ通リ、日本人ノ手ヲ待タナケレバ出來ナイノデアル、日本人ノ手ヲ待タナケレバナラヌト云フ朝鮮ノ事業デゴザイマスカラ（「ソンナモノニ贊成スルモノハナイ、アレバ淫動ノ結果ダ」ト呼フ者アリ）現ニ日本人ガ朝鮮ノ內地ニ於テ、幾百万圓ノ金ヲ費シ、而シテ幾百万町歩ノ田地ヲ買入レ、農業ニ從事シテ居ルト云フコトハ、諸君モ御承知ニナッテ居ルダラウト思ヒマス、此故ニ詰リ關税同盟ヲ結ブト云フコトニナルノハ、矢張此日本ノ人民ヲ保護スル、韓國ニ於ケル日本ノ農民ヲ保護スルト云フ問題ニナルノデアッテ、農民保護ノ上カラ日本ノ農民ガ、打擊ヲ受ケルデアラウト云フヤウナ御考ハ、私ハ甚ダ狹隘ナ議論デアラウト信ズルノデアリマス、詰リ關税ノ關係ニ於テ、經濟ノ關係ニ於テハ、北海道若クハ臺灣ト朝鮮ト云フモノヲ殆ド區別ノナイモノニシテシマフト云フヤウナ關係デアル、詰リ朝鮮ヲ外國ト看做シ、マルデ日本ヨリ餘所ノ國ト看做スト云フ點カラ申セバ、唯今ノヤウナ議論ガ起ルカモ知レマセヌケレドモ、詰リ朝鮮ニ於テ事業ヲスルモノハ、日本人デアルト云フ考ヲ持ッテ戴キタイ（恆松君「マダサウハ往カナイ、早イ、サウ云フ希望デアルト事ガ間違フ」ト呼フ）詰リ朝鮮ニ對スル指導啓發ノ大任ヲ帶ビテ居ル日本帝國デアリマスカラ、兎ニ角此事業ノ經營ニ不便利デアルモノハ、必ズ之ヲ斥ケテ往カナケレバナラヌモノデアル、關税ト云フ制度ガアルガタメニ、通商上非常ナ妨害ヲ來スト云フコト、竝ニ韓國ノ事業ノ發展ノ上ニ非常ナ障礙ニナルト云フコトハ、之ハ誰モ認メテ居ルノデアリマスカラ、兎ニ角此關税同盟ト云フコトノ下ニ關税制度ヲ撤去シテ、サウシテ朝鮮經營ノ發展ヲ圖リ、朝鮮ニ於ケル事業ノ經營發達ヲ圖ルト云フコトヲスルノガ、今日ノ急務デアラウト思フ、政治上ノ關係ニ於キマシテハ、既ニ斯ノ如クナッテ、日本ノ保護權ト云フモノハ確立シテ居ル今日デアル、日本ノ保護權ガ確立シテ居ル今日デゴザイマスカラ、經濟上ニ於テ此關門ヲ置ク必要ハドコニモナイ、即チ經濟上

ノ關門ヲ撤去シテ、經濟共通ノ途ヲ開キ、サウシテ此將來ニ對スル、韓國ニ對スル、經營ノ基礎ヲ堅クスルノハ、モウ此問題ヲ以テ最モ必要ト信ズルノデゴザイマスカラ、私ハ他ノコトニ付イテハ、長クハ申シマセヌ、唯恆松君ノ如キ誤解ヲ懷イテ居ル御方ガアルカラシテ、ソレハ誤解デアルト云フコトヲ申シテ、此案ニ對シテ滿場ノ諸君ノ贊成ヲ希望致シマス

（「採決」ト呼フ者アリ）

○福井三郎君　意見ヲ述ベタイ――簡短デゴザイマスカラ、此處カラ述ベマス、大層早ク採決ヲシタイト、皆サン御急ギニナリマスケレドモ、此問題ハサウ早ク採決スベキ問題デナカラウト思フ、私ガ今述ベントスルトコロハ長イノデハナイガ、十分ニ愼重ニ議スベキコトデアルト思フ、朝鮮ト我國トノ關係ヲ今日ニ至ラシムルマデニハ、如何ナル苦勞ヲ國民ハ致シタノデゴザイマス、又國家モドノ位努メタノデゴザイマス、遠キ昔ハ知ラズ、極ク近キ十年此方ニ於テ、日清戰爭ハ之ガタメ起ッタノデハアリマセヌカ、日露戰爭モ亦之ガタメニ起ッタノデアリマセヌカ、此ノ如キ經過アル今日ニ至ッテ、朝鮮ト日本關係ヲ見ルト、單ニ此關係問題デアルトカ何トカ云フ僅カナ問題デハアリマセヌ、名ハ何ト云フ趣ヲ冠ッテ出ヤウトモ、言ハズ語ラザル中ニ、諸君ハ御承知ノ問題デアルノデアル、然ルニモ拘ハラズ之ヲ一面ニ於テ外國米ノ課稅問題トカ、何トカ言フヤウナ、些細ナコトカラシテ、本問題ニ影響ヲ及ボシテ、本會ヲ通過セシメヌト云フ反對論ノ起ルニ至ッテハ、實ニ我國ノ智識ノ程度モ思ヒヤラレルト思フノデゴザイマス、故ニ本案ハ彼是議論ヲセズニ、一瀉千里、直チニ無言ノ間ニ之ヲ通過セレムルノガ、即チ我國ノ目的ヲ達スル所以デアラウト思フ、早速君ノ演說中ニ關稅同盟云々ノコトガアリマシタガ、ソレハ即チ早速君ガ議論ニ引カレタ言葉デアッテ、本員ナドハ關稅同盟ト云フ趣意デハナイト云フコトヲ玆ニ明カニシテ置キマス、同盟デハナイ、讀ンデ字ノ如ク此關稅ヲ撤退シヤウト云フノデアル、何等ノ點ニ御迷モナク本案ハ直チニ通過セラレンコトヲ希望致シマス

○江藤新作君　私ハ本席ヨリ簡短ニ本案反對ノ意見ヲ述ベマス（「黨議デ贊成ト極ッテ居ルヂヤナイカ」ト呼フ者アリ）黨議ニ於テ贊成トハナッテ居リマセヌ、蒟蒻版ノ間違デアリマスル、故ニ玆ニ一言辯明ヲシテ置キマスガ、關稅同盟ト云フコトヲ若シシマシタナラバ、（「ノウ〱關稅同盟デナイ」ト呼フ者アリ）委員長ノ報告ヲ唯今承リマストコロニ依レバ、日韓兩國ノ間ニ關稅同盟ヲ爲シテ、兩國ノ間ニ貿易上ノ關稅ヲ撤去シヤウト云フ趣意ト承リマシタ、若シ是ノ如クスルナラバ、日本人ガ朝鮮ニ於テ酒ヲ拵ヘマシテ、日本ニ輸入スルト云フ場合ニハ、無稅デ以テ、日本國內ニ數多ノ酒ガ輸入サレルト云フコトヲ覺悟シナケレバナラヌ（「煙草モ亦然リ」ト呼フ者アリ）此場合ニ於テ、內國ニ於テ重稅ヲ拂ッテ酒造ヲナシテ居ルモノハ、非常ナ打擊ヲ受ケルコトニナラウカト思ヒマス、故ニ此事ヲ考ヘテシナケレバ、非常ニ利益ヲ計ルカ如クニシテ、却テ不利益ニナラウト思ヒマス、故ニ反對デアリマス

（討論終結ノ聲起ル）

○議長（杉田定一君）　採決ヲ致シマス、委員長ノ報告ニ御同意ノ諸君ハ起立ヲ願ヒマス

起立者　少數

○議長（杉田定一君）　少數デアリマス、本案ハ否決サレマシタ（拍手スル者アリ）日程第十、高等水產學校設立ニ關スル建議案委員長報告――委員長川原茂輔君

○星松三郎君　本員ノ質問致シマスルノハ外ナラヌコトデゴザイマスガ、此質問ハ寧ロ今日マデ差控ヘマシタノハ、政府デハ何等カ此事柄ニ付イテ御辯明ノアルコトデアラウト、實ハ豫期シテ居ッタ、ソレハ何デアルカト申シマシタナラバ　此滿韓ニ於ケルトコロノ――貯蓄シテアルトコロノ卽チ此糧食ノ件デアリマス、是ハ第一ニ私ガ此質問ヲ發スル原素トナリマシタノハ何デアルカト申シマシタナラバ、營口ニアルトコロノ臺灣米ノ二十万石ト云フモノヲ東北三縣ノ凶作地ニ向ッテ、內務大藏兩省カラ交涉アッテ、陸軍省ノ方カラ拂下ゲヲ得ルト云フコトガ、約束ニナッテ居ッタトコロノモノガ、突然大倉組ノ手ニ渡ッタト云フコトニ對シテノ質問ガ、重モナル理由デアリマス、是ハ大事ナ問題デ、諸君ドウゾ靜ニ謹聽ヲ下サイ(笑聲起ル)靜聽ヲ下サレテ、謹聽デハナイ靜聽(「謹聽々々」ト呼フ者アリ)此質問ハ本員ハ全ク善意ノ質問デアリマス、或ハ陸軍省ハ濡衣ヲ著テ居ルカモ知レナイト思フノデ、ソレ故ニ私ハ此質問ハ最モ當期議會ニハ必要ナコトデアッテ、此疑惑ノ下ニソレヲ葬ムルト云フコトハ、甚ダ陸軍省ノタメニモ惜ムコトデアルト云フ考ヲ持ッテ居ル、ソレハ何故デアルカト云ッタナラバ、陸軍省ハ取分ケ國民ニ向ッテ、最モ滿腔ノ同情ヲ表センケレバナラヌ今日ノ矢先キデアル、ソレ故ニ私ハ陸軍省ガ若シ正當ノ手續ヲ以テ、正當ノコトヲナシテアルトセバ、陸軍省ノ處置ニ對シテハ、一點ノ瑕瑾ノナイト云フコトヲ世ノ中ニ表明シタイ考デアリマス、是ハ全ク善意ノ質問デアル、必ズ此事柄ヲ摘發シテ以テ、ドウシヤウト云フ考モ何モナイ、ソレカラ又大倉組ト云フモノニ向ッテモ、私ハ別ニ恩怨ノアルモノデモ何デモナイ、ソレ故ニ是亦大倉組ノ得タトコロノモノガ、或ハ正當ノ手續デアルヤ否ヤト云フコトヲ茲デ判明スルコトハ、甚ダ必要ナコトデアルト私ハ思フ、ソレデ私ノ質問セント欲スルトコロノモノハ、滿韓ニ貯蓄シ置キタル糧米ニ關スル質問ト云フ表題デ、大連、營口、奉天、遼陽、其他ニ於ケル糧食ノ後始末如何、其二ニハ其糧食中ノ中營口ニアリシトコロノ臺灣米ヲ東北三縣凶作地ニ拂下ゲタル理如何、三ハ昨年ノ九月以降ニ涉ル物件ヲ茲ニ明カニシテ置キマス、罐詰、小罐魚肉、味燒麵麭、干野菜、大麥、燕麥、豆粕、玄米、白米、割麥等ヲ拂下ゲタル數量及金額幾許ト云フノデアリマスル、是ハドウ云フ譯デアルカト云フト、元來糧食米ノ拂下ゲニ關スルコトダケデ止メヤウト思ヒマシタガ、他ニ拂下ゲタルモノガ幾多モアルヤウニ思ハレマスル故ニ、此質問ヲ起シタ所以デアリマス、ソレデ此二十万石ヲ大倉組ヘ拂下ゲタ條項中ニ、是ノ如キノ一項ガアルト云フ、拂米ノ中ニ一部ノ腐敗米ガアルトキハ、是ヲ全部ノ腐敗米ト看做シテ拂下ゲヲスルト云フ、巧妙ナル約束ガ成立ッテ居ルト云フコトデアル、ソレ故ニ此事ニ付イテ一度大倉組ガ得テカラ、其米ガ如何ニ成立ッテ居ルカト云フコトヲ第一ニ聽キタイノデアル、大倉組ガ拂下ゲタモノニ向ッテ、金額ヲ何レノ時カ仕拂ヲナシテ居ルノデアルカト云フコトモ聽キタイノデアル、其米ハ約束通リニ卽チ腐敗米ト云フモノハナク、受渡ガ濟ンダモノデアルカ否ヤト云フコトガ、最モ聽カント欲スルトコロデアル、ソレカラソレニ伴ナウテ私ノ不思議ニ思ウテ居リマスルノハ、此米ヲ拂下ゲルニ當ッテハ、理トシテハ遼河ノ結氷ガ最早近キニアルタメニ、之ヲ急ニ賣ランケレバナラヌト云フコトデアル、然ルニ誰ノ手ニ渡ッテモ、遼河ノ結氷ハ覺悟シテ買ハンケレバナラヌコトデアルカラ、政府ノ手ヲ放レルト云フ上ニ對シテ、政府ハ悧巧ニ立廻ッタ積リデアルカ知レヌケレドモ、算盤ヲ取ッテ居ル商人ハ、政府ノ悧巧ニ立廻ッタ以上ノ立廻リガアリサウニ思ハレマス、誰ノ手ニ渡ッテモ、遼河ノ結氷ヲ打破ッテ外ヘ出スト云フコトハ出來ヌノデアル、此臺灣米二十万石ノ拂下ゲハ聞クトコロニ依ルト、是ノ如クニ私ノ耳ニ觸レテ居ルノデアル、此臺灣米ヲ拂下ゲタノハ、三縣ノ知事其他カラ申出ラレテ居ルトコロノ米デアッテ、東北地方ノ三縣ニ向ッテ、之ヲ救助――救助デハナイ、拂下ゲンケレバナラヌト云フコトヲ知リツヽ、大倉組ガ之ヲ拂下ゲタノデアルト云フコトデアル、ソコデ此拂下ハ甚ダ不穩當ノコトデアルト云フコトヲ茲デ私ハ發見致シマス、ソレ故ニ之ヲ取調ベルニ當ッテ、如何ナル手續ニナッテ居ルカト云フコトヲ段々取調ベテ見ルト、十月三日午後零時ノ電報ト、午後二時二十分ノ電報ニ於テハ、營口ニ於テ、ソレカラモウ一ツハ十月二十三日ノ電報ガアリマス、此間漸ク九日間ノ間ダシカナイノデアル、ソレデ第一ノ電報ハドウ云フ電報デアルカト云フト、臺灣米賣却ノ件ハ、如何ニ進行シテ居ルヤトノ電報ヲ發シマシテ、又已ニ賣却ノ分アラバ、其數量單價ヲ合セテ承知シタシト云フ電報ヲ經理部長ニ宛テ、野戰經理長官ガ之ヲ打チマシタ(「單箇」ト呼フ者アリ)單箇デハ分ラヌ、所ガ十月十三日午後二時二十分發電報ヲ以テ、營口ニ於テ賣却ノ豫定ナリシモ、當時市街ニ「ペスト」病發生シ又遮斷檢疫ノタメ不利ノ狀況ニ在ルヲ以テ中止スルコト、ナレリ、他ニ賣却セシコトナシト云フ、電報ガアル、ソレカラ越ヘテドウ云フ電報ガ來テ居ルカト云フト、卽チ是ハ滿洲軍總經理部長デ、野戰經理局長長官ニ宛テタルトコロノ電報ハ營口支庫長臺灣玄米悉皆、同白米五万石ヲ去ル二十二日左ノ價格ヲ以テ大倉組ヘ悉皆賣却契約ヲ締結セリ、斯ウ云フ電報ガアリマスル、其價ハ幾許ゾデアルト云フト、是ハ軍票ヲ以テ一石八圓十三錢六厘ト云フモノガ、卽チ玄米デアル、ソレヲ日本ノ通貨ニ換算致シマスルト云フト、七圓三十二錢二厘デアル、ソレカラ白米ハ一石九圓七十五錢七厘デ賣却シタモノガ、日本ノ通貨ニ直シマスルト云フト、八圓七十八錢一厘ニ相成ルノデ、此價ノ當否ハ私ハ言ハヌガ、兎ニ角是ハ三縣知事ガ心配ヲシテ、東北ノ凶作地ヘ持ッテ來テ充テヤウト云フノデ、內務大藏省ガ心配ヲ致シマシテ、卽チ交涉中ノモノガ、俄ニ大倉組ノ手ニ渡ッタト云フ一事ニ至ッテハ、甚ダ不思議ニ感ゼザルヲ得ヌ、僅カノ九日間ノ間デ、又入札ノ有樣ヲ聞キマスルト、大倉組ニ落札シタト云フコトハ、結果ヲ知ラシタダケノコトデアッテ、公入札ニハ附サヌト云フコトデアル、ソレカラ此米ト云フモノハ臺灣米デアルガ「サミユル」商會カラ買入レタ米デアルト云フコトデ、ナカ〳〵廉クハナイ米デアッテ、或ハ一石ニ付イテハ十七八圓位ニ付イテ居リハセヌカト云フコトデアル、是ハ併シ格段高イモノヲ格別高ク賣ラウト云フコトハ出來ヌ、矢張時價ニ依ッテ賣ランケレバナラヌ、米ノ廉イ高イト云フコトニハ論及スルニアラズシテ、東北ノ救濟ノタメニ其米ヲ宛テヤウト云フモノガ、俄然大倉組ノ手ニ渡ッタト云フコトハ、甚ダ不思議ニ思ハレルノデ、ソレ故ニ茲ニ至ッテ大倉組ノ拂下ゲタルトコロノ糧米ハ、諸君ノ御承知ノ通リ、新聞紙上ニモ非常ニ攻擊ガアッテ、非常ニ非難ヲ受ケタコトデアル、ソレ故ニ皆御存ジノコトデハアリマセウガ、其他ノモノハ如何ニ成行ッテ居ルト云フコトカ、杞憂ニ堪ヘヌノデアル、ト云フノハ何樣一事件ニ於テ是ノ如キモノデアル、知ラヌ所ノモノ――多數ノモノガ備ヘテアルトコロノモノデアルカラ、如何ニ成行ッテ居ルト云フコトハ、大ニ疑ザルヲ得ヌノデアル、此疑惑ト云フモノヲ解クト云フコトガ、卽チ今私ノ第一ニ質問セント欲スルトコロノ事柄ハ明瞭ニ解決スレバ、從ッテ信用ヲ得ラル、コトデアル、得レバ卽チ唯今申上ゲタ通リノ譯デ、或ハ陸軍省ハ他ノタメニシテ、トンデモナイ批難ヲ受ケテ居ルヤウナ結果ヲ見出サヌトモ保シ難イコトガアルト思フノデアル、全國ノ壯丁ハ悉ク出陣ヲ致シテ、満洲デ御承知ノ通リ非常ナ功績ヲ擧ゲタコトデアリマスカラ、殊更ニ二師團ヤ八師團ヲ茲デ持出シテ以テ、諸君ノ清聽ヲ請フト云フ次第デモアリマセヌカ、取分ケ私ハ茲デ陸軍省ニ向ッテ、大ニ注意ヲ促シテ置キタイト云フノハ、陸軍省其者ガ分ラヌ譯デハ必ズナイノデアル、ナイノデアルガ、二師團及八師團ノ管區ニ屬スルモノデアルカラシテ、責務上諸君ニ之ヲ訴ヘテ置カナケレバナラヌモノト思フノデアル、二師團ハ御承知ノ通リ鴨緑江ノ第一戰以來、各地ニ轉戰シテ、著シク奏功ヲ爲シテ居ルノデアル、ソレカラ第八師團ハドウデアルカト申シタナラバ、第八師團ハ即チ巖手縣宮城縣ノ北部ヲ以テ出來テアル師團ノ管區デアル、是ハドウデアルカト云フト、有名ナル即チ黒溝臺、師團ノ全滅ヲ期シテ以テ大ニ奮戰シタトコロノ即チ壯丁デアル、從ッテ奉天ノ役ニ參加シテ以テ、大ニ功ヲ奏シタルトコロノ壯丁ノ即チ郷地デアルノデアル「其通リ」ト呼フ者アリ)サウ云フ次第デアルガ故ニ、陸軍省ガ出來得ル限リハ此便宜若ハ大ニ之ヲ救助スルノ責務ガアルノデアル、ソレヲ事其所ニ出デザルモノハ、何デアルカト云フコトハ、甚ダ私ハ遺憾トスルトコロデアルノデアル、若シ之ヲ惡シキ方ノ方面カラ考ヘタナラバ、一個人ノ大倉組ガ大事デアルカ、或ハ三百万ノ即チ三縣ノ窮民ガ大切デアルカト云フコトハ、云ハデモ知レタコトデハナイカ、三歳ノ童子ト雖モ知ルヲ得ルコトデアル、況ヤ政府ノ當局者ガ此位ノコトガ分ラヌト云フコトハナイ筈デアルノデアル、ソレ故ニ私ハ如何ニモ殘念ナコトデアル、東北ノ窮民ガ困ッテ居ルトコロニ――困ッテ居ッテ、此米ヲ得ヤウト云フトコロノモノヲ横取スルト云フヤウナモノハ、如何ナル心事デアルト云フコトヲ疑フノデアル、又之ヲ其者ニ任セタト云フトコロノ當局者ノ心事モ實ニ測リ知ルベカラザルコトデアルノデアル、ソレ故ニ此等ハ何カ素因ノアルコトデアラウト思フノデアル、私ノ聞キ知ルトコロニ依ルト云フト、陸軍省ハ其事柄ニ向ッテハ、熱中シテ以テ、其望ミニ副ハント欲シテ居ッタガ、農商務省ノ方デ此米ハ要ラヌトカ云ッタト云フヤウナコトヲ仄ニ耳ニシテ居ルガ、是ハ遠聞キニ聞イタコトデアッテ、私ガ直接ニ聞カヌコトデアルカラ分ラヌコトデアルガ、或ハサウ事實アリトセバ折角此海陸軍ハ世間ニ尊重サレテ以テ、獨リ日本デ尊重スルノミナラズ、世界ニ於テ尊重スル今日ノ矢先ニ、是ノ如キヤウナ事柄ニ向ッテ汚名ヲ著ルヤウナコトガアッテ、甚ダ私ハ遺憾ニ存ゼラレルノデアル、即チ是ハ善意ノ質問デアル、若シ是ガ私ノ聞クトコノモノガ、即チ他ノ方ニ於テ失策アリトスレバ、陸軍ト云フモノハ全ク正直ナヤリ方デアッタト云フコトハ、茲ニ明ニ分ルノデアル(「モウ宜イ、能ク分リマシタ」ト呼フ者アリ)ソレデモウ五分バカリデ濟ンデシマフ(「モウ分ッタヨ」ト呼フ者アリ)君方ノヤウナ聰明ナ人間ハ分ルカモ知レヌガ、外ニ分ラヌモノガアルカモ知レヌ(「成ルタケ鄭重ニ長クヤッテ呉レ給ヘ」又「不聽明ナ人間ハ居ラヌ」、又「其質問演說ハ御濟ミニナッタノデスカ」ト呼フ者アリ)ソレデ唯今申上ゲタ通リノ――以上申上ゲタヤウナ次第デアルガ、私ガ最モ唯今ノ質問シタ中ニ於テ聽カント欲スルトコロノモノハ、ドウデアルカト云フト、大倉組ニ拂下ゲタルトコロノ糧米以外ニ御尋ネ申シタイト云フコトデアルカラシテ、茲ニ列擧シタモノデアル、ソレ故ニ是ハ政府ニ於テモ忌憚ナクドコニ障リガアルト云フヤウナコトナク、明ニ之ヲシテ答ヘラレンコトヲ望ムノデアル、如何トナレバ是ハ政務ガ統一ヲセヌカラ、是ノ如キ事ガ起ルノデアル、政府ガ統一サヘシテ居レバコンナヤウナトンマナコトノアリヤウ筈ハナイノデアル、私ガ先刻申上ゲタ通リノヤウナ次第デ、僅カ一週間ノ中ニ「ベスト」ガアッテ、賣ルコトガ出來ヌト云フコトデアッテ、賣ラヌト云フノデ、其儘アルト云フモノガ、一週間僅カ經ッタバカリノ中ニ、全部賣ッテシマッタト云フノハ何デアル、コチラカラ尋ネルトコロニ向ッテ答ガアッタ位デアルナラバ、始末ヲ付ケルトキニシテ向フカラ照會スベキ筈デハナイカ、照會モ出サズシテ、後トハ一週間後ニ賣ッテシマッタト云フノハ、何事デアル、是ガ甚ダ私ハ不思議ニ存ゼラレル、サウ云フ次第デ、全ク此事柄ヲ以テ疑惑ノ中ニ葬ツレテ居ッタナラバ、是ハ政府ノ威信ニモ關係スルコトデアル、如何ニ陸軍省ハ大倉組ト腐縁アリ、惡縁アリトシタトコロガ、今日此局ニ當ラレテ居ルトコロノ外松君ハ、ドウデアルカ、令名ノ士デアル、其證據ニハ二十七八年ノ後、或人ノ兵站ノヤリ方ト、今回ノ外松君ノヤリ方ハ、ドウデアルカト云フナラバ、一ノ醜聲ヲ聞カズ、全ク大ニ此進行シツヽアルノデハナイカ、何事デモ遲滯ナクヤッテ居ルデハナイカ、ソレデアルカラシテ功ヲ一簣ニ虧グト云フコトノ結果ヲ茲ニ見ルト云フコトハ、甚ダ私ハ遺憾ニ思フノデアル、第一世間ニ大ニ信用サレテ居ルトコロノ陸海軍、世間ノ非常ニ尊重シテ居ルトコロノ陸海軍ニ傷ヲ付ケルト云フコトハ、甚ダ私ハ遺憾ト存ゼラレル、故ニ善意ノ意思ヲ以テ、善意ノ質問ヲ致シマスル次第デアリマスルカラシテ、此質問ニ向ッテハ矢張善意ノ御答ノアルヤウニ願ヒタイノデアル、必ズ是ハ自分ハ何カ感情ニ觸レテ以テ、此質問ヲ起スト云フニアラズシテ、全ク是ハ自身ガ此事柄ハ能ク明カニシテ置カヌト云フ限リハ、吾々ノ職責上相濟マヌコトデ、諸君ガ之ヲ默々ニ附シテ居ルヤウナコトデアルナラバ、先ヅ斯ウ云フ面倒ナ所ニハ御出ニナラヌ方ガ宜シイト思フノデ、是デ質問ガ終リマシタガ、トウデ諸君モ唯今ノ通リノコトデゴザイマスカラ宜シク……

○荻野芳藏君　私ハ簡單ニ——唯今南條君ハ此製鐵所ノ擴張ニ付キマシテ、反對ノ御演説ガゴザイマシタ、是ニ付キマシテ私モ豫算委員ノ一人ト致シマシテ、此賛成ノ意思ヲ明カニシテ置キタイト思フノデゴザイマス、唯今ノ南條君ノ御説ニ依リマスト、陸軍及海軍ノ經費ヲ割イテ、五百万圓ト云フモノヲ生産的ノ事業ヲ繰替ヲスルト云フコトニ付イテハ、是ノ如ク其製鐵所ノ如キモノニ遣ルト云フ考デナイト云フコトデゴザイマシタ然ルニ私ノ考デハ此五百万圓ノモノヲ當嵌メル上リ於キマシテ、製鐵所ノ如キモノヲ措イテ、他ニ餘計ナイデアラウト思フノデアル、最モ是ハ其中デモ重モナルモノデアルト考ヘルノデゴザイマス、此點ニ於テ全然南條君ノ意見トハ違フノデゴザイマス、ソレニ付キマシテ簡單ニ貴重ナ時間デゴザイマスカラ、趣意ヲ述ベテ置キタイト思ヒマスガ、諸君モ御承知ノ通リ、鐵ハモウ文明ノ要素デアッテ、此鐵ノ製造事業ト云フモノガ、一般ニ此軍備ナリ或ハ生産ノ上ニ於テ、必要ナト云フコトハ、是ハ申スマデモナイコトデアリマス、而シテ今般擴張ヲ致シマシタト云フ點ニ付キマシテノ概略ノ理由ハ、玆ニ私共述ベル必要ハアリマセヌガ、ザット申述ベマスレバ、唯今現在ニ於テ日本ニ向ッテ鐵ノ此海外カラ輸入シテ居ルトコロノ高、又日本ニ於テ鐵ノ需用高ト云フモノハ(「簡單々々」「無用々々」ト呼フ者アリ議場騷然タリ)ソレデハ極ク簡單ニ更ニ變ヘテ申シマス——デ今二十二万噸ノ需用ニ對シマシテ、此日本ノ製鐵所デハ九万噸ノモノヨリ外出來ナイノデアリマス、故ニ其他ノモノハ海外ヨリ輸入シテ居ルノデアリマスカラ、其輸入シテ居ルトコロノ鐵ヲ防グト云フ事柄ハ、金貨ノ流出ニ對シテ、之ヲ防グト云フコトハ、甚ダ國家ノタメニ目下必要ナルコトデアリマスノデゴザイマス、ソレカラ今又南條君ハ左樣ナレバ其事ハ宜シイ——宜シイガ、今之ヲ急ニスルト云ッ必要ハナイト云フコトデアリマスケレドモ、一體此製鐵所ノ事業ノ如キモノハ、之ヲバ完成致シマスノニハ、相當ノ準備計畫ヲ要スルノデアリマシテ、即チ明年要ルカラト云ウテ、直ニ明年間ニ合フモノデハナイノデアリマス、職工ノ熟練トカ、或ハ各種ノ建設ヲ致シテ、サウシテ各種ノ準備ノ整ッタ後デナケレバ、間ニ合ハヌノデアリマス、然ルニ一面ニ於テハ是カラ滿韓ニ於テ鐵道計畫モアリ、或ハ内地ニ於テ、工業ノ發達モアリマシテ、鐵ノ需用ト云フモノハ、日々刻々ニ其需用ヲ喚起シテ居ルノデゴザイマス、斯ウ云フ場合デゴザイマスカラ、明年ニ於テ俄ニサア遣ルト云ッタトコロデ、ソレハ俄ニ間ニ合フモノデナイカラ、今日カラ早ク遣ルト云フコトハ、是ハ一番必要ノコトデアルト考ヘルノデアリマス(「モウヨシ給ヘ」ト呼フ者アリ)ソレデ一體此五百万圓ノ金ハ、成ルベク廣ク此一般ノ産業ノ發達ニ關係アルモノニ之ヲ選ンデ、當嵌メルト云フコトハ、甚ダ是ハ必要ナ問題デゴザイマスカラシテ、今私共ガ此製鐵所ニ對シテ、最モ急ニ此計畫ヲ政府ガ立テ、、豫算ヲ提出シタト云フコトハ、是ハ大ニ我意ヲ得タルモノト信ズルノデゴザイマス、以上ノ理由ニ依リマシテ南條君ノ反對説ニ對シマシテ、私ガ此豫算ニ賛成スル趣意ヲ簡單ナガラ申シマス

(「採決々々」ト呼フ者アリ)

○議長(杉田定一君)　採決ヲ致シマス、先ヅ第二款ニ付イテ採決ヲ致シマス、原案ニ賛成ノ諸君ノ起立ヲ請ヒマス

起立者　多數

○議長(杉田定一君)　多數デアリマス、原案ニ決シマシタ、他ノ所管ハ別段反對ハアリマセヌカ——原案ニ反對ハアリマセヌカ

(「異議ナシ異議ナシ」ト呼フ者アリ)

○議長(杉田定一君)　異議ハナイト認メマス、次ニ遞信省所管ニ移リマス

第一　帝國鐵道會計法案（政府提出）　第一讀會

帝國鐵道會計法案

帝國鐵道會計法

第一條　帝國鐵道ノ事業ヲ經營スル爲從來出資シ及將來出資スル金額ヲ以テ資本ト爲シ特別ノ會計ヲ立テシム

前項ノ資本ハ本會計ノ負債トシ一般會計ニ對シ漸次償還スルモノトス但シ官設鐵道會計法第四條ニ依リ純益トシテ從來一般會計ノ歳入ニ編入シタル金額ハ利子ニ相當スル金額ヲ控除シタル殘額ヲ以テ負債ノ償還ニ充テタルモノト看做ス

第二條　本會計ハ之ヲ資本勘定及收益勘定ニ區分ス

第三條　資本勘定ハ帝國鐵道建設改良ノ爲一般會計ヨリ支出スル資金及所屬財產ノ賣拂代金ヲ以テ共ノ歳入トシ帝國鐵道ノ建設改良ニ要スル費用ヲ以テ共ノ歳出トス

第四條　收益勘定ハ營業上ノ諸收入及資本所屬物件ノ貸付料竝帝國鐵道用品資金會計ノ過剩金ヲ以テ共ノ歳入トシ營業上ノ諸費用及資本所屬物件ノ維持修理竝補充費ヲ以テ共ノ歳出トス

第五條　收益勘定ニ於テ歳入總額ヨリ歳出總額ヲ控除シタル金額ヲ益金トシ負債ノ利子ト負債消却金トニ區分シテ之ヲ一般會計ニ納付スヘシ

第六條　政府ハ每年帝國鐵道資本勘定及收益勘定ノ歳入歳出豫算ヲ調製シ歳入歳出ノ總豫算ト共ニ帝國議會ニ提出スヘシ

第七條　資本勘定ニ屬スル每年度豫算殘額ハ事業ノ完成ニ至ル迄順次之ヲ翌年度ニ繰越使用スルコトヲ得

第八條　收益勘定ノ歳出額ハ豫算定額內ニ於テ實際ノ歳入及第十條ニ依ル借入金ノ合計額ヲ超過スルコトヲ得ス

第九條　收益勘定ノ歳出豫算ニハ災害事變其ノ他豫期セサル歳出ノ不足ニ應スル爲豫備費ヲ設クルコトヲ得

第十條　收益勘定ノ歳出ヲ支辨スルニ當リ歳入金不足ノ場合ニ於テハ一時一般會計ヨリ五十萬圓ヲ限リ借入ヲ爲スコトヲ得

前項借入金ハ當該年度內ニ之ヲ返還スヘシ

第十一條　資本勘定及收益勘定ハ帝國鐵道用品資金ヨリ物品ヲ購入スルトキハ前金拂ヲ爲スコトヲ得

第十二條　本會計ニ關シ必要ナル事項ハ本法ニ規定スルモノノ外勅令ヲ以テ之ヲ定ム

附則

本法施行ノ期日ハ勅令ヲ以テ之ヲ定ム

官設鐵道會計法ハ之ヲ廢止ス

○佐松隆慶君　第一ヨリ第八マデ一括シテ報告アランコトヲ望ミマス

○議長（杉田定一君）　一カラ七點マデ國務大臣ヨリ說明ヲ致シマス

（大藏大臣法學博士阪谷芳郎君登壇）

○大藏大臣（法學博士阪谷芳郎君）　此法案ハ鐵道國有ノ問題ト、竝ニ京釜鐵道買收ノ問題ガ通過致シマシタニ付キマシテハ、之ヲ經營スルタメ會計ヲ要シマスルノデアリマス、別段此會計ノ方法ノ上ニ於キマシテハ、別段ナル變ッタコトモゴザイマセヌデスガ、唯今度ハ鐵道會計ノ損益ヲ明瞭ニ致シマスタメ、資本勘定及收益勘定ト云フモノニ區別サセマスコトニ致シマシタ、是迄ノ官設鐵道ノ收益ニ據リマスト損益勘定ガ分リマセヌノデ、唯一般會計ニ多少取除ガシテアリマスダケデ、會社デ計算致シマスヤウニ、資本勘定、收益勘定ノ方法ニナッテ居リマセヌ、然ルニ此度鐵道國有、京釜鐵道買收ノ結果ニナリマスト、此損益ノ勘定ヲハッキリ致シテ置キマセヌト、果シテ鐵道國有竝ニ京釜鐵道買收ト云フコトガ、ドウ云フ風ニ帝國ノ財政ノ上ニ現ハレルカト云フコトガ、明瞭ニナリマセヌ、ソレダケノ計算ノ組方ガ、從來ノ作業局ノ會計ト違ヒマスダケデアリマス、其他ハ總テ從來ノ作業局會計或ハ用品資金ノ會計ト同ジデ唯金額ヲ動カシタリ、其他小修正ガゴザイマス、此損益ノ勘定ヲハッキリ致シテ置キマセヌト、一時傭員ヲ用井マスト申シマスノハ、是亦多數ノ私設鐵道ヲ買收致シマスニ付キマシテ、新タニ官吏ヲ使用致シマスト云フコトハ、混雜デゴザイマスカラ、當分ノトコロハ從來ノ取扱ニ據リマシテ、傭員トシテ使用スルト云フコトデゴザイマシテ、最モ唯官吏ノ資格ト云フモノヲ傭員ノ資格ト別ニシタダケデゴザイマス、要シマスルニ重モナル變ッテ居リマス點ハ、此損益ヲ明瞭ニスルタメ、資本勘定、損益勘定ヲ用井タト云フノガ、要點デゴザイマス、殊ニ會期ガ切迫致シテ居リマス次第デゴザイマスガ、本案ノ趣旨ハ右ノ如クニ簡單ニ出來テ居リマスカラ、成ルベク審査ヲ御急ギ下サイマシテ、此議會ニ於キマシテ、國有法案ト共ニ成立致シマスヤウニ希望致シテ置キマス

○議長（杉田定一君）　唯今日程第一ダケハ議題ニ供シテ置キマシタガ、併シ說明ハ第七マデ國務大臣ヨリ終ッタノデアリマス、ソコデ矢張第一日程ヨリ第八日程マデ一括シテ、議題ニ致サウト思ヒマス、如何デゴザイマス

（「異議ナシ」ト呼フ者アリ）

○議長（杉田定一君）　御異議ガナイト認メマス

第二　右議案ノ審査ヲ付託スヘキ委員ノ選擧

第三　官設鐵道用品資金會計法中改正法律案（政府提出）　第一讀會

官設鐵道用品資金會計法中改正法律案

官設鐵道用品資金會計法中左ノ通改正ス

「官設鐵道」ヲ「帝國鐵道」ニ改ム

第一條中「購入貯藏」ノ下ニ「及製作修理」ヲ加フ

第二條　帝國鐵道用品資金ハ從來ノ官設鐵道用品資金二百五萬圓及官設鐵道會計ノ据置運轉資本二十萬圓ヲ以テ之ニ充テ鐵道國有法ニ依リ政府カ會社ヨリ買收スル鐵道用品ノ價額ト合シ漸次增加シテ五百萬圓トス

第三條　削除

第五條　帝國鐵道用品資金會計ノ決算上該資金額ニ過剩ヲ生シタルトキハ共ノ過剩金ヲ同年度ニ於ケル帝國鐵道收益勘定ノ歳入ニ編入スヘシ

附則

本法施行ノ期日ハ勅令ヲ以テ之ヲ定ム

第四　右議案ノ審査ヲ付託スヘキ委員ノ選擧

第五　韓國ニ於テ帝國ノ經營スル鐵道ノ會計ニ關スル法律案（政府提出）　第一讀會

韓國ニ於テ帝國ノ經營スル鐵道ノ會計ニ關スル法律案

帝國鐵道會計法及帝國鐵道用品資金會計法ハ韓國ニ於テ帝國ノ經營スル鐵道ニ之ヲ準用ス但シ其ノ用品資金ハ漸次增加シテ百萬圓トス

附　則

本法施行ノ期日ハ勅令ヲ以テ之ヲ定ム

第六　右議案ノ審査ヲ付託スヘキ委員ノ選擧

第七　鐵道國有法及京釜鐵道買收法ニ依リ買收シタル鐵道ノ出納官吏ニ關スル法律案（政府提出）　第一讀會

鐵道國有法及京釜鐵道買收法ニ依リ買收シタル鐵道ノ出納官吏ニ關スル法律案

鐵道國有法及京釜鐵道買收法ニ依リ買收シタル鐵道ノ出納官吏ハ當分ノ內雇員ヲ以テ之ニ充ツルコトヲ得

第八　右議案ノ審査ヲ付託スヘキ委員ノ選擧

○恆松隆慶君　十八名ノ委員ヲ議長指名ニサレンコトヲ望ミマス

○議長（杉田定一君）　恆松君ノ御發議、第一ヨリ第八迄ノ委員選擧ハ十八名……

○恆松隆慶君　十八名ニシテ直チニ指名アランコトヲ

○議長（杉田定一君）　十八名ノ同一ノ委員ニ付託スルト云フノデアリマスカ

○恆松隆慶君　サウデアリマス、十八名ニシテ議長指名ニシテ、直チニ指名サレンコトヲ希望シマス

○議長（杉田定一君）　恆松君ノ發議、第一ヨリ第八マデニ至ル議案ヲ同一ノ委員十八名議長指名ニ御異議ガアリマセヌカ

（「異議ナシ」ト呼フ者アリ）

○議長（杉田定一君）　御異議ガナイト認メマス、直チニ指名致シマス

（書記朗讀）

帝國鐵道會計法案外三件委員

大岡育造君	征矢野半彌君	鈴木藤三郎君
木暮武太夫君	景山甚右衛門君	長晴登君
恆松隆慶君	西村眞太郎君	加藤政之助君
金岡又左衛門君	村松龜一郎君	大戸復三郎君
蘂寄鉄五郎君	岡田治衛武君	安達謙藏君
菊池武德君	富島暢夫君	板東勘五郎君

○議長（杉田定一君）　唯今指名ヲ致シマシタル鐵道會計法案外三件ノ委員諸君ハ、決算委員室ヘ御集リニナリマシテ、直チニ委員長理事ノ互選ニ引續イテ、會ヲ御開キニナルヤウニ致シタイデアリマス――日程第九、海上衝突豫防法中改正法律案第一讀會――朗讀ハ省略致シマス

第九　海上衝突豫防法中改正法律案（政府提出）　第一讀會

海上衝突豫防法中改正法律案

海上衝突豫防法中左ノ通改正ス

第八條　水先船水先業務ノ爲メ其ノ營業所ニアルトキハ他船ニ要スル燈ヲ表示セス周回ヨリ見得ヘキ白燈一箇ヲ檣頭ニ掲ケ且十五分時ヲ超エサル短時ノ間隙ヲ以テ閃火一箇若ハ數箇ヲ發スヘシ

水先船ニハ點火シタル舷燈ヲ用意シ置キ他船ノ我船ニ近寄リ來ルカ又ハ我船ノ他船ニ近寄リ行クトキハ我船ノ進行スル方向ヲ示ス爲メ短時ノ間隙ヲ以テ之ヲ表示スヘシ但シ此ノ時綠光ハ左舷ヨリ紅光ハ右舷ヨリ見得サル樣ニ爲スヲ要ス

水先人ヲ要招スル船舶ハ直付ケスヘキ水先船ハ白燈ヲ檣頭ニ掲クル代リニ隨時之ヲ表示シ又前項ノ舷燈ノ代リニ一面ハ綠色一面ハ紅色ノ玻璃ヲ用井タル燈籠一箇ヲ手近カニ備置キ前項ノ規定ニ依リ之ヲ使用スルヲ得

免許水先人ノ業務ニ專用スル水先汽船水先業務ノ爲メ其ノ營業所ニアリテ碇泊セサルトキハ第一項ノ規定ニ依リ水先船ニ要スル燈及閃火ノ外ニ檣燈ノ下方八尺ノ所ニ周回少クモ二海里ノ距離ヨリ見得ヘキ紅燈一箇ヲ增掲シ且航行中ノ船舶ニ要スル舷燈ヲ掲クヘシ

前項ノ水先汽船水先業務ノ爲メ其ノ營業所ニアリテ碇泊スルトキハ第一項ノ規定ニ依リ水先船ニ要スル燈及閃火ノ外ニ前項ノ規定ニ依リ紅燈ヲ增掲スヘシ但シ舷燈ヲ掲クヘカラス

水先船其ノ營業所ニアルモ水先業務ニ從事セサルトキハ其ノ積量ニ相當スル他船ト同樣ノ燈ヲ掲クヘシ

第九條　漁船ハ航行中特ニ本條ニ規定アル場合ヲ除ク外其ノ積量ニ相當スル航行中ノ船舶ニ對シテ規定シタル燈ヲ掲クルカ又ハ之ヲ表示スヘシ

一　無甲板船即チ全部張詰メタル甲板ニ因リテ海水ノ浸入ヲ防カサル船夜間漁業ニ從事スルニ當リ其ノ放出スル漁具ノ端ト本船トノ水平上ノ距離カ百五十尺以內ナルトキハ周回ヨリ見得ヘキ白燈一箇ヲ掲クヘシ

無甲板船夜間漁業ニ從事スルニ當リ其ノ放出スル漁具ノ端ト本船トノ水平上ノ距離カ百五十尺ヲ超ユルトキハ周回ヨリ見得ヘキ白燈一箇ヲ掲ケ且我船ノ他船ニ近寄リ行クトキ又ハ他船ノ我船ニ近寄リ來ルトキハ其ノ白燈ノ下方ニ少クモ三尺ヲ隔テ且漁具ノ結著シタル方向ニ於テ水平上少クモ五尺ヲ隔テ白燈一箇ヲ增表スヘシ

二　第一ニ規定シタル無甲板船ヲ除ク外流シ網ヲ用井テ漁業ニ從事スル船舶ハ網ノ全部又ハ一部水中ニ投下シアル間ハ最モ見得易キ所ニ白燈二箇ヲ掲クヘシ此ノ兩燈ハ上下ノ距離六尺ヨリ少カラス十五尺ヨリ多カラス且龍骨線ニテ測リタル前後ノ距離五尺ヨリ少カラス十尺ヨリ多カラサル樣其ノ一燈ヲ他燈ノ下方ニ裝置シ其ノ下燈ハ網ノ方向ニ掲クヘシ此ノ兩燈ハ周回少クモ三海里ノ距離ヨリ見得ヘキモノタルヲ要ス

總積量二十噸未滿ノ帆走漁船ハ地中海及日本國竝韓國ノ沿海ニ於テハ必シモ兩燈中其ノ下燈ヲ掲クルヲ要セス然レトモ之ヲ掲ケサルトキハ他船ノ我船ニ近寄リ來ルカ又ハ我船ノ他船ニ近寄リ行クトキ少クモ一海里ノ距離ヨリ見得ヘキ白燈一箇ヲ同一ノ位置（網又ハ漁具ノ方向ニ於テ）ニ表示スヘシ

三　第一ニ規定シタル無甲板船ヲ除ク外延繩ヲ用井テ漁業ニ從事スルニ當リ延繩ヲ結著シ又ハ之ヲ曳入ルル船舶ニシテ碇泊セス又ハ第八ニ依リ停留セサルモノハ流シ網ヲ用井テ漁業ニ從事スル船舶ト同一ノ燈ヲ掲クヘシ共ノ延繩ヲ延ヘ又ハ曳繩ヲ用ウルモノハ共ノ船ノ種類ニ應シ航行中ノ汽船又ハ帆船ニ對シテ規定シタル燈ヲ掲クヘシ

總積量二十噸未滿ノ帆走漁船ハ地中海及日本國竝韓國ノ沿海ニ於テハ必シモ兩燈中其ノ下燈ヲ掲クルヲ要セス然レトモ之ヲ掲ケサルトキハ他船ノ我船ニ近寄リ來ルカ又ハ我船ノ他船ニ近寄リ行クトキ少クモ一海里ノ距離ヨリ見得ヘキ白燈一箇ヲ同一ノ位置（釣繩ノ方向ニ於テ）ニ表示スヘシ

四 打タセ網（總テ海底ニ漁具ヲ曳クモノヲ包含ス）ヲ用ヰテ漁業ニ從事スル船舶ハ左ノ規定ニ依ルヘシ

甲 汽船ハ第二條第一項ニ規定シタル白燈ノ位置ニ三色ノ燈籠一箇ヲ掲ケ尙其ノ下方六尺ヨリ少カラス十二尺ヨリ多カラサル所ニ白色ノ燈籠一箇ヲ増掲スヘシ此ノ三色燈ハ船ノ正首ヨリ左右各二點マテハ白色其レヨリ各舷正横後ノ二點マテ右舷ハ綠色左舷ハ紅色ノ射光ヲ及スヘク製造シ且裝置スルヲ要シ又白燈ハ常ニ不同ナク亮明ノ光ヲ發シテ周囘ヲ照スヘク製造シタルモノタルヲ要ス

乙 帆船ハ常ニ不同ナク亮明ノ光ヲ發シテ周囘ヲ照スヘク製造シタル白色ノ燈籠一箇ヲ掲ケ且他船ノ我船ニ近寄リ來ルカ又ハ我船ノ他船ニ近寄リ行クトキハ衝突ヲ防クニ充分ナル時間ヲ見定メ最モ見得易キ所ニ白色ノ閃火又ハ炬火一箇ヲ表示スヘシ

甲及乙ニ規定シタル諸燈ハ少クモ二海里ノ距離ヨリ見得ヘキモノタルヲ要ス

五 桁網ヲ用ヰテ牡蠣採取ニ從事スル船舶其ノ他桁網ヲ用ヰテ漁業ニ從事スル船舶ハ打タセ網ヲ用ヰテ漁業ニ從事スル船舶ト同一ノ燈ヲ掲ケ及之ヲ表示スヘシ

六 漁船ハ本條ニ規定シタル燈ヲ掲ケ及之ヲ表示スル外何時ニテモ閃火ヲ用ヰ且漁業用ノ燈火ヲ用ウルヲ得

七 長サ百五十尺未滿ノ漁船碇泊中ハ周囘少クモ一海里ノ距離ヨリ見得ヘキ白燈一箇ヲ掲クヘシ

長サ百五十尺以上ノ漁船碇泊中ハ周囘少クモ一海里ノ距離ヨリ見得ヘキ白燈一箇ヲ掲ケ且第十一條ニ規定シタル白燈一箇ヲ増掲スヘシ

長サ百五十尺未滿ナルト百五十尺以上ナルヲ問ハス碇泊中ノ漁船漁網其ノ他ノ漁具ヲ結著シタルトキハ他船ノ我船ニ近寄リ來ルトキ碇泊燈ノ下方少クモ三尺ヲ隔テ且漁網其ノ他ノ漁具ノ方向ニ於テ水平上少クモ五尺ヲ隔テ白燈一箇ヲ増表スヘシ

八 漁船漁業ニ從事中漁具ノ岩礁其ノ他障碍物ニ纏著シタル爲メ停留スルトキハ晝間ニアリテハ第十二條ニ規定スル晝間信號ヲ引下シ夜間ニアリテハ碇泊船ト同一ノ燈ヲ表示シ又霧中降雪其ノ他暴雨中ハ碇泊船ニ對シテ規定シタル霧中信號ヲ爲スヘシ（第十五條第四項及末項參照）

九 霧中降雪其ノ他暴雨中流シ網打タセ網桁網又ハ延繩ヲ用ヰテ漁業ニ從事スル總積量二十噸以上ノ船舶ハ汽船ニアリテハ汽笛若ハ汽角帆船ニアリテハ號角ヲ用ヰ一分時ヨリ多カラサル間隙ヲ以テ一聲ヲ發シ之ニ續キテ號鐘ヲ鳴ラスヘシ總積量二十噸未滿ノ漁船ハ必シモ此ノ信號ヲ爲スヲ要セス然レトモ之ヲ爲ササルトキハ一分時ヨリ多カラサル間隙ヲ以テ適宜他ノ有效ナル音響信號ヲ爲スヘシ

十 網延繩又ハ打タセ網ヲ用ヰテ漁業ニ從事スル船舶航行中晝間ニアリテハ最モ見得易キ所ニ籠其ノ他ノ信號ヲ掲ケ近寄リ來ル他船ニ其ノ漁業中ナルコトヲ表示スヘシ若シ碇泊中ノ船舶漁具ヲ投下セルトキハ他船ノ近寄リ來リタルトキ同樣ノ信號ヲ他船ノ航過シ得ル舷側ニ於テ表示スヘシ

本條ニ依リ特ニ規定シタル燈ヲ掲ケ又之ヲ表示スルヲ要スル船舶ハ第四條第一項及第十一條末項ノ燈ヲ掲クルニ及ハス

附 則

本法施行ノ期日ハ勅令ヲ以テ之ヲ定ム

（政府委員仲小路廉君登壇）

○政府委員（仲小路廉君） 唯今提出ニナリマシタ海上衝突豫防法中改正法律案ノ趣旨ハ、此度英國政府ヨリ水先船及漁船ノ燈火ノコトニ關シマシテ、海上衝突豫防法中改正シタイト云フコトニ付イテ、我政府ヘ同意ヲ求メテ參リマシタノデ、我政府ニ於テモ、其條項ニ付イテ細密調査ヲ致シマシタトコロガ、何レモ適當ナモノデアル、且同法ハ性質上各國共通ノモノデナケレバナラヌカラ、玆ニ此改正案ヲ提出シタ譯デアリマス、會期モ切迫シテ居ル今日デアリマスカラ、甚ダ恐入リマスガ、英國政府ニ於テモ、此案ハ本年五月ヨリ實施シタイト云フコトデ、參ッテ居リマスカラ、相成ルベクハ速ニ協贊アランコトヲ希望シマス

○長谷場純孝君 本員ハ此場合ニ於テ緊急動議ヲ提出致シマス、臺灣ニ施行スヘキ法令ニ關スル法律案……

○議長（杉田定一君） チョット御待チ下サイ、之ヲ極メマシテ

○長谷場純孝君 即チ海上衝突豫防法案ノ議事中デアリマスガ、此議事ヲ中止シテ置イテ、此今ノ緊急ノ動議ノ案ヲ議シタイ、是レ此緊急動議ヲ起ス所以デアリマス

○議長（杉田定一君） 是ハ委員付託ガ直グニ濟ミマスカラ

○長谷場純孝君 モウ一ツ之ヲ委員付託ニシタイカラ、此場合ニ起ス所以デアル、既ニ各派ト交渉ノ上、委員ノ選定モ定ッテ居リマスカラ、此場合ニ之ヲ委員ニ付託サレンコトヲ望ミマス

○恆松隆慶君 ソレハ委員ノ都合ナレバ、御便利上今ノ緊急動議ヲ容レラレンコトヲ望ミマス、ムヅカシイ問題デナイデアリマセウカラ

○議長（杉田定一君） 唯今長谷場君ノ緊急動議、日程第九ガ玆ニ掛ッテ居リマスガ、此議事ヲ中止シテ、サウシテ臺灣ニ施行スヘキ法令ニ關スル法律案ヲ緊急動議トシテ、日程ヲ變更シテ議シタイト云フノデアリマスガ、御異議ハアリマセヌカ

（「異議ナシ」又「異議アリ」ト呼ヒ議場騷然タリ）

（「採決々々」又「何ノ案デスカ」ト呼フ者アリ）

○議長（杉田定一君） 斯ウ云フノデアリマス、唯今長谷場君ノ決議ハ日程第九海上衝突豫防法中改正法律案議事ヲ中止シテ、臺灣ニ施行スヘキ法令ニ關スル法律案ヲ緊急動議トシテ、日程ヲ變更シテ議シタイ、斯ウ云ハレルノデゴザイマス

（「異議アリ」又「異議ナシ」ト呼フ者アリ）

○議長（杉田定一君） 異議ガアレバ……

○三井忠藏君 此事ニ付イテ意見ヲ述ベマス、異議ガアリマス

○議長（杉田定一君） 此緊急動議ハ討論ヲ須ヰズシテ採決シマス、長谷場君ノ發議

ノ第九ノ日程ヲ中止シテ――日程ヲ變更シテ、臺灣ニ施行スヘキ法令ニ關スル法律案ヲ議スルト云フニ同意ノ諸君ハ起立ヲ願ヒマス

起立者　少數

（「多數」又「少數」ト呼ヒ議場騒然タリ）

○議長（杉田定一君）　少數ノヤウニ思ヒマスガ、反對諸君ノ起立ヲ請ヒマス

起立者　多數

（「大多數」ト呼フ者アリ）

○議長（杉田定一君）　反對ノ方ガ多數ノヤウニ思ヒマスル

（拍手起ル）

○議長（杉田定一君）　日程第十、右諸案ノ審査ヲ付託スヘキ委員ノ選擧ニ移リマス

帝國鐵道會計法案（政府提出）　第一讀會ノ續
官設鐵道用品資金會計法中改正法律案（政府提出）　第一讀會ノ續
韓國ニ於テ帝國ノ經營スル鐵道ノ會計ニ關スル法律案（政府提出）　第一讀會ノ續
鐵道國有法及京釜鐵道買收法ニ依リ買收シタル鐵道ノ出納官吏ニ關スル法律案（政府提出）　第一讀會ノ續

○江藤新作君　此際一言賛成ノ意味ヲ發表シテ置キマス、吾々同志ノ者ハ鐵道國有法案ニハ反對ヲ致シマシタケレドモ、既ニ鐵道國有法案ガ通過シタル以上ハ、國有法ニ關聯シタル本案ニハ、賛成ヲスルト云フノガ當然ト思ヒマスカラ、玆ニ賛成ノ意ヲ表シマス

（「流石ハ進歩黨ダ」ト呼フ者アリ）

○恆松隆慶君　直チニ二讀會ヲ開カレンコトヲ望ミマス

○議長（杉田定一君）　此四件ヲ一括シテ採決シマス、此四法案ヲ二讀會ヲ開クト云フニ御異議アリマセヌカ

（「異議ナシ異議ナシ」ノ聲起ル）

○議長（杉山定一君）　御異議ハナイト認メマス

○恆松隆慶君　直チニ二讀會ヲ開キ、讀會省略ヲ以テ確定ナランコトヲ望ミマス

（「賛成々々」ノ聲起ル）

○議長（杉田定一君）　四案共ニ直チニ二讀會ヲ開キ三讀會ヲ省略シテ確定スルト云フ恆松君ノ動議ニ御異議アリマセヌカ

（「異議ナシ」ノ聲起ル）

帝國鐵道會計法案　確定議
官設鐵道用品資金會計法中改正法律案　確定議
韓國ニ於テ帝國ノ經營スル鐵道ノ會計ニ關スル法律案　確定議
鐵道國有法及京釜鐵道買收法ニ依リ買收シタル鐵道ノ出納官吏ニ關スル法律案　確定議

○議長（杉田定一君）　委員長報告通リ四案共ニ御異議ハアリマセヌカ

（「異議ナシ異議ナシ」ノ聲起ル）

○議長（杉田定一君）　御異議ナイト認メマス、是ニ於テ本件ハ四案共ニ確定ヲ致シマシタ

（拍手起ル）

○星松三郎君　此際海上衝突豫防法中改正法律案ノ報告ヲ致シタウゴザイマス

○議長（杉田定一君）　登壇シテ……

（星松三郎君登壇）

○星松三郎君　此際日程ヲ變更シテ緊急動議ヲヤルコトヲ御承諾ヲ願ヒタイ（簡單簡單ノ聲起ル）本案ハ先刻委員選舉ガアリマシテ、而シテ直チニ委員會ヲ開キマシタ、其（簡單々々ノ聲起ル）海上衝突豫防法中改正法律案ハ、政府委員ノ出席ヲ求メマシテ、審査ヲ遂ゲマシタル末、滿場一致ヲ以テ可決致シマシタ、本案ハ各國――列國共通ノ案デゴザイマシテ、卽チ五月一日ニ施行スルモノデアルト云フコトデアリマシテ、眞ニ急施ヲ要スルモノデアリマスカラ、速ニ二讀會ヲ開キ、三讀會ヲ省略シテ、可決確定セラレンコトヲ望ミマス

（立川雲平君「委員長理事ハドウレタ、分ラヌ」ト呼フ）

○議長（杉田定一君）　唯今星君カラ發議ノ通リ、海上衝突豫防法中改正法律案ヲ日程ヲ變更シテ、此際緊急動議トシテ議スルト云フニ御異議アリマセヌカ

（「異議ナシ異議ナシ」ノ聲起ル）

○議長（杉田定一君）　御異議ハナイト認メマス、海上衝突豫防法中改正法律案ヲ議スルコトニ致シマス

○議長（杉田定一君）　御異議ガナイト認メマス、日程第二、徵兵令中改正法律案第一讀會ノ續、委員長報告湯山壽介君

第二　徵兵令中改正法律案（政府提出貴族院送付）　第一讀會ノ續（委員長報告）

（湯山壽介君登壇）

○湯山壽介君　此法律案ニ付イテ――委員會ノ經過ノ大要ト結果ヲ報告致シマス、徵兵令改正ノ要旨ハ、元ト現在ノ法ニ依リマスト云フト朝鮮ヲ除ク外、總テノ外國ニ參ッテ居リマストコロノ者ハ、徵集ヲ猶豫スルト云フコトニナッテ居ルノデゴザリマス、然ルニ日露戰爭ノ結果ト致シマシテ、樺太ヲ領有シ、滿洲ニ租借地ヲ得マシタニ付イテ、朝鮮ト同樣ニ、韓國露國領沿海州、露國領薩哈嗹、清國香港、澳門、是ダケノモノハ朝鮮同樣ニ徵兵ノ徵集ノ猶豫ヲシナイ、卽チ內地同樣ニ致スト云フノガ本案改正ノ趣意デゴザイマス、然ルトコロ委員會ニ於キマシテハ、清國ニ對シテ今後發展ヲ致サナケレバナラナイト云フ事柄デアルカラ、此清國ニ在留ヲスルトコロノ者ヲ、凡テ內地同樣ニ徵集ヲ致スト云フコトハ、如何ナルモノデアラウカドウカ、或ハ學術ノ研究ノタメトカ、若クハ開發ノタメニ一家ヲ獨立シテ、事業ヲ營スト云フモノニハ、徵集ノ猶豫ヲ與ヘルコトニシタラドウダラウカ、斯ウ云フヤウナ御說ガアリマシテ、大分議論モ澤山アリマシタニ依ッテ、委員會ヲ開クコトガ五回ニナリマシタノデ、其間ニ於テ修正委員ヲ設ケマシテ、何トカ徵集猶豫ノ方法ハナイカト云フヤウナコトデ、委員ヲ設ケタノデアリマスケレドモ、結局其委員ガ出シマシタトコロノ修正案モ、成立ヲ致サズシテ、否決ニナリマシタノデアリマス、尙更ニ修正委員ヲ拵ヘテ、起草サセタラドウダラウト云フ說モアリマシタケレドモ、是亦消滅ヲ致シテ、結局スルトコロ、此二十三條ト二十五條ハ、原案ガ多數ニ依リマシテ、原案ノ通決定ヲ致シタノデゴザイマス、ソレカラ此附則ノ施行期限ニ關係シマスル事柄ハ、貴族院デ修正ヲ致シテ、送付ニナリマシタ通ニ、特別委員會ハ之ニ同意ヲ致スコトニ決定ヲ致シタノデアリマス、是ガ卽チ特別委員會ニ於テノ經過ノ大要ト、決議ノ結果デゴザイマス、尙此法案施行ノ上ニ付イテ政府ヨリ言明ヲ致サレテ居ルトコロノ事柄ガアリマスカラ、併セテ御報告ヲ致シテ置カウト思ヒマス、ソレハ此清國ニモ徵集猶豫ヲシナイト云フコトニナリマスレバ、徵兵檢査ヲ致ス時分ニハ、一々內地ヘ呼寄セテ檢査ヲ致ストコロノ者ハ困ル、何トカ方法ガアルカト申シマシタトコロガ、政府ニ於テハ現在朝鮮デヤッテ居ル所ト、臺灣ニ於テ檢査ヲシテ居ルヤウニ、卽チ勅令第百五十一號ト同樣ニ致シテ、該地ニ於テ其檢査ヲ致シテ、徵兵檢査ノタメニ內地ヘ引戾スト云フコトハシナイ、斯ウ云フコトヲ言明シテ居リマス、今一ツハ清國ニ於テ若シ學校ガ今稅ニ於テ出來マシテ、徵兵令第十二條ニ該當スルトコロノ中學校ノ學科課程以上――同等以上ノ學校ガ出來マスル時分ニハ、其學校ニ在學シテ居ルトコロノ者ハ、卽チ徵集ヲ猶豫スル、彼ノ東亞同文會ノ如キモノハ、勿論此學校ニ該當シテ居ルモノデアレバ、認定ヲ致シテ無論ニ徵集ヲ猶豫スルコトデアル、斯ウ云フコトヲ言明致シテ居リマスカラ、此段併セテ御報告致シテ置キマス

○議長（杉田定一君）　採決ヲ致シマス、本案ニ付イテ二讀會ヲ開クベシト云フニ、御異議ハゴザイマセヌカ

（「異議ナシ」又「異議アリ」ト呼フ者アリ）

○議長（杉田定一君）　二讀會ヲ開クベシト云フ御方ノ起立ヲ願ヒマス

起立者　多數

○議長（杉田定一君）　多數デアリマス、二讀會ヲ開クト云フニ決シマシタ

○長谷場純孝君　直チニ二讀會ヲ開カレ、三讀會ヲ省略シテ確定サレンコトヲ要求致シマス

（「贊成」ト呼フ者アリ）

○議長（杉田定一君）　直チニ二讀會ヲ開キ、三讀會ヲ省略シテ確定スルニ御異議ハゴザイマセヌカ

（「異議ナシ」又「異議アリ」ト呼フ者アリ）

○小川平吉君　修正ノ通告ガシテアリマス

○議長（杉田定一君）　修正ガ出シテアッテモ構ヒマセヌ

○西村丹治郎君　構ハナクテモ、異議ガアリマス

○小川平吉君　二讀會ヲ開カレタナラバ宜シウゴザイマス

○議長（杉田定一君）　二讀會ヲ開イテ、三讀會ヲ省略シテ確定スルト云フノデス、ソレニ御異議ガアリマスカ

○小川平吉君　ソレナラバ無論異議ガアリマス

○議長（杉田定一君）　讀會省略ニ異議ガアルノデスカ

○小川平吉君　修正意見位ハ述ベサセテ貰ヒタイ

○西村丹治郎君　修正ノ通告ガシテアリマス

○議長（杉田定一君）　修正意見ハ二讀會デ御述ベニナレバ宜イ

○小川平吉君　二讀會ヲ開イタノデゴザイマセウ

○議長（杉田定一君）　直チニ二讀會ヲ開キマス

徵兵令中改正法律案　第二讀會

○議長（杉田定一君）　小川君ト西村君ト二人出テ居リマスガ、ドチラガ先キナンデス――小川君

（小川平吉君登壇）

○小川平吉君　本案ハ實ニ大切ナ案デゴザイマス、一見致シマスルト誠ニ簡單ナ案デゴザイマスルガ、其影響スルトコロハ、實ニ今日ノ日本ノ海外ニ於ケル發展ノ上ニ、尠カラヌ影響ヲ及ボストコロノ案デゴザイマス、ドウゾ諸君モ案ノ表ノ形ノ簡單デアルト云フノ故ヲ以テ、餘リ此案ヲ輕々シク視ラレズニ、多少ノ時間ヲ御割愛下サレマシテ、本會議ニ於テ十分ニ討論ヲ盡サレンコトヲ希望致シマス、殊ニ本會議ニ於テ、私ガ十分ノ討論ヲ希望スル所以ハ、唯案ガ大切デアルト云フバカリデナイ、本案ハ委員會ニ於キマシテ、先刻委員長カラ大體報告セラレマシタノデゴザイマスガ、既ニ政府案ニ對シテハ、大體ニ於テ不可ナリト云フノ意見ヲ以テ、修正ヲスルト云フコトノ決議ニ一旦ナッタノデゴザイマス、此修正說ト云フガ、一旦多數デ成立ッタ、而シテ修正スルガタメニ、成案委員ト云フモノヲ五名選ビマシタ、此成案委員ガ案ヲ作リマシテ出シマシタトコロガ、不幸ニシテ此案ハ委員會ノ容ルルトコロトナラナカッタノデゴザイマス、併ナガラ委員會ノ容ルルトコロトナラナカッタノデハゴザイマスケレドモ、此成案ニ對シテ、別段ニ反對スルトコロノ理由ト云フモノハ、委員會ニ於テ現ハレナカッタノデゴザイマス、略シテ申シマスレバ、一旦修正スベシト云フ意見ニ對シテ、再ビ是ヲ否決スル、卽チ反覆ヲ致シマシタニ付イテハ、何等ノ理由モ委員會ニ於テハ陳述セラレテ居ラヌノデゴザイマス、果シテ然ラバ、本案ニ付イテハ、

特ニ此本會議ノ議場ニ於テ、十分ニ贊否ノ意見ヲ闘ハシマセヌケレバ、本案ガ果シテ修正スベキモノデアルヤ否ヤト云フコトニ付イテ決ヲ採ルコトガムヅカシイデアラウト考ヘマスカラ、特ニ愼重ニ御討論アランコトヲ望ムノデゴザイマス、諸君、今日ノ戰役ノ我國ニ於テ、歐米ハ勿論デゴザイマスガ、殊ニ此東洋諸國、就中支那ニ對シマシテ、我國民ノ蕃殖スルコト、我勢力ノ發展スルコトヲ望ムト云フコトハ、是ハ誰モ一言ノ異論ノナイトコロデアラウト考ヘマス、如何ニシテ我日本ノ勢力ヲ東洋ノ諸國ニ發展セシムルヤト云フコトニ付キマシテハ、幾多ノ方法ガアルデゴザイマセウ、或ハ國家ノ力ニ依リ、或ハ人民ノ力ニ依リ、或ハ直接ニ、或ハ間接ニ、萬般ノ方法ヲ以テ、我日本ノ勢力ハ、東洋諸國、殊ニ清國ニ向ッテ發達ヲセシメナケレバナラヌト云フコトハ、無論デアラウト思フ、然ルニ今日マデハ、御承知ノ如ク此趣意ニ基キマシテ――唯今私ガ述ベマシタトコロノ趣意ニ基キマシテ、即チ清國ニ於テ、若クハ香港ニ於テ、若クハ澳門ニ於テハ、日本ノ人民ハ徴兵令ニ依ッテ徴集ヲ猶豫サレテ居リマシタノデゴザイマス、恰モ歐羅巴ニ於ケルガ如ク、亞米利加ニ於ケルガ如ク、是等ノ諸國ニ向ッテモ、徴兵ノ猶豫ヲ致シテ居ッタノデゴザイマス、然ルニ今日ハ此政府案ハ、徴集猶豫ヲ取消シテ、悉ク是等ノ諸國、即チ清國、香港、澳門等ニ在留シテ居ル、日本臣民ハ兵役ノ檢査ヲスル、檢査ニ合格スレバ兵隊ニ採ル、斯ウ云フ案デゴザイマス、即チ是マデアチラニ往ッテ居ル若者ハ、年齡ガ徴兵ノ年齡ニ達シマスレバ、一旦日本ニ歸ッテ來テ、若クハ其在留スルトコロノ、附近ノ陸軍ノ軍隊ノ居ル所ニ歸ッテ檢査ヲ受ケナケレバナラヌ、檢査ニ合格スレバ兵隊ヲ勤メナケレバナラヌ、斯ウ云フコトニナッテ居リマス、何ノタメニ斯樣ナコトニナッテ居ルカ、諸君、今日ニ於テ政府案ニ依リマスルト云フト、清國香港、澳門等ハ徴集ノ猶豫ヲ取消スケレドモ、歐羅巴、若クハ亞米利加ニ向ッテハ、現在ノ儘徴集ノ猶豫ヲ與ヘル、ト斯ウ云フコトデアリマス、而シテ其理由ハドウ云フ譯デアルカ、獨リ歐米ニ在留スル者ニノミ徴集ヲ猶豫スルノハ、ドウ云フ譯デアルカト言ヒマスレバ、是ハ多ク學術ノ研究ト云フモノニ從事シテ居ル若ガ多イカラデアル、斯ウ云フヤウニ承ッタ、併ナガラ亞米利加ノ中ニハ、彼ノ布哇ノ如キ、若クハ桑港ノ附近ノ如キ、學術研究ニ從事シテ居ル者ハ殆ド無イ、殆ド無クシテ勞働者ノミダト言ウテ宜イヤウナ狀況ノ地方モゴザイマス、或ハ又南洋諸島ノカナドニ參リマシテモ、矢張其通デアル、之ニ反シテ清國ノ現狀ハ如何デゴザイマス、學術ノ研究ニ往ッテ居ル者モゴザイマセウガ、殊ニ吾々ノ重キヲ置キマスル學問ノ教授、日本ノ語學ヲ教ヘル、日本ノ文化ヲ普及セシムルト云フ、即チ學問ヲ教ヘルト云フコトニ從事シテ居ルトコロノ人ハ、近年追々ト增加シテ參リマシテ、此後益〻增加セントスル形デアル、而シテ吾吾ハ諸君ト共ニ益〻之ヲシテ增加セシメナケレバナラヌト云フトコロノ今日デアルノデゴザイマス、然ルニ彼ノ歐羅巴亞米利加ニ於ケル或部分ニ於テハ、勞働者ノミデアルト云ウテモ宜イトコロノ布哇ノ如キ、桑港ノ如キハ、誰デモソコニ往ッテ居レバ、徴集ノ猶豫ヲ與ヘラレテ居ルケレドモ、清國ニ至ッテハ獨リ徴集ノ猶豫ヲ與ヘラレナイト云フコトニナリマスルト、不權衡モ亦甚シキノミナラズ、歐米ニ向ッテ猶豫ヲ與ヘルトコロノ精神ト云フモノハ、全ク無クナッテシマフモノト斷言シナケレバナラヌト考ヘマス、若シ又政府ノ意思ガ海外ニ於ケル移住ヲ奬勵スルト云フコトデゴザイマシタナラバ、是モ私ハ贊成ヲ致シマス、彼ノ布哇ニ於ケル、彼ノ桑港ニ於ケル、若クハ彼ノ亞米利加諸國ニ於ケル、是ヨリ益〻我日本民族ノ膨脹シテ往キマスコトハ、吾々モ最モ希望スルトコロデゴザイマスカラ、是ニ向ッテ徴兵猶豫ノ特典ヲ與ヘルト云フコトハ、最モ贊成ヲスルノデアリマスガ、是ト同時ニ清國ニ向ッテモ、我日本民族ノ增加ヲ圖リ、我日本ノ文化ヲ普及セシメ、日本ノ勢力ノ發達ヲ圖ルト云フコトガ必要ガナイト、政府ハ御考デゴザイマセウカ、果シテ必要ガナイト云フ御考デアリマシタナラバ、ソレモ宜シイケレドモ、如何ニ政府ガ亂暴デアッテモ、亞米利加ニ向ッテハ日本民族ノ發展ヲ圖リタイガ、清國ニ向ッテハ是ハ必要ガナイ、清國ニ向ッテハ、日本ノ勢力ヲ發展セシムル必要ガナイト云フコトハ、如何ニ政府ト雖モ斷言ハセマイト思フ、果シテ清國ニ向ッテ、日本ノ勢力ヲ發展セシムルト云フ必要ガアルトシマスレバ、矢張布哇、桑港ニ於ケルト同ヂコトニ、清國ニ向フトコロノ我民族ノ發展ト云フコトハ、ドコマデモ直接間接ニ之ヲ保護シテ往カナケレバナラナイト云フコトハ、當然ノ道理ニノアルト私ハ考ヘルノデゴザイマス、諸君、是ハ政府委員ニ私ハ承ハッタコトデゴザイマスルガ、彼ノ佛蘭西ニ於テモ、獨逸ニ於テモ、兩國互ニ境ヲ接シテ、最モ軍備ニ熱心シテ居ル國デゴザイマスケレドモ、是等ノ國ニ於テモ、矢張亞弗利加デアルトカ、或ハ東洋デアルトカ云フトコロノ諸國ニ向ッテ、移住ヲスルモノニ對シテハ、矢張徴兵ノ猶豫ト云フモノヲ與ヘテ居ルサウデゴザイマス、彼ノ佛蘭西ノ如キハ人口ハ少シモ殖エズ、兵隊ノ數ニ於テ最モ苦心シテ居ルトコロノ國デスラモ、海外ニ向ッテ本國ノ人民ヲ蕃殖セシムル、即チ國運ノ發展ヲ圖ルガタメニハ、徴兵ノ猶豫ト云フモノヲ與ヘテ居ルノデハゴザイマセヌカ、獨リ我日本ガ僅々ノ徴兵ヲ取リタイガタメニ、寧ロ徴兵ヲ取リタイノデハナイ、空漠タル全國皆兵ノ主義デアルトカ、若クハ兵役平等負擔トカ云フヤウナ空漠タル一片ノ理論ノタメニ、國運ノ發展ヲ阻礙スルトコロノ此徴兵令ヲ出シテ徴兵ノ猶豫ヲ取消シ、海外ニ往クトコロノ人民ニ向ッテ不便ヲ與ヘルト云フコトハ、私ハ實ニ其政府ノ無謀ナルニ驚カザルヲ得ナイノデアリマス、諸君、彼ノ北海道ノ現狀ハ如何デゴザイマス、北海道ニ向ッテモ徴兵令ニ依ッテ徴兵ノ猶豫ト云フモノヲ與ヘテアッタデハゴザイマセヌカ、北海道ニ於ケル人口ノ蕃殖ニ從ッテ、漸次ニ徴集猶豫ノ區域ト云フモノガ、成程取消サレテゴザイマス、併ナガラ今日ニ於テモ、現ニ北海道ニ於テハ、現ニ拓殖ノタメニ移住シタモノニ向ッテハ、徴兵ノ猶豫ト云フモノヲ與ヘテ居ル、五箇年間ハ今日デモ徴兵ノ猶豫ト云フモノヲ與ヘテ居ルノデゴザイマス、何ノタメニ彼ノ北海道ニ於テ、若クハ沖繩縣等ニ於テ、徴兵ノ猶豫ヲ與ヘタカト云ヘバ、是亦言フマデモナク、北海道ニ向ッテ內地ノ人口ヲ殖ヤシタイ、內地ノ文化ヲ普及セシメタイト云フ精神ヨリシテ、即チ國運ノ發達ノ上ノ必要ヨリシテ、徴集ノ猶豫ヲ與ヘタノデハゴザイマセヌカ、今日世界ヲ驚カシタルトコロノ大戰役ノ後ニ於テ、吾々ノ最モ努ムベキ事柄ハ、即チ清國、若クハ東洋諸國ニ向ッテ、我人民ヲ送出シ、我國運ノ發達ヲ圖ルト云フ、最モ必要ナルトキニ當ッテ、嘗テ北海道ニ向ッテスラモ保護ヲ與ヘ、北海道ニ向ッテスラモ徴集ノ猶豫ヲ與ヘタニモ拘ハラズ、突然トシテ何等ノ必要モナキニ、是ノ如キ案ヲ提出致シテ、海外ニ在留シテ居ルトコロノ、我同胞ニ迷惑ヲ掛ケ、延イテ將來海外ニ移住スルモノ、鋒先ヲ挫キ、將來海外ニ移住スルモノニ向ッテ、國家ノ保護ノ厚キヲ示サズシテ、却テ保護スル精神ノナイ、甚ダ冷淡デアルト云フコトヲ示スガ如キ本案ヲ、今日議場ニ提出スルニ至ッテハ、誠ニ驚カザルヲ得ナイノデゴザイマス、諸君、御承知ノ通、上海ニ於テハ東亞同文書院ト云フ學校ガアッテ、今委員長ノ報告ニモ、此學校ノ生徒ハ徴集ヲ猶豫セラル、デアラウト云フ御話ガゴザイマシタ、是ハ無論內地ニ於テ中學程度卒業以上ノ學校デゴザイマスカラ、徴集ノ猶豫ヲ願ヒマシタナラバ、受ケラル、ノデゴザイマセウ、併ナガラ諸君、此甘言ニ乘セラレテハイケマセヌ、東亞同文會ノ學校ハ、何ノタメニ拵ヘテアル、東亞同文書院ノ學校ヲ卒業シタモノハ、學校ヲ卒業スルノガ目的デモッテ、支那ノ往ッタモノデハナイ、卒業後各般ノ重要ナル職務ニ從事センガタメニ參ッテ居ルノデゴザイマス、今日マデノ經過ニ依レバ、或ハ支那ノ各官省デアルトカ、或ハ支那ノ公共團體、或ハ大商館等ニ向ッテ、續々此同文書院ノ卒業生ヲ傭聘スル申込ガアルノデゴザイマス、不幸ニシテ日露ノ大戰役ガ始マリマシタカラ、此卒業生ノ大部分ト云フモノハ、陸軍ノ希望ニ依ッテ、陸軍省ノ通譯トナッテ、戰地ニ於テ非常ナル功ヲ奏シテ居ルト云フ有樣デゴザイマスガ、一旦戰役當ニ復シ、平和克復致シマシタ以上ハ、是等ノ生徒ハ卽チ我同胞ノ先驅トナッテ、學校ヲ卒業シタ上ハ、支那ノ各官省ニ入込ミ、若クハ支那ノ商業界ニ入込ンデ、而シテ支那ヲ開發シ、而シテ吾々ノ前途ニ於キマシテ、支那內地ニ向ッテ、日本ノ文化ヲ普及シ、日本ノ勢力ヲ增殖シテ往クトコロノ人間デゴザイマス、然ルニ是ガ如何デゴザイマセウ、學校ニ居ル中ハ徵集ノ猶豫ヲ與ヘラレテ、學校ヲ卒業シタナラ如何デアルカト云フト、學校ヲ卒業シタ以上ハ、恐ク兵役ニ服サナケレバナラナイ、是ハ言フマデモナク、學校ヲ猶豫ヲ與ヘラレマシタ以上ハ、抽籤ノ法ニ依ラズシテ、兵役ニ服スルノデゴザイマスカラシテ、一年志願兵ヲ出願致シマスレバ格別、若シ一年志願兵ヲ出願致シマセヌケレバ、是等卒業生ノ殆ド全部ト云フモノハ、內地ニ歸ッテ兵役ニ從事シナケレバナラヌト云フ結果ニナッテ參リマス、斯樣ナコトデゴザイマシタナラバ、縱令東亞同文書院ニ在學中ハ、兵役ノ徵集ノ猶豫ヲ受ケマシテモ、卒業後ニ於テ一旦內地ニ歸ッテ服役ヲシナケレバナラヌト云フコトニナリマシタナラバ、殆ド徵集猶豫ノ特典ト云フモノハ、有名無實ノ結果ニナッテシマフノデハゴザイマセヌカ、ノミナラズ今日ノ現狀ハ、獨リ東亞同文書院ノ如キモノニハ止マラヌ、進ンデハ南京ニ於テ、若クハ武昌ニ於テ、雲南、貴州、四川等ノ各省ニ於テモ、日本ノ中學、若クハ大學ノ卒業生等ヲ傭聘シテ、支那ノ內地ニ學校ヲ建テル、若クハ文明ノ事業ヲ起スト云フヤウナコトガ、年々歲々盛ンニナッテ來ル今日ニ於テ、獨リ東亞同文書院ノミナラズ、其他ノ方面ニ於テモ、續々ト此日本ノ內地カラ、學校ヲ卒業シタモノヲ傭聘スルト云フ氣運ニナッテ居ル、吾々モ亦進ンデ之ヲ送出サナケレバナラヌノデゴザイマスガ是等ノモノニ向ッテハ、毫モ徵集猶豫ノ特典ヲ與フルコトガ出來ナイノデゴザイマス、是ノ如クニナリマシタナラバ、獨リ彼ノ遠方ヨリ歸ッテ來テ、兵隊ノ檢査ヲ受ケル、若クハ一年志願兵ヲ出願スル共人ニ對シテ、國家ハ非常ナル殘酷デアルノミナラス、斯樣ナコトニナリマシタナラバ、有爲ノ靑年等モ支那ニ往クト云フコトニ付イテ、或ハ考ヲ起スデアラウト思フ、折角學校ヲ卒業シテモ、亦矢張兵役ヲ務メネバナラヌ、折角支那ノ內地ニ傭聘セラレテ往ッテモ矢張徵兵ノ檢査ニ歸ラネバナラヌト云フヤウナコトニナリマスレバ、一旦支那ニ往クト云フ志ノアルモノデアッテモ、或ハ方向ヲ轉ジテ、桑港ニ向ヒ、或ハ南洋諸島ニ向フト云フヤウナコトノアル氣遣ヒガアリハ致シマセヌデゴザイマセウカ、斯樣ナコトガ、三人デモ五人デモ今日ノ時勢ニアリマシタナラバ、日本人ノ支那若クハ隣邦東洋諸國ニ向ッテ發達スルトコロノ、潮流ノ如キ此非常ナ勢ヒニ向ッテ、少ナカラザル妨害ヲ與フルモノデアルト、私ハ實ニ憂慮ニ堪ヘヌノデゴザイマス、(「ヒヤ〱」「其通リ」ト呼フ者アリ)殊ニ諸君、此案ニ付イテハ、實ニ不思議ナ怪シカラヌコトガアル、委員會ニ於テ、外務省ノ政府委員ニ向ッテ說明ヲ求メマシタトコロガ、外務省ノ政府委員ハ、明カニ通商貿易、若クハ日本人ノ發展ノ上ニ、此徵兵令ト云フモノハ、明カニ障礙ヲ及ボスモノデアルト云フコトヲ斷言致シテ居リマス、ノミナラズ、外務省ソレ自身モ、領事官補、若クハ外交官補ト云フモノヲ、彼ノ大國デゴザイマスカラシテ、十數人ノ者ヲ每年採用シテ淸國ニヤル、是ガ徵兵ノ猶豫ガナケレバドウシテモ支那ニ往クコトヲ好マヌヤウニナル、是ニ於テ乎外務省自身ガ、又甚ダ迷惑ヲスルコトデゴザイマス、諸君、本案ハ徵兵令改正案デゴザイマスカラ、陸軍省ノ案デハゴザイマスガ、其影響スル處ハ、實ニ外務省ノ管轄ニ及ブモノデアッテ、我通商貿易ノ上ニ、若クハ我國民ノ海外ニ向ッテ發達ノ上ニ少ナカラヌ影響ヲ及ボストコロノ案デゴザイマス、故ニ私ハ冒頭ニ於テ、愼重ニ御審議ヲ願ヒタイト云フコトヲ申シタノハ、此故デゴザイマス、而シテ此管轄省タルトコロノ外務省ノ政府委員ガ、誠ニ不都合デアル、困ルト云フコトヲ斷言シタ、是ハ固ヨリ言フマデモナイ話、若シ外務省ノ政府委員ガ不都合デナイト云フナラバ、私ハ承知セヌコトガアリマス、ケレドモ、アレハ不都合デアルト云フコトヲ述ベタ以上ハ、敢テ窮追ハ致シマセヌガ、政府委員デスラ言フ位ニ明カナル道理デゴザイマス、諸君、ソコデ是ノ如キ不都合ナ案デアルガ、何故ニ陸軍ニ於テハ、此案ニ向ッテ非常ナ力ヲ盡シテマデモ、通過ヲ圖ルノデゴザイマセウ、彼レノ主張ハ三ツアル、其第一ニハ全國皆兵、所謂皆兵主義ト云フモノハ常ニ實行スルコトヲ努メナケレバナラヌ、兵役ノ義務ハ成ルベク平等ニ負擔シナケレバナラヌ、是ガ一ツデゴザイマス、斯樣ナコトハ三尺ノ童子モ知ッテ居ルコトデアル、全國皆兵――兵役ノ義務ハ平等ニ負擔シナケレバナラヌ、ソンナコトヲ知ラヌ者ハナイケレドモ、若シ陸軍省ガ果シテ皆兵主義ヲ實行シ、兵役主義ヲ平等ニシヤウト思フナラバ、何ガ故ニ歐羅巴亞米利加ニ往ッテ居ル若ニ、徵集猶豫ヲ取消サヌカ、何故ニ日本ノ內地ニ於ケル中學校以上ノ學校生徒ニ向ッテ、徵集ヲ猶豫シテ居ルカ、是ガ卽チ皆兵主義ニ向ッテ制限ヲ加ヘタモノデハアリマセヌカ、諸君、國家ハ皆兵主義、若クハ兵役ノ義務ヲ平等ニ負擔セシムルト云フノガ、終局ノ目的デハゴザイマセヌ、終局ノ目的デハナイノデゴザイマスガ、國運ノ隆盛ヲ圖ルノデアリマス――國運ノ隆盛ヲ圖ルガタメニハ、全國皆兵ト云フ主義ヲ實行スルノデアル、軍備ノ擴張モ致スノデアル、吾々ノ考ハ全國皆兵ニスル、軍備ヲ擴張スルト云フコトハ、國家ノ終局ノ目的デハナイト信ジテ居リマス、國家ノ終局ノ目的ハ國運ノ隆盛ナルニアリ、國民ノ幸福ナルニアリ、此國運ノ發達ヲ圖ルガタメニ、兵隊モ必要デアル、此國運ノ發達ヲ計ルガタメニ、全國皆兵主義モ必要デアル、然ルニ陸軍ニ於テハ、之ヲ仆サヌ考ヘデ居ル、全國皆兵ナリト云フコトヲ國家終局ノ目的デアルトシテ立論スルノデアル、之ガタメニ總テノモノヲ犧牲ニ供シヤウト考ヘルノデアル、苟モ國運ノ隆盛ヲ圖ルコトヲ終局ノ目的トシマシタナラバ、此隆盛ヲ計ルガタメニ、軍備モ必要デアルト云フコトニナリマシタナラバ、一點タリトモ、國運ノ隆盛ヲ妨ゲ、國民ノ發展ニ向ッテ、是ノ如キ防害ヲ與ヘルヤウナ本案ノ如キモノハ、十分ニ遠慮セラレタヲヨカラウト思フノデゴザリマス、(「ヒヤ〱」ト呼フ者アリ)又モウ一ツ陸軍當局者ノ說明ニ依リマスルト、今日マデノ如ク徵集猶豫ヲ致シテ置クハ、朝鮮ハ既ニ數年前ヨリシテ徵集猶豫ガ取消シニナッテ居ル、然ルニ一葦帶水ヲ隔テタトコロノ鴨綠江ノ右岸ニ於テハ、徵集ヲ猶豫スルコトニナルカラシテ、徵兵ヲ忌避スルモノガ殖エテ來テ、甚ダ不都合デアルト云フコトヲ申サレマシタ、併ナガラ諸君、是モ一ノ理窟ニ過ギナイ、朝鮮ニ對シテ徵集猶豫ヲ取消シマシタノハイツデゴザイマス、既ニ數年前ノ昔ニアルノデアル、然ルニ朝鮮ニ對シテ、徵集猶豫ヲ取消シテカラ以後、朝鮮ト一葦帶水ヲ隔ッタトコロノ鴨綠江ノ右岸ニ居ッテ、而シテ朝鮮デ仕事ヲシテ――鴨綠江ノ右岸ニ居ッテ徵兵ヲ忌避シタモノガ一人デモアルカ、アレバ陸軍當局者ノタメニ、是ガ鴨綠江ノ右岸ニ持ッテ往ッテ、既ニ今日マデ數千人、若クハ數百人、少ナクトモ數十人ノ徵兵ヲ忌避スルモノガ住居シテ居リマシタナラバ、或ハ此說ガ立ツカモ知レヌ、併ナガラ陸軍當局者ノタメニハ、悲ムベシ、今日マデ鴨綠江ノ右岸ヘ徵兵ヲ避ケニ住ンデ居ルモノハ一人モナイ、左樣ナモノハ又今後トモアルベキ筈ハナイ、徵兵ヲ避ケテ居ルモノハ、滿二十歲ノトキヨリ三十二歲マデ十二箇年デゴザイマス、十二箇年鴨綠江ノ右岸ニ往ッテ、每日々々徵兵ヲ避ケルタメニ朝鮮ノ內地ヘ這入ッテ、仕事ヲシテ、外國デアルト云フ所ニ十二箇年間錢ヲ以テ暮シテ居ッテ、而シテ徵兵ヲ避ケルヤウナ馬鹿者ガ、此明治三十九年ノ曉ニ於テハ、一人タリトモアルト考ヘマスカ、(拍手起ル)斯樣ナ陸軍當局者ノ辯解ハ、本員ハ少シモ首肯スルコトハ出來ヌ、縱シンバ又或ハ富豪ノ子弟等デゴザリマシテ、金ヲ持ッテ淸國或ハ滿洲ニ出テ、十二箇年間徴兵ヲ遁レテ居ルモノガアルト假定致シマセウカ、是ガアルト致シマシタナラバ如何デアルカ、斯樣ナモノハ成ルベクアランコトヲ希望スルノデアル、吾々ハ進ンデ是等ノ人ノ淸國ニ向ッテ移住スルコトヲ希望シナケレバナラヌノデゴザリマス、何トナレバ陸軍當局者ノ所謂徴兵ヲ忌避スルト云フコトハ、其海外ニ向ッテ移住ヲシ、若クハ海外ニ向ッテ留學ヲスル人ノ頭ノ中ヲ邪推ヲ致シタノデアル、已レガ獨リ軍國ニ對シテ忠義デアルト云フヤウナ頭カラシテ、人ノ頭ノ中ヲ邪推シタト思フ、亞米利加ニ往クヤクハ、徴兵ヲ免カレニ往クヤツダラウ、支那ニ往クヤツハ徴兵ヲ免カレニ往クヤツダラウト其人々ニ向ッテ無理ニ國家ニ不忠デアルト云フヤウナ邪推ヲ逞ウシタニ過ギナイ、若シ表面ニ於テ[illegible]果シテ徴兵ノ忌避ヲスルモノガアレバ、國家ハ之ニ對シテ法律ヲ設ケテ十分ナル制裁ヲ與ヘテ居ルデハナイカ、ナゼ忌避スルナラバ直チニフン縛ッテ懲役ニ入レナイカ、是ノ如キ法律ハ、立派ニ忌避ニ向フ制裁ガ付ケテアリマスカラ、果シテ忌避スル者ガ多ケレバ、之ヲ罰スレバヨイ、然ルニ罰スルコトガ出來ヌノハ、即チ海外ニ移住、若クハ留學スル人ノ頭ノ中ニ忌避スル精神ガアルト云フニ過ギナイ、本員ハ日本ノ臣民ニ向ッテハ、出來ル限ハ國家ノ忠臣デアル、國家ノ義務ヲ盡スモノデアルト思フ、陸軍當局者ハ忌避ノ形跡ノナイモノニ向ッテ、忌避スルモノデアルヤウニ言ハレル、是ハ實ニ驚カザルヲ得ナイ話、既ニ私ガ述ベマスル通、果シテ錢ヲ持ッテ支那ニ往ッテ逃ゲテ居ルモノガアルトスレバ、吾々ハ益々奬勵シテヤラウデヤゴザイマセヌカ、先達松本君平君ガ質問演說ヲセラレタ如ク、五十万人ヅヽ殖エル人口、此殖エル人口ヲ益々鄰邦諸國ニ向ッテヤルナラバ、幾年ナラズシテ東洋諸國ハ我日本ノ勢力範圍ノ下ニ服スルノデアル、然ルニ此徴兵令ノヤウニ致シマシテ、國家ガ人民ニ向ッテ保護ノ意思ヲ進メズ、冷酷ニ取扱ヒマシタナラバ、一人ノ考ガ十人ニ擴ガリ、十人ガ百人ニ擴ガッテ、矢張此東洋諸國ニ移住シ發達スル鋭鋒ト云フモノヲ挫カレルト云フ虞ガアルト、私ハ考ヘルノデアリマス、又第三ニ陸軍當局者ノ說ハ、此徴兵令ヲ施行致シマシテモ、左程東洋諸國ニ日本人ノ發展スル上ニ妨害ヲ與ヘナイト云フ見込デアル、斯ウ云フ說デアル、是ハ或ハチョット一說デアルカモ知レヌト思フ、何故サウデアルカト聞キマスレバ、今日淸國若クハ露領沿海州、即チ當局者ガ本案ヲ施行セントスルトコロノ地域ニ居ル日本人ノ徴兵猶豫者ハ、八百人アルサウデゴザイマス、八百人程徴兵ノ猶豫ヲ受ケテ居ル人ガアル、此八百人ハ、滿二十歲カラシテ滿三十二歲マデノ人ノ總計ガ八百人アリマスルカラシテ、之ヲ十二箇年ニ割付ケルト云フト、一箇年ノ分ガ丁度七十人足ラズニナリマス、一年ニ付イテモ七十人足ラズノ適齡者ガアル、此適齡者ノ上カラ、內國ノ分ト比例ヲ致シマスト、何人ノ兵隊ガ取レルト云フコトヲ見マスト云フト、ザット七人バカリノモノガ取レル、十人足ラズノ徴兵ガ取レルノデアリマス、斯樣ナル兎ニ角少數ノ人間デアル、二十歲カラ三十二歲マデノ人ハ八百人シカナイデアルカラシテ、此稀ナ人民ニ向ッテ、徴兵令ヲ施行シタトコロガ、左程淸國沿海州等ニ向ッテ發達スル氣勢ヲ挫クト云フ程デハナイヂヤナイカト云フ、成程左樣デアルカモ知ラヌ、果シテ氣勢ヲ挫ク虞ガナイト云フコトデアリマスナラバ、私ハ陸軍當局者ニ反問ス、陸軍ニ於テハ何人ノ兵隊ガ取レル、僅カニ七人、僅カニ七人シカ取レナイデハアリマセヌカ、僅カニ七人シカ取レナイ程デアルカラシテ、或ハ日本人ノ拓殖繁殖シテ往ク點ニ向ッテ妨害ハ少ナイカモ知レヌガ、之ニ反シテ陸軍ハ七人ノ兵隊ノタメニ、斯樣ナ法律ヲ施行スルト云フコトハ、ドウ云フ趣意デアルト云フコトヲ私ハ反問致シタイト思フ、殊ニ況ヤ現在ニ於テ、是ノ如ク日本人ノ少ナイト云フ現象ハ、諸君如何デス、實ニ慨歎ニ堪ヘナイコトデハゴザイマセヌカ、吾々ハ進ンデ益々此日本人ノ數ヲ多クシテ、淸國ニ在留スルモノヽ中、徴兵適齡ノ者ガ、一万人モ二万人モアルト云フ位ノ數ニ增加セシメタイノガ吾々ノ希望デアル、是ノ如キ場合ニ至ッテ、初メテ陸軍ニ於テモ、本案ノ如キモノヲ提出セラレマシタナラバ、吾々ハ雙手ヲ擧ゲテ賛成スルノデゴザイマス、今日日本人ノ在留スル者ガ彼ガ如ク少ナイトキニ當ッテ、吾々ハ益々移住スルコトヲ奬勵シナケレバナラヌノニ、其際ニ於テ是ノ如キ此氣勢ヲ挫ク案ヲ出サレルト云フノハ、是ガ即チ吾々ノ反對スル理由ノ重モナルモノデアルノデゴザイマス、尙私ハ以上述ベマスル理由ニ依リマシテ、何故ニ陸軍省ガ此一年ニ僅カニ七人位ノ兵隊ヲ取ルガタメニ、日本ノ明治政府ノ徴兵令ノ歷史タルトコロノ北海道ノ猶豫ノ歷史ニモ反レ、又今日ノ通商貿易ヲ發展スル國民ヲ海外ニ驅リ出スト云フ必要ノ主義ニモ反レ、何故ニ是ノ如キ案ヲ固執セラレテ、一旦既ニ代議士會ニ於テ、政友會デモ政府ニ反對スルト決シタモノデモ、飜サシメテ人ノ顏ニ泥ヲ塗ッテマデモ、何故是ノ如キ下ラナイ案ヲ固執セラレルカ、私ハ分ラヌノデアル(拍手起ル)諸君、或人ハ此大戰役ノ後ニ於テ、或ハ陸軍ト云フモノガ不當ナル權力ヲ揮ヒハセヌカト云フコトヲ、恐ヲ持ッタ人ガゴザイマシタガ、私ハ恐ル、一葉落チテ天下ノ秋ヲ知ルデ、是ノ如キ小ナイヤウナ案デハゴザイマスルケレドモ、一旦己レガ言出シタノデアルカラシテ、如何ナルコトガアッテモ肯カヌ、外務省ガ反對シテ通商貿易ニ妨害ガアッテモ構ハヌト云フヤウナ、若シ強愎ト云フヤウナ趣意カラシテ、此案ヲ是ノ如ク固執セラルヽト云フコトニナリマシタナラバ、是ハ實ニ恐ルベキ由々シキ大事デアルト考ヘマス(「ヒヤ〳〵」ト呼フ者アリ)ドウゾ一葉ノ未ダ落チザルニ臨ンデ、是ノ如キ惡風ノ生ズル發端ヲ頭カラシテ、挫キ去ラレンコトヲ希望致シマス

第三十四　（特別報告第五十九號）韓國在留中暴徒ノ爲慘殺セラレタル者ニ關スル損害及遺族扶助料ノ請願　（委員長報告）

○福井三郎君　本件モ印刷未了デアリマスカラ、少シ説明ヲシナケレバ御分リニナラヌト思ヒマス、是ハ山口縣平民南盈平外十名ノ請願デアリマシテ、紹介議員ハ斯ク申ス本員デゴザイマス、是ハ二十七八年ノ朝鮮國ニ於ケル、東學黨ノコトガ起ッタ時分ニ、韓國仁川ニ居リマシタ日本人十一名ノモノガ、一艘ノ朝鮮船ニ貨物ヲ積ミ込ンデ、清國ノ占領地ニ向ッテ出發シタノデアリマス、所ガソレ以來杳トシテ消息ガ絶ヘタノデアル、如何ニシテ居ルカト思ッテ捜索ヲシテ居ッタトコロガ翌年ニ至ッテ陸軍ノ御用船ガ、風波ヲ避ケテ、黄海道ノ長淵府下長山串ト稱スル所ニ寄泊シテ居ッタ時ニ、偶然其消息ヲ聞イタノデアル、卽チ日本商人十餘名ガ、風浪ノ難ヲ避ケテ、同地ニ來テ居ッタ時ニ、東學黨ガ蜂起シテ、其金圓貨物ヲ掠奪セラレタル上ニ、悉ク之ガタメニ虐殺セラレタト云フコトデアル、此事ヲ聞イテ、大イニ驚キ、是ガ捜索ノ端緒トナリマシテ、當時陸海軍省ヨリ憲兵ノ曹長某ト云フ者ガ態々其地ニ派遣シタノデアリマス、其派遣ノ時ニ、被害者ニ關係ノ者ガ續イテ參リマシテ、親シク探索ヲ遂ゲマシタトコロガ、何分時過ギテ居ルコトデアッタガ、遺骸ハ空シク廣原ニ散亂シテ居ッテ、實ニ見ルモ悲慘ノ有樣ヲ呈シテ居ッタ、而シテ所持ノ貨物等ハ皆東學黨ノタメニ掠奪セラレタト云フコトガ、其地方ノ口碑ニ殘ッテ居ルノミト云フ有樣デ、出張官吏ハ、遺骸ヲ拾集シ、火葬ニ附シテ之ヲ同行ノ遺族ニ分チ與ヘラレタノデアリマス、是ノ如ク明カナル事實デアッテ韓國ノ暴動――東學黨ノタメニ受ケタ損害ニ對シテハ、朝鮮政府ニ向ッテ、被害高ト竝ニ遺族扶助料ノ要求ヲナスベキモノデアルト云フノデ、領事ニ國際的談判ヲ持込ンダノデアリマス、然ルニ年所ヲ歷ルコト茲ニ十餘年ノ今日ニ至ッテモ、未ダ何等ノ音沙汰ナク、全ク以テ梨ノ礫デアルソコデ如何ニ取計ッテ呉レタカラト云ッテ、其筋ニ度々問合セタ所ガ、公然ノ言葉トシテハ答ヘラレナイサウデアルガ、領事ノ言葉ニハ、當時朝鮮ニ起ッタ東學黨ナルモノハ、日本國ニ於テ剿滅ノ責任ヲ負フテ居ッタトキデアル、其責任範圍ニ於テ、東學黨ガ暴レタノデアルカラ、朝鮮政府ニ向ッテ損害ヲ求ムルハ、如何ナモノデアラウカ、故ニ其損害ヲ受ケタ人民ガ、損害ヲ申出タナラバ、抑ヘ付ケ置クト云フヤウナコトデ、時ノ公使、卽チ其時ノ公使ハ確カ井上伯ト思ヒマスガ、ソレ等ノ筋カラ訓令シテ、抑ヘテアッタノデアル、其タメニ奈何トモスルコトガ出來ズ、書類ハ空シク棚ノ上ニ累ネテ塵ニ塗レテ居ル始末デアルト云フコトデゴザイマス、所デ若シソレガ其如クデゴザイマシタナラバ、其責任ハ帝國ノ國庫ニ歸スルモノデアルカ、若シ帝國ノ國庫ニ歸スベカラザルモノナラバ、國際談判ヲ開イテ、其途ニ運ブベキモノデアルカ、二者其一ノ道ニ決セラレタイト云フコトガ、卽チ請願ノ趣意デゴザイマス、故ニ請願委員會ハ、審査ノ末、是ノ如キ事實アリヤ否ヤ、且又事實アリトスレバ其事件ニ對シテ當局者ハ如何ニ取計ハレタカ正確ナル報告ヲ求ムベキモノト云フニ決定致シマシタ、故ニ政府ニ向ッテ報告ヲ求ムベキ筋合ニ於テ、院議ニ附スベキモノト決定致シマシタ、

○議長（杉田定一君）　御異議ハアリマセヌカ

（「異議ナシ」ト呼フ者アリ）

○議長（杉田定一君）　御異議ハナイト認メマス、第三十五、門司市水道敷設費國庫補助ノ請願

明治三十九年三月二十八日　議長ノ報告

衆議院議員松本君平君提出對外政策ニ關スル質問ニ對シ別紙答辯書差進候也

明治三十九年三月二十七日　内閣總理大臣侯爵西園寺公望

衆議院議長杉田定一殿

衆議院議員松本君平君提出對外政策ニ關スル質問ニ對スル答辯書

一質問第一ニ關シ政府ハ目下殖民省若クハ殖民局ヲ設置スルノ意ナシ

一質問第二ニ關シ政府ハ南米及中央亞米利加ニ於ケル條約未締結諸國ト修交及通商航海條約ヲ締結シ次テ公使及領事官ヲ派遣セントス

一質問第三ニ關シ曩ニ清國ニ於ケル利權回復排外思想ノ勃興ハ日本ノ煽動ニ出ヅルモノナリトノ流説アリシ際政府ハ斯ル流説ノ全然無根ニシテ徒ラニ帝國ノ威信ヲ毀損セントスルモノヽ捏造ニ外ナラサル所以ヲ知ラシムルニ必要ナル措置ヲ執リタリ

右及答辯候也

明治三十九年三月二十六日　外務大臣侯爵西園寺公望

衆議院議員星松三郎君提出滿韓ニ貯蓄シ置キタル糧食ニ關スル質問ニ對シ別紙答辯書差進候也

明治三十九年三月二十七日　内閣總理大臣侯爵西園寺公望

衆議院議長杉田定一殿

衆議院議員星松三郎君提出滿韓ニ貯蓄シ置キタル糧食ニ關スル質問ニ對スル答辯書

一　滿洲及韓國ニ現在スル糧食ハ戰用控備品トシテ常ニ該地ニ貯藏シ置クヘキモノヲ除キ其他ハ努メテ駐箚部隊ノ給養ニ利用ス然レトモ保存ニ堪ヘサルモノ若クハ利用ノ途ナキモノハ左ノ方法ニ依リ處分スル方針ヲ以テ目下夫々實行中ナリ

一　凶作地救濟ニ適スルモノハ内務省ニ保管轉換スルコト

二　政府製造ノ煙草ハ大藏省ニ保管轉換スルコト

三　內地ニ於テ處分スルヲ有利トスルモノハ還送スルコト

四　其他ハ現地ニ於テ尤モ有利ト認メタル方法ヲ以テ漸次賣却スルコト

二　營口ニ在リシ臺灣米拂下ノ理由ハ別紙ノ通リ

三　昨年九月以來賣却セシ糧食品ノ件ハ第一號答辯ノ如ク目下實行中ニ付キ確答ヲ爲スノ時機ニ達セス

右及答辯候也

明治三十九年三月二十七日　陸軍大臣寺内正毅

중의원 의사 속기록 1

인쇄일: 2025년 12월 15일
발행일: 2025년 12월 25일
지은이: 조선총독부 중추원
발행인: 윤영수
발행처: 한국학자료원
서울시 구로구 개봉본동 170-30
전화: 02-3159-8050 팩스: 02-3159-8051
문의: 010-4799-9729
등록번호: 제312-1999-074호

정가 250,000원